Yearbook of China's Poverty Alleviation and Development

中国扶贫开发

年鉴

2018

国务院扶贫开发领导小组办公室　主管
《中国扶贫开发年鉴》编辑部　编

中国农业出版社
北　京

图书在版编目（CIP）数据

中国扶贫开发年鉴.2018 /《中国扶贫开发年鉴》编辑部编. —北京：中国农业出版社，2019.9

ISBN 978-7-109-25781-8

Ⅰ.①中… Ⅱ.①中… Ⅲ.①扶贫-中国-2018-年鉴 Ⅳ.①F323.8-54

中国版本图书馆CIP数据核字（2019）第167829号

中国扶贫开发年鉴 2018

ZHONGGUO FUPIN KAIFA NIANJIAN 2018

中国农业出版社出版

地址：北京市朝阳区麦子店街18号楼

邮编：100125

责任编辑：潘洪洋　闫保荣　姚　红　姚　佳　边　疆

版式设计：韩小丽　　责任校对：刘丽香

印刷：北京通州皇家印刷厂

版次：2019年9月第1版

印次：2019年9月北京第1次印刷

发行：新华书店北京发行所

开本：787mm×1092mm　1/16

印张：63.25　　插页：12

字数：1530千字

定价：380.00元

《中国扶贫开发年鉴》
编辑部

驻村帮扶

重庆市南川区黄淦村驻村工作队为村民开展精准扶贫政策宣讲暨农民文明素质提升培训。

甘肃省张家川回族自治县堡山村第一书记带领驻村帮扶工作队员开展走访活动。

云南省腾冲市新华乡驻村工作队邀请专家到现场指导贫困户种植猕猴桃。

建档立卡

山东省威海市张家山村建档立卡贫困户正在领取产业扶贫项目分红。

河北省海兴县为建档立卡贫困人口购买商业医疗补充保险，使贫困人口看病住院又多了一重保障。

中国有色矿业集团有限公司挂职干部走访当地建档立卡贫困户。

就业扶贫

安徽省舒城县百神庙镇创新“企业＋驿站＋贫困户”发展模式，通过扶贫驿站，让一大批贫困户实现家门口就业。

2017 年 9 月 18 日，广西壮族自治区天等县贫困户正在“扶贫车间”就业工作。

文湘林　摄

新疆维吾尔自治区霍城县就业扶贫大篷车进巴扎、上集市，为农户送岗位、送政策。

产业扶贫

甘肃省张掖市甘州区白城村红提葡萄产业园。
朱毓佩　摄

四川省南江县“借羊还羊”项目带动贫困户成为养殖大户。

2017 年 4 月 7 日，山东省首家股份制产业扶贫合作社在荣成市揭牌成立。图为揭牌仪式现场，合作社为 78 名建档立卡贫困户代表发放社员证。

产业扶贫

贵州省印江县朗溪镇贫困农户在采摘黑木耳。

河南省固始县柳编产业扶贫项目带动贫困户增收脱贫。

宁夏回族自治区中卫市硒砂瓜种植产业已成规模。

民族地区扶贫

新疆维吾尔自治区吉木乃县萨尔吾楞村新貌。

西藏自治区错那县麻玛门巴民族乡发展竹藤编制手工业，贫困群众实现脱贫致富。

滕俊　摄

黑龙江省同江市街津口赫哲族乡赫哲新村。

基础设施建设

四川省通江县沙溪镇王坪村新貌。

安徽省庐江县大力实施基础设施建设，推进脱贫攻坚。2017 年农村道路畅通工程建成道路 1798 千米，改建危桥 123 座。

左学长　摄

云南省芒市三台山德昂族民族乡实现户户接通自来水，村民正在用自来水洗菜。

易地扶贫搬迁

河南省孟津县任庄村易地扶贫搬迁户领到钥匙、乔迁新居。

四川省丹棱县三合村易地扶贫搬迁安置点。

甘肃省庄浪县阴洼村移民搬迁工程。

李晓鹏　摄

光伏扶贫

河南省兰考县谷营镇 7000 亩光伏扶贫项目基地。

安徽省阜南县安装光伏电站 261.92 兆瓦，使 90 个贫困村和 3.6 万户贫困户受益。同时，在光伏板下种植蔬菜、中药材、构树，养殖牛、羊、驴等，通过发展农光互补，多渠道增加贫困户收入。

黑龙江省海伦市百义村的村民享受光伏分红。

教育医疗扶贫

安徽省芜湖市实施“多彩童年公益课堂”行动，支教 240 余次，参与老师达 800 人次，培训 890 小时。图为 2017 年启动仪式。

在湖北省红安县健康扶贫业务大厅内，贫困群众就医报销越来越方便了。

黑龙江省兰西县人民医院巡回医疗服务队下乡为贫困户义诊。

扶贫培训

为进一步提高贫困户开办农家乐的经营能力和管理水平，增强贫困户自身造血能力，安徽省歙县开展贫困户开办农家乐业务培训班。

甘肃省玛曲县贫困户参加缝纫培训。

山西省武乡县为贫困户提供网络创业技术培训，提升了贫困户的自主脱贫动力。

扶贫培训

新疆维吾尔自治区阿里地区农牧民群众通过技能培训，大力发展手工针织业增收致富。

2017 年 6 月，广西壮族自治区乐业县在脱贫攻坚战指挥部举办村级扶贫信息员业务培训班。图为培训员上机操作。

潘侯运　摄

国家开发银行主办的开发性金融支持新疆南疆四地州脱贫攻坚地方干部培训班现场。

旅游扶贫

山东省威海市文登区西谭家口村依托万亩桃园和丰富的果品资源等优势发展旅游扶贫产业。

甘肃省文县铁楼藏族乡开展旅游扶贫，助力贫困群众脱贫致富。

安徽省宣城市建设“皖南川藏线”，将原本偏远的贫困山区转变为宣城市靓丽的生态旅游扶贫线。

构树扶贫

广西壮族自治区罗城仫佬族自治县小长安镇的贫困农户用该镇燕山杂交构树种植基地的构树喂牛。

河南省兰考县万亩构树扶贫种植基地。

种植业专家在构树母穗园指导构树苗种植。

电商扶贫

甘肃省榆中县甘草店镇电子商务点正式开通运行。

新疆维吾尔自治区哈密市贫困户参加电商培训。

山东省威海市开展“轮椅上的电商梦”公益培训。图为学员在整理自己的电商铺子。

资产收益扶贫

安徽省来安县六郎村将财政专项扶贫资金、财政涉农资金、其他社会资金等，投入村资产收益扶贫项目——六郎“一村一品”蔬菜基地。项目收益以优先股的形式量化给村集体和贫困户，让贫困户按股分红有保障、村集体按股分红有收益，确保贫困村出列、贫困户脱贫。

广西壮族自治区兴业县城隍镇莫村69户贫困户领取到了股权证。图为该村的贫困户覃叙文领取到了股权证。

何少凤　摄

湖南省江永县夏橙资产收益扶贫项目示范基地。

社会扶贫

在北京市援疆和田指挥部的协调下成立的新疆京和纺织科技有限公司聘用大量和田籍维吾尔族贫困职工，带动当地群众就业增收。

广东省中山市帮扶云南省昭通市永善县细沙乡建设三堡花卉苗木基地。

广东省珠海市帮扶云南省福贡县中华蜂养殖项目，养蜂专家正在开展养蜂技术现场教学培训。

社会扶贫

海关总署帮扶人员与贫困群众一同采摘茶叶。

黄守部 摄

北京邮电大学组织5支暑期社会实践团赴贵州省长顺县开展暑期“三下乡”社会实践活动。通过搭建扶贫和旅游网站，设计智慧旅游信息平台，制定纪堵村电商草案，助力长顺县实现信息化脱贫。

中粮集团有限公司为贫困地区学生送上爱心包裹。

社会扶贫

万科企业股份有限公司响应深圳市政府对口援藏工作号召，捐建完成既有藏族神韵、又兼具现代气息的西藏非物质文化遗产博物馆，助力文化扶贫。

河北省国家开发银行助学贷款办理现场。

2017 年 4 月，中国泛海控股集团捐资建设的云南省寻甸回族彝族自治县额秧农业光伏扶贫示范项目。

国际减贫交流与合作

2017 年 9 月 6—7 日，由中国国务院扶贫开发领导小组办公室与毛里求斯社会融合与经济增长部共同主办，中国国际扶贫中心和中国驻毛里求斯大使馆承办，非洲联盟、联合国开发计划署、中非合作基金共同支持的“中非合作论坛——减贫与发展会议”在毛里求斯成功举办。

2017 年 7 月 25—27 日，由中国国务院扶贫开发领导小组办公室与柬埔寨农村发展部共同主办，中国国际扶贫中心承办，东盟秘书处、联合国开发计划署、亚洲开发银行等共同支持的第 11 届“中国—东盟社会发展与减贫论坛”在柬埔寨暹粒举行。

2017 年 7 月，“发展中国家公共服务与减贫官员研修班”学员在福建省南平市政和县考察花卉培育基地。

目　　录

2017 年度重要会议

[编者按：本部分重要会议内容全部摘选自新华社、《人民日报》、中国政府网报道文章]

2017 年 2 月 21 日，中共中央政治局就我国脱贫攻坚形势和更好实施精准扶贫进行第三十九次集体学习。中共中央总书记习近平在主持学习时强调，言必信，行必果。农村贫困人口如期脱贫、贫困县全部摘帽、解决区域性整体贫困，是全面建成小康社会的底线任务，是我们作出的庄严承诺。要强化领导责任、强化资金投入、强化部门协同、强化东西协作、强化社会合力、强化基层活力、强化任务落实，集中力量攻坚克难，更好推进精准扶贫、精准脱贫，确保如期实现脱贫攻坚目标。

习近平强调，党的十八大以来，党中央对脱贫攻坚作出新的部署，吹响了打赢脱贫攻坚战的进军号，脱贫攻坚取得显著成绩。2013 年至 2016 年 4 年间，每年农村贫困人口减少都超过 1000 万人，累计脱贫 5564 万人；贫困发生率从 2012 年底的 10.2% 下降到 2016 年底的 4.5%，下降 5.7 个百分点；贫困地区农村居民收入增幅高于全国平均水平，贫困群众生活水平明显提高，贫困地区面貌明显改善。总的看，党中央确定的中央统筹、省负总责、市县抓落实的管理体制得到了贯彻，四梁八柱的顶层设计基本形成，各项决策部署得到较好落实，各方面都行动起来了。在实践中，我们形成了不少有益经验，概括起来主要是加强领导是根本、把握精准是要义、增加投入是保障、各方参与是合力、群众参与是基础。这些经验弥足珍贵，要长期坚持。

习近平指出，要充分认识打赢脱贫攻坚战的艰巨性。今后几年，我国脱贫攻坚面临着十分艰巨的任务。越往后脱贫难度越大，因为剩下的大都是条件较差、基础较弱、贫困程度较深的地区和群众。要把深度贫困地区作为区域攻坚重点，确保在既定时间节点完成脱贫攻坚任务。

习近平强调，要坚持精准扶贫、精准脱贫。要打牢精准扶贫基础，通过建档立卡，摸清贫困人口底数，做实做细，实现动态调整。要提高扶贫措施有效性，核心是因地制宜、因人因户因村施策，突出产业扶贫，提高组织化程度，培育带动贫困人口脱贫的经济实体。要组织好易地扶贫搬迁，坚持群众自愿原则，合理控制建设规模和成本，发展后续产业，确保搬得出、稳得住、逐步能致富。要加大扶贫劳务协作，提高培训针对性和劳务输出组织化程度，促进转移就业，鼓励就地就近就业。要落实教育扶贫和健康扶贫政策，突出解决贫困家庭大病、慢性病和学生上学等问题。要加大政策落实力度，加大财政、土地等政策支持力度，加强交通扶贫、水利扶贫、金融扶贫、教育扶贫、健康扶贫等扶贫行动，扶贫小额信贷、扶贫再贷款等政策要突出精准。

习近平指出，要加强基层基础工作。要加强贫困村“两委”建设，深入推进抓党建促脱贫攻坚工作，选好配强村“两委”班子，培养农村致富带头人，促进乡村本土人才回流，打造一支“不走的扶贫工作队”。要充实一线扶贫工作队伍，发挥贫困村第一书记和驻村工作队作用，在实战中培养锻炼干部，打造一支能征善战的干部队伍。农村干部在村里，工作很辛苦，对他们要加倍关心。

习近平强调，要把握好脱贫攻坚正确方向。要防止层层加码，要量力而行、真实可靠、保证质量。要防止形式主义，扶真贫、真扶贫，扶贫工作必须务实，脱贫过程必须扎实，脱贫结果必须真实，让脱贫成效真正获得群众认可、经得起实践和历史检验。要实施最严格的考核评估，开展督查巡查，对不严不实、弄虚作假的，要严肃问责。要加强扶贫资金管理使用，对挪用乃至贪污扶贫款项的行为必须坚决纠正、严肃处理。

习近平强调，干部群众是脱贫攻坚的重要力量，贫困群众既是脱贫攻坚的对象，更是脱贫致富的主体。要注重扶贫同扶志、扶智相结合，把贫困群众积极性和主动性充分调动起来，引导贫困群众树立主体意识，发扬自力更生精神，激发改变贫困面貌的干劲和决心，靠自己的努力改变命运。

2017年3月20日，时任国务院副总理、国务院扶贫开发领导小组组长汪洋在京主持召开国务院扶贫开发领导小组第十五次全体会议，审议2017年度减贫计划，研究部署下一阶段重点工作。他强调，要认真学习贯彻习近平总书记在中央政治局第39次集体学习时的重要讲话精神，落实好《政府工作报告》中关于今年再减少农村贫困人口1000万以上的总体部署，深化精准扶贫精准脱贫，坚持问题导向，聚焦攻坚重点难点，扎实稳妥推进各项工作，确保如期实现脱贫攻坚目标。

汪洋强调，做好今年扶贫开发工作，必须坚持稳中求进工作总基调。要继续坚持现行标准和时限，不随意提高标准，不层层加码赶进度，防止急于求成。继续坚持精准扶贫精准脱贫基本方略，瞄准建档立卡贫困人口，进一步探索精准施策的办法，扎实下真功夫，做细活，增强“绣花”的能力，防止浅尝辄止。继续坚持“中央统筹、省负总责、市县抓落实”的管理体制，充分调动基层的积极性和主动性，防止越俎代庖。当前要着力推进产业扶贫、劳务扶贫、易地扶贫搬迁、健康扶贫、教育扶贫等重点工作，加快建立健全稳定脱贫长效机制，建设坚强、稳定的脱贫攻坚队伍。

汪洋强调，要切实落实脱贫攻坚责任制，实施最严格的评估考核，加强脱贫攻坚督查巡查，严肃查处不实脱贫现象，推动各地以问题为导向改进工作，确保脱贫得到群众认可、经得起历史检验。

2017年3月31日，中共中央政治局召开会议听取2016年省级党委和政府脱贫攻坚工作成效考核情况汇报，对推进脱贫攻坚工作提出要求。中共中央总书记习近平主持会议。

会议指出，脱贫攻坚工作在党和国家工作全局中具有重要地位。党的十八大确定了到2020年全面建成小康社会的目标，其中最难实现的就是农村贫困人口脱贫、贫困县摘帽、消除区域性整体贫困。实现这个目标是我们党对人民的庄严承诺。必须把从严要求贯穿脱贫攻坚工作全过程、各方面，严格落实脱贫攻坚工作报告制度、责任制度、考核制度、督查巡查制度，确保实现脱贫攻坚工作目标任务。

会议认为，中央扶贫开发工作会议以来，脱贫攻坚顶层设计基本完成，五级书记抓扶贫、全党动员促攻坚的格局基本形成，各项决策部署得到较好贯彻落实，精准扶贫、精准脱贫深入人心，基层干部群众积极性进一步调动，年度减贫目标任务得到较好完成。事实证明，党中央关于脱贫攻坚工作的决策部署是正确的，按照现有政策力度和工作力度，只要实事求是、真抓实干，到2020年是可以完成任务的。同时，必须看到，工作中还存在着脱贫质量不高、帮扶工作不实、扶贫措施不够精准、资金监管有待加强等突出问题。

会议强调，推进脱贫攻坚工作，要坚持把人民利益放在首位，各级领导干部要从巩固党执政的阶级基础和群众基础、保持党同人民群众的血肉联系的高度出发，增强推进脱贫攻坚工作的使命感和责任感。要充分发挥政治优势，形成推进脱贫攻坚工作的强大合力。脱贫攻坚工作，是我们党的历史使命，是各级党委、政府和各部门一把手的职责。实施党政一把手脱贫攻坚工作责任制、脱贫攻坚期内保持贫困县党政正职稳定、开展东西部扶贫协作和机关定点扶贫、向贫困村派驻第一书记和驻村工作队这样一些行之有效的措施，必须继续坚持，不断提高水平。

会议指出，要继续坚持精准扶贫精准脱贫方略，用绣花的功夫实施精准扶贫。精准扶贫首先要打牢基础，做实做细建档立卡，实现动态管理。要坚持分类施策的基本原则，针对致贫原因采取有效措施。要激发贫困地区广大干部群众内生动力，靠辛勤劳动改变贫困面貌、过上幸福的生活。对贫中之贫、困中之困、难中之难、坚中之坚的地方，要采取超常措施加以扶持。

会议强调，要全面落实从严治党要求，较真碰硬落实脱贫攻坚工作责任。要发挥考核指挥棒作用，把求真务实的导向立起来，把真抓实干的规矩严起来，让真干假干不一样、干多干少不一样、干好干坏不一样，确保脱贫攻坚工作成效经得起实践和历史检验。

2017年4月1日，时任国务院副总理、国务院扶贫开发领导小组组长汪洋在京主持召开国务院扶贫开发领导小组第十六次全体会议。他强调，要认真学习贯彻习近平总书记在中央政治局听取2016年省级党委和政府脱贫攻坚工作成效考核情况汇报时的重要指示精神，充分发挥考核指挥棒作用，把从严要求贯穿脱贫攻坚工作全过程、各方面，较真碰硬落实工作责任，推动脱贫攻坚不断提质增效。

汪洋强调，脱贫攻坚要继续坚持精准扶贫精准脱贫方略，强化问题导向，对考核、评估、监督中发现的问题，要不折不扣进行整改，确保脱贫攻坚工作成效经得起实践和历史检验。要加强理论武装，深入领会习近平总书记新时期扶贫开发重要论述，增强精准扶贫“绣花”的本领。地方各级政府和国务院各有关部门要把自己摆进去，多从主观上找差距，全面查找工作中的问题和短板，认真学习总结和推广好的经验和做法，不断提高扶贫工作水平和工作成效。

汪洋强调，国务院扶贫开发领导小组各成员单位要切实把中央统筹的责任落到实处。要与时俱进调整完善扶贫政策，对贫中之贫、困中之困、难中之难、坚中之坚，要采取更有针对性的措施，确保政策供给力度与脱贫攻坚需要相匹配。要强化脱贫攻坚全方位监管，继续严格开展督查巡查，推进暗访抽查常态化、暗访力量多元化。要用好考核监督成果，激励先进、督促落后，推动脱贫攻坚不断取得新成效。

2017年5月8日，部分省份易地扶贫搬迁工作推进会在太原召开，时任国务院副总理汪洋出席会议并讲话。他强调，易地扶贫搬迁是脱贫攻坚的标志性重大工程。要认真贯彻落实党中央、国务院决策部署，强化问题导向，坚持精准扶贫、精准脱贫基本方略，因地制宜、因人施策，精心组织、规范管理，扎实稳妥推进搬迁项目建设和后续帮扶等各项工作，确保“搬得出、稳得住、逐步能致富”。

汪洋指出，易地扶贫搬迁工作取得阶段性进展，但从国家发展改革委组织的易地扶贫搬迁专项稽查中，也发现存在一些亟待整改的突出问题，主要包括搬迁对象不精准、住房面积超标、部分搬迁户大额举债、安置区选址不合理、项目资金管理不规范、后续脱贫措施不落实等。各地各有关部门要树立问题意识，坚持问题导向，全面查摆整改。

汪洋强调，做好易地扶贫搬迁问题整改，要树立正确的政绩观，把贫困群众长远利益放在首位，准确把握政策实质，下足“绣花”功夫。要始终把脱贫作为搬迁工作目的，纠正重搬迁轻脱贫的倾向，以产业就业为重点做好后续帮扶工作，使搬迁贫困群众逐步走上致富道路。要通过搬迁解决“一方水土养不了一方人”问题，科学规划安置点，细致耐心做好搬迁动员，实质改善贫困群众生产生活条件。要把精准贯穿搬迁全过程，严控住房面积标准，严守搬迁不举债底线，严格规范资金使用和项目管理，做好旧房拆除和宅基地复垦，不断提高易地扶贫搬迁工作质量和成效。

2017 年 6 月 1 日，时任国务院副总理、国务院扶贫开发领导小组组长汪洋在京主持召开国务院扶贫开发领导小组第十七次全体会议。他强调，要牢固树立“四个意识”，强化问题导向，加强效果监管，以扶贫考核评估发现问题整改为契机，不断改进工作，提高扶贫成效，做到脱贫工作务实、脱贫过程扎实、脱贫结果真实，确保脱贫攻坚始终沿着正确方向扎实推进。

汪洋充分肯定各省区市扶贫考核评估发现问题整改工作取得的进展及初步成效。他强调，要坚持“中央统筹、省负总责、市县抓落实”的工作体制，适时对各地整改情况开展督查巡查，进一步传导压力、压实责任，督促引导各地提高扶贫工作实效。要善于发现总结推广各地好的经验和做法，树立一批精准扶贫、精准脱贫先进典型，发挥示范引领作用。要完善扶贫考核评估工作机制，创新方式方法，使考核评估工作更加科学有效、符合实际。下决心从上级机关找原因，解决基层写材料、填报表、迎检查等耽于形式的做法，为基层聚精会神搞帮扶创造条件。要及时发现扶贫工作中的苗头性、倾向性问题，有针对性地加以解决。把防止返贫和继续攻坚放在同等重要位置，摸清返贫情况，分析返贫成因，加强返贫防范，完善对策措施，推进稳定脱贫、可持续脱贫。改进完善资产收益扶贫工作，有效增加贫困人口收益。在加大扶贫贷款规模的同时，要重视扶贫贷款重数量、轻质量，重放贷、轻还贷等不良倾向，明晰贷款偿还责任，加强信贷风险管理。

2017 年 6 月 2 日，全国农业产业扶贫精准脱贫经验交流会在延安市洛川县召开，时任国务院副总理、国务院扶贫开发领导小组组长汪洋出席会议并讲话。他强调，发展产业是贫困人口实现脱贫的根本之策。要深入学习贯彻习近平总书记关于扶贫开发的重要论述，牢固树立正确政绩观，紧紧围绕脱贫增收，因地制宜，精准施策，加大产业扶贫力度，为贫困人口稳定脱贫提供强有力支撑。

汪洋强调，产业扶贫是脱贫攻坚的重点和难点所在，要始终把实现稳定脱贫作为工作的核心，切实让产业发展成为农民脱贫致富的依托。要从贫困地区资源条件出发，发挥已经形成的产业优势，因人因户因村实施产业帮扶。要尊重产业发展规律、市场规律，保持定力和耐心，促进可持续发展。要科学规划产业扶贫项目，改变重生产、轻市场，重数量、轻质量，重形式、轻结果的倾向。要积极探索产业扶贫模式，发挥好龙头企业、合作社、大户的带动作用，完善利益联结机制，确保贫困农户获得应有的收益。

汪洋强调，要多方汇集人才支持产业扶贫，既要重视向贫困地区选派管理、经营、技术人才，也要用好当地企业人才、乡土人才，还要重视引导本地外出人才的回流。要加强对贫困人口的资金扶持、技术指导、信息服务，促进贫困人口在实践中锻炼提高，不断增强自我发展能力。

2017 年 6 月 23 日，中共中央总书记、国家主席、中央军委主席习近平在山西太原市主持召开深度贫困地区脱贫攻坚座谈会，听取脱贫攻坚进展情况汇报，集中研究破解深度贫困之策。他强调，脱贫攻坚工作进入目前阶段，要重点研究解决深度贫困问题。各级党委务必深刻认识深度贫困地区如期完成脱贫攻坚任务的艰巨性、重要性、紧迫性，以解决突出制约问题为重点，强化支撑体系，加大政策倾斜，聚焦精准发力，攻克坚中之坚，确保深度贫困地区和贫困群众同全国人民一道进入全面小康社会。

习近平指出，党的十八大以来，党中央把贫困人口脱贫作为全面建成小康社会的底线任务和标志性指标，在全国范围全面打响了脱贫攻坚战。脱贫攻坚力度之大、规模之广、影响之深，前所未有。现在，各方面都行动起来了，党中央各项决策部署得到较好落实，贫困群众生活水平明显提高，贫困地区面貌明显改善。

习近平强调，我国脱贫攻坚任务仍然十分艰巨。现有贫困大多集中在深度贫困地区。这些地区多是革命老区、民族地区、边疆地区，基础设施和社会事业发展滞后，社会文明程度较低，生态环境脆弱，自然灾害频发，贫困人口占比和贫困发生率高，人均可支配收入低，集体经济薄弱，脱贫任务重，越往后脱贫成本越高、难度越大。脱贫攻坚本来就是一场硬仗，深度贫困地区脱贫攻坚更是这场硬仗中的硬仗，必须给予更加集中的支持，采取更加有效的举措，开展更加有力的工作。

习近平指出，加快推进深度贫困地区脱贫攻坚，要按照党中央统一部署，坚持精准扶贫精准脱贫基本方略，坚持中央统筹、省负总责、市县抓落实的管理体制，坚持党政一把手负总责的工作责任制，坚持专项扶贫、行业扶贫、社会扶贫等多方力量、多种举措有机结合和互为支撑的"三位一体"大扶贫格局，以解决突出制约问题为重点，以重大扶贫工程和到村到户帮扶措施为抓手，以补短板为突破口。近年来我们在解决深度贫困问题上有很多成功经验和典型，实践证明只要高度重视、思路对头、措施得力、工作扎实，深度贫困是完全可以战胜的。

习近平为此提出 8 条要求。第一，合理确定脱贫目标。党中央对 2020 年脱贫攻坚的目标已有明确规定，即到 2020 年，稳定实现农村贫困人口不愁吃、不愁穿，义务教育、基本医疗和住房安全有保障；实现贫困地区农民人均可支配收入增长幅度高于全国平均水平，基本公共服务主要领域指标接近全国平均水平；确保我国现行标准下农村贫困人口实现脱贫，贫困县全部摘帽，解决区域性整体贫困。深度贫困地区也要实现这个目标，同时要坚持实事求是，不好高骛远，不吊高各方面胃口。

第二，加大投入支持力度。要发挥政府投入的主体和主导作用，发挥金融资金的引导和协同作用。新增脱贫攻坚资金主要用于深度贫困地区，新增脱贫攻坚项目主要布局于深度贫困地区，新增脱贫攻坚举措主要集中于深度贫困地区。各部门安排的惠民项目要向深度贫困地区倾斜，深度贫困地区新增涉农资金要集中整合用于脱贫攻坚项目。各级财政要加大对深度贫困地区的转移支付规模。要通过各种举措，形成支持深度贫困地区脱贫攻坚的强大投入合力。

第三，集中优势兵力打攻坚战。要发挥集中力量办大事的制度优势，重点解决深度贫困地区公共服务、基础设施以及基本医疗有保障的问题。对居住在自然条件特别恶劣地区的群众加大易地扶贫搬迁力度，对生态环境脆弱的禁止开发区和限制开发区群众增加护林员等公益岗位，对因病致贫群众加大医疗救助、临时救助、慈善救助等帮扶力度，对无法依靠产业扶持和就业帮助脱贫的家庭实行政策性保障兜底。

第四，区域发展必须围绕精准扶贫发力。深度贫困地区的区域发展是精准扶贫的基础，也是精准扶贫的重要组成部分，必须围绕减贫来进行。要重点发展贫困人口能够受益的产业，交通建设项目要尽量向进村入户倾斜，水利工程项目要向贫困村和小型农业生产倾斜，生态保护项目要提高贫困人口参与度和受益水平。

第五，加大各方帮扶力度。对东西部扶贫协作和对口支援、中央单位定点帮扶的对象在深度贫困地区的，要在资金、项目、人员方面增加力度。东部经济发达县结对帮扶西部贫困县"携手奔小康行动"和民营企业"万企帮万村行动"，都要向深度贫困地区倾斜。要通过多种形式，积极引导社会力量广泛参与深度贫困地区脱贫攻坚。

第六，加大内生动力培育力度。要坚持扶贫同扶智、扶志相结合，注重激发贫困地区和贫困群众脱贫致富的内在活力，注重提高贫困地区和贫困群众的自我发展能力。要改进工作方式方法，多采用生产奖补、劳务补助、以工代赈等机制，教育和引导贫困群众通过自己的辛勤劳动脱贫致富。

第七，加大组织领导力度。深度贫困地区党委和政府要坚持把脱贫攻坚作为“十三五”期间头等大事和第一民生工程来抓，做到人员到位、责任到位、工作到位、效果到位。县委书记要统揽脱贫攻坚，统筹做好进度安排、项目落地、资金使用、人力调配、推进实施等工作。脱贫攻坚期内贫困县县级党政正职要保持稳定。要夯实农村基层党组织，选好书记，配强领导班子，发挥好村党组织在脱贫攻坚中的战斗堡垒作用。要把深度贫困地区作为锻炼干部、选拔干部的重要平台。

第八，加强检查督查。要坚持年度脱贫攻坚报告和督查制度，实施最严格的考核评估，对不严不实、弄虚作假的严肃问责，对挪用、贪污扶贫款项的严肃处理。扶贫工作必须务实，脱贫过程必须扎实，脱贫结果必须真实，脱贫计划不能脱离实际随意提前，扶贫标准不能随意降低，决不能搞数字脱贫、虚假脱贫。

2017 年 6 月 30 日，时任国务院副总理、国务院扶贫开发领导小组组长汪洋在京主持召开国务院扶贫开发领导小组第十八次全体会议。他强调，要认真贯彻落实习近平总书记在深度贫困地区脱贫攻坚座谈会上的重要讲话精神，牢固树立“四个意识”，强化责任担当，聚焦突出短板，加大攻坚力度，确保深度贫困地区如期实现脱贫攻坚目标。

汪洋强调，打赢深度贫困地区脱贫攻坚这场“硬仗中的硬仗”，必须按照党中央统一部署，进一步分析深度贫困成因，做好贫困人口分类，对症下药，精准施策，给予更加集中的支持，采取更加有效的举措，开展更加有力的工作。要坚持“中央统筹、省负总责、市县抓落实”管理体制，强化支撑保障体系建设，扶贫资金、项目、举措要向深度贫困地区倾斜。要坚持精准扶贫、精准脱贫，真正聚焦深度贫困区域和贫困人口，集中优势兵力，因户因人施策。要加强产业扶贫、劳务输出帮扶。对因病致贫返贫的要加强医疗救助，对无法依靠产业扶持和就业帮助脱贫的家庭实行政策性保障兜底。区域发展也必须围绕精准扶贫发力。要调整充实深度贫困地区一线帮扶力量，激发贫困群众内生动力，积极引导社会力量参与，形成攻坚强大合力。

汪洋强调，要认真开展今年的脱贫攻坚督查巡查工作，坚持问题导向，重点检查各地考核评估发现问题整改落实情况，注重总结经验，重视解决重复填表报数等形式主义问题。

2017 年 7 月 3 日，中共中央政治局常委、中央纪委书记王岐山出席扶贫领域监督执纪问责工作电视电话会并讲话。他强调，打赢脱贫攻坚战，关乎全面建成小康社会。要认真学习贯彻习近平总书记在深度贫困地区脱贫攻坚座谈会上的重要讲话精神，落实党中央决策部署，推动全面从严治党向基层延伸，厚植党执政的政治基础，以扎扎实实的工作业绩迎接党的十九大胜利召开。

王岐山指出，人民群众对美好生活的向往就是我们的奋斗目标。让贫困人口脱贫，体现党的理想信念宗旨和路线方针政策，是习近平总书记情之所系、心之所惦，是党对人民的庄严承诺。换届后的新一届省市县纪委要牢固树立“四个意识”，伴随着“两学一做”学习教育常态化制度化，学习领会习近平总书记关于脱贫工作的重要讲话精神，提高政治站位和政治觉悟，深入贯彻协调推进“四个全面”战略布局的要求，把握纪委的职责定位，敢于担当，加强监督检查，强化监督执纪问责，确保到 2020 年贫困地区和贫困群众同全国人民一道进入全面小康社会。

王岐山强调，要从中央纪委和省级纪委做起，一级抓一级、层层传导压力，推动管党治党政治责任落实到基层。要以党中央关于脱贫攻坚的要求为尺子，瞪大眼睛、拉长耳朵，重点查处贯彻中央脱贫工作决策部署不坚决不到位，弄虚作假、阳奉阴违的行为，确保中央政令畅通。坚决纠正以形式主义、官僚主义对待扶贫工作、做表面文章的问题，树立起实事求是、求真务实的鲜明导向。严肃查处贪污挪用、截留私分，优亲厚友、虚报冒领，雁过拔毛、强占掠夺问题，对胆敢向扶贫资金财物“动奶酪”的严惩不贷。要定期梳理汇总信访举报问题，建立问题线索移送查处机制，问题突出、反映集中的要督查督办。对搞数字脱贫、虚假脱贫的，对扶贫工作不务实不扎实、脱贫结果不真实、发现问题不整改的要严肃问责，使脱贫成效让群众认可，经得住历史的检验，确保党的好政策落到实处，增强群众的获得感。

王岐山指出，脱贫攻坚是一场硬仗，考校着纪检监察干部的思想政治水平。省市县乡和村镇的纪检干部要坚持问题导向，提高发现问题、解决问题的能力，敢于反映和处理问题。纪委派驻机构要发挥探头作用，把监督执纪工作落实到位，为脱贫攻坚提供保障。要培养严实深细的工作作风，扎实做好基础工作，做到情况明、数字准、责任清、作风正、工作实。失职失责就要被问责，对扶贫工作中发生系统性区域性问题的，要坚决追究纪检监察机关的监督责任。

2017 年 7 月 31 日，时任国务院副总理、国务院扶贫开发领导小组组长汪洋在京主持召开国务院扶贫开发领导小组第十九次全体会议。他强调，要认真贯彻落实习近平总书记关于脱贫攻坚的重要论述，坚持稳中求进工作总基调，充分用好脱贫攻坚督查巡查成果，以问题为导向，以深度贫困地区为重点，改进帮扶工作，完善政策举措，不断提高扶贫精准度和实效性，更加扎实有力地推进脱贫攻坚。

按照党中央部署，国务院扶贫开发领导小组近期对有扶贫任务的中西部 22 个省区市开展了督查巡查，重点检查省级党委和政府扶贫开发工作成效考核发现问题整改落实情况。汪洋充分肯定督查巡查工作成效以及各地整改工作取得的阶段性进展。他强调，要以督查巡查为契机，认真总结推广各地先进典型和成熟经验，完善政策支撑保障体系，加强和改进扶贫工作。要高度重视并认真解决督查巡查发现的具有普遍性的突出问题，保持定力和信心，勇于承认问题，正确看待问题，认真解决问题，推进扶贫工作不断深入。要坚持中央统筹、省负总责、市县抓落实的管理体制，坚持精准扶贫精准脱贫基本方略，狠下“绣花”功夫，对症下药，因地制宜探索创新，着力补齐贫困地区尤其是深度贫困地区的脱贫短板。

会议还研究了支持深度贫困地区脱贫攻坚的政策举措等。

2017 年 8 月 29 日，东西部扶贫协作经验交流会在京召开。中共中央政治局常委、国务院总理李克强作出重要批示。批示指出：一年来，各有关地区和各部门按照党中央、国务院决策部署，团结进取，扎实开展东西部扶贫协作，在项目资金支持、人才技术支撑、产业发展合作等方面不断加大工作力度，取得了积极成效，应予充分肯定。当前，推进脱贫攻坚正处于关键时期，帮扶双方要认真贯彻习近平总书记关于切实做好新形势下东西部扶贫协作工作的重要讲话精神，总结经验，再接再厉，继续以深度贫困地区为重点，进一步创新完善协作模式，加强精准帮扶，切实提高脱贫工作实效，努力在培育贫困地区内生发展动力上取得更大进展，动员和凝聚全社会力量共同参与，持续不懈打好脱贫攻坚战，带动更多贫困群众实现稳定脱贫、走上致富路，为全面建成小康社会作出新贡献。时任国务院副总理、国务院扶贫开发领导小组组长汪洋出席会议并讲话。他强调，要深入贯彻习近平总书记在东西部扶贫协作座谈会上的重要讲话精神，认真落实李克强总理的重要批示要求，切实增强责任感和紧迫感，紧紧围绕精准脱贫，发挥制度优势，坚持互利共赢，创新帮扶举措，不断提高东西部扶贫协作水平。

汪洋充分肯定东西部扶贫协作取得的进展和成效。他强调，新时期东西部扶贫协作参与主体多、帮扶链条长、协作范围广、目标要求高，协作双方要加强组织领导，加大协作力度，切实提高帮扶质量，把带动了多少贫困人口脱贫作为检验协作成效的重要标准。要坚持扶贫初心，紧紧围绕脱贫目标谋划安排扶贫协作，进一步增强帮扶工作对贫困群众脱贫的促进作用。坚持精准扶贫精准脱贫方略，解决好“五个一批”的短板领域和薄弱环节，协作资源和力量进一步向贫困乡村基层倾斜。要立足东西部地区各自优势，进一步拓宽协作领域，增强协作深度，探索协作创新，实现东部拓展产业发展空间和西部加快脱贫步伐的“双赢”。要突出协作重点，资金、项目、人员等向深度贫困地区倾斜，更加注重产业带动、劳务对接和人才支持。要强化考核监督，脱贫攻坚期内每年对协作双方工作情况进行考核，树立求真务实导向，提高扶贫协作实效性。要健全社会扶贫动员机制，落实社会扶贫支持政策，广泛动员社会力量参与，形成东西部扶贫协作强大合力。

2017 年 9 月 12 日，时任国务院副总理、国务院扶贫开发领导小组组长汪洋在京主持召开国务院扶贫开发领导小组第二十次全体会议。他强调，要深入贯彻习近平总书记关于扶贫开发的重要论述，认真落实全国人大常委会第二十九次会议和全国政协常委会第二十二次会议关于脱贫攻坚工作的意见建议，坚持实事求是，坚持群众路线，以问题为导向健全机制、完善政策、改进工作，进一步提升帮扶精准度和实效性，充分调动基层扶贫干部积极性，增强贫困群众获得感，扎实有力推进脱贫攻坚。

汪洋强调，要逐条研究吸纳借鉴人大和政协监督意见建议，分门别类，追根溯源，把握关键，推进整改，全面提升脱贫攻坚工作水平。要抓紧制定问题整改具体方案，明确部门分工，设定时间表，上下联动，落实整改责任，把监督的丰富成果转化为推进脱贫攻坚的强大动力。

汪洋强调，贫困县摘帽退出，政策性强、必须严之又严。要按照贫困退出机制要求，规范执行贫困县退出的标准和程序，从严从实开展贫困县退出评估检查，确保脱贫成效真正获得群众认可，经得起实践和历史检验。对摘帽退出县在攻坚期内要继续提供扶持，巩固脱贫成果。

2017 年 9 月 16—17 日，全国易地扶贫搬迁现场会在四川省达州市召开。中共中央政治局常委、国务院总理李克强作出重要批示。批示指出：易地扶贫搬迁是推进供给侧结构性改革、补齐贫困地区发展短板、打赢脱贫攻坚战的重要抓手。各地区各相关部门按照党中央、国务院决策部署，在规划建设、搬迁安置、就业安排、后续发展等方面做了大量工作，已完成一半以上搬迁建设任务，成绩应予肯定。要深入贯彻习近平总书记系列重要讲话精神和治国理政新理念新思想新战略，进一步增强使命感、责任感和紧迫感，充分发挥基层干部群众的积极性、主动性和创造性，合理安排搬迁规模和进度，严格抓好工程质量，规范资金项目管理，实现精准搬迁、安全搬迁、阳光搬迁；聚焦培育内生动力，结合各地实际下大力气解决搬迁群众后续产业发展和就业增收问题，确保搬迁一户、稳定脱贫一户，为打赢脱贫攻坚战、全面建成小康社会作出更大贡献。时任国务院副总理、国务院扶贫开发领导小组组长汪洋出席会议并讲话。他强调，要深入贯彻习近平总书记关于扶贫开发的重要论述，落实李克强总理重要批示要求，坚持稳中求进工作总基调，严格执行搬迁政策，强化后续帮扶举措，着力防控风险隐患，切实提高易地扶贫搬迁工作质量。

汪洋充分肯定易地扶贫搬迁工作取得的积极进展。他强调，易地扶贫搬迁进入啃硬骨头的关键期，必须认真解决好倾向性问题，防止出现后遗症。要将有搬迁意愿、符合条件的贫困户全部纳入搬迁范围，因人因户落实产业、就业、社会保障等后续帮扶措施，确保精准搬迁、稳定脱贫。要严格控制住房面积和建设标准，合理确定建档立卡贫困户和同步搬迁户补助标准，努力化解政策的“悬崖效应”。要科学规划安置点选址，规避灾害隐患，狠抓建设质量，改进户型设计，打造“安全工程”“放心工程”。要建立完善项目还款机制，着力推进拆旧复垦，用好城乡建设用地增减挂钩等政策。要总结推广四川等地好经验好做法，强化领导责任，加强资金项目监管，较真碰硬开展考核评估和专项稽查，加大对深度贫困地区倾斜支持力度。

2017 年 9 月 28 日，深度贫困地区脱贫攻坚电视电话会议在北京召开，时任国务院副总理汪洋出席会议并讲话。他强调，要深入贯彻习近平总书记在深度贫困地区脱贫攻坚座谈会上的重要讲话精神，落实党中央、国务院决策部署，进一步增强责任感和紧迫感，坚持精准方略，注重标本兼治，强化支撑保障体系，加大政策倾斜力度，确保深度贫困地区如期实现脱贫目标。

汪洋强调，深度贫困地区脱贫攻坚是“硬仗中的硬仗”，要加强中央统筹，国家重点支持西藏、四省藏区、南疆四地州和四川凉山、云南怒江、甘肃临夏等“三区三州”。中央和国家机关有关部门要在基础设施建设、易地扶贫搬迁、危房改造、教育扶贫、健康扶贫、就业扶贫、生态扶贫、兜底保障、土地政策、干部人才等方面，对深度贫困地区实施倾斜政策。尤其要重视解决好贫困老年人、残疾人、重病患者等群体的脱贫问题。各地要担负起本区域深度贫困攻坚的总体责任，盯住最困难的地方，瞄准最困难的群体，扭住最急需解决的问题，逐一研究本区域深度贫困县、乡、村的攻坚方案，因地制宜细化政策举措，让深度贫困地区发生实实在在的变化。

汪洋强调，要强化深度贫困地区的工作力量，调整充实第一书记和驻村工作队，把有理想、能干事的优秀干部派到攻坚第一线。要关心关爱基层帮扶干部，解决好他们工作生活中的困难。要强化扶贫资金监管，提高资金使用效益和透明度。要加强考核监督，确保脱贫成果经得起实践和历史检验。

2017 年 10 月 9 日，在第四个国家扶贫日即将到来之际，中共中央总书记、国家主席、中央军委主席习近平对脱贫攻坚工作作出重要指示强调，社会主义是干出来的。脱贫攻坚是硬仗中的硬仗，必须付出百倍努力。全党全社会要再接再厉、扎实工作，坚决打赢脱贫攻坚战，在全面建成小康社会的征程上不断创造新的业绩。

习近平指出，摆脱贫困，为广大人民群众谋幸福，是我们党和国家推动发展的根本目的。党的十八大以来，党中央作出到 2020 年现行标准下农村贫困人口实现脱贫的庄严承诺。各地区各部门认真贯彻党中央决策部署，贫困地区广大干部群众自强自立、苦干实干，全党全社会用心用力帮扶，深入推进精准扶贫、精准脱贫，创新体制机制，推动脱贫攻坚取得显著进展，成绩值得充分肯定。

习近平强调，在脱贫攻坚的火热实践中，涌现出一大批先进典型，全国脱贫攻坚奖获得者就是其中的优秀代表。要发扬他们扎根基层、敢挑重担、无私奉献、勇于创新的精神，激励各方面坚定信心、积极行动，进一步增强脱贫攻坚合力。基层一线扶贫工作者是脱贫攻坚的生力军，对他们要在政治上关心、工作上支持、生活上保障，支持他们在脱贫攻坚战场上奋发有为、大显身手。

中共中央政治局常委、国务院总理李克强作出批示指出，打赢脱贫攻坚战，是保障全体人民共享改革发展成果、实现共同富裕的重大举措。这次评选表彰的获奖者长年奋斗在脱贫攻坚主战场和基层一线，他们在各自岗位上积极发挥模范带头作用，做出了不平凡的感人业绩，谨向受到表彰的同志表示热烈祝贺！当前，脱贫攻坚已经到了决战决胜阶段。各地区各部门要深入学习贯彻习近平总书记系列重要讲话精神和治国理政新理念新思想新战略，坚持精准扶贫精准脱贫基本方略，坚持以深度贫困地区为重点，以先进典型为榜样，以更强的责任感、更硬的举措、更大的气力，着力破解制约脱贫的关键瓶颈和突出困难，着力提高脱贫攻坚实效，着力增强贫困地区自我发展能力。支持关心基层扶贫工作者工作生活，进一步凝聚全社会力量，奋发进取，实干苦干，确保贫困群众如期实现脱贫，为实现全面建成小康社会奋斗目标作出更大贡献。

脱贫攻坚先进事迹报告会 9 日上午在京举行。中共中央政治局委员、国务院扶贫开发领导小组组长汪洋出席报告会并讲话。他强调，要深入贯彻习近平总书记关于扶贫开发的重要论述，集众智、汇众力，扎实推进精准扶贫精准脱贫。要发挥先进典型示范导向作用，强化矢志扶贫、决战脱贫的使命担当，坚持自力更生、艰苦奋斗的进取精神，树立锐意改革、勇于探索的创新意识，发扬扶贫济困、守望相助的传统美德，坚决打赢脱贫攻坚战。

2017 年 10 月 9 日，2017 减贫与发展高层论坛在北京召开，时任国务院副总理汪洋出席论坛并致辞。他强调，消除贫困是全人类的共同理想，也是当今时代的重要主题。中国始终是国际减贫事业的积极倡导者和有力推动者，愿与各国一道，持续开展减贫经验交流，深入推进国际减贫与发展合作，为实现 2030 年可持续发展议程目标注入强劲动力。

汪洋强调，中国共产党和中国政府始终把消除贫困、改善民生、实现共同富裕作为执政宗旨，中国的政治优势和制度优势是我们取得了举世瞩目减贫成就的根本保证。党的十八大以来，中国能够在脱贫难度不断加大的情况下，仍然每年减贫 1000 万人以上，展现出新的重要的时代特征。习近平总书记作为党的领导核心，对贫困有着刻骨铭心的经历，他以强烈的使命情怀和政治担当，亲力亲为抓扶贫，展现了卓越的领导力。党的作风转变为各项政策措施的落实提供了有力的保障，各级党组织和各级政府在扶贫领域较真碰硬、苦干实干蔚然成风。各地深入实施精准帮扶，基层群众因地制宜探索创新，全党全社会合力攻坚，推动扶贫开发不断取得新进展。下一步，中国将坚持新发展理念，坚持精准扶贫方略，聚焦深度贫困地区和重点贫困群体，进一步动员社会各方面参与，坚决打赢脱贫攻坚战，为国际减贫事业作出新贡献。

本次论坛以“精准扶贫与 2030 年可持续发展议程”为主题，联合国秘书长古特雷斯向论坛致贺信。来自 13 个国家的政要、16 个国际机构的代表以及专家学者共 200 余人参加了论坛。

2017 年 11 月 13 日，中共中央政治局常委、时任国务院副总理、国务院扶贫开发领导小组组长汪洋在京主持召开国务院扶贫开发领导小组第 21 次全体会议。他强调，要认真贯彻落实党的十九大关于打赢脱贫攻坚战的新部署新要求和习近平总书记关于扶贫开发重要指示精神，准确把握新时代脱贫攻坚战略定位，增强脱贫攻坚使命担当，强化忧患意识和问题导向，有力推进脱贫攻坚，扎实兑现我们党对全体人民和国际社会的庄严承诺。

汪洋强调，作风建设攸关脱贫攻坚成败，要认真组织开展扶贫领域作风问题专项治理，较真碰硬、从严从实，以上率下、标本兼治，用作风建设的成果促进各项扶贫政策举措的落实。要加大对基层扶贫干部的培训力度，重点讲清党的十九大对脱真贫、真脱贫的要求，讲清脱贫攻坚制度政策举措，讲清改进作风的具体办法。要完善驻村帮扶管理制度，健全工作规范，打造懂扶贫、会帮扶、作风硬的扶贫干部队伍。要大兴调查研究之风，改进扶贫调研方式，力戒形式主义，注重发现并解决问题。要构建作风建设长效机制，加强对重点地区和重点工作的常态化监督，对扶贫领域作风问题的典型案件要严肃查处。

2017 年 12 月 27—29 日，全国扶贫开发工作会议在北京召开，中共中央政治局常委、国务院扶贫开发领导小组组长汪洋出席会议并讲话。他强调，要认真贯彻党的十九大和中央经济工作会议、中央农村工作会议精神，深入贯彻习近平总书记关于扶贫开发的重要论述，牢固树立“四个意识”，切实增强责任感使命感，深化精准扶贫精准脱贫，坚持现行标准，突出工作重点，强化攻坚能力，提高脱贫质量，坚决打好精准脱贫攻坚战。

汪洋充分肯定脱贫攻坚取得的决定性进展。他强调，明年是脱贫攻坚承上启下的关键之年。要聚焦深度贫困地区攻坚，聚焦特殊贫困人口精准帮扶，聚焦贫困群众脱贫最急需解决的突出问题，改进帮扶政策举措，增强贫困群众获得感。建立稳定脱贫长效机制，防范各类风险，强化资金管理，促进脱贫提质增效。加强学习培训，促进领导干部转变观念，提高县乡村攻坚能力。将扶贫同扶志、扶智相结合，激发贫困人口内生动力。关心爱护基层帮扶干部，帮助解决实际困难。完善考核评估，减轻基层工作负担。深入调查研究，以问题为导向改进作风。将贫困地区作为实施乡村振兴战略支持重点，促进巩固脱贫成果。

（国务院扶贫办综合司）

2017 年度中央领导同志重要指示

习近平在河北张家口看望慰问基层干部群众时的讲话（摘要）

消除贫困、改善民生、实现共同富裕，是社会主义本质要求，是我们党矢志不渝的奋斗目标。打好脱贫攻坚战，是全面建成小康社会的底线任务。做好这项工作，不能眉毛胡子一把抓，而要下好“精准”这盘棋，做到扶贫对象精准、扶贫产业精准、扶贫方式精准、扶贫成效精准。要因地制宜探索精准脱贫的有效路子，多给贫困群众培育可持续发展的产业，多给贫困群众培育可持续脱贫的机制，多给贫困群众培育可持续致富的动力。要把扶贫开发、现代农业发展、美丽乡村建设有机结合起来，实现农民富、农业强、农村美。要加强农村基层组织建设，使党支部更好发挥战斗堡垒作用，成为带领农民群众脱贫致富的主心骨，把乡亲们的事情办好。

完成脱贫攻坚任务，越到后来难度越大。要以精准扶贫、精准脱贫为主线，分类施策，真抓实干，吹糠见米，确保贫困人口如期实现脱贫。要把发展生产扶贫作为主攻方向，努力做到户户有增收项目、人人有脱贫门路；要把易地搬迁扶贫作为重要补充，确保搬得出、稳得住、能致富；要把生态补偿扶贫作为双赢之策，让有劳动能力的贫困人口实现生态就业，既加强生态环境建设，又增加贫困人口就业收入；要把发展教育扶贫作为治本之计，确保贫困人口子女都能接受良好的基础教育，具备就业创业能力，切断贫困代际传递；要把社会保障兜底扶贫作为基本防线，加大重点人群救助力度，用社会保障兜住失去劳动能力人口的基本生活。

各级党委和政府要把脱贫责任扛在肩上，把任务抓在手上，确保每项工作落实到人，确保贫困人口如期实现脱贫，不能搞虚假扶贫、数字脱贫。要把扶贫同扶志结合起来，着力激发贫困群众发展生产、脱贫致富的主动性，着力培育贫困群众自力更生的意识和观念，引导广大群众依靠勤劳双手和顽强意志实现脱贫致富。

（资料来源：新华社　2017 年 1 月 24 日）

习近平视察驻张家口部队时的讲话（摘要）

在完成军事任务的同时，部队要以实际行动支持京津冀协同发展和脱贫攻坚工作，为全面建成小康社会贡献力量。

（资料来源：新华社　2017 年 1 月 25 日）

习近平考察广西时的讲话（摘要）

广西是革命老区，是贫困地区，也是边境地区、民族地区。脱贫攻坚工作做好了，边疆稳定、民族团结就有了坚实基础；边境建设搞好了，民族事业发展了，对打赢脱贫攻坚战也是极大促进。这几项工作是一个有机整体，要一并研究、同步推进。当前，脱贫攻坚形势依然严峻，必须倒排工期，落实精准扶贫精准脱贫方略。要针对致贫原因分类施策，戒搞形式，戒做虚功，下一番“绣花”的功夫。对贫中之贫、困中之困，要采取超常规措施。要加快老区建设和发展，让老区人民尽快摆脱贫困，过上幸福日子。

（资料来源：新华社　2017 年 4 月 21 日）

习近平考察山西忻州时的讲话（摘要）

近年来我们向基层派出第一书记、扶贫工作队，还建立了“村官”制度。这都是做好“三农”工作特别是脱贫攻坚工作的组织举措，也为干部锻炼成长搭建了平台。我们要从他们当中发现好同志、好干部，并着力加以培养。

人民群众对美好生活的向往就是我们的奋斗目标。现在党中央就是要带领大家一心一意脱贫致富，让人民生活越过越好。芝麻开花节节高。请乡亲们同党中央一起，撸起袖子加油干！

（资料来源：《人民日报》 2017 年 6 月 22 日）

习近平在中国共产党第十九次全国代表大会上的报告（节选）

坚决打赢脱贫攻坚战。让贫困人口和贫困地区同全国一道进入全面小康社会是我们党的庄严承诺。要动员全党全国全社会力量，坚持精准扶贫、精准脱贫，坚持中央统筹省负总责市县抓落实的工作机制，强化党政一把手负总责的责任制，坚持大扶贫格局，注重扶贫同扶志、扶智相结合，深入实施东西部扶贫协作，重点攻克深度贫困地区脱贫任务，确保到二〇二〇年我国现行标准下农村贫困人口实现脱贫，贫困县全部摘帽，解决区域性整体贫困，做到脱真贫、真脱贫。

（资料来源：新华社　2017 年 10 月 27 日）

李克强在第十一届夏季达沃斯论坛开幕式上的讲话（摘要）

我们不断提升基本民生保障水平，建立起了覆盖全民的基本养老、基本医疗、义务教育三张保障网。瞄准中低收入人群特别是贫困人口，着力实施农村脱贫攻坚、城镇棚户区改造等重大民生工程。中国的包容性增长，使人民群众生活更好、更有尊严，使经济社会发展更有活力、更可持续。

（资料来源：中国政府网　2017 年 6 月 27 日）

李克强在陕西宝鸡考察时的讲话（摘要）

易地扶贫搬迁需做好长远谋划，既要妥善解决村民安置和就业，也要创新思路做好乡村原址开发，要算精这笔“可持续”细账。

（资料来源：中国政府网　2017 年 7 月 10 日）

李克强在山西长治考察时的讲话（摘要）

脱贫攻坚越往后做，工作越须做实做细，要尽力做到精准扶贫到户到人。

我们不但要破解村民的看病难，还要防止村民因病致贫和因病返贫。村医要站好守护村民健康的第一道岗。

（资料来源：中国政府网　2017 年 9 月 4 日）

汪洋在山西调研时的讲话（摘要）

贫困地区要牢固树立“四个意识”，切实以脱贫攻坚统揽经济社会发展全局，加大工作落实力度，强化产业和劳务输出扶贫，培育壮大贫困村集体经济，管好用好扶贫资金，加强干部作风建设，激发贫困群众内生动力，加快推进精准脱贫、稳定脱贫。

考核评估要真正深入扶贫一线，排除干扰，实地查核，确保结果准确可靠。要敢于揭短亮丑，如实反映扶贫工作中的问题，推动早发现、早解决，以真考实评促真抓实干。要注重发现工作先进典型，总结可复制可推广经验，推动脱贫攻坚有力有效推进。要用好考核评估结果，对任务完成不好的，该约谈要约谈，该通报要通报，对搞形式主义、弄虚作假、数字脱贫的，要严肃问责。

（资料来源：新华社　2017 年 1 月 15 日）

汪洋在陕西调研时的讲话（摘要）

易地扶贫搬迁是脱贫攻坚战的重大战役。要认真贯彻落实党中央、国务院决策部署，切忌急功近利，注重精准做好搬迁后帮扶，注重强化搬迁资金项目监管，注重防范处置搬迁中各类风险，使贫困群众不因搬迁举债、搬后能够稳定脱贫，确保如期实现易地扶贫搬迁工作目标。

易地扶贫搬迁是一项系统工程，必须统筹兼顾，稳妥推进。对“一方水土养不活一方人”的地方，要改变贫困群众穷窝苦熬的状况，鼓励他们搬迁打拼，努力做到应搬尽搬。要明确搬迁只是手段，脱贫才是目的，解决好搬迁后影响稳定脱贫的问题。要用活用好城乡建设用地增减挂钩政策，理顺还款渠道，防止形成财政包袱和银行坏账。要健全搬迁资金项目监管机制，严肃查处违规招投标、贪占挪用资金等行为，实现廉洁搬迁。

当前脱贫攻坚工作正处在攻城拔寨的关键阶段，要遵循扶贫内在规律，正确处理好“快”与“慢”的关系，坚决反对急功近利的政绩观和工作方法。要防止工作急躁症、片面追求短期收入超过贫困线，防止为急于脱贫摘帽而层层加码、透支财力物力，防止虚假脱贫、数字脱贫。要拿出愚公移山、滴水穿石的韧劲，切实做到因地制宜、因户因人精准施策，建立稳定脱贫长效机制，不断提高脱贫攻坚质量和实效。

（资料来源：新华社　2017 年 1 月 21 日）

汪洋在四川藏区调研时的讲话（摘要）

藏区等深度贫困地区是脱贫攻坚的重点、难点和关键点。要认真贯彻落实习近平总书记新时期扶贫开发重要战略思想，坚持稳中求进工作总基调，加大攻坚力度，用“绣花”的功夫深化精准扶贫精准脱贫，真抓实干、求真务实，坚决打赢深度贫困地区脱贫攻坚战。

深度贫困地区脱贫攻坚任务重、难度大，尤其要下“绣花”功夫，压实责任、精准施策，做过细工作。要明确“绣花”目的，践行以人民为中心的政绩观，确保贫困群众获得实实在在的好处。要保持“绣花”定力，继续坚持“中央统筹、省负总责、市县抓落实”的管理体制，继续坚持现行标准和时限，凝心聚力，扎实工作，避免急于求成。要因“花”制宜、精准施策，发挥深度贫困地区后发优势，用好自然生态、风土人情等资源，大力发展特色农牧业、旅游业等，加强地方病防治，推进移风易俗，树立健康文明新风尚，建立健全稳定脱贫的长效机制。要提高“绣花”本领，加大对贫困村基层组织、第一书记、驻村工作队等帮扶力量的培养和关爱，吸引本土雁归人才回村任职创业，选好用好脱贫致富带头人，造就一批能打硬仗、善于“绣花”的队伍，为打赢脱贫攻坚战奠定坚实的组织基础。

（资料来源：新华社　2017年4月21日）

汪洋在安徽调研时的讲话（摘要）

产业是实现贫困群众可持续脱贫的重要依托。要坚持精准扶贫、精准脱贫，充分发挥贫困地区资源优势，因地制宜培育优势特色产业，发展壮大农村集体经济，带动贫困人口稳定脱贫，提高脱贫攻坚的质量和成效。

要认真总结经验、吸取教训，稳中求进做好产业扶贫工作。要从贫困地区实际出发，统筹规划好产业扶贫项目，坚持市场导向，尊重市场规律，防止一拥而上、盲目跟风。要积极探索光伏扶贫可持续发展模式，完善与贫困户的利益联结机制，提高贫困人口参与度。要强化光伏扶贫项目的脱贫导向，财政资金投入形成的资产，要最大程度让贫困村贫困户受益，光伏管护等公益性岗位优先安排给贫困人口，不断提高光伏扶贫的精准度和有效性。

（资料来源：新华社　2017 年 5 月 16 日）

2017 年度重要部署

【深度贫困地区脱贫攻坚】 以习近平同志为核心的党中央高度重视深度贫困地区脱贫攻坚。2017年2月21日，中共中央总书记习近平主持召开中央政治局第39次集体学习时首次强调，要把深度贫困地区作为区域攻坚重点，确保在既定时间节点完成脱贫攻坚任务。6月23日，习近平在山西省太原市主持召开深度贫困地区脱贫攻坚座谈会并发表重要讲话，对深度贫困地区脱贫攻坚进行全面部署，标志着脱贫攻坚进一步向深度贫困地区聚焦。9月26日，中共中央办公厅、国务院办公厅印发《关于支持深度贫困地区脱贫攻坚的实施意见》（以下简称《实施意见》），明确要求：中央统筹，重点支持"三区三州"，新增脱贫攻坚资金、新增脱贫攻坚项目、新增脱贫攻坚举措主要用于深度贫困地区。落实部门责任，支持深度贫困地区、解决深度贫困问题，中央和国家机关有关部门要落实行业主管责任，对"三区三州"和其他深度贫困地区、深度贫困问题，予以统筹支持解决。省负总责，解决区域内深度贫困问题，各省、自治区、直辖市党委和政府要统筹整合资源，紧盯最困难的地方，瞄准最困难的群体，扭住最急需解决的问题，集中力量解决本区域内深度贫困问题。10月18日，习近平在党的十九大报告中，把深入推进脱贫攻坚纳入新时代坚持和发展中国特色社会主义的基本方略，把精准脱贫作为决胜全面建成小康社会必须打赢的"三大攻坚战"之一，强调"坚决打赢脱贫攻坚战""重点攻克深度贫困地区脱贫任务，确保到二〇二〇年我国现行标准下农村贫困人口实现脱贫，贫困县全部摘帽，解决区域性整体贫困，做到脱真贫、真脱贫"。

为深入贯彻"十九大"精神，按照《实施意见》工作要求，时任国务院副总理、国务院扶贫开发领导小组组长汪洋召开深度贫困地区脱贫攻坚电视电话会议、2次扶贫领导小组全体会议和7次专题会议，对重点工作进行安排部署。扶贫领导小组积极部署落实相关工作。一是推进制定出台配套政策。领导小组积极协调，各部门积极作为，26个部门出台了25个支持深度贫困地区脱贫攻坚的政策文件，形成了以《实施意见》为核心的"1＋N"的政策体系，涵盖了财政、金融、土地、交通、水利、健康、教育等多个领域，为"三区三州"和其他深度贫困地区脱贫攻坚提供了有力政策保障。此外，各省区市结合各地实际均制定出台了支持本区域深度贫困地区脱贫攻坚的政策措施。二是指导各省确定深度贫困区域。积极指导有关省区市根据《实施意见》，综合考虑贫困发生率、贫困人口规模、脱贫难度等因素，统筹评估自然条件、产业基础以及义务教育、基本医疗、住房安全"三保障"等情况，确定本区域内的深度贫困地区。全国共确定了334个深度贫困县、1800多个深度贫困乡镇、3万个深度贫困村。三是监督指导脱贫攻坚作战图和时间表。汪洋亲自指挥，用7个半天指导"三区三州"所在6省区分别制定"三区三州"深度贫困地区脱贫攻坚方案。坚持问题导向，突出精准帮扶到人到户，明确深度贫困脱贫攻坚的作战图和时间表。领导小组有关成员单位会商研究"三区三州"6省区实施方案，细化脱贫攻坚的设计图和施工图。6省区"三区三州"脱贫攻坚实施方案经国务院扶贫开发领导小组同意备案，并由6省区印发实施。其他省区市也结合实际制定了本区域深度贫困地区脱贫攻坚实施方案。

在党中央、国务院的坚强领导下，各地区各部门坚决贯彻落实党中央决策部署，各项政策措施进一步向深度贫困地区倾斜，社会各方力量进一步向深度贫困地区聚焦，深度贫困地区脱贫攻坚取得新成效。2017年度，“三区三州”建档立卡贫困人口减少19.6%，贫困发生率下降3.8个百分点。其他深度贫困地区贫困人口和贫困发生率数据也显著下降。

（国务院扶贫办规划财务司）

【扶贫领域作风问题专项治理】 党的十八大以来，以习近平同志为核心的党中央高度重视扶贫领域作风建设，中共中央总书记习近平多次作出重要批示。为学习贯彻习近平重要指示精神，国务院扶贫开发领导小组印发《关于开展扶贫领域作风问题专项治理的通知》，在全国范围开展扶贫领域作风问题专项治理，着力整治扶贫领域存在的“四个意识”不强、责任落实不到位、工作措施不精准、资金管理使用不规范、工作作风不扎实、考核监督从严要求不够等6个方面25个问题。要求坚持统一部署与分工负责相结合、坚持以上率下与加强指导相结合、坚持立行立改与制度建设相结合、坚持集中突破与持续推进相结合，用1年左右时间，集中力量解决突出问题，确保取得阶段性成效，将作风建设贯穿脱贫攻坚全过程，持续推进。

各省区市扶贫开发领导小组和国务院扶贫开发领导小组成员单位都制定了作风问题专项治理实施方案，对照自查问题，梳理整改重点，制定任务清单。严格落实中央八项规定精神，发现并纠正各种形式主义、官僚主义问题，推动作风建设常态化长效化，将作风治理贯穿脱贫攻坚全过程、各环节，持续推进，久久为功。国务院扶贫办成立作风治理工作专班，紧盯脱贫攻坚关键环节和作风方面的突出问题，加强督查调研，定期调度进展，通报典型案例，加大对基层的指导力度，治理工作有序推进。积极配合中共中央纪律检查委员会推进扶贫领域腐败和作风问题专项治理。

为改进工作作风，减轻基层负担，国务院扶贫开发领导小组印发《关于在扶贫考核中切实减轻基层工作负担的通知》，明确要求除每年根据统一部署填报一次建档立卡信息系统数据外，任何单位和部门不得以任何理由要求村级填报扶贫数据；除党中央、国务院确定的督查巡查、考核评估外，领导小组不再组织其他检查考评。严禁各地多头考核、层层考核、搭车考核，确保基层扶贫干部将工作精力用到精准帮扶上。国务院扶贫开发领导小组办公室（以下简称“国务院扶贫办”，全书同）印发《关于进一步克服形式主义减轻基层负担的通知》，要求减少填表报数、减少检查考评、减少会议活动、减少发文数量、规范调查研究、严格监督问责。

综合各方面情况看，全国扶贫系统进一步牢固树立“四个意识”，强化脱贫攻坚责任担当，强化工作落实，形式主义、官僚主义等问题得到遏制，作风治理取得初步成效。

（国务院扶贫办综合司　居　伟）

第一篇

年度综述篇

2017年是扎实推进脱贫攻坚战的重要一年，是精准扶贫精准脱贫的深化之年。中共中央总书记习近平先后主持中央政治局第三十九次集体学习、中央政治局常委会会议、中央政治局会议、十九届中央全面深化改革领导小组会议，研究部署脱贫攻坚工作。在山西省太原市召开深度贫困地区脱贫攻坚座谈会，研究部署深度贫困地区脱贫攻坚工作。赴河北省张北县、山西省岢岚县看望贫困群众，调研扶贫工作，就脱贫攻坚作出一系列重要指示批示，为打好精准脱贫攻坚战指明了方向，提供了强大动力。国务院连续第四年明确减贫1000万人以上的目标，国务院总理李克强多次主持召开常务会议研究部署脱贫攻坚相关工作。中央政治局其他常委同志和政治局各同志都对脱贫攻坚高度重视，给予有力指导。全国人大常委会、全国政协常委会分别听取脱贫攻坚汇报。国务院扶贫开发领导小组（以下简称“领导小组”）召开7次全体会议、9次工作会议、18次专题会议，时任国务院副总理、领导小组组长汪洋8次带队深入扶贫一线调研，推动工作。在以习近平同志为核心的党中央坚强领导下，各地区各部门认真贯彻落实党中央脱贫攻坚决策部署，社会各界广泛参与，经过各方面的共同努力，脱贫攻坚各项重点工作稳步推进，各项政策举措逐步见效，年度减贫任务超额完成，打赢脱贫攻坚战继续迈出坚实步伐。

（一）分解落实减贫任务

按照中央统筹、省负总责、市县抓落实的工作机制，各省区市依据向中央签署的《脱贫攻坚责任书》，确定2017年贫困人口脱贫和贫困县摘帽计划，报领导小组批准后实施，逐级分解任务、压实责任。国务院扶贫办与各省签订年度减贫责任书，跟踪任务完成情况。据国家统计局贫困监测，2017年减少贫困人口1289万，超额完成年度减贫任务。

（二）稳步推进分类施策

深入实施精准扶贫精准脱贫方略，因村因户因人施策。一是推进产业扶贫。推广成功经验，培育发展特色优势产业，探索发展电商扶贫、光伏扶贫、旅游扶贫等新业态新模式。二是推进易地扶贫搬迁。完成易地扶贫搬迁340万人的建设任务。三是推进就业扶贫。推广省际劳务协作经验，帮助贫困劳动力稳定转移就业。在贫困村建立扶贫车间，帮助贫困人口在家门口就地就近就业。四是推进生态保护扶贫。推广扶贫造林合作社经验，选聘贫困人口为生态护林员。五是推进教育扶贫。贫困县农村学生上重点高校人数再增长9.3%，贫困县义务教育巩固率达到93%以上，义务教育阶段学生营养改善计划对贫困县全覆盖，普通高中建档立卡家庭学生免除学杂费。六是推进健康扶贫。开展大病集中救治一批，慢性病家庭签约服务一批，重病兜底保障一批，加大大病和慢性病贫困患者救治力度，提高贫困人口医疗费用实际报销比例。七是推进危房改造。实施贫困户危房改造190万户，中央补助标准由户均8500元提高到1.4万元。八是推进农村低保与扶贫开发有效衔接。全国农村低保标准达到年人均4211元，低保兜底保障作用进一步加强。

（三）着力改善贫困地区基础设施

各地各部门积极筹措资金，整合资源，进一步完善贫困地区交通、水利、电力、通信网络等基础设施，加快破除发展制约瓶颈。贫困地区全年新改建农村公路14多万千米，98%的乡镇和96%的建制村实现通硬化路，巩固提升350多万建档立卡贫困人口饮水安全水平，改造升级1.2万个贫困村宽带网络覆盖和通信基础设施。各地加强基层组织建设，发展壮大集体经济，完善村内基础设施，培育健康文明生活方式，为贫困群众稳定脱贫、逐步致富提供基础保障。

（四）大力支持深度贫困地区攻坚

中共中央办公厅、国务院办公厅印发《关于支持深度贫困地区脱贫攻坚的实施意见》。领导小组认真贯彻中共中央总书记习近平在深度贫困地区脱贫攻坚座谈会上的讲话精神，召开电视电话会议，安排部署重点任务。有关部门分别研究制定深度贫困地区脱贫攻坚实施方案，出台新的超常规政策举措。时任国务院副总理汪洋主持召开7次会议，指导四川、云南、西藏、甘肃、青海、新疆六省区编制“三区三州”脱贫攻坚实施方案。各地结合实际确定深度贫困县、贫困乡镇、贫困村，集中力量攻坚。

（五）加强扶贫资金投入和监管力度

确保扶贫投入与打赢脱贫攻坚战相匹配。一是继续加大扶贫投入。中央和省级财政专项扶贫资金突破1400亿元，其中中央财政专项扶贫资金比2016年增长30%，省级财政专项扶贫资金比2016年增长22%。财政涉农资金统筹整合使用实现832个贫困县全覆盖。深入推进扶贫领域“放管服”改革，扶贫资金项目审批权下放到县比例超过95%。金融扶贫力度不断加大。二是全面加强扶贫资金项目监管。修订完善财政专项扶贫资金管理办法，开展财政扶贫资金专项检查，纪检监察、高检、审计等机关对扶贫资金加强监督，违纪违规问题明显减少。审计查出问题金额占抽查资金的比例显著下降。

（六）强化督查巡查和考核评估

把全面从严治党要求贯穿到脱贫攻坚全过程各环节。领导小组组织开展2017年脱贫攻坚督查巡查，中央巡视工作把脱贫攻坚作为重要内容，8个民主党派中央开展脱贫攻坚民主监督，查找突出问题，督促整改落实。领导小组组织开展2016年省级党委和政府扶贫开发工作成效考核，经党中央、国务院同意，对综合评价好的8省通报表扬，并给予资金奖励；对4个省的党政主要负责同志和4个省的分管负责同志进行约谈。国务院扶贫办对整改反馈情况问题较多的7个省区市扶贫办主任进行提醒谈话。对《中共中央、国务院关于打赢脱贫攻坚战的决定》明确的101项任务34个牵头部门贯彻落实情况组织开展第三方评估。

（七）动员各方面力量合力攻坚

领导小组制定《东西部扶贫协作考核办法》和《中央单位定点扶贫工作考核办法》，进一步压实东西部扶贫协作、中央单位定点扶贫帮扶责任。开展“携手奔小康”行动，2017年组织东部342个经济较强县帮扶西部570个贫困县。中央单位选派650名干部到贫困县挂职，选派360名干部到贫困村担任第一书记。动员中央企业设立贫困地区产业投资基金，开展贫困革命老区“百县万村”帮扶行动。动员民营企业开展“万企帮万村”精准扶贫行动，结对帮扶贫困村，带动贫困人口增收。组织开展扶贫日系列活动，举办全国脱贫攻坚奖和全国脱贫攻坚模范评选表彰。各级宣传部门积极协调新闻媒体宣传报道脱贫攻坚，《苦乐村官》《索玛花开》等一批反映脱贫攻坚的文艺作品在全国上映，营造了良好舆论氛围。

（八）夯实精准扶贫工作基础

规范驻村帮扶工作，中共中央办公厅、国务院办公厅印发《关于加强贫困村驻村工作队选派管理工作的指导意见》。到2017年底，全国累计选派驻村干部277.8万名，在岗77.5万名。各地共提拔第一书记1.2万名，调整第一书记7200名，及时召回不胜任的驻村干部。攻坚战以来，有200多名干部牺牲在扶贫一线。持续完善建档立卡，组织各地对2016年标注脱贫人口进行核实，实行建档立卡动态管理，努力做到应扶尽扶、应退尽退。应用先进信息技术，建立全国扶贫大数据平台，加强信息共享和数据分析应用，为各地各部门宏观决策和指导工作提供数据支撑。

（九）努力减轻基层负担

领导小组印发《关于在扶贫考核中切实减轻基层工作负担的通知》，明确要求除每年根据统一部署填报一次建档立卡信息系统数据外，任何单位和部门不得以任何理由要求村级填报扶贫数据；除党中央、国务院确定的督查巡查、考核评估外，领导小组不再组织其他检查考评。严禁各地多头考核、层层考核、搭车考核，确保基层扶贫干部将工作精力用到精准帮扶上。针对调研中发现的基层扶贫干部负担过重等突出问题，印发《关于进一步克服形式主义减轻基层负担的通知》，要求减少填表报数、减少检查考评、减少会议活动、减少发文数量、规范调查研究、严格考核评估。

经过几年的不懈努力，脱贫攻坚战取得了决定性进展：一是创造了我国减贫史上的最好成绩。5 年累计减贫 6800 多万人，年均减贫 1300 多万人，现行标准下的贫困人口已减少 2/3，离消除绝对贫困的目标越来越近。有 28 个贫困县率先脱贫摘帽，第一次实现贫困县总量减少，在解决区域性整体贫困方面迈出了坚实步伐。二是促进了贫困地区的经济社会发展。贫困地区以脱贫攻坚统揽经济社会发展全局，呈现出新的发展局面。通过产业扶贫，培育特色优势产业，推动旅游扶贫、光伏扶贫、电商扶贫等新业态的快速发展，进而促进了经济发展。通过生态扶贫、易地扶贫搬迁、退耕还林等，明显改善了贫困地区的生态环境。通过对基础设施和公共服务建设的大量投入，贫困地区尤其是基层的生产生活条件明显改善，增强了发展后劲。通过组织开展贫困识别，实施扶贫项目，增强了农村基层组织的凝聚力和战斗力，培育壮大了村集体经济，提升了农村基层治理能力和管理水平。通过选派第一书记和驻村工作队，锻炼了机关干部，培养了农村人才，为国家积累了宝贵财富。三是形成了全社会合力攻坚的局面。东西部扶贫协作加快了西部地区脱贫攻坚步伐，促进了区域协调发展。定点扶贫畅通了党政机关特别是中央国家机关了解基层的渠道，推进了作风转变和干部培养。贫困人口发挥主体作用，提高了自我发展能力，激发了内生动力，社会各界广泛参与，营造了向上向善的社会氛围，弘扬了社会主义核心价值观。脱贫攻坚的伟大成就为实施乡村振兴战略奠定了基础，为全球减贫事业贡献了中国智慧和中国方案，彰显了中国共产党领导的政治优势和社会主义制度优势，更加坚定了“四个自信”。实践证明，党中央关于脱贫攻坚的决策部署是完全正确的，精准扶贫精准脱贫的基本方略是完全正确的，脱贫攻坚的顶层设计和政策举措是完全正确的。

（国务院扶贫办综合司　曹振华）

第二篇

改革创新篇

【驻村帮扶】 向贫困村选派驻村工作队，是加强脱贫攻坚一线工作力量、打赢脱贫攻坚战的重要举措。中共中央总书记习近平高度重视干部驻村帮扶工作。党的十八大以来，习近平在河北、云南、贵州、宁夏、山西、四川等地考察时，均进村入户和驻村干部面对面交流；在中央政治局会议、中央经济工作会议、中央扶贫开发工作会议、中央农村工作会议、全国“两会”、新年贺词等重要会议、重要场合强调驻村帮扶工作，作出深刻论述和重要要求。2017 年 6 月 23 日，习近平主持召开深度贫困地区脱贫攻坚座谈会并作重要讲话，要求各级党政机关积极向贫困地区选派干部，向贫困村选派第一书记和驻村工作队，让干部在脱贫攻坚中锻炼成长。10 月 8 日，习近平对脱贫攻坚工作作出重要批示强调，基层一线扶贫工作者是脱贫攻坚的生力军，对他们要在政治上关心、工作上支持、生活上保障，支持他们在脱贫攻坚战场上奋发有为、大显身手。按照习近平重要指示精神和党中央、国务院脱贫攻坚决策部署，各地不断完善驻村帮扶工作机制，健全工作制度，支持驻村干部开展工作。

为了加强驻村工作队管理，国务院扶贫办认真总结各地经验，牵头起草了《关于加强贫困村驻村工作队选派管理工作的指导意见》（以下简称《指导意见》），并书面征求了各省区市扶贫领导小组和国务院扶贫开发领导小组各成员单位的意见。11 月 20 日，十九届中央全面深化改革领导小组第一次会议审议并原则同意《指导意见》。12 月 18 日，中共中央办公厅、国务院办公厅印发《指导意见》。《指导意见》从总体要求、规范人员选派、明确主要任务、加强日常管理、加强考核激励、强化组织保障等方面对驻村工作队选派管理工作作出全面规范。

总体要求。包括指导思想和基本原则。强调深入实施精准扶贫精准脱贫，以实现贫困人口稳定脱贫为目标，确保贫困村驻村工作队选派精准、帮扶扎实、成效明显、群众满意。坚持因村选派、分类施策；坚持县级统筹、全面覆盖；坚持严格管理、有效激励；坚持聚焦攻坚、真帮实扶。

规范人员选派。要求精准选派，坚持因村选人组队；优化结构，优先安排优秀年轻干部和后备干部参加驻村帮扶，把深度贫困地区贫困村和脱贫难度大的贫困村作为驻村帮扶工作的重中之重；配强干部，县级以上各级机关、国有企业、事业单位要选派政治素质好、工作作风实、综合能力强、健康具备履职条件的人员参加驻村帮扶工作。脱贫攻坚期内，贫困村退出的，驻村工作队不得撤离，帮扶力度不能削弱。

明确主要任务。要求驻村工作队主要承担 10 项任务。一是宣传贯彻党中央、国务院关于脱贫攻坚各项方针政策、决策部署、工作措施。二是指导开展贫困人口精准识别、精准帮扶、精准退出工作，参与拟定脱贫规划计划。三是参与实施特色产业扶贫、劳务输出扶贫、易地扶贫搬迁、贫困户危房改造、教育扶贫、科技扶贫、健康扶贫、生态保护扶贫等精准扶贫工作。四是推动金融、交通、水利、电力、通信、文化、社会保障等行业和专项扶贫政策措施落实到村到户。五是推动发展村级集体经济，协助管好用好村级集体收入。六是监管扶贫资金项目，推动落实公示公告制度，做到公开、公平、公正。七是注重扶贫同扶志、扶智相结合，做好贫困群众思想发动、宣传教育和情感沟通工作，激发摆脱贫困内生动力。八是加强法治教育，推动移风易俗，指导制定和谐文明的村规民约。九是积极推广普及普通话，帮助提高国家通用语言文字应用能力。十是帮助加强基层组织建设，推动落实管党治党政治责任，整顿村级软弱涣散党组织，对整治群众身边的腐败问题提出建议；培养贫困村创业致富带头人，吸引各类人才到村创新创业，打造“不走的工作队”。

加强日常管理。县级党委和政府承担驻村工作队日常管理职责，县乡党委和政府要安排专人具体负责。建立工作例会制度、考勤管理制度、工作报告制度、纪律约束制度。防止形式主义，用制度推动工作落实。

加强考核激励。县级党委和政府每年对驻村工作队进行考核检查。考核结果作为驻村干部综合评价、评优评先、提拔使用的重要依据。对成绩突出、群众认可的驻村干部，按照有关规定予以表彰；符合条件的，列为后备干部，注重优先选拔使用。驻村干部不胜任驻村帮扶工作的，派出单位要及时召回调整。对履行职责不力的，给予批评教育；对弄虚作假、失职失责，或者有其他情形、造成恶劣影响的，进行严肃处理；同时，依据有关规定对派出单位和管理单位有关负责人、责任人予以问责。

强化组织保障。省级党委和政府对本行政区域内驻村工作队选派管理工作负总责。市级党委和政府要加大对驻村工作指导和支持力度。县级党委和政府负责统筹配置驻村力量，组织开展具体驻村帮扶工作。有关部门要加强协调配合，积极支持驻村工作队开展工作。省级党委和政府对本行政区域内驻村工作队进行督查抽查，总结典型经验，加强薄弱环节建设，纠正突出问题，完善管理制度。加大对脱贫攻坚方针政策、科技知识、市场信息等方面培训力度，帮助驻村干部掌握工作方法，熟悉业务知识，提高工作能力。要注重发现驻村帮扶先进事迹、有效做法和成功经验，加大宣传力度，树立鲜明导向，营造驻村帮扶工作良好氛围。县乡两级党委和政府、派出单位要关心支持驻村干部，为其提供必要的工作条件和生活条件。

（国务院扶贫办政策法规司 李 强）

【东西部扶贫协作试考核】 党中央、国务院对东西部扶贫协作工作高度重视。中共中央总书记习近平在中央扶贫开发工作会议上对“建立东西部扶贫协作考核评价机制”作出了重要指示。2016 年 7 月东西部扶贫协作座谈会上，习近平进一步指出：“要用严格的制度来要求和监督，不能做与不做一个样、做多做少一个样。要抓紧制定东西扶贫协作工作考核评价指标。”国务院总理李克强在中央扶贫开发工作会议上指出：“要建立考核评价机制，严格落实责任，做到不脱贫就不脱钩。”2015 年 11 月印发的《中共中央、国务院关于打赢脱贫攻坚战的决定》明确要求：“建立东西部扶贫协作考核评价机制。”2016 年 10 月，中共中央办公厅、国务院办公厅印发《关于进一步加强东西部扶贫协作的指导意见》提出：“把东西部扶贫协作纳入国家脱贫攻坚考核范围，作为国家扶贫督查巡查重要内容，突出目标导向、结果导向。”

为贯彻落实党中央、国务院的决策部署，进一步做好东西部扶贫协作工作，2017 年，国务院扶贫开发领导小组印发《东西部扶贫协作考核办法（试行）》和《东西部扶贫协作考核工作实施方案》，实施了东西部扶贫协作开展 21 年来的首次考核。考核工作由国务院扶贫开发领导小组统一组织。具体工作由国务院扶贫办会同中共中央组织部、中共中央统一战线工作部、国家发展和改革委员会、教育部、国家民族事务委员会、财政部、人力资源和社会保障部、原国家卫生和计划生育委员会、全国工商业联合会等成员单位组成考核工作组，负责组织实施。

考核主要内容按东西部省份分别设计。东部地区主要从承担脱贫攻坚政治责任、帮扶责任的角度考核组织领导、人才支援、资金支持、产业合作、劳务协作和携手奔小康行动 6 方面内容，共 22 个指标；西部地区主要从承担脱贫攻坚主体责任、配合东部帮扶的角度考核组织领导、人才交流、资金使用、产业合作、劳务协作和携手奔小康行动6方面内容，共14个指标。

考核步骤分为省市总结、交叉考核、综合评议3步。每年年底前，东西部扶贫协作各省区市和地（市、州），对照考核内容形成自评报告，经结对省份确认后，报送国务院扶贫办；考核工作组从有东西部扶贫协作任务的省市、各相关部委和高校专家抽调骨干力量组成14个交叉考核组，分赴14个省区市的52个县开展实地交叉核查，核实各省自评报告，总结典型经验，查找突出问题和薄弱环节，提出意见建议；考核工作组根据交叉考核情况，综合考虑平时工作台账和创新性做法。分析确定初步考核结果，形成考核报告，提出考核等次建议，报国务院扶贫开发领导小组审定。

总体看，2017年各地各部门认真贯彻落实东西部扶贫协作座谈会精神和中央关于进一步加强东西部扶贫协作的要求，思想认识进一步统一，组织领导进一步加强，结对关系进一步优化，帮扶任务进一步落实，工作力度进一步加大，东西部扶贫协作全面提速。据统计，2017年开展省级党政负责同志互访248人次，是2016年194人次的1.28倍；东部地区向西部地区投入财政援助扶贫资金58.76亿元，是2016年29.3亿元的2倍，动员社会各界捐助款物36.9亿元，是2016年3.5亿元的10.5倍；扶贫协作双方互派挂职干部2578人次，是2016年508人次的5倍；互派教师、医生等专业技术人才18508人次，是2016年3971人次的4.7倍。携手奔小康行动结对帮扶范围进一步扩大，参与帮扶的东部市县区从2016年底的267个增加到342个；被帮扶的西部贫困县从390个增加到570个，基本实现对扶贫协作地区贫困县结对帮扶全覆盖。

东西部扶贫协作考核结果经中共中央审定后，国务院扶贫开发领导小组向各成员单位和各省区市通报了试考核情况，国务院扶贫办一对一反馈了考核发现问题。

（国务院扶贫办社会扶贫司
张　伟）

【中央单位定点扶贫工作试考核】　为贯彻落实中共中央总书记习近平、国务院总理李克强对定点扶贫工作的重要指示批示精神，根据《中共中央、国务院关于打赢脱贫攻坚战的决定》，中共中央办公厅、国务院办公厅《关于进一步加强中央单位定点扶贫工作的指导意见》中关于建立定点扶贫考评机制的要求，国务院扶贫开发领导小组印发《中央单位定点扶贫工作考核办法（试行）》。经国务院扶贫开发领导小组同意，国务院扶贫办制定《2017年中央单位定点扶贫工作考核实施方案》，国务院扶贫开发领导小组对2017年中央单位定点扶贫工作情况进行了试考核。

国务院扶贫办会同各牵头部门成立了中央单位定点扶贫考核工作组，开展了考核培训。310家中央单位对2017年定点扶贫工作情况开展了自评，21个省区市扶贫办对在本地开展定点扶贫工作的中央单位工作情况、定点扶贫县减贫成效、基层干部群众情况进行总结并提出评价等次意见。原中央直属机关工委、原中央国家机关工委、中共中央统战部、教育部、中国人民银行、国务院国有资产监督管理委员会等6个牵头部门分别组织了分类考核并提出初步考核意见，考核工作组进行了综合评议，形成考核等次建议，报中共中央、国务院审定。

中央军委政治工作部也制定了《军队和武警部队定点扶贫工作检查督导办法》，会同中央军委国防动员部、陆军和武警部队群工部门，对中央军委机关部门和战区级单位定点扶贫工作进行了抽查，并形成了检查督导情况报告。

（国务院扶贫办社会扶贫司
周晓云）

第三篇

基础工作篇

【建档立卡】 2016年度扶贫对象动态管理收尾工作。2017年2月，为解决年度扶贫对象动态管理工作中存在的“脱贫不实”问题，利用扶贫开发信息系统中的数据进行筛查，并经各地核实，对245万脱贫人口予以回退，2016年底全国建档立卡贫困人口调整为3885万人。

扶贫开发数据核准和修正工作。为提高建档立卡数据质量，2017年4月13日，印发《国务院扶贫办综合司关于开展建档立卡数据核准和补录工作的通知》，针对扶贫开发信息系统中的数据质量问题，在锁定贫困人口的前提下，对信息系统中的数据空项、错项，以及逻辑关系错误、人员重复录入等问题，开展数据核准和补录工作。全年共发布5期数据质量报告，推动了数据质量提升。

“档外贫困人口”识别工作。6月13日，国务院扶贫办印发《关于开展贫困人口动态调整的通知》，要求有国家标准贫困人口的25个省区市完成“档外”贫困人口识别和录入工作。此项工作10月完成，补充识别了一批贫困户，净增贫困人口357万人。2016年底，全国剩余建档立卡贫困人口调整为4242万人。

2017年度扶贫对象动态管理工作。10月24日，印发《国务院扶贫办综合司关于做好2017年度扶贫对象动态管理工作的通知》，开展2017年扶贫对象动态管理和信息采集工作。具体内容包括贫困户脱贫、脱贫户返贫、贫困户新识别标注和信息采集，开展贫困村出列、贫困县摘帽标注和信息采集等工作。通过此次动态管理，贫困人口净减少1402万人，建档立卡贫困人口还剩2840万人。

建档立卡数据分析工作。发布《2017年度扶贫对象数据分析报告》，编写《“三区三州”贫困状况及帮扶需求》，以及“建档立卡特困人口”“边境地区”“扶贫对象动态调整结果”等4期专题分析报告，为“三区三州”深度贫困地区的脱贫攻坚扶贫开发决策和工作指导提供了数据支撑。

（国务院扶贫办信息中心　陆春生）

【驻村帮扶】 《关于加强贫困村驻村工作队选派管理工作的指导意见》印发实施后，各地认真贯彻落实文件精神，加强贫困村驻村工作队管理，切实发挥驻村干部脱贫攻坚生力军作用。全国共选派驻村工作队23万个、驻村干部70万人，驻村帮扶工作呈现新的积极进展。一是工作协调调度进一步加强。各级党委、政府成立驻村工作领导小组，定期召开会议动员部署、表彰激励、统筹调度。绝大多数省份组织部门、扶贫部门具体组织协调，县乡党委政府负责日常管理，派出单位实行责任捆绑，跟踪管理、持续支持。二是干部选派力度进一步加大。各地驻村工作队数量上实现对贫困村全覆盖，并向非贫困村拓展，结构上得到优化，质量上有很大提升。选派的干部级别更高、更富精准性、更有针对性。三是干部奖惩激励措施进一步到位。各地普遍建立了奖惩机制，对干得好的提拔重用、评优表彰。对干得不好的及时召回调整，有的还要问责，让驻村干部既有压力，又有动力，提高了战斗力，增强了活力。四是驻村工作保障进一步落实。各地在改善驻村干部工作条件，适当安排生活、交通补助，办理人身意外险等方面都建立起了比较完善的保障制度。有的地方还定期与驻村干部谈心谈话，了解其思想动态，体现精神关怀，使其感受到组织温暖。

广大驻村干部扎根基层，不怕吃苦、勇于奉献，为脱贫攻坚战取得决定性进展作出积极贡献。一是推动了精准扶贫政策措施落地。驻村工作队广泛宣传党的脱贫攻坚目标、方略、政策、路径，打通了政策落实的“最后一公里”。大多数省份都为驻村干部编印了《脱贫攻坚政策文件汇编》《驻村扶贫工作队员手册》等材料，切实提高驻村干部的政策理解和运用能力。驻村干部走村入户，深入田间地头，为群众办好事、办实事。二是提升了贫困村治理水平。驻村工作队把帮助贫困村建强基层组织作为一项重要任务，通过组织开展贫困识别和贫困退出、扶贫项目实施，组织贫困群众议事决策，参与村庄管理和治理事务，增强了农村基层党组织的凝聚力和号召力，贫困村治理能力和管理水平明显提高。三是提高了贫困群众的发展能力。驻村工作队和村支部、村委会带领贫困群众攻坚，帮助贫困群众克难，不仅帮助寻找致富门路，而且帮助转变思想观念，提振精神面貌，激励他们鼓起自力更生、自立自强的勇气和信念，提高了贫困群众的自我发展能力。四是培养锻炼了大批青年干部。一大批青年干部从机关走向贫困村，走进贫困户，怀着对贫困群众的深厚感情，满腔热情地开展工作，不仅推动了脱贫攻坚工作，而且锻炼了干部，使干部增长了本领，改进了作风，改善了党群干群关系，树立了党和政府的良好形象。

（国务院扶贫办政策法规司法规处 李 强）

【贫困退出】 贫困县退出。党中央、国务院高度重视脱贫攻坚和贫困退出工作。中共中央总书记习近平强调，“脱贫摘帽要坚持成熟一个摘一个，既防止不思进取、等靠要，又防止揠苗助长、图虚名”。国务院总理李克强指出，“要开展第三方评估，坚决杜绝‘假脱贫’‘被脱贫’‘数字脱贫’”。《中共中央、国务院关于打赢脱贫攻坚战的决定》明确，到2020年贫困县全部摘帽是打赢脱贫攻坚战的重要目标内容，要求制定严格、规范、透明的国家扶贫开发工作重点县退出标准、程序和核查办法。中共中央办公厅、国务院办公厅印发《关于建立贫困退出机制的意见》，明确了贫困县退出的标准和程序，要求国务院扶贫开发领导小组（以下简称“领导小组”）组织相关力量对地方退出情况进行专项评估检查。领导小组认真贯彻落实党中央、国务院脱贫攻坚决策部署和规定要求，组织第三方机构于2017年1—2月对江西省井冈山市和河南省兰考县开展了退出评估检查试点，7—8月对9省区市的26个贫困县开展了退出专项评估检查。

1986年，国家首批确定了331个贫困县，经几次增补、调整，到2011年全国共有贫困县832个（包括国家扶贫开发工作重点县和集中连片特困地区县），分布在中西部22个省区市。为确保贫困县在2020年前规范合理有序退出，从2016年起，领导小组指导各地制定贫困退出滚动规划和年度计划。2017年1—5月，先后有9个省区市的28个贫困县通过省级核查验收，申请退出。

扶贫领导小组从严把关贫困县退出。时任国务院副总理、扶贫领导小组组长汪洋先后主持召开3次扶贫领导小组全体会议研究评估检查工作。按照试点先行、扎实推进的工作部署，2017年1—2月，扶贫领导小组委托第三方机构在井冈山市、兰考县等地开展贫困县退出评估检查试点，演练方法，积累经验。经评估检查，井冈山市、兰考县符合退出条件，分别于2月25日、27日由省政府批准退出。在认真总结试点工作的基础上，6月1日，领导小组第十七次全体会议审议通过了2016年贫困县退出评估检查工作方案，成立了评估检查工作组，组织第三方机构对9个省区市的26个贫困县开展退出评估检查。

评估检查坚持把较真碰硬、从严从实贯穿工作全过程，确保评估检查结果真实可信，经得起历史和实践的检验。一是聚焦攻坚目标。结合脱贫人口错退、贫困人口漏评和建档立卡未脱贫人口等情况，综合测算贫困发生率，督促各地深化精准，防止贫困人口错退漏评，确保攻坚目标如期保质保量实现。二是强化较真碰硬。坚持从偏远地区、边边角角查起，严查脱贫退出的薄弱环节和盲区、死角，严格把关贫困县退出的质量和真实性。三是广泛听取意见。扩大群众认可度调查范围，广泛听取脱贫户、贫困户、一般农户、县乡村干部、县人大代表、县政协委员等意见建议，确保退出社会认可、老百姓认账。四是加强问题核实。将评估检查中发现的问题向地方沟通反馈，地方有异议的可作出解释说明。通过对发现问题的复查、核实，使评估检查结果准确可靠。

7月，领导小组组织8家第三方机构对9省区市的26个申请退出贫困县进行实地评估检查。共抽查行政村550个，县均21个。550个抽查村中，贫困村338个，非贫困村212个。偏远、边角村320个，占58.2%。共实地调查26779户，县均约1030户。回收有效问卷23331份，其中建档立卡户12235份，占52.4%，非建档立卡户11096份，占47.6%。基本做到了对抽样村的低保户、有重大疾病和住房条件差的农户全覆盖调查，对散居户、偏远户、外来户、无劳力户等群体重点调查。疑似问题户与地方逐一进行了沟通、核实和确认。评估检查结果显示，26个县中的中部地区县综合贫困发生率全部低于2%，西部地区县全部低于3%，错退率、漏评率全部低于2%，群众认可度全部达到90%以上，均符合退出条件，由省级人民政府宣布脱贫摘帽。

在2016年贫困县退出专项评估检查实践的基础上，2017年9月30日，国务院扶贫办印发《贫困县退出专项评估检查实施办法（试行）》，确定了贫困县退出专项评估检查的适用对象、目标任务、程序步骤和结果运用方式。

农村贫困人口退出。为贯彻落实习近平精准扶贫精准脱贫方略，根据中央决策部署，2017年国务院扶贫办在全国组织开展建档立卡贫困户有进有出的动态调整。

围绕“两不愁、三保障”标准，按照应纳尽纳、应帮尽帮的原则，2月，国务院扶贫办部署各地开展2016年度脱贫情况自查自纠，对脱贫不稳贫困人口做回退处理。从7月开始，组织有国家标准贫困人口的22个省区市开展了贫困人口动态调整工作。在这次动态调整中，一是重申识别贫困人口不受规模控制，做到应识尽识，应纳尽纳；二是要求数据比对，把识别程序完善为“两评议、两公示、一比对、一公告”；三是防止走向另一极端搞“一刀切”，对与民政、残联、发改、住建等部门共享信息数据发现的疑似不准问题，核实申请贫困户家庭拥有城镇住房、车辆、经营实体、财政供养人员等真实情况。10月，组织全国22个省区市开展2017年度动态管理。通过开展动态调整，贫困识别实现进一步精准，为中央制定精准帮扶政策、实行考核评估保证脱贫质量提供了数据支持。

贫困监测统计数据显示，2017年，全国减少贫人口1289万人。

（国务院扶贫办考核评估司
国务院扶贫办规划财务司）

【扶贫开发信息化建设】　全国扶贫开发视频会议系统建设。2017年4月，印发《国务院扶贫办综合司关于建设全国扶贫开发视频会议系统有关事项的通知》，7月完成视频会议系统建设工作，覆盖28个省区市。

全国“12317”扶贫监督举报平台建设。2017年8月，国务院扶贫办采取“全国大集中，各地设远端座席”的思路，开展全国“12317”扶贫监督举报平台建设。平台功能包括电话举报受理、登记、转办，以及结果反馈。另外平台还包括政策法规库和问题解答库。

部门间数据交换。利用扶贫开发大数据，开展了与多个行业部门的数据交换工作。通过与中国残疾人联合会数据比对，准确掌握残疾贫困人口的残疾类别、级别以及办证时间；通过与住房和城乡建设部数据比对，了解贫困户住危房情况；通过与教育部中职和高职学籍系统比对，与人力资源和社会保障部技工院校学籍信息比对，摸清资助对象；通过与民政部低保数据比对，推进了低保和扶贫的衔接。

政务信息共享。按照国家发展和改革委员会《2016 年政务公开工作要点》等文件要求，开展信息系统自查、政务信息资源目录编制等工作，成立政务信息公开工作领导小组，梳理了各行业部门对扶贫开发数据需求。按照《政务信息资源目录编制指南》要求，编制政务信息资源目录，明确共享数据清单、接入政务信息共享平台。

（国务院扶贫办信息中心　龚　克）

【政务公开】　2017 年，国务院扶贫办认真贯彻落实《中华人民共和国政府信息公开条例》精神和中共中央办公厅、国务院办公厅《关于全面推进政务公开工作的意见》等有关要求，围绕脱贫攻坚重点工作，推进和规范国务院扶贫办政务信息公开工作，加强脱贫攻坚政策解读，及时回应社会关切，保障公民、法人和其他组织对脱贫攻坚的知情权、参与权、表达权和监督权。不断加强门户网站公开信息审核把关，优化扶贫办门户网站内容，政务公开各项工作取得明显成效。

（一）政府信息公开情况

2017 年，国务院扶贫办共主动公开信息 606 条，较 2016 年增长 145%，做到了应公开尽公开；在主动公开的政府信息中，工作动态类信息 209 条，占 34.49%；社会扶贫类信息 280 条，占 46.20%；国际交流类信息 42 条，占 6.93%；扶贫政策类信息 16 条，占比 2.64%；国务院新闻办公室组织的扶贫新闻发布会报道 4 条，占比 0.66%；通知公告类信息 55 条，占 9.08%。没有收到信息公开申请；没有因依申请公开信息收取费用或减免费用情况；也没有因信息公开而被提起行政复议或行政诉讼的情况。

（二）主要工作及成效

1. 加强基础性制度建设。一是办好门户网站推进政务公开。进一步优化结构，充实内容，结合新阶段扶贫开发的中心任务，突出精准扶贫、精准脱贫重点工作，完善栏目设置，增加网站功能。二是制定年度工作要点进行安排部署。制定《国务院扶贫办 2017 年政务公开工作实施方案》，对全年政务公开工作作出安排部署，以扶贫工作信息公开为重点，细化政务公开工作任务，加大公开力度。三是根据国务院办公厅政府信息与政务公开办公室的统一部署，编制完成国务院扶贫办政务信息主动公开基本目录，按照目录及时公开相关政务信息。四是加强涉贫热点问题的解读和回应。认真贯彻落实《国务院扶贫开发领导小组关于建立重大涉贫事件处置反馈机制的意见》，做好“12317”扶贫监督举报电话、主任信箱、来信来访、《互联网舆情报告》等有关工作，对涉及扶贫工作的重要政务舆情、媒体关切等热点问题，做到及时解读回应。

2. 主动公开重点信息。一是做好国务院扶贫办部门预算、决算及“三公”经费支出情况信息公开工作，将国务院扶贫开发领导小组办公室 2017 年部门预算和 2016 年度国务院扶贫开发领导小组办公室部门决算及时公开。二是加大全国“两会”建议提案复文公开力度，在办网站开设建议提案公开专栏，确保应公开尽公开。三是对社会关注热点信息加大公开力度。对《国务院扶贫开发领导小组关于开展扶贫领域作风问题专项治理的通知》和《国务院扶贫办关于进一步克服形式主义减轻基层负担的通知》等重要文件的发布、脱贫攻坚奖的评选和“互联网 +”社会扶贫等热点舆情，及时表态回应。四是进一步加大新闻发布力度。对与扶贫相关的重大事件和政策在网站开设专栏集中发布，增强政策公开的系统性、针对性、可读性。2017 年国务院扶贫办共举办 9 场新闻发布会，并召开了 5 次媒体座谈会、通气会。其内容涉及 2017 年的脱贫攻坚工作进展情况、28 个贫困县脱贫摘帽情况和扶贫领域作风问题专项治理情况等社会关注的热点问题。五是加强政务信息互动性。2017 年主任信箱共收到信件 533 件，其中属于国务院扶贫办办理事项的信件 525 件，已区分不同情况进行相应处理。

3. 认真做好政策类信息公开工作。及时对外公开有关信息、解读政策、回应关切，提高政务公开的时效性和权威性。2017年是推进脱贫攻坚战的重要一年，是精准扶贫精准脱贫的深化之年。国务院扶贫办共公开发布中央有关部门扶贫政策性文件22件，有力地加强了扶贫政策的宣传，也为接受社会监督、推动政策落地发挥了积极作用。

4. 积极做好网站普查工作。根据《国务院办公厅秘书局关于做好政府网站季度抽查工作的通知》要求，国务院扶贫办门户网站在2017年按季度共进行了4次抽查。国务院扶贫办共收到"我为政府网站找错"监督举报平台网民留言49条，已全部办结。对照自查标准，确认国务院扶贫办门户网站为合格网站。

（国务院扶贫办综合司　韦　飞）

【信息简报】　2017年，国务院扶贫办印发《关于进一步做好扶贫信息工作的通知》，建立全国扶贫信息工作联络机制，指导各地围绕脱贫攻坚重点工作，加强信息报送力度，重点解决各地信息报送不及时、质量不高、多头报送等问题。全年向中共中央办公厅、国务院办公厅报送13期专报信息，有7篇被中共中央办公厅信息综合室和国务院办公厅秘书一局信息处采用。共编印《扶贫简报》38期、《扶贫信息》176期，其中有9期得到中央领导同志批示，另有大量信息简报被各省区市转发学习参考，成为扶贫系统了解扶贫、关心扶贫、指导扶贫的重要途径。

为深入学习贯彻习近平关于脱贫攻坚重要讲话精神，进一步推进扶贫信息简报工作，2017年5月，国务院扶贫办在山东省淄博市举办"全国扶贫信息工作培训班"，来自全国28个省区市扶贫办（局）和新疆生产建设兵团扶贫办，北京、天津、上海经济合作交流办的有关负责同志参加培训。培训班邀请国务院办公厅信息处、山东省政府办公厅信息调研室的同志进行专题讲座，河北、山东、湖北、重庆、四川、贵州等省市就扶贫信息工作交流发言。

（国务院扶贫办综合司　韦　飞）

【扶贫调研】　2017年，国务院扶贫办共组织开展121次调研，49次派员参加外单位扶贫调研，总结推广了一批基层先进典型和成功经验，发现解决了一些苗头性倾向性问题，推动脱贫攻坚政策举措和工作制度不断丰富完善。

根据国务院扶贫开发领导小组安排部署，为深入了解中央脱贫攻坚决策部署在基层特别是贫困村的落实情况，进一步做好脱贫攻坚工作，2017年6月，国务院扶贫办5位党组同志分别带队赴湖南、广西、四川、贵州、青海5省区，各选择1个贫困村开展为期一周左右的驻村调研。调研发现，扶贫领域形式主义等问题较为突出，基层扶贫干部频繁填表报数、迎评迎检等耗费了大量精力，干扰了脱贫攻坚正常工作，影响了党和政府形象。针对上述问题，国务院扶贫办于7月21日印发《关于进一步克服形式主义减轻基层负担的通知》（以下简称《通知》），从扶贫系统自身做起，带头大幅减少各类填表报数、检查考评、会议活动、发文数量，规范调查研究，严格考核评估。

2017年10月，国务院扶贫办组织开展驻村回访调研。从回访情况看，《通知》有关要求得到了较好贯彻落实，基层干部普遍反映，填表报数、迎评迎检等明显减少。

（国务院扶贫办综合司　林江平）

【贫困地区干部培训】　2017年度干部培训主要以深入学习习近平总书记关于扶贫开发的重要论述和国务院扶贫办2017年工作思路为主线，开展贫困地区党政干部和扶贫干部培训，贫困地区干部和扶贫干部的政策水平、综合素质和执行能力得到提升，科学扶贫、精准扶贫、内源扶贫和推动贫困地区区域发展的本领显著增强，坚定了打赢脱贫攻坚战的信心。

发挥干部培训示范班引领作用。2017年举办培训班24期，培训各类干部2705人次。培训工作取得良好成效：一是提高了思想认识，增强了干部投身脱贫攻坚的责任感和使命感。通过培训进一步统一思想，提高学员的政治站位，增强了打赢脱贫攻坚战的责任感、使命感、紧迫感。二是掌握了政策方法，提升了干部做好脱贫攻坚工作的本领。通过政策解读、专家讲授、案例研讨等，使干部更加准确把握工作要求，明确了努力方向，提升了打赢脱贫攻坚战的能力水平。三是发现问题不足，推动脱贫攻坚工作不断完善。

统筹全国扶贫干部培训体系建设。统筹全国各地培训资源，科学整合和规范全国扶贫系统干部教育培训工作。与中共中央组织部联合印发《关于聚焦打好精准脱贫攻坚战加强干部培训工作的意见》。以需求为导向，开发干部培训系列教材，编印《新发展理念案例选·脱贫攻坚》。组织编写5类7本扶贫培训系列教材：《中国扶贫理论的形成与发展》《脱贫攻坚战略与政策体系》《资产收益扶贫的实践探索》《贫困村精准扶贫实施指南》《精准扶贫精准脱贫方略——基层干部读本》《贫困村创业致富带头人培育工程优秀案例选编》《产业扶贫脱贫概览》。开展干部培训评估工作。制定培训评估指标体系，5—7月对山西、贵州、重庆、湖北、甘肃、山东进行了干部培训评估，撰写各省市评估报告和总评估报告，摸清2015年、2016年各地培训底数，对下一步开展干部培训提出对策建议，为《2018—2020年全国贫困地区干部和扶贫干部培训规划》制定提供数据支撑。加强干部培训信息化建设，初步设计提出干部培训信息系统的需求方案。

着力研究、探讨脱贫攻坚重点、难点问题。开展脱贫攻坚重点问题研究。与华中师范大学开展《贫困县摘帽的兰考样本》研究，形成县域精准扶贫与精准脱贫的兰考经验启示，为各地脱贫摘帽提供蓝本。与华中师范大学联合出版《中国精准扶贫发展报告（2017）》，与武汉大学联合出版《中国反贫困发展报告2017——定点扶贫》。与北京师范大学合作举办“中国扶贫理论与政策研究前沿问题论坛”，与南京农业大学联合举办“深化精准扶贫的理论与实践”学术研讨会，与华中师范大学联合举办“供给侧结构性改革”研讨会。

全面梳理总结十八大以来干部培训工作。系统梳理总结十八大以来全国扶贫干部教育培训工作。根据中共中央组织部的要求，梳理总结十八大以来全国干部培训情况，形成了《十八大以来扶贫干部教育培训工作相关情况的报告》。完成中共中央组织部《2018—2020年全国干部教育培训规划》起草重点课题——“干部教育培训助推精准扶贫对策研究”课题研究报告。系统梳理2017年人才相关工作，形成《全国扶贫宣传教育中心人才相关工作情况报告》。

（全国扶贫宣传教育中心　骆爱荣）

【贫困县财政涉农资金统筹整合使用试点】 贫困县涉农资金整合是脱贫攻坚政策体系的重要组成部分，也是财税体制改革的一项重要内容，对于贫困县如期脱贫摘帽具有重要的支撑作用。2017年，财政部在认真总结2016年试点工作经验的基础上，深入推进贫困县涉农资金整合试点工作，重点推动各地开展实质性整合，整合试点范围推广到了全部832个贫困县。

（一）深入推进贫困县涉农资金整合试点工作

1. 部署2017年整合试点工作。一是通报上年度整合试点开展情况。从工作机制建立、管理制度建设、资金增幅保障、资金整合进度、资金支出进度等方面分类对各省整合试点推进情况进行了通报，督促各地坚持问题导向，进一步补强薄弱环节。二是会同国务院扶贫办印发《关于做好2017年贫困县涉农资金整合试点工作的通知》，部署各地做好2017年贫困县整合试点工作，突出工作重点，明确工作要求，强化针对性指导。《通知》要求各地将试点范围扩大到全部贫困县；鼓励试点贫困县尽可能在“大类间打通”“跨类别使用”，做到“应整尽整”；要求省级财政、扶贫部门对整合试点工作开展经常性调研和督导，及时发现操作层面遇到的具体问题，分析解决共性问题，为贫困县整合试点进一步明确了政策方向。

2. 开展贫困县整合跟踪调研。先后赴湖南、甘肃、四川、贵州、广西、海南等省区开展了贫困县整合工作跟踪调研。为确保调研工作质量，调研前及时制定《贫困县涉农资金整合试点跟踪调研工作方案》。实地调研后，对贫困县整合试点情况进行了跟踪分析，梳理形成跟踪调研报告，特别是总结经验、梳理问题，并研究提出完善政策的建议。综合财政部及有关地方上报信息整理形成的《专报信息》，实事求是分析了存在的问题，充分肯定了各地积极推进贫困县涉农资金整合取得的成效。

3. 开展贫困县涉农资金整合专项督查。落实国务院扶贫开发领导小组的部署和要求，会同国务院扶贫办等4部门，选择8省份开展了贫困县涉农资金整合专项督查工作，通过召开座谈会、实地查看、访谈等形式，深入了解各地整合试点政策落实情况，督促各地进一步深入推进贫困县涉农资金整合工作。

4. 加强贫困县整合跟踪指导。为及时掌握全国贫困县整合试点进展情况，建立了数据上报统计分析机制，编印《贫困县涉农资金整合工作简报》，刊载宣传省级工作亮点和县级整合模式等，供各地学习交流。此外，将2016年贫困县整合试点工作情况纳入2017年财政扶贫资金专项检查范围，重点检查贫困县整合试点的规范性。

5. 积极推动中央涉农资金源头整合。探索从预算编制环节对中央涉农资金进行整合归并，着力推动涉农项目审批权限下放，为地方实施整合创造条件。2017年，将支农专项转移支付项目从17个整合为9个，探索试行“大专项+任务清单”管理模式，明确各地在完成约束性任务的前提下，可按规定整合相关涉农资金，支持当地农业农村发展的重点领域和关键环节。

6. 加强涉农资金整合顶层设计。在认真总结近年来涉农资金整合实践经验的基础上，财政部牵头起草了《关于探索建立涉农资金统筹整合长效机制的意见》，经中共中央全面深化改革领导小组会议审议通过，以国务院名义印发。该意见对建立行业内资金整合与行业间资金统筹相互衔接配合的长效机制作出了部署，有利于理顺国家涉农资金管理体系，提高财政支农资金供给效率，切实保障党中央、国务院关于实施乡村振兴战略等重大决策部署落实到位。

据统计，全国832个贫困县实际整合2017年各级相关涉农资金规模3293亿元，占计划整合资金规模的98.9%；已完成支出资金规模3167亿元，占实际整合资金规模的96.1%。从投向来看，用于农业生产发展方向994亿元，占已完成支出规模的31%；用于农村基础设施建设方向1827亿元，占比为58%；用于其他方向346亿元，占比为11%。

（二）整合试点取得积极成效

整合试点探索从源头整合财政涉农资金，通过下放权限，增强了贫困县的自主权，提高了扶贫资金使用的精准度，为深入推进财政涉农资金管理体制改革和扶贫领域供给侧结构性改革探索了一条新路。

1. 探索了部门“放管服”的新形式。财政部牵头建立了支持整合试点工作协调机制，中央和省级有关部门把资金、项目审批权限交给贫困县后，工作重点由以往的“分资金、定项目”向政策解读、工作指导、资金监管、跟踪问效等方面转变。审计署发文明确“对继续限定财政涉农资金具体用途或干扰统筹整合使用的，要坚决查处、坚决曝光”。湖北建立负面清单管理制度，明确“五个不得”“五个防止”，对负面清单之外的资金，县级政府可自主安排项目、统筹安排使用资金。

2. 形成了扶贫资金供给的新格局。整合试点通过整合资金，将不同渠道、不同用途的财政涉农资金归集捆绑、统筹使用，解决了资金安排“碎片化”的问题，缓解了财政资金沉淀和滞留。山西在试点中创新资金分配方式，将滞留资金情况与财政专项扶贫资金分配挂钩，凡有滞留资金的县，根据滞留资金额度据实核减应分配该县的资金，同时将资金调减部分用于全省脱贫成效奖励和重点扶贫项目。

3. 激发了贫困县脱贫攻坚的新动力。整合试点允许贫困县围绕脱贫攻坚规划，在农业生产发展和农村基础设施建设范围内调整资金用途、统筹安排资金，极大地赋予了贫困县自主权限，激发了地方政府内生动力。四川在推进试点过程中，因地制宜积极创新，形成了巴州“蓄水统配”、仪陇“截长补短”、广安“引流归口”等模式，探索建立了各具特色、符合实际的县级涉农资金统筹整合方式。

4. 开创了精准扶贫的新局面。整合试点将项目和资金权限下放，通过科学的规划和有效的项目平台进行承接，确保资金投向最重要的方向、最关键的环节、最准确的对象。安徽在整合试点中明确了“三张清单”（项目任务清单、资金整合清单、资金绩效清单），实现了扶贫对象更加精准、扶贫项目更加精准、帮扶责任更加精准。

（三）坚持问题导向，进一步完善支持政策

从试点进展情况来看，仍存在一些需要关注和改进的问题：一是政策理解不够到位。部分试点省份对整合工作的培训指导力度不够，特别是资金保障政策不明确，导致贫困县仍存在“审计部门不认可”“影响明年资金规模”等疑虑。二是工作推进不够积极。一些县存在畏难情绪，整合仅仅停留在纸面上，对整合后资金仍按原渠道使用，没有做到实质整合。三是资金管理不够规范。按照试点有关要求，贫困县每年可自主统筹的资金从原来的几千万元一下子增加到整合后的几亿元，但县级脱贫攻坚规划不完善、项目库建设滞后，导致县级“不知所措”，加上资金管理未能有效跟上，造成“钱等项目”，影响了执行进度。

针对上述情况，财政部将坚持问题导向，进一步完善支持政策，确保贫困县涉农资金整合这项重大改革任务取得实效，为如期打赢脱贫攻坚战提供有力支撑。

1. 中央统筹，充分授权。一是会同有关部门，做好试点要求与相关政策的衔接，确保资金项目审批权限完全下放到贫困县，使资金安排更加贴近脱贫攻坚的实际需求。二是按照国务院扶贫开发领导小组的部署，对贫困县涉农资金整合情况进行专项督查巡查，进一步推动整合工作。加强与财政监督、审计等部门沟通，探索建立联合监管机制，统一检查尺度与口径，实现检查结果互认。三是继续做好整合试点考核。财政部、国务院扶贫办将加强对试点省份资金统筹整合使用的绩效评价力度，进一步完善考评指标，并将结果进行通报，奖优罚劣。

2. 省负总责，强化指导。一是落实资金增幅保障要求，及时将资金“切块”下达到县，其中分配给贫困县的资金增幅不低于该项资金平均增幅，不指定具体项目或提出与脱贫攻坚无关的任务要求。二是加大对贫困县的指导和培训力度，通过举办贫困县涉农资金整合专题培训班，讲透政策，向贫困县解释并强调资金和项目的相关保障措施，打消贫困县的整合顾虑。三是开展经常性调研和督导，及时发现问题，分析解决整合试点中的共性问题，加强对贫困县的跟踪指导，总结典型案例，提炼可复制、可推广的成功模式。

3. 市县落实，精准发力。一是强化整合意识，贫困县扶贫开发领导小组要充分发挥统筹协调作用，打破思维和模式上的惯性障碍，进一步明确相关部门的管理职责，发挥好各专业部门的优势，共同推进整合试点。二是以县级脱贫攻坚规划为指导，做好部门专项规划衔接工作，做实脱贫攻坚项目库，围绕产业发展和基础设施建设，科学编制资金统筹整合使用方案，实事求是确定年度计划整合资金规模和建设任务并落实到具体项目，着力提高方案编制的合理性和操作性。三是重视相关基础工作。县级财政部门要会同有关部门尽快将整合资金分解下达到责任部门或项目主体，加快项目实施并切实加强资金使用管理。认真记好资金整合账，对于用途发生调整的资金，按程序及时调整预算指标，根据实际用途列相应支出科目。

（财政部农业司扶贫处　朱山涛）

【扶贫资金使用】　2017年，中央和各省认真学习中央领导同志关于加强资金管理使用和监管的重要指示，贯彻落实党中央、国务院关于加强资金管理的各项决策部署，深入推进资金管理机制改革，强化资金监督管理机制，推进贫困县财政涉农资金整合，优化配置资金，充分发挥使用效益。

继续加大资金投入。2017年，中央、省级财政专项扶贫资金共计1417亿元，比2016年增加317.3亿元，增长28.9%。其中，中央安排861亿元，增加200亿元，增幅为30.3%；省级安排556亿元，增加123.8亿元，增幅28.6%。

坚持资金精准使用。资金的安排使用，贯彻精准扶贫、精准脱贫基本方略，在精准识别贫困人口的基础上，把资金使用与建档立卡结果相衔接，与脱贫成效相挂钩，切实使资金惠及贫困人口。

一是资金使用到村到户，提高精准度。各地结合扶贫开发工作实际情况，围绕培育和壮大特色产业、改善小型公益性生产生活设施条件、增强贫困人口自我发展能力和抵御风险能力等方面，因户施策、因地制宜使用资金。据各省2017年底上报数据，中央财政扶贫资金（扶贫发展资金和“三西”农业建设支出方向）中有57%的资金用于建档立卡贫困户，主要是通过直接补助、资产收益扶贫、信贷支持和龙头企业、合作社等经营组织带动，以及开展职业教育培训、扶贫小额贷款贴息等方式支持产业发展，促进能力建设；约36%的资金用于建档立卡贫困村农田水利、村级道路、人畜饮水、沼气等能源项目、危房或住房改造项目等基础设施建设；7%的资金用于金融扶贫风险补偿金、保险及信息化和建档立卡管理等支出。

二是推进重点扶贫工程。据各省不完全统计，中央财政扶贫资金中，有37.4%的资金用于贫困村提升工程（或整村推进），支持贫困村基础设施建设、产业发展、村容村貌改善等方面；8.9%的资金用于易地扶贫搬迁贴息和后续产业发展；2.3%的资金用于“雨露计划”等职业教育培训工程，主要实施贫困家庭“两后生”（指初中、高中毕业生未能继续升入大学或中专院校就读的农村贫困家庭中的富余劳动力）职业教育培训、劳动力转移培训和创业致富带头人培训；7.9%的资金用于扶贫小额信贷贴息、风险补偿等；19.6%的资金用于资产收益扶贫；23.9%的资金用于电商扶贫、旅游扶贫、光伏扶贫等。

三是支持产业发展与基本生产生活条件改善。各地加大对优势特色产业扶持力度，中央财政扶贫资金中约53%直接用于产业发展；约31%用于农田水利、村级道路、人畜饮水、沼气等能源项目、危房或住房改造项目等改善贫困村基本生产生活条件的基础设施建设；16%用于金融扶贫贴息及风险金、能力提升及保险等其他方面。

（国务院扶贫办规划财务司
赵兴奇）

【扶贫资金监督管理】　中共十八大

后，中共中央、国务院对加强扶贫资金管理高度重视，中央领导同志多次做出重要指示批示。国务院扶贫开发领导小组多次研究部署扶贫资金监管问题。国务院扶贫办认真学习贯彻落实，将加强扶贫资金监管作为重要工作来抓，强化纪律意识和规矩意识，完善制度，进一步规范资金使用与管理，促进提升资金使用效益。

一是完善管理制度。会同财政部修订出台财政专项扶贫资金管理、扶贫资金绩效评价、资产收益扶贫等办法和制度，对创新资金使用机制，强化监管措施，完善分配办法，建立奖惩机制，做好资产收益扶贫和扶贫龙头企业管理等工作做出规范。

二是简政放权推进项目审批权限下放。主动做好“放管服”改革，清理发展资金内部专项和试点。先后取消扶贫贷款贴息资金（含康复扶贫贷款贴息）、科技扶贫、“雨露计划”试点、互助资金试点、预留机动 5 个专项，以及单独安排的 12 个试点项目和工作任务，涉及资金 51.8 亿元。资金项目审批权限原则上下放到县，进一步强化县级权力和责任，增强地方统筹使用资金的自主权。

三是加快资金拨付进度。每年中央财政在 10 月底前提前下达下一年度资金，提前下达发展资金比例逐年提高，从 2013 年的 72.9% 提高到 2016 年的 82.8%，提高了近 10 个百分点。2017 年提前下达比例进一步提高到 85.7%。同时，督促各省加快拨付进度，强化通报约谈，对资金闲置问题进行重点核查并督促问责，资金闲置问题得到有效遏制。

四是大力推进涉农资金统筹整合试点。2017 年，贫困县统筹整合使用财政涉农资金试点扩大到全部 832 个贫困县。资金项目的审批权限下放到县，由县级根据脱贫攻坚规划统筹使用，保障贫困县集中资源打赢脱贫攻坚战。国务院扶贫办积极配合财政部开展贫困县涉农资金统筹整合专项督查，推动涉农资金实质性整合，加强对地方精准脱贫规划编制指导，保证资金围绕脱贫攻坚目标任务精准使用。

五是开展扶贫资金专项检查。第一，与财政部联合开展财政扶贫资金专项检查。2015—2017 年连续开展了扶贫资金专项整治和专项检查，对弄虚作假、贪占挪用问题进行了严肃问责。第二，与最高人民检察院联合部署为期 5 年的集中整治和加强预防扶贫领域职务犯罪专项工作，2017 年最高人民检察院、国家发展和改革委员会、国务院扶贫办对第一批重点易地扶贫搬迁预防监督项目挂牌督办。第三，配合审计署开展扶贫审计，督促地方加大整改力度，2017 年 158 个县扶贫资金审计发现问题已全部整改到位，追究法律责任、党政纪处理处分等严肃问责 984 人，批评教育、责令书面检查 67 人。

六是广泛接受社会监督。第一，全面推行扶贫资金项目公告公示，将扶贫资金项目管理使用完全置于群众监督之下，引导贫困群众参与扶贫项目决策、管理和监督，实现阳光化运行、常态化公开，接受各方面监督。第二，充分发挥“12317”扶贫监督举报电话作用，让群众反映的扶贫领域违法违纪问题，事事有回音，件件有着落。2014 年 12 月至 2017 年底，查实专项扶贫领域违纪违法违规举报件 55 件，62 人受到处理。

七是严格监督考核问责。第一，配合中共中央纪律检查委员会（以下简称“中央纪委”）做好扶贫领域监督执纪问责工作，落实有关工作要求，研究提出具体举措，与中央纪委建立了线索移送机制。配合中央纪委开展扶贫领域腐败和作风问题专项治理工作，形成对扶贫领域违纪违法行为的高压态势。第二，与财政部开展财政专项扶贫资金管理使用情况绩效评价，并将考核评价结果纳入省级党委的政府扶贫开发工作成效考核，兑现奖惩措施。第三，加大通报曝光力度。在扶贫办网站建立“曝光台”，对违纪违法问题及典型案例加大曝光通报力度，2017 年通报 3 批 31 起典型案例。压实各级责任，层层传导压力，对挪用乃至贪污扶贫款项等违规使用资金的行为，发现一起查处一起，绝不姑息。

八是持续开展警示教育。落实全面从严治党主体责任，2017 年继续在全国扶贫系统开展警示教育，加强扶贫领域党风廉政建设和反腐倡廉工作。与中国纪检监察报社联合编写《全国扶贫领域贪腐案件警示录》，以案说法，充分发挥案件查处的震慑和教育作用。

随着扶贫资金监管机制的不断完善和扶贫领域违纪违法行为高压态势的形成，扶贫资金管理使用状况出现好转趋势，违纪违规问题明显减少。审计查出问题金额占抽查资金的比例，由 2013 年的 36.3% 下降到 2017 年的 7.93%。其中，违纪违规问题金额的比例，由 2013 年的 15.7% 下降到 2017 年的 1.13%。

（国务院扶贫办规划财务司 赵兴奇）

【抓党建比贡献促攻坚】 2015 年，中共中央总书记习近平在中央扶贫开发工作会议上强调，越是进行脱贫攻坚战，越是要加强和改善党的领导。要把夯实农村基层党组织同脱贫攻坚有机结合起来。2016—2017 年，中共中央组织部连续两次召开贫困地区抓党建促脱贫攻坚工作座谈会，要求充分发挥党的政治优势、组织优势、密切联系群众的优势，为打赢脱贫攻坚战提供坚强组织保证。国务院扶贫办党组根据习近平重要讲话精神和中央组织部有关部署要求，决定自 2017 年 4 月起，在脱贫攻坚期内组织办系统开展“抓党建比贡献促攻坚”活动（以下简称“抓比促”）。

“抓比促”活动以来，催生了一批推动脱贫攻坚工作的好抓手、好载体，有效解决了国务院扶贫办过去长期想解决的老问题和现在产生的新矛盾。广大党员干部工作思路进一步拓展，作风进一步转变，定力进一步增强，效率和质量进一步提高。党组织创造力、凝聚力、战斗力进一步提升，党员先锋模范作用发挥更加充分，为决战决胜脱贫攻坚注入了强大动力和活力。

（一）坚持抓学习比素质促进能力提升，争当脱贫攻坚行家里手

打破照本宣科、封闭僵化学习模式，拓宽学习思维，把握关键环节，坚持问题导向，推动学习教育由灌输式向启发式、说教式向研讨式、封闭式向开放式转变。各支部涌现出一批学习的新方法和新载体：如“1552”学习法，10 分钟集中学习，5 分钟讨论发言，5 分钟回顾总结，2 小时研讨交流，倒逼学习思考，强化学以致用。如“双周”学习法，半月组织一次党员学习会，全员参与，逐个发言，比认识，晒成果，督进度。如“两分三坚持”学习法，围绕脱贫攻坚中心任务，开展分领域、分专题学习，坚持读原著与辅导相结合认真学，坚持领导带头带动党员共同学，坚持紧密联系实际深入学，持之以恒在学懂弄通做实上下功夫。如“一讲一请一沙龙”“三个一”学习法，邀请领导干部讲党课，组织业务专家讲经验，举办主题沙龙交流会。如“优秀公文评选”学习法，张榜公示优秀公文，交流探讨写作经验，极大提升公文水平。如“微党课”、党课微视频学习法，互比创新，互亮成果。通过狠抓学习，着力解决了部分党员干部上情看不清、下情吃不透的问题，有效破解了部分党支部学习模式固化、氛围不浓、浮于表面、大而化之的问题，“四个意识”进一步树牢，政治站位进一步提升，责任担当进一步强化，全办上下互比政治素质、业务素质，争当履职尽责明白人、业务精湛有心人。

（二）坚持抓工作比实绩促进服务基层，努力创造出经得起实践、人民、历史检验的脱贫攻坚实绩

克服惯性思维，启动战时状态，紧盯责

任使命，强化政治担当。围绕贯彻落实精准扶贫精准脱贫基本方略，以“绣花”功夫和“钉钉子”精神推动各项工作迈上新台阶。如“月会”工作法，每月编印党建重点工作清单，每月召开支部书记例会，每月总结点评，每月安排部署，建立抓基层打基础的长效工作机制。如“四步走”工作法，通过划分工作类型，制定工作方案，督办工作落实，量化工作成果，及时对工作质量、效率、进度进行督办通报。如靶向治疗工作法，直面难点，聚焦重点，寻找突破点，把自己摆进去、把思想摆进去、把工作摆进去，深挖根源，对症下药，见人见事，举一反三。如“月统计月通报”工作法，对各司局、各单位重点工作的办结程度和办理进度，每月下发督办通知，每月进行点名通报，互比办结率，互比办理度，督促提高效率，提升责任感。通过狠抓工作，着力解决了部分党员干部工作标准不高，只求过得去、不求过得硬，安于现状、求稳怕乱等问题，督促全体党员干部以“绣花”功夫抓工作，以工作论英雄，以贡献分高低，切实发挥脱贫攻坚“排头兵”作用。扎实的工作作风保障了 2017 年脱贫攻坚的良好态势，年度减贫任务超额完成，精准施策进一步深入，工作重点进一步聚焦，建档立卡进一步夯实，驻村帮扶进一步规范，财政投入大幅增加，考核评估较真碰硬，扶贫宣传声势浩大，社会扶贫全面加速，打赢脱贫攻坚战迈出坚实步伐。脱贫攻坚战绩继续引导办系统比脱贫路子、比脱贫实效、比脱贫奉献的良好工作导向。

（三）坚持抓作风比干劲促进执行落实，比做任务执行的标杆、工作落实的旗帜

党中央的重托，贫困群众的重盼，决战贫困的重担，激励大家撸起袖子加油干、拼命干。在“抓比促”活动中，领导干部以身作则，督导落实，全体同志奋发向前、热情高涨，加班加点，蔚然成风。对定下的事情、部署的工作，一锤接着一锤敲，一步跟着一步干，不少党支部成为敢打硬仗、能征善战的战斗集体，培育起求真务实、较真碰硬的团队精神，建立了精细化的工作台账，健全了各负其责的岗位责任制，层层传导压力、压实责任，一级带着一级干，一级干给一级看，比进度讲质量看效果，党支部凝聚力战斗力组织力极大增强，初步形成了听党指挥、尽忠职守、攻坚克难、无私奉献的扶贫精神。通过组织专题培训、选树优秀典型、学习先进事迹、开展驻村调研、推进支部联建、丰富团队活动等狠抓作风建设，着力解决了部分党员干部存在的“推、拖、慢、辩、低”和怕苦怕累等突出问题，引导大家真正做到思想认识跟上去、观念方法转过来、工作落实顶上去，不怕流汗流泪、不怕流血牺牲，在脱贫攻坚中尽心履责、建功立业，形成比苦干实干、比会干能干、比肯干愿干的良好环境，以坚强的党性和优良的作风保障脱贫攻坚各项任务落实见效。

（四）坚持抓纪律比党性促进廉洁勤政，恪守扶贫干部队伍忠诚干净担当本色

把全面从严治党要求贯穿脱贫攻坚全过程各环节，切实做到廉洁扶贫阳光扶贫。如盯紧“关键少数”，加强对各党支部落实主体责任情况的监督检查，严肃党内政治生活，强化党内监督。如严把“关键环节”，紧盯权力集中、资金密集等重点部门、重点环节和重点人员，不折不扣执行党内《准则》《条例》。如严守“关键时点”，凡逢节日假期，均组织会议部署、发送廉政短信、印发廉政通知等进行廉政提醒，切实做到关口前移，咬耳扯袖、红脸出汗成为常态。如大力开展警示教育，编发《警示录》，与最高人民检察院联合开展集中整治和加强预防扶贫领域职务犯罪专项工作等。如强化监督检查，提高监督执纪针对性，更好发挥监督执纪倒逼和威慑警示作用，督促各支部真抓实干。通过严查严管，着力解决了部分党员干部存在的不遵规守纪、执行不严的问题，坚决抓住不落实的事，追究不负责的人，确保工作有人抓，问题有人管，责任有人担，形成比党性原则、比公道正派、比纪律严明、比干净做事的浓厚氛围。

（五）坚持以“抓比促”活动为抓手，抓党建促攻坚成效更加凸显

始终坚持服务中心、建设队伍，围绕脱贫攻坚中心任务和打造忠诚干净担当干部队伍，把“抓比促”活动与深入推进脱贫攻坚工作有机结合，真正做到两手抓、两不误、双促进。

1. 扎实开展“抓比促”活动。为充分发挥党建工作的政治优势、组织优势和引领作用，引导广大党员干部牢记脱贫攻坚的责任使命，在脱贫攻坚中尽心履责建功立业，争当脱贫攻坚急先锋敢死队，印发《国务院扶贫办党组“抓党建比贡献促攻坚”活动实施方案》，决定从2017年4月开始，在脱贫攻坚期内开展“抓比促”活动，通过抓学习、抓工作、抓作风、抓纪律，加强思想武装，转变观念方式，严明纪律规矩，树立新风正气，在脱贫攻坚中积极发挥党支部的战斗堡垒作用和党员的先锋模范作用；通过比素质、比实绩、比干劲、比党性，提振士气，凝心聚力，真抓实干，勇于担当，营造想干事、能干事、干成事的浓厚氛围，引导大家在脱贫攻坚中积极作为、贡献智慧力量；通过促进能力提升、服务基层、执行落实、廉洁勤政，深入调研，统筹谋划，较真碰硬，全力攻坚，不断开创精准扶贫精准脱贫新局面。

2. 积极营造干事创业工作氛围。国务院扶贫办党组书记、主任刘永富多次强调，要将“抓比促”活动作为党建工作亮点品牌抓牢抓实。党组成员带领64名办系统干部，分别到青海、广西、贵州、四川、湖南的5个贫困村，开展两次各为期一周的驻村调研，通过调研“解剖麻雀”，总结经验教训，解决突出问题，用“绣花”功夫推动脱贫攻坚政策措施落地生根。各支部紧紧围绕“四抓四比四促进”要求，对照党员标准、工作要求和正反典型，认真查找支部和党员个人在“推、拖、慢、辩、低”等方面突出问题，制定具体整改措施限期销号，做到即知即改、立行立改，切实转变工作作风，提高工作效率。以“抓比促”活动开展为契机，以支部为单位，组织广大党员干部围绕脱贫攻坚重点、难点和焦点，广泛开展优秀公文评选、老同志传帮带、工作学习双台账、定期工作点评、读书沙龙、贡献“金点子”等系列活动，解放思想、开动脑筋，献计献策，比学赶帮超，形成干事创业的良好工作氛围，为打赢脱贫攻坚战奠定坚实基础。

3. 极大提升扶贫干部队伍精气神。通过广泛深入开展“抓比促”活动，统一思想，凝聚共识，教育引导广大党员牢记脱贫攻坚的责任使命，牢固树立正确的选人用人导向，大力发扬“一来二去三不怕”工作精神，思想认识跟上去，观念方式转过来，工作落实顶上去，不怕流汗、不怕流泪、不怕流血牺牲，树立讲奉献、比贡献，加班加点拼命干的政绩观，建设一支扎实工作、奋发有为、忠诚干净担当的扶贫队伍。2017年累计完成3批次10名干部的试用期满考核工作，调入办机关处级干部5名，交流到外单位干部3名，选派2名年轻干部到贫困地区任第一书记，选派1名干部参加援疆工作，1名干部到信访局挂职。

4. 不断开创脱贫攻坚工作新局面。通过扎实开展“抓比促”活动，充分发挥基层党组织战斗堡垒作用和广大党员先锋模范作用，经过各方面的共同努力，脱贫攻坚继续保持良好态势。预计超额完成2017年度减贫任务，贫困人口将再减少1000万人以上，贫困县将再退出100个左右。工作重点进一步聚焦，推动制定出台“三区三州”等深度贫困地区脱贫攻坚实施意见和加强贫困村驻村工作队选派管理工作指导意见，精准施策进一步深入，资金投入进一步加大，建档立卡进一步夯实，考核评估进一步强化，社会力量进一步壮大，“五个一批”“六个精准”持续发力，产业扶贫稳步推进，成功经验逐步推开。首次实现28个贫困县脱贫摘帽；中央和省级财政专项扶贫资金突破1400亿元，832个贫困县整合涉农资金2956亿元；动态调整新识别849万贫困人口，清退识别不准412万人；旅游扶贫覆盖2.3万个贫困村，易地扶贫搬迁完成340万贫困人口搬迁任务，就业扶贫推动577万贫困劳动力稳定就业，选聘37万贫困人口为生态护林员；东西部扶贫协作、中央单位定点帮扶责任进一步压实，东部342个经济较发达县市区结对帮扶西部570个贫困县，中国社会扶贫网注册用户超过1000万，发布贫困户帮扶需求200多万条，对接成功120多万条。

（国务院扶贫办机关党委）

第四篇

重点工作篇

（一）产业扶贫

【综述】 2017年，国务院扶贫办以促进扶贫产业稳定发展和贫困户稳定就业为立足点，挖掘、提炼和推广了一批产业扶贫的典型案例，通过试点示范，以点带面，加大对各地产业扶贫的指导力度。7月4—14日，国务院扶贫办会同国家行政学院，举办"厅局级干部产业精准扶贫研讨班"，深入学习贯彻习近平总书记关于扶贫开发的重要论述和中央扶贫开发工作会议精神，交流产业精准扶贫经验，深化认识，凝聚共识，进一步探索打赢脱贫攻坚战的途径和方式。国务院扶贫办主任刘永富出席学员座谈会并发表重要讲话。

特色种养业扶贫方面。一是配合农业部开展了产业扶贫系列现场观摩活动。完善和提升拉练观摩的形式和内容，协调督促观摩省份及时总结提炼经验，并充分利用好拉练观摩的后续成果。二是主动与行业中有品牌、专业化、有市场的龙头企业对接，建设一批扶贫效果好、产业化水平高的产业扶贫项目，为地方培育发展新动能。大力推广北京德青源农业科技股份有限公司精准扶贫模式，多次召开工作调度会，促进银行及时介入，加快项目工程进度。三是开展中药材扶贫、养蜂扶贫工作。会同国家中医药管理局，在《国家中草药产业发展综合试验区总体布局》和《甘肃省建设国家重要产业发展综合试验区总体方案（2016—2020年）》文件中明确将中药材种植纳入产业扶贫重点。指导贵州省做好中药材扶贫行动计划。开展养蜂扶贫调研，召开养蜂扶贫座谈会进行研究。

生态治理精准扶贫方面。在生态脆弱地区探索生态治理与精准扶贫相结合的新模式。一是在石漠化地区开展构树扶贫，会同中国扶贫发展中心，出台构树扶贫工作方案，重点围绕龙头企业培育、构树品种筛选、基地建设、示范引领开展工作，做好典型案例的提炼和提升。二是在沙漠化地区开展治沙扶贫，总结推广亿利资源集团有限公司治沙扶贫模式，推广菊芋等盐碱地区产业扶贫新品种打造治沙新产业。

（国务院扶贫办开发指导司
周　翔）

【电商扶贫】 2017年，电商扶贫工程继续在促进贫困地区转变思想、带动供给侧结构性改革，推动农产品借助互联网平台对接大市场中发挥重要作用。贫困地区建立起越来越多村级网店、村级物流、村级服务站，有效拓宽农产品销售渠道，解决了更多贫困农户"卖难"问题，贫困户实现增收脱贫。

1. 实施电商扶贫，脱贫攻坚显成效。一是甘肃省陇南市电商扶贫试点示范。自国务院扶贫办在2015年批复陇南市为全国电商扶贫试点市以来，陇南市实践探索出"一店带多户""一店带一村""一店带多村"等精准电商扶贫模式，并取得明显成效。截至2017年底，陇南市累计开办网店12700余家，微店7800多个，实现农产品网络销售75亿多元，带动贫困人口18万余人，电商扶贫对贫困群众的人均收入贡献额达到710元以上。陇南市电商扶贫成功做法和经验通过多种形式在全国贫困地区推广，2017年2月，中央政治局第39次集体学习把陇南电商扶贫作为典型案例。

二是电子商务进农村综合示范工作。商务部、财政部、国务院扶贫办按照三年全覆盖的工作部署，将电子商务进农村综合示范县申报范围确定为国家扶贫开发工作重点县和欠发达革命老区县，截至2017年，已覆盖国家扶贫开发工作重点县499个，占贫困县总数的66%。每县获得财政支持，进一步完善贫困地区县级电商公共服务中心、物流配送中心等建设与改造。加强贫困县农副产品冷链、仓储、物流等基础设施建设。

三是更广泛电商平台力量积极参与扶贫。引导动员更广泛电商平台企业参与电商扶贫，北京京东世纪贸易有限公司（以下简称“京东集团”）、苏宁易购集团股份有限公司（以下简称“苏宁集团”）、阿里巴巴网络技术有限公司、深圳市腾讯计算机系统有限公司、山西乐村淘网络科技有限公司、北京一亩田新农网络科技有限公司、唯品会信息科技有限公司、北京每日优鲜电子商务有限公司等十多家主流电商平台均开设了电商扶贫频道，为贫困地区架起网络高速通道，贫困县农产品上行增速显著快于全国平均水平。继续进一步推动苏宁集团与京东集团落实与国务院扶贫办签署的《电商精准扶贫战略合作协议》，截至 2017 年底，苏宁集团在贫困县开设“O2O 特色馆”400 余家，物流覆盖 89% 以上国家扶贫开发工作重点县。京东集团开设 127 家线上贫困县特产馆。电商企业平台，成为贫困地区经济增长新动力。

2. 各地区、部门相互学习，促进电商扶贫深入开展。为深入学习研究电商精准扶贫政策、理论，总结推广各地电商精准扶贫经验做法，2017 年 7 月，国务院扶贫办举办全国电商精准扶贫示范培训班，11 月在江苏省宿迁市召开全国电商精准扶贫现场会。在全国电商精准扶贫示范培训班上，各省区市扶贫办相关业务处室主要负责人、东部省市协作办相关业务处室同志、深度贫困地区部分贫困县扶贫办负责人重点学习研究中央领导对电商精准扶贫的批示指示精神，陇南、江西省电商扶贫经验，各地交流电商扶贫工作情况，有效地推动电商精准扶贫工程的进展。在全国电商精准扶贫现场会上，国务院有关部门和单位，各省区市扶贫办(局)、经合办（对口办）、有关社会组织、电商企业、电商专家及地方代表等参观了沭阳县耿圩镇苏台花木产业示范园、新河镇山荡村电商 + 旅游扶贫、宿豫区大兴镇集东居委会支部 + 电商扶贫等现场点，讨论研究了宿迁经验和做法，会议对中西部贫困地区具有鲜明的示范和指引作用，推动电商扶贫跨入新的发展阶段。通过培训班和现场会，各地区各部门学习先进、相互借鉴、取长补短、统一思想，进一步深入开展电商扶贫。

3. 大力宣传电商扶贫，营造良好社会氛围。通过多种渠道加强宣传电商扶贫，帮助贫困地区推动品牌建设，同时营造良好社会氛围，进一步激发全社会参与精准扶贫。一是国务院扶贫办与商务部、中央电视台 2017 年联合举办“厉害了我的国”电商消费精准扶贫行动，100 家电商扶贫工作突出的国家级贫困县参加该活动，贫困地区特色农产品走进演播室，引起社会巨大反响。11 月 1—11 日，832 个贫困县实现农产品网络零售额 85.26 亿元。二是在 2017 年 12 月第四次世界互联网大会上，国务院扶贫办主任刘永富做了两场主旨演讲，宣传电商扶贫并指导有关单位举办互联网 + 精准扶贫论坛等，交流分享电商扶贫典型做法和扶贫成果，得到国际组织、各界人士的高度评价。三是 2017 年全国脱贫攻坚奖评选表彰活动，安徽省宿州市砀山县村民李娟获得奋进奖。李娟同志自身肢体残疾一级，但她自强不息，通过电子商务不仅解决了自家卖果难题，还帮助附近贫困户走上电商脱贫之路。京东集团董事局主席兼首席执行官刘强东获得奉献奖。刘强东带领京东集团发挥企业优势，参与到电商扶贫中，为贫困地区农特产品卖出去、卖出好价钱提供销售平台，帮助贫困人口脱贫致富。

4. 典型经验做法。全国脱贫攻坚的主战场广西壮族自治区把农村电商扶贫行动作为“十三五”脱贫攻坚“十大行动”之一，扎实推进电商精准扶贫工作，瞄准基础建设、服务能力、配套保障、沟通联络等公共服务短板发力，打通电商扶贫“最后一公里”，建成全国首个省级产品二维码溯源防伪中心并上线运营，为广西快消品及农产品贴上一张“身份证”，实现产品“一物一码”防伪、溯源等功能。外部引进阿里巴巴、苏宁集团、京东集团等大型电商企业，内部培养本地电子商务平台布局农村实体市场，打通农产品销路。举办广西“壮族三月三”电商节、中国—东盟电子商务峰会、中西部电商峰会等系列高端峰会，开办“广西电子商务创业大赛”“我为家乡代言”“电商入桂”招商推介大会等系列电商活动，宣传了贫困地区农产品，扩大了市场销路。2017 年广西“壮族三月三”电商节期间，广西全网网络零售额达到 13.8 亿元，带动贫困县、贫困户、贫困户销售 3 亿多元。重庆市瞄准贫困村特色产业，以“乡村旅游 + 农产品”为抓手，引进以阿里巴巴、京东集团、苏宁集团等为龙头的电商平台，结合本市电商扶贫服务商，在贫困村建立“贫困村电商扶贫服务站”，将贫困村农产品与山水、田园、村落和农事活动、民俗活动等进行包装，统一组织宣传，引导游客网上预定下单。依托“乡村旅游 + 农产品”模式，边远山区生鲜农产品卖到城市，打通农产品上行通道，开启致富之门，形成了集农产品标准化种植、策划包装、孵化运营、溯源服务于一体的电商生态链。同时，重庆市对贫困村电商扶贫服务站不同阶段提供政策补贴，调动市场主体积极性，建立人才培养、产品质量控制、考核评价机制，推动电商扶贫长效发展。

（国务院扶贫办社会扶贫司　安　珣）

【旅游扶贫】　一是研究开展旅游扶贫示范工作。会同国家旅游局、国家林业局，研究出台《关于开展旅游精准扶贫示范县建设工作的通知》。在全国有旅游扶贫任务的省区市和新疆生产建设兵团中，由各省级旅游、扶贫、林业部门共同推选 3～4 个发展旅游条件较好、旅游精准扶贫效果突出、旅游精准扶贫模式可推广可复制的县，开展示范创建工作。二是进一步做好旅游扶贫和金融扶贫的深度融合。会同政策性银行，研究设立专项贷款，为贫困村提供低成本、中长期的建设发展资金，解决贫困村旅游环境改造和配套产业发展问题。

（国务院扶贫办开发指导司　周　翔）

【光伏扶贫】　一是总结 2014 年以来光伏扶贫工作经验，对光伏扶贫工作推进过程中存在的问题进行了分析，对集中式电站、村级电站、户用系统等建设模式利弊进行了权衡比较，明确了以村级光伏扶贫电站为主要建设模式的工作思路。二是 5 月 18 日在国务院召开光伏扶贫专题会议，明确了以村级电站为主要建设模式，村级电站资产属于村集体、收益由村集体进行二次分配，2017 年一次性下达全国村级光伏扶贫电站建设规模等重要会议意见，为后续光伏扶贫工作的开展指明了方向。三是 5 月 26 日国务院扶贫办会同国家能源局在湖北省宜昌市召开全国光伏扶贫现场观摩会，全国 17 个省市能源和扶贫主管部门参加会议，会议的召开统一了思想、进一步提高了各地对于光伏扶贫工作的认识。四是 8 月 1 日会同国家能源局下发了《关于“十三五”光伏扶贫计划编制有关事项的通知》，各地完成“十三五”村级光伏扶贫计划编制上报工作。五是 9 月 25 日会同国土资源部、国家能源局发布《关于支持光伏扶贫和规范光伏发电产业用地的意见》，明确光伏扶贫电站用地在不破坏农业生产条件的前提下，可不改变原用地性质。六是 10 月发布《村级光伏扶贫电站收益分配管理办法》。七是指导国家电网有限公司、国家可再生能源信息管理中心完成全国扶贫开发信息系统子系统（光伏扶贫信息管理系统）开发工作，加强对光伏扶贫建设运维、收益分配信息化监管。八是会同国家标准化管理委员会完成《精准扶贫　村级光伏电站管理与评价导则（征求意见稿）》编制工作。

（国务院扶贫办开发指导司　周　翔）

【构树扶贫】　构树是我国的乡土树

种，在黄河、长江、珠江流域20余省区有着大范围的自然生长，是猪牛羊等家畜喜食的蛋白饲料。杂交构树是中国科学院植物研究所专家团队历经十几年研究，培育出的一种具有生长快、产量高，粗蛋白含量高，生命力旺盛、适应性强等特点的新品种，更适合产业化利用。另外杂交构树还能修复生态，可以与荒漠化、石漠化、水土流失综合治理等生态修复有机结合，实现生态效益、扶贫效益、经济效益“三效合一”。

2014年12月，国务院扶贫开发领导小组将构树扶贫工程列入精准扶贫十大工程。2015年2月在山西、河南、贵州等10个省开展试点。至2017年，试点规模逐步扩大，从2014年底的1.47万亩*发展到2017年全国70个贫困县累计种植杂交构树32万亩，带动建档立卡贫困人口8万余人。在种苗繁育、采收加工、种养结合、产品开发等方面取得了阶段性成效。主要成效有：一是推广杂交构树新品种。即推广使用“华构101”杂交构树组培苗，淘汰了扦插苗，建立了15个杂交构树组培育苗基地，形成了年产组培苗5亿株，可供种植70万亩的生产能力。二是创新杂交构树种植采收技术。根据黄河滩区、西南喀斯特山区、中部丘陵、黄土高原台地的不同地形地貌特征，因地制宜研发了一套种植采收办法。三是开发杂交构树饲料产品。在70个县的试点中，参与试点的企业，针对牛、羊、猪、鸡、鸭、鹅、鱼等的特点，开发了杂交构树青贮料、发酵料、粉末料、颗粒料四大类饲料产品。四是探索形成多种带贫模式。试点开展以来，各地聚焦生产种植环节，组织贫困户参与，贫困农户种植杂交构树当年就有收益，平均每亩收入约3000元，比每亩全株青贮玉米1435元、紫花苜蓿1800元的收入都高，可稳定收入15～20年。同时贫困农户还通过种养一体、务工就业、入股分红等多种有效的办法措施从构树产业发展中获得经营性收入、租金收入、股金收入和薪金收入等，从而有效带动了贫困农户增收脱贫。

（中国扶贫发展中心）

【龙头企业带动】 为落实《中共中央国务院关于打赢脱贫攻坚战的决定》关于“完善扶贫龙头企业认定制度，增强企业辐射带动贫困户增收的能力”的要求，2017年4月，国务院扶贫办会同人力资源和社会保障部出台《关于进一步做好就业扶贫工作有关事项的通知》，优先遴选能够提供岗位数量多、劳动条件好、权益保障到位的扶贫龙头企业作为全国就业扶贫基地。积极引导和支持各行业中有品牌、专业化、有市场的龙头企业到贫困地区建立种植基地和加工基地，开展分布式和定制式产业精准扶贫。通过开展现场观摩会、产业扶贫对接会等形式，推动贫困地区的党委政府与行业龙头企业对接合作。建立和完善社会荣誉表彰制度，利用“10·17”扶贫日活动等机会，对在贫困地区有效带动当地产业发展，为贫困户增收脱贫做出重大贡献的企业进行荣誉表彰和广泛宣传。

按照中央“放管服”的要求，根据国务院扶贫开发领导小组第十八次全体会议关于完善扶贫开发“中央统筹、省负总责、市县抓落实”的扶贫管理体制精神，扶贫龙头企业认定以省级为主体开展，国务院扶贫办督促各省因地制宜制定本地龙头企业参与精准扶贫的认定、扶持和管理的具体办法，进一步引导和规范各类龙头企业到贫困地区开展产业精准扶贫。

（国务院扶贫办开发指导司
周　翔）

【贫困村创业致富带头人培训】 国务院扶贫办将贫困村创业致富带头人培育工作列入精准扶贫“十大工程”大力推进。

一是会同中共中央组织部、人力资源和

* 亩为非法定计量单位，1亩=1/15公顷。——编者注

社会保障部、财政部等部门出台《关于培育脱贫致富带头人的指导意见》。按照国务院原副总理汪洋批示要求，国务院扶贫办从7月至10月，在邀请宁夏回族自治区固原市、江西省石城县相关负责同志以及有关专家起草了《关于培育贫困村脱贫致富带头人的指导意见（第一稿）》后，分四次分别征求了中共中央组织部、人力资源和社会保障部、财政部、农业部、科学技术部、中国人民银行、原中国保险监督管理委员会意见后，印发《关于培育贫困村脱贫致富带头人的指导意见》。

二是挖掘发现了一批先进典型。如蓉中村“1+11”培育模式，粤桂东西协作“带头人培育跟着产业培育走”的“两培育”模式，宁夏西海固地区村级党组织带头人和致富带头人“两个带头人工程”，湖南麻阳县谭家寨乡楠木桥村支部书记潭泽勇1村带8村，“让资金跟着穷人走，穷人跟着能人走、能人带着穷人跟着产业项目走、产业项目跟着市场走”“党建促脱贫、连村联创、抱团攻坚”和“双带双培+四跟四走”模式。这些成功的经验能够在贫困村创业致富带头人培育工作中复制推广。

三是开展致富带头人培训。采用蓉中村“1+11”培育模式，组织贫困县创业致富带头人到蓉中村培训，通过在蓉中培训基地集中学习1个月，用11个月的时间对学员回村创业进行全方位的跟踪、帮扶和指导，确保参训学员一年内创业计划落地、两年创业取得发展、三年创业成功。总结推广了广西上林县“双培模式”，以带头人培育跟着产业培育走的“两培育”思路，有针对性地培训培育带头人。2017年共举办8期培训，共培训学员500多人，有力促进了脱贫致富带头人的健康发展。

（国务院扶贫办开发指导司
周　翔）

【资产收益扶贫】　2017年，国务院扶贫办会同财政部，先后赴河南、广西等省区开展了资产收益扶贫专题调研。调研报告认为，随着扶贫格局的新变化，资产收益扶贫也呈现出三种新的变化：扶持对象已由原来的无劳动力贫困群体转为所有建档立卡贫困户，优先考虑无劳动或半劳动力贫困户；分配主体已由折股量化给建档立卡贫困户向村集体转变，再由村集体对贫困户施行二次分配；分配方式已由原来的简单发钱发物转为有条件的转移支付，通过设置公益岗位、开展公益事业、进行奖励补助等方式，引导贫困人口开展力所能及的劳动。鉴于这一变化，资产收益扶贫工作应做到“三个结合”，即与农村产权制度改革相结合、与农业供给侧结构性改革相结合、与发展壮大村级集体经济相结合。

一是将资产收益扶贫工作与农村产权制度改革相结合。明确扶贫资产所有权。鼓励将财政专项扶贫资金、整合用于扶贫的其他涉农资金、社会帮扶资金投入扶贫项目形成的资产归村集体所有。明确在推进农村集体产权制度改革工作中，村集体所有的扶贫资产不宜量化到村集体全部成员。放活扶贫资产经营权。鼓励各地因地制宜确定村集体所有的扶贫资产经营方式，如村集体自营、农户承包、租赁、委托经营、合作经营、入股等。确保贫困群众收益权。明确扶贫资产收益主要用于帮扶建档立卡贫困人口，收益分配方式主要是有条件的现金支付，如开设村内公益岗位，发展村内公益事业等。落实扶贫资产监督权。指导各地切实加强扶贫资金项目监管，开展经常性监督检查。建立完善扶贫资产登记管理制度。积极发挥驻村第一书记、驻村工作队、村级班子、村扶贫理事会等在监督中的积极作用。严格执行信息公开制度，确保群众的知情权、监督权，自觉接受社会监督。

二是将资产收益扶贫与农业供给侧结构性改革结合。指导各地立足本地资源条件、优势特色产业基础，尊重贫困群众脱贫主体地位，选择具有良好发展预期的产业项目，重点支持贫困地区优势特色种养业、农副产品加工业、农业生产社会化服务、乡村旅游等产业项目，提升资产收益扶贫项目质量。按照先易后难、注重形成可核查的物化资产原则，在中西部地区选择一批贫困村发展光伏、农业、特色种植养殖、民族手工艺等产业，建设扶贫就业车间，进一步探索资产收益扶贫与农业供给侧结构性改革相结合的做法和经验。

三是将资产收益扶贫与发展壮大村级集体经济相结合。探索利用财政资金扶持贫困村级集体经济发展的新路径。鼓励各地结合本地实际，围绕"产权到村、收益到户"，探索既能壮大集体经济、又能使贫困户"动起来"的资产收益扶贫新机制和新模式。指导各地主要依托村内产业推进资产收益扶贫，建立完善村集体、贫困户有效参与和受益的机制，防控"飞地经济"等跨区域发展非涉农产业模式可能引致的风险。

（国务院扶贫办开发指导司
周　翔）

（二）就业扶贫

【综述】　2017年，国务院扶贫办与人力资源和社会保障部、教育部、科学技术部、国务院农民工工作领导小组办公室等部门沟通协调，与各部门召开专题协商会8次，推动出台了5份政策文件，完善细化已出台政策措施体系。

会同人力资源和社会保障部印发《关于进一步做好就业扶贫工作有关事项的通知》，充分发挥就业扶贫基地示范引领效应，在全国遴选1465家就业扶贫基地，为贫困劳动力提供近20万个工作岗位。进一步细化促进就业扶贫的政策措施，建立健全劳务协作机制，夯实劳务协作内容；多渠道开发县内就业岗位，促进贫困劳动力就地就近就业。

会同人力资源和社会保障部、财政部出台《关于切实做好社会保险扶贫工作的意见》，重点对贫困人口参加城乡居民基本养老保险、城乡居民基本医疗保险、工伤保险、生育保险作出了优惠的政策安排。对未标注脱贫的贫困人口由地方政府为其代缴部分或全部最低标准养老保险费；在提高最低缴费档次时，对其保留现行最低缴费档次。突破了农村18～60岁贫困人口需要每年缴纳200元左右的养老保险费用的政策，减轻了贫困人口的负担。对贫困人口参加城乡居民基本医疗保险个人缴费部分由财政给予补贴，改变了以前贫困人口每年必须缴纳医疗保险费用150元的政策。对贫困劳动力相对集中的行业，探索按项目等方式参加工伤保险，改变了农民工转移就业五项保险捆绑缴费的办法，有利于贫困劳动力稳定就业。贫困人口医疗费用报销方面，医疗保险扶贫政策提出，完善城乡居民大病保险政策，对贫困人员实行精准帮扶，降低起付线、提高报销比例和封顶线。加强基本医保、大病保险和医疗救助的有效衔接，对贫困人口实施综合保障，提高其医保收益水平，部分减轻了贫困人口就医负担，改变了过去农村医疗费用报销起付线较高、报销比例较低、封顶线较低的问题。转移就业的贫困劳动力不用缴纳失业保险费。

会同教育部出台《贯彻落实〈职业教育东西协作行动计划（2016—2020年）〉实施方案》，推动职业教育东西协作计划的实施。启动落实东西职业院校协作全覆盖行动和中职招生兜底行动，支持职业院校全面参与东西劳务协作，帮助贫困家庭新成长劳动力提高职业技能水平。

会同中国科学技术协会与农业部印发《关于成立全国科协助力精准扶贫工程领导小组的通知》，对各省区市"科技助力精准扶贫工程"进行宏观指导，研究制定重大举措，协调解决相关问题，扎实推动科技助力精准扶贫工程，助力地方政府打赢脱贫攻坚战。

会同人力资源和社会保障部、全国总工会与全国妇女联合会印发《关于开展2017年春风行动的通知》，2—3月在全国开展"春风行动”，通过集中开展就业服务活动，让有转移就业意愿的农村贫困劳动力得到政策解读、岗位信息、就业指导和职业介绍；让有技能提升愿望的劳动者得到职业技能培训；让有创业愿望的劳动者得到创业培训、创业服务和相应的政策扶持，进一步通过促进转移就业助力脱贫攻坚。

（国务院扶贫办开发指导司　周　翔）

【扶贫车间】　2017 年，就业扶贫工作重心从原有的以劳务协作为主，引导贫困人口外出务工，转移到了促进贫困人口就地就近就业。扶贫车间是针对解决贫困村留守妇女、老弱病残等贫困群众就业问题探索出的成功范例，对带动贫困人口在家门口就业、增加收入、实现脱贫任务发挥了积极作用。9 月，在河南省濮阳市、山东省菏泽市召开全国扶贫车间现场观摩会，通过拉练观摩方式推广扶贫车间建设的典型做法与经验。10 月，邀请山东省菏泽市、河南省濮阳市、江西省赣州市扶贫办相关同志参与扶贫车间建设指南编写工作，形成《扶贫车间建设指南（征求意见稿）》。11 月，联合人力资源和社会保障部在江西省赣州市召开全国就业扶贫经验交流会，重点交流扶贫车间的典型经验和成功做法，同时对《扶贫车间建设指南（征求意见稿）》进行解读及分组讨论，修改完善。

（国务院扶贫办开发指导司　周　翔）

【职业教育培训】　一是强化劳务协作。强化省内经济发达地区与贫困县开展省内劳务协作。如安徽 8 市与 40 县之间开展就业脱贫结对帮扶，签订帮扶协议，明确帮扶责任和内容；四川依托“35 + 45”对口帮扶机制，由省内较发达的 7 市 35 县与 45 个深度贫困县开展对口帮扶。强化省际劳务协作，在东西扶贫协作框架下，鼓励有对口帮扶关系的东部省份，根据西部省区贫困劳动力就业需求发布就业岗位，西部省区根据岗位信息开展有针对性的就业培训，实现人岗匹配。山东与重庆开展大规模联合招聘活动，重庆籍贫困劳动力与在鲁企业达成就业意向性协议 6179 份。二是推进就业扶贫服务工作。依托返乡创业带动贫困劳动力就业，共为贫困劳动力提供职业指导 175.1 万人次，职业介绍 204 万人次，创业服务 76.2 万人，职业培训 208 万人，通过帮扶实现就业 88.1 万人。三是实现了就业扶贫信息共享，与人力资源和社会保障部门共建了贫困劳动力就业服务信息服务平台，实现信息共享，做到精准识别、精准服务、精准统计。四是按计划开展贫困劳动力技能培训。2017 年共培训 315 万人。加强贫困劳动力的技能培训。以就业市场需求为导向，针对有外出务工意向的贫困家庭劳动力，根据本人就业需求和用工企业需求，开展订单式培训，实现人岗匹配、快速就业；针对已在外务工人员进行技能提升培训，着力提升其技能水平。加强贫困村、贫困户实用技术培训。围绕贫困地区产业发展实际，重点对贫困人口进行种植、养殖业技术和传统手工业品制作技术培训。

（国务院扶贫办开发指导司　周　翔）

【扶贫公益岗位】　以扶贫公益岗位为抓手，发挥贫困群众自身价值。各地根据自身情况，通过设立保洁员、治安员、调解员等扶贫专岗，带动贫困群众就地就近就业。通过扶贫专岗的设立，为“无法离乡、无业可扶、无力脱贫”的建档立卡贫困劳动力开辟了新的窗口，以“小岗位”带动“大就业”。改变了过去分钱分物“输血式”扶贫模式，使贫困群众通过自己的双手脱贫致富，甩掉了“等靠要”的思想，树立起了劳动最光荣的思想，倡导贫困人口通过自己力所能及的劳动实现脱贫的良好风尚。贫困群众不但有了稳定的收入来源，并且上能顾老、下能顾小，既能种好责任田，又能实现“挣钱顾家两不误”。同时，有效改善农民精神面貌和乡村社会风气，优化乡村治理，促进了社会和谐稳定。

（国务院扶贫办开发指导司 周 翔）

（三）易地扶贫搬迁

【易地扶贫搬迁】 2017 年，国家发展和改革委员会以习近平总书记关于扶贫开发的重要论述为根本遵循，按照党中央、国务院决策部署，会同有关地方和部门坚持问题导向和目标导向，推进易地扶贫搬迁政策落实和质量提升，取得了阶段性成果。

加大投入力度，着力保障工程建设资金需求。会同国务院扶贫办、财政部、中国人民银行等部门下达 2017 年搬迁建设任务 340 万人，下达中央预算内投资 244 亿元，同步下达中央财政贴息贷款 1185 亿元，有力保障了易地扶贫搬迁资金需求。

强化督导监管，确保政策落地不走偏。围绕易地扶贫搬迁关键环节和政策“红线”，从 2017 年起，建立每两个月一次的常态化专项稽查机制，已实现对 22 个省份专项稽查和整改落实“回头看”全覆盖。与最高人民检察院联合对 17 个省份 69 个易地扶贫搬迁项目挂牌督办，及时对审计、巡视、信访等反映的问题进行核查，确保阳光搬迁、廉洁搬迁。对 2016 年易地扶贫搬迁工作开展试考核，以激励先进、鞭策后进。建立工作进展定期调度机制，及时调度和通报各省项目推进、资金承接、脱贫措施落实等进展情况，督促加快工程项目建设。

加强工作指导，营造良好舆论氛围。2017 年 9 月，在四川省组织召开全国易地扶贫搬迁现场会，交流经验，推广典型，部署工作。国务院总理李克强作出重要批示，时任国务院副总理汪洋出席会议并讲话。2017 年 5 月，时任国务院副总理汪洋在山西主持召开部分省份易地扶贫搬迁工作推进会，查摆问题、部署工作。编发多期易地扶贫搬迁政策指引，印发全国易地扶贫搬迁典型户型图集，及时阐释解读政策。连续两年举办扶贫日易地扶贫搬迁论坛，发布《全国易地扶贫搬迁年度报告（2017）》。积极参与“砥砺奋进的五年”大型成就展，组织中央主流媒体对搬迁工作进行宣传报道，编制搬迁后续脱贫典型案例集，全方位展示易地扶贫搬迁工作成效，营造全社会合力攻坚的良好氛围。

截至 2017 年 12 月底，2016 年度 249 万人易地扶贫搬迁建设任务已全面完成，2017 年度 340 万人易地扶贫搬迁建设任务顺利完成。总的来看，易地扶贫搬迁取得了“十三五”建设任务完成过半的成绩。

（国家发展和改革委员会 虞跃江）

（四）健康扶贫

【健康扶贫】 2017 年，国家卫生和计划生育委员会（以下简称“卫计委”）深入贯彻党中央、国务院脱贫攻坚决策部署，将实施健康扶贫工程作为重要政治任务，列为卫生健康系统改善民生行动之首。围绕让农村贫困人口“看得起病、看得好病、看得上病、少生病”，进一步提高农村贫困人口医疗保障水平，对贫困人口大病和慢性病实施分类救治，全面提升贫困地区医疗服务条件和能力，强化贫困地区疾病防控和公共卫生工作。因病致贫返贫贫困户脱贫进度与全国建档立卡贫困户基本保持同步。

国家卫计委指导各地对贫困人口落实倾斜性医疗保障政策，新农合政策范围内住院费用报销比例提高 5 个百分点以上。会同财政部印发《关于做好新型农村合作医疗工作的通知》，大病保险起付线降低 50%。印发《关于印发农村贫困住院患者县域内先诊疗后付费工作方案的通知》，实行县域内住院先诊疗后付费和“一站式”即时结算。推动建立健康扶贫补充保障机制，截至 2017 年底，17 个省份探索建立了健康扶贫补充保障机制，将农村贫困人口医疗费用实际报销比例提高到 80% 以上。健康扶贫动态管理系统监测显示，2017 年全国贫困人口医疗费用个人自付比例平均为 16%，比

2016年的43%下降27个百分点。

实施健康扶贫“三个一批”行动计划。逐户、逐人、逐病调查核实，全面摸清农村贫困人口患病情况，确定“大病集中救治、慢病签约服务管理一批、重病兜底保障”的分类救治策略，建立工作台账，建成信息管理系统，动态跟踪管理救治过程。针对大病患者，采取定临床路径、定定点医院、定单病种费用、定报销比例、加强责任落实、加强质量管理的“四定两加强”措施，优先遴选儿童先天性心脏病、儿童白血病等9种大病作为首批救治病种进行专项救治，已救治18.9万人。针对慢病患者，优先落实家庭医生签约服务，提供高血压、糖尿病等重点慢病的规范管理和健康服务。针对重病患者，落实政府兜底保障措施，加强人文关怀。截至2017年底，累计核实需救治的849万贫困人口中，已有804万人入院治疗或享受签约服务，覆盖近95%的大病和慢性病患者。

全面提升贫困地区医疗服务条件和能力。支持各地加快推进贫困地区县乡村三级医疗卫生机构标准化建设，改善服务设施条件。创新管理机制，构建县、乡、村三级联动的县域医疗服务体系，优化区域资源配置。会同中央有关部门组织全国963家三级医院对所有贫困县全部1180家县级医院进行对口帮扶。初步建成从三级医院到县医院到乡镇卫生院互联互通的远程医疗网络。开展人才综合培养，截至2017年底，为中西部地区农村医疗卫生机构招收培养5000名助理全科医生。实施人才强基层扶贫工程，2017年为乡镇卫生院、村卫生室培训专业技术人员约9000人。

制定《凉山州艾滋病防治和健康扶贫攻坚行动方案》，以艾滋病防治为主攻方向，开展凉山彝族自治州健康扶贫工作。在四川甘孜藏族自治州石渠县启动实施包虫病综合防治试点，将典型经验推广到四川藏区、西藏自治区和青海玉树藏族自治州及果洛藏族自治州，共筛查270多万人，免费治疗包虫病患者1.3万人。全面实施妇女“两癌”免费筛查、孕前优生健康免费检查、贫困地区儿童营养改善和新生儿疾病筛查等重大公共卫生项目，受益儿童超过400万名。

（国家卫生健康委财务司扶贫办
高艳坤）

（五）金融扶贫

【扶贫小额信贷】　2017年，扶贫小额信贷新增贷款金额1502亿元，新增贷款户数360万户，历年累计贷款金额4335亿元，累计贷款1100万户（次）。通过向贫困户提供发展资金和技术支持，扶贫小额信贷在激发内生动力、改变精神面貌方面发挥的作用逐渐显现。

2月起，国务院扶贫办建立并执行扶贫小额信贷“月统计、月监测、月通报”制度，通过定期通报进展，点明存在问题，督促整改落实，不断推动扶贫小额信贷精准化、规范化运行。

7月，国务院扶贫办与中国银行业监督管理委员会（以下简称“银监会”）、财政部、中国人民银行、中国保险监督管理委员会（以下简称“保监会”）联合印发《关于促进扶贫小额信贷健康发展的通知》，第一次系统地将政策要点集中表述为“5万元以下、3年期内、免担保免抵押、基准利率放贷、财政贴息、县建风险补偿金”，扶贫小额贷款业务的发展政策进一步完善。

9月，国务院扶贫办组织人员编写《扶贫小额信贷工作指南》，就户贷企用、贷款操作程序等问题予以明确，促进扶贫小额信贷健康稳定发展。

【金融扶贫工作机制】　银行业方面。国务院扶贫办与中国人民银行、银监会进行了4次会商，交换工作意见，共同促进银行业金融机构参与脱贫攻坚进程。国务院扶贫办主任刘永富、副主任洪天云多次出席国家开发银行、中国农业发展银行的会议，指导金融扶贫工作。联合中国农业发展银行召开金融扶贫实验示范区座谈会，全面总结实验区金融扶贫工作经验。联合国家开发银行赴陕西省开展开发性金融支持贫困地区脱贫攻坚的调研，进一步学习和协调开发性金融助力地区脱贫。

证券业方面。国务院扶贫办副主任欧青平、洪天云与证监会两次共商资本市场参与脱贫攻坚工作，推动上市公司支持贫困地区发展。在国务院扶贫办指导下，湖北省郧阳区4家企业发起设立扶贫产业投资基金，并由基金投资拟上市企业设立扶贫公益股，所获收益全部用于扶贫事业。

保险业方面。国务院扶贫办副主任洪天云与原保监会领导会谈，出席中国人民保险集团助推脱贫攻坚暨农村保险工作会议，推动保险扶贫产业发展。会同保监会、中国人民保险集团、中国人寿保险（集团）公司针对“三区三州”保险扶贫工作进行研究，设计研发“深贫保”组合产品。联合保监会开展保险精准统计监测的调研，为下一步保险业精准统计监测做好前期准备。

数据共享方面。国务院扶贫办与中国人民银行、保监会、中国农业发展银行、中国人民保险集团、中国人寿保险（集团）公司等机构实现了数据共享。

【金融扶贫培训】 为纠正扶贫小额信贷工作和统计监测中的工作偏差，规范各地扶贫小额信贷工作，2017年4月，国务院扶贫办在河北省石家庄市举办了扶贫小额信贷健康发展与精准统计监测培训班。

为搭建培训平台，加强扶贫系统与“一行三会”的互动，推广金融扶贫典型经验，9月，国务院扶贫办举办金融扶贫工作培训班，组织各地“一行三会”和扶贫系统业务骨干参加，第一次实现了“多兵种联合作战”，并观摩湖北郧阳银行、证券、保险“三驾马车”齐头并进金融扶贫模式。

11月，国务院扶贫办与中国人民银行、银监会联合在河南省三门峡市召开金融扶贫现场观摩会，推广总结卢氏县扶贫小额信贷“破解五个障碍、建立四个体系、创新四个结合”经验做法。

按照分工安排，国务院扶贫办派人参加中共中央组织部、国家开发银行、中国农业发展银行、中国人民保险集团、中国人寿保险（集团）公司等多个单位组织召开的金融扶贫工作会议或培训，讲授金融扶贫相关政策和实践经验。

【金融扶贫理论研究】 按照“地方扶贫融资风险有关问题专题研究会议”的部署，国务院扶贫办联合财政部等相关单位开展全国范围内的地方扶贫融资风险排查整改工作。研究财政部《关于坚决制止地方以政府购买服务名义违法违规融资的通知》，了解掌握文件印发后对各地开展基础设施建设、贫困村提升工程等项目的影响，征求相关单位意见，形成分析报告。

委托相关高校、科研机构开展特惠金融扶贫、扶贫小额信贷、保险扶贫政策效应等课题研究，以理论研究为牵引，推进金融扶贫实践。河北经贸大学开展的“精准扶贫特惠金融理论与实践”课题研究、上海国家会计学院“扶贫小额信贷促进农户增收的贡献率”课题研究已完成。

（国务院扶贫办开发指导司
周　翔）

（六）危房改造

【概述】 2017年，住房和城乡建设部（以下简称“住建部”）大力推动住房扶贫，将保障贫困户住房安全作为农村危房改造的首要任务。安排中央补助资金266.9亿元，支持190万户4类重点对象改造危房，帮助600多万贫困人口解决住房安全问题。

【农村危房改造补助对象】 自2017年起，中央农村危房改造补助对象调整为集中支持建档立卡贫困户、低保户、农村分散供养特困人员、贫困残疾人家庭等4类重点对象（以下简称“4类重点对象”），中央农村危房改造补助资金中央户均补助标准由

8500 元提高到 1.4 万元。

【质量安全管理】 2 月，印发《住房城乡建设部关于加强农村危房改造质量安全管理工作的通知》，在农村危房改造中推行“五个基本”的质量安全管理要求，即基本的质量标准、基本的结构设计、基本的建筑工匠管理、基本的质量检查、基本的管理能力。

3 月、9 月，分别在甘肃、陕西召开全国农村危房改造现场会议，解读农村危房改造新政策新要求，交流各地工作经验，部署农村危房改造重点任务。8 月，印发《住房城乡建设部、财政部、国务院扶贫办关于加强和完善建档立卡贫困户等重点对象农村危房改造若干问题的通知》，对危房改造对象认定标准和程序、贫困户“住房安全有保障”的认定标准和程序、减轻深度贫困户负担、加强工作管理和提高农户满意度等逐一明确要求。

【宣传培训和技术指导】 1 月，住建部在国务院新闻办召开新闻发布会，宣传解读农村危房改造政策。建立农房建设技术指导微信公众号，发布农村危房改造有关政策及各地政策措施、经验做法。从高校、科研院所等机构抽调业务能力强、经验丰富、了解农村实际情况的中青年专家建立中央和省级农房建设技术专家队伍，负责研究完善农房建设技术体系、开展指导和巡查、培训基层工作人员和建筑工匠，中央层面专家已近百人。指导督促各地通过组织工作会、培训会、录制网络视频、制作政策明白卡等方式加大宣传力度，使中央政策及时传达到各地。

【督促检查和绩效激励】 坚持农村危房改造进度月报和督促制度，确保中央任务当年开工。组织农村危房改造绩效评价，从政策措施、监督管理、工程实施、资金管理、信息管理、工程质量、问题整改等方面对建档立卡贫困户危房改造全面考核，绩效评价结果和排名抄送省级人民政府，绩效评价得分直接与下一年度资金分配挂钩。住建部会同财政部向国务院办公厅报送 2016 年农村危房改造激励支持地方名单。4 月，国务院办公厅印发通报，安徽、广西、海南、云南、新疆 5 个省区获得表扬激励。在 2017 年农村危房改造任务资金分配中 5 个获得激励的省区额外获得补助资金 1.01 亿元。8 月，组织农村危房改造工作专项督查，对危房改造对象认定、减轻贫困户负担、政策执行等方面开展督促检查，督查结果及排名在全国农村危房改造工作培训暨加固改造现场会上通报。

【深度贫困地区脱贫攻坚】 明确要求各地在任务资金安排上向深度贫困地区倾斜，确保这些地区同步完成 4 类重点对象危房改造任务。组织各地摸清“三区三州”深度贫困地区建档立卡贫困户危房存量，将支持深度贫困地区建档立卡贫困户危房改造情况纳入农村危房改造绩效评价。2017 年，住建部会同财政部门安排中央补助资金 35.5 亿元，支持“三区三州”24.3 万户建档立卡贫困户等重点对象改造危房。

2017 年底，国务院扶贫办委托第三方机构对《中共中央、国务院关于打赢脱贫攻坚战的决定》中明确的 101 项任务开展中期评估，住房和城乡建设部牵头负责的农村危房改造任务获得“优秀”等次。

（住房和城乡建设部村镇建设司
李书昀）

第五篇

监督考核篇

（一）脱贫攻坚督查巡查

【脱贫攻坚督查巡查】 为贯彻落实中共中央总书记习近平在中央政治局听取2016年省级党委和政府扶贫开发工作成效考核情况汇报时的重要讲话精神，按照中共中央办公厅、国务院办公厅《脱贫攻坚督查巡查工作办法》，2017年7月，国务院扶贫开发领导小组组织开展脱贫攻坚督查巡查，重点督查巡查问题整改情况，进一步推动工作落实。44个成员单位由部门负责同志带队，邀请8个民主党派中央派员参加，共抽调263名同志，组成14个督查组、8个巡查组，深入中西部22省区市的74个贫困县、218个村（贫困村209个），入户访问1047户贫困户、507户脱贫户和非贫困户，访谈县乡村基层干部和驻村干部1174人。实地督查巡查结束后，各组向省级党委政府反馈了意见，分别形成督查巡查报告。从督查巡查情况看，22省区市全面落实整改要求，制定整改方案，明确责任清单，严肃督查问责，对梳理出来的问题都采取措施认真整改，举一反三、较真碰硬，努力纠正存在的突出问题，整改工作总体到位，印证了各地报告的整改情况。整改工作促进了脱贫攻坚的政策落实和工作落实，保持了脱贫攻坚的良好态势和正确方向。各组发现并梳理出84个问题，并提出91条建议，同时将接到的113个举报电话反馈或转交地方核查处理。

（国务院扶贫办综合司　曹振华）

（二）脱贫攻坚日常监督

【扶贫领域监督执纪问责】 2017年，中共中央纪律检查委员会（以下简称“中央纪委”）坚决贯彻落实党的十九大精神和习近平关于脱贫攻坚的系列重要讲话指示精神，立足监督执纪问责职能定位，聚焦扶贫领域腐败和作风问题，加强谋划部署、狠抓责任落实，持续加大扶贫领域监督执纪问责工作力度，为打赢脱贫攻坚战提供了坚强纪律保障，增强了群众的获得感，进一步巩固了党执政的政治基础。

加强工作部署，落实政治责任。2017年1月，十八届中央纪委七次全会要求“开展扶贫领域专项整治”“对那些胆敢向扶贫等民生款物伸手的要坚决查处”。7月3日，中央纪委召开全系统、12万名纪检监察干部参加的扶贫领域监督执纪问责电视电话会议，中央纪委书记王岐山强调，对胆敢向扶贫资金财物“动奶酪”的严惩不贷。7月，王岐山专程到河北张家口检查指导扶贫领域监督执纪问责工作。

中共十九大闭幕后，新一届中央纪委坚持以习近平新时代中国特色社会主义思想为指导，认真贯彻党的十九大关于精准扶贫、精准脱贫的重大决策部署。赵乐际在中央纪委机关传达学习党的十九大精神大会上强调，要加大扶贫领域纪律保障力度，切实整治群众身边的腐败问题，增强人民群众获得感。2017年12月，赵乐际在福建调研时强调，要坚决纠正贯彻党中央决策部署态度不坚决、工作不扎实等现象，严肃处理贪污侵占、虚报冒领、截留挪用、吃拿卡要、优亲厚友等问题，为打赢脱贫攻坚战提供坚强纪律保障。

2017年10月，中共中央总书记习近平作出重要批示后，中央纪委常委会会议多次专题学习，研究扶贫领域监督执纪问责工作。赵乐际组织专班，杨晓渡和常委会成员深入贫困地区开展调研，结合实际专题研究，广泛征求相关业务部门意见建议，于12月印发《关于2018年至2020年开展扶贫领域腐败和作风问题专项治理的工作方案》，要求各级纪检监察机关紧紧盯住脱贫攻坚过程中出现的责任落实不到位的问题、突出的腐败问题以及形式主义官僚主义和弄虚作假、数字脱贫等严重作风问题，深入开展专项治理。

持续督办督查，强化压力传导。2017

年，中央纪委加大督办力度，继续开展扶贫领域腐败和作风问题线索多轮次、滚动式重点督办，共督办了3轮、113件问题线索，520余名责任人受到处理。对河北张家口等地脱贫攻坚工作和扶贫领域监督执纪问责情况开展明察暗访，发现了一批突出问题，对市、县党委政府、纪委等有关领导干部进行严肃处理。组织中国纪检监察报社、中国纪检监察杂志社记者巡访31个省区市，着力发现脱贫攻坚中的腐败和作风问题以及监督执纪问责工作薄弱环节。通过督办督查层层传导压力，示范带动省级纪委开展相应的多批次督办工作，推动各级党委、纪委特别是县委、县纪委从提高政治意识的高度重视扶贫领域监督执纪问责。

加大执纪问责力度，严查腐败和作风问题。中央纪委充分发挥信访主渠道作用，建立与扶贫、审计、财政等部门的协作机制，广泛收集问题线索。督促各级纪检监察机关开展扶贫领域腐败和作风问题线索大起底大排查，走出办公室，深入基层一线听取群众反映、发现问题。对侵害贫困群众利益的腐败和作风问题快查严处，绝不手软。据统计，2017年1—12月，全国查处扶贫领域腐败和作风问题4.87万个，处理6.45万人。坚持“一案双查”，对有关党委、纪委落实“两个责任”不力、扶贫领域违纪问题频发多发，以及有关职能部门监管职责不到位的，严肃追究责任。

开展巡视巡察，发挥“利剑”作用。2017年，中央巡视工作坚持把中央扶贫政策贯彻落实情况作为巡视有关部门和贫困省份的重点内容，中央各巡视组既看脱贫任务完成进度，又看脱贫地区是否存在返贫风险，确保贫困群众真脱贫。推动省市县不断扩大巡视巡察覆盖面，大多数地方开展了扶贫专项巡视巡察，发现和解决了一批扶贫领域违规违纪问题，确保扶贫政策落实到位。

公开通报曝光，形成持续震慑。中央纪委定期筛选典型案例进行集中通报，形成了问题排查、重点督办、强化问责、通报曝光的扶贫领域监督执纪问责“组合拳”。2017年，分三批公开通报了26起扶贫领域腐败和作风问题典型案例。中央纪委网站每月集中曝光各省区市纪委上报的群众身边腐败和作风问题共670起。对舆论反映的典型问题，查实后及时通过媒体向社会反馈处理结果。

带头改进作风，力戒形式主义、官僚主义。中央纪委领导同志带头深入基层、深入群众、深入实际，到脱贫攻坚任务重的省区市检查调研，在监督执纪第一线了解情况，推动工作开展。谋划部署务求实效，做到谋定而后动，尽可能少开会发文、多解决问题、重教育引导。督导检查坚持问题导向，既加强对全国总体脱贫攻坚以及扶贫领域腐败和作风问题专项治理情况的全面认识，又注重了解部分地区面临的突出问题，进而提出有针对性的对策建议，进行点对点的具体指导、提高工作精准程度。

加强宣传引导，营造浓厚氛围。《关于2018年至2020年开展扶贫领域腐败和作风问题专项治理的工作方案》印发后，中国纪检监察报头版头条随即刊发《中央纪委开展扶贫领域腐败和作风问题专项治理》消息稿，再次吹响动员号。十九届中央纪委二次全会召开前，刊发《以强化扶贫领域监督执纪问责为重点着力整治群众身边腐败和作风问题》新闻稿，对扶贫领域监督执纪问责成效进行宣传报道。配合中央电视台开展了“扶贫攻坚纪委在行动”系列报道工作。通过宣传报道，引导全国上下干部群众形成正确政治方向、舆论导向、价值取向，为开展扶贫领域监督执纪问责工作提供了思想保证和舆论支持。及时总结推广好的经验做法，编发简报专刊6期，在纪检监察内网发布信息200余条，加强对各地各部门相关工作的示范指导。

（中共中央纪律检查委员会）

【审计监督】 2017年，审计署以习近平新时代中国特色社会主义思想为指导，认真落实习近平对脱贫攻坚工作的重要指示精神和“十三五”脱贫攻坚规划要求，进一步明确任务目标，持续加大扶贫审计力度，聚焦“精准、安全、绩效”，严肃揭露扶贫领域腐败和作风问题，重点关注深度贫困地区和特殊贫困人口，推动扶贫政策措施落实和规范扶贫资金管理使用，积极发挥审计在脱贫攻坚中的监督和保障作用。

2017 年，审计署多次召开署党组会议和审计业务会议，学习贯彻党中央精准扶贫精准脱贫决策部署，研究部署扶贫审计工作。审计长胡泽君和其他审计署领导多次到丹寨县、顺平县、会昌县和扶贫审计工作现场调研考察、指导工作，深入脱贫攻坚一线，看望慰问扶贫干部和贫困群众。同时，通过全国审计工作会议、全国扶贫审计电视电话会议等方式，强调各级审计机关进一步统一思想、提高认识，切实增强历史使命感、政治责任感和职业荣誉感，在坚决打好脱贫攻坚战、决胜全面建成小康社会的历史进程中，积极发挥审计监督和保障作用。

2017 年，审计署先后印发《审计署办公厅关于“十三五”期间定期报送扶贫审计工作有关情况的通知》《审计署办公厅关于印发贯彻落实“十三五”脱贫攻坚规划具体措施的通知》《审计署关于在打赢脱贫攻坚战中进一步加强扶贫审计的意见》等文件，对“十三五”时期扶贫审计的工作原则、审计重点、工作要求等作出部署，要求全国各级审计机关认真落实脱贫攻坚责任制，坚持依法审计、客观求实、鼓励创新、推动改革的审计工作原则，把推动扶贫政策落实、规范扶贫资金管理、维护扶贫资金安全、提高扶贫资金绩效作为审计工作的着力点，建立脱贫攻坚政策落实和重点资金项目跟踪审计机制，统筹全国扶贫审计资源，逐步实现对 832 个国家扶贫开发工作重点县、集中连片特困地区县（以下统称贫困县）的扶贫审计全覆盖。此外，审计署编纂了《扶贫和涉农审计案例（2017）》，收录近年来扶贫审计发现的典型案例，为全国审计机关更好开展扶贫审计提供经验借鉴。

审计署加强对地方审计机关的业务指导和领导，坚持立足扶贫审计全国“一盘棋”，加大审计资源统筹力度，通过统一组织扶贫资金专项审计和国家重大政策措施落实跟踪审计等，积极推动审计计划统筹、审计资源整合、审计项目融合、审计成果共享，形成全国扶贫审计的强大合力。同时，审计署统筹协调各部门、各类专业审计，并在中央部门预算执行审计、地方财政收支审计、党政领导干部经济责任审计等项目中，将精准扶贫政策措施落实和扶贫资金管理使用情况作为重点内容之一同步部署、同步审计，扩大对各部门、各行业脱贫攻坚政策落实情况的审计覆盖面。

2017 年，审计署和地方审计机关通过专项审计、跟踪审计等方式，共审计覆盖贫困县 575 个，累计抽查扶贫资金 2900 多亿元，发现各类问题金额 690 多亿元，依法向纪检监察、司法机关等移送问题线索 1000 余件。其中，审计署统一组织审计扶贫资金 1200 多亿元，发现各类问题金额 94 亿元，依法向纪检监察、司法机关等移送问题线索 160 件，涉及 280 多个贫困县的 2.75 万个项目、2500 多个乡镇和 7300 多个村，走访 3 万多户贫困家庭。

2017 年，审计署沿着“政策”“资金”两条主线，突出“精准、安全、绩效”三个重点，着力查处骗取套取、截留挪用、贪污侵占、挥霍浪费扶贫资金，以及化公为私、优亲厚友等严重危害扶贫资金安全、损害贫困群众利益的问题；着力揭示扶贫资金长时间闲置、重点扶贫项目推进缓慢或损失浪费等影响扶贫资金绩效和脱贫效果的问题，推动扶贫资金统筹整合使用；着力反映精准扶贫政策措施不衔接、不落地，以及脱贫攻坚中的不实不准问题、扶贫资金阳光化管理不到位等机制体制问题，推动精准扶贫政策措施落实，维护和保障扶贫资金安全绩效。

2017 年第一季度，组织特派办和地方审计机关对全国 158 个贫困县进行专项审计；第二季度，着重关注贫困县财政涉农资金统筹整合使用情况，组织特派办对 25 个贫困县进行专题审计；第三季度，为深入贯彻落实习近平在深度贫困地区脱贫攻坚座谈会上的重要讲话精神，组织特派办和派出局对甘肃临夏、四川凉山、云南怒江等 3 个深度贫困地州的 8 个贫困县开展扶贫审计；第四季度，为贯彻落实习近平关于严查扶贫领域腐败和作风问题的重要指示精神，组织特派办和省级审计机关对 108 个贫困县的扶贫领域腐败和作风问题进行专项审计。

对扶贫审计发现的问题，审计署在向党中央、国务院报告的同时，每个季度依法向社会公告审计结果，通过公开促进整改，保持扶贫审计监督高压态势。审计结果受到地方各级党委政府、有关部门高度重视和社会高度关注，相关地方党委政府建立审计整改台账，明确整改时限和责任人，逐一对账销号，通过追缴被骗取套取或违规使用的扶贫资金、统筹盘活长期闲置资金、加快扶贫项目实施进度、加快下拨扶贫资金、补发扶贫款物以及完善建档立卡基础工作、严肃追责问责、制定修订规章制度等方式，推动扶贫审计整改及时、到位，保障脱贫攻坚各项工作取得实效。

截至 2017 年底，通过追回或盘活资金等方式整改扶贫资金 180 多亿元，4600 多名相关责任人受到相关问责处理，促进扶贫政策措施落实或完善规章制度 2200 余项。随着监管力度不断加大，扶贫资金管理使用不断规范，审计查出违纪违规、损失浪费等问题金额占抽查资金的比例有所下降，从 2012 年的 36.3% 下降到 2015 年的 25.8%，2016 年降至 7.93%，2017 年为 6.35%。

各地各部门以审计发现问题为鉴，将审计整改作为推动落实、改进工作、完善制度的重要途径，在督促具体问题整改的同时，完善脱贫攻坚政策制度，构建长效机制。国务院扶贫办根据审计发现的问题，督促地方各级政府认真及时整改到位，并部署开展财政扶贫资金专项检查，修订印发《中央财政专项扶贫资金管理办法》《财政专项扶贫资金绩效评价办法》，逐步建立扶贫资金“普遍性”问题的监管长效机制。

一直以来，审计机关认真贯彻落实党中央、国务院关于涉农资金统筹整合的决策部署，持续关注财政存量资金，把盘活财政资金、统筹整合财政资金作为深化地方财政资金供给改革的重要抓手，促进专项资金统筹整合提高效益，推动涉农资金统筹整合使用制度的不断完善。《关于支持贫困县开展统筹整合使用财政涉农资金试点的意见》等文件出台后，审计署持续在扶贫审计等项目中跟踪审计试点工作推进情况，2017 年，对 25 个贫困县开展涉农资金统筹整合审计，对财政涉农资金统筹方案出台、资金统筹范围、资金统筹配套制度、统筹资金使用等多个方面开展审计，及时反映试点过程中出现的新情况、新问题，推动贫困县把资金真正用到扶贫开发、用到建档立卡贫困人口脱贫上来，切实提高脱贫成效。提出强化涉农资金专项资金顶层整合，切实加大性质相同、用途相近的涉农资金统筹整合力度，加快清理限制资金统筹整合使用的规章制度，聚焦“两不愁、三保障”准确制定各专业规划，并统筹衔接各专业扶贫规划和脱贫攻坚总规划，建立与脱贫目标相挂钩的财政资金统筹整合综合绩效评价制度，持续推动改革，建立脱贫攻坚资金供给的长效机制。

（审计署农业司）

【民主党派脱贫攻坚民主监督】 2017 年，各民主党派中央按照中共中央总书记习近平对脱贫攻坚民主监督工作的系列重要指示要求，继续推进脱贫攻坚民主监督，进一步完善和落实各项工作机制，加大与国务院扶贫办、各对口省区的沟通与联系，切实推动脱贫攻坚民主监督工作取得实效。

据统计，2017 年，各民主党派中央，

围绕脱贫攻坚民主监督开展调研166次，涉及240个市（州、县）、542个村；举办协商、座谈、培训、答复反馈等会议193次；向地方党委政府提出各类意见建议567条。在调研中，各民主党派中央根据中共中央关于脱贫攻坚工作的新要求，尤其是中共十九大对脱贫攻坚的新部署和新安排，对发现的突出问题和困难进行了深入分析研究，并提出对策建议，均形成了调研报告，有的还以“直通车”的形式报党中央、国务院。根据国务院领导同志批示要求，国务院扶贫办将报告分送相关部门和单位，认真分析，提出了工作意见。

2017年3月27日，时任全国政协主席俞正声主持召开脱贫攻坚民主监督工作座谈会。会议指出，开展脱贫攻坚民主监督，要坚持鲜明问题导向，直面现实问题，做到敢监督、真监督，围绕精准识别、精准施策、精准脱贫等重点工作，力求把情况摸清、把政策吃透、把问题看准。要提出管用的意见建议，针对带有地区性特点的问题和贫困地区带有普遍性的问题，从不同层面加强研究，提出解决的思路和对策。11月15日，中共中央统一战线工作部牵头召开脱贫攻坚民主监督成果会商会，就有关情况与国务院扶贫办进行会商。国务院扶贫办向各民主党派中央提供脱贫攻坚相关政策文件和资料，通报脱贫攻坚工作进展情况，参与相关调研和培训，及时将各民主党派中央开展脱贫攻坚民主监督的情况进行宣传报道。

（国务院扶贫办社会扶贫司　周晓云）

【信访工作】　加强信访工作制度化建设，制定了《国务院扶贫办信访工作办法（试行）》，进一步提高了信访工作的制度化水平。《办法》规定，信访工作在办党组领导下组织开展，综合司牵头负责，制定规章制度、研提办理意见、督促办理、反馈办理结果等，办属各单位按职责分工、积极配合。信访渠道主要包括党中央国务院等领导同志交办、国家信访局等部门转办、主任信箱、举报电话、群众来信来访等。机关各司、机关党委（人事司）轮流负责来访接待工作。商请国家信访局为扶贫办开通“国家信访信息系统”，并邀请国家信访局来访接待司同志来扶贫办做信访工作专题培训。调查核实中央领导同志批示信访件并报告情况。对中央领导同志批转材料中涉及扶贫的43个信访问题，组织人员进行实地核查或交办地方扶贫部门核查，其中直接实地核查19个，并按要求向国务院或中央领导同志报送了核查处理报告。分类处理群众来信来访。先后接待274批次444人次的来访，处理主任信箱信件532封，转办群众来信86封，根据不同情况分类处理。省级扶贫部门报送信访问题处理情况69件，其中不属实的有51件，属实或部分属实的有18件。

2017年，“12317”扶贫监督举报电话共立项受理投诉件67件，已全部办结。其中陕西14件，河南12件，内蒙古9件，河北8件，四川5件，湖南3件，广东、安徽、湖北、江西、辽宁各2件，甘肃、贵州、云南、重庆、福建、山西各1件。经查实，存在违规违纪现象的有18件，共涉及问题资金259.39万元，已全部整改，共处理责任人37人。

（国务院扶贫办综合司　居　伟）

（三）脱贫攻坚考核评估

【脱贫攻坚考核评估】　根据党中央、国务院脱贫攻坚决策部署和《省级党委和政府扶贫开发工作成效考核办法》，2016年12月至2017年3月，国务院扶贫开发领导小组（以下简称扶贫领导小组）组织对中西部22个省区市党委和政府2016年扶贫开发工作成效进行了考核。在党中央、国务院的坚强领导下，经过扶贫领导小组成员单位共同努力和有关方面尤其是各省区市的大力支持，圆满完成了考核任务。

考核对象：向党中央、国务院签订脱贫

攻坚责任书的中西部 22 个省区市党委和政府。

组织实施：考核由扶贫领导小组组织进行，具体工作由国务院扶贫办、中央组织部牵头，会同扶贫领导小组成员单位组建考核工作组组织实施。

考核内容：一是减贫成效。考核建档立卡贫困人口数量减少、贫困县退出、贫困地区农村居民收入增长情况。二是精准识别。考核建档立卡贫困人口识别、退出精准度。三是精准帮扶。考核对驻村工作队和帮扶责任人帮扶工作的满意度。四是扶贫资金。考核扶贫资金安排、使用、监管和绩效等方面的情况。

具体工作：一是开展省际交叉考核。安排部署 22 省区市抽调 476 名司处级干部，组成交叉考核工作组，通过随机抽样，分赴 22 省区市的 108 个县、605 个村开展交叉考核，入户调查 8063 户建档立卡贫困户和脱贫户，一对一访谈基层干部 3216 人，召开各类座谈会 316 次。共发现典型 92 个、查找问题 102 个、收集建议 48 条。二是开展第三方评估。委托中国科学院组织 1756 名评估人员，组成 22 个评估组，赴 117 个县的 630 个村，对 15000 户建档立卡贫困户和 6600 户脱贫户开展第三方评估。主要评估贫困人口识别和退出的准确率，因村因户帮扶工作群众满意度，以及“两不愁三保障”实现情况。三是收集考核数据。安排各省区市报送 2016 年度扶贫工作总结报告。从全国扶贫开发信息系统提取 2016 年建档立卡贫困人口和脱贫人口数据。国家统计局提供全国和贫困地区农村居民可支配收入相关数据。财政部、扶贫办提供 2016 年财政专项扶贫资金使用管理绩效评价结果。中央纪委机关提供 22 省区市 2016 年度查处扶贫领域腐败问题有关情况，审计署提供 2016 年对 17 省市 40 个县扶贫资金审计情况等。四是综合汇总分析。结合收集的考核数据，吸纳扶贫领导小组 2016 年督查巡查和民主党派中央民主监督等情况，按照定性定量相结合、第三方数据与部门数据相结合、年度考核与平时掌握情况相结合的原则，对各省区市 2016 年扶贫开发工作成效进行综合分析，形成考核意见。

考核结果：2016 年，各地深入学习领会习近平总书记关于扶贫开发的重要论述，认真贯彻中央决策部署，脱贫攻坚成为各级党委政府的思想共识和自觉行动，五级书记抓脱贫的态势良好，各方合力攻坚的氛围初步形成，政治优势和制度优势得到有效发挥，脱贫攻坚首战告捷。全国减少贫困人口 1240 万人，超额完成减贫 1000 万人以上的目标任务。贫困地区农民人均可支配收入增长 10.4%，比全国农民人均可支配收入增幅高 2.2 个百分点。精准扶贫精准脱贫基本方略得到较好落实，建档立卡贫困人口识别准确率、贫困人口退出准确率、帮扶工作群众满意度都在 90% 以上。扶贫投入大幅增长，资金监管进一步加强。

考核同时发现，各地不同程度存在一些问题，有的还比较突出。一是脱贫质量不高，存在算账脱贫、突击脱贫等现象。二是帮扶工作不实。存在层层加码赶进度、用形式主义代替扎实工作等问题，有的帮扶措施仍停留在发钱发物上。三是扶贫举措不够精准。部分地方健康扶贫、易地扶贫搬迁、产业扶贫、金融扶贫等政策措施落实还存在较大差距。四是扶贫资金监管有待加强。有的地方资金拨付慢、沉淀多，甚至存在虚报冒领、贪占挪用扶贫资金等问题。

从分省情况看，综合评价好的省份为：四川、广西、重庆、甘肃、贵州、安徽、西藏和湖北等 8 省区市。综合评价较好的省份为：山西、内蒙古、吉林、海南、宁夏、新疆等 6 省区。综合评价一般或发现某些方面有突出问题的省份为：河北、江西、黑龙江、云南等 4 省。综合评价较差且发现突出问题的省份为：湖南、青海、河南和陕西等 4 省。

结果应用：2017 年 4 月 9 日、10 日，经党中央、国务院授权，扶贫领导小组约谈了考核综合评价较差且发现突出问题 4 省的党政主要负责同志和综合评价一般或发现某些方面有突出问题 4 省的分管负责同志。12 日，中办、国办向各地各部门通报了 2016 年省级党委和政府扶贫开发工作成效考核情况。14 日，国务院扶贫办将考核中发现的问题一对一反馈给各省区市。

通报、约谈后，22 省区市全面落实整改要求，制定整改方案，明确责任清单，严肃督查问责，对梳理出来的问题都采取措施认真整改，举一反三、较真碰硬，努力纠正存在的突出问题，整改工作总体到位，促进了脱贫攻坚的政策落实和工作落实，保持了脱贫攻坚的良好态势和正确方向。

（国务院扶贫办考核评估司
张慧东）

第六篇

行业扶贫篇

中共中央组织部扶贫

【概述】 2017 年，中共中央组织部（以下简称“中央组织部”）认真学习贯彻习近平总书记关于扶贫开发的重要论述和党中央关于打赢脱贫攻坚战的决策部署，立足组织部门职能职责，把抓党建促脱贫攻坚作为重要政治任务，扎实推进保持贫困县党政正职稳定、建强基层党组织、发挥党员先锋模范作用、加大人才支持和干部教育培训力度等工作。赵乐际、陈希同志和其他部务会成员多次专题研究，深入贫困地区调研，看望慰问贫困群众，指导推动抓党建促脱贫攻坚工作。4 月，中央组织部召开了基层党建工作重点任务推进会，对抓党建促脱贫攻坚工作进行全面部署。7 月，在中央组织部召开的全国城市基层党建工作经验交流座谈会上，赵乐际专门就抓党建促脱贫攻坚进行了强调。8 月，中央组织部在广西百色召开深度贫困地区抓党建促脱贫攻坚工作经验交流座谈会，深入推进集中连片贫困地区尤其是深度贫困地区抓党建促脱贫攻坚工作，陈希出席会议并讲话。8 月至 9 月，中央组织部组成 12 个督查组，将抓党建促脱贫攻坚作为“两学一做”（学党章党规、学系列讲话，做合格党员）学习教育重点任务，开展专项调研督查，推动各项任务落实，努力为打赢脱贫攻坚战提供坚强组织保证。

【干部扶贫】 保持贫困县党政正职稳定。坚持执行贫困县党政正职不脱贫不调整、不摘帽不调离的工作纪律，进一步压实县级党委和政府脱贫攻坚主体责任。实行贫困县党政正职个别调整备案审核制度。坚持从严从紧把关，对省区市提出的拟调整意见，认真甄别有关情况，凡不符合中央精神的均不予审批。

加强贫困地区干部队伍建设。2017 年，扎实开展第九批援疆干部人才选派工作，从中央和国家机关、中央企业选拔 573 名优秀干部人才进疆工作。会同中共中央统战部、国家民族事务委员会，选派 523 名西部地区和其他少数民族地区干部到中央单位、经济相对发达地区挂职锻炼，其中来自贫困地区的 223 人，占总人数的 42.6%。

做好定点扶贫和东西部扶贫协作挂职干部选派管理工作。印发《关于进一步加强选派干部到定点扶贫县挂职工作的通知》，召开工作推进会，从 320 家中央单位选派 652 名干部到 592 个国家扶贫开发工作重点县挂职锻炼。加强东西部扶贫协作干部人才选派工作，会同人力资源和社会保障部、国务院扶贫办印发《关于进一步加强和完善东西部扶贫协作干部人才选派管理工作的通知》，建立持续稳定的干部人才扶贫协作帮扶机制，协调北京、天津、上海、江苏、浙江、福建、广东、山东等 8 省市和大连市，选派 538 名优秀干部人才到西部地区挂职服务。

抓好扶贫干部培训。对地方党政领导干部培训。把脱贫攻坚培训纳入中央党校等国家级干部教育培训机构年度培训计划，举办厅局级干部产业精准扶贫研讨班，对 22 个省区市扶贫办分管产业扶贫的负责同志和相关贫困县党政主要负责同志开展培训；举办对口帮扶携手奔小康专题培训班，对东部地区有帮扶任务的 20 个县党政正职、贫困地区 20 个被帮扶的贫困县党政正职开展培训；举办 2 期市地党政主要领导干部任职培训班和4期县委书记研修班，将脱贫攻坚培训作为重要教学内容，159名市（地、州、盟）和直辖市辖区党政“一把手”以及750名县（市、区、旗）委书记参加学习。对村干部培训。从上缴中央的补交党费中划拨2.6亿元，对边疆民族地区和革命老区11.6万名村党组织书记轮训进行补助，计划从2017年底至2020年上半年，对边疆民族地区和革命老区村党组织书记进行全员培训。其中，中央组织部会同北京市委组织部、深圳市委组织部直接培训1万名。对第一书记培训。中央组织部会同国务院扶贫办在福建泉州、江苏宿迁、山东临沂举办3期中央和国家机关选派第一书记示范培训班，培训371名第一书记。

建立健全扶贫考核机制。指导各地继续抓好《关于改进贫困县党政领导班子和领导干部经济社会发展实绩考核工作的意见》的贯彻落实，推动各地不断改进贫困县考核机制和领导干部政绩考核工作。配合国务院扶贫办对相关省区市2017年扶贫开发工作成效进行考核，将考核评价结果作为对省级党委和政府主要负责同志和领导班子综合考核评价的重要依据。

推动扶贫领域干部工作作风转变。中央组织部印发开展扶贫领域作风问题专项治理实施方案，切实改进第一书记、基层干部在扶贫工作中的作风。推动落实“三个走遍”（省级党委组织部长走遍县，市级党委组织部长走遍乡镇，县级党委组织部长走遍村），现场考察了解干部，推动解决脱贫攻坚中的形式主义和官僚主义等作风问题。将抓党建促脱贫攻坚作为市县乡党委书记抓基层党建述职评议考核的重要内容，加大督促检查和跟踪问效力度，推动解决贫困地区农村基层党建突出问题。

【人才扶贫】 研究起草鼓励和引导人才向艰苦边远地区和基层一线流动的意见，提出待遇、职称、培养等方面的特殊倾斜政策。引导8.8万名优秀教师、医生、科技人员、社会工作者、文化工作者到边远贫困地区、边疆民族地区和革命老区工作或提供服务。重点扶持培养近1万名边远贫困地区、边疆民族地区和革命老区急需紧缺人才。选派400多名博士服务团成员赴西部服务锻炼，培养364名“西部之光”访问学者。先后印发《关于进一步加强医疗人才“组团式”支援工作的通知》和《关于做好第三批“组团式”援藏医疗人才选派和交接工作的通知》，全年共选派314名医疗人才“组团式”援藏、援疆。研究同意四川凉山、云南怒江、甘肃临夏等深度贫困地区县乡机关可采取单设职位招考，进一步降低基层公务员进入门槛。指导各地贯彻落实好艰苦边远地区县乡事业单位公开招聘有关倾斜政策措施，进一步缓解贫困地区基层事业单位“招人难、留人难”问题。

【基层党建扶贫】 选优配强贫困村党组织书记。推动各地以县为单位，对12.8万个贫困村党组织书记进行集中摸底分析调整，共调整5000多名贫困村党组织书记。会同民政部抓好村“两委”换届工作，推动各地把年富力强、文化水平高、有致富带富能力的优秀年轻党员选进班子，推动每个贫困村储备1至2名后备干部。2017年，全国54.4万名村党组织书记中，大专以上学历的占17.5%，比2012年提高6个百分点，致富带头人和农业专业合作社负责人占62.8%；有党组织书记后备人选的村占93.2%，比2012年提高12.2个百分点。通过调整引导，一批本土大学生、退伍军人、在外务工人员选择回乡创业，助力脱贫攻坚。

持续整顿软弱涣散贫困村党组织。推动县乡党委每年摸底倒排，精准整顿，销号管理，着力解决村党组织书记不胜任、村“两委”班子不团结、组织生活不正常、村干部贪腐谋私、村级管理混乱、换届选举拉票贿选、宗族宗教和黑恶势力干扰渗透、矛盾纠纷突出、组织动员力不强、无集体经济收入等突出问题。2017 年共排查 5.3 万个软弱涣散村党组织，有 5.2 万个得到整顿提升，占 98.1%，其中整顿提升贫困村党组织 1.57 万个。

派强用好第一书记。督促各地单位对第一书记进行轮换，严格监督管理，强化保障支持，注重培养使用，确保第一书记选得准、下得去、融得进、干得好。全国共选派第一书记 20.6 万名，其中中央单位选派 371 名，实现了党组织软弱涣散村和建档立卡贫困村全覆盖。结合轮换，中央单位共选派 6 名厅局级干部、10 名处长到深度贫困村任第一书记，发挥示范作用。在《人民日报》《中国组织人事报》等新闻媒体广泛宣传第一书记典型，刊发第一书记工作综述，组织编写出版《第一书记案例》，为第一书记干事创业营造良好舆论氛围。2017 年，全国共有 1.2 万名第一书记得到提拔或晋升，3240 名第一书记因不胜任被召回调整。广大第一书记在建强基层组织、推动精准扶贫、为民办事服务、提升治理水平等方面发挥作用，深受基层干部群众欢迎，有 4 名同志当选党的十九大代表。

管好用好“大学生村官”。督促各地将选聘的“大学生村官”重点安排到建档立卡贫困村任职并适当调整部分在岗“大学生村官”到贫困村工作。目前，在贫困村任职的“大学生村官”达 2.1 万人，占总数的 31.3%，覆盖 16.4% 的贫困村。脱贫任务较重的江西、云南、西藏、新疆覆盖率超过 30%，重庆、甘肃超过 50%，云南“直过民族”的 2825 个建档立卡贫困村全部安排了“大学生村官”。中央组织部会同农业部举办“大学生村官”示范培训班 50 期、大学生创业富民专题研修班 2 期，会同中国扶贫开发协会举办贫困村“大学生村官”培训班 5 期，培训“大学生村官”6000 余人。

充分发挥党员先锋模范作用。各地扎实推进“两学一做”学习教育常态化制度化，推行主题党日，引导广大党员在脱贫攻坚中发挥先锋模范作用。中管党费划拨 2.5 亿元作为基层党支部活动经费，支持开展村干部和党员脱贫致富培训。各地从项目、资金、技术、信息方面，鼓励和支持党员带头创办领办合作社、致富项目。比如，宁夏设立农村党员“双带”发展基金，无息发放、滚动使用，累计发放 1.09 亿元。各地普遍组织有帮带能力的党员，通过设岗定责、承诺践诺、志愿服务等方式，每人至少结对帮扶 1 户建档立卡贫困户。比如，重庆组织各级党员干部以“一帮一”“一帮多”等方式结对帮扶 160 万名贫困群众，实现帮困不漏户、户户见干部。

不断强化贫困地区基层党组织建设基础保障。督促各地拿出真金白银，加大投入力度，为农村基层党组织建设提供实实在在的保障。2017 年底，全国 2780 个县中，村干部基本报酬和村级组织办公经费合计达到 9 万元最低标准的县有 2737 个，占 98.5%。村党组织书记报酬达到农村居民人均可支配收入 2 倍标准的县有 2719 个，占 97.8%。94.1% 的县落实正常离任村党组织书记生活补贴。督促 832 个贫困县进一步建好村级活动场所，中管党费划拨 1.2 亿元对深度贫困地区村级活动场所建设进行补贴，全国 99% 的村都有了设施比较完备的村级组织活动场所，一半以上村活动场所面积超过 200 平方米。中管党费划拨 2.2 亿元对现已离任、生活困难的村（社区）老骨干给予生活补贴，划拨 1.3 亿元用于走访慰问生活困难党员和老党员。

推动发展壮大薄弱村空壳村集体经济。中央组织部将推动发展薄弱村空壳村集体经济作为一个专项大力推进，并纳入市县乡党委书记抓基层党建述职评议考核的重要内容，作为第一书记和驻村工作队的重要任务，督促各地抓好落实。中管党费划拨 5100 万元，对分布相对比较集中的 17 个省区市革命老区空壳村发展村级集体经济进行补助，每个村划拨 30 万元。各地党委组织部门结合职能职责，推动县乡党委落实主体责任，发挥村党组织的领导核心作用，结合脱贫攻坚，因地制宜发展村级集体经济，在强村富民上取得明显成效。

【定点扶贫】 中央组织部定点帮扶甘肃省舟曲县、贵州省台江县。2017 年，舟曲县减少农村贫困人口 3720 人，贫困发生率下降到 8.9%；台江县减少农村贫困人口 11438 人，贫困发生率下降到 16.45%。

一是突出抓好党建扶贫，努力走出以党建促脱贫新路子。协助两县加强各级党组织政治建设，推进“两学一做”学习教育常态化制度化。指导两县用好脱贫攻坚考核指挥棒，对各级班子进行脱贫攻坚实绩综合评价。组织两县 530 余名干部赴天津、四川、浙江等地进行集中培训和实地观摩，选派 53 名干部到中央有关单位和有关省市挂职锻炼。整顿软弱涣散农村党支部 15 个，开工建设农村党群服务中心 26 个，培训乡镇干部和农村支部书记 620 人次。台江县探索形成的干部驻村“十步工作法”和“十户一体”村级治理模式，在贵州全省得到推广。协调 60 余名农业、文化、旅游等方面的院士专家为两县发展把脉定向。推动加强贫困群众实用技术培训，培养农村各类实用技术人才 2500 余名。

【教育扶贫】 通过引才支教、师资培训、加大投入等措施，大力提高教育质量。舟曲县全县高考录取率和本科总上线率分别达到 92.82%、37.18%；台江县高考二本以上上线率达到 46.17%，比 2016 年提高 23 个百分点。两县累计为各类贫困学生募捐 3070 多万元。

【健康扶贫】 推动舟曲县率先在全州实现了先住院、后付费的诊疗程序和“一卡通”限时结报模式。在台江县推动开展组团式医疗帮扶，协调浙江大学医学院附属第二医院派出 11 名专家到台江县人民医院“传帮带”，选派 23 名医疗骨干到台江县开展业务培训，并捐赠价值 1850 万元的医疗设备，有效改善了群众就医条件。

【产业扶贫】 帮助舟曲县、台江县发展种植、养殖、林果等特色产业和文化旅游、农村电商等产业。舟曲县把 2017 年定为农牧产业扶持发展年，落实到户产业扶持资金 5621.67 万元，扶持贫困户种植汉藏药材 9300 亩、优质经济林果 2104 亩等。帮助台江县建好 4 大农业园区，引进中药材、食用菌、蛋鸡养殖、大米加工等企业。就业扶贫协助搞好劳务输出，帮助建档立卡贫困户实现劳务就业 10115 人，创劳务收入 8460 万元。帮助舟曲县、台江县分别打造“中国楹联文化县”“天下苗族第一县”品牌。

【基础设施建设】 协调水利部出台意见推动台江县水利事业发展，将空寨水库及电站列入 2017 年国家新开工重点建设项目和国家小水电扶贫试点项目。国家林业局为台江县新增 500 个生态护林员指标。舟曲县至宕昌县一级公路建设项目纳入三省藏区互联互通公路网规划，城乡供排水、电网升级改造等基础设施建设工程扎实推进。

【精准扶贫动态管理】 运用信息化手段服务精准扶贫脱贫，帮助舟曲县建立扶贫资金信息管理系统，推动扶贫资金使用精准到户；帮助台江县研发“农户之家”云平台系统，对全县农村人口特别是建档立卡贫困户信息进行精准动态管理。督促落实扶贫资金整合、小额信贷、移民搬迁等扶贫政策，推动转化运用、精准落地。注重抓好教育宣传引导，协调共产党员网为两县党员干部开通手机报，全方位宣传脱贫攻坚先进典型，激发群众“我要脱贫”主体意识和“勤荣懒耻”进取心，增强脱贫攻坚内生动力。

（中共中央组织部）

中共中央宣传部扶贫

【概述】 2017年，中共中央宣传部（以下简称“中宣部”）坚持以习近平新时代中国特色社会主义思想为指导，深入贯彻落实党中央决策部署，发挥自身职能优势，聚焦精准扶贫精准脱贫，瞄准深度贫困地区，坚持正确舆论导向，把握重要时间节点，持续推进脱贫攻坚宣传，统筹内宣外宣和网上网下，统筹集中宣传和日常报道，深入宣传阐释习近平总书记关于扶贫工作的重要论述，深入宣传党的十九大关于坚决打赢脱贫攻坚战的战略部署，充分反映党的十八大以来我国扶贫事业取得的成就，充分展示中国共产党领导和中国特色社会主义的政治优势，为打赢脱贫攻坚战提供舆论支持、营造社会氛围。

【扶贫调研】 2017年8月，时任中宣部常务副部长黄坤明带队赴江西省寻乌县调研。11月，中央精神文明建设指导委员会办公室专职副主任夏伟东带队到贵州省玉屏县和湖南省凤凰县、花垣县开展补齐贫困地区农村“精神短板”专题调研。同时，委托国家级贫困县所在的22个省区市文明办进行专项调研，总结贫困地区存在的“精神短板”和补齐短板主要做法及意见建议。

【中央精神宣传】 组织中央和地方主要媒体推出一批理论文章、评论言论、专题节目等，深入宣传习近平总书记在深度贫困地区脱贫攻坚座谈会等会议上的重要讲话精神，深入阐释习近平总书记关于扶贫工作的重要论述的丰富内涵和实践要求，推动把习近平总书记关于扶贫工作的重要论述作为学习重点内容纳入各级党委（党组）理论学习中心组学习计划，指导各地深入开展习近平总书记关于扶贫工作的重要论述宣讲活动。深入宣传党的十九大作出的有关战略部署，在“十九大时光”“党代表通道”“基层代表声音”等专题专栏中推出报道，反映扶贫一线代表、基层群众对十九大脱贫攻坚部署的学习体会和热烈反响。精心组织中央经济工作会议、中央农村工作会议精神宣传和全国扶贫开发工作会议精神宣传，全面解读脱贫攻坚的重点任务和重大举措。做好《关于支持深度贫困地区脱贫攻坚的实施意见》《关于开展扶贫领域作风问题专项治理的通知》等重要文件的宣传解读。

【扶贫主题宣传】 2017年4月至5月，组织中央主要媒体130名记者深入中西部22个省区市的110个贫困村蹲点调研，把脱贫攻坚作为“砥砺奋进的五年”主题采访活动的开篇，推出“为了总书记的嘱托”系列报道。在“砥砺奋进的五年”专栏集中推出扶贫脱贫故事展现脱贫攻坚伟业。8月，国务院扶贫办确定10个深度贫困县，组织中央主要媒体参照“结对子”方式，开展深度贫困地区定点调研采访报道。结合“在习近平新时代中国特色社会主义思想指引下——新时代新作为新篇章”重大主题宣传活动和“新春走基层”活动，组织新闻媒体发扬“走转改”精神，深入采访报道脱贫攻坚新举措新进展，反映贫困地区群众生产生活的新变化新风貌。做好第四个国家扶贫日的宣传报道。

【扶贫典型宣传】 组织新闻媒体深入革命老区、民族地区、边疆地区和贫困地区，挖掘和宣传扶贫一线涌现的自立自强、勤劳脱贫致富的群众典型和扎根基层、真抓实干的优秀党员干部，向全社会推出黄大发、李双星、王新法等一批先进典型，举行先进事迹报告会和巡回报告，营造勤劳致富、光荣脱贫社会氛围。宣传东西部扶贫协作、“万企帮万村行动”等方面有效做法，动员更多力量参与扶贫事业。宣传贵州兴办“新时代农民讲习所”、陕西开展扶贫扶志“六大行动”、四川开办“农民夜校”等经验做法，宣传各地开展移风易俗、解决“精神贫困”问题的措施成效，为其他地方提供有益借鉴。

【扶贫新闻发布】 健全新闻发布机制，主动向媒体介绍脱贫攻坚进展情况。党的十九大召开前，邀请国务院扶贫办主任刘永富介绍党的十八大以来脱贫攻坚的显著成就。2017 年 2 月、4 月、7 月就扶贫攻坚有关情况、健康扶贫工程“三个一批”行动计划有关情况、“互联网 +”社会扶贫有关情况进行了新闻发布。

【扶贫国际交流】 充分利用领导人高访、出席重要活动的有利契机，结合重要会议召开、重大政策措施发布和中国扶贫日、国际消除贫困日等重要时间节点，主动设置议题开展对外交流推介。2017 年 3 月，派出中国人权研究会代表团赴瑞士日内瓦参加联合国人权理事会第 34 次会议，3 月 8 日与中国常驻日内瓦联合国代表团共同举办以“共同构建人类命运共同体：全球人权治理的新路径”为主题的边会，介绍我国在扶贫减贫方面的政策举措及取得的成就。指导中国网及旗下网站，通过文字、图片、图解、微视频等多种形式集中展现十八大以来脱贫攻坚的伟大成就。

【移风易俗扶贫】 2017 年，中央精神文明建设指导委员会在开展第五届全国文明村镇评选活动中，表彰 265 个贫困地区文明村镇，为贫困地区文明村镇创建工作提供了经验。召开全国农村精神文明建设工作经验交流会，总结推出江西省寻乌县、重庆市巫溪县、河南省宁陵县等贫困县移风易俗、树立文明新风经验做法，组织中央主要媒体进行宣传，以点带面、示范带动，通过移风易俗推动扶贫工作。

【文化扶贫】 实施贫困地区民族自治县、边境县村综合文化服务中心覆盖工程，2017 年，中央部门按照每个村 17 万元（其中，中宣部补助 8 万元，协调文化、广电、体育三个部门补助 9 万元）的补助标准，支持 5606 个村建设综合文化服务中心，共安排专项经费 95302 万元，其中，中宣部安排经费 44848 万元。规范专项资金使用管理，按季度统计工程建设进展，选取河北、内蒙古、黑龙江、河南、云南 5 省区进行实地督查。

【定点扶贫概述】 2017 年，中宣部定点帮扶陕西省耀州区、内蒙古自治区科尔沁右翼中旗、江西省寻乌县（以下分别简称“耀州区”“科右中旗”“寻乌县”）。中宣部结合耀州区、科右中旗、寻乌县经济社会发展实际，充分发挥职能优势，帮助三地资金、物资价值 2400 余万元，选派挂职扶贫干部 8 名（耀州区 2 名、科右中旗 3 名、寻乌县 3 名），推进帮扶工作。经确认，2017 年耀州区、科右中旗、寻乌县分别实现 4033 人、7093 人、13961 人脱贫，贫困发生率分别下降到 6.6%、3.6%、4.0%。

【智力扶贫】 继续采取“走出来”“送进去”方式，培训乡村教师、宣传思想文化干部。资助寻乌县、科右中旗山区（牧区）各 25 名优秀教师利用暑期到教育发达地区学习，协调玉芳教育基金先后组织 8 名特级教师，利用暑假分别前往科右中旗、寻乌县开设数学学科、班主任工作和微课制作培训班，培训教师 2000 余名。安排三地 44 名（耀州区 15 名、科右中旗 15 名、寻乌县 14 名）宣传文化系统干部到全国宣传干部学院参加县级宣传干部培训班。协助办好“耀州大讲堂”“图什业图学习讲堂”“寻乌新时代传习所”等学习平台，邀请专家学者前往开展讲座、传习活动 20 余场，参与学习的干部群众1万余人次。向三地党委中心组、镇（苏木）党委和村（嘎查）党支部赠阅《学习》活页文选、《党建》杂志等学习刊物。

【扶贫宣传】 协调新华社、《人民日报》等中央主要新闻媒体深入宣传当地经济社会发展、精神文明建设和脱贫攻坚工作成效。《人民日报》刊发的《大路修进深山里》，实现寻乌县在该报头版头条报道零的突破。5月、11月先后组织中央主要媒体、新加坡联合早报等境外媒体，前往科右中旗采访报道当地经济社会发展、民族团结进步和脱贫减贫事业贡献的情况。协调《人民日报》《光明日报》《农民日报》等6家报纸为科右中旗刊发整版扶贫公益广告。协助开展扶贫励志宣传教育活动。在耀州区推广关庄镇道东村“八星励志扶贫扶志”评比授星经验，推动全区形成“人人争星、我要脱贫”和“勤劳致富、脱贫光荣”的风气，央视新闻联播报道了“八星励志”促脱贫做法。指导耀州区打造“耀”字品牌，策划“耀·宣讲”“耀·朗读”“耀·传承”“耀·新风”“耀·微宣”系列活动700余场次。在科右中旗协助实施“一带两转三改”（即党支部带动，转变思想观念、转变生产方式，改变生活环境、改变陈规陋习、改变生活习惯）农牧民素质提升工程。

【文化扶贫】 安排专项资金300万元对内蒙古自治区成立纪念地“三址一馆”进行展陈升级改造。建军90周年前夕，协调央视“心连心”艺术团赴寻乌县开展《强军战红旗》慰问演出。春节前夕，协调“新春走基层”文艺志愿小分队前往科右中旗慰问演出。协调向三地图书馆捐赠图书3万余册。协调向科右中旗44所学校捐建“数字图书馆”、向18所学校捐赠图书资料2万册。

【产业扶贫】 引荐企业与耀州区签订合作协议，发展中医药健康服务产业。支持耀州区适度扩大油用牡丹种植规模。联系湖南省长沙县结对科右中旗开展“携手奔小康行动”，长沙县无偿援助资金200万元，引导长沙县企业与科右中旗签订农畜产品购销协议，解决农畜产品卖出难问题，全年各类采购资金累计3000多万元。从中宣部机关管理的党费中拨付耀州区柳林村、科右中旗哈布吐其嘎查各41万元，在柳林村组建山桃核加工、蘑菇种植合作社，在哈布吐其嘎查采取资金入股分红方式，帮助带动建档立卡贫困人口脱贫。

（中共中央宣传部　吕　凯
张　起　丁德莹）

中共中央统一战线工作部扶贫

【概述】 中共中央统一战线工作部（以下简称“中央统战部”）高度重视统一战线参与脱贫攻坚工作，2017年，统一战线各单位主要负责同志90余人次深入扶贫一线调研，先后走访16个省区市的90多个贫困县、360多个贫困村寨，访谈县乡村干部、群众等3300多人次；进一步巩固和扩大“万企帮万村”行动成果，截至2017年底，纳入“万企帮万村”精准扶贫行动台账管理的民营企业有3.53万家，精准帮扶3.87万个村（其中建档立卡贫困村2.57万个）的558.31万建档立卡贫困人口，产业投入466.28亿元，公益投入106.3亿元，安置就业49.8万人，技能培训53.5万人；向12个定点县选派21名挂职扶贫干部担任贫困村第一书记。

【扶贫调研】 时任中共中央政治局委员、中央统战部部长孙春兰赴江西调研革命老区脱贫攻坚工作，考察中央统战部对口支援项目，中央统战部分管扶贫工作副部长赴赫章、晴隆、望谟三个定点县进行调研，宣讲习近平总书记关于扶贫工作的重要论述，了解三县脱贫攻坚工作进展和帮扶项目落实情况，指导推动工作落实。各民主党派和无党派人士、非公有制经济人士、新的社会阶层人士、留学人员等组成40多个调研组，到贵州、甘肃、广西等地贫困地区，围绕发展脱贫产业、健全金融服务、壮大贫困村集体经济等内容开展专题调研；农工党中央关于我国农村贫困人口因病致贫因病返贫、致公党中央关于特色小城镇助推脱贫攻坚、台盟中央关于电商扶贫、中国宋庆龄基金会关于大凉山地区扶贫等调研报告，得到中共中央领导同志和有关部门的高度重视。

【产业扶贫】 组织民营企业通过产业合作、技术培训、资金支持、定点帮扶等形式，帮助贫困地区培育和发展脱贫产业。扎实推进“万企帮万村”精准扶贫行动，对116家“万企帮万村”精准扶贫行动先进民营企业进行表彰，召开全国“万企帮万村”扶贫车间座谈会，启动全国“万企帮万村”消费扶贫，东部省份工商联与贵州省各地市签署《东西部工商联协作支持贵州消费扶贫协议书》，利用东西部扶贫协作机制支持贵州发展，推动“万企帮万村”精准扶贫行动提质增效。组织民营企业开展“中国光彩事业凉山行”等活动，与凉山地区有关方面签订产业帮扶项目协议149个。举办“光彩·中小微企业经营者（西藏、新疆）培训班”，对帮扶地区民营企业经营管理人员开展市场拓展、产业选择、经济合作等方面的知识培训，为贫困地区民营企业发展、脱贫产业提升奠定基础。

【教育扶贫】 继续推进“泛海助学”行动，在广西、贵州、重庆等10个省区市各资助1万名建档立卡贫困户大学新生，发放助学金5亿元，截至2017年底，“泛海助学”行动捐款规模累计达21亿元，资助范围覆盖10个省区市、46万名大学生、150万个贫困家庭。民革中央“中山博爱夏令营”、民盟中央“烛光行动”“双师课堂”、民建中央“思源工程”“扬帆计划”、民进中央“同心彩虹行动”、农工党中央“同心圆博爱家园精准扶贫项目”“同心全科医生特岗人才计划”、致公党中央“因学致贫”专题调研和“致公同行”、九三学社中央“同心树人”、台盟中央“筑梦师者”“筑梦乡村”等一系列帮扶项目，通过在线课堂、援派教师、异地就学等形式，为贫困地区师生提供优质教育资源，协助提升贫困地区整体教育水平。

【健康扶贫】　2017 年，中央统战部组织开展“同心·共铸中国心”活动，协调全国200余家医疗机构的600余名志愿者参与活动，义诊群众17839人，入户慰问200余户，培训乡村医生400余人次，捐赠药品价值227万元，筛查确诊先天性心脏病18例。捐建海联卫生室205所，重点覆盖“一带一路”沿线省份、连片特困地区、少数民族地区、边疆地区和革命老区，十年来海联卫生室捐建总数已达3553所。组织两岸医卫界专家赴山东即墨等地山区为生活困难的白内障患者实施免费复明手术。

【民族地区扶贫】　中央统战部积极发挥中央西藏工作协调小组办公室、中央新疆工作协调小组办公室职能作用，协调推动中央支持深度贫困地区，特别是西藏、四省藏区和新疆经济社会发展的系列政策落实。针对西藏近年来高校毕业生就业困难，特别是少数民族高校毕业生内地就业比例偏低的情况，会同人力资源社会保障部等六部门制定印发《关于促进西藏籍少数民族高校毕业生和非西藏生源高校毕业生就业双向流动的意见》，推动对口支援省市和中央企业加大就业援藏力度，以促进就业激发深度贫困脱贫攻坚内生动力。会同国家民委、国家发改委等有关方面制定促进民族地区和人口较少民族发展规划，制定“三区三州”等深度贫困民族地区扶持政策，编制川甘青交界地区互联互通、教育发展、旅游业发展三个专项规划，制定南疆产业脱贫调研工作方案，推动中央关于民族地区脱贫攻坚政策措施落实。

【扶贫培训】　2017 年，统一战线举办各类培训60余期，为贫困地区培训教师、医生、干部、致富带头人等1.3万人次。组织党外专家学者到帮扶地区为贫困群众实地开展特色种植、养殖技能技术培训40余场，培训致富带头人和贫困群众1.1万人次。组织开展电商培训4场，培训500多名网店经营管理人员。举办定点县党政领导干部、挂职扶贫干部、贫困村“两委”成员、乡村教师培训班5期，500多人参加培训。中华职教社实施温暖工程“去产能、再就业”实用技能培训三年工作计划，为山西省阳泉市、长治市和河北省迁安市贫困群众举办汽车驾驶与维修、挖掘机维修培训班4期，946人参加培训，503人经推荐实现就业脱贫。

【脱贫攻坚民主监督】　各民主党派中央按照统一部署，分别对8个贫困人口多、贫困发生率高的中西部省区（贵州、河南、广西、湖南、云南、四川、陕西、甘肃）开展脱贫攻坚民主监督，围绕贫困人口精准识别、贫困人口精准脱贫、贫困县摘帽等内容，开展调研166次，涉及240个市州县、542个村；举办协商、座谈、培训、答复反馈等会议193次；向地方党委政府提出各类意见建议567条；对工作中发现的共性问题和突出问题，及时向中央及有关方面反映。

【定点扶贫概述】　2017 年，中央统战部定点帮扶贵州省赫章县、晴隆县和望谟县。中央统战部、各民主党派中央、全国工商联、中国宋庆龄基金会实施村企共建、就业援助、教育医疗培训、公益资助等项目共97个。在北京、苏州等地举办培训班，为定点县培训中小学教师、村医等4000余人次，组织送医问诊活动，免费义诊群众6300余人次。协调泛海助学金、光彩助学金全覆盖式资助定点县建档立卡贫困户学生上学，发放助学金670多万元，解决1300多名贫困学生就学难问题。

【干部挂职扶贫】　2017 年，向12个定点县选派21名挂职扶贫干部（含驻村第一书记）助力定点县贫困群众脱贫。

（中共中央统一战线工作部办公厅
张　奔）

中共中央和国家机关工作委员会扶贫

【概述】 2017年，原中共中央直属机关工作委员会、中共中央国家机关工作委员会（2018年合并为中共中央和国家机关工作委员会，以下简称“工委”）深入学习贯彻习近平总书记关于扶贫工作的重要论述和党的十九大精神，认真落实党中央、国务院脱贫攻坚战略部署，按照国务院扶贫开发领导小组及国务院扶贫办的安排，发挥优势，加强协调，扎实推进牵头联系中央和国家机关定点扶贫以及帮扶河北省平山、临城、阳原和山西省宁武4县两方面任务的落实。2017年，工委领导10人次、机关干部47人次赴定点扶贫县开展实地调研慰问，直接投入帮扶资金67.9万元，协助引进项目18个，争取政府支持、企业投资、金融扶贫贷款等各类帮扶资金共计1.5亿元，为推进脱贫攻坚作出应有贡献。

【扶贫调研】 2017年9月，原中央直属机关工委分管日常工作的副书记孟祥锋带领调研组先后到平山、宁武两县开展扶贫工作调研。其间，深入平山县西柏坡镇北庄村、下槐镇秘家沟村和宁武县阳方口镇阳方村、河西村，入村入户了解扶贫脱贫情况，走访慰问12户贫困户和困难党员，实地考察2个扶贫产业，看望中直机关第20批支教扶贫志愿服务队队员，2次召开由省、市、县、乡、村五级干部和驻村第一书记代表参加的座谈会，提出针对性和指导性强的意见建议。一年来，孟祥锋及原中央直属机关工委副书记李勇4次与来访的平山县、宁武县主要负责同志座谈，听取两县脱贫攻坚工作进展情况，提出指导意见。

5月至6月，原中央国家机关工委分管日常工作的副书记李智勇带队先后到青海、四川、陕西省调研定点扶贫工作，听取意见建议，实地指导推进扶贫脱贫工作。8月至9月，原中央国家机关工委副书记、纪工委书记陈超英先后赴临城、阳原两县，就脱贫攻坚和扶贫领域监督执纪问责工作开展调研，实地考察光伏发电等帮扶项目，看望慰问挂职扶贫干部和困难群众，听取市县两级脱贫攻坚情况汇报，对扶贫领域监督执纪问责工作提出明确要求。3月，原中央国家机关工委副书记常大光带队赴临城、阳原两县开展“抓党建促脱贫”专题调研，深入走访24个农村基层党组织，召开9场座谈会，实地考察17个脱贫项目，发现和总结一批农村基层党建好做法好经验。5月，常大光同志与来访的阳原县委主要负责同志座谈，全面了解阳原县脱贫攻坚工作情况，对下一步定点扶贫工作提出明确要求。

【扶贫培训】 2017年11月，工委举办定点扶贫工作专题培训班，中直机关39个单位和国家档案局、国家保密局、中国浦东干部学院、中国井冈山干部学院、中国延安干部学院的扶贫办主任及扶贫工作联络员共70余人参加。培训班邀请国务院扶贫办党组成员、副主任洪天云和社会扶贫司副司长王春燕作专题辅导报告，安排2次分组讨论和1次大会发言交流，取得良好效果。

3月，工委组织对临城、阳原两县80多名贫困村党支部书记进行培训。在培训班结束半年后，组织专门力量赴两县对参加培训的人员进行回访调研，收集意见建议，为下一步完善培训内容、改进培训方式奠定基础。5月，工委与国家开发银行联合举办中央国家机关定点扶贫挂职干部培训班，中央国家机关89个单位的165名挂职扶贫干部参加。培训班就国家脱贫攻坚政策法规、开发性金融政策、农村党建工作等进行专题培训。

【扶贫会议】　2017年7月，工委召开中央国家机关驻村第一书记座谈会，深入学习贯彻中共中央总书记习近平在深度贫困地区脱贫攻坚座谈会上的重要讲话精神，总结交流驻村第一书记工作经验做法，统一思想、提高认识，坚定进一步做好驻村帮扶工作的决心。并分组召开专题座谈会，逐一听取驻村第一书记工作汇报交流和意见建议。

【扶贫成果展】　2017年10月，工委以“坚决打赢脱贫攻坚战　迎接党的十九大胜利召开”为主题，举办中央国家机关定点扶贫工作成果展。通过大量图片、表格和文字，集中展示了中央国家机关开展定点扶贫工作30多年来特别是党的十八大以来所取得的显著成效。5000多人次到馆参观，60多家中央媒体和行业媒体宣传报道。

【扶贫宣传】　2017年，工委联系《人民日报》、中央电视台等中央媒体以及腾讯、新浪、搜狐、网易等门户网站，加强对革命老区平山和深度贫困的宁武两县脱贫攻坚、教育发展、支教扶贫工作的宣传报道，争取更多社会关注和支持；建设“温暖同行”微信公众号，向全社会传递爱心。9月，邀请《人民日报》、新华社、新华网、《光明日报》等20余家中央媒体和部门、行业媒体对临城县脱贫攻坚工作进行大篇幅、全方位的深入宣传报道，总结党的十八大以来脱贫攻坚工作有效做法和显著成绩，共刊发27篇长篇通讯报道。

【扶贫考核】　按照国务院扶贫开发领导小组部署要求，工委牵头对133个单位2017年定点扶贫工作进行试考核。考核办法和实施方案印发后，工委成立由相关单位负责定点扶贫工作的司局级干部组成的评审组和由部分扶贫领域专家学者组成的评审组，集中开展考核评审。对照考核办法和实施方案，认真审阅各单位提交的自评报告、证明材料以及有关省区市扶贫办提供的总结报告、评价等次意见和证明材料，采取投票打分和集中讨论的办法，提出考核等次初步建议，提交工委考核工作小组审议。考核工作小组对评审组提出的评审建议进行综合评议，提出考核等次建议，提交工委会议审定后，报国务院扶贫办。经国务院扶贫开发领导小组批准，确定16个单位为“好”等次，43个单位为“较好”等次，74个单位为“一般”等次。

【教育扶贫】　2017年，工委从中直机关选派优秀青年干部组成支教扶贫志愿服务队，赴平山县革命老区开展支教扶贫，并新增北冶乡为对口支教扶贫点，积极探索以“常态化+项目化”方式推动支教扶贫工作持续有效开展。志愿服务队把帮助平山县职业教育中心办好汽车运用与维修专业作为着力点和突破口，联系北京汽车集团有限公司沧州工厂、北京吉利大学汽修学院，在师资培训、校企合作、招工就业、资源共享等方面给予支持，促成北京吉利大学汽修学院与平山县职教中心签订合作办学协议。与共青团平山县委共同打造“平山青年公益大讲堂”，邀请名人专家进课堂开展励志、科普等讲座并建立长期联系机制，为革命老区脱贫致富提供智力支持。推动在西柏坡中学和北冶中学建立资金来源稳定的优秀学生奖学金制度，资助品学兼优的学生完成学业。协助加强教师培训工作，联系中国科学院心理研究所专家团队对平山县教师队伍进行为期一年的系统培训，培训骨干教师近300人。联系首都师范大学在平山县古月中学建立研究生实践基地，从艺术特长生招录等方面对口支持古月中学。

【公益扶贫】　工委开展向平山县捐助活动。联系商务印书馆和支教扶贫志愿服务队队员所在单位捐赠40多万元，在北冶中学建设学生阅读中心；协调中国注册税务师协会赴西柏坡八一红军小学开展捐助活动，捐助电脑 46 台；联系九三学社中央委员、远光集团董事长陈利浩先生向北冶乡中心学校捐款 6 万元；协调拜博口腔医疗集团等爱心企业在西柏坡开展“光明健康公益行”活动，为 5 所学校的 1000 多名师生进行免费口腔检查和涂氟，捐赠价值 20 万元的教学设施和学习、生活用品；走访西柏坡希望小学 3 名特困生，为其筹集助学金 3600 元并赠送棉衣棉鞋。开展向临城县中小学捐赠活动。一是联系北京小学为临城县围场中心小学捐赠国内外名著、童话故事书、科幻小说等 300 多册，并开展系列“手拉手”活动，为山区孩子走出大山增长见识开辟通道。二是动员工委机关党员干部家庭向临城县临城镇南程村幼儿园、石城乡西冷水小学捐赠图书、文具、玩具等 1847 件（套）。三是与商务部配额许可证事务局联系，募捐 8000 元为西冷水小学购买图书和体育器材。四是联系国家图书馆、中央国家机关摄影家协会为临城中学捐赠 4000 册精品图书。五是安排工委原统战（群工）部为临城县贫困村捐赠 200 多册《习近平的七年知青岁月》和 70 台高清 DVD 播放机。

【干部挂职扶贫】 2017 年，工委在原挂职干部挂职期满后，选派 2 名副局级干部分别挂任平山县委常委、副书记兼驻村第一书记和临城县委常委、副书记，2 名正处级干部分别挂任宁武县委常委、副书记兼驻村第一书记和阳原县委常委、副书记，1 名正科级干部任临城县石城乡西冷水村驻村第一书记。5 名挂职扶贫干部全身心投入定点扶贫县脱贫攻坚工作，认真贯彻落实党中央、国务院脱贫攻坚决策部署，聚焦精准扶贫精准脱贫，积极发挥桥梁纽带作用，真抓实干、敢于担当，为当地经济社会发展献计出力，在传递信息、提供咨询、引资引智等方面做了大量工作，同时立足当地实际，发挥自身优势，指导有关村“两委”加强班子建设。

【脱贫攻坚督查】 2017 年，按照国务院扶贫开发领导小组统一部署，工委分别对湖北省和广西壮族自治区脱贫攻坚工作进行督查。7 月，与中华全国妇女联合会联合组成督查组到湖北省开展督查。督查组听取了湖北省脱贫攻坚工作情况汇报，采取随机抽样方式深入蕲春县、大悟县 6 个乡镇 13 个行政村，入户调查 56 户（包括贫困户、脱贫户、残疾户等），并对 30 名县、乡镇、村干部和驻村干部进行访谈，实地考察 2 个企业和 8 个产业脱贫基地，深入了解中央扶贫政策在基层贯彻落实情况。与中国证券监督管理委员会和中国民主建国会中央委员会机关联合组成督查组，到广西开展督查。分别到巴马、田东、靖西、龙州、上林、忻城 6 个县 12 个村，随机抽查贫困户、脱贫户和普通农户 107 户，访谈县、乡镇、村干部和驻村干部 47 人，查阅县委常委会议、县政府会议、脱贫攻坚专题会议纪要以及部分乡镇领导班子会议记录、村党支部会议记录等材料 200 余件，实地查看易地搬迁扶贫点及扶贫项目等 30 余处。

（中共中央和国家机关工作委员会
贺 飞）

国家发展和改革委员会扶贫

【概述】 2017年以来，国家发展和改革委员会（以下简称“国家发展改革委”）按照党中央、国务院关于打好打赢精准脱贫攻坚战的决策部署，认真履职尽责，着力组织实施“十三五”脱贫攻坚规划、全国“十三五”易地扶贫搬迁规划、川陕革命老区振兴发展规划等重大规划，扎实推进易地扶贫搬迁、革命老区开发建设与脱贫攻坚等牵头负责工作，认真做好以工代赈、贫困地区水电矿产资源开发资产收益扶贫改革试点、定点扶贫等工作，不断创新扶贫开发方式，在贯彻落实精准扶贫精准脱贫基本方略的同时，着力推动解决区域性整体贫困。

【扶贫制度建设】 一是会同国务院扶贫办印发《关于切实做好“十三五”脱贫攻坚规划组织实施工作的通知》，进一步明确了中央部门37项重点任务和69项重大工程（行动或计划）的责任分工，并对组织实施工作提出要求。二是编辑出版《“十三五”脱贫攻坚规划辅导读本》，对新时期脱贫攻坚工作重大部署、重大举措进行深入解读，帮助各地区、各部门加深对脱贫攻坚政策体系的理解和把握。三是继续将农村扶贫开发有关指标纳入国民经济和社会发展年度计划，2017年下达农村贫困人口脱贫计划1000万人以上，优化完善年度计划中农村扶贫开发具体指标。

【易地扶贫搬迁】 下达2017年搬迁建设任务和相关资金。会同国务院扶贫办、财政部、中国人民银行等部门下达2017年搬迁建设任务340万人，同步安排中央财政贴息贷款1185亿元、中央预算内投资244亿元。加强政策完善和工作指导。对22个省区市易地扶贫搬迁规划和政策文件进行系统梳理，指导地方修订完善相关规划和政策。为指导各地进一步做好安置住房户型设计和面积控制工作，编辑印发一批易地扶贫搬迁安置房典型户型图集。2017年9月，全国易地扶贫搬迁现场会在四川省召开，国务院总理李克强作出重要批示，时任国务院副总理汪洋出席会议并讲话。组织开展2016年易地扶贫搬迁工作成效试考核，并将试考核结果通报各省。编发多期政策指引，阐释重点政策，推介典型经验，通报苗头性问题。强化监督检查和整改纠偏。建立每两个月一次的易地扶贫搬迁常态化稽查机制，2017年开展了三轮专项稽查和三轮整改落实“回头看”，实现了对22个省份全覆盖。为督促稽查发现问题的省份做好整改工作，时任国务院副总理汪洋5月8日主持召开部分省份易地扶贫搬迁工作推进会，通报专项稽查发现的问题，并要求逐条梳理、深入排查、举一反三、全面整改。联合最高人民检察院对重点易地扶贫搬迁项目开展挂牌督办，推动地方实现廉洁搬迁。根据审计署通报的审计结果，督促有关省份就审计发现的问题进行核查整改。加强宣传引导，推介好经验好做法。出版《全国易地扶贫搬迁年度报告（2017）》，举办扶贫日易地扶贫搬迁论坛，参展“砥砺奋进的五年”。

【深度贫困地区脱贫攻坚】 开展深度贫困专题调查研究。组织4个调研组分赴新疆南疆四地州、云南省怒江傈僳族自治州、四川省凉山彝族自治州和甘肃省临夏回族自治州开展深度贫困地区脱贫攻坚专题调研。摸清“三区三州”重大建设项目底数。四川、云南、西藏、甘肃、青海、新疆等省区，对重大基础设施和基本公共服务设施项目建设情况及政策诉求进行摸底，形成两份项目报告。研究起草支持深度贫困的政策措施。在专题研究、实地调研、征求意见、政策协调等工作基础上，印发实施《加大深度贫困地区支持力度推动解决区域性整体贫困行动方案（2018—2020 年）》。

【革命老区和集中连片特困地区脱贫攻坚】 印发《革命老区开发建设与脱贫攻坚 2017 年工作要点》，推进实施对老区发展和脱贫攻坚辐射带动作用强的 110 项重大工程项目，组织有关方面开展一批惠及老区人民的公益行动。以片区“十三五”省级规划实施为抓手，推动片区重大基础设施工程和重点民生项目建设，指导各片区结合脱贫攻坚新形势、新要求做好区域发展与脱贫攻坚各项工作。

【以工代赈】 下达 2017 年度财政预算内以工代赈资金 42.2 亿元和以工代赈示范工程中央预算内投资 17 亿元，支持有关省份积极开展以工代赈资产收益扶贫改革试点。提前下达 2018 年 38.4 亿元财政预算内以工代赈资金，90% 以上用于支持“三区三州”。推进贫困地区水电矿产资源开发资产收益扶贫改革试点工作。针对各地报送的省级实施方案提出优化调整意见，组织各地开展试点项目遴选工作和试点方案编制工作。贵州等省份已遴选出 11 个水电矿产资源开发项目开展试点工作。推进生态搬迁试点。赴甘肃省祁连山保护区开展生态搬迁工作调研，深入核心区、缓冲区了解有关情况，提出意见建议。指导甘肃省发展和改革委员会初步编制完成《甘肃祁连山国家级自然保护区农牧民生态搬迁实施方案》。

【定点扶贫概述】 2017 年，国家发展改革委定点帮扶河北省灵寿县、吉林省汪清县、广西壮族自治区田东县，把定点扶贫作为脱贫攻坚工作的一项重要政治任务，设立定点扶贫领导小组办公室，每个司局确定一名定点扶贫工作联络人，推动定点扶贫县尽快脱贫摘帽。2017 年 12 月，国家发展改革委副主任林念修带队前往河北省灵寿县开展调研，了解该县脱贫工作进展，看望慰问国家发展改革委挂职干部和驻村第一书记，并对进一步加大帮扶力度提出了要求。初步统计，党的十八大以来特别是新时期脱贫攻坚工作开展以来，三县贫困人口明显减少，贫困发生率均加大幅度下降。灵寿县贫困发生率由 2012 年底的 35% 降至 8.04%，汪清县贫困发生率由 2012 年底的 45% 降至 14.5%，田东县贫困发生率由 2012 年底的 34.09% 降至 7.27%。

【扶贫资金投入】 2017 年，共安排定点帮扶县中央预算内投资超过 5 亿元，帮助引进各类项目资金超过 3 亿元，为三县推进脱贫攻坚工作发挥积极作用。积极推动将定点扶贫县交通、水利、能源、教育、卫生等重点领域的重大项目纳入省级“十三五”专项规划，支持灵寿县狗台乡中学教学综合楼项目建设、公共文化体育设施建设；帮助落实汪清县资源枯竭型城市财力性转移支付、国家公园相关基础设施建设、汪清县公共实训基地建设；支持田东县中医医院整体搬迁二期工程门急诊医技综合楼建设；积极支持 3 县开展易地扶贫搬迁、以工代赈等，安排各类项目超过 50 余个。加强基本建设项目储备。根据国家政策导向，帮助三县提前规划筹备一批关乎脱贫攻坚和长远发展的重点项目，研究建立重大项目库，科学制定重大项目 3 年滚动计划，做到“开工一批、储备一批、谋划一批”。

【扶贫规划政策指导】 指导帮助三县推动实施县级国民经济和社会发展第十三个五年规划纲要。国家发展改革委相关司局组织 40 余人次组成多个调研组赴三县贫困乡村开展调研慰问，帮助定点扶贫县基层干部群众加深政策理解，推动有关工程项目加快建设，协调解决当地脱贫攻坚面临的实际困难。

【干部挂职扶贫】　2017年，国家发展改革委先后选派了19名责任心强、政治素质过硬的年轻干部赴三县挂职交流。以国家重大战略为契机，积极探索灵寿县与京津合作的发展机制，帮助制定京津冀协同发展对接工作方案。推动3县先后举办十期各类培训班，参与培训的各级党政干部、创业致富带头人、农村贫困劳动力等260余人。驻村第一书记积极联系委内司局，通过捐赠、购买农副产品等方式帮助3县解决群众实际困难。2017年3月，国家发展改革委办公厅党员干部捐助6500元，资助5名汪清县家庭困难大学生；6月，气候司联系联合国开发计划署和有关节能灯企业，向田东县捐助节能空调50台和节能灯5500盏；11月，基础司党员干部捐助3450元，给汪清县贫困小学生捐助35套棉服；通过驻村第一书记沟通衔接，国家信息中心购买灵寿县马家庄村农副产品2200余千克，共计35200余元。

（国家发展和改革委员会　虞跃江）

教育部扶贫

【概述】 2017年，教育部深入学习领会习近平新时代中国特色社会主义思想，贯彻落实党中央、国务院决策部署，以教育扶贫工程和《教育脱贫攻坚“十三五”规划》为抓手，聚焦深度贫困地区和贫困人口，坚持精准扶贫、精准脱贫，以补齐教育短板为突破口，以解决瓶颈制约为方向，充分调动各方面积极性、主动性和创造性，实施了一系列教育扶贫重大工程项目，稳步提升贫困地区教育基本公共服务水平，切实打赢打好教育脱贫攻坚战。

【全面改善贫困地区义务教育薄弱学校基本办学条件】 2017年7月，教育部会同财政部联合印发《关于进一步加强全面改善贫困地区义务教育薄弱学校基本办学条件中期有关工作的通知》。2017年，中央财政安排专项资金358亿元，用于全面改薄工作。全国累计新建、改扩建校舍面积1.93亿平方米，占5年规划任务的93%；累计采购价值931亿元的设施设备，占5年规划任务的91%；全国832个贫困县有10.3万所义务教育学校办学条件达到“底线要求”，占行政区域内义务教育学校总数的94.7%。

【农村义务教育学生营养改善计划】 2017年，中央财政安排营养膳食补助资金185亿元。全国共有29个省市（京、津、鲁单独开展了学生供餐项目）1631个县实施了营养改善计划，超过全国县级行政区总数的1/2，覆盖88个国家扶贫开发工作重点县；覆盖学校14万余所，超过全国义务教育学校总数的1/2；受益学生总数3700万余人，占全国义务教育阶段学生总数的1/4。营养改善计划试点地区学校食堂供餐比例为75.86%。其中，国家试点县学校食堂供餐比例为82.95%，比2016年增长约5个百分点。地方试点县学校食堂供餐比例为66.28%。

【农村中小学数字教育资源全覆盖项目】 开发整合数字教育资源，为农村义务教育阶段学校提供基本满足课堂教学需求的数字资源。2017年，完成小学4年级1个教材版本的英语、音乐和美术学科106学时新课标资源的重新开发和160学时的已有资源整合加工，共计266学时，数据资源依据学校教学进度通过卫星和宽带网络播发到全国农村中小学校，帮助教学点开好国家规定课程。

【特殊教育提升计划】 2017年7月，教育部会同国家发展和改革委员会、民政部、财政部、人力资源和社会保障部、原卫生和计划生育委员会、中国残疾人联合会联合印发《第二期特殊教育提升计划（2017—2020年）》，提出中央财政特殊教育专项补助资金重点支持困难地区和薄弱环节，加强省一级对特殊教育的统筹。2017年，中央财政安排特殊教育专项经费4.1亿元，支持特殊教育学校改善办学条件、特殊教育资源中心（教室）建设等。特殊教育学校生均公用经费提高到6000元以上，纳入义务教育经费保障机制，中央和地方按比例分担，其中，西部地区为8∶2，中部地区为6∶4。

【高中阶段教育普及攻坚计划】 2017年，教育部、国家发展和改革委员会、财政部、人力资源和社会保障部联合印发《高中阶段教育普及攻坚计划（2017—2020年）》，提出以中西部贫困地区、民族地区、边远地区、革命老区等教育基础薄弱、普及程度较低的地区，特别是集中连片特殊困难地区为攻坚重点，实现到2020年，全国、各省区市毛入学率均达到90%以上的总体目标。教育部已同四川、江西、河南、广西、海南、贵州、云南、西藏、青海、新疆10个中西部省区签署《高中阶段教育普及攻坚备忘录》，建立部省协同推进机制。2017年，中央财政安排普通高中改造计划和教育基础薄弱县普通高中建设项目，分别为45.4亿元和47.7亿元，支持各地改善高中学校办学条件。

【重点高校招收农村和贫困地区学生专项计划】　2017年，专项计划录取学生10万余人，覆盖包括集中连片特困县、国家扶贫开发工作重点县在内的农村、边远、贫困和民族地区。

【中西部农村订单定向免费本科医学生招生培养工作】　坚持为中西部乡镇卫生院培养从事全科医疗工作的本科医学毕业生。2017年，中央财政支持59所高等医学院校为中西部乡镇卫生院培养订单定向免费五年制本科医学生共计5810人，专业为临床医学、中医学、蒙医学、藏医学、维医学、哈医学和傣医学。

【国培计划】　“国培计划”重点向中西部贫困地区基层倾斜，优先支持贫困县乡村教师校长培训。2017年，通过示范项目培训“种子教师”4万余名，通过中西部和幼师国培项目培训中西部乡村中小学幼儿园教师160万余人。

【特岗计划】　协调有关部门提高中央财政对特岗教师支持标准，西部地区人均每年从3.1万元提高至3.46万元，中部地区从2.8万元提高至3.16万元。2017年，中央财政安排特岗计划资金70.7亿元，招聘特岗教师7.69万人，覆盖22个省份958个县的3万多所农村学校（含村小、教学点）。

【连片特困地区乡村教师生活补助政策】　2017年，连片特困地区乡村教师生活补助政策覆盖22个省份725个县，中央财政安排综合奖补资金38.4亿元，惠及8万多所乡村学校，130万余名乡村教师，人均月补助标准达322元。除22个省份外，北京、上海、浙江和广东四省市及天津、辽宁、福建的部分地区自主实施乡村教师生活补助政策，总投入达61.88亿元，惠及1.77万所学校，67.3万名乡村教师，人均月补助标准为766元。

【职业教育资助政策体系】　对农村学生、涉农专业学生和家庭经济困难学生实施中等职业教育免除学杂费政策。2017年，中央财政安排免学费补助资金107亿元，中职免学费覆盖超过90%的学生。提高中等职业教育国家助学金资助标准，对涉农专业学生和非涉农专业家庭经济困难学生，以及六盘山等11个国家连片特困地区和“三区三州”中等职业学校全部纳入享受助学金范围，每生每年享受2000元国家助学金。高等职业教育建立“奖助贷勤工助学”的多元资助体系，奖学金覆盖近30%的学生，助学金覆盖25%以上的学生。

【网络扶智工程】　2017年，教育部通过“政府政策支持、企业投资建设、学校持续使用”的机制，调动各方参与建设的积极性，特别是大型电信运营企业的积极性，为学校接通宽带网络。启动宽带卫星联校试点工作，在甘肃省舟曲县、四川省雷波县、云南省彝良县3地开展试点。将学校网络教学环境建设纳入“全面改善贫困地区义务教育薄弱学校基本办学条件”重点任务。2017年，全国中小学（除教学点外）中，92%的学校实现网络接入，配备多媒体教室303万间，87%的学校拥有多媒体教室，其中，62%的学校实现多媒体教室全覆盖。

【国家通用语言文字普及攻坚工程】　2017年3月，教育部会同国家语言文字工作委员会联合印发《国家通用语言文字普及攻坚工程实施方案》《关于开展普通话基本普及县域验收工作的通知》，指导各地开展普通话基本普及县域验收工作。2017 年底，县域普通话普及状况调查和达标验收深入推进，27 个省区市的 2193 个县域完成田野调查。

【教育脱贫攻坚工作财政投入信息报告制度】 2017 年，教育部会同财政部印发《关于建立教育脱贫攻坚工作财政投入信息报告制度的通知》，要求各省区市每年报送两次教育脱贫攻坚工作开展情况，西藏、新疆、四川、云南、甘肃、青海和新疆生产建设兵团还需重点报送“三区三州”教育脱贫攻坚工作开展情况。

【扶贫日活动】 2017 年 10 月，教育部承办的 2017 扶贫日活动——教育扶贫论坛在北京市举办，围绕“发展职业教育助力脱贫攻坚”主题，深入贯彻落实中央关于打赢脱贫攻坚战的决策部署，学习领会中共中央总书记习近平关于扶贫开发的重要论述，交流研讨职教扶贫的工作成效、成功经验和典型模式，凝聚政府、学校、企业、社会团体、公益组织等多方力量开展职教扶贫，更好发挥职业教育在脱贫攻坚中的重要作用。

【直属高校定点扶贫】 从 2011 年开始，教育部组织 44 所直属高校承担 44 个国家扶贫开发工作重点县的定点扶贫任务，22 所直属高校、9 家直属单位承担滇西专项扶贫任务。直属高校通过教育扶贫、咨政扶贫、产业扶贫、服务扶贫，为定点扶贫县提供大力帮扶。2017 年 9 月，教育部在湖南省长沙市举办第二届教育部直属高校精准扶贫、精准脱贫十大典型项目推选活动，由 44 所直属高校代表从 42 所高校申报的 47 个项目中投票推选十大典型项目。根据投票结果，推选出湖南大学、南京农业大学、中国药科大学、华南理工大学、上海交通大学、浙江大学、厦门大学、重庆大学、中国农业大学、华中科技大学共 10 所直属高校典型项目。其中，产业扶贫项目 4 项、健康扶贫项目 2 项、教育扶贫项目 1 项、乡村扶贫项目 1 项、典型扶贫模式 2 项。

【片区扶贫攻坚】 教育部认真履行滇西边境片区定点联系单位职责，与 28 个部委建立了滇西部际联系工作机制，以《滇西边境片区区域发展与扶贫攻坚规划（2011—2020 年）》为统领，加快滇西脱贫攻坚步伐。自 2013 年以来，从教育部机关、直属单位和直属高校共派出五批 284 名挂职干部投身滇西脱贫攻坚一线，其中，2017 年派出 64 名挂职干部。结合滇西特色优势产业，采取总部加特色学院的开放式办学模式，批准设立滇西应用技术大学。依托直属高校优质教育资源，举办滇西领导干部经济管理研修班，共举办 19 期培训班，累计培训 1900 余人次。实施职业教育东西协作行动滇西实施方案，组织天津、上海、江苏、浙江四省市职业院校招录滇西建档立卡贫困学生，按每生每年 9000 元给予补助，2017 年招生 3611 人。

2017 年 3 月 28 日，教育部在云南省昆明市召开滇西脱贫攻坚部际联席会议，学习领会习近平总书记关于扶贫开发的重要论述，贯彻落实中共中央、国务院脱贫攻坚决策部署，总结交流 2016 年滇西边境片区区域发展与扶贫攻坚工作情况，听取云南省对片区联系工作的意见建议及 2017 年对中央有关部委的政策、项目支持需求，交流各部委对滇西边境片区的支持情况及下一步打算，研究片区发展面临的重大问题，推进滇西脱贫各项工作。

【定点扶贫】 教育部定点帮扶河北省青龙县、威县，坚持以精准扶贫精准脱贫为基本方略，加大帮扶力度，创新帮扶工作方式，深入调查研究，加强督促检查，建立四级教育行政部门联动工作机制，构建产教融合精准扶贫新模式，以“教育 + 定点扶贫”做好定点县精准扶贫、精准脱贫。2017 年，协调将青龙县、威县纳入学生营养餐改善计划县，争取专项资金 2400 万元，惠及 8.7 万余名农村中小学生。发放资助、补助金 3216.5 万元，资助贫困学生 5.42 万人次，其中建档立卡贫困户子女 1.18 万人。落实青龙县、威县“三个专项”高校招生政策，共有 252 名学生被重点院校录取。协调省市教育部门，安排青龙县、威县教育项目资金 2.92 亿元，安排特岗教师计划 410 名，全部安排到贫困乡村任教。实施教师周转楼项目 6 个，700 名乡村教师实现安居乐业。2016—2017 年，中国教育发展基金会安排 2730 万元，支持青龙县、威县 69 个贫困乡村中小学校舍改造，覆盖两县所有的贫困村。教育部组成慰问团到青龙县、威县慰问贫困乡村的特困师生，资助特困教师 114 名，资助资金 114 万元。

根据青龙县、威县产业发展实际需求，2017 年，协调 20 家直属高校与青龙县 12 个产业项目、威县 9 个产业项目进行一对一帮扶。组织中国农业大学、北京化工大学、北京林业大学、南开大学、河北农业大学、河北地质大学等高校赴两县进行实地调研对接，发挥高校优势，深化产教融合，支持两县扶贫企业和产业的发展，优化布局结构。将青龙县、威县纳入国家开放大学教育精准扶贫工程，协调河北省教育厅将青龙县纳入河北省新型职业农民培养工程，协调天津医学高等专科学校与威县卫生计生局共建威县卫生专业技术人员培训基地，协调河北地质大学在威县枣园乡魏家寨村建立电子商务专业学生实习基地。

2017 年，帮助青龙县、威县争取困难大学新生入学资助金 7.05 万元，中央专项彩票公益金励耕计划 48 万元、滋蕙计划资金 49.8 万元、顺丰莲花助学项目资助金 43.04 万元、泛海资助计划资金 160 万元、其他社会资助项目 25 万元，帮助贫困学子顺利完成学业。推动青龙县职教中心获取 2017—2018 年度华夏基金会 10 万美元资助。江苏省教育厅为威县职教中心捐赠现金及设备 50 余万元，联想职业教育集团捐赠价值 1000 万元的教育设备、软件和服务。

（教育部发展规划司
侯艳艳　吴延磊）

科学技术部扶贫

【概述】 2017年，科学技术部（以下简称“科技部”）深入贯彻党的十九大精神和习近平总书记关于扶贫工作的重要论述，全面落实《中共中央 国务院关于打赢脱贫攻坚战的决定》，切实将科技扶贫工作作为一项重大政治任务，集聚广大科技工作者才干、全国科技界智慧和社会各方面资源，汇聚科技扶贫强大合力，瞄准贫困地区突出存在的技术和人才短板，坚持以需求为导向，以政策、资金、人才支持为抓手，以创新驱动发展为路径，注重扶贫同扶志、扶智相结合，围绕科技创新能力提升、特色产业提质增效、民生保障与改善等三条主线，四级科技管理部门同向发力，“一县一团”团队作战，“一县一策”精准帮扶，切实下足“绣花”功夫，统筹推进行业扶贫、片区扶贫和定点扶贫，全力提升贫困户内生发展动力，实现由“输血式”扶贫向“造血式”扶贫转变，为脱贫攻坚提供强有力的创新引领和科技支撑。

【扶贫机制建设】 落实科技扶贫行动部际协调机制。6月16日，组织召开科技扶贫行动部际协调小组工作会，科技部、教育部、中国科学院、中国工程院、国家自然科学基金委员会、国防科技工业局、国务院扶贫办有关负责同志参加，交流总结2016年以来各成员单位推进科技扶贫行动的经验做法，讨论通过了《科技扶贫行动部际协调机制运行方案》，共同实施“科技扶贫行动”。

【“百千万”工程】 科技部印发《关于实施科技扶贫“百千万”工程的通知》，在贫困地区建设“一百个”科技园区、星创天地等平台载体，动员组织高校、院所、园区与贫困地区建立“一千个”科技精准帮扶结对，实现“一万个”贫困村科技特派员全覆盖。制定《科技扶贫“百千万”工程实施方案》，瞄准年度任务目标，创新方式方法，支持贫困地区建设各类平台载体。截至2017年底，在国家扶贫开发工作重点县共建设各类平台载体746个，覆盖415个贫困县，占全国贫困县的49.2%，其中国家级农业科技园区53个，省级农业科技园区288个，国家级星创天地219个，省级星创天地152个，国家可持续发展实验区16个，其他科技园区18个。选择广西、重庆、陕西、甘肃4个省作为试点省，整省推进，按照“精准扶贫精准脱贫”方略要求，针对具备产业发展基础、需就地脱贫的贫困村，组织动员、精准选派科技特派员20705人前往241个县（其中国家扶贫开发工作重点县135个，集中连片特困地区县142个）的18998个贫困村开展创业式扶贫，帮助每个贫困村示范推广1~2项新技术、新成果，发展一个脱贫产业，促进科技特派员与致富带头人、技术成果与贫困地区需求有效对接。

【科技人员专项计划】 加强“三区”人才支持计划科技人员专项计划实施力度。贯彻落实深度贫困地区脱贫攻坚座谈会和《中共中央办公厅 国务院办公厅关于支持深度贫困地区脱贫攻坚的实施意见》精神，研究制定科技部关于在“三区三州”大力实施“三区”人才支持计划科技人员专项计划的工作方案。5月，下达2017年度中西部地区“三区”人才支持计划科技人员专项计划，支持选派“三区”人才18135人，培训人数2305人，支持经费3.2亿元。

【扶贫宣传】　多渠道宣传报道科技扶贫先进做法、经验、典型事例和人物。召开科技扶贫工作进展新闻发布会，组织“科技扶贫30年”宣传活动，总结宣传科技扶贫经验，举办全国“科技活动周”、“科技列车西藏行”、第二十四届中国杨凌农业高新科技成果博览会等活动，编辑出版《把论文写在大地上——科技扶贫100个典型案例》，彰显科技扶贫工作进展和成果。

【片区扶贫攻坚】　履行秦巴山片区牵头单位职责，6月，组织召开秦巴山片区区域发展与脱贫攻坚工作会，与国家铁路局、中国铁路总公司共同商讨2017年片区重点工作；落实秦巴山片区扶贫攻坚跨省协调机制和秦巴山片区跨省重大基础设施项目协调推进机制，重点解决片区内跨行政区域重点基础设施建设中的重大问题。向秦巴山片区80个片区县、青海省15个贫困县和西藏自治区捐赠《农村科技口袋书》16000套和全年“星火科技30分”电视节目52期，其中《农村科技口袋书》包括农业动植物新技术、新品种、新产品、新模式、新机械、新装备等6大类成果，涵盖17个产业方向的309个新品种、699项新技术、29项新装备、26项新产品、7种新模式等。6月至12月，举办第三期秦巴山片区科技特派员农村科技创业骨干培训班。分7个阶段组织，采用理论讲授、案例教学、现场观摩、研讨交流、岗位实践、网络教学、微信互动、调查研究及实训操作等方式，重点围绕企业管理、项目设计、融资能力、市场营销等，为秦巴山片区5省1市76个贫困县的152名农业企业负责人和专业合作社负责人开展创业扶贫能力培训，共聘请授课教师41名、创新创业导师58名，开设专题讲座45场，现场教学7次，研讨交流13次。

【定点扶贫概述】　按照《关于进一步加强中央单位定点扶贫工作的指导意见》和《中央单位定点扶贫工作考核办法（试行)》要求，科技部围绕江西省井冈山市、永新县和陕西省柞水县、佳县4个定点扶贫县如期“摘帽”、建档立卡贫困人口实现脱贫、解决区域性整体贫困目标，推进定点扶贫工作。2017年帮助定点扶贫县8974名建档立卡贫困人口脱贫，带动贫困户增收1382万元，人均增收约1500元。2月，科技部定点帮扶的江西省井冈山市在592个国定贫困县中率先脱贫“摘帽”。

【扶贫制度建设】　科技部成立了由党组书记任组长、分管部领导任副组长，机关各司局、直属单位主要负责同志为成员的科技扶贫领导小组，全面负责定点扶贫工作的规划指导、统筹协调、工作推进、督导检查。科技部部长万钢，党组书记、副部长王志刚多次召开党组会、部务会专题研究定点扶贫工作，数次赴定点扶贫县调研科技扶贫、精准脱贫工作，督促检查定点扶贫工作，现场研究解决定点扶贫工作中存在的困难和问题。针对定点扶贫工作实际需求，2017年科技部陆续出台系列举措，完善定点扶贫工作支撑体系。制定《科技部2017年科技扶贫工作要点及任务分工》，对2017年科技部定点扶贫重点工作进行统筹安排。印发《科技部扶贫办关于第29届科技扶贫团组成人员的通知》《科技部科技扶贫团管理办法（修订)》，建立部、省、市、县四级科技管理部门抓定点扶贫联动机制。印发《关于实施科技扶贫“百千万”工程的通知》，从科技园区、星创天地等平台载体建设，高校、院所、园区与贫困地区建立科技精准帮扶结对以及实现定点扶贫县、建档立卡贫困村科技特派员全覆盖等三方面进行整体推进。

【干部挂职扶贫】　结合科技工作实际，继续探索新时期定点扶贫工作新机制。建立科字口部门、国务院扶贫办科技扶贫行动部际协调机制，调动更广大科技力量服务定点扶贫县脱贫“摘帽”。建立四级科技管理部门抓定点扶贫工作的“四级联动”工作机制，选优派强扶贫挂职干部，把定点扶贫作为锻炼培养干部的重要平台。部系统16个单位组团式对口帮扶定点扶贫县，2名副司级、2名正处级干部在定点扶贫县脱产挂职扶贫。按“一县一团”的模式组建井冈山、永新、柞水、佳县等4个分团，每个分团由四级科技管理部门各选派1名挂职干部和若干优秀科技特派员组成。建立科技系统东西部扶贫协作机制，支持江苏科技厅帮扶井冈山市、永新县，推进科技服务体系建设和蚕桑、茶叶产业扶贫；山东寿光蔬菜集团在永新县建设产业扶贫示范基地；苏州高新区、西北农林科技大学对接帮扶陕西佳县脱贫攻坚。积极引导鼓励山东、江苏、浙江、安徽等地科研单位和科技型企业与定点扶贫县开展对接。2017年，促成4个定点扶贫县与35个科研院所、大专院校、科技型企业、科技园区结成定点扶贫帮扶对子。

【科技扶贫】 加大“三区”人才支持计划、科技人员专项计划、中央引导地方科技发展专项等倾斜支持定点扶贫县扶贫工作力度。推动井冈山、柞水与安徽农业大学、陕西师范大学等高校合作，争取在当地实施“现代食品加工”“中药现代化研究”等重点专项有关课题。针对定点扶贫县农业生产技术落后，土地产出率、劳动生产率、资源利用率不高的情况，积极引进全国优势科研院所、高校的先进技术成果，在定点扶贫县开展转化示范。2017年支持4个定点扶贫县共引进新技术新品种15个，实施9项示范推广项目，推动永新县稻虾鱼蟹生态养殖每亩年均增收2000元，带动佳县52个贫困家庭户均增收8000元，柞水县西川村及周边4个深度贫困村近2000名贫困群众实现稳定增收。

【产业扶贫】 科技部以科技扶贫项目为抓手，结合定点扶贫县实际推动实施“一县一策”，推进实施井冈山茶竹果“231富民工程”，永新蔬菜、蚕桑、井冈蜜柚、珍贵楠木“四个千万工程”，成功培育佳县红枣、小杂粮、羊特色产业和柞水木耳、中药材等特色主导产业，带动贫困户增收致富。支持4个定点扶贫县新建3家国家级星创天地、1个科技资源统筹中心和6个产业示范园。其中佳县羊产业、小杂粮产业等两个国家级星创天地直接带动贫困户135户，间接带动农户400多户，实现增收700多万元。

【扶贫督查考核】 2017年，科技部在4个定点扶贫县召开定点扶贫工作会议10余次，协助定点扶贫县推进实施“一县一策”，合理确定脱贫目标，规范定点扶贫县科技扶贫项目资金使用。科技部机关全年累计182人次赴定点扶贫县开展专题调研。组成科技部定点扶贫工作督导组，对4个定点县创新驱动科技扶贫精准脱贫工作和科技扶贫项目资金在定点县的落实情况进行督导，推动包括科技扶贫在内的扶贫项目资金规范管理。结合地方扶贫年度考核工作，派出工作人员参与省级扶贫考核组，通过进村入户调查、开座谈会、查阅档案资料等方式，对定点扶贫县在精准识别、精准帮扶、精准退出、资金管理使用等方面开展督导检查，督促定点扶贫县党委政府积极落实脱贫攻坚主体责任和扶贫政策措施。

（科学技术部农村科技司　霍季春）

工业和信息化部扶贫

【概述】 2017年，工业和信息化部（以下简称“工信部”）以习近平总书记关于扶贫工作的重要论述为指导，坚决履行党中央、国务院关于扶贫工作的战略部署，坚持精准扶贫、精准脱贫，围绕“定点扶贫”和“片区牵头”两项重点，突出“网络扶贫”和“产业脱贫”两项特色，扶贫开发工作取得了新进展、新成效。制定《2017年脱贫攻坚工作计划》，统筹全系统资源，合力推进扶贫工作。深入开展河南省汝阳县、洛宁县，四川省南充市嘉陵区、南部县和统筹指导山西省方山县、中阳县，广西壮族自治区金秀瑶族自治县、融水苗族自治县8个国家扶贫开发工作重点县定点扶贫工作，积极履行牵头联系燕山—太行山片区区域发展与扶贫开发工作，实施电信普遍服务试点工作，加快推进宽带网络覆盖贫困村，积极主动培育特色产业促进精准脱贫，助力贫困地区贫困群众脱贫致富。

【扶贫调研】 2017年，工信部部长苗圩、副部长辛国斌分别5次赴定点扶贫县和片区县开展调研检查、督促指导、督查巡查等脱贫攻坚工作。在部领导的带动下，部机关各司局、有关部属事业单位和高校等结合各自业务工作，以多种形式赴贫困地区开展专题调研、结对子、教育帮扶、扶贫济困等工作，为贫困地区区域发展和脱贫攻坚出谋划策。

【扶贫会议】 2017年，工信部党组书记、部长苗圩主持召开2次部党组会议，1次部长办公会议传达中共中央总书记习近平重要批示和讲话精神，听取扶贫工作汇报，研究解决问题。1月，工信部在宁夏回族自治区吴忠市召开全国电信普遍服务试点工作现场交流会，会议交流分享各省市试点工作经验，讨论2017年试点工作思路和申报指南。3月，工信部召开2017年电信普遍服务试点工作电视电话部署会。11月，工信部副部长辛国斌在山西省大同市主持召开2017年燕山—太行山片区部省部际联席会议。宣传党的十九大精神，组织片区所在河北、山西、内蒙古三省区和部际成员单位交流经验、协调问题，总结并研究推进片区脱贫攻坚工作。

【产业扶贫】 2017年，工信部坚持因地制宜、因产施策，积极发展特色产业，增强贫困地区造血能力，带动贫困人口增收脱贫。联合国家开发银行印发《关于开发性金融开展产业精准扶贫项目试点和推进矿物功能材料产业示范基地建设的通知》，依托贫困地区矿产资源优势，利用开发性金融支持贫困地区非金属矿产深加工精准扶贫项目试点，建立产业扶贫收益机制，强化与贫困户的利益联结。首批推荐6个项目，国家开发银行贷款支持6.3亿元。与国家中医药管理局等联合印发《中药材产业扶贫行动计划（2017—2020年）》，鼓励和支持中药企业在贫困地区建设“中药材产业扶贫示范基地”，开展“百企帮百县活动”，推动中药工业百强企业到贫困县设立“定制药园”，优先采购贫困地区中药材。与国务院扶贫办等单位联合印发《关于促进电商精准扶贫的指导意见》，共同推进电商精准扶贫工程。引导贫困地区产业集聚集约发展，将山西大同装备制造产业园区、河北张北云计算产业基地和河北承德县经济开发区列入第八批国家新型工业化产业示范基地。

【网络扶贫】 工信部以电信普遍服务试点为抓手，实施网络通信扶贫工程，加快宽带网络建设和应用普及。加快推进贫困村网络建设，确保“用得上”。截至 2017 年底，三批电信普遍服务试点共部署 4.3 万个贫困村，第一、二批试点项目基本完工，已通光纤贫困村平均每村发展用户 4～5 户，平均接入率达到 60Mbps，超过城市平均水平。在实施过程中，提高民族地区、边疆地区、革命老区等地区补贴比例（最高达 35%）。推出优惠网络资费，保障“用得起”。基础电信企业积极落实“普遍服务试点地区网络资费不得超过其他地区”的要求，为贫困地区推出专属优惠资费套餐，许多贫困地区贫困群众每月消费 20 元即可使用 50M 宽带网络业务。还有如中国移动通信集团有限公司推出 9 元 1GB/月的扶贫专属区流量包；中国联合网络通信集团有限公司针对贫困人口推出“易地搬迁贫困户 1 天 1 元流量不限”的优惠套餐。引导多样化宽带应用，争取“用得好”。积极配合有关部门推进农村教育、医疗、电子商务等领域的信息化建设，支持宽带网络接入村委会、卫生室、学校等，借助宽带网络，引导优质教育、医疗等公共资源向乡村延伸，促进农村基本公共服务均等化。如：在电信普遍服务试点中，“光纤网络接入行政村内学校”成为重要的招标和验收标准；基础电信企业推出的远程医疗服务范围覆盖全国 30 个省份；中国电信集团有限公司开发“益农服务”信息进村入户平台，覆盖 861 万农户，上线实体“益农社”4.9 万家，累计交易额超过 100 亿元。

截至 2017 年底，11.7 万个贫困村宽带网络覆盖率达到 94%，已提前超额实现《“十三五”脱贫攻坚规划》提出的“力争到 2020 年实现宽带网络覆盖 90% 以上的贫困村”目标。

【片区扶贫攻坚】 2017 年，工信部认真履行燕山—太行山片区牵头联系工作职责，完善工作机制，加强沟通协调，坚持因地制宜，突出精准发力，注重以脱贫攻坚促进区域发展，助力解决区域性整体贫困。召开燕山—太行山片区部省部际联系会，协调 25 家部际成员单位，推动解决河北、山西、内蒙古三省区需要支持的 70 余项重点事项，推进片区规划中 180 余项重大项目加快实施。首次选派 17 名优秀干部赴片区县挂职扶贫，帮助片区县脱贫攻坚，助推区域发展。修订《燕山—太行山片区扶贫项目（资金）管理办法》，利用片区扶贫专项资金 700 万元，安排光伏、农产品深加工等 7 个项目，总投资 2200 万元，预计能够带动 530 户贫困户实现增收脱贫。工信部系统片区一对一联系单位积极开展“两个一”活动（即在片区对口县“开展一次调研，为当地办一件实事”）。据统计，2017 年，在“开展调研”方面，有关单位累计赴片区县调研 626 人次，其中司局级干部 118 人次。在“办实事”方面，部系统有关单位先后协调京冀农产品深加工、中药材等 10 余家企业与河北阜平县开展产业对接；推动创建北京—燕太片区职教扶贫协作区；帮助河北阜平县、唐县、平泉市，内蒙古商都县编制产业扶贫发展规划；协调中国网库集团、中国工业节能与清洁生产协会分别与河北丰宁县、围场县签订电商扶贫协议；帮助河北康保县争取中央车购税补助资金支持国道、省道项目；协调三星（中国）投资有限公司支持河北蔚县发展村集体经济；举办工信大讲堂，培训河北曲阳县各级领导干部；帮助河北尚义县参加第十九届中国国际高新技术成果交易会；支持山西大同县发展黄花产业；联合中国红十字基金会，设立了“中招公益基金”。

截至 2017 年，燕山—太行山片区贫困人口由 99 万人降至 71 万人，贫困发生率由 11% 降至 7.9%。片区基础设施建设和生态文明建设不断加强，公共服务条件和生产生活条件有效改善。2017 年，片区内望都县在河北省实现了首批脱贫摘帽。

【扶贫日活动】　按照国务院扶贫办《2017 年扶贫日活动方案》要求，工信部研究制定了《工业和信息化部 2017 年扶贫日活动方案》，开展了一系列扶贫日主题活动。配合国务院扶贫办做好扶贫日系列活动，承办了信息高速公路助力脱贫奔小康分论坛。协调中国电信集团有限公司、中国移动通信集团有限公司、中国联合网络通信集团有限公司 3 家基础电信运营企业在扶贫日期间推送了 5.96 亿条“扶贫日”公益短信，号召全社会共同关注扶贫、参与扶贫。组织开展“消费扶贫活动”，征集部定点和片区扶贫县特色农副产品，通过“线下展示推广、线上订单销售”的模式，动员部系统干部职工 1700 人次购买，销售金额 12 万元。举办“凝聚工信力量 打赢脱贫攻坚”部扶贫工作成果展，集中展示党的十八大以来工信部脱贫攻坚取得的成效经验。延续从 2014 年起开展的“一对一”结对帮扶贫困学生活动，截至 2017 年底，动员部系统干部职工累计帮扶部机关四个定点扶贫县贫困学生 440 名，捐助资金近 60 万元。

【定点扶贫概述】　2017 年，工信部定点帮扶四川省南部县、南充市嘉陵区，河南省洛宁县、汝阳县，认真履行定点扶贫帮扶责任，并积极指导 4 所部属高校履行定点帮扶责任，通过实施定点扶贫专项、培育特色产业发展、派驻挂职扶贫干部等措施，帮助定点扶贫县脱贫攻坚。4 个县（区）有贫困村 223 个，比 2016 年减少 157 个；贫困人口 18140 户 55966 人，比 2016 年减少 16052 户 58519 人；贫困发生率分别由 2016 年的 2.31%、3.4%、8.89%、7.87% 下降至 2017 年的 0.7%、1.02%、4.13%、5.57%。7 月，南部县通过第三方评估检查，在四川省实现首批脱贫摘帽。工信部在中央单位定点扶贫试考核中被评为“较好”等次。

【扶贫资金投入】　利用定点扶贫专项资金 800 万元，安排四川南充市嘉陵区、南部县，河南省洛宁县、汝阳县民生改善、产业培育、教育帮扶等 19 个项目，总投资 3930 万元，惠及 1100 户 3400 余名贫困群众。

【产业扶贫】　积极帮助定点县培育特色产业，部机关积极协调支持南充汽配、油气化工、丝纺服装等产业发展，帮助南部县、汝阳县发展电商扶贫，协调推进洛宁县烟水配套工程建设。部属高校北京航空航天大学在校内设立“吕梁护工北航服务站”，全年输送 198 名吕梁农村妇女到北航社区从事家政保姆服务，人均月收入 4000 元以上；北京理工大学帮助山西方山县引进肉牛养殖、加工龙头企业，收购肉牛 10 批 1500 余头，每头牛可帮助当地农户增收 1000 余元；西北工业大学与广西融水县地方政府、企业合作，打造黑木耳种植集中示范区。

【干部挂职扶贫】　2017 年是工信部挂职扶贫干部换届年，部机关分别向四川南充市嘉陵区、南部县，河南省洛宁县、汝阳县派驻了新任挂职扶贫干部，担任当地县（区）委副书记或副县（区）长职务，协助分管当地脱贫攻坚、招商引资、电子商务、通信等工作。向南充市嘉陵区世阳镇谢家庙村新选派了 1 名驻村第一书记。2017 年，工信部协调事业单位、各类企业、社会组织和个人等社会力量参与定点扶贫工作。南充市嘉陵区扶贫干部协调社会力量捐赠 49 万元帮扶资金，为当地双店乡 2700 余农户每户购置 1 套床上用品；汝阳县扶贫干部指导县扶贫办组织“汝阳书香满校园”图书捐赠公益活动，号召北京 20 余家出版社为汝阳学校捐赠图书。

（工业和信息化部　刘　博）

国家民族事务委员会扶贫

【概述】 国家民族事务委员会（以下简称“国家民委”）贯彻落实《“十三五”促进民族地区和人口较少民族发展规划》《兴边富民行动“十三五”规划》，瞄准少数民族特困地区和特困群体，推进兴边富民行动，扶持人口较少民族、“直过民族”加快发展，保护发展少数民族特色村镇和少数民族传统手工艺品，做好武陵山片区联系、定点扶贫、社会扶贫和全国民委系统对口支援新疆西藏工作，落实民贸民品带贫益贫政策，加大民族地区干部人才培养培训力度，开展民族团结进步创建示范等，扎实稳步推进民族地区脱贫攻坚。据统计，2017 年民族八省区贫困人口从 2016 年的 1411 万人减少到 1032 万人，减贫速度为 26.9%，比 2016 年高 4.8 个百分点，贫困发生率从 2016 年的 9.3% 下降到 6.9%，下降 2.4 个百分点。

【扶贫资金投入】 积极配合财政部、国家发展和改革委员会，加大中央财政专项扶贫资金（少数民族发展支出方向）、中央预算内投资兴边富民行动专项和扶持人口较少民族发展专项对深度贫困民族地区的投入力度，在资金安排中加大深度贫困因素权重。2017 年安排中央财政专项扶贫资金（少数民族发展支出方向）55.5 亿元。

【扶贫调研和会议】 按照国务院扶贫开发领导小组统一部署和要求，会同中国农业银行和中国农工民主党中央赴云南开展 2017 年脱贫攻坚巡查调研。配合中国人民政治协商会议全国委员会开展“少数民族地区精准扶贫”，特邀常委视察团赴河南、宁夏开展精准扶贫调研活动。中共中央办公厅、国务院办公厅《关于支持深度贫困地区脱贫攻坚的实施意见》印发后，国家民委党组迅速召开专题会议研究部署工作。对“三区三州”、边境地区、人口较少民族地区等围绕深度贫困问题，组织开展了对深度贫困地区特别是四省藏区脱贫攻坚情况调研，召开有关专家学者座谈会，研究提出支持“三区三州”打好脱贫攻坚战的意见建议。召开“全国民族自治县打赢脱贫攻坚战全面建成小康社会经验交流会”“全国民族自治州全面建成小康社会经验交流现场会”，交流学习先进发展理念和经验，研讨先富帮后富、决胜全面小康、实现共同富裕的思路和举措。配合国家发展改革委落实支持凉山、怒江、临夏等三州加快全面建成小康的政策措施，协调解决三州发展中的重大问题和事项。研究印发《国家民委关于进一步加强深度贫困民族地区脱贫攻坚工作的通知》，从经济发展、文化教育、民族团结、干部人才等方面提出了 10 条支持深度贫困民族地区脱贫攻坚的举措。

【扶贫专项规划】 会同有关部门制定并以国务院办公厅名义印发实施《兴边富民行动“十三五”规划》，赴黑龙江、云南、西藏、新疆等省区开展督查调研，协调推进国家优惠政策和民生项目向边疆贫困民族地区倾斜。广西印发《关于做好广西加快沿边开发开放政策落地工作的通知》，加快沿边开发开放政策在广西落地，提高一线边民补助标准，积极推进边境一线危旧房改造、饮水安全、人居环境整治等，改善一线边民生产生活条件。云南围绕“五通八有三达到”目标，大力推进沿边三年行动计划，精准推进边境贫困人口脱贫。边境地区已有44个县（旗）、乡镇（街道）、村（社区、嘎查）等被评为全国民族团结进步创建示范区（单位），有4000多个“爱民固边模范村”。

贯彻落实《“十三五”促进民族地区和人口较少民族发展规划》。对人口较少民族聚居的建档立卡贫困村，在资金分配、项目安排等方面加大扶持力度，推进人口较少民族整族整村精准脱贫。会同有关部门和云南省实施《云南省全面打赢“直过民族”脱贫攻坚战行动计划（2016—2020年）》，配合财政部、教育部、国家语言文字工作委员会支持云南省开展“直过民族”聚居区普及国家通用语言工作。云南省分民族制定帮扶方案，动员大型企业集团结对帮扶包括人口较少民族在内的“直过民族”，组织协同中国长江三峡集团有限公司、中国华能集团有限公司、中国大唐集团公司等5家企业对口帮扶布朗族、阿昌族、怒族、普米族、景颇族、拉祜族、佤族、傈僳族8个少数民族，形成“一个民族一个行动计划”“一个民族一个集团帮扶”的具有云南特色的脱贫攻坚模式。配合交通运输部对云南“直过民族”地区沿边地区较大人口规模自然村通硬化路建设制定专项规划，给予资金支持。

开展少数民族特色村镇保护与发展工作，支持民族特色产业发展，提高贫困群众收入。截至2017年底，全国已有1057个村寨被国家民委挂牌命名为“中国少数民族特色村寨”。在推进内蒙古大兴安岭沿麓少数民族特色村镇示范带、黑龙江三江沿岸赫哲族特色村镇示范带、云南边境民族风情走廊、西藏门巴族珞巴族特色村镇示范带、宁夏六盘山连片山区回族特色村镇示范带等建设中，协调有关部门加大投入力度，进行整体保护，集中打造一批自然环境优美、民族特色鲜明、各族群众团结的少数民族特色村镇示范廊带，助力深度贫困民族地区脱贫攻坚。

【对口支援】 协调东中部21个省市民族工作部门以推进边疆民族地区脱贫攻坚为重点开展对口支援新疆西藏工作。对口援助省市民委系统加大人才培训和双向挂职锻炼，为新疆民委系统培训各类人才1500余人次。2013—2017年，对口支援赣南等原中央苏区江西省乐安县振兴发展，累计投入资金1000多万元支持乐安县精准脱贫项目，其中，2017年拨付了150万元。在民族文化宫成功举办电影《董春女》启动仪式、《千古第一村——流坑图片展》等活动，支持乐安县民族文化事业发展。

【片区扶贫攻坚】 2017年，协调各部委支持武陵山片区（4省市）资金2138亿元，2012—2017年，共计投入资金超过2万亿元。组织举办国家民委第4期派驻武陵山片区联络员培训班，向片区派驻77名司处级联络员，加强对片区脱贫攻坚工作的联络和指导。会同武陵山片区4省市共同推进武陵山片区开发性金融扶贫和旅游减贫致富与协同发展，开展“互联网+多彩民族”网络扶贫，举办“多彩民族”旅游业发展赴日本培训班、武陵山片区基层民族工作干部第221期香港工商业研讨班，提高基层干部精准扶贫工作能力。国家民委属6所高校立足学校资源优势，开展校地合作，多措并举支持片区发展，2017年，委属高校在武陵山片区招生5715人，其中硕士研究生以上268人，本科5080人，预科367人。2017年，安排民族工作经费50万元支持片区建设民族团结模范区。武陵山片区共有41个全国民族团结进步创建示范区（单位），6个全国民族团结进步教育基地，促进片区各民族交往交流交融。

【社会扶贫】 印发《关于转发〈国务院扶贫开发领导小组关于广泛引导和动员社会组织参与脱贫攻坚的通知〉的通知》，鼓励、动员和支持委管社会组织积极探索参与脱贫攻坚的工作方式、途径和有效措施。组织国家民委派驻武陵山片区联络员和定点扶贫、对口支援县（旗）挂职干部报送优质农产品信息和动员组织委属高校等直属各单位与扶贫点建立食材采购关系。组织西藏自治区 25 家民贸民品企业和来自广西、贵州、青海的近百种少数民族商品参加第 22 届澳门国际贸易投资展览会（MIF），开设“中国民族商品文化工艺展区”，借助文化经贸交流平台，积极帮助民族地区具有当地特色资源优势的扶贫龙头企业、民贸民品等中小企业“走出去”，拓宽市场销售渠道，参与“一带一路”建设。

【精神扶贫】 组织“三区三州”少数民族精准脱贫参观团，举办全国边境地区脱贫攻坚专题研究班、民族工作部门干部出国（境）培训班等，学习先进发展理念和发展方式。开展“中央媒体民族地区走基层”精准脱贫系列宣传报道活动，宣传报道全国脱贫攻坚奖获得者安徽省民委李朝阳同志典型事迹，联合中央网信办组织“喜迎十九大·兴边富民行动边境行”大型宣传活动，通过国家民委官方微信推出系列报道。大力宣传基层一线精准脱贫的生动实践和典型人物事迹，突出反映各族群众的获得感，教育和引导少数民族贫困群众开展移风易俗，提倡科学健康文明的生活方式，激发贫困群众“我要发展”的内在动力，增强脱贫致富本领。

【定点扶贫】 2017 年，国家民委定点帮扶广西壮族自治区德保县、内蒙古自治区巴林右旗。2017 年，累计投入两县（旗）帮扶资金 1707.6 万元，实施项目 23 个。两县（旗）贫困人口从 2011 年底的 22 万人下降到 2017 年的 5.9 万人。选派 3 名干部到定点扶贫县（旗）挂职和任驻村第一书记，其中德保县 2 人（含第一书记 1 人），巴林右旗 1 人。国家民委先后 7 次赴定点扶贫县（旗）调研考察。创新帮扶方式，支持定点扶贫县（旗）开展民族文化体育交流和民族团结进步创建活动。在巴林右旗举办“中华一家亲·巴林草原情——海峡两岸各民族欢度赤峰那达慕”活动，向巴林右旗授牌“海峡两岸少数民族交流与合作基地”。协调争取德保县马骨胡艺术中心排演的现代壮剧《第一书记》代表广西到北京参加“2017 年全国基层院团戏曲会演”。开展“彩虹路民族青少年艺术教育公益行”活动，向德保县凌雷村教学点赠送艺术包 100 个。举办两县（旗）基层干部和村党支部书记精准扶贫能力建设培训班，抓党建促脱贫。

（国家民族事务委员会经济发展司
张峻梧）

民政部扶贫

【概述】 2017年，各级民政部门深入学习领会中共中央总书记习近平关于扶贫工作的重要论述和指示批示精神，大力推进深度贫困地区民政领域脱贫攻坚工作，进一步加强深度贫困地区资金、项目、人才支持力度。加强社会救助兜底保障，积极动员引导社会组织参与脱贫攻坚，推进贫困地区基层政权建设，落实农村“三留守”人员和残疾人关爱保护，认真做好罗霄山片区扶贫和定点扶贫县帮扶工作。

【脱贫攻坚制度建设】 2017年1月，民政部会同有关部门印发《关于进一步加强医疗救助与城乡居民大病保险有效衔接的通知》，推动大病保险细化对困难群众倾斜性支付政策，实施重特大疾病分类分档梯度救助。2月，积极配合原卫生和计划生育委员会、国务院扶贫办开展大病救治工作，联合印发《农村贫困人口大病专项救治工作方案》，部署各地实施农村贫困人口大病分类救治。4月，会同国家卫生计生委等部门印发《健康扶贫工程“三个一批”行动计划》，部署各地开展慢病签约服务管理、重特大疾病兜底保障等工作。

3月，联合中央组织部印发《关于加强农村基层组织建设 着力整治“村霸”问题的通知》，部署开展了一系列“村霸”问题专项整治活动。

6月，联合财政部、国务院扶贫办印发《关于支持社会工作专业力量参与脱贫攻坚的指导意见》，明确社会工作专业力量参与脱贫攻坚的服务内容和重点项目。8月，会同有关部门印发《关于在农村留守儿童关爱保护中发挥社会工作专业人才作用的指导意见》，明确社会工作专业人才在农村留守儿童关爱保护中的主要任务、介入方式和服务方式。

推动出台中共中央、国务院《关于加强和完善城乡社区治理的意见》，明确提出“加快贫困地区农村社区综合服务设施建设，率先推动易地搬迁安置区综合服务设施建设全覆盖”等要求。

7月，联合银监会印发《慈善信托管理办法》。

9月，会同国务院扶贫办印发《关于进一步加强农村最低生活保障制度与扶贫开发政策有效衔接的通知》，指导各地正确处理、把握衔接中的问题。

11月，报请国务院扶贫开发领导小组印发《关于广泛引导和动员社会组织参与脱贫攻坚的通知》，明确社会组织参与脱贫攻坚的重点领域，提出要创造条件支持社会组织参与脱贫攻坚。

12月，会同相关部门印发《关于加强农村留守老年人关爱服务工作的若干意见》，开展农村留守老年人摸底排查工作。

【社会救助兜底脱贫】 2017年1月，民政部会同财政部、人力资源和社会保障部、国家卫生和计划生育委员会、中国保险监督管理委员会、国务院扶贫办等部门联合印发《关于进一步加强医疗救助与城乡居民大病保险有效衔接的通知》，部署各地做好低保对象、特困人员以及建档立卡贫困人口、低收入救助对象等困难群众医疗救助工作。同时，积极配合国家卫生和计划生育委员会及相关部门，部署各地实施农村贫困人口大病分类救治、慢病签约服务管理、重特大疾病兜底保障等工作。

7 月，民政部会同国务院扶贫办召开农村低保制度与扶贫开发政策衔接工作座谈会。会同国务院扶贫办多次开展农村低保对象和建档立卡贫困人口数据比对，督促、指导各地在农村低保对象动态调整、建档立卡对象“回头看”时，互相作为重点，做到应保尽保、应扶尽扶、保扶衔接。截至 2017 年底，全国所有县（市、区）的农村低保标准均已达到或超过国家扶贫标准。

指导各地细化实化特困人员认定条件、救助供养标准制定、优化救助供养服务和供养服务机构建设管理等政策规定。结合全面提高养老院服务质量专项行动，不断提高机构托底保障能力和服务质量。指导各地进一步加大临时救助资金投入，优化审核审批程序，全面落实“分级审批”“先行救助”等规定，切实解决困难群众遭遇到的突发性、紧迫性、临时性基本生活困难。

【社会扶贫】 2017 年，民政部报请国务院扶贫开发领导小组印发《关于广泛引导和动员社会组织参与脱贫攻坚的通知》。与国务院扶贫办联合举办贯彻《通知》的专题新闻发布会，超过 1000 家门户网站和新闻网站进行了转载。召开社会组织登记管理机关视频会议，专题部署省级民政部门引导和动员社会组织参与脱贫攻坚工作。选择中国扶贫基金会、中国社会福利基金会等 139 家社会组织，连续召开 4 场社会组织参与深度贫困地区脱贫攻坚动员会议，引导全国性社会组织积极参与贫困地区尤其是“三区三州”等深度贫困地区的脱贫攻坚工作。

组织开展社会工作专业人才服务“三区”（即边远贫困地区、边疆民族地区和革命老区）计划。2017 年，共向“三区”选派 1000 名社会工作专业人才，同时为这些地区培养 500 名社会工作专业骨干。启动实施社会工作服务机构“牵手计划”，2017 年首批从社会工作先发地区选择 100 家社会工作服务机构与贫困地区社会服务机构和民政服务机构开展结对帮扶。实施社会工作教育对口扶贫计划，支持和鼓励 200 多所高校社会工作专业院系与贫困地区开展合作。

组织开展脱贫攻坚志愿服务宣传展示。印发《民政部办公厅关于组织开展脱贫攻坚志愿服务项目展示活动的通知》，指导各地积极动员志愿服务组织和志愿者参与脱贫攻坚，多途径集中宣传展示了 60 多个脱贫攻坚志愿服务项目。

【基层组织建设】 推进贫困地区基层干部队伍建设。指导贫困地区严格村民委员会选举各项程序要求，依法依章选优配齐贫困地区村委会干部队伍，逐步提高村委会干部依法办事能力，团结动员村民积极参与脱贫攻坚。

加强贫困地区村级民主监督工作。指导有关地区加强村务监督，完善村务公开制度，提高有关扶贫政策以及资金使用等情况的透明度和知晓度。指导完善村民会议和村民代表会议议事制度，把脱贫攻坚政策落实落地等事项纳入协商议事范围。

健全完善民主管理。开展一系列“村霸”问题专项整治活动，加强村委会规范化建设，引导村民群众正确对待脱贫攻坚政策落实中的个人利益得失，增强贫困地区和贫困人口自我发展能力和内生发展动力。

完善贫困地区农村社区服务体系。组织开展“贫困地区农村社区建设”部级课题研究。贯彻落实国务院《“十三五”脱贫攻坚规划》，实施贫困地区农村社区服务体系建设工程。将贫困村社区服务体系建设情况纳入 2017 年度全国城乡社区治理督察内容。

【重点人群关爱保护】 农村留守儿童关爱保护方面，截至 2017 年底，全国农村留守儿童信息全部入库实行动态管理。30 个省区市民政厅（局）完成儿童工作力量整合。2016 年底至 2017 年底，民政部会同公安部、教育部等 8 部门组织开展了“合力监护、相伴成长”关爱保护专项行动。

推动建立健全老年人福利政策方面，高龄津贴实现省份全覆盖，30 个省份建立失能老年人护理补贴制度，29 个省份建立生活困难老年人养老服务补贴制度，指导各地建立农村留守老年人关爱服务工作机制，开展关爱服务工作。

残疾人福利保障方面，民政部门指导督促各地建立残疾人两项补贴制度。运用中央专项彩票公益金、民政部彩票公益金等方式支持贫困地区民政精神卫生福利机构、康复辅具机构建设，提高符合条件的残疾人供养和康复服务水平。在 19 个省份的贫困地区通过民政部彩票公益金实施“残障群体示范性配置康复辅具及手术矫正治疗（福康工程）”，为贫困残疾人配置假肢和矫形器、实施免费手术治疗，为福利机构配发康复辅具。

【片区扶贫攻坚】　2017 年 3 月，民政部在江西省井冈山市召开第 5 次罗霄山片区区域发展和脱贫攻坚部际联席会议和现场推进会。先后选派 4 名中青年干部到片区挂职帮扶。选派优秀干部到定点扶贫县贫困村担任驻村第一书记。

指导片区组织编制扶贫规划，支持片区社会救助、社会福利、社会事务管理体系建设。安排民政部本级彩票公益金和中央专项彩票公益金，支持片区社会养老、社区服务、儿童福利设施、农村幸福院等基础设施建设。协调国家发展和改革委员会安排中央预算内投资 3012 万元支持定点扶贫县民政公共服务设施建设。专门面向片区举办民政干部以及社会工作、社区、社会组织等专业人才和儿童养护、老年护理等技能人才培训班。

引导各类社会组织在片区实施扶贫项目。建立健全社会组织参与脱贫的协调服务机制，构建社会扶贫信息服务网络。办好扶贫日系列活动，组织实施“福康工程”项目活动。开展“善行罗霄山”脱贫攻坚项目对接调研，对接了 919 大病救助、爱心公寓等 80 多个项目，投入资金 2710 万元。

【定点扶贫】　2017 年，民政部先后召开 9 次部党组会、部长办公会、部扶贫工作领导小组会议，研究部署江西省遂川县、莲花县定点扶贫工作。1 月，民政部副部长宫蒲光率工作组赴江西省遂川县宣讲中共中央总书记习近平重要指示，传达学习全国扶贫开发工作会议精神，走访慰问贫困群众，研究推动相关工作。9 月，民政部调研组赴遂川、莲花两县开展专题座谈、调查研究。12 月，宫蒲光带队赴莲花县调研，走访慰问贫困群众，研究落实《关于进一步加强定点扶贫工作的实施意见》。

3 月，民政部选派 1 名干部赴遂川县泉江镇盆珠村担任村第一书记，抓党建，促扶贫。

9 月，在井冈山大学举办罗霄山片区和定点扶贫县社会工作专题研修班，对罗霄山片区和定点扶贫县的 70 名相关人员开展培训。在江西省井冈山市举办罗霄山片区和定点扶贫县民政局局长培训班，罗霄山片区县（市、区）和定点扶贫县民政局局长和相关同志共 60 多人参加培训。

（民政部社会救助司　李　夏）

人力资源和社会保障部扶贫

【概述】 2017年，人力资源和社会保障部（以下简称“人社部”），认真贯彻落实党中央、国务院关于脱贫攻坚的决策部署，充分发挥部门职能作用，加强组织领导，完善政策措施，强化精准发力，不断加大就业创业、技能培训、社会保险、人事人才扶贫力度，为打赢脱贫攻坚战作出积极贡献。

【扶贫会议】 2017年11月，人社部会同国务院扶贫办在江西省赣州市召开全国就业扶贫经验交流现场会，总结就业扶贫经验做法，研究部署下一步工作。12月，人社部召开深度贫困地区人社扶贫攻坚工作座谈会，交流工作情况，分析存在的问题。

【公共就业服务】 2017年，人社部会同国务院扶贫办印发《关于进一步做好就业扶贫工作有关事项的通知》，安排就业扶贫全年重点工作，组织开展就业扶贫基地遴选，推进东西部扶贫劳务协作，多渠道促进就地就近就业。会同国务院扶贫办等部门组织开展“春风行动”，在农村劳动力外出务工高峰期，集中开展专场招聘会、政策宣讲等系列就业服务活动，促进贫困劳动力与用人单位匹配对接。会同国务院扶贫办印发《关于公布全国就业扶贫基地名单的通知》，在全国范围内确定1465家企业作为就业扶贫基地，为贫困劳动力自主求职就业和开展有组织劳务输出提供岗位支持。在中国劳动保障报开设就业扶贫宣传专栏，及时跟进报道劳务协作试点及各地就业扶贫工作情况；利用部官方网站、微信等渠道对山东“扶贫车间”等地方经验做法加强宣传推广。截至2017年底，600万名贫困劳动力实现就业。

【职业教育培训】 以建档立卡贫困劳动者为重点，在全国组织开展农民工职业技能提升计划——“春潮行动”、农民工等人员返乡创业培训行动计划等一系列职业培训行动计划，精准提供职业培训服务，2017年全国建档立卡贫困劳动力参加职业技能培训200多万人次。深入开展技能脱贫千校行动，指导技工院校积极招收有就读意愿的建档立卡贫困家庭学生，大力开展职业培训。截至2017年底，全国1059所技工院校参与千校行动，当年新招收建档立卡贫困家庭子女6.04万人，面向建档立卡贫困家庭劳动者开展职业培训15.6万人次，培训后就业创业10万人。组织5个省份的11所技工院校定点帮扶金寨技师学院10余个专业、3个省份的6所技工院校定点帮扶宁都技工学校8个专业，安排7名专家作为指导服务团成员，帮扶效果明显。援助新疆、西藏等地区开展创业师资培训，共开设4个班次，培训创业培训师资245名，投入培训资金216.3万元，促进相关地区创业培训师资水平和创业培训服务能力提升。

【养老保险扶贫】 2017年8月，人社部会同财政部和国务院扶贫办印发《关于切实做好社会保险扶贫工作的意见》，规定对建档立卡未标注脱贫的贫困人口参加城乡居民基本养老保险的，地方人民政府为其代缴部分或全部最低标准养老保险费用。“十三五”期间，在认定农村低保和扶贫对象时，中央确定的城乡居民基本养老保险基础养老金暂不计入家庭收入。截至2017年底，1681万60岁以上贫困人口享受城乡居民养老保险待遇，1516 万参加城乡居民养老保险的贫困人口享受参保代缴保费支持。

【医疗保险扶贫】　配合民政部印发《关于进一步加强医疗救助与城乡居民大病保险有效衔接的通知》，明确对于低保对象、建档立卡贫困人口参保缴费给予定额资助，落实大病保险倾斜性支付政策。截至 2017 年底，所有省份均落实困难群体参加医疗保险补助政策，27 个省份制定大病保险向贫困人口倾斜政策，普遍降低起付线 40% ~60% 、提高报销比例 5% ~20% 。推进城乡居民医保制度整合，在医疗服务利用、医保支付比例和最高支付限额等方面提高农村贫困人口保障水平。各地积极推进基本医保、大病保险、医疗救助等制度有效衔接，增强制度保障合力。

【三支一扶计划】　2017 年，在实施高校毕业生“三支一扶”（指大学生在毕业后到农村基层从事支农、支教、支医和扶贫工作）计划中，将选派名额进一步向深度贫困地区倾斜，将招募岗位进一步向扶贫岗位倾斜，将中央财政补助资金进一步向深度贫困地区倾斜，为深度贫困地区脱贫攻坚输送急需紧缺的人才。2017 年共选派 2.9 万名高校毕业生到基层从事“三支一扶”等服务，其中直接开展扶贫工作的有 0.8 万人，占总数的 27.8%；到中西部地区服务的有 2.6 万人，占总数的 88.6%，为贫困地区的群众脱贫致富提供了智力支持和人才保障。

【人力资源市场建设】　印发《2017 年西部和东北地区人力资源市场建设援助计划项目的通知》，组织指导相关省区市开展人力资源市场助力脱贫攻坚相关项目，提升当地人力资源开发配置服务水平，促进人才合理流动与优化配置。鼓励各地通过政府购买服务的方式，发挥人力资源服务机构作用，为贫困劳动力转移就业、稳定就业提供岗位信息、招聘服务、技能培训、就业指导等人力资源服务，着力推进贫困劳动力和贫困家庭的高校毕业生实现就业和流动。

【扶贫信息平台建设】　印发《关于做好农村贫困劳动力就业信息平台有关工作的通知》，健全覆盖全国贫困人口的就业信息系统，与国务院扶贫办建立农村建档立卡贫困人口信息衔接机制，及时掌握贫困劳动力基本情况，依托平台对贫困劳动力开展精准识别、精准服务。2017 年，开发完成技工院校系统与“雨露计划”系统的在线比对功能，定期完成技工院校系统与“雨露计划”系统的数据比对工作，为国务院扶贫办发放补助提供依据。

【扶贫日活动】　2017 年 10 月 17 日，在全国范围内组织开展“就业扶贫行动日”活动，以“就业扶贫送温暖”为主题，集中为农村建档立卡贫困劳动者送政策、送服务、送岗位、送信息，帮助农村建档立卡贫困劳动者了解政策、转变观念、获得岗位，增强自立自强信心。各地依托县乡公共就业服务平台和窗口，广泛开展政策宣讲、专场招聘会、入户走访、送岗下乡，营造关心、支持、帮助贫困劳动力就业创业的良好氛围。

【定点扶贫概述】　民政部定点帮扶山西省天镇县和安徽省金寨县，将定点扶贫县作为党组成员基层联系点，加强对扶贫工作的组织协调，先后有 4 位部党组成员、副部长到定点县考察调研。制定 2017 年定点帮扶天镇县、金寨县脱贫工作安排，提出具体、细化、可操作的帮扶措施。

【扶贫资金投入】　2017 年，人社部直属单位筹集资金 162 万元，支持开展技能培训、劳务输出，对建档立卡贫困家庭子女就读提供助学帮助。在金寨技师学院设立 50 万元专项助学金，资助近 500 名金寨籍贫困生入读。人社部出版集团为金寨技师学院捐助价值 65 万元的图书。

【智力扶贫】　2017 年，在天镇县、金寨县举办博士后科技服务团、海外留学人员服务团等专家服务活动，累计安排 50 余名专家，开展技术讲座和现场指导活动，组织

3 期高层次人才服务团共举办专题讲座 20 余场、技术座谈交流 43 场次，现场指导 41 场次、义诊 400 多人次、手术指导 4 例，培训专业技术人员 1322 人次，为基层解决技术难题 60 余项，达成合作意向 8 项。组织两县农业技术人员赴发达地区考察培训，学习蔬菜种植技术和农业产业化管理知识。

【产业扶贫】 2017 年，金寨县 228 个村（社区）全部建立就业扶贫驿站，实现村级全覆盖。全县 11 个重点驿站全部建设并投入使用，开发岗位 2415 个，实现就业 1968 人，其中贫困劳动力就业 1380 人。

2017 年，大力帮扶天镇县发展以保姆为重点的家政服务特色劳务经济，帮助编写《天镇保姆家政服务指导手册》，提高天镇保姆培训规范化水平和岗位适应能力，并在传统保姆培训就业基础上引入市场机制。

【职业技能培训】 通过“政府先列清单、老百姓来选单、政府最后来买单”模式开展“菜单式”培训，确保每个贫困家庭至少有一人参加一项技能培训。在天镇县开辟劳务输出新模式，与北京、天津等大城市建立劳务用工机制，建立健全培训、联系服务、跟踪回访、上门家访等多项制度，及时帮助解决在外务工人员的困难和问题。在金寨县大力帮扶金寨技师学院，先后派出近 10 批次相关专家到学院进行现场指导，从学院选派 30 名优秀青年教师、中高层管理人员到对口支援学校进行跟教培养。2017 年学院在校生超过 6350 人（其中来自建档立卡贫困家庭的学生 1339 人）。

（人力资源和社会保障部农民工工作司　潘冰雁）

国土资源部扶贫

【概述】 2017年，国土资源部认真贯彻落实党中央、国务院关于打赢脱贫攻坚战的决策部署，出台专项政策助推脱贫攻坚。国土资源部部长姜大明主持召开党组会议、部长办公会议，传达学习中共中央总书记习近平关于脱贫攻坚的重要讲话精神，研究落实扶贫政策，赴江西赣州、云南楚雄等地调研指导扶贫工作，出席赣州定点扶贫30周年座谈会和乌蒙山片区部际联席会议并讲话。国土资源部领导多次主持召开部扶贫领导小组会议、扶贫工作座谈会，听取扶贫工作汇报，加快落实扶贫工作，作为国务院扶贫开发领导小组成员带队赴内蒙古开展脱贫攻坚督查，赴江西赣州、云南楚雄调研并主持定点和片区会议。部机关各司局、各单位在出台政策、安排项目资金、选派干部、扶贫宣传等方面不断加大支持力度，全年扶贫工作取得明显成效。

【扶贫政策】 专项安排832个片区县和片区外国家扶贫开发重点县每县600亩用地计划指标；指导片区县和国家扶贫开发工作重点县开展增减挂钩节余指标省域范围内流转，并将政策拓展到省级扶贫开发工作重点县。贫困地区增减挂钩节余指标累计流转收益近600亿元。发挥土地整治的平台作用，在分配下达中央土地整治工作专项资金和支持实施土地整治重大工程时，重点向贫困地区倾斜。会同国务院扶贫办、国家能源局于2017年9月25日联合印发《关于支持光伏扶贫、规范光伏发电产业用地的意见》，积极保障光伏扶贫项目用地。在推进农村土地征收、集体经营性建设用地入市、宅基地制度改革三项试点中，对安徽省金寨县、江西省余江县、西藏自治区曲水县和甘肃省陇西县等国家和省级扶贫开发工作重点县给予指导。支持贫困地区开展城镇低效用地再开发、工矿废弃地复垦利用、低丘缓坡荒滩未利用地开发试点，优化城乡用地布局，拓展建设用地空间。

出台《国土资源部关于支持深度贫困地区脱贫攻坚的意见》，允许深度贫困地区增减挂钩节余指标在东西部扶贫协作和对口支援省市范围内流转；深度贫困地区建设用地项目，涉及农用地转用和土地征收的，在做好补偿安置的前提下，可以边建设边报批，涉及占用耕地的允许边占边补。深度贫困地区省级以下基础设施、易地扶贫搬迁、民生发展等建设项目，确实难以避让永久基本农田的，可以纳入重大建设项目范围，由省级国土资源主管部门办理用地预审；允许深度贫困地区在不破坏耕作层的前提下，对农业生产结构进行优化调整，仍按耕地管理。补充耕地指标优先用于省域内交易，符合规定条件的，可优先纳入耕地占补平衡国家统筹。

为促进国土资源扶贫政策尽快落地见效，举办4期国土资源政策助推脱贫攻坚培训班，全国800多个片区县和国家扶贫开发工作重点县国土资源部门负责同志参加培训。

【片区扶贫攻坚】 2017年9月，在云南省楚雄彝族自治州召开第四次乌蒙山片区区域发展与脱贫攻坚部际联席会议，协调有关部委就乌蒙山片区中的云南省、贵州省、四川省脱贫攻坚需要帮助解决的事项提出了答复意见。在政策、项目、资金、人才支持方面，一是对乌蒙山片区 38 个贫困县每县安排用地计划指标 600 亩，专项用于支持脱贫攻坚。二是在分解下达增减挂钩指标时，对片区 3 省加大支持力度，允许乌蒙山片区贫困县增减挂钩节余指标在省域范围内流转使用，全年实现流转收益共计 11.5 亿元。三是实施土地整治扶贫，四川省实施土地整治扶贫专项共 8 个，建设总规模 8 万多亩，耕地质量普遍提高一个等级。贵州省在乌蒙山 10 个片区县共实施精准扶贫村民自建土地整治项目 25 个，投资总额 1.21 亿元，受益贫困人口 0.84 万人。为就地脱贫人口每人整治 1 亩优质农田土地整治项目。云南省安排片区土地整治项目 10 个，建设规模 9.69 万亩，资金 6000 万元。四是实施土地质量地球化学调查、水文地质调查、地质遗迹和地质环境调查等 7 个方面工作，投入资金近 2 亿。依托土壤调查成果，形成贵州省七星关现代高效农业示范园区等 3 个土地质量地球化学调查成果示范基地。完成乌蒙山区 39 个标准 1:5 万图幅水文地质调查工作，实施探采结合井 178 口，直接为当地超过 28 万人提供饮用水源。实施了 1 处地下河提水工程和 26 处表层泉开发示范工程的施工，直接解决 1.9 万人的饮水问题。地质遗迹调查服务特色旅游产业发展和品牌升级，对沐川竹海丹霞、毕节九洞天、镇雄五德岩溶、金阳马祖坡天坑群及岩溶等地质遗迹进行详细调查，为地方特色旅游发展和人民绿色生活提供新途径。支持乌蒙山片区的贵州省 33 个项目 1.4 亿元。在贵州纳雍发生“8.28”崩塌灾害后捐赠4500 万元。五是人才培训和智力扶持。举办了乌蒙山片区县国土部门负责同志参加培训。选派 6 名干部在乌蒙山片区乡镇或县级国土资源部门基层锻炼。接收 1 名贵州省纳雍县国土资源部门干部挂职锻炼，接收片区 3 省国土资源厅 3 名干部挂职。

【扶贫日活动】 按照国务院扶贫办的统一安排，承办 10·17 全国扶贫日扶贫用地政策分论坛。论坛以“用好土地政策助推脱贫攻坚”为主题，向社会解读扶贫用地政策，交流助推脱贫攻坚的经验，加大舆论宣传和引导，凝聚国土资源扶贫共识。

【定点扶贫】 2017 年，国土资源部定点帮扶江西省赣州市赣县区、兴国县、于都县、宁都县。6 月，国土资源部在赣州市召开支持赣南脱贫攻坚暨定点扶贫 30 周年座谈会。会议全面总结 30 年来定点扶贫工作取得的成效和经验，就做好新阶段定点扶贫工作作出部署。

出台《国土资源部办公厅关于进一步加强定点扶贫工作的实施意见》，明确新阶段做好定点扶贫工作的主要任务和保障举措。同时，结合赣州 2017 年经济社会发展和脱贫攻坚需要，制定 2017 年“订单式”支持政策。一是 4 县（区）脱贫攻坚用地项目应保尽保，积极指导 4 县（区）开展城乡建设用地增减挂钩试点，流转节余指标 2087.06 亩，实现流转收益 4.55 亿元。二是开展土地整治项目 33 个，总建设规模面积 12.69 万亩，有效缓解耕地资源不足、耕地占补平衡指标紧缺等问题。三是部署 5 个脱贫攻坚地质勘查项目、经费 1080 万元，加大特色优势矿产资源调查评价工作。完成 1:5 万土壤质量调查工作面积 8583 平方千米，为当地发展富硒特色农业基地提供有力支撑。四是实施探采结合井 7 眼、饮水示范工程 3 个，成功找到 6 处水源地，有效解决 10 万余人和 1.7 万亩农田的用水难题。在宁都县投入 1170 万元，找出水温为 83℃的地热水资源，日流量为 1800 吨，为当地旅游业的发展提供了良好支撑。五是加大地质遗迹保护力度，支持兴国县丹霞地质公园项目取得省级地质公园建设资格，2017 年赣州市获得中国古生物化石保护基金会授予的“中国恐龙之乡”称号。六是继续在赣县区五云镇实施精准扶贫试点项目，按照“一村一品”的精准扶贫思路，着力打造赣县区夏潭村甜叶菊精准扶贫产业，推进夏潭村贫困户精准脱贫。全村甜叶菊实现产业规模200亩，年产值100万元，推动贫困户精准脱贫步伐。为支持夏潭村整村脱贫“摘帽”，投入专项扶贫资金80万元，实施夏潭村幼儿园及附属建设工程建设、风背水利设施建设工程建设等扶贫项目。七是坚持扶贫同扶志、扶智相结合，加强扶贫干部工作指导，在定点扶贫县选派的4名挂职干部和1名村第一书记协助地方推进脱贫攻坚工作。为赣州市各区县60多名政府分管同志和国土资源部门负责同志举办脱贫攻坚专题培训班，解读扶贫政策，提高扶贫政策水平和工作能力。

（自然资源部扶贫办　郑子敬　李东法）

环境保护部扶贫

【概述】 2017年，环境保护部（现生态环境部）认真落实党中央、国务院脱贫攻坚决策部署，坚持绿水青山就是金山银山的理念，坚持精准扶贫精准脱贫基本方略，通过支持贫困地区绿色发展、生态环境治理保护、农村环境综合整治、建立生态保护长效机制等举措，协同推进生态环境保护与脱贫攻坚，有效提高脱贫攻坚质量、增强贫困人口获得感。

【农村环境综合整治】 2017年，中央财政安排农村环境整治专项资金60亿元，支持农村饮用水水源地保护、生活垃圾和污水处理、畜禽养殖废弃物资源化利用和污染防治等工作，通过实施“以奖促治”政策，带动相关部门和地方加大农村环境整治力度。中央财政连续安排专项资金支持全国近13万个建制村开展人居环境整治工作，一大批贫困县、贫困村得到支持，村容村貌、生产生活方式明显改变，促进了乡村旅游发展。

【生态保护修复】 实施山、水、林、田、湖、草生态保护修复工程，2017年，中央财政安排重点生态保护修复治理专项资金80亿元，青海祁连山、云南抚仙湖、福建闽江流域、广西左右江流域革命老区（百色、崇左、南宁）、山东泰山区域、吉林长白山区、四川广安华蓥山区等一批生态功能重要、生态环境敏感脆弱的贫困地区得到系统保护修复。开展生物多样性保护与减贫试点，依托生物多样性保护专项，在生物多样性丰富且属于集中连片特困地区开展生物多样性保护与减贫示范。

【生态保护补偿机制】 组织开展国家重点生态功能区县域生态环境质量监测评价与考核工作，并根据考核结果奖优罚劣，2017年会同财政部对全国819个县域下达国家重点生态功能区转移支付资金627亿元。加大对重点生态功能区中贫困县的转移支付力度，引导和督促贫困地区加大生态保护力度。加快健全生态保护补偿制度，鼓励受益地区与保护地区、流域下游与上游建立横向补偿关系，2017年，中央财政下达专项资金11.99亿元，支持新安江流域、东江流域、九洲江流域、汀江—韩江流域、引滦入津流域等5个跨省流域开展上下游生态保护补偿，建立赤水河流域上下游生态保护补偿机制。

【突出生态环境问题防治】 2017年，环境保护部结合实施大气、水、土壤污染防治行动计划，下达中央大气、水和土壤污染防治专项资金340.38亿元，开展重点流域、重点区域水污染防治和水质较好湖泊生态环境保护和治理以及土壤（重金属）污染防治及土壤污染状况详查等工作，将集中连片特困地区、国家扶贫开发工作重点县、民族边疆地区纳入重点支持范围，加快解决贫困地区突出环境问题。把贫困地区人才队伍建设摆在突出重要位置，根据需要安排贫困地区环境监测、监察执法人员到部属单位或东部地区进修培训。加强党建、信息、科研、环保等能力建设，解决影响脱贫的基础保障问题，为人才发挥作用创造条件。

【定点扶贫概述】 2017年，环境保护部定点帮扶河北省围场满族蒙古族自治县、隆化县。7月，党组书记、部长李干杰主持召开第18次党组会议，听取扶贫工作进展和下一步工作汇报。12 月，李干杰赴围场、隆化两县开展定点扶贫调研慰问和督促检查。党组成员、分管副部长赵英民两次召开部长专题会，研究部署 2017 年定点扶贫工作，两次赴围场、隆化两县调研和督促检查。司局级干部近 70 人次到两县推动落实帮扶措施。印发《环境保护部 2017—2018 年定点扶贫工作计划》，将定点扶贫工作开展情况纳入各司局、各直属单位领导班子述职述党建内容，年终予以考核评议。

实施结对帮扶措施，环境保护部 42 个司局、单位组成 13 个扶贫工作小组，与围场、隆化两县 87 个贫困村（包括 45 个深度贫困村）结对帮扶，制定定点扶贫工作台账，落实量化任务要求，工作开展情况纳入党建考核。2017 年，环境保护部 800 多人次到两县推动落实帮扶措施，直接投入 777.38 万元，在产业脱贫、教育脱贫、解决生产生活突出问题、公益帮扶方面涌现出了西瓜扶贫、马铃薯扶贫、养鸡脱贫、光伏发电、电商扶贫、危房改造、打井、修路、筑坝、“书香共享爱心筑梦”“索尼梦想教室”“茅荆坝·环保夏令营”等先进典型。

【干部挂职扶贫】　2017 年，环境保护部 3 名干部在围场、隆化两个深度贫困县挂职，既协助分管环保又协助分管扶贫。为更好发挥选派干部作用，任命围场、隆化两县挂职扶贫干部兼任部扶贫办专项工作组副组长，定期报告工作开展情况。2017 年，两名挂职扶贫干部基本实现 45 个深度贫困村联系走访全覆盖。加大对驻村第一书记的支持力度，落实生活补贴，每年提供 5 万元工作经费支持。

【环保扶贫】　通过实施生态环境治理保护工程、健全生态保护补偿机制等措施，在经济较快发展的同时，围场、隆化两县生态环境质量巩固提升。2017 年，分别安排围场县、隆化县环保专项资金 1.7 亿元、1.2 亿元，重点支持山水林田湖草生态保护修复试点和农村环境综合整治工作。其中农村环境整治从 2017 年起每年每县安排 3000 万元，三年实现贫困村全覆盖。协调支持围场、隆化两县重点生态功能区转移支付资金 2.3 亿元、0.8 亿元，推进引滦入津、密云水库上游生态保护补偿。

【帮扶方式创新】　结合围场、隆化两县实际，创新帮扶方式，探索整合资源，强化宣传推广，在形成合力上下功夫。以党建促扶贫，结合“两学一做”学习教育常态化制度化，动员直属机关单位各级党群组织和干部职工积极参与扶贫工作。支持探索环境治理保护新机制、新技术、新模式，开展农村环境综合整治业态化长效机制试点、生物多样性保护与减贫试点。动员社会力量参与定点扶贫，协调推进知名环保企业到两县投资，用好中华环境保护基金会平台，引导公益慈善资金、项目进驻两县，开发生态环保扶贫电商平台。建立简报、官网和内网电子政务平台，在《中国环境报》及部官网开通“环保扶贫”专栏，用好“环境保护部”和“中国环境新闻”微博、微信公众号，集中宣传环保扶贫动态、进展和成效，累计原发新闻 30 篇。

（生态环境部规划财务司　何敬夷）

住房和城乡建设部扶贫

【概述】 2017年，住房和城乡建设部（以下简称“住房城乡建设部”）深入贯彻落实党中央国务院脱贫攻坚决策部署，调整部扶贫攻坚领导小组组成人员，成立由部党组书记、部长王蒙徽任组长的部扶贫攻坚领导小组，全面加强扶贫工作的组织领导。召开多次部党组会议和部长办公会议，研究部署和推动扶贫任务落实。坚持精准扶贫、精准脱贫基本方略，大力推动农村危房改造、贫困村人居环境改善等项扶贫工作，帮助定点扶贫县完成年度减贫任务，积极推动大别山片区区域发展和脱贫攻坚。支持190万户建档立卡贫困户解决住房安全问题，贫困村人居环境得到明显改善，帮助4个定点扶贫县完成9万人口减贫任务，大别山片区顺利减贫78万人。

【扶贫机构建设】 2017年9月，印发《住房城乡建设部关于调整部扶贫攻坚领导小组组成人员的通知》。住房城乡建设部党组书记、部长王蒙徽任扶贫攻坚领导小组组长，部党组成员、副部长易军和总经济师赵晖任副组长，20个司局和有关单位主要负责同志担任领导小组成员，进一步加强对扶贫工作的组织领导。

【农村危房改造】 自2017年起，中央农村危房改造政策补助对象聚焦建档立卡贫困户等4类重点对象，中央户均补助标准提高到1.4万元。2017年，安排中央补助资金266.9亿元，支持190万户4类重点对象改造危房，帮助600多万贫困人口解决住房安全问题。

【改善贫困村人居卫生条件】 推动贫困村生活垃圾治理。截至2017年底，全国对生活垃圾进行处理的行政村比例已达74%，其中贫困村实现生活垃圾治理的比例达到62%。

推进厕所污水治理。2017年7月，住房城乡建设部召开全国农村厕所污水治理电视电话会议，总结推广山东等地经验，明确要求“十三五”时期以厕所污水治理为第一目标、梯次推进污水治理，贫困村厕所污水得到同步治理。

支持贫困村改善人居环境。在2017年改善农村人居环境示范村名单中，为贫困地区单列“保障基本示范村”99个，占示范村总数的1/3，中央财政对每个村给予100万元支持，激励和引导贫困村改善人居环境。

支持贫困地区传统村落改善人居环境。2017年，中央财政支持279个贫困地区的中国传统村落开展保护工作，占同期获得中央补助村落数量的46%，平均每村补助300万元，用于保护文化遗产、改善村落人居环境。

2017年底，国务院扶贫办委托第三方机构对《中共中央 国务院关于打赢脱贫攻坚战的决定》中明确的101项任务开展中期评估，住房城乡建设部牵头负责的改善贫困村人居卫生条件任务获得“良好”等次。

【片区扶贫攻坚】 履行大别山片区脱贫攻坚联系单位职责，协调部际联席会议成员单位支持片区区域发展和脱贫攻坚。加大住房城乡建设行业支持力度。2017年，配合有关部门安排中央补助资金27.35亿元，支持大别山片区棚户区改造开工9.22万套。安排中央补助资金7.76亿元，支持大别山片区5.89万贫困户改造危房。将大别山片区6个中国传统村落列入中央资金支持范围，给予1800万元资金支持。安排中央基建投资补助958万元，用于花亭湖风景名胜区保护利用设施建设。动员协调中国建筑业协会、中国建筑金属结构协会、中国建筑工程总公司等单位对大别山片区有关县市建筑企业实施帮扶。会同国家开发银行印发《关于推进开发性金融支持小城镇建设的通知》，将大别山等集中连片特困地区列入支持范围。

2017年，大别山片区实现78万贫困人口脱贫，贫困发生率下降2.4个百分点，河南省兰考县在全国率先实现脱贫摘帽，安徽省岳西县，河南省新县、新蔡县及湖北省红安县通过省级核查和公示。截至2017年底，大别山片区还有贫困人口173万人。

【定点扶贫概述】　住房城乡建设部定点帮扶青海省湟中县、大通回族土族自治县和湖北省红安县、麻城市（以下简称“4县”）。2017年，4县完成146个贫困村退出、90168名贫困人口脱贫的减贫计划。

【扶贫调研】　2017年1月，时任住房城乡建设部党组书记、部长陈政高和部总经济师赵晖赴青海省大通县、湟中县开展定点扶贫调研考察，宣讲习近平总书记重要指示和李克强总理要求，调研指导大通县和湟中县脱贫攻坚工作，慰问4户建档立卡贫困户。12月，部党组成员、副部长倪虹赴湖北省红安县、麻城市开展定点扶贫调研考察，宣传贯彻中央脱贫攻坚决策部署和党的十九大精神，督促红安县和麻城市落实脱贫攻坚主体责任，指导红安县和麻城市脱贫攻坚工作，到建档立卡贫困户家中详细了解致贫原因及相关扶贫政策落实情况。2017年，住房城乡建设部各单位共98人次到4县调研指导，帮助4县解决实际问题。

【挂职干部扶贫】　向4县选派5名干部挂职，4人任副县（市）长，1人任贫困村第一书记。研究制定《关于进一步加强派驻定点扶贫县挂职干部管理的通知》，明确挂职干部扶贫责任。在红安县协调落实住房城乡建设部帮扶措施，推动城乡规划编制管理、全域旅游等工作。在麻城市深入推进麻城市易地扶贫搬迁工作。在大通县协调落实住房城乡建设部帮扶措施，推动东西部扶贫协作。指导湟中县建立扶贫资金共管账户，解决扶贫资金拨付和监管难题，推进湟中县贫困村道路硬化和高原美丽乡村建设等。着力加强麻城市宴店村基层组织建设，发展扶贫产业。

【督促检查】　发挥挂职扶贫干部作用，加强日常督促检查。部领导赴定点扶贫县开展调研指导的同时，召开座谈会，督促4县党委和政府落实脱贫攻坚主体责任。2017年10月，住房城乡建设部专门组织检查组，赴4县开展扶贫督促检查，通过进村入户调查访谈、开会座谈、查阅档案资料等方式，深入了解4县脱贫攻坚政策落实、精准识别、精准帮扶、精准退出、资金管理使用等方面情况，督促4县不断提高脱贫质量。

【农村危房改造】　印制并发放近7万份农村危房改造政策明白卡到4县近7万户建档立卡贫困户手中。安排补助资金1.42亿元，支持4县9969户建档立卡贫困户等重点对象改造危房。配合有关部门安排中央补助资金1.89亿元，支持4县改造各类棚户区5272套。将湟中县卡阳村认定为2017年全国改善农村人居环境示范村，中央财政给予100万元补助资金支持，支持人居环境基础设施建设和设备配置。会同联合国儿童基金会将大通县确定为粪便暴露治理示范县，支持大通县乡镇卫生院及学校卫生厕所示范项目建设。将红安县陡山村等6个中国传统村落列入中央财政支持范围，共计补助1800万元。

【规划编制】　动员中国城市规划设计研究院免费帮助红安县编制《陡山村传统村落保护与发展规划》，支持红安县编制

《城市总体规划》《乡村慢生活体验区启动区段规划设计》《红色旅游核心资源创建5A级景区规划》《七里坪镇特色小镇规划》《高桥镇特色景观旅游名镇建设规划》《天台山省级风景名胜区总体规划修编》，为红安县脱贫摘帽和持续发展提供规划遵循。

【光伏扶贫】 落实300万元捐赠资金，支持麻城市三河口镇大梁洼安置点50户建档立卡贫困户建设集中式光伏电站，支持大通县雪里河村40户建档立卡贫困户每户安装容量为5千瓦的光伏发电设备，支持湟中县田家寨镇永丰村39户贫困户实施光伏扶贫项目，光伏扶贫项目已全部并网，可带动129户贫困户稳定脱贫。

【产业扶贫】 落实200万元捐赠资金，支持红安县城关镇中徐家村建设1000平方米物流仓储基地，支持红安县华家河镇陈河村建设320平方米农贸市场，支持红安县华家河镇何田村建设生态种植项目（牡丹基地），支持大通鑫隆板蓝根种植营销专业合作社中药材初加工基地改建项目，通过产业帮扶，带动55户贫困户稳定脱贫。动员中国风景园林学会支持麻城市菊花产业发展，帮助麻城市搭建菊花产业脱贫平台，引导当地贫困户通过就业、土地流转、资金入股等方式实现脱贫致富。

【教育扶贫】 动员干部职工献爱心，2017年募集扶贫资金40余万元。1月，向红安县、麻城市各捐赠6万元，资助40名有特殊困难的贫困家庭在读学生，每人3000元。动员中国市长协会、北京爱尔公益基金会、圣商（北京）控股集团有限公司在麻城市开展“情系老区、助学圆梦”活动，捐赠50万元资金，资助麻城市125名2017年考入大学的贫困家庭学生，每人4000元。协调原中央国家机关工委和国家图书馆向红安县图书馆捐赠15箱图书和期刊。

【扶贫培训】 2017年12月，采取送教上门的方式，在湟中县、麻城市举办2期定点扶贫县干部培训班，培训4县基层扶贫干部200人，并向红安县和麻城市参加培训的100名基层干部每人赠送《两湖民居》《村庄整治技术规范图解手册》各1本。协调专家为红安县200多名干部做《新型城镇化解读》培训。在全国专业技术人才高级研修班中，为4县市单独安排4个免费培训名额。

（住房和城乡建设部村镇建设司
李书昀）

交通运输部扶贫

【概述】 2017年，交通运输部深入贯彻落实党的十九大关于脱贫攻坚的决策部署和中共中央总书记习近平系列重要指示精神，坚持精准扶贫、精准脱贫，切实加大工作力度，扎实推进交通扶贫、定点扶贫、对口支援和联系六盘山区等工作，为贫困地区如期完成脱贫摘帽任务，与全国一道全面建成小康社会提供坚实的交通运输保障。

【基础设施建设】 深入实施《"十三五"交通扶贫规划》，扎实推进"四好农村路"建设，推动贫困地区加快补齐交通基础设施短板。

2017年，交通运输部安排超过1700亿元车辆购置税资金，支持革命老区、民族地区、边疆地区、贫困地区1177个县（市、区）改造建设约3400千米高速公路和1.46万千米普通国省道，新改建农村公路15.03万千米，实施11.9万千米县乡道安防工程、2.94万千米村道安防工程、2718座县乡道危桥、2371座村道危桥和3.99万千米窄路基路面公路加宽，改造建设农村资源路、旅游路、产业路1.3万多千米，建设55个县级客运站、311个乡镇客运综合服务站。新增94个乡镇、9063个建制村、6470个撤并建制村通硬化路，到2017年底，实现98.79%乡镇和96.83%建制村通硬化路目标，完成2017年交通扶贫各项目标任务。

组织召开全国"四好农村路"养护现场会，创建首批53个全国示范县。积极完善"四好农村路"制度体系，印发《"四好农村路"交通扶贫督导考评办法》《关于创建"四好农村路"全国示范县的实施意见》《2017年"四好农村路"交通扶贫督导考评工作方案》，稳步推进《农村公路建设管理办法》《农村公路养护管理体制改革方案》修订工作，启动《农村公路工程技术标准》《农村公路养护技术规范》和《农村公路养护定额》的立项工作，组织开展习近平总书记"四好"农村公路建设思想在交通脱贫攻坚战中的成功实践课题研究。积极推进农村基本公共服务均等化，统筹推进城乡客运一体化发展。制定印发《新增建制村通客车推进督导工作方案》。积极创新城乡客运管理和服务模式，组织开展城乡交通运输一体化示范区县评选工作，确定第一批52个建设示范区县。进一步推动农村地区整合交通运输、农业、供销、商务、邮政等资源，优化农村物流节点布局，完善农村物流配送节点网络，加强"交邮合作"，推动县、乡、村三级农村物流、邮政、快递服务体系融合发展，提升农村物流服务水平。

【扶贫工作机制】 2017年，交通运输部两次召开脱贫攻坚领导小组全体会议，明确交通扶贫"五个努力方向、十项重点要求"的工作导向，进一步健全交通扶贫目标任务推进、部领导带队督查交通扶贫全覆盖、交通扶贫统计监测分析、问题通报约谈、工作考核评价、目标任务完成"回头看"核查等工作机制。4月至6月，部党组成员分别带队赴13个集中连片特困地区20个省区市开展了交通扶贫督查调研，系统督导工作进展。

【深度贫困地区脱贫攻坚】 2017年11月，交通运输部印发《支持深度贫困地区交通扶贫脱贫攻坚实施方案》，坚持"中央统筹、省负总责、市县抓落实"的工作机制，按照“项目优先安排、资金优先保障、工作优先对接、措施优先落实”的原则，加快推进深度贫困地区国家高速公路、普通国道等对外通道建设，加快完成剩余乡镇和建制村通硬化路任务，支持较大人口规模自然村通硬化路，推动交通建设项目尽量向进村入户倾斜，加大农村公路安全生命防护工程建设和危桥改造力度，助力“建好、管好、护好、运营好”农村公路。进一步加大对深度贫困地区脱贫攻坚的倾斜支持力度，新增资金、新增项目、新增举措主要向“三区三州”等深度贫困地区倾斜，其中将“三州”补助标准提高到与藏区持平，即国家高速公路建设项目按建安费的50%安排补助，普通国道按项目建安费全额安排，建制村通硬化路执行70万元/千米补助标准。

【定点扶贫、对口支援和片区扶贫攻坚】 2017年7月，交通运输部制定印发《关于建立结对联系帮扶机制深入推进专项扶贫工作的通知》，成立9个结对联系帮扶工作组，建立结对帮扶工作责任制和会商机制，推进定点扶贫、对口支援和联系六盘山片区等专项扶贫工作由单一部门工作向全系统参与转变，由行业行为向社会行为转变。对口支援方面，持续推进《对口支援安远县2016—2017年工作方案》，资金、项目、政策向对口支援县倾斜。联系六盘山片区方面，1月21日，在青海海东市组织召开六盘山片区脱贫攻坚部省协调推进会，协调动员片区四省区和22个国务院部门，合力加快片区2017年脱贫攻坚工作。2017年安排补助资金约106亿元，支持六盘山片区改造建设722千米国家高速公路、997千米普通国省道和约6506千米农村公路。

【干部交流培训】 交通运输部持续加大干部交流力度，全年共选派13名挂职干部，接收中西部地区7名局处级挂职干部。加强教育培训力度，设立教育培训扶贫专项，全年共组织实施扶贫培训项目47项，培训29246人次。实施以科技创新为支撑的精准扶贫，送知识送技术到基层，并结合科技成果推广工作和科技示范工程，组织专家进行技术培训和技术交流，开展科技扶贫系列活动。

【扶贫领域腐败和作风问题专项治理】 2017年12月，交通运输部制定印发《交通扶贫领域腐败和作风问题专项治理实施方案》，立足扶贫领域腐败和作风问题专项治理，加强扶贫政策跟踪和督促检查，以项目建设进度、资金使用和质量安全为主题，进一步加强和落实交通扶贫工作事中事后监管的长效机制，持续开展部领导带队全面督查和业务司局专项督查，按月度开展交通扶贫建设进度统计信息报送，加强统计监测分析，对年度目标任务进展滞后省份、存在突出问题省份，采取通报、约谈等方式督促整改，强化事中事后监管。11月，交通运输部对定点扶贫县开展了督查检查，并督促地方举一反三，切实加强问题整改。

（交通运输部扶贫办 汪 忠
王 瑞）

水利部扶贫

【概述】 2017年，水利部认真学习领会习近平新时代中国特色社会主义思想，贯彻落实十九大精神和党中央国务院关于扶贫开发工作决策部署，扎实开展水利扶贫工作，行业扶贫、定点扶贫、片区联系、对口支援、老区建设“五位一体”水利扶贫工作有力推进，较好地完成了年度各项任务。2017年安排832个贫困县水利建设投资1198亿元，其中中央投资540亿元。新开工的16项重大水利工程有云南滇中引水工程、新疆大石峡水利枢纽工程等8项涉及贫困地区；完成农村饮水安全巩固提升工程投资436亿元，受益人口5500万人，其中建档立卡贫困人口500万人；安排受益贫困地区的56处大型灌区续建配套与节水改造和21处大型灌排泵站更新改造项目中央投资38.2亿元；新增2000万亩高效节水灌溉面积约四分之一安排在贫困县；中央水利发展资金安排小型水库除险加固2034座；支持409个贫困县开展650余条中小河流治理；落实贫困地区各类水土保持项目中央投资32.8亿元，涉及386个贫困县1300个贫困村，受益贫困人口45万人；下达中央投资5亿元，建设扶贫电站37座，新增装机12.5万千瓦，项目建成后可新增2万建档立卡受益贫困户；安排水库移民后期扶持资金42亿元用于贫困移民脱贫攻坚，助力20万贫困移民实现脱贫。贫困地区水利建设为脱贫攻坚提供了有力的水利支撑和保障。

【扶贫会议】 2017年8月16日，水利部召开党组扩大会专题研究推进深度贫困地区水利改革发展；8月23日，召开加强贫困地区水利建设资金和项目管理视频会议。此外，还分别召开水利援疆工作会、援藏工作会、援助阿里座谈会、援助那曲座谈会。部扶贫领导小组5次召开全体成员会议，研究部署阶段性水利扶贫工作。

【扶贫调研】 2017年3月，部长赴滇桂黔石漠化片区广西壮族自治区河池市实地调研水利扶贫及区域脱贫攻坚工作，认真查看贫困户帮扶明白卡，询问精准扶贫政策落实情况；6月，赴那曲实地调研水利援藏工作和藏区脱贫工作；11月，赴青海贵德开展水利扶贫调研工作。2月，副部长赴巫溪、城口、丰都3个水利部定点扶贫县指导调研脱贫攻坚工作。5月，赴水利部定点扶贫县巫溪监督指导脱贫攻坚工作。

【扶贫文件】 印发《水利部2017年水利扶贫开发工作要点》，将4个方面20条水利扶贫任务落实到27个司局和单位承办。印发《水利部关于加快推进深度贫困地区水利改革发展的实施意见》，明确做好深度贫困地区水利工程顺利建设的要求。印发《水利部关于水利工程建设与管护就业岗位向建档立卡贫困劳动力倾斜的意见》，明确水利工程建设与管护就业岗位向建档立卡贫困劳动力倾斜的渠道和措施要求。印发《水利部关于扎实做好深度贫困地区农村饮水安全工作的通知》，明确扎实做好深度贫困地区农村饮水安全工作的要求。印发《滇桂黔石漠化片区水利扶贫总体实施方案（2016—2020）》，明确“十三五”石漠化片区水利扶贫重点任务。印发《关于进一步做好定点扶贫工作的意见》，明确要精心选派挂职干部、深入开展督促检查、积极创新工作方式，扎实推进定点扶贫工作。

【片区扶贫攻坚】 2017 年 3 月，与原国家林业局在广西壮族自治区河池市召开滇桂黔石漠化片区区域发展与扶贫攻坚现场推进会。会议传达学习习近平总书记关于扶贫开发的重要论述，贯彻党中央国务院关于扶贫工作的决策部署，安排部署片区扶贫攻坚工作。2017 年部领导 4 次深入滇桂黔石漠化片区有关省区开展扶贫调研，指导研究扶贫攻坚工作。部扶贫领导小组全体成员会议先后 2 次研究片区联系工作，协调解决有关问题。就片区三省区需要支持的重大事项，加强与片区部际联席会议成员单位联系沟通协调解决。2017 年安排滇桂黔石漠化片区 80 个贫困县水利建设投资为 93.41 亿元，其中中央投资为 44.58 亿元。

【深度贫困地区脱贫攻坚】 2017 年 11 月，召开深度贫困地区脱贫攻坚水利扶贫工作座谈会，专题研究深度贫困地区水利扶贫工作，督促深度贫困地区将脱贫攻坚涉及的饮水、灌溉、防洪等民生水利问题以及水生态环境、水安全保障能力、技术智力帮扶工作、水利工程建设与管护就业岗位向建档立卡贫困劳动力倾斜、水利改革等作为脱贫攻坚水利建设的重点任务。安排两个组分赴云南、甘肃两省深度贫困地区开展脱贫攻坚水利工作调研指导。围绕改善贫困地区生产生活水利条件和水生态环境，着眼贫困群众生命财产安全，加大水利投资落实力度，加快深度贫困地区民生水利建设。大力推进深度贫困地区小型农田水利建设，实施高效节水灌溉工程，加快解决贫困人口基本口粮田和特色脱贫产业发展用水问题。着力提高深度贫困地区防洪保安能力，实施灾后水利薄弱环节建设，开展山洪灾害防治工作和防洪工程维修养护。高度重视水生态环境保护和修复，实施水土保持工程、水生态环境综合整治和河湖生态修复和保护。2017 年，“三区三州”贫困县小型农田水利工程投资 19 亿元，其中中央投资 6 亿元；农田节水灌溉工程投资 20 亿元，其中中央投资 17 亿元；病险水库除险加固、中小河流治理、山洪灾害防治工程投资 26 亿元，其中中央投资 17 亿元；水土保持工程投资 5 亿元，其中中央投资 4 亿元。

【扶贫培训】 举办贫困地区专题培训，在名额分配上向贫困地区倾斜。继续深化“订单式”人才培养模式，创新开展水利“人才组团式”技术援助西藏阿里地区新模式。为贫困地区举办 23 期扶贫培训班，培训技术人员 1760 人次。

【干部挂职扶贫】 共选派 44 名干部挂职扶贫。其中选派 16 人赴滇桂黔石漠化片区进行扶贫挂职，选派 11 人赴重庆定点扶贫县（区）挂职，选派 1 人赴湖北房县挂职，选派 11 人赴新疆援疆挂职，选派 5 人赴西藏援藏挂职。

【扶贫日活动】 2017 年 10 月 10 日，举办 2017 年国家扶贫日系列论坛 15 个平行论坛之一的水利扶贫论坛。论坛以“夯实水利基础、助力脱贫攻坚”为主题，总结党的十八大以来水利扶贫工作成效，介绍各地和有关单位工作经验，进一步凝聚共识，增强做好水利扶贫工作的责任感和使命感。

【扶贫宣传】 人民日报、新华社等中央媒体针对水利扶贫论坛共播发稿件 11 篇，部分稿件通过新媒体平台播发后广泛传播。通过《中国水利报》《中国水利》等水利媒体宣传平台，宣传报道水利扶贫内容 1381 条。通过“水利扶贫开发”微信公众号共推送 120 条，文章近 300 篇，阅读数量达 3 万余次，覆盖人群近万人。在水利扶贫论坛会场、中央国家机关定点扶贫工作成果展展馆、水利部阳关走廊，举办“砥砺奋进的五年”水利扶贫成就展、水利部定点扶贫工作成果展等展览。出版《水利扶贫典型案例选》一书。组织记者深入 10 个省份扶贫一线，采访记录水利扶贫干部开展扶贫情况，汇编成《跟着水利扶贫干部去扶贫》一书。

【定点扶贫】 2017 年，水利部定点扶贫重庆市武隆区、丰都县和巫溪县。2月18日，在重庆召开定点扶贫工作座谈会。会议总结回顾2016年工作，对2017年度定点扶贫工作进行安排部署，对定点扶贫县的主体责任落实等情况提出明确要求。2017年3位部领导深入定点扶贫县开展调研，指导定点扶贫县脱贫攻坚工作。委托第三方机构开展定点扶贫监测评估。推进定点扶贫“八大工程”实施，2017年建成农村饮水安全工程67处，建成山坪塘438个，开工建设小型水库工程11座，捐赠贫困户产业帮扶资金400万元，为1734户贫困户落实产业帮扶贷款资金5285.5万元，举办8期500人次贫困人口转移就业技能培训，帮助开展前期工作数量18个、编制规划16个，组织327名贫困家庭大中专学生开展勤工俭学，开展58期896名水利技术人员培训工作。开展党建促脱贫，水利部灌溉排水发展中心党支部与巫溪县水务局机关党委、北门沟社区党支部共同开展支部联学联建等主题党日活动；水利部灌溉排水发展中心团委组织团员青年职工赴巫溪县开展驻村调研活动，长江委团委组织团员青年赴丰都县开展2017年“助力精准扶贫”主题团日活动。开展捐款捐物送温暖活动，部领导和4个帮扶工作组成员单位到定点扶贫县贫困村走访慰问贫困户。组织部属有实力的经济实体捐资440万元，用于“贫困户产业帮扶工程”。组织开展购买定点扶贫县农产品，向部机关、流域机构、直属单位和部属企业发出倡议，号召广大水利职工积极参与“选购农产品、支持定点扶贫”活动。加大水利投入力度，2017年安排4个水利部定点扶贫县水利建设投资14.25亿元，其中中央投资6.44亿元。丰都县、武隆区2个县区脱贫摘帽。水利部通过组团帮扶和精准实施定点扶贫“八大工程”，助推定点扶贫县脱贫攻坚，2017年4个定点扶贫县近10万建档立卡贫困人口受益。

（水利部扶贫办　靳宏强）

农业部扶贫

【概述】 2017年，农业部（现农业农村部）坚持以习近平新时代中国特色社会主义思想为指引，深入贯彻中央脱贫攻坚决策部署，加强扶贫规划指导和顶层设计，大力推进精准扶贫精准脱贫。部领导多次带队到贫困地区调研现代农业发展和脱贫攻坚工作，积极为当地农业农村现代化和农业产业脱贫出谋划策。制定印发了一系列文件，指导地方扎实有序开展扶贫工作。立足发展实际，采取超常措施，举全部之力，大力宣传推广典型范例，加大倾斜支持力度，加强科技人才支撑，强化新型主体培育和产销对接帮扶，深入推进产业扶贫、定点扶贫、片区扶贫、环京津扶贫和深度贫困地区农业扶贫，努力促进贫困地区农业发展和贫困群众脱贫增收。

【扶贫资金投入】 2017年，农业部会同有关部门累计安排14个片区农业基本建设和中央财政资金超过250亿元，促进当地农业农村发展和农民脱贫增收。安排扶贫任务重的22个省份中央财政资金82.62亿元。其中，草原防火基础设施14424万元，动植物保护能力提升工程6200万元，国家现代农业示范区标准农田建设3116万元，奶牛标准化规模养殖场建设16470万元，农村沼气建设169911万元，农垦社会公益性基础设施建设15130万元，农垦危房改造建设2313万元，农业环境突出问题治理试点项目建设16240万元，农业科技创新能力条件建设5542万元，千亿斤粮食规划田间工程454124万元，肉牛肉羊标准化规模养殖场建设13330万元，数字农业建设试点建设4742万元，退牧还草66270万元，油料生产基地建设5500万元，整县推进畜禽粪污资源化利用23400万元，种养业良种工程建设9442万元。设立农村产业融合发展专项，安排中央财政资金30亿元支持农村产业融合发展。

【扶贫推广宣传】 农业部在全国层面遴选了广西百色杧果、贵州黔西南薏仁、河北平泉食用菌等13个产业扶贫范例，同时指导22个扶贫任务重的省份总结了200多个范例，树立了一批典型样板。开展农业信息服务产业扶贫优秀典型遴选，形成108个“互联网+”特色产业扶贫典型案例，在首届全国新农民新技术创业创新博览会上公开发布。深入总结了一批农业企业扶贫、农业科技扶贫的优秀范例在全国推广。会同国务院扶贫办举办了12期产业扶贫现场观摩，全国758个贫困县、22个扶贫任务重的省份农业和扶贫部门负责同志1500多人参加培训。同时，加大宣传力度，在新华社、《人民日报》、中央人民广播电台、中央电视台等中央主要媒体和地方媒体重要版面、重要时段集中推出产业扶贫范例系列报道，对产业扶贫现场观摩活动进行专题报道，提升农业产业扶贫影响力。在《农民日报》《农村工作通讯》中国农业信息网开设专栏，开通全国农业产业扶贫公众微信号，宣传各地产业扶贫典型，发挥树榜样、受启发、找差距、增信心的作用。

【科技人才扶贫】 依托现代农业产业技术体系专家团队和农技推广队伍，在贫困地区广泛开展农技服务，大力实施基层农技推广体系改革与建设项目，增强基层农技服务供给能力。在河北省张家口市，湖北省土家族苗族自治州、湘西土家族苗族自治州，四川省凉山彝族自治州、甘孜藏族自治州、阿坝藏族羌族自治州，陕西省延安市7个贫困地区开展农技推广服务特聘计划试点。在环京津28个贫困县组建96个特色产业专家组，聘用589名专家，开展“万名农技人员进山上坝服务行动”和“万名脱贫带头人培育行动”。选派包括12名司局级干部在内的88名干部在脱贫攻坚一线挂职锻炼。加大新型职业农民培育和脱贫带头人培养力度。2017年，中央财政投入资金15亿元，培育新型职业农民100万余人；会同中共中央组织部在全国开展农村实用人才带头人和“大学生村官”示范培训，培训2.1万人。

围绕贫困地区产业发展需求，组织开展动植物育种与繁育、病虫害防控、栽培与土肥、农机装备、产业加工等共性技术和关键技术研究、集成和示范。认真实施农机购置补贴政策、农机化技术试验示范项目，加快推进贫困地区农机化发展。加强贫困地区布鲁菌病、包虫病、口蹄疫等动物疫病防控防治，将牛羊布鲁菌病强制免疫和强制扑杀纳入补助范围。在云南、内蒙古、陕西、甘肃、宁夏、青海、新疆等地区重点推进稻渔综合种养、盐碱地渔农综合利用和大水面增养殖，拓宽当地增收渠道。

【产业扶贫】　培育农民合作社、龙头企业等新型经营主体，推进产业扶贫。在中央农民合作社转移支付项目中，将资金安排向贫困地区倾斜，支持贫困地区农民合作社发展。全国758个贫困县（不含西藏）发展农民专业合作社44.2万家，占全国合作社总数的38.9%，带动贫困县农户1500多万户。在农业组织创新与产业融合发展项目中，积极支持农业产业化国家重点龙头企业为农户发展农业生产提供贷款担保，帮助农户解决农业生产资金不足问题，完善龙头企业与农户利益联结关系，提升贫困地区农业产业化水平。截至2017年底，22个扶贫任务重的省份已认定国家级龙头企业1134家。充分发挥龙头企业在产业脱贫中的引领作用，组织引导74家龙头企业分别赴环京津贫困地区、新疆南疆四地州、大兴安岭南麓片区（内蒙古自治区兴安盟）、武陵山区（湖北省恩施土家族苗族自治州和湖南省湘西土家族苗族自治州）开展对接考察。在安徽省合肥市举办“追梦之路——农业产业化龙头企业产业扶贫榜样推介活动”，对12家龙头企业通过“龙头企业+一村一品专业村镇”等方式带动贫困户发展产业脱贫增收的经验模式进行大力推介，示范引领龙头企业参与产业扶贫。

【产销对接帮扶】　2017年，安排专项经费支持河北、重庆、贵州、青海、宁夏开展营销促销活动，帮助贫困地区拓宽农产品流通渠道，促进产销衔接。8月，联合新疆维吾尔自治区人民政府在乌鲁木齐市共同主办新疆特色农产品产销对接活动，来自北京、上海、广东等15省市的大型农产品批发市场的64名采购商与自治区14个州（市）70余家农产品生产加工企业进行洽谈对接，意向签约总额10.26亿元，签约农产品数量12.53万吨；11月，联合商务部在江苏省苏州市举办首届全国新农民新技术创业创新博览会，组织开展水果推介和产销对接活动，重点推介河北、广西、陕西的香蕉、苹果、猕猴桃，达成购销意向12.9万吨，总金额3.8亿元；联合北京、天津、河北组织开展京津冀品牌农产品产销对接活动，来自京津冀三地特别是环京津贫困地区的200多家企业、采购商、大型商超、电商平台、批发市场经销商代表参加，达成意向协议7亿元。在第十五届中国国际农产品交易会期间，组织产业扶贫专题展，共有23个县、34家企业、1家合作社、35个品牌农产品参展，促进贫困地区农产品营销，推动交流与合作。

【片区扶贫攻坚】　农业部发挥大兴安岭南麓片区牵头联系单位作用。在吉林省镇赉县召开第四次大兴安岭南麓片区脱贫攻坚部际联席会议，交流大兴安岭南麓片区脱贫攻坚经验做法，部署下一步工作，推进片区加快区域发展与脱贫攻坚步伐。围绕片区现代农业发展，对符合国家投资方向、具备支持条件的项目优先安排。2017 年，累计安排片区农业基本建设和财政专项资金 12.9 亿元，重点支持片区开展现代农业产业园创建、开展高产高效创建、果菜茶有机肥替代化肥示范、耕地质量保护、农机购置补贴、草原生态保护、特色水产品养殖、三次产业融合发展等。安排中央财政资金 909.4 万元，支持片区开展新型职业农民培育。组织举办大兴安岭南麓片区产业结构调整扶贫培训班、设施农业实用人才培训班、现代农业高级实务研修班等 7 期，培训片区农牧业人员近 190 人。邀请片区 5 家企业近 40 个特色农产品在第十五届中国国际农产品交易会扶贫展区参展，宣传产业扶贫工作成就，促进农产品营销，推动交流合作。减免大兴安岭南麓片区企业申报绿色食品、有机食品认证费用，支持片区 71 家企业申报 350 个无公害农产品。

【环京津农业扶贫】 农业部会同京津冀三省市启动实施《环京津贫困地区发展特色农业扶贫共同行动》，助力环京津 28 个贫困县农业扶贫和脱贫攻坚。部党组会专题审议环京津农业扶贫工作方案，部领导分别赴贫困县、贫困村调研指导，启动实施专项行动，全年各司局各单位组织开展调研对接 175 次，累计参加人数 1400 多人次，班子成员参加 196 人次，主要负责同志参加 80 人次。会同河北省农业厅安排 28 个贫困县各类农业资金 29.6 亿元推进种植业结构调整优化、畜牧业提质增效、加工业提档升级、流通体系加快建设、休闲农业健康发展、生态环境保护治理等“六大任务”工作落实。启动实施千村“一村一品”、草牧业增收脱贫、万名农技人员“进山上坝”、万名脱贫带头人培育、万名农民加工增值收益分享、千家“农家乐”升级、万家农户与经销商产销信息服务、京津对口帮扶等“八大行动”，为环京津地区脱贫攻坚提供重要支撑。推动科研院所、大专院校等与贫困县签订技术服务协议 120 个，开展各类技术培训 3.3 万人次，开展技术指导 847 场次，服务当地农民合作社 844 次，服务农业企业 243 次。开展“百村示范”扶贫行动，加大项目支持、技术指导、人员培训、品牌打造、市场营销等帮扶力度，努力打造环京津农业扶贫示范样板。28 名挂职干部在 126 个重点帮扶村累计工作 1500 多天，累计走访贫困户 6702 户，协助打造特色产业 118 个。28 个对口帮扶单位把贫困县作为加强党性教育的重要阵地，全年共组织开展联学共建活动 73 次，为贫困户捐款捐物 1290 多万元。

【定点扶贫】 2017 年，农业部定点帮扶湖北省咸丰县、来凤县和湖南省永顺县、龙山县。农业部领导多次带队赴定点扶贫 4 县调研，检查脱贫攻坚进展，30 多个司局和单位累计 300 多人次到定点扶贫 4 县考察对接，落实支持措施。召开定点扶贫工作汇报落实会，帮助当地理清产业扶贫、精准脱贫思路和重点，研究部署工作任务。制定印发《农业部落实定点扶贫县帮扶责任工作方案》，明确六个方面 20 条具体帮扶措施；印发《农业部落实定点扶贫县脱贫攻坚督促检查责任方案》，建立部领导调研督查、联络组日常督查、扶贫办专题督查、工作进展定期调度、重大事项随时报告等“五位一体”的规范化、常态化督促检查机制。组织国家现代农业产业技术体系专家 10 余次共 200 余人次深入 4 县开展科技助力产业扶贫行动，为每个县每个主导产业选派不少于 3 人的专家组，分县组建 13 个产业扶贫专家组，共计 45 位专家，初步建立起长效科技服务对接机制。举办定点扶贫地区农村实用人才、三次产业融合发展培训班，支持定点扶贫县培育新型职业农民 2636 人。组织农业部 16 个机关司局党组织与定点扶贫县 16 个贫困村党支部开展结对帮扶活动，努力推进定点扶贫工作与党建工作相结合。

（农业农村部扶贫办　陈常兵
周　磊）

商务部扶贫

【概述】 2017年，商务部深入学习贯彻习近平总书记关于扶贫工作的重要论述，不断强化“四个意识”，认真落实中央扶贫开发工作会议和中央单位定点扶贫工作会议精神，把商务扶贫作为重要政治任务，发挥联通内外、贯通城乡的商务优势，采取有商务特色的扶贫措施，切实增强扶贫工作的责任担当。

【扶贫机制体制建设】 2017年5月，商务部调整完善扶贫开发工作领导机制，部党组书记、部长钟山担任部扶贫开发工作领导小组组长，国际贸易谈判代表（正部长级）兼副部长傅自应、部长助理李成钢担任副组长。2017年3月，印发《商务部关于做好2017年扶贫工作的指导意见》。8月出台商务脱贫攻坚工作总体方案，明确商务扶贫工作的指导思想、总体目标、工作原则、重点举措和保障措施，11项重点举措均明确了工作目标、责任司局和时间进度，并制订细化方案，做到可操作、可考核。研究制定商务扶贫行动计划，列为商务改革发展的八大行动计划之一，提出电商扶贫、家政扶贫、对外劳务扶贫、产业扶贫、边贸扶贫5个方面的重点任务。2017年8月，商务部部长钟山赴西藏自治区拉萨市主持召开全国商务援藏工作会议，新签部区合作协议，印发商务援藏工作指导意见。商务部加强与地方扶贫机构协作，把脱贫攻坚作为开展部省合作的重点工作内容。

【电商扶贫】 商务部会同财政部、国务院扶贫办牵头负责电子商务进农村综合示范工作。2017年，支持260个县开展电子商务进农村综合示范，其中包括237个国家扶贫开发工作重点县。支持贫困地区因地制宜发展适合网上销售的特色优质农产品，鼓励发展壮大新型农业经营主体和电商服务企业，探索建立“电商+龙头企业+贫困户”“电商+农民合作社+贫困户”“电商+乡村旅游+贫困户”等三次产业融合发展模式。9月，商务部会同财政部、国务院扶贫办在贵州省贵阳市召开全国农村电商精准扶贫经验交流会，总结推广各地有效经验模式。组织阿里巴巴网络技术有限公司、北京京东世纪贸易有限公司等20家电商企业开通扶贫频道，对接300多个贫困县，给予减免费用等优惠，打造农村产品上行直通车。全国832个国家扶贫开发工作重点县共实现网络零售额1207.9亿元，同比增长52.1%，高出农村平均增速13个百分点。

【家政扶贫】 商务部会同国家发展和改革委员会、财政部、国务院扶贫办、中华全国妇女联合会开展“百城万村”家政扶贫试点工作，通过强化部门联动、加强地方合作、开展技能培训、搭建对接平台等，更多吸纳贫困人口从事家政服务工作，开辟就业扶贫的新路子。2017年，印发《关于开展“百城万村”家政扶贫试点的通知》。在北京、上海等10个家政服务需求较大的中心城市与安徽、江西等7个家政服务资源丰富的省份的贫困县开展试点，试点地区的28家大型家政企业与38个国家级贫困县积极参与。累计培训约5万人，其中建档立卡贫困人口近1万人；安排就业3.4万人，其中建档立卡贫困人口约6000人就业。9月，商务部在四川省眉山市组织召开“百城万村”家政扶贫试点工作推进会，动员部署家政扶贫试点工作，交流推广家政扶贫的好经验、好做法，建立家政扶贫对接机制。商务部会同中国人民保险集团股份有限公司出台“百城万村”家政扶贫保险政策。协调联合国开发计划署专项安排1000万元人民币在安徽、江西、湖南、四川、贵州、陕西、甘肃7省实施“百城万村”家政扶贫试点示范国际合作项目，用于7个“家政扶贫劳务输出基地”建设和为建档立卡贫困人口购买保险。

【对外劳务扶贫】 2017年12月，商务部与财政部、国务院扶贫办、中国共产主义青年团中央委员会联合印发《进一步加大对外劳务扶贫力度的实施方案》，将外派劳务与精准扶贫有机结合，指导地方制定本地区对外劳务扶贫工作方案和具体措施，研究推出支持政策。印发《关于开展对外劳务合作领域扶贫专项调查工作的通知》，指导地方开展对外劳务扶贫统计调查，全面摸清贫困地区外派劳务人员底数。召开对外劳务扶贫专题会议，向地方布置对外劳务扶贫工作，指导地方进一步加大工作力度，组织本地区贫困县与外派劳务企业开展有效对接。指导中国对外承包工程商会和中资（澳门）职业介绍所协会加强对其会员企业外派劳务扶贫工作的支持力度，引导企业与贫困地区开展对外劳务对接。截至2017年底，国家扶贫开发工作重点县在外劳务人员1.87万人，其中建档立卡贫困人口1.06万人，占56.8%。根据中国—以色列劳务合作协议，以方拟从中国招收6000名建筑工人，已派出1549人，其中来自国家扶贫开发工作重点县和省级扶贫开发工作重点县的597人，占36.1%。2017年国家扶贫开发工作重点县赴澳门劳务人员1379人，年末在澳门劳务人员4164人，示范效应明显。

【产业扶贫】 2017年，开展跨国公司“西部行”活动，组织14家跨国公司赴江西省全南县（商务部对口帮扶革命老区县）等地考察投资，在全南县开展9个民生领域公益项目。2017年第122届广交会期间，免收177家国家扶贫开发工作重点县企业展位费，取消参展企业最低出口额要求，上述企业实现成交额1.74亿元人民币；同时，在中国进出口商品交易会（广州交易会）第三期增设贫困地区特色产品展区。在实施中央储备牛羊肉和边销茶计划时，在国家扶贫开发工作重点县集中的西部少数民族地区分别安排全国总量的92.6%和57%。启动贫困县商务主管部门负责人轮训，分别在陕西省和四川省举办两场培训，来自11个省区贫困县商务主管部门近220人参加。

【边贸扶贫】 提高边境经济合作区发展水平，稳步推进跨境经济合作。完善国家级经济技术开发区与边合区的对口帮扶机制，组织17个边合区与18个东部经济开发区开展交流合作。完善边合区统计制度，编发边合区发展报告，组织跨国公司赴边合区进行投资考察，助力其发展特色优势产业。充分发挥多双边经贸机制作用，促进边境地区与周边国家和地区经贸交往。充分利用中缅（甸）、中老（挝）、中越（南）、中国—东盟互联互通合作委员会等多双边经贸合作机制平台，将广西、云南、西藏、内蒙古、吉林等边境省区关于发展边境贸易、跨境合作区、替代种植、交通基础设施等纳入会谈议题，协助提升上述地区开放型经济水平。利用中国中部投资贸易博览会、中国—俄罗斯博览会、中国—亚欧博览会、中国—东盟博览会等展会平台，加大对边境地区、民族地区特色商品推介。

【国际减贫合作】 在《联合国对华发展援助框架（2016—2020）》和各机构国别合作方案下，推动联合国开发计划署、联合国儿童基金会、联合国人口基金等发展机构筹集资金近4000万美元，在中国贫困地区开展儿童营养与教育、妇幼健康、水和环境卫生、青少年发展、可持续发展能力建设等领域合作项目，配合中国的脱贫攻坚整体工作。落实联合国开发计划署预算资金110万美元，支持中国国际扶贫中心完成两期国际减贫合作与交流能力建设项目，第三期合作项目于2017年6月启动。协调联合国开发计划署累计投入超过8938.15万元在广西、新疆、云南开展三个扶贫示范项目。借鉴国际减贫经验，编写完成《国际扶贫经验与启示》。2017年8月，商务部采取委托管理方式将部分援外项目交西藏和云南负责组织实施，带动两地企业、产品和服务走出去，支持两地脱贫攻坚。

【定点扶贫概述】　商务部定点帮扶四川省广安市广安区、仪陇县和湖南省城步苗族自治县（以下简称“城步县”）。广安区于2017年10月脱贫摘帽。仪陇倒贫困发生率降至0.88%，于2017年12月接受四川省脱贫摘帽考核验收。城步县贫困发生率从2014年的22.7%下降到2017年的10.2%，并于2017年2月获评2016年度湖南省脱贫攻坚工作先进县。

【扶贫资金投入】　通过向部属单位、商会募集，利用清理收缴党费等，2017年商务部筹措定点扶贫资金1200万元，聚焦脱贫攻坚重点工作和定点扶贫地区实际，统筹设计帮扶项目，支持贫困县脱贫攻坚。安排部门预算100万元，支持3个定点扶贫县开展种植、养殖、电商等技术培训。安排以前年度捐款50万元用于广安区龙安小学食堂建设。协调深圳壹基金公益基金会捐助价值46万元救灾物资支持城步抗击特大洪灾。协调联合国开发计划署，投入400万人民币在仪陇县和广安区开展金融扶贫创新项目，该项目探索出的仪陇模式在福建省古田县等地得到复制。

【扶贫调研】　受商务部部长钟山委托，2017年6月，国际贸易谈判代表（正部长级）兼副部长傅自应带队赴城步县开展定点扶贫调研，督促指导脱贫攻坚工作，研究对接帮扶项目。8月，部长助理李成钢带队赴广安区、仪陇县调研督导定点扶贫工作。在调研期间，除指导做好脱贫攻坚工作外，还积极帮助定点扶贫地区牵线搭桥，对接重点合作企业，如帮助湖南南山牧业有限公司对接中国蒙牛乳业有限公司，帮助城步县所在的邵阳市绥宁天然矿泉水对接中粮可口可乐饮料有限公司等。

【干部挂职扶贫】　2017年，在原有4名挂职干部和第一书记的基础上，商务部增派10名政治强、业务精、作风实的青年干部赴定点扶贫地区挂职工作，形成了以挂职副县长为组长、职能部门挂职干部联络协调、驻村第一书记为骨干力量的定点扶贫团队，增强了工作力量、形成了工作合力。此外，接收2名定点扶贫地区干部在商务部机关挂职，加强扶贫工作交流。

（商务部扶贫办　张冬鸣）

文化和旅游部扶贫

【概述】 文化和旅游部（2018年机构改革，原文化部和国家旅游局合并为文化和旅游部）认真贯彻落实党的十九大精神，立足文化和旅游资源优势，依托重大文化和旅游项目，从政策和规划，资金和项目，人才和服务等多个方面积极推进全国贫困地区文化建设和旅游发展，同时作为国务院扶贫开发领导小组成员单位，积极配合各牵头单位参与六盘山区、秦巴山区、武陵山区等11个连片特困地区和西藏、四省藏区、新疆南疆四地州等片区的有关扶贫工作，推动文化建设和旅游发展与当地经济社会协调发展，有效地发挥了文化和旅游在维护社会稳定、改善人民民生、加强民族团结、促进经济发展等方面的积极作用。

【扶贫制度建设】 为深入贯彻落实国务院“十三五”脱贫攻坚规划，进一步强化任务落实，文化和旅游部相继制定印发了《“十三五”时期文化扶贫工作实施方案》《支持深度贫困地区旅游扶贫行动方案》等政策文件，明确了贫困地区文化建设和旅游发展的目标，策划了一批文化和旅游扶贫项目，为下阶段文化和旅游扶贫工作提供了制度保障。相继召开了文化扶贫工作座谈会、文化扶贫论坛、深度贫困地区旅游扶贫工作会等，为文化和旅游扶贫工作的有效开展打下了良好的基础。

【文化扶贫】 2017年，继续实施“贫困地区民族自治县、边境县村综合文化服务中心覆盖工程”，利用两年时间，在这些区域建设2.2万个村文化活动室。为进一步弥补贫困地区村级文化活动设备的短板，自2016年起开始实施贫困地区村文化活动室设备购置项目，按照每个文化活动室2万元的标准，计划分五年为贫困地区839个县已建成的超过11万个村文化活动室配置音响、乐器、电脑、桌椅等基本文化设备，以保障其文化活动的正常开展。2017年中央财政共安排补助资金44872万元。为支持县级文化单位面向基层提供流动文化服务，会同财政部联合实施流动文化车项目，分两年为贫困地区839个县的文化馆每馆配送一辆流动文化车。2017年安排中央财政资金10992万元，购置流动文化车458辆。

为满足贫困地区基层群众精神文化需求，带动地方戏曲保护与传承，按照《关于支持戏曲传承发展的若干政策》要求，自2016年起，开始实施送戏下乡项目，按照每场演出补助3000元的标准，通过政府购买服务的方式，为贫困地区乡镇每两个月配送一场戏曲演出。2017年共安排中央补助资金23380元。

持续多年组织开展“春雨工程”——全国文化志愿者边疆行和“大地情深”——国家艺术院团志愿服务走基层活动，通过举办文艺演出、文化讲座和特色展览等方式，推动优质文化资源向贫困地区倾斜。每年为贫困地区送上各种文化活动100多场，惠及贫困地区基层文化工作者和群众数十万人次。

2017年，继续实施“阳光工程”——中西部农村地区文化志愿服务行动计划，组织文化志愿者在中西部地区开展文化服务。

【人才扶贫】 根据《边远贫困地区、边疆民族地区和革命老区人才支持计划文化工作者专项实施方案》，到2020年，每年将引导1.9万名优秀文化工作者到边远贫困地区、边疆民族地区和革命老区（以下简称“三区”）工作或提供服务，为“三区”培养1500名急需紧缺的文化工作者。2017年，“三区”人才支持计划文化工作者专项通过选派和培养文化工作者的方式，重点面向国家扶贫开发工作重点县、连片特困地区县和省级扶贫开发工作重点县以及新疆生产建设兵团困难团场，选派17147名优秀文化工作者开展文化服务，培养1500名急需紧缺的基层文化人才，为贫困地区文化发展提供人才保障。同时，加强人才培训工作。依托全国基层文化队伍培训等项目，对贫困地区文化人才进行培训。2017年，在浙江省湖州市、江苏省无锡市、山东省枣庄市及四川省旅游学校、桂林市旅游学院设立全国旅游扶贫培训基地，注重现场教学和案例教学，举办3期深度贫困地区旅游扶贫专题培训班，培训旅游扶贫一线骨干和带头人450人。

【产业扶贫】　文化和旅游部依托文化产业项目服务平台，长期为贫困地区重点文化产业项目提供宣传推广、展示交流等服务活动。联合财政部实施中央财政文化产业发展专项资金重大项目“支持特色文化产业发展”“促进文化创意和设计服务与相关产业融合”“文化金融扶持计划”时，通过项目补贴、贷款贴息、债券贴息、基金注资等方式支持贫困地区符合条件的文化企业和项目发展。鼓励和支持贫困地区符合条件的文化项目申报政府与社会资本合作示范项目，落实财政“以奖代补”资金支持。鼓励和支持贫困地区符合条件的文化产业园区申报创建国家级文化产业示范园区。

充分发掘贫困地区非物质文化遗产所蕴含的历史文化内涵，促进贫困地区非物质文化遗产活态传承，推进并实施贫困地区传统工艺振兴。会同教育部实施中国非物质文化遗产传承人群研修研习培训计划，编制《传统工艺振兴计划》时，重点关注贫困地区刺绣、印染、竹编、服饰制作等面广量大的非物质文化遗产项目，通过提高传统工艺产品的品质，不断促进贫困地区群众就业和脱贫致富。

【旅游扶贫】　文化和旅游部在浙江省湖州市设立国家乡村旅游扶贫工程观测中心，在全国建立101个乡村旅游扶贫观测点，精准分析乡村旅游扶贫实际成效，科学预测乡村旅游扶贫发展态势。编印《全国乡村旅游典型经验汇编》等资料，总结推广“景区带村、能人带户、企业＋农户、合作社＋农户”等旅游精准扶贫模式，支持完善旅游扶贫受益分配机制，引导贫困群众参与到旅游产业的各个环节中来。会同国家发展和改革委员会等部委开展国家农村产业融合发展示范园、国家现代农业庄园创建工作，加快推进农村三次产业融合发展。

【旅游规划公益行动】　启动开展全国旅游扶贫规划公益行动，组织374家甲乙级资质旅游规划设计机构对525个试点村免费编制乡村旅游扶贫专项规划，开展规划实施指导、人员培训、旅游开发企业引进等工作。同时，要求各省对辖区内旅游扶贫重点村开展规划编制工作，指导贫困地区按照规划推进旅游项目。

【定点扶贫】　文化和旅游部定点帮扶山西省娄烦县、静乐县，内蒙古自治区阿尔山市和广西壮族自治区巴马瑶族自治县（以下简称“巴马县”）。文化和旅游部采取多种措施，利用国家机关优势和文化资源，依托重大文化项目，进行了人才、观念、教育、文化、经济等多形式的帮扶，为两县投入大量的人力、物力和财力，在支持和推动两个定点扶贫县的发展方面取得了一定成效。

2017年，文化和旅游部直接投入资金或物资671.82万元、落实和帮助引进扶贫项目7个。支持和指导静乐县静乐文庙和静居寺申报第八批全国重点文物保护单位工作和娄烦古城遗址保护与开发工作。举办了“欣欣向荣·心灵之舟——山西忻州文化遗产精品展示月”、国家级非物质文化遗产——静乐剪纸传承与发展学术研讨会、山西忻州旅游（北京）推介会等大型项目和活动，将巴马县列入第二批国家级旅游业改革创新先行区予以政策支持，协助阿尔山市编制《阿尔山市冰雪旅游专项规划》，进一步推动定点扶贫县文化建设和旅游发展。

扶贫效果好不好，挂职扶贫干部很关键。文化和旅游部通过层层选拔，把思想好、作风正、能力强的干部派到定点扶贫县挂职，2017 年，共选派 6 名挂职干部赴定点扶贫县开展帮扶工作，在协调上下关系、帮助争取资金项目、开展各类文艺演出和旅游活动等方面，都发挥了重要作用。

（文化和旅游部财务司　肖　蒙）

国家卫生和计划生育委员会扶贫

【概述】 2017年，国家卫生和计划生育委员会（以下简称“国家卫计委”）在深入实施健康扶贫工程基础上，动员系统力量加大定点扶贫、片区扶贫和支援民族地区工作力度，支持贫困地区和农村贫困人口打好脱贫攻坚战。

【健康扶贫】 2017年国家卫计委继续深入实施健康扶贫工程，围绕让贫困人口“看得起病、看得上病、看得好病、少生病”，遵循医学规律，实施“大病集中救治一批、慢病签约服务管理一批、重病兜底保障一批”三个一批行动计划。一是建立补充医疗保障机制，提高医疗保障水平。城乡居民基本医保、大病保险、医疗救助等三项基本医保制度对贫困人口全覆盖，并实行提高报销比例、降低起付线和提升封顶线等倾斜性报销制度；增加健康扶贫补充保障制度，建立贫困人口医疗兜底保障机制；实行县域内住院先诊疗后付费和“一站式”即时结算，切实减轻患者垫资压力和费用负担。综合多种保障举措，推动将农村贫困人口住院医疗费用实际报销比例提高到90%以上、门诊费用实际报销比例提高到80%以上。二是分类救治。针对大病患者，采取确定定点医院、确定治疗方案、确定单病种收费标准“三定”措施，进行集中救治；针对慢病患者，优先落实家庭医生签约服务。截至2017年底，累计核实需救治的849万贫困人口中，全年共有有804万人入院治疗或享受签约服务，覆盖近95%的大病和慢性病患者。三是提升基层医疗服务能力。支持贫困地区加快推进县、乡、村三级医疗卫生机构标准化建设；以三级医院对口帮扶为抓手，充分利用远程医疗技术，提升县级医院能力；实施面向贫困地区的各种医学人才培养项目，加快基层人才队伍建设。四是加强贫困地区公共卫生和疾病防控。进一步加大重大传染病和地方病防控力度，全面加强公共卫生和健康促进，提升贫困地区群众健康素养，从源头防止因病致贫因病返贫。2017年，因病致贫返贫贫困户脱贫进度与全国建档立卡贫困户基本保持同步。

【片区扶贫攻坚】 国家卫计委承担牵头联系吕梁山片区扶贫工作职责。2017年，选派3名司局级干部挂职任副市长、4名处级干部挂职任副县长、1名科级干部驻村任第一书记。全年共安排山西、陕西两省中央转移支付地方卫生计生项目资金195.2亿元，其中新农合补助资金139.3亿元，基本公共卫生服务项目资金24.5亿元，重大公共卫生服务项目补助资金9.5亿元。优先开展贫困地区卫生人才综合培养试点工作，为吕梁山片区基层医疗卫生机构共培养100多名各专业医生、引进130余名卫生人才。实施“健康暖心”项目，安排2400万元资金，捐赠价值3000万元医疗设备。支持开展“吕梁山护工”项目，召开“陕西吕梁贫困护工来京就业工作”启动会、“吕梁山护工”北京就业推荐会等活动，对接60余家北京家政、医院等用工单位，安排300名护工在北京就业。针对吕梁山片区苹果、核桃、红枣、黄芪等重点产业项目，协调发展改革委、农业部、林业局、食品药品监管总局等部门，在产业规划、项目安排、技术支持、市场推广等方面加大帮扶力度。截至2017年底，在国家卫计委和多家单位共同支持下，“吕梁山货”网上展销、年货节等活动累计销售农产品价值8800余万元。深入实施健康扶贫工程，解决因病致贫返贫问题。一是推动建立医疗兜底保障机制，实现新农合、大病保险、重特大疾病医疗救助等三项制度对建档立卡农村贫困人口实现全覆盖，提高新农合门诊和住院报销比例，降低大病保险起付线，实行先诊疗后付费和“一站式”即时结算。二是实施大病和慢性病患者分类救治。截至2017年底，吕梁山片区已累计分类救治18.9万名贫困患者，其中1.1万人已治愈、15万人病情好转、2.8万人病情稳定转入康复治疗。三是组织三级医院对口帮扶，对片区贫困县医院实现全覆盖，努力提升医疗卫生服务能力。2017年吕梁山片区县域内就诊率达到90.93%。

【援疆工作】 召开2017年全国卫生计生系统对口援疆工作会议，全面部署援疆工作。

加强医疗服务体系建设。2017年，中央共安排专项投资9.7亿元支持新疆94个卫生计生建设项目（含新疆兵团），支持项目包括19所县级医院、22所市县两级妇幼健康服务机构、41所省市县三级疾病预防控制机构、10个采供血机构、1个省级专科疾病防治机构和1个卫生应急移动处置中心。加强医疗卫生服务能力建设。组织44家三级医院对口帮扶新疆32个贫困县37家县级医院。中央财政对新疆投入972万元，开展二级以上医疗卫生机构对口支援乡镇卫生院项目。投入5200万元，对实施国家基本药物制度的村卫生室给予专项补助。

加强疾病防控力度。2017年中央财政为新疆维吾尔自治区安排资金8167万元，支持开展国家免疫规划常规免疫、补充免疫和监测工作。投入2.1亿元，加强艾滋病防治工作。支持乌鲁木齐、克拉玛依2个第三轮艾滋病综合防治城市示范区和吐鲁番、墨玉等9个县级示范区开展防治模式探索工作。投入资金2607万元，开展包虫病防治相关工作。继续支持新疆开展重点癌症早诊早治、心脑血管疾病高危人群早期筛查和干预、儿童口腔疾病综合干预等重大慢性病早诊早治和全民健康生活方式行动等工作。分别支持新疆维吾尔自治区和新疆生产建设兵团1115万元、567万元，用于严重精神障碍管理治疗工作。分别支持乌鲁木齐市和石河子市150万元经费，用于精神卫生综合管理试点工作。

加大人才培养力度。继续开展全科医生转岗培训、农村订单定向医学生免费培养、全科医学师资培训，2017年为新疆（含兵团）下达计划100人、400人、320人。派出复旦大学附属中山医院、西安交通大学医学院第一附属医院2支“国家医疗队”分别到新疆维吾尔自治区和新疆生产建设兵团开展巡回医疗。截至2017年，共派出310多名专家开展医疗人才“组团式”援疆工作。

支持新疆实施国家基本公共卫生服务项目。人均基本公共卫生服务经费补助标准从45元提高至50元，中央继续按照80%的最高比例对新疆给予补助。加强妇幼健康服务工作。继续将妇幼健康服务体系建设纳入中央投资建设支持范围，继续深入实施农村妇女“两癌”检查、增补叶酸预防神经管缺陷、预防艾滋病、梅毒和乙肝母婴传播等妇幼重大公共卫生服务项目。举办培训班，培训计划生育技术服务人员和相关的管理人员100多人。推动实施农村计划生育家庭特殊奖励政策。2017年，享受南疆地区农村计划生育家庭特殊奖励政策的目标人群达30.2万人，各级财政投入资金预算合计5.8亿元，其中中央财政投入资金4.7亿元。

【援藏工作】 加强医疗服务体系建设。2017年，中央财政投资56.2亿元支持西藏、四川、云南、甘肃、青海卫生计生基础设施项目建设。其中，县级医院120个、中央投资42.6亿元，妇幼健康保健机构66个、中央投资6.9亿元，疾病预防控制机构

115个、中央投资5亿元，省级专病防治机构1个、中央投资0.1亿元，血站项目9个、中央投资1.4亿元，卫生应急处置中心项目1个、中央投资0.2亿元。投入6564万元，支持四川、云南、甘肃、青海的贫困地区开展二级以上医疗卫生机构对口支援乡镇卫生院项目，共计支援1094所乡镇卫生院，派驻支援队员3282人。支持西藏、四川、云南、甘肃、青海的村卫生室实施国家基本药物制度，中央财政投入41420万元。

提升疾控工作水平。支持开展免疫规划工作。2017年，在西藏自治区开展村级预防接种信息手机报告研究项目。中央投资0.92亿元支持西藏和四省藏区开展艾滋病防治工作。不断加大对西藏和四省藏区结核病防治经费投入力度，加强患者发现和管理、疫情监测和报告、实验室检测和诊疗服务质量控制、能力建设和耐多药肺结核防治等工作。依托中央财政转移支付地方重大公共卫生项目，支持西藏和四省藏区开展重点癌症早诊早治、心脑血管疾病高危人群早期筛查和干预、儿童口腔疾病综合干预等重大慢性病早诊早治工作，以及慢病与营养监测、肿瘤登记、慢性病综合防控示范区建设、全民健康生活方式行动等慢性病综合防控工作。支持开展精神卫生工作。2017年组织9人参加精神科医师转岗培训。

开展医疗人才“组团式”援藏工作。截至2017年底，先后从94所三级甲等医院选派300多名医疗专家组成8支“组团式”援助医疗队，对口援助西藏自治区人民医院和7个地区市人民医院。西藏“1+7”受援医院的各项指标显著提升。“1+7”医院诊疗疾病种类由2014年的187种，增加到到260种。累计为受援医院健全规章制度3649项，梳理规范医院管理建议1500余条，出台管理文件766份。两批组团援藏专家结对帮带当地医务人员497人，开展各类各层次的培训近1300场次，派员赴援助单位学习培训183人次，接受学位教育8人次。“1+7”医院申报省部级以上项目157项（立项34项），取得重大技术突破291项，近20项成果获得省部级课题奖，在国际、国内核心刊物发表高水平学术文章150余篇，日喀则地区人民医院设立1个博士后工作站。

加大人才培养力度。遴选认定559家住院医师规范化培训基地（含中医，下同），其中西藏自治区4家，中央财政按照500万元/个的标准，支持基地医院加强能力建设。支持西藏招收住院医师365人。制定下发《关于加强住院医师规范化培训援疆援藏工作的通知》，2017年协调北京、江苏、浙江、四川、广东五省市为西藏地区定向委托培养265名住院医师。下达全科、儿科、精神科、妇产科等紧缺专业招收计划82人。助理全科医生培训200人、全科医生转岗培训50人、免费培养农村订单定向医学生220人、培训全科医学师资277人。

【民族地区扶贫】　2017年，国家卫计委进一步加大力度支持民族地区发展。支持民族地区开展医疗卫生服务能力建设。全年共安排专项投资37.4亿元支持内蒙古、广西、宁夏、西藏、新疆等省区261个项目，支持县级医院、妇幼保健院、疾病预防控制中心、省级专病防治机构、血液中心（站）等机构建设。实施万名医师支援农村卫生工程、县级医院骨干医师和儿科医生转岗培训项目。组建国家医疗队，赴“老少边穷”地区开展巡回医疗、技术指导和人员培训。

支持民族地区开展重点传染病防治工作，推动国家应急队伍建设，加强民族地区卫生应急培训。在艾滋病防治方面，通过中央转移支付艾滋病项目，继续加大对少数民族主要分布省区的经费投入力度。联合四川省启动“凉山州艾滋病防治和健康扶贫攻坚行动”，印发《凉山州艾滋病防治和健康扶贫攻坚第一阶段行动方案（2017—2020年)》。组织中国疾控中心等机构专家为民族地区艾滋病防治工作提供技术指导和业务培训。继续将四川凉山彝族自治州、云南德宏傣族景颇族自治州、新疆伊犁哈萨克自治州和广西等作为艾滋病防治重点联系点，每年安排 1100 万元专项资金并派出专家长期驻点提供技术支持。在结核病防治方面，协助新疆起草《“十三五”自治区结核病防治规划》和《喀什地区结核病防治工作行动方案（2016—2020 年）》。从 2017 年 9 月开始在南疆普遍推行肺结核病“主动发现 + 集中服药 + 营养早餐”防治模式，有效提高患者依从性和治愈率；通过中央转移支付资金，为南疆地区县级定点医院和喀什地区部分中心乡镇卫生院配备结核菌与药敏快速检测诊断设备 85 台。在包虫病防治方面，先后带队赴四川、西藏、青海、甘肃等地督导、调研包虫病防治工作。推进石渠县包虫病综合防治试点，建立三省区联防联控工作机制。2017 年 3 月成立西藏、四川藏区和青海玉树藏族自治州及果洛藏族自治州包虫病综合防治工作领导小组，5 月成立国家包虫病疾控专家组。

加大妇幼健康工作力度。2017 年，国家卫计委实施慈善医疗阳光救助工程、妇幼健康保障工程等项目，安排专项资金支持妇幼保健机构建设，开展农村妇女“两癌”检查、免费孕前优生健康检查、梅毒和乙肝母婴传播检查、新生儿疾病筛查和儿童营养与健康等项目，提高少数民族地区妇女儿童健康水平。实施民族地区计划生育家庭奖励和扶助制度，切实保障民族地区计划生育家庭的合法权益。

【定点扶贫概述】 国家卫计委定点帮扶山西省大宁县、永和县和陕西省清涧县、子洲县。2017 年，研究制定国家卫计委定点扶贫工作方案，召开定点扶贫工作座谈会，部署定点扶贫工作。全年开展调研 275 人次，其中委领导 3 人次，司局级及以下 272 人次。2017 年 6 月，国家卫计委扶贫办设立“片区和定点扶贫组”，抽调专人负责，并安排中国人口宣传教育中心承担定点扶贫工作任务。建立对口联系人制度，指定 4 名司局级领导分别对口联系一个县，了解帮扶需求，协调争取有关部门重大资金项目支持。为每个县选派至少 1 名正处级以上干部挂职县领导，分管或协助扶贫工作。

【精准帮扶】 2017 年，国家卫计委通过“健康暖心”基金支持永和县 100 万元为 13339 名农村贫困人口购买人身综合保险，实际兑付 606 例，补偿资金 145.99 万元；支持 111.6 万元为 357 名贫困人口发放大病救助和医疗补助。支持大宁县 50 余万元对全县患 24 种重大疾病的贫困家庭给予救助，按尿毒症患者 7000 元/人、癌症肿瘤患者 6000 元/人、其余患者 5000 元/人的标准，共救助 89 人。支持各县因地制宜发展黄芪、党参、连翘、黄芩、柴胡等道地中药材种植及深加工。推动将黄芪列入“食药同源”目录，支持子洲县发展黄芪产业。投资 120 万元支持大宁县发展中药材种植，2017 年支持贫困户栽植连翘 5250 亩、板蓝根 840 亩、黄芩 200 亩。

【激发内生动力】 打造“吕梁山货”区域公共品牌，扶植特色产业。截至 2017 年底，“吕梁山货”已经联合山西、陕西两省 20 多个贫困县、139 家企业，汇集 200 余种特色产品，累计带动农产品销售 8800 余万元。开展电商扶贫，促进创新创业。在永和县，国家卫计委挂职干部带领当地引入电商模式。组建 1 个县级电子商务营运中心和 54 个乡村电商服务站，成立电子商务企业联盟，引入“公益中国”、吕梁山货等 20 余个电商平台，孵化小微电商企业 21 个、网店微店 215 个，吸引从业人员 785 人。推出“喜和合”“乾坤湾”等区域品牌，研发“永和饼”等特色产品 13 个。策划组织永和槐花文化旅游节。槐花节期间，销售槐花系列产品 1.8 万件，创造季节性岗位 300 多个，促进 1380 名贫困人口人均增收 1500 元。2017 年 11 月底，全县网上交易额达到 2739 万元，帮扶贫困户 7613 人，人均增收

1045元。发挥行业优势，推广护工项目。截至2017年底，“吕梁山护工”累计培训包括国家卫计委定点扶贫县的贫困人口10292人，实现就业4136人。探索“互联网+医疗扶贫”新模式。协调社会力量免费为大宁县基层医疗卫生人员开展网络培训，向4个县捐赠价值400余万元的县、乡、村远程医疗系统。

【社会扶贫】　2017年，“健康暖心”基金捐助4个县1360万元，为348人提供大病救助，为33464人购买医疗保险，发放小药箱5000个，捐赠价值120万元的医疗装备。资助大宁县人民医院30万元采购透析室设备。建立中国大病社会救助平台，并率先在4县启动试点工作，通过网络募集社会资金，对贫困大病患者提供精准、及时的救助。协调中国卫生装备协会等行业协会、医院和有关企业累计捐赠价值1600余万元的药品和医疗设备。子洲县洪灾期间，协调中日友好医院、协和医院、北京医院捐助110万元救灾款。协调中国医疗保健国际交流促进会等单位筹集帮扶资金440余万元，举办国家基本公共卫生服务规范培训班、家庭医生签约百城巡讲活动，直接受益1200多人次。组织医疗专家志愿开展义诊2900余人次，培训基层医务人员1000余人次。辽宁盘锦士林置业有限公司与永和县、大宁县签订助学帮扶协议，资助100个建档立卡贫困户小学生每人每年500元，每年免费组织两县50名基层优秀教师外出交流、学习。协调香港嘉道理慈善基金会提供50余万元支持子洲健康积极老龄化项目。

（国家卫生健康委员会　高艳坤）

中国人民银行扶贫

【概述】 2017年，中国人民银行（以下简称“人民银行”）认真贯彻中央扶贫开发工作会议精神和《关于打赢脱贫攻坚战的决定》部署，充分发挥金融扶贫牵头作用，加强信贷政策指导，强化货币政策工具运用，推动金融产品和服务方式创新，切实改进贫困地区金融服务，为打赢打好脱贫攻坚战提供有力支撑。

【信贷政策指导】 2017年，人民银行持续加强信贷政策指导，推动落实《关于金融助推脱贫攻坚的实施意见》，发挥各类金融机构助推脱贫攻坚主体作用，督促金融资源精准对接脱贫攻坚多元化融资需求。牵头出台《关于金融支持深度贫困地区脱贫攻坚的意见》，提出金融资金优先满足深度贫困地区、新增金融服务优先布设深度贫困地区，2020年以前，深度贫困地区贷款增速力争每年高于所在省区市贷款平均增速。先后召开金融支持深度贫困地区脱贫攻坚座谈会、“三区三州”深度贫困地区金融服务座谈会，部署推进深度贫困地区金融精准扶贫工作。多次深入贵州、江西、四川等省开展金融精准扶贫调研，了解产业扶贫、易地扶贫搬迁等金融服务情况，有效督促金融精准扶贫政策落实落地。截至2017年末，全国建档立卡贫困人口及已脱贫人口贷款余额6008亿元，个人及产业带动精准扶贫贷款余额9304亿元。其中，“三区三州”建档立卡贫困人口及已脱贫人口贷款余额329亿元，个人及产业带动精准扶贫贷款余额317亿元。

【货币政策工具运用】 2017年，人民银行综合运用多种货币政策工具，增强金融机构支持扶贫开发的能力。一是充分发挥宏观审慎评估的结构引导作用，鼓励金融机构加大对贫困地区的信贷支持。通过合理调整政策参数，督促全国性金融机构加强系统内信贷资源调剂，增强地方法人金融机构对贫困地区的信贷投放能力。二是强化支小再贷款和再贴现管理，有效发挥支小再贷款、再贴现资金投向和利率的传导功能，引导地方法人金融机构扩大对贫困地区的信贷投放，促进降低贫困地区融资成本。截至2017年末，全国支小再贷款余额929亿元，再贴现余额1829亿元。三是实施差别化存款准备金率政策，对农村金融机构执行较为优惠的存款准备金率，鼓励和引导金融机构将更多的信贷资源配置到贫困地区。目前，县域农村商业银行执行12%的存款准备金率，农村合作银行、农村信用社、村镇银行执行9%的存款准备金率，分别比大型商业银行法定水平低5个百分点和8个百分点。四是管好用好扶贫再贷款，优先支持建档立卡贫困户和带动贫困户就业发展的企业。在河南省、云南省开展优化扶贫再贷款发放贷款定价机制试点，鼓励试点金融机构合理确定运用扶贫再贷款发放的贷款利率。截至2017年末，全国扶贫再贷款余额1616亿元。

【易地扶贫搬迁】 2017年，人民银行聚焦重点领域和重要环节，切实做好易地扶贫搬迁相关资金筹措和管理服务。一是推动落实《“十三五”时期易地扶贫搬迁工作方案》《易地扶贫搬迁信贷资金筹措方案》等文件，指导国家开发银行、农业发展银行精准对接各地搬迁项目进展和信贷资金需求。9月，组织召开易地扶贫搬迁金融服务座谈会，进一步推动完善易地扶贫搬迁金融服务。二是指导国家开发银行、中国农业发展银行在银行间市场发行扶贫专项金融债券，要求发债募集资金专款专用，保证资金及时支付，确保发债资金精准运用于易地扶贫搬迁项目，确保易地扶贫搬迁工程进度不受资金影响。三是做好易地扶贫搬迁后续金融服务，鼓励和引导金融机构针对贫困地区实际情况和建档立卡贫困户搬迁后多元化融资需求，积极创新金融产品和服务方式，支持搬迁安置区贫困人口就近就地生产生活。此外，根据国家发展和改革委员会安排，人民银行牵头对陕西、青海2016年易地扶贫搬迁工作成效试考核情况进行核查。截至2017年末，国家开发银行、中国农业发展银行共发行易地扶贫搬迁专项金融债券1465亿元，全部用于发放易地扶贫搬迁贷款。

【金融精准扶贫信息共享和政策评估】 2017年，人民银行积极完善金融精准扶贫信息共享机制，开展金融精准扶贫政策效果评估，不断提高贫困地区金融服务水平。一是建立健全金融精准扶贫信息对接共享机制。推动落实《关于加强金融精准扶贫信息对接共享工作的指导意见》，开发完善金融精准扶贫信息系统，实现金融机构精准对接建档立卡贫困人口、贫困村、贫困县等扶贫基础信息，并与有关部门共享金融精准扶贫信息和数据。2017年末，金融精准扶贫信息系统共录入全国范围8000余万条扶贫基础信息，2900余家金融机构通过信息系统实现扶贫信息的精准识别和扶贫贷款的精准录入。二是开展金融精准扶贫政策效果评估。1月，人民银行联合原中国银行业监督管理委员会（以下简称“银监会”）、中国证券监督管理委员会（以下简称“证监会”）、原中国保险监督管理委员会（以下简称“保监会”）、国务院扶贫办出台《关于开展金融精准扶贫政策效果评估的通知》，并于3月组织开展首次金融精准扶贫政策效果评估，对全国836个国家扶贫开发工作重点县及其辖区内银行业金融机构从银行信贷、基础金融服务、政策落实情况等方面进行了评价，强化金融精准扶贫政策效果评估结果的运用，督促金融系统有效落实金融精准扶贫政策。

【金融产品和服务创新】 2017年，人民银行大力推动金融产品和服务方式创新，满足贫困地区和贫困群众多元化金融服务需求。一是加大创业担保贷款、助学贷款、康复扶贫贷款等政策实施力度，支持符合条件的建档立卡贫困人口创业、就业和就学。积极推动财政部等有关单位放宽创业担保贷款申请条件，进一步扩大政策惠及面。二是联合银监会、财政部等部门出台《关于促进扶贫小额信贷健康发展的通知》，加强和改善扶贫小额信贷管理，发挥扶贫小额信贷支持建档立卡贫困户发展生产的积极作用。三是稳妥推进农村承包土地的经营权、农民住房财产权抵押贷款试点，盘活贫困地区农业农村资源资产。2017年末，试点地区农村承包土地的经营权抵押贷款余额319亿元，农民住房财产权抵押贷款余额217亿元。四是创新扶贫社会效益债券、扶贫票据等债务融资工具，拓宽贫困地区扶贫融资渠道。截至2017年末，已累计发行扶贫社会效益债券、扶贫票据70亿元。

【普惠金融服务】 2017年，人民银行大力发展普惠金融，持续优化贫困地区金融生态环境。一是健全贫困地区支付结算体系，引导金融机构合理优化网点布局，提升网点覆盖面。推广网络支付、手机支付等新型支付方式，深化银行卡助农取款和农民工银行卡特色服务，让更多贫困人口便捷地享受到存取款、转账等基础金融服务。二是持续推进农村信用体系建设工作，通过搭建地域化、市场化的信用信息服务平台，开展扶贫企业和农户信用评价与培育，为贫困地区发展营造良好的信用环境。推动贫困地区“信用户”“信用村”“信用乡（镇）”建设，完善信用评价和共享机制，促进信用评价与各项政策措施相结合，增进贫困户信用，提升贫困户信贷获得率和便利性。三是加强金融知识普及宣传，多次组织中央电视台、金融时报等媒体进行实地采访，深入挖掘和广泛宣传扶贫开发金融服务经验成效。通过金融机构营业网点、村组、社区等公共宣传栏，大力开展金融扶贫政策宣传，增强贫困地区和贫困人口对金融精准扶贫政策的了解。深入开展“金惠工程”“金融消费者权益日”“金融知识普及月”等活动，提高消费者金融素养和风险意识，持续推进贫困地区金融生态环境优化。

【定点扶贫】 2017 年，人民银行按照国务院扶贫开发工作部署，认真贯彻落实《关于做好新一轮中央、国家机关和有关单位定点扶贫工作的通知》精神，以陕西省铜川市印台区、宜君县两个贫困县区为主战场，努力把定点扶贫“责任田”打造为金融扶贫的“试验田”“示范田”。一是大力发展普惠金融，将宜君县确定为全国唯一的农村普惠金融综合示范区，构建“服务创新 + 金融扫盲 + 便捷设施”的农村普惠金融模式。二是加强信用体系建设，指导铜川市制定推进农村信用体系建设的实施意见，设立宜君县农户综合信用信息中心，探索构建信用重建机制，以增信促融资。三是建立担保基金，人民银行出资 200 万元，宜君县财政出资 800 万元，共同建立规模为 1000 万元的宜君县产业扶贫贷款担保基金，撬动信贷资金支持产业扶贫。四是综合运用支农再贷款、扶贫再贷款等货币政策工具，引导金融机构为脱贫攻坚提供信贷投放。五是设立金融服务站，组织建设 12 个乡村金融综合服务站，涵盖基础金融业务咨询办理、农户信用信息采集等功能，为广大贫困群众提供综合性、一站式金融服务。六是开展金融宣传活动，组织开展“金融知识进农村”消保宣传月、“6 · 14”征信宣传日等活动，帮助贫困县干部群众更好地知晓政策、理解政策、用好政策。此外，人民银行还积极牵头联系 23 家金融单位对 64 个区县进行定点帮扶工作。

（中国人民银行金融市场司
邝希聪　叶　茜）

国务院国有资产监督管理委员会扶贫

【概述】 2017年，国务院国有资产监督管理委员会（以下简称“国资委”）履行中央企业定点扶贫牵头单位职责，推进中央企业扶贫工作，支持246个定点扶贫县脱贫攻坚，在新疆、西藏、青海以及其他贫困地区广泛开展援助帮扶活动。国资委召开3次专题会议学习传达习近平关于脱贫攻坚的重要讲话，研究部署贯彻落实意见。2017年，国资委组织召开中央企业扶贫开发工作会议、央企助力青海持续健康发展座谈会、央企助推淮南转型发展合作项目对接会、“央企情系老区，助力金寨发展”座谈会等扶贫工作有关会议，专题举办“央企助力富民兴藏”活动。按照国务院扶贫开发领导小组部署要求，国资委牵头对中央企业定点扶贫工作进行了首次考核。开展中央企业贫困地区产业投资基金二次募资工作，进一步壮大基金规模。继续推进“中央企业定点帮扶贫困革命老区百县万村”和“同舟工程——中央企业参与‘救急难’行动”专项扶贫活动，继续参与集中连片特困地区扶贫攻坚和区域发展工作。

【中央企业脱贫攻坚】 定点扶贫工作情况。2017年，中央企业继续结对帮扶246个国家扶贫开发工作重点县。此外，中央企业在各地的分支机构还承担了地方党委政府、有关行业主管部门安排的5782个县、乡、村等结对帮扶任务。在国资委组织推动下，2017年中央企业对扶贫工作重视程度显著加强，组织推动、资金投入、项目实施等扶贫工作力度进一步加大，从资金、人才、技术、产业等多个方面大力支持贫困地区经济社会建设，有力推动了贫困县经济社会发展，加快了贫困群众脱贫步伐。一是各中央企业普遍提高了对脱贫攻坚特殊重大意义的认识，进一步加大组织推动力度。所有中央企业均成立（明确）了定点扶贫工作机构并确定了定点扶贫责任人，制定了年度扶贫工作计划（或三年规划）。2017年中央企业共赴定点县考察调研8362人次，在定点扶贫县召开座谈会1226次，形成督促检查报告404份。二是选派大批挂职扶贫干部。所有中央企业均向定点扶贫县选派了挂职扶贫干部，截至2017年底，中央企业派出的挂职扶贫干部达到461名，选派驻村第一书记184名。三是持续实施大量扶贫项目，开展形式多样的扶贫工作。2017年，中央企业在246个定点扶贫县直接投入帮扶资金19.3亿元，帮助引进各类资金57.3亿元，实施各类帮扶项目1591个，举办干部和人才培训班565期，培训干部和专业技术人才3.5万人次，举办劳务输出培训班346期，培训人数3.7万人次，购买当地农产品金额2.3亿元。很多中央企业发动广大干部职工积极参与捐助捐赠、结对帮扶、助学助残、医疗救助、访贫问苦等公益活动，形成了全体员工主动作为、积极参与扶贫开发工作的良好氛围。

援疆工作情况。2017年中央企业继续深入推进产业支援、就业支援、干部人才支援等各项援疆工作，支持新疆维吾尔自治区、新疆生产建设兵团社会稳定和长治久安。2017年，共有46家中央企业在疆投资项目7637个，累计完成投资1200.82亿元；28家中央企业在疆承建项目3473个，完成合同额3154.78亿元。在大力推进产业援疆的同时，中央企业切实履行政治责任和社会责任，积极参与新疆社会公益事业和民生工程建设，2014年在疆投入无偿援助帮扶资金1.49亿元。2017年中央企业新招收新疆籍员工6000多人，招收内地高校新疆籍少数民族毕业生600多人。2017年，25家中央企业在疆分支机构吸纳安置喀什、和田地区城乡富余劳动力2508名。

援藏工作情况。2017年，中央企业广泛参与西藏经济社会建设，在藏完成投资275.02亿元，开展援藏项目125个，投入无偿援藏资金3.3亿元。其中承担对口援藏任务的中国石油天然气股份有限公司（以下简称“中国石油”）、中国石油化工集团公司（以下简称“中国石化”）、国家电网有限公司（以下简称“国家电网”）、中国海洋石油集团有限公司（以下简称“中国海油”）、神华集团有限责任公司（以下简称“神华集团”）、中国电信集团有限公司（以下简称“中国电信”）、中国联合网络通信集团有限公司（以下简称“中国联通”）、中国移动通信集团有限公司（以下简称“中国移动”）、中国第一汽车集团有限公司（以下简称“中国一汽”）、东风汽车集团有限公司（以下简称“东风汽车”）、中国宝武钢铁集团有限公司（以下简称“宝武集团”）、中国铝业集团有限公司（以下简称“中国铝业”）、中国远洋运输（集团）总公司（以下简称“中远集团”）、中国中化集团有限公司（以下简称“中国中化”）、中粮集团有限公司（以下简称“中粮集团”）15家中央企业开展对口援藏项目104个，投入对口援藏资金2.48亿元。

援青工作情况。2017年，中央企业在青海完成投资246.43亿元，实施援青项目94个，投入无偿援青资金1.56亿元。其中中国石油、中国石化、国家电网、中国华能集团有限公司（以下简称“中国华能”）、中国大唐集团有限公司（以下简称“中国大唐”）、中国华电集团有限公司（以下简称“中国华电”）、中国国电集团公司（以下简称“中国国电”）、国家电力投资集团有限公司（以下简称“国电投集团”）、神华集团、中国电信、中国移动、中国铝业、中粮集团、宝武集团、中国中化、中国五矿集团有限公司（以下简称“中国五矿”）16家对口援青中央企业累计实施对口援青项目40个，累计投入对口援青资金7217.9万元。

以多种形式支持贫困地区经济社会发展。除承担定点扶贫、对口支援任务外，在涉及国计民生的电力、通信、油气、粮棉、食盐、运输、基建等方面，中央企业长期发挥着重要的保障和服务作用，并以产业带动、吸纳就业、企地共建等多种形式大力支持贫困地区经济社会发展。

【扶贫会议】 2017年3月，国资委与安徽省政府在安徽省金寨县共同召开“央企情系老区，助力金寨发展”座谈会，组织开展产业帮扶金寨活动，推动中央企业进一步加大支持革命老区发展力度。5月，国资委在北京市组织召开中央企业扶贫开发工作会议，传达贯彻中共中央总书记习近平关于脱贫攻坚系列重要讲话精神，总结2016年工作，部署2017年工作，分析研讨中央企业扶贫工作中存在的困难和问题及改进措施。6月，国资委和青海省政府在青海省西宁市共同召开央企助力青海持续健康发展座谈会，对中央企业援青工作作出了全面部署。33家中央企业参加，其中8家中央企业与青海签订了产业合作、人才支援等各类协议，涉及金额1925亿元。

【央企助力富民兴藏活动】 6月，国资委和西藏自治区政府在西藏自治区拉萨市共同举办“央企助力富民兴藏”活动，贯彻落实习近平关于西藏工作系列重要讲话精神，国资委与西藏自治区政府签订《合作备忘录》。89家中央企业参与，36家中央企业与西藏自治区各有关地市、企业签署135个合同类项目，涉及金额4457亿元；

签署211个意向类项目，意向投资总额8227亿元。15家对口援藏中央企业与西藏受援地（市）签署了“十三五”对口援藏协议，“十三五”期间将投入对口援助资金15.79亿元。同时举办中央企业在藏成就展，召开中央企业援藏干部暨西藏区属企业到中央企业挂职干部座谈会。

【扶贫考核】　2017年，按照国务院扶贫开发领导小组部署要求，国资委牵头对中央企业定点扶贫工作进行首次考核。经考核，在参与考核工作的101家中央企业中，国家电网等20家中央企业考核结果为“好”，中国铁道建筑有限公司等25家中央企业考核结果为“较好”，其他56家中央企业考核结果为“一般”。

【中央企业贫困地区产业投资基金】　2016年，按照《关于打赢脱贫攻坚战的决定》分工要求，国资委引导中央企业出资设立了中央企业贫困地区产业投资基金，51家中央企业参与首期出资，首期出资122.03亿元。为进一步壮大基金规模，发挥更大作用，2017年国资委组织引导中央企业开展了二期募资工作，国资委监管的所有中央企业都参与了出资，基金规模达154亿元。基金通过市场化运作模式，在贫困地区不断加大产业扶贫项目投资力度，累计完成投资项目45个，涉及投资额92亿元，吸引、撬动了大量社会资本。基金投放区域覆盖全部集中连片特困地区，其中在“三区三州”投资14.4亿元，预计带动1.2万贫困人口脱贫致富。

【百县万村、救急难活动】　2017年，国资委持续推进“中央企业定点帮扶贫困革命老区百县万村”和“同舟工程——中央企业参与‘救急难’”专项扶贫活动，支持贫困革命老区部分贫困村解决缺水、缺电、缺路的突出问题，帮助贫困地区群众解决因病致贫等急、难问题。中央企业在两个专项活动中投入资金超过13亿元，惠及人口超过110万人。

【定点扶贫】　国资委机关结对帮扶河北省平乡县、魏县，全年开展扶贫活动50余次，谋划和推动扶贫项目32个，直接投入资金2215.8万元，大力协调引进项目资金24.4亿元。加强组织领导，统筹协调形成工作合力。2017年全国扶贫日活动中，全委64个厅局、直属单位、直管协会全部参加捐款，部分职工和老同志还自发组织捐款捐物并到两县调研帮扶。推进党建促扶贫，支持贫困村增加造血能力。8月，国资委党委拨付2000万元，支持平乡县、魏县村级党支部活动设施建设、村集体经济发展。实施产业扶贫，带动贫困群众增加收入。协调中国大唐等6家中央企业的12家驻冀单位，举办“精准帮扶、精准脱贫魏县大学毕业生专场招聘会”，提供岗位290多个，解决了50个贫困家庭大学生的就业问题。协调中国建材集团有限公司、中国储备粮管理集团有限公司、中化集团、中国航天科技集团有限公司、中国航天科工集团有限公司、中国中煤能源集团有限公司、新兴际华集团有限公司、中国中钢集团有限公司等多家中央企业在平乡、魏县投资建设生产。深化协作组帮扶，改善贫困群众就业和民生条件。国资委机关将委内帮扶力量划分为十余个协作组，发挥各自优势，对平乡、魏县开展各类援助帮扶活动。发挥行业优势，动员老同志及协会、社会组织扶智脱贫。充分挖掘离退休老同志的经验优势和所管理协会的行业优势，动员社会力量，为两县脱贫攻坚事业提供智力支持。协调中国扶贫基金会、幸福工程组委会等社会组织参与两县扶贫。

（国务院国有资产监督管理委员会
综合局　张晓松）

国家新闻出版广电总局扶贫

【概述】 2017年，国家新闻出版广电总局（现国家广播电视总局，以下简称“新闻出版广电总局”）坚持以习近平总书记关于扶贫开发的重要论述为指导，按照精准扶贫、精准脱贫基本方略，充分发挥行业资源优势，继续围绕保障贫困人口读书看报、听广播、看电视、看电影等基本文化权益，以扶志和扶智为着力点，切实做好行业扶贫工作，为脱贫攻坚注入强大精神动力。同时，聚焦定点扶贫和对口支援地区实际困难、迫切需求，统筹整合资源，加大帮扶支持力度，不断提升贫困地区脱贫致富能力。

【基础设施建设】 实施贫困地区县级广播电视播出机构制播能力建设工程，对832个国家扶贫开发工作重点县和集中连片特殊困难县符合条件的广播电视台等播出机构购置采编播设备予以补助。2017年，已落实中央预算内投资4.45亿元，支持276个贫困县广播电视播出机构进行制播能力建设。实施少数民族新闻出版东风工程二期，重点提升民族地区新闻出版单位数字化加工、数字内容传播和民文出版物印刷发行能力。落实中央预算内投资2亿元，支持22家民文出版单位、12家民文印刷单位购置设备，为32家县级新华书店改扩建营业用房，为102个新华书店配备了流动售书车。在已实施“贫困地区百县万村综合文化服务中心示范工程”基础上，进一步实施“贫困地区民族自治县、边境县村综合文化服务中心覆盖工程”，以每个示范点2万元标准，按照“七个一”标准（即一个文化活动广场、一个文化活动室、一个简易戏台、一个宣传栏、一套文化器材、一套广播器材，一套体育设施器材）积极配合做好广播器材配置工作，为广大农村群众提供政策政务、农业农技信息服务，同时具备灾害预警应急信息发布功能。2017年，共落实中央财政补助资金3.4亿元，对1.7万个符合条件的贫困地区行政村广播器材配置予以补助。

【文化惠民项目】 实施农村电影放映工程。2017年，继续根据一村一月放映一场电影的目标，按照每场不低于200元的标准，对农村电影公益放映场次按西部80%、中部50%、东部20%的比例予以补助，2017年共落实中央财政补助资金7.14亿元。推动农家书屋提质增效。组织制定《2017年农家书屋重点出版物推荐目录》，针对性地推荐一批以帮助农民增收致富、培育新型职业农民、“互联网+农业”等主题的精品图书，帮助农民提高文化水平、提升脱贫能力。

推进全民阅读服务贫困地区。指导开展全民阅读主题活动，印发《全民阅读“十三五”时期发展规划》，指导推进全民阅读进农村、进学校，切实加强针对贫困地区居民及困难群体的阅读服务，重点保障农村留守儿童、贫困家庭儿童等群体的基本阅读需求。继续支持少数民族地区影视剧译制和民文出版。按照已形成的工作机制，2017年，继续组织影视剧制作单位向新疆、西藏、四川等少数民族地区捐赠2000集电视剧、18000分钟电视动画片，推荐80部影片（其中故事片60部、科教片20部）作为少数民族语待译制片目并提供译制素材。同时，按照“建养并重”原则，2017年继续争取中央财政安排译制经费2.96亿元，专项用于少数民族语言广播影视节目译制工作；争取中央财政安排民族文字出版资金1.2亿，专项用于支持民族新闻出版事业发展，补助服务民族地区的民文出版物1000多种。

【扶贫宣传】　持续加大扶贫日宣传力度。通过全国广播电视宣传工作每周视频例会，部署做好2017年扶贫日系列活动宣传，持续深入宣传阐释习近平总书记关于扶贫工作的重要论述和党中央精准扶贫精准脱贫重大决策部署，充分展示十八大以来全国脱贫攻坚伟大成就和典型经验，为打好精准脱贫攻坚战营造良好社会氛围，鼓舞士气。抓好扶贫题材精品内容创作生产。全程跟进指导首部少数民族扶贫题材电视剧《索玛花开》，通过鲜活的典型，将新时期彝族群众感恩奋进、不等不靠，以自身能力战贫困、走新路、奔小康的精气神充分展现出来，故事的深度挖掘和直抵人心的讲述，在全社会凝聚起了强大的正能量。电影《十八洞村》坚持以人民为中心的创作导向，展现湖南湘西农民在脱贫攻坚战中的感人事迹，影片接地气、具有正能量。纪录影片《出山记》，真实记录了贵州贫困山区通过易地扶贫搬迁走出大山，挪穷窝、拔穷根、奔小康的故事，社会反响强烈。持续发挥广告精准扶贫优势。截至2017年底，中央电视台"广告精准扶贫"项目，已通过综合频道、财经频道、中文国际频道、军事农业频道、新闻频道等五个频道，免费播出了贵州、宁夏、青海、云南四个省区22种农产品公益广告片，共投入屏幕时间3961分钟，累计播出8662次，投入屏幕资源价值6.78亿元，直接带动推介农产品交易量、田间成交价格、农户收入三增加，当地乡村游、采摘游兴起，项目红利流向扶贫末端，惠及贫困农户38.2万户、151.2万余人，并对当地产业结构调整、产业产能转型、三产发展等起到了很好的促进作用，真正是"帮到了点子上，扶到了关键处"。

【人才扶贫】　选派3名政治素质好、工作能力强、有吃苦和奉献精神的干部赴总局对口扶贫地区四川省甘孜藏族自治州、山西省平顺县和革命老区江西省大余县挂职扶贫。以挂职干部为纽带，持续加大对扶贫地区新闻出版广播影视事业产业发展、干部人才队伍建设的支持力度，多渠道、多方式支持挂职干部为提高当地公共文化服务水平、促进经济发展和社会稳定多做贡献。落实国家区域人才支持计划，积极协调相关单位，做好挂职干部选派和西部地区、边疆民族地区干部接收工作，切实加强专业技术干部交流锻炼。组织开展2017年中央三台和西藏电台电视台双向交流工作，从中央三台选派15名专业干部到西藏两台挂职交流，从西藏两台接收两批共27名专业干部到中央三台学习锻炼。协调接收陕西广播电视台一名"西部之光"访问学者到广科院学习研修。为在新疆兵团挂职的第17批博士服务团成员办理延长挂职时间的手续。把面向四川省甘孜藏族自治州、凉山彝族自治州广播电视人才扶贫培训项目列入总局年度培训计划，采取委托办班、选派人员到高校进修、在总局的其他培训项目中单独给予名额等方式，共培训47人，支持培训经费57.94万元。

【扶贫调研】　2017年1月，新闻出版广电总局党组成员、副局长孙寿山带队赴平顺县调研，并走访慰问了3户特殊困难家庭，同时代表总局全体干部职工向平顺县贫困户和困难学生送去慰问金11万元和总局系统女职工为贫困学生编织的100件"爱心毛衣"。4月，新闻出版广电总局党组成员、副局长童刚率队赴大余县考察调研，其间出席了"国家新闻出版广电总局播音主持实践锻炼基地"挂牌仪式，启动了总局对赣南等原中央苏区广播影视从业人员的业务指导与培训工作，出席总局在大余县举办的扶贫主题活动。7月，按照国务院扶贫开发领导小组的统一部署，新闻出版广电总局党组成员、副局长张宏森带队赴河南开展脱贫攻坚巡查工作，深入潢川县村镇，与基层扶贫干部进行访谈交流，到户了解脱贫攻坚情况，并向河南省委、省政府反馈了巡查情况，形成巡查报告报送国务院扶贫办。

【定点扶贫】 2017 年，新闻出版广电总局继续帮扶四川省德格县、山西省平顺县。积极做好捐资助学。组织总局干部职工开展“春风送暖”和“爱心助学”等活动，资助德格县、平顺县贫困家庭学生 309 名，共计 60.45 万元；协调中国扶贫基金会向平顺县、德格县小学生捐赠 7000 多个、价值 70 余万元的爱心书包；协调韬奋基金会为德格县和平顺县 10 所中小学各建立了 5 个韬奋书屋，每个书屋配备 10 万码洋图书，共计 100 万码洋；协调人民教育出版社和山西出版传媒集团，为平顺县中小学捐赠了价值 118 万元数字产品、平板电脑和图书，并对教师进行了数字技术免费培训。开展党建扶贫。按照中组部有关要求，安排 110 万元用于平顺县 9 个村的基层党组织活动场所建设，安排 41 万元用于总局派出的驻村第一书记所在村——平顺三里湾村建设一座 56 千瓦的光伏发电站和更新改造村广播大喇叭，进一步夯实基层党建基础。充分发挥新闻宣传优势。联系中央电视台和新浪、腾讯、搜狐、优酷、爱奇艺等网站为平顺县符合播出条件的乡（镇）、村，量身定制并播出有关新农村建设、种植、养殖、文化、旅游等方面的宣传片和报道，如纪录片《中国影相方志》《画说平顺》等；协调国内纪录片制作机构为甘孜藏族自治州拍摄了三集纪录片《贡嘎》，并在中央电视台播出；协调中国摄影著作权协会赴德格县开展采风活动，并在《中国新闻出版广电报》《中国摄影报》和《中国摄影网站》发表采风活动作品，提高德格县知名度和美誉度。依托总局人才资源优势，开展具有广电特色的帮扶活动。组织总局部分播音员、主持人和艺术家赴平顺县开展“结对子、种文化、服务基层‘三贴近’”活动，为平顺人民奉献了一场精彩的文艺晚会，丰富了当地百姓业余文化生活，同时，著名播音员李瑞英、苏阳还对平顺县播音员、主持人进行了面对面的现场教学指导。

（国家新闻出版广电总局财务司
毛恩荣）

国家林业和草原局扶贫

【概述】 2017年，国家林业和草原局（以下简称“国家林草局”）贯彻落实中央关于打赢脱贫攻坚战的各项决策部署，谋划林业生态扶贫工作思路，出台系列林业精准扶贫政策。国家林草局针对贫困地区林情、贫情，将生态文明建设与贫困群众脱贫增收相结合，按照“生态补偿脱贫一批”的要求，制定生态公益岗位、资源集约经营、林地林权资产收益等“补贴+红利”的生态扶贫长效机制，引导和鼓励贫困人口勤劳增收。深入推进生态补偿脱贫、国土绿化脱贫、生态产业脱贫三项任务，发挥政策、项目、资金、人才、技术组合拳优势，推动建档立卡贫困户在生态保护中实现增收脱贫。

【扶贫制度建设】 印发《贯彻落实〈“十三五”脱贫攻坚规划〉实施意见》的通知等文件。积极协调有关部门，合力推进生态扶贫工作，与国家发展和改革委员会共同牵头，会同财政部、农业部、水利部、国务院扶贫办开展《生态扶贫工作方案》编制工作。

设立专门面对建档立卡贫困户的生态护林员政策，按每人每年补助1万元测算。加大协调争取力度，财政部继续增加生态护林员资金规模，2017年达到25亿元，比2016年增加5亿元，用于生态护林员选聘续聘。印发《关于加强建档立卡贫困人口生态护林员管理工作的通知》《关于规范建档立卡贫困人口生态护林员续聘选聘工作的通知》，会同财政部办公厅、国务院扶贫办综合司印发《关于开展2017年度建档立卡贫困人口生态护林员选聘工作的通知》。

【片区扶贫攻坚】 与水利部共同牵头滇桂黔石漠化片区区域发展与扶贫攻坚联系工作，会同水利部在广西壮族自治区河池市共同召开滇桂黔石漠化片区区域发展与扶贫攻坚现场推进会。2017年，安排滇桂黔石漠化片区中央林业和草原保护修复投入45.3亿元，完成营造林400万亩、草地治理120万亩。片区农民来自林业和草原的收入超过2900元，占农民总收入的32%。

【金融扶贫】 发挥财政、金融合力，支持特色林产业发展，探索“龙头企业+新型经营主体+农户”等模式，创新林业金融扶贫产品，联合国家发展和改革委员会、财政部、国家开发银行、中国农业发展银行出台政策文件，分别与国家开发银行、中国农业发展银行签署支持林业扶贫合作协议，推行政府引导、企业带动、专业合作社组织联动、农户参与的建设模式，将金融资本、社会资本引入生态扶贫产业。分别与国家发展和改革委员会、财政部联合发布运用政府和社会资本合作模式推进林业扶贫的意见，启动了一批PPP项目助推生态产业脱贫，取得积极成效。

【干部挂职扶贫】 向贫困地区派出挂职干部30人。对扶贫挂职干部进行挂职前培训，将上一期挂职干部工作总结、调研报告汇编成册，结合扶贫课题，组织挂职干部参与开展综合性调研，为挂职干部尽快进入角色奠定基础。关心挂职干部生活，倾听挂职干部困难和建议，帮助他们解决实际困难。在资金、项目、政策上，支持挂职干部在当地生态扶贫中有所作为。在《绿色时报》用3个专版宣传挂职干部的先进事迹。

【生态保护扶贫】 会同财政部、国务院扶贫办，以集中连片困难地区和国家扶贫开发工作重点县为重点，以具有一定劳动能力，但又无业可扶、无力脱贫、返乡务农的贫困人口为对象，在中西部 22 个省区市的建档立卡贫困人口中，选聘生态护林员。累计安排 45 亿元，选聘生态护林员 37 万名，带动 130 多万贫困人口稳定增收和脱贫。生态护林员队伍已经成为林业生态资源管护的重要力量，贫困地区生态管护能力大幅提高，森林、湿地、沙地得到了有效管护，林政案件、森林火灾发生率平均下降 30%。国务院扶贫开发领导小组委托第三方，对落实脱贫攻坚重要政策措施分工方案牵头任务落实情况开展了中期评估，生态护林员选聘工作被评为优秀。

【生态建设扶贫】 将林业重点工程资金向贫困地区倾斜，结合大规模国土绿化，通过组建扶贫攻坚造林专业合作社，设立就业岗位，吸纳贫困人口参与生态恢复，增加收入。造林结束后，形成“建管合一”模式，仍由贫困户长期管护，鼓励贫困社员参与经营。山西省遴选力量雄厚、经验丰富的造林公司、大户、社会组织作为领办人，组建扶贫攻坚造林专业合作社，贫困人口必须占合作社总人数的 60% 以上，造林任务集中安排给合作社，林业、扶贫、农业、工商等部门联合出台扶持和规范合作社建设的指导意见，从遴选领办、注册组建、任务安排、质量保障、劳务支付、成效考核六大环节制定了一系列制度。每个合作社的造林劳务支出占 45% 以上，其中贫困劳力收入占比必须达到 60% 以上，有效带动社员就业增收。

【产业扶贫】 因村、因户、因人施策，发挥乡镇林业工作站的组织能力，指导贫困村因地制宜发展木本油料、林下经济、特色林果等林业产业，巩固脱贫成果。积极推进森林旅游，创造各类就业岗位。探索“新型经营主体 + 贫困户”模式，引导农民通过林地入股、补助资金入股，完善瞄准贫困户的利益联结机制、收益分红机制、风险共担机制，促进贫困户发展特色产业增收，巩固脱贫成果。云南省砚山县维摩乡通过农业综合开发林业示范项目，带动周边 251 户农户种植石榴 2600 亩，公司与 6 户贫困户 12 名贫困人口签订长期用工合同，每户平均年收入 6 万元以上。广西壮族自治区龙胜县龙脊梯田湿地公园，通过加强基础设施建设扩大旅游，带动景区内 147 户贫困户脱贫，人均收入达 8000 元以上。

【生态补偿扶贫】 完善天然林资源保护工程、森林生态效益补偿、野生动植物保护和湿地保护政策措施，安排各类保护补偿资金使贫困人口获得补助性收益。将新一轮退耕还林优先安排给有需求的贫困户，每亩补助 1600 元，分 5 年到位。深化集体林权制度改革，充分挖掘集体林地的潜力，加快建立集体林地三权分置运行机制，依托林地林木增加贫困户财产性、经营性收益。

【定点扶贫】 国家林草局领导多次赴广西壮族自治区罗城仫佬族自治县，龙胜各族自治县，贵州省荔波县、独山县考察指导工作。制定《定点扶贫帮扶计划》《定点县“十三五”林业扶贫规划》《2017—2018 年定点扶贫工作方案》，印发《林业精准扶贫手册》，拓宽贫困人口增收渠道。2017 年，安排 4 个定点县中央投入 2.62 亿元，比 2016 年增长 38%。协调国家开发银行、中国农业发展银行，发放涉林专项扶贫贷款 10.98 亿元。举办了 4 期林业扶贫培训班，培训 200 多人次。对年度考核落后县进行约谈，对定点县扶贫成效开展评估。2017 年，4 个定点县有 61494 人脱贫，减贫率为 36%。国家林草局被国务院扶贫开发领导小组评为 2017 年定点扶贫工作优秀单位。

（国家林业和草原局发展规划与资金管理司　韩　非）

国家能源局扶贫

【概述】 国家能源局充分发挥能源开发建设在打赢脱贫攻坚战中的基础性作用，从规划、政策、项目、资金等方面全方位加大对贫困地区特别是深度贫困地区的支持力度。坚持以精准扶贫、精准脱贫基本方略为引领，加强贫困地区能源基础设施建设和项目优化布局。继续深入实施新一轮农网改造升级工程，开展西藏等贫困地区电网建设攻坚，下达"十三五"第一批光伏扶贫建设规模。同时，根据贫困地区资源禀赋情况，在符合相关政策、条件允许、经济可行的情况下，煤炭、煤电、油气、水电等项目，优先在贫困地区布局建设，积极核准开工澜沧江托巴、金沙江白鹤滩、金沙江巴塘等大型水电站，安排中央预算内投资支持国家扶贫开发重点县煤矿安全改造。

【规划布局】 在各级各类能源"十三五"规划的中期评估、调整以及相互衔接中，将贫困地区能源建设摆在更为重要的位置，在符合相关政策、条件允许、经济可行的情况下，煤炭、煤电、油气、水电等资源开发利用类重大项目、跨区域重大能源输送通道项目以及风电、光伏等新能源项目，优先在贫困地区布局建设。加快推进涉及贫困地区的各类能源规划编制、审核和批复工作。2017 年，批复云南镇雄矿区南北区（涉及国家扶贫开发工作重点县镇雄县）、陕西榆横矿区南区（修编）和榆横矿区北区（修编）（涉及国家扶贫开发工作重点县横山区）等 3 个矿区总体规划，总规模 13770 万吨/年。

【光伏扶贫】 2017 年，加大力度支持光伏扶贫，出台《国家能源局、国务院扶贫办关于下达"十三五"第一批光伏扶贫项目计划的通知》，下达 418.62 万千瓦村级光伏扶贫电站规模，范围覆盖 14 个省的 236 个光伏扶贫重点县。继续积极组织实施已批复光伏扶贫项目计划，截至 2017 年底，全国已经建成光伏扶贫项目总规模 1011 万千瓦，范围 25 个省区市的 940 个县，惠及 3 万个贫困村的 164.6 万户贫困户。

【农网改造升级】 继续深入实施新一轮农网改造升级工程。2017 年，下达农网改造升级工程总投资约 421 亿元（其中中央预算内投资 90 亿元），重点推进贫困地区小城镇中心村电网改造、农村机井通电工程和贫困村通动力电工程。截至 2017 年，新一轮农网改造确定的农村机井通电任务全面完成，通电机井数量达到 1595756 个，范围覆盖全国 17 个省区市和新疆生产建设兵团的 1061 个县 10688 个乡镇，惠及 1.5 亿亩农田。小城镇中心村电网改造任务全面完成，范围覆盖 30 个省区市和新疆生产建设兵团的 2389 个县 78533 个小城镇中心村，惠及农村居民 1.6 亿人；除西藏以外，贫困村通动力电工程全部完成，范围覆盖 23 个省区市的 839 个县，惠及农村居民约 800 万人。

【电网建设】 2017 年，批复位于深度贫困地区的西藏藏中和昌都电网联网工程、川藏铁路拉萨—林芝段供电工程两项电网工程的项目可行性研究，总投资约 162.16 亿元。

【水电开发】 2017 年，核准开工澜沧江托巴（涉及云南省维西县等贫困县）、金沙江白鹤滩（涉及四川省宁南县和云南省巧家县等贫困县）、金沙江巴塘（涉及四川省巴塘县、西藏自治区芒康县等贫困县）3个大型水电站工程，总装机规模 1815 万千瓦，总投资 2064.4 亿元。

【煤炭开发】 核准位于“三区三州”、国家扶贫开发工作重点县等深度贫困地区的山西三交一号煤矿、谭坪煤矿一期工程，陕西孟村煤矿、招贤煤矿、雅店煤矿，新疆大平滩煤矿等 6 个煤矿建设项目，总规模 2480 万吨/年，总投资 261 亿元；支持国家扶贫开发工作重点县煤矿安全改造和重大灾害治理示范工程建设项目 16 个，总投资 62726 万元，其中，中央预算内投资 15507 万元，带动地方和企业投资 47219 万元。

【定点扶贫概述】 2017 年，国家能源局印发《2017 年定点扶贫与对口支援工作要点》，进一步创新政策举措，加快甘肃省通渭县、清水县能源资源开发利用，加强能源等基础设施建设，加大教育事业投入，促进通渭县、清水县经济社会加快发展。

【电力帮扶工程】 在通渭县、清水县开展“全国小康用电示范县”建设工程。截至 2017 年，两县累计完成农网改造投资 2.9 亿元，新建、改建变电站 4 座，升级改造输电线路 1742 千米。2017 年，投资 1.5 亿元的宝兰客专清水 330 千伏变电站项目、投资 3.7 亿元的宝兰客专通渭 330 千伏变电站项目建成投运。

【光伏扶贫】 把通渭县、清水县列为全国光伏扶贫试点县，把通渭县列为全国重点光伏扶贫县，在先行先试、电站指标和编制光伏扶贫计划中给予重点支持。截至 2017 年，下达光伏电站指标共 16.18 万千瓦，建成分布式光伏扶贫项目 947 个、村级光伏电站 51 个。2017 年，通过光伏扶贫带动通渭县 2622 户农户脱贫，实现农民增收约 836 万元，光伏扶贫带动脱贫人口占当年总脱贫人数的 60%。

【产业帮扶工程】 批复《甘肃省通渭风电基地规划》和印发《国家能源局关于甘肃省定西市通渭县新能源发展的函》，支持通渭县实施风电基地开发。该项目总装机容量 120 万千瓦，引进总投资 115 亿元，成为当地投入、产值最大的工业项目。截至 2017 年，通渭风电基地已建成装机容量 30 万千瓦，在建 20 万千瓦，实现发电收入约 8 亿元，通渭县能源产业投入占固定资产总投入的比重连续三年保持在 30% 左右，成为通渭经济发展新的增长点。

【智力帮扶】 2017 年，组织通渭县、清水县贫困家庭小学生 20 余人赴京游学，开展科技、文化和爱国主义教育；组织华北电力大学大学生志愿者赴两县开展支教活动，受益贫困学生近 200 人；组织 3 名专家赴通渭县、清水县讲学，围绕经济、能源、设施农业等主题进行专题培训，帮助两县 2000 多名干部开拓视野、提高能力；组织两县 12 名干部赴山东省寿光市学习东部地区产业发展经验，帮助两县干部增长见识、拓宽思路，提升带领群众脱贫致富的能力。

【扶贫调研】 2017 年 9 月，国家能源局副局长綦成元带队赴甘肃定点扶贫调研，实地考察了通渭县风电基地一期工程、县人民医院蓄热式电锅炉清洁供暖项目、北城乡芦中村农光互补村级光伏电站项目，清水县永清镇双场村易地扶贫搬迁新村、陇东镇安儿村核桃园示范基地和户用分布式光伏扶贫项目，走访慰问贫困户，召开扶贫攻坚工作现场协调推进会。

（国家能源局发展规划司　李　刚）

中国银行保险监督管理委员会扶贫

（一）银行部分

【概述】 中国银行保险监督管理委员会（2018年机构改革，原中国银行业监督管理委员会和原中国保险监督管理委员会整合为中国银行保险监督管理委员会，以下简称“银保监会”）高度重视金融扶贫工作，将金融助力脱贫攻坚责任牢牢扛在肩上。2017年，认真落实党中央、国务院决策部署，着力强化监管引领，着力抓好关键环节和重点任务落实，着力推动金融扶贫产品服务创新，着力发挥典型引路作用，深入细致做好金融扶贫工作，取得积极成效。

截至2017年末，全国银行业金融机构发放扶贫小额信贷余额2496.96亿元，支持建档立卡户607.44万户，分别较年初增加22.3亿元和11.1万户，户均贷款4.07万元。扶贫小额信贷支持的建档立卡贫困户占全国建档立卡贫困户的25.81%，较年初提高8.09个百分点。

截至2017年末，扶贫开发项目贷款余额2316.01亿元，较年初增加1513.29亿元。农业开发银行和农业发展银行累计发放中央贴息易地扶贫搬迁贷款达1780亿元，惠及建档立卡贫困人口超过500万人。

截至2017年末，银行业金融机构通过网点、机具服务或流动服务覆盖832个国定贫困县的16.11万个行政村，832个国定贫困县行政村基础金融服务覆盖率达95.83%。

【实施差异化监管政策】 在资金运用方面，鼓励银行资金向贫困地区基础设施和民生工程倾斜。在机构设立方面，优先支持中西部省份设立银行法人机构、分支机构，严格控制贫困地区现有银行机构撤并网点。在考核评价方面，规定对于银行业金融机构扶贫小额信贷不良率高出自身各项贷款不良率年度目标2个百分点以内的，可以不作为监管部门监管评价和银行内部考核评价的扣分因素。

【金融服务政策制度】 指导银行业金融机构围绕精准扶贫、精准脱贫出台一系列政策措施。中国农业发展银行印发《关于进一步明确支持“万企帮万村”精准扶贫行动有关信贷政策的通知》，对“万企帮万村”行动发放的贷款强化资源配置、实施差别化管理、落实尽职免责机制，加大考核挂钩力度。中国农业银行印发《精准扶贫信贷政策指引》，确定精准扶贫支持重点、主要模式和各项扶贫贷款关注要点，明确业务创新管理和风险防控要求。

【扶贫小额信贷】 原中国银行业监督管理委员会（以下简称“原银监会”）、财政部、中国人民银行、原中国保险监督管理委员会（以下简称“原保监会”）、国务院扶贫办联合印发《关于促进扶贫小额信贷健康发展的通知》，进一步明确扶贫小额信贷有关政策要点，推动直接面向建档立卡贫困户发放“5万元以下、3年期以内、免抵押免担保、基准利率、财政贴息”的扶贫小额信贷，坚持精准扶贫，坚持依法合规，鼓励贫困户发展产业，增强内生动力。

各地以推动扶贫小额信贷健康发展为抓手，推动金融精准扶贫。安徽银监局会同相关单位共同研究制定《安徽省人民政府办公厅关于深入推进扶贫小额信贷工作的实施意见》以“贷得到、管得好、还得了”为重点，切实履行推动辖内银行业金融机构扶贫小额信贷持续健康发展职责，助力26万户贫困户脱贫。四川银监局联合四川省财政厅等部门印发《四川省扶贫小额信贷分险基金使用管理办法》，协调推动全省160个有扶贫任务的县全部设立扶贫小额信贷分险基金，落实3:7风险分担比例，风险基金规模已达31.5亿元，打造金融助推脱贫攻坚示范基地127个。贵州银监局通过推动信用体系建设、发挥小额信用贷款效益、建立县级风险补偿机制、实行贷款损失补偿、开展扶贫小额贷款保证保险等措施，大力推进扶贫小额贷款发放工作。截至2017年末贵州发放扶贫小额信贷294亿元，支持66万户建档立卡贫困户。陕西银监局针对扶贫小额信贷开展专项检查，及时发现扶贫小额信贷发放过程中部分机构对政策把握不准、产业支撑不够、风险补偿金未落实等问题，要求辖内金融机构举一反三、及时整改，多措并举，严防各类风险，切实推动扶贫小额信贷健康发展。

【创新农村金融产品和服务方式】 探索低成本、可复制、易推广的农村金融产品和服务方式，加快建立健全符合贫困人口需求特点的金融产品体系，提高服务的满意度，增强产品的契合度。探索扩大抵押品范围，试点开展林权、土地承包经营权、宅基地使用权的“三权”抵押贷款。指导国家开发银行和中国农业发展银行在扶贫金融事业部管理框架下，分别出台一系列扶贫金融信贷政策，逐步建立单独核算、分账管理、单独考核等配套机制。指导农业银行进一步深化“三农”金融事业部机制建设，选取一批县支行开展“放权搞活”试点。

【扶贫宣传】 认真贯彻落实中共中央总书记习近平重要指示精神，与国务院扶贫办在河南省三门峡市联合召开现场会，大力宣传“政银联动、风险共担、多方参与、合作共赢”的河南“卢氏模式”。宣传推广湖北“金融服务网格化”、青海“双基联动”等金融扶贫好做法、好经验。

【农村金融信用环境建设】 引导各地深入开展农村信用户、信用村和信用乡镇建设。加强与地方政府和公检法部门的协调合作，严厉打击骗贷和恶意逃废债行为，营造良好的农村金融环境。组织开展“送金融知识下乡”活动，普及推广农村金融知识。督促银行业金融机构严格执行“七不准”和“四公开”规定，开展专项督查，及时查处各类违规收费，保护农村金融消费者合法权益。

【定点扶贫】 原银监会高度重视对甘肃省和政县、临洮县的定点扶贫工作。会同甘肃省政府共同研究建立从主要领导到具体工作人员的多层次、经常性的沟通协调机制，在规划编制、重大项目实施等方面加强交流沟通和信息共享，共同深入推进两县脱贫攻坚工作。选派优秀中青年干部到两县挂职，2017年在已选派3名挂职干部的基础上，向深度贫困地区和政县再增派1名驻村第一书记。

立足贫困地区实际，整合金融帮扶资源，着力打造“链条式”产业扶贫新机制，深化政府、银行、保险、信托、企业、合作社“七位一体”产业扶贫模式，2017年帮扶临洮县肉牛养殖产业筹集风险准备金、保险费105万元，受益贫困户910余户。在贫困县探索搭建“一站式”金融服务新平台，有效缓解贫困身份认定难、金融机构风控难、市场信息获取难等问题，加大了产融结合，提高了定点扶贫的精准化水平。

在两县设立精准教育助学基金，着力解决因学致贫返贫问题，“十三五”期间每年向两县投入资金540万元，累计2700万元。截至2017年底，已帮扶两县贫困学生1370名、特困教师133名，实现了对两县建档立卡贫困大学生帮扶的全覆盖。创新完善贫困地区金融培训体系，推动实施双向挂职、两地培训和专项支援，建设“农村青年创业金融服务站”，为两县培养和储备了一批金融骨干人才。切实加大贫困群众培训力度，结合地方政府扶贫项目，投入专项资金实施劳动技能培训和职业教育等。

（二）保险部分

【概述】 2017年，原保监会高度重视扶贫工作，将保险助推脱贫攻坚作为“十三五”工作的重中之重，组织全系统全行业，采取切实措施，积极发挥保险功能作用，助推国家脱贫攻坚战略实施。一是注重统筹协调，持续深入推进。在内蒙古乌兰察布召开保险业助推脱贫攻坚工作领导小组全体会议，与国务院扶贫办在山西省太原市联合举办保险业助推脱贫攻坚培训班，总结工作成效，加强部署落实。举办以“远离贫困，从一份保障开始”为主题的保险扶贫图片展，在“7.8保险宣传日”开展保险扶贫公益跑等系列活动，及时总结宣传推广行业扶贫先进经验和典型案例。会同中国人民银行创建宁夏金融扶贫示范区，联合印发金融扶贫效果评估办法，进一步加强金融扶贫协作。二是加强总结督导，推动政策落实。以国务院扶贫开发领导小组开展第三方评估工作为契机，组织机关相关部门成立8个督导小组，对保监会系统和全行业开展以保险扶贫政策落实情况及作风问题专项治理为主要内容的全面督导，进一步压实责任，促进政策措施落地。三是落实中央要求，重点支持深度贫困地区脱贫攻坚。原保监会赴宁夏回族自治区固原市、山西省吕梁市、安徽省金寨县、四川省凉山彝族自治州（以下简称“凉山州”）等深度贫困地区开展调研，了解保险产品和服务需求。在凉山州召开保险业支持深度贫困地区脱贫攻坚工作会议，贯彻落实十九大报告扶贫工作要求和中央办公厅、国务院办公厅关于支持深度贫困地区脱贫攻坚的实施意见，对行业支持“三区三州”等深贫地区脱贫攻坚进行部署动员。研究制定《保险业支持深度贫困地区脱贫攻坚的意见》，提出保险支持深度贫困地区脱贫的具体措施。会同中国人民银行等部委联合印发《关于金融支持深度贫困地区脱贫攻坚的意见》，提出“创新发展保险产品”等支持举措。

保险业初步建立起以农业保险、大病保险和小额保险为代表的保险扶贫保障体系，以小额贷款保证保险、农业保险保单质押为代表的保险扶贫增信体系，以保险资金支农融资和直接投资为代表的保险扶贫投资体系等三套功能作用协同配合的保险扶贫体系，探索总结出宁夏“脱贫保”、四川“惠农保”、河南兰考“脱贫路上零风险”等典型经验。保险扶贫在中央机关扶贫工作第三方评估中获评“优秀”。

【农业保险扶贫】 农业保险是中央支农、惠农、强农的一项重要政策举措，旨在帮助农民转移灾害风险，实现收入稳定。农业保险已覆盖所有贫困地区，主要农作物平均承保覆盖率超过80%，已开发扶贫专属农业保险产品74个，涉及18个省45种农作物。2017年，农业保险共为2.13亿户次农户提供风险保障金2.8万亿元，向包括建档立卡贫困户在内的5388万户农户支付赔款366亿元，在助推产业脱贫致富的同时，有效避免了因灾返贫现象的发生。

【健康保险扶贫】 原保监会指导推动保险业承办城乡居民大病保险，将精准扶贫落实到维护贫困人口健康权益上，切实解决人民群众因病致贫、因病返贫的突出问题。据2015年数据统计，全国建档立卡贫困户中，因病致贫户占44.1%，是第一大致贫原因。原保监会一直将大病保险作为精准扶贫的重要着力点，指导行业认真做好承办工作。2017年，大病保险覆盖城乡居民超过10亿人，累计超过1300万人直接受益，患者实际报销比例在基本医保的基础上普遍提高了10～15个百分点，整体报销比例达到70%，个案最高赔付达111.6万元，实现了“政府不多拿一分钱、百姓不多掏一分钱，保障程度水平提高”的目的，缓解了“因病致贫、因病返贫”问题，对于兜实社会保障底线、安定民心发挥了积极作用。

【保险增信】 贷款难、贷款贵是贫困地区产业发展面临的突出问题。保险业通过小额贷款保证保险、借款人意外伤害保险、保单质押等方式为贫困户增信，推动信贷资源向贫困地区投放。2017年，中西部地区通过小额贷款保证保险撬动“三农”以及小微企业融资贷款430.8亿元。各地还积极探索保单质押贷款方式，解决贫困农户融资难问题，如河北省阜平县农户利用农险保单质押向当地合作银行申请贷款，帮助7127户农户获得贷款6.33亿元。

【保险资金运用扶贫】 保险业积极发挥保险资金长期投资优势，为贫困地区产业项目发展提供资金支持，助推产业脱贫。如中国人民保险集团设立250亿元的支农支小资管产品，在河北、陕西、河南等22省市开展“农业保险+扶贫小额信贷保证保险+保险资金支农融资”试点。中国保险业产业扶贫投资基金以市场化的方式，专项用于贫困地区资源开发、产业园区建设、新型城镇化发展等领域。截至2017年底，已投资河北阜平、贵州惠水等贫困地区的产业扶贫项目4.5亿元。

【定点扶贫】 原保监会定点帮扶内蒙古自治区乌兰察布市察右中旗和察右后旗两个国家扶贫开发工作重点旗（县），坚持把定点扶贫工作作为一项重大政治任务，突出保险特色，发挥保险功能和行业优势，精准对接两旗多元化保险保障和产业发展需求，取得积极成效。

派出2名处级干部，分别担任察右中旗和察右后旗副旗长，选派两名优秀青年科级干部分别派驻察右中旗巴音乡小海子村、察右后旗白音察干镇西泉村任第一书记。5月，组织两旗扶贫干部赴河北省阜平县考察金融扶贫工作创新模式。11月，在两旗举办2期电子商务培训，在察右后旗举办抓党建促脱贫攻坚工作业务骨干培训。认真梳理总结定点扶贫工作典型，利用网站、电视、报刊、简报等宣传报道优秀扶贫案例和扶贫干部事迹。

与内蒙古扶贫办联合印发建设保险业助推脱贫攻示范旗县实施方案，在帮扶旗县实施“基本+特色”保险保障计划。稳步推进政策性种植业保险，因地制宜开展马铃薯目标价格保险试点，积极拓展肉牛养殖保险。全面实施城乡居民大病保险制度，对两旗大病保险实施“一降一提”的倾斜性支付政策，覆盖两旗3.5万贫困人口，贫困群众实际报销比例普遍提高15个百分点，察右中旗为每位建档立卡贫困户购买补充商业医疗保险，有效防止“因病致贫，因病返贫”。

2017年，向两旗拨付140万元资金，重点用于基础设施建设，实施产业扶贫，开展“送温暖”活动。2017年向两旗拨付基层组织建设经费261.5万元，主要用于村党建活动阵地、农牧民科技培训基地建设和村党建活动阵地建设。积极发动和整合行业力量，引导行业通过各种形式参与定点扶贫工作。推动“7.8千米保险扶贫公益跑”项目落地两旗，中国平安人寿保险股份有限公司、安华农业保险股份有限公司为两旗捐赠扶贫保险，覆盖两旗共计7566位贫困人口，保障金额1.6亿元。

（中国银行保险监督管理委员会
陈元浩）

中国证券监督管理委员会扶贫

【概述】 2017年，中国证券监督管理委员会（以下简称“证监会”）认真贯彻落实中共中央总书记习近平关于扶贫工作的一系列重要讲话和指示批示精神，坚持按照《中国证监会关于发挥资本市场作用服务国家脱贫攻坚战略的意见》，把脱贫攻坚作为政治任务，全面落实精准扶贫方略，确保实现目标。在加强组织领导方面，落实脱贫攻坚一把手负责制，明确党委书记是第一责任人，每位会党委成员和沪深交易所党委书记都联系一个定点扶贫县，不脱贫不脱钩。在利用多层次资本市场融资方面，充分发挥“绿色通道”政策效应，有10家贫困县企业通过发行上市，59家公司在新三板挂牌。交易所债券市场累计发行扶贫公司债和资产支持证券13只。在动员行业力量方面，继续倡议证券期货经营机构开展“一司一县”“一县一企”“一司一结对”帮扶贫困县，形成了全行业广泛参与脱贫攻坚的格局。对上市公司年度报告和半年度报告信息披露内容与格式准则进行修订，新增上市公司支持扶贫开发的信息披露要求，鼓励公司披露精准扶贫规划、成效等方面信息，推动上市公司开展精准扶贫。针对苹果主产区与我国重点贫困区域高度重合，于2017年12月研究推出苹果期货合约，稳步扩大“保险+期货”项目，稳定农业生产、保障农民增收。在聚焦深度贫困地区方面，会同中国人民银行等部门于2017年12月出台《关于金融支持深度贫困地区脱贫攻坚的意见》，引导相对发达地区的资金、人才、技术流向深度贫困地区，加快深度贫困地区融资步伐，让资本市场融资功能惠及深度贫困地区。在推进定点扶贫工作方面，继续定点帮扶6个省区9个县，2月27日兰考县在全国率先实现脱贫。2017年中央单位定点扶贫工作考核中，证监会被国务院扶贫开发领导小组考评为“好”的等次。

【深度贫困地区脱贫攻坚】 12月，出台《关于金融支持深度贫困地区脱贫攻坚的意见》，对深度贫困地区符合条件的企业首次公开发行股票、全国中小企业股份转让系统挂牌、发行公司债、资产支持证券、并购重组加快审核，实行“即报即审、审过即发”等。先后选派4名同志，到四川省凉山彝族自治州、湖南省湘西土家族苗族自治州、甘肃省天水市等地挂职工作，服务提升深度贫困地区利用资本市场加快发展的水平。大连商品交易所把甘肃省天水市秦安县作为重点帮扶单位，帮助天水及秦安经济发展和脱贫工作，支持期货公司在秦安县开展场外期权试点，将现代金融工具推广到深度贫困县。陕西盘龙药业集团股份有限公司于11月16日在深交所挂牌上市，募集资金2.17亿元，是全国首家深度贫困地区上市企业，也是陕西省贫困县第一家上市公司，直接带动9000余人脱贫致富。有33家深度贫困地区企业在新三板挂牌。交易所债券市场已累计在深度贫困地区发行扶贫公司债和资产支持证券5只，发行金额19.5亿元。11月3日，全国首单社会责任公司债——宜昌长乐投资集团有限公司非公开发行2017年社会责任公司债在上海证券交易所（以下简称“上交所”）挂牌上市，发行规模5亿元，募集资金将全部用于湖北五峰土家族自治县的精准扶贫项目，直接惠及五峰县 4125 户、12132 位建档立卡贫困居民。

【资本市场融资扶贫】 有 10 家贫困县企业通过“绿色通道”政策发行上市，募集资金共计 32 亿元。59 家公司在新三板挂牌。交易所债券市场累计发行扶贫公司债和资产支持证券 13 只，发行金额 59 亿元。1 月 24 日，安徽集友新材料股份有限公司在上交所上市，成为全国首家适用证监会“绿色通道”政策上市的企业。安徽集友新材料股份有限公司募投项目建成投产后，全县新增 500 个以上就业岗位，直接增加贫困群众工资性收入 2500 万元。证券期货经营机构开展结对帮扶贫困县行动，已有 96 家证券公司结对帮扶 234 个国家级贫困县，宁夏、江西实现“一司一县”结对帮扶全覆盖。9 月，再次发出“一县一企”倡议，推动证券公司通过引进产业投资、设立产业扶贫引导基金、企业并购重组等方式，对贫困地区企业规范公司治理，改善融资途径。证券公司帮助贫困地区企业融资金额近 775 亿元。组织系统单位和行业机构招录 32 名新疆籍少数民族大学毕业生到内地工作。

【期货服务“三农”】 针对苹果主产区与我国重点贫困区域高度重合，经研究论证于 12 月 22 日推出苹果期货合约在郑州商品交易所（以下简称“郑商所”）挂牌交易。与此同时，扩大“保险 + 期货”项目试点，郑州、大连、上海三家期货交易所对“保险 + 期货”项目保费进行补贴，共立项“保险 + 期货”项目 110 个，其中 55 个项目涉及国家扶贫开发工作重点县，补贴项目保费总计约 1.5 亿元。上海期货交易所天然橡胶“保险 + 期货”精准扶贫项目于 2017 年 5 月启动。获批项目总计 23 个，覆盖了云南、海南 14 个贫困区县，挂钩天然橡胶现货产量约 3.6 万吨，种植面积约 40 万亩，受益胶农达 2.3 万余户，其中建档立卡户 7279 户，涉及 18 个少数民族 1.3 万余户。72 家期货经营机构结对帮扶贫困地区，签订了 103 份结对帮扶协议。期货公司投入扶贫资金共计 9654.82 万元。

【产业扶贫】 证监会对上市公司年度报告和半年度报告内容与格式准则进行修订，新增上市公司支持扶贫开发的信息披露要求，鼓励公司披露精准扶贫规划、成效等方面信息。已有 854 家上市公司披露了扶贫工作情况，开展产业扶贫项目超过 4300 个，投入了 208 亿元，直接帮助超 54 万建档立卡贫困人口脱贫。从披露情况看，牧原食品股份有限公司摸索实施“地方政府 + 金融机构 + 龙头企业 + 贫困户 + 合作社”的“5 +”资产收益扶贫模式，完成扶贫产业投资 215.16 亿元，直接帮扶建档立卡贫困户 30 万人。山东东阿阿胶股份有限公司对贫困户实施“政企农结合养驴扶贫模式”。先后投入扶贫资金 2 亿元，辐射带动投资 15 亿元，在山东等地建立养殖基地 20 多个，帮扶 6 万多贫困人口实现脱贫。牧原食品股份有限公司秦英林、山东东阿阿胶股份有限公司秦玉峰分别荣获 2017 年全国脱贫攻坚奖“奉献奖”。苏宁云商集团股份有限公司 2017 年推出“电商扶贫实训店”扶贫模式，通过属地化公司注册、对建档立卡贫困人员定向就业实训、线上线下营销技能培养、服务业务承接等方式，实现就业扶贫、培训扶贫在当地的落地。同时，以“前店后厂”的方式，推动“农产品上行”和“工业品下行”，激活农村电商潜力。

【扶贫培训】 8 月，举办金融扶贫专题研讨班。40 名来自证监会对口扶贫县（区）以及所在省扶贫办负责人等参加，重点介绍资本市场服务地方实体经济发展、防控金融风险的相关政策。上交所组织面向宿松县基层干部、扶贫专业技术人才、定点帮扶对象开展干部专业知识和生产技能培训 8 次，累计参训人员 500 余人。上海期货交易所在兰考县举办太湖青年干部培训班，在太湖县举办第五期金融专题培训班，共对 80 名太湖干部及企业负责人进行培训。各证券公司在贫困地区开展资本市场教育培训活动近300场，5万余人次接受教育培训。期货行业累计举办了103场培训，累计培训8700余人次。

【教育扶贫】　深圳证券交易所（以下简称“深交所”）引导社会资源支持新疆维吾尔自治区麦盖提县教育扶贫，会员单位出资3600万元支持麦盖提县教育事业，其中出资600万元捐建连心桥幼儿园，帮助当地272名儿童实现就近入园。聘请北京专家团队培训全县幼儿教师920人次。出资1500万元设立“园丁教育基金”，奖励在当地无私奉献、扎根基层的教师队伍。郑商所投入扶贫助学专项资金204.8万元，资助新县、兰考、桐柏三县1266名贫困学生。

【健康扶贫】　上海证券交易所公益基金会2017年全年共投入资金1542.20万元，实施了6个教育和医疗类公益项目。其中“行走的渴望——文山州因战致残人员假肢安装维护”项目被评为2017年上海市东西部扶贫协作和对口支援工作“十大典型案例”，“格桑花之爱——高原儿童医疗援助”项目获得陆家嘴年度公益榜“社会责任实践奖”。深交所出资150万元购买救护车及配套医疗器械设备，改善武山县医疗卫生条件。郑商所在桐柏县预计投入资金1000万元，开展“基层（乡镇和村）医疗卫生机构医疗设备支持项目”，涵盖全县15个乡镇和行政村。

【扶贫信息平台】　中证机构间报价系统股份有限公司建立中国金融扶贫综合服务平台，扶贫平台汇聚了102家证券公司的2678条扶贫数据，发布行业扶贫新闻、扶贫动态、典型案例、专题报告等164条，汇总整理证券行业扶贫动态15期。上架59个县域、108家企业的391款产品，线上线下销售金额总计610.95万元。扶贫平台展示贫困县域的基本情况，为贫困地区企业融资需求提供融资平台的服务。展示56个贫困县域的县域信息，共有20个融资项目在扶贫平台融资，对接产业扶贫基金8支，规模8.34亿元，组织培训、交流、路演等增值服务7场。

【扶贫宣传】　“七一”建党96周年之际，证监会党委署名在《中国扶贫》杂志刊发《不忘初心 全力推进资本市场服务脱贫攻坚》。《金融舆情简报》《农村要情》《扶贫简报》《扶贫信息》《金融博览》《国际金融报》《上海证券报》等先后刊发证监会扶贫工作开展情况。人民日报、新华社、中央电视台等先后多次对证监会兰考扶贫模式、湖北十堰郧阳扶贫模式、“保险+期货”、债券扶贫、期货扶贫等模式进行专题报道。新华社《国内动态清样》全文刊发了西藏证监局开展金融扶贫做法。《国际金融报》累计刊发57篇专题报道和18篇扶贫报道并启动2017中国资本市场扶贫先锋巡礼活动。第四个国家扶贫日，证监会组织召开资本市场助力脱贫攻坚交流会暨证券行业扶贫成果展，举办“证券行业履行社会责任座谈会”并发布《2016年证券公司履行社会责任情况报告暨精准扶贫专题报告》，组织期货扶贫进行时暨苹果期货展。

【定点扶贫】　证监会定点帮扶6个省区9个县，包括河南省兰考县和桐柏县，山西省隰县和汾西县，安徽省宿松县和太湖县，甘肃省武山县，陕西省延长县，新疆维吾尔自治区麦盖提县。2017年证监会全系统直接投入资金8540万元，帮助引进各类资金24.5亿元，实施和帮助引进项目154个，直接推动9个县11.7万贫困人口实现脱贫。党委会成员先后有11人次带队深入到贫困县开展调研。2月，河南兰考县在全国率先实现脱贫。证监会办公厅、市场部、期货部、处罚委、内审部先后到河南兰考县实地考察调研，张庄村与市场部“支部连支部”进行共建。兰考县引进新三板挂牌公司奥吉特生物科技股份有限公司，投资1亿元修建现代化食用菌种植工厂，解决500余人的就业问题。证监会结合兰考县贫困村的实际需求，精准选配第一书记，连续派出

3 任挂职干部到兰考县东坝头乡张庄村担任第一书记，2017 年 11 月，张庄村当选为全国文明村。深交所投入帮扶资金 747.5 万元，实施武山县农村危房改造项目，解决全县 14 个乡镇 650 户贫困群众住房安全问题。中国金融期货交易所对接中国期货业协会以及 25 家期货公司，在陕西延长县实施“‘长’‘期’携手、一司一产”精准帮扶计划，共协调扶贫资金 1716.5 万元，在全县 34 个重点贫困村实施 34 个产业扶贫项目，涵盖苹果产业 15 个、蔬菜产业 7 个、畜禽养殖业 2 个、菌草种植业 2 个和特色产业 8 个，帮扶贫困户 864 户 1975 人。证券业协会捐赠 1600 万元成立“隰县特困扶贫专项基金”，积极协调北京京东世纪贸易有限公司、宏辉果蔬股份有限公司等企业扶持隰县玉露香梨产业。中国证券投资基金业协会动员行业在汾西县捐赠光伏 + 特色农场项目资金 2355 万元，为该县 8 个乡各建成 1 座 300 千瓦光伏电站，并支持电站下特色农场建设。

【扶贫表彰】 新疆、西藏、宁夏、甘肃、云南、江西等 18 个证监局承担了地方政府扶贫任务。甘肃省脱贫攻坚帮扶工作协调领导小组对 2017 年帮扶工作先进典型进行表彰，授予中国证监会“先进帮扶单位”荣誉称号。甘肃证监局泾川县罗汉洞乡吕家拉村驻村帮扶工作队被授予“先进驻村帮扶工作队”荣誉称号。西藏证监局驻村工作队获“自治区创先争优强基础惠民生活动先进驻村（居）工作队”荣誉称号。新疆证监局被评为自治区“访惠聚”驻村工作优秀组织单位，新疆证监局驻村工作队被评为自治区“访惠聚”驻村工作先进工作队，邹新京、郭松林被评为自治区“访惠聚”驻村工作先进工作者。云南证监局翟书晓荣获云南省 2017 年度脱贫攻坚奖“扶贫先进工作者”荣誉称号。河北证监局驻阳原县东城镇辛旺庄村工作队张坚被河北省委组织部评为“优秀驻村第一书记”、付莉鹏被评为“优秀驻村队员”。青海证监局张绍鹏被青海省委省政府评为“青海省脱贫攻坚先进个人”。

（中国证券监督管理委员会扶贫办
杨志海）

中国铁路总公司扶贫

【概述】 2017 年，中国铁路总公司（以下简称“铁路总公司”）把铁路扶贫工作摆在更加突出的位置。党组书记、总经理、扶贫开发领导小组组长陆东福到勉县、和田县现场调研。总公司党组其他成员按照统一安排，结合分工抓好相关任务落实。通过党组会议、扶贫开发领导小组会议、总公司电视电话会议等形式安排具体事项。突出强基达标、提质增效工作主题，开展扶贫工作“回头看”，充实铁路总公司和各铁路局集团公司扶贫开发领导小组，制定落实《扶贫资金审批（备案）程序》，定期通报扶贫工作进展情况，全面推进铁路建设扶贫、运输扶贫、定点扶贫工作。全年，铁路扶贫干部和扶贫工作获得 35 项县级以上荣誉。

【贫困地区铁路建设】 铁路总公司以中西部和贫困地区为重点，加大铁路建设力度。中卫—兰州高铁、白河—敦化铁路、克塔铁路铁厂沟—塔城段、乌北—准东铁路扩能、成昆铁路昆广达速扩能改造工程、焦柳铁路怀化—柳州电化改造等项目开工建设，宝鸡—兰州高铁、西安—成都高铁、兰渝铁路、南昆铁路南宁—百色段增二线等中西部地区重大项目顺利投产。2017 年，中西部完成铁路基建投资 3960 亿元，14 个集中连片贫困地区完成铁路基建投资 3360 亿元。全面加强百项交通扶贫骨干通道工程建设，16 项铁路项目开工 12 项，完成铁路基建投资 528 亿元，项目推进中优先选用贫困地区人力物力，用于支付劳务人员工资、租赁机械、采购生产生活物资等费用 48.3 亿元；开展当地劳务人员技能培训 2.6 万人次；推动把临建工程打造成为贫困地区基础设施，修建乡村道路 2381 千米，打井 224 口，建设通信基站 45 个，进一步发挥铁路建设对贫困地区经济社会发展的拉动作用。

【贫困地区旅客运输】 铁路总公司运用新开通铁路运能，大量增开途经贫困地区的旅客列车。开通兰渝铁路等线路，结束了甘、陕、川、渝等沿线贫困地区不通铁路的历史，开通西成、渝黔客专，进一步改善“蜀道难”的状况。途经 592 个国家级扶贫工作重点县的旅客列车达 1651 列，占全国铁路旅客列车总数 21.6%；发送旅客 8890 万人次，同比增长 12.8%，高于全国铁路平均增幅 3.2 个百分点。印发《关于开好公益性“慢火车” 服务老少边穷地区脱贫攻坚的意见》《关于加强公益性“慢火车”安全服务工作的通知》《关于做好“慢火车”客车车辆相关工作的通知》，合理安排途经老少边穷地区“绿皮车”开行对数、停站、停点，改善站车条件、改造列车内部结构和设施，方便贫困群众携带生鲜农副产品进站上车。全国铁路开行公益性“慢火车”81 对，经停 530 个车站，途经 35 个少数民族地区，覆盖 21 个省区市，发送旅客 2246.1 万人次。“慢火车”被贫困群众誉为“赶集车”“大篷车”“连心车”。在铁路运力无法覆盖的贫困地区，与当地政府、企业共同建设客货运输服务功能完备、公铁无缝接驳的无轨车站，老少边穷地区建成投用 70 个高铁无轨站。

【重点物资运输】 铁路总公司加强与贫困地区地方政府和重点企业的沟通协调，根据地方经济发展需求优化运输组织，提供安全可靠、适应需求、群众欢迎的货物运输产品。14 个集中连片特困地区铁路发送运量 1.65 亿吨，同比增加 2478 万吨、增长 18%；到达运量 0.93 亿吨，同比增加 1439 万吨、增长 18%。全面落实国家运价政策，在对整车化肥、黄磷、粮食等物资减免铁路建设基金基础上，结合市场价格情况，对贫困地区发送的 3000 多万吨货物实行运价下调政策，为当地企业节省运费 9 亿元，全面助力贫困地区经济社会发展。

【旅游扶贫】 铁路总公司持续探索“铁路扶贫 + 旅游”模式，召开铁路旅游扶贫工作现场会，推动铁路旅游企业与当地政府签订旅游战略合作协议，联手开展大美新疆、绚丽甘肃、亮丽内蒙古、奇境栾川等旅游主题推介活动，共同开发地域特色鲜明、比较优势明显的铁路旅游产品，协商制定专列、高铁等不同层面的优惠政策，帮助地方政府深度开发贫困地区旅游资源。全年，向贫困地区开行旅游专列 309 列，发送 17.99 万人。加强贫困地区特色旅游资源宣传，运用 12306 及 95306 网站持续推介，通过在车站设置固定广告牌、为列车冠名、将相关内容布装于列车广告等方式加大宣传力度，提升贫困地区旅游资源知名度。

【连片特困地区扶贫攻坚】 铁路总公司参与并配合科学技术部、国家铁路局联系秦巴山片区脱贫攻坚工作。大力推进郑万、西成高铁、阳安复线铁路等在建项目，完成铁路基建投资 770 亿元，基本形成由西成客专、宝成、襄渝、西康、宁西、阳安、兰渝、广元—巴中等铁路构成的铁路网骨架，路网规模 3108 千米，其中高速铁路 355 千米，路网密度 141.27 千米/万平方千米，人均路网里程 1.10 千米/万人，均高于全国平均水平。抓住西成客专开通运营契机，在朝天、青川、城固、洋县、宁强、佛坪等县首次通达动车组列车。在片区 8 个高铁车站、28 个普速车站日均安排列车 281 列，其中高铁 109 列。2017 年发送 1199.2 万人次，其中高铁 71.5 万人次。加大运力倾斜力度，发送货物运量 893 万吨，同比增加 195 万吨、增长 28%；到达货物运量 1206 万吨，同比增加 272 万吨、增长 29%，对片区发送的 122 万吨货物，实行运价下浮政策，为当地企业节省运费 3000 余万元。助推旅游产业开发，向片区开行旅游专列 19 列，发送 6088 人次，支持土特产品在 15 个车站 145 列列车上销售。

【扶贫宣传】 铁路总公司统筹铁路内部、外部宣传资源，营造浓厚的扶贫氛围。抓住宝兰、西成等贫困地区重点铁路工程开工、开通节点，在中央媒体上展示铁路改善民生、助力脱贫等成效。围绕开行公益性“慢火车”，在新闻媒体上推出“绿皮车那些事儿”“移动在大凉山的索玛花”等报道。通过中央电视台《新春走基层》栏目，宣传铁路驻村第一书记带领村民脱贫致富的典型事迹，推出专题节目“驻村第一书记的山货节”，并在《工人日报》等 70 余家媒体上做了报道。扶贫日前夕，在《人民铁道》报一版头条推出“铁肩担重责 彰显新作为——党的十八大以来铁路推进扶贫工作综述”；扶贫日当天，组织《人民铁道》报刊发铁路扶贫消息，推出“草原上开来慢火车”图片专版和“那些穿行在深山里的慢火车”等整版报道。2017 年，中央媒体推出铁路扶贫宣传报道 900 余篇（条），《人民铁道》报等铁路内部媒体刊发消息、通信等 211 篇。

【定点扶贫概述】 铁路总公司定点扶贫河南省栾川县、陕西省勉县、宁夏回族自治区固原市原州区、新疆维吾尔自治区和田县。铁路总公司本级和郑州、西安、兰州、乌鲁木齐局集团公司选派挂职干部 4 名、驻村第一书记 13 名、驻村工作队员 38 名，22 次深入现场调研、对接项目，46 次深入定点扶贫县（区）检查督导。选定 14 个产业、文化等扶贫项目，直接投入 1604.5 万元，点对点帮扶贫困村和建档立卡户，直接帮扶1289户建档立卡户4180人。结合阳（平关）安（康）二线铁路建设，投入4000万元实施勉县境内公铁立交项目。向定点扶贫县拨付120万元党建专项经费，在7个扶贫村修缮、建立党员活动室。在勉县开展基层党支部“组织共建、队伍共管、困难共帮、资源共享”活动，在和田县开展党组织“五星级”创建活动，抓党建促扶贫。各铁路局集团公司按照省级党委政府的部署，选派驻村第一书记20名、驻村工作队员18名，投入1469万元，实施78个帮扶项目，帮扶46个村。

【产业扶贫】　铁路总公司落实精准扶贫精准脱贫方略，投入栾川县300万元，资助白土镇槲树庙村农宿改造、白土镇辽宁五味子种植、陶湾镇协心村民宿改造及生态观光园建设、潭头镇东山村羊养殖、潭头镇大王庙村驴养殖5个项目，帮扶354户建档立卡户942人；投入原州区450万元，资助彭堡镇蒋口村、河川乡民川村、张易镇张易村、黄铎堡镇和润村和开城镇下青石村5个村补栏基础母牛806头，新建养殖圈棚共347栋，帮扶480户建档立卡户1515人；投入和田县450万元，资助色格孜库勒乡色格孜库勒村搭建葡萄架2800米、新建葡萄晾干房60座，吾尔奴西村新建葡萄立架130亩，资助朗如乡迫普那村和罕艾日克镇拉依喀村新建庭院棚圈和葡萄架、购买牛羊鸡鹅，发展庭院经济，帮扶326户建档立卡户1346人。腾让企业内部市场，组织扶贫县部分农副产品进铁路企业，入职工食堂，组织土特产品在201列列车和31个车站销售，推动解决农副产品销售难问题。

【教育扶贫】　铁路总公司坚持扶贫与扶志扶智相结合，组织当地政府工作人员、扶贫挂职干部乘坐西安—成都、兰州—张掖等高铁，体验公益性“慢火车”，开拓帮困视野。举办脱贫攻坚干部培训班和劳动力就业培训班、养殖技术培训班等20期，培训扶贫干部和贫困群众1055人。向固原希望中学捐赠90台电脑并配备教学软件，为教师提供专业培训。为秦巴山片区、新疆和田等地16个学校购置图书21400余册。筹措20余万元维修和田县乡村小学校园设施，为贫困学生捐助6万余元学习生活用品。筹措茅台集团公益资金50万元，资助栾川县等100名农村困难学生圆了大学梦。

【民族融合发展】　铁路总公司在和田县深化“访民情、惠民生、聚民心”活动，组织驻村干部坚持大村每季入户走访1次、中村两月走访1次、小村每月走访1次，全年，共入户走访10230户，收集困难诉求823件，解决712件。开展“民族团结一家亲”活动，组织65名干部职工与贫困户结对认亲，深入农户5轮331人次，现场为贫困户排忧解难。依托文化阵地举行升国旗仪式，2017年，有贫困群众10万人次参加；在节假日举办文艺演出200余场次，组织篮球赛等300余场次。投入142万元资助和田县拉依喀乡、罕艾日克镇的三个村加强村级文化阵地建设，完善村委会基础设施，为村委会新建篮球场、村民大舞台。深入开展慰问活动，冬季为458户村民发放煤炭50吨，慰问宗教人士、四老人员、贫困户1628户，发放价值4万元的面米油和其他生活急需品。

（中国铁路总公司办公厅　郭新杰）

国家开发银行扶贫

【概述】 2017年，国家开发银行（以下简称“开发银行”）按照“融制、融资、融智”的“三融”扶贫策略，“易地扶贫搬迁到省、基础设施到县、产业发展到村(户)、教育资助到户（人）”的“四到”思路方法，大力实施深度贫困地区脱贫攻坚、东西部扶贫协作和定点扶贫“三大行动”，不断加大脱贫攻坚工作力度，切实发挥开发性金融在脱贫攻坚中的先锋引领和金融主力军作用。截至2017年底，开发银行累计发放精准扶贫贷款1.36万亿元，贷款余额1.11万亿元，全年新增发放4445亿元，覆盖983个国家级和省级贫困县。

【易地扶贫搬迁】 开发银行召开易地扶贫搬迁工作推动会，积极支持地方政府理顺资金运作机制，开辟信贷审批绿色通道，合理有序投放资金。同时，配合国务院多部门参与联合督导检查，加强对易地扶贫搬迁专项资金和项目建设的监管，并帮助和推动地方政府制定易地扶贫搬迁资金项目管理办法，通过资金监管实现对易地扶贫搬迁工程建设和质量等全过程、全方位监督管理，确保资金用得准、用得好、无风险。截至2017年底，开发银行已累计承诺易地扶贫搬迁贷款4483亿元，将惠及911万建档立卡贫困人口；累计发放871亿元，实现全年新增发放560亿元；审批专项建设基金216亿元，投放199亿元。

【基础设施建设】 开发银行围绕村组道路、安全饮水、环境整治、校安工程等农村基础设施的“短板”，大力推进贫困村提升工程。在资产质量分类、信用评级、考核等方面研究制定支持贫困村提升工程的差异化信贷政策，进一步加大支持力度。2017年，发放贷款贫困村提升工程贷款1752亿元，其中采用统筹财政涉农资金模式发放贷款1393亿元，支持建设村组道路31万千米、校安工程4762个、农村危旧房改造8.9万套，解决2316万人的安全饮水和2.4万个建档立卡贫困村的环境整治问题，惠及541个贫困县、4万个建档立卡贫困村、1895万贫困人口。此外，开发银行按照“加快交通、水利、电力建设”的有关要求，与交通部、水利部等有关部委大力合作，不断加大对贫困地区交通、水利、电力等重大基础设施的支持力度，累计发放贷款7341亿元。

【产业扶贫】 2017年，开发银行发放产业扶贫贷款652亿元，覆盖145个贫困县，带动26万建档立卡贫困人口，并探索形成符合开发银行特点和贫困地区实际的业务模式。一是与央企、国企、地方行业龙头企业开展合作，将龙头企业的市场优势、行业优势与贫困地区的资源优势有机结合，并通过签订购销合同、吸纳就业、土地流转、分红等方式，构建龙头企业与贫困人口间利益联结机制，2017年新增发放558亿元。二是加大对储备林、油茶等林业扶贫项目的融资支持，累计发放177亿元，并通过林地租赁、吸纳就业等方式切实带动贫困户增收脱贫。例如针对国家储备林建设项目，开发银行通过创新储备林建设融资机制，把小而散的造林项目和产业扶贫项目整合起来，将储备林扶贫工程打造成全产业扶贫的精品工程，使其成为政策性、商业性金融共同进入的产业扶贫领域。三是针对贫困农户和企业小而散、贷款难的特点，完善推广“四台一会”（管理平台、统贷平台、担保平台、公示平台、信用协会）贷款模式，以批发的方式支持农村新型经营主体和贫困农户发展产业，2017 年新增发放 63 亿元。四是开展扶贫转贷款试点，将开发银行批发优势和中小商业银行零售优势有机结合，向 8 家银行发放 31 亿元。

【教育扶贫】　开发银行扩大助学贷款覆盖范围，新增覆盖 143 个区县，受理金额增长 10%，受理人数增长 10%。实现高校、科研院所、党校、行政学院、会计学院等培养单位全覆盖，全日制普通本专科生、研究生、预科生全覆盖。全面提升服务水平，简化建档立卡户、城乡低保户等学生办贷手续，通过设立 448 个高中和乡镇中心受理点，在 1017 个区县开展电子合同试点等工作，实现“家门口办贷款”“电子化办贷款”。创新业务发展，印发《关于生源地信用助学贷款风险补偿金结余奖励和亏空分担的指导意见》，加大对各地学生资助管理中心的奖励引导。积极促进就业创业，通过举办招聘会、开办青年创业贷款和小额贷款支持学生就业创业，累计在云南等 18 省联合 1.4 万家企业举办 42 场专场招聘会，提供岗位 19.6 万个，惠及学生 34.3 万人次。截至 2017 年底，累计发放助学贷款达 1360 亿元，其中 2017 年发放 252 亿元，累计支持家庭经济困难学生 2220 万人次，支持人数突破 1000 万人，文件电子化县数突破 1000 个。

【银政合作】　开发银行充分发挥开发性金融优势与作用，聚合政府、市场、企业、社会各方力量，构建公众受益、公众参与、公众监督的大扶贫格局。加强与中央农村工作领导小组办公室、国家发展和改革委员会、财政部、国务院扶贫办、原中国银行业监督管理委员会等部门的沟通联系，多次开展联合调研，汇报扶贫工作进展，提出政策建议，参与政策创设。与国家发展和改革委员会联合印发《关于开发性金融支持特色小（城）镇建设促进脱贫攻坚的意见》，探索以特色小（城）镇建设带动脱贫攻坚的方式方法；印发《关于开展开发性金融支持返乡创业促进脱贫攻坚有关工作的通知》，以支持返乡创业提升贫困地区内生动力。与工业和信息化部联合印发《关于开发性金融支持特色产业精准扶贫项目试点和矿物功能材料产业示范基地建设的通知》。与国土资源部探索利用土地指标交易机制支持基础设施建设的业务模式，与商务部联合推动精准扶贫追溯体系建设等工作。此外，积极推动省、市、县三级扶贫开发金融合作办公室建设，创新脱贫攻坚工作机制。截至 2017 年底，已在内蒙古、黑龙江、安徽等 14 个省份建立各级合作办 154 个，落实与贫困地区各级政府脱贫攻坚合作协议 25 份。

【融智扶志】　开发银行发挥专家银行的优势，通过编制规划、咨询服务和开展培训等方式，为贫困地区脱贫攻坚提供智力支持。一是探索规划咨询服务。通过深入调研，考察扶贫项目、走访贫困群众、听取政府意见，研究分析当地资源优势和制约因素，编制完成规划咨询报告 34 篇，为河南省卢氏县、河北省张家口市、湖南省大湘西地区编制规划咨询报告，探索脱贫攻坚融智服务新方式取得成功，并以中央国家机关定点扶贫县或深度贫困县为重点，开展贫困县脱贫攻坚规划咨询工作。二是开展贫困地区地方干部培训。全年举办 12 期地方干部培训班，培训贫困地区干部 1281 人次，实现 14 个集中连片特困地区全覆盖，有效提升了地方干部运用金融手段推进脱贫攻坚的意识和能力。聚焦深度贫困地区，先后组织举办了四川凉山、甘肃临夏、云南怒江 3 期地方干部研讨班，培训 31 个深度贫困县 330 余名地方干部，取得了实实在在的成效。三是加强对贫困地区的人才支持。进一步发挥金融扶贫专员作用，制定《关于建立与贫困县（村）和扶贫金融专员联系机制的工作方案》，不断提高扶贫金融专员的服务能力和水平。2017 年，开发银行向贫困地区派驻各类扶贫干部 217 人，除扶贫金融专员外，向 21 个贫困村派驻了 15 名第一书记，35 名驻村干部，此外还向 8 个贫困县派驻扶贫挂职干部 8 名，为贫困地区脱贫攻坚提供了有力的人才智力支持。

【三大行动】 2017 年，开发银行聚焦重点提出实施深度贫困地区脱贫攻坚、东西部扶贫协作、定点扶贫“三大行动”，这是开发性金融决战脱贫攻坚的又一超常规举措。深度贫困地区脱贫攻坚方面，提出“信贷政策最优、贷款定价最优、审批流程最优、资源配置最优、服务方式最优”的“五个最优”工作原则，全面加大支持力度，累计向 23 个省确定的深度贫困县发放 3449 亿元，其中向“三区三州”深度贫困地区发放 1649 亿元。东西部扶贫协作方面，开发银行 14 家东部分行、16 家西部分行建立了东西部扶贫协作工作机制，与结对帮扶地方政府签署四方合作协议，形成支持合力。制定东西部扶贫协作考核办法，要求每家东部分行为西部贫困地区每年至少引进 1 ~2 家企业，并积极提供融资支持。定点扶贫方面，在做好对自身 4 个贫困县定点帮扶工作的同时，开发银行将中央国家机关的组织协调、政策保障和行业管理等优势与自身融资融智优势相结合，积极探索合力推进定点扶贫的新路子。先后与 89 个中央国家机关建立合作关系，参与 89 个贫困县的扶贫规划和 129 个贫困县融资方案的编制，向 230 个贫困县发放贷款 1043 亿元。

【定点扶贫】 2017 年，开发银行向四川省古蔺县，贵州省务川县、正安县、道真县 4 个定点扶贫县发放贷款 70.2 亿元，安排捐赠资金 1040 万元，帮助 3.5 万户 14 万人脱贫，132 个贫困村达到脱贫标准。一是强化组织领导。开发银行成立了以胡怀邦董事长为组长，周清玉副行长、扶贫金融事业部副总裁孟亚平任副组长，10 家总行部门和 2 家分行为成员的定点扶贫工作领导小组。二是加强调研推动。开发银行党委班子成员先后赴定点县开展调研，深入贫困村贫困户，详细了解定点帮扶的进展与成效，全面分析脱贫攻坚遇到的困难与问题，与当地政府共商开发性金融支持定点县脱贫攻坚策略。三是召开专题座谈会。2017 年 9 月，在正安县召开定点扶贫工作座谈会，结合定点县实际情况全面部署定点扶贫工作，并督促地方政府履行脱贫攻坚主体责任。四是加强规划编制。开发银行参与和支持定点县扶贫开发规划编制，并重点做好系统性融资规划的编制工作，设计融资方案和支持模式，确保扶贫开发落地实施。为古蔺县编写《古蔺县脱贫攻坚重点领域融资规划》，并组织专家编写《古蔺县能源、旅游、农特产业发展建议》，以发展顾问等形式主动帮助古蔺县加强扶贫开发投融资主体建设，推动项目融资和规划建设等工作。组织专门力量为务川县、正安县、道真县编制《脱贫攻坚融资规划研究》，就定点县脱贫攻坚提出融资政策建议，助力当地实现科学可持续发展。五是举办“地方干部培训班”。为帮助地方干部更好地了解国家脱贫攻坚的方针政策、掌握金融扶贫的先进理念和方法，开发银行坚持每年为 4 县干部举办“扶贫开发地方干部培训班”，已成功举办 6 期，累计培训干部 188 人次。六是加强干部交流。开发银行与 4 县建立人才双向交流机制，2017 年向每个定点县派驻 1 名挂职干部，并向四川古蔺派驻 1 名驻村第一书记，协助地方政府开展扶贫开发工作。同时，接收定点县 3 名干部到开发银行交流挂职，为地方政府培养金融人才。

（国家开发银行扶贫金融事业部
张　波）

中国农业发展银行扶贫

【概述】 2017年，中国农业发展银行坚持以服务脱贫攻坚统揽支农全局的战略定位，构建全行全力全程扶贫格局。全年累计发放精准扶贫贷款5119.64亿元，精准扶贫贷款余额12649亿元，较年初净增加3636.35亿元。全年向“三区三州”深度贫困地区累放贷款678.9亿元，较年初净增加415.7亿元。易地扶贫搬迁贷款共支持搬迁人口768万人，其中建档立卡贫困人口占68.23%；产业精准扶贫贷款带动454.8万建档立卡贫困人口增产增收；项目精准扶贫贷款平均每亿元服务1.6万余人。获得《半月谈》杂志社“中国金融扶贫突出贡献奖”，中国银行业协会“最佳社会责任实践案例奖”。一位同志获得国务院扶贫开发领导小组颁发的“全国脱贫攻坚奖”。在中央单位定点扶贫试考核中获得“好”的成绩。

【扶贫体制机制建设】 2017年，中国农业发展银行组织召开脱贫攻坚工作会议、助推定点县脱贫攻坚对接推进会、支持深度贫困地区脱贫攻坚现场会等3次全行性会议，对脱贫攻坚工作进行安排部署。调整明确了行领导扶贫包片责任制。在22个脱贫攻坚重点省分行建立扶贫金融事业部分部和执委会，完善了从总行到国定贫困县的四级扶贫金融事业部组织体系。在江西省安远县等13个国家扶贫开发工作重点县增设分支机构。与山西、江西、安徽、新疆、云南、内蒙古6个省区政府签订了《政策性金融扶贫实验示范区合作协议》，签约省份达到8个。修订下发了省级分行、总行机关、扶贫条线支持脱贫攻坚工作考核办法，扶贫激励机制进一步完善。

【扶贫制度建设】 2017年，中国农业发展银行印发《网络扶贫贷款管理办法》，支持国家网络扶贫行动计划。印发《中国农业发展银行易地扶贫搬迁专项贷款办法(2017年修订)》，贯彻落实国家易地扶贫搬迁战略决策，规范易地扶贫搬迁专项贷款管理。印发《中国农业发展银行教育扶贫贷款办法（试行)》，支持国家教育扶贫工程实施。印发《中国农业发展银行扶贫批发贷款办法（试行)》，向银行业金融机构发放贷款，支持农业经营主体发展生产、带贫增收。印发《关于创新产业扶贫模式的意见》，明确产业扶贫贷款的信用保证基金模式、省级实验示范区模式、东西部扶贫协作模式、“万企帮万村”精准扶贫模式、扶贫批发贷款模式和合作共建模式。印发《关于实行扶贫贷款项目清单制管理的通知》，运用项目清单落实精准扶贫要求，加强扶贫贷款精准管理。印发《关于重点支持深度贫困地区打赢脱贫攻坚战的意见》，明确支持深度贫困地区脱贫攻坚的总体要求和工作重点。印发《关于进一步做好精准扶贫贷款认定工作的通知》，完善全行扶贫贷款认定标准、依据、流程和证明材料的管理。印发《关于进一步做好支持“万企帮万村”精准扶贫行动有关工作的通知》，指导“万企帮万村”精准扶贫行动项目库管理，加大对“示范企业”的信贷支持力度。印发《中国农业发展银行扶贫信贷政策指引》，明确扶贫产品、区域、客户信贷策略，实行办贷优先、规模倾斜、利率优惠、期限延长的支持政策，对深度贫困地区给予更加集中的信贷支持和更高的风险容忍度。印发

《关于调整扶贫贷款利率定价政策的通知》，明确扶贫业务各类产品定价。

【精准扶贫管理】 2017 年，中国农业发展银行对接各级政府脱贫攻坚规划，实施扶贫项目清单管理，开展精准扶贫贷款认定，确保支持项目精准、扶持对象精准和资金使用精准。设立精准扶贫管理机构，组织金融精准扶贫贷款政策效果专项检查，开展精准扶贫贷款数据集中整治。

【重大扶贫活动】 2017 年，中国农业发展银行筹办亚太农协第 68 届执委会会议暨“金融服务与减贫”地区政策论坛。出席浙江乌镇世界互联网大会，发表金融支持网络扶贫主旨演讲。与国家发展改革委签订《全面支持网络扶贫框架协议》，与江西、贵州、重庆等省市政府签订网络扶贫合作协议。与交通部联合下发《关于合力做好交通扶贫脱贫攻坚工作的通知》。与农业部、国家发展改革委联合下发《关于做好支持农村大众创业万众创新工作的意见》。与国家旅游局、国家体育总局签订《支持乡村旅游扶贫工程合作协议》《推进体育旅游融合发展战略合作协议》。协办中央国家机关定点扶贫 30 年成果展。

【易地扶贫搬迁】 2017 年，中国农业发展银行积极支持国家“十三五”易地扶贫搬迁规划实施，对接中央提出的 340 万人易地扶贫搬迁任务和各省同步搬迁资金需求，全年累计发放易地扶贫搬迁贷款 758 亿元，年末易地扶贫搬迁贷款余额 2530. 13 亿元，其中中央财政贴息专项贷款余额 937. 73 亿元，份额占国家下达计划的 53. 24%。

【产业扶贫】 2017 年，中国农业发展银行支持贫困地区粮棉油收储、特色农产品、林业、农业产业链、农村土地流转、农村电商服务等产业发展，与全国工商联、扶贫办、光彩会等部门合作开展“万企帮万村”精准扶贫行动，探索推广扶贫批发贷款、信用风险补偿基金“吕梁模式”。全年累计发放产业扶贫贷款 1601 亿元，年末产业扶贫贷款余额 4464 亿元。

【基础设施建设】 2017 年，中国农业发展银行聚焦贫困地区基础设施建设和公共服务均等化，支持贫困地区交通、水利、棚户区改造、特色小镇、人居环境改善等。全年累计发放基础设施扶贫贷款 2625. 51 亿元，年末基础设施扶贫贷款余额 5567. 43 亿元。

【专项扶贫贷款】 中国农业发展银行积极支持国家专项扶贫行动，2017 年累计发放光伏扶贫、旅游扶贫、教育扶贫、网络扶贫、生态扶贫等专项扶贫贷款 263. 33 亿元。

【定点扶贫概述】 2017 年，中国农业发展银行定点帮扶吉林省大安市、广西壮族自治区隆林各族自治县（以下简称“隆林县”）、贵州省锦屏县和云南省马关县，召开助推定点县脱贫攻坚对接推进会，安排部署信贷扶贫、产业对接、扶贫捐赠、培训帮扶及挂职干部“三人小组”等工作。建立健全总行全面统筹、省级分行全力协作、县级支行与挂职干部合力落实的“三级联动”定点帮扶机制。总行、省行领导到定点县专题调研、督导指导扶贫工作 158 次。全年在定点县投入帮扶资金 21. 97 亿元；其中信贷资金 21. 82 亿元，支持项目 19 个，年末贷款余额 90. 26 亿元，服务和带动建档立卡贫困人口 47. 34 万人次。招商引资 8. 59 亿元。定点县（市）全部完成年度脱贫攻坚目标任务，全年实现 5. 01 万建档立卡贫困人口脱贫、42 个建档立卡贫困村摘帽。

【扶贫捐赠】 2017 年，中国农业发展银行向定点县捐赠扶贫资金 1476 万元，用于定点县贫困村村组道路建设、特殊学校及残疾人生活设施改善、贫困学生及贫困户大病救助等扶贫项目，惠及建档立卡贫困人口 6167 名。引导社会力量向定点县爱心捐赠 596. 14 万元。进一步完善了捐赠资金使用与管理制度，确保精准帮扶贫困人口。

【招商引资】　2017年，中国农业发展银行协调40家企业到定点县考察投资，26家企业与定点县政府达成投资意向并签订协议，投资总额40.72亿元。为锦屏县引入羽毛球产业链体系，在隆林县发展畜水产品养殖加工产业，在马关县建设中药材和蔬菜产业基地、124个村级国资商城服务中心和1个县级仓储物流中心，在大安县发展肉鸡一体化产业。

【东西部扶贫协作】　2017年，中国农业发展银行协调5个东部发达地区县级政府与定点县建立结对帮扶关系，因地制宜开展产业、教育、劳务输出扶贫并提供技术、资金支持。协调杭州富阳区政府支援锦屏县财政帮扶资金400万元，安排11名身患残疾的建档立卡贫困人口就业，104名乡村教师和行政干部免费到东部地区学习。协调深圳罗湖区政府支援隆林县财政帮扶资金1300万元，提供建档立卡贫困人口就业岗位100余个。协调福建、江苏地方政府和企业出资200万元发起成立马关县扶贫助学基金，开展农村劳动力转移就业培训10期、768人，帮助建档立卡贫困人口转移就业3393人次，定向提供就业岗位586个。

【扶贫培训】　2017年，中国农业发展银行与定点县政府、苏州干部学院签订定点县扶贫干部帮扶培训协议，从2017年起连续帮扶培训3年、每年3期，覆盖定点县、乡、村各级干部约690人，2017年举办3期、培训230人。全行举办定点扶贫培训13期、培训312人。

【干部挂职扶贫】　向定点县增派挂职干部，成立“三人小组”，参与起草定点县脱贫攻坚规划，制定政策性金融支持脱贫方案，参与设计产业扶贫融资方案，推动当地投融资体系建设，协助政府设立担保基金、风险补偿基金、扶贫开发基金和扶贫助学基金，开展政策性金融扶贫政策宣介、规划对接、项目培育等工作。派驻锦屏县罗丹村第一书记带领村民拓展水果市场，牵线引入南京亚狮龙产业联盟，联络北京301医院专家与村卫生所建立远程诊疗服务联系，帮助贫困群众解决就业、就医困难。

【党建扶贫】　中国农业发展银行坚持以党建统领扶贫工作。基层支部探索实施“三个三工作法”“5+2工作法”“一二三工作法”“一创建两注重工作法”等支部工作方法，促进党建与扶贫业务融合发展。总分支机构深入贫困村开展支部共建活动。驻广西隆林“三人小组”成立“农发行+企业+隆林扶贫开发攻坚战指挥部”的联合扶贫党支部，推动实施“农发行金融扶贫红色工程”。

（中国农业发展银行扶贫综合业务部
常　洁）

中国农业银行扶贫

【概述】 2017年，中国农业银行（以下简称“农业银行”）认真贯彻党中央、国务院脱贫攻坚战略部署，积极落实全国扶贫开发工作会议精神，专门召开全行“三农”金融服务暨金融扶贫工作会议，提出工作要求，确定工作重点：一是持续增加扶贫信贷投放，完成在832个国家扶贫重点县的新增贷款不低于700亿元、贷款增速高于全行的贷款投放目标，支持和带动100万建档立卡贫困人口增收或脱贫的目标。二是着力实施产业金融扶贫，结合贫困地区资源禀赋、产业基础和政府规划，围绕贫困地区列入国家重点规划、重点扶贫工程以及贫困地区新型农业经营主体、特色产业等做好金融服务，助力贫困地区产业发展和脱贫攻坚。三是着力推进精准扶贫，通过执行优惠贷款条件、多方扶贫合作、创新产品模式等，构建贫困户与产业主体、项目主体间的利益联结机制，确保贫困户增收或受益。四是加快推进金融扶贫创新，打造了“政府增信+银政共管”带动扶贫、新型农业经营主体带动扶贫、特色产业带动扶贫等模式和产品，出台了一批区域性金融扶贫政策。

【信贷资金投入】 2017年在832个国家扶贫重点县累计投放各项贷款3718亿元，年末扶贫重点县贷款余额8151亿元，较年初增长15.71%。信贷资金主要投向了基础设施、主导产业和民生项目等重点领域，通过着力支持贫困地区经济发展，实现带动贫困人口增收脱贫。一是着力支持基础设施建设，夯实贫困地区发展基础，年末交通、水利、电力等基础设施贷款余额3059亿元，较年初增长27.34%。二是着力支持特色产业发展，发挥资源禀赋优势，年末涉农贷款余额4634亿元，较年初增长10.57%；旅游业贷款余额114亿元，较年初增长49.5%。三是着力支持民生项目建设，解决群众实际困难，年末农村城镇化贷款余额729亿元，较年初增长23.38%；投向医院和学校的贷款余额57亿元，较年初增长12.74%。

【金融精准扶贫】 2017年全行累计投放精准扶贫贷款1729.2亿元，年末精准扶贫贷款余额2877.9亿元，较年初增加844亿元，带动和服务583万建档立卡贫困人口。一是直接支持建档立卡贫困人口发展生产经营，年末建档立卡贫困人口贷款余额222亿元，较年初增长36.08%，其中扶贫小额信贷93亿元，较年初增长62.45%。二是发挥带动类精准扶贫贷款对贫困人口的带动作用，年末产业精准扶贫和其他个人精准扶贫贷款余额794亿元，较年初增长50.68%，带动51万建档立卡贫困人口增收。三是提高项目精准扶贫贷款对贫困人口的服务作用，年末项目精准扶贫贷款余额1862亿元，较年初增长38.55%，491万建档立卡贫困人口从中受益。

【深度贫困地区扶贫】 召开农业银行深度贫困地区金融扶贫推进会，学习贯彻习近平重要讲话精神，总结交流深度贫困地区典型金融扶贫经验，部署金融支持深度贫困地区的具体措施。出台《中国农业银行关于金融支持深度贫困地区脱贫攻坚的意见》。2017年在“三区三州”深度贫困地区县支行的贷款余额1688亿元，较年初增长14.29%。

【扶贫制度建设】 围绕中央扶贫工作

战略部署，出台《关于做好2017年金融扶贫工作的意见》，全面部署全年金融扶贫工作。制定《中国农业银行精准扶贫信贷政策指引》，允许分行在风险可控的前提下开展精准扶贫信贷业务创新。制定《2017年“三农”信贷政策指引》，加大对集中连片特困地区和建档立卡贫困户的支持力度，围绕“十三五”期间1000万贫困人口易地扶贫搬迁项目、6000个旅游扶贫重点村开发等重点项目以及农业银行定点扶贫县，积极支持产业扶贫、定点扶贫中的金融需求，加大对贫困地区新型农业经营主体支持力度，积极推进政府增信与金融扶贫结合发展。

【扶贫模式】　在风险可控、商业可持续的前提下，大力推进产品和模式创新。一是推广“政府增信+银政共管”模式。政府通过成立专业化担保公司、风险补偿基金等方式出资为客户增信，农业银行按照政府出资的一定比例（一般为8～10倍）发放贷款，并在推荐客户、选择客户、审核客户、监管客户等方面与政府共同管理，截至2017年末，农业银行“政府增信+银政共管”模式已推广到中西部地区17家一级分行、1366家支行，累计发放贷款1355亿元，支持农户240万户。二是推广特色产业带动扶贫模式。基于贫困地区自然禀赋，宜农则农、宜林则林、宜牧则牧，通过发展特色产业，着力帮助贫困地区构建产业发展支撑，破解产业发展瓶颈，营造有利于贫困人口增收脱贫的环境，制定新疆“林果贷”、青海“金穗枸杞贷”等数十个特色农业信贷产品，并启动“百优特色产区专项行动”，在832个国家扶贫重点县精选特色农业优质产区33个，贷款余额达57亿元。三是推广新型农业经营主体带动扶贫模式。通过“农行+龙头企业（合作社、专业大户、家庭农场等）+贫困户”，以安排就业、土地托管、土地经营权入股、签订交易合同等形式，实现新型农业经营主体带动建档立卡贫困户增收，达到“支持一个、带动一批、繁荣一方”的效果，截至2017年末，农业银行新型农业经营主体精准扶贫贷款余额207亿元，比年初增长40.22%，带动贫困人口30余万人增收。

【互联网金融服务】　将互联网金融服务“三农”作为全行一号工程，着力打造“惠农e贷”“惠农e付”“惠农e商”三大模块，并加大“互联网+金融扶贫”在贫困地区的推进。至2017年末，通过惠农通服务点互联网升级，767个贫困县的17.6万农企农户实现“触网”，在近700个贫困县上线了“惠农e商”平台，与商务部“电商扶贫频道”对接，为贫困地区、贫困农户的特色产品销售打造网上通道。

【定点扶贫】　认真做好河北省饶阳县和武强县、贵州省黄平县、重庆市秀山县定点扶贫工作，国务院扶贫办考核农业银行定点扶贫工作为第一档。年末在定点扶贫县的贷款余额为69.8亿元，较年初增加25.3亿元，助推定点扶贫县超额完成年度脱贫攻坚任务，帮助5.3万名贫困人口脱贫，秀山县已脱贫摘帽。一是精准支持贫困人口，积极推广武强、饶阳“光伏扶贫贷”和“合作扶贫贷”，黄平“惠农脱贫贷”、秀山“精准脱贫致富贷”产品，年末精准扶贫贷款余额28.5亿元，较年初增加18亿元。二是增加定点帮扶资金，2017年向定点扶贫县累计投入定点帮扶资金2719.8万元，实施各类精准帮扶项目34个、“抓党建促脱贫”项目20个。三是切实推进电商扶贫，探索创新了“电商扶贫+农银e商”扶贫模式，帮助贫困户销售特色农产品、传统手工制品等。在黄平与政府联合打造“且兰生活馆·中国农业银行惠农通O2O金融服务站”，提供电商、金融、便民服务、技术培训、政务、大数据采集、物流等全方位服务，已开业25家。

（中国农业银行扶贫开发金融部
王瑜洁　么晓颖）

中华全国供销合作总社扶贫

【概述】 2017年，中华全国供销合作总社（以下简称“供销合作总社”）认真学习习近平关于脱贫攻坚系列重要讲话精神，以习近平新时代中国特色社会主义思想为指导，坚决贯彻落实党中央、国务院决策部署，坚持精准扶贫精准脱贫基本方略，将脱贫攻坚与供销合作社综合改革相结合，加强扶贫调研，强化扶贫制度建设，统筹整合资源合力开展定点扶贫和对口支援，发挥行业优势开展产业扶贫、电商扶贫和科技教育扶贫，在安排供销合作社农业综合开发项目资金时，对贫困地区予以重点支持，2017年安排中央财政资金18150万元，支持63个国家级贫困县开展土地托管服务和特色产业融合。

【扶贫调研】 供销合作总社党组书记、理事会主任王侠8次对扶贫工作作出批示，2月8—10日，带领供销合作总社相关业务部局和直属企业主要负责同志，赴江西省寻乌县走访慰问贫困户，开展扶贫调研并召开扶贫工作推进会。9月25日，在广西壮族自治区百色市召开供销合作社推进深度贫困地区脱贫攻坚座谈会，王侠对扶贫工作做出部署，要求供销合作总社扎实做好各项帮扶工作，切实做到在资金上提供支持、人才上提供支撑、工作上提供指导。7月17—20日，按照国务院扶贫开发领导小组的统一部署，党组成员、理事会副主任邹天敬带领供销合作总社工作组，赴重庆市开展脱贫攻坚督查，督促推动重庆市脱贫攻坚责任落实和工作落实，其间，随机抽取2个县，选取6个乡镇的6个贫困村进行督导调查，访谈县乡村干部50余人，走访农户47户，包括24户贫困户、23户脱贫户，其中残疾人家庭5户。供销合作总社各部门结合工作职责，深入贫困地区开展调查研究，指导推动贫困地区深化供销合作社综合改革和脱贫攻坚工作。

【扶贫制度建设】 建立供销合作总社扶贫开发协调工作机制，统筹整合供销合作总社机关、企业、科研院所、行业协会、媒体等各类资源，定期开展扶贫会商，学习中央脱贫攻坚精神，围绕重点、难点问题集中攻坚，精准对焦，确保扶贫质量和效果。认真落实《总社“十三五”定点扶贫和对口支援工作规划》，经供销合作总社扶贫开发协调小组研究，制定《2017年定点扶贫和对口支援工作计划》，通过帮助培育扶贫产业、开拓农产品销售渠道、实施整村推进示范、开展科技教育帮扶、建立企业结对帮扶机制等举措，瞄准建档立卡贫困村和贫困户精准发力，帮助安徽省潜山县和江西省寻乌县、对口支援江西省安远县（以下简称“帮扶县”）完成年度脱贫任务。建立供销合作总社帮扶项目和资金监管制度，研究制定《总社定点帮扶资金管理办法》，进一步明确资金使用方向、资金使用程序、资金监管主体等内容，确保项目安排精准，资金使用精准，提高资金使用效益。建立总社扶贫领域作风问题专项治理制度，根据国务院扶贫开发领导小组对扶贫领域作风问题专项治理的有关精神，研究制定《供销合作社扶贫领域作风问题专项治理方案》，把及时发现和纠正扶贫领域存在的形式主义等倾向性问题作为一项重要内容进行安排，不断提高工作水平，促进工作落实。

【产业扶贫】 供销合作社充分发挥体制、网络、品牌等优势，立足贫困地区自然资源、生产条件和产业基础情况，引领带动贫困户发展农民专业合作社，培育发展龙头企业，通过劳动合作、资本合作、土地合作等多种途径，吸纳贫困户入企入社。立足供销合作社产业主体众多、产业链条较完整的优势，围绕产前、产中、产后提供综合、配套的社会化服务，助力贫困县打造特色产业体系，促进农村三次产业融合发展，在组织上、经济上与农民形成紧密的利益联结，组织带动贫困户增收脱贫。各地供销合作社在实践中，探索了以订单收购为主要特征的合作式利益联结、以社会化服务为主要特征的协作式利益联结、以在企业务工为主要特征的劳务式利益联结、以要素入股为主要特征的股份式利益联结，以及直接帮扶的利益联结模式，形成了具有供销合作社特色的产业精准扶贫路子。截至2017年底，全系统在国家级贫困县领办农民专业合作社4.7万个，发展龙头企业1772个，吸引入社农户405.6万户，其中，建档立卡贫困户7.9万户。2017年，全系统各类经营主体从国家级贫困县农业生产者购进的农产品1778亿元，通过贫困地区供销合作社农产品批发市场交易农产品606亿元。

【电商扶贫】　依托“供销e家”全国平台，在贫困地区实施农村电子商务惠农工程，因地制宜建设贫困县电商服务平台，加快基层综合服务网点的信息化升级改造，构建以县域为基础、全国互联互通的供销合作社电商精准扶贫协作体系，让贫困地区农产品走出高山深谷。2017年，通过系统电商服务平台帮助销售贫困地区农产品176亿元。依托“供销e家”搭建的“国家贫困县名优特产品网络博览会”上线以来，店铺数量已扩展到近百家，商家2万多个，成交量显著增长。“供销e家”利用电商平台设立扶贫专区，已为20多个省100多个贫困县的店铺开设绿色通道，销售各种商品2.8万多种，2017年销售农产品4.4亿元，惠及贫困农户45万多户。供销合作总社利用中央财政“供销电商惠农专项资金”，在17个省区的88个国家级贫困县投资3.45亿元，建成县域电商运营中心，面向县、乡、村提供农产品货源组织、运营推广、物流配送、质量把控、人才培训等电商服务。推进贫困县8万多个村级综合服务社、便利店等基层经营服务网点的信息化改造，引入电子商务，推动农资销售和农业社会化服务的在线化，为农民提供测土配方、农技服务等在线生产服务和网上代购代销、快递收发、票务代理等网上生活服务。

【科教扶贫】　整合系统科研院所、行业协会、职业院校等各方力量，坚持扶贫同扶智、扶志相结合，加强对贫困地区农民群众及新型农业经营主体的科技和就业培训服务。依托供销合作总社直属的8所科研院所，通过技术攻关、成果转化、科普惠农或共建科技示范县、培育科技特派员等方式，为贫困地区产业发展提供技术支撑。2017年，全系统在贫困地区培育科技特派员1284人，开展农村实用人才培训22.1万人次。依托供销合作总社主管的棉花、食用菌、果品、茶叶、蜂产品等11家全国性行业协会和3000多家系统社团组织，通过实地指导、技术示范、办班讲座等形式，为贫困户提供技术咨询和指导。供销合作总社直属中国茶叶流通协会在云南勐海县开展茶产业扶贫项目，通过对茶农进行技术培训，举办产品推介活动等方式，带动2000多贫困户从中受益。依托系统90多所各级各类职业院校，针对贫困地区农民专业合作社理事长、返乡农民工、贫困青壮年劳动力免费开展职业技能培训，提高贫困户农业生产技能和市场经营能力。供销合作总社直属北京商业干部管理学院发挥“智力”优势，在安徽省潜山县、江西省寻乌县开展送“智”下乡活动，免费培训小微企业负责人、农民专业合作社理事长、电商服务站点负责人及贫困创业者300多人次。

【定点扶贫（对口支援）】　供销合作

总社从机关和直属事业单位选派5名干部，到江西省寻乌县、安远县、安徽省潜山县挂职扶贫和担任驻村第一书记。认真落实中央单位对定点扶贫县督促检查职责，督促地方党委政府落实主体责任，全年开展进村入户调查4次，调查贫困村17个，调查贫困户46户，在定点扶贫县召开座谈会5次，形成督促检查报告2份。为支持供销合作总社定点扶贫县和对口支援县供销合作社发展壮大，增强其为农服务和扶贫能力，2017年，总社共安排项目资金3050万元。其中，农业综合开发项目资金1500万元，寻乌、安远、潜山各500万元，支持三个县供销合作社发展果蔬、瓜蒌籽、脐橙等产业；电商惠农工程资金1300万元，寻乌和潜山各500万元，安远300万元，支持三个县建设县级电子商务运营中心；基层组织发展专项资金250万元，支持寻乌县社升级改造基层为农服务中心5个。供销合作总社直属企业开展结对帮扶，中国农业生产资料集团、中华棉花集团、中国供销农产品批发市场控股有限公司、供销集团财务公司、新合作商贸连锁集团有限公司、北京全国棉花交易市场等6家供销合作总社直属企业与帮扶县建立结对帮扶关系，共同出资设立总社定点帮扶专项资金，发挥龙头企业带动作用，帮助贫困村开展整村脱贫。2017年，安排定点帮扶专项资金，在寻乌县高布村，投入43.62万元，扶持建设一个140千瓦光伏发电项目，已于2017年6月并网发电，全村85户贫困户，每年户均可增收1000元；在潜山县坛畈村，投入25万元，支持建设一个165千瓦光伏项目，项目建成以来，已为村集体和贫困户增收2万元，在潜山县新田村，投入25万元，支持村集体与潜山县供销合作社开展社村共建，成立晨曦供销农业有限公司，带动77户贫困户发展茶业，实现产业脱贫；在安远县高云山乡铁丰村投入50万元支持整村推进扶贫项目建设。供销合作总社所属企业中国农业生产资料集团利用结余党费开展智力扶贫活动，对帮扶县贫困户上高中和大学的17户18名子女提供6.8万元的资助；中华棉花集团党委和中国供销集团财务公司党支部开展捐物活动，向潜山县官庄中心小学贫困学生捐赠价值25万元的棉被300条、冲锋衣303件；中合联投资有限公司党支部组织发起“供销星火·缤纷童画”公益画展和爱心义卖活动，帮助寻乌县高布村小学实施旱厕改造。供销合作总社直属事业单位中华合作时报社团支部积极参与“供销星火·书送希望”公益赠书活动，向寻乌县高布村捐献价值2000元的书籍；济南果品研究院针对寻乌县脐橙、猕猴桃、百香果等果品采后减损问题，开展采后保鲜、储运技术研究，有效降低采后损失、延长货架期；南京野生植物综合利用研究院帮助潜山县解决瓜蒌线虫病问题，使瓜蒌的采摘年限从4年延长到6～7年。江西旅游商贸学院、安徽财贸职业学院对3个帮扶县的报考生源，在同等条件下优先录取，并对贫困家庭学生采取学费减免、助学补助倾斜、提供勤工助学岗位、优先推荐实习就业等方式，帮助学生完成学业，通过就业摆脱贫困。2017年，江西旅游商贸学院减免寻乌县建档立卡贫困户新生学费6万元。供销合作总社主管社团中国果品流通协会依托行业影响力和带动力，通过展会宣传、品牌推介等渠道，着力打造寻乌果品品牌，在2017第三届中国果业品牌大会·全国果业扶贫大会暨中国（长沙）优质果品博览会上，重点向业内推介寻乌蜜橘，打造寻乌蜜橘品牌；中国农产品流通经纪人协会联合中国供销电子商务有限公司举办“供销e家+总社定点扶贫县安徽潜山县”农特产品推介会，积极宣传潜山“天柱剑豪”茶叶、传文瓜蒌籽等品牌，进一步提升产品知名度。

（中华全国供销合作总社经济发展与改革部 刘文君）

中华全国总工会扶贫

【概述】　2017年，中华全国总工会（以下简称“全总”）充分发挥工会组织优势，重点围绕工会系统在脱贫攻坚中发挥作用和加强全总定点扶贫两个层面开展工作，以更实举措和更多投入，全面助力脱贫攻坚。在推动各级工会组织脱贫攻坚方面，注重指导各级工会按照《中华全国总工会关于在脱贫攻坚中充分发挥工会作用的指导意见》要求，成立脱贫攻坚工作领导小组，明确主要业务部门负责脱贫攻坚工作的统筹协调，明确工作任务和具体措施。在推进全总定点扶贫工作方面，注重健全定点扶贫工作机制，加强对两个定点扶贫县的调研督导，多措并举汇聚各类优质资源助力两个定点扶贫县的脱贫攻坚工作。

【扶贫会议】　2017年5月，全总副主席、书记处书记阎京华主持召开全总定点扶贫工作领导小组会议，深入学习《关于进一步加强中央单位定点扶贫工作的指导意见》，听取全总驻山西扶贫队工作汇报，讨论《全总定点扶贫工作领导小组及成员单位职责》，研究部署下一阶段工作。9月召开全国工会脱贫攻坚工作座谈会，全总党组书记、副主席、书记处第一书记李玉赋会前对工会脱贫攻坚工作做出重要批示，要求工会组织要将脱贫攻坚当成重大政治任务，充分履行职责，积极主动作为，发挥自身优势，坚持创新创优，为实现脱贫攻坚目标作出贡献。全总副主席、书记处书记阎京华出席会议并讲话，会议深入学习习近平总书记关于扶贫开发的重要论述，总结交流经验做法，研究部署下一阶段工会脱贫攻坚工作任务，推动中央决策部署在工会系统落地做实。

【扶贫调研】　2017年，对各省区市总工会在脱贫攻坚特别是支持深度贫困地区脱贫攻坚中发挥作用的情况进行专题调研，对各级工会优质高效完成定点扶贫任务、开展劳动和技能竞赛促进贫困地区基础设施建设、推进贫困人口转移就业和稳定就业能力提升、加强对贫困地区农民工的帮扶、基层工会建设、加强脱贫攻坚工作宣传等重点工作进行总结，分析研究当前工会参与脱贫攻坚中面临的困难和问题。1月和11月，全总副主席、书记处书记阎京华，全总书记处书记、党组成员、组织部部长张茂华分别赴定点扶贫县进行专题调研和工作督导，与当地干部群众深入座谈交流，共同研究两县脱贫攻坚工作规划和减贫计划，推动解决扶贫工作中存在的苗头性倾向性问题，督促当地党委政府切实承担脱贫攻坚主体责任，落实好党中央、国务院和各部门出台的扶贫政策措施。

【劳动和技能竞赛】　各地工会通过在贫困地区电力、交通等基础设施建设、重点工程中组织开展劳动和技能竞赛，广泛开展合理化建议、技术革新、技术协作、发明创造等活动，促进项目优质高效安全完工，促进完善贫困地区基础设施，推动贫困地区和民族地区破除发展瓶颈，促进贫困地区经济社会民生发展，助力脱贫攻坚。

【贫困人口转移就业】　各地工会利用工会培训基地、职工技能实训基地和职工学校等教育阵地，开展贫困地区劳动力转移培训。发挥工会职业介绍机构和帮扶中心就业服务窗口作用，开展多种形式的农民工就业援助及农民工跨区域劳务协作活动，为贫困农民工提供就业服务。在贫困地区通过小额贷款贴息等方式，支持农民工返乡创业，推动工会创业扶持项目吸纳更多贫困农民就业。

【扶贫宣传】 充分运用工会传统新闻阵地和网络、微信、手机App等新媒体，广泛宣传我国扶贫事业取得的重大成就，解读党和政府脱贫攻坚的决策部署、政策举措，深入报道精准扶贫精准脱贫的丰富实践和先进典型，营造工会系统脱贫攻坚的浓厚氛围，2017年《工人日报》头版报道有关脱贫攻坚的新闻30余篇，在网络、微博、微信等各种新媒体上报道100多篇。部分省区工会对在脱贫攻坚工作中表现突出的先进个人授予省级五一劳动奖章，发挥先进典型的示范引领作用。

【定点扶贫】 2017年3月、8月，全总副主席、书记处书记阎京华分别与山西省和顺县、壶关县委县政府主要领导及相关部门负责同志就进一步做好脱贫攻坚工作，推进当地经济社会发展等事项进行座谈。全总定点扶贫工作领导小组有关成员单位负责同志10余人次到定点扶贫县进行项目对接，在扶贫项目牵线对接、产业扶持等方面为两县提供帮助，促成多项文化扶贫、教育扶贫、旅游扶贫、医疗扶贫等活动。帮助壶关县在北京市举办太行山大峡谷旅游推介会，推动北京经济技术开发区物流公司与和顺县政府签署战略合作协议，实现北京重点中学与和顺县第二中学结对帮扶、清华大学扶贫支教队到壶关县开展支教，全总文工团赴和顺县进行“喜迎十九大，助力脱贫攻坚”慰问演出等。2017年，驻和顺县扶贫工作队累计投入资金310万元，扶持种植养殖项目23个，促进贫困人口1235人脱贫，3000多人增收。驻壶关县扶贫工作队投入资金280余万元推广万亩连翘种植，覆盖48个贫困村，直接促进近万名贫困人口增收。投入资金80万元建立“全总扶贫花卉示范基地”，带动千名贫困人口增收。

（中华全国总工会劳动和经济工作部
扶贫工作处　李　洋）

中国共产主义青年团中央委员会扶贫

【概述】 2017年，中国共产主义青年团中央委员会（以下简称“共青团中央”）紧紧围绕打赢精准脱贫攻坚战总体部署，贯彻精准扶贫、精准脱贫方略，探索社会动员、对口支援机制，围绕生产、人才、公益扶贫等方面，推进“脱贫攻坚青春建功行动”，充分发挥广大团员青年在打赢精准脱贫攻坚战中的生力军和突击队作用。

【农村青年创业就业】 一是依托农村青年创业致富“领头雁”培养计划，通过“领头雁”的技术、市场、品牌、信息等优势，带动更多的青年脱贫致富。二是培养农村青年电商人才。联合阿里巴巴集团举办2期电商扶贫训练营，培训国家级贫困县团干部200人；举办4期青年电商示范培训班，培训国家级贫困县青年电商320人；举办9期农村电商创业专题培训班，培训包括贫困地区农村创业青年在内的各类电商人才1000人。三是联合各有关银行业金融机构，2017年选派1882名青年干部到1704个县区团委挂职，其中国家级贫困县481个，推动解决青年创业资金难题。

【社会公益扶贫】 充分发挥组织化和社会化动员优势，广泛整合社会资源，建立共青团内部力量和外部资源协同参与的社会化扶贫工作机制。一是实施中国青年志愿者关爱留守儿童“七彩假期”志愿服务项目。新建“七彩小屋”30个，全国2324个项目服务点直接服务农村留守儿童47.43万名，11.58万名志愿者服务162.92万小时，捐资捐物2300.4万元。二是实施“情暖童心”公益夏令营活动。全国120多家青少年宫开展300多个“情暖童心”流动少年宫项目，以农村留守儿童为重点，覆盖困难少年儿童29万余人，筹集资金2122多万元。三是实施“希望工程”系列公益项目。2017年筹集捐款4.54亿元，资助贫困学生44192名，援建希望小学56所、希望厨房166间、希望医院5所、农村学校希望教室500个，培训乡村小学校长、骨干教师5747名。四是实施书海工程。向中西部22个省区、1294家单位（大中小学、基层图书馆、农家书屋等）捐赠25790万码洋图书。五是开展青联结对共建活动。各级青联结对1100余个贫困村、1.2万贫困户、2万名贫困家庭青少年，募集471万助学金；提供1.2万余个就业岗位，帮助3600余人就业。六是开展全国大中专学生“三下乡”社会实践活动。组织11.46万支大中专学生志愿者队伍、777.5万人次赴基层特别是革命老区、贫困地区，开展创业就业、教育关爱、医疗服务、科技支农等服务。

【支持西部地区、民族地区建设】 一是实施大学生志愿服务西部计划。组织大学生志愿者赴中西部22个省区市及新疆生产建设兵团的1500余个县（区、市、旗）支农、支教、支医。2017年西部计划在岗志愿者1.83万人，其中全国11个集中连片特困地区及西藏、四省藏区、新疆南疆三地州西部计划志愿者8641人、占总人数的47.22%。二是加强团组织对口支援新疆、西藏和四省藏区等民族地区工作，2014至2017年实施第一轮对口支援工作项目1021项，到位资金和物资折合7.78亿元。三是与中组部联合选派第18批405名具有博士学位的青年人才组成“博士服务团”赴西部地区、革命老区和边疆民族地区挂职服务，加大人才支持力度。四是实施民族地区团干部“培养计划”，选派优秀少数民族团干部，到北京、上海、广东等中东部经济相对发达省市挂职锻炼。

【东西部扶贫协作】 实施第二轮共青团东西扶贫协作项目251个，东部9个省级团委、13个副省级及地市团委对口帮扶西部14个省级团委、23个地市级团委，重点围绕生产扶贫、教育扶贫、人才扶贫、公益扶贫、基层团建等方面，通过捐资捐物、产业投资等方式投入2.58亿元。

【定点扶贫概述】 2017年，共青团中央定点帮扶山西省灵丘县和石楼县，重点围绕生产扶贫、教育扶贫、人才扶贫、公益扶贫和夯实共青团基层基础等方面，投入资金和物资折合1450.7万元。

【产业扶贫】 推动灵丘县人民政府与北京新发地集团达成战略合作，拓宽灵丘特色农副产品销售渠道；制定《灵丘县全域智慧旅游项目建议书》，在京津冀地区41家中青旅门店设立灵丘旅游展台，推广灵丘旅游资源，助力灵丘创建“国家级全域旅游示范区”；在灵丘县韩家房村投入100万元，支持89户村民带头试种510亩油牡丹。推动石楼县人民政府与社会企业、农业院校建立校地战略合作，探索“公司+协会+合作社+农户”发展模式，带动122户建档立卡贫困户参与养蜂、养牛，完成地理标志农产品认证和欧盟有机认证；实施“山西省石楼县红枣高产优质高效防裂技术集成示范项目”，协调农业专项资金1000万元；在石楼县岔沟村投入230万元改善基础设施、建设集体养牛场，落实小额贴息贷款187万元。

【电商扶贫】 灵丘县被评为2017年度“全国电子商务进农村示范县”。石楼县成立电商脱贫领导小组，创建青年电商创业孵化园，设立电商创业基金，与京东集团签署农村电商战略合作协议；举办首届“赏槐景、品槐蜜、抒槐情”主题活动，组织电商企业展示绿色农特产品，吸引各地游客2万余人次，170余家媒体参与报道，相关新闻的新媒体访问量325万人次。

【公益扶贫】 推动灵丘县22所中学与清华大学等高校建立“手拉手”结对帮扶关系；实施青联爱心助学行动等项目，筹资67.2万元，资助贫困学生660人。在石楼县实施“希望工程1+1”和“圆梦行动”，筹资192.3万元，资助贫困学生1161人，筹集7500余套文具和1000套羽绒服以及其他慈善衣物2万余件，向6所小学捐赠50万码洋青少年图书、4个科技小屋、2个法制书屋；筹资100万元实施“解放军青年林”项目；组织76名产业、教育、医疗等领域专家捐赠价值146万元的扶贫物资，结对帮扶56户建档立卡贫困户。

【智力帮扶】 组织山东大学、中央财经大学、中国矿业大学和中国政法大学40名研究生赴灵丘、石楼支教；推动中央美术学院在灵丘设立艺术院校写生基地；选派3名优秀青年赴日本、俄罗斯、尼泊尔进行考察交流学习；组织11名教师、54名优秀少先队员赴北戴河、驻马店、井冈山参加培训。

【贫困人口转移就业】 打造“灵丘阿姨”品牌，举办6期免费家政服务培训，培训300余名贫困妇女。实施北方汽修免费培训项目和“京东商城扶贫招聘”项目，帮助50余名贫困青年转移就业。

（中国共产主义青年团中央委员会
张淑霞　周　明）

中华全国妇女联合会扶贫

【概述】 2017 年，中华全国妇女联合会（以下简称“全国妇联”）认真贯彻落实习近平总书记系列重要讲话精神，按照党中央国务院关于扶贫开发工作的总体部署，紧紧围绕精准扶贫精准脱贫战略目标，立足贫困地区妇女儿童实际需求，充分发挥妇联组织优势，深入推进“巾帼脱贫行动”，稳步推进农村妇女“两癌”检查及救助工作，大力开展定点扶贫工作，各项工作取得明显成效。

【扶贫宣传】 坚持扶贫与扶志和扶智相结合，激发贫困妇女的内生动力和脱贫能力。充分发挥妇联组织宣传优势和组织优势，在主流媒体、新媒体和妇联自有媒体上进行了全方位的集中宣传报道，营造了妇女参与创业、创新、创业，在全面建成小康社会中建功立业的良好氛围。面向贫困妇女，举办“巾帼脱贫”恳谈会、开展“小康路上姐妹同行”主题宣传教育活动。

为总结推广成功经验，宣传典型，进一步推动“巾帼脱贫行动”深入开展，在全国范围内征集“巾帼脱贫行动”成功案例、妇女脱贫典型、妇联干部帮扶典型案例，从各地上报的近 400 份典型材料中，结集选编 88 份有代表性的典型案例，广泛宣传脱贫攻坚政策和妇女脱贫典型，教育引导贫困妇女发扬“四自”精神，激发贫困妇女脱贫内生动力。据统计，2017 年各地妇联共举办恳谈会、励志讲堂等各类扶贫宣传活动 4.8 万场，发放扶贫宣传资料 1377 万多份，吸引 483 万人次贫困妇女参与。

【扶贫培训】 全国妇联大力开展深度贫困地区妇女骨干培训，2017 年举办 2 期深度贫困地区妇女骨干培训，来自西藏和四省藏区的 174 名深度贫困地区县级妇联主席参训；举办 1 期西藏自治区“巾帼巧手脱贫致富”培训班，培训深度贫困地区藏族建档立卡贫困妇女和脱贫带头人 100 余人。各地妇联共举办各类脱贫技能培训班 1.6 万期，培训贫困妇女和妇女骨干 113 万人次，组织动员 230 万人次贫困妇女参加政府各类培训，提高贫困地区妇女的脱贫能力。

【扶贫小额信贷】 2017 年，全国妇联继续推动实施创业担保贷款政策和扶贫小额信贷工作，为贫困妇女提供资金支持。截至 2017 年 12 月末，全国各地妇联发放扶贫小额信贷 150.9 亿元，扶持带动 41 万建档立卡贫困妇女发展生产、增收脱贫。2017 年全年发放创业担保贷款 341.17 亿元，获贷妇女 41.51 万人次，中央及地方落实财政贴息资金 90.35 亿元。其中中西部地区发放创业担保贷款 247.77 亿元，占发放总额的 72.6%，获贷妇女 29.48 万人次，占获贷妇女总数的 71%，中央及地方落实财政贴息资金 59.66 亿元，占财政贴息资金总额的 66%。小额担保贷款为贫困妇女提供了自我支配发展资金和决定经营项目的机会和权力，有助于她们创业脱贫。

【农村妇女“两癌”免费检查及救助项目】 2017 年，全国妇联继续配合卫生部门开展农村妇女“两癌”免费检查项目。各地在项目执行过程中，始终坚持贫困妇女优先的原则，配合卫生计生委扩大贫困地区妇女“两癌”检查覆盖面，加大对适龄贫困妇女“两癌”免费检查力度，2017 年为 1000 万名农村妇女进行宫颈癌免费检查，为 120 万名农村妇女进行乳腺癌免费检查，宫颈癌检查已覆盖 589 个贫困县，乳腺癌检查已覆盖 276 个贫困县。2017 年实施救助资金 3 亿元，救助 3 万名贫困患病妇女，其中建档立卡贫困妇女 1.9 万人。截至 2017 年底，中央彩票公益金已投入 10 亿元，加上全国妇联筹集的社会资金，已累计救助 102211 名贫困患病妇女。其中建档立卡贫困妇女 3.56 万人。全国妇联与中国人寿保险（集团）公司联合开展妇女“两癌”健康扶贫保险，探索为深度贫困地区和建档立卡贫困妇女提供健康保障，“两癌”健康保障覆盖 300 多万名妇女。各地妇联共举办“两癌”防治培训班 1 万余期，健康知识讲座 1.68 万场，260 多万名妇女参与。“两癌”项目的实施，有效提高了农村妇女健康水平和保健意识，缓解了农村贫困妇女“两癌”治疗难的问题，成为造福妇女群众的民心工程。

【全国巾帼脱贫示范基地】 2017 年全国妇联共投入 750 万元，创建 150 个“全国巾帼脱贫示范基地”，每个基地每年结对帮扶 10 名以上建档立卡贫困妇女，发挥基地在贫困地区技能培训、技术推广和扶贫帮困方面的示范带动作用，引领更多妇女脱贫致富。据统计，2017 年各地妇联共在 832 个贫困县创建了 6789 个各级各类妇字号基地，通过基地、合作社及女能人示范带动了 61 万人次贫困妇女发展脱贫产业。

【春风行动】 2017 年全国妇联继续配合人社部、全国总工会、国务院扶贫办开展春风行动，有针对性地开展形式多样的专场招聘洽谈和就业服务，帮助妇女特别是困难就业群体尽快实现就业。据不完全统计，2017 年春风行动仅广东、广西、天津、江苏等 11 个省区市就发放宣传资料 520 万份，组织各类宣传和招聘活动 3717 场，参与妇女群众 224 万人，其中，成功介绍女性就业 43.8 万人，组织劳务输出女性 12.5 万人。

【贫困人口转移就业】 围绕脱贫攻坚战略，推进贫困地区妇女转移就业，按照培训资质健全、劳务输出规范、带动建档立卡贫困妇女就业的原则，创建 15 个全国巾帼家政转移就业培训基地，每个基地年培训家政从业人员达 500 人以上，对受训学员择优推荐进入家政领域就业，实现一人上岗，全家脱贫。开展“百城万村”家政扶贫试点。联合商务部、国家发展和改革委员会、财政部、国务院扶贫办，在北京、上海等 10 个需求大的中心城市，与安徽、江西、湖南、四川、贵州、陕西、甘肃 7 个家政服务资源丰富省份的 30 个贫困县开展“百城万村”家政扶贫试点工作，充分发挥家政行业吸纳富余劳动力的作用。据统计，2017 年各地妇联发展家政、电商等具有妇女优势的产业，帮助 29 万贫困妇女家政转移就业，带动了 21 万贫困妇女参与电商实现增收。

促进居家妇女灵活就业。引导各级妇联突出区域特点、文化特色和民族特质，引导带动贫困妇女宜绣则绣，宜剪则剪，宜编则编，实现灵活就业、巧手脱贫。积极搭建展洽平台，帮助从业妇女拓展市场空间。在全国妇联的指导推动下，各地妇联各地妇联在 832 个贫困县建立各级各类妇女手工协会 947 个，带动 50 万人次贫困妇女发展手工就地就近灵活就业。

【献爱心活动】 深入实施“让爱留守·关爱农村留守儿童特别行动”和公益项目，2017 年新建“儿童快乐家园”194 个，惠及留守儿童 20 余万人次。积极搭建社会广泛参与的平台，全国妇联所属中国妇女发展基金会和中国儿童少年基金会全年募资 10 亿多元，为 1000 多万人次妇女儿童特别是贫困群体送去了关爱。

【定点扶贫概述】 2017 年，全国妇联在甘肃省漳县、西和县落实帮扶资金物资 1367 万元，选派 5 名挂职扶贫干部、27 名扶贫小分队帮扶干部，创建 18 个定点扶贫示范基地，救助 200 户因学致贫、89 户因病致贫家庭，组织两县 6454 名基层妇联执委结对帮扶18308名建档立卡贫困妇女。全国妇联的定点扶贫工作得到相关部门肯定，在国务院扶贫办《扶贫信息》上刊发3期信息，在甘肃省中央单位定点扶贫工作推进会、中直机关定点扶贫培训班上做典型发言，在中央国家机关定点扶贫单位2017年定点扶贫工作进行的试考核中，全国妇联考核等次为“好”。

【扶贫调研】　2017年全国妇联共有3位书记处领导同志3次赴定点扶贫县调研，其中，党组书记、副主席、书记处第一书记宋秀岩于1月、9月赴漳县、西和县调研指导工作。全国妇联党组和定点扶贫领导小组全年召开7次会议，研究定点扶贫工作。

【扶贫宣传】　组织妇联干部走村入户，广泛宣传脱贫攻坚政策措施，举办各类扶贫宣讲活动55场，5800名贫困妇女群众参与。充分发挥妇联所属传统媒体和新媒体平台的作用，对漳县、西和县妇女脱贫攻坚工作进行全方位、多角度的宣传报道，培树脱贫典型，营造良好氛围。

【扶贫培训】　2017年，举办定点扶贫专题培训班15期，组织两县妇女骨干、贫困妇女开展手工编织、农业技术、家政服务等各类培训，培训1300余人。为西和县225名建档立卡贫困妇女提供为期14天的家政服务、月嫂和老年护理培训，帮扶70人实现家政就业，平均月工资4200元。组织手工编织专家开展订单培训，带动1186名贫困妇女每人每年增收4000多元；协调将两县纳入京东电商扶贫试点县，协调阿里巴巴减免农村淘宝项目培训费用200万元，推动云客服项目在西和县落地，100多名建档立卡贫困妇女受益。培训从事农家乐等有关产业的巾帼脱贫带头人100人，扶持发展农家乐28户。

【健康扶贫】　投入139万元，为两县139名贫困“两癌”患病妇女实施每人1万元的救助；协调在两县各建立1个宫颈癌前病变筛查实验室，为育龄妇女进行免费检查；协调中国人寿为两县6.9万名建档立卡贫困妇女提供每人保额1万元的健康保险。在西和县投放1辆“母亲健康快车”（流动医疗车）。投入23万元实施“消除婴幼儿贫血”项目，为两县贫困婴幼儿发放营养包，为588名留守儿童增加营养午餐，促进两县贫困儿童健康成长。

【社会扶贫】　通过中国妇女发展基金会和中国儿童少年基金会募集社会扶贫资金物资793万元，聚焦两县贫困妇女儿童大力实施公益项目。在两县建立4个“儿童快乐家园”，建立3个“爱心图书室”，为1000名儿童发放爱心包，为200名学生发放助学金，捐赠服装和生活用品3.38万套。

【创新帮扶方式】　全国妇联计划从2017年9月起至2020年持续派出扶贫接力小分队，每月选派6名机关干部深入两县贫困乡村。2017年派出27人分赴两县定点扶贫，走访61个贫困村152户贫困户，推动两县出台5个巾帼脱贫政策文件，举办66场扶贫宣讲、培训活动，向3568名贫困群众直接宣讲脱贫政策、培训脱贫技能，协调落实3个帮扶项目，建立“巾帼扶贫车间”“巾帼扶贫工厂”。指导两县基层妇联组织改革，创新开展“姐妹手拉手·巾帼脱贫快步走”活动，充分发挥基层妇联执委在脱贫攻坚中的作用，采取“1+N”工作法，每位执委与3~5户建档立卡贫困妇女结对帮扶。6454名妇联执委结对帮扶建档立卡贫困妇女18308人。

（中华全国妇女联合会妇女发展部
高继辉）

中国残疾人联合会扶贫

【概述】 2017年，中国残疾人联合会（以下简称“中国残联”）会同有关部门单位共同推动《贫困残疾人脱贫攻坚行动计划（2016—2020年）》的落实，全力推动贫困残疾人精准扶贫精准脱贫工作。残疾人事业统计年报显示，2017年，92.5万贫困残疾人通过扶贫开发摆脱贫困，70.6万人次有劳动能力和意愿的贫困残疾人通过实用技术培训掌握了1门以上的劳动技能，2.1万贫困残疾人通过康复扶贫贷款支持，有效缓解了生产资金短缺的困难，6692个残疾人扶贫基地安置10.5万残疾人就业，扶持带动21.8万户残疾人家庭实现增收。

【扶贫制度建设】 2017年2月，中国残联印发《关于认真贯彻落实〈贫困残疾人脱贫攻坚行动计划（2016—2020年）〉扎实推进残疾人精准脱贫工作的通知》，要求各地高度重视贫困残疾人脱贫攻坚工作，认真贯彻落实《贫困残疾人脱贫攻坚行动计划（2016—2020年）》，配合地方党委、政府制定出台残疾人脱贫工作的相关政策文件，加大对贫困残疾人的扶持力度，确保建档立卡贫困残疾人如期实现脱贫。

4月，中国残联印发《中国残联关于贯彻落实〈“十三五”脱贫攻坚规划〉责任分工和有关措施》的通知，结合全国残疾人基本服务状况和需求信息数据动态更新中涉及建档立卡贫困残疾人的各项需求，制定了责任分工和有关措施，明确了具体责任单位和责任人，加快推动贫困残疾人脱贫攻坚工作。中国残联与国务院扶贫办、中华全国妇女联合会共同印发《发展手工制作促进贫困残疾妇女就业脱贫行动实施方案》，加大对贫困残疾妇女的支持力度，积极引导贫困残疾妇女从事手工制作实现劳动增收。中国残联与商务部、国务院扶贫办共同印发《电子商务助残扶贫行动实施方案》，推动农村建档立卡贫困残疾人接受电商知识培训，扶持农村建档立卡贫困残疾人家庭创办网店经营，带动残疾人从事电商产业链创业增收。

6月，中国残联印发《关于做好贫困重度残疾人家庭无障碍改造工作的通知》，推动贫困重度残疾人家庭无障碍改造工作纳入地方党委、政府工作大局，有效扩大残疾人家庭无障碍改造覆盖面，提高贫困残疾人居家生活质量。中国残联与中国共产主义青年团中央委员会共同印发《青年志愿者阳光助残扶贫行动实施方案》，在农村地区进一步深化中国青年志愿者助残“阳光行动”，推动6~35岁建档立卡持证贫困残疾青少年及其家庭普遍得到志愿者服务。

7月，中国残联与国家发展和改革委员会、财政部、农业部、中国人民银行、国家林业局、国务院扶贫办共同印发《产业扶贫助残扶贫行动实施方案》，引导带领贫困残疾人通过发展农业特色产业，落实农业惠民精准扶贫政策，促进贫困残疾人及其家庭生产增收。

【扶贫调研】 2017年6月—8月，中国残联党组成员分别带队，集中对扶贫任务较重的中西部22省区市进行贫困残疾人脱贫攻坚专项调研，深入43个国定贫困县、91个乡镇、179个村，走访了154户已脱贫的残疾人贫困户和248户未脱贫的残疾人贫困户，与213位驻村干部进行了访谈，通过入户问卷调查和干部访谈掌握了各地贫困残疾人脱贫攻坚进展情况的第一手材料，有力推动了地方贫困残疾人脱贫攻坚工作。

【第三方评估】 2017 年 6 月，中国残联委托中国农业大学对贫困残疾人脱贫成效开展第三方评估，着重对贫困残疾人实施精准脱贫工作的落实情况、脱贫目标的完成情况、错评率、错退率、满意度、漏评率等开展评估。

【脱贫攻坚情况督查】 2017 年 6 月，中国残联、国务院扶贫办印发《关于开展贫困残疾人脱贫攻坚情况督查工作的通知》，要求各省区市残联、扶贫办（局）采取明察与暗访相结合的方式，在拟“退出”的贫困县随机抽村，共同对贫困残疾人脱贫攻坚工作部署落实情况，贫困残疾人建档立卡精准识别帮扶情况，贫困残疾人脱贫情况开展督查。

【残疾人精准扶贫论坛】 2017 年 10 月 9 日，中国残联与国务院扶贫办在北京市共同召开深度贫困残疾人脱贫攻坚座谈会。中国残联、国务院扶贫办、民政部有关部门负责同志，河南、湖北、重庆、山东、四川、山西、甘肃等省、市、县党委及政府有关负责同志，中国人民大学、中国农业大学、河北大学有关专家参加会议。座谈会以深入贯彻落实习近平总书记关于把贫困残疾人作为群体攻坚重点的重要指示为主题，以“深度贫困残疾人脱贫攻坚”为主线，就做好贫困残疾人脱贫攻坚工作展开了深入研讨。

【定点扶贫】 2017 年，中国残联定点帮扶河北省南皮县，加大对南皮县定点扶贫工作的组织协调，开展扶贫政策宣讲，帮助支持南皮县经济社会发展和扶贫开发工作。赴南皮县贫困村、贫困户开展调研，及时掌握贫困家庭的生产生活状况和政策落实情况，共同研究分析存在的问题和实际困难，谋划脱贫举措。

中国残联协调有关部委，帮助南皮县争取有关国家项目；充分发挥自身优势，推动残联系统帮扶项目在南皮县落实落地；选派优秀干部到南皮县挂职；创新定点扶贫工作模式，开展结对帮扶，中国残联 16 个直属单位与南皮县 9 个乡镇结对，助推南皮县脱贫攻坚整体推进。2017 年，中国残联各直属单位共 14 次、70 多人次赴南皮县开展定点扶贫工作调研，针对各乡镇提出的需要解决的突出问题和困难，制定具体帮扶方案和相应的帮扶措施。

在中国残联、河北省、沧州市和南皮县委、县政府的共同努力下，2017 年南皮县通过了国家贫困县退出专项评估，由国务院扶贫开发领导小组和河北省政府正式批准，成为第一批退出的国家扶贫开发工作重点县。

【扶贫调研】 2017 年 5 月，由中国残联党组书记、理事长鲁勇率队的调研组，赴河北省南皮县走访慰问残疾人贫困户并开展定点扶贫工作调研，中国残联副理事长程凯参加调研。调研组深入南皮县王寺镇、大浪淀乡走访慰问了残疾人贫困户，看望了北京按摩医院在王寺镇开展义诊活动的医护工作者和村民，实地考察了农光互补光伏扶贫项目，并与河北省、市、县三级政府有关负责同志座谈交流。

2017 年 1 月，中国残联副理事长程凯带领机关和直属单位、基金会 22 名同志组成调研组，赴河北省南皮县宣讲习近平关于扶贫工作的重要指示精神，开展精准脱贫工作调研并走访慰问困难群众。

【定点扶贫成果展】 2017 年 10 月，中央国家机关工委在全国农业展览馆举办中央国家机关定点扶贫工作成果展，中国残联定点扶贫河北省南皮县成果进行了展示。

（中国残疾人联合会就业扶贫处
郝大鹏）

中华全国工商业联合会扶贫

【概述】 2017年，中华全国工商业联合会（以下简称“全国工商联”）组织引导民营企业脱贫攻坚，推动“万企帮万村”精准扶贫行动成为国家十大扶贫行动和社会扶贫的知名品牌，积极组织、引导民营企业投身脱贫攻坚战和公益慈善事业，扎实推进光彩事业，加大定点扶贫力度，不断拓宽工作思路、创新工作载体、深化合作机制、增强工作合力，推动工商联系统在脱贫攻坚中发挥重要作用。

【“万企帮万村”精准扶贫行动】 2月，全国工商联与国务院扶贫办、中国光彩事业促进会、中国农业发展银行组成联合调研组，赴山东省菏泽市、河南省濮阳市开展“万企帮万村”精准扶贫行动提质增效专题调研，其间深入考察了“扶贫车间”模式，并形成专题报告。全国工商联与国务院扶贫办、中国农业发展银行组成联合调研组赴河南、山东、甘肃、陕西4省开展实地调研，并委托湖北、湖南、广西、重庆、四川5省区市工商联同步开展调研，形成《关于支持民营企业参与脱贫攻坚政策落实情况的调研报告》。

6月，全国开展“万企帮万村”精准扶贫行动领导小组在甘肃省和政县召开第六次会议。会议学习传达习近平在深度贫困地区脱贫攻坚座谈会上的讲话精神，并召开全国“万企帮万村”精准扶贫行动片区座谈会。

10月，全国工商联在“万企帮万村”精准扶贫行动论坛期间，组织开展了全国“万企帮万村”精准扶贫行动先进民营企业评选活动，对恒大集团有限公司等116家先进民营企业予以通报表扬，颁发奖牌和证书。其中，段必清、边久论珠、刘锦秀、陈钢粮、林印孙、郑远元、秦英林、党彦宝、周善红、钟凯民等民营企业家还荣获了2017年全国脱贫攻坚奖。会后形成《“万企帮万村”精准扶贫行动先进民营企业事迹材料汇编》印发各省区市行动领导小组。

截至2017年底，进入“万企帮万村”精准扶贫行动台账管理的民营企业有4.62万家，精准帮扶5.12万个村（其中建档立卡贫困村3.36万个）的624.34万建档立卡贫困人口；产业投入527.42亿元，公益投入109.7亿元，安置就业50.1万人，技能培训54.4万人。全国工商联、国务院扶贫办、中国光彩事业促进会官方网站行动专栏发布各地行动动态和民营企业事迹材料800余条。编印“万企帮万村”精准扶贫行动动态37期。“万企帮万村”精准扶贫行动被纳入“‘砥砺奋进的五年’大型成就展”展览，关键词搜索有431万条信息。

【定点扶贫】 5月，全国政协副主席，全国工商联主席王钦敏率京津沪苏浙粤黔七省市民营企业家以及全联医药业商会等9家全国工商联直属行业商会赴贵州省织金县开展助力脱贫攻坚活动。促成签约24个产业扶贫项目，金额64.32亿元，全联医药业商会等4家单位举牌向织金县捐赠了精准帮扶资金及公益帮扶物资。8月，中央统战部副部长、全国工商联党组书记徐乐江率调研组赴毕节市开展精准扶贫专题调研。走访慰问了贫困群众，代表全国工商联向织金县捐赠了200万元扶贫资金并促成恒大集团、兴伟集团、正邦集团在织金县落地产业扶贫项目投资近33亿元，协调泛海集团“泛海助学行动”精准帮扶2017年织金县350名建档立卡贫困家庭在校大学生获得每人5000元资助，共发放助学金175万元。

7月，全国工商联第十五期贫困地区乡镇干部培训班在北京举办。来自贵州省、云南省、四川省、甘肃省、陕西省、河南省的170名乡镇干部参加了培训。

2017年，全国工商联派出党员干部1名，赴贵州省织金县马场镇马家屯村挂职村第一书记，任期2年。

截至2017年底，织金县已有209家企业结对帮扶199个村的6674名建档立卡贫困人口。此外，全国工商联还组织机关部门党支部与织金县建档立卡贫困村党支部签订共建协议，协助开展扶贫项目谋划、联引外部帮扶力量；出资举办农民专业合作社理事长培训班、小微企业主培训班等，为织金县脱贫攻坚和经济发展打好人才储备基础。

【扶贫培训】　5月，全国工商联在北京市举办了第二期小微企业经营者（西藏、新疆）培训班，为来自西藏自治区、新疆维吾尔自治区（包括新疆生产建设兵团）的100名藏族、维吾尔族、哈萨克族、柯尔克族、乌孜别克族、回族等小微企业经营者进行十个方面专题授课培训。

【贫困人口转移就业】　4月，全国工商联会同教育部、全国总工会组织开展了以“促进供需精准对接，助力创新驱动发展”为主题的2017年全国民营企业招聘周活动。共有27个省区市协调开展活动。共有11.5万家民营企业参加了招聘周活动，提供各类岗位信息276万条，共有约72.4万名求职者与用人单位达成了就业意向，其中高校毕业生26万人，农村进城务工劳动者29.5万人，就业困难人员7.5万人，建档立卡贫困人口3.2万人。活动期间，累计发放政策宣传品606.2多万份，提供维权及法律援助约15.2万人次。同时，中国公共招聘网开辟招聘周活动专版，发布岗位信息4万余条，涉及招聘单位2.2万个，招聘人数26万余人；访问量近56万人次，访客人数约14万人。

（中华全国工商业联合会扶贫与
社会服务部　郭东风）

第七篇

社会扶贫篇

一、东西部扶贫协作

综　述

2017 年是精准扶贫精准脱贫的深化之年，是全面贯彻落实银川会议的重要一年。各地各部门认真贯彻落实中共中央总书记习近平东西部扶贫协作座谈会重要讲话精神和中共中央办公厅、国务院办公厅印发《关于进一步加强东西部扶贫协作工作的指导意见的通知》要求，不断完善扶贫协作机制，加大资金支持力度，狠抓政策举措落实，顶层设计基本完成、政策体系日益完善、责任体系更加明确，东西部扶贫协作全面提速。

召开全国东西部扶贫协作经验交流会。8 月 29 日，国务院扶贫开发领导小组在北京召开全国东西部扶贫协作经验交流会，回顾总结银川会议一年来东西部扶贫协作进展及成效，分析形势，交流情况，进一步推动东西部扶贫协作提质增效。国务院总理李克强作出重要批示，时任国务院副总理汪洋出席会议并作重要讲话，上海市、广东省、贵州省、西藏自治区、北京市海淀区、浙江省杭州市、四川省凉山彝族自治州、宁夏回族自治区固原市 8 个单位做了经验交流发言。国务院扶贫开发领导小组成员、承担定点扶贫和对口支援任务的中央和国家机关，31 个省区市和新疆生产建设兵团扶贫协作和对口支援部门、参与东西部扶贫协作的东部 13 个市和中部 6 个市州负责同志等代表出席会议。

组织开展东西部扶贫协作工作考核。为贯彻落实习近平东西部扶贫协作“要用严格的制度来要求和监督，不能做与不做一个样、做多做少一个样。要抓紧制定东西扶贫协作工作考核评价指标”的重要指示，按照中共中央办公厅、国务院办公厅《关于进一步加强东西部扶贫协作工作的指导意见》要求，国务院扶贫开发领导小组印发《东西部扶贫协作考核办法（试行）》和考核工作实施方案。对有东西部扶贫协作任务的省区市和市州实施了试考核。各省区市提交了 2017 年工作自评报告，考核工作组组织开展了省际实地交叉考核。实地核查了 14 省区市的 52 个贫困县、160 个贫困村和 169 个项目点，召开座谈会 94 次，访谈县乡干部、挂职干部等人员 1530 人次，走访贫困户 654 户。中共中央组织部、中共中央统战部、国家发展和改革委员会、教育部、国家民族事务委员会、财政部、人力资源和社会保障部、原国家卫生和计划生育委员会、全国工商业联合会、国务院扶贫办 10 个考核工作组成员单位进行了综合评议，分析核实了考核中发现的突出问题。按照定性与定量相结合、年度考核与平时掌握情况相结合、交叉考核与综合评议相结合的原则，对各省区市 2017 年东西部扶贫协作工作进行了综合分析，形成考核评价结果。考核评价结果经党中央、国务院审议通过并通报各省区市扶贫开发（对口支援）领导小组和国务院扶贫开发领导小组成员单位。2017 年，东部共有 2 个省份 5 个城市被评为“好”；2 个省份 4 个城市被评为“较好”；2 个省份 2 个城市被评为“一般”；2 个省份和 2 个城市被评为“较差”。西部共有 2 个省份 4 个市州被评为“好”；3 个省份 4 个市州被评为“较好”；3 个省份 4 个市州被评为“一般”；2 个省份和 2 个市州被评为“较差”。

深入实施携手奔小康行动。各省市不断

加大力度，扩大帮扶范围，参与的东部县（市、区）从 2016 年的 267 个增加到 342 个，帮扶的西部贫困县从 390 个增加到 570 个，占扶贫协作地区贫困县的 93%。其中广东省从帮扶广西壮族自治区 17 个贫困县增加到 33 个，上海市从帮扶云南省 14 个贫困县增加到 74 个，江苏省从帮扶陕西省 19 个贫困县增加到 56 个，浙江省从帮扶四川省 16 个贫困县增加到 35 个，天津市从帮扶甘肃省 9 个贫困县增加到 34 个，北京市从帮扶内蒙古自治区 16 个贫困县增加到 31 个，从帮扶河北 15 个贫困县增加到 22 个。各结对区县普遍开展了领导互访、人才交流和产业合作、劳务协作等帮扶活动。有些省份还开展了东西部乡镇、行政村之间结对帮扶，共有 1186 个东部乡镇与西部乡镇开展结对，1410 个东部社区（村）与西部贫困村开展结对。6 月 21—27 日，国务院扶贫办和中共中央组织部在上海浦东干部学院专门组织了第一期携手奔小康行动培训班，对东西部 40 个县（区）的党政主要负责同志进行了培训。

东西部扶贫协作全面提速。资金支持方面，2017 年，东部各省市共向扶贫协作地区提供财政援助资金 58.76 亿元，是 2016 年的 2 倍；动员社会力量捐助款物 36.89 亿元，是 2016 年的 10.5 倍；实施扶贫项目 3340 项，帮助建档立卡贫困户脱贫 55.05 万人，帮助建设住房 11671 套，资助贫困学生 5.2 万人次。在产业合作方面，引导企业到贫困地区投资 1221 亿元，吸收就业 6.13 万人次。劳务协作方面，举办培训班 2303 期，培训各类人员 33.82 万人次，其中贫困人口就业培训人数 12.42 万人次，帮助贫困劳动力实现转移就业 19.21 万人。人才交流方面，2017 年，东西部互派挂职干部 2578 人，是 2016 年的 5.1 倍；互派专业技术人才 18508 人次，是 2016 年的 4.7 倍。

（国务院扶贫办社会扶贫司
张　伟）

北京市—内蒙古自治区、河北省东西部扶贫协作

【概述】 2017年，北京市和内蒙古自治区、河北省东西部扶贫协作工作机制进一步健全。北京市投入资金2.5亿元对口帮扶内蒙古自治区，选派41名党政干部赴内蒙古自治区挂职。加强产业合作，引导24家企业到内蒙古受帮扶地区投资，投资金额53亿元，带动1794名贫困人口实现脱贫。投入资金13.63亿元对口帮扶河北省，选派51名党政干部、130名专业技术人才赴河北省挂职。引导北京市165家企业到河北省张家口市、承德市、保定市16个县投资8788亿元，带动19435人就业。开展携手奔小康行动，组织乡镇、村、企业与协作地区乡镇、村结对，动员社会力量参与帮扶，京蒙、京冀东西部扶贫协作进一步推进。

【工作机制】 成立了由常务副市长任组长的京蒙区域合作工作协调小组，并在北京市对口支援和经济合作工作领导小组指导下开展工作，举办了京蒙对口帮扶工作联席会，研究对接对口帮扶相关工作。北京市各区与内蒙古结对帮扶旗县间建立了高层互访和联席会议制度，推动各项帮扶工作。内蒙古自治区通辽市4个国家扶贫开发工作重点县、兴安盟5个国家扶贫开发工作重点县纳入北京市扶贫协作任务范围，京蒙对口帮扶重点地区进一步扩大。

2017年，北京市印发《京冀对口帮扶和扶贫协作规划》《北京市对口帮扶河北省相关贫困地区项目资金管理暂行办法》《北京市对口帮扶河北省相关贫困地区实施方案》。北京市各区分别成立帮扶工作领导小组，明确职责单位，与河北结对县（区）建立了高层互访和联席会议制度。

【扶贫资金投入】 2017年，北京市将市级京蒙帮扶资金由1.25亿元调增为2.5亿元。其中：安排1.15亿元，在赤峰、乌兰察布两市组织实施重点地区帮扶项目60个，主要涉及教育、医疗、旅游、产业、创业创新等领域；安排500万元，在京举办各类培训班38期，为内蒙古自治区培训教育、文化、卫生、科技、创业致富等领域的高素质干部和专业技术人员1300余名；安排市级财政资金500万元，对北京企业在赤峰、乌兰察布市实施具有扶贫效应的产业项目进行贷款贴息，推动支持北京企业到受援地区投资兴业。10月，北京市追加市级京蒙帮扶资金1.25亿元，用于助力内蒙古深度贫困地区脱贫攻坚。北京市各区在全市资金盘子外，投入财政帮扶资金3500万元，实施各类产业、基本公共服务帮扶项目，助力结对旗县精准脱贫。

2017年，北京市安排资金13.63亿元对口帮扶河北省。其中：安排对口帮扶资金11.4亿元，帮扶项目224个，重点支持提升教育、医疗等社会事业，改善生产生活条件，产业帮扶合作，生态环保合作，劳务协作和人才支持等6个方面。安排生态专项帮扶资金2.23亿元，用于节水农业、水资源环境治理合作、生态水源林建设、森林防火、林木有害生物联防联治、蔬菜产销合作等项目。北京市各区单独援助财政资金2897.46万元，主要用于实施教育、医疗、贫困村村容村貌改善等精准扶贫项目。

【产业扶贫】 对口帮扶内蒙古。引导

北京市 24 家企业到内蒙古受帮扶地区投资，投资金额 53 亿元，带动 1794 名贫困人口实现脱贫。北京市新雅宝路市场在乌兰察布市成功开业，签约商户 200 个，落户工厂 10 家；北京德青源农业科技股份有限公司“金鸡产业扶贫工程”项目落地卓资县、林西县和太仆寺旗，总投资约 11 亿元；中节能太阳能科技股份有限公司在宁城县大双庙镇投资 1.8 亿元，建设 20 兆瓦结合设施农业分布式光伏发电项目，顺利实现并网发电；凯达恒业科技公司投资 5 亿元在乌兰察布市建设薯都凯达食品有限公司，年收购马铃薯 1 万吨；中关村通州园区与翁牛特旗玉龙工业园区签订《产业合作框架协议》，诺飞新能源科技有限公司一期投资 8000 万元，落户内蒙古，通过企业发展增加建档立卡贫困户土地流转收益和就业收入。

对口帮扶河北省。北京市 165 家国有、民营企业，在河北省 16 个县总投资 8788 亿元，带动 19435 人就业。北京首都农业集团有限公司投资 1450 万元，在张北县建蔬菜生产线；丰台北京绿山谷芽菜有限责任公司发展农家庭院芽菜种植，对当地建档立卡贫困人口进行免费培训，并订单式回购芽菜，直接帮助贫困群众脱贫；北京红螺食品有限公司在张家口涿鹿县投资建设果脯生产基地。

【社会扶贫】 对口帮扶内蒙古。教育帮扶方面，依托北京数字学校，授权教师账号及学生账号，为内蒙古相关中小学无偿提供优质教育资源共享服务；组织北京高等教育院校、各重点中小学等专家团队赴内蒙古开展讲学送教活动；支持内蒙古乌兰察布市 18 所中小学、职业学校、高等院校与北京市相关学校建立合作帮扶关系。医疗帮扶方面，推进完善医疗健康精准扶贫工程，完成对乌兰察布市 10 余万建档立卡贫困人口免费健康体检全覆盖工作；组织北京市 60 家社区卫生服务中心与乌兰察布市 60 家基层医疗卫生机构开展合作，通过开展远程咨询、教育、会诊等方式，帮助解决内蒙古基层医疗卫生人才短缺、能力不足问题。推进乌兰察布市精准医疗项目，实现建档立卡贫困人口在各级定点医疗机构住院治疗起付线降低 50%，报销比例提高 5%。社会帮扶方面，北京市企业家环保基金会推动实施“一亿棵梭梭”“沙漠小米种植”项目，恢复荒漠植被，重建生态屏障；在巴润别立镇推动沙漠小米种植 4225 亩，带动种植户亩均增收 500 元；海淀团区委为敖汉旗 12 名在京就读贫困大学生捐资助学 6 万元；石景山区红十字会、民政局慈善协会等积极为对口地区捐款近 40 万元；北京市民政局向赤峰市民政局拨付捐赠款 99 万元，为宁城县五化镇敬老院新增养老床位 100 张，并更新养老护理康复设备；朝阳区图书馆向卓资县捐赠 1000 余册爱心图书，并签署馆际互建协议，每年为商都县提供 10 场特色文化演出，举办 20 场文化培训活动。

对口帮扶河北省。教育帮扶方面，北京市组织 42 所学校与河北省 46 所学校建立结对关系。通过举行示范课、开展专题讲座和师资培训、接受受帮扶县（区）到北京合作校进修锻炼跟岗学习等多种形式提升当地教育软实力。医疗帮扶方面，组织 30 家医疗卫生机构与河北省 33 家医疗卫生机构建立结对关系。京冀两地卫生部门和张家口市签署医疗卫生框架合作协议，确定北京积水潭医院、天坛医院、同仁医院等与河北省张家口市医院开展业务合作。

【携手奔小康】 北京市各区动员区属部门、医院、学校、社会群团组织、基层党支部、技术人才、党政干部等与受帮扶地开展多种形式的交流交往，北京市街道、乡镇、村、企业及社会组织与内蒙古受援地区结对 69 个，大部分为深度贫困对象。北京市各区组织 48 个街道乡镇、20 个社区、4 个区级部门、30 个企业，与河北省 44 个贫困乡镇、81 个贫困村结对。

【劳务协作】 对口帮扶内蒙古。2017

年安排协作培训班 33 期，培训学员 1660 人；举办 7 场招聘会，提供就业岗位 8000 个，带动脱贫 43 人。对口帮扶河北省。提供就业岗位 35304 个，帮助就业 1251 人，其中建档立卡贫困人口 109 人。经人力资源和社会保障部、国务院扶贫办批准，北京德青源农业科技股份有限公司、北京京客隆商业集团股份有限公司、北京顺鑫农业股份有限公司等 16 家企业被评为全国就业扶贫基地。

（北京市对口支援和经济合作工作领导小组办公室）

天津市—甘肃省、河北省承德市东西部扶贫协作

【概述】 天津市贯彻落实东西部扶贫协作座谈会议精神、打好精准脱贫攻坚战座谈会和中共中央办公厅、国务院办公厅关于进一步加强东西部扶贫协作工作的指导意见等文件精神，全面深化扶贫协作工作，助推甘肃省、河北省承德市打赢脱贫攻坚战。2017 年，天津市召开 3 次市委常委会议、3 次市政府常务会议、3 次市对口支援工作领导小组会议，传达贯彻习近平总书记关于扶贫工作的重要论述，研究部署东西部扶贫协作和对口支援工作，印发实施《天津市人民政府办公厅关于助推受援地区打赢脱贫攻坚战的实施意见》和扶贫协作承德市、对口支援甘肃藏区“十三五”规划。与甘肃省、河北省及承德市实现高层互访 13 批次，签署津甘东西部扶贫协作框架协议。安排甘肃省、承德市扶贫协作资金 5.13 亿元，选派 44 名干部分别赴甘肃省、承德市开展扶贫协作工作，安排 16 个区与甘肃省、承德市 39 个贫困县开展“携手奔小康”行动，举行“承德来了”——水源地绿色产品天津行活动、庆阳市招商引资项目推介会等活动，签署招商合作协议 34 个，达成协议金额 46.2 亿元。

【扶贫资金投入】 聚焦精准扶贫精准脱贫，安排甘肃省、河北省承德市扶贫协作资金 5.13 亿元，其中，甘肃省、承德市扶贫协作资金 3.13 亿元，重点支持贫困县美丽乡村建设、社会公共事业、产业扶贫、生态保护、基础设施建设、就业创业促进、经贸交流、人才培训等项目 283 个；单独安排 2 亿元，建设天津市中德应用技术大学承德分校。在甘肃省、承德市贫困县实施美丽乡村建设、移民搬迁安置建设项目 17 个，修缮、改扩建医院、妇幼保健院、基层卫生院等 86 所，中小学、幼儿园等 51 所；实施危房、危桥、饮水工程等基础设施建设、改造项目 20 个，修建道路 64.23 千米，危旧房屋改造、建设 374 套，饮水工程项目 10 个。带动甘肃省、承德市 1.98 万建档立卡贫困人口脱贫。

【扶贫会议】 天津市与甘肃省、承德市分别召开两次东西部扶贫协作联席会议。天津市委书记李鸿忠，时任市委副书记、市长王东峰，分管副市长李树起在天津市分别会见河北省、甘肃省和承德市、甘南藏族自治州（以下简称“甘南州”）党政代表团并座谈，津甘两省市签署《天津市与甘肃省东西部扶贫协作框架协议》，明确天津市在“十三五”期间原有扶贫协作资金 4.77 亿元基础上，再增加 1 亿元，重点帮扶甘肃省国家扶贫开发工作重点县、片区县；天津市 16 个区对甘肃省 25 个国家扶贫开发工作重点县进行对口帮扶，在产业合作、劳务协作、人才支援、资金支持、社会参与等方面开展扶贫协作，助推甘肃到 2020 年实现国家确定的脱贫目标。东丽区、西青区、津南区、北辰区、武清区分别与承德市承德县、平泉市、隆化县、兴隆县、围场满族蒙古族自治县签署《携手奔小康行动协议书》，建立“一对一”结对关系，通过产业、教育、医疗卫生、干部人才、文化旅游、生态环保、劳务协作等领域合作，开展精准帮扶。李鸿忠率天津市党政代表团赴甘肃省学习考

察，召开合作交流和加强东西部扶贫协作及对口支援工作座谈会，深入贯彻落实习近平关于东西部扶贫协作和对口支援的重要指示精神，扎实推进津甘全方位交流合作；分管副市长率天津市政府代表团赴承德市考察调研，召开津承扶贫协作联席会议，推动扶贫协作和对口帮扶承德市项目进展。

【携手奔小康】　天津市16个区分别与甘肃省天水市、白银市、平凉市、庆阳市、兰州市、武威市、甘南藏族自治州和河北省承德市、新疆维吾尔自治区和田地区、西藏自治区昌都市、青海省黄南藏族自治州的50个贫困县开展携手奔小康行动。印发实施《天津市推进携手奔小康行动工作方案》，各区分别制定印发区级携手奔小康行动工作方案，区主要领导率队赴结对县走访对接80余次，投入区级财政帮扶资金3.3亿元，社会帮扶资金4681万元；推动54个乡镇、街道，50个村、社区与结对帮扶县63个乡镇58个行政村建立结对关系；推进商会协会、医院、学校、产业园区、企业开展“一对一”帮扶20个，实现教育、文化、卫生、企业等全方位帮扶对接；推动签订人才支援、产业合作、医疗协作、教育合作、劳务协作、资金支持等协作协议74份，实施项目50个。“以滨海新区为龙头，以四个功能区为载体，以街镇为延伸，以部门为支撑，以社会力量为补充”的“五位一体”携手奔小康行动模式，刊登在国务院扶贫办2017年《扶贫信息》东西部扶贫协作和定点扶贫专刊第6期。编制印发《天津市对口支援工作简报》携手奔小康行动专刊16期。

【智力帮扶】　坚持“扶贫同扶志、扶智相结合”，编制关于做好天津市东西部扶贫协作干部人才选派管理工作的办法措施，先后向甘肃省、承德市选派党政干部46名，选派教育、医疗、科技、文化等专业技术人才236人次。为甘肃省、承德市组织实施统战和民族宗教、网络教学和教育管理、医疗卫生管理、城市规划、区域经济、文化旅游、现代农业、金融创新管理等专题培训班63期，累计培训甘肃省各级各类干部、专业技术人才1698人次。开展为期6个月的天津中德应用技术大学承德分校骨干教师、中层干部培训两期，累计培训78人。继续推进“天津市对口帮扶甘肃省甘南藏族自治州定向培养医学本科生”项目，天津医科大学、天津中医药大学、天津医科大学临床医学院累计招收甘肃藏区定向医学本科生356名，首批8名定向医学本科生已毕业并按时返回甘南州到指定的县级及县级以上医疗卫生机构服务。天津市南开大学附属中学每年从夏河县招收培养20名品学兼优的贫困学生。

【经贸合作】　举办“承德来啦——水源地绿色产品天津行”“天津牵手甘肃，消费助推扶贫”等活动，天津、甘肃、承德近400家企业参加启动仪式，重点帮助天津结对帮扶的甘肃省7市州34个贫困县、承德市5个贫困县销售优质农产品，达成招商合作意向20项，达成销售意向合同金额3.5亿元。依托2017中国·天津投资贸易洽谈会暨PECC国际贸易投资博览会，举办庆阳市招商引资项目推介会暨签约仪式，现场签约协议14个，协议金额约42.7亿元，涉及文化旅游、现代农业、工业制造、创新产业等投资热点领域。启动“兰州牛肉面在津飘香”行动，支持兰州牛肉面等甘肃特色产品入津、入区、入店、入社区。

【产业扶贫】　依托甘肃省、承德市优势资源，实施特色有机农业、旅游产业、电商等领域扶贫项目40个，建设产业基地15个，扶持18个专业合作社发展，构建县、乡、村三级电商服务网络，惠及贫困农牧民数千人；投入2400万元，在围场县60个贫困村每个村建设一座村级光伏电站；全面拓展旅游扶贫发展空间，开通“天津—夏河”航线，启动“万名天津市民游甘南”活动，实施冶力关大景区六个相关景区及尕秀锅庄舞基地规划工作，组织1.6万名天津市民到甘肃观光旅游。引导天津天一建设集团有限公司、生源（天津）生物工程有限公司、银旺医药科技有限公司、河北硕盈食品有限公司等27家企业到甘肃省、承德市投资落户，实际投资4808万元，带动1942名贫困人口脱贫。天士力控股集团有限公司在甘肃省积极探索“药材核心产区共建药源基地和初加工基地”以及“肉羊前期优质供种+全程技术服务+后期回收加工”全产业链扶贫模式，累计惠及当地农牧民近12万人，其中建档立卡贫困户1.3万户。天津食品集团有限公司与天津奥群牧业有限公司、承德牧原生态食品开发有限责任公司在承德市共同投资建设6000只规模的扩繁场和年出栏1万只育肥示范场各1座，通过打造农牧产品养殖、加工、物流、销售“全产业链”，促进当地农牧业产业转型升级，带动贫困户就业增收。天津市甘肃商会打造了天津对口帮扶甘肃纪实展览馆、甘南文化旅游展示馆和深度贫困县农副产品展示、推广、营销一条龙基地，整合天津市乐乐鲜果、聚家乐、乐氏等3000多个超市、摊位以及各大机关、高校食堂、各企业工会等，打造甘肃农副特产销售网络。

【劳务协作】 聚焦甘肃省、承德市贫困人口，有组织地开展人岗对接。津甘两省市人力社保部门签订劳务协作协议书，通过建立劳务服务基地、开展家庭服务业劳务合作和创新创业合作等措施推动就业扶贫，促成长城汽车等6家企业与甘肃省6所职业院校签订劳务合作协议。摸排梳理具有劳动能力和就业愿望的贫困劳动力1.27万人，举办劳务协作洽谈会、专场招聘会等活动45场，累计提供就业岗位2.63万个，达成合作意向3067个，实施贫困人口精准技能培训1147人次，帮助建档立卡贫困人口772人实现就业脱贫。

【社会扶贫】 积极创建政府引领、社会联动的扶贫协作新格局。组织动员社会组织、企业集团、爱心人士开展扶助特困家庭、关爱贫困儿童、资助贫困学生等活动，累计捐资、捐物5085万元。发挥市管党费帮扶资金带动效应，市委组织部从上缴市委的补交党费中专门拿出600万元专项资金，用于补助甘肃省、承德市20个深度贫困村村级活动场所建设，配备必要的党员教育设施，推动贫困村党支部更好地履行职责。积极开展免费义诊活动，先后选派3个医疗队赴甘肃藏区开展医疗援助活动，免费义诊620余人；天津眼科医院专家团队免费为舟曲县52例白内障患者成功进行复明手术。

（天津市人民政府合作交流办公室
环渤海地区合作处　王　震）

上海市—云南省、贵州省遵义市东西部扶贫协作

（一）上海市—云南省东西部扶贫协作

【概述】 2017年，上海市深入贯彻落实习近平总书记关于扶贫工作的重要论述，坚持“中央要求、云南所需、上海所能”相结合，积极迎接国家首次东西部扶贫协作考核。聚焦组织领导、人才支援、资金支持、产业合作、劳务协作和携手奔小康等六方面重点工作，对照考核指标，加强顶层设计。按照“一区对一州市、相对稳定、任务适度”的思路优化调整区县结对关系，安排上海15个区结对帮扶云南13州市74个贫困县，实现携手奔小康行动的全覆盖；在年初4.84亿元计划援滇资金基础上，追加4.32亿元援滇资金，年度援滇资金总量达9.16亿元；两次增派援滇干部共计60名，第十批援滇干部总人数达75名，实现一县一干部；创新探索帮扶工作，发挥政策杠杆作用，广泛发动部门、企业、社会组织参与扶贫，举办上海市“10·17”国家扶贫日、公益伙伴日活动，实施“云品入沪”、滇西中职校托底招生、健康扶贫大礼包等系列工程，推动扶贫协作扎实有序、高质高效开展，在国家考核中取得较好成绩。

【工作机制】 上海市进一步完善东西部扶贫协作的顶层设计和机制建设。一是制订落实中央要求的政策细则，以上海市委市政府名义印发《关于进一步做好东西部扶贫协作和对口支援的工作意见》《上海市东西部扶贫协作和对口支援工作考核意见（试行）》；以上海市领导小组办公室名义印发《关于进一步加强上海市对口支援项目资金管理的若干规定》《上海市对口支援与合作交流专项资金资助社会力量参与对口支援工作实施细则（试行）》；会同受援地政府制订并印发《上海云南扶贫协作“十三五”规划》，修订完善对口支援项目管理办法。二是深化两地高层互访和联席会议制度。8月，市长应勇率上海市代表团赴云南省学习考察，召开沪滇扶贫协作第十七次联席会议，考察深度贫困地区，调研对接扶贫协作工作。12月，中共中央政治局委员、上海市委书记李强会见来访的云南省委副书记李秀领、副省长何金平一行，召开沪滇扶贫协作第十八次联席会议。三是深化区县结对机制，推动上海15区、云南74个贫困县全面结对，实现“携手奔小康行动”全覆盖。

【帮扶项目】 2017年，上海市进一步加大对口帮扶云南省力度，投入市级财政援助资金91600万元，把保障和改善民生放在优先位置，突出产业合作、劳务协作、人才支援等重点，深化教育、文化、卫生、科技等领域帮扶工作，实施项目375个，其中，产业发展项目189个，援助资金39461.25万元；农村建设项目134个，援助资金36471.45万元；社会事业项目9个，援助资金4370万元；劳务协作项目18个，援助资金2574.35万元；人才支持项目12个，援助资金3492.95万元；其他项目13个，援助资金5230万元。直接投向74个结对县及县以下项目资金83210万元，占90.84%，投向深度贫困地区27200万元，占31%，携手奔小康到县资金83400万元，惠及贫困人口9.82万人。根据考核统计结果，直接

带动1058名建档立卡贫困人口脱贫。

【社会帮扶】 出台《上海市对口支援与合作交流专项资金资助社会力量参与对口支援工作实施细则（试行)》，采取政策引导、资金支持、宣传激励等措施，动员引导企业、社会组织等各类社会力量广泛参与沪滇帮扶，支持扶贫济困、支教助医、智力支持、生态保护等，2017年度共资助42个项目，撬动7000多万元资金支持上海各类社会组织参与扶贫协作。以举办上海市“10.17”国家扶贫日、公益伙伴日等大型扶贫活动为支点，面向各类社会组织、志愿者团体和广大市民加大扶贫协作宣传力度，发布典型案例引领，启动“自然的馈赠”阿基米德精准扶贫行动，举行社会力量参与助力精准扶贫、精准脱贫工作签约仪式，吸引500多家社会组织和数万市民踊跃参加。全市各区、各部门纷纷组织开展“我为贫困地区买一斤米、添一块砖”等专项行动，形成人人参与扶贫的良好局面。

【产业扶贫】 上海市主动对接国家部委和央企定点扶贫模式和全国工商联“万企帮万村”行动，用好本市对口支援专项资金支持企业赴对口地区固定资产投资补助政策，引导上海国企、民企、外企赴云南开展产业合作。用好“南博会”等会展平台，组织上海市经贸考察团、现代服务业联合会、商会相关企业赴云南考察投资。推动上海新沪商联合会与云南省政府发起设立300亿产业基金，支持云南加快产业结构调整。发挥上海大市场优势，运用“互联网+”渠道，优化“云品入沪”工程，做大消费扶贫；推动沪滇旅游文化合作，做强旅游文化扶贫；挖掘金融杠杆支撑功能，鼓励上海安信农业保险股份有限公司、申银万国期货有限公司等在云南省探索实施咖啡价格保险、天然橡胶期货价格保险，做优金融扶贫。动员光明食品（集团）有限公司、上海医药集团股份有限公司、上海西郊国际农产品交易中心等龙头企业赴云南带动当地发展石斛、三七、高附加值蔬菜等作物种植，建立6个县级蔬菜产销对接基地和相关产业园区。全年引导上海企业赴云南投资共计324.3亿元，帮助引进企业投资项目213个。

【智力帮扶】 2017年，上海市增派援滇干部60名，第十批援滇干部数量达到75名，实现对口贫困县一县一干部。向云南选派专业技术人才323名，其中医生268名，教师41名，其他专业技术人才14名。安排121名云南党政干部来沪挂职，5108名党政干部和专业技术人才来沪培训。依托两地人社部门工作体系，采取灵活方式，在云南开展贫困人口就业培训22942人次。

【劳务协作】 上海市与云南省签署《沪滇人力资源帮扶合作具体工作协议》，建立健全针对建档立卡贫困人口的就业服务平台和信息网络，打造“劳动技能提升、用工信息发布、上岗跟踪服务、就业权益保障”全过程就业服务链，组织成建制、规模化的劳务输出。围绕“一人就业、全家脱贫”目标，按照“精准对接、按需培训、择优引进、就业扶贫”一体化模式，在云南建设一批“云嫂”家政就业基地，上海免费提供培训教材和师资，并对来沪就业贫困人口食宿行等给予补贴。依托两地人力资源与社会保障部门工作体系，开展就业服务促进就业，为云南建档立卡贫困人口提供56344个就业岗位。

【教育卫生帮扶】 上海和云南教育部门深度对接，在基础教育、职业教育、高等教育等方面开展校际结对帮扶，建立上海云南职业教育联盟，实施滇西兜底式招生工作，组织本市29所中职学校，面向保山、丽江、楚雄、西双版纳每年招收2300名建档立卡贫困学生。

持续推进上海28家三级医院对口帮扶云南28家贫困县级医院，派出医疗队接力帮扶，提升基层诊疗水平。聚焦因病致贫、因病返贫的建档立卡贫困户，采取巡回医疗、远程医疗等多种方式，组织开展面向1万名贫困人口的健康管理和常见病、地方病筛查工作，帮助贫困人口建立健康档案，帮助结对贫困县医院提高地区常见病、多发病、部分急危重症诊疗能力。

（上海市人民政府合作交流办公室
对口支援二处　苏　健）

（二）上海市—贵州省遵义市东西部扶贫协作

【概述】　2017年，上海市共安排1.84亿元资金和85个项目投向遵义市贫困村、贫困群众，整合1.04亿元社会帮扶资金（含捐赠资金及物资）参与帮扶工作；引导49个产业帮扶项目落地，涉及投资169.74亿元，到位资金56.9亿元；增派5名援黔干部，第二批援黔干部总人数达到15名，实现各受帮扶贫困县一县一干部；创新帮扶工作思路，运用政策杠杆，广泛发动部门、企业、社会组织参与，有效弥补贫困地区教育、卫生医疗、农村建设、产业发展等方面的短板，扶贫协作扎实有序、高质高效开展，在国家考核中取得较好成绩。

【工作机制】　强化扶贫协作的顶层设计和机制建设，建立健全政策体系。一是制定落实中央要求的政策细则，以上海市委市政府名义印发《关于进一步做好东西部扶贫协作和对口支援的工作意见》《上海市东西部扶贫协作和对口支援工作考核意见（试行）》；以上海市领导小组办公室名义印发《关于进一步加强上海市对口支援项目资金管理的若干规定》《上海市对口支援与合作交流专项资金资助社会力量参与对口支援工作实施细则（试行）》；沪遵两地制定并印发《上海市对口遵义市扶贫协作“十三五”规划（2016—2020年）》，共同修订完善对口支援项目管理办法。二是深化互联互动机制，沪黔、沪遵两地高层多次会晤，8月，时任中共中央政治局委员、上海市委书记韩正，市委副书记、市长应勇率市党政代表团赴遵义市学习考察、调研对接帮扶工作；12月，贵州省委副书记、代省长谌贻琴率队来沪对接工作；3月，遵义市党政代表团来沪对接沪遵扶贫协作工作。2017年，两地各级党委政府领导开展互访考察、调研达3077人次。三是落实扶贫协作联席会议机制，分别在上海、遵义召开上海遵义扶贫协作第五次、第六次联席会议，研究部署工作，调度落实任务，签署教育、卫生、园区合作等合作框架协议。四是深化区县结对机制，推动上海3个区、遵义9个受帮扶县全面对接，开展“携手奔小康”行动，实现深度贫困乡、村100%结对。

【帮扶项目】　2017年，上海投入对口帮扶遵义市资金18413万元，较2016年度增长192.3%；其中，投向深度贫困地区3120万元，占援黔资金总量的25.1%。帮扶项目把保障和改善民生放在优先位置，突出产业帮扶、劳务协作、人才支援等重点，深化教育、文化、卫生、科技等领域帮扶，共实施帮扶项目85个。根据考核统计结果，共帮助建设村级道路、产业路等47.73千米，在贫困乡村建设学校、幼儿园17所，建设卫生所、养老院6所，修建保障住房37套，为贫困人口开展就业培训941人次，直接带动1508名建档立卡贫困人口脱贫。

【社会帮扶】　2017年，上海市社会各界向遵义市捐赠资金达1.04亿元，上海3个区与遵义各受帮扶县共同实施“千百十”工程（千人联千户、百企联百村、结对十行业、携手奔小康），着力精准对接，推进街道乡镇之间结对帮扶，加大产业带动扶贫力度，探索上海企业结对帮扶遵义贫困村“村企联手”新模式。截至2017年底，上海市帮扶区共安排乡镇（街道）与遵义市携手奔小康县乡镇（街道）结对14个、安排村（企业）与携手奔小康县贫困村结对34个，实现受帮扶县的1个极贫乡镇、25个深度贫困村“两个结对”全覆盖。

【产业扶贫】　上海市帮助遵义市引进企业47个，落地项目49个，涉及投资

169.74 亿元，到位资金 56.9 亿元，直接带动脱贫 652 人。漕河泾开发区遵义分区入驻 5 家企业，遵义（上海）产业园入驻 9 家企业。全力促进“黔货出山”“遵品入沪”，“湄潭翠芽”“遵义红”等产品入选 2017 年上海市市长咨询会专用茶。“黔货出山·遵义直营店”“遵义生态农特产品展销中心”“丰庄茶城遵义馆”等特色产品直销中心在上海开设，“黔货出山——遵义绿色农产品上海行展示展销会”等活动顺利举行，通过《东方电视购物》节目平台在线推广营销遵义茶产品，探索“合作社、贫困户生产 + 上海批发市场免费中转 + 终端订单”模式助推“遵菜入沪”带动菜农增收。以“红色遵义·传奇赤水河”为主题的花车巡游靓丽绽放第 26 届上海旅游节。上海携程旅行社成功入驻遵义，成立上海市遵义旅游营销中心，旅游开发合作投资 4.71 亿元，带动上海市民赴遵义旅游 416.8 万人次。

【智力帮扶】 2017 年，上海市增派援黔干部 5 名，援黔干部总数增至 15 名；安排 18 名遵义党政干部来沪挂职。在上海市举办人力资源培训 20 期，开展“金种子”校长、“影子”校长等跟岗培训计划，培训干部和各类专业技术人才 1100 余人。赴遵支医支教人员 22 名，在遵义培训教育党政干部、校长等共 4026 人，有力帮助提升学校及医疗机构教学、管理、科研水平。

【劳务协作】 上海市和遵义市签订《东西部扶贫协作（劳务协作）协议书》，建立劳务精准对接机制，搭建互联网劳务协作信息平台，扩大两地人力资源服务部门开放接口，共享岗位和人才数据信息，开通劳务协作“沪遵直通车”，提高劳务输出的组织化程度，为有意愿赴上海就业的劳务人员提供服务保障。9 个受帮扶县建立完善的劳务档案，其中有就业意愿的未就业建档立卡贫困人口 1746 人，输送遵义籍学生到上海各类职业技术学校就读 212 人。支持建立“黔女”家政就业基地，被商务部列为全国第一批“百城万村”家政扶贫试点，7 名“黔女”在上海成功就业，其中“黔女”舒继兰被上海市商务委员会评为“家政就业带头人”。支持 9 个受帮扶县举办劳务协作培训班 21 期，开展就业培训 1097 人次，其中贫困人口就业培训 941 人次。举办专场招聘会 48 场，提供针对贫困户就业岗位 6555 个，帮助建档立卡贫困户 393 人实现就业脱贫。

【教育健康帮扶】 上海主动发挥自身优势，以结对帮扶为主要抓手，有力带动帮扶地区教育、卫生等保障水平提升，切实推动民生改善。全面深化教育结对帮扶，推动 78 所上海学校与遵义学校结对；推动实施“健康扶贫工程”，上海交通大学医学院附属瑞金医院、上海市第一人民医院等 8 家三级医院及上海市疾病预防控制中心与遵义市 8 家医院和市疾控中心开展对口帮扶，援建 5 个临床医学中心，广泛开展远程医疗和义诊，为 95 例白内障患者开展免费复明手术，义诊眼科患者 1192 人次。

（上海市人民政府合作交流办公室
对口支援二处　周　诗）

江苏省—陕西省、青海省东西部扶贫协作

【概述】 2017年，江苏省贯彻落实中共中央总书记习近平关于东西部扶贫协作重要讲话精神，先后召开对口支援专题会议及全省东西部扶贫协作工作会议、全省扶贫协作和对口支援工作推进会，研究部署对口帮扶工作。2017年，印发《关于切实做好江苏省东西部扶贫协作资金和项目管理办法等对口帮扶工作的通知》《江苏省东西部扶贫协作工作机构职责》《江苏省东西部扶贫协作分工职责》；研究制定了《江苏省东西部扶贫协作考核办法（试行）》《江苏省东西部扶贫协作2017年度工作计划要点》，不断完善政策措施，为全省开展东西部扶贫协作提供有力保障。

【工作机制】 2017年，充实调整江苏省对口支援工作领导协调小组成员，省委书记娄勤俭任第一组长，省委副书记、省长吴政隆任组长，省委副书记、常务副省长黄莉新任副组长，将对口帮扶工作统一纳入管理。根据中央对“携手奔小康”行动要求，省对口支援工作领导协调小组印发《关于明确县际扶贫结对关系，实施“携手奔小康”行动的通知》，进一步扩大结对帮扶贫困县范围，全省安排10个设区市64个县（市、区）结对帮扶陕西省56个贫困县、青海省西宁市和海东市9个贫困县、贵州省铜仁市10个贫困县，实现对扶贫协作地区“携手奔小康”县际结对全覆盖。围绕“精准扶贫、精准脱贫”，分别编制《江苏省对口帮扶陕西省扶贫协作规划》，纳入规划项目1175项；《江苏省对口帮扶青海省西宁市和海东市扶贫协作规划》，纳入规划项目187项，形成省市县三级扶贫协作规划体系。

【组织领导】 2017年，江苏省委书记娄勤俭、省长吴政隆率党政代表团赴陕西学习考察，召开江苏陕西对口扶贫协作工作座谈会，两省政府签署“陕电送苏”框架协议，两省有关部门和单位签署17项扶贫协作协议，有关企业签署28个经济合作项目协议。苏陕两省交流学习达6863人次，其中江苏赴陕西3661人次，陕西赴江苏3202人次。南京市、无锡市政府主要领导率代表团赴西宁市、海东市学习考察，分别召开东西部扶贫协作高层联席会议，签署东西部扶贫协作框架协议。

2017年5月，江苏省副省长马秋林赴西宁参加对口支援青海帮扶工作座谈会，与青海省交流对口帮扶工作，商定年度工作要点。南京市和无锡市积极开展工作对接，召开对口帮扶联席会议。7月，南京市市长缪瑞林率政府代表团赴西宁市学习考察，并签订《关于进一步加强帮扶协作和经济合作战略协议》。12月，无锡市委副书记、市长汪泉带领无锡党政代表团到海东市考察对口帮扶工作，共同主持召开无锡市·海东市东西部扶贫协作工作第二次联席会议，签署东西部扶贫协作框架协议。

【帮扶资金】 2017年，江苏省实际拨付对口帮扶资金6.76亿元，其中，对口帮扶陕西省投入5.81亿元，对口帮扶青海省西宁市和海东市0.95亿元。帮扶资金中，省级统筹资金5.3亿元，安排支持延安革命老区专项资金0.2亿元，各有关设区市和结

对县（市、区）安排 1.26 亿元。此外，社会捐赠资金和物资折价 2260 万元。

江苏省实际拨付青海省西宁市和海东市对口帮扶资金 9521 万元，其中省级统筹安排 8000 万元，南京市安排 1011 万元，无锡市安排 510 万元。

【产业合作】 2017 年，江苏省结合江苏电力市场需求，积极消纳陕西风电、光伏等可再生能源。“陕电送苏”输电量超过 12 亿千瓦时，有力推动了陕西清洁能源的持续发展，实现了苏陕两省能源资源跨区优化配置。全省积极整合企业、资金、技术、政策等资源，着眼持续增强陕西省贫困地区“造血”功能，发挥江苏比较优势，鼓励支持江苏企业到陕西投资兴业，实施一批重大产业项目，合作共建 16 个产业园区。

南京市、无锡市积极整合企业、资金、技术、政策等资源，着眼持续增强青海省西宁市和海东市贫困地区“造血”功能，推动江苏振发控股集团有限公司在互助县设立分公司，签订总投资达 5.83 亿元的光伏产业扶贫合作框架协议；组织 20 多名青年企业家到海东市工业园区投资合作；无锡天棚、朝阳等企业集团就海东特色农产品开拓无锡市场达成合作意向。9 月，青海相关企业参加在江苏省举办的“江苏省经济薄弱地区特色农产品展示展销会”“‘双 50’重大招商项目推介会”“第六届南京国际时尚消费品博览会”“2017 中国（南京）电子商务博览会”等。在旅游产业合作发展方面，两省旅游部门在青海成功举办“水韵江苏牵手大美青海旅游踩线采风活动”。

【劳务协作】 2017 年，江苏省、陕西省签署《江苏省和陕西省劳务协作协议》，共同组织劳务协作专场招聘活动。4 月，江苏省人力资源和社会保障厅组织南京等 10 个设区市近 200 家具有一定知名度的江苏大中型企业，携带 8000 多个优质就业岗位在陕西省宝鸡市举办苏陕就业扶贫招聘洽谈会，合作举办赴江苏就业专场招聘会 72 场。两省签订校企合作和校校合作协议，招收贫困学生到江苏就读职业技术学校 231 人；举办劳动技能培训班逾百期，培训人数 9651 人次，其中贫困人口就业培训 5375 人次。

南京市、无锡市积极完善劳务输出精准对接机制，组织江苏企业在贫困地区招收劳务人员，建设劳务输出基地，优先招聘建档立卡贫困务工人员。11 月，南京市人社局赴西宁开展劳务扶贫协作对接，签订 4 项扶贫劳务协作框架协议，认定 12 个扶贫劳务协作对接基地，在西宁举办专场招聘会，62 家企业提供 3000 多个就业岗位。无锡市面向海东市贫困劳动力提供 2 万多个工作岗位，吸引 3000 多名海东贫困人口赴无锡就业或从事拉面产业。

【人才交流】 2017 年江苏省根据扶贫协作结对关系，建立省有工作队、市有工作组、县有联络员的组织架构。2017 年，江苏选派 152 名干部到陕西省对口县（区）挂职开展携手奔小康帮扶工作，陕西省向江苏省派出 397 名干部挂职锻炼，还安排 105 批次 1556 名党政干部和专业技术人员赴江苏培训。同时加大专门人才支持力度，两省结对医院达到 35 对，江苏派出 200 多名医疗卫生人才开展组团式医疗援陕工作，支持贫困地区县乡村三级医疗卫生服务网络标准化建设，促进远程医疗诊治向贫困地区基层延伸，协助加强传染病、地方病、慢性病防治，支持贫困地区化解因病致贫、因病返贫问题。

南京市和无锡市共选派 25 名帮扶队员赴青海省从事帮扶工作，组织党政干部、专业技术人才培训交流 14 批，近 300 人次。

【携手奔小康】 根据中央要求，江苏省进一步扩大结对帮扶贫困县范围，全省安排 10 个设区市 51 个县（市、区）结对帮扶陕西省 56 个贫困县，实现对扶贫协作地区“携手奔小康”县际结对全覆盖。全省结对县（市、区）从自身实际出发，组织镇、村两级结对帮扶，有236对镇和111对村（社区）签署合作协议。江苏省、市、县三级党委政府积极动员社会力量参与扶贫，开展捐资助学、医疗救助、支医支教志愿服务等扶贫活动，大力实施“携手奔小康”行动和“万企帮万村”精准扶贫活动，企业公众及社会各界踊跃参与扶贫，社会帮扶资金和捐赠物资折价达1760万元。

江苏省安排南京市3个县（市、区）结对帮扶西宁市3个贫困县；无锡市5个县（市、区）结对帮扶海东市6个贫困县，实现对扶贫协作地区“携手奔小康”县际结对全覆盖。针对西宁市和海东市的贫困县（片区县）地处青藏高原，多民族、高海拔、脱贫难度更大、任务更重的实际，南京市和无锡市在“携手奔小康”县际全覆盖的同时，选择经济实力较强的乡镇（街道）、行政村（社区）与对口帮扶市扶贫任务重、脱贫难度大的深度贫困乡镇、行政村结对帮扶，探索精准扶贫有效帮扶模式。2017年，南京市与西宁市共有7对乡镇（街道）、5对行政村（社区）结成帮扶对子。无锡市与海东市共同搭建市、县区、乡镇和村四级对口帮扶工作体系，推动建立东西部扶贫协作和“携手奔小康”一体化推进工作机制；两市确定乡镇（街道）结对13对、镇村结对3对、行政村（社区）结对12对。同时两市集聚社会各方帮扶资源参与扶贫，大力实施“万企帮万村”精准扶贫活动，开展捐资助学、医疗救助、支医支教志愿服务等扶贫活动，社会帮扶资金达500万元。

（江苏省发展和改革委员会
张建明）

浙江省—四川省东西部扶贫协作

【概述】 浙江省贯彻落实中共中央总书记习近平在银川会议上的重要讲话精神，围绕精准脱贫、精准扶贫，进一步加强组织领导，加大工作力度，完善工作机制，东西部扶贫协作四川省工作取得明显成效。2017年，浙江省无偿援助四川省对口地区财政资金2.24亿元，实施项目131个。开展经贸合作项目7个，投资到位资金6.74亿元，吸纳就业2.35万人，其中安排建档立卡贫困人口就业1350人。选派34名干部赴四川省贫困地区挂职，接收四川省53名党政干部挂职。选派519人次各类专技人员赴四川省对口地区挂职交流，接收四川省各类专业技术人才729人次挂职锻炼、交流学习。

【工作机制】 2017年1月，浙江、四川两省主要领导在成都市召开高层联席会议，签署《浙川东西部扶贫协作和两省合作框架协议》。9月，时任浙江省委常委、温州市书记周江勇赴四川省阿坝藏族羌族自治州（以下简称“阿坝州”）考察，双方召开扶贫协作联席会议。浙江省各市党委或政府主要领导分别赴对口地区考察对接并与对口地区召开联席会议。2月，浙江省召开对口支援工作领导小组第十次会议，会议审议通过《浙江省东西部扶贫协作工作考核评价办法（试行）》《浙江省贯彻中办发69号文实施方案》。相继出台《浙江省对口支援四川省阿坝藏族羌族自治州和凉山彝族自治州木里藏族自治县“十三五”规划》《浙江省2017年东西部扶贫协作四川省小凉山彝区4县（区）资金和项目安排计划》《关于开展新一轮浙江与四川扶贫协作工作的通知》《关于做好选派干部到四川省挂职的通知》。

2017年，浙江省共有8批次省级领导、4批次市级领导率团赴东西部扶贫协作地区考察。1月，时任浙江省委副书记、省长车俊率浙江省代表团赴四川省小凉山彝区考察。9月，时任浙江省委常委、温州市委书记周江勇率团赴四川省阿坝州考察。11月，浙江省政协副主席郑继伟赴四川省广元市青川县考察。

【扶贫资金投入】 2017年，浙江省东西部扶贫协作帮扶资金重点用于教育、卫生、产业、民生、人才、就业创业、生态保护等7个方面，共安排项目131个，帮扶资金2.24亿元。其中，四川藏区帮扶项目78个，帮扶资金1.62亿元。其中教育专项9个，帮扶资金2533万元；公共服务和基层组织建设专项5个，帮扶资金648万元；卫生专项3个，帮扶资金1010万元；产业专项22个，帮扶资金4309万元；民生专项18个，帮扶资金5895万元；人才专项8个，帮扶资金500万元；生态保护专项3个，帮扶资金820万元；扩大合作交流专项13个，帮扶资金520万元。四川省小凉山彝区4县（区）安排帮扶项目28个，帮扶资金5200万元。其中民生专项11个，帮扶资金3836.4万元；产业专项7个，帮扶资金853.6万元；人才培训专项4个，帮扶资金180万元；劳务协作项目2个，帮扶资金170万元；交流交往专项4个，帮扶资金160万元。安排帮扶青川县项目23个，帮扶资金1000万元。

【金融扶贫】 2017年，浙江省安排帮扶资金150万元，用于四川省青川县农业产业贷款贴息，重点支持茶叶、油橄榄、食用菌、电子商务、乡村旅游等专业合作经济组织、产业大户、家庭农场、龙头企业用于购置生产设施和生产经营流动资金贷款贴息，拉动各类资金3000万元，充分放大帮扶资金的杠杆效益。10月，国家开发银行浙江省分行与国家开发银行四川省分行签订《浙江—四川金融扶贫合作协议》。

【经贸合作】　2017年，浙江省与对口地区开展经贸合作项目7个，到位资金6.74亿元，吸纳就业2.35万人次。11月，浙江省邀请四川省阿坝州、广元市青川县参加浙江省农业博览会，提供300平方米展位，对口地区44家企业和专业合作社的126种产品参展，签订销售协议1000多万元，现场销售250万元。

【劳务协作】　2017年，浙江省开展贫困人口就业培训2067人次，开展就业服务岗位数6954人次。4月，在四川省屏山县和峨边彝族自治县举办2场扶贫劳务协作专场招聘会，122家浙江企业参加，提供1.3万个就业岗位，现场达成就业意向4112人，其中建档立卡贫困人员1096人。8月，台州市组织市公安消防支队专程赴四川省松潘县、茂县和峨边彝族自治县，定向招聘政府专职消防队员，通过一系列的招录程序，33名合格的贫困人员顺利入职，探索了劳务扶贫的新途径。

【社会帮扶】　2017年，浙江省温州市组织7家企业和自愿捐款活动，总计向阿坝州和理县捐赠54.02万元。嘉兴市向九寨沟赈灾捐款398万元，向若尔盖县捐款170万元，总计捐款568万元。金华市浦江县各级党政干部、企业等社会团体和爱心人士向乐山市金口河区、青川县等累计捐款捐赠约475万元。台州市向茂县捐赠慰问金200万元，社会捐赠36万元。四川省浙江商会引导会员踊跃参与精准扶贫工作，利用《四川浙商》、商会网站、商会微信公众号等宣传平台，宣传精准扶贫工作，为四川省美姑县、布拖县等地共捐款捐物414.04万元，为越西县阿来吾、白拉吾等8个贫困村捐款捐物110万元，使依觉村39户贫困户186人全部脱贫，2017年人均增收3300元，该村39户贫困户子女无一人因贫辍学。四川省浙江商会被四川省工商业联合会、四川省扶贫和移民工作局、四川省光彩事业促进会评为“万企帮万村”精准扶贫行动先进商协会。6月，四川省茂县叠溪镇新磨村发生山体高位垮塌灾害，浙商阿坝联谊会第一时间捐赠矿泉水、水果、蔬菜、牛奶、方便面、热水瓶、充电宝等救灾物资。

【携手奔小康】　2017年，浙江省在原有结对帮扶四川省15个县（阿坝州13个县、凉山彝族自治州木里县、广元市青川县）的基础上，新增帮扶四川省小凉山彝区的4个县和广元等7个市的19个县，共新增23个县。浙江省与四川省阿坝州、凉山彝族自治州、广元市、小凉山彝区38个县开展结对帮扶，实现贫困县全覆盖。同时，浦江县、台州市与金口河区、阿坝州7个乡镇开展结对帮扶。

（浙江省发展和改革委员会对口帮扶处
陈金炜）

福建省—宁夏回族自治区东西部扶贫协作

【概述】 2017年，福建、宁夏两省区紧扣宁夏脱贫攻坚目标，充分发挥福建优势，进一步深化结对帮扶、聚焦精准扶贫，推进闽宁协作向更宽领域、更高层次发展。两省区坚持把改善民生放在首位，扶贫协作重点向民生、向基层、向困难群众倾斜，推进闽宁协作示范村建设；拓展产业协作，把宁夏加快发展进程与福建产业转型升级相结合，选准选好产业对接点，优势互补、强强联合；发挥“一带一路”平台作用，用好福建自由贸易试验区和宁夏内陆开放型经济试验区平台，加强在对外招商和国际经贸领域的合作；拓展移民搬迁、产业互补、支教支医、旅游开发、劳务合作、科技文化等方面的协作交流，促进形成各方力量协同推进的大扶贫格局。

【闽宁扶贫协作规划】 闽宁两省区党委、政府以中共中央总书记习近平关于扶贫开发的重要论述为指导，坚持精准扶贫、精准脱贫的基本方略，组织编制印发《“十三五”闽宁扶贫协作规划》。规划紧紧围绕宁夏脱贫攻坚目标，对“十三五”期间两省区扶贫协作做总体安排，规划明确省级援宁资金逐年加大投入，要求对口帮扶市县根据自身财力和帮扶工作情况加大资金支持，并引导撬动省内企业、社会资金投入闽宁协作。

【扶贫会议】 2017年8月，闽宁互学互助对口扶贫协作第21次联席会议在福州市召开。宁夏党委书记、人大常委会主任石泰峰，党委副书记、自治区主席咸辉等领导率领宁夏党政代表团出席会议。福建省委书记、人大常委会主任尤权，省委副书记、省长于伟国等省领导及有关部门、市、县（区）负责同志出席会议。会议对“十三五”时期和2017年闽宁扶贫协作作研究部署，会议签订闽宁扶贫协作第21次联席会议纪要，对闽宁协作年度工作重点、项目安排和具体措施做出全面部署，明确部门责任和工作要求。

【携手奔小康】 福建省从沿海地市选择10县（区）分别与宁夏8个国定贫困县、红寺堡区和闽宁镇建立携手奔小康结对帮扶关系，同时，推动携手奔小康行动向纵向延伸、横向拓展，两省区共有39对乡，37对行政村，20多个省直属单位，100多个市县级党政机关、人民团体、高校、医疗机构和科研院所等单位建立结对帮扶关系。

【精准帮扶】 闽宁两省区制定并组织实施2017年闽宁协作发展资金项目计划，其中，闽宁协作示范村建设4200万元，闽宁产业园建设460万元，特色产业培育1700万元，农科教、产学研扶贫项目260万元，扶贫车间试点240万元，资产收益试点200万元，赴闽返乡农民创业试点140万元，企业贷款担保500万元，闽宁协作平台建设300万元。强化闽宁协作发展资金项目管理，将闽宁协作发展资金使用纳入当地扶贫资金使用监管。福建省审计厅对2016年闽宁协作发展资金使用情况实地开展专项审计。援宁工作队围绕精准扶贫，实施特色产业帮扶项目51个，投入资金1700万元，发展15家企业（合作社），提供1900多个就业岗位。

【经贸合作】 2017年9月，闽宁两省区共同在银川举办主题省系列经贸活动，福建作为2017年中国—阿拉伯国家博览会主题省，派出代表团并组织企业参加博览会。福建加大招商引资帮扶力度，全年帮助宁夏引进福建企业签订合作协议44个，实际到位60.7亿元。其中，同心县引进的葡萄酒特色小镇项目，计划投资20亿元，规划建设葡萄酒旅游文化小镇，提供就业岗位2000多个；彭阳县引进的闽宁云信息扶贫产业园项目，计划投资10亿元，规划建成大数据灾备中心；隆德县引进黄土地粉丝制品项目，开发马铃薯资源生产优质粉丝，一期工程投资2000万元已竣工投产；海原县引进纺织工业园项目已开工投产；西吉县引进泽艾堂生物科技有限公司，引导带动全县800多农户流转土地、务工就业。福建兴业银行银川分行于2017年5月在银川挂牌营业。鼓励宁夏企业到福建投资兴业，宁夏青龙管业股份有限公司在福建省闽清县投资3亿元成立福建青龙管业有限公司，承建2个引水配套工程，项目金额2.11亿元；宁夏在厦门市建成优质特色产品展示展销中心2个、清真特色餐饮店1个，在厦门50多家超市开设宁夏产品专柜；宁夏农垦集团在泉州市开设葡萄酒展销专营店。

【人才帮扶】　干部交流方面，福建省以携手奔小康结对关系为基础，选派第十批援宁工作队共21名干部赴宁夏挂职。福建省承担结对帮扶任务的9县（区）1镇主要负责同志都赴宁夏对口县开展实地调研对接，从基础设施、产业培育、劳动力转移就业和卫生、教育等方面提供支持，共落实帮扶资金5901万元，实施帮扶项目134项。宁夏选派24名干部来闽对口县区或乡镇挂职。2017年，福建省委组织部为宁夏免费举办3期专题培训班，培训县处级领导干部和部分重点脱贫销号村驻村帮扶工作队队长120名。教育协作方面，2017年，福建选派30名优秀中小学骨干教师赴宁夏中南部山区开展为期一年的支教活动，宁夏选派40名中小学校长来闽跟岗学习。福建承担援宁帮扶任务的市县区各选择1所本地优质学校与宁夏被帮扶县区中小学开展结对共建，接收培训宁夏乡村骨干教师1150名。福建安排10家高等职业学校、18家中级职业学校与宁夏28家高等、中等职业学校建立结对帮扶关系，18对中等职业学校30个专业联合培养学生1680人。厦门大学等4所本科学校与宁夏4所本科学校建立“一对一”对口合作。卫生计生协作方面，建立医改对口交流合作机制，福建与宁夏确定19对医疗、卫生单位建立对口帮扶关系。2017年，福建向宁夏派驻医师75人次，业务培训64场次3335人次，培训宁夏来闽长期进修人员120人次。福建援建原州区人民医院门诊楼，出资20万元资助培训医疗骨干；福建中医药大学、厦门大学附属中山医院、泉州市人民医院、泉州市第一医院分别与宁夏对口县医疗机构签订医疗合作帮扶协议。科技支宁方面，福建两次组织开展“院士专家宁夏行活动”，举办学术交流5场次，与宁夏大学、宁夏农林科学院签订6项协议。组织厦门大学、福建农业科学院、福建农林大学等与宁夏相关科研机构开展对接，签订科技合作协议，资助50万元在宁夏实施“闽宁现代食用菌产业技术公共服务平台”建设。福建农业科学院帮助实施“六盘山林下野生食用菌资源考察及开发利用关键技术研究”等6项农业科研课题。文化交流方面，召开文化交流联席会议，加强闽宁艺术职业技术学校交流合作，为宁夏文化系统培训各类人才36名。福建邀请宁夏文化艺术工作者参加文物传拓培训班，提升宁夏文化艺术从业人员业务水平。组织宁夏隆德县的书画作品到福建闽侯县义卖，筹措善款300万元用于资助贫困学生；福建德化县向76位大师及新秀征集173件瓷雕作品捐赠给宁夏移民博物馆，建立“丝路使者·德化陶瓷文化艺术展厅”，加强海陆丝绸之路的人文艺术交流。

【旅游扶贫】　2017年，闽宁两省区旅游部门签订闽宁旅游战略合作协议，建立定期磋商制度，每年举行一次工作会商，构建旅游信息共享渠道。开展的“八闽亲人宁夏游”活动产生积极效应，为宁夏20家4A级以上旅游景区输送福建籍游客10万多人次。加强旅游项目对接，将宁夏沙坡头旅游新镇商业街项目等9个重点旅游项目纳入海峡旅游博览会重点项目招商指南。举办援宁旅游人才培训班，组织邀请宁夏旅游系统管理人员33名来闽调研培训。组织省内有关旅游企业投入100万元，支持闽宁镇建设旅游集散服务中心。2017年10月30日，促成厦门航空有限公司开通福州至固原（中卫）航线。

【劳务协作】 2017年，闽宁两省区召开闽宁劳务协作暨建档立卡贫困人口对口帮扶座谈会，签订人力资源社会保障事业互学互助对口帮扶合作协议，达成合作意向11条。组织宁夏9个贫困县区的就业部门主要负责同志来闽开展劳务交流对接，达成合作意向10个；组织劳务招聘活动22场，互访对接32次，签订劳务合作协议10个，接收宁夏有组织地向福建输送的就业人员1.06万人，其中建档立卡贫困劳动力2156人。福建组织开展职业技能培训15027人，其中“两后生”培训578人，支持帮助宁夏在福建新建劳务基地7个。福建组织47家闽企赴宁夏盐池县举办劳务协作招聘会，提供就业岗位4000多个，现场达成就业意向2003名，其中建档立卡贫困劳动力326人；目前，宁夏长期稳定在福建就业人员达4.5万人，月均收入3000元以上。福建支持在宁闽籍企业优先使用宁夏当地农村劳动力，投入资金290万元，扶持实施7个“村级车间”试点，利用贫困村闲置房屋设立来料加工基地，吸引贫困劳动力就近就地就业，其中隆德人造花工艺有限公司建成村级“扶贫车间”3座，务工人员既不耽误正常的农业生产，又能在家门口就业。

【社会帮扶】 福建省妇女联合会投入40万元在固原市实施闽宁妇女手工制作工作室、家政培训、贫困学生助学、妇女人才培训等项目，组织两省区女企业家互访交流。两省区工商业联合会设立闽商援宁光彩基金，发动福建企业捐资500万元开展精准扶贫。福建省总工会安排30万元资金走访慰问固原市劳动模范和特困职工家庭。2017年共青团福建省委员会安排30名志愿者赴宁夏贫困地区学校开展志愿服务，开展闽宁少年“手拉手”活动。福建省科学技术协会组织科研单位与宁夏开展技术对接。福建动员社会各界积极参与宁夏扶贫开发，河仁慈善基金会捐资505万元，带动福建书香联萌教育科技有限公司捐赠70万元图书，实施六盘学子爱心字典、多媒体互动阅读室、宁夏南部山区贫困白内障患者复明救助、五保老人御寒冬衣等公益项目，惠及7.5万名贫困学生、4000名五保老人、1500名贫困白内障患者、14所学校；大北农公益基金捐资1000万元帮助隆德县发展教育事业和现代化农业；兴业证券有限公司与隆德县政府各出资500万元，共同在福建省兴业慈善基金会下设立“闽宁—兴证文化教育扶贫专项基金”，在隆德县开展资助贫困学生和优秀学生完成学业、提升师资水平、乡村留守儿童监护关爱服务、民间（非遗）文化产业项目发展和人才培养等公益慈善活动。

（福建省扶贫办　张腾云）

广东省—广西壮族自治区、四川省甘孜藏族自治州东西部扶贫协作

（一）广东省—广西壮族自治区东西部扶贫协作

【概述】 2017 年，广东省委和省政府按照“中央要求、广西所需、广东所能”，组织深圳市和江门、湛江、茂名、肇庆市等下辖经济较强县与广西壮族自治区 33 个贫困县开展携手奔小康行动。派出省第二扶贫协作组、驻县扶贫协作干部等 68 名党政干部、162 名科技人才到广西挂职或交流，省及深圳市各级筹措财政援助资金 4.48 亿元，实施扶贫项目 152 个，引导广东企业到广西实际投资 82.51 亿元，助力 3.25 万广西建档立卡贫困人口脱贫。

【工作机制】 建立省、市两级联席会议制度，形成由省委和省政府统筹，省扶贫办等省直属部门协调，相关参与帮扶市组织实施的领导机制，统一组织筹划、统一调配力量、统一资金安排、统一督查考核。出台《关于进一步加强东西部扶贫协作工作的实施意见》等 3 个政策性文件，对广东省东西部扶贫协作结对关系、资金安排、干部选派、人才支援等方面内容予以明确，为广东省做好粤桂东西部扶贫协作工作提供遵循。2017 年 3 月，两省区签订《“十三五”时期粤桂扶贫协作框架协议》，确定“十三五”时期粤桂扶贫结对协作、产业协作、劳务合作、新农村建设、教育协作、医疗卫生扶贫协作、旅游扶贫协作、人才支援交流、青年公益协作、开放开发协作等十大协作内容。2017 年 9 月 4 日，粤桂两省区在广西梧州召开粤桂扶贫协作第二次联席会议，共同签署《关于进一步加强粤桂扶贫协作工作的意见》。两省区还共同编制印发《粤桂扶贫协作规划（2016—2020 年）》，制定年度工作计划，明确未来五年的工作方向和年度工作重点。深圳市制定《深圳对口广西百色、河池扶贫协作五年规划（2016—2020 年）》和《深圳市 2017 年对口广西百色、河池扶贫协作工作计划》。

【扶贫资金投入】 2017 年，广东对广西 33 个贫困县（石漠化片区县）每年每县安排财政援助资金 1000 万元，年度适度增长。广东省各级财政向广西提供财政援助资金 4.48 亿元。其中：广东省级财政安排 1.77 亿元，深圳市级财政安排 2.71 亿元。根据项目和资金管理相关规定，推动实施一批见效快、受益面广、受益期长的项目共 152 项，包括产业发展类项目、社会民生类项目等。

【产业合作】 开展招商引资。通过集中推介、驻点招商等形式，积极引进广东企业到广西投资，成功签约项目 83 个，实际投资 21.63 亿元。组织深圳市百岁田园投资发展有限公司等 14 家企业（机构）到德保考察，已落地企业 1 家，签订框架协议 6 家，其中深圳市汇清科技股份有限公司签订汇清德保县静脉产业园 10 亿元项目合作框架协议。组织长江天成农业投资公司与凌云县政府签订山油茶扶贫产业项目招商投资框架合同，投资 6 亿元，项目已经落地。实施农产品协作。组织深圳中央大厨房和百色、河池市 13 家农业合作社建立农产品供应基地，面积 5.12 万亩，惠及一批贫困户。在深圳市专场举办 2017 年首届深圳对口百色、

河池市农产品扶贫展销会，组织百色、河池市 85 家贫困人口参与度高的农企免费参展，首日成功获得 1.8 亿的购销意向订单。组织“环江红心香柚”农产品产销对接活动，从环江采购红心香柚 1570 吨、砂糖橘 2200 吨、沃柑 300 吨、皇帝柑 100 吨。抓实旅游协作。会同广西制定旅游扶贫协作工作计划，推动“两广六市”和“两广十市”的旅游协作。深圳市与百色、河池市分别签订《旅游扶贫帮扶协作协议》，推动超过 40 批次的旅游交流活动，培训一批旅游专业人才，促成中国港中旅集团公司投资国家度假公园广西靖西项目。

【劳务协作】 举办 135 场贫困人口招聘会，累计提供 12.43 万个就业岗位，帮助 17224 名建档立卡贫困人口就业。深圳市将原已在深圳就业的百色、河池市籍建档立卡贫困劳动力 14557 人，由属地公共就业服务机构就近提供跟踪服务、岗位储备及就业指导，组织 112 家企业共提供 5600 个就业机会。江门市蓬江区建设 10 个“扶贫车间”标准厂房建设，与崇左市天等县签订《蓬江区—天等县扶贫车间协作项目框架协议》，带动贫困人口在家门口就业。推动家政服务协作。以“免费培训、公司派遣”方式，面向百色的贫困家庭、无就业家庭人员进行招生，向全国特别是北上广深等大城市提供专业的、高水准的家政服务。碧桂园控股有限公司等公司在田阳县开展家政、养老、育婴和电焊等技能培训累计达 3911 人次，其中贫困人口 863 人次。

【人才支援】 互派干部挂职交流。广东省派出 68 名干部到广西挂职。广东省第二扶贫协作工作组组长（正局级）、副组长分别挂任百色、河池市党政班子副职、市政府副秘书长，33 名副处级干部挂任 33 个贫困县（石漠化片区县）党政班子副职，其余 35 名干部分别挂任市、县相关部门副职等职务，分管扶贫协作工作。接纳 48 名广西干部、203 名专业技术人才到广东挂职或跟班学习，百色、河池市 30 名党政干部和百色市公安系统 12 人到深圳市进行 3 个月的挂职交流。加强人才培训。会同广西举办三期广西扶贫管理干部培训班，共培训全区各市县扶贫业务骨干 227 人。会同广西举办三期 2017 年粤桂扶贫协作干部专题培训班，培训 320 余人。深圳市为百色、河池市组织开展扶贫、人力资源保障、旅游系统和农村致富带头人等专题培训班 32 期，培训 300 余人次。深圳市盐田区举办城镇规划与乡村旅游专题培训班，培训乐业县 47 名干部；组织 15 名干部到乐业县开展“三同”体验教育培训活动。

【教育健康帮扶】 开展教育扶贫协作。深圳市印发《深圳市教育局关于在广西百色市、河池市贫困县中学开展教育人才扶贫工作的通知》，向百色、河池市的 17 个贫困县选派 34 名教师到县城中小学支教一年。实施医疗卫生协作。两省区卫生计生部门签订《东西部地区医院省级对口支援工作责任书》，广西所辖贫困县的 15 家县级综合医院与广东有关医院结对，向每家受援医院派出 1 名副主任医师任业务副院长，并派出主治医师以上职称的医务人员长期驻点帮扶。深圳市组织市属医院医务人员共计 69 人次赴百色、河池市对口协作医院开展疑难病会诊、义诊等具体工作；百色、河池两市各派 45 名医务人员赴深圳对口协作医院开展跟诊。

【携手奔小康】 广东省 26 个县（市、区）及所辖的镇（街）、社区（股份合作公司）或企业与广西 33 个贫困县、82 个贫困乡镇和 106 个贫困村开展携手奔小康行动结对，实现贫困县（石漠化片区县）、贫困乡镇、贫困村结对帮扶的三级覆盖。县际结对注重落实党政主要领导到结对帮扶县调研对接、编制扶贫协作规划、向每个结对县派驻至少 1 名党政干部挂职等硬性要求，确保对被帮扶县有实实在在的帮扶；镇村结对注重开展访贫问苦、捐赠捐资、理念帮扶等活动，街镇结对、村村结对初见成效。

【社会帮扶】　充分发挥社会公益组织发达的优势，动员公益组织、爱心企业及个人积极参与扶贫协作，募集社会帮扶资金8300万元。

（广东省扶贫办　孙雨才）

（二）广东省—四川省甘孜藏族自治州东西部扶贫协作

【概述】　广东省2014年开始对口支援四川省甘孜藏族自治州（以下简称“甘孜州”），并于2016年10月开始承担东西部扶贫协作任务，甘孜州成为全国同时接受对口支援和东西部扶贫协作的地级市（州）之一。2017年，前方工作组坚决贯彻落实广东省委、省政府“一个龙头，两翼齐飞”对口支援总体思路，瞄准国家“两不愁三保障”和四川省“四个好”脱贫攻坚目标（即住上好房子、过上好日子、养成好习惯、形成好风气）。在粤川两省、各结对协作市县（区）和贫困地区广大干部群众的共同努力下，粤川东西部扶贫协作工作取得新成效。

2017年，广东省安排计划内援助资金2.08亿元，实施援建项目95个，计划外争取援助资金1026万元，动员广东各界捐款捐物共约2490.65万元，全部用于甘孜州脱贫攻坚和跨越发展的急需领域，共惠及2225户贫困户、9385名贫困群众，助推全州1个贫困县“摘帽”、366个贫困村退出、1.18万户4.85万人脱贫。建成贫困残疾人家庭新居20套，改造农牧民住房425套；建成小康示范村4个、美丽新村21个、乡村道路25条。共计培训甘孜州干部1740人，业务技术骨干1198人，医院院长、全科医生和藏医2853人，校长队伍、骨干教师、管理人员1887人，救助重大疾病和残疾人227名、贫困学生929名。成功举办2场就业扶贫现场招聘会，组织85家粤川优质企业到甘孜州开展招聘工作，实现全年新增城乡就业7450人，就业率达到90%以上。实现电子商务网络交易额18.29亿元，增长109.24%，增速居四川省第一位；实现网络零售额12.87亿元，增长55.85%，增速居四川省第二位；实现实物型网络零售额0.96亿元，增长71.23%。

【工作机制】　一是健全组内制度体系。围绕推进对口支援工作规范化、制度化有序开展，制定并落实年度、季度工作计划，召开工作组会议8次，专题研究对口支援各项工作。二是完善协调联络机制。与州对口办沟通协调30余次，召开对口支援工作会议5次，共同商讨推进对口支援情况统计、分析、监督、管理和通报工作；与甘孜州监察、财政、扶贫等多部门建立常态化联系机制。三是严格党支部组织生活。制定工作组党支部学习培训计划，召开支部会议5次，按期召开专题民主生活会，先后5次组织党员深入基层慰问困难群众，开展主题党日活动，并组织党员深入基层，与州直属部门和县（市）一线干部广泛交流。四是建立扶贫联系机制。制定《关于进一步加强东西部扶贫协作工作方案》，针对甘孜州5个国家级深度贫困县建立“工作组成员分片联系到县”制度，重点帮助协调相关县开展精准扶贫。五是落实重点项目联系责任制。坚持定期走访来州投资的重点企业，为企业发展做好信息和配套服务，推动项目尽快落地，创造就业、贡献税收。

【帮扶项目】　一是稳步改善生活生产条件，帮助贫困农牧民“住进新房”。安排890万元资金实施藏区贫困残疾人家庭新居及农牧民住房改造提升项目4个，目前已建成贫困残疾人家庭新居20套，改造农牧民住房425套，共计帮助445户1200名农牧民住进安全舒适的新房（贫困户310家900人）。同时，安排3264万元资金支持改善农村村容村貌及生产生活条件项目9个，目前已建成小康示范村4个、美丽新村21个、乡村道路25条。通过积极推动改善农村村容村貌及生产生活条件，为下一步脱贫致富打下坚实基础。二是稳步提升教育发展水平，帮助农牧民子女“走进校园”。安排6317万元资金实施寄宿制学校配套设施及智慧教育中心建设项目24个。积极实施教师素质能力提升计划、职业教育东西协作行动计划，集中培训校长、教师15批1887人次，安排5批113名骨干教师赴粤进修学习，广东院校培训甘孜州3所职业学校24名骨干教师。广东选派教师46人次到甘孜“送教上门”。通过改善甘孜州教育软硬件环境，惠及14.34万适龄学子，实现全州义务教育适龄人口入学率达到99.24%。三是稳步加强医疗保障能力，帮助贫困病患“走进医院”。安排3479万元资金实施完成乡镇卫生院标准化建设项目12个、县级医疗卫生基础设施建设项目2个、州级医疗卫生项目4个。安排410万元专项资金救助重大疾病和残疾人227名、贫困学生929名。对全州325个乡镇卫生院院长、全科医生和藏医共计2853人次进行轮训，选派189名医务人员到内地进修学习，并依托结对帮扶关系，安排43名甘孜州人民医院医务人员赴广东省第二人民医院带教学习。通过基层卫生院项目建设及推动优质医疗卫生资源下沉，破解“因病致贫、因病返贫”难题，同时促使藏区百姓从有病不治向主动求医的就医习惯转变。

【社会帮扶】 动员广东各界赴甘孜开展多渠道的社会帮扶工作，其中协调香港道德会、深圳市鹏博爱心互助协会、中山大学校友会等爱心组织和人士来甘孜开展慈善活动15次，捐款捐物共约2490.65万元。此外，鼓励对口支援市加大帮扶力度，其中，深圳安排计划外资金1700万元，用于支持石渠、德格和甘孜三县教育事业发展和乡镇卫生院医疗设施建设，为70个乡镇卫生院配备4118件急需医疗卫生设备，并向甘孜州安排培训名额220个；广东省高级人民法院援助100万元，广州两级法院援助资金465万元，佛山两级法院援助200万元，用于援助甘孜州两级法院完善法务系统基础设施建设和开展法务人员培训工作；珠海市支援稻城、理塘两县开展项目协调工作和培训工作经费200万元；佛山市公安局资助甘孜州县公安局150万元。

【产业扶贫】 加快经济交流合作，推动产业合作“结出硕果”。安排726万元专项资金，并盘活2014—2016年资金700万元，建成特色农牧业基地5个、特色乡村旅游项目2个，探索试点农村产权制度改革，培养引导龙头企业与合作社、农（牧）户建立新型合作关系，覆盖60.5万亩农田（草牧场）、8078名农牧民，提升贫困户收入托底。协助州商务主管部门强化投资促进服务职能，组建3个驻外招商机构，在全州范围构建形成完备的商务投促体系。安排150万元专项资金，筛选推出121个重点招商引资项目，组成联合招商小分队拜会企业及商业协会200余家，举办“圣洁甘孜·走进广东”投资推介会等28场活动，并重点引导具有全产业链的大型粤企落地。全年各类平台签约51个项目，投资总额590.4亿元（其中在粤签约6个项目，投资总额93.7亿元），实施招商引资项目92个，到位资金163亿元，完成年度计划的143%。

【智力帮扶】 实施能力素质培训，安排500.6万元资金，超额完成计划内项目17个，举办各类专题培训班34期（经济、精准扶贫、特色产业等19期，水利开发、信息技术、文化旅游等15期），培训干部1740人、业务技术骨干1198人。在广东省各部门支持下，开展法务、电子商务、食品安全检测等计划外培训11期，共计培训1195人。贯彻落实国家东西部扶贫协作部署，安排7名甘孜州干部赴粤挂职，选拔6名志愿者到甘孜州。努力提高甘孜州干部人才的理论水平和素质能力，实现促进扶贫与扶智的有机结合。

【合作共赢】 加快扶持电子商务，推动特色产品“飞出大山”。推动出台加快推进甘孜州电子商务发展实施意见，整合1300万元资金（援建资金500万元）支持379个贫困村农村电商服务体系建设，成功申报5个国家级电子商务进农村综合示范县和2个省级电子商务脱贫奔康示范县（中央及四川省共划拨专项扶持资金1.1亿）。举办四川藏区电商扶贫发展大会、首届电商扶贫项目大赛，在康定和东莞同时举办松茸美食节，召开全州电子商务发展系列会议4次、专题讲座3场，培训电商人员300人次。推动成立电子商务行业协会，扶持快递企业开展电商服务站点物流配送，帮助引进顺丰速运落地甘孜，与北京京东世纪贸易有限公司、苏宁云商集团股份有限公司签订合作协议，加快京东商城甘孜藏族自治州扶贫馆建设，完善各项配套措施。继续建设“圣洁甘孜”专柜，组织100余家企业先后参加中国出口商品交易会、广东省农业博览会等10余场市场拓展活动，协议订单金额近3亿元。通过构建与实体市场互为支撑的电子商务平台，有力推进实施“甘孜州臻品直通车”计划。2017年电商网络交易额18.29亿元，增长109.24%，增速居四川第一。

【劳务协作】 加快开展劳务协作，推动富余劳动力“迈出家门”。投入376.8万元资金，开展39期就业技能培训，累计培训1505人，培训合格1475人，合格率达98%，就业率超过60%；投入34.8万元规划外资金（广东省就业服务管理局），在甘孜州培训电商创业学员60名。同时，积极鼓励返乡创业，投入70万元资金，用于补助2017年返乡创办农村专业合作社7个。在广东省有关部门的帮助下，成功举办2场就业扶贫现场招聘会，组织85家粤川优质企业到甘孜州开展招聘工作，共提供岗位1005个，并特别针对建档立卡贫困户开辟“绿色通道”，至今已有67名甘孜劳务人员赴粤就业（其中建档立卡贫困人口13人）。2017年10月，广东省人社厅和甘孜州政府签署《劳务扶贫协作框架协议》，进一步明确建立协作机制、开展供求对接、组织接收安排、开展岗位培训、做好跟踪服务和权益保护、约定协作周期等内容。通过系列举措，帮助更多四川藏区贫困群众实现就业，实现全年新增城乡就业7450人，就业率达到90%以上。更重要的是，大大激发贫困群众自力更生、艰苦奋斗的精神，对精准扶贫产生积极而深远的影响。

【交往交融】 广东省安排182万元资金，用于开展两地藏汉学生、优秀村支部书记、老党员、致富带头人等的交流交往项目4个，共386人次。其中，在广东省教育厅支持下，协调甘孜州23所学校100名教师、272名学生赴广东结对学校开展“手拉手、心连心”学习交流活动。安排793万元专项资金，用于色达县格萨尔文化艺术中心项目，推动甘孜州特色文化传播；国家艺术基金项目、大型民族音乐剧《康定情歌》在广州、东莞市巡回演出。与州委组织部合作出版《广东对口支援纪实》专刊，并协助经济日报、深圳特区报、甘孜日报，广东媒体采访团等开展对口支援专题采访报道活动。在交流交往交融中，先进市场观念、科学致富理念、汉藏悠久情谊广为传播，广东人民和甘孜人民产生血浓于水的亲情，凝聚成助推脱贫攻坚的强大合力。

（广东省援川前方工作组　傅军华）

辽宁省大连市—贵州省六盘水市东西部扶贫协作

【概述】 2017年，大连市与贵州省六盘水市紧密围绕《大连市对口帮扶六盘水市工作规划（2016—2020）》，通过密切配合协作，重点在深化两市高层领导访问交流、产业项目帮扶、科教帮扶、医疗帮扶、干部人才培训交流等方面开展积极的工作，助推六盘水市经济社会发展。2017年，大连市财政援助资金总计4021.3万元，比2016年增长11.7%。其中，市级财政3800万元、区级财政221.3万元。2017年共实施帮扶项目96个，带动建档立卡贫困人口脱贫8282人。

【工作机制】 大连市与六盘水市签订两市《东西部扶贫协作助推脱贫攻坚合作协议》，指导两地开展扶贫协作工作。双方还联合制定《大连市对口帮扶六盘水市高层联席会议制度》《大连市对口帮扶六盘水市2016—2020年援助资金增长机制办法》。为做好全市东西部扶贫协作工作，发挥考核指挥棒作用，大连市制定《东西部扶贫协作和对口支援工作考核办法》，首次将东西部扶贫协作工作纳入市绩效考核和领导干部实绩考核当中。编辑刊发《大连市东西部扶贫协作和对口支援工作动态》，共6期50余篇。

【扶贫会议】 2017年，大连市与六盘水市共举行4次高层联席会议，洽谈对接干部人才交流等帮扶协作工作，联合制定《大连市对口帮扶六盘水市高层联席会议制度》，签署东西部扶贫协作助推脱贫攻坚合作协议。

【产业扶贫】 2017年，大连市组织企业到六盘水市投资项目共6个，投资金额11.46亿元。包括万达广场、环美科技仿生木生产基地、综合管廊预制构件生产基地项目、六盘水钟山区中小学营养餐综合服务管理平台、红桥新区大数据实训及软件开发、六枝落别龙井温泉小镇等项目。其中，六盘水市万达广场项目于2017年12月8日正式开业，项目总面积11万平方米，是贵州省第一座运营的万达广场。大连启明星餐饮管理有限公司在六盘水设立的智慧好食堂综合服务管理平台项目，项目全部建成后将覆盖学校食堂约100家，服务学生约10万人，将带动钟山区及水城县众多建档立卡贫困户增收脱贫。两市农村工作委员会在农业产业方面签署合作框架协议，双方确定在农业发展战略、农业技术人才培养交流、农业产业化、农产品市场开发合作等方面开展合作。两市举办“黔货出山”推介会，在“2017中国·大连国际农业博览会”上，六盘水市特色农产品深受大连市民喜爱；大连市青泥洼桥街道为水城县开设绿色农产品销售专铺；六盘水驻大连办事处常年展示六盘水市农特产品。两地共同组织举办《多彩贵州风》（大连）巡演、六盘水“19度的夏天360度的激情”旅游宣传推介等活动。大连市旅游发展委员会、旅顺市旅游集团、大连市钟山大酒店等结对帮扶单位参加贵州省旅游自愿结对帮扶协议签订仪式。两地通过旅游互动协作，结对帮扶等合作方式带动贫困人口脱贫1300人。

【人才交流】 2017年5月，大连市首次选派10名党政干部和5名医疗专业技术人才组成扶贫工作队，到六盘水市开展为期3年的挂职工作。8月，大连市接收六盘水市10名干部来大连开展为期1年的挂职工作。全年在大连举办六盘水正科级领导干部和综合能力提升培训班共两期，培训干部134人次；接收30名贵州省及六盘水市中小学校长到大连挂职培训。大连市3位教师到水城县支教，表现优异，荣获贵州省“三区”人才支持计划优秀教师称号。医疗卫生方面，组织大连市10所医疗卫生单位与六盘水市9所医疗卫生单位建立结对关系，接收88名六盘水市医疗卫生专业人员到大连进修，选派34名医疗专家赴六盘水开展业务指导；在大连举办六盘水市红十字应急救护师培训班，培训应急救护师30人。

【劳务协作】　两市人社部门积极开展劳务协作工作，建立劳务协作精准对接机制，签订《用工信息共享合作协议》和《劳务合作协议书》。积极开展六盘水市贫困人口就业培训8场，培训328人次。根据六盘水市人社部门反馈的岗位需求意向，举办招聘会4场，推送各类用工岗位信息7493个。另外，向六盘水适龄贫困家庭学生提供5个大连百年职业学校免费就读名额，并提供在大连就业机会；大连海洋学校面向六盘水市贫困学生，提出免费就读，免费提供就业岗位的特殊招生政策。

【携手奔小康】　在大连市委、市政府确定的大连市中山区帮扶六盘水市水城县、甘井子区帮扶六枝特区、金普新区帮扶盘州市的基础上，深入推进大连长兴岛经济区、花园口经济区、生态科技创新城分别与六盘水红果经济开发区、水城经济开发区、钟山经济开发区开展园区结对共建工作。同时，组织安排大连市综合实力较强的10个街道和2个社区分别与六盘水市的7个极贫乡镇和5个贫困村结成“一对一”帮扶关系，共同携手奔小康。2017年，大连市区市县（先导区）及相关街道共投入帮扶资金221.3万元，实施扶贫项目15个。

【社会帮扶】　2017年，大连市不断创新对口帮扶工作思路，拓展对口帮扶领域，拓宽对口帮扶渠道，积极组织引导各方面社会力量参与对口帮扶协作工作。通过社会力量帮扶，累计向六盘水市贫困地区捐赠款物130.3万元，资助学生及贫困人口200余人。

（大连市人民政府经济合作交流办公室对口帮扶处
于晓叶　殷雅茹）

江苏省苏州市—贵州省铜仁市东西部扶贫协作

【概述】 2017年，苏州市开展多形式、多渠道、多层次、全方位的扶贫协作工作，积极打造东西部扶贫协作升级版。江苏省、苏州市及各级政府、各部门、社会各界向铜仁市提供无偿资金10786万元，其中，江苏省财政拨款8000万元，苏州市各级政府部门提供无偿资金2786万元，实施帮扶项目38个。另外，苏州市还投入社会帮扶资金1468万元。帮助建档立卡贫困人口脱贫2.22万人。苏州市引导34家企业赴铜仁市投资，计划投资51.59亿元，完成投资48.92亿元。帮助铜仁市举办各类干部人才培训超过1万人次，其中，赴苏州市培训干部12期600人次。江苏省对口帮扶贵州省铜仁市工作队被评为2017年度贵州省脱贫攻坚先进集体。

【扶贫会议】 2017年，江苏省委书记娄勤俭、省长吴政隆会见贵州省委副书记、代省长谌贻琴率领的党政代表团，召开江苏苏州·贵州铜仁扶贫协作联席会议，苏州市与铜仁市签署《东西部扶贫协作助推脱贫攻坚合作协议》。苏州市委副书记、代市长李亚平率党政代表团赴铜仁市考察交流，并会见来访的铜仁市党政代表团，召开对口帮扶工作联席会议。市委、市政府先后召开对口帮扶工作座谈会、扶贫协作和对口支援工作推进会和市政府常务会议等会议，部署重点工作。印发《2017年苏州市对口帮扶铜仁市工作要点》《苏州市东西部扶贫协作考核实施细则（试行）》《苏州市东西部扶贫协作工作分工职责实施细则》。调整完善苏州市对口扶贫协作领导小组和对口帮扶铜仁市工作领导协调小组。

【人才交流】 2017年，苏州市组建以1名厅级干部为领队的对口帮扶铜仁工作队，选派12名县处级干部和11名科级干部赴铜仁市开展对口帮扶工作，实现每个结对县（区）有2名对口帮扶干部；铜仁市采取“集中培训+跟班锻炼+调研总结”方式，选派2批、每批50名优秀年轻干部到苏州市开展为期4个月的实地培训。铜仁市选派6名县处级干部到苏州市的省级以上开发区挂职，为期1年。

苏州市实施五个“一百工程”，每年分别组织100名教师、医生、教授（专家）、艺术家、旅行社（导游）赴铜仁开展交流活动，以此加大铜仁市专业人才帮扶工作力度。苏州工业职业技术学院向贵州健康职业学院派出副院长挂职一年。苏州所辖各市区共计选派100名教育专家赴铜仁各县区支教一个月。苏州市教育局选派194人次名师赴贵州省铜仁市开展培训，开设讲座30多场，累计培训教师1万多人次。接收铜仁市7批次550多人次教师挂职培训；铜仁市卫生系统72人次到苏州市对口单位参观考察学习，其中半年以上进修学习18人。苏州市选派141名医疗卫生专家赴铜仁指导，87名专家在铜仁的指导时间超过1个月。举办专题讲座90余次、手术示教70余台、疑难病例讨论130余次、远程会诊10人次；苏州市科学技术协会组织开发建设“智缘桥·山水情”网站和微信公众号。建设160名专家的帮扶专家库，组织4批70余人次专家赴铜仁考察，通过网络、电话等方式参与指导咨询的专家50余人次，铜仁市科技人才到苏州市培训55人次；苏州市文化广电新闻出版局携手铜仁市举办“水乡缘·山乡情”舞台艺术精品展演，苏州·铜仁美术、书法、摄影联展，铜仁·苏州文化活动周，“梵净情·水乡缘”铜仁民族文化走进苏州文艺晚会等活动，培训30余名铜仁市文化广电新闻系统干部；苏州市旅游局帮助铜仁梵净山景区创5A级景区。7月，邀请复旦大学和业内专家到铜仁市，结合当地旅游业发展实际培训旅游从业人员120名。

【扶贫资金投入】 2017年，苏州对口帮扶铜仁资金由3779万元增加到5000万元，2017年安排资金8000万元。2017年实际拨付资金10786万元，社会帮扶资金1468万元。对资金增量部分，坚持以贫困村为重点，精准到户到人，以建档立卡贫困人口数为主要安排依据，结合已安排对口帮扶资金情况，兼顾县区间平衡，印发《苏州对口帮扶铜仁工作五年规划（2016—2020年）修编稿》。实施帮扶项目覆盖铜仁市10个贫困县（区）、24个乡镇、40个贫困村，其中安排深度贫困县沿河县1100万元，极贫乡镇德江县桶井乡600万元、石阡县国荣乡300万元。

【产业扶贫】 2017年，苏州市引导34家企业在铜仁投资，计划投资51.59亿元，实际完成投资48.92亿元，带动贫困人口脱贫845人。铜仁·苏州产业园累计入驻企业224家，规模以上工业企业60家。苏州、昆山等地有100余批次243人次客商到碧江经济开发区开展投资考察。总投资5亿元的鲲鹏智能通讯终端项目、总投资6亿元的盛鸿大业高端智能装备（机器人）产业园、总投资20亿元的铜仁云田农副产品冷链物流中心项目、总投资5亿元的鸿典公司食品包装新型材料项目签约落户。6月，举行2017“梵净山珍·健康养生”铜仁绿色优质农产品招商推介展示会，铜仁市102家企业500多种农产品参展，现场签约总额46.7亿元。12月，举办铜仁农产品资源推介会，签订《苏州·铜仁茶叶产销对接合作协议》。铜仁市先后在苏州市举办“美丽梵净山·铜仁过大年”“铜仁生态美 梵净天下灵”，与苏州多家旅游企业签订战略合作协议，在苏州拙政园设立铜仁文化旅游推广中心，助推两市文化旅游合作。

【劳务协作】 2017年，苏州市通过“春风行动”“民营企业招聘周”“大学生毕业招聘周”“苏州—铜仁扶贫协作劳动力招聘会”等专项招聘活动，组织苏州企业、技工学校和劳务输出公司向铜仁等对口帮扶地区提供就业岗位39675个，开展各类技能培训50期培训3274人。铜仁籍劳动力在苏州就业人数达2640人，其中2017年新增1420人，帮助贫困户劳务就业570人。

苏州金螳螂公司与松桃县合作实施“千人工匠”计划，组织2期“千人工匠”精准帮扶培训班，累计培训200余人，主要培训水电工、泥工和装饰工，培训合格后即可到苏州就业。铜仁市组织1201名贫困劳动力参加医院护工、家政服务业职业技能培训，78人培训合格安排到苏州就业。

【携手奔小康】 2017年，苏州市积极创新探索乡镇结对帮扶新模式，推动51个乡镇、22个经济发达村和11家企业分别与铜仁市60个乡镇、22个贫困村和11个贫困村开展结对帮扶工作，打造助推精准扶贫、精准脱贫示范项目。

张家港市与沿河县实现乡镇结对帮扶全覆盖。10个区镇与沿河县22个乡镇街道结对帮扶，8个村与沿河县8个深度贫困村建立结对帮扶关系，2家民营企业、4个市属国有企业结对沿河县6个深度贫困村，张家港保税区、张家港经济技术开发区、张家港冶金园共同参与沿河经济开发区建设工作。

（苏州市发展和改革委员会
经济协作处 邵 军）

浙江省宁波市—贵州省黔西南布依族苗族自治州、吉林省延边朝鲜族自治州东西部扶贫协作

【概述】 2017年，宁波市安排财政帮扶资金9655万元，其中帮扶贵州省黔西南布依族苗族自治州（以下简称“黔西南州”）资金4655万元，帮扶吉林省延边朝鲜族自治州（以下简称“延边州”）资金5110万元。宁波市各级政府、各部门、社会各界向黔西南州、延边州捐物折款710万元。新增登记就业延边户籍劳动者242人，黔西南州户籍劳动者2693人。国务院扶贫办《扶贫信息》第64期、第79期专题刊发宁波市东西部扶贫协作工作。

【工作机制】 2017年，宁波市建立与对口地区联席会议机制，明确市委、市政府主要领导每年至少1次到黔西南州、延边州学习考察，形成党委政府主要领导磋商、协作工作机制。宁波市党政代表团分别赴黔西南州和延边州调研对接工作，与黔西南州、延边州签署《对口帮扶协作框架协议》。3月，宁波市印发《中共宁波市委办公厅宁波市人民政府办公厅关于做好对口帮扶协作吉林省延边州工作的实施意见》，决定从共同推进脱贫攻坚、着力推动企业合作、开展经贸合作、大力促进旅游合作、加强人才交流合作、加强劳务用工合作、加强政府互动交流等七个方面进一步深化两地协作，促进共同发展。宁波市所辖10个区县（市）和12个市级部门以“N+1”形式分别与黔西南州9个县市区结对协作，以“1对1”或“2对1”形式分别与延边州8个县（市）结对协作，实现双方下属县市区全覆盖。组织宁波各区县（市）与对口县（市）16个乡镇和16个村进行结对帮扶。

【帮扶项目】 2017年，宁波市安排对口支援专项资金9655万元，实施东西部扶贫协作项目91个，惠及贫困群众22552人。一是推进项目实施。对口帮扶黔西南州4655万元，用于特色小镇建设、产业发展、农村基础设施建设、社会事业发展和人才培训等57个项目，惠及贫困群众16541人；对口帮扶协作延边州5000万元，用于灾后救助、特色产业发展、教育医疗设施和农村基础设施建设、干部人才培训等34个项目，惠及贫困群众6011人。二是拓展农产品销售。实施“北粮南运”计划，与延边州粮食产销合作取得重大进展。2017年5月13日，延边州在宁波市召开粮食系统对口协作座谈会和延边大米宁波推介会，建立两地粮食系统对口合作协商机制，延边州5家粮企与宁波经销商签订首批5000吨中高档优质大米营销合同。10月，宁波设立长三角地区首个吉林大米直营店。帮助黔西南州贞丰县顶坛椒业系列产品、安龙县的安庆食用菌进入宁波三江超市，年销售额过百万元；宁波市多家食品公司开展黔西南州小黄牛肉、中药材、山珍菌等农产品专营，通过线上线下销售，2017年销售额突破亿元。宁波市镇海区在人员集中的植物园设立对口帮扶农特产品展示展销区，帮助结对县扩大农产品销路，助推农户增收。三是加强旅游合作。邀请延边州到宁波进行旅游推介，双方达成互换旅游目的地等系列合作意向，签订互换客源框架协议。1月，宁波到延吉旅游包机

航线开通，5 个航班运送 600 余名宁波市民畅游延边美丽雪景。6 月，宁波与延吉的直飞航线正式开通，2017 年旅客吞吐量 19500 多人次，平均客座率 76.8%，极大地缩短宁波与延边之间的距离，促进两地人员、物资、信息等交流和产业合作。2 月，黔西南州在宁波市举行“贵有真情·感恩有你”《多彩贵州风》巡演暨黔西南推介活动，推出宁波市民赴黔西南州旅游系列优惠政策，宁波到黔西南州旅游人数大幅度增加。

【社会帮扶】 宁波动员社会各界发扬“大善大爱”宁波精神，到黔西南州和延边开展农村中小学、卫生院、农民活动场所、贫困学生结对等社会公益性项目和慈善项目建设，全年捐资捐物 710 万元。“7·21”延边特大洪灾，宁波市本级在追加帮扶资金中专门安排 300 万元用于汪清、安图和敦化的水毁道路、学校、卫生院建设，北仑区、奉化区、余姚市、宁海县及时向结对的汪清县、安图县、延吉市捐助财政资金 750 万元、救灾物资 100 万元。宁波市红十字会向黔西南州捐赠服装、鞋袜等物资 139921 件，价值 125.3 万元。国家开发银行宁波分行分别于 10 月和 11 月向黔西南州晴隆县、兴仁县 3 所学校和延边州龙井市、汪清县 2 个国贫县学生捐赠学习用品、羽绒服等物资，价值 23 万余元。

【智力帮扶】 2017 年，宁波市加大对口支援智力帮扶，投入智力帮扶资金 370 万元。一是开办各类培训班。根据对口地区人才培训需求，全年为东西部协作地区举办 80 期培训班，培训各类人员 2271 人。二是开展支医支教。创新暑期教师培训模式，选派 8 名特级教师到黔西南州开展“在线培训”，培训各类教师约 7000 人次；支持黔西南州实施“校长提高计划”，帮助培训 2 批次 58 名中小学校长；安排宁波大学、宁波职业技术学院等 8 个学校结对帮扶黔西南州相关学校，邀请黔西南州 11 名、延边州 10 名中等职业学校校长到宁波参加中等职业教育观摩研讨，帮助提高学校管理水平。安排宁波市第一人民医院等 13 家医院与黔西南州 13 家医院开展结对帮扶，实现黔西南州 7 个贫困县县级医院结对帮扶全覆盖；组织医疗专家 151 人次到黔西南开展传帮带工作，帮助诊疗急诊、住院病人 4072 人次，接收黔西南州医生 117 人次到宁波短期进修。三是互派干部挂职。2017 年，宁波市选派 5 名干部到延边挂职，3 名干部到黔西南州挂职，挂职时间均 3 年。接收延边州 9 名干部、黔西南州 10 名干部到宁波挂职，挂职时间 1 年。

【经贸合作】 引导 11 家浙江企业到黔西南州投资，签约项目资金 11.35 亿元，实际到位资金 10.16 亿元，其中开工在建项目 11 个，投产项目 5 个。共建普安县江西坡长毛兔科技养殖示范园区、兴仁县巴铃重工业园区、安龙县食用菌产业园区等多个产业园区，带动 1200 余贫困人口就业脱贫。引导 4 家浙江企业到延边投资，协议投资 24.28 亿元，实际到位资金 1.35 亿元。7 月，延边在宁波举办投资环境推介暨重点产业项目对接会，达成 29 个项目合作意向。12 月，宁海县与安图县签约 7 个领域 11 项合作框架协议，预计实施后可带动 2080 贫困户 3659 贫困人口脱贫。敦化政府与宁波康喜乐嘉投资股份有限公司就全市学校标准化营养配餐配送达成合作协议，解决全市学校学生营养餐安全就餐问题，可使 245 名贫困学生受益。宁波中药制药股份有限公司与吉林省华惠生物科技有限公司签订《战略合作协议》后，选派 7 名技术人员赴汪清开展技术改造指导，实现产值 800 万元，新增 34 人就业。

（宁波市对口支援办公室　黄俊兵）

福建省福州市—甘肃省定西市东西部扶贫协作

【概述】 自2016年起，福州市与定西市在组织领导、人才支援、资金支持、产业合作、劳务协作、携手奔小康等方面扎实开展工作，东西部扶贫协作取得阶段性成效：福州市援助定西市9829.81万元，实施扶贫协作项目52项，带动贫困户8600多户3.34万人实现增收，带动1232户5433人脱贫。并涌现出一些亮点。比如，把中共中央总书记习近平在福建工作时倡导的长汀水土流失治理经验运用到生态扶贫中，在定西市开展1020亩的水土流失综合治理（生态林）一期试验项目，既改善当地生态环境，又带动贫困户增收；大力实施劳务协作"十百千万计划"，输转劳动力3567人。在国务院扶贫办组织开展的2017年省级党委和政府脱贫攻坚及东西部扶贫协作成效考核中，福州的做法得到充分肯定，考核结果为"好"。

【工作机制】 2017年2月28日，福州市与定西市签订《东西部扶贫协作框架协议》，建立"456"对口帮扶模式，即遵循"党政领导、社会广泛参与，精准聚焦、提高帮扶成效，优势互补、实现合作共赢，群众主体、激发内生动力"四个协作要求；开展"产业合作、劳务协作、人才支援、资金支持、社会力量参与"五项协作内容；建立"组织领导、联席会议、结对帮扶、挂职交流、典型培育、考核评估"六大工作机制。福州市成立以市委、市政府主要领导分别担任组长、常务副组长的福州市援助定西市领导小组，全面负责对定西市的东西部扶贫协作工作；成立福州·定西扶贫协作前方指挥部，由在定西挂职的福州市人大常委会副主任陈春光担任总指挥，在定西市委、市政府的领导下具体负责工作实施；深入开展"携手奔小康行动"，组织福州市7个县（市）区与定西市7个县区分别建立结对关系。

【帮扶项目】 2017年，福州市共援助定西市资金9829.81万元，其中福州市、县财政拨付援助资金5599.63万元，福州市社会各界捐赠资金4230.18万元。福州·定西扶贫协作前方指挥部在定西市及各县区设立东西部扶贫协作资金专户，用于接收管理、统筹使用福州市财政帮扶资金和社会捐赠资金。帮扶资金主要用于产业扶贫、生态扶贫、教育扶贫、医疗扶贫、公共服务设施建设等方面，其中：产业扶贫方面，投资3000多万元，用于开展巨菌草种植、阳光房建设、食用菌、牧草、光伏、种植养殖等产业项目，带动贫困人口增收。生态扶贫方面，投资650万元在安定区建设福州·定西水土流失综合治理（生态林）一期试验项目1020亩，通过在种植技术、科学管理、选优品种等方面开展试验，探索一条更具经济效益和生态效益的新路子。教育扶贫方面，福州社会各界捐赠教育帮扶资金和物资共2100多万元，资助贫困学生就学和改善教学条件；闽江师范高等专科学校等4所院校招收51名定西籍贫困学生，为其减免学费、提供生活补助、安排勤工俭学岗位。医疗扶贫方面，捐赠资金200万元，协调福建省协和医院、上海儿童医学中心对定西市建档立卡贫困户先心病儿童进行筛查，并为

18 名患儿实施先天性心脏病手术治疗；免费实施建档立卡贫困户白内障手术 29 例。公共服务设施方面，投资 300 多万元，用于陇西、通渭县贫困村公共服务设施、危房改造、村道建设等基础设施项目。

【社会帮扶】 福州市积极动员社会各界参与对定西市的脱贫攻坚工作，2017 年共有 77 家企业和单位捐赠定西市 4230.18 万元。其中：榕籍企业家林国镜、河仁慈善基金会分别捐赠定西市 1000 万元，建立“定西国镜教育帮扶基金”“曹德旺（甘肃定西）励志助学金”，资助定西市贫困学生。福建盼盼食品集团、祥龙集团向上海慈善基金会“美滋润心”专项基金捐赠 200 万元，帮助定西市 18 名贫困家庭先心病儿童实施先天性心脏病手术治疗。其余捐赠资金主要用于定西市贫困村公共服务设施建设、危房改造、村道建设、慰问建档立卡贫困户等方面。

【福州·定西水土流失综合治理（生态林）一期试验项目】 福州市在东西部扶贫协作中把福建省长汀县水土流失治理经验运用到生态扶贫协作中，投入资金 650 万元，在定西市安定区开展 1020 亩的水土流失综合治理（生态林）一期试验项目，取得较好成效。主要采取以下做法：一是着力试验创新。充分借鉴福建长汀县水土流失治理经验，结合定西气候、土壤等实际，在试验中进行造林技术、种植模式等创新，既突破当地植树造林的传统思维套路，又开辟生态扶贫、改善环境的新路子。二是有效提高贫困人口受益水平。找准试验项目与扶贫协作的利益平衡点，把生态扶贫与贫困户利益联结起来，通过带动贫困户参与退耕还林、植树务工、营林管护、发展林下经济等，让他们直接受益。三是实现生态、经济、社会效益相统一。生态林试验通过实施退耕还林、荒山绿化、森林管护、发展林下经济等，结合科研、科普功能，实现增绿与增收、生态与生计的有机统一。

【劳务协作】 福州市把开展劳务协作、促进定西市劳动力转移就业作为东西部扶贫协作工作的一项重要举措，按照双方签订的劳务协作协议，实施“十百千万计划”，即“十三五”期间，支持定西市在福州建立 10 个劳务工作服务站，为定西市培训 100 名“双师型”教师和技能培训机构管理人员，扶持定西市贫困家庭高校毕业生 1000 人到福州就业；组织输转定西市劳动力 1 万人，实现“培训一人、输转一人、就业一人、脱贫一户”目标。2017 年，两市组织开展“福暖陇中”大型招聘会、宣传推介会和“两后生”招聘会 26 场，提供就业岗位 52619 个，帮助定西市在福州市建立劳务工作站 10 个。实施劳动力岗前技能培训工程，举办劳动力技能培训 73 期，培训 71620 人，实现赴福州务工人员技能培训全覆盖。安排 293 名 2017 年应届毕业生在福州企业勤工俭学。定向招录定西市 94 名建档立卡贫困户高校毕业生到福州企事业单位就业，组织输转劳动力 3567 人（其中建档立卡贫困劳动力 1902 人）到福州企业就业。针对定西冬季农闲和福州季节性用工需求，积极组织定西群众来榕短期务工，实现双赢。

（福州市农业局扶贫综合协调处
王建山）

福建省厦门市—甘肃省临夏回族自治州东西部扶贫协作

【概述】 2017年，厦门市领导高度重视并关心东西扶贫协作工作，市直属各相关部门、各区密切配合，较好地完成了各项任务。中央电视台等中央媒体专门对厦门市帮扶临夏回族自治州（以下简称“临夏州”）的工作做了报道，中共中央党校派出专家学者对厦临协作的做法和经验进行理论总结并在国家核心期刊上刊发。在2017年东西部扶贫协作考核中取得“好”的成绩。

【扶贫会议】 9月，福建省委常委、市委书记裴金佳率代表团赴临夏州考察，与临夏州州委书记杨元忠共同主持召开两地东西部扶贫协作党政联席会议，两市州领导和各有关部门、各县市区主要领导参加会议，共同研究推进两地东西部扶贫协作各项工作。会上两地签署进一步加强教育、卫生、旅游、劳务和产业协作等五个协议，推动两地协作深入开展。裴金佳书记明确提出，要按照“临夏所需、厦门所能”的原则，在资金和项目安排上务求科学、精准、实效。

【领导互访】 两地各套班子和各级各部门高度重视厦临东西部扶贫协作工作，厦门市共有厅级以上干部26人次前往临夏推动帮扶工作，其中市四套班子领导7名、携手奔小康结对县的各区（含火炬高新区）党政主要领导8名，有力推动各项协作工作。9月，甘肃省省长唐仁健率甘肃代表团赴厦门协调对接东西部扶贫协作工作，其间，临夏州委书记杨元忠一行深入厦门市考察调研，同各区党政领导、企业负责人进行座谈；临夏州共有厅级以上干部5人次、地县级以上干部32人次赴厦门市对接东西部扶贫协作。

【扶贫协作规划】 专门研究制定《厦门临夏扶贫协作规划（2017—2020年）》，各区也相应制定协作规划和工作计划。厦门市委办公厅、市政府办公厅专门制定下发《厦门市落实国务院扶贫办东西部扶贫协作任务分解方案》，明确工作任务，层层抓好落实、及时督查，对存在的问题，市政府及时召开专题会进行研究。

【帮扶项目】 2017年，厦门市科学遴选援建项目，以村级道路畅通、农村饮水安全、农村危房改造、特色产业增收、乡村旅游发展、扶贫教育工作、公共卫生保障、文化建设工作和贫困村信息化建设等方面为援建重点，协作项目33个，全年安排厦临东西部扶贫协作市区两级资金1亿元（不含计划外资金）。

【资金支持】 2017年，厦门市实行财政帮扶、社会帮扶、企业投资三管齐下，全方位加大帮扶力度，共投入财政帮扶资金1.65亿元，超此前6年总和，社会捐赠2389.9万元，国有企业产业投资资金1.82亿元，为脱贫攻坚发挥重要作用。

【人才交流】 厦门市与临夏州在沟通协商的基础上，选派优秀干部、专业技术人才和企业管理人员，覆盖临夏州7县1市，厦门市常驻临夏州的挂职干部18人，各种人才支持队伍112人次，还有大批短期帮扶人员。援临干部人才牢固树立家国情怀，主动融入，发挥突出作用，赢得临夏州广大干部群众的好评。2017年12月，中共中央组织部调研组赴临夏州调研时也给予援临干部充分肯定。

临夏州向厦门选派挂职交流干部10人；先后组织4期178人次临夏扶贫、纪委、文秘、妇女干部等到厦门进行学习培训交流；接收20名临夏州旅游管理人才、10名城市规划人才、110名教育管理和教学人才、25名东乡族自治县贫困村支部书记到厦门跟班学习培训。

【到户产业项目】 通过资金奖补、良种发放、设备购置、修建养殖基地等方式，大力扶持贫困户发展特色养殖、种植及光伏产业，提升其自我发展能力，帮助增收，实现稳定脱贫。对缺乏劳动力的贫困户，则采取扶贫资金折股量化至村集体经济组织，年终提取分红的方式使其稳定增收。2017年投入临夏到户项目资金9334.2万元，覆盖13832户、65997人，帮助3781户、18338人脱贫。

【临夏特色产品展示展销会】 2017年5月，甘肃临夏特色产品展示展销会在厦门市举办，54家企业参展，开设200多个展位，甘肃和政八八啤特果集团有限公司等临夏企业与福建企业共达成供销协议17个，签约金额达1.5亿元，在现场交易、项目签约和媒体传播等方面都取得显著成效。此后还在厦门建立“临夏州特色产品展示展销馆”。

【旅游扶贫】 厦门市会同临夏州有关方面，发动厦门旅行社策划实施“万人游临夏”活动，吸引厦门和周边乃至海外游客到临夏旅游，提升临夏旅游的知名度和旅游业整体水平。开展乡村旅游试点，特别是在东乡族自治县的唐汪川，投入帮扶资金500万元，打造乡村旅游项目，开办农家乐，举办杏花节、杏子采摘节等活动，帮助当地群众增收脱贫。

【就业培训】 厦门市通过积极整合当地资源在临夏州开展就地培训、选派师资赴对口地区开展培训、组织到厦门培训机构开展培训等形式，突出面向贫困人口开展职业技能培训，重点动员鼓励有培训意愿的建档立卡人员参加培训，组织电子商务、家政服务、电工电焊等各类技能培训69期，共培训临夏州5537人，其中建档立卡贫困户1847人。

【劳务协作】 厦门市抓住“务工人员愿意来、劳务中介机构愿意转、用工企业愿意收”这三个关键环节，积极探索人社资源整合，打出政策组合拳，集中投入专项经费1000多万元，有效调动这三方面的积极性。一是制订出台针对临夏州务工人员的薪酬、住宿、饮食、交通的补贴政策，帮助临夏少数民族员工克服饮食、生活习惯差异大等困难，让他们愿意来、乐意留、能脱贫。二是给予中介奖励。由厦门市与临夏州人力资源和社会保障局双方认可的合作运营机构输送临夏州新来厦务工人员就业给予劳务合作奖励，最高奖励可达2000元/人。三是给予企业补贴，包括缴纳社会保险费补贴、劳务协作奖励、培训补贴以及建设改造清真餐厅、食堂或就餐人员伙食补助，有效降低企业用工成本和增强用工意愿。2017年已帮助临夏州解决就业4161人，其中经培训后就地就近就业1830人，输转到厦门就业2331人（其中建档立卡贫困人员764人）。

【结对帮扶】 厦门市、区、镇街、村居与临夏州、县、乡镇、村四级结对，签订对口帮扶协议，结对帮扶临夏州7县1市、51个乡镇，形成全面结对帮扶局面。各县（市、区）之间加强交流协作，拓展合作的领域和范围，携手共谋发展。发动厦门的77个村居与临夏州77个深度贫困村结对，动员23家国有企业和一批民营企业与45个贫困村开展结对帮村活动，每村帮扶不少于30户贫困户。

通过开展与临夏州多种形式的“结对子”，有效激发部门单位、教育医疗、各类企业、创业平台参与东西部协作的积极性。一是部门单位结对子。两地教育、人力资源和社会保障、卫生、旅游、产业等职能部门也结成对子。二是教育医疗结对子。厦门城市职业学院与临夏现代职业学院，厦门第六中学与临夏中学和永靖中学，厦门市特殊教育学校与临夏州特殊教育学校，各区中小学、幼儿园与帮扶县的学校，开展形式多样的师资培训、名师送教、合作办学等结对子活动。厦门市第一医院、中医院、妇幼保健院3所三甲医院与临夏州人民医院、中医院、妇幼保健院3所医院结对子，开展医师进修、专家会诊等活动。三是创新创业平台结对子。厦门一品威客众创空间与临夏青年众创空间、厦门乐爱众创空间与临夏妇联创业中心结对子，助推临夏青年和妇女创业。

【社会帮扶】 厦门市国有资产监督管理工作委员会、市工商业联合会、火炬高新区所属的企业以及市、区两级民政、共青团、慈善基金会和机关事业单位干部职工、爱心企业、行业协会等，通过结对帮村、开展临夏扶贫专场募捐等活动，向临夏州贫困乡村和贫困群众捐资捐物，社会帮扶资金及物资折价达2389.9万元。此外，还有许多爱心人士与贫困户、贫困生结对帮扶献爱心。

（厦门市对口支援办公室　余文波）

山东省青岛市—贵州省安顺市、甘肃省陇南市东西部扶贫协作

【概述】 2017年，青岛市东西部扶贫协作工作在全国东西部扶贫协作工作考核中取得“较好”成绩。青岛市教育帮扶工作经验、青岛榕昕牧业集团帮扶安顺产业合作和胶州辣椒扶贫模式，分别在全国教育扶贫工作会议和全国东西部扶贫协作工作会议上作典型发言和典型案例交流。青岛市与陇南市扶贫协作工作经验在甘肃省东西扶贫协作工作推进会上作为典型案例进行发言交流并编入大会《经验做法选编》。

【工作机制】 调整成立由市委、市政府主要领导任双组长的青岛市对口支援和扶贫协作工作领导小组，成员单位扩大至47个。组建市扶贫协作工作办公室，承担对口支援和扶贫协作工作。青岛市先后召开3次市委常委会议、3次市政府常务会议、2次全市扶贫开发工作会议、1次全市领导小组会议，传达学习习近平东西部扶贫协作系列重要讲话精神，专题研究和统筹部署与安顺市、陇南市等地扶贫协作工作开展情况。

青岛市研究确定“提升安顺、突破陇南、整体推进”的工作思路，提出“真情协作、精准协作、全面协作”的要求。研究制定并组织实施《关于进一步作好东西部扶贫协作和对口支援工作的意见》及与安顺市、陇南市扶贫协作责任分工方案。

【扶贫会议】 青岛市与安顺市、陇南市建立党政领导联席会议制度，先后开展18次市级层面工作对接，两地副市级以上领导互访交流81人次，召开高层联席会议8次。青岛市与安顺市46个市直部门间签订合作协议，与陇南市30个市直部门开展工作对接、与10个部门签订合作协议；青岛市相关区（市）与安顺市、陇南市所有县（区）全部建立结对帮扶关系，共同开展携手奔小康行动。

【干部挂职】 青岛市向安顺市、陇南市各派出14名挂职干部，挂职时间2年，挂职岗位基本覆盖安顺市、陇南市结对帮扶区县，对深度贫困地区实现全覆盖。

【教育卫生帮扶】 青岛市协调山东省教育远程研修平台向安顺2.4万名教师免费开放。青岛市与安顺市、陇南市互派1000多名中小学校长教师挂职锻炼和跟班学习，190多所学校建立“手拉手”关系，10所职业院校开展校际合作。

青岛市29家医疗机构与安顺市人民医院等医疗机构签订对口帮扶协议；选派68名医疗卫生技术人员赴安顺、陇南培训当地医疗卫生人员500多人次。

【致富带头人培训】 青岛市为安顺市、陇南市举办深度贫困乡镇党委书记、教育医疗和农业科技人才等培训班15期、培训各类人员439人次。派专家赴安顺市、陇南市举办党政干部及教育医疗、家政人员等培训班80多期、培训当地致富带头人等各类人员14000多人次。

【扶贫资金投入】 青岛市把扶贫协作财政专项资金纳入市级财政年度预算，建立增长机制，确定对口帮扶安顺市、陇南市等地财政专项资金按10%的增长率逐年递增。2017年，市、区两级财政安排帮扶安顺市财政专项资金7174万元、陇南市资金9300万元。其中，青岛市本级财政统筹安排专项

帮扶资金安顺市4930万元、陇南市4000万元，区（市）级财政安排帮扶安顺市结对区县财政专项资金2244万元、安排帮扶陇南市结对区县财政专项资金5600万元。重点用于帮扶安顺市16个贫困村、陇南市18个贫困村提升工程等140项政府援助项目。其中，帮扶安顺市的资金6334万元用于贫困村提升工程，覆盖带动1.46万贫困人口脱贫；帮扶陇南市的资金8050万元用于贫困村提升工程，覆盖带动0.54万贫困人口脱贫。

制定《青岛市对口援助资金管理办法》，规范资金项目审批、监督检查等工作流程，加强财政专项资金管理，提高资金使用效益。

【园区共建】 青岛市投资5亿元援建“青岛安顺共建产业园”，核心启动区440亩地落户产业项目5个，投资0.3亿元的青食股份和投资0.8亿元熊猫精酿安顺工厂项目已经开工建设，建筑面积7万余平方米的园区综合体大楼投入使用。青岛跨境电商实验区陇南产业园、青岛前湾保税港区陇南物流园区等开始建设。

【产业项目】 青岛市依托受援地区资源禀赋和青岛产业优势，先后组织30多批151家企业赴受援地区开展投资洽谈活动。签约落户安顺、陇南产业项目共23个，协议投资22.6亿元，涉及基础设施建设、旅游开发合作、跨境电商、健康饮用水、农产品及中药材种植加工、人才培训等行业。其中，签约落户安顺产业项目10个，总投资5.2亿元，开工建设项目3个，实际到位资金8255万元；签约落户陇南产业项目13个，协议投资17.4亿元。

【消费拉动】 青岛市先后组织开展“安货入青”“陇货入青”等经贸洽谈活动8次、200多家企业参加展销和业务洽谈，达成协议交易额4800多万元。参与结对帮扶的9个区市均设立受援地区农特产品专营实体店，相继举办展销活动。

【旅游扶贫】 协助安顺市在青岛举办“山地公园省、多彩贵州风”旅游推介活动。安顺市黄果树、龙宫等景区向青岛市民推出“一次半价、终身免费”的优惠活动。青岛崂山风景区、世园会、极地海洋世界等对安顺市民推出门票免费或半价的优惠政策。青岛至安顺旅游专列已连续开通5年，青岛至安顺航班于3月开通。青岛市和陇南市签订两市旅游产业合作协议，协助陇南市在青岛举办“青岛陇南周”等7次旅游宣传推介活动。陇南市对青岛市民推出“一次免费、终身半价”的优惠政策。

【就业扶贫】 青岛市在安顺市召开专场招聘会1次、发布信息4次、提供就业岗位1880个，向青岛及周边输送建档立卡贫困劳动力552人；在陇南市举办13场劳务用工招聘会、家政经纪人培训班和“两后生”技校招生活动，提供就业岗位15000多个，现场达成用工意向1300多人，帮助268名建档立卡贫困人口实现在青岛就业。

青岛职业技术学院与安顺职业技术学院等多家西部高等职业院校建立“对口合作联盟”，累计为安顺市联合培养技术工人200多名，在青岛新安置就业38人。青岛“爱心大姐”家政服务中心在青对受援地贫困家庭妇女免费培训家政服务、医院护工等业务，累计培训陇南市在青就业妇女1900多名；在陇南市相继举办家政服务创业培训班11期、培训人员632人次。

【引导扶贫创业】 青岛市出资1000万元在安顺市设立融资担保基金，帮助安顺市3家企业开展“微保贷”金融扶贫。青岛榕昕集团帮扶安顺市双堡镇军马社村成立奶牛养殖专业合作社，采取“公司+基地+合作社+农户”的运营模式，通过养殖牛犊、种植饲草发展家庭牧场创业，安置就业人员1000多人。

【携手奔小康】 青岛市制定出台并组织实施《东西部扶贫协作百镇千村携手奔小康行动》，在区（市）县“一对一”结对的基础上，推动结对关系向基层乡镇（街道）、村延伸。组织8个区（市）与安顺市7个县（区）；9个区（市）、2个功能区与陇南市9个县（区）、2个功能区建立结对帮扶关系，实现对受援地区贫困县结对全覆盖。146个区（市）直属部门与安顺市县（区）相关部门建立结对帮扶关系；30个镇（街道）、13个村（社区、企业）分别与安顺市25个乡镇及陇南市30个乡镇、20个贫困村结为帮扶关系。2017年，青岛市结对区（市）组织赴安顺市结对县（区）19批次153人次、赴陇南市结对县（区）32批次423人次。

【社会帮扶】　青岛市多形式开展行业扶贫，组织企业事业单位、社会团体、爱心人士参与捐资助学助困活动。2017年，青岛市社会各界向安顺、陇南两地累计捐款捐物1438万元。

【扶贫宣传】　利用第二十六届中国西部商品交易会在陇南举办之际，青岛市在陇南市设立300平方米“青岛展区”，全方位展示宣传两地扶贫协作工作情况。青岛市先后在国家级媒体刊发青岛东西部扶贫协作稿件11篇、在省级刊发15篇。国务院扶贫办《扶贫信息》（第27期）刊发《青岛市全面深化东西部扶贫协作工作》。

（青岛市扶贫协作办政策法规处
吴　戈）

广东省广州市—贵州省黔南布依族苗族自治州、毕节市东西部扶贫协作

【概述】 2017年，广东省广州市按照"中央要求、当地所需、广州所能"的总体工作思路，发挥广州强大产业、成熟市场、金融资本、智力培训等方面的优势，对接当地资源、生态、劳动力、土地等，聚焦国家扶贫开发工作重点、片区县建档立卡人口脱贫，扎实推进对口帮扶贵州省毕节市、黔南布依族苗族自治州（以下简称"黔南州"）各项工作，开创新时代东西部扶贫协作新局面。据统计，2017年度广州市对毕节市、黔南州11个国家扶贫开发工作重点县和6个片区贫困县共安排了1.7亿元扶贫协作资金；累计引导135家企业到毕节、黔南投资合作，实际投资26.97亿元，带动建档立卡贫困户10.51万人脱贫；全面建立健全党政联席会议制度，形成区县、部门、企业、学校、医院、镇（街）村多层面结对的对口帮扶机制，共组织450多批5200多人次互访；精心选派46名党政领导干部和2181人次的专业技术人才到两地工作；协助两地培训党政干部845人次，培训专业技术人才9160人次；共同合作举办104期劳务培训班，培训36871人次，帮助建档立卡贫困人口26910人就业。

【工作机制】 2017年，广州市进一步夯实对口帮扶毕节市、黔南州开展东西部扶贫协作的组织领导工作，完善帮扶工作机制。一是加强组织领导。广东省委副书记、广州市委书记任学锋多次主持召开市委常委会和广州市对口扶贫协作工作座谈会，研究落实中央和省的重大决策部署，多次在工作组的有关报告上批示要求扎实推进各项扶贫协作工作；市长温国辉带队到毕节、黔南考察调研对接工作，委托分管副市长多次主持召开专题会议，落实督办扶贫协作相关事宜。广东省第一扶贫协作工作组充分发挥桥梁纽带作用，着眼大局、主动作为，努力推动扶贫协作工作。二是完善帮扶机制。广州市与毕节市和黔南州积极探索帮扶模式，建立党政联席会议制度，通过高层互访、座谈，市直属部门、市属国有企业参与，共同协商解决对口帮扶工作重大事项；建立两地间区县、部门、企业、学校、医院、镇（街）村等多层面结对的对口帮扶机制，明确由广州10个经济强区全覆盖结对帮扶毕节市、黔南州22个县（市、区），编制《广州市对口帮扶贵州省毕节市五年规划》《广州市对口帮扶贵州省黔南州五年规划》，签订《2016—2020年广州市·毕节市对口帮扶合作框架协议》《2016—2020年广州市·黔南州对口帮扶合作框架协议》。三是充实帮扶力量。广州市委组织部精心选派对口支援干部，由1名广州市局级干部带队，共9人组成广东省第一扶贫协作工作组，于2016年9月底进驻毕节市、黔南州开展工作；2017年3月，再从各区精选24名处级干部赴两地挂职班子成员开展工作。

【帮扶项目】 毕节方面，对威宁、纳雍、大方、赫章、织金5个国定贫困县和2个片区贫困县（七星观区、黔西县）共安排7000万元扶贫协作资金；黔南方面，对长顺、罗甸、平塘、独山、荔波、三都6个国定贫困县和4个片区贫困县（贵定、龙里、惠水、瓮安）共安排1亿元扶贫协作资

金。2017年底前，广州市再安排2000万自筹资金支持黔南州专家人才引进交流培训、长顺县代化镇纳傍村产业配套设施建设以及毕节市威宁县新发乡啊嘎村美丽乡村项目建设。截至2017年底，广州市各级财政共筹措对口帮扶毕节市、黔南州财政扶贫协作资金3.72亿元，平均每个开展“携手奔小康”行动县帮扶资金2189万元。此外，为规范扶贫协作资金的管理使用，广州市财政局还针对广州市对口帮扶毕节市、黔南州财政扶贫协作资金出台《广州市对口帮扶贵州省资金使用管理办法》，同时敦促毕节市、黔南州财政和业务部门结合各地实际情况，按文件要求出台《广州市对口帮扶黔南州财政资金和项目管理办法》《广州市对口帮扶毕节市资金和项目管理办法（试行）》。

【社会帮扶】　广泛发动广东社会各界力量，组织各类公益、民生活动支持毕节和黔南，营造扶贫协作良好社会氛围。恒大地产集团有限公司在原计划帮扶毕节市大方县30亿元的基础上，继续加大帮扶力度，再无偿投入80亿元、派出2108名工作队员，主动承担毕节市其他6县3区的帮扶工作，截至2017年底，恒大地产集团有限公司累计已捐赠到位30亿元。广州团市委与黔南团州委进行结对帮扶，联合开展“广黔同心·携手同行‘我爱读唐诗’”“‘黔南乡土’消费扶贫行动”“广东珠三角青年企业家走进黔南助力脱贫攻坚”等一系列社会帮扶活动，拉开广州市对毕节市和黔南州“广黔同心·携手同行——百企帮百村振兴计划”活动的帷幕。增城区在“百企帮百村”中加强力度，已落实或计划落实29对对子。

【产业扶贫】　充分发挥广州市的优势资源，协助毕节市、黔南州解决绿色农特产品销售问题，推动“黔货出山”。积极协助毕节市、黔南州组织有关企业到广州参加广州国际食品食材展等国内国际展会，在广州举办毕节市“乌蒙山宝·毕节珍好”农产品展销会、黔南州专题刺梨推介会等，从多方面、多层次展示“黔货印象”。推动广州江南果菜批发市场有限公司免费开设“黔货出山、风行天下”对口帮扶毕节、黔南农产品销售专区，广州嘉利集团无偿提供2300平方米场地与黔西县合作建设贵州绿色农特优产品销售市场。推动黔南州“都匀毛尖茶”在广州南方茶叶市场设立1200平方米的“都匀毛尖”南方运营中心。积极协调粤旺农业集团有限公司、广东海大集团股份有限公司、广东温氏食品集团股份有限公司、广东天农食品有限公司、胜佳超市与黔南企业对接，签订农特产品生产加工和销售协议。积极推动广州奇码科技“领略中国农村电商扶贫大数据中心”打通黔南农特优产品向广州销售市场流通的电商渠道，2017年使用“大数据中心”平台共有电商扶贫企业41家，实现交易额479.64万元，带动贫困户1105人脱贫，其“一户一码”“扫码就能扶贫”的全新模式，得到国家和省的肯定和推广，并成为2017年度全国电商精准扶贫观摩会唯一现场观摩点。2017年以来，广州销售两地优质绿色农产品23万吨，价值8.4亿元。

【智力帮扶】　按照十九大提出的“注重扶贫同扶志、扶智相结合”要求，深入开展智力帮扶，广州市教育局、卫生和计划生育委员会共选派73名专业技术干部到毕节市、黔南州县（市、区）学校、医院挂职。广州市安排专家和专业人士500多人次参与毕节“19456”工程规划设计。广东省（广州市）的123所学校、28所医院与毕节市、黔南州的114所学校、28所医院建立结对帮扶关系。广州市教育局与毕节市、黔南州教育局启动“互联网+”教育帮扶平台和名校长、名教师“送教入校”活动，共有6300多人次参加网络研修。广东省社会科学界联合会与毕节市人民政府、贵州省扶贫办公室、贵州省社会科学界联合会在毕节联合主办“智库专家东西部扶贫协作高峰论坛”，建立健全合作机制，推动工作协作。越秀区派出教师在罗甸一中成立“越秀班”，深受好评。

【园区共建】 广州与毕节、黔南分别签订合作共建“毕节·广州产业园”“黔南·广州产业园”框架协议，协助当地编制《毕节·广州产业园发展规划》《黔南·广州产业园区发展规划》。广州实力最强的南沙新区、广州开发区分别与毕节的金海湖新区、都匀经济开发区结对共建产业园。协调毕节市委市政府出台《关于加快推进毕节·广州产业园建设和发展的实施意见》，黔南州委州政府出台《关于加快黔南·广州产业园发展的实施意见》。此外，毕节金海湖新区、黔南都匀经济开发区还分别出台针对产业园的《金海湖新区招商引资优惠政策（试行）》《都匀开发区影视文化扶持办法》等一系列优惠政策。目前，广州建筑集团与金海湖新区已共同出资成立产业园运营公司——毕节穗金建设投资有限公司，项目管理团队已全部到位，组织架构已建立，并开始实施建设；广州开发区与黔南州都匀经济开发区共同设立规模1亿元的黔南凯得东升产业发展投资基金，通过多种形式放大至5亿元，扶持入园企业做大做强。此外，南沙区政府还投入1.2亿元支持毕节、黔南两地产业园的物流建设，打通贵州到南沙的出海物流大通道，促进三地物流产业发展。

【旅游扶贫】 广州市以支持毕节市、黔南州旅游井喷式发展为突破口，全力推进三地旅游产业协作。广州市协调南方航空公司加密广州与毕节的航班，恢复广州—荔波航线。毕节市出台针对广东游客、广州旅行社的一系列旅游优惠政策。三地旅游部门共同组织策划启动“百企千团十万老广游贵州”旅游协作系列活动，举办旅游管理培训班，共培训200多名各类旅游管理人才。协调广州国际旅游展览会、广东国际旅游产业博览会免费为毕节市、黔南州提供展位、举办专场推介会，并在香港红磡车站免费提供广告牌用于毕节、黔南旅游宣传推广，有力推动三地旅游资源的优势互补和旅游行业的合作共赢。推进黔南旅游项目登陆广州旅游产权交易市场，有18个项目进入广东省旅游产业项目库；有42个项目进入广州市旅游产权交易平台项目库。2017年，广东游客到毕节、黔南旅游的人数分别达到186万、1397万人次，分别同比增长42%、68%。

（广州市协作办公室）

广东省深圳市—广西壮族自治区百色市、河池市东西部扶贫协作

【概述】 自2016年9月起，深圳市与广西壮族自治区百色市、河池市（以下简称两市）及所辖17个贫困县（片区县）开展对口扶贫协作。2017年，深圳市通过高层推动、聚焦精准、产业主导、结对帮扶、社会参与等多种方式，推进粤桂（深桂）对口扶贫协作，为助推两市如期全面建成小康社会贡献应有力量。2017年，深圳市累计投入市、区财政帮扶资金4.46亿元（市财政资金3.54亿元，区财政资金9227.4万元），社会帮扶资金8600.89万元（含物折款），选派28名扶贫协作干部进驻广西，推进实施114个帮扶项目，直接带动脱贫人口1.2万人，间接受益人口约20万人。动员粤深企业与两市签约项目78个，意向投资金额达294亿元，2017年实际投资额20.3亿元，新增近万个就业岗位。累计促成3800吨、价值约6400万元当地农产品销往深圳，带动3609户贫困户、1.44万贫困人口实现增收。协助两市开展旅游资源营销推广，通过旅游专列、旅游包机推动超过40批次3000余人旅游交流，引入深圳知名企业投资开发当地特色旅游项目。联合组织贫困人口就业培训36期2443人次，举办32场贫困人口招聘会，累计提供9万多个就业岗位，并为14557名当地户籍在深圳就业建档立卡贫困劳动力提供稳岗跟踪管理服务。举办扶贫专题培训89期，参训人员3874人次，教育系统选派30名教师到17个贫困县中小学支教一年，卫生系统派出17个医疗队145名医护人员赴当地义诊，累计接收两市74名干部、218人次教师医护人员来深挂职锻炼和跟班进修，社会资助贫困大学新生2672人。深圳10个区（新区）组织43个街道、75个社区与两市59个贫困乡镇、82个贫困村结对，教育、卫生系统与两市36所学校和21所医院结对帮扶。安排财政专项资金和推动腾讯公司捐赠1亿元，推进深百小镇、大化、罗城、都安等17个易地搬迁安置点及配套生产生活设施项目建设。

【工作机制】 深圳市委、市政府把东西部扶贫协作作为践行“两个大局”战略思想的重大举措来抓，市委全会报告、市政府工作报告均将对口广西百色、河池扶贫协作列为全市重点工作。广东省委常委、市委书记王伟中多次率党政代表团赴两市考察调研，在深圳市会见两市来访领导出台《深圳对口广西百色、河池扶贫协作工作方案》和《深圳对口广西百色、河池扶贫协作工作实施方案（2016—2020年）》以及年度工作计划，明确对两市深度贫困地区帮扶工作方向和具体举措。深圳10个区（新区）分别承担两市17个贫困县对口帮扶的主要任务，积极推动区县、街道、社区结对帮扶三级覆盖，各区（新区）主要领导率队到结对帮扶县（市）考察调研，召开联席会议推进帮扶工作；创新开展两市部门、行业、企业等多层次、宽领域的结对帮扶工作。在后方，深圳市和各区（新区）均成立党政主要领导担任组长的对口扶贫协作工作领导小组，下设领导小组办公室作为日常办事机构，统筹协调、组织实施扶贫协作工作；在前方，市区两级抽调干部派驻自治区、两市以及各县协调对口帮扶工作，设立广东省第

二扶贫协作工作组，具体落实、稳步推进东西部扶贫协作工作。为确保对口帮扶资金的使用效率和控制风险，按照扶贫领域作风建设有关要求，推动扶贫协作阳光廉洁运行。深圳市由纪律检查委员会、扶贫、财经委员会、审计、国有资产监督管理委员会等部门组成检查组，赴两市开展为时两个月的对口帮扶资金管理使用专项督查，共同构建安全防范体系。

【产业合作】 一是开展招商引资。通过集中推介、驻点招商等形式，积极引进粤深企业到广西投资兴业。动员 60 多家企业与两市成功签约项目 78 个，意向投资金额达 294 亿元，2017 年实际投资额共 20.3 亿元，为贫困户新增近万个就业岗位。二是推进产业园区共建。围绕两市优势产业，按照“政府引导、市场运作、企业主体、合作共赢”的原则，协助推动深巴大健康特别合作试验区的建设。三是实施农产品协作。在深圳海吉星农产品批发市场提供 4 个免租金交易档位，专设两市农产品展示销售中心，安排专项资金补贴两市贫困县农产品运输至深圳的部分物流费用。组织实施“手牵手关爱行”鹏桂精准扶贫公益礼包、深圳海吉星市场“导师带徒弟结对”暨产销对接、环江红心香柚行销全国等农产品展销活动，累计促成 3800 吨、价值约 6400 万元的农产品销往深圳，带动 3609 户贫困户、1.44 万贫困人口实现增收。四是抓实旅游协作。深圳市与两市旅游主管部门、旅游协会分别签署框架合作协议，协助两市开展旅游资源营销推广，推动超过 40 批次 3000 余人旅游交流，首次举办珠三角地区旅游专列、旅游包机落地两市，促成中国港中旅集团公司投资国家度假公园广西靖西项目、招商中国国际旅行社总社有限公司开发广西观枫旅游线路等。深圳大学、深圳职业技术学院等将广西深度贫困地区旅游产业策划纳入产学研项目专题研究和宣传推广。

【劳务协作】 加大帮扶两市扶贫劳务输出力度，实施一系列就业服务专项活动，引导两市贫困地区劳动力到深圳务工就业，与两市联合组织贫困人口就业培训 36 期 2443 人次；举办 32 场贫困人口招聘会，累计提供 9 万多个就业岗位，新招用 878 名贫困劳动力到深就业，并为 14557 名两市户籍原在深圳就业的建档立卡贫困劳动力提供稳岗跟踪管理服务。市人力资源与社会保障局、住房与城乡建设管理局分别推动有关企业事业单位在百色市设立家政劳务合作培训基地和建筑业工人培训学校，完成近 150 名月嫂、建筑工人的业务培训，推动高起点就业增收。开展职业教育东西协作行动计划，深圳与两市 3 所职业学校结成帮扶关系，招收两市建档立卡贫困家庭学生 88 人，定向录取“两后生” 120 人，免费入读深圳高等职业院校并给予生活费和交通补贴以及助学金；对接启动“深桂雨露直通车”中等职业教育扶贫项目计划。

【人才交流】 一是选派干部挂职。从深圳市直属机关选拔 10 名干部组建广东省第二扶贫协作工作组，负责落实粤桂（深桂）扶贫协作各项具体工作；各区（新区）选拔 18 名干部挂任 17 个贫困县（片区县）党政班子和相关部门副职；强化扶贫协作挂职干部管理，严格管理扶贫协作资金，严格核实扶贫数据，严格要求工作纪律；累计接收两市挂职干部 74 名到深圳挂职。二是加强人才培训。与两市联合举办扶贫系统、人力资源保障系统、旅游系统和农村致富带头人等专题培训 89 期，参训基层干部和专业技术人员 3874 人次；组织“深圳年度优秀教师”到两市开展巡回分享报告会，当地 3000 多名中小学教师参会。三是教育卫生帮扶。制定两市贫困县中小学教育人才扶贫工作方案，选派 32 名教师到两市 17 个贫困县中小学支教一年；选派 12 名督学专家赴百色市协助开展义务教育阶段办学水平评估，培训当地督学人员；印发选派医疗队对口帮扶两市县级医疗机构实施方案，共向两市贫困县对口协作医院派出 17 个医疗队、145 名医护人员，就地开展疑难病会诊、义诊等医疗工作；累计接收两市教师、医护人员等专业技术人才 218 人次到深圳学校、医院跟班进修。

【社会帮扶】　深圳充分发挥社会公益组织发达的优势，各公益组织、爱心企业及个人积极参与扶贫协作，累计募集社会帮扶资金 8600.89 万元（含物折款）。中共深圳市委统战部组织民营企业捐款 801.6 万元，资助百色市建档立卡贫困大学新生 2672 人；深圳市迈瑞生物医疗电子股份有限公司捐赠价值 150 万元的急救设备用于建设河池市巴马瑶族自治县坡月急救站；《深圳晚报》发起“能上学是件幸福的事”公益活动，为百色贫困学生募集资金 40 多万元；龙华区大浪商会、观澜商会和龙华街道商捐赠 103 万元，支持河池市凤山县教育事业发展和资助 37 名贫困家庭学生完成学业等。深圳市主流媒体坚持正确舆论导向，重点宣传扶贫协作工作的新经验、新做法和社会扶贫典型事迹，有效增强干部群众对扶贫协作工作的向心力和凝聚力，营造出全社会共同关注、支持、参与扶贫协作的良好氛围。

【异地搬迁】　把贫困群众从“一方水土养不起一方人”的恶劣环境中搬出来，是改善贫困群众生产生活条件的根本途径。深圳市积极对接两市易地搬迁工程，安排财政专项资金以及推动腾讯公司捐赠 1 亿元，共同帮助百色市加快推进深圳小镇易地搬迁项目的配套生活设施建设；聚焦深度贫困人口、深度贫困村，集中投入市、区两级财政性帮扶资金，加快推进大化县易地搬迁民族新城深圳小学、罗城仫佬族自治县易地搬迁“千亩千户”红心猕猴桃示范产业园等 17 个易地搬迁安置点及配套生产生活设施项目建设，努力帮助当地贫困群众实现“搬得出、稳得住、有收入、能脱贫”。

【结对帮扶】　推动区县、街道、社区结对帮扶三级覆盖。深圳市 10 个区（新区）分别与两市 17 个贫困县全面建立结对关系，组织 43 个街道、75 个社区与两市 59 个贫困乡镇、82 个贫困村结对，实现国定贫困县、贫困乡镇、贫困村结对帮扶多层覆盖。各层级结对按照东西部扶贫协作要求，主要开展干部群众交流互访、捐赠捐资、致富带头人培训、推荐贫困人口就业等工作。同时积极开展部门结对和行业结对，深圳市委组织部、宣传部、统战部，市经贸信息委、卫生计生委、教育局、民政局、人力资源与社会保障局、住房和建设局、农业局、文体旅游局、共青团等 12 个部门与两市对口部门深入对接；深圳教育、卫生系统组织开展“一对一”行业帮扶活动，与两市 36 所学校和 21 所医院结对帮扶。深圳市开展多层次、宽领域的结对帮扶工作，覆盖率远远超出国家扶贫部门的要求。

【粤桂协作】　根据广东、广西两省区关于进一步加强粤桂扶贫协作工作的统筹安排，深圳市认真负起牵头责任，与江门、肇庆、湛江和茂名市一道，共同做好粤桂扶贫协作工作。分管市领导率队赴茂名化州市帮扶的南宁隆安县调研交流。深圳市还牵头组织省扶贫办和江门、肇庆、湛江、茂名市在江门市召开广东对口广西扶贫协作工作会议，传达学习中央有关扶贫协作工作部署，研究审议《广东对口广西扶贫协作工作会议制度》，深化粤桂扶贫协作工作思路，推动各项工作有序开展。

（深圳市对口支援办公室　朱瑞涛）

广东省珠海市—云南省怒江傈僳族自治州东西部扶贫协作

【概述】 2017年，广东省珠海市各级政府、各部门、社会各界向云南省怒江傈僳族自治州（以下简称“怒江州”）提供无偿资金及捐物折款23821万元，其中省区市三级政府拨款12096万元，社会帮扶捐款（含捐物折价款）8225万元，国有企业投入产业帮扶款3500万元；帮助怒江州举办各类培训班44期，培训人员2069人次，其中培训干部300人次；2017年怒江州外出务工人员到珠海务工1545人。累计召开有党政主要领导、相关协作部门主要负责同志参加的两地联席会议5次。珠海市2017年国家东西部扶贫协作考核结果为“好”。

【工作机制】 2017年，珠海市进一步加强对口怒江扶贫协作的组织领导，建立健全工作机制。一是建立高层联席会议制度，2017年12月12日，珠海市委办公室、市政府办公室联合印发《关于建立珠海市、怒江州扶贫协作工作联席会议制度的通知》，进一步加强两地扶贫协作工作组织领导。二是建立政府援助资金的稳定增长机制。2017年7月25日，珠海市印发《关于进一步加强我市对口怒江州东西部扶贫协作工作的通知》，明确财政援助资金投入年增长率为10%。三是编制完成《“十三五”珠海市对口云南省怒江傈僳族自治州扶贫协作规划》，于2017年12月19日以市扶贫工作领导小组名义印发。2017年6月，完善《关于进一步加强我市对口怒江州东西部扶贫协作工作的通知》，2017年9月，完善《珠海市对口怒江州扶贫协作携手奔小康行动镇村结对方案》。

【帮扶项目】 2017年，珠海市与怒江州共实施帮扶协作项目30个，珠海安排帮扶资金2.3亿元，涉及产业合作、劳务协作、易地扶贫搬迁、人才支援、培训交流等多个领域。珠海参与当地三个易地扶贫搬迁示范点（泸水市维拉坝、兰坪县易门箐、贡山县腊咱村）和一个危房改造示范点（福贡县达普洛）建设，新建或就地改建房屋1000户，将解决3000名建档立卡贫困人口住房问题。

【产业扶贫】 大力发展怒江特色产业项目，2017年已落地、动工或发生实际投资的项目8个，主要项目包括羊肚菌示范种植项目、天麻种植项目、高黎贡山猪种源繁育项目、中华蜂养殖项目、冷链物流和农产品购销项目等。

积极搭建市场流通合作平台。积极发挥政府主导作用，加强统筹谋划，与怒江州共建线上与线下、批发与零售相结合的特色农产品流通合作平台。在珠海星园专业扶贫市场开设怒江馆、在北京京东世纪贸易有限公司建立怒江馆、在珠海举办怒江特色农产品展销会和旅游推介会等，帮助怒江农产品和旅游产品开拓粤港澳市场。

发动国有企业参与怒江产业帮扶。发动珠海部分国有企业力量参与产业帮扶，2017年共投入资金3500万元，开展帮扶项目5个。促成珠海华发集团有限公司、珠海格力集团有限公司等5个国有企业各投入500万元专项资金助力怒江产业帮扶。同时专门安排珠海农业投资控股集团有限公司在怒江开展产业合作，已经开展以高黎贡山猪繁育、农产品仓储和购销为代表的特色产业帮扶项目。

积极开展“分散种植、规模经营”农业产业帮扶。使用国企产业帮扶资金352万元在怒江州10个乡镇15个村种植的320亩羊肚菌和在上江镇投入300万元种植1000亩冬早蔬菜项目已取得成功，有效带动贫困户增收。在福贡县两个乡投入105万元种植的天麻项目也已完成下种。

【智力帮扶】 2017年，珠海以扶智强素质、扶志增信心为根本点，加大干部、人才帮扶力度，助力怒江加快社会事业发展。

一是大力开展干部交流培训。积极做好两地党政干部交流和挂职锻炼工作，从解放思想、开拓视野、提升工作作风和效率等方面帮扶怒江加强干部人才队伍建设，2017年先后组织怒江乡镇领导、政法干部、文化宣传干部等8个培训班，为怒江培训各级各类干部300余人，选派4名驻县干部到怒江各县（市）挂职，接受怒江选派的20名党政干部到珠海挂职。

二是深入开展教育帮扶。珠海立足提高当地教师专业水平和提升基础教育质量，助力怒江建立长效脱贫机制，彻底阻断贫困代际传递。2017年，珠海市共派出34名教师到怒江州开展教育帮扶工作，积极推动“珠海班”“怒江班”“粤教云”等一批教育帮扶项目，怒江州40名校（园）长和125名骨干教师到珠海学校跟岗培训。珠海格力集团有限公司投资5000万元帮扶泸水市建设的格力小学和格力幼儿园，将进一步提高当地教育水平。

三是积极推进健康帮扶工作。2017年，珠海市共派出36名医疗人才到怒江开展医疗帮扶工作，完成全州首例妇科腹腔镜手术、首例冠脉造影手术、贡山县首例腹腔镜阑尾切除手术，推广新技术52项，培训医务人员4850人次，下乡义诊7次，诊治群众7000余人次。针对怒江结核病高发特点，重点推进“肺结核精准防治”项目，举办两期“结核病防治技术培训班”，培训126人。鼓励社会力量参与健康帮扶，蓝海之略医疗股份有限公司一期投入4838.7万元帮扶怒江人民医院学科建设，开展10余场大型义诊活动，筛查患者3000余人次。

【劳务协作】 2017年，两地联合开展转移就业动员引导培训、实用技术培训及创业带动就业培训32期，累计培训1478人次。组织43家珠海优质重点企业赴怒江州开展劳动力转移招聘对接活动大小26场次，提供岗位8817个。珠海出台《扶持怒江州基层开展劳务输出脱贫和贫困劳动力就近转移就业脱贫奖励办法》，激发贫困劳动力脱贫内生动力，多部门联动，累计转移怒江劳动力到珠海就业1545人。出台《珠海市帮扶怒江州技能人才“双百工程”培养实施方案》，对有意愿且符合条件的怒江州“两后生”（建档立卡贫困户子女优先），实行百分之百接收入读，百分之百推荐就业。首届“双百工程”已组织56名高中毕业生到珠海市技师学院就读“珠海·怒江高级技工班”。

【社会帮扶】 举办大型怒江特色歌舞文化演出、怒江风光摄影展、“和你在一起”贫困儿童圆梦大型公益活动等多种活动，直接、生动地向市民介绍怒江。珠海市中华全国工商业联合会、市中华慈善总会、共青团市委和各结对区等积极发动企业赴怒江扶贫，动员社会力量为怒江捐款捐物，2017年，社会帮扶捐款累计（含捐物折款）8225万元。

【携手奔小康】 珠海积极推动区县结对帮扶向乡镇、村基层延伸，大力开展区县、镇镇、村村结对帮扶探索，助力怒江解决扶贫“最后一公里”问题。

一是实施区县结对帮扶。全市8个行政（功能）区全覆盖结对怒江4个县，形成“二对一”帮扶格局。珠海8个区与怒江4个县（市）采取“二帮一”的方式进行结对，结对关系为：横琴新区联合保税区帮扶兰坪县、斗门区联合高新区结对帮扶福贡县、香洲区联合万山海洋开发试验区结对帮扶泸水市、金湾区联合高栏港经济区结对帮扶贡山县，珠海市各区结对比例100%。2017年，珠海市8个区的党委或政府主要领导，均已赴对口的贫困县（市）开展调研对接活动，累计次数为10次。各结对区共派出4名驻县干部，落实帮扶资金达5470.8万元，从产业合作、劳务协作、人才支援等全方位开展帮扶。

二是开展镇镇、村村结对帮扶。组织16个镇（街）与怒江4县16个镇“一对一”结对、9个村与怒江9个村有针对性结对，积极探索结对帮扶向镇村延伸模式，开展多层次全方位结对帮扶。通过镇与镇结对，帮扶怒江乡镇推动经济社会发展，增强脱贫攻坚实力；通过村与村结对，探索村级发展集体经济举措，更好带领贫困群众脱贫致富。

三是实施“墩苗工程”，为怒江基层脱贫攻坚增动力。实施“墩苗工程”，珠海遴选50名优秀中青年干部到怒江乡镇实践锻炼，充实扶贫队伍力量，助推当地脱贫攻坚。2017年有二批20人在进驻怒江“墩苗”过程中，深入乡镇宣传党的扶贫开发政策，帮助群众出主意办实事，推动脱贫攻坚各项措施落到实处。

四是开展基层党组织结对共建，打造一支“永不走的工作队”。支持怒江29个乡镇加强基层组织建设，积极开展结对共建活动，助力怒江提高基层党建水平，充分发挥基层党组织带领群众脱贫攻坚的作用；发挥致富能手引领示范作用，积极实施贫困村创业致富带头人培训工程，打造一支“永不走的工作队”，为怒江稳定脱贫奠定扎实基础。

（珠海市扶贫办）

广东省佛山市—四川省凉山彝族自治州东西部扶贫协作

【概述】 2017年，佛山市按照组织领导、产业合作、劳务协作、人才支援、资金支持、携手奔小康等六大方面重点工作积极推进扶贫协作。佛山市委书记鲁毅4次到凉山彝族自治州（以下简称“凉山州”）开展相关工作，市长朱伟也多次召开专门会议研究对口凉山扶贫协作工作，并率领80多人的佛山市党政代表团到凉山开展工作。6月，召开第二次两地党政联席会议，佛山市对口扶贫协作专项资金1.188亿元，并于2017年8月提前将2018年度的1.28亿元扶贫协作资金划拨到凉山州。此外，在2017年佛山通过“携手奔小康”和两地对口部门帮扶等，为凉山提供9个项目共316万元资金支持。2017年财政援助资金合计1.22亿元。2017年，佛山共有40多家农业企业到凉山进行深度调研和考察，24家企业先后与凉山相关企业达成项目合作协议，协议金额41亿元。佛山市共组织87家用工企业提供6971个岗位在凉山举办8场专场招聘会，共有4000多名求职者与佛山企业签订就业协议。10月，佛山市向凉山州11个贫困县各派驻1名医生及教师开展医疗卫生、教育扶贫协作。佛山市与凉山州的区县、乡镇、村村结对实现全覆盖。11月，佛山向凉山11个贫困县各派出1名驻县干部，并挂任当地县委（政府）办副主任。

【工作机制】 2017年4月，佛山市制定《广东（佛山）对口凉山扶贫协作规划(2016—2020年)》，为对口凉山扶贫协作工作提供规划引领。为打造全国示范模式，佛山市、凉山州两地还出台《共建佛山—凉山东西部扶贫协作示范实施细则》。佛山市印发《广东（佛山）对口凉山扶贫协作2017年度计划》和《广东（佛山）对口凉山扶贫协作2018年度计划》，为全面系统推进对口凉山扶贫协作工作提供计划指引，佛山五区也分别制定对口凉山有关贫困县的区县结对年度计划。建立资金增长机制。2017年，佛山市建立对口凉山扶贫协作资金增长机制，以2016年度的1.1亿元为基数，按照每年不低于8%的比例递增。建立结对制度。2017年6月，佛山市五区分别与凉山州11个贫困县签订《区县结对帮扶框架协议》，印发《区县对口扶贫协作规划》。与此同时，佛山11个村（社区）与凉山11个村签订《结对帮扶协议书》。9月，佛山11个镇街与凉山11个乡镇签订《结对帮扶协议书》。佛山与凉山的区县、乡镇、村村结对实现全覆盖。

【帮扶项目】 按照中央政治局委员、原广东省委书记胡春华在凉山州召开的扶贫协作座谈会上提出的“将广东援助资金原则上全部用于少数民族贫困群众的住房建设”的要求，佛山市扶贫协作凉山州后，就以推进援建安全住房建设为首要目标开展工作。2017年共援建安置点11个，安全住房1054套，其中易地扶贫搬迁765户，彝家新寨289户，为4341名贫困群众解决安全住房问题。

【社会帮扶】 2017年5月，佛山市卫生与计划生育局与凉山州卫生与计划生育委员会签订《佛山市·凉山州卫生计生扶贫协作协议书》，加强佛山市对口凉山州在卫生计生领域的帮扶，形成多层次的卫生计生工作扶贫协作格局。10月，佛山向11个贫困县共派驻11名医生开展医疗卫生扶贫协作。

6月，佛山市教育局与凉山州教育局签订《佛山市教育局·凉山彝族自治州教育局教育帮扶协作框架协议》。佛山市教育系统将加强在中小学结对帮扶、校长和骨干教师交流、凉山学子佛山游、捐赠援建点教学设施和图书等方面的工作。10月，佛山向11个贫困县共派驻11名教师开展教育扶贫协作。

9月，在佛山“广莱坞”项目签约发布会上，佛山和凉山正式签约联手打造电视连续剧《索玛花开》，佛山为该电视剧投资1000万元。剧中呈现了佛山对口凉山扶贫协作中两地手相牵、心相连、共温暖的感人事迹，该电视剧于11月6日起在中央电视台一套黄金时段正式播出。佛山还开展“我爱佛山、我爱凉山”原创歌曲征集活动，为佛山市民打开一个用艺术了解凉山的窗口。11月，佛山跑团参加凉山西昌马拉松，为赛事注入佛山元素。12月，佛山木板年画在凉山展出。

2017年，佛山市委市政府广泛发动社会各界爱心企业和人士向凉山进行慈善捐助共70余批次款物，共捐款1403.18万元，捐物价值361.76万元。

【产业扶贫】 一是农业协作方面。2017年，佛山相关企业共为凉山销售超亿元农特产品。同时还有5家佛山市的农业龙头企业经实地考察和深入洽谈对接，初步达成在昭觉县建立首期规模1500亩的农业产业园的合作意向。9月，佛山市组织凉山州有关部门和35个佛山援建村的第一书记、村书记共90多人进行“以购代捐”工作培训，希望以此打通援建村富余农产品销往佛山的渠道，同时激发援建村自身的内生动力，提升“造血”能力。二是旅游协作方面。5月，由佛山电台策划的“爱不停步、五彩凉山之旅”启动仪式暨凉山旅游资源推介会在佛山举行。从2016年10月开展两地旅游协作至今，佛山已有万余名游客（未含不经旅行社组团的游客）到凉山旅游。三是工业商贸协作方面。2017年，佛山共组织三批次工商企业代表100余人到凉山考察、交流，并与凉山州相关部门、各县市和企业召开“凉山—佛山产业对接座谈会”。

【智力帮扶】 2017年7月，位于佛山市人力资源和社会保障局的凉山州驻佛山市农民工工作服务站成立并试运行，进一步深化佛凉两地劳务协作关系，为以劳务输出助力精准扶贫、精准脱贫提供了保障。2017年，佛山市共为凉山举办10期干部培训班，共有州县各级501名干部参训。培训班立足个性化定制，根据不同的受训主体设置不同的课程，既有教授授课，又有企业家讲座以及实地考察，学员普遍反映收获颇丰，开阔思维与眼界。5月，佛山市人力资源与社会保障局组织4家职业技术学校与凉山州西昌学院就引进西昌学院部分专业的优秀毕业生到佛山的职业技术学校就业的事宜进行对接洽谈，并与西昌学院达成4项合作意向，加强佛山与西昌学院的人才合作交流。8月，佛山红十字会组织佛山相关专业优秀导师到凉山开展“救护师资培训班”，为凉山红十字会救护人员的素质提升提供支持。

［广东省佛山市扶贫开发办公室　赖永逸
广东（佛山）对口凉山扶贫协作工作组
易　坤］

广东省中山市—云南省昭通市东西部扶贫协作

【概述】 2017年，广东省中山市以人才支持、资金支持、产业合作、劳务协作、携手奔小康为重点，助力昭通贫困人口就业脱贫、安居工程、产业发展等。全年领导互访21人次（其中省3人次、地厅级18人次），筹集财政援助资金6387万元，社会帮扶275万元，帮助建档立卡贫困户脱贫5186人。制定出台《关于进一步加强对口昭通市东西部扶贫协作的实施方案》和《中山市对口昭通市东西部扶贫协作工作计划（2016—2019年）》。联合东莞市，投入广东援助资金1亿元，建设完成10个易地搬迁示范点；产业扶贫合作方面，先后组织84多家企业赴昭通考察调研，实施产业扶贫项目6个，总投资额3.77亿元。劳务协作方面，举办各类技能培训班50期，培训人数4686人次（其中贫困人口3770人次），举办专场招聘会5个，提供针对贫困户就业岗位26500个，输出1747人到中山就业。职业教育帮扶方面，以“0+3”模式，即在中山市就读3年，毕业后推荐在当地就业。2017年招收昭通籍学生初中毕业生687名，到中山8所公办职业学校就读，中山市财政投入1697万元，用于2017年秋季招收昭通籍学生补贴政策性减免，包括学费、助学金、住宿生活费等。携手奔小康行动方面，以火炬开发区、石岐区、东区、小榄镇为牵头单位，中山全市25个镇区组成“1+5”组团模式，全覆盖分别结对昭通市大关、盐津、绥江和永善4个贫困县，实施镇镇结对4个、村村结对4个。选派4名党政干部、4名教师、6名医生到结对县支援。人才交流方面，中山选派19名干部人才支援昭通（其中党政干部8名、专业技术人才11人，支援期限为1~3年），昭通12名党政干部到中山挂职。先后35名昭通市、县医疗人员到中山相关医院，进行为期3~6个月进修学习，昭通教师累计到中山交流学习32人次。

【帮扶项目】 建设易地搬迁示范点，联合东莞市，整合资金3.89亿元（其中广东资金1亿元），在昭通每个贫困县共建设10个易地搬迁示范点，搬迁安置1802户6886人，其中建档立卡贫困户1487户5584人，2017年底全部建设完成。广东1个亿资金“4+5+4”的方案，支持示范点的建设。其中，第一个“4”是对示范点内安置的建档立卡贫困户按4万元/户的标准给予建房补助，“5”是在实现第一个“4”全覆盖的前提下，按照安置的建档立卡贫困户5万元/户测算，对示范点的基础设施和公共服务设施的建设资金予以补助。第二个“4”是进行上述两项补助后的结余资金，按4万元/户的标准用于补助示范点周边一定范围内的建档立卡贫困户房屋新建和改建。

【产业扶贫】 坚持长短结合、市场导向，构建以花卉苗木产业为突破口的产业联合体，坚持以花卉苗木产业发展与扶贫开发、生态文明建设、全域旅游创建相结合的原则，发展昭通花卉苗木产业。2017年，引进中山市卉盛农业发展有限公司（以下简称卉盛公司）到昭通开展产业扶贫。依托昭通自然禀赋、中山花卉苗木技术和市场优势，引进卉盛公司农业产业，建立“农业龙头企业 + 基地 + 农户”的利益联结机制，采取订单生产、基地种植、集中销售的经营模式，通过务工、种植回收，带动贫困户脱贫增收效果明显。卉盛公司种植基地项目落地昭通市盐津和永善，并分别注册分公司，目前投入约 1000 万元，种植花卉苗木 8160 亩。卉盛公司已与昭通 8 个乡镇的 12 个村集体资产经营管理有限责任公司签订种苗采购和回购协议，合同金额 4460 万元。实现土地流转收入 317.38 万元，其中贫困户土地流转收入 112.35 万元，共组织 8 个乡镇 18360 人次参与务工，实现务工收入 193.4 万元，其中贫困户 6246 人次 62.4 万元。

【智力帮扶】 2017 年，中山市充分利用职业教育资源，中山市职业学校以“0 + 3”模式招收昭通户籍初中毕业生，在中山就读 3 年毕业后，推荐在当地就业。中山市在全市范围内遴选中山市中等专业学校、中山市技师学院、中山市第一中等职业技术学校、火炬开发区理工学校、建斌中等职业技术学校、沙溪理工学校、坦洲理工学校、南朗理工学校 8 所优质公办中等职业学校和优势专业参与招生，进行对口帮扶，并成立以学校校长为第一责任人的工作小组，出台教育帮扶方案。7 月，中山市组成招生工作组，赴昭通市开展中等职业学校联合招生录取审核工作，共招收昭通籍学生初中毕业生 687 名（其中贫困学生 449 人），到中山 8 所公办职业学校就读。2017 年，中山市财政投入 1697 万元，用于当年秋季招收昭通籍学生补贴政策性减免，包括学费、助学金、住宿生活费等。昭通学生逐渐适应中山新生活，相关学校还通过开展座谈会、中秋慰问等活动，让昭通籍学生在中山真实感受到家的温馨。

（广东省中山市扶贫办）

广东省东莞市—云南省昭通市东西部扶贫协作

【概述】 2017年，在粤滇两省有关部门和东莞市、昭通市广大干部群众的共同努力下，广东省东莞市对口云南省昭通市东西扶贫协作工作取得阶段性成效。在“1+8”框架下，示范点建设、干部人才交流、产业协作、教育协作、劳务培训与输出、农业协作、医疗卫生协作、旅游协作等8个领域取得积极成效。据统计，2017年广东省及东莞各级政府、各部门、社会各界向昭通提供无偿资金及捐物折款1.2亿元，其中财政支援资金1.01亿元，社会捐款2017.26万元；党政领导干部互访20多批300多人次，企业考察30多批130多家，经贸合作签约项目13个，协议合作投资43.9亿元；启动建设村级卫生室143个，危房改造贫困户619户；在昭通举办各类培训人员1579人次；新增输送外出务工人员到东莞务工8461人，其中建档立卡户5413人。

【政策措施】 印发对口帮扶云南省昭通市工作的《实施方案》、协作规划（2016—2018年）和《携手奔小康行动工作方案》。全面深入推进携手奔小康行动和“1+8”合作协议的落实，大力推动相关部门抓好干部互派、示范点建设、产业协作、劳务输出、旅游合作、教育合作、人才交流、社会帮扶等具体工作。

【示范项目】 将扶贫专项资金重点用于安全住房建设，在昭通6个对口贫困县区每个县区建设1个、总共6个示范点，总投资23805.8万元（其中东莞财政专项资金6000万元），新建住房10.5万平方米，安置群众1106户4138人，其中建档立卡869户3164人。至2017年12月底，在建258户，竣工653户，已入住195户。聚焦“两不愁、三保障”，将2017年扶贫专项资金用于解决贫困户D级危房改造和贫困村卫生室建设，在6县区新建改造卫生室141个，危房改造627户建档立卡贫困户。截至2017年12月底，已启动106个卫生室建设，危房改造开工482户，竣工274户。

【产业协作】 将帮助当地发展产业作为其脱贫致富的根本出路，先后组织东莞30多批137家企业赴昭通考察，促成东莞华坚鞋业集团等项目落地。2017年7月召开的东莞、中山、昭通三市联席会议上，总投资约23亿元的岭南园林、鑫义俊生等7个项目签约。推动东莞国药集团药材有限公司与昭通龙霖天麻公司签订战略合作协议，将昭通天麻送往国药集团旗下药店推广。截至2017年底，累计帮助当地引进产业合作项目13个，协议总投资43.9亿元。

【教育扶贫】 积极协调帮助昭通解决其每年3万多名无法升入高一级学校就读的初中毕业生出路问题，商定2017—2019年由东莞的中等职业学校在昭通每年定向招收一批初中毕业生，采取“0+3”合作模式，争取三年在东莞就读，毕业后在广东实现就业，其中2017—2018学年计划招收1400名，实际招生1460人，其中建档立卡贫困学生1127人，占77%。同时，积极探索“2+1”“2.5+0.5”等模式，推动昭通职业学校的学生到东莞进行上岗培训和企业实训，进一步扩大职业教育合作的覆盖面。

【劳务输出】 把解决东莞缺工问题与

昭通富余劳动力脱贫结合起来，推动东莞32个镇（街）帮扶昭通10个贫困县区，开展劳务输出合作，累计提供就业岗位信息20万多条，组织120多家中介服务公司、大中型企业赴昭通招聘，截至2017年底累计帮助昭通输出、转移就业8461人，其中建档立卡户5413人。与此同时，云南昭通和新疆兵团草湖都是东莞对口帮扶援建的地区，东莞主动创新把两座城市联系起来，在全国首创两地劳务协作扶贫援建模式，2017年先后输送3批次86人（汉族）赴新疆务工，其中有7户26人迁移户口入疆戍边。

【人才交流】 大力推进“1+8”协议全面铺开落实，推动昭通市19名干部到东挂职；开展医院一对一结对帮扶，推动东莞9名教师、6名医生赴昭通挂职支教、支医，9名医疗专家、21位名师赴昭通开展义诊、公开课等交流活动，促成昭通49名医疗卫生人员、12名校长园长到东莞跟岗培训。

【社会帮扶】 争取到东莞商业联合会、东莞农商银行及有关企业家1000万元捐款，帮助鲁甸地震灾区建一所小学。东莞石龙镇、茶山镇，以及东坑商会、东莞市民盈集团股份有限公司、清溪镇的爱心企业等也积极向贫困地区献爱心。2017年，东莞社会各界累计向昭通捐款捐物2017.26万元。

【携手奔小康】 积极协调有关镇（街）和县区，大力推动“携手奔小康行动”的组织实施、县镇村结对、领导互访、干部互派等工作。在2017年7月13日召开的东莞、中山、昭通三市联席会议上，东莞6个镇（街）分别与对口县区正式签署“携手奔小康行动”框架协议，6个镇（街）派出驻县干部6名，各项工作有序开展，取得良好成效。2017年6个携手奔小康镇（街）向昭通投入财政资金257万元，结对帮扶贫困乡镇7个、贫困村7个。

（广东省第五扶贫协作工作组
郭　佳）

二、定点扶贫

综　述

为贯彻落实《中共中央、国务院关于打赢脱贫攻坚战的决定》和中央扶贫开发工作会议精神，进一步加强新形势下中央单位定点扶贫工作，2017 年 3 月，中共中央办公厅、国务院办公厅印发《关于进一步加强中央单位定点扶贫工作的指导意见》，进一步明确了新时期定点扶贫工作的任务和要求。国务院扶贫办、中共中央组织部、中共中央统战部、原中央直属机关工委、原中央国家机关工委、中央军委政治工作部、教育部、中国人民银行、国务院国有资产监督管理委员会等 9 个牵头部门统筹协调、分工负责，定点扶贫牵头联系机制逐步建立完善。多数定点扶贫单位都明确了扶贫责任，制定了相关规章制度，定点扶贫工作逐步走向制度化、规范化。8 月 8 日，国务院扶贫开发领导小组印发《关于中央单位定点扶贫工作考核办法》，并组织开展了中央单位定点扶贫工作试考核，通过考核，激励先进，鞭策后进，进一步压实中央单位的帮扶责任，加大帮扶力度。

2017 年，中央定点扶贫单位深入学习习近平总书记关于扶贫工作的重要论述，认真贯彻落实党中央和国务院脱贫攻坚决策部署，各单位对脱贫攻坚更加重视，工作机制更加健全，帮扶举措更加精准，帮扶力度进一步加大，定点扶贫有了长足发展。据统计 2017 年，各单位领导班子成员到定点扶贫县调研 1223 人次，是 2016 年的 1.84 倍；全年选派挂职扶贫干部 652 名，驻村第一书记 371 名。各单位直接投入帮扶资金 68.8 亿元，是 2016 年的 1.57 倍；实施各类扶贫项目 3687 个，带动了 89 万贫困人口脱贫。2016 年，全国有 28 个贫困县率先脱贫摘帽，其中有 18 个县是中央单位的定点扶贫县。

（国务院扶贫办社会扶贫司
周晓云）

中共中央对外联络部定点扶贫

【概述】 2017年，中共中央对外联络部（以下简称“中联部”）定点帮扶河北省行唐县。中联部在工业、农业、水利、基础设施、文化教育、医疗卫生等领域开展工作，先后资助和引进扶贫开发项目10余个，为行唐县直接或间接引进各类资金上千万元。其间，有部领导1人、局领导6人、处级干部10人次赴行唐县考察指导定点扶贫工作。2017年派出1名处级干部赴行唐县挂职，派出1名处级干部驻行唐县东井底村任第一书记，行唐县委派出1名干部来中联部机关党委挂职，促进扶贫开发项目的落实，推进脱贫攻坚工作。

【扶贫资金投入】 2017年，中联部直接投入和帮助引进各类资金1386万元人民币，用于教育、文化、医疗、生态、基础设施建设、党建等。其中，促成中国人保财险公司捐赠200万元资助行唐县教育事业发展；促成北方华录文化科技有限公司资助1100万元，完成文体中心影剧院一期工程项目；引进澳大利亚霍洛基金会在行唐县开展防盲治盲项目，捐赠30多万元；引进日本社民党活动家代表团暨“日中友好21之会”植树代表团赴行唐县植树，捐赠15700元。中联部机关党委捐赠党费34万元，为行唐县东井底村建立党员活动室；中联部1位退休老干部夫妇捐赠20万元，为行唐县东井底村建立面粉加工厂。

【扶贫调研慰问】 2017年12月，中联部副部长李军一行10人赴行唐县调研，召开扶贫座谈会，实地了解行唐县经济社会发展和脱贫攻坚工作，并以此作为机关党委党支部学习贯彻党的十九大精神主题党日活动。2017年12月，中联部副部长李军走访慰问行唐县东井底村贫困户和老党员3户，将慰问品送到贫困户手中。

【扶贫会议】 2017年1月，时任中联部副部长、机关党委书记、部扶贫工作领导小组组长郑晓松会见河北省行唐县县委书记杨立中、县长王彦芳一行，听取行唐县脱贫攻坚情况汇报和中联部部长宋涛2016年10月赴行唐县考察期间签约项目的落实情况，对扶贫工作提出指导意见。2017年3月，机关党委副书记钱放量主持召开定点扶贫工作会议，传达中央有关文件精神，研讨2017年定点扶贫工作。制定出台机关党委2017年定点扶贫工作计划。

【扶贫宣传】 中联部通过部内网页、宣传橱窗及时发布习近平总书记、李克强总理和党中央、国务院关于脱贫攻坚的指示精神，宣传扶贫工作和挂职干部的先进事迹。《中直党建》2017年第7期以《在地气山风中涤荡心灵——记中联部驻河北省行唐县口头村第一书记高玉琪》为题，报道高玉琪同志的先进事迹。《中直工委简报》2017年第18期，以《红心向党 桑榆扶贫——中央对外联络部一位老党员向行唐县捐赠20万元》为题，报道中联部一对老干部夫妇自愿向行唐县捐款的先进事迹。

【干部挂职扶贫】 中联部派出2名处级干部分别到行唐县挂职扶贫，担任县委常委和行唐县口头村任第一书记，口头村第一书记期满后，派出1名处级干部驻行唐县东井底村任第一书记。同时，接收2名行唐县干部赴中联部机关党委挂职，共促定点扶贫工作。

【教育扶贫】　2017年，经中联部联系，促成中国人保财险公司捐赠200万元资助行唐县教育事业发展。行唐县配套357万元，共同设立总金额557万元的“中联部中国人保行唐教育扶贫基金”，对2017—2020年4年升入普通高校（含高职）的贫困生，每生一次性补助3000～5000元。2017年资助学生320名，资助资金135万元。

【健康扶贫】　2017年，澳大利亚霍洛基金会为行唐县引进和捐赠医疗扶贫资金30多万元人民币。举办4期培训班，分别对县级医院、乡镇卫生院、村卫生室医护人员进行了初级眼保健专业知识培训。对全县330个行政村50周岁以上中老年人、中小学校学生开展常见眼病复查和眼科知识健康教育。共筛查中老年人4.2万人、中小学生2.5万人，提高群众眼科疾病自我保健意识。

【文化扶贫】　2017年，促成北方华录文化科技有限公司与行唐县文体中心的合作项目。2016年4月至2017年3月，该公司投资1100万元，完成一期工程影剧院项目建设，已正式投入使用；促成钱红游泳馆项目与行唐县签订合作协议；中联部捐赠50套演出服，丰富行唐县文化生活。

【生态扶贫】　促成“日中友好21之会”植树代表团连续5年（2016—2020年）到行唐县义务植树，已实施两年。

【产业扶贫】　2017年，促成行唐县与北京市首农集团华都峪口禽业有限责任公司签署合作协议；促成北京市供销合作总社在行唐县成立三家分公司，签署框架合作协议，注册总资金3.6亿元。分别是：注册资金3亿元的河北京蓝实业股份有限公司、注册资金3000万元的河北京成智森数据科技股份有限公司、注册资金3000万元的河北京合智森文化传播股份有限公司；促成台湾鑫记伟业集团与行唐县于2017年10月在北京签订精准帮扶合作框架协议；促成行唐县口头村成立壁樱合作社项目。该项目中联部联系企业赞助108万元，2017年已种植20个大棚樱桃树木，两个大棚新品种苹果，一个大棚新品种梨树。

【扶贫创新】　2017年1月，经中联部协调，“河北行唐国家红枣公园”项目，获国家林业局批复，成为河北省第一批国家林木（花卉）专类公园。

（中共中央对外联络部机关党委办公室
赵玲娟）

中共中央网络安全和信息化委员会办公室定点扶贫

【概述】 2017年，中共中央网络安全和信息化委员会办公室（以下简称“中央网信办”）定点帮扶陕西省佛坪县，构建电商交易平台体系，重点打造山茱萸产业链和旅游产业链，完善各类基础设施，调动社会力量开展公益捐赠，推动佛坪县脱贫攻坚取得新进展。全县贫困人口减少1052户2562人（在册共1259户，2869人），贫困发生率由10.8%下降到1.15%，35个贫困村脱贫退出。

【扶贫资金投入】 2017年，中央网信办下属事业单位中国互联网发展基金会投入32.9万元，以高考激励基金形式奖励佛坪优秀师生。机关党委投入1.8万元，为佛坪县银厂沟村捐赠彩电1台、电脑和打印机各2台，帮助当地党员干部更好地接受陕西省远程党建教育课程和扶贫政策宣传。帮助佛坪引进各类社会资金350万元。

【扶贫调研】 2017年8月，时任中央网信办副主任庄荣文赴佛坪调研，实地考察九芝堂山茱萸种植基地、冷水鱼养殖场、相金养蜂专业合作社、绿叶仙棕山棕专业合作社等脱贫攻坚产业项目，看望慰问挂职扶贫干部，召开座谈会听取佛坪县委县政府和中国供销社员网工作情况汇报，并就进一步做好脱贫攻坚工作提出要求。

【扶贫会议】 2017年9月，时任中央网信办副主任庄荣文召开中央网信办定点扶贫专题工作会议，听取挂职扶贫干部工作汇报，审议《中央网信办督促检查佛坪县脱贫攻坚工作实施办法》。

【产业扶贫】 2017年，中央网信办协助佛坪努力打造山茱萸、香菇、旅游等产业链。协助佛坪开展山茱萸食药同源申报工作，推动国家卫生和计划生育委员会将山茱萸列入2017年重点研究的13类新食药同源物质之一。协调湖南九芝堂药业在佛坪建设1000亩山茱萸种植示范基地，推动本地农家香食品生产企业研发山茱萸保健酒，引进安徽亳州药商在佛坪成立山御药业股份有限公司，为延长山茱萸产业链、提高山茱萸产品附加值奠定基础。协助佛坪引入中国供销社员网，以香菇为突破点开展大宗农产品上行交易，通过“平台公司+骨干代办+专业合作社+贫困户”工作模式，销售香菇2000余万元，坚定了全县范围推广香菇种植的信心。开设京东线上线下佛坪特产馆、淘宝线上佛坪特产馆，组织20余家店铺多次参加各类电商平台促销活动，销售产品1000余万元。协调正邦公司为佛坪设计建设旅游导示系统，协调去哪儿网等旅游营销网站开通佛坪专题页面，协调炫一下（北京）科技有限公司围绕熊猫等萌宠为佛坪量身设计建设媒体矩阵。结合媒体记者“走、转、改”活动，在网络媒体、微信、微博等客户端推广佛坪旅游资源。协调指导银厂沟村绿叶仙棕山棕专业合作社完善各类资质，完成京东众筹目标和上线京东旗舰店。

【信息化扶贫】 2017年，中央网信办协调工信部为佛坪安排投资超过4000万元电信普遍服务项目，所有基础设施和线缆铺设工程均已完工。全部节点点亮后使佛坪直接成为宽带网络和4G信号覆盖全县的先进县城，为老百姓通信联络、经营电商以及参与社会治理提供方便。协调陕西省委网信办投资300万元建设佛坪视频会议和防灾减灾系统，并于10月投入使用。

【教育扶贫】 2017年，中央网信办联系引进好未来教育集团、沪江教育集团为佛坪小学和初高中免费量体打造在线教育课程，使佛坪师生享受国内一流课程内容。同时定期开展线下交流互动，不断改变教师教学理念，提升教学水平，激发学生学习动力，提高学习成绩。8月，中央网信办国际局党支部、机关党委联合沪江教育公司党委、中青旅联科党支部和佛坪县银厂沟村党支部面向佛坪中小学生，开展了“读万卷书·行万里路——党建共建引领扶贫启智”活动，拓宽佛坪中小学生眼界。11月，中央网信办下属事业单位中国互联网发展基金会向佛坪录取二本以上高校的16名学生以及相关班主任、教师集体、单科教师、特长生辅导老师发放高考激励基金32.9万元。11月，中央网信办协调蒙牛集团和佛坪签署学生奶捐赠协议，蒙牛集团向佛坪所有小学生免费提供3年学生奶，共计5万箱。

【公益扶贫】 2017年，中央网信办协调京东集团为佛坪捐赠2台安检仪。在机关食堂开设佛坪特产推销专柜，销售佛坪土蜂蜜、香菇、木耳、树花菜数万元。动员北京博友公益团队向佛坪敬老院捐赠1万余件冬季衣服和棉被，向佛坪图书馆捐赠数千册儿童图书，并且动员圆通速递免费做运输。联系京东集团为佛坪4所小学捐赠总量为8000册的京东图书室，为留守儿童捐赠2万元公益基金。联系北京湛然国际拍卖有限公司向佛坪图书馆捐赠各类艺术类图书500余册。联系VISA集团为佛坪初中建设一所现代化“梦想教室”，通过教学环境改善、教学理念改变以及教学内容更新，让师生感受外部世界，树立改变命运信心，阻断贫穷代际传播的心理因素。

【扶贫宣传】 2017年9月，中央网信办协调陕西省委网信办组织开展“精准扶贫看佛坪”2017网络媒体主题采访活动，网民参与量超过6000万，为佛坪全力推进脱贫攻坚工作、迎接党的十九大胜利召开营造良好网上舆论氛围。12月，帮助联系新华网等媒体和中国扶贫杂志，宣传报道佛坪重要特色扶贫举措，帮助提振打赢脱贫攻坚战的信心。

【扶贫制度建设】 2017年9月，中央网信办定点扶贫专题工作会议审议通过《中央网信办督促检查佛坪县脱贫攻坚工作实施办法》。《办法》明确中央网信办督促检查佛坪脱贫攻坚工作的指导思想、工作目标、督促检查的内容和方式、责任分工及有关要求，成为中央网信办开展定点扶贫督促检查工作的指导性文件。

（中共中央网络安全和信息化委员会
办公室扶贫办　袁龙生）

中央机构编制委员会办公室定点扶贫

【概述】 2017年，中央机构编制委员会办公室（以下简称“中央编办”）定点扶贫内蒙古自治区化德县。中央编办高度重视，认真学习贯彻习近平总书记关于扶贫开发的重要论述，坚持把定点扶贫工作作为重要政治任务来抓。办室务会议认真研究，加强组织领导和督促检查，为脱贫攻坚提供有力体制机制保障，扎实推进定点扶贫工作，取得投入成效。2017年，化德县减贫6170人，退出贫困人口稳定实现“两不愁、三保障”。

【扶贫资金投入】 积极协调卫计委和中医药局为化德县中蒙医院安排“基层医疗卫生服务体系基层医院建设项目”资金660万元和县级中医医院基层中医药适宜技术服务能力建设项目资金50万元，中蒙医院完成二级乙等医院验收。积极协调自治区农牧厅为化德县一二三产融合发展试点项目争取补助资金近1000万元。

【扶贫会议】 2017年，召开3次室务会议专题研究定点扶贫工作，制定任务清单、责任清单，加强督促检查，推动责任落实。

【扶贫调研】 2017年3月、7月，中央编办副主任何建中、崔少鹏先后赴化德县调研定点扶贫工作，靠前指挥，与当地共同研究脱贫措施和扶贫工作方案，细化年度任务和责任司局，推动化德县精准脱贫工作。

【干部挂职扶贫】 2017年，选派1名同志挂职任化德县委常委、副县长，协助分管扶贫工作，1名同志任化德县白音特拉乡白音特拉村驻村第一书记。作为机关定点扶贫“前方工作组”，紧紧依托化德县委、县政府开展工作，工作成绩得到当地干部群众的肯定。

【扶贫机构和队伍建设】 2017年，中央编办为国务院扶贫办核增部分行政编制和督查专员，充实力量，用于加强对脱贫攻坚工作的监督检查和督促落实。推动扶贫办所属事业单位聚焦主责主业，集中力量做好服务支持。指导推动各级扶贫开发机构完善机构设置、强化职能，充实各级扶贫开发工作力量。全国省级扶贫机构增加领导职数18名、内设机构31个、编制238名；市级扶贫机构的人员编制由3203名增加至4585名，增加了43.1%；县级扶贫机构的人员编制由14117名增加至22510名，增加了59.5%。中央编办在国务院扶贫办组织的脱贫攻坚重要政策措施第三方评估中获得“优秀”。

【扶贫培训】 中央编办将培训作为深入学习贯彻习近平总书记关于扶贫开发的重要论述的重要举措，以“机构编制服务脱贫攻坚”为主题对全国贫困县编办负责同志轮训。2017年举办2期国家级贫困县机构编制业务培训班，共有来自22个省区市国家级贫困县240名编办负责同志参加培训。培训工作得到参训学员好评，提高基层一线编办同志对中央扶贫方针政策的认识，明确从体制机制上保障扶贫工作的方向、重点和任务。

【产业扶贫】 2017年协调内蒙古自治区农牧厅支持大好河山公司在化德县建立高标准公猪站，并在自治区级示范园区方面按照标准给予资金倾斜照顾。

【电商扶贫】 电子政务中心帮助化德

县建设扶贫云平台，实时动态掌握扶贫工作中数据，为科学制定扶贫政策提供数据支撑。帮助化德县建设扶贫云平台，系统于7月上线，完成全县贫困人口信息录入；先后3次组织开展电商人才培训，累计培训300余人次；派出技术人员为化德县蒙驼王公司、恒利公司搭建电商平台和网站，协助化德县引电商搞培训建设园区，截至2017年底，乐村淘等14家电商企业入驻。邀请有关领导和专家到化德县实地调研，指导化德县电商营销与品牌战略结合起来，推动化德县企业转型升级和可持续发展。线上销售额突破5000万元，其中蒙驼王公司和恒利公司两家企业电商线上销售额突破1000多万元，占总销售额的30%，电商平台销售收入成为企业最重要的增收来源。

【扶贫慰问】　电子政务中心党支部与化德县白音特拉村党支部开展结对共建，共为贫困户捐资1.6万元。

【教育扶贫】　继续开展结对帮扶贫困家庭学生活动，办内党员共捐资3.8万元，帮扶10名在校学生。

【惠民工程】　筹资40万元完成公腊胡洞村幸福院改造项目，改善幸福院老人的安居环境，提高生活质量。筹资20万元为白音特拉村安装路灯，方便群众夜间出行。

【合作扶贫】　积极与对口帮扶化德县的北京市东城区合作，帮助化德县在北京扩大优质农产品销售渠道。

（中央机构编制委员会办公室
蔡书巧）

中共中央党校定点扶贫

【概述】 中共中央党校（以下简称“中央党校”）对河北省武邑县和江西省安远县开展定点扶贫工作。2012 年至 2017 年，连续向两地派出 10 名挂职扶贫干部和 3 名第一书记，累计投入 820 余万元。

【扶贫资金投入】 协调筹备扶贫资金 240 万元，用于支持定点扶贫县以及帮扶村的硬件建设。在每个扶贫县各出资 3 万元捐建 1 个农家书屋。为武邑县捐赠棉被、毛毯 2000 余套，电视机 400 台、课桌椅 500 余张、台灯 300 盏，改善武邑中小学生学习住宿条件。为武邑县贾寺院村修建蔬菜交易市场、为安远县咀下村修建便民桥。直接筹资 100 万元用于武邑县党校建设，改善党校办学条件。

【扶贫调研】 2017 年 3 月、7 月，中央党校扶贫工作领导小组组长到安远县和武邑县调研。把扶贫挂职干部作为扶贫调研流动站，加强实地走访，及时收集情况。完成《构建科学有效的精准扶贫工作机制》调研报告，被列为中央党校国家高端智库项目。

【扶贫培训】 举办扶贫县领导干部培训班。组织 2 批约 300 名扶贫县党政干部走进中央党校接受短期培训。培训共计 10 天，培训费用全免。其间，重点安排供给侧结构性改革、县域经济发展以及现场教学等重要内容。

组织 16 名专家教授，成立中央党校定点扶贫县政策咨询和发展顾问团，为两个贫困县脱贫攻坚提供决策咨询和政策辅导。

【干部挂职扶贫】 在武邑，挂职干部认真落实县委县政府赋予的两个分包村精准扶贫“回头看”和建档立卡督导工作，做到入户核查、不落一人督导检查、实事求是研究分析，促进相关工作落实。武邑和京东集团合作的“京东跑步鸡”扶贫项目，被列为扶贫成功案例走进中央党校短期干部培训课堂。

在安远，积极参加安远县城乡整治、乡村文明建设、棚户区改造征地拆迁、山水林田湖生态保护修复等工作。深入全县 18 个乡镇，深入基层干部群众中间学习调研，掌握大量的扶贫第一手资料。协助贫困户申请“产业扶贫信贷通”，使该村 25 户贫困户共享受到 84.2 万元启动资金。积极帮助村民就业，2017 年共使 10 户贫困户通过技能培训实现就业和稳定收入。

【产业扶贫】 与河北省委组织部协调，为武邑县委新党校建设争取帮建资金 300 万元。协调中国农业银行，为武邑县提供优惠政策帮助扶贫。

在武邑县，协同帮建蔬菜脱贫产业园、京东跑步鸡、光伏电站等 8 个规模产业项目，带动贫困户走进脱贫行列。帮助武邑硬木家具进京销售、武邑蔬菜走进中央党校食堂。

协调中国农业科学院、华中农业大学专家，带领当地技术人员展开病虫害防治，并就果业种植转产、发展特色农业进行针对性培训，提升当地农户应对自然灾害和发展新农业的能力。

【教育扶贫】 为武邑县、安远县分别捐赠 20 余万元，用于资助贫困学生；为安远县车头镇中心小学捐赠部分教学体育装备。将安远县委党校设为中央党校教学实践和党性锻炼基地。安排校马克思主义学院在安远建立科研基地，结合革命老区建设有针对性地开展理论研究。

巩固由武邑至中央党校的蔬菜供应保障和定向劳务输出机制，并在县职教中心设置3个相应专业，增加当地农民就业机会和收入。

【文化扶贫】 在每个扶贫县各出资3万元捐建1个农家书屋。安排校经济学部在武邑县设立精准扶贫实验室，组建多个课题组开展精准扶贫课题研究。在校地同步搞好“扶贫日”活动，向全校教职工及在校学员宣传扶贫工作，认真举办扶贫专题论坛，截至2017年底，累计收集有价值的对策建议5类89条。

【公益扶贫】 发挥自身优势和资源，动员相关民间力量参与扶贫安远县工作，4月，牵线浙江绍兴一家社会慈善机构对安远县8户贫困家庭和安远县特殊教育学校进行资助；10月，牵线浙江宁波10位热心人士到安远县考察工业情况，同时对槎江村小学捐赠助学共计8万元，向280名小学生赠送书包、文具等学习用品，6名贫困生送去助学金，剩余资金作为学校奖学金。

【基础设施建设】 筹资100万元用于武邑县委党校建设，改善党校办学条件。筹集资金75万元，为安远三百山镇咀下村修建“连心桥”，解决了村寨通行难题和小学生上学交通隐患。

【健康扶贫】 与国务院扶贫办对接，协调北京润秦科技有限公司向安远县捐赠部分LDR机，改善乡镇医疗条件。

【整村推进】 在武邑贾寺院村共建蔬菜大棚155个、占地420亩，亩年均纯收入超过万元；其中的40个温室大棚平均收入超5万元，实现贫困户由“十二五”期间的56户193人减少为6户12人，解决了本村贫困户脱贫问题，带动周边村就近就业。

在安远县咀下村，带领群众充分发掘当地旅游资源与乡土文化资源，牵头建立旅游合作社，农耕体验游、林果游、渔业游等得到全面发展。

（中共中央党校扶贫办　陈明明）

人民日报社定点扶贫

【概述】 人民日报社定点帮扶河南省虞城县、河北省滦平县。2017 年，发挥报社宣传、人才、智力和资源等方面优势，尊重县委县政府的脱贫攻坚主导地位，在两个定点扶贫县开展调研活动、加大舆论宣传、引入社会力量、党建结对帮扶、引进产业项目等，推动滦平县、虞城县脱贫攻坚取得进展。

【扶贫资金投入】 2017 年，人民日报社向两个定点扶贫县直接投入资金超过 1072 万元，其中，资金 270 万元，物资折款 802 万元，实施帮扶项目 35 个，帮助建档立卡贫困人口脱贫数 6298 个。帮助和引进各类资金 33 亿元，帮助引进 11 个项目，受益建档立卡贫困户 84493 人。举办劳务输出培训班 25 期，实现劳务收入 6729.2 万元。购买当地农产品资金额 390 万元，扶持的贫困人口数 9298 人。充分发挥报社群团组织作用，组织开展扶贫捐献、捐资助学活动，解决贫困家庭现实困难，帮助贫困学生完成正常学业。

【扶贫调研】 2017 年，人民日报社领导到滦平县调研 2 次、虞城县调研 1 次。5 月，人民日报社编委委员、海外版总编辑王树成同志一行 6 人赴滦平县开展扶贫调研工作；11 月，人民日报社编委委员、秘书长乔永清同志一行 5 人分别到滦平县、虞城县开展扶贫调研工作。一是召开扶贫工作座谈会，听取扶贫工作进展、存在问题和对策建议。二是走访贫困乡镇、贫困村、贫困户，重点了解帮扶措施到户情况、贫困户脱贫路径和自我发展情况，鼓励贫困户依靠自己的双手勤劳致富。三是实地考察贫困村建设、扶贫模式的种植养殖基地、龙头企业经营情况，重点了解扶贫搬迁安置、扶贫资金投入、产业扶贫政策落地情况。报社办公厅、总编室、新闻协调部、人事局、管理保障局、机关党委等部门负责人带队（150 人次）深入虞城县、滦平县调研，同县委县政府座谈交流，并详细了解贫困县基本情况，走访贫困村，了解对接工作需求。

【扶贫宣传】 报社新闻协调部作为舆论扶贫牵头、协调部门，联合总编室、政治文化部、经济社会部和海外版等 7 个编辑部门，2017 年年初先后派出专题采访组 3 次就规划对定点扶贫县进行宣传报道。人民日报为两县共刊发 38 篇报道，含 5 个整版、一版 3 篇，先后 12 人次深入两县进行采访报道。其中，为滦平县刊发 23 篇报道，整版 2 个，一版 2 篇，其他版头条 6 篇，署名文章 6 篇；为虞城县刊发 15 篇报道，一版 1 篇，整版 3 个（含 1 个广告专版）。

【社会扶贫】 在滦平县开展以“名誉校长”为主要内容的教育精准扶贫活动，在报社招聘 13 人担任 13 所贫困小学校长，先后开展讲科普课、组织夏令营、筹建在线视频教室等活动 19 次，为 84 名建档立卡贫困学生资助助学金 46300 元，赠送大量学习生活用品。在虞城县开展招募“名誉村长”活动，有 22 家上市公司高管认领担任 22 个建档立卡贫困村“名誉村长”，宁波上市公司协会以协会名义认领 3 个贫困村“名誉村长”。“名誉村长”均与贫困村签署帮扶合作协议，运用市场化手段助力贫困村开发建设。深入贫困村、了解贫困户，建立日常联络、双向沟通机制，通过出资改厕改厨、路面硬化和助资小规模特色种植养殖、捐资助学等多种形式开展帮扶活动，累计投入资金近400万元。

【党建扶贫】　报社总编室、政治文化部、机关党委、海外版等30多个党工委、党总支、党支部，与两个县贫困村党支部结成党建帮扶对子，每次到定点扶贫县，除带去一些学习用品、医疗服务、食品衣物等外，还与当地干部群众共同过组织生活，为他们介绍党建经验做法，讲解党的理论和路线方针政策，帮助找准扶贫开发和新农村建设最佳结合点等党建帮扶活动，以党建带扶贫、脱贫促党建，努力实现党建与扶贫工作的双利共赢。广泛动员报社工会、团委、妇委会等群团组织，把两个县作为报社农副产品采购基地，到两个县开展主题党日活动，开展捐资助学、送温暖献爱心等活动，帮助他们解决生产生活中遇到的困难，帮助贫困学生改善上学条件，让他们有获得感、幸福感。

【产业扶贫】　与国家能源局、农业部等有关部门保持密切沟通，邀请国家能源局领导到滦平县、虞城县进行实地调研，促成全国首批农村新能源革命试点县在虞城县落地。按照规定，这个项目建成可使3334个贫困户每年每户增加3000元收入，每年获得扶贫资金1000万元，持续受益20年，累计获得扶贫资金2亿元。在滦平县建设的6万千瓦的光伏扶贫项目，可使2000个贫困户每年每户增加3000元收入，每年获得扶贫资金600万元，持续受益20年，累计获得扶贫资金1.2亿元。

【干部挂职扶贫】　人民日报选派2名优秀干部挂职担任定点扶贫县县委常委、副县长，利用其在思想、政策、资金、物资、技术、信息等方面优势，引资金、上项目、调结构，有效推动中央和报社的各项扶贫政策落地。选派2名青年干部到贫困县贫困村担任第一书记，对贫困村、困难群众进行全面帮扶，筹集各类资源、资金折合人民币800余万元。

（人民日报社扶贫办　张　利）

中共中央文献研究室定点扶贫

【概述】 2017年，中央文献研究室定点帮扶河南省南召县。中央文献研究室坚持把定点扶贫工作作为一项重要的政治任务抓紧抓好，不断加强扶贫调研，在干部挂职扶贫、产业扶贫、教育扶贫、党建扶贫、社会扶贫、驻村帮扶等方面加大帮扶力度。经过一年的努力，中央文献研究室的定点扶贫工作取得阶段性成效，得到南召县领导和干部群众的肯定。

【扶贫会议】 2017年，中央文献研究室多次召开专题会议研究部署定点扶贫工作，专门制定《中央文献研究室2017年度定点扶贫工作打算》。室务会及室秘书长办公会、室扶贫办多次就落实室务会有关定点扶贫的各项工作召开会议进行研究部署。10月，室委理论学习中心组专题学习贯彻党的十九大精神时，针对定点扶贫工作，与会同志围绕十九大报告中所提出的“坚决打赢脱贫攻坚战”的战略部署，进行了深入学习讨论。在中央文献研究室学习贯彻党的十九大精神动员部署会上，中央党史研究室主任冷溶就举全室之力对帮扶南召县提出明确要求，室扶贫办与南召县多次对接，逐一专项落实有关举措。中央文献研究室领导多次与来室接洽帮扶工作的南召县委、县政府领导商讨帮扶举措，协助南召县推进125兆瓦集中式光伏电站、方西高速、争取列入“国家重点生态功能区”等重大项目。

【扶贫调研】 2017年，中央文献研究室在南召县开展扶贫调研暨扶贫工作座谈会1次。调研期间，冷溶对南召县委县政府主要负责同志及县直有关部门负责人进行党的十九大精神宣讲，并就南召县脱贫攻坚与县领导深入交换意见，到第一书记派驻村东庄村等地进行实地调研。

【干部挂职扶贫】 2017年，中央文献研究室选派2名挂职扶贫干部和7名新招录的干部赴南召县挂职锻炼，参与扶贫工作。挂职干部讲政治讲规矩，自觉树立挂职干部的良好形象，克服工作和生活中的种种困难，认真落实《中央文献研究室定点扶贫工作计划》，在信息沟通、上下协调，落实扶贫方案等方面做扎实细致的基础性工作。

中央文献研究室先后选派的2名驻村第一书记严格按照精准识别“七步工作法”“两不愁、三保障”等政策要求，带领村“两委”开展精准识别，核定建档立卡贫困户79户203人。根据贫困户实际情况制定劳动就业、种植养殖、易地搬迁和兜底救助等帮扶措施。通过开展大量基础建设和努力发展村集体经济，改善村内生产生活条件。

【产业扶贫】 2017年，中央文献研究室注重产业扶贫，帮助南召县协调推进125兆瓦集中式光伏电站、方西高速等项目。在以往工作的基础上，全县59个贫困村和20个易地搬迁点在光伏扶贫上实现全覆盖，截至2017年，第一批建成的17个村级分布式光伏电站全部并网发电，带动贫困户942户；第二批62个村级分布式光伏电站和225兆瓦集中式光伏电站全面启动，截至2017年完成前期选址工作，建成后可带动贫困户12000余户，户均年收益3000元左右。结合南召县地处豫西南、生态资源丰富的地域优势，中央文献研究室参与协调相关部门，使南召县列入“全国旅游示范区创建单位”，为开展生态富民建设打好基础。

【教育扶贫】　2017年，中央文献研究室直接投入10万元为南召县10所小学购置电脑、打印机、篮球架等文体器材；发动全室14个党支部捐款2.4万元一对一结对帮扶困难学生19名。

【党建扶贫】　中央文献研究室充分发挥驻村第一书记作用，利用好村党支部这个阵地，通过落实好“三会一课”等基础制度，扎实开展“党员干部带支部”活动，每月4日定为党支部的“党建活动日”，5日定为“党员活动日”，集思广益合力脱贫攻坚。

【社会扶贫】　中央文献研究室通过与中国扶贫开发协会联系，将南召县纳入该会“士林置业扶贫工程”受助范围。该工程每年资助全县100名建档立卡贫困户小学生每人500元助学金，每年暑期组织50名小学教师赴外地学习培训，并免费为受助县提供特色农副产品展台和线上线下推广销售等。

（中共中央文献研究室扶贫办
胡鹏飞）

中共中央党史研究室定点扶贫

【概述】 2017年，中央党史研究室定点帮扶甘肃省镇原县。从镇原县实际出发，坚持以习近平新时代中国特色社会主义思想为指导，坚持问题导向，用心用情帮扶，坚持集中优势资源，突出帮扶重点，因地制宜，精准施策，不断加大扶贫力度，创新机制载体，扶贫工作取得成效。2017年直接投入和协调扶贫项目资金合计1370多万元，助推镇原县脱贫攻坚工作。

【扶贫调研】 中央党史研究室主任曲青山、副主任吴德刚及原副主任吕世光、高永中等室领导多次带队到县进村实地考察调研，详细了解贫困现状，研究制定、周密部署每年扶贫计划及帮扶措施，集中优势资源重点扶持郭原乡毛庄村，为推进精准扶贫精准脱贫提供保障。

【干部挂职扶贫】 中央党史研究室选派1名处级干部到县里挂职县委常委、政府副县长，参与指挥全县脱贫攻坚工作。选派2名科级干部到郭原乡毛庄村担任驻村第一书记。帮扶干部坚决贯彻中央关于扶贫工作的决策部署，严格执行中央八项规定精神，牢固树立“四个意识”，自觉遵守“六大纪律”。

【文化扶贫】 中央党史研究室发挥自身优势，资助市、县党史部门经费10万元，指导其编写《庆阳扶贫工作纪实》《镇原县扶贫工作大事记》，及时记录扶贫工作，并免费出版发行。截至2017年，《镇原县扶贫工作大事记》完成初稿。此外，订阅价值2.4万元各类党史党建报刊，为全县基层党员干部学习党的理论和政策提供便利。室领导曲青山、吴德刚以及有关部门负责同志，先后到镇原县作党的十九大精神辅导报告，宣讲党中央和习近平总书记关于脱贫攻坚的安排和要求。挂职干部深入各乡镇，宣传党的十九大精神和扶贫工作政策，利用全县新型职业农民培训、下乡督查脱贫等场合，解读党的“三农”工作的决策部署，宣传不等不靠、勤劳致富典型，激发贫困群众参与脱贫攻坚战的内生动力。毛庄村第一书记张卓然及原第一书记齐雄，利用专项党费制作流动宣传车，深入田间地头、农家院落等地，举行宣讲会发送党的十九大精神宣传资料，取得良好效果。

【产业扶贫】 中央党史研究室坚持从自身实际出发，积极联系北京市顺义区赵全营镇北郎中村与郭原乡毛庄村形成结对帮扶关系，到2020年，该镇、村每年投入帮扶资金200万元，共600万元，帮扶毛庄村发展养牛、种植花椒、中药材等特色产业项目。2017年，首批200万元资金到位，帮扶项目全面启动。开展招商引资工作，挂职干部带领县招商、农牧等部门，赴北京与东方园林、海尔融资集团等企业对接，与东方园林公司签订投资额3亿多元的初步合作框架协议和合作备忘录。同时开展消费扶贫，从镇原县购买苹果、小杂粮、食用油等价值9.32万元特色农产品，直接或间接带动626户贫困户实现增收。

【教育扶贫】 中央党史研究室，争取共青团中央等支持300多万元，在郭原乡援建毛庄小学、景原小学。投入专项资金12万元，建成现代化电子琴音乐艺术教室1间，捐赠教职工宿舍设备，学生工具书，幼儿玩具1批，为贫困地区孩子接受良好教育提供重要保证。

【心连心工程】 中央党史研究室三位挂职扶贫干部秉持“人住镇原、心驻镇原、情注镇原”的理念，心系群众，心系基层，深入农家院落、行走田间地头，嘘寒问暖，与群众结下深厚感情。

【党建扶贫】 2017 年底，中央党史研究室与甘肃省委组织部沟通协调，争取 21.6 万元经费，共同开展为期一周的全县乡村干部抓党建促脱贫攻坚培训班。会上，还捐赠价值 8000 多元的电视专题片《永远的长征》，供基层党员学习使用，促进基层党组织健康发展。第一书记配合乡党委加强基层组织建设，整顿软弱涣散党组织，撤换不合格人员，重新配备毛庄村党支部书记。向镇原县划拨 19 万元专项党费，协调上级单位支持 41 万元，共 60 万元，专门用于支持驻村第一书记抓党建促脱贫攻坚，提升基层党组织的战斗力和引领发展能力。

（中共中央党史研究室　张彦甫）

中国文学艺术界联合会定点扶贫

【概述】 自1998年起，中国文学艺术界联合会（以下简称“中国文联”）开展对甘肃省陇南市武都区的定点帮扶工作。2017年，中国文联开展文艺扶贫、科技扶贫、产业扶贫工作，被评为2017年度甘肃省帮扶工作先进单位。经市、区两级验收，武都区2017年退出贫困村37个，符合条件退出6971户2.86万人。中国文联定点联系村鱼龙镇上尹家村于2017年底实现全村整体脱贫。

【干部挂职扶贫】 中国文联先后派出2名干部到武都区挂职扶贫。挂职干部围绕文化扶贫、产业扶贫、科技扶贫积极开展工作，组织中国摄影家、新华社以及东方航空、华夏、昆明机场、瑞丽航空、东方银燕等5家航空媒体到陇南市进行考察，拍摄旅游景点，发挥资源优势，打造旅游品牌；组织西南科技大学教授对当地技术人员进行现场指导；支持高山戏创作和戏剧传习，修建高山戏之乡文化广场，协调区政府、区教育局修缮中心小学校舍等。

【文化扶贫】 春节前夕，中国文联文艺志愿服务中心、武都区文联共同举办“2017新春送欢乐、送万福、送春联”惠民活动。5月，中国文联赴武都区开展为期4天的“到人民中去”文艺演出、培训及采风调研等主题活动，观看演出群众累计6000余人。演出过程中，书法家、作家、音乐家、摄影家分别向乡镇、村和群众赠送书法作品、诗集作品、原创音乐作品、书法作品等。10月，中国美术家协会组织19位知名美术家到武都开展“送欢乐、下基层”采风写生慰问活动。

【文艺培训】 2017年，中国文联共开展各类培训11期，培训人数840人。先后在区文广大厦和莲湖小学、裕河中心小学开展文学、摄影、书法、音乐创作、写作等艺术培训活动，来自全区各行各业200名文艺爱好者和莲湖小学、裕河中心小学240名师生参加了培训，举办贫困户劳务就业培训班和农村致富带头人培训班，参训贫困群众和农户400余人。

【扶贫宣传】 2017年，中国文联加强对武都区特色产品、文化和旅游资源的宣传推介，2月，中国摄影家协会组织摄影家公益拍摄武都高山戏，挖掘、记录高山戏这一“戏剧研究活化石”的文化内涵。2月8日《人民日报》要闻四版半版刊登《古朴唱腔，叫醒高山春天》、2月5日和8日新华社分别刊登《社火闹新春》《悠悠百年高山戏》进行宣传报道。6月，中国舞蹈家协会组织所属各团体会员单位到武都开展“新农村少儿舞蹈美育工程”成果交流会，提高武都区的影响力和知名度。9月，邀请火箭军文工团原团长、中国音乐家协会理事、著名词作家屈塬和中国著名音乐制作人、华语音乐家协会理事王备为武都区创作了主题歌曲《橄榄梦》，并刻录成光碟及书册，在全国发行，宣传推介武都。同时，中国文联在北京民族文化宫主办“喜迎十九大、唱响幸福歌”文艺扶贫歌曲创作汇报音乐会，邀请著名歌唱家演唱《橄榄梦》，播放武都区优势产业、旅游景点、民俗文化等形象宣传片，对武都区情及主题歌曲进行现场推介。10月，中国戏剧家协会6位专家对高山戏进行调研，并就高山戏传承人尹利宝创作的大型历史剧本《米仓魂》剧本组织研讨会。

【产业扶贫】 中国文联出资453万元，扶持武都区鱼龙镇建设中药材产业种植基地，制定《关于中国文联中药材发展基金的使用管理办法》，规定以贴息贷款的方式发放给中药材种植合作社、种植大户、收购加工合作社、普通需要贷款的农户、经营中药材销售的网店店主。截至2017年底，453万元中药材基金全部下发。鱼龙镇成立专项办公室，对资金的使用和回收做到严格监管、专款专用，确保资金用于中药材的种植和加工销售上。

【科技扶贫】 中国文联与西南科技大学合作，结合定点扶贫对象的资源特色和发展实际，充分运用学校动科、农学、园艺、食品、制药等科研成果，开展科技扶贫。7月，中国文联携手西南科技大学与陇南市武都区签署科技扶贫三方协议，开展科技领域合作。9月，西南科技大学为武都200余名电商从业人员举办为期2天的“中国文联扶贫办、西南科技大学帮扶武都区电商培训班”。通过培训，提高电商从业人员工作能力和工作水平，对接专业合作社对接产品原料，创新包装、建立平台、扩展销售，通过电商促进产业发展、农村社会进步及贫困户脱贫，截至2017年，武都区电商销售比2016年提高15.3%。10月，邀请了西南科大食用菌专家对武都食用菌行业进行现场指导，引进优良羊肚菌，在黄坪、洛塘试种成功，每亩地年收益从1000元提升到10000元。

（中国文学艺术界联合会办公厅　李　栋）

中国科学技术协会定点扶贫

【概述】 中国科学技术协会（以下简称“中国科协”）作为山西省临县、岚县的定点扶贫单位，2017 年坚持精准扶贫、精准脱贫，坚持扶贫同扶志、扶智相结合，聚焦建档立卡贫困户，围绕临县、岚县脱贫攻坚目标任务和总体部署，发挥自身科技、人才优势，组织推动开展定点扶贫工作。协助两县制定《中国科协科技助力山西省临县、岚县精准脱贫规划（2017—2019 年）》。直接投入资金 1500 万元，用于实施马铃薯、食用菌、畜牧养殖等产业帮扶项目，帮助两县建立 14 个科技种植示范基地，支持成立 3 个县级农技协联合体，直接带动两县建档立卡贫困户 2135 户、6232 人增收脱贫。中国科协将中科馆大讲堂、科普大篷车等科普设施和资源引入定点扶贫县，提升基层科普服务能力，为提升定点扶贫县公民科学素质奠定基础。组织开展高校科学营等青少年科普活动、中国流动科技馆巡展活动，捐赠农村中学科技馆、青少年科学调查体验活动资源包和图书，提高贫困地区青少年科普教育水平，激发青少年科学兴趣，增强科学意识。举办马铃薯、红枣产业发展研讨会，为定点扶贫县产业发展问诊把脉、建言献策，帮助解决技术难题和发展瓶颈。此外，组织赴两县开展咨询义诊、现场教学等医疗帮扶活动，帮助提升规范化诊疗水平，帮助贫困群众提升防病和健康生活理念。

【扶贫资金投入】 2017 年，中国科协直接投入资金 1500 万元开展产业扶贫，实施马铃薯、食用菌、畜牧养殖等 8 个产业帮扶项目，共帮助定点扶贫县建立 14 个科技种植示范基地，直接带动两县建档立卡贫困户 2135 户、6232 人增收脱贫。

【扶贫调研】 2017 年 1 月，中国科协党组成员、书记处书记束为赴临县、岚县调研中国科协定点扶贫工作，重点考察中国科协扶贫项目落地推进情况及取得的成效，并对 2017 年定点扶贫计划落实落地提出新要求，看望慰问中国科协在两县挂职科协干部。6 月，中国科协党组成员、机关党委书记王延祜赴临县、岚县调研基层党组织建设，并看望科协挂职干部、驻村第一书记。

【扶贫会议】 2017 年 1 月，中国科协原党组书记、常务副主席、书记处第一书记尚勇在中国科技会堂会见吕梁市委市政府领导，就中国科协吕梁定点扶贫工作进行交流。制定《中国科协科技助力山西省临县、岚县精准脱贫规划（2017—2019 年）》。

【脱贫攻坚规划】 结合临县、岚县脱贫攻坚目标任务，2017 年，中国科协协助两县制定《中国科协科技助力山西省临县精准脱贫规划（2017—2019 年）》《中国科协科技助力山西省岚县精准脱贫规划（2017—2019 年）》。重点围绕科技助力两县特色产业发展、科技增收脱贫、两县科普设施建设以及科普能力提升等重要方面，提出切实举措。

【扶贫培训】 2017 年，中国科协发挥科普、全国学会、农技协组织等资源优势，开展科普培训。针对定点扶贫县干部群众，开展“中科馆大讲堂”活动，围绕航天科技、农业科技与产业扶贫、天文知识、特种机器人等主题在两县举办 6 场报告会。开展农业技术培训。针对两县建档立卡贫困户，依托农技协组织提供马铃薯种植、食用菌种植、肉羊养殖等方面的农业技术咨询指导、培训等科技服务；组织中国农科院畜牧兽医研究所、蔬菜花卉研究所、作物科学研究所和山西省农科院等科研院所专家对农户开展农技培训指导。开展县乡村建设培训。针对两县县乡村干部，组织中国作物学会、中国林学会、中国城市规划学会、中国环境科学学会等全国学会，就两县产业发展、美丽乡村建设、污水治理等方面进行技术指导和培训。组织科技教师专题培训。针对两县中小学教师，组织部分科技教师参加相关科普活动骨干教师培训和调查体验活动专题培训，组织 100 名两县中小学教师参加 2017 年吕梁科技辅导员培训班。开展临床技能培训。组织中国抗癌协会、山西省抗癌协会、山西省肿瘤医院等单位的医护人员对 300 余名临县医护人员开展临床技能培训。

【干部挂职扶贫】　2017 年，中国科协共选派 6 名年轻干部到贫困地区挂职锻炼，开展扶贫工作。其中 2 名干部分别担任临县副县长和岚县副县长；2 名干部分别赴临县张阳会村、岚县楼坊坪村任驻村第一书记，8 月两位同志任职到期后，中国科协又派出 2 名干部赴临县程家塔村、岚县长门村任驻村第一书记。

【扶贫宣传】　2017 年，中国科协通过中国科协官网及科技助力精准扶贫专栏、山西省、吕梁市及定点扶贫县相关新闻媒体，积极宣传中国科协定点扶贫工作及成效，同时邀请两县县委书记就脱贫攻坚工作在中国科协举办的全国科技助力精准扶贫宁夏培训班和贵州现场会上进行典型发言和经验交流，从更广领域宣传两县扶贫工作成效。组织拍摄制作中国科协吕梁定点扶贫宣传专题片和画册，总结梳理中国科协吕梁扶贫 30 年的工作，宣传定点扶贫典型经验和工作成效。针对吕梁贫困地区销售难问题，中国科协派驻两县的挂职干部联合 10 位中央单位在山西省挂职的县长，对县里农产品进行代言宣传并开展中央单位巡展等活动，形成“吕梁山货”区域公共品牌。2017 年，山西省扶贫办授予中国科协“吕梁山货”扶贫活动特殊贡献单位。

【扶贫资金管理】　2017 年，中国科协委托第三方单位中国林学会于 8 月对临县、岚县定点扶贫开展工作督查，重点对中国科协在吕梁地区定点扶贫项目实施和资金情况进行专项检查，并对发现问题及时下发通知督促整改，规范吕梁定点扶贫项目管理，督促和推动吕梁定点扶贫工作深入实施。12 月，中国科协委托第三方绩效评价机构对 2017 年定点扶贫项目开展专项绩效检查。

【产业扶贫】　基于定点扶贫县产业发展规划，中国科协因地制宜，创新科技扶贫模式，采用“五统一”科技种植模式、“科技＋合作社（农技协）＋村委＋贫困户”模式和“产业论坛＋企业合作”产销模式，在马铃薯、食用菌、畜牧养殖、红枣等产业上，提供有力技术支撑，助力两县产业扶贫取得成效。

建立马铃薯产销一体化科技种植示范基地，实施“五统一”科技种植模式，即统一品种优选、统一配方施肥、统一栽培管理、统一病虫害防治、统一产品回收，改变临县传统粗放型的种植方式，提高单位面积产量；建立专家服务站，引入脱毒马铃薯、枣木香菇、设施蔬菜、肉羊肉驴等种植养殖技术；加强农技协组织体系建设，支持成立临县食用菌协会、临县蜂业协会、岚县马铃薯产业联合会等 3 个县级农技协联合体，实现农技协组织和服务对两县全覆盖；举办产业发展论坛，利用中国科协学会组织、专家资源，组织行业专家、企业家赴两县举办红枣产业研讨会和马铃薯发展论坛，指导和帮助企业之间签订加工、销售等合作协议，实现产销一体化。

通过实施产业扶贫，助推马铃薯种植成为临县精准扶贫支柱性产业，树立临县枣木香菇品牌优势，帮助岚县马铃薯产业初步形成“土豆种—土豆花—土豆—土豆饭”全产业链发展模式。推动岚县食用菌新兴产业发展，助推岚县畜牧养殖业品种改良、科学化饲养。

【科普扶贫】 2017年，中国科协充分发动和引导机关、直属单位、学会赴临县、岚县进行调研、开展科普活动，向两县输送、倾斜优秀科普资源。一是科普设施建设。针对岚县对科技馆建设的需求，中国科协专题研究推动贫困地区流动科技馆常态化试点工作，并多次赴岚县开展流动科技馆常态化试点工作调研。二是组织开展科普活动。中国科协在两县举办6场大型科幻剧《皮皮的火星梦》公益演出活动；在临县6所中小学开展“大篷车进校园”展演活动，受益学生和群众8000人次；在岚县电视台设立“科普大篷车”栏目，进行科学技术知识普及；在临县湫河之声99.2开辟“科普临县”专栏，结合农技专家讲授，推广普及科学常识，2017年播放12期。三是丰富青少年科技教育活动。中国科协在两县开展“大手拉小手”科普报告希望行，到7所农村中小学作科普知识讲座；开展“老区科普行”活动，为2所中小学捐赠科普微电影片、VR眼镜、图书及学习用品等，组织学生开展科学实验、动手制作、创作方法培训等活动；开展为期一个月的“体验科学 放飞梦想”——中国流动科技馆岚县巡展活动；为两县分别援建1个科普中国校园e站（含云教室），举办两场科普报告会进行两地互通互联，共享先进师资教学和前沿课堂教育；支持乡镇中学图书室建设，捐赠科普图书、学习书籍、书包、文具，为10所中小学捐赠60余套青少年科学调查体验活动资源包及若干科普挂图，组织中小学生开展科学调查体验活动；组织选拔两县中学生参加全国青少年高校科学营活动和中国科技馆全国夏令营活动。四是开展科普信息化工作。4月，山西省科协和吕梁市政府签署战略合作协议，推动科普中国乡村e站建设工作在吕梁市全面铺开，其中在临县建成41个站点、岚县建成26个站点。

【智力支持】 2017年，中国科协充分发挥科技组织优势，针对定点扶贫县经济转型、产业发展、乡村建设、医疗卫生等方面，组织全国学会开展技术指导服务，为两县脱贫攻坚提供智力支持。一是县域经济转型。组织中国通信学会在临县举办“2017县域经济转型科技扶贫发展研讨会”，围绕临县县域经济转型和如何发挥科技支撑的作用献计献策。二是主导产业发展。组织中国作物学会在岚县举办全国马铃薯产业发展论坛，聘请国内10位马铃薯专家教授为岚县马铃薯产业发展顾问，帮助联系签订5个马铃薯产业企业合作协议；组织中国林学会举办“临县红枣产业发展研讨会”；组织中国基本建设优化研究会举办“临县红枣产业科技扶贫发展研讨会”，为两县马铃薯、红枣等主导产业发展献言献策。三是医疗卫生帮扶。组织中华医学会、中国防痨协会大联合大协作开展医疗帮扶，与两县政府签订三年帮扶协议，捐赠医疗物品，开展义诊、会诊、看望救助结核病患者和医务人员培训，举办医疗健康讲座；组织中国抗癌协会、山西省抗癌协会、山西省肿瘤医院等单位的医护人员对300名临县医护人员和群众，开展临床技能培训和义诊活动。提升规范化诊疗水平，帮助贫困群众提升防病和健康生活理念。四是美丽乡村建设。组织中国城市规划学会对岚县长门村制定美丽乡村规划建设方案，聘请3位专家为美丽岚县规划建设顾问；组织中国环境科学学会为岚县污水处理厂污水治理达标开展技术指导服务。

（中国科学技术协会农村专业技术服务中心扶贫工作处　詹莹）

中华全国归国华侨联合会定点扶贫

【概述】 2017年，中华全国归国华侨联合会（以下简称“中国侨联”）全面贯彻落实党的十九大精神，以习近平总书记关于精准扶贫的一系列重要指示和中央扶贫开发工作会议、中央单位定点扶贫工作会议有关精神为指导，把思想和行动统一到中央决策部署上来，坚决打好精准脱贫攻坚战，坚持精准扶贫精准脱贫基本方略，坚持侨联组织联系广泛的优势，多方筹措资源、创新工作机制、建立考评机制、落实帮扶责任、选派优秀干部、稳定政策措施，协助地方党委、政府落实产业、就业、教育、健康、生态等扶贫措施，提高帮扶工作的精准度和有效性，促进定点扶贫工作深入开展。

【扶贫工作会议】 中国侨联副主席、中国侨联扶贫领导小组组长李卓彬定期组织召开定点扶贫工作会议，学习党中央、国务院扶贫开发精神，审议扶贫有关事项，对下一阶段扶贫工作作出部署。

【扶贫调研】 2017年中国侨联副主席康晓萍同志赴上饶县及郑坊镇石峡村实地调研，现场听取当地党政领导及困难群众对侨联扶贫工作的意见建议，明确定点扶贫工作要发挥好中国侨联资源和优势，坚持把经济帮扶与思想帮扶结合起来，把帮扶工作与锻炼干部结合起来，加大扶贫攻坚工作力度。

【产业扶贫】 2017年中国侨联积极筹措帮扶经费建成番鸭养殖场，占地50亩（含水面），入股贫困户66户，养殖番鸭2000羽，2017年盈利10万元。协调5万元资金用于二期土鸡养殖产业项目。向海外侨商广泛推介上饶县油茶产业，帮助上饶县最大的油茶企业——上饶恩泉油脂有限公司拓展海外市场，其产品远销美国、波兰、葡萄牙等多个国家和地区。

【教育扶贫】 2017年中国侨联协调中国华侨公益基金会出资37.5万元，在上饶县中学设立“树人班”，为50名优秀高中生提供三年全部生活费用，解决了困难家庭后顾之忧。协调美国和西班牙等地的基金会为7个贫困学生争取长期助学金。协调零分贝基金为上饶县偏远乡镇小学捐助10万元设备器材，改善当地教学条件。邀请上饶县中学4名校长参加基金会“树人班”培训活动。

【健康扶贫】 2017年中国侨联出资15.1万元，邀请中国侨联特聘专家、国家肿瘤专家在上饶县组织开展“癌症肿瘤筛查”活动，累计有1000多名贫困群众接受免费肿瘤筛查，提高当地贫困群众的健康意识，为群众预防和治疗重大疾病提供方便。

【挂职干部扶贫】 中国侨联自2002年开始先后选派8名处级干部赴上饶县挂职锻炼，2015年10月至2017年12月继续选派会内优秀干部徐友佳赴上饶县挂职副县长，扎根基层、服务基层，及时反映上饶县的经济社会发展状况和当地老百姓对扶贫项目的需求，协助当地党委政府部门承担好脱贫攻坚的主体责任。

【侨界人才支持】 2017年中国侨联组织中国侨商会、中国华侨公益基金会、中国侨联法律顾问委员会及特聘专家委员会等工作力量向定点扶贫县倾斜，为当地扩大招商引资平台、提高技能技术培训、拓展支柱产业开发、推进公益事业开展提供人才支持，推动上饶县经济社会发展。

【基础设施建设】 2017年驻村第一书记协调上饶县统筹扶贫资金526万元用于派驻村基础设施建设。对排水渠进行重新整修，对危旧房屋进行改造，新建村卫生室、文化室和党员活动中心和垃圾站，解决入户路和村道路硬化问题，解决饮水安全问题，贫困村民的生活环境得到改善。

【嘉里儿童村】 为妥善解决孤残儿童问题，中国侨联协调中国侨商会捐资280万元，兴建上饶县社会福利院儿童中心——嘉里儿童村，为当地孤残儿童提供良好的成长环境。

【送温暖活动】 2017年中国侨联开展“送温暖、献爱心”慰问活动，拨付5万元资金，由中国侨联副主席康晓萍带队赴上饶县开展走访慰问，将党和政府的温暖送到归侨侨眷和贫困户手中。组织落实中直工委拨付的41万元第一书记工作经费，指导上饶县按照要求做好工作计划和预算，将第一书记工作经费用到急处、用出实效。

（中华全国归国华侨联合会）

新华通讯社定点扶贫

【概述】 2017年，新华通讯社（以下简称“新华社”）定点帮扶贵州省石阡县、河北省新河县。投入205万元扶贫资金，选派5名干部挂职扶贫，发挥媒体报道优势，采写百余篇次报道，培训当地宣传干部30人。

【扶贫资金投入】 新华社每年从自有资金中拿出60万元分拨两个定点扶贫县支持产业扶贫；新华社各类会议及对外接待活动所用的茶叶和矿泉水均从石阡县采购；上海证券报捐款50万元，通过中国发展基金会委托铜仁幼儿专科学校对全市幼儿教师进行培训并购置幼儿图书发放；中国证券报为拓展石阡红色旅游线路提供20万元资费；新华出版社给乡镇图书室捐赠价值5万元的图书；新华网及河北分公司两次到新河调研农产品品牌推广工作，新河县政府网已链接到新华网，逐步成为宣传推介新河的平台，同时新华网河北分公司还免费为新河县委宣传部提供舆情监测服务。在新华社机关党委的主导下，从2017年度补交党费中划拨出70万元用于支持两个定点扶贫县的脱贫攻坚。

【干部挂职扶贫】 选派正处级业务骨干担任扶贫工作队长，确定5位同志组成驻点扶贫工作队，分别进驻贵州石阡县、河北新河县挂职扶贫。2017年，社扶贫办和驻点工作队深入田间地头，实地查看、现场办公，解决实际问题和困难，指导帮扶项目稳步推进。石阡工作队挂职驻村第一书记组织动员村民发展茶叶、工业辣椒种植和水产养殖等产业。

【扶贫调研】 新华社社长蔡名照、副社长兼秘书长刘正荣赴定点扶贫点贵州省石阡县考察调研。办公厅主要领导、分管领导及中央纪委驻人民日报社纪检组副组长赴扶贫一线考察调研并看望慰问扶贫挂职干部和贫困群众，与当地乡村干部商议精准扶贫精准脱贫具体措施。

【扶贫宣传】 2017年新华社充分发挥全媒体报道优势，在驻点工作队、贵州分社、河北分社和总社采编部门通力合作下，2017年策划采写发表了百余篇次报道，通过新华社内参、通稿、客户端、社办报刊、新华网、微信等平台，记录两个扶贫点脱贫进程和工作成效。

驻石阡工作队和贵州分社挖掘塑造了全国道德模范候选人肖飞、倒在扶贫一线的村支书张曙光、患癌支书余启良等典型人物，通过内参、通稿、新华每日电讯的报道，起到励志宣传效果。新媒体报道《贵州铜仁：书记进京卖脱贫茶》单篇阅读量超过100万。由新华社CNC与国际部、贵州分社、伦敦分社联合摄制的《精准扶贫之黔茶启航》融媒报道，通过深入挖掘石阡县发展茶产业脱贫的经验，以外籍专家视角讲述中国精准脱贫故事，新华社客户端播发后引起广泛关注，浏览量达122万，新华社海媒平台浏览量近4万。

分社将新河县确定为国情监测点，专门制定帮扶新河报道方案；分社记者采写的《面对面听呼声 心贴心解诉求——河北推行领导干部“四访”工作机制解决群众难题》，重点介绍新河县领导干部公开接访的经验；采写的《邢台纪委探索执纪部门分设强化内部监督制约成效显现》在国内动态清样刊发后，经验在全省推广；分社全媒体报道小分队在新河县田间地头的新华社客户端直播《十九大精神进农村 刘秋口村大棚前摆起“小课堂”》，达到40多万点击量。挂职干部采写的《河北新河探索医院托管改革破解贫困县医改难题》《河北邢台“小马扎”宣讲十九大入脑入心受群众欢迎》在国内动态清样刊发后；通稿《河北新河医改新探索：大医院托管小医院》播发后，石家庄市妇幼保健医院领导专门到新河县调研学习相关经验；策划采写的《扎根群众 不走过场——一个贫困县的十九大精神宣讲现场直击》在新华网播发后被上百家网站转载。

【扶贫培训】 聚焦人才扶贫、信息扶贫，集中培训县级宣传部长、提升扶贫点幼儿园“升级”、以量化指数为扶贫点提供信息服务——2017年7月，新华社人事局、教育培训中心联合在京为帮扶地区贵州省铜仁市举办为期一周的宣传干部培训班，铜仁市各区县30余位正副宣传部长参训。此外，工作队还多次组织扶贫县宣传口通讯员新闻业务培训，涉及五百多人次。

新华社保育院与石阡县共建“手拉手”幼师培训基地项目，2017年分两批共17位保育院老师赴石阡县幼儿园进行现场教学。同时石阡县派出12名幼儿教师到新华社保育院跟岗培训，培训成效明显，石阡县实验幼儿园获评市级示范园，并申评省级示范园。

驻石阡工作队前往石阡县儿童福利院给孤儿补习功课并指导协助福利院完善相关管理举措、推进福利院图书、空调、消防等设备设施配备。

新华社定点扶贫配合单位中国经济信息社，与铜仁市合作，共同编制发布《中国·铜仁精准扶贫指数报告（2017）》《2017年中国·梵净山生态养生指数报告》，从指数维度客观衡量和反映铜仁市扶贫工作成效，为动态调整、精准管理扶贫工作提供参考。

【搭桥扶贫】 新华社下属中国财富传媒集团，邀请70多家企业到石阡进行投资考察，其中20多家企业现场向石阡县捐赠总价值780万元资金和物资，包括东睦新材料股份有限公司捐资150万元帮扶乡村学校修建教学楼，永辉超市股份有限公司捐赠220万元生活用品资助贫困乡村，北京世纪好未来教育科技有限公司免费开通在线教育课程（折合人民币100万元），上海中技企业集团有限公司向石阡县幼儿园捐赠30万元现金用于幼教培训及购置幼儿图书，方正证券和蓝帕科技向石阡县捐赠20万课桌椅及20万元电子课堂用品，三聚环保新材料股份有限公司与石阡县政府签署石阡生物质能源项目框架协议，北京众信旅游国际旅行社股份有限公司开通石阡县红色生态旅游专线，北京产权交易所为石阡招商项目提供免费挂牌推广成交一条龙服务（折合人民币30万元），企商在线（北京）网络股份有限公司为石阡提供价值20万元的计算机存储服务，东方基金管理有限责任公司、京能置业股份有限公司出资30万元购买石阡茶叶等。

新河县被中国扶贫开发协会确定为全国首批“腾讯智慧校园”项目试点县，提供集学校管理、教务学习、校园生活、家校沟通等功能于一体的移动端校园智慧生态圈服务；扶贫工作队推介促成新河县被中国中医药促进会确定为全国健康扶贫示范县，该协会连续10年、每年捐赠100万元用于组织开展慢性病防治项目的样本管理、临床研究、医生培训和学术交流；协调沧州任丘市爱心基金会为新河县符合条件的贫困户（共1200人次）购买中国邮政简易保险；协调瑞康医药集团股份有限公司为董振堂事迹陈列馆捐款10万元。

（新华社扶贫办 来江铭）

光明日报社定点扶贫

【概述】 光明日报社高度重视扶贫工作，贯彻落实习近平关于扶贫开发工作的系列重要讲话精神，将精准扶贫工作不断推向深入。针对定点扶贫地区青海省囊谦县实际情况，发挥自身优势，加大宣传力度和文化扶贫力度，不断深化细化强化精准扶贫工作。

【扶贫宣传】 光明日报社发挥自身优势，根据定点扶贫地区特点进行深度报道。2017年，光明日报报道囊谦县稿件34篇，图片新闻20幅。此外，还通过光明网和"两微一端"对囊谦进行全媒体宣传。光明日报用11个整版刊登宣传囊谦县公益广告，价值308万元。为囊谦县相关部门赠阅300份2017年度光明日报，价值11万元。

在光明日报、光明网上刊载对囊谦县的介绍、公益广告等，联系有关单位和投资者，进行文化产业园区和旅游开发。通过深度宣传报道、品牌推介、公益活动、文艺采风等，全面加大对囊谦的报道力度，让更多媒体从生态保护、民生改善、历史人文、三江源保护等方面，对囊谦进行主题性宣传报道，向社会展现囊谦的风貌。为囊谦县的学校建图书室，形成帮扶的长效机制。利用报纸版面刊登招商引资项目和旅游公益广告。邀请社会爱心人士实地考察等方式，为定点扶贫单位的经济发展出谋划策。加大对囊谦农村电商团队的支持力度，工会不定期在电商店采购农特产品，为其提供宣传推广，2017年工会共采购囊谦县农副产品3.4万元。

【教育扶贫】 2017年7月，光明日报社为囊谦县尕羊乡中学寄校、尕羊乡麦多村学校、着晓乡中心寄校3所学校建立光明图书室，价值5万余元。

由光明日报社部分职工及社会爱心人士资助囊谦贫困学生165名，资助总金额30万元。帮扶者对每个贫困学生进行资金帮扶，并给贫困学生寄去衣服和图书等学习用品。

【扶贫培训】 2017年8月，光明日报社邀请囊谦县医院2名医生到北京藏医院学习，帮助他们提升业务水平。8月组织囊谦县有关领导同志到贵州黔西南州调研党建扶贫云，开拓扶贫思路。12月，组织囊谦县九乡一镇的党员干部到四川邓小平城乡发展学院培训，培训党的十九大精神、网络舆情应对、农业供给侧结构性改革、脱贫攻坚、美丽乡村建设等内容，费用18万元。

【扶贫调研】 2017年8月，光明日报社总编辑张政、副总编辑刘伟带队前往青海囊谦县，就精准扶贫工作进行实地调研，充分了解囊谦县自然条件、宗教文化、民俗风情等。工作组调研白扎乡盐场、林场和农村电商团队，看望白扎乡中心寄校和巴麦村小学师生以及为该校捐建的图书室。看望了白扎乡3名困难党员，送去慰问金0.3万元。赴囊谦县第一民族中学，为囊谦县4所学校100名特困学生现场发放每人1500元爱心教育帮扶金。

【干部挂职扶贫】 光明日报社选派1名干部挂职县委常委、副县长，主管扶贫工作，1名干部挂职囊谦县香达镇多昌村第一书记。挂职干部了解当地的扶贫情况，协助当地干部推动精准扶贫，为精准扶贫筑牢基础。

2017年7月，挂职干部到8名贫困户家，看望老党员和生活困难党员，并送去慰问金0.24万元。9月，光明日报社出资18万元，由挂职干部胡清强带队，邀请16名囊谦贫困学生和3名教师来京学习一周，通过学习，开阔学生视野，激发学习热情、爱国情怀和感恩之情，12月，中直工委用补交党费资金拨付第一书记挂职村41万元，用于帮扶多昌村。

【扶贫会议】 2017年1月，报社制定扶贫计划，加大扶贫力度，为囊谦县的发展作贡献。4月召开扶贫工作会议，邀请囊谦县委领导一起参会，研究精准扶贫、精准脱贫具体措施。

【党建扶贫】 2017年12月，光明日报社机关党委与囊谦县党委党建共建签署备忘录。通过开展理论中心组学习交流，加强“囊谦脱贫攻坚总指挥部”的政治建设、思想建设。开展贫困村党员领导干部的培训教育，激发党员干部的内生动力。支部结对子，进行支部活动的交流，特别是利用互联网，开展支部学习、主题党日活动等。

（光明日报社机关党委　张君华）

中国法学会定点扶贫

【概述】 中国法学会（以下简称“法学会”）全面贯彻落实习近平总书记关于扶贫工作的重要论述和中共中央、国务院关于脱贫攻坚的决策部署，把定点扶贫工作作为一项重大政治任务真抓落实。法学会会长王乐泉、党组书记陈冀平高度重视扶贫工作，成立了定点扶贫工作领导小组，由党组成员、副会长、机关党委书记张苏军担任组长，法学会机关各部门、各事业单位主要负责同志为小组成员，领导小组办公室设在机关党委办公室，承担定点扶贫具体联系工作。

【扶贫资金投入】 协调金科地产集团股份有限公司捐赠500万元，硬化村组公路8千米，修建人行便道5千米，覆盖7个村民小组，受益人口1500余人；协调交通委投入资金430万元，硬化村级公路9.6千米，加装安全设施和防护栏3千米，修建人行便道6.2千米，改造农村公路5条14.4千米；协调区城乡建委解决贫困户建房71户；协调经信委对3个村进行农网改造，解决用电和手机信号问题；协调开州区发展和改革委员会审批白玉村2千米硬化公路款，交通委下拨10千米交通指标，硬化村级公路18.5千米。

协调开州区水务局投入资金218.82万元，实施农村饮水脱贫工程建设项目，涉及3个村1个社区，为9350人解决安全饮水问题；改造白玉村14处人饮工程，新建20口山坪塘，解决群众吃水和灌溉难题。

【扶贫调研】 2017年12月，法学会赴重庆市开州区温泉镇、白玉村；五通乡、桐林村调研扶贫工作，组织召开3场专题座谈会，走访慰问贫困户16户，并送去慰问金8000元。

【干部挂职扶贫】 2017年，法学会选派王增勇、韩圣迎两名同志赴重庆市开州区挂职扶贫。王增勇挂职开州区委常委、副区长、开州区脱贫攻坚领导小组成员，先后担任开州区九龙山镇、五通乡、三汇口乡扶贫工作团团长。先后到全区40个镇乡街道，了解贫困村、贫困户致贫原因，帮助镇乡街道在特色产业扶贫、就业扶贫、搬迁扶贫、乡村旅游扶贫、一二三产业融合发展等方面，提思路、出主意、想办法。

韩圣迎挂职开州区岳溪镇插腊村第一书记，2017年初，插腊村经重庆市有关部门验收实现整村脱贫。4月，转任开州区温泉镇白玉村第一书记，白玉村年底实现脱贫摘帽。

【基础设施建设】 在法学会帮助协调下，完成跳蹬水库建设项目可行性研究和初步设计阶段的勘察设计招标工作。2017年年底编制完成可研报告并上报国家发展和改革委员会、水利部。

在法学会协调推进下，渝西高铁过境开州项目基本落地。从根本上解决开州区经济社会发展支撑能力不足难题，为开州区人民脱贫奔小康提供支持。

【扶贫资金管理】 法学会按照科学规范、专款专用、厉行节约的财务规定，制定专项资金使用方案。所有资金使用项目由扶贫单位机关党委把关后，报中直工委办公室和组织部备案。用于修缮村级组织活动场所的，由贫困村所在县级党委组织部研究制定具体方案，经市级党委组织部审批后，再报中直有关扶贫单位党委把关。工委办公室和法学会定点扶贫工作领导小组对资金使用情况进行督查。

【党建扶贫】 法学会从党费中划拨9万元，帮助贫困村党组织活动场所的修缮、党员管理教育活动、更新党员教育培训设施，帮助贫困村生活困难党员群众，帮助贫困家庭大学生交学费等项工作。

针对白玉村村主任岗位长期空缺、支部班子软弱涣散问题，通过群众代表大会选举配齐村委会班子，理顺村“两委”工作机制。

【产业扶贫】 依托重庆市万州区农业开发有限公司打造2000亩高山晚熟李子基地，培植高产核桃600亩，优质甜柿500亩。组建一个养殖协会，培育贫困户养羊大户20户，养殖山羊1200多只，黄牛200余头，生猪1000余头；投资47万元，集中栽植1000亩清脆李子，分散栽植300亩柚子，作为群众持续增收主导产业，同步发展乡村旅游。成立一个专业合作社，发展农村电商扶贫驿站，销售村里的纯野生蜂蜜、腊肉腊肠、土鸡蛋等农特产品。学习借鉴江苏宿迁“支部+电商”先进经验，村有专职干部负责，镇有“大学生村官”技术指导，把白玉村农特产品销往全国各地，吸引年轻人返乡创业，集中精力发展农村电商。

【公益扶贫】 法学会联系企业捐赠麻柳乡中学1000套校服，发放全校贫困家庭学生。协调落实价值10万元休闲健身器材2套，为寨家村、桐林村修建休闲健身场所，受益2836名村民，其中受益建卡贫困户人口424人。

协调北京市北海幼儿园举办“北海小市场、社会大课堂”爱心义卖活动，通过交换、义卖造型剪纸、绘画、小工艺品等老师和小朋友们的手工制品，筹集爱心款4600余元，无偿捐献给贫困山区困难孩子。联系北京市通州区大方居幼儿园师生捐赠手绘本、儿童读本等幼儿班学习用品500多件。

向贫困村群众捐赠衣服500多件、学习用品600余件；联系国家图书馆赠送开州区图书馆图书3万套；扶贫干部看望或捐助村里的困难老党员、低保户、五保户、残疾人、生病老人、困难小学生，无偿捐助1.6万元。

【扶贫培训】 邀请中国农业大学果品专家举行高山晚熟李子培训会，现场指导高山晚熟李子的种植栽培、施肥、拉条定型、修枝技术，共举办3场，5800余名村民参加，其中贫困户736人。

【整村推进】 实现2个扶贫村整村脱贫目标。插腊村130户贫困户摆脱贫困，贫困发生率从12.3%下降到1%，提前一年实现整村脱贫；白玉村121户贫困户实现了脱贫，贫困发生率从13.20%下降到1%，实现整村脱贫摘帽。

[中国法学会机关党委（人事部）
韩圣迎]

中华全国台湾同胞联谊会定点扶贫

【概述】 中华全国台湾同胞联谊会（以下简称“全国台联”）立足自身实际，以教育扶贫为主要抓手，将促进甘肃省榆中县经济发展、改善民生福祉作为工作目标，持续推进定点扶贫工作。2017年，全国台联会领导赴定点扶贫县调研5次，选派挂职干部1名，第一书记2名；引进社会资金637多万元用于榆中县脱贫攻坚各个领域；组织42名优秀师生来京参加夏令营活动，组织9名榆中籍大学生赴台湾交流访问。

【扶贫调研】 2017年4月，全国台联会长汪毅夫等先后2次赴榆中县调研，重点了解榆中县农业产业发展及基础设施建设。同行的香港仁善扶贫基金会向榆中县农业局捐赠100万元用于产业扶贫，香港太平绅士姚志胜捐赠100万元用于基础设施建设。7月，全国台联副会长杨毅周等参加兰洽会渝中专场签约仪式，并到榆中县马坡乡入户走访慰问困难群众。11月，全国台联副会长纪斌赴榆中县出席捐赠仪式，并与榆中县委、县政府领导座谈交流教育扶贫情况。12月，全国台联会长汪毅夫赴榆中县调研脱贫攻坚工作进展情况，同行的连捷集团总经理许清水及爱心台商董淑贞共捐赠26万元用于基础设施建设。

【干部挂职扶贫】 2017年，全国台联副处级干部陈湛继续在榆中县政府挂职任副县长。全国台联干部廖云霞继续在榆中县马坡乡羊下村挂职任第一书记至2017年9月期满为止。7月派出干部朱肖宏挂职任榆中县小康营乡浪街村第一书记，挂职期2年。

挂职干部能够扎根基层，恪守工作纪律，树立挂职干部的良好形象。他们在完成当地领导和组织上交办工作任务的同时，注重发挥自身优势，当好全国台联定点扶贫工作联系人，发挥桥梁和纽带作用。

【教育扶贫】 2017年儿童节前夕，全国台联机关干部向榆中县城关镇上蒲家小学捐赠图书约200册；经在榆中挂职干部联系，台盟北京市东城区委组织盟员向榆中六中图书馆捐赠图书约700册，笔记本电脑2台，新购置图书共计资金约0.3万元。

7月，全国台联组织榆中优秀师生共42人赴北京参加夏令营。夏令营活动设置励志主题，汇聚社会各方爱心力量，开阔师生眼界，帮助同学们树立远大理想。全国台联共投入工作人员十余人，接待费用16.1万元，发放助学金0.32万元，发放爱心包裹0.32万元。

8月，经全国台联联络部联系，台湾中华海峡新住民经贸文化交流协会出资，邀请9名榆中籍大学生组团赴台交流。

11月，全国台联联系中国扶贫基金会项目，为榆中县农村学生捐赠价值350.59万元“温暖包”，使榆中县1.6万农村学生受益。同时，全国台联退休干部通过中国扶贫基金会捐赠30万元，在榆中县恩玲中学设立“海峡·新长城自强班”，资助50名学子高中三年的开销。

2013年起，设立蔡培辉奖学金，每年向榆中优秀贫困学生发放奖学金。2017年，向奖学金注资20万元，年度累计为60名贫困学生发放奖学金3万元。

【基础设施建设】 2017年4月，中国和平统一促进会通过全国台联，分别向榆中县金崖镇捐助60万元用于补贴金崖镇新建垃圾处理厂资金缺口，向榆中县金崖学区捐助 20 万元用于金崖学区校舍维修及教学设备配套，向榆中县马坡乡捐助 20 万元用于羊下村基础设施建设。

12 月，连捷投资集团和台商分别通过全国台联，向榆中县小康营乡捐赠 20 万元和 6 万元用于基础设施建设。

【产业扶贫】 2017 年 4 月，香港仁善扶贫基金会通过全国台联向榆中县农业局捐赠 100 万元滚动资金用于产业扶贫。由县农业局以贫困户入股或代为购置农业设施的方式交由农业合作社运作，带动贫困户通过参与合作社农业生产从而增收，1～2 年后收回再投入下一轮运作。

12 月，由全国台联挂职干部牵线搭桥，榆中康源农业合作社与台湾原矿家有机农法公司在榆中成立合资公司。在维持自身经营的同时，对助推榆中县蔬菜提升品质，走向有机化生产进行一定的探索。

【扶贫宣传】 2017 年 8 月，由全国台联文宣部组织，包括新华社与台湾电视台在内海峡两岸媒体约 30 人，走访榆中并进行招商引资方面采访与宣传报道。新华社发表《速写榆中：黄土高原上的现代农业新画卷》、中评社发表《两岸农民企业携手在甘肃推动有机农业》等报道。

【公益扶贫】 2017 年底，全国台联联系中华女子学院爱心志愿者，向榆中县小康营乡浪街小学捐赠爱心包裹约 1 万元。联系北京市台资企业协会，出资 4000 元，为榆中县小康营乡浪街村困难群众购买冬衣，确保困难群众平安、温暖度过冬季。全国台联挂职干部先后促成 5 对爱心人士与贫困学生结对资助，由爱心人士每月资助贫困学生。

（中华全国台湾同胞联谊会文化宣传部
赵玉平）

中国出版集团公司定点扶贫

【概述】 2017年，中国出版集团公司（以下简称“出版集团”）定点帮扶青海省泽库县开展扶贫工作。出版集团紧紧围绕如期实现脱贫攻坚目标，结合集团实际，发挥文化企业特色，突出智力扶贫和文化扶贫，赴定点扶贫县调研8人次，直接投入资金117.4万元，完成宣传文化干部培训36人次，劳务就业培训10人次，选派扶贫干部2人。捐赠图书70万码洋，追投20万元完成泽库县泽曲镇而尖村“连心桥”建设，开展教育培训和走访慰问等投入27.4万元，助力泽库县如期完成脱贫攻坚任务。

【扶贫调研】 2017年8月，出版集团总裁、党组副书记谭跃和副总裁、直属机关党委书记刘伯根，率扶贫工作组到泽库县调研考察。调研组与县委、县政府一起，召开对口援建工作座谈会。会后，调研组出席图书捐赠仪式和出版集团援建的“连心桥”通车仪式，并走访慰问3户贫困群众。

【扶贫培训】 2017年11月，出版集团承办泽库县宣传文化系统干部综合能力提升培训班，组织36名干部到北京进行为期8天的培训。培训以习近平新时代中国特色社会主义思想和党的十九大精神为指导，安排新闻舆论工作的基础理论、文化与旅游业的发展、新闻摄影、新闻写作、团队管理等多个方面的课程，并组织学员参观人民网和荣宝斋，提升综合素质。

2017年，出版集团扶贫干部同泽库县联系协调，组织而尖村10名村民参加劳务就业培训，帮助建档立卡贫困户实现劳务就业6人，培训创业致富带头人2人，实现劳务收入18万元。

【干部挂职扶贫】 2017年，出版集团派出2名扶贫干部在泽库县挂职，分别是中国图书进出口（集团）总公司行政部副经理孔学东挂职县委副书记，新华书店总店事业发展部高级主管助理陆建新到泽库县泽曲镇而尖村挂职第一书记。

2名扶贫干部针对而尖村经济结构单一、村民收入过低等问题，进行入户走访摸底，累计开展进村入户调查580次，调查贫困村16个，调查贫困户83户。结合深入学习贯彻党的十九大精神，推进“两学一做”学习教育常态化制度化，扶贫干部组织完成村“两委”换届工作，建立健全组织生活制度，进一步增强基层组织的凝聚力战斗力。

【扶贫慰问】 持续开展送温暖活动，元旦、春节等节日期间慰问困难党员群众，送去出版集团的温暖，共花费6.6万元。5月，出版集团拨付1万元用于而尖村党员活动室建设，修缮房屋，配备电视、电脑、打印机等设备，打造党员之家，提升基层党组织战斗力。7月，而尖村一牧民家中失火，出版集团得知情况后，拨付1万元慰问金，由扶贫干部发到牧民手中。12月，泽库县发生地震，而尖村多户村民受灾，出版集团拨付3.2万元为受灾家庭购买棉被。同时，组织全集团员工捐赠御寒衣物万余件，帮助困难群众度过寒冬。

【文化扶贫】 出版集团分两次向泽库县图书馆捐赠共计70万码洋的图书，提升干部群众的素质和文化修养。图书涉及人文、社科、教育、历史、美术、音乐等多个品种，既有中小学字典、词典等工具书，也有中华传统经典、现当代文学名著，共 2 万余册。为扩大泽库县知名度，2017 年 8 月，出版集团安排下属《三联生活周刊》的 2 名记者到泽库县采风，深入了解泽库县的风土人情、人文历史、发展现状等情况，在《三联生活周刊》出版介绍泽库县情况和出版集团扶贫工作的专题，让泽库走出青海，让大众了解泽库。

【产业扶贫】 2017 年，出版集团扶贫干部对筹建包装设计股份合作社进行前期调研和论证，拟在泽库县而尖村成立专业的包装设计、加工合作社。合作社初期以泽库县各乡镇注册经营的合作社、特产直销店为服务对象，提供成套的内、外包装，或者按照不同需求定制生产。当本地市场成熟后，向周边城市辐射，达到产业项目脱贫一批的目标。

2017 年，出版集团扶贫干部在全面掌握而尖村各户情况的基础上，结合当地优势制定产业发展计划，为村民自产的农产品打开销路，为群众销售农产品价值 10 余万元，牦牛 200 余头，帮助村民累计增收达 20 余万元。同时，帮助协调泽库县扶贫产业示范园区、有机畜产品直销店、扶贫培训基地的建设资金。

【基础设施建设】 2017 年，出版集团投入 20 万元修建跨河桥梁“连心桥”，跨河桥梁问题得以解决，并为货物运输建立通道。多次与省、州、县相关部门沟通，而尖村通村砂石路第二期 11 千米工程于 2017 年 9 月建成，实现全村 38 千米全线通车，彻底解决了村民出行难的问题。

（中国出版集团公司党群工作部
张　晋）

中国延安干部学院定点扶贫

【概述】 中国延安干部学院（以下简称“中延院”）定点帮扶四川省凉山彝族自治州越西县，充分发挥中直机关政治优势和国家级培训机构资源优势，把思想扶贫、精神扶贫和扶智扶志作为重点，在抓党建、抓“两委”、抓作风、抓落实上精准施策、精准发力、精准帮扶，以“建设一个好班子、打造一支好队伍、培养一批带头人”为关键，为帮助定点扶贫县打赢脱贫攻坚战提供坚强政治保证。2017年，中延院投入资金337万元，用于定点扶贫村农业产业发展、基础设施建设、人居环境整治；帮助引进资金13230万元，用于越西县水库资源开发、移民安置住房建设。培训党政干部50人次、农业技术人员7人次；选派党建专家赴越西进行理论培训，参训200余人次，提升基层干部综合能力素质。协调捐赠价值230万的图书文具，改善当地教育条件。截至2017年，定点扶贫村华阳村88户299人顺利脱贫，贫困人口占比下降了96%，实现整村脱贫摘帽。

【扶贫资金投入】 2017年，中延院直接投入越西县扶贫资金及帮助协调引进各类资金共1.35亿元。其中直接投入越西县337万元，用于定点帮扶村华阳村产业发展、基础设施建设、人居环境整治，帮助华阳村建设600亩苹果种植基地，安装166盏太阳能路灯等，帮助70名贫困人口顺利脱贫。协调引进资金1.32亿元，用于越西县易地移民搬迁安置，惠及建档立卡贫困户3500人。

【扶贫资金管理】 中延院投入越西县资金，由越西县严格按照国家及四川省扶贫专项资金管理办法的有关要求进行专账管理，专人负责，专款专用，确保扶贫资金精准、安全、高效到位。2017年12月，中延院组建督导组专赴越西县，对2017年度扶贫项目和扶贫资金的使用情况进行了督查，提出整改措施，加强和规范扶贫资金的使用。

【扶贫调研】 2017年，中延院共组织2次12人次的调研活动，赴越西县调研脱贫攻坚工作开展情况，听取工作汇报、看望挂职干部、慰问困难群众，深入县农业企业、易地搬迁安置点和最贫困的农民家庭了解经济社会发展和农民生产生活的情况。

【扶贫培训】 2017年，中延院为越西县免费举办1期干部培训班，培训50名乡科级干部，并注重向扶贫一线干部倾斜。组织定点帮扶村华阳村创业先锋到陕西杨凌、延安市洛川县、安塞区学习先进农业技术。组织教授前往越西县为200余名党政干部宣讲党的十九大精神。

【干部挂职扶贫】 中延院先后派出2名处级干部到越西县挂职扶贫，分别担任县委副书记、副县长职务，2名科级干部到定点扶贫越西县华阳村任驻村第一书记。在工作中，下派挂职扶贫干部，严格按照扶贫工作要求，克服工作和生活方面的种种困难，努力做好信息沟通、协调相关部门，落实扶贫方案等基础性工作。程时旭被四川省委、省政府评为脱贫攻坚“五个一”驻村帮扶先进个人，被凉山彝族自治州评为优秀驻村第一书记。

【产业扶贫】 2017年，中延院协调中国电力建设集团有限公司对越西县书古水库开发进行价值 100 万元的无偿勘察设计，制定可行性研究报告，为后续项目开发奠定基础。在华阳村建设 600 亩苹果种植基地及苹果育苗基地，建成生猪养殖合作社、农旅专业合作社和村级电商网店，让农村商品走向市场，不断壮大产业发展和集体经济规模，惠及贫困人口 70 人。

【党建扶贫】 中延院把加强基层党建作为第一要务，向定点帮扶村华阳村提出打造基层党建示范村的总目标。帮助修建新的支部活动室，着力配齐配强村“两委”班子，完善“党建月会”机制，创办“农民夜校”，组织年轻党员成立“先锋服务队”，打造一支“永不撤走的工作队”。在工作中注重把党建融入群众的日常生活，注重培养一批致富带头人，2017 年 11 月，组织村党员和致富能手到陕西省杨凌区、洛川县、安塞区等开展产业技能培训，进一步带动产业发展和脱贫致富。同时组织中延院教师以“精准扶贫中农村基层党组织如何做好群众工作”为主题，前往凉山彝族自治州和越西县开展一个月专项调研，形成科研成果。

【院企合作扶贫】 中延院与中国电建集团通过签署《战略合作框架协议》，制定《扶贫开发工作实施方案》，充分发挥双方的资源优势和行业优势，通过建立培训合作、资源共享、扶贫开发等全方位战略合作伙伴关系，形成合力，在越西县产业发展、扶贫项目、基础设施建设等方面提供支持。

【智力扶贫】 中延院联合四川省、凉山彝族自治州等各方面力量，积极帮助推进越西县办好“农民讲习所”，充分利用这一阵地，向农民讲好习近平新时代中国特色社会主义思想和党的方针政策，并对农民进行致富技能培训。与凉山彝族自治州共建社会实践调研基地，为区域发展提供智力支持和决策咨询。

【教育扶贫】 中延院联系中国红十字会向越西县捐赠价值 30 万元的文具，协调中国文学基金会捐赠价值 200 万元的育才图书室。修缮华阳村小学教学楼，直接捐赠价值 90 万元的电脑 100 台、电视 10 台、图书 2300 余册，用于改善当地教学环境。解决 3 名失依儿童生活补助问题，为 31 名单亲儿童配发学习用具，解决 2 名贫困大学生就业安置。

【基础设施建设】 中延院投入资金 337 万元，修建果园生产路、安装路灯 166 盏、修建拦河堤坝，帮助越西县华阳村完善生产基础设施、改善人居环境，解决当地 1800 多名群众的生产及出行问题。

【易地扶贫搬迁】 2017 年，中延院协调中国电力建设集团有限公司承建越西县 1017 套易地搬迁安置房及公共基础设施建设，价值 1.32 亿元，完善村内道路、通信网络、饮水排水及电力工程，解决了当地 3500 名群众安全住房问题。

（中国延安干部学院办公厅　程时旭）

最高人民法院定点扶贫

【概述】 2017年，最高人民法院（以下简称“最高法”）定点帮扶河南省睢县和宁陵县。以习近平总书记关于扶贫开发工作的重要论述为指导，全面贯彻党的十九大精神，认真落实中央经济工作会议、中央农村工作会议和全国扶贫开发工作会议精神，聚焦精准扶贫精准脱贫，注重出实招、办实事、讲实效，推动脱贫攻坚新台阶。全年直接资金投入260万元，扶贫物资折款150万元，引进项目12项、资金2835万元，共完成农村基层干部培训260人次。两县实现稳定脱贫54个贫困村2.86万人。

【扶贫资金投入】 2017年，最高人民法院直接资金投入260万元，其中：220万元来源于最高法院所属企事业捐助，40万元来源于最高法6院干警爱心捐款。全年扶贫资金支出396.47万元，其中：基本建设投资330.13万元，占比83.3%；公共设施60.21万元，占比15.2%；慰问资助6.13万元，占比1.5%。通过以上项目实施，配合当地政府扶贫资金投入，共建成一个新农村社区、一个文化广场、一个党群服务中心及标准化卫生室等，改善群众基础设施和公共服务条件，注重教育扶贫和志智双扶，保证资金使用精准施策、因地制宜，让贫困群众有获得感。

【扶贫会议】 2017年最高人民法院党组3次召开会议，专题部署脱贫攻坚工作。院定点扶贫工作领导小组两次召开会议，传达学习中共中央办公厅、国务院办公厅印发的《关于进一步加强中央单位定点扶贫工作的指导意见》，研究部署贯彻落实措施。安排部署人才扶贫、司法扶贫、资金扶贫、教育扶贫、文化扶贫等十项扶贫措施，并要求定点扶贫领导小组各成员单位结合各自实际切实抓好贯彻落实。

【扶贫制度建设】 2017年，制定《最高人民法院“十三五”定点扶贫工作规划》《最高人民法院2017年定点扶贫分工方案》《最高人民法院扶贫工作领导小组议事规则》《最高人民法院机关扶贫资金监管制度》《最高人民法院挂职扶贫干部定期汇报工作制度》等相关工作制度并印发施行。

【扶贫培训】 国家法官学院委托河南法官进修学院在2017年和2018年分三批对宁陵县和睢县904名村支部书记进行全员轮训。第一期培训班于2017年11月至12月在河南法官进修学院举办，培训对象为宁陵县260名村支部书记。

【干部挂职扶贫】 2017年，最高人民法院选派定点扶贫县副县长2名，驻村第一书记1名，2017年8月完成交接轮换。派出的扶贫干部在扶贫地踏实工作，牢记嘱托，积极服务当地发展，取得较好成效。驻村第一书记吴海江获“商丘市十佳第一书记”和“睢县十佳第一书记”称号，所在的保庙村被睢县评为“扶贫攻坚先进村”。

【扶贫慰问】 2017年12月，最高人民法院党组书记、院长周强赴宁陵县、睢县考察扶贫工作，慰问贫困群众，宣讲党的十九大精神，听取扶贫情况介绍，慰问最高人民法院扶贫干部。同时向宁陵县、睢县赠送最高人民法院机关干警捐款，向贫困学生代表发放“天平贫困生助学金”20万元。

1月，时任最高人民法院党组成员、副院长贺荣前往宁陵县、睢县看望慰问困难群众，并送去最高人民法院全体干警捐献的40万元爱心款和新春祝福。

11月，最高人民法院党组成员、副院长张述元到宁陵县、睢县走访慰问当地贫困户和挂职扶贫干部，现场召开扶贫工作座谈会。

【扶贫宣传】 2017年，人民法院新闻传媒总社、人民法院出版社积极做好扶贫工作的宣传报道工作，推出《两年挂职，心的洗礼——最高人民法院挂职干部吴海江、邓亮、骆惠华扶贫记》《两年坚守，一次平凡生命的怒放》等多篇报道，充分展示最高人民法院助力脱贫攻坚工作成效。

【扶贫资金管理】 为加强扶贫资金监管，提高扶贫资金使用效益，完善扶贫资金和项目管理办法，推动精准扶贫政策落细落实，2017年7月最高法院扶贫办向两个定点扶贫县下发《关于反馈扶贫资金使用情况的函》，睢县、宁陵两县认真核实，书面反馈资金使用情况。

【产业扶贫】 在最高人民法院的帮扶下，宁陵县坚持以脱贫攻坚工作统筹工作全局，把产业扶贫、金融扶贫、贫困村“九大工程”和贫困户的“六改一增”工程作为脱贫攻坚工作的重点，2017年实行扶贫基地和龙头种养业全覆盖。睢县2017年实施产业扶贫项目55个，带动贫困户7000余户，实现脱贫产业园乡镇全覆盖，光伏扶贫贫困村贫困户全覆盖。

【教育扶贫】 2017年，最高人民法院在睢县、宁陵县中学设立“天平助学金”。每个学校选取20名学生，每人资助5000元，用于资助两县品学兼优的贫困学生。针对睢县尚屯镇梁庄村小学基础设施落后、办学条件差的现状，列出具体援建计划，包括：新建电教室、图书室，改造学校大门及院墙，维修教学楼外墙等。

（最高人民法院扶贫办　陈　刚）

外交部定点扶贫

【概述】 外交部自1992年定点帮扶云南省金平和麻栗坡两个国家扶贫开发工作重点县。2017年是推进脱贫攻坚战的重要一年，外交部认真贯彻习近平总书记关于扶贫开发工作的重要论述和中央扶贫工作会议精神，坚持精准扶贫、精准脱贫方略，充分发挥自身优势，积极开展扶贫工作。2017年，外交部共筹集各类扶贫资金1673.7万元（含物资折现），拨付扶贫资金1396万元，其中拨付金平县526万元，拨付麻栗坡县870万元，实施温饱（饮水）、助学、教育、卫生、培训和产业扶贫6类共110个扶贫项目，为进一步改善定点扶贫县教育、医疗设施和贫困群众的生产生活条件，提高贫困人口的整体素质，促进两县经济发展、民族团结和社会稳定起到了积极作用。在社会各界倾力帮扶下，经当地干部群众共同努力，全年两县2.3万人实现脱贫。

外交部根据《中央单位定点扶贫工作考核办法》要求，围绕6大项13个考核指标，认真开展自评自查，于年底前报送了自评报告及相关佐证材料，并经国务院扶贫开发领导小组考核，确定为“好”的等次。

【教育扶贫】 2017年投入322万元，实施12个教育扶贫项目，修建金平县老勐镇中学、铜厂乡大塘子小学、金河镇老刘村期腊幼儿园等3个教学楼；改扩建麻栗坡县杨万中学的基础设施，使之成为“中国关心下一代工作委员会”的示范教育基地；利用韩国三星集团捐资在金平第三小学设立“智能教室”；为两县9所学校建立图书室。下拨200余万元，实施奖励两县优秀师生、资助困难学生等助学项目73个，惠及大、中、小学的1487名贫困学生。

【健康扶贫】 投入150万元，实施8个卫生项目，新修建扩建金平县金水河镇卫生院综合楼，金河镇保山寨、营盘乡牛滚塘村、大寨乡白沙坡村卫生室以及麻栗坡县铁厂乡卫生院综合楼，大坪镇马达村、董干镇马崩村、勐硐乡戈主村卫生室，改善了边疆地区医疗卫生条件，缓解了当地群众看病难问题。

【产业扶贫】 把扶贫开发同贫困县特色农业发展相结合，推动产业扶持精准到村到户，2017年在麻栗坡县投入540万元产业扶贫基金，资助5个农业合作社带动贫困户开展产业扶贫项目；8月在金平县设立近百万元的“产业扶贫基金”，采取“基金+合作社+贫困户”的方式推广产业扶贫项目，引进新西兰安发集团的热带水果、黑木耳等种植技术。截至2017年底，共投入1000多万元产业扶贫基金，开展工业辣椒、三七、奇异果、热带水果等种植和猪、牛、鸡、鱼养殖等项目，带动千余贫困户脱贫。

为帮助贫困户打开产品销路、增产增收，早日脱贫致富，外交部服务中心供应处、钓鱼台国宾馆、外交人员服务局等利用各自渠道宣传推介两县新开发的茶叶、咖啡、三七等特色农产品和刺绣、银器等手工艺品。

【扶贫培训】 与云南省外事办公室、昆明学院继续教育学院在云南省昆明市合作举办第9期外交部乡村小学教师培训班，培训了100名乡村小学教师。内容涉及教育思想与教育理念、师德修养、学科模块教学策略与方法等方面。

与国际儿童救助会合作，通过提供教师培训、专家走访、在线支持等方式提高麻栗坡县教师教学水平；在金平县相关学校推进“儿童之家”，引入生活技能课程，促进儿童身心健康和社会情感的发展。与麻栗坡县政府合作举办“电商培训”，县、乡、村200人参加了培训。

为拓宽干部国际视野、增强国际交往能力、学习国外发展经验，协调日本外务省邀请金平县、麻栗坡县干部30人于11月访日，与日中央省厅、地方政府和企业进行工作交流，考察学习日本在行政管理、消除贫困产业开发、环境保护、城市建设等方面的经验。

【公益扶贫】 10月29日，王毅部长夫人钱韦主持的“大爱无国界——共筑云南健康家园”国际慈善义卖活动在北京工人体育场举行。王毅部长、张业遂书记、王超副部长等部领导以及126位驻华大使、临时代办和国际组织驻华机构代表夫妇出席。近200家驻华机构及国内企业设摊义卖，1.5万民众踊跃参与，共筹集善款300多万元，用于外交部帮扶县修建卫生院（室）和开展社会公益活动。一年一度的“大爱无国界”国际义卖活动是以外交部部长夫人的名义举办，由驻华使节夫人广泛参与的公益性活动，自2009年至2017年已连续举办9届。

【国际减贫交流与合作】 作为开展国际减贫合作的牵头单位，外交部会同有关部门发布了《中国落实2030年可持续发展议程国别方案》，推动国内相关部门将落实工作同执行“十三五”规划有机结合；公布《中国落实2030年可持续发展议程进展报告》，彰显中国在减贫领域的负责任大国形象，为其他国家实现相关可持续发展目标提供有益借鉴。

外交部积极推动落实可持续发展议程国际合作。5月在北京举行首届“一带一路”国际合作高峰论坛和9月在厦门召开金砖国家领导人峰会，是2017年我国最重要的两个主场外交活动，都把落实可持续发展议程摆在突出位置，习近平主席宣布“100个减贫项目”，对推动国际和地区减贫合作具有重要意义。与联合国、世界银行、国际农业发展基金等国际组织和国际金融机构合作，在华开展多维度脱贫攻坚项目试点，将优惠资金和智力资源投向国内扶贫开发领域，助力贫困地区减贫发展。

参与中国—澳大利亚人权技术合作及项目规划多轮会谈，争取到澳方投入60万澳元，自2018年至2021年在“中澳人权技术合作”框架下继续在定点扶贫县开展培训项目。

（外交部扶贫工作领导小组办公室
张惠勋）

公安部定点扶贫

【概述】　根据国务院的统一部署，公安部承担定点帮扶贵州省兴仁县和普安县的工作。2017 年，公安部扶贫工作以习近平总书记关于扶贫开发工作的重要论述为引领，认真贯彻落实中央脱贫攻坚工作部署，围绕精准扶贫的目标，共投入帮扶资金、物资总计 3058.2 万元，为帮扶地区经济社会发展、农村贫困群众的脱贫致富做了大量工作，获得了帮扶地区干部群众的好评。

通过业务培训和公安装备建设等，帮助兴仁、普安两县提升公安机关打击犯罪、维护社会稳定能力，为当地脱贫攻坚和经济社会发展创造良好的社会环境。

【扶贫调研】　2017 年，公安部 39 个调研组 280 余人次前往帮扶地区农村开展调研。各调研组深入农村，查看了解贫困村寨的自然环境和生产条件，进行需求、工作、人员“三个对接”，全面掌握薄弱环节和工作短板。通过入户走访贫困户、考察学校，以及与当地政府、民政部门沟通座谈，深入了解掌握贫困农村发展瓶颈、实际困难和帮扶需求。各调研组在走访调研过程中分别向贫困群众赠送了慰问金及米、面、油等生活用品。

【扶贫制度建设】　公安部印发了《关于进一步加强扶贫工作的通知》，根据中央扶贫工作精神和部机关的自身特点，公安部研究制定了《关于进一步加强扶贫工作的分工方案》，提出了 2017 年扶贫工作重点任务，按照“压实责任、精准施策、抓实抓细、取得实效”的原则，将工作任务细化分解为 80 项具体工作措施。

【干部挂职扶贫】　公安部向兴仁、普安县共派出了 4 位挂职干部，其中，陈兴宇任兴仁县副县长，毕海滨任普安县副县长，王尚任普安县江西坡镇党委副书记，程显臣任兴仁县民裕村驻村第一书记。2 月 12 日，程显臣代表中央单位驻村第一书记，参加了习近平总书记在四川成都市主持召开的打好精准脱贫攻坚战座谈会，根据自己担任驻村第一书记期间的扶贫工作情况，汇报交流了工作体会，提出了脱贫攻坚战的意见和建议。

【扶贫调研】　1 月 18 日至 19 日，公安部党委委员、部长助理、部扶贫开发领导小组副组长王俭一行深入贵州省普安县、兴仁县，先后来到普安县江西坡镇西寨村和兴仁县城北办事处锁寨村走访慰问，了解他们的家庭状况和生产生活情况。

12 月 25 日，公安部党委副书记、常务副部长、部扶贫开发领导小组组长傅政华，公安部党委委员、部长助理、部扶贫开发领导小组副组长王俭到兴仁县调研脱贫攻坚定点帮扶工作。深入兴仁县锁寨村等地检查调研脱贫攻坚工作，走访慰问贫困群众，就进一步做好公安部定点帮扶工作提出了明确要求。

【扶贫资金管理】　2017 年，安排扶贫资金 800 万元，扶贫资金主要用于兴仁县、普安县产业发展、民生、教育、党建等方面。

【产业扶贫】　支持普安县茶产业发展，投资 50 万元在江西坡镇成立茶叶合作社，引导茶农土地流转、入股合作，茶农以地入股，每年可获得土地流转费及年收入分红。公安部机关及部属单位通过小卖部销售普安茶叶，宣传推广普安茶叶；直属机关工会采买普安红茶叶，作为年节福利发放给工会会员；中国人民公安大学专门腾出场地设立“普安红”展销点并举办揭牌仪式；金盾影视文化中心研究制定了公安部扶贫点（普安）纪念定制茶上市推广计划，首批订购价值 4 万元的普安红茶。

公安部消防局对口帮扶兴仁县巴铃镇百卡村卡嘎布依古寨，资助 62 万元，帮助 31 户建档立卡贫困户投资入股当地茶厂，每户每年可获取投资分红，并在茶厂务工解决就业。

公安部第三研究所投入 30 万元，帮助普安县江西坡镇高潮村养殖基地开展基础设施建设，支持贫困村寨养殖产业发展。

【教育扶贫】 公安部通过援建设施、捐资助学、支教援教、社会援助等多种方式开展教育帮扶活动。2017 年，公安部对贵州省兴仁、普安两县 18 所农村学校开展了点对点帮扶。公安部离退休干部局开展“大手拉小手、共同奔小康”扶贫活动，1200 名离退休干部个人捐款 50 万元“点对点”支援帮扶对象 100 名。直属机关党委向参加贵州省黔西南州夏令营的贫困留守儿童捐赠 1000 册图书。

中国人民公安大学资助 200 名困难学生完成职业教育，组织研究生支教团 6 人对帮扶地区进行支教，设立“公大星图奖学金”，奖励帮扶学校的优秀学生。公安部天津消防研究所邀请天津市知名小学的教师，赴普安县联盟小学开展师资培训。9 月，公安部联合北汽集团江西昌河汽车有限公司分别在普安县地泗小学、兴仁县粑粑铺小学举行助学捐赠活动，为两所小学分别捐赠 10 万元；协助北京志德集团帮助普安县南湖民族小学、兴仁县第九小学分别建立一支足球队。

【文化扶贫】 开展文化下乡、送书下乡、宣传下乡等活动。9 月，公安部组织公安文艺小分队赴贵州省普安县、兴仁县开展了 4 场慰问演出，当地干部群众 3000 余人次观看了演出。

中国人民公安出版社为兴仁县、普安县公安局分别援建“警察书屋”，配送了价值约 25 万元的图书，向兴仁、普安两县的 29 个基层派出所赠阅《啄木鸟》《现代世界警察》等期刊；中国人民公安大学为普安县江西坡镇 4 所中小学分别赠送了 2000 册课外读物，并帮助学校建设图书室；公安部第一研究所、第三研究所、上海消防研究所等单位分别向贫困地区学生捐赠各类图书数千册。

（公安部扶贫办　刘延华）

司法部定点扶贫

【概述】 2017年，司法部定点帮扶四川省平昌县、苍溪县和河北省阜城县。共选派5名党员干部前往3个定点扶贫县挂职扶贫（含2名第一书记）。通过提供法律服务与保障，强化招商引资、挖掘特色产业，创新工作机制、以党建促脱贫等多项举措，从人才扶贫、物质扶贫、法治扶贫、产业扶贫、智慧扶贫、党建扶贫等6个方面持续发力，共投入资金109.5万元，捐赠办公电脑、法律图书、衣物、药品等共计560.8万元；帮助引进各类资金13209万元；举办各类培训班25期，完成党政干部培训700人、农村致富带头人培训399人、农村劳动力1300人；帮助引进北京新发地农产品有限公司、北京王致和食品集团有限公司、北京东来顺集团有限责任公司、四川悦石消防科技有限公司、四川双陆医疗器械有限公司等到3个定点扶贫县洽谈农产品深加工、农村电商、生态旅游等项目，为3县产业结构调整发挥积极的促进作用。

2017年，司法部发挥职能优势，整合司法行政资源，在定点扶贫县积极开展一村（居）一法律顾问，培养"法律明白人"，实现了法律顾问全覆盖；大力推进"互联网+法律"服务，让老百姓足不出户就能获得法律服务，形成办事依法、遇事找法、解决问题用法、化解矛盾靠法的良好氛围；协助扶贫县打造法治文化广场、法治文化大院、法润扶贫创客产业园、依法治校示范村小学和法治路标路牌系统，提升了贫困县村民的法治意识；加强对3县司法行政业务指导，举办法治政府、依法行政和行政复议等方面讲座培训，支持3县律师、公证员人才培养和律师、公证业务发展，全力推动脱贫攻坚与法治建设同步进行，用法治为脱贫攻坚护航。

【扶贫调研】 2017年，司法部调整部扶贫工作领导小组及办公室组成人员，由司法部原部长、党组书记张军同志任领导小组组长，副部长、党组成员熊选国和原副部长、政治部主任、党组成员王双全同志任副组长，领导小组办公室设在办公厅。部扶贫工作领导小组两次召开扶贫工作会议，传达学习习近平总书记关于扶贫工作的重要指示，听取定点扶贫工作汇报，研究制定《关于进一步加强定点扶贫工作的意见》和《关于进一步关心支持援派干部开展工作有关事项的通知》，对做好定点扶贫工作作出专门部署。2017年9月，张军同志、王双全同志到四川省平昌县调研指导定点扶贫工作，与巴中市、平昌县负责同志座谈交流，同月，司法部扶贫办负责同志深入四川平昌县驷马镇陇山村和苍溪县开展扶贫调研和帮扶工作，并分别向陇山村小学和苍溪县中学开展教育扶贫图书捐赠活动。

【干部挂职扶贫】 2017年，司法部共选派5名党员干部前往3个定点扶贫县挂职扶贫（含2名第一书记），联络成都百度科技有限公司为平昌县青云小学捐助了包括35台电脑在内的多媒体教室、500余套学生生活、学习以及文体用品。

挂职干部在定点扶贫县积极推进各项扶持政策落地，帮助争取各方支持。协助平昌县陇山村成立运营陇山、长兴岗、金秋融合等三个合作社，实现产值63万元；建成扶贫创客产业园，注册了"法润陇山"商标，集中提供涉农经济服务；邀请中信旅游集团有限公司、中国能源建设股份有限公司、太平洋建设集团等公司到苍溪考察投资生态旅游开发、城市基础建设等项目；成功引进四川悦石消防科技有限公司在苍溪注册，注册资本3000万元；引进四川双陆医疗器械有限公司到苍溪洽谈九龙制药厂收购和千亩艾草基地种植事宜；联系各方资源，参与引进总投资为20亿元的晶科能源控股有限公司光伏发电项目以及珠坑麒麟山庄现代农业示范园项目在石城县落地生根。协助苍溪县当地政府研究解决异地扶贫搬迁、村委会阵地建设、提灌站变压器老化等突出问题。

【产业扶贫】 2017年，通过以购代赈、推行“电商+脱贫”“旅游+脱贫”等模式挖掘地方特色产业。在苍溪县，协调将广元、川中、嘉陵、川北、绵阳5所监狱列为云台村农产品定点收购单位。截至2017年，已协调监狱定点收购云台村白菜、土豆等各类蔬菜共计300余吨；在淘宝、一亩田等电商交易平台注册“云台山绿色农场”网店，实现云台村贫困户农副产品线上销售。在河北省阜城县，邀请北京京东世纪贸易有限公司考察县域产业情况，与县政府签订战略合作协议；积极促成北京一些转移产业与阜城县签订产业转移战略合作协议。王致和食品集团有限公司、北京东来顺集团有限责任公司生产基地2个项目落地，可带动大豆种植超过6.7万亩，实现7000户农民脱贫增收。在平昌县陇山村，挂职干部引进北京新发地农产品有限公司，在村子里建起果蔬加工存储基地和农产品交易市场，协助当地成立了阳初乡味电子商务有限公司；做大做强“果树种植+认养”“水产养殖+垂钓”“蔬菜种植+采摘”“农家乐+民宿”等产业，探索发展巴山乡土艺术休闲观光产业，多层面全方位促进村民特别是贫困户增收。

【扶贫培训】 2017年，司法部在定点扶贫县共举办25期培训班，完成党政干部培训700人、农村致富带头人培训399人、农村劳动力1300人。在阜城县，通过开展思想政治建设，持续开展“两学一做”学习教育活动，组织开展农业技术、电商、商标注册以及“三品一标”（无公害农产品、绿色食品、有机农产品和农产品地理标志）认证等方面的培训，提高当地农民高质量发展意识、农产品品牌意识，推进标准化生产和农产品上行推动绿色发展、质量兴农，确保贫困户稳定脱贫。邀请商务部门、北京京东世纪贸易有限公司为贫困县电商从业人员、村级电子商务服务站站长以及农业合作社、农业园区、企业等有关人员举办电商扶贫培训，促进产销对接，推动农村电商运营、物流、培训和助农扶贫工作，推进电商扶贫。

【扶贫资金管理】 2017年，向平昌县拨付普法装备经费30万元，捐赠办公电脑、法律图书共计240万元；向苍溪县拨付普法装备经费30万元、部领导慰问金20万元，捐赠办公电脑、法律图书共计200万元；向阜城县投入扶贫资金39.5万元、各项物资共计120.8万元。制定了《司法部定点扶贫工作作风问题专项治理实施方案》，规定由派驻同志与所在地县司法局共同监督，按规定用途用好扶贫资金。

（司法部办公厅总值班室　刘　鑫）

国家安全部定点扶贫

【概述】 国家安全部定点帮扶内蒙古自治区敖汉旗和河北省盐山县。2017年，国家安全部认真贯彻落实习近平总书记关于新时期推进精准扶贫的重要论述，将定点扶贫工作作为一项重要政治任务，以贫困群众增收为目标，以开展产业帮扶为抓手，坚持做好精准扶贫、民生扶贫等项目。认真履行扶贫工作职责，定点扶贫工作成效明显。国家安全部下派挂职的扶贫干部作风扎实、工作主动，地方评价高、群众口碑好，工作业绩突出。

【扶贫资金投入】 2017年，投入扶贫资金890万元。其中，投入扶贫专项资金230万元用于精准产业项目和基础设施建设；投入460万元，建立种畜繁殖基地项目，发展特色产业，提升敖汉旗种畜品质；投入200万元用于敖汉旗贫困村党组织活动场所建设、贫困党员技能培训和在1102名贫困党员群众的子女中开展扶贫扶志扶智活动。

撬动地方资金2315万元，安排扶贫项目19个，帮助12个贫困村开展精准扶贫和基础设施建设，直接受益贫困人口1262名。累计引进重大民生项目7个，资金约17.29亿元，其中已经开工建设项目5个。

【扶贫资金管理】 2017年国家安全部扶贫办与挂职干部共同对扶贫项目按照地方扶贫制度规定，重新进行整理，并请旗县审计部门对帮扶的2015年至2017年产业扶贫项目进行审计，出具审计报告书。会同国家安全部财务、审计、纪委等部门修订完善扶贫资金和项目管理使用办法。制定《关于加强国家安全部扶贫专项经费管理使用的若干意见》《关于加强国家安全部定点帮扶旗县扶贫管理经费使用的若干意见》《关于加强国家安全部扶贫办专项保障经费管理使用的若干意见》。

【扶贫调研】 国家安全部党委委员、副部长、部政治部主任、部机关党委书记、部定点扶贫工作领导小组组长，于2017年5月和12月率领部定点扶贫领导小组成员单位负责人，深入敖汉旗、盐山县专题调研定点扶贫工作，实地了解两个旗县的贫困现状和国家安全部精准扶贫举措落实情况；分别召开座谈会，听取两个旗县政府部门关于脱贫攻坚工作进展情况的专题汇报；督导两个旗县履行脱贫攻坚主体责任，对两个旗县亟待解决的扶贫难题提出帮扶意见。代表部党委看望慰问部下派到敖汉旗、盐山县挂职干部，走访慰问贫困户，为国家安全部下一步精准帮扶措施奠定基础。

【基础设施建设】 国家安全部党委书记、部长陈文清亲自协调定点扶贫旗县的交通和水利项目。一是协助推进两旗县交通扶贫项目。在敖汉旗，省道210线新惠至老虎山一级公路建设，经过两年的紧张施工，2017年实现通车。国道305玛尼罕至玉田皋段和省道210线高日罕至羊场段二级公路建设项目完成审批手续，2017年5月开工建设。在盐山县，205国道盐山绕城和225省道绕城项目完成全部前期审批手续，2017年11月项目进入施工审批程序，项目总投资7.2亿元。二是协调水利部、省区水利厅等相关部门，将两旗县水利扶贫项目列入全国“十三五”水利扶贫项目。2017年水利部向敖汉旗、盐山县共下拨国家水利专项资金 14904 万元。其中，向敖汉旗下拨国家水利专项资金 8853 万元，实施综合水利工程项目 9 个。向盐山县下拨国家水利专项资金 6051 万元，实施综合水利工程项目 3 个。协调做好敖汉旗辽西北调水赤峰支线工程项目，项目已列入《水利改革发展“十三五”规划》。三是基层党组织活动场所建设项目。投入 60 万元，在敖汉旗黄羊洼镇牛力皋村和贝子府镇六道岭村两个贫困村分别建设基层党组织活动场所，为党员理论学习教育提供场所。

【精准扶贫】 投入扶贫专项资金 230 万元用于两旗县的精准产业项目和基础设施建设。120 万元投入敖汉旗四家子镇的黑木耳种植、敖汉旗长胜镇分布式光伏发电精准扶贫项目；110 万元投入盐山县基础设施建设，在常庄乡火龙店村安装太阳能路灯 160 盏，在小营乡前陈村和庆云镇东马村等进行街道硬化。向敖汉旗 15 所中学的在校学生和教师发放《初中生国家安全教育读本》学习资料共计 16000 册。开展以国家安全为主题的爱国主义教育，激发师生的爱国情感，树立“国家安全，人人有责”的理念。在职业教育方面，投入 20 万元对敖汉旗农村牧区党员代表、贫困党员、贫困群众及致富带头人进行农牧业实用技能培训。

【干部挂职扶贫】 在敖汉旗、盐山县挂职的副旗长、副县长和两位驻村第一书记分别在各自的岗位上认真履职，精准扶贫。在敖汉旗扎赛营子村，投入 40 万元，用于建设农田灌溉配套设施、浸水桥和电商平台建设；协助敖汉旗水利局、交通局帮助该村配套水利、交通项目资金 87 万元；协调敖汉旗黑山林场为该村及周边区域免费提供松树苗 300 余株进行绿化建设；协调敖汉旗畜牧局，帮助扎赛营子村建立种养配种站。在盐山县东小卢村，投入 40 万元用于村道路、村民活动中心建设。协调盐山县水利局和交通局，帮助东小卢村争取进村公路桥建设项目资金 87 万元；协调盐山县扶贫办、农业局等部门，为东小卢村争取美丽乡村建设资金 9 万元，用于改变村容村貌。

（国家安全部定点扶贫领导小组办公室
王　原）

审计署定点扶贫

【概述】 审计署高度重视定点扶贫工作，认真贯彻落实中央扶贫开发工作会议精神和习近平总书记关于扶贫开发工作的重要论述，扎实推进定点帮扶对象河北省顺平县和贵州省丹寨县脱贫攻坚工作，着力实施精准扶贫、精准脱贫。2017 年 5 月，审计署对署内议事协调机构进行了调整，党组书记、审计长胡泽君任对口支援和扶贫工作领导小组组长，党组成员、总审计师李晓钟任副组长。河北省顺平县建档立卡贫困人口由 2014 年的 35242 户、102078 人下降至 2017 年底的 3496 户、7072 人，贫困发生率从 37.8%下降至 2.4%。贵州省丹寨县“十二五”期间减贫 3.4 万人，贫困发生率从 49.2%下降到 23.8%。2017 年，全县减少贫困人口 1.08 万人。

【扶贫资金投入】 在 2 个县使用上交党费 97.26 万元，修缮基层党组织活动场所、建设农产品预冷库、发展集体经济。

【扶贫调研】 2017 年，审计署 5 次赴顺平县和丹寨县考察脱贫攻坚情况。7 月，党组书记、审计长胡泽君赴丹寨县就定点扶贫工作开展专题调研，前往卡拉村走访慰问贫困群众，出席了丹寨万达小镇暨贵州万达职业技术学院启动仪式。

【扶贫慰问】 2017 年春节前夕，副审计长秦博勇和署党组成员、副审计长袁野分别到顺平和丹寨走访慰问贫困群众，共慰问贫困农户 331 户，发放奖（助）学金 30 万元，发放慰问物资和慰问金 8.1 万元。

【干部挂职扶贫】 2017 年，审计署选派 4 名干部赴定点县挂职。张天维获得贵州省黔东南苗族侗族自治州“脱贫攻坚优秀个人”称号。姜海泉在挂职担任丹寨县甲石村第一书记期间，使甲石村在基础设施建设、村容村貌、产业发展等方面都发生了变化，与当地群众结下深厚友谊。

【扶贫宣传】 2017 年，审计署积极对定点扶贫和扶贫审计工作中涌现出来的先进典型事迹进行宣传，中央媒体及署管媒体宣传审计署定点扶贫和扶贫审计工作共计 54 篇次，组织参加了中央国家机关定点扶贫工作成果展。在外事活动中，审计署积极向国际社会展示中国政府的扶贫成果和扶贫减贫的信心和努力。从 2015 年起，审计署从定点帮扶的丹寨县购买茶叶，作为外事礼品赠送国际友人。积极向外国友人推荐丹寨，宣传介绍丹寨绿色生态产品，宣传中国精准扶贫的工作做法，取得良好效果。

【扶贫资金管理】 2017 年，在审计署统一组织领导下，河北省、贵州省审计厅加强对顺平县和丹寨县脱贫攻坚情况的审计监督，安排专项审计 2 次，指出了当地在扶贫资金管理使用等方面存在的突出问题 33 个，涉及资金 4.13 亿元，提出推进脱贫攻坚工作和规范资金项目管理的审计建议 9 条，有效规范了扶贫资金管理。审计署对丹寨县统筹整合财政专项资金开展脱贫攻坚改革试点情况进行了专项审计调查，指出了试点存在的 4 类 11 个方面的主要问题和需要关注的情况，提出了有针对性的审计意见和建议，推动改革试点工作不断深化并形成经验在全国推广宣传。

【产业扶贫】 协调中国地质调查局在顺平县和丹寨县开展水资源利用、地质灾害评价和土壤化学元素分析等调查，计划投入

9500 万元，为农产品种植开发、旅游资源开发利用等提供科学依据。积极推动丹寨发展特色旅游业，协调万达集团投资 7 亿元建设万达小镇，运营 11 个月已接待全国各地游客超过 500 万人次，带动全县旅游综合收入达 30 亿元，直接带动 1870 人就业，有效增加了贫困人口收入。

【教育扶贫】 在顺平县设立了审计长奖（助）学金，每年发放 30 万元资助贫困学生。协调中国教育发展基金会资助 110 万元建设丹寨县排调小学学生食堂。协调南方电网公司为丹寨县排调镇甲石村幼儿园安装监控器价值 1.2 万元。审计署某老领导的家人捐款 50 万元资助丹寨高中和职业高中贫困学生完成学业。协调万达集团投资 3 亿元建设万达职业学院，计划每年招收 700 名学生就读，首期已招收 420 人。万达集团每年择优录取 50% 毕业生到万达就业，实现就业一人、脱贫一家。捐赠顺平县《党的十九大文件汇编》等党建图书 210 册，支持农村基层党组织建设。

【公益扶贫】 协调贵州省民政厅、贵州省发展和改革委员会、中国建筑第四工程局有限公司等部门企业，捐助资金 832.6 万元，帮助南皋、长青 2 个敬老院完成尾工工程建设，有效解决了农村五保户托底供养问题。协调原国家林业局帮助丹寨县增加 500 名生态护林员指标，直接带动 500 户贫困户户均增收 1 万元。先后组织署机关、直属单位和社会爱心人士向丹寨县开展爱心捐赠活动，署财政审计司捐赠物资价值 1 万元，署宣教中心捐赠玩具、学习资料等物资折合 1 万元，贵阳广寒宫公司赠送冬季棉服被褥价值 1 万元，社会爱心人士捐赠小学棉被 19 万元。

【整村推进】 在丹寨县甲石村，整合财政资金 400 万元，完成村幼儿园维修改建、村卫生室新建、村党支部活动阵地和农村老人幸福院综合楼维修改造。完成了全村 8 千米的“组组通”道路建设，实现全村 7 个村民组的路面硬化。新装太阳能路灯 122 盏，实现 7 个村民组公共道路全部有路灯覆盖。协调南方电网公司投入 128 万元，对甲石村率先进行电改试点，完成 5 台变压器扩容、125 户家庭的入户电线升级和一户一表改造，消除用电安全隐患。协调广电、联通、移动等在甲石村开展通信网络建设，实现全部村民组广电主光缆和光纤宽带接入，4G 信号覆盖绝大多数村民组。依托广电光缆线路，率先建成覆盖全域的“寨寨响”广播系统。协调中国地质科学研究院开展水资源调蓄利用项目，对全村各小组的输水管网和蓄水、提灌设施进行更换、扩容，解决季节性缺水对村民生产生活造成的不利影响。

在顺平县西南蒲村，帮助该村益和轩布鞋厂成功申请 200 万元“政银企户保”金融扶贫贷款，带动 118 户贫困户每年获得 840 元项目分红收入，19 名贫困户在厂里和加工点实现就业，每月可增收 2000 多元。投资 3.6 万元在村庄进出口和主要街道安装监控设备，为村学区小学捐赠 16 台价值 6.5 万元的教学用笔记本电脑。新建一处 1200 平方米的村民活动广场，翻新了 500 米的水泥路主干道，将 38 盏老式路灯换成 87 盏太阳能路灯，新建了标准化村卫生室、村图书室和村民多功能活动室等公共基础设施。

【劳务输出】 审计署积极与万科物业发展有限公司对接联系，根据万科物业公司业务发展需要，为丹寨县扶贫搬迁移民户提供保洁、保安、物业管理、家政、电工等就业岗位 260 个，使移民户搬出后能顺利找到工作，实现增收致富目标。

（审计署农业审计司　杨　旸）

海关总署定点扶贫

【概述】 2017年，海关总署党组认真贯彻落实习近平关于扶贫开发系列指示精神，按照国务院扶贫办和中央国家机关工委部署，结合海关行业垂管特点，组织动员全系统力量参与扶贫，先后从全国海关选派驻县扶贫干部6名，驻村第一书记4名，驻校支教老师2批次，共16名；投入扶贫资金740余万元，捐赠物资折款740余万元；帮助引进项目资金480余万元，组织各类培训1317人次，在确保两个选派驻村第一书记所在村脱贫基础上，以帮扶鲁山、卢氏两县为切入点，拉动三门峡和平顶山两市外向型经济发展，支持河南省内陆开放高地建设，以高度的政治自觉扎实做好定点扶贫工作。2017年7月4日，在中央国家机关工委组织召开的驻村第一书记座谈会上，海关总署副署长胡伟作为唯一一个单位代表进行经验交流。中央电视台、人民日报、新华网等媒体多次宣传报道海关定点扶贫工作经验。海关总署驻土桥村第一书记王凯荣获2017年全国脱贫攻坚奖——贡献奖。

【扶贫调研】 2017年9月和12月，海关总署党组书记倪岳峰和副署长、政治部主任胡伟分别率队到鲁山县和卢氏县检查指导扶贫工作，深入驻村和学校看望慰问扶贫干部、支教老师和贫困群众。认真听取扶贫干部工作情况汇报，详细询问贫困人口、帮扶措施、产业发展等情况，深入帮扶产业田间地头，了解农作物种植情况、贫困群众收入等，鼓励大家继续大力发展特色产业，带动困难群众就业，努力为贫困户持续增收、稳定脱贫创造更好条件。全国海关先后有18批次司局以上领导带队赴鲁山县、卢氏县检查调研定点扶贫工作

【扶贫培训】 海关总署把鲁山县和卢氏县干部培训工作列入全国海关教育培训计划，每年分上下半年各为两县举办1期，每期8天时间，培训县乡干部和部分村支部书记。联系海关辖区富士康等国际知名企业，对部分年轻待业人员进行培训，帮助解决农民工就业问题；联系三门峡黄金工业学校，免费为部分贫困户学生参加培训，通过考核合格安排工作。派专业技术人员到两村帮助建成电教室，手把手指导村民学会淘宝网上开办特产店。帮助注册成立海盈商城、海盈微店等网络销售平台和实体体验馆，与唯品会等知名电商合作，对土特产品统一收购、检测、包装，如今土桥草莓、卢氏鸡蛋等已成为网上热销产品。组织郑州海关机关党委和经开区党支部与两村结队开展共建活动，培养发展年轻党员，培养两村致富带头人。

【教育扶贫】 帮助鲁山县和卢氏县部分山区小学解决师资不足问题。从2016年4月至今，海关总署从总署机关、广东分署和北京海关等18个单位招募支教志愿者31人次，分四批次到两县部分山区小学支教，每批支教时间为一个学期，每批支教人员8名，主要从事音乐、体育、美术教学工作。为学校和孩子们累计捐款捐物合计人民币近千万元，长期认领资助贫困学生16人。

【产业扶贫】 利用海关行业优势，为两县优势农产品深加工精准对接外部资源，帮助联系企业外出考察。帮助推广种植卢氏连翘和晚秋黄梨等，发展成当地脱贫支柱产业。围绕实现两个选派驻村第一书记所在村全面完成脱贫任务，培育打造当地一批有影

响力成熟产业项目，自觉带动周边乡村群众种植示范效应，大力发展中药材连翘、经济作物大樱桃种植等约 5000 亩，引进建造近百个草莓和果蔬大棚，鼓励发展卢氏鸡等多个特色农业项目，帮助当地村民改变产业发展结构、创新经营模式、建强基层支部、发展新乡贤、建立壮大集体经济，较好地提升了贫困户增收创收能力。

发挥属地海关优势助力扶贫。郑州海关积极向南方航空公司推介两县蜂蜜、核桃仁等，进行深加工后成为航空配餐食品；帮助将木耳、香菇等特色产品推介到郑州经开区唯品会、全速通等知名电商企业，提升农产品销售价格和知名度。哈尔滨海关利用海关进出口统计信息优势，引领当地企业赴绥芬河海关、东宁海关调研，商议进口俄罗斯木屑替代本地木料，着力解决食用菌生产原料缺乏问题。黄埔、宁波、广州、厦门等海关每年为两县各组织捐赠一次，总价值不少于 300 万元。2017 年，全国海关系统干部职工累计向两县中小学捐赠图书逾万册，数十万元购买土特产品。

【扶贫资金投入】 列支扶贫专项 580 余万元，其中 520 万元作为扶贫项目经费，直接帮助村民引进发展产业项目、完成基础设施、组织村干部和致富带头人培训等；60 万元作为扶贫工作经费，带领村民外出招商引资、考察调研和慰问困难群众等。组织动员海关出版社从企业利润中拿出 40 余万元，帮助两县分别出版一本综合性图书《魅力古县——河南鲁山》和《清清卢氏》。从总署机关历年节余党费中，为驻村第一书记提供 20 万元，作为开展基层党建和驻村培训等工作经费。投入资金 100 余万元，为定点帮扶村修建了村民文化广场、党群活动室、医务所、图书室和乡村大戏台，打井筑坝，兴建桥梁，硬化路面，安装路灯，架设健身器材等，大大提升了村民享受美好生活需要的幸福感。

【干部挂职扶贫】 2017 年，海关总署派出 4 名挂职扶贫干部，分别是：青岛海关原日照海关党组书记、关长挂任鲁山县委常委副县长，济南海关原东营海关副关长挂任卢氏县副县长；上海海关财务处长和总署教培训中心办公室副主任挂任驻村第一书记。

驻鲁山县扶贫工作组帮助当地政府和农业合作社牵线搭桥，争取到在 2018 年上海市农产品展销会上，免费为鲁山县提供农产品销售展台和召开农产品新闻发布会。卢氏县扶贫工作组针对该县外贸进出口企业急需了解出口核桃、香菇深加工信息，迅速联系郑州、青岛海关统计、监管和关税等部门，提供相应政策咨询和业务指导。两位挂职副县长在县委县政府领导下，按照职责分工抓好分管工作落实。两位驻村第一书记深入调研，积极谋划，分别为村里拉来价值 30 余万元赞助物资，着手引进冬桃种植、杂交野猪养殖和发展远程医疗服务等。

［海关总署政工办（机关党委）办公室 房 季］

国家税务总局定点扶贫

【概述】 2017年，国家税务总局（以下简称“税务总局”）定点帮扶青海省海东市民和县和平安区。税务总局党组以习近平新时代中国特色社会主义思想为指导，牢固树立“四个意识”，全面贯彻落实党中央、国务院关于脱贫攻坚各项决策部署，坚决把定点扶贫作为一项重大政治任务抓好落实。健全工作机构、明确职责责任，成立税务总局机关定点扶贫工作领导小组。2017年，税务总局对两个定点扶贫县及第一书记所在村直接投入帮扶资金420万元，全部用于支持平安区三合镇易地搬迁综合市场建设项目以及解决民和县乡村学校、卫生所、街道等公共区域照明问题，发挥了良好的社会效益。发展特色产业促脱贫，民和县逐步形成了以羊、牛、猪、驴、大雁等品种为主的特色养殖项目群，以扶持种植马铃薯、葡萄、药材、枸杞、蔬菜为主的特色种植项目群，已使全县715户贫困户3000名贫困人口提前脱贫。积极推广电商进村入户，引进阿里巴巴集团实施农村淘宝项目，实现“网货下乡”和“农产品进城”双向流通。平安区在农村淘宝“618优品”活动中，获得村均优品GMV甘青第一名、村均优品达标率甘青第一县。牵头调动社会多方力量参与定点帮扶工作，积极推动“百企帮百村”“百企联百户”行动，已促成金融机构、企业、社会组织、个体户以及宗教团体等与265户贫困户结对帮扶，形成社会各界共同参与脱贫攻坚的格局。下派挂职扶贫干部深入学习习近平新时代中国特色社会主义思想和党的十九大精神，坚决贯彻落实党中央、国务院关于打赢脱贫攻坚战的各项重大决策部署，牢固树立“四个意识”，紧紧围绕精准扶贫，深入基层调研，真正融入群众，掌握了解县情、民情，积极出谋划策，协调各方力量，开展了大量工作，取得了明显成效。

2017年，第一书记派驻的民和县大库土村被海东市授予脱贫攻坚先进村称号；定点帮扶的海东市平安区荣获青海省脱贫攻坚先进集体；税务总局荣获青海省中央国家机关定点扶贫先进单位。

【扶贫资金投入】 2017年，投入扶贫资金420万元。其中，向民和县投入扶贫资金200万元，实施招投标为易地搬迁贫困村、农村淘宝点等配套安装太阳能路灯450余盏。向平安区投入200万元，用于支持三合镇易地搬迁产业综合市场建设项目，由税务总局投资建设的百货商铺将直接交由建档立卡贫困户经营。市场建成后将辐射到附近10千米范围内的三合镇、石灰窑乡等4个乡镇，惠及6537户25793人。向民和县大库土村投入20万元，用于支持该村易地搬迁基础设施建设。

【扶贫调研】 2017年9月，国家税务总局总审计师刘丽坚赴青海省海东市民和县和平安区调研定点扶贫工作。刘丽坚实地考察了民和县农村“淘宝”产业基地、平安区三合镇易地搬迁产业综合市场、易地搬迁安置小区，走访贫困户详细了解生产生活情况。召开省、市政府领导和定点帮扶地区党委政府负责同志参加的座谈会，听取当地对税务总局帮扶工作的具体需求，有针对性研究解决措施，提出进一步强化桥梁纽带作用、强化扶贫工作精准度、强化项目和资金管理等工作要求。

【干部挂职扶贫】 2017年，税务总局有3名干部在定点扶贫县挂职。其中，沈剑锋担任民和县副县长，杨省庭担任平安区副区长，曹琦欢担任民和县核桃庄乡大库土村第一书记。

【扶贫慰问】 税务总局机关团委与海东市国税局机关团委、平安区青年志愿者协会联合举办关爱留守儿童活动，赴当地留守儿童关爱中心捐赠文体用品，向留守儿童送温暖。税务总局政策法规司赴海东市平安区进行调研帮扶，捐赠3万元慰问金、200件防寒服。

【扶贫资金管理】 税务总局加强对投入扶贫资金的监督管理，严格按照有关规定实行专款专用，提高扶贫资金的使用效益。加强对帮扶工程项目的管理和监督，积极参与项目管理，加强建设过程监督，确保帮扶工程在立项申请审批、建设程序管理、帮扶资金使管理等方面依法依规，严格按照有关规定执行。

【产业扶贫】 推动农村家庭牧场建设，与山东东阿阿胶养驴基地达成免费派专家指导、负责全部成品驴收购等扶持养殖协议。民和县政府在中川乡投资1680元打造肉驴养殖基地。逐步形成了以羊、牛、猪、驴、大雁等品种为主的特色养殖项目群，以扶持种植马铃薯、葡萄、药材、枸杞、蔬菜为主的特色种植项目群，已使全县715户贫困户3000名贫困人口实现脱贫。

（国家税务总局机关党委　王跃伟）

国家统计局定点扶贫

【概述】 国家统计局定点扶贫县为山西省岢岚县和内蒙古自治区正镶白旗。国家发展和改革委员会副主任兼国家统计局局长、党组书记宁吉喆多次作出指示，要求各单位尤其是局机关定点扶贫领导小组成员单位要进一步增强“四个意识”，进一步深刻领会习近平总书记关于扶贫开发工作的重要论述，深入学习贯彻中央扶贫工作会议和中央单位定点扶贫工作会议精神，把思想和行动统一到中央关于脱贫攻坚和定点扶贫的决策部署上来，切实提高做好定点扶贫工作的责任感、使命感、紧迫感。

2017 年，局、司领导赴定点扶贫县调研 99 人次，深入基层实地查看脱贫工作进展，慰问建档立卡贫困户，共同商讨脱贫攻坚思路和措施，先后选派 8 名优秀青年干部，赴岢岚县、正镶白旗挂职，积极参与脱贫攻坚，推动项目落实；直接投入扶贫资金 265 万元，物资折款 11 万元，用于扶持定点扶贫县特色产业和乡村基础建设等惠民工程；实施帮扶项目 12 个，帮助协调解决正镶白旗明安图镇引水工程项目、骏马湖湿地公园项目、岢岚县大唐岢岚 40 万千瓦风电项目等；帮助引进各类资金 1030 万元，积极联系省级相关部门，引进电商项目等 4 个；帮助建档立卡贫困人口脱贫 609 人，项目受益建档立卡 7000 人；举办各种干部和人才培训班 3 期，5 月，在北京举办定点扶贫县青年干部培训班，来自两个定点扶贫县的 147 名青年干部参加了集中培训。两个定点扶贫县（旗）在基础设施、公共服务、特色产业项目建设方面取得重要进展，贫困人口脱贫步伐明显加快，贫困发生率显著降低。

【扶贫资金投入】 2017 年，国家统计局共投入扶贫资金 264.2 万元。在岢岚县投入 155 万元，其中，拨付三井镇 30 万元，用于文化广场建设、村级党组织基层设施建设；拨付高家会乡 30 万元，用于乡村基础设备设施、村容村貌整治等；拨付大涧乡 20 万元，用于支持土豆食醋加工厂、土豆窖建设；拨付王家岔乡 15 万元，用于贾楼底村公共浴室建设；拨付西豹峪乡 15 万元，用于出列村基础设备建设等；拨付水峪贯乡 15 万元，用于乡村基础设备建设；拨付县统计局 30 万元，用于统计信息化建设及视频会议室改造。拨付正镶白旗资金 110 万元。其中，查干宝恩本村储草棚工程、配电工程、购买饲料搅拌机 39.2 万元；用于小南沟村水浇地配电工程、安装自来水、储草棚建设、合作医疗保险费等 60 万元；宝苏木 3 个嘎查维修费 10 万元。

【扶贫调研】 2017 年 7 月，党组成员、机关党委书记高建华赴正镶白旗进行调研，召开座谈会听取扶贫工作汇报，查看扶贫实施作战图，了解当地产业和农村电商发展情况；看望扶贫干部，要求派驻干部完善工作措施，搞好精准帮扶；赴贫困村考察扶贫项目并慰问贫困户。

2017 年 7 月，党组成员、副局长李晓超带队赴山西督查脱贫攻坚工作，专程安排两天时间前往岢岚县调研，实地走访 30 余名贫困群众及企业负责人、驻村扶贫干部、村组干部，进村入户查看贫困户家庭情况和企业生产情况；召开座谈会，听取岢岚县委、县政府脱贫攻坚工作情况，以及国家统计局帮扶岢岚县工作情况汇报，指导协调相关问题推进解决。

【扶贫制度建设】 国家统计局机关定点扶贫领导小组，由党组成员、副局长鲜祖德任组长，由办公室、住户办、人事司、财务司、机关党委、机关纪委、教育中心、服务中心、出版社、信息报社等 10 个单位为小组成员，领导小组办公室设在局办公室。制定《国家统计局开展扶贫领域作风问题专项治理实施方案》，对挂职扶贫干部选派、改进调查研究和考评方法、发挥统计专业优势、加大突出问题查处力度、加强扶贫资金使用监管等方面进行专项治理，强化问题意识和责任担当，构建扶贫领域作风建设长效机制，以作风建设成果推动各项扶贫举措深入落实，确保如期完成脱贫攻坚目标任务。

【干部挂职扶贫】 2017 年，国家统计局先后选派 8 名干部，赴岢岚县、正镶白旗挂职，其中，选派处级干部 4 人、科级及以下 4 人，有 3 人担任驻村第一书记。

【扶贫慰问】 国家统计局先后组织局机关有关单位 70 余人次先后赴岢岚县、正镶白旗进行“献爱心”活动，为岢岚县康家会村小学生、岚漪镇坪后沟村及三井镇寄宿小学学生，送去多种文体用品；为孟家坡村贫困户中小学生捐赠学习用品、校服等；为乡政府及乡统计员赠送办公用品。2017 年 9 月，局办公室、财务司组织局机关定点扶贫领导小组成员单位部分干部职工赴岢岚县调研访贫，送去米、面、食用油等慰问品和慰问金。

【产业扶贫】 帮助协调解决正镶白旗明安图镇引水工程项目，落实项目资金 3000 万元，解决了正镶白旗居民饮水难问题。帮助协调解决正镶白旗骏马湖湿地公园项目、正镶白旗区域性综合牧区养老公寓建设项目、岢岚县大唐岢岚 40 万千瓦风电项目、山西和光同岢岚井溢 50 兆瓦光伏扶贫项目、山阳药业 2 款保健产品项目、晋岚绒山羊育种项目等 6 个重要项目，为两地脱贫攻坚、如期实现脱贫目标注入了强劲动力。

【文化扶贫】 从国家统计局机关党费专项检查补交党费中各拨付 10 万元，帮助岢岚县三井镇孟家坡村修缮村支部活动场所及配备相关设备、桌椅、资料。帮助正镶白旗宝力根陶海苏木维修 3 个党建活动室并为 2 个活动室配备相关设备；为正镶白旗部分嘎查村修建文化活动广场，并配备基础健身器材；为部分嘎查村草原书屋捐赠图书，丰富农牧民精神文化生活，促进嘎查村稳定和谐；为查干宝恩本村捐赠音响设备及文艺活动服装，方便农牧民开展全民文化健身活动。

【健康扶贫】 推动文化科技卫生“三下乡”活动落地正镶白旗，争取资金 20 万元；直接投入资金 5 万元，为正镶白旗南沟村 65 岁以上无劳动能力老人上交医疗保险；帮扶正镶白旗明安图镇陶林社区卫生所购买医疗器械；联系中国残疾人联合会为正镶白旗贫困户残疾人捐赠轮椅、坐便椅、助行器等生活辅助器具，价值约 10 万元；组织困难群众参加听力检测、视力检测，协助有外出就医需求的贫困户外出就诊。

（国家统计局办公室　刘　莉）

国家知识产权局定点扶贫

【概述】 2017年，国家知识产权局（以下简称“知识产权局”）定点扶贫湖南省桑植县和河北省张家口市崇礼区，认真贯彻落实习近平新时代中国特色社会主义思想和全国扶贫开发工作会议精神，遵循“真扶贫，扶真贫”的工作方针，充分发挥知识产权人才优势、技术优势和信息优势，强化组织领导、加大资金投入、选派优秀后备干部挂职，坚持因地制宜、因需施策，把整村推进、基础设施建设、产业扶贫、科技扶贫、教育扶贫、信息扶贫和引进社会资金扶贫有机结合，“输血造血”并举，扎实开展精准扶贫、精准脱贫战略，最大限度地提升当地群众脱贫致富和后续发展能力。通过拓思路、解难题、引资金、扶产业、办实事、惠民生，选派挂职干部7名，直接投入资金和电脑、图书等物资折款360万元，积极协调帮助引进资金520万元，实施扶贫项目23个，对促进当地经济发展和改善群众生产生活方式发挥了积极作用。

【扶贫资金投入】 2017年，知识产权局在桑植县直接投入224万元，包括扶贫经费196万元和物资折款28万元。其中，用于基础设施建设166万元、产业开发20万元、文化教育28万元、人力资源培训8万元、赈灾救济送温暖2万元。协调争取帮助桑植县引进资金456万元。在张家口市崇礼区直接投入136万元，包括扶贫经费127万元和物资折款9万元。其中，用于基础设施建设86万元、产业开发18万元、文化教育24万元、人力资源培训7万元、赈灾救济送温暖1万元。协调争取帮助张家口市崇礼区引进资金64万元。

【干部挂职扶贫】 2017年2月，选拔确定了6名扶贫挂职干部，分别挂职担任定点扶贫县县委常委、副区长、政府办副主任、扶贫办副主任、教育局副局长、外事办副主任等职，同时选派1名科级干部担任桑植县廖家村镇二户田村第一书记。

【扶贫资金管理】 修订完善和严格执行《国家知识产权局扶贫经费管理须知（试行）》《国家知识产权局扶贫干部工作守则》《国家知识产权局扶贫干部廉洁自律工作守则》和《国家知识产权局扶贫工作车辆安全管理规定》，强化对扶贫经费使用、扶贫干部廉政勤政的管理指导。探索实行“先垫资，后验收，最后支付款项”的扶贫经费管理模式，扶贫项目协议签订、发票及明细审核、项目验收等环节，均由扶贫干部、相关乡镇领导、重点扶贫村干部和质量评估专业单位人员签字，建立起相互监督、共同促进廉政建设的制约模式。

【扶贫调研】 2017年8月，知识产权局党组书记、局长申长雨深入定点扶贫县桑植县，调研扶贫工作。调研中，申长雨一行到桑植县廖家村镇二户田村，实地查看2017年实施的村民饮水工程、桥梁建设和道路硬化等扶贫项目推进情况。到凉水口镇考察了部分中小学“九阳希望厨房”建设和运行情况，走访慰问贫困户代表，明确要发挥人才、智力、技术等方面优势，因地制宜，综合施策，精准扶贫，实施特色扶贫项目。2017年5月，知识产权局党组成员肖兴威赴桑植县调研扶贫工作，实地检查2017年开展的村组道路硬化等项目实施情况和驻村第一书记日常办公生活情况。2017

年11月，知识产权局党组成员、副局长、扶贫领导小组组长廖涛赴桑植县调研扶贫工作，对2017年援建的村级道路硬化工程、村民饮水工程、桥梁建设和垃圾池等扶贫项目进行验收考察。2017年5月，扶贫领导小组副组长、专利局副局长徐聪赴张家口市崇礼区和桑植县检查贫困群众实际需求、扶贫项目落实、扶贫资金使用、扶贫干部工作生活等情况。机关党委、中华全国专利代理人协会、机关团委等局属部门和单位，利用主题联学、党日活动、访贫问苦活动、青年国情教育实践活动等平台，赴桑植县和张家口市崇礼区开展各项扶贫调研，既为贫困地区群众改善生产生活条件出主意、想办法，又在实践活动中了解国情、接受教育。2017年，赴定点扶贫县参与扶贫调研实践活动共计180人次。

【扶贫培训】 协调7家全国知名知识产权品牌企业，与桑植县签署知识产权服务合作备忘录，共同建立起知识产权公益服务和培训长效机制，使桑植县企事业单位、农户能够得到知识产权相关咨询、农业专利技术推介、知识产权检索和管理系统免费账号等公益服务。在桑植县廖家村镇二户田村举办蜜蜂养殖技术培训班5期，培训人次540次，并采取以奖代补、“合作社+农户+基地”经营体系等措施，扶持蜜蜂养殖产业。邀请专家学者会同桑植县扶贫办开展中药材种植、蜜蜂养殖、娃娃鱼养殖技术培训6期，帮助建档立卡贫困增加产业致富路径。在张家口市崇礼区，对各乡镇分管扶贫工作的副职领导进行专业技能的培训2期，对滑雪场和从事冰雪产业的从业者进行冬奥知识产权等相关培训5期，培训近300人次。充分利用自身优势和掌握的外教资源，为从事筹办冬奥的机关单位和服务业从业人员等培训英语10期。2017年10月，组织扶贫挂职干部、定点扶贫县乡村干部赴安徽省南陵县烟墩镇学习美丽乡村建设及产业致富先进经验。

【扶贫宣传】 2017年10月，制作“发挥知识产权优势，持续推进定点扶贫”展板，参加中央国家机关定点扶贫工作成果展。2017年10月，结合知识产权局及定点扶贫县实际，开展第三个“扶贫日”宣传活动，广泛募集资金和实物，实地走访慰问送温暖献爱心。

【整村推进】 在桑植县和张家口市崇礼区围绕村民反映最为集中和强烈的乡村道路拓宽和硬化、缺乏村部和卫生室等活动场所、人畜安全饮水设施建设、乡村居住环境改善等实际困难，统筹协调360万元扶贫资金参与实施桑植县廖家村镇二户田村村组道路硬化项目，彻底解决村属9个小组、228户、1094人的出行不便问题。协调资金为二户田村新增三处水源、建设蓄水池、抽水泵房，铺设管道16.6千米，协调在二户田村实施67千伏光伏发电工程项目，有效解决村集体经济薄弱问题。采取以奖代补、“合作社+农户+基地”经营体系等措施，在桑植县廖家村镇二户田村扶持蜜蜂养殖产业，促使50户贫困群众每年增收3500元。在张家口市崇礼区重点帮扶村西湾子镇瓦窑村和干沟村实施田间道路硬化灌溉水渠及跨河桥项目、响铃寺广场硬化项目、西湾子镇干沟村蔬菜节水灌溉项目等6个项目，有力帮助重点扶贫乡、村解决蔬菜大棚节水灌溉、提高农业产业技术、提升学校教育设施设备等难题。

（国家知识产权局扶贫办公室
刘来宾）

国家宗教事务局定点扶贫

【概述】 2017年，国家宗教事务局定点扶贫贵州省三都水族自治县（以下简称“三都县”）。国家宗教事务局深入贯彻落实党的十九大精神和习近平总书记关于“坚持发挥单位、行业优势与立足贫困地区实际相结合，多方筹措资源”的指示精神，根据中央关于“举全社会之力脱贫攻坚”的要求，深入挖掘宗教界开展公益慈善事业的内在潜力，积极组织动员各地宗教工作部门和全国宗教界合力帮扶三都县，努力把三都县打造成为“全国宗教界公益慈善实践基地”，探索了宗教界参与脱贫攻坚的三都模式，取得良好效果。11月1日，国家宗教事务局专门召开定点扶贫工作推进会，贯彻落实党的十九大关于脱贫攻坚新部署，对组织宗教界参与定点扶贫工作进行再动员，对推进帮扶项目落实、发挥优势整合帮扶力量、提升定点扶贫工作成效提出明确要求。

【扶贫资金投入】 投入帮扶资金112.4万元。协调全国宗教界帮扶项目共计47个，帮扶资金2710.16万元。项目共分为两类，第一类是以现金形式进行帮扶的项目，第二类是宗教组织直接开展的项目。第一类项目共有39个，资金共计2423.82万元；第二类宗教组织直接开展援助项目共计8个，折合资金286.34万元。项目涵盖产业发展、异地搬迁、生态补偿、教育卫生和社会兜底五大脱贫领域。对2016年和2017年度扶贫项目和扶贫资金的使用情况进行了专项审计。

【扶贫调研】 2017年，国家宗教事务局共组织4次调研和慰问活动。11月，局长王作安率领各全国性宗教团体、中华基督教青年会女青年会全国协会负责人，部分省市宗教工作部门负责人赴三都考察宗教界帮扶项目建设情况，继续广泛动员各级宗教工作部门和宗教界力量投入到三都县脱贫攻坚工作中。春节期间，副局长蒋坚永赴三都县，专程看望困难群众，了解帮扶工作进展情况。9月，协调指导三都县在北京民族文化宫举行三都县脱贫攻坚成果展，副局长蒋坚永专门出席成果展并对扶贫工作提出明确要求。4月，副局长陈宗荣在贵州宣讲全国宗教工作会议精神期间，专门赴三都县看望慰问挂职干部，并与帮扶村党支部部分党员就加强基层党组织建设进行座谈。5月，副局长张彦通出席在黔南布依族苗族自治州都匀市召开的“全国部分省区宗教工作系统帮扶三都水族自治县脱贫攻坚工作会议”并做动员讲话，会后带领各省代表赴三都县现场观摩帮扶项目推进情况，指导参会省市加大对三都县脱贫攻坚的帮扶力度。

【公益扶贫】 指导广东和敬基金会对三都县没有列入国家孤儿救助范围，但实际上又得不到父母照顾的237名儿童实施“三都事实孤儿百万援助计划”，从2016年到2020年，四年共出资100万为这237名孩子提供基本生活费用，不定期为这些孩子组织家庭联谊等关爱活动。组织实施“三都养老产业五年帮扶规划”“三都脱贫攻坚主导产业——生态鸽养殖放飞希望工程”等一批具有较大影响力的品牌项目。

【产业扶贫】 援建三都县产业扶贫项目11个，项目投资达1299万元，主要涉及生态养殖场建设、竹制品加工、乡村旅游、葡萄、马尾绣等，为三都县全面推动水晶葡萄、黄桃、食用菌、茶叶、生态禽、香猪、蔬菜、生态鸽八大主导产业打下坚实基础。协调电商平台企业与三都开展业务合作，建立农村电子商务服务网点61个，开设网络店铺20多家，免费为贫困群众进行合格农产品溯源包装，上网销售，实现总销售额2.5亿元。

【扶贫培训】 投入三都县人才培训项目22个，项目投资达585.36万元，组织各类职业、技术培训1200人次；为三都干部群众组织各类考察团、交流团外出学习100余人次。组织少数民族干部到北京、江苏、福建等地考察学习；联系中华基督教青年会女青年会全国协会，开展养老护理员国家初级职业资格培训；对接中国佛学院、爱德基金会以及有关企业到三都县开展职业技能培训及签订合作协议等。

【干部挂职扶贫】 2017年，国家宗教事务局选派2名优秀干部赴三都县挂职，分别任县委常委、副县长和拉揽村第一书记。挂职干部克服工作和生活上的困难，常年驻县驻村主动参与三都县和拉揽村的各项扶贫工作，充分发挥在扶贫工作第一线的桥梁和纽带作用。

【扶贫宣传】 在国家宗教事务局门户网站设立“扶贫工作”专栏，编发《扶贫工作动态》，及时刊载中央精神，通报定点帮扶三都县工作情况，在《中国宗教》杂志设立“扶贫工作”专栏，在局微信公众号“微言宗教”宣传报道扶贫工作经验和帮扶项目开展情况。帮助三都县在北京成功举办县庆60周年成果展，参加中央国家机关扶贫工作成果展，全面展示近两年帮扶项目情况，得到了社会各界认可。

（国家宗教事务局扶贫办　李云华）

中国科学院定点扶贫

【概述】 2017年，中国科学院（以下简称“中科院”）充分发挥中科院科技和人才智力资源综合优势，组织各分院和地方研究所科技副职，通过成果转化、技术培训、咨询服务、科普宣传等方式，在定点帮扶的广西壮族自治区环江毛南族自治县（以下简称“环江县”）、内蒙古自治区库伦旗、贵州省水城县深入开展帮扶活动。同时，中科院与国务院扶贫办共同推动了构树扶贫工程等具有战略意义和全国影响力的科技扶贫、脱贫攻坚重大任务。

【扶贫资金投入】 投入资金3220万元，帮扶地区产业发展和脱贫增收，筛选中科院优秀、实用科技成果，针对定点县产业发展的短板，立项支持了25个科技扶贫项目。通过中科院的科技投入，吸引了中科院的合作企业和相关单位在定点扶贫县投资，共吸引社会间接投入40.4亿元，帮助引进企业11个，项目26项。中科院在2017年启动了科技扶贫项目资金专项审计工作。规范扶贫领域资金管理与使用、提高扶贫领域资金使用。

【扶贫调研】 2017年，中科院派出包括院士、专家在内103名科研骨干，共2700余人次，对3个定点县45个乡镇进行了为期3个多月的深入调研，完成每个乡镇及全县发展建议报告，提出脱贫实施方案建议报告，为每个乡镇找准一个符合实际的科技扶贫产业化发展项目及实施路径。

【扶贫制度建设】 中科院印发《中国科学院关于加强我院科技扶贫工作组织领导的通知》，建立以院长白春礼为组长的中国科学院科技扶贫领导小组和院科技扶贫领导小组工作办公室，加强对全院科技扶贫工作的组织领导。为促进党建引领精准扶贫工作，使中科院党员同志在贫困地区开展科技扶贫工作时，同样可以过上党组织生活，各定点贫困县的责任帮扶单位分别在环江县、库伦旗和水城县组建了科技扶贫功能型党支部，增强了扶贫干部的战斗力，扩大了科技扶贫的影响力。

【干部挂职扶贫】 中科院选派4名处级干部或研究员挂职担任当地副县长，专职协调中科院在当地的科技扶贫工作。选派1名同志到水城县蟠龙镇院坝村担任驻村第一书记。

【产业扶贫】 中科院针对库伦旗自然条件与经济发展现状，确定了以绿色农畜产品生产、荞麦加工、光伏智能温室设施农业以及技术培训为抓手的帮扶工作思路。依照库伦旗的实际需求，2017年中科院主持、参与和引导完成制定的各类发展规划、乡镇科技扶贫实施方案建议报告、库伦旗荞麦全产业链发展实施方案以及咨询报告等共计13份。荞麦产业：引进荞泰生物科技有限公司入住库伦旗，投资近2亿元，研发生产荞麦麦麸功能产品——荞麦速溶颗粒冲剂和荞麦花粉胶囊，建设年加工荞麦3万吨、生产产品2亿包的生产线，已开始试生产运行，生产荞麦速溶颗粒冲剂5万包。绿色农畜产品生产：建立茫汗阿拉达尔图沙地土壤改良技术示范区1处，青贮玉米品种、甜高粱品种对比田220亩，新品种累计示范推广1500亩。从中科院微生物所引进高效能青贮饲料发酵菌种，2017年推广到63户，加工青贮饲料6000吨，其中建档立卡户贫困户 25 户，共加工青贮玉米饲料 3000 吨。光伏和畜牧屠宰加工产业：建成六家子镇塔斯海温室大棚分布式光伏电站示范基地，装机容量 225 千瓦、年发电量 30 万度的光伏发电 1 处。以分布式光伏 + 集体经济 + 精准贫困户模式和乡镇精准贫困户动态调控模式，每年可以服务于约 70 户精准贫困户实现脱贫。在扣河子五星村建立装机总容量 50 千瓦（每户 1620 瓦）、年发电量 7 万度的户用式光伏发电 1 处。以分布式光伏 + 移民搬迁（光伏移民村模式），服务于 32 户精准贫困户实现稳定脱贫。

对环江县 12 个镇（乡）进行了全面调查，覆盖 145 个行政村（社区），访问农户 1300 户，发放调查问卷 1820 份，采集数据 36000 个，调查内容包括镇（乡）基本情况、产业状况及农户基本信息。编制《环江毛南族自治县产业扶贫发展规划》，在下南下塘村香洞和明伦北宋村等村林下种植牧草 150 亩、杂交构树（山毛豆）50 亩，养殖菜牛 100 头，贫困户每年人均增加纯收入 1000 元以上。

中科院针对水城县喀斯特石漠化严重的问题，确定了以喀斯特石漠化综合治理、猕猴桃等特色适生经济作物种植为抓手，实现石漠化贫困山区经济转型和生态可持续发展的工作思路。2016—2017 年，与六盘水市农业委员会合作，在水城县青林乡建立了 3 个点的品种区域实验，1400 ~ 1800 米海拔，总面积 80 亩，引进适合高海拔地区的新品种，在海拔 1400 ~ 1600 米区域发展面积 2000 亩。在米萝镇 1400 ~ 1700 米海拔区域内选择 300 亩基地，重新建一个新品种、新技术展示基地。4 月，水城县政府与刘嘉麒院士签订协议，成立了水城县第一个院士工作站，打造玄武岩产业共性技术研发平台，搭建开放共享的技术创新服务平台，组织制定行业技术标准，形成玄武岩上下游相关企业产业链聚合集成，使玄武岩产业成为当地扶贫攻坚重要的新兴支柱产业。6 月，微生物所与水城县签订了共建“水城县特色种薯组培繁育中心”的合作协议，规划项目的总投资约 2500 万元，第一期项目建成后，预计繁育中心年生产能力为马铃薯脱毒种苗 1500 万株、微型薯 3000 万粒、原种约 1.2 万 ~ 1.5 万吨，可支持全县发展 10 万亩一级种薯生产，实现销售收入 1.2 亿元以上；可直接解决当地贫困群众就业 300 余人；项目实施能为周边乡镇 5 万贫困农户无偿提供优质脱毒种薯，实现节约种薯支出 5000 万/年。

【扶贫培训】 2017 年，在库伦旗举办各类新技术讲座和培训班累计 32 次，其中科级干部班 8 次，农牧民科技培训班 15 次，科技骨干干部到外地学习 9 次，共 678 人参加培训。2017 年，中科院微生物所方荣祥院士领衔，钱韦研究员和刘宁副研究员共同为来自水城县马铃薯种植乡镇的 300 多名基层干部和农业技术人员，科普马铃薯病毒研究现状，介绍微生物所在农业上的研究进展，并介绍部分马铃薯绿色种植新技术。环江县举办“党建 + 教育扶贫”就业技能培训班，开设育婴师、维修电工、焊工、砌筑工等 4 类培训工种，培训贫困人员 260 人，颁发全国通用的职业资格证书 260 本，198 名培训学员与深圳市企业签订了就业意向协议，月工资达 3500 ~ 6000 元。

（中国科学院　韩永滨）

中国工程院定点扶贫

【概述】 2017年，中国工程院（以下简称“工程院”）定点帮扶云南省会泽、澜沧县。工程院按照“发挥优势、突出重点、精准扎实、稳步推进”的原则，直接投入资金690.5万元，帮助引进各类资金1331万元；选派挂职干部3人；举办各类培训班18期，参加培训1591人次。以增强扶贫对象的自我发展和可持续发展能力为重点，以保障和改善民生为核心，促进贫困人口收入水平和生活质量不断提高，有效推动定点扶贫工作。

【扶贫调研】 2017年，工程院院长周济率农业学部和医药卫生学部20多位院士、专家深入澜沧、会泽走访调研，组织“定点帮扶现场推进会”“特色产业发展研讨会”“院士专家澜沧行”等富有成效的活动，为澜沧、会泽脱贫攻坚工作出谋出力、献计献策，

书记李晓红率队到澜沧调研扶贫工作。调研组深入普洱市职业教育分中心，听取院士关于职教分中心建议项目设计介绍；在澜沧县职业高级中学，与“院士指导班”的师生座谈交流；在林下三七、冬季马铃薯种植现场，与正在参加实训教学的冬季马铃薯班的学员进行交流，有效助推澜沧脱贫攻坚工作。

【科技扶贫】 开展咨询项目研究，为城市规划与建设和产业发展建言。土木学部相关院士、专家参加“会泽古城保护咨询研究”项目。其中，“会泽古城核心片区保护规划”，已形成正式成果提交曲靖市城乡规划主管部门审批，为会泽古城保护管理工作提供法律依据；“示范建筑设计及推广研究”，已完成并提供给会泽县多个院落改造施工图，并指导西内街局部沿街建筑按图施工进行改造，已有示范建筑竣工验收；“保护与传承背景下古城区基础设施改造技术措施的整合研究”，会泽县政府已先期投资50万元，进行历史文化街区广告牌匾的整理工作，整体风貌提升初见成效。在澜沧县举办“中国工程院定点帮扶云南澜沧现场推进会”，20多名院士、专家到澜沧县指导脱贫攻坚工作。

促进商贸物流，协调开展“互联网+”和电子商务。由工程院协助完成顶层设计及平台建设，由云南昆明理工大学负责课程设置及人员培训，由县负责建立县、乡、村三级电商网络。云南理工大学院士团队、云南国资商城等单位，联合开展农村电商发展与农村“互联网+”研究和示范工作，在会泽县宝云街道赵家村和金钟街道竹园村各建立国资商城一个，构建基层党组织综合服务平台，开展特色农产品众筹和淘宝电商经营，为特色农产品走出家门，找到新出路。

开展中草药种植和产业发展扶贫工作。组建由中国中医科学院中药资源中心、普洱市民族传统医药研究所、中国医学科学院药用植物所云南分所、云南省林业科学研究院以及澜沧县土地、农林、环保和卫计委等部门共35人的普查队，从2016年10月正式开展普查，历时一年统计汇总野生植物2000多种，其中中药和民族药1200余种，编写了《澜沧县常见药用植物》一书。

助推澜沧科技示范县建设。编制完成《澜沧县科技扶贫示范县建设行动计划(2017—2020年)》，明确目标、任务、措施

和责任，促进科技在“精准扶贫、精准脱贫”中的支撑和引领作用的发挥，加快澜沧县脱贫进程。

【智力扶贫】 邀请农业学部等数十名院士、专家，多次举办产业扶贫报告会，结合当地产业发展需求，为普洱市、澜沧县千余名干部群众及科技人员作专题报告，提高当地人员科学素质；举办企业对接活动，帮助普洱市、澜沧县企业解决技术、发展难题。还邀请6位院士及其团队专家，到会送技术、解答发展与扶贫当中遇到的问题。组织医药卫生学部十余位院士、专家前往澜沧帮助提升当地医疗水平，为当地医疗卫生事业发展把脉问诊。

【扶贫模式】 设立首个“云南省院士专家工作站”。试行“一位院士、一个团队、一家企业”的工作机制，以点带面推动定点帮扶澜沧工作开展。

在全国职校首创院士专家指导班。在澜沧县职业高级中学举办全日制院士指导班以及冬季马铃薯蔬菜种植、林下三七种植、畜禽养殖、中药材资源4个院士短期农业技术培训班。四个短期培训班面向全县20个乡镇每班招收60人，合计240人。

【干部挂职扶贫】 选派3名干部到定点扶贫县挂职。分别在会泽、澜沧县挂职副县长，协助分管扶贫工作。挂职在会泽县宝云街道赵家村第一书记到期时，经市、县两级验收后，赵家村如期通过脱贫出列，党支部获得先进基层党组织和脱贫攻坚工作先进集体。

（中国工程院办公厅综合处　贾庆广）

国务院发展研究中心定点扶贫

【概述】 自2012年中央安排国务院发展研究中心（以下简称“中心”）定点帮扶河北省大名县以来，中心党组对这项工作高度重视，采取了一系列举措。2017年4月，中心印发《关于调整国务院发展研究中心扶贫工作领导小组成员和办公室负责人的通知》，调整和加强了扶贫工作领导小组，采取“双组长”制，中心主任和党组书记任组长。召开4次定点扶贫工作推进会，研究定点扶贫工作中的重大问题。

根据大名县扶贫开发实际需求，结合中心优势和资源，按照2017年年初制定的定点扶贫工作计划，多措并举、内外合力，在智力扶贫、教育扶贫、健康扶贫、金融扶贫、争取国家政策试点、宣传舆论支持等方面取得阶段性成效。

中心严格按照国务院扶贫开发领导小组制定的《中央单位定点扶贫工作考核办法（试行）》的要求，通过中心主要领导赴大名县督促检查、委派中心工作人员随中央纪委驻国办纪检组领导赴大名县督促检查、要求中心挂职干部在日常工作中加强督促检查等途径开展督查工作。

【扶贫资金投入】 2017年，投入329.84万元，开展教育扶贫、健康扶贫、就业扶贫等项目。中心党组成员每人每年捐赠1万元，结对捐助大名县4位贫困家庭学生，直至其高中毕业。中心机关党委投入10万元，资助双台村“两委”综合办公楼中“党群党建活动中心”建设，向大名县双台村小学学生捐助运动服、运动鞋各240套，价值21055元。国研科技集团与大名县教育局、大名县教育基金会联合设立“国研励志奖学金”，2017年度国研科技集团投入15万元，惠及百名优秀贫困学生。

【扶贫调研】 2017年，中心党组5位领导同志赴大名县调研定点扶贫工作。1月，张军扩副主任一行赴大名县调研，召开了“定点扶贫工作计划对接会”，沟通协调定点扶贫工作。5月，时任中心党组书记王安顺一行赴大名调研。11月，中心主任李伟及中心党组成员、办公厅主任余斌同志一行赴大名调研。11月，副主任张来明赴大名县做学习党的十九大精神专题报告，并调研定点扶贫工作。2017年，中心司局级干部赴大名计29人次，中心其他工作人员赴大名共计24人次。

【扶贫培训】 中国发展研究基金会在大名县实施“村儿童主任计划”，通过选聘和培训一批熟悉农村情况，掌握儿童营养、健康、教育相关知识的儿童主任，针对儿童家庭，尤其是贫困家庭、留守儿童家庭开展定期家访活动，推动全县儿童关爱工作。2017年，经过培训的20名村儿童主任协助150多名儿童的家庭为儿童办理户口，为10多位儿童办理残疾证、低保补贴；通过定期辅导留守儿童作业，孩子的成绩都有了显著提高；协助大病等有需要的儿童申请救助资源；组织留守儿童开展集体活动、做游戏，消除留守儿童的孤独感。

国研科技集团出资40万元，联合大名县扶贫办公室及当地具备培训资质的机构，落实“千人培训就业计划”。2017年举办9期培训班，培训贫困村农民650余人，全部上岗就业，实现精准就业扶贫。

【干部挂职扶贫】 中心党组选派信息

中心研究二处处长段炳德任大名县挂职副县长，任期为 2015 年 12 月—2017 年 12 月。2017 年 9 月，根据《关于做好选派机关优秀干部到村任第一书记工作的通知》要求，中心党组选派机关服务中心办公室副主任杨玉洋同志挂职双台村第一书记。

【产业扶贫】 2017 年，中心市场所创新推进大名县与国内外商贸、物流产业和市场的对接，邀请北京市商务委京津冀协同发展办公室，中国纺织工业联合会、中国蔬菜流通协会、北京物流协会等部门和行业组织以及 10 余家商贸流通企业前往大名县考察和对接，为大名县相关产业发展提供咨询建议，帮助大名县对接国内展会、大型市场和企业。

中心下属的国研科技公司投资 600 万元，与河北企美农业科技有限公司合作成立国研企美农业科技开发有限公司，国研科技投资 40 万元，对大名县绿色发展脱贫项目进行规划，提高贫困人口的自我发展能力。

【智力扶贫】 中心发挥智库优势，积极开展智力扶贫。中心发展部、农村部、产业部、社会部、市场所、金融所等部门组织专门研究团队多次赴大名县调研，形成“大名县县域经济发展与扶贫开发”课题总报告、分报告及专题报告，为大名县县域经济发展和扶贫开发工作提出有针对性、有指导性的政策建议或项目。中心扶贫办将课题成果反馈给大名县委县政府，为大名县县域经济发展和扶贫开发提出总体思路、政策建议和具体举措。

【教育扶贫】 实施“大名县乡村幼儿园质量提升计划”，项目为期 3 年，将投入扶贫资金 700 余万元，2017 年度已拨付 163.74 万元，项目从邯郸学院大名分院选拔 100 名幼教志愿者，经过岗前培训和幼儿园跟班学习后，分配到 4 个乡镇 30 多所幼儿园。项目实施期间，基金会筹资为志愿者每月提供 1000 ~ 1200 元生活补贴，200 元交通补贴。大名县教育局协调幼儿园为志愿者每月提供 200 元服务补贴。

【健康扶贫】 实施“大名县健康扶贫计划”，为双台村贫困人口以及 60 岁以上老年人口开展免费体检活动，完成 355 人次的免费体检以及 345 份问卷调查。推动中国初级卫生保健基金会中西部扶贫办公室“大病不出县国家级重点学科示范医院”项目落户大名。推动北京市卫计委协调优质医疗资源帮扶大名。

（国务院发展研究中心扶贫办
伍振军　周群力）

中国地震局定点扶贫

【概述】　自1992年起，中国地震局对甘肃省永靖县实施定点帮扶。2017年，中国地震局组织甘肃省地震局等有关单位，着力增加贫困群众收入、改善生产生活条件、营造经济发展环境、完善公共基础设施。继续加大组织领导和督促检查力度。投入帮扶资金424.45万元，较2016年增长56.6%，共实施14个帮扶项目。

【扶贫调研】　2017年2月，局党组书记、局长郑国光赴永靖县调研考察，与临夏回族自治州、永靖县及徐顶乡党委政府干部座谈交流，实地考察帮扶项目实施情况，看望特困群众，指导开展帮扶工作。

3月，郑国光局长就赴永靖县调研考察的有关情况和问题建议，向国务院领导做了情况汇报。4月，郑国光局长会见甘肃省永靖县县长张自贤，研究定点扶贫工作，帮助永靖县解决脱贫工作中遇到的困难和问题。

11月，中国地震局党组成员、副局长阴朝民赴永靖县调研，检查2017年各项帮扶工作和项目的实施进展情况，在徐顶乡看望慰问特困群众、与县乡干部座谈交流。对盐锅峡镇方台村活动场所建设、龙汇山减灾林建设、徐顶乡百合冷储加工服务中心建设和运行情况等进行了现场检查。

【产业扶贫】　2017年，建设徐顶乡百合加工厂、采购安装百合真空包装等加工设备。该项目已完成实施并投入使用。真空包装后的新鲜百合保质期大幅延长、售价显著提高。

培育新型农业经营主体，通过“互联网+帮扶”销售模式，利用淘宝、微信、兴农网、惠农网等网络销售平台，直接将百合从地头发到消费者手中，以高于地头收购价2元左右的价格向贫困户收购百合，直接增加了百合销售收入。年底合作社根据总盈余按比例对贫困户进行二次分红。2017年帮助贫困户销售鲜百合3000余千克，惠及33户123人。

2017年，徐顶乡三联村面山经济林种植项目完成实施，新修绿化通道450米，建设泵房、2个蓄水罐、2000米输水管道等灌溉设施，共种植近6000株苞谷杏、啤特果、榆叶梅等经济林木，种植面积600余亩。经济林采用“合作社+贫困户划片承包”的经营方式，拓展了贫困户增收渠道。

【智力扶贫】　2017年4月，邀请中国农科院专家组前往岘塬镇炳灵湖畔果业农民专业合作社、甘肃刘家峡农业开发集团蔬菜集约化育苗基地、三塬镇钢架大棚种植基地、三塬现代农业综合示范园区、徐顶乡百合种植基地、百合冷储加工中心进行实地考察。专家组深入田间地头，就果树种植、设施农业、育苗育种和百合种植等问题，现场培训徐顶乡干部职工、技术人员、致富带头人和农民等55人，向三联村赠送了百合种植技术书籍，有效提升了干部群众生产创业、脱贫致富的实用技能水平。

2017年9月，支持永靖县地震局在全县17个乡镇开展农居抗震知识宣讲和农村民居建设的建筑工匠培训，发挥地震行业优势、普及减灾技能。共培训857人次，其中党政领导干部170人，技术人员241人，农村致富带头人189人，农村劳动力257人。结合当前农村建档立卡贫困户危旧房改造和异地搬迁工作，将“减灾就是发展”的理念贯彻到基层，着力降低因灾返贫的风险。

【公益项目】 开展减灾林苗木补栽补种和灌溉管网维修改造。共补植树木2.6万余株，更换和维修灌溉管道6000延米，更换管道阀门。减灾林种植面积已达到4000余亩并带动周边共1万余亩的植树绿化建设，在环境改善、水土保护方面发挥重要作用，成为当地生态扶贫的示范工程。

特殊党费帮扶。2017年，中国地震局向永靖县委组织部下拨80万元特殊党费，支持实施盐锅峡镇方台村、陈井镇东风村、王台镇塔坪村、徐顶乡国庆村活动场所建设和徐顶乡小学校服及学习用品购置等5个帮扶项目。5个帮扶项目已基本完成实施。

建设社会基础设施。修缮徐顶乡老年人日间照料中心400平方米房屋，更换门窗和屋顶防水材料，维修照明线路和厨房卫生间设施。改造三联村扁簸沟至房头顶3.25千米农村道路和供暖设施，为改善徐顶乡的社会事业基础设施发挥了积极作用。

开展防震减灾科普宣传。在乡镇培训农村工匠建设抗震农居，设置城区应急避难场所标志牌，提升基层防震减灾能力和群众自救互救能力。开展永靖县地震区划工作，为永靖县的扶贫开发工作提供科学的减灾规划依据。

（中国地震局发展与财务司　关晶处）

中国气象局定点扶贫

【概述】 2017年，中国气象局定点帮扶内蒙古自治区突泉县，派出驻点扶贫干部2人，投入定点扶贫资金、物资共计682万元，帮助引进各类资金150万元。共完成贫困户农业实用技术、防灾减灾培训370人次，向突泉县乡镇小学捐赠图书4150册。2017年中国气象局定点扶贫工作重点，一是发挥气象服务"趋利避害，减灾增收"作用，提高农村气象灾害防御能力、服务农牧业生产、开展增雨防雹作业，为助力脱贫攻坚提供气象保障；二是对接当地产业扶贫项目，给产业扶贫项目购买保险、提供风险金或补助建设圈舍，保障贫困户稳定受益；三是充分利用气象部门资源加强宣传，通过中国气象频道、中国气象报和气象新媒体，推介突泉特色产品、绿色生态和优美旅游风光，宣传突泉县扶贫亮点工作及农特优产品，为突泉县脱贫攻坚发挥积极作用。

【扶贫调研】 2017年，中国气象局先后到内蒙古突泉县调研。2月23日，中国气象局副局长宇如聪深入突泉县调研扶贫工作，实地了解突泉县扶贫攻坚工作和中国气象局帮扶措施落实情况。8月14日，中国气象局党组成员、副局长矫梅燕深入突泉县贫困村、产业园区、扶贫龙头企业进行实地调研，了解脱贫攻坚工作和气象为农服务工作情况。

【扶贫培训】 2017年3月，中国气象局邀请辽宁省农业气象专家孙立德研究员到突泉县开展大棚气象实用技术培训，为赛银花园区大棚种植户详细讲解了大棚气象实用技术。5月，组织一期农村防灾减灾知识培训，培训农村气象信息员70人，大部分为村"两委"干部，有效提升农村气象灾害防御能力。资助县团委分别到宝石镇宝城村、杜尔基镇红光村、六户镇和宝村开展助力脱贫攻坚培训会，为农村青年开展种、养结构调整知识讲座。

【干部挂职扶贫】 2017年，中国气象局1名挂职干部和1名驻村第一书记在突泉县挂职。挂职任突泉县委副书记的薛建军协助专职副书记分管扶贫、党建、维稳等工作。挂职于太平乡五三村的驻村第一书记程飞，被评为突泉县优秀驻村第一书记。

【扶贫宣传】 2017年，中国气象局充分利用部门资源开展宣传活动，发挥典型示范作用，提高突泉知名度。《中国气象报》派记者到突泉县采访报道定点扶贫工作，对挂职干部和驻村第一书记的工作精神和成效进行宣传。中国气象频道"一直播"团队，先后到突泉县杜尔基镇红光村直播产业扶贫、到曙光园区直播农牧业产业化发展、到电子商业产业园直播"品味突泉"电商扶贫平台，宣传突泉县扶贫亮点及农特产品，点击量突破百万。中国气象频道2017年与突泉县政府共同策划网络4场《周末乡村游》网络直播，总点击量近150万。利用气象微博、微信、客户端等新媒体平台，推介突泉特色产品、绿色生态和优美旅游风光，对贫困地区推送转发气象防灾减灾科普宣传信息。中央气象台微博在重阳节期间推出"以重阳节名义送小米"活动，阅读量达到162.9万人次，有效提高了品牌知名度。

【扶贫资金投入】 2017年，中国气象局累计投入定点扶贫资金673万元，物资折款9万元。其中，将对口扶贫与突泉当地扶贫攻坚总体安排相结合，累计投入产业帮扶资金174万元，主要用于在当地开展的产业扶贫项目中为农户购买保险、提供风险金或补助建设圈舍继续推进突泉县气象为农服务水平和防灾减灾能力提升相关项目建设，共计投资494万元，主要用于“突泉县防灾减灾应急指挥中心”“突泉县突发事件预警信息发布中心”建设、为农服务平台及测站建设、防雹增雨弹药购置，发挥气象服务“趋利避害，减灾增收”作用，助力脱贫攻坚提供气象保障。

【扶贫资金管理】 中国气象局制订了《2017年突泉县定点扶贫工作计划》，定点扶贫资金的使用均按照年度工作计划，经过中国气象局扶贫领导小组会议审议。具体实施过程中，产业扶贫资金均按财务规定拨付到项目实施单位，气象能力建设方面的资金使用均严格执行相关项目建设财务要求，慰问金的发放均经过扶贫干部、县气象局局长共同研究，慰问对象均在领取单上签字。

【产业扶贫】 2017年累计投入产业帮扶资金174万元，主要用于在当地开展的产业扶贫项目中补助建设圈舍、为贫困户购买保险或提供风险金，保障贫困户稳定受益。一是在挂职干部负责联系的太平乡五三、福兴、新兴、白庙子等4村鼓励贫困户修建圈舍，根据自身条件养殖肉羊、肉驴、仔猪，共投入资金32万元，帮助91户建设圈舍，2017年上述4村受资助贫困户共有72人脱贫；二是为2万贫困人口购置保险申请产业扶贫放大贷款（商业银行规避贷款人死亡导致死账），使得贫困户有能力购买大畜发展产业；三是支持企业开展“借羊生羔”项目，借给贫困户基础母羊，三年后贫困户向公司返还同等母羊，羔羊所得归养殖户所有，气象扶贫资金为母羊的返还提供风险保证，帮助24户47人脱贫；四是利用气象部门科技优势，服务扶贫产业发展。增加地面增雨防雹作业设施，开展人工增雨防雹作业，减轻气象灾害对农业生产影响；研发毛桃、番茄、葡萄、芹菜等14种设施农业果蔬产品气象服务指标，为聚美恒果、绿丰泉等扶贫“龙头企业”提供精准到点的气象服务，为全县981个新型农业经营主体开展“直通式”气象服务；认证本地生产的绿豆为“气候好产品”，打造产品品牌。

（中国气象局应急减灾与公共服务司
农业气象处　孙　莹）

全国社会保障基金理事会定点扶贫

【概述】 2017年，全国社会保障基金理事会结合自身特点和定点扶贫县——内蒙古自治区兴和县的实际需求，坚持精准布局、精准施策、精准对接、精准落地，推动全年定点扶贫工作取得较好成效。全年赴兴和县调研11次，借助既有平台建立起1个电商扶贫平台，联系券商、基金和本单位员工捐助167万余元（连续三年合计）帮扶278名贫困学生，商请君联资本投资的企业购买兴和县石墨产品价值9800万元，运用“政融保”项目资金200万元助力农业企业发展，通过“一司一县”计划联络国信证券与兴和县达成合作，依托驻村第一书记打造1个“兴胜庄模式”示范村，投入资金80万元在4所学校建立4个真爱梦想中心，投入15万元组织兴和县85名农村党支部负责人、业务骨干前往河南濮阳农村党支部书记学院进行精准扶贫专题培训，投入近5万元为兴和县2个村党支部开通“党建直通车”，为兴和县城关镇搭建了1套信息平台，为大同夭小学援建1间电教室。

社保基金会调整充实扶贫工作领导小组及组成人员，由党组书记担任组长。每季度召开党建工作领导小组会议，将定点扶贫工作列入议程，听取进展情况汇报，研究部署下一阶段扶贫工作任务。

【扶贫资金投入】 2017年，社保基金会为兴和县直接投入资金124万元，主要为教育扶贫捐赠款及物资折价，帮助引进各类资金10353万元（其中大部分为银行贷款），推动了兴和县在产业、金融、教育等各方面的发展。

【扶贫调研】 2017年7月，党组书记、扶贫工作领导小组组长王尔乘带队前往兴和县开展调研，与当地有关负责同志重点围绕如何精准引入帮扶项目进行了座谈，有针对性地考察了当地优势产业和特色企业，进一步明确了社保基金会在产业扶贫、农产品输出扶贫、金融扶贫、信息扶贫等方面的重点工作方向。

【产业扶贫】 商请君联资本管理有限公司投资的3家企业向兴和县瑞盛石墨有限公司采购石墨，2017年实现采购额9800万元，与兴和县石墨产业进行深度加工合作。与中国银行“公益中国”团队合作，开发“公益社保基金会”精准扶贫电商平台，将贫困户自产自销的34种兴和县特色农产品上架销售，每一笔交易都有一定比例的金额精准支付给贫困户，平台上线半年来，已实现销售额31万余元。与北京市旅游局联系，开通了北京至乌兰察布草原的旅游专列，2017年共开行20余趟，运行时间也从暑期延长到了10月，带动了兴和县苏木山、察尔湖等旅游产业发展。

【金融扶贫】 组织4家证券公司前往兴和县调研，就结对帮扶进行深入沟通，促成国信证券股份有限公司与兴和县政府签订合作协议，第一笔178万元资金，投入黑毛驴养殖和小榆树村通信讯号覆盖两个项目。商请中国人民财产保险股份有限公司为兴和县引入“政融保”金融扶贫模式，向兴和县同恒粮油贸易有限责任公司发放200万元支农贷款，协调国家开发银行提供100万元扶贫增信资金，作为“政融保”的政府保证金。商请交通银行股份有限公司划拨25万专项资金，用于兴和县建档立卡贫困户精准脱贫项目。

【教育扶贫】 联系各大券商、基金公司等在兴和开展捐资助学。商请招商证券股份有限公司、安信证券股份有限公司、中国节能环保集团有限公司共捐赠 96 万元，资助 144 名贫困学生。商请易方达基金管理有限公司、汇添富基金管理股份有限公司、大成基金管理有限公司、嘉实基金管理有限公司 4 家公司共捐赠 64 万元，资助 101 名贫困学生。组织各支部党员自愿捐款 67890 元，民生研究与实践兴趣小组捐款 4800 元，先后两次发放给大同夭小学、高庙子小学、兴和一中共 33 名贫困学生。利用党费 7000 余元为大同夭乡小学、高庙子小学购置了学校急需的足篮球、单双杠、足球门等文体器材。

【党建扶贫】 2017 年 9 月，社保基金会出资近 15 万元，与兴和县委组织部共同组织兴和县 85 名农村党支部负责人、业务骨干前往河南濮阳农村党支部书记学院进行精准扶贫专题培训，出资近 5 万元为兴和县 2 个村党支部开通“党建直通车”，购置互动电视机、音响、摄像头、麦克风等，实现了在线教育、在线会议和在线办公等功能。

【信息扶贫】 精准对接兴和县提出的需求，利用更新置换下来的电脑设备，为城关镇镇政府搭建了无线网络、系统办公平台和文件共享平台，为大同夭小学援建了一间电教室，提高了当地的政务工作效率，解决了小学开展电脑课程的需要。共捐赠台式电脑 58 台、笔记本电脑 19 台、打印机 2 台、服务器 5 台，设备折价及配件投入共计约 90.9 万元。

【干部挂职扶贫】 自开展定点扶贫工作以来，选派 2 名干部在兴和县挂职，李柏梅任兴和县副县长，分管扶贫、金融工作，刁怀杰任兴和县大同夭乡兴胜庄村第一书记。为兴胜庄村修通了 20 千米“致富路”，联络中央电视台综合频道为兴和县拍摄并播出旅游宣传片，协调上海真爱梦想公益基金会、嘉实基金管理有限公司、易方达基金管理有限公司、兴和县教育局共捐助 80 万元建立三所梦想中心培训教师，商请天势投资基金管理（北京）有限公司资助村里 20 名学生每月 300 元生活补助直至高中毕业。

（全国社会保障基金理事会
陈安熠）

国家粮食和物资储备局定点扶贫

【概述】 2017年，国家粮食和物资储备局（原国家粮食局在2018年机构改革后变更为国家粮食和物资储备局，本文中使用“国家粮食局”）立足安徽省阜南县实际，深入开展扶贫调研41人次，选派2名处级干部到阜南县政府担任挂职副县长和贫困村第一书记，协调安排中央预算内投资2060万元实施“优质粮食工程”，协调安徽省粮食部门安排粮食仓储设施建设、粮库智能化升级改造等项目资金955万元，出资50万元用于教育文化扶贫，向阜南县免费赠阅价值7万多元的《中国粮食经济》杂志，组织专家为阜南县粮食系统80名干部职工进行专题培训等。

2017年阜南县扶贫开发工作取得显著成效，实现28个贫困村出列、3.4万人脱贫，通过了安徽省组织的第三方验收。

【扶贫资金投入】 2017年，国家粮食局协调资金3095万元用于阜南县定点扶贫工作。其中直接投入80万元，45万元设置“励志奖学金”，10万元建设党员活动中心，5万元支持当地中小学信息化建设，5万元帮助贫困村建设灌溉站等。协调安排中央预算内投资2060万元用于实施“优质粮食工程”。协调安徽省粮食部门安排粮食仓储设施项目340万元、粮库智能化升级改造项目615万元。11月份，由局调控司、离退办、信息中心、交易协调中心等单位组成督查组，赴阜南县开展专项督导检查。

【扶贫调研】 2017年12月，局党组书记、局长张务锋带队赴阜南县进行调研督导，考察了解全县经济社会发展和扶贫工作情况，走访慰问了部分贫困户，与阜阳市县党委、政府及有关部门负责同志进行座谈，研究脱贫攻坚的思路和部署下步的工作举措。局扶贫开发领导小组组长、党组成员、副局长卢景波带队赴阜南县调研走访，向贫困家庭发放慰问金和慰问品，与当地党委政府共同研究扶贫开发工作措施。国家粮食局各司局单位全年累计赴阜南县开展调研督导共41人次。

【干部挂职扶贫】 2017年，国家粮食局选派1名干部到阜南县政府挂职担任副县长，协助分管扶贫工作。挂职干部认真做好国家粮食局帮扶项目申报工作，争取大型粮食企业投资合作，为阜南县脱贫攻坚发挥了积极作用。先后选派2名干部到阜南县洪河桥镇盛郢村任第一书记。《中国青年报》《粮油市场报》等新闻媒体对第一书记杨乔伟的先进事迹进行了宣传报道。

【产业扶贫】 2017年，国家粮食局与财政部共同启动实施“优质粮食工程”，支持安徽省粮食局将阜南县纳入项目实施范围，列入2017年实施计划，启动实施了三个子项。一是建设粮食产后服务体系，总投资1200万元在阜南县建设10个粮食产后服务中心。二是健全粮油质检体系。经过多方努力，阜南县编制部门批复成立了粮油质量检测站，落实中央及地方财政资金260万元用于购置仪器设备。三是实施“中国好粮油”行动。落实中央财政资金600万元，用于引导阜南县种植和加工优质小麦品种，实现优粮优价，促进农民增收。

国家粮食局协调安徽省粮食部门安排阜南县粮食仓储设施项目340万元，支持建设仓容2万吨，安排粮库智能化升级改造项目经费 615 万元。

【文化教育扶贫】 国家粮食局开展多种形式的捐资助学活动。一是每年出资 45 万元建立专项助学金，资助 9 个偏远乡镇建档立卡贫困生 450 名，每人 1000 元。二是每年拨款 5 万元支持当地中小学信息化建设，用于购买电脑等。三是每年捐赠价值 7 万多元的《中国粮食经济》杂志给县直机关和行政村。四是为贫困村小学购置价值 5000 多元的新华字典 150 本、现代汉语词典 100 本，发动青年干部捐赠课外书籍 300 册。

【扶贫培训】 2017 年 10 月，国家粮食局在阜南县举办了粮油保管员、质检员初级工培训班，捐赠 900 册培训教材，组织粮食院校 4 名专家为阜南县粮食系统 68 名职工进行专题培训，共支出培训经费 10 万元；积极协调“安徽省粮食系统双百贫困生人才培养工程”实施部门定向下达招生名额，从阜南县建档立卡贫困家庭中定向招收了 1 名贫困生，免费就读安徽粮食职业工程学院，并发放补助，毕业后定向到阜南县粮食企业就业。

（国家粮食和物资储备局调控司
纪　展）

国家国防科技工业局定点扶贫

【概述】 2017年，国家国防科技工业局（以下简称“国防科工局”）推动陕西省宁强县、略阳县两个定点帮扶县的社会经济发展，助力两县脱贫攻坚工作。全年向两县提供产业扶贫专项资金、各类捐赠共计207.79万元；协调有关军工单位培训各类人员约1800人次；组织两家行业医院义诊近3000人次、培训医师近1000人，并减免部分患者费用；完成“高分专项陕西省时空地理信息云平台产业化应用”项目立项，为帮助地方脱贫攻坚提供军工技术支持方案。

【扶贫资金投入】 2017年，国防科工局向两县提供各类捐赠共计207.79万元。具体情况为：捐赠产业扶贫专项资金100万元；资助贫困学生119名，金额合计35.8万元；统一采购定点扶贫县的乌鸡、蜂蜜、木耳等土特产，金额合计34.69万元；为宁强县第二幼儿园捐赠建设资金20万元；与两县县委党建联建各1个村支部，捐赠资金合计10万元；春节开展慰问等捐赠活动送去米、面、油、慰问金，合计3.5万元；为黄家沟村贫困学生购买学习用品累计资金3.8万元。

【扶贫调研】 国防科工局党组书记、局长唐登杰带队赴两县调研定点扶贫工作。副局长王毅韧、张建华先后带队赴两县调研，协调推动扶贫措施落实落地。2017年8月，组织略阳县政府、有关企业召开座谈会，就略阳乌鸡产业发展进行了深入座谈。10—12月，组织中国科学院、北京化工大学等单位专家召开座谈会分析研讨杜仲胶的研制现状，赴湖南省、陕西省调研，重点考察略阳县杜仲企业和产业发展情况。

【扶贫工作会议】 2017年，国防科工局召开2次党组会议，学习传达习近平总书记关于扶贫开发的重要论述和系列重要讲话精神，围绕中央关于打赢精准脱贫攻坚战战略部署，研究布置国防科工局定点扶贫工作。11月，国防科工局党组书记、局长唐登杰在汉中市主持召开精准扶贫座谈会。为规范定点扶贫专项资金管理，确保精准帮扶效果，国防科工局与两县签订《国防科工局定点扶贫专项资金委托管理协议》，举办扶贫专项资金捐赠仪式，向两县各捐赠50万元。

【扶贫培训】 国防科工局挂职略阳县副县长潘祝华依托领导干部上讲台活动，为当地干部职工传授“互联网+”、电子信息技术等方面的知识。国防科工局协调航空3201医院在两县开展乡镇医师、卫生院医师培训350人次，组织北京航天中心医院在宁强县天津医院、略阳县天津医院举办6场专题讲座，开展教学查房32人次。协调陕西航空技师学院承办陕西省技工院校数控专业骨干教师培训班并免费培训教师4名，培训小学教师160人次。协调陕西航空职业技术学院在两县开展电商创业特色产业扶贫培训班，累计培训145人次。

【干部挂职扶贫】 2017年国防科工局共派出3名干部到两县挂职扶贫，其中2名挂职干部分别担任宁强县、略阳县委常委、副县长职务分管或协管扶贫工作，1名挂职干部担任略阳县黄家沟村第一书记。略阳县挂职副县长潘祝华发挥互联网专业特长，在略阳县建立了基于“阿里钉钉”的“精准扶贫信息服务平台”，积极对接中国社会扶贫网等网络平台。宁强县挂职副县长陈芳雷引进军工技术，帮助食用菌养殖户增产30%，获汉中市2017年“脱贫攻坚先进个人”称号。

【扶贫资金管理】 与两县签订《国防科工局定点扶贫专项资金委托管理协议》，明确国防科工局每年为两县提供各50万元的专项扶贫资金，用于帮助两县建档立卡贫困户发展特色种植养殖产业。两县负责建立扶贫项目管理制度，落实贫困户对专项资金的申报、审核和分配等工作，实现对专项资金全过程闭环管理，国防科工局不定期对专项资金使用情况进行抽查审计等。

【科技扶贫】 一是面向全国扶贫工作信息化建设需要，充分发挥“高分辨率对地观测系统”国家重大科技专项在扶贫工作中的技术支持作用，联合财政部批复“高分精准扶贫技术研究及应用示范项目”立项，完成“高分专项陕西省时空地理信息云平台产业化应用”项目立项。国防科工局技术团队赴两县开展技术对接和需求调研，为后续开展精准扶贫提供技术支持。依托卫星通信资源优势，为两县提供远程教育、远程医疗技术支持，推动“阳光暖心工程”项目，列为陕西省健康扶贫八大工程之一。

【产业扶贫】 着力解决两县建档立卡贫困群众发展特色产业资金难题，投入100万元（每县50万元），支持发展特色养殖种植等产业项目。先后在北京和汉中召开7次研讨会、座谈会，为两县发展绿色特色产业把脉会诊、出谋划策、提供智力和技术支撑。组织中国科学院、北京化工大学、北京橡胶院等单位15名军工领域和材料领域专家实地调研略阳杜仲产业发展以及杜仲胶在军工领域应用等。通过大众募资方式，启动略阳乌鸡网上众筹活动，完成销售额12万元，带动略阳县乌鸡企业和电商销售额1066万元，帮助800户贫困户平均增加产业收入3600元。在宁强县积极推进“小农户对接大市场”，先后将210万元农特产品销往北京、上海等地，让2000余户贫困户实现增收。积极协调中国核工业集团有限公司陕铀公司向宁强曹家坝村捐赠100万元，支持乡村水利设施、路灯等建设，捐赠50万元扶贫专项基金，撬动银行500万元资金作为宁强县产业扶贫贷款额度。倡议并在局机关、局属事业单位推销两县特色农产品，采购额达34.69万元。

【教育扶贫】 国防科工局协调陕西职业技术学院、陕西航空技师学院（012技校）在两县开展招生和人员培训工作。捐助两县大中小贫困学生119名，金额35.8万元。组织012技校招收两县98名初中学生，落实国家助学金等优惠政策，除享受国家减免政策外，还减免住宿费、教材费、保险费等费用共计约14万元，并与其签订企业就业协议。资助建设宁强县第二幼儿园，捐助资金20万元。

【健康扶贫】 组织北京航天中心医院、航空3201医院等行业医院为两县开展义诊培训、人才引进等活动。北京航天中心医院医疗队在两县累计接诊988人次，实施急危重症抢救1例、肝左叶切除手术1例；为两县医院牵线搭桥，引入优质医疗资源，帮助宁强县天津医院设立专家工作站并与主任医师王旭东签订聘用合同，帮助略阳县天津医院签订医务工作者培训协议，每年免费培训10名医务人员。航空3201医院赴宁强县7镇义诊约2000人，组织开展乡镇卫生院医师培训350名；义务支援宁强县巴山镇、略阳县徐家坪镇卫生院建设项目，接收两镇专业技术人员10人免费进修学习；减免两县贫困户在3201医院部分费用，全部减免5名先天性心脏病患儿手术、1名尘肺患者，1名脑肿瘤患者个人承担的费用。

（国家国防科技工业局人事司
陈文锋）

国家烟草专卖局定点扶贫

【**概述**】　2017 年，国家烟草专卖局帮扶湖北省十堰市竹山县、竹溪县，宁夏回族自治区吴忠市红寺堡区 3 个定点扶贫县（区）。国家烟草专卖局围绕“一依托、四带动”行业扶贫工作总体思路，即依托烟草产业优势，带动易地扶贫搬迁，带动新农村建设，带动小城镇建设，带动公益项目建设，扎实推进国家烟草专卖局定点扶贫工作，并取得了较好的工作实效。2017 年国家烟草专卖局分别对竹山县、竹溪县年投入专项扶贫资金 2000 万元，对红寺堡区投入专项扶贫资金 1000 万元，并规划专项捐赠资金 1.09 亿元，用于援建竹溪县鸳鸯池水库建设，以解决烟叶种植和县城供水困难问题。自 2015 年起，国家烟草专卖局在竹山县、竹溪县积极推进实施旱厕改造项目。截至 2017 年底，共投入资金 300 余万元在 20 个乡村学校实施了旱厕改造项目。

【**扶贫资金投入**】　2017 年，国家烟草专卖局对竹溪县捐赠资金 2000 万元，用于支持教育文化扶贫、美丽乡村试点、公共服务、绿色生态产业扶贫和基础设施等五类项目；对竹山县捐赠资金 2000 万元，用于支持基础设施建设、新农村建设、小城镇建设、教育扶贫、卫生扶贫、工艺扶贫和产业扶贫六类项目；对红寺堡区捐赠资金 1000 万元，用于支持肉牛养殖贴息、“飞地”肉牛养殖园区改造提升项目。

【**扶贫调研**】　国家烟草专卖局局长凌成兴和分管副局长杨培森于 2017 年先后深入各定点扶贫县调研指导。凌成兴局长于 2017 年 4 月 13 日至 14 日到竹山县、竹溪县调研，考察了竹溪县蒋家堰镇莲花新农村建设片区、竹溪县二中食堂改建、竹山县擂鼓镇金岭村新农村建设等项目；11 月 27 日至 28 日，凌成兴局长到吴忠市红寺堡区调研，考察了“飞地”肉牛养殖示范园区、宁夏弘德包装材料有限公司。杨培森副局长 2017 年 9 月 26 日至 27 日到吴忠市红寺堡区调研，11 月 8 日至 10 日到十堰市竹山县、竹溪县调研。

【**扶贫干部培训**】　国家烟草专卖局于 2017 年 7 月举办了定点扶贫干部人才培训班，三个定点扶贫县（区）的 125 名扶贫干部和致富带头人参加培训；2017 年 12 月会同最高人民检察院联合举办了“贯彻落实党的十九大精神，助力脱贫攻坚工作迈出新步伐”培训班。

【**干部挂职扶贫**】　2017 年，国家烟草专卖局共派出六名扶贫干部前往定点扶贫县挂职，分别担任竹溪县副县长、竹山县副县长，吴忠市红寺堡区委常委、副区长，竹山县、竹溪县委办公室副主任，竹山县擂鼓镇金岭村第一书记。2017 年 5 月，竹溪县副县长孙胜群、竹山县副县长张为分别被十堰市人民政府记二等功一次。

【**扶贫资金管理**】　2017 年竹山县、竹溪县及红寺堡区出台了《竹山县国烟扶贫资金管理暂行办法》《竹溪县国烟扶贫资金管理暂行办法》《吴忠市红寺堡区国烟帮扶资金和项目管理办法》等规范性文件，强化了扶贫项目资金使用效能，规范了定点扶贫县资金使用管理。

【**产业扶贫**】　国家烟草专卖局依照“一依托，四带动”总体思路，发挥烟草产业巨大能量，助力三个定点扶贫县脱贫攻坚工作。2017 年，竹山县 956 户烟农共种植烤烟 2.2 万亩，实现综合税收 2367.7 万元。其中，406 户建档立卡贫困户种烟 7216 亩，增加贫困户收入 1659.7 万元，安排贫困户季节性烟叶生产务工 6500 余人次，当年实现脱贫 821 人。竹溪县 815 户烟农共种植烤烟 2.1 万亩，全年实现综合税收 2025.2 万元。其中，422 户建档立卡贫困户种烟 8931 亩，增加贫困户收入 2032 万元，当年实现脱贫 982 人。2012 年，烟草行业在吴忠市红寺堡区投资 3.7 亿元建立宁夏弘德包装材料有限公司，成为县域工业经济的主要支柱。2017 年，国家烟草专卖局多次协调下属企业向该公司倾斜订单安排，全年销售烟标 38.57 万箱，同比增加 7.18 万箱；实现营业收入 1.74 亿元，同比增加 2047 万元。截至 2017 年，该企业累计上缴税金 1504 万元，并解决了 53 名建档立卡贫困户就业问题。

（国家烟草专卖局发展计划司
董昊明）

国家铁路局定点扶贫

【概述】 2017年，国家铁路局认真贯彻落实党中央、国务院关于扶贫开发工作的部署要求，多措并举做好贵州省榕江县各项帮扶支援工作，捐赠、支援各项扶贫资金70万元，协调相关企业支援扶贫补助资金92万元，帮助建设脱贫产业项目。立足职能优势，大力帮扶贵州省榕江县开展交通扶贫，积极推动公路、铁路、机场等交通基础设施建设项目的落实；协助榕江县编印旅游宣传专刊，在铁路站、车上发放宣传专刊、滚动播放宣传片等推广；着眼于扶智扶贫，积极协调铁路企业解决了部分榕江籍高职毕业学生的就业问题。着重发挥地区资源优势，开发了小香鸡养殖项目、农家乐等乡村特色旅游项目，促进地区经济的可持续发展。

【扶贫调研】 2017年2月，交通运输部副部长、党组成员，国家铁路局局长、党组书记杨宇栋带队赴榕江县调研，实地考察了村民生产生活情况和国家铁路局援建项目推进情况，走访慰问了贫困群众，与贵州省扶贫办、榕江县政府等相关单位就定点扶贫榕江县事宜举行工作座谈，签订了定点扶贫工作会议纪要、捐赠资金协议。

5月，国家铁路局党组成员、直属机关党委书记钟华同志前往榕江县督导调研。12月，直属机关党委副书记张忠带队，与中央纪委驻交通运输部纪检组副组长胡志彬一行赴榕江县就国家铁路局帮扶工作开展督检。

【扶贫会议】 2017年5月，国家铁路局组织召开定点扶贫贵州省榕江县工作座谈会。交通运输部副部长、党组成员，国家铁路局局长、党组书记杨宇栋，国家铁路局党组成员、直属机关党委书记钟华与榕江县委县政府负责同志就国家铁路局定点扶贫榕江县脱贫攻坚工作深入交换意见。双方围绕榕江县脱贫攻坚工作中遇到的具体情况和实际困难以及在实际扶贫工作中精准扶贫、精准识别等措施的具体落实情况，进行了深入探讨，国家铁路局扶贫工作领导小组成员单位负责同志对相关问题提出了具体解决办法或建议。

【基础设施建设】 2017年，继续推进兴永郴赣铁路建设。按照《国家铁路局贯彻实施“十三五”脱贫攻坚规划工作方案》，加快推进兴永郴赣铁路建设，努力打造一条途经黔南、湘南和赣南的石漠化、罗霄山、武陵山等集中连片特困地区，连接西南、华东、华南地区的铁路运输通道。截至2017年底，该项目已列入《国家中长期铁路网规划》，已基本完成贵州段的资料收集。推进榕江公路项目建设。协调交通部将荔榕、雷榕、剑榕高速公路项目纳入规划。协调贵州省交通运输厅修建乐乡村到高扒村的村级公路项目，约20千米，已经贵州省、黔东南苗族侗族自治州批准建设。

【扶贫宣传】 发挥国家铁路局行业优势，帮助榕江县将特色旅游产业品牌打出去。北京铁路局《物流时代周刊·物流与生活》榕江专刊于2017年五一期间在北京铁路局担当乘务的列车上发行，该专刊共发行7.8万册。成都铁路局在2017年《火车旅伴》上刊登4期榕江县相关内容，每期刊物发行30000册。协调拍摄了以介绍推广榕江为主题的高铁宣传片，于2017年6月在成都铁路局进行投放。

【产业扶贫】 向乐乡中心村捐赠扶贫资金 70 万元，用于进一步扶持稻香鱼养殖基地及农家乐旅游项目开发建设，积极协调指导，推动乐乡小香鸡养殖基地稳步发展。先后扶持脱贫产业项目建设，精准扶贫 82 户。其中，乐乡中心村小香鸡养殖项目带动 67 户贫困户，寨章村稻香鱼养殖基地及农家乐项目带动 15 户贫困户。

【教育扶贫】 协助榕江县政府做好新建乐乡村小学学生食堂和高扒小学教学楼、学生宿舍、学生食堂等基础设施的建设施工工作。捐助电脑设备，组织学校运用电教室组织学生开展电化教育课，每周为 180 名学生进行 2 课时的电化教育，利用电脑设备帮助学生与在外打工的家长视频交流联系。联系贵阳职业技术学院等高职院校，协调铁路企业招收该院铁路专业榕江籍毕业生。截至 2017 年底，该院 7 名榕江籍学生都安排到相关铁路企业就业。

（国家铁路局直属机关党委组织处 张海东）

国家文物局定点扶贫

【概述】 2017年，国家文物局按照党中央国务院统一部署，深入落实精准扶贫精准脱贫基本方略，坚持专项扶贫、行业扶贫、社会扶贫等多方力量、多种举措有机结合和互为支撑的“三位一体”大扶贫格局，坚持扶贫同扶智、扶志相结合，扎实推进定点扶贫河南省淮阳县脱贫攻坚工作，共有2名挂职干部前往淮阳县扶贫，分别担任副县长和驻村第一书记，先后9人次赴淮阳调研扶贫工作，全年直接投入资金160万元，帮助引进资金992万元。

【干部挂职扶贫】 国家文物局挂职干部2017年共开展走访慰问活动20次，走访慰问贫困户68户，为当地群众解决突出难题23件。主持编制了淮阳县旅游扶贫实施方案，精准施策，支持贫困村发展乡村旅游。仅龙湖景区周边的5个乡镇就因为旅游业的兴起解决了5万多名农民就近就业，其中贫困人口就业4600人，人均年收入近2万元。

【产业扶贫】 2017年，淮阳县启动了平粮台国家考古遗址公园建设工作。国家文物局领导和相关部门多次到遗址现场指导，完成了总投资300万元的文化遗产保护基础设施建设项目，新建了电子监控、垃圾污水处理设施、供电线路、看护房等，改善了基础设施条件；开工了总投资778万元的城垣本体保护加固工程，已完成遗址地表杂物、现代构建物、垃圾等清理工作；拨付48万元支持了年度考古发掘工作，完成探方360平方米；拨付15万元支持编制申报了遗址水环境整治项目方案，并已获立项批复；协调争取资金100万元，举办了遗址考古发掘成果展并启动了遗址创3A景区工作。在项目实施过程中，优先招收贫困村居民，2017年平粮台遗址考古发掘和文物保护项目实施使用当地民工约100人，人均增收超过6000元。

【文化扶贫】 主导推进淮阳县成功创建了河南省公共文化服务体系示范区，淮阳县基本形成了覆盖县乡村的三级公共文化服务网络对全县145个建档立卡贫困村进行逐一调查摸底，整合扶贫资金3500万元并整合现有项目、场所、设施，推进村级综合文化活动中心建设，利用4个月时间完成了实地测量、招投标、工程施工，实现了145个建档立卡贫困村综合文化服务中心（一个文化活动室、一个文体广场、一个简易戏台、一个宣传栏、一套文化器材、一套广播器材、一套体育设施器材、一个水冲式公厕）覆盖率100%。

【扶贫慰问】 2017年11月，国家文物局党组副书记、副局长顾玉才赴定点帮扶村北关村调研，为困难群众和老党员送去慰问金。2017年，国家文物局为村里困难群众和老党员发放慰问金和慰问品共计30000元，为北关小学捐赠价值5000元的书包文具等学习用品，为改善村室办公条件购置了价值26000余元的办公设备。

【扶贫资金投入】 2017年，国家文物局投入资金160万元，支持弦歌台古建筑群维修工程以及定点帮扶村北关村的基础设施建设和困难群众补助。投入国家重点文物保护专项补助资金992万元，支持平粮台遗址的考古发掘、本体保护工程和东汉刘崇墓的安防工程项目。

【扶贫资金管理】 国家文物局在对村帮扶上，根据扶贫项目申报情况拨付扶贫资金，资金直接拨付到所在县财政局。驻村第一书记通过镇党委政府向县政府申请资金，严格按照扶贫资金使用要求，经过招标后组织项目施工。施工结束后由镇政府组织人员进行验收，确保资金规范使用。

【智力扶贫】 2017年，在河南博物院组织举办了“淮阳平粮台遗址考古发掘40年成果展”，国家文物局所属的北京鲁迅博物馆（北京新文化运动纪念馆）为淮阳一中李之龙革命活动旧址送去《新时代的先声》和《鲁迅的读书生活》两个大型图片展。支持淮阳县“量身打造”多媒体舞台剧《陈州放粮》，并积极支持其入选了文化部2018年度国家艺术基金资助项目。2017年夏季已演出30场，淮阳县2万多市民免费观看。支持“中原古韵——中国（淮阳）非物质文化遗产展演”提质上档，积极协调文化部非遗司将其纳入了支持范围，提升了活动品质。邀请全国各地100多项国家级非物质文化遗产项目来淮阳县表演，数百万人观看了演出。

【基础设施建设】 出资50万元对城关镇北关村一组、二组、三组、四组、五组等亟待修缮道路进行水泥硬化施工，硬化路面共计5000余平方米，基本上解决了各村民小组出行难题，同时为村内新架设60盏路灯，照亮了村民夜间回家路。

（国家文物局办公室　张　洁
国家文物局直属机关党委办公室
刘永琴）

中国宋庆龄基金会定点扶贫

【概述】 中国宋庆龄基金会始终把做好宁夏回族自治区彭阳县定点扶贫工作作为一项重要政治任务。认真贯彻精准扶贫精准脱贫基本方略，坚持“尽本会所能，急彭阳所急，帮彭阳所需”，在教育体育、医疗卫生等多个领域开展公益项目，有效助力彭阳县脱贫攻坚。2017年新实施项目物资268.36万元，其中，捐赠御寒衣物118.36万，惠及彭阳县9000多贫困人口、2800余户贫困家庭；实施“贫困大学生助学金”项目50万元，资助120名建档立卡贫困户家庭的大学生完成学业；向贫困村小学捐赠60万元的体育设施器材，丰富课余生活；向城阳乡中心小学捐赠40万元支援教学楼建设，改善教育基础设施；继续实施260万元小额信贷项目，扶持产业发展。

【扶贫资金投入】 2017年中国宋庆龄基金会在彭阳县继续实施小额信贷项目260万元。2017年新实施项目资金268.36万元，其中：贫困大学生助学金50万元，捐赠体育设施器材60万元，捐赠防寒衣物118.36万元，支援城阳乡中心小学教学楼建设经费40万元。

【扶贫调研】 2017年7月，全国政协副主席、中国宋庆龄基金会主席王家瑞，中国宋庆龄基金会党组书记、常务副主席杭元祥，党组成员、秘书长李松武一行赴彭阳考察调研定点扶贫工作。对全县教育扶贫、健康扶贫、产业扶贫、金融扶贫等政策制定和相关举措做了深入调研，对进一步做好定点帮扶工作提出要求。调研报告得到国务院总理李克强、原副总理汪洋的批示。

8月，党组成员、副主席井顿泉会同澳门基金会主席吴志良一行到彭阳调研古城镇卫生院及水窖项目，走访慰问建档立卡贫困户。

【扶贫制度建设】 2017年9月，修订《中国宋庆龄基金会加强定点扶贫工作实施办法》，成立了以党组书记、常务副主席杭元祥为组长的定点扶贫工作领导小组，领导小组下设办公室。

【扶贫培训】 2017年，中国宋庆龄基金会与第三方合作，在彭阳县建立医务人员在线培训平台，实现彭阳县医务人员在线培训全覆盖，切实提升基层医疗卫生服务能力。

【干部挂职扶贫】 2017年，中国宋庆龄基金会继续委派史金龙在彭阳县挂职，任县委常委、副县长，协助分管扶贫工作。7月，选派陈志安担任彭阳县城阳乡沟圈村驻村第一书记，任期两年。

【扶贫宣传】 积极对接中央电视台，将大型系列纪录片引入彭阳，免费制作了《中国影像方志·彭阳篇》，将彭阳风土人情、自然风光、历史文化、特色美食、扶贫攻坚等方面内容融入其中，择期在央视播放。二是协调宁夏电视台免费拍摄制作《古老的彭阳》专题片，讲述彭阳县作为皇甫谧故里的中医针灸文化和历史传说。

【公益扶贫】 发挥公益慈善平台作用，向社会募集慈善捐助，共同参与脱贫攻坚工作。2017年8月，“让爱远传”公益项目走进彭阳，开展了捐赠衣物资助活动，捐赠物资价值118.36万元。资助御寒衣物9000余件，所有的衣服按照贫困户年龄、性别、需求情况和当地的季节气候特点，对外套、上衣、裤子、打底衣分类成套包装，惠及彭阳县 9000 多贫困人口、2800 余户建档立卡贫困家庭。

【教育扶贫】 2017 年，继续在彭阳县开展贫困大学生助学项目，投入 50 万元资助 120 名建档立卡贫困家庭的寒门学子，帮助他们解决入学学费问题，减轻家庭负担。

2017 年，中国宋庆龄基金会向彭阳县的贫困村小学捐赠价值 60 万元的篮球、足球、球衣等体育设施器材，丰富学生课余生活；向城阳乡中心小学捐赠 40 万元，用于支援教学楼建设，改善教育基础设施。

（中国宋庆龄基金会机关党委 刘洪涛）

中国光大集团股份公司定点扶贫

【概述】 2017年，中国光大集团股份公司（以下简称“光大集团”）研究制定《中国光大集团定点扶贫工作指导意见》在定点帮扶的湖南省新化县、新田县和古丈县，实施产业扶贫、教育扶贫、金融扶贫、党建扶贫、民生扶贫等行动，全年扶贫投入3313.38万元，比2016年增长129%，组织实施扶贫项目48个，直接受益贫困人口2.3万余人。在中央单位定点扶贫工作考核中获得“好”的等次。

【产业扶贫】 光大集团在新化县、古丈县援建李子加工厂、肉制品加工厂和茶叶加工自动化生产线，拉长产业链，提升附加值，推动扶贫产业标准化。在新化县、新田县、古丈县援建种植养殖基地，扶持发展特色养殖、特色种植，建茶叶、黄豆、黑木耳、中药材等种植基地，扩建石蛙、竹鼠、黑跑猪和土鸡等家禽养殖基地24个、4720余亩，建年产1000吨的有机肥加工生产线，推进种植养殖产业化。

【教育扶贫】 光大集团在新化县和新田县各援建一所光大希望学校，扩大校舍3600平方米，增加学位500个，赠送价值46.5万元的课桌、双层铁床等学习生活用品，改善1900名学生上学条件。实施“明德”助学计划，将贫困学生情况放在集团内网上，引导“一对一”资助贫困学生，集团系统数千余名员工捐款75.7万余元，资助建档立卡贫困学生1000余名。实施“永葆健康营养午餐公益计划”，为古丈县默戎镇中心小学百余名贫困儿童提供免费营养午餐。

【金融扶贫】 光大银行在定点帮扶地区永州市和娄底市设立光大银行二级分行。发挥互联网金融扶贫作用，光大银行通过“购精彩”系列电商平台销售贫困地区特色产品，对扶贫地区特色产品实行免开发费、免入场费、免导流费与合作营销的“三免一合”的优惠政策。光大证券推进“证券+”综合扶贫模式，在贫困县加大投行业务指导和多渠道融资力度。光大永明保险公司为古丈县茶叶企业贫困农民工捐赠保额6000万元，用保险保障项目“为意外兜底”。

【党建扶贫】 为加强贫困村基层党组织阵地建设，集团拿出党费500万元，新建贫困村党员活动中心11个，完善党支部活动室相关设施12个。制定《关于光大集团基层党支部与集团定点扶贫县贫困村党支部结对共建脱贫攻坚活动的实施方案》，组织集团系统三个支部与贫困村支部结对共建。集团选派的新化县洋溪镇山联村第一书记汤道财，与村“两委”一道“零距离”帮扶贫困户，采用“公司+基地+合作社+农户”模式，依托养殖大户兴建养殖基地，开发油茶林、经果林、中药材基地458亩，带领和帮助贫困人口脱贫。

【民生扶贫】 针对边远地区就医难的问题，在新化县温塘镇新建一所光大卫生院，援建5400平方米综合医疗楼一栋，新增病床近百张。出资60万元为在职教师和中小学生5万余人每人购买一份重大疾病保险。光大国际积极参与新化县垃圾焚烧发电PPP项目，为营造“绿水青山”做贡献。集团还向5个贫困村投资，支持生活污水处理改造、自然村村道硬化、村机耕道、山塘维修和灌溉水渠建设，支持乡村电信网络全覆盖。

【干部挂职扶贫】 光大集团注重选派德才兼备的中青年干部到定点扶贫县挂职扶贫。有四名干部在扶贫县挂职，其中有一名同志任村第一书记。挂职干部认真履职，积极发挥专业特长，勇于承担急难险重任务，光大集团有两名挂职干部被评为湖南“百名最美扶贫人物”，有一名同志被当地政府荣记三等功。

（中国光大集团股份公司扶贫办
吕铁军）

中国邮政集团公司定点扶贫

【概述】 2017年，中国邮政集团公司（以下简称“中国邮政”）继续承担陕西省商洛市商州区和洛南县的定点扶贫任务。

根据国务院《“十三五”脱贫攻坚规划》和《商洛市脱贫攻坚实施规划（2016—2020年）》的总体部署，按照“强化组织保障、精选干部挂职、建立长效机制、确保扶贫效果”的原则，充分发挥邮政行业优势，进一步激发贫困地区干部群众的内生动力，以建档立卡贫困村、贫困户为对象，投入609万元资金，做精做实精准扶贫项目。在2017年度中央单位定点扶贫工作考核中，中国邮政扶贫工作在商洛市考核评比中排名第一，在陕西省考核评比中位列第一等“好”，在中央单位定点扶贫工作考核等次中位列“较好”。

【扶贫资金投入】 2017年，中国邮政投入扶贫资金609万元，在商州区、洛南县开展电商、金融、保险、产业、教育、科技和基础设施七大扶贫项目，直接帮扶6413名贫困群众。

【扶贫调研】 2017年3月和7月，中国邮政集团公司党组书记、总经理李国华两次赴陕西商洛调研邮政定点扶贫工作，向中国邮政总部派遣的驻村干部了解邮政扶贫工作开展情况，对加大商洛地区项目扶贫工作力度提出明确要求。7月和11月，中国邮政集团公司党组成员、副总经理李丕征两次赴定点扶贫县督导检查工作，召集邮政各板块与陕西省商洛市政府召开联席会议，共同研究精准扶贫相关问题。

【干部挂职扶贫】 中国邮政先后派驻4名挂职干部。耿奎任商州区副区长，蔡禹任洛南县副县长，赵武任商州区牧护关镇竹园村第一书记，宋洛民任洛南县城关街道办陶岭社区第一书记。

【电商扶贫】 投入项目资金120万元，采取“产业＋金融＋物流”一条龙服务模式，致力解决农产品进城“最初一公里”和工业品下乡“最后一公里”问题，打通贫困村农副产品进城销售渠道。配合洛南县委、县政府启动特色农产品O2O模式推广活动，销售“春节爱心大礼包”3000余份。在邮乐网平台建成“商洛特色馆”，上线推广核桃、茶叶、香菇、木耳、豆腐干、挂面、土豆和土蜂蜜等特色农产品，实行统一活动、统一商品、统一配送、统一价格和统一结算。在“商洛特色馆”开业爆款销售活动中，销售核桃4000余件、香菇2吨、土豆3.6万单。组织邮政职工帮助贫困户采收交寄农产品，商州区竹园村120吨土豆、洛南县罗坡村3吨青皮核桃销售一空。中国邮政首届“邮乐919购物狂欢节”推出锅巴、朝天椒、豆腐干等“1元购”爆款产品，累计销售洛南锅巴2.3万件、神仙叶凉粉3280件、馋嘴香菇8754件、黑龙口豆腐干6788件、干枣片9373件、盐渍香椿1894件、玉米棒1.14万件。累计帮助商州区、洛南县建档立卡贫困村销售农产品10.8万单，销售额246万元。

【金融扶贫】 投放涉农贷款2.52亿元，成立邮储银行“三农”金融事业部商洛分部，建立贫困村扶贫工作包点联系人机制，加强对吸收贫困户就业和带动贫困户脱贫的新型农业经营主体信贷支持。向商州区投放涉农贷款1.48亿元（含扶贫小额贷款

0.19 亿元），建成扶贫"信用村"8 个，向 23 户农民发放贷款 106 万元；向洛南县投放涉农贷款 1.04 亿元（含扶贫小额贷款 0.1 亿元），建成扶贫"信用村"2 个，向 43 户农民发放贷款 215 万元。

【保险扶贫】 投入项目资金 30 万元。在扶贫贷款"免抵押、免担保"优惠政策的基础上，再由中国邮政作为投保人，向 770 名扶贫贷款户赠送保额 10 万元/人的人身意外身故和意外伤残保险。将商州区竹园村、韩子坪村和洛南县的陶岭社区、罗坡村、黑潭村建设为"保险村"，向 5671 名贫困村村民赠送保额 4.2 万元/人的人身意外伤害和意外医疗险。累计投放保额超过 3.15 亿元，防止"因病致贫""意外返贫"现象发生。

【产业扶贫】 捐赠资金 245 万元。帮助 5 个建档立卡贫困村成立 5 个农民专业合作社，合作社由中国邮政捐资，村集体和贫困户按比例持股分红，采取有能力的入社就业、有资金的入股分红、无劳力又无资金的由集体救助等帮扶措施，扶贫精准到户、精准到人，带动 299 户 955 人增收脱贫。

商州区韩子坪食用菌深加工项目填补全区空白。洛南县罗坡村、陶岭社区朝天椒种植项目，利用当地绿色环保禀赋资源，积极融入地方经济工作布局。

【教育扶贫】 投入项目资金 74 万元。定点招录 37 名建档立卡贫困生入读行业院校（石家庄邮电职业技术学院 31 名，陕西通信技师学院 6 名）。为新生统一购买校服和往返车票，免收学杂费，同时三年学习期间资助每名学生 2 万元生活费。学院还制订有针对性的培养方案，配备成长导师，帮助学生健康成长，毕业后安排在邮政系统工作。

【科技扶贫】 投入项目资金 50 万元，在商州区、洛南县开展科技扶贫，举办了 2 期党的十九大关于精准扶贫精准脱贫精神解读大讲堂；针对专业户和贫困户，各举办 5 期种植养殖和脱贫产业分类技术培训；针对洛南县贫困村发展带头人及各级扶贫工作人员，举办 1 期农村"三变"改革政策讲座，建设一个"三变"改革示范村；为推广朝天椒种植贫困村捐赠 300 份《辣椒种植》科技期刊等。

【基础设施建设】 捐资 45 万元，为洛南县罗坡、黑潭、关帝庙村和商州区韩子坪等 4 个贫困村建设文化广场，活跃群众文化生活，提升村民文化素养。

【工作机制】 中国邮政成立了以总经理李国华为组长的邮政扶贫工作领导小组，下设定点扶贫、电商扶贫和金融扶贫三个专项工作组，部署推进中国邮政扶贫工作的有关事项。同时，根据项目实施需要，成立陕西邮政扶贫工作领导小组，由陕西省邮政分公司、邮储银行陕西省分行和中邮人寿陕西分公司等组成，下设办公室，配备 3 名专职人员，负责上下内外沟通、协调和项目落实；成立了商洛市邮政分公司扶贫办，配备 2 名专职人员具体落实定点扶贫工作。

（中国邮政集团公司陕西省
分公司扶贫办　晏建武）

中国工商银行股份有限公司定点扶贫

【概述】 2017 年，中国工商银行股份有限公司（以下简称“工商银行”），持续加大对定点帮扶的四川省通江县、南江县、万源市和金阳县 4 县（市）的精准帮扶力度，全年共投入资金 3250 万元，其中捐赠资金 2200 万元、党费 1050 万元，集中实施金融、产业、教育、党建等扶贫项目。新投放 9 亿元贷款支持巴通万高速公路建设，推出“致富创业贷”，带动 97 个建档立卡贫困户脱贫，推动定点扶贫地区特色商品在融 e 购上线，累计实现销售额 2100 万元；继续开展贫困大学生专项招聘，招收 12 名定点扶贫地区学生进入工商银行工作，直接资助新考入大学贫困学生 401 名，表彰优秀教师 400 名，培训村小教师 400 名；开展了黑鸡、黄羊、肉兔养殖，马铃薯种植等多个产业扶贫项目，受益贫困户超过 2200 户，户均增收超过 3000 元；制定党费支持脱贫攻坚工作方案，重点支持定点扶贫地区建设党员活动阵地、开展党员培训等党建工作；加强对深度贫困县金阳的支持，制定金融支持深度贫困地区工作方案，将新的帮扶项目和资金、物资捐助等优先安排到金阳，集中力量攻关。

【扶贫资金投入】 工商银行实施帮扶项目 47 个，帮助建档立卡贫困人口 9051 人脱贫，直接投入资金及物资折款 4501 万元，主要包括投入基础设施建设资金 1491 万元，产业开发资金 1129 万元，文化教育类扶贫资金 490 万元，医疗卫生类扶贫资金 60 万元，人力资源培训资金 199 万元，赈灾救济送温暖 32 万元，消费扶贫 1100 万元。

【扶贫调研】 2017 年 6 月，工商银行党委书记、董事长易会满带领金融扶贫工作领导小组成员部室负责人深入定点扶贫县市，走村入户开展调研考察，帮助解决重点难点问题，并在南江举办金融精准扶贫工作座谈会，研究脱贫安排、重点规划和精准项目，推动各项扶贫措施在定点扶贫地区落地实施。2 月，工商银行监事长钱文挥与四川省人力资源和社会保障厅专门对就业扶贫进行深入探讨，确定了贫困大学生招聘的具体安排。9 月，工商银行纪委书记王林在四川调研期间，听取扶贫工作汇报。工商银行四川分行全力支持总行定点扶贫工作，班子成员和部门负责人先后十余次到定点扶贫地区进行实地调研和帮扶。

【干部挂职扶贫】 为保证扶贫效果，工商银行建立派驻扶贫工作组定点帮扶机制，并将干部挂职扶贫作为锻炼干部和联系群众的重要途径，每年从总行选派优秀中青年干部赴定点扶贫地区挂职帮扶。2017 年新选派 2 名优秀处级干部到帮扶县市挂职扶贫，保证各定点扶贫县市均有选派的扶贫干部担任党委或政府副职，并且分管或协管扶贫工作，分别挂联扶贫乡镇村，将主要精力放在帮扶建档立卡贫困村和贫困户脱贫上。总行一方面加强对扶贫干部和第一书记的管理，定期听取、检查扶贫工作情况，将工作业绩与年度考核结果挂钩，督促扶贫干部尽责履职；另一方面落实激励措施，从收入待遇、职业发展等多方面支持扶贫干部全身心投入脱贫攻坚工作。扶贫干部挂职时一次性给予安家费，以后每年额外晋升一档工资，发放 5000 元艰苦地区补贴，报销 8 次往返路费，挂职期间表现优秀的同等条件下优先考虑提拔使用等，充分调动扶贫干部的积极性。

【金融扶贫】 一是紧密围绕定点扶贫地区发展规划，精准掌握当地建档立卡贫困户情况、脱贫攻坚规划以及特色产业发展、基础设施和基本公共服务规划等，认真梳理扶贫项目融资需求，贷款支持巴通万高速公路建设等重点项目，帮助改善定点帮扶地区发展环境。二是优先安排定点扶贫地区信贷规模和资金，优先进行审批，及时满足扶贫地区的融资需求。三是在万源市创新“致富创业贷”，向当地村镇政府推荐的种植养殖大户发放贷款，通过吸纳就业、签订帮扶协议等方式，带动 97 位建档立卡贫困户脱贫。四是坚持“商行 + 投行”互动，提供财务顾问支持。总行组建投资银行扶贫团队，挖掘定点扶贫地区特色资源，协助定点扶贫地区进行政府规划、招商引资、产业发展、投融资服务，推动巴中市扶贫信托结构化融资项目、巴万高速公路 PPP 项目、光雾山旅游产业项目等地区重点项目取得积极进展。五是制定支持政策，印发《2017 年度行业（绿色）信贷政策》，降低城建及新农村建设等准入要求。印发《农村承包土地的经营权抵押担保管理办法（2017 年版）》和《关于加快推进“两权”抵押贷款试点工作的通知》，支持农业供给侧改革，扩大合格担保范围。印发《金融支持深度贫困地区工作方案》，制定差异化信贷政策等 13 项工作措施。

【产业扶贫】 工商银行着眼于帮助贫困户提高自我发展、自主脱贫能力，推动扶贫由输血式向造血式、单点式向集中连片式转变。2017 年投入资金 1285 万元，在万源投放 8 万只黑鸡鸡苗，在南江投放近 500 只黄羊，在通江投放了 3800 只肉兔，在金阳开展 4800 亩马铃薯规模化种植项目，“工行 + 政府 + 村‘两委’（村党支部委员会和村民委员会）+ 企业 + 农户”的产业扶贫模式日益成熟，确保贫困户种植养殖产品能够买得起、卖得出、过程安全没风险，在助推当地产业发展的同时，使建档立卡贫困户获得实实在在的收益。

【教育扶贫】 工商银行开展贫困家庭大学生专项招聘，降低贫困家庭大学生应聘门槛，进一步延伸教育扶贫链条。2017 年在全国招聘 340 余名贫困大学生，有效帮助贫困家庭通过一人就业实现全家脱贫。在定点扶贫地区分别举办中国工商银行第十四届“启航工程——贫困大学生资助”活动，按每人 5000 元标准资助 401 名新考入大学的建档立卡贫困户学生。教师节期间，在定点扶贫地区开展中国工商银行第十五届“烛光计划——优秀山村教师表彰”活动，共有 400 名扎根山村的教师获得表彰，每人奖励 2000 元。稳步推进阳光校园项目。10 月 17 日国家扶贫日，工商银行在金阳县捐建的大卷希望小学正式落成，这是工商银行在定点扶贫地区捐建的第 17 所希望小学。此外，在金阳县新启动了一所希望小学建设项目，在通江县启动两所中学校舍、操场的修缮工作，在南江县完成南江中学电子阅览室援建项目。

【扶贫培训】 2017 年，工商银行开展第四届“烛光计划——山村教师培训”活动，来自定点帮扶地区的 400 名山村教师参加培训，学习交流教学经验，提高教学水平。在抓产业发展助脱贫攻坚中，加大对产业技术的培训力度，组织培训班 67 个，培训人员 4250 人，帮助建档立卡贫困户实现劳务就业 1490 人。

【扶贫宣传】 2017 年，工商银行开展形式多样的扶贫宣传活动，拍摄制作“扶贫点到点 大爱心连心”扶贫公益宣传片，在央视 1 套和 13 套黄金时段播放；以“桥”为主题分别在北京、上海、四川等地举办扶贫摄影展。新华社、经济日报、金融时报、新华网、人民网等主流媒体刊发工商银行精准扶贫相关报道 1000 条（篇），并通过微信、微博等新媒体进行广泛传播，向社会传播扶危济困的正能量。

（中国工商银行股份有限公司办公室
银　杰）

中国银行股份有限公司定点扶贫

【概述】 2017年，中国银行股份有限公司定点帮扶陕西省永寿县、长武县、旬邑县、淳化县（以下简称“四县”）。全年各类信贷余额合计16.53亿元，年内累计投放4.96亿元；批准无偿投入扶贫资金累计达5538万元，实施帮扶援建项目31项，包括产业、基础设施，教育、养老和医疗等民生援建项目；全行员工积极开展消费扶贫，利用“公益中行”电商平台及其他线上线下多种方式共计购买4个贫困县农副产品达8208万元；筹建4家村镇银行；为四县全部贫困人口办理了每人1.2万元保额的意外保险产品；签约引进总投资100亿元、一期投资6亿元正大生猪养殖产业扶贫项目；组织各类培训21次，培训村党支部书记、第一书记、“大学生村官”、创业致富带头人等1700余人；组织集团各机构和员工捐款捐物40余次，折合人民币195万元。全年各项帮扶措施直接受益贫困群众达12.51万人，其中2.45万人实现脱贫。

【扶贫资金投入】 根据四县扶贫工作重点，建立帮扶项目储备库，实现当地项目需求意向与资金投入的精准高效对接，全年投入无偿扶贫资金5538万元，较2016年无偿投入1128.5万元增长390%。资金投向精准聚焦，一是向产业扶贫领域倾斜，二是向包括教育、健康和养老扶贫在内的民生工程领域倾斜，三是向深度贫困村倾斜。集中改善贫困群众的生产生活条件，加大对教育、医疗领域的扶持资助，增强基础设施对区域经济社会发展的支撑作用，促进增收致富，直接受益贫困群众达12.51万人。

【扶贫调研】 党委书记、董事长陈四清，党委副书记、监事长王希全，党委委员、副行长刘强，党委委员、纪委书记樊大志等多位行领导先后赴北四县对定点扶贫工作开展调研和督查，深入企业农户，了解脱贫现状和真实需求；看望扶贫工作队员。

【扶贫制度建设】 中国银行先后研究出台《总行本级定点扶贫工作管理办法》《总行定点扶贫工作经费预算及考核机制》《关于加强扶贫干部激励和管理的若干措施》，就项目管理、专项经费、后勤保障、干部选派等事项进行细化明确，为定点扶贫工作有序推进、稳步实施提供制度支撑。中国银行与咸阳市有关部门研究建立健全信息通报、调研督查和意见反馈机制，督促贫困县政府不断改进工作。

【干部挂职扶贫】 中国银行在咸阳四县共派出包含2个第一书记在内的扶贫干部共计14人，常年扎根脱贫一线，把办公桌摆上田间地头，了解一手资料，反映贫困群众需求，对接外部资源。2名干部挂职咸阳市政府副秘书长，统筹安排项目实施；8名干部挂职四县副县长，包村到户、定期走访；4名干部长期驻村，与贫困群众打成一片。挂职干部全年累计召开扶贫座谈会122次，走访调查贫困村309个，调查贫困家庭930户。

【扶贫宣传】 2017年，中央电视台、人民网、新华网、《紫光阁》、《金融时报》、《中国金融》、《金融博览》、《陕西日报》等众多媒体对中国银行的定点扶贫工作及创新扶贫方式进行报道。国务院扶贫办《扶贫信息》第63期刊登中国银行扶贫做法；《人民日报》以“在线找产品，订单助脱贫”对中国银行精准扶贫模式进行专门报道，为全社会借鉴中国银行扶贫经验打开了一扇窗；中央电视台《慈善之夜》善行故事展播中国银行扶贫动态；中央电视台《决不掉队》栏目专题播出一期反映中国银行定点扶贫工作的节目；中国银行“复兴壹号”微信公众号，关注用户超过22万人，推出扶贫干部系列报道专题，带动全行关注扶贫，为脱贫攻坚凝聚力量。

【产业扶贫】 2017年，中国银行通过产业扶贫带动贫困人口2229人实现脱贫。积极发展“苹果贷”“立业通宝”等业务，支持当地特色农业发展。大力推广“融易达”“销易达”等供应链产品，支持当地企业和商户在原料采购、农产品加工等方面的融资需求。举办咸阳产业扶贫项目推介会、旬邑县食品医药行业招商会，推动蒙驴牧业、源通实业等企业在当地投资建厂。积极撮合正大集团到北四县投资，创新推出“政府+企业+银行+农民”的“四位一体”农业现代化产业扶贫新模式，一期30万头生猪全产业链项目总投资6亿元，在永寿县启动建设。

【智力扶贫】 在四县分别举办“中国银行助推脱贫攻坚村级带头人巡回培训会”，培训人员包括村党支部书记、第一书记、“大学生村官”、农村党员创业致富带头人、村集体经济合作社负责人等，培训人数达1300人，为推进“三变”模式答疑解惑。举办脱贫助理人集训、县乡干部金融知识讲座等各类培训17次，参训约400人，增强当地各级干部、创业致富带头人利用金融手段发展经济的能力和信心。

【教育扶贫】 募集多方慈善资金，设立总额为2000万港币的“中银咸阳北四县助学奖教基金”，2017年资助300名孤残中小学生，奖励40名扎根乡村的优秀教师。拨付专款702万元，资助贫困家庭的1404名在校大学生和6724名非寄宿中小学生，实现四县因学致贫人群的帮扶措施全覆盖。围绕改善当地学校办学条件和解决贫困学生实际困难，组织总分行、附属公司、高端客户积极捐款捐物，援建学校图书室、电教室，援助教学办公设备、活动器材等，直接资助贫困学生539人，捐款捐物折合281万元。组织“彩虹桥”中美学生文化交流培训公益项目，共安排45名北四县户籍的优秀贫困大学生游学交流，扶智与扶志相结合，开阔学生视野。与北京百年农工子弟职业学校合作，连续两年在贫困家庭适龄学生中定向招生共计21人，免费学习口腔护理、酒店管理等专业。

【文化扶贫】 中国银行和战略合作伙伴国家大剧院合作，在中国银行的资助和组织下，国家大剧院艺术家专门排练节目，赴咸阳市开展文化扶贫活动，在市区、乡村、学校开展多场慰问演出活动，直接观看演出的人数达千人。

【公益扶贫】 中国银行投资研发“公益中行”精准扶贫互联网平台。员工不仅自己开展消费扶贫，还积极动员亲朋和客户加入，平台在线运行一年多，购买端注册160余万人，上线农副产品1900余种，消费扶贫金额超过9000万元。

【健康扶贫】 中国银行捐赠200万元为北四县贫困人口采购意外险产品。该项目实现对当地12.51万建档立卡人口的全覆盖，为每人办理1.2万元保额的意外门诊、意外住院。

【劳务输出】 中国银行在2017年招聘中，专门面向四县招聘贫困大学生和劳务人员64人。其中，陕西省分行录用6人，中银金融商务有限公司西安分公司、昆山分公司录用50人，新中物业管理（中国）有限公司录用8人。

（中国银行股份有限公司定点扶贫工作办公室　陈开锋）

中国建设银行股份有限公司定点扶贫

【概述】 中国建设银行股份有限公司（以下简称“建设银行”）定点帮扶陕西省安康市汉滨区、汉阴县、紫阳县、岚皋县（以下简称“一区三县”），其中汉滨区、紫阳县、岚皋县为深度贫困县。建设银行坚持精准扶贫精准脱贫基本方略，聚焦深度贫困地区，强化组织领导和政策保障，创新产品和服务模式，注重激发贫困地区内生动力，逐步构建起金融助力脱贫攻坚长效机制。

2017 年，帮助一区三县引进各类资金 150530.9 万元（含信贷投放 140942 万元），直接投入捐赠资金 694.31 万元，物资折款 198.67 万元，实施帮扶项目 52 个，举办各类培训班 31 期，选派 15 名挂职干部，通过易地搬迁、扶智扶志、劳务输出、产业发展、医疗保障和基础设施建设等措施，协助一区三县均超额完成年度脱贫任务。

【扶贫资金投入】 2017 年，建设银行帮助一区三县引进各类资金 150530.9 万元（含建设银行信贷投放 140942 万元），引进项目 57 个。直接投入捐赠资金 694.31 万元，物资折款 198.67 万元。其中基础设施 415.44 万元、产业扶贫 58.8 万元、文化教育 197 万元、医疗卫生 107.6 万元、人力资源培训 22.8 万元、消费扶贫 30 万元、赈灾救济送温暖 16 万元、党建投入 45.34 万元。

【扶贫调研】 建设银行多位党委班子成员先后深入贫困县、村调研和考察，2 月，时任党委书记、董事长王洪章前往汉滨区、紫阳县，财梁社区、权河村；11 月，党委副书记、行长王祖继赴汉滨区、汉阴县、紫阳县、岚皋县、财梁社区和三柳村；9 月，监事长郭友赴汉滨区、财梁社区督促检查工作，组织召开各级干部的现场座谈会，听取派驻定点帮扶地区扶贫工作汇报，了解扶贫工作情况并对下一步工作提出具体要求；邀请安康市委市政府、县委县政府领导和村干部进行座谈，了解地方政府扶贫攻坚工作安排及相关诉求，探讨扶贫工作思路与措施；深入考察帮扶产业项目，慰问部分贫困户。

【扶贫制度建设】 印发《中国建设银行 2017 年金融精准扶贫工作计划》和《中国建设银行定点扶贫县（区）年度工作计划》，明确帮扶工作目标，提出具体工作要求。制发《关于加强全行定点扶贫派驻工作人员管理的通知》，对工作职责、履职任务、请示汇报路径、请假审批报备制度等方面进行了明确和规范。印发《中国建设银行定点扶贫项目资金使用管理办法》，明确资金使用原则、范围，规定了项目立项、资金预算、项目审核、审批权限、项目确立、资金使用监督、效果评估等流程制度。印发《中国建设银行定点扶贫工作考核方案》，围绕帮扶成效、组织领导、干部选派、督促检查、帮扶措施、帮扶地区党建、基层满意情况、宣传工作及其他等九项考核内容。

【扶贫培训】 2017 年，建设银行总行共举办 2 期全行定点扶贫培训班，培训挂职干部 120 人；在一区三县举办干部人才培训班和劳务输出技能培训班共 28 期，培训 997 人次；邀请一区三县 10 名教师参加总行首期定点扶贫村教师培训班，接受现代教育理念和教学手段，带动提升教学授课水平；开展职业技能培训，搭建就业服务平台，为一区三县 2 名贫困劳动力提供就业机会和就业服务；在汉阴县举办首届金融大讲堂，为县域内政企领导干部、群众提供金融培训，普及金融知识，培训200余人。

【干部挂职扶贫】 建设银行将定点扶贫与培养锻炼干部有机结合，分别从总行和陕西省分行遴选15名优秀干部前往安康市及一区三县挂职，成立安康定点扶贫工作小组，其中副厅级1人任副市长，处级5人任副县（区）长，第一书记4人，驻村干部5人，期限至少两年。为派驻干部发放工作津贴，配备生活必需品和办公用品。在2017年陕西省开展的优秀第一书记评选中，建设银行派驻汉滨区财梁社区第一书记范蔚然、汉阴县三柳村第一书记赵翔被授予2016年度“全省优秀第一书记”荣誉称号。同时，范蔚然、赵翔同志还荣获了安康市“助力脱贫攻坚最美青年”荣誉称号。

【扶贫宣传】 总结定点扶贫工作中的典型经验、成功案例、工作成效和先进事迹，借助报刊、电视、网站、手机等多渠道进行宣传推介。一是在《经济日报》发表《中国建设银行精准发力脱贫攻坚》《中国建设银行：发挥国有大行责任，践行精准扶贫战略》等多篇文章，全面总结介绍建设银行参与定点扶贫工作经验；二是参加中央电视台元旦特别节目——“苟日新日日新”录制，汉滨区财梁社区扶贫故事在2017年元旦期间在央视新闻频道播出；三是与中央电视台对接，通过“财经”栏目向全国观众充分展示紫阳县脱贫攻坚成果；四是“五一”期间陕西新闻联播“我在一线抓扶贫”栏目播出建设银行派驻干部在村的工作事迹——“从首都‘金融大街’到安康‘田间小路’”；五是建设银行派驻干部参与陕西省级优秀第一书记巡回报告，在陕西省各地市分享扶贫经验；六是在京组织开展了“建设银行公益，有你最美”公益主题宣传活动，通过总行派驻安康扶贫点第一任驻村干部与第七十四任驻村干部相隔30年的时空对话、视频和采访，完整呈现建设银行扶贫干部最美群像；七是在新浪财经举办的2017年金融企业扶贫创新评选活动中，通过专家评审和网络投票，建设银行获得“金融企业扶贫创新奖”。八是安康市被新华社半月谈杂志社和中国社会科学院科研局等单位评为“全国最佳金融扶贫示范市”。

【扶贫资金管理】 印发《中国建设银行定点扶贫项目资金使用管理办法》。办法要求每个扶贫项目必须经集体研究决策、层级申报审批、公示、验收以及定期回访等流程实施，每笔资金必须经由建设银行与地方政府共管专用账户支付，并留存正式发票和银行转账凭证，确保扶贫资金使用合规、合法、合理，精准到村到户到项目。

【产业扶贫】 建设银行坚持培育特色产业，因地制宜开展精准帮扶。一是帮助汉滨区财梁社区与山东九间棚集团签订合作协议，并投入33万元为村民购买金银花苗，通过“龙头企业＋帮扶单位＋贫困户”的模式，发展200亩金银花种植基地。社区内有32户村民领取种苗并与公司签订了金银花种植回收协议。二是促成绿安现代农业、金珠富硒实业、益丰农业等6家企业成功对接帮扶村产业，帮助303户贫困户增收；牵线安康市京康现代农业与汉滨区牛蹄镇贫困村建立产业合作关系，通过政策和利率优惠为该客户提供2年期1500万元贷款，以流转贫困户土地、为贫困户提供茶苗并以高于市场价格收购茶叶、吸纳贫困人口到茶厂工作等三种方式，累计带动650名建档立卡贫困人口，人均增收1.5万元。三是组织汉滨区财梁社区32户贫困户加入蜜蜂养殖农民专业合作社，投入26万元购买300个蜂箱和蜜蜂以及相关技术书籍，并邀请专家多次前往村内进行专项技术培训。四是引导北牧山水养殖公司和东风农林牧专业合作社等企业与华润集团东阿公司对接，促成东阿毛驴养殖扶贫项目落地。五是支持特色旅游扶贫。依托岚皋县自然景观，协调陕西旅游集团公司考察蜡烛山景区，围绕旅游产业帮助贫困户发展生产经营。六是在“善融商务”电商平台三秦扶贫馆举办5场线上专项促销活动，销售农产品152万元；积极推进“青春洋芋”，打造出“三柳原生态大米”等精品电商扶贫项目。

【教育扶贫】　建设银行向贫困地区学校捐赠书籍和计算机等教学设备，改善教学环境；组织2期以“梦想起飞”“善心慧思”为主题的夏令营活动，带领帮扶地区的64名师生分别赴北京、西安，进入大专院校、科技馆等地参观见学。开展“资助贫困高中生成长计划”，按照每人3000元标准，共计发放资助款52.2万元，帮助174名贫困学生就学。与百年职校合作，面向一区三县贫困家庭招收16～18岁贫困学生，为其提供免费到北京、上海、广州等一线城市学习养老护理、楼宇设备管理、烹饪等职业技能的学习机会，为贫困家庭子女免费提供高质量的职业教育。向一区三县农村学校和建设银行希望小学捐建素质教育场所，与共青团中央合作建设的“青年之家”；与中国青年志愿者协会合作发起的“积分圆梦·微公益——快乐音乐教室”；依托办公二手电脑捐建的“建设未来电脑教室”和员工自发捐赠二手图书设立的“教育慧思图书室”等，改善贫困地区教学条件，丰富学生课余生活。

【公益扶贫】　2017年，建设银行向一区三县划拨专项扶贫捐赠资金200万元，主要用于产业扶贫和基础设施建设项目；为4名驻村第一书记专项安排每人每年1万元工作经费，从党费中安排资金38.62万元，用于帮扶村党组织活动场所、党员教育设施修缮和更新。协调北京市毽绳运动协会和北京市社会体育指导员协会到汉滨区财梁社区学校举办爱心扶贫公益活动，捐赠现金2万元以及书籍、文具和体育用品等；协调推进汉阴美食进北京首站文化周、西安永兴坊汉阴美食节活动，扩大汉阴影响力，助力汉阴富硒产业发展；在安康市分行微信公众号开通“扶贫献爱心”功能，宣传动员社会力量参与扶贫。累计参与173人次，捐款8700余元；联合商户在紫阳县高桥镇举办了首次善融商务线下活动，推出20余类日常生活用品，一周时间达成交易200多笔。

【基础设施建设】　2017年，建设银行累计向安康一区三县基础设施、教育等领域投放贷款11.9亿元。持续推进汉滨区财梁社区公路建设项目、汉阴县月河综合治理PPP项目、岚皋县城东片区棚改等项目落地，持续跟踪汉滨区城东新区建设项目、蜡烛山自然风景区旅游开发项目和汉阴县凤凰山隧道项目等大型项目进展。投资148.67万元为岚皋县蜡烛村修建4.25千米产业路，解决沿线115户377人的生产、生活难题，辐射带动当地500余亩土地“退荒还耕”。投资近17万元为汉滨区财梁社区安装太阳能路灯，受益群众达到2000余人。投入42.99万元为汉阴县三柳村设计新建河道堤防，保护农田80余亩。

【健康扶贫】　捐赠“母亲健康快车”8辆（折合资金104万元），极大改善贫困村、镇的医疗条件，为贫困地区人口就医提供了便利，同时，为每辆车的司机、医生和护士，免费提供团体意外险，保额共计800万元。携手中国人民解放军总医院，组织专家前往安康地区开展义诊咨询活动，普及医疗卫生常识，满足偏远山区患者的就诊需求，提高贫困地区群众医疗健康意识。

（中国建设银行股份有限公司办公室
王雪娇）

交通银行股份有限公司定点扶贫

【概述】 2017年，交通银行股份有限公司（以下简称“交通银行”）向负责帮扶的甘肃省天祝县、山西省浑源县和四川省理塘县三个县捐赠924万元，实施精准扶贫项目9个，帮助建档立卡贫困人口脱贫数1097人。交通银行荣获中银协“年度最具社会责任金融机构奖”、“年度公益慈善优秀项目奖”、新浪财经“2017金融企业扶贫创新奖”、上海上市公司协会“金融扶贫奖”等奖项。

【扶贫资金投入】 2017年，交通银行共投入924万元扶贫资金。其中：向天祝县投入334万元，实施基础设施项目、助学项目、党费助推脱贫攻坚等项目；向浑源县投入290余万元，实施安全饮水工程、助学捐赠、引进电商平台、党费助推脱贫攻坚等项目；向理塘县投入300万元，建设集体牧场项目及党费助推脱贫攻坚项目。

【干部挂职扶贫】 2017年，交通银行选派4名政治素质高、身体素质好、专业素养硬的干部到理塘县、浑源县、天祝县挂职。

【基础设施建设】 2017年，交通银行在天祝县投入帮扶资金200万元，重点扶持天祝县华藏寺镇南山村基础设施建设项目。修建护坡6500平方米，整理土方2000立方米，铺设道路两侧透水砖2千米，维修粉刷围墙大门90户，安装道路两侧路灯65盏，安装集中式垃圾箱30个，绿化美化2000平方米，植树2000株，安装60厘米PVC护栏2000米。

【安全饮水工程】 交通银行在驼峰乡深涧村和断桥村投入121.95万元，实施安全饮水工程项目，包括新打深机井二眼，配套机泵二套，新建机房一处，修建调节池二座以及管网、供水点等。项目建成后，为166户、505人解决了安全饮水问题，其中，建档立卡贫困户53户144人。

【产业扶贫】 2017年，交通银行向浑源县投入扶贫资金15万元，用于该县乐村淘电商平台加盟代理费。成立浑源县北岳乐村淘电子商务有限公司。在乐村淘网络平台上销售的浑源县特色农产品、手工艺品共计30余种，销售金额合计75万余元；村级体验店线上下单数量932单，交易额为283.9万元；劳务输出20余人。分别向理塘县濯桑乡古君村投入50万元、理塘县奔戈乡拉扎村投入48万元、理塘县曲登乡普查二村投入52万元建设集体牧场，建牲畜暖棚36个、储草基地一个、旅游接待点一个。购买牦牛130头，奶牛50头，公牛70头，小牛80头。带动畜牧养殖业发展。

【就业扶贫】 交通银行继续实施优秀贫困高校毕业生就业支持计划，对于满足一定条件的优秀贫困高校毕业生，同等条件下优先录用，2017年度校园招聘共招录优秀贫困高校毕业生200余名。

【扶贫慰问】 2017年，交通银行向山西省浑源县捐赠总价值3万多元书籍和价值2万多元的生活用品；引进上海交大EMBA班、上海阅历文化公益组织到浑源县进行实地探访，出资20余万元，为浑源县10所学校建立阅读书屋，共捐赠各类图书近2万本。

（交通银行企业文化部　梁　雨）

中国人民保险集团股份有限公司定点扶贫

【概述】 2017 年，中国人民保险集团股份有限公司（以下简称“集团”）聚焦精准扶贫精准脱贫，加大扶贫资金投入，选优派强扶贫干部，抓好产业扶贫、公益扶贫、金融扶贫、医疗扶贫等项目落地，不断提升帮扶成效。集团定点扶贫县江西省吉安县于 2017 年实现脱贫摘帽。

【扶贫资金投入】 2017 年，集团为江西吉安、乐安，陕西留坝和黑龙江桦川四县各追加 100 万元专项资金，使每县扶贫资金达到 200 万元/年；向集团选派第一书记所在的吉安县横江镇良枧村投入 50 万元；向吉安、乐安和留坝分别追加投入 200 万元支持产业扶贫和电商平台建设；将收缴党费余额中的 400 万元用于支持四县村级党组织活动场所建设和改善困难党员、群众生活条件。2017 年四县扶贫资金共投入 2250 万元。

【干部挂职扶贫】 2017 年，集团继续从处级干部中遴选政治成熟、综合素质较高的男性同志到四县挂职担任县委县政府领导，集团公司高级业务经理继续担任吉安县横江镇良枧村驻村第一书记。研究制定《定点扶贫干部工作手册（2017 版）》，进一步规范挂职扶贫干部管理。

【扶贫调研】 2017 年 5 月，集团公司原党委书记、董事长吴焰赴留坝调研，实地查看扶贫项目实施情况，听取当地政府对扶贫项目开展、资金筹措使用等方面的意见建议。11 月，时任集团公司党委副书记、副董事长、总裁缪建民及人保财险党委书记、总裁林智勇赴乐安调研，实地考察工业园区企业、产业扶贫项目等，并与当地政府就认真贯彻落实中央决策部署，发挥集团优势，助力脱贫攻坚战进行深入交流。集团公司党委委员、副总裁盛和泰赴桦川调研，并与县委县政府相关人员进行座谈。12 月，集团公司党委委员、副总裁谢一群赴吉安调研，考察良枧村专业合作社产业扶贫基地、赤陂村小龙虾养殖扶贫项目。7 月，人保财险纪委书记张孝礼，副总裁沈东，总裁助理吴建林、邵利铎先后赴四县调研指导保险扶贫工作。集团公司扶贫办同志 6 月、8 月两次带队赴桦川、吉安、乐安调研督导，实地考察 2013—2017 年度开展的扶贫项目进展情况。10 月，集团公司业务发展部同志赴吉安就当地开展保险扶贫、农村保险社保业务等进行调研。

【扶贫会议】 3 月，集团召开助推脱贫攻坚暨农村保险工作会议，这是国内保险行业首次召开的以落实中央脱贫攻坚为主题的企业工作会议。集团公司领导、各子公司主要负责人和分管领导、相关部门和省级分公司负责人等共 120 余人参加会议。国务院扶贫办副主任洪天云出席会议并作重要讲话，国务院扶贫办开发指导司副司长吴华参加会议。

9 月，集团在河北阜平召开定点扶贫工作现场会。相关子公司主要负责人和分管领导、相关部门和定点扶贫县所在省市县公司主要负责人、挂职扶贫干部和第一书记等 70 余人参加会议，会议还邀请了阜平及集团定点扶贫县委县政府领导出席。会上，阜平县政府领导和集团定点扶贫县挂职干部分别介绍了阜平县和集团在扶贫工作方面的典型经验，与会代表实地参观了阜平产业扶贫项目并进行了交流研讨。

【基建设施建设】 集团在桦川继续帮扶闲置大棚二次利用项目，建设四马架镇同乐村和悦来镇中和村强排站，支持乡村公路、文化休闲广场、县体育场等城乡基础设施建设；在吉安开展良枧村产业扶贫示范基地建设；在乐安为美丽乡村部分公益性设施建设提供资金扶持；在留坝开展留侯镇火烧关村群众文化活动中心建设、江口镇范条峪村砖头坝通组道路硬化建设、火烧店镇佛爷坝村何家院水泥平板桥建设等项目。

【产业扶贫】 集团在留坝扶持开展香菇/食用菌/生猪/中蜂养殖、花卉/矮化银杏/中药材种植等项目；在吉安升级良枧村创新产业扶贫模式，积极协调开展章程修改、清产核资、股权梳理、经营权转包等升级完善工作，并甄选黑木耳种植、小龙虾养殖、小规模光伏发电等项目入社，尝试复制推广良枧村产业扶贫模式；在乐安与农合社合作，投入160万元作为200户贫困户股金入股乐昌生态农业有限公司，创新产业扶贫模式；投入100万元建设蚕桑产业示范基地。

【公益扶贫】 集团与中国青基会联合发起“中国人保国学希望教室”项目，探索建立可持续发展的助学公益模式。2017年，项目向乐安捐助62万元的物资，资助10所小学，捐赠书籍、运动服各1144套，为全县16个乡镇中心小学捐赠4000套校服。集团还向四县捐助电脑40台，促进定点扶贫县硬件设施提升。此外，中国人口福利基金会在吉安设立的“幸福工程”项目点和科技文化卫生“三下乡”活动继续推进，前期引入资金50万元将投放至2019年，帮助贫困户创业脱贫。

【金融扶贫】 集团结合自身优势，优化扶贫资源配置，加大政保合作和保险引导，探索保险扶贫有效模式。

一是开展地方特色农业保险。在留坝通过种植业保险、价格指数保险、货物运输保险等推动实现食用菌产业链保险全覆盖；通过产品质量责任险为县域龙头企业食用菌深加工产品提供增信服务。在乐安为225户贫困户缴纳每亩20元烟叶保险保费补贴，承保面积3.36万亩，补贴金额67.2万元（县财政补贴）；为126户贫困户缴纳每张种6元桑蚕养殖保费补贴，承保5600张种，补贴金额3.36万元（县财政补贴）。

二是大力开展民生保险。在桦川为1.2万贫困户缴纳每户25元农房保费补贴，补贴金额29.92万元；为1.4万贫困户缴纳每户20元农村小额意外伤害保费补贴，补贴金额28.25万元；为30792名贫困群众缴纳2元民生保险保费补贴（县财政补贴），补贴金额6.16万元。在乐安为472名驻村第一书记和扶贫挂点驻村连心小分队成员缴纳每人180元人身意外伤害保险保费补贴，补贴金额8.5万元。在留坝为4440名贫困群众缴纳每户100元家庭成员意外保险保费补贴，补贴金额35.52万元（其余费用由县财政分摊补贴）；为9000余户农户缴纳每户20元政策性农房保费补贴，补贴金额8.25万元（其余费用由县财政分摊补贴）；为3.5万名农村人口缴纳每人5元农业人口意外伤害保险保费补贴，补贴金额17.5万元；另外，持续为全县4.7万群众购买“一元民生”保险。

三是在全国率先开办贫困人口脱贫后返贫责任险。在乐安，通过保险机制为因灾、因病、因子女就学等造成返贫的群众给予补偿，年度最高可赔付每人2万元，为脱贫户系上了安全带。2017年，集团与乐安县政府共同对该项目进行完善，扩大对脱贫人员返贫的责任保障范围，进一步化解返贫风险。

四是通过资金补贴实施保险扶贫。在桦川为2637户贫困户缴纳每亩3元种植业保费补贴（省财政补贴），承保面积4.4万亩，补贴金额13.2万元。在吉安为9839户贫困户缴纳每亩10.8元水稻种植保险保费补贴，承保面积6.25万亩，补贴金额67.54万元。在乐安为1607户贫困户缴纳每亩5元水稻保险保费补贴，承保面积4.4万亩，补贴金额22万元；为6753户贫困户缴纳每亩0.27元林木保险保费补贴，承保面积222万亩，补贴金额59.94万元（县财政补贴）。在留坝为国有林场及公益林缴纳每亩1元政策性森林保费补贴，承保面积102.68万亩，补贴金额10.27万元。

1月，集团推动建立留坝“保险助推脱贫攻坚示范区”，开展贫困人口家庭成员意外伤害保险、贫困人口大病补充医疗保险、农业人口意外伤害保险等全县统保，累计提供风险保障32.05亿元。

6月和11月，集团分别与留坝、桦川签订“政融保”合作协议，使用“政府支持+融资支农+保险保障”的金融模式，提供农业保险保障和信贷资金支持。留坝首期合作额度2亿元，合作期限暂定5年；桦川签约授信金额2亿元，合作期限暂定3年。

6月，集团与桦川签订战略合作协议，双方将推动“政府+保险+农户+扶贫”四方共赢的发展模式，化解地方农业经营和特色农业发展中遇到的实际困难，在普惠金融、民生保障等领域开展合作，为贫困群众生产生活撑起“保护伞”。

【健康扶贫】　集团积极为贫困群众承保城乡居民大病医疗保险、扶贫救助补充医疗保险、精准扶贫对象大病医疗补充保险等，其中精准扶贫对象大病医疗补充保险是国内少有的承保非基本医疗目录费用的政策性健康保险。

在留坝实现贫困群众就医享有新农合基本医疗、新农合大病保险、大病补充保险、社会救助及民政医疗救助“五重保障”，并协调卫生计生系统实现“一站式”报销。在乐安为314085人承保城乡居民大病医疗保险，年度最高补偿25万元/人，承担风险保障785亿元，实现城镇和农村居民医疗费用保障全覆盖；为64361人承保精准扶贫对象大病医疗补充保险，年度最高补偿25万元/人，承担风险160.9亿元，用于贫困对象在基本医疗保险、大病保险保障后的补偿，并力争将贫困群众住院医疗费用控制在10%以内。

【电商扶贫】　7月，集团在江西试运营“吉安特色馆”微店平台，优选包括生鲜、干货、小吃等20多个品种的吉安特色产品，实现农副产品线上销售。同时，中国人民财产保险股份有限公司在官网直接对接桦川电商平台，上线人保扶贫栏目和桦川扶贫专页，开展特色品牌大米销售；帮扶留坝建成特色农产品电商平台。

【扶贫宣传】　2017年，在中保协“全国保险扶贫先锋榜”评选中，人保财险赣黑陕三省四县长期定点帮扶、人保财险佳木斯桦川全方位精准帮扶、江西乐安贫困人口脱贫后返贫责任保险、江西吉安县横江镇良视村产业扶贫项目光荣上榜。

中国保险报·中保网、陕西日报等分别以《人保财险扶贫新靶向：四个“精准对接”》《桦川县政府与保险业签“三农”服务精准扶贫协议》《依托保险机制 央企定点扶贫政企融合走出保险+扶贫新路子——中国人保助推留坝打赢扶贫攻坚战纪实》为题报道了集团定点扶贫工作，相关新闻获多家媒体转载。其中，新华社报道“乐安县贫困人口脱贫后返贫责任保险”获中央人民政府官网转载，展示了中国人民保险良好的履责形象。

（中国人民保险集团股份有限公司
办公室　何相宇）

中国人寿保险（集团）公司定点扶贫

【概述】 2017年，中国人寿保险（集团）公司（以下简称“中国人寿”）定点帮扶湖北省丹江口市、郧西县和广西壮族自治区天等县、龙州县，加大资金、人员投入，共选派12名优秀干部挂职扶贫，公司级领导带队前往定点扶贫县考察调研52人次。通过产业扶贫、保险扶贫、电商扶贫、金融扶贫、教育扶贫、公益扶贫等多种方式，中国人寿先后为定点扶贫县累计投入资金3734.9万元，实施扶贫项目39个，脱贫人数总计达10.69万余人。

【扶贫资金投入】 2017年，中国人寿共投入3734.9万元，实施扶贫项目39个，主要用于四个定点扶贫县的特色产业扶贫、保险扶贫、教育扶贫、医疗卫生扶贫和基础设施建设。

【扶贫会议】 2017年3月，中国人寿扶贫工作领导小组召开扶贫工作会议。会议学习传达了党中央、国务院关于脱贫攻坚的文件精神，听取4位挂职扶贫副县长2017年定点扶贫工作计划以及抓好定点扶贫工作的意见建议，研究部署2017年度扶贫工作。

【扶贫调研】 2017年11月，中国人寿董事长杨明生和总裁袁长清分别带队赴4县考察调研，与当地政府开展座谈，对接政府扶贫工作，共谋脱贫实策。考察组前往凉水河镇油坊沟村、土门镇龙潭村、驮堪乡南岭村、龙州县彬桥乡等贫困地区，对中国人寿援建的各类产业项目进行了解，就产业帮扶形式、帮扶内容与相关部门、困难群众进行交流，掌握定点帮扶村的实际情况与现实困难。

【干部挂职扶贫】 中国人寿选派12名优秀干部分别挂职4个定点扶贫县的副县长和8个定点帮扶村第一书记，专门分管扶贫工作。扶贫挂职干部在工作中充分发挥政策专业优势，在当地党委领导下，主动出谋划策，积极担当作为，参与制定脱贫方案和减贫计划。发挥桥梁纽带作用，跟踪了解政策落实和扶贫资金使用情况，及时反映遇到的问题，认真提出意见建议。因扶贫工作成绩突出，挂职龙州县驮江村的第一书记张军民于12月被龙州县授予“扶贫工作先进工作者”称号；挂职天等县进远村的第一书记黄伟西被崇左市授予2017年度“脱贫攻坚工作标兵”称号。

【保险扶贫】 中国人寿充分利用保险优势，在四个定点扶贫县开发了针对建档立卡贫困人口的扶贫保险产品体系，累计投入专项资金910万余元，为当地贫困群众购买人身保险和房屋、牲畜等财产保险，覆盖人口超过42万，风险保额超过700亿元，用保险为贫困群众筑牢安全“闸门”，有效抵挡了意外事故、疾病等风险对贫困家庭的冲击，预防了贫困户因意外或者大病等返贫。

【金融扶贫】 2017年11月，中国人寿与湖北丹江口市共同设立的基金——“国寿丹江口绿色扶贫产业基金”在湖北丹江口市成立。“国寿丹江口绿色扶贫产业基金”规模2亿元，致力于投资对扶贫带动作用明显的现代农业产业等领域，主要开展股权投资，通过市场化运作，进一步增加资金投放规模。

【产业扶贫】 中国人寿结合地方政府的扶贫规划，找准优势脱贫产业，精准投入扶贫资金1300万余元，重点帮扶建设产业项目30余个。在丹江口市，公司通过各项产业和基础设施投入以及电商销售支持，共帮助约6000名贫困人口增收。在郧西县，公司投入建设茶叶基地和蔬菜基地，带动500余名贫困人员脱贫致富。在天等县，公司投入援建的牛舍项目惠及200户贫困户，实现人均年增收4000元。援建的栀子花育苗基地项目，带动东仪村约150户贫困户实现增收。在龙州县，公司投入实施7个产业扶贫项目。

【电商扶贫】　中国人寿广大员工积极参与电商扶贫活动，“国寿购”电商平台上线扶贫产品201款，累计订单11160单，全年销售定点扶贫县的农副产品达1215万元，圆满完成年度销售目标，为贫困地区转变经济发展方式、优化产业结构、带动创新就业、增加农民收入提供了重要动力。

【公益扶贫】　2017年1月，中国人寿举办“温暖童心，与爱同行——中国人寿关爱定点扶贫地区留守儿童”活动，在春节前夕为中国人寿帮扶的4个定点扶贫县8个重点帮扶村的700余名留守儿童送出价值50万元的爱心礼包。2017年上半年，集团公司组织全系统员工（含广发银行股份有限公司）向四个定点扶贫县进行爱心捐赠，参与员工超过15万人，共募集爱心捐款1115万余元，全部捐赠给定点扶贫县，用于支持郧西县、龙州县建设两个乡镇卫生院，资助丹江口市、天等县贫困学生每年2000～5000元/人的补助。2017年9月，集团公司划拨400万党费，用于支持八个对口帮扶贫困村的基层党支部建设和壮大村集体经济。

【健康扶贫】　中国人寿资助10万元在天等县开展“光明行动”，对建档立卡中患有白内障的42名贫困户免费实施复明手术。2017年11月，为郧西县景阳乡和龙州县龙州镇各捐赠278万元用于援建当地卫生院，解决当地群众看病难的问题。

【教育扶贫】　中国人寿投入350余万元的资金和物资，发起设立湖北丹江口市贫困生高等教育资助基金。投入爱心捐款278.9万元用于资助天等县品学兼优的贫困学生，翻新完善中国人寿捐建的黎亮小学爱心图书室，集团公司总裁袁长清还自费为黎亮小学阅览室捐赠100套精美图书。同时，中国人寿向龙州县小学和幼儿园捐赠各类读物300余本，向彬桥乡中心小学捐赠5万余元的爱心物资和办公设备。

【基础设施建设】　中国人寿在丹江口市投入215万元，建设乡村党员活动中心、橘园机耕路、村卫生室、便民桥、村民活动中心。在天等县投入50万元用于驮堪乡道念村果屯“美丽乡村”屯内道路硬化亮化，投入50万元用于宁干乡东仪村村委党员活动中心建设项目。在龙州县投入100万元援建安镇村与驮江村党员活动基地，改善贫困村基层党支部工作条件。实施村屯亮化工程，在龙州县安镇村9个自然屯和村委、小学装配太阳能路灯32盏。

【智力扶贫】　针对贫困县金融人才短缺的实际困难，一方面中国人寿资产管理有限公司专门为丹江口市政府职能部门举办两期金融市场拓展业务培训，为当地干部、企业家及致富带头人讲授金融投资方面的专业知识，让他们有机会学习金融方面的知识，开阔眼界，拓宽思路，提高扶贫工作效率。另一方面中国人寿每年接收2名郧西县青年干部到国寿投资控股有限公司挂职学习1年，共两批，学习期间的食宿以及办公出差费用人均每年大约20万元，均由公司负责承担。

［中国人寿保险（集团）公司办公室
张国波］

中国太平保险集团有限责任公司定点扶贫

【概述】 2017年以来，中国太平保险集团有限责任公司（以下简称“太平保险集团”）由集团党委书记、董事长王滨担任脱贫攻坚工作领导小组组长，统筹领导全系统的脱贫攻坚工作。在甘肃省两当县、安徽省六安市裕安区两个革命老区开展定点扶贫工作，带动老区人民脱贫致富，并主动帮扶云南省威信县。2017年，在太平保险集团结对帮扶下，两当县顺利通过甘肃省及陇南市扶贫办验收；裕安区棉场村顺利实现户脱贫、村出列。在两当县，建设兴化乡柳树村玫瑰示范园项目、兴化乡化垭村200亩苹果园建园管理项目，带动当地贫困户脱贫致富，并出资捐建两当站儿巷镇南坪村便民桥，解决当地“通行难”问题。在裕安区，出资建设江家店镇东庙村绿色蔬菜基地种植项目、光伏电站扶贫项目，石婆店镇泉水村农产品存储仓库项目等，为当地贫困户增收、就业创造条件，并辐射带动周边乡镇特色产业和包装、运输等相关产业发展。

【扶贫调研】 2017年11月，太平保险集团党委书记、董事长王滨出席与甘肃省人民政府签订战略合作协议活动，双方在保险助推脱贫攻坚等方面开展务实合作。王滨赴云南省威信县调研定点精准扶贫工作，走访慰问困难群众家庭，实地考察扶贫项目，与当地党委政府共同研究健康扶贫模式，看望扶贫干部。

6月，集团党委副书记、监事长李刚赴裕安区调研，与当地党政领导座谈，了解帮扶需求。9月，李刚赴威信开展扶贫调研，慰问当地困难群众，并看望挂职扶贫干部。

【扶贫会议】 2017年，集团党委多次召开专题会议，深入学习贯彻习近平关于脱贫攻坚工作的系列重要讲话精神和国务院扶贫开发工作会议、保险业助推脱贫攻坚工作电视电话会议及保险业助推脱贫攻坚工作领导小组会议等有关会议精神，对集团全系统扶贫工作进行部署。2月，集团党委会专题研究脱贫攻坚工作，明确从2017年起对口帮扶云南威信县，并将年度定点扶贫专项资金总额由160万元增至400万元。

【督促检查】 太平保险集团在精准识别、精准帮扶、精准退出、资金管理等方面强化督促指导。一是督促两当县加强贫困人口动态管理，围绕“三保障”“十不脱”和收入“十不算”的标准，按照“12345”贫困人口进出识别程序，对全县48个贫困村1.32万名贫困人口进行精准识别、建档立卡。二是实事求是掌握扶贫项目实施情况。3月，对2016年中国太平保险集团出资的两当县捐赠双联爱心教育基金、杨家乡石马村71户村民建设改厕改灶及站儿巷镇南坪村便民桥等三个项目实施情况进行检查和调研。8月，完成上述项目的竣工验收。三是对裕安区年度扶贫项目开展督查调研。6月，中国太平保险集团党委副书记、监事长李刚赴裕安区实地调研石板冲和小堰段综合防汛项目、江家店镇光伏电站、江家店绿色大棚基地种植项目。四是督促裕安区党委政府落实脱贫攻坚主体责任，落实上级扶贫政策。金融扶贫方面，督促制定《裕安区小额信贷业务贷后管理办法》，推动该区4831个贷款贫困户一次性购买3年期限的贷款人无恙人身意外伤害保险。民生建设方面，帮助棉场村新修村组道路9条6.5千米，积极开展水渠、当家塘及甘塘治理，新修塘口6口，按期实施安全饮水工程，并帮助32个贫困户进行危房改造，改善居住环境。

【教育扶贫】 太平保险集团在上述三地开展了员工“一对一”扶贫助学活动。2017年有860名员工参与，累计捐助款项96.8万元，受助学生达847人。在第二届“太平读书季”活动中，集团将企业文化建设与定点扶贫工作有益结合，面向系统内各级机构和员工开展“捐闲书，献爱心”主题活动，向定点扶贫单位的5所中小学捐赠图书1.3万余册，并开辟“太平集团捐赠图书”专栏，组织学生们快乐阅读。

【健康扶贫】 太平保险集团创新开展健康扶贫模式，积极支持贫困地区医院的软硬件建设。旗下太平投资控股有限公司以租赁方式为云南省威信县第一人民医院购置价值2600万元的32排CT、1.5T核磁共振、胃肠镜、检验自动化流水线等高端医疗设备，安装“军地协同跨区域远程医疗服务系统”“家庭医生签约信息化管理系统”，搭建了远程医疗会诊与培训平台，大幅减少贫困人口的医疗开支；太平石化金融租赁有限公司向该院提供长周期、低成本优惠的2098万元融资方案，用于购置急需的高端医疗设备，满足群众对特殊检查项目的医疗需求；太平财产保险有限公司云南分公司通过与政府共同设计贫困人员大型仪器检查和远程会诊的费用支持计划，减少贫困人群的医疗支出，提高其应对大病风险的能力。2017年，集团邀请解放军总医院专家赴云南威信开展讲座2次、现场业务培训3次，通过远程会诊及现场指导等方式诊断病人200余名，培训医务人员300余名。

【保险扶贫】 针对裕安区因病致贫、因病返贫现象较为突出的问题，太平保险集团旗下太平养老协调太平财险与裕安区扶贫办全面对接，设计制定贷款人意外伤害保险项目，保障额度2.17亿元。

【公益扶贫】 结合太平保险集团“吉象节”业务活动，特别推出“爱飞翔”保险公益活动。通过“保险+公益”的产品推介模式，向社会公众宣传集团品牌文化、社会责任和定点扶贫地区。集团以配捐名义捐赠100万元，分别为裕安区、威信县400多名残障儿童提供专业康复培训、建设康复功能教室，帮助当地残障儿童获得正规的康复教育。

【挂职干部管理】 2017年，为加强挂职扶贫干部与驻贫困村第一村支书的沟通联系工作，充分发挥他们的桥梁纽带作用，太平保险集团选派5名挂职扶贫干部前往两当县、裕安区和威信县驻点扶贫。为贯彻落实国家有关中央企业扶贫工作要求，进一步推动定点扶贫工作的有效开展，太平保险定期对扶贫挂职干部的年度工作进行全方位考核、点评并加以指导。同时，时刻关心爱护扶贫挂职干部，除节日慰问以外，还安排相关人员对患病住院的挂职干部家属进行探望慰问，使扶贫挂职干部更好地完成挂职，扶贫工作。

（中国太平保险集团有限责任公司）

中国华融资产管理股份有限公司定点扶贫

【概述】 中国华融资产管理股份有限公司（以下简称“中国华融”）定点帮扶四川省宣汉县。2017 年，中国华融全年共向宣汉县投入各类扶贫资金 884 万元，从产业、民生、教育三个方面实施了 19 个定点扶贫项目，并集中力量帮扶峰城镇仁义村和龙泉村脱贫。中国华融坚持智力扶贫，持续在宣汉县派驻扶贫干部和第一书记，组织乡村教师和基层干部培训 67 人次。宣汉县全年脱贫 38613 人，贫困发生率下降至 6%；65 个贫困村完成脱贫验收。

【扶贫资金投入】 中国华融全系统总计向宣汉县投入定点扶贫资金 884 万元。其中，扶贫项目资金 756.7 万元，由中国华融总部及集团内 15 家子公司共同捐赠，用于开展产业扶贫、民生扶贫和教育扶贫项目；扶贫培训费用 5.5 万元，用于组织宣汉县基层扶贫干部培训活动；系统内员工一对一资助贫困学生及捐赠物资折价约 35 万元；全系统各单位购买宣汉县各类扶贫产品 86.7 万元。

【扶贫会议】 2017 年 3 月 31 日，中国华融召开定点扶贫领导小组会议，研究确定 2017 年扶贫工作思路，扶贫工作计划。扶贫工作分管副总裁出席会议，扶贫工作领导小组成员单位负责人、挂职扶贫干部、驻村第一书记参加会议。

【扶贫调研】 2017 年，中国华融先后派出 25 人次赴宣汉县开展实地调研，了解贫困村、贫困户实际情况和需求，研究扶贫工作措施，督促落实定点扶贫项目。8 月 14 日，中国华融党委委员、副总裁王文杰赴宣汉县调研定点扶贫工作，实地考察扶贫项目建设投产情况，慰问贫困村贫困户，了解贫困村干部、群众的诉求，代表中国华融向乡镇学校捐赠电脑等教学设备，并与宣汉县委、县政府干部座谈，对接研究年度扶贫工作措施。

【扶贫制度建设】 中国华融修订完善《扶贫工作管理办法》，明确扶贫工作职责，深化工作目标及工作原则，规范扶贫工作实施流程，细化扶贫工作具体要求，确保各项扶贫工作有序运转。针对具体扶贫项目，中国华融还协调宣汉县有关部门修订印发《中国华融农业产业扶贫基金管理办法》和《中国华融助学扶贫基金管理办法》，明确项目实施条件、要求和程序，确保扶贫资金切实惠及建档立卡贫困户。

【扶贫资金管理】 中国华融按照“一次性预拨付到位、按项目审批支取、年终汇总结算、剩余结转”的原则管理扶贫资金。扶贫资金采用按项目使用审批支取的形式，委托宣汉县财政局按照专项资金的要求监管定点扶贫资金，专款专用。扶贫项目的主办部门在项目实施前，需将具体项目实施方案和资金计划报中国华融定点扶贫工作领导小组同意后实施。实施过程中，项目主办部门按照县政府财政资金申请审批流程，申请支取定点扶贫专项资金，并由中国华融挂职扶贫干部审核确认资金使用符合定点扶贫项目安排。资金拨付后，主办部门需将项目资金审批相关材料报中国华融备案。县财政局每年向中国华融汇报年度定点扶贫资金使用情况。

【产业扶贫】　中国华融投入220万元开展产业扶贫。一是根据宣汉县产业发展规划和峰城镇农业区域特色，投入100万元在峰城镇修建青贮饲料加工厂，以峰城镇附近乡镇盛产的玉米秸秆为原材料，为宣汉县重点发展的蜀宣花牛养殖提供上游产业链服务，中国华融投入扶贫资金全部折算成贫困户入股资金，饲料厂盈利按股份为贫困户分红。二是投入120万元进一步扩大“中国华融农业产业扶贫基金”规模，经过上一年度的初步探索，中国华融协商宣汉县扶贫和移民工作局修订完善了基金管理办法，通过基金向专业合作社或龙头企业提供周转无息借款，支持他们在贫困村开展产业项目，并参照银行基本利率向贫困户进行分红。2017年，基金支持仁义村桃花米生产、中药材种植、车厘子种植，龙泉村黑毛香猪养殖、核桃种植，跑马村脆红李种植等产业项目，有效缓解贫困村产业发展融资难、现金流紧张的问题。此外，中国华融还宣传动员全系统积极认购宣汉县农特产品桃花米3.75万千克总金额56万元，黑毛香猪制品30.7万元，通过消费支持宣汉县贫困村产业发展。

【基础设施建设】　中国华融投入260万元帮助贫困村完善基础设施建设，帮助改善贫困村生产生活条件。一是拨付党费50万元分别帮助峰城镇仁义村和龙泉村修建党建文化室和党建文化广场，为村民提供会议及参与文化活动场所，增加贫困村党组织凝聚力。二是投入60万元支持贫困村修建新村聚居点，配合政府异地搬迁和危房改造政策，继续为仁义村提供聚居点配套建设资金，帮助仁义村建档立卡贫困户16户、52人实现“住房安全有保障”。三是安排150万元支持贫困村修建村内硬化道路，结合地方政府交通建设规划，分别在仁义村和龙泉村补充建设硬化道路3.2千米，打通村社间“断头路”解决村民出行难和农产品运输难问题。

【教育扶贫】　中国华融投入257.1万元开展教育扶贫。一是投入51万元继续实施“中国华融助学扶贫基金”项目，在宣汉县仅有的3所乡镇高中设立“中国华融奖学金”和“中国华融助学金”。向60名成绩优异的建档立卡贫困高考生颁发奖学金每人5000元；分春、秋两个学期向贫困高中学生发放助学金每人1000元，累计资助210人次，激励贫困学生爱学习、求奋进，以知识改变命运。二是投入100万元支持天生镇初级中学重建被鉴定为危房女生宿舍楼，补充学校校舍建设资金缺口，改善贫困地区学生基本生活条件。三是投入6.1万元设立仁义村助学济困基金项目，奖励2名考上大学的贫困学生，资助21名在读的大学（含大专、高职）和高中（含中专、中职）贫困学生，激励贫困学生勤奋学习改变命运。

【扶贫培训】　中国华融为宣汉县组织2次培训活动，总计培训人数67人。一是在江苏省宿迁市举办“中国华融扶贫干部能力提升班”，邀请宣汉县基层扶贫干部学习宿迁市“支部+电商”的扶贫开发模式和基层扶贫开发先进经验，通过现场考察学习和做法讲解结合的方式帮助贫困县党政干部提高精准扶贫政策水平、增强扶贫工作能力。二是继续开展第三届“中国华融·宣汉县最美乡村教师”奖励基金项目，奖励由宣汉县教科局评选出的50名优秀乡村教师，每人给予一次性现金奖励1万元，并组织获奖教师赴北京参加培训，鼓励和引导广大教师长期扎根学校、服务乡村教育。

【公益扶贫】　中国华融发动全系统员工共献爱心，参与定点扶贫。一是先后发动员工开展对宣汉县贫困学生的“一对一”资助活动，全年累计167名员工参与结对资助158名宣汉贫困学生，资助金额总计约34万元。二是利用扶贫资金和分支机构员工捐赠资金在精准帮扶的贫困村设立救济慰问资金，用于对贫困村因病、因灾造成困难的村民进行救济、慰问。

【干部挂职扶贫】 中国华融坚持把定点扶贫和干部培养相结合，2017 年，中国华融进一步加强挂职扶贫干部和第一书记的选派和管理。选派重庆分公司高级副经理（相当于副处级）赵良朋赴宣汉任挂职扶贫干部，选派总部办公室高级副经理（相当于副处级）鄢宏驻仁义村任第一书记。挂职期间，赵良朋充分利用自身金融工作经验，着重对接贫困村扶贫小额信贷，创新小额信贷发放模式，整合小额信贷资金入股集体产业，推动贫困村集体经济发展。鄢宏同志积极带领村民开展桃花米、中草药、车厘子种植和蜀宣花牛养殖等产业，奠定村集体规模化种植养殖产业发展的基础。

【扶贫宣传】 中国华融号召、发动系统内广大员工及社会力量共同参与扶贫工作，营造奉献爱心、人人参与的良好氛围。一是通过按月编发的《扶贫工作动态》和即时更新内网“社会责任”专栏，让系统内员工及时了解公司扶贫工作动态以及国家扶贫方针政策。二是在国家扶贫日期间组织开展脱贫攻坚政策专题讲座，并通过展板、新闻稿、宣传视频、微信公众号推送等方式，积极宣传扶贫理念和扶贫成效。三是积极参加国务院扶贫办主办的扶贫创新成果征文活动，宣传扶贫工作经验做法。四是国务院扶贫办《扶贫信息》、银监会《监管工作信息》先后介绍中国华融扶贫工作情况，《人民日报》等新闻媒体专题报道中国华融精准扶贫工作成效。

（中国华融资产管理股份有限公司
扶贫办公室　尹姝姝　李佳琦）

中国东方资产管理股份有限公司定点扶贫

【概述】 中国东方资产管理股份有限公司（以下简称“中国东方”）定点帮扶湖南省邵阳县。2017年是中国东方扶贫攻坚工作承上启下、全面突破的关键之年，以扶贫资金投入为基础，以扶贫机制创新为动力，以增强贫困地区可持续发展为保障。筹措资金600.02万元（其中自筹资金500.02万元，引进外部资金100万元）用于发展产业、改善民生基础设施、实施教育扶贫等。

【扶贫资金投入】 中国东方投入资金500.02万元，引进外部资金100万元，捐赠物资折款6万元，总金额同比增长183%，主要用于帮助双杏村发展产业、改善民生基础设施、实施教育扶贫等。一是投入440万元，用于帮助双杏村发展葡萄、蓝莓、山鸡、山羊、油桃、冬枣、油茶、特色野（香）猪等产业，逐步形成产业集中连片；二是投入30.02万元成立教育基金，对建档立卡贫困学生实现助学全覆盖；三是投入30万元用于产业宣传、节日慰问及村环境卫生治理等，为扶贫产业发展、民生基础设施建设以及发展农村教育等工作提供充裕资金保证。

【扶贫会议】 2016年末，中国东方提前召开定点扶贫工作领导小组会议，提前部署2017年定点扶贫工作，组织学习中央和上级单位扶贫工作精神，总结公司定点扶贫工作，研究新形势下公司系统扶贫工作思路，明确定点扶贫工作目标任务、重要举措、实施步骤和保障措施。3月15日，根据中国东方党委统一安排部署，分管扶贫工作公司领导主持召开定点扶贫项目审批小组会议，审议《2017年实施定点扶贫工作计划》和定点扶贫资金安排落实。2017年还多次组织召开定点扶贫项目审批小组会议，强调因地制宜做好全年扶贫项目规划，量身定制扶贫措施，科学合理发展特色产业，使用好扶贫资金。

【组织领导】 为提高扶贫工作效率，中国东方党委研究决定在定点扶贫工作领导小组下设扶贫项目审批小组，由分管扶贫工作公司领导、定点扶贫工作领导小组组长兼任审批小组组长，组员由总部相关职能部门负责人担任。审批小组在党委审议通过的年度扶贫资金计划额度内，逐项审议扶贫项目和扶贫资金（物资）使用（捐赠）安排，监察和审计等部门通过列席会议对扶贫资金的使用进行监督、检查。为加强扶贫工作领导，党委决定，由一名公司总监担任定点扶贫工作领导小组副组长和扶贫项目审批小组副组长，根据公司人事调整安排，及时调整领导小组成员名单。

【扶贫调研】 中国东方党委书记、董事长，党委副书记、总裁，党委副书记、监事长及其他全部党委委员均到邵阳县开展过扶贫工作调研，形成公司党委扶贫调研常态化。公司领导在调研期间，与邵阳县委、县政府干部进行座谈，交流扶贫工作情况，深入探讨如何利用中国东方主营业务助力邵阳县脱贫攻坚；深入定点帮扶村考察扶贫项目、与贫困户进行座谈、慰问困难群众，获取扶贫工作第一手资料，现场办公，解决实际问题，为困难群众带去最诚挚的问候。2017年公司有20批次149人到邵阳县开展扶贫工作。

【干部挂职扶贫】 中国东方通过内部遴选，从总部机关选派 1 名处级干部到湖南省邵阳县挂职县委常委、副县长，任期两年。8 月，中国东方选派的第一任驻村第一书记两年任期届满。公司继续从总部选派魏东东同志到定点帮扶贫困村担任第一书记。

【扶贫资金管理】 为进一步规范定点扶贫资金管理，保障资金安全，提高使用效益，结合财政部、湖南省和邵阳县扶贫资金管理相关规范，中国东方制定《中国东方定点扶贫资金管理办法（试行）》。办法明确定点扶贫资金实行专户统一管理扶贫资金，定点扶贫资金实行“专筹、专用、专账、专核”，对扶贫资金的筹集、使用进行审批、监督检查和资金绩效评价等。中国东方扶贫领导小组办公室牵头，抽调审计部、财务会计部和人力资源部人员组成联合检查小组，对投入的扶贫资金使用情况进行专项检查。检查内容涵盖资金划拨、资金使用、账务管理及核算等。9 月公司制定《中国东方定点扶贫资金管理办法（试行）》。办法对扶贫资金的筹集、使用审批、监督检查和资金绩效评价等做规定，明确定点扶贫资金采用专户统一管理，实行“专筹、专用、专账、专核”。

【产业扶贫】 双杏村种植大户牵头成立三个油茶种植合作社，油茶种植面积近 500 亩，累计向贫困人口发放工资达 15.8 万元。帮助双杏村成立金源葡萄种植专业合作社，合作社种植葡萄达 100 亩，合作社纳入 55 个农户，其中贫困户 27 户，投入土地 55.1 亩，非贫困户 28 户，投入土地 45 亩。蓝莓种植项目采取成立有限合伙企业，种植大户作为普通合伙人负责经营管理，村集体作为有限合伙人指派人员管理财务并监督企业经营。冬枣项目从深圳引入合作方，合作模式采取村集体与合作方成立合资公司，双方分别认缴 50 万、150 万出资，合作方负责经营管理，村集体指派人员管理财务并监督企业经营。山羊养殖项目采取村集体与养殖大户合作的模式，成立两户有限合伙企业。养殖大户以山羊、机器设备等实物出资（两户实物折价分别为 14 万、11.5 万），作为普通合伙人负责企业日常经营管理，村集体分别出资 14 万、11.5 万，村集体作为有限合伙人指派人员管理财会并监督企业经营。土猪养殖项目与村内养猪场进行合作，养殖公司向村集体定向增资，将原有的一人公司变更成合资公司，养殖大户以存栏生猪、猪圈、租赁土地等实物资产出资，村集体以货币出资。采取“公司 + 农户”方式经营，公司委托贫困户养猪，再按照预定价格进行收购。山鸡养殖项目采取成立有限合伙企业，养殖大户作为普通合伙人负责经营管理，村集体作为有限合伙人指派人员管理财务并监督企业经营。在产业扶贫项目中，贫困户通过土地流转、务工、分红、委托养殖等方式获得收益。

【基础设施建设】 中国东方积极配合实施农村安全饮水工程和村组道路硬化工程，帮助打井、修复水源，硬化合星片区村组道路，实现居住人群集中的院落都有水泥路连接主要道路，让全体村民享受到国家扶贫政策红利，提高全体村民的幸福感和满意度。为解决基层党组织活动场所简陋、设施差等问题，公司投入 20 万元用于双杏村党建活动室建设，大力支持基层党组织党建活动开展。

【扶贫日活动】 中国东方系统团委赴邵阳县双杏村留守儿童教学点，开展“东方扶贫先扶智，金融知识进村小”专题活动，大家向孩子们赠送学习和生活用品，捐赠价值 1 万元物资。

【教育扶贫】 中国东方安排 30 万元专项资金用于定点帮扶村开展助学行动，根据贫困学生的学龄阶段、家庭情况制定不同的资助标准，进一步加大资助力度，让每一位贫困学生上得起学、吃得起饭。

【金融扶贫】 中国东方积极发挥旗下

保险、证券等行业板块的专业优势，集中力量，建立可持续的金融扶贫发展模式。控股子公司中华保险开展“助力保险扶贫 凝聚中华力量”7.8千米保险扶贫公益跑活动，通过健步走、健步跑，捐赠里程并认领保险扶贫项目的形式，对湖南邵阳县进行定向扶贫。活动最终向邵阳县捐赠公益里程2360千米，为邵阳县5867户建档立卡贫困户捐赠2346万元的农房保险保障。中华财险湖南分公司与湖南省财政厅、农委、扶贫办共同推动“扶贫财银保”项目，为新型农业组织和贫困户提供信用保证保险，解决农村融资难融资贵问题。在湖南省14个地市、86个县区开展该项业务，受理申请业务1000余笔，受理金额近7亿元，出具保单527份，承保额度近4亿元，其中邵阳县范围出具保单2份，承保额度380万元。

控股子公司东兴证券与邵阳县政府签订扶贫攻坚战略合作协议，建立对口帮扶关系，加强对邵阳县企业的上市辅导培育和孵化力度，帮助更多的企业通过主板、创业板、新三板、区域股权交易市场等进行融资；支持邵阳县符合条件的企业通过发行公司债、可转债等多种方式拓宽融资渠道；支持邵阳县符合条件的企业发行企业债券、公司债券、短期融资券、中期票据、项目收益票据、私募债、区域集优债券等债务融资工具；帮助邵阳县企业和项目与发达地区上市公司开展并购重组，鼓励、引导符合条件的企业到邵阳县注册并进行IPO。同时，帮助邵阳县政府加强对金融领域人才的培养，提高通过金融手段服务县域经济发展的能力，2017年为邵阳县举办三期领导干部金融知识培训班，对昭阳农商行进行上市辅导。

【帮扶奖励】　为解决产业扶贫受地域、家庭土地及家庭经济状况等客观条件限制，部分贫困户参与不到种植、养殖产业项目，产业发展的成果不能惠及这部分贫困户的问题以及部分贫困户存在“等、靠、要”的懒汉思想，中国东方实施“以奖代补”帮扶政策，取代过去“雨露均沾”式补贴发放政策。2017年，按照产业帮扶资金发放办法组织实施“以奖代补”奖金发放工作，共向38户符合条件的贫困户发放奖金，发放奖金总额9.7万元。该政策显著提高贫困户发展生产的积极性，正确引导贫困户发展种植养殖产业。

【爱心捐款】　中国东方号召全系统6万多名干部员工组织开展“全员参与聚力扶贫”捐款献爱心活动。6月6日，公司总部员工率先开展捐款活动，党委书记、董事长吴跃出席活动并带头捐款，各分公司、控股公司纷纷响应，全系统干部员工捐款总计318.5万元，全部将用于双杏村的定点帮扶工作，确保做到授之以渔、精准扶贫。

【送温暖活动】　中国东方系统内44个党支部结对帮扶定点帮扶村216户贫困户。各支部党员到贫困村开展入户走访，了解贫困户家庭情况、致贫原因、脱贫意愿等，研究制定分户帮扶措施并实施，为贫困户出点子、想计策、送温暖，帮助贫困户脱贫致富。

（中国东方资产管理股份有限公司
扶贫办　胡彦东）

中国民生银行股份有限公司定点扶贫

【概述】 2017年，中国民生银行股份有限公司（以下简称“民生银行”）定点帮扶河南省滑县、封丘县，在滑县开展以教育扶贫为根本、医疗扶贫为重点、股权扶贫为突破、金融扶贫为支撑、多元扶贫为探索的多层次、多形式的精准扶贫措施。一是强化教育扶贫，坚持扶智扶志，捐赠支持两县基础教育项目；二是强化医疗保险扶贫，为封丘县3万名建档立卡贫困群众购买城乡商业补充保险；三是创新股权扶贫，河南中兵重工机械有限公司2017年度全年分红分两次由县扶贫办按计划全部发放到贫困户中；四是强化金融扶贫，2017年新增扶贫贷款授信额4270万元；五是加强多元扶贫，整合中国扶贫基金会和北京富平学校，为两县贫困家庭妇女同志组织免费“保姆培训”。

截至2017年底，定点帮扶的河南省滑县实现脱贫摘帽，封丘县实现1.7万人稳定脱贫。民生银行被国务院扶贫办与中国社会科学院联合授予2017年度“优秀扶贫案例奖”；被新浪财经评为2017年度“银行业金融扶贫创新奖”；被中国经营报评为2017年度“卓越竞争力金融扶贫银行”。

【扶贫资金投入】 民生银行向定点扶贫县河南滑县、封丘县捐款1206万元，一是强化教育扶贫，坚持扶智扶志，捐赠1140万元用于两县基础教育项目，包括修建1所学校，为2所学校修建教学楼各一栋，资助1483名贫困学生，奖励317名优秀教师；二是强化医疗保险扶贫，为封丘县捐助60万元，为3万名建档立卡贫困群众购买城乡商业补充保险；三是创新股权扶贫，向封丘县投资402万元，注入河南中兵重工机械有限公司，约定年分红32.2万元，收益率约8%，通过分红可帮扶322户建档立卡贫困户。四是强化金融扶贫，新增扶贫贷款授信额4270万元，其中滑县2000万元，封丘县2270万元，扶贫贷款余额共计5770万元，其中滑县5000万元，封丘县770万元；五是加强多元扶贫，整合中国扶贫基金会和北京富平学校，为两县贫困家庭妇女同志组织免费“保姆培训”，培训合格后颁发资质证书，培训学员25名，其中大部分学员已经在北京就业，月收入6000元以上。

【扶贫资金管理】 总行高度重视扶贫资金筹措，向各分行下发《中国民生银行关于2017年度员工定点扶贫捐款工作的通知》，各分行自愿参与捐款。民生银行在中国扶贫基金会设立“定点扶贫专项基金”，统一管理并运行定点扶贫资金。定点扶贫县选取合适的扶贫项目，向总行提出用款申请，经审批通过后，由中国扶贫基金会拨捐赠款。

中国扶贫基金会为“民生银行定点扶贫专项基金”建立完善的管理办法。一是专户专账，严格执行专项资金报账制，专账核算、专人管理、专款专用、封闭运行，资金始终不脱离财政轨道。二是阳光操作，全面推行公告公示制，各扶贫项目、资金、建设内容、相关要求等都在县一级公示，及时向群众公布，加大社会和群众的监督力度。

为加强对扶贫项目资金运行的监管，民生银行督促定点县制定《扶贫资金监督管理办法》《扶贫资金项目公告公示实施办法》《扶贫资金项目公告公示制度实施细则》等，建立健全扶贫资金分配使用管理公开公示制度，将涉农资金政策文件、管理制度、资金分配、工作进度等信息通过政府门户网站等渠道及时向社会公开，接受社会监督。

【扶贫调研】 民生银行建立“一年两调研、月月常分析”的调研分析体系，以扶贫工作领导小组实地走访和挂职干部日常反馈的形式，详细了解定点扶贫各项工作的落实情况与碰到的问题和困难。3月28日，党委委员、纪委书记陈进忠带队赴河南滑县、封丘县进行实地调研，与两县政府进行深入交流，走访贫困户了解致贫原因，走访重点企业了解金融需求。7月11日，总行办公室、公司业务管理部、小微金融事业部、公司业务风险管理部、零售业务风险管理部以及新乡分行等相关人员赴河南滑县、封丘县，对两县重点企业进行现场扶贫贷款授信评审，对扶贫捐助款实施项目进行现场跟踪与督办。

【扶贫会议】 由党委书记、行长郑万春任组长的“金融扶贫工作领导小组”在总行召开数次会议研究民生银行对河南省滑县、封丘县定点扶贫工作。2017年3月28日，党委委员、纪委书记陈进忠带队赴河南滑县、封丘县进行实地调研，与两县政府座谈，就如何做好下一步定点扶贫工作提出了意见。7月11日，总行办公室、公司业务管理部、小微金融事业部、公司业务风险管理部、零售业务风险管理部以及新乡分行等相关人员赴河南滑县、封丘县，对两县重点企业进行现场扶贫贷款授信评审，对扶贫捐助款实施项目进行现场跟踪与推动。

【扶贫制度建设】 董事长洪崎亲自部署，党委书记、行长郑万春亲自落实，并担任金融扶贫工作领导小组组长，领导小组始终围绕“精准扶贫，精准脱贫”工作核心，设立由总分支、前中后部门参与的扶贫工作实施小组及重点项目办公室，明确建立业务沟通机制与推动机制，组织规划了民生银行《金融十三五规划》，制定并下发《民生银行贯彻落实金融扶贫工作的指导意见》《加强民生银行金融扶贫监督检查工作的指导意见》等相关意见，对试行的《中国民生银行农村土地承包经营权抵押贷款管理细则（暂行）》和《中国民生银行农民住房财产权抵押贷款管理细则（暂行）》提出意见并加以完善。

【干部挂职扶贫】 民生银行选派优秀干部5名到定点扶贫县挂职，分别为挂职副县长和驻村第一书记，负责定点扶贫工作的具体联系与执行。挂职干部坚持亲临扶贫一线，深入贫困群众的实际需求，分析致贫原因，监督扶贫捐助款的使用与项目实施，整合总行相关部门和新乡分行的业务资源，对接企业提供金融业务支持，为当地经济发展和脱贫攻坚注入了新能量、新动力。

【教育扶贫】 2017年，在民生银行向河南滑县和封丘县捐助的1206万元扶贫款中，有1140万元用于两县基础教育项目，包括修建1所学校，为2所学校修建教学楼各一栋，资助1483名贫困学生，奖励317名优秀教师等。

【基础设施建设】 紧密结合滑县“乡村清洁工程”，捐资6万元，为胡营村村道两侧硬化路面3500米，改善了村容村貌，为滑县进一步加快新农村建设步伐，改善农村人居环境，提高农村文明程度，深入推进城乡一体化进程。

【健康扶贫】 民生银行通过帮助贫困群众购买医疗补充保险，有效减轻贫困群众就医负担。2017年，向封丘县捐助60万元，为3万名建档立卡贫困群众购买城乡医疗补充商业保险，预防和解决贫困群众“因病致贫、因病返贫”问题。

（中国民生银行股份有限公司
施　燕）

中国航天科工集团有限公司定点扶贫

【概述】 2017年，中国航天科工集团有限公司（以下简称“航天科工”）2017年投入资金（含无偿和有偿）353万元，引进各类资金（含无偿和有偿）117.88万元，帮助两个定点扶贫县——云南省昆明市东川区和曲靖市富源县由“输血”变成“造血”，因地制宜地帮助当地走上可持续发展的道路。

【工作机制】 航天科工和各二级单位均成立扶贫工作领导小组和领导小组办公室，在全系统形成党组统筹领导、领导小组谋划组织、办公室协调推进、挂职干部具体实施的管理体系。18个二级单位向东川区、富源县捐助扶贫资金，十余个单位派人、派技术、派产品参与扶贫工作，形成举全集团公司之力做好扶贫工作的大格局。

【扶贫调研】 国家“扶贫日”前夕，航天科工党组书记、董事长高红卫赴东川区、富源县与昆明市委书记、曲靖市委副书记、市长和区县主要领导就助力精准扶贫、精准脱贫工作深入交换意见，共同商讨发展方向。并下田间到地头仔细查看航天科工在东川区、富源县实施的智能节水灌溉项目、蔬菜基地项目、东川区无线电应急通信项目、富源县气象局应急指挥项目。6月，集团公司党组副书记、副总经理方向明到昆明市、曲靖市政府和东川区、富源县政府进行走访调研，听取市政府及有关部门扶贫情况的介绍，就充分利用好中央企业扶贫基金进行充分交流，全力推动航天科工扶贫项目的实施，并到海拔2100米的东川区乌龙镇马店村引水续建项目和350亩杨梅果园智能节水灌溉项目现场了解情况；调研航天科工在富源县气象应急系统扶贫项目；看望航天中心医院在富源县中医医院义诊医生；对东川区、富源县的扶贫项目完成情况进行督促检查。

【干部挂职扶贫】 2017年，航天科工共选派3名干部到定点扶贫县挂职，协助当地政府开展扶贫工作，其中，2名副县长、1名驻村第一书记。驻村帮扶挂职干部主动融入地方脱贫攻坚各项工作，协调推进航天科工帮扶项目的实施。航天科工驻富源县白马村第一书记获得云南省“优秀驻村扶贫工作队员”荣誉称号。

【科技扶贫】 东川区、富源县山区面积达97%以上，地理位置、环境、气象复杂，自然灾害时有发生，航天科工充分发挥民用应急通信系统在国内领先的技术优势，拨付扶贫资金32.5万元，组织多个单位参与设计、研制，完成东川区无线电应急通信指挥系统四期工程和富源县气象局气象应急通信指挥系统四期工程（气象预报App发布平台），可在突发复杂气象、地质灾害、突发事件情况下，及时将信息发布到所需用户手机上，提高防灾减灾和指挥决策的时效性。

【产业扶贫】 航天科工将最新研发的智能节水灌溉系统优先用于两个定点扶贫县，在乌龙镇跑马村投入62.6万元，实施160亩蓝莓基地的“水肥一体化”的智能灌溉系统，实现蓝莓增产增收，使42个建档立卡户受益。在富源县富村镇投入57万元，实施100余亩蔬菜种植基地的智能节水灌溉项目，使得17户建档立卡户受益。

【健康扶贫】 航天科工将富源县中医

医院作为重点扶持对象，在硬件上投入资金11.4万元购置医疗设备，配备新的LED手术灯和手术床；在软件上根据医院需求代培7名医生，派航天中心医院专家团队到当地义诊。

【教育扶贫】　航天科工在东川区、富源县共投入20万元，向45名贫困家庭的高中生发放“航天——智高助学金”，资助家庭特别贫困的初、高中生完成学业，帮助优秀高中毕业生圆大学之梦。所属单位投入教育扶贫资金10万元，新建2个航天——七彩云南多媒体教室，多媒体教室成为航天文化展馆和爱国主义教育基地，为孩子们描绘出多彩航天梦。

【消费扶贫】　采用“互联网+扶贫”新模式，借助线上“航+服务平台”及线下“航+生活超市”，实现线上线下销售深度融合，以精准扶贫模式扩大贫困地区“农优特”产品的销售渠道。所属领导亲自带队到实地调研，发动广大干部职工献爱心，购买153万元特色产品，积极筹划将两地特色产品纳入职工生活服务电商平台，并开辟专区进行销售。

【产业脱贫】　富源县有种植魔芋的传统和对魔芋进行深加工的技术优势，在云南省有着较高的知名度。实现魔芋种植和魔芋制品一条龙的生产，是实施建档立卡户精准脱贫的有效途径之一。航天科工投入50万元，帮扶富村镇白石岩村种植320亩魔芋基地，使178户贫困户受益，每亩可收入8750元，实现贫困户脱贫。

【引入外部扶贫资金】　航天科工积极协调中国航天基金会、中国启明公益基金会向东川区集义小学捐赠价值20万元的图书，向富源县第七中学捐赠价值30万元图书，建立2个“中国航天启明图书室”；积极协调沈阳企业家、爱心人士杨智高先生捐赠教育助学金，面向初、高中贫困家庭学生各发放10万元助学金。

（中国航天科工集团有限公司党群部
刘芳晓）

中国航空工业集团有限公司定点扶贫

【概述】 中国航空工业集团有限公司（简称“航空工业”）定点帮扶贵州省镇宁县、关岭县、普定县、紫云县和陕西省西乡县扶贫开发工作。2017 年航空工业共投入 924.8 万元，派出挂职干部、驻村第一书记 14 人，在 5 个定点扶贫县扎实开展扶贫工作，共投入 800 多万元，帮助其他贫困地区开展脱贫工作。航空工业严格按照 2017 年度定点扶贫工作计划，组织推进产业扶贫、劳动力转移扶贫、医疗扶贫、教育扶贫、文化扶贫、党建扶贫和消费扶贫等七大帮扶举措，全年共实施产业项目 18 个，累计招聘 680 人就业，义诊接待贫困地区患者 6000 多人，帮助镇宁完成“航空小镇”概念规划，开展航空文化进乡村系列活动，累计销售 130.7 万元地方农特产品，并将集团公司党建工作体系引入村党组织。

【产业扶贫】 按照精准帮扶原则，航空工业采取“一村一策”，帮助两省 5 县择选特色农村产业项目，提供资金支持。同时，充分发挥行业特色，与镇宁自治县政府签订框架协议，免费为其提供价值 100 万元的概念规划设计方案，帮助地区政府梳理通用航空项目发展方向。

在贵州定点帮扶地区按照“村有主导产业、户有增收门路”的可持续发展思路，采取“企业（合作社）+农户”的模式，在镇宁县完成养殖项目（品改站）1 个、种植反季节蔬菜西红柿 200 亩。在关岭县完成花椒苗圃 50 亩，实施 20 亩火龙果示范基地建设，实施 80 亩大蒜（红蒜）种植项目，实施 245 亩地膜玉米高产示范区建设。在普定县种植冰脆李 1067 亩和莲藕 1000 亩，建设普定水井莲花茶叶加工厂。在紫云县开展食用菌、蔬菜和大米种植和生猪养殖，实施完成茶园项目 2 个。

在汉中定点帮扶地区培育特色产业，新发展茶叶种植 120 亩，通过土地流转方式，村集体统一经营管理 3 年后，无偿交付农户经营管理，项目实施后贫困户人均增收 600 元；改造低效茶园 100 亩，发展油牡丹、脆皮李子等种植项目，使贫困户有稳定、可持续的收益；启动茶园管护及补植补栽工作，帮扶 12 户有发展意愿的贫困户发展，每户补助 5000 元产业发展资金；与此同时，协调成立回龙村红源茶叶专业合作社，吸收贫困户社员 23 户。

2017 年，航空人积极献爱心，在京单位工会开展“爱心高原藕”“荸荠”自愿采购活动，累计购买定点扶贫地区农产品 130.7 万元，惠及贫困群众 660 人。

【教育扶贫】 航空工业在定点帮扶地区累计投入 200 多万，修建航空希望学校 4 所，改造、扩建、修缮学校 6 所；持续开展以“父爱母爱”行动为主要内容的教育扶贫，先后资助贫困学生 170 余人，每年两次为帮扶学生提供生活补助费和学习生活用品；为帮扶的学校捐赠图书和体育器材；每年开展一次航空知识科普讲座。组织北京市有关教研专家在贵州 4 县开展“蓝粉笔”公益行动调研，旨在通过招募一线骨干教师作为志愿者，为贫困地区中小学教师提供义务培训。通过“爱飞客”公益基金会开展“1+N”助学计划，资助贵州省安顺市普定县马官镇 11 名困难学童继续学习；开展“飞常陪伴”安顺暑期支教活动，为贵州安顺市普定县150名留守儿童提供为期两周的富有航空特色的支教课程；在贵州安顺普定县化处镇水井村建立了第14个“爱飞客”公益书苑。

【扶贫培训】　2017年，航空工业所属贵航职业技术学院、012技校和陕西航空职业技术学院等职业院校，分别与定点扶贫5县开展订单式培训。中航国际天马从当地富余劳动力资源和中职学校累计招聘680人，人均月收入4600元。航空工业全年累计开展劳务就业培训和农用技术培训共计68人次。邀请扶贫专家解读中央扶贫工作政策、分享扶贫工作亮点做法、解答扶贫干部工作中的难点问题。组织扶贫干部参加中组部组干学院等单位的培训交流。不定期组织当地党员干部学习培训，特别是具有行业特色的培训，在镇宁县多次开展通航专业知识培训，提升县乡村干部和党员的思想认识和带领村民脱贫发展的能力。邀请当地党校老师采用农村党员喜闻乐见的方式讲流动党课。

【文化扶贫】　航空工业配合地方政府全域旅游规划，充分挖掘贫困县红色旅游文化资源，陕西省西乡县骆家坝镇回龙村是原红29军军部所在地，航空工业帮助回龙村发展旅游产业，延伸产业链条，建红色教育基地，投入20余万元建成红色旅游文化休闲广场，美化亮化村组道路，安装了95盏太阳能路灯，既美化了村容村貌，又改善了旅游环境，促进了村民增收，现已形成骆家坝至回龙村红色旅游线路。航空工业所属单位积极开展航空文化进乡村活动，开展无人机机队飞行表演、无人机航拍和航模制作与放飞等活动，拓展了乡村旅游市场，7月举办了贵州普定县水井村首届荷花节，水井村接待游客上万人，全村贫困人口在发展乡村旅游中受益，形成了文化旅游品牌。

【基础设施建设】　航空工业投入扶贫资金165.5万元帮助贵州扶贫县实施饮水工程，帮助建设饮水工程项目72个，修建蓄水池3个，解决了72个自然村寨，7万多人的饮水问题。2017年航空工业投入帮扶资金20万元解决镇宁县马厂镇凡其村170余户，800名困难群众的饮水问题。在陕西省西乡县回龙村，航空工业在基础设施建设方面共投入157万，完成村委会的扩建、村卫生达标、道路亮化、人畜饮水工程、变压器增容、新建生态产业发展路和建设观光茶园等8个项目，提升了村级机构工作环境，改善了村民的生活条件，达到了回龙村脱贫退出的硬指标。

【扶贫宣传】　发放宣传手册、张贴标语，开展集体党课学习，让贫困地区的群众准确了解党和政府扶贫工作的政策举措，保障扶贫政策切实惠及贫困群众。通过企业网站、微信号、航空报等多种形式不断宣贯扶贫政策信息，展示扶贫工作动态和成效，宣传扶贫工作中的先进人物和典型经验。

（中国航空工业集团有限公司　马　媛）

中国船舶工业集团有限公司定点扶贫

【概述】 中国船舶工业集团有限公司（以下简称“中船集团”）定点帮扶云南省鹤庆县。2017 年，中船集团派出挂职干部 2 人，投入帮扶资金 1852.6 万元（含无偿和有偿），从教育、医疗卫生、基础设施建设、产业发展、干部培训等多个方面对鹤庆县实施帮扶。

【扶贫资金投入】 中船集团共投入扶贫资金 1852.6 万元，包括集团公司直接帮扶资金投入 682.6 万元，和实施以购代捐购买鹤庆农副产品 1170 万元。其中，137.6 万元投入到教育扶贫、99 万元用于医疗卫生扶贫、275 万元投入到基础设施建设、50 万元用于干部培训、1291 万元用于产业扶贫。

【扶贫调研】 2017 年，中船集团组织召开定点扶贫工作座谈会 4 次，与鹤庆县党政领导共同商讨推进定点扶贫工作；同时，组织 7 批次、37 人，深入鹤庆县六合、金墩、松桂等乡镇，走访慰问贫困群众，看望“中船春蕾班”学生，考察了解帮扶需求，检查推动帮扶项目实施落地。

【消费扶贫】 2017 年 10 月，中船集团与鹤庆县人民政府签订了《中国船舶工业集团公司精准扶贫购买鹤庆土鸡协议》。根据《协议》，自 2016 年 7 月 19 日至 2021 年 7 月 18 日的五年内，中船集团每年组织总部和成员单位向鹤庆购买 10 万只鹤庆土鸡，支持鹤庆县脱贫攻坚。

【扶贫培训】 中船集团投入 50 万元，组织鹤庆 73 名党政干部，到广州接受宏观经济政策形势、新型城镇化和城乡统筹、美丽乡村建设等方面的培训。同时，聘请 4 名专家赴鹤庆，围绕学习习近平治国理政新理念新思想新战略、依法行政等主题为当地党政干部授课。

【干部挂职扶贫】 中船集团共选派 2 名青年干部到鹤庆县挂职扶贫。其中 1 名任鹤庆县人民政府副县长，监督推进集团公司定点帮扶项目实施，并协助分管鹤庆县教育、妇联、科协等工作；1 名任鹤庆县松桂镇大石村驻村第一书记，协助大石村党支部做好基层党建工作，配合村委会推进该村脱贫攻坚工作。

【扶贫宣传】 中船集团组织人员撰写消息“中船集团精准扶贫出实招”，在《人民日报》2017 年 5 月 19 日第六版刊发，宣传报道中船集团定点扶贫工作的做法及成效，并被国务院国资委官网转载。

【扶贫资金管理】 中船集团加强对扶贫资金使用的监督和管理，制定了《“中船春蕾班”管理办法》《鹤庆县产业发展互助基金管理办法》等制度，对资金的使用进行规范管理。2017 年，中船集团组织人员赴鹤庆开展扶贫资金使用情况专项检查，并将检查结果反馈给鹤庆县党委和人民政府，促其进一步规范扶贫资金使用。

【产业扶贫】 中船集团实施以购代捐，组织集团系统员工购买了价值 1170 万元的鹤庆土鸡，支持鹤庆县六合等贫困乡镇发展土鸡养殖业；同时，投入 121 万元，帮助鹤庆县龙开口镇大箐村、后山村、上河川村和金墩乡新庄村四个建档立卡贫困村建立了产业发展互助基金，为这些村产业发展提供资金支持。

【教育扶贫】 中船集团投入 107.6 万

元，帮扶11个“中船春蕾班”、580名贫困学生和资助100名孤、寡、残、单亲家庭学生；投入15.9万元，资助23名鹤庆籍贫困学生免费入读旗下广船厂技校学习相关技能；同时，中船集团党组成员和部分成员单位投入14.1万元，资助了26名鹤庆籍贫困高中生或大学生。

【基础设施建设】　中船集团投入275万元，支持鹤庆县羊龙潭集中供水工程建设，帮助鹤庆县金墩乡、松桂镇两个乡镇14个村、4.46万人解决了饮水困难的问题。

【健康扶贫】　中船集团投入99万元，为鹤庆县辛屯、松桂、黄坪三个乡镇卫生院各购买了1台DR系统（直接数字化X摄影系统），改善当地医疗卫生条件，缓解群众“看病难”“看病贵”的问题。

（中国船舶工业集团有限公司
政策法规部　黄　涛）

中国船舶重工集团公司定点扶贫

【概述】 中国船舶重工集团有限公司（以下简称“中船重工”）定点帮扶云南省勐腊县和丘北县。2017 年，全年累计投入扶贫资金 1.64 亿元，其中，认缴中央企业贫困地区产业扶贫基金 1 亿元；向丘北、勐腊县直接投入 6072 万元、引入资金 275 万元，实施了设立产业扶贫基金、成立贸易公司、多层次人才培养、援建希望小学、党员捐资助学等 22 个帮扶项目，帮助两县 1163 名建档立卡贫困人员脱贫。在国务院扶贫开发领导小组对 2017 年中央单位定点扶贫工作考核情况的通报中，中船重工获得最高考核等次“好”。两县对中船重工定点帮扶工作评价等次均为“好”，并被勐腊县推荐为 2017 年全省扶贫明星企业。

【扶贫资金投入】 中船重工共投入扶贫资金 1.64 亿元，其中：认缴中央企业贫困地区产业扶贫基金 1 亿元，投入扶贫资金 6022 万元，捐赠物资约合 64 万元，引入资金 275 万元；其中在勐腊县投入 2861 万元，在丘北县投入 3500 万元。

【扶贫调研】 中船重工共赴定点县考察调研 151 人次，其中：4 位党组和班子成员 5 次赴丘北、勐腊两县调研定点扶贫工作，与定点扶贫县领导干部交流座谈，深入贫困户家中访贫问苦，听取定点扶贫县为打赢脱贫攻坚战所实施的各项举措、扶贫政策和资金落实情况，检查中船重工援建希望小学、挂职扶贫干部工作等情况，对精准扶贫工作进行研究部署；总部 9 个部门、10 余个成员单位、16 批次、146 人次赴丘北和勐腊两县，围绕特色农产品、多层次人才培训、物流贸易、产业帮扶、基础设施建设、旅游扶贫、资本扶贫开展调研，实施了 22 个扶贫项目。

【扶贫会议】 2017 年，中船重工党组和班子成员主持召开 6 次专题会议，研究部署定点扶贫工作。5 月召开第 13 次党组会，结合中船重工和定点帮扶县实际，专题研究定点扶贫工作举措。6 月和 12 月分别召开 2 次党组会、2 次总经理办公会专题研究出资设立产业扶贫基金。10 月召开中船重工定点扶贫工作会，制定了《中船重工 2017—2020 年定点扶贫工作计划》。

【扶贫培训】 2017 年，组织两县 17 名领导干部参加中船重工 6 期领导干部培训班。3 月，中船重工邀请 5 位云南省旅游行业知名专家，在丘北县举办旅游扶贫专题培训班，丘北县旅游从业者共计 140 余人参加了培训。

组织第 8 期两县优秀师生进京参观学习活动。利用暑假组织两县 52 名优秀师生赴北京、昆明、武汉开展参观学习，其中，贫困山区学生占 70% 以上、少数民族学生占 80% 以上、建档立卡户学生占 30% 以上。

【干部挂职扶贫】 2017 年，中船重工共有 5 名干部在定点扶贫县挂职扶贫。中船重工选派郑杰、曹明武 2 名干部，分别挂职勐腊县和丘北县副县长，协助分管扶贫、教育等工作。

中船重工选派韩继宁挂职勐腊县扶贫办副主任、勐腊县勐伴镇金厂河村第一书记；庄智、王利 2 位同志先后担任丘北县八道哨乡矣堵村第一书记和驻村扶贫工作队队长。其中王利所在的矣堵村党委获 2017 年文山壮族苗族自治州（以下简称文山州）“扶贫先进党组织”，王利获文山州 2017 年“扶贫好村官”。

【扶贫慰问】 在“六一”儿童节、国家扶贫日等节日期间，中船重工各级领导、广大员工和爱心助学协会代表等前往建档立卡贫困户家中和中船重工援建的希望小学，送关怀、献爱心，提供书籍、学习和生活用品及助学金共计 14.2 万元。

【扶贫宣传】 中船重工先后发布专刊、简报、新闻报道等 21 篇，人民网报道了《用心、用情、用力 中船重工助力丘北打赢脱贫攻坚战》、国务院扶贫办综合司扶贫信息东西部扶贫协作与定点扶贫专刊（第 50 期）刊发了《中国船舶重工集团公司围绕精准扶贫出实招》等，得到了广大员工和社会各界的积极响应，带动了更多力量为打赢脱贫攻坚献计献策。

【扶贫资金管理】 中船重工加强扶贫项目资金管理，健全管理机制。一是制定了《中船重工 2017—2020 年定点扶贫工作计划》，每年末制定下年度扶贫经费预算和支出计划等内容，切实保障项目扶贫资金。二是完善扶贫项目立项、申报、审批流程，确保扶贫项目调研和项目资金使用规范。三是构建产业扶贫基金分层决策机制和定期报告制度，强化对基金运行、项目筛选、资金使用等情况的监督检查；四是发挥所属昆明船舶设备集团有限公司区位优势，具体负责项目实施和管理，确保项目资金专款专用。五是严格项目审计，对每个扶贫项目都安排第三方审计机构进行专项审计。

【产业扶贫】 发起设立首家县级央企产业扶贫基金。丘北县产业扶贫基金规模 5 亿元，一期认缴出资总额 2.2 亿元，其中中船重工出资 1 亿元，占 45.45%；勐腊县产业扶贫基金规模 5 亿元，一期认缴出资总额 2.11 亿元，其中中船重工出资 1 亿元，占 47.39%。产业扶贫基金的投资方向为两县符合国家脱贫攻坚战略、具有较好发展潜力、吸纳就业人数多、带动力强、脱贫效果好的项目，通过向能带动产业发展和农户增收、就业、脱贫的企业、科研机构、集体经济和合作社投资，与贫困户建立利益联结机制，实现精准脱贫。两支基金已完成工商登记注册，首期 25% 出资额已拨付到位。

中船海装（北京）新能源投资有限公司与丘北县政府签署了《风电场开发协议》，项目规划装机容量 40 万千瓦、总投资 27 亿元；昆明船舶设备集团公司和第七五〇试验场分别与丘北县政府签署了《精准扶贫战略合作框架协议》；昆明市智慧停车建设运营有限公司与丘北县政府签署《丘北县城区公共智慧停车场建设项目协议》。

捐赠秸秆膨化微贮饲料加工生产线，发展村集体经济。针对丘北县秸秆资源丰富和养牛户对饲料的需求，中船重工向丘北县捐赠 6 套价值 60 万元的秸秆膨化微贮饲料加工生产线，2017 年完成了 4 套在 4 个乡镇安装调试工作，以集体经济投入的形式入股合作社，并与贫困户挂钩，增加村集体收入，带动 100 余户建档立卡贫困户持续稳定增收。

【教育扶贫】 批准出资 1043 万元再援建两所希望小学。中船重工在丘北县援建的第二所希望小学——中船重工普者黑小矣堵希望小学项目投入资金 571 万元，于 2017 年 4 月开工建设，包括建教学楼、教师综合楼、学生综合楼、食堂、公共厕所、大门、值班室、围墙等设施，学校覆盖八道哨乡矣堵村周边 6 个自然村 664 户，在校学生可达到 350 人，有效解决所在地学生就近入学问题。

中船重工在勐腊县援建的第二所希望小学——中船重工磨憨尚岗希望小学改扩建工程项目投入资金 472 万元，于 2017 年 9 月开工建设，包括教学楼、综合楼、大门、值班室、公共厕所、道路等设施。学校建成后将覆盖周边 13 个自然村、5 个农场小分队、5 个茶队和 2 个矿区，在校学生将由原来 300 人扩大到 600 人。

【公益扶贫】 中船重工 6 万余名党员向两县捐资助学，共捐善款 487 余万元，捐款全部用于两县建档立卡户非义务教育阶段在校生，捐款资助连续实施 3 年。资助学生 688 人，合计 153.4 万元，其中，丘北县 243 名、79.8 万元；勐腊县 445 名、73.6 万元。

中船重工持续开展爱心助学活动，52 名参与“一对一帮扶”的爱心员工为贫困学生送去了价值 2.6 万元的助学礼物。

持续帮扶定点扶贫县希望小学，1 月和 8 月，中船重工员工捐款为纳卡希望小学捐赠价值 5.8 万元的教学用具和 4.7 万元的课桌椅 350 套。

【健康扶贫】 中船重工联合昆明市经开人民医院医疗专家组成医疗队，赴丘北县八道哨乡矣堵村，为建档立卡户家庭成员进行健康体检，共为矣堵村 100 多名建档立卡贫困群众做了诊疗，发放健康宣传材料 100 多份，发放价值近 5000 元的药品。

（中国船舶重工集团有限公司质量安全环保部　高宏辉）

中国兵器工业集团有限公司定点扶贫

【概述】 中国兵器工业集团有限公司（以下简称“集团公司”）定点扶贫云南省红河县，黑龙江省甘南县。2017 年，集团公司坚持在保持延续性的基础上突出精准性，累计投入扶贫资金 1064.3 万元，直接帮扶建档立卡贫困人口 1640 人脱贫。其中，在红河县实施电商扶贫、计算机教室、课桌椅、学生宿舍、多媒体互动阅读教室、沃柑种植、生猪养殖、稻田养鱼、学校广播站援建及贫困学生帮扶等 9 个项目；在甘南县实施蔬菜种植基地、农机、计算机教室、助学金、路灯安装及同舟工程项目等 6 个项目。

【扶贫调研】 2017 年 9 月，集团公司董事长、党组书记尹家绪、主管扶贫工作的副总经理贾宏谦一行到云南省红河县调研定点扶贫工作。尹家绪调研万年塘小学教育扶贫项目、牛多乐梯田鱼育苗中心和沃柑种植基地，并与中国扶贫基金会副秘书长王军、红河哈尼族彝族自治州委常委安治强、红河县县长和涛共同为“互联网 + 扶贫”红河县尼美梯田品控管理示范基地揭牌。并与红河县政府进行座谈，与中国扶贫基金会和红河县共同签署“互联网 + 扶贫”示范县建设实践战略合作协议，现场向红河县人民政府捐赠 130 万电商扶贫款。9 月，集团公司总经理、党组副书记温刚到黑龙江省甘南县调研定点扶贫工作，在兴十四镇兴建村蔬菜种植基地、甘南镇中学计算机教室、兴隆乡兴鲜村农机工作现场等地，实地查看援建项目落实情况。9 月，集团公司副总经理、党组成员贾宏谦到黑龙江省甘南县调研定点扶贫工作，在兴十四镇兴建村蔬菜种植基地、兴十四镇中学计算机教室等地，实地查看援建项目落实情况，举行蔬菜基地揭牌仪式和农机交接仪式。

【产业扶贫】 2017 年，集团公司加大投入力度，产业扶贫累计投入 575 万元，在两县实施电商扶贫、沃柑种植、生猪养殖、稻田养鱼、蔬菜种植基地、农机等 6 个产业扶贫项目。电商扶贫项目。集团公司引入电商扶贫新理念，创新推动贫困地区产业发展。2017 年 9 月 26 日，集团公司联合红河县和中国扶贫基金会启动“互联网 + 扶贫”示范县建设，和中国扶贫基金会在尼美村成立“木美云田合作社”，吸纳 68 户建档立卡户入社，以当地重要经济作物“蚂蚱谷”红米作为线上产品进行运营，支持梯田红米产业提升，带动农户脱贫增收，帮助当地红米成交 40118 千克，实现交易额 86 万元，实现每户增收 3500 元。2017 年，电商项目投入资金累计达到 160 万元。蔬菜种植基地项目。在甘南县兴十四镇兴建村建设蔬菜种植基地，项目投入 200 万元，建设温室 5 栋、阳光大棚 25 栋及附属设施。蔬菜种植基地采取承包经营方式，承包费用于补助贫困户，每年可补助贫困户 23 户，每户 1600 元/年，承包方在用工上优先使用本村贫困户，带动贫困户脱贫。

【教育扶贫】 集团公司在两县实施计算机教室、课桌椅、学生宿舍、多媒体互动阅读教室、学校广播站援建及贫困学生帮扶、助学金等 6 个教育扶贫项目。计算机教室项目。购置电脑 600 台套，为两县 20 所学校援建 20 个计算机教室，解决当地学校教育教学设施落后问题，为 7000 多名学生提供计算机学习条件。课桌椅项目。投入资金 60 万元，为红河县阿扎河中学、甲寅中学和洛恩中学等 7 所中学，万年塘小学、阿扎河小学和宝华小学等 10 所小学，购置课桌椅 2000 套，30801 名学生受益。学生宿舍项目。投入资金 60 万元，购置床架 1000 张，为红河县三村中学、架车中学和乐育小学等 9 所中小学，共计 14562 名学生配备了新床架。多媒体互动阅读教室项目。投入资金 60 万元，为红河县浪堤小学、万年塘小学、甲寅中学和红河县思源实验学校援建了 4 个多媒体教室。投入资金 4.3 万元，援建红河县阿撒小学一个校园广播站，援助 50 名建档立卡户贫困学生，每人 300 元。为 30 名甘南县 2017 年度应届建档立卡户贫困大学生提供助学帮助，解决贫困学生入学难问题。

【公益项目】 集团公司为支持美丽乡村建设，促进贫困村加快基础设施及社会事业建设，在甘南县实施路灯项目和同舟工程项目。集团公司在查哈阳乡朝阳村、中兴乡绿化村、兴隆乡兴鲜村安装路灯 130 盏。路灯的投入使用，为村民提供了晚间的照明。同舟工程项目。投入资金 15 万元，救助甘南县域内长期居住人口因遭遇突发紧急事件或意外事故致使生活困难的人群。

（中国兵器工业集团有限公司
科技与安全环保部　刘岩龙）

中国兵器装备集团有限公司定点扶贫

【概述】 2017年，中国兵器装备集团有限公司（以下简称“兵器装备集团”）定点帮扶云南省红河哈尼族彝族自治州泸西县和云南省文山壮族苗族自治州砚山县。

2017年，兵器装备集团向泸西县、砚山县在教育扶贫、产业扶贫、民生扶贫方面投入6085.6万元，确定启动35个扶贫项目，两县4831户建档立卡户受益。泸西县贫困发生率降低至1.16%，剩余1110户4019人未脱贫；砚山县贫困发生率降低至6.08%，剩余47个贫困村、6375户25652人未脱贫。

【扶贫资金投入】 兵器装备集团总部及成员单位积极参与定点扶贫工作，累计向两县投入扶贫资金6085.6万元，确定启动35个扶贫项目。向泸西县投入扶贫资金3065.6万元，实施17个扶贫项目，3597户建档立卡贫困户受益。向砚山县投入扶贫资金3020万元，实施18个扶贫项目，1234户建档立卡贫困户受益。

【扶贫调研】 兵器装备集团高度重视脱贫攻坚工作，多次赴泸西县、砚山县实地调研考察扶贫需求。5月17日，兵器装备集团党组成员、副总经理、扶贫开发领导小组组长聂晓夫率集团公司扶贫调研组并携手国投创益产业基金管理有限公司团队赴两县调研，考察两县扶贫项目实施情况，了解两县脱贫攻坚最新需求，看望慰问集团公司派驻两县挂职干部，研究多渠道合作助推两县脱贫攻坚的相关事宜。

兵器装备集团扶贫办赴两县开展调研考察活动10次（共39人次），调研确定兵器装备集团定点扶贫项目，不断规范完善兵器装备集团定点扶贫项目的管理及督促检查工作。

【扶贫会议】 兵器装备集团多次召开党组会、董事会、中心组学习会、研讨会，研究部署扶贫工作。5月，兵器装备集团召开定点扶贫专项党组会，研究通过兵器装备集团4000万元扶贫工作计划；提议增加2000万元扶贫资金用于定点县职业教育和技能教育扶贫工作。

9月，兵器装备集团董事长、党组书记徐平同志主持召开定点扶贫专题董事会，审议并通过向定点扶贫县增加2000万元扶贫资金的议案，全面支持定点扶贫工作。

【扶贫制度建设】 兵器装备集团逐步探索完善“围绕一个中心、贯彻一个方针、聚焦三个重点、注重三个结合”的定点扶贫“1133”工作思路以及从研究、计划、执行到检查、总结的“rPDCA”定点扶贫循环管理体系，不断增强定点扶贫工作的精准性、科学性、安全性和实效性。印发《中国兵器装备集团公司2017年定点扶贫工作要点及工作安排》等指导和规范性文件，不断加强顶层设计与组织领导，规范项目启动、实施、监督、评估管理流程，强化扶贫资金管理。

【干部挂职扶贫】 兵器装备集团精心挑选素质过硬、责任心强、敢于吃苦的2名挂职扶贫干部和1名驻村第一书记派往两个定点扶贫县：王仁祥同志挂职泸西县副县长，主管兵器装备集团泸西县扶贫项目，分管地震局，协管县工业、扶贫工作；龚仲兴同志挂职砚山县副县长，主管兵器装备集团扶贫项目，协管砚山县工业工作；邓比同志继续留任泸西县永宁乡永宁村驻村第一书记。

2017 年 10 月在云南省召开的扶贫先进事迹报告暨脱贫攻坚表彰大会上，邓比同志被授予云南省脱贫攻坚奖“扶贫好村官”荣誉称号。

【扶贫资金管理】 2017 年 3 月，兵器装备集团编制印发《中国兵器装备集团公司定点扶贫项目管理办法》，明确规定：定点扶贫资金要严格执行国家有关财政政策规定、财务管理要求，不得挤占、截留和挪用；兵器装备集团和定点扶贫地区县级人民政府相关部门按照分工对资金进行监管，开展专项检查和统计工作。

兵器装备集团扶贫办和纪检监察部组成定点扶贫督促检查小组，赴云南省泸西县和砚山县开展定点扶贫督促检查工作，审查定点扶贫地区扶贫资金管理的合规性和有效性，确保扶贫资金分配公平、拨付及时、收支匹配、用途正确，并形成了《中国兵器装备集团公司定点扶贫督促检查工作情况报告》。

【产业扶贫】 兵器装备集团着力培育云南省泸西县和砚山县具有发展前景的特色扶贫产业，向产业扶贫领域投入 1617.4 万元。其中，向泸西县投入帮扶资金 667.4 万元，扶持泸西县向阳乡果蔬加工包装综合市场建设项目、3487.5 亩优质桃种植基地项目、1 万吨牧草收购站建设项目、勺布白村塘房蔬菜大棚基地建设项目及永宁乡法衣村优质米加工项目；向砚山县投入帮扶资金 950 万元，扶持阿舍乡苹果种植基地建设项目、平远镇果树种植项目、八嘎蔬菜种植基地项目。

【教育扶贫】 2017 年，兵器装备集团向两个定点扶贫县投入教育扶贫资金 3249.7 万元。一是以职业教育为抓手，突出技能帮扶，投入 1496 万元用于援建云南省技师学院泸西分院、砚山分院汽车实训培训基地。二是积极支持两县义务教育，改善学生上学条件，出资 850 万元资助两县贫困生，缓解贫困学生上学难问题。三是积极支持素质教育，提升学生综合能力，投入扶贫资金 420 万元，力推班班通教学等项目。四是积极培养新型职业化农民，解决就业出口问题，出资 404 万元用于电焊、烹饪、安保、花卉种植等培训。

【健康扶贫】 2017 年，兵器装备集团进一步利用主业优势，结合两县的迫切需求，开展医疗用车扶贫项目，向两县提供 24 辆长安品牌乡村救护车，用于乡村医疗卫生工作，不断强化农村公共卫生服务，同步推进脱贫攻坚与防止返贫工作。

【就业扶贫】 兵器装备集团运用产业优势，积极协调成员单位人才和劳务需求，将部分需求指标优先放到定点扶贫县职业高中，开展就业扶贫，力争实现“一人就业，全家脱贫”目标。2017 年 3 月，兵器装备集团组织 15 家成员单位在云南技师学院泸西分院招聘了 63 名学生到企业工作。

【消费扶贫】 兵器装备集团深度挖掘定点扶贫地区的特色和优势，结合职工消费新需求，创造性推出消费扶贫模式，新华社、光明日报、云南日报等媒体进行广泛报道。2017 年，43 家成员单位继续积极参与，购买泸西特色高原水果近 294 吨，消费金额 274 万元，175 名贫困户从中受益。

（中国兵器装备集团有限公司
改革与管理部　蔡　旺）

中国海洋石油集团有限公司定点扶贫

【概述】 中国海洋石油集团有限公司（以下简称“中国海油”）负责对海南省五指山市、保亭黎族苗族自治县（以下简称“保亭县”），甘肃省合作市、夏河县及内蒙古自治区卓资县共5个县（市）实施定点扶贫工作。截至2017年，中国海油累计投入扶贫资金超过1.7亿元，累计派出扶贫干部25人，其中3名扶贫干部因出色的工作表现被地方留用。

【扶贫资金投入】 2017年，中国海油在5个定点扶贫市、县共计投入扶贫资金2000万元。其中，向五指山市投入扶贫资金300万元，主要用于五指山市水满乡新村精准扶贫、毛阳镇毛兴村饮水和道路工程、畅好乡番通村电网安装工程。向保亭县投入扶贫资金300万元，主要用于美丽乡村建设、合作社产业扶持和发展贫困村的乡村旅游。同时，与海南省妇女联合会及海南成美慈善基金会合作设立100万元“救急难”项目，面向五指山市和保亭县“因灾、因病、因学”致贫、返贫的困难人群，解决他们的燃眉之急。向夏河县投入扶贫资金500万元，用于支持当地的“生态文明示范村”建设，以实现“改善农村基础条件、增加贫困群众收入、提高公共服务水平”。向合作市投入扶贫资金500万元，用于建设合作市卡加曼乡、勒秀乡、佐盖多玛乡建设3个畜牧兽医工作站业务用房。项目建成后可以使基层兽医站基础设施条件不断改善、动物疫病防控体系进一步健全，提高疫苗接种率，降低畜禽病死亡率，减少因动物疫病流行而造成的经济损失。向卓资县投入扶贫资金300万元，一部分用于建设一所国家一级标准的幼儿园，为老城区近500名幼儿提供学习条件，并优先解决城乡建档立卡户儿童入园问题。另一部分进行复兴乡拐角铺行政村吃水井项目建设，为当地吃水困难的百姓打吃水井提供补贴。

【扶贫调研】 2017年8月3日，中国海油党组书记、董事长杨华，原党组副书记、副总经理武广齐一行赴卓资县开展扶贫工作调研，详细了解脱贫攻坚工作推进情况。先后到乡镇、村庄和贫困户家中深入走访，与县、乡、村干部座谈交流，听取各方面对中国海油近年来定点帮扶工作开展情况的评价，为扶贫工作精准把脉，并就进一步做好定点帮扶工作提出明确要求。3月至9月份，分管扶贫工作的原党组副书记、副总经理武广齐先后4次逐个深入定点扶贫区，现场指挥一线作战，直接推动各项扶贫工作。

【扶贫会议】 公司于2017年3月24日召开了“中国海油第十五次扶贫援藏工作会议”，原公司党组副书记、副总经理、慈善公益事业委员会主任、中国海油公益基金会理事长武广齐出席会议。中国海油慈善公益办公室、中国海油公益基金会、机关有关部门和下属单位代表以及来自5个定点扶贫地区的挂职干部等参加了会议。会议提出四点要求。一是要聚焦建档立卡户，咬定精准扶贫、精准脱贫不放松。二是要以党建引领、推动精准扶贫工作。三是在产业扶贫上多下功夫，拓展思维，帮助地方走上致富路。四是发动大后方，带动多数单位广泛参与到脱贫攻坚工作中，多角度支持扶贫工作，发挥并形成全海油、全社会参与脱贫攻坚工作的合力。

【干部挂职扶贫】 2017年，中国海油有6名干部到海南省、甘肃省和内蒙古自治区的定点扶贫地区挂职。其中1人在五指山市水满乡新村任第一驻村书记，推动当地脱贫工作；1人在保亭县挂职担任副县长，负责“菜篮子工程”、协调法院、检察院、质监局、毛感乡方面的工作；1人在五指山市挂职担任副市长，协助管理扶贫工作；1人在合作市挂职担任副市长，协助管理工业经济和信息化、交通运输、招商引资、工商管理方面的工作。1人在夏河县挂职担任副县长，协助管理扶贫、农林、畜牧方面的工作；1人在卓资县挂职担任副县长，协助管理扶贫、工业经济、招商引资方面的工作。

【扶贫资金管理】 按照中国海油预算管理规定，年度扶贫资金及慈善公益预算要通过公司董事会审批。预算批准后，再由中国海油注入中国海油公益基金会。之后，在每年年初的中国海油公益基金会理事会会议上，经理事表决通过年度扶贫、援藏和其他慈善公益预算及项目计划。通过中国海油董事会及中国海油公益基金会理事会两个平台对预算和项目的双向审核、把关，使中国海油扶贫、援藏和其他慈善公益的预算编制和项目选择更加科学、严谨。理事会批准年度预算和项目后，中国海油公益基金会通过挂职扶贫干部与各定点扶贫地区签署扶贫捐赠协议，确定年度扶贫项目，根据协议规定，按时提供扶贫资金，保证扶贫项目工作的顺利开展。

【基础设施建设】 2017年，中国海油在五指山市开展了村电网安装工程、贫困户危房改造、饮水及道路改造工程。其中，在水满乡新村投入45万元与市政府资金配套修建毛阳镇毛兴村南乐村小组环村道路；投入资金155万元与市政府资金配套新建毛阳镇毛兴村7个村小组饮水工程；投入资金40万元与市政府资金配套用于畅好乡番通村电网安装工程。

【公益扶贫】 集团公司从2000年开始与全国妇女联合会、中国妇女基金会签订了合作计划，参与“大地之爱·母亲水窖”公益项目活动。截至2017年底，已累计向中国妇女基金会“母亲水窖”项目捐款2280万元，修建水窖7252口、小型集中供水工程52处，改建了32所学校（含13所单独配置设备的学校）的饮水、洗手设施，改善了7个村庄的基础设施，至少为6.65万名当地群众和1.88万名在校师生创造较为舒适的生活环境，取得了良好的社会效益。2017年，来自中国海油五个定点扶贫地区的12名大学生得到“中国海油大学生助学基金”的资助。中国海油支持的“校园饮水安全”项目为卓资县大庆街小学、旗下营小学、红召中心校、复兴中心校、民族幼儿园、旗下营幼儿园6所学校配置8台净水设备。

（中国海洋石油集团有限公司
办公厅　何　佳）

国家电网有限公司定点扶贫

【概述】 国家电网有限公司定点扶贫湖北省秭归县、长阳土家族自治县、巴东县、神农架林区（简称“三县一区”）对口援助、定点扶贫青海省玛多县。2017 年投入4.71 亿元，在五县（区）实施扶贫项目53 项，捐建村级光伏扶贫电站、扶持地方特色产业、参与中央企业帮扶“百县万村”活动和“救急难”行动，改善教育医疗条件，惠及10.5 万贫困人口。

【扶贫资金投入】 公司向湖北、青海五县（区）总计投入扶贫资金 4.71 亿元。其中，向湖北“三县一区”投入资金 4.37 亿元，为“三县一区”全部 236 个建档立卡贫困村每村捐建200 千瓦村级光伏扶贫电站；捐赠扶贫资金2200 万元发展特色产业、实施安全饮水工程、教育助学以及“救急难”等项目。向青海玛多捐赠扶贫资金1200 万元，实施清洁供暖示范项目，发展产业、实施教育助学以及“救急难”等项目。

【扶贫会议】 2017 年4 月，董事长舒印彪主持召开公司董事会一届九次会议，会议审议并通过《关于向湖北“三县一区”236 个建档立卡贫困村捐赠光伏扶贫电站实物资产的议案》。会议研究决定，调整优化公司扶贫项目建设模式，全额出资约 4 亿元，建设4.72 万千瓦光伏电站，建成投运后捐赠给村集体。4 月 7 日，国网企业管理协会副理事长、“国网阳光扶贫行动”领导小组办公室主任孙吉昌主持召开了“国网阳光扶贫行动”领导小组办公室第五次会议，并提出工作要求。5 月 26 日，全国光伏扶贫现场观摩会在湖北宜昌召开，会议由国家电网公司承办，来自各省区市扶贫等部门的 16 批 117 人次参观村级电站。

【扶贫调研】 5 月 26 日，公司董事长、党组书记舒印彪、副总经理韩君对湖北长阳县村级光伏扶贫电站建设工程进行调研督导。11 月 5 日，董事长舒印彪、副总经理韩君赴青海玛多县宣讲十九大精神，调研扶贫工作，考察公司扶贫援建的玛多县民族寄宿制学校清洁供暖示范项目，与果洛州、玛多县共商脱贫攻坚举措。11 月 13 日，公司总经理寇伟赴湖北巴东县、神农架林区调研，并分别召开座谈会，与地方党委政府共商脱贫攻坚工作，进村入户察实情、送温暖。副总经理韩君于 5 月 3 日赴湖北长阳、秭归县调研，督促指导扶贫项目建设。公司总部相关部门 7 次赴湖北、青海五县（区）调研督导扶贫工作，协调解决具体问题。

【光伏扶贫】 公司全额出资 4.37 亿元，湖北“三县一区”236 个建档立卡贫困村每村捐建 200 千瓦村级光伏扶贫电站，建成投运后捐赠给村集体，帮助 3 万余户、近 10 万名建档立卡贫困人口脱贫。每个 200 千瓦村级电站每年可用于扶贫的资金为 19 万元左右。精准到村的光伏扶贫模式，解决了空心村和空壳村无集体收入的问题。

【产业扶贫】 投入扶贫资金 1920 万元，实施 24 个产业项目，支持发展特色农业，增强扶贫对象的造血功能和自我发展能力。新建及改造果蔬基地、茶叶基地、药材种植基地、牲畜家禽养殖基地、支持粮油深加工以及实施电商扶贫。按精准到户制定项目实施方案，使 7000 余名贫困群众受益。

公司在与神农架林区政府充分沟通的基

础上，了解到中蜂产业在当地农民增收方面的重要作用，实施中蜂养殖项目，打造“甜蜜产业”。建设蜜源基地，购置蜂箱4500个，种蜂2500群，组织养殖技术培训800余人次，每年可为贫困户新增收入近万元。受益贫困户覆盖木鱼、红坪、宋洛片区等7个重点贫困村400余户。依托国网商城平台，为五县区搭建扶贫专区，帮助销售当地特色产品，积极通过国家电网报、电网头条、微信公众号、电 e 宝等媒体渠道宣传，促进销售。电商扶贫专区年销售额 180 万元。

【清洁能源推广】 2017 年，公司投入650万元，实施玛多民族寄宿制中学清洁供暖示范项目，为学校安装热转换效率高的量子能取暖设备，更换老旧暖气管道，提升全校供暖质量。项目实施后，学校教室内温度由项目实施前不到14℃提高到21℃，显著改善了学校师生的学习生活条件。

【教育扶贫】 投入扶贫资金 297.8 万元，实施教育项目 15 个，改善教育条件，扶贫扶智。一是实施“新长城”扶助贫困大学生项目，扶持100名贫困学生圆了大学梦。二是扶持贫困家庭高中生，使400名中学生顺利完成学业。三是对青海玛多全县148名牧业户籍考入普通高等院校专科、本科和高等职业院校学生给予资助，激励更多贫困学生接受职业教育及高等教育。四是为玛多民族寄宿中学更换暖气管网，改善供暖条件。

【革命老区建设】 公司重点解决湖北“三县一区”贫困革命老区村“三通”问题中的农网升级改造和通水问题。一是改善革命老区村用电条件。2017 年，公司在湖北“三县一区”投入9200余万元资金，改善革命老区村的用电质量。二是继续实施国网清泉工程，解决缺水问题。投入扶贫资金280万元，共实施6个安全饮水项目，帮助解决6000余人的饮水安全问题。

【救急难行动】 公司安排85万元在湖北“三县一区”和青海玛多县实施“救急难”试点。对92个困难家庭、因病致贫家庭实施帮助。玛多花石峡镇东泽村建档立卡贫困户东周卓玛，家庭人口4人，本人因患多种慢性病，且因病情不稳定，多次复发，造成家庭经济特别困难，申请救助金额29955.8元，后经“救急难”项目给予60%的救助，救助金额为17978元，缓解了其家庭经济状况。

【挂职干部扶贫】 公司共选派5名挂职副县长到定点扶贫的湖北、青海五县（区），协助分管定点扶贫工作。公司总部选派一名同志任湖北长阳土家族自治县龙舟坪镇土地坡村驻村第一书记，从国网青海电力选派1名干部任玛多县花石峡镇扎地村驻村第一书记，任职时间2年。12月，增派1名干部任玛多县扶贫局副局长。公司选派的干部勇于担当，在工作中充分发挥自身优势，在精准扶贫政策宣传、脱贫措施落实等方面发挥重要作用。

【扶贫培训】 公司组织对巴东村级光伏扶贫电站所在村的村支书和运维专责共约230人进行培训。选派业务骨干人员，发挥专业优势，帮扶青海玛多县黄河源供电有限公司（为地方电力企业）建章立制，开展员工技能培训。

（国家电网有限公司营销部农电处 刘　一）

中国华能集团有限公司扶贫

【概述】 中国华能集团有限公司（以下简称“中国华能”）认真落实中央单位扶贫工作会议和中央企业扶贫开发工作会议精神，坚持在陕西省榆林市横山区、新疆维吾尔自治区阿合奇县、青海省尖扎县等地开展定点扶贫和对口支援，指导系统各单位因地制宜、积极参与所在地的社会扶贫事业。为加快贫困地区脱贫步伐，2017 年中国华能实施了大批扶贫项目。

【扶贫资金投入】 2017 年，中国华能累计投入扶贫资金 54966 万元，向 3 县投入扶贫资金 1788 万元。其中，向阿合奇县投入资金 788 万元，向横山区、尖扎县各投入扶贫资金 500 万元。

【扶贫调研活动】 2017 年 9 月，中国华能董事长、党组书记曹培玺赴阿合奇县开展定点扶贫和对口援疆专题调研；6 月，公司副总经理王文宗赴阿合奇县，与克州、阿合奇县领导就华能对口援疆工作进行调研；11 月 29 日，公司副总经理王文宗同志赴横山区，现场调研“百县万村”工程建设和第一书记驻村帮扶工作。

【干部挂职扶贫】 2017 年，中国华能选派 5 名优秀干部到县扶贫挂职，分别担任克孜勒苏柯尔克孜自治州副州长、阿合奇县副县长、横山区副区长、尖扎县副县长、横山区李家坬村第一书记。在工作中，挂职干部深入走访贫困村、贫困户，分析总结贫困现状、原因及脱贫致富的途径，做到穷根识别精准、致富措施精准。

【电力扶贫】 在定点帮扶的阿合奇县，公司投资 20 多亿元建成新疆当期最大的扶贫惠民工程——别迭里水电站，截至 2017 年底，已连续安全运行 1952 天，累计完成发电量 49.63 亿千瓦时，实现利润 1.90 亿元，向阿合奇县上缴税收 2.12 亿元，为当地经济发展提供了强大的清洁能源支持，解决了 12390 人的基本生活用电问题，增加 4.5 万亩草料基地灌溉面积，同时提高了托什干河下游国家级贫困县——乌什县的防洪能力，为贫困地区经济发展和边疆稳定作出积极贡献。

【教育扶贫】 扶贫先扶智，在对口支援的青海省尖扎县，公司在援建项目安排上向教育倾斜，针对当地教学基础设施落后的实际，在第二民族中学累计投入援助资金 1850 万元，先后建成教学楼、办公室、综合实验楼、室内运动馆和标准化塑胶跑道及运动场，设立奖学助学基金，为学生创造了良好的学习环境，学生成绩得到了大幅提升，第二民族中学现已迈进全省教学条件先进行列，2017 年中高考成绩均取得黄南藏族自治州第一名。

【百县万村活动】 中国华能在横山区开展“中央企业定点帮扶贫困革命老区百县万村”专项活动，重点解决当地贫困村缺水、缺路、缺电等问题。截至 2017 年 9 月，中国华能“百县万村”活动累计投入资金 1390 万元，实施项目村 47 个，新修维修道路 600 千米、桥涵 30 处，打井 28 口、建集中供水点 22 处、集雨水窖 169 处，购置变压器 11 台，配套太阳能路灯 300 盏、井盖 257 个，惠及 12123 户 50597 名群众，其中贫困人口 2399 人，有效缓解当地群众出行难、用水难、用电难和发展生产难等问题。

【“直过民族”帮扶】 2016 年，公司与云南省人民政府签订《帮扶云南省拉祜族、佤族脱贫攻坚合作协议》，2016—2019年期间，投入20亿元支持拉祜族、佤族两个“直过民族”脱贫攻坚，惠及澜沧、沧源、耿马、双江4县建档立卡贫困户人口42303户150917人。截至2017年底，已拨付资金10亿元，安居房建设8469户，易地搬迁24户，太阳能热水器325户，建设农村道路894.5千米，安全饮水巩固提升工程32个，村庄环境治理50个，村级活动场所建设73个，发展种植业2.77万亩，养殖牲畜4715头，发展农村专业合作组织55个，建设乡村电商服务点15个，培训乡村民族干部80人，特色旅游特色农户培训75人，拉祜族、佤族聚居区贫困人口由15.09万人减少到9.08万人。

【南疆“访惠聚”】 从2014年起，公司积极参与新疆维吾尔自治区“访汇聚”活动，由新疆分公司领导班子成员带队，连续选派了四批5支28人次在阿合奇县别迭里村开展驻村工作队，投入帮扶资金696万元，重点用于饮水工程、安居工程、村级服务中心等项目建设，累计实施民生项目27个，随着华能新村、村级阵地、温室大棚等扶贫援助项目的落地生根，改变了以往贫困村基础条件差、经济发展落后的面貌，为脱贫攻坚打下了坚实基础，2017年底，别迭里村人均收入7434元，村集体经济实现收入12万元，贫困发生率低于3%，实现整体脱贫。2016年，第三批“访惠聚”驻村工作队被评为自治区驻村先进工作队，被克州党委授予“民族团结进步年先进基层党组织”荣誉称号；2017年7月，中央脱贫攻坚督察组到别迭里村华能“访惠聚”工作队督导调研，督导组组长、中央政策研究室副主任张季同志对华能驻村扶贫工作给予高度评价和充分肯定。

（中国华能集团有限公司　李冬雪）

中国长江三峡集团有限公司定点扶贫

【概述】 自2002年始，中国长江三峡集团有限公司（以下简称“中国三峡集团”）定点帮扶重庆市巫山县、奉节县，江西省万安县和内蒙古自治区巴林左旗4个国家级定点扶贫县。2017年，中国三峡集团强化脱贫攻坚责任，整合资源优势，创新方式方法，突出工作重点，采取产业扶贫、教育扶贫、旅游扶贫、光伏扶贫、健康扶贫等扶贫方式，扎实推进定点扶贫工作，为帮助定点扶贫县如期完成脱贫攻坚任务而努力。

【扶贫资金投入】 2017年，中国三峡集团向4个国家级定点扶贫县投入扶贫资金1223万元。其中，向重庆市巫山县、奉节县各投入扶贫资金450万元，向江西省万安县投入扶贫资金100万元，向内蒙古自治区巴林左旗投入扶贫资金223万元。实施扶贫项目共计14项。

【干部挂职扶贫】 2017年，中国三峡集团遴选5名优秀干部到重庆市巫山县、奉节县，江西省万安县，内蒙古自治区巴林左旗挂职扶贫，分别担任重庆市巫山县人民政府副县长、奉节县人民政府副县长、奉节县永乐镇白龙村第一书记、江西省万安县人民政府副县长、内蒙古自治区巴林左旗副旗长。

【扶贫调研】 2017年2月、9月、10月及11月，中国三峡集团党组成员、副总经理沙先华分别带队赴重庆市巫山县、奉节县，内蒙古自治区巴林左旗，江西省万安县，通过实地踏勘、座谈交流、个别访谈、走访调查、查看资料等形式，调研定点扶贫工作落实情况，认真总结经验，分析不足，征求地方意见，探讨改进措施。

【扶贫监督检查】 2017年7月，中国三峡集团开展扶贫项目“回头看”，清理2016年扶贫项目实施开展情况及2017年项目推进落实情况，掌握项目实现程度、效益和影响，就扶贫项目规范化运作、精细化管理与地方政府沟通交流，督促地方政府落实主体责任。11月，中国三峡集团赴重庆市巫山县、奉节县，开展扶贫项目专项监督检查。通过进村入户调查、召开座谈会、查阅档案资料等方式，检查扶贫项目实施情况，重点跟踪资金落实、拨付管理情况，要求地方政府及时整改存在的问题，确保资金投向符合政策规定，真正用到实处。

【扶贫培训】 2017年，中国三峡集团投入扶贫资金20万元，在重庆市巫山县开展农民实用技术培训，培训100人次，提升当地农民劳动力就业技能、种植业科技水平，更新当地农民现代农业发展理念。中国三峡集团投入扶贫资金70万元，在中国三峡集团党校举办支持川滇两省少数民族脱贫攻坚基层党务干部培训班，川滇两省7个州市的怒族、景颇族、普米族、彝族等4个少数民族80名基层党务干部参加培训，提高基层干部能力素质，强化为民服务宗旨意识，增强打赢脱贫攻坚战的决心和信心。

【扶贫日活动】 2017年，中国三峡集团围绕“扶贫日”系列活动主题和目标，精心编制精准扶贫白皮书、公益宣传手册，摄制公益宣传片，开展以“精准扶贫，你我同行”为主题的“扶贫日”活动，组织精准扶贫征文，在《中国三峡工程报》刊登“扶贫日”专刊2期，传递扶贫工作正能量。通过新华社、人民日报、中国三峡集团官方网站和微信等媒体，报道中国三峡集团扶贫工作进展情况。

【产业扶贫】 2017年，中国三峡集团投入扶贫资金150万元，在奉节县兴隆镇龙门村援建甜玉米、辣椒、蔬菜1000亩，配套部分基础设施。当地115户367人贫困群众增收致富。

【教育扶贫】 2017年，中国三峡集团共投入扶贫资金332.6万元支持定点扶贫县教育发展。其中，100万元扶贫资金在万安县援建一栋500多平方米乡镇级留守儿童服务中心，该中心可接纳100位留守儿童入学。100万元扶贫资金，援建巴林左旗四方城寄宿制小学2500平方米教学楼。

100万元扶贫资金资助奉节县2017年高考录取的专科及以上建档立卡贫困户子女、低保户子女、孤儿、残疾学生。在巴林左旗四方城寄宿制小学、毛宝力格寄宿制小学（三峡中水电小学）各设立助学金5万元，共计10万元，用于资助贫困学生生活补贴。开展职工自发捐资助学贫困学生活动，募集资金9.6万元用于继续承担毛宝力格寄宿制小学（三峡中水电小学）80余名贫困学生的生活费用。7月，投入资金13万元，组织巴林左旗毛宝力格寄宿制小学（三峡中水电小学）26名学生和老师赴京开展夏令营活动。

【旅游扶贫】 2017年，中国三峡集团共投入扶贫资金340万元支持定点扶贫县旅游发展。其中，190万元支持巫山县当阳乡高坪村乡村旅游道路硬化及配套项目建设，带动周边25家农家乐发展乡村旅游。150万元支持奉节县鹤峰乡青杠村整村脱贫，栽种紫花苜蓿150亩，发展粗品玫瑰花园30亩，发展农家乐5户，新建观景平台3个，带动全村6个社678户2129人（其中贫困户91户361人）发展产业增收。

【健康扶贫】 2017年，中国三峡集团共投入扶贫资金200万元提高定点扶贫县贫困群众医疗保障水平。在重庆市巫山县、奉节县开展“同舟工程——救急难”行动，100万元扶贫资金帮助巫山县、奉节县因病致贫，致使基本生活陷入困境乃至面临生存危机的家庭或群众。帮助60多个贫困家庭减轻负担。100万元扶贫资金用于巴林左旗结核病防治所易址新建，改善巴林左旗结核病患者的就医条件。

【光伏扶贫】 2017年，中国三峡集团投入扶贫资金100万元，支持重庆市巫山县两坪、当阳、骡坪、大昌等贫困村贫困户光伏发电项目，带动当地116户贫困户稳定增收。

【基础设施建设】 2017年，中国三峡集团投入扶贫资金90万元，用于重庆市巫山县大昌镇白洋村7社至9社2千米道路硬化，解决800余人道路通行问题。

【精准扶贫】 2017年，中国三峡集团共投入精准扶贫资金9亿元。其中，5亿元扶贫资金支持云南省三个人口较少民族怒族、普米族、景颇族脱贫，实施素质能力提升、劳动力培训输出、安居房建设、特色产业培育、基础设施改善和生态环境保护等“六大工程”；4亿元扶贫资金支持四川凉山彝区实施安居工程、产业扶持、基础设施改善、公共服务设施建设等方面。

【公益扶贫】 2017年，中国三峡集团组织集团及下属子企业开展援疆援藏、对口支援、移民后续帮扶、生态环境保护、社会公益捐赠等公益事业，累计捐赠资金约1.6亿元。

（中国长江三峡集团有限公司办公厅
黄晓天）

中国电信集团有限公司定点扶贫

【概述】 中国电信集团有限公司（以下简称“中国电信”）承担四川省盐源县、木里县和新疆维吾尔自治区疏附县、广西壮族自治区田林县定点扶贫工作。2017 年，中国电信在正常网络建设投资基础上，投入约 1.2 亿元扶贫专项投资资金用于提升定点扶贫县网络基础设施及信息化水平，并追加 3000 万元资金专项解决木里县通信不畅问题。向定点扶贫县派出扶贫干部 5 名，落实扶贫专项资金 2963.5 万元，建设项目 41 个。扶贫资金主要用于贫困县修缮医院、道路、饮水工程等基础设施，建设急需的政务、教育信息化系统，实施易地扶贫搬迁，开展农牧养殖、电商销售、技能培训等扶贫工程。

【通信扶贫】 2017 年，中国电信在田林县投入 2000 万元、盐源县投入 1712 万元、木里县投入 1484 万元、疏附县统筹投入 6800 万元，重点用于无线网络覆盖、光网改造、信息便民和安全项目等。截至 2017 年底，实现农村行政村光宽田林县、疏附县 100% 覆盖，盐源县 43% 覆盖，木里县 32% 覆盖。同时自筹资金 3000 万元，专项解决困扰木里县多年通信不畅问题，实现 29 个乡镇 4G 通信和宽带全覆盖。中国电信加大对定点扶贫县资费优惠力度，定点扶贫县主推套餐资费均不高于所在省公司的主推资费，还提供专属优惠资费，包括美丽乡村卡、建档立卡户宽带优惠、不限量套餐资费减半等特色优惠活动。

【干部挂职扶贫】 2017 年，中国电信 5 名挂职干部选派到 4 个定点扶贫县，分别担任木里县副县长、盐源县副县长、疏附县副县长、田林县副县长、盐源县泡尔湾村第一书记。2017 年，扶贫干部入户 56 次，调查贫困村 59 个，调查贫困户 1005 户，召开座谈会 16 次。

【信息化扶贫】 2017 年，中国电信扶贫专项建设资金 320 万元，解决盐源县大坡、田湾、梅子坪等 15 个村的宽带、基站建设。30 万元专项资金，发动四川凉山电信的信息化技术人员优势，为盐源县公安局建设“公安干警素质提升网络教育学院”，搭建实用学习平台。9 月，中国电信再选派 2 名信息化方面专家常驻疏附县，组成驻地信息化扶贫工作小组，实施平安县城、农村“天眼”视频监控覆盖等建设项目。安排中国电信股份有限公司广西分公司帮扶资金 205 万元开展信息化应用推广项目，重点支撑田林县推进“一网四应用”项目平台及网络建设，包含电子政务内外网、大数据扶贫应用、电子政务应用、教育信息化应用、益农信息社应用等。

【基础设施扶贫】 2017 年，中国电信 480 万元扶贫专项资金，开展那光村的通屯道路、人饮设施等基础设施建设定点帮扶那光村脱贫摘帽。全村 11 个自然屯共 320 户 1395 人受益，2017 年脱贫户 43 户 169 人。中国电信四川分公司党员补交的“特殊党费”54 万元，解决盐源县沃底乡大弯子村的易地扶贫搬迁工程配套基础生活设施资金短缺问题，确保该异地扶贫搬迁点安置工作。投入扶贫专项资金 300 万元帮扶木里县。其中，90 万元安排帮扶医疗卫生项目 3 个；20 万元安排帮扶教育村小改造 2 个；52 万元安排帮扶基础设施建设 3 项；138 万元安排帮扶西秋乡、克尔乡、博窝乡、俄亚乡、陇撒牧场、康坞牧场直接扶贫项目，特困人员和特困学生帮扶项目 7 个。疏附县投入 25 万元，推进“美丽乡村”建设，对疏附县萨依巴格乡肖尔村小学和幼儿园门前 1.8 千米道路进行扩建；投入 70 万元，引导农民进行村容村貌整治和庭院改造，完成全村 734 户农户的庭院设计、示范街和示范户的改造。

【产业扶贫】 2017 年，中国电信帮扶盐源县推进大草乡白杨坪村大棚引种日本优质西瓜项目试点，共筹集资金 1.5 万元。帮扶疏附县发展特色种植农业，投入 30 万元建设 70 亩食用玫瑰种植示范园，发展示范户 15 户，种植园 80 亩；投入 16.5 万元建设 500 亩喀什甜石榴种植园。扶持田林县 100 亩杧果产业园以及养殖马蜂、养殖土猪等产业发展；建设“益农信息社”，开展信息便民服务；推进那光村村民合作社（民强合作社）开通天翼云商网站，入驻中国电信精准扶贫专馆。

（中国电信集团有限公司办公厅 李孟祥）

中国电子信息产业集团有限公司定点扶贫

【概述】 2017年，中国电子信息产业集团有限公司（以下简称“中国电子”）支持海南省临高县、四川省阆中市、陕西省镇安县、贵州省松桃苗族自治县4省4县（市）脱贫攻坚工作，聚焦产业扶贫、信息化扶贫、帮难救急、基础设施建设等，在4县（市）直接投入帮扶资金520万元，帮助引进资金6900万元，实施帮扶项目13个，直接帮扶3172人脱贫，协助定点贫困县（市）实现44322人脱贫。成员单位中国振华电子集团有限公司、中国长城网际系统应用有限公司、彩虹集团有限公司等还承担了地方党委政府安排的11个贫困或欠发达地区结对帮扶任务。2017年，获铜仁市“2017年全市脱贫攻坚先进集体”称号，1名驻村书记获阆中市“2017年脱贫攻坚先进个人”称号。

【扶贫调研】 2017年，中国电子党组2次集中学习习近平关于脱贫攻坚重要讲话精神，专题部署精准扶贫工作。党组书记、董事长、扶贫工作领导小组组长芮晓武，党组副书记、扶贫工作领导小组副组长张冬辰等集团领导6次到定点贫困县（市）实地调研，召开扶贫工作座谈会，交流探讨扶贫措施。2017年，中国电子共组织赴定点贫困县（市）调研考察、帮扶指导、企地交流77人次，举办扶贫培训9期，培训469人。

【扶贫制度建设】 2017年，中国电子倡议聚力联手帮扶贫困地区，加强产业带动、特色开发、劳动就业和交流合作，大力推进市场化扶贫，集团公司出资1亿元入股中央企业贫困地区产业投资基金，中国振华筹资500万元参与贵州省扶贫发展基金。中国电子扶贫办公室与中央企业贫困地区产业投资基金合作推进产业转移和信息化建设项目，推动中国非物质文化遗产协会与阆中市开展非遗产业扶贫合作。

【产业扶贫】 2017年，中国电子，组织成员单位彩虹集团在延安革命老区启动建设总投资7.5亿元光伏玻璃生产线项目，中国长城与江西省分宜县合作建设分宜工业园3.3兆瓦屋顶太阳能光伏发电站，中国振华在贵州省安龙县设立贵州振华义龙新材料有限公司，启动建设总投资8.9亿元的新能源电池材料生产项目，结合产业产品资源能力和企业用工招聘计划，精准对接产业帮扶、产品支持、就业帮扶等项目需求，帮助贫困地区劳动力离土不离乡，实现本地化就业。

2017年，中国电子资助临高县东英镇兰麦村常年瓜菜基地项目，全村8户41名贫困群众实现脱贫；资助松桃苗族自治县迓驾镇马安村旅游建设项目，带动全村503户农民发展乡村旅游，解决就业100人，实现66户253名贫困群众稳定脱贫增收，资助普觉镇棉花山村黄金茶叶种植项目，带动农特产品推广，实现90户335人稳固脱贫；帮助四川省阆中市发展野香猪产业，实现销售150万元。

【信息化扶贫】 2017年，中国电子帮助贫困地区以信息化手段加强基层党组织建设和网络教育。为定点贫困县（市）捐资建设党建扶贫工作站16个，推进党建信息化系统落地服务，强化基层党员干部教育阵地，开辟党组织带领群众脱贫致富示范窗口。在临高县建设“云教室”11个，使当地9个镇级中学1247名建档立卡贫困学生教学及社会培训所需得到有效解决。

【民生帮扶】 2017年，中国电子帮助定点贫困县（市）解决群众的水、电、路等突出困难，实施乌罗镇寨安村等8个村镇道路和安山村蓄水池等援建项目，累计投入1433万元，惠及贫困人口1.3万人；投入45万元救助困难和受灾群众1200人。

【扶贫督查】 2017年，中国电子党组、党组纪检组对扶贫款项使用开展监督，检查项目确定、资金拨付、资金使用、项目验收全环节运行。对从事扶贫工作的干部开展作风监督，推动压实帮扶责任。中国电子集团领导和扶贫办公室到定点贫困县（市），坚持调研指导与监督检查同步落实。扶贫挂职干部组织开展进村入户调查413次，召开座谈会25次，形成督促检查报告11份，现场督查表6份。

（中国电子信息产业集团扶贫工作领导小组办公室　王　巍）

中国移动通信集团有限公司定点扶贫

【概述】 2017年，中国移动通信集团有限公司（以下简称“中国移动”）陆续承担黑龙江省桦南县、汤原县，新疆维吾尔自治区疏勒县、洛浦县、阿克陶县，海南省白沙县定点扶贫工作。对定点扶贫县落实扶贫资金共计1148万元。选派6名援助干部赴定点扶贫县开展援助任务，选派2名第一书记赴村开展工作。发挥行业优势，提高贫困地区网络覆盖，缩小城镇“数字鸿沟”，实施通信资费优惠政策，结合行业自身的信息化优势和当地的产业优势，推行精准扶贫、精准脱贫，为助力定点扶贫县脱贫攻坚发挥重要作用。

【扶贫资金投入】 2017年，中国移动在6个定点扶贫县共投入扶贫资金1148万元（黑龙江桦南县、汤原县各274万元，新疆疏勒县、洛浦县、阿克陶县各150万元，海南省白沙县150万元）。其中扶贫项目资金1038万元，扶贫慰问金80万元，捐资助学30万元。

【干部挂职扶贫】 2017年，中国移动选派6名干部赴新疆、海南、黑龙江挂职，选派2名干部任黑龙江桦南县第一书记和1个驻村工作队。1名驻村第一书记程俊强，被评为桦南县、镇优秀党支部书记、优秀第一书记，被推选为镇、县党代会代表；国家级刊物《中国扶贫》《中国老区建设》，黑龙江电视台等多家媒体进行了采访报道；工作事迹入选省委组织部第一书记工作案例，被评为第三届十大“感动桦南人物”。

【扶贫调研】 2017年7月和9月，中国（移动）两次带队到海南白沙县调研，视察养殖示范基地、白沙县打安镇浪烈村危房改造等重点项目，对帮扶的产业项目和危改项目提出指导意见，并向沙县荣邦乡岭尾村委会捐赠10万元帮扶资金，作为岭尾村委会党支部工作经费。9月，中国移动深入黑龙江桦南县大张家村、太平村实地查看扶贫工作开展和贫困户帮扶情况，为贫困户送去慰问金，代表中国移动向基层党支部捐赠10万元。

中国移动各相关省公司、地市公司、相关部门各级领导先后72人次处级以上干部赴定点扶贫县考察调研，实地解决问题。2017年向黑龙江桦南和汤原两县拨付元旦和春节慰问金80万元，解决部分贫困群众越冬期间生产生活实际困难。

【教育扶贫】 中国移动继续实施教育捐助计划公益项目。项目以“助教助学、提高办学条件和学校管理水平”为目的，以“支持教育设施建设，促进师资力量培训”为主要内容，2017年完成11296名中西部乡村校长的培训和270多个多媒体教室的建设。

向黑龙江桦南县投入助学资金30万元，对200余名应届贫困大学生进行资助，人均1500元。

累计向洛浦县投入援助资金300万元，建设洛浦县第四幼儿园9个班级，占地2500多平方米，可容纳幼儿270名。在新疆阿克陶县玉麦乡英阿依马克村、巴仁乡巴仁村、戈壁农业产业基地等地，新建3所双语幼儿园，每所幼儿园800平方米，另增加围栏、值班室、洗手间、道路硬化及配套设施。3所幼儿园总投入450万元。

【基础设施建设】 2017年，帮扶黑龙江桦南县开展打井工程、道路建设等项目。投资37万元建设孟家岗镇保丰村自来水项目，解决571户贫困户人畜饮水难题；建设明义乡奋斗村水泥路1千米、金沙乡民主村水泥路1千米等17条合计19千米长水泥路。

重点支持黑龙江汤原县，建档立卡贫困村的乡村道路、饮水工程等基础设施项目建设。投入资金201万元，建成竹帘镇兰田村水泥路11270平方米、胜利乡福隆村水泥路7000平方米；投入资金33万元，建设永发乡北华村70基路灯和竹帘镇茨梅村40基路灯。

向海南白沙县投入资金75万元，打安镇浪列村危房改造项目73户危房改造已完成，封顶61户，6名贫困村民参与房屋建设，共获得劳务工资8.22万元，增加了贫困户收入。

【产业扶贫】 2017年，中国移动共计开展4次大型培训，累计培训920人次。

中国移动自主研发的精准扶贫系统，已成为可以通过一部手机连接领导干部、一线扶贫人员、贫困户、社会资源各方角色，通过一套系统做好数据精准管理分析、通过一个平台整合多方资讯与资源的综合性服务平台。受邀参展北京国际通信展览会、农业部双新双创博览会，国家发改委“智慧城市惠民服务优秀案例”、集团公司“优秀企业社会责任年度CSR十佳实践奖”等奖项。

白沙县荣邦乡岭尾村农副产品交易中心项目完成主体建设正在装修，荣邦乡岭尾村油茶种植基地和荣邦乡岭尾村贺优合作社五脚猪养殖示范基地两个产业项目均已建成投入使用。荣邦乡岭尾村油茶种植基地已建成使用，油茶林年亩产茶油可达到30千克以上，208亩产量将达到6.24吨，按销售价格4万元/吨计算，年产值达24.96万元，促进当地88户370名贫困人口增收。2017年共聘请贫困户10人护理基地，发放劳务工资共计6万元。荣邦乡岭尾村贺优合作社五脚猪养殖示范基地，已出售五脚猪120只，总收入7.8万元，存栏290只。2017年共分红2.62万元，惠及贫困户33户131人(每人分红200元)。聘请贫困户10人护理基地，发放劳务工资共计2.5万元。

汤原县发挥自身行业优势，发展“一村一品”产业扶贫项目，2017年投入40万元，完成香兰镇新建村木耳园区棚外配套的管道、水泵等配套设施建设。筹建腰营林场旅游服务区项目。

向疏勒县投入150万援助资金，启动疏勒县日光温室和富民安居房的项目建设，预计建成150座温室，75座富民安居房，解决75户农民的安居脱贫问题。

【扶贫资金管理】 2017年，中国移动2次召开扶贫领域监督执纪问责工作电视电话会议，要求财务部、人力资源部、内审部、纪检组检查室以及各省公司总经理、分管副总经理联合参与、扶贫干部牵头对2016—2017年扶贫资金使用情况、项目进展情况进行检查。

（中国移动通信集团有限公司
计划建设部　孙晋炜）

中国第一汽车集团有限公司扶贫

【概述】 中国第一汽车集团有限公司（以下简称“中国一汽”）对口援助西藏自治区左贡县、芒康县；定点帮扶广西壮族自治区凤山县、吉林省和龙市、镇赉县；按照吉林省脱贫攻坚总体要求，定点帮扶吉林省内5个村（吉林省高岭村、同德村、同顺村、南阳村、新立村）协助国家机关事务管理局帮扶河北省阜平县。2017年获国务院国有资产监督管理委员会2016年度中央企业负责人经营业绩考核A级，获“益轩奖——2017中国汽车企业社会责任最佳社会关爱公益实践奖”“金蜜蜂2017优秀企业社会责任报告领袖企业奖”“2017三星级中国优秀企业公民”“2017中国企业公民优秀公益项目”“2017年全国50佳公益项目奖”“2017年最具影响力责任品牌”“2017年度公益集体奖”“2017年度公益项目奖”“年度十佳企业”等荣誉。

2017年，中国一汽投入扶贫援藏资金总计5700万元，其中，精准扶贫资金投入总计4100万元，对口援藏资金投入共1600万元。主要用于帮扶地区开展示范点建设、基础设施建设、产业扶持、助学、助残、医疗卫生、救急难等方面。2017年凤山、和龙、镇赉三个县（市）22662人实现脱贫，105170人间接受益；左贡县旺达镇和碧土乡整体脱贫。

【扶贫制度建设】 中国一汽把脱贫攻坚任务纳入公司“十三五”社会责任战略规划，明确脱贫攻坚领导体制、重点任务、项目安排和资金预算；把脱贫攻坚工作列入公司党委常委会和总经理办公会固定议题，集团公司党委常委会每年听取2次社会责任部门关于扶贫工作专项汇报，总经理办公会就扶贫工作进行2次专项议题讨论研究建立三级会议体制和专项报告体制。

把定点扶贫任务纳入公司党建任务清单、经营绩效考核和专项预算管理；还严格组织落实企业“十三五”责任规划，党委领导班子，带头强化脱贫攻坚，突出精准帮扶“双覆盖”，即扶贫调研任务覆盖全体党委领导班子成员，扶贫调研对象覆盖全部对口帮扶县。

【扶贫调研】 2017年，中国一汽领导班子成员多次赴定点帮扶村屯进行实地调研。6月，时任一汽董事长、党委书记徐平到镇赉县考察调研；7月，一汽党委副书记、副总经理秦焕明到和龙市南坪镇就扶贫攻坚工作开展调研；5月，时任一汽党委常委、副总经理董春波率队深入凤山县进行考察调研；他们分别走访看望了当地建档立卡贫困户，考察当地产业扶贫项目，召开座谈会，交流讨论一汽扶贫项目完成情况、建档立卡群众受益情况、同当地干部群众共商精准脱贫有效措施。

【干部挂职扶贫】 中国一汽先后向对口帮扶县镇赉县、和龙市、凤山县派出5名挂职干部，2名驻村第一书记。他们深入村屯，从实际情况出发，制定扶贫项目计划和扶贫方案，通过召开现场座谈会、走访慰问贫困户、听取相关扶贫产业汇报等形式了解实际情况，协调指导包保村项目、产业建设，不断推进帮扶工作走向深入。中国一汽社会责任部门还多次派出工作人员前往镇赉县、和龙市、大安市、凤山县、龙井市等帮扶地区开展项目调研、过程跟踪、阶段验收，并落实资金。

【基础设施建设】 2017 年，中国一汽在整乡推进、整村推进示范点、产业扶贫、智力扶贫、助残行动和政策激励等多层面开展扶贫。

在镇赉县，新农村建设投资 500 万元，结合国家危房改造资金，重建、修缮贫困户房屋 671 所，1275 人受益。通过对镇赉镇新立村进行卫生厕所调研，共收集 500 多份详细数据进行统计和上报，投入 96 万元资金，对 242 户农户改造室内卫生厕所；为丰富村民业余文化生活，投入 10 万元，在新立村后青龙屯建造 800 平方米文化活动广场，有效解决了村民无集会场所的困扰。

在和龙市，"一汽小镇"一期项目已投入 600 万元，包括新建村部及一期易地扶贫搬迁等工程。二期项目计划投资 1300 万元，规划占地面积 6900 平方米。

在凤山县，2017 年整村推进扶贫开发示范点、产业开发示范点和基础设施建设项目倾斜安排凤城镇及周边，资金达 735.9 万元。

南阳村共协调投资资金 1339.5 万主要用于基础设施建设。

中国一汽对口援助左贡县、芒康县，两县皆属于"三区三州"深度贫困县。2017 年，中国一汽在芒康县和左贡县瞄准教育、卫生、文化和脱贫攻坚最需解决的短板和困难，实施田妥小学、旺达小学、县小学、绕金乡卫生院、列达红色文化村级博物馆、夯达村、西岭通村新农村和厦门新村等系列项目，落实资金近亿元。

在左贡县开展文体中心主体工程建设项目。主要投入资金 1000 万元用于文体中心内部装修和外部修整，项目已于 2017 年 1 月验收完成。在新农村建设方面，先后投入 903 万元进行新农村建设、农牧民安居工程；投入 1126 万元修建吊桥、公路改善生活生产环境；投入 2690 万元实施城乡基础设施改造和新建工作包括左贡县供水系统升级改造工程等一大批民生重点项目。在改善农牧区基础设施建设的同时，中国一汽还加大了对农牧区和农牧民生产生活条件方面的投入，尤其是推进"菜篮子"工程，为当地群众建设农贸市场，方便群众基本生活需求。

【易地扶贫搬迁】 中国一汽以贫困村、贫困户、贫困人口为重点，锁定住房问题、基础设施及"三缺"等问题，统筹推进贫困村新村建设，通过实施易地扶贫搬迁，整村推进农村示范点等举措，改善贫困地区人民的基本生活水平。

在和龙市柳洞村启动建设"一汽小镇"，一期项目已投入 600 万元，易地搬迁房屋主体工程全部结束，入住率达 91%，新建房屋已实现通水、通电。2017 年 7 月，和龙市"一汽小镇"二期项目开工建设，计划投资 1300 万元，规划占地面积 6900 平方米。主要建设金达莱"一汽小镇"主题公园、朝鲜族特色民宿、房车营地等设施，主要以餐饮、娱乐、休闲度假会议为一体的经营模式，积极带动当地产业发展，进一步促进居民增收。

像柳洞村一样的"一汽小镇"不仅在和龙市村屯落地建设，在白城市镇赉县、凤山县村落中也在不断建设中，中国一汽还在左贡乌雅村、美玉乡俄龙村进行新农村建设。

【产业扶贫】 2017 年，中国一汽在镇赉县实施肉牛养殖产业扶贫基地建设项目，采取"政府 + 企业 + 合作联社 + 合作社 + 贫困户"运行模式，带动 59 个非贫困村中的贫困人口，共 13186 名建档立卡贫困人口从产业项目收益中获益。

中国一汽在和龙市，投入定点帮扶资金 300 万元，用于扩大高岭村养貂项目养殖规模，拟新建貂笼 7714 个，带动更多贫困户脱贫。在 2017 年和龙国际半程马拉松赛事期间，中国一汽冠名赛事并提供 500 万元赞助支持，极大地解决了和龙马拉松赛资金短缺难题。继续帮扶高岭村、车厂村脱贫合作社项目建设，一期拨付资金281.5万元，二期281.5万元待项目稳步推进后，再次按照比例进行投入。

在凤山县中国一汽实施5个贫困村村级集体经济发展项目，4月向5个贫困村投入帮扶资金500万元作为村级集体经济入股本金，每村100万元，采取“企业+合作社+行政村”模式，促产业发展，村级集体经济每村每年收益约8万元。5月11日一汽营销管理部、一汽轿贸、一汽服贸组团到凤山县考察调研奔腾出租车落户凤山项目、一汽凤山汽车卖场产业扶贫项目。

中国一汽在龙井市南阳村，开展“3+1”产业扶贫，即3个产业项目加1个示范田。其中，蒲公英、菊苣种植烘干项目总投资50余万元，延边黄牛育肥项目投资27万元，种养结合、生态环保——秸秆皮瓤分离综合利用项目拟投资40万元，项目处于洽谈阶段。此外还开展科研院校+企业+南阳村——中草药示范田项目，已完成一年根的回收工作。

镇赉县新立村中国一汽协调帮扶单位，为全村无偿提供3万余元果树，预计每年可为每户带来300元以上收入；并引领贫困户开展庭院种植，2017年庭院非玉米种植面积达到191680平方米，户均增收571元。此外，还协助当地村民创建5个县级种植养殖合作社，开展合作社+贫困户模式，帮助合作社申请贷款，壮大产业。

中国一汽在第十六届中国长春国际农业·食品博览（交易）举办期间，举行中国一汽精准扶贫推介展，左贡县的藏红花、碧土松茸、拉茸蜂蜜，芒康县的美酒在展会上深受众人青睐，极大地促进了当地的销量。

中国一汽结合自身汽车制造产业特点创新帮扶新模式，先后投入1623万元以购置运输车辆、兴建汽车维修服务站等方式拉动农牧民转型生产，产业脱贫；另一方面通过旅游宣传投入推动深度贫困地区旅游业发展，拓宽农特产销路。

2017年8月，中国一汽借助第十六届中国长春国际农业·食品博览（交易）会，为5个定帮扶贫县牵线搭台，推介帮扶地区特色农产品及旅游资源。展会期间，广西凤山县借助展会促成128万元订单，展销收入近20万元；和龙市14户名优企业参展，和龙市的特色农产品在集团内购会中达成初步合作意向；镇赉县借助展会促成农产品500万元订单，当地矿泉水企业还与集团公司员工达成企业合作订单。

【教育扶贫】 2017年，中国一汽投入1.5亿元人民币设立“红旗扶贫梦想基金”，利用3年时间在定点扶贫援藏的5个县（市）、吉林省内扶贫的村屯以及红军长征沿线105个国家级贫困县开展关爱助学活动，资助红军长征沿线10500名建档立卡贫困家庭的高中生，完成3年学业，并在红军长征沿线部分地区建设15座红旗梦想智慧学校，提升当地教学水平，推进教育公平发展。

该项目首站落成仪式于4月11日在江西省瑞金市于都县车溪初中举行。

针对凤山县贫困学生上学难问题，2016—2017年，中国一汽共帮扶947名学生完成学业。其中，大学生797名（含高职高专），品学兼优的在校贫困高中生150名。在改善当地教学设施方面，中国一汽多次到一汽希望小学（良利教学点）考察调研，先后投入40余万元对学校的6间白板教室及多媒体教室进行修缮和投入。2017年，一汽希望小学（良利教学点）顺利通过自治区义务教育均衡发展验收。中国一汽还引入社会力量，携手中国儿童艺术基金会开展“艺教工程”，对乡村音、体、美教师培训，两期共培训154人。

截至2017年底，中国一汽在“圆梦助学”和“育才行动”上共投入757万元，受益学生1053名；捐助实施爱心包裹项目总计 200 万元，覆盖全凤山在校 19491 名小学生。在每年的冬季和夏季期间，中国一汽还组织一汽子弟学生与凤山学生开展丰富多彩的冬令营、夏令营等两地交流活动。

针对镇赉县学生因上学不方便而辍学的问题，2017 年，中国一汽开展森雅慈善镇赉行暨第六届“共青团 · 我的大学”公益助学活动，共为 100 名贫困高中毕业生发放公益助学金 20 万元。2017 年，中国一汽在助学、助残、弱势群体帮扶及赈灾等方面投入资金 2600 万元。此外，中国一汽还在智力扶持、残疾救助、人才培养、一汽产品购买补贴等方面给予帮扶县大力资助。

2017 年中国一汽在左贡县、芒康县共投入教育奖励资金 35 万元，援助 231 名贫困升学学生。中国一汽在左贡县田妥镇投入 563 万元修建一汽希望小学。学校总占地面积 5500 平方米，建筑面积 1200 平方米。解决了周围 7 个村、280 名农牧民子女就学问题。

【扶贫培训】 中国一汽累计投入帮扶资金近 20 万元，根据镇赉县各乡镇农业发展特色，分批组织镇赉县各村干部统一到吉林省九台区、公主岭市以及浙江省、江苏省、山东省等地进行培训和学习。2017 年，中国一汽挂职干部多次和农技人员一起来到田间地头为农民现场讲解种植技术，邀请农业技术专家到镇赉县各乡镇开展农业技术巡讲培训活动。6—8 月，请 3 名农业专家到镇赉授课，全县近千名农民学到农业耕作新知识。向农民宣传保护性耕作及生物农药等健康、环保等现代农业发展新方向新知识。2017 年，中国一汽在干部培训方面投入 45 万元，用于左贡县和芒康县开展挂职干部培训，并选派当地 2 名干部挂职中国一汽成都事业部进行半年培训；为帮助当地拓展技术工人培训，中国一汽通过协调，由四川一汽丰田汽车有限公司于 7 月无偿捐助两台普拉多试验车作为县职业技术中学培训用车；9 月，中国一汽派出 1 名律师赴左贡县进行技术支援一周，帮助县里产业项目谈判，梳理合营合作合同，并建立长期联系方式进行远程技术指导。

【健康扶贫】 2016—2017 年，中国一汽总医院向左贡县捐赠价值达 8 万元的药品、器械等物资，与左贡县和芒康县卫生服务中心医生开展“师徒”结对，定期派出医疗队，为当地 300 余人提供医疗帮助。2017 年，中国一汽在左贡县、芒康县还加派 2 名专业医生（1 名妇科医生，1 名眼科医生），开展联合义诊、会诊、技能培训、健康宣教、健康普查等内容。妇产科医生多次夜赴藏族同胞家中，为产妇接生，也架起了地企之间的友谊桥梁。

（中国第一汽车集团有限公司
社会责任办公室　葛季明）

中国机械工业集团有限公司定点扶贫

【概述】 2017年，中国机械工业集团有限公司（以下简称“国机集团”）负责河南省固始县、淮滨县和四川省广元市朝天区共3个扶贫县（区）定点帮扶工作。2017年8月，国机集团与中国恒天集团有限公司（以下简称“中国恒天”）重组后，山西省平陆县纳入集团定点帮扶县。

2017年，共243人赴定点帮扶县（区）进行考察，同时派出8名挂职干部长期驻守扶贫一线。在定点帮扶县（区）召开10次扶贫座谈会；举办培训班12期，培训干部和专业技术人才1069名、村干部500名、创业致富带头人10名；举办劳务输出培训班24期：培训人数1685人次，帮助537人次建档立卡贫困户实现劳务就业。

2017年，国机集团投入资金4038.3万元，投资3000万元在淮滨县成立服装企业；另外投入帮扶资金2168.3万元（含特殊党费150万元）及价值51.74万元物资，分别对4个定点帮扶县（区）（含中国恒天平陆县）60余个帮扶项目有针对性开展帮扶工作。帮助引进各类资金1466万元，468户建档立卡贫困户受益。

重点解决贫困县缺水、缺电、缺路问题，修缮改造水塘、修建提灌站、水塔和供水管网解决生产生活用水问题，安装太阳能路灯、硬化整治、道路，以解决村民出行难问题。救助321人，帮助解决群众生活中的急、难问题。

【扶贫调研】 2017年7月，国机集团扶贫办组织部分所属企业赴固始县、淮滨县、朝天区3个定点帮扶县（区）开展调研，监督检查2016年项目落实情况，召开座谈会，研究确定2017年帮扶计划和具体帮扶项目。

8—9月，国机集团董事长任洪斌、书记石柯、总经理徐建分别率领有关部门及各片区所属企业前往淮滨县、朝天区和固始县3个定点区县调研，召开扶贫工作推进会，与地方政府领导学习习近平总书记关于脱贫攻坚系列重要论述精神，对扶贫资金使用情况和项目落实情况进行监督检查，督促有关工作的推进落实，并对对口帮扶工作提出明确要求、做出具体部署。2017年6月，中国恒天党委书记、董事长张杰，带领中国恒天部分领导、扶贫办主要负责人以及相关企业主要领导赴平陆县调研定点扶贫工作，对2017年定点扶贫工作进行总体部署。

【扶贫会议】 2017年，国机集团党委在全国扶贫日前夕，集团党委组织召开了国机集团扶贫工会会议，400余人出席了会议。

国机集团扶贫办分别组织各片区成员单位召开座谈会，落实各单位具体帮扶项目和帮扶措施，落实帮扶资金。

【扶贫培训】 国机集团依托所属德阳安装技师学院的资源优势并委托人社局，对贫困人口开展短期技能培训、免费职业技能和创业技能培训。

组织县乡村干部开展“新农村建设”“乡村旅游建设”“农村电子商务”“村庄整治”和“美丽乡村建设”等专题培训班。共培训500余人次。

向淮滨县出资100万，帮助淮滨职高开展服装加工技能专业培训。

国机集团党委调拨特殊党费，组织贫困

县 563 名村支部书记进行统一培训学习。

【干部挂职扶贫】 国机集团选派 3 名干部分别赴广元市朝天区、固始县和淮滨县担任常委、挂职副县（区）长。选派 3 名干部分别赴广元市朝天区、固始县和淮滨县担任驻村第一书记。中国恒天选派 1 名干部任挂职副县长，选派 1 名干部接替驻村第一书记。

【扶贫慰问】 2017 年 8—9 月，国机集团任洪斌董事长、石柯书记、徐建总经理三位集团领导分别赴淮滨县、朝天区和固始县 3 个定点区县进行慰问，走村入户，深入贫困户家中，与贫困户深入交谈，每到一户，都与贫困户面对面交谈、心贴心交流，详细地了解他们的家庭情况、健康状况、经济来源和生活开支等情况，询问他们生产生活方面的困难、倾听他们当前的主要诉求；中国恒天董事长张杰赴山西省平陆县走访慰问贫困户和困难党员。2017 年，国机集团共慰问贫困户、困难党员和贫困户、贫困生共计 340 余人，带去慰问金（品）价值 15 万余元。

【扶贫宣传】 2017 年，集团党委在全国扶贫日前夕，组织召开全系统集团扶贫工作会议，以进一步凝聚共识，增强政治担当意识。同时通过编发《扶贫工作简报》，利用集团网站、微信公众号宣传和公开媒体报道等方式，形成内宣外宣网格化全覆盖的宣传平台。在《紫光阁》、国务院扶贫办等刊物发表相关文章，拍摄《铁肩担道　大爱扶贫》扶贫宣传片，积极报道扶贫成效、扶贫干部事迹，宣传好人好事。

【扶贫资金投入】 2017 年，国机集团及所属企业为国家扶贫、救济、教育、文化、基础设施等方面，共计投入帮扶资金 4038. 3 余万元，其中：投资 3000 万元在淮滨县成立服装企业，另外投入帮扶资金 2168. 3 万元（含特殊党费 150 万元）及价值 51. 74 万元的物资，

其中投入广元市朝天区扶贫资金 703 万元，投入到固始县扶贫资金 725 万元；投入淮滨除 3000 万元成立服装加工企业外，再投入帮扶资金 587 万元；投入到平陆县 201. 34 万元。

【扶贫资金管理】 国机集团十分重视对扶贫资金的管理，为提高资金使用效益，要求相关部门及挂职干部要按照国家扶贫开发政策要求，结合当地扶贫开发工作实际情况，紧密围绕促进减贫的目标，因地制宜确定扶贫资金使用范围。每年给对口扶贫县（区）政府、片区牵头单位以及扶贫干部去函，规定扶贫项目，严格扶贫资金投向，资金使用做到专款专用。国机集团纪检监察会同审计、财务等部门派员到各贫困县对扶贫资金的使用与管理，扶贫项目的落实等情况开展监督检查。国机集团正不断地完善资金使用管理制度，强化扶贫领域信息公开，加强每个扶贫项目、每笔资金的跟踪监督和检查，消除“盲区”，堵塞漏洞，让扶贫资金切实发挥效益。

【产业扶贫】 国机集团努力探索多渠道、多元化的精准扶贫新路径。

在固始县，帮助郭陆滩镇孙棚村进行基础设施建设和发展特色产业，投入 70 万元扩大孙棚村国机固始鸡养殖小区规模，带动 80 户建档立卡贫困户脱贫。

在淮滨县，国机集团所属江苏苏美达集团有限公司投资 3000 万元在淮滨县成立服装加工企业；投入 10 万元帮助刘圩村成立石磨面粉加工厂，带动 10 ~ 15 个贫困户，户均增加收入 300 元；投入 5 万元对刘圩村编织扶贫车间工人进行技能培训，带动 50 户贫困户户均增加收入 1 万 ~2 万元。

在广元市朝天区，投入 50 万元帮助村集体发展冷水鱼养殖，由鱼鳞村成立经济股份有限公司，围绕发展乡村旅游经济，打造国机集团对口帮扶鱼鳞村冷水鱼养殖产业园。

在平陆县，投入资金帮助建设国内首座综合性中国窑洞博物馆；打造“六十一个

阶级弟兄”爱国主义教育基地；建设现代化平陆县电子商务县级运营中心——平陆恒天电子商务公共服务中心。

国机集团发动职工购买了贫困户生产的麻柳刺绣、核桃、樱桃、跑山鸡、固始鸡、固始蛋、蜂蜜、苹果等农产品价值400余万元。

【教育扶贫】　出资200万元分批组织固始县、淮滨县、广元市朝天区的500余名骨干教师和学校校长前往北京师范大学进行教学培训，并选派基层优秀教师到北京市知名中小学跟班参加培训，以增强帮扶地区师资力量，提升贫困地区教师教学水平。

在固始县、淮滨县、朝天区分别出资50万元，设立“国机教育扶贫基金”，奖励品学兼优贫困生以及投身教育扶贫事业、关爱贫困学生的优秀基层教职工。

在固始县，出资295.39万元，对国机励志学校2900余名贫困户子女进行系列帮扶。其中：30万元为该校建档立卡贫困生购买苏美达生产的校服；90万元为贫困生学生宿舍购置被褥、枕头和床上用品三件套；20万元为建档立卡贫困生购买校园平安险；100万元为该校购置部分实验室设备；50万元为该校添置部分图书和学生教辅读物；5.39万元为该校贫困生捐赠安全反光背心。

在淮滨县，出资240万元，对三空桥乡内设施老旧、年久失修的7所小学和一所中学的校舍及设施进行维修。

在朝天区，出资105万元，依托德阳安装技师学院，录取应、往届初高中毕业贫困生到校接受免费中等职业教育并负责安置工作。出资223万元，在原有朝天区鱼洞乡小学基础上，对其修缮改造，打造“幸福国机小学”。

在平陆县，资助贫困生20人每人1000元，资助中小学233套“伊顿纪德”校服，为常乐初中新建人工草皮足球场，提高全校500多名中学生体育训练水平。

【基础设施建设】　2017年国机集团出资10万元为固始县孙棚村村部办公场所、党员学习和民主评议会议室等场所配备办公家具和设备，打造基层党组织活动的文化阵地；出资100万元，对固始县部分水塘进行修缮改造，解决当地村民生产用水问题。出资40万元用于在孙棚村道路沿线安装太阳能路灯；出资40万元，为孙棚村2个村民组中各建1处提灌站，帮助解决孙棚村生产用水问题。出资145万元用于帮助鱼鳞村对10千米通组路和5千米准户路进行道路硬化整治和通村路一侧堡坎的修建。

在平陆，建设老年日间照料中心、公共卫生间、停车场、污水处理站、垃圾处理站、10千米村级公路、防洪水库、3千米防洪渠、温泉机井、供电线路、太阳能路灯、4G移动信号塔、互联网、有线电视、6千米竹林以及村园林绿化等一系列基础建设和旅游配套工程，实现路、水、电、网“四通”，村容村貌焕然一新。张家沟村因此荣获“山西省美丽乡村”“山西省美丽宜居示范村”和“山西省生态示范村”等荣誉称号。

（中国机械工业集团有限公司党委工作部扶贫办公室　刘海平）

哈尔滨电气集团有限公司定点扶贫

【概述】 哈尔滨电气集团有限公司（以下简称“哈电集团”）定点帮扶云南省文山市，双方协商确定了基础设施建设、特色产业发展、社会文化事业、干部队伍培养、搭建招商平台等五个方面的帮扶重点。选派挂职干部和驻村第一书记，投入扶贫资金用于精准扶贫，设立100万元哈电集团对口帮扶文山市产业发展扶持基金。2017年投入扶贫资金104.38万元，实施帮扶项目5个；产业发展扶持基金第二次用于文山市丰泽农业合作社；举办2期文山市干部专题培训班。

【扶贫调研】 2017年初，哈电集团对照上级扶贫工作要求，业务部门和挂职干部一同研究，结合实际制定年度定点扶贫工作计划。5月，哈电集团党委对强化产业扶贫、加强人才交流培养、充分利用中央企业扶贫产业基金等工作进行了布置。8月，哈电集团党委书记、董事长斯泽夫带队赴文山市调研考察，实地调研贫困户生产生活情况，深入文山丰泽农业专业合作社、氧化铝厂、三一筑工等单位调研产业扶贫开发情况，与文山市委市政府进行扶贫工作座谈，协调国药集团考察文山等。10月，哈电集团召开扶贫专题会，相关部门及挂职干部和第一书记进行工作汇报，对做好政策研究、加强体系建设、突出精准扶贫、增强履职能力、拓展工作途径、抓好专项工作等进行细化安排。

【产业扶贫】 2017年，哈电集团投入50万元扶贫资金，用于贫困村通村道路建设。提供扶贫专项党费32.688万元，用于加强基层党建工作和助推精准脱贫，包括帮助进行支部阵地建设、村集体经济建设以及开展党员活动、帮扶建档立卡户。哈电集团100万元产业扶贫发展基金第二次用于扶持文山丰泽农业专业合作社，该合作社已发展蔬菜种植500亩、水果150亩，解决就业120人（其中建档立卡贫困户30人），人均年务工收入3万余元；流转土地320亩，每年为农户带来40万元租地收入。

【扶贫培训】 哈电集团在哈尔滨对文山市干部进行集中专题培训，4月组织第一期“智慧城市创建与发展”培训班，6月组织第二期“对外贸易促进县域经济发展”培训班，黑龙江省经济干部管理学院、黑龙江省政府参事室、哈尔滨市工业和信息化委员会等单位领导和专家进行授课，组织深入哈电集团主体企业进行参观交流，参加了哈尔滨经济贸易洽谈会及中俄博览会等活动。哈电集团团委研究推动“我们一起成长”助学活动，旨在帮助贫困学生，阻断贫困代际传递。

【干部挂职扶贫】 哈电集团1名干部赴文山市挂职副市长，选派1名干部任大以古社区第一书记。文山市挂职干部积极做好招商引资、扶贫等工作。参加文山市H7N9禽流感疫情应对处置，推进文山市第二人民医院、文山市中医院、文山市妇幼保健院三个建设项目；深入基层调研了解和推进扶贫工作，协调哈尔滨电气集团中央研究院到文山市调研，协调哈电集团投资管理公司参与小街镇蔬菜、水果中转中心建设项目，与上海市静安区进行对口帮扶交流并签订合作协议，主动与哈尔滨市人才服务局及大专院校交流推动文山市人才引进相关工作。大以古社区第一书记结合社区党建基础相对较弱等实际情况，确定“帮钱帮物不如帮建一个好支部”的工作思路，组织开展“党支部+贫困户”“党建+志愿者”等“党建+”活动，加快社区党组织的自我提升与完善；组织开展大以古社区两轮贫困对象动态管理工作，召开5次社区贫困对象动态管理推进会议以及27场群众会、10场贫情分析会，带队完成16个居民小组1200多户农户入户调查等工作；对社区就近危房改造的23户建档立卡户再次建档，形成危房改造一户一档，向23户发放补助资金47万元；全程参与第三方扶贫效果预评估、建档立卡户房屋等级鉴定、建档立卡户资料整理归档等工作；组织推进社区十九大精神学习宣传等工作，积极推进“两学一做”常态化制度化等党建工作，以“对新形势下党内政治生活的理解”为主题为社区党员讲党课，每月参加独石头支部组织生活。

【扶贫资金管理】　2017年8月，哈电集团召开定点扶贫工作监督检查专题会，就扶贫资金使用、项目推进等工作监督进行安排；纪委办公室协调党委工作部，通过查阅资料以及挂职干部和第一书记现场了解，及时掌握扶贫资金使用、项目建设等有关情况，发现问题及时提醒。向中央纪律检查委员会驻国资委纪检组上报了扶贫监督检查情况报告，针对存在疑问的地方进行深入查摆，摸清情况，防止违规现象的发生。

【扶贫宣传】　通过哈电集团网站、微信公众平台以及其他社会主流媒体，及时报道集团定点扶贫有关工作和信息。2017年3月11日，文山市广播电视台微信公众号《非常文山》以《着急！水源被堵，者白仰群众春耕用水可咋办?》为题，报道大以古社区组织群众清淤，备战春耕。2017年5月，七都晚刊报道了大以古社区协调州侨联为建档立卡户回填地基。2017年8月18日，哈电集团微信公众号以《斯泽夫率队调研考察哈电集团定点扶贫对象云南文山的精准扶贫工作》为题，报道集团公司党委书记、董事长斯泽夫到文山市调研考察工作。2017年9月6日，民生网以《哈电集团公司弘扬国企担当精神——精准扶贫文山市》为题，报道了哈电集团公司精准扶贫工作。2017年10月11日，哈电集团微信公众号以《哈电集团：落实中央扶贫攻坚新部署 将精准扶贫工作引向纵深》为题，报道集团公司党委副书记冯永强组织召开扶贫攻坚专题会议。

（哈尔滨电气集团有限公司党委工作部　刘亚光）

中国东方电气集团有限公司定点扶贫

【概述】 2017 年，中国东方电气集团有限公司（以下简称“东方电气集团”）定点帮扶山西省吉县、四川省昭觉县和壤塘县，派出 5 名干部到贫困县挂职，组织实地调研 25 人次，共实施吉县“百县万村”活动、“同舟工程——央企救急难”行动、冰雹灾害救助，昭觉奖助学金发放、“一村一幼”建设，壤塘县牦牛养殖，集中采购农特产品等 8 个扶贫项目，投入扶贫资金 600.30 万元，帮助引进项目资金 134.6 万元，帮助昭觉县引进总规模 160 兆瓦、投资预算 10 亿元的光伏扶贫项目。

【扶贫调研】 2017 年，东方电气集团党组书记、董事长邹磊，党组副书记、总经理张晓仑等班子成员及扶贫工作领导小组成员分别带队前往山西省吉县、四川省昭觉县和壤塘县进村入户实地调研，现场了解脱贫进展情况，推动落实帮扶措施，帮助解决困难问题。邀请贫困县委县政府主要领导带队前来东方电气集团，召开扶贫工作座谈会，专题沟通扶贫工作开展，重点就扶贫项目进展情况深入交换意见和建议。

【扶贫会议】 2017 年东方电气集团召开 1 次扶贫工作领导小组会议、1 次扶贫专项工作会议和 2 次审议扶贫事项的党组会议。传达学习党中央、国务院和国务院国有资产监督管理委员会扶贫工作会议精神，研究确定 2017 年扶贫工作计划和重点扶贫项目，安排部署全年工作。听取挂职干部工作汇报，总结交流扶贫工作经验，落实阶段性工作。审议具体扶贫项目立项和实施情况。

【干部挂职扶贫】 2017 年，东方电气集团派出 5 名干部到 3 个定点扶贫县挂职扶贫，分别担任壤塘县委副书记、吉县副县长、昭觉县副县长、壤塘县石里乡党委副书记、吉县林雨村第一书记。挂职干部克服困难，坚持扎根基层、服务基层，针对基层调研中发现的问题对症下药，选好、实施好扶贫项目。挂职干部获得“吉县脱贫攻坚驻村工作先进个人”、四川“2016 年度扶贫开发工作先进个人”、2016“感动山西”特别奖等荣誉。

【扶贫宣传】 2017 年，东方电气集团通过外部媒体与内部相结合的方式加强对扶贫工作的宣传报道。《经济参考报》、《四川日报》、新华网、中国新闻网等媒体先后刊发《东方电气风电开发随风而动进凉山 带动村民增收》《东方电气风动大凉山精准扶贫》等 4 篇报道，东方电气集团官方微信先后发布《砥砺奋进的五年 东方电气践行央企社会责任 助力定点扶贫县打赢脱贫攻坚战》《加强定点扶贫，助力脱贫攻坚，我们准备这样干》等 9 篇文章、报道，起到正面宣传作用。为宣传报道扶贫工作中涌现出的动人事迹，号召各方面力量参与扶贫攻坚，东方电气集团组织编撰《东方电气 30 个扶贫故事》并刊印成书，使扶贫工作引起更广泛关注和重视。

【扶贫资金管理】 2017 年 8 月，东方电气集团组织工作组对定点扶贫县 2013 至 2017 年上半年扶贫工作开展进行专项检查，通过查阅资料、组织座谈、进村入户等方式了解扶贫挂职干部履职和作风情况、扶贫项目执行情况和资金管理使用情况，形成专项检查报告，对加强扶贫项目实施和扶贫资金使用监督提出建议。

【产业扶贫】　东方电气集团捐资5.2万元帮助吉县中垛乡两户建档立卡贫困户捐建13亩防雹网以预防冰雹灾害，协调集团公司所属企业团购吉县苹果、花椒、杂粮等农副特产品合计233万元，联合其他中央驻晋帮扶单位共同推动“吕梁山货”扶贫模式拓展建设，在北京举办“吕梁山货”扶贫活动暨中央单位大宗采购对接会，挂职干部为吉县苹果、“达明一派”原浆果蔬汁推介代言，被山西省扶贫办授予“吕梁山货”扶贫活动特殊贡献单位荣誉称号。收购昭觉县贫困农户滞销的萝卜、土豆5万千克，合计10万余元，帮助引进总规模160兆瓦、投资预算10亿元的光伏扶贫项目，2017年完成备案30兆瓦。采购壤塘县菜籽油、野生菌等合计74万元，捐资50万元帮助石里乡下大石沟村购买125头牦牛，发展牦牛养殖产业。

【教育扶贫】　东方电气集团继2016年向吉县职业中学捐赠机械加工实训设备、建设实训车间后，与学校领导班子沟通衔接实操教师培训事宜，商讨帮助建立实习车间管理、安全等相关规程，共同制定《2017—2020年教育帮扶规划》，根据学校课程派出专业技师支持实训教学。实施奖助学金活动，为昭觉县510名贫困学生发放奖（助）学金30万元，捐资100万元为拉一木乡拉一木村、宜牧地乡立米地村建设“一村一幼”幼教点。

【公益扶贫】　2017年，东方电气集团捐资50万元在吉县开展“同舟工程——央企救急难”行动，对因遭遇突发紧急事件或意外事故，致使基本生活陷入困境的群众，特别是对医疗负担沉重的城乡困难家庭、因病致贫家庭，经政府救助后个人自负医疗费用仍然过大的困难家庭、因病致贫家庭减轻医疗负担，采取“一事一办、特事特办”方式，实施现金救助。在壤塘县，挂职干部帮助1名贫困户成功申请“嫣然基金”（小儿白血病）补助3万元。东方电气集团党校三期青干班学员为昭觉县东方电气希望小学捐赠学习用具合计6200元，发动团组织捐赠奖学金4550元。

【基础设施建设】　2017年，东方电气集团在山西省吉县开展“百县万村”活动，为柏山寺乡白子原村援建约800米公路，惠及两个贫困村1800人，方便果农苹果运输及日常生活出行。

（中国东方电气集团有限公司办公厅
纪　涛）

鞍钢集团有限公司定点扶贫

【概述】 2017年，鞍钢集团有限公司（以下简称“鞍钢集团”）定点帮扶新疆维吾尔自治区塔什库尔干塔吉克自治县（以下简称“塔县”）和贵州省盘州市。

2017年，鞍钢集团制定了《鞍钢集团公司2017—2020年扶贫工作规划》。深入塔县和盘州市开展扶贫调研工作，全面了解贫困县的实际情况。选派3名干部分别到塔县和盘州市任职，加强对定点贫困县人才支持力度。

2017年，鞍钢集团在塔县、盘州市总计投入扶贫资金323万元，其中在塔县投入扶贫资金182.3万元，在医疗、民生、教育、抗震救灾等领域实施5个帮扶项目，同时对15个村开展进村入户调查，涉及贫困户1406人。在盘州市投入扶贫资金152万元，主要开展基础设施建设、产业发展、党员阵地建设、走访慰问贫困户和困难党员、资助建档立卡贫困户在校大学生、支持贫困县煤炭企业发展等7个帮扶项目。

【扶贫资金投入】 2017年，鞍钢集团在定点扶贫地区民生、产业、教育、医疗、党建、抗震救灾等多个方面，投入扶贫资金323万元。包括：向塔县受灾地区捐赠100万元，支持灾后重建；为塔县库科西鲁克乡卡玛如孜村帕斯热瓦提钢架桥捐赠建设资金50万元，解决10户50名贫困农牧民出行难问题；向盘州市刘官街道高官村投入帮扶资金30万元，建设扶贫微工厂，推动当地工业产业发展；向盘州市刘官街道高官村投入帮扶资金46.9万元，帮助建设草莓采摘园。

【扶贫调研】 2017年5月，由鞍钢集团党委常委、副总经理景奉儒带队到塔县进行灾后慰问，并开展实地调研工作。与援疆干部、支医队员共同慰问受灾群众，深入考察当地群众生产生活情况和基础设施建设、农业、教育、医疗发展情况，结合地方实际，制定精准扶贫方案。

9月，由鞍钢集团党委常委、副总经理，攀钢党委书记、董事长段向东带队到盘州市及刘官街道高官村实地调研，深入考察当地基础设施建设、农业、教育、医疗发展和自然资源开发利用的情况，深入到贫困家庭中，了解生产生活基本情况和急需解决的问题。

【扶贫会议】 3月和8月鞍钢集团原党委书记、董事长唐复平组织召开扶贫工作会议，总结定点扶贫工作经验，对下一阶段工作进行部署。

【干部挂职扶贫】 鞍钢集团派出2名处级干部和1名科级干部到塔县和盘州市挂职扶贫，分别担任塔县委委员、常委、盘州市委常委、副市长和盘州市刘官街道高官村第一书记职务。在工作中，派出的挂职干部深入到乡镇和部分村庄调研，了解定点扶贫区域的社会经济发展情况和当地贫困群众需求，分析贫困原因，因地制宜、因户施策，理清工作思路，制定扶贫措施。

【公益扶贫】 2017年5月，塔县发生5.5级地震，5个较严重地区受灾群众共2460户、1.2万人，财产损失逾8亿元。鞍钢集团总经理景奉儒亲自带队赴灾区慰问，赠送100万元慰问金，对5户重点受灾户进行了慰问，送去了生活用品，仔细询问了受灾户受灾情况及存在的困难。

鞍钢集团实施“同舟工程”——参与盘州市“救急难”行动，投入3.1万元慰问刘官街道高官村贫困户。投入1万元对困难党员、建档立卡贫困户及贫困学生开展送温暖走访活动。

2017年，鞍钢集团向库克西力克乡寄宿制中心小学捐赠助学金3万元，帮助1~3年级4个教学班约150名贫困学生改善生活学习条件。

【产业扶贫】　草莓采摘园项目是鞍钢集团为推动刘官街道高官村发展乡村旅游产业的一项重点项目。2017年，鞍钢集团投入46.9万元，采取“公司+村集体+建档立卡贫困户”模式建立草莓采摘园，项目建成后每年给村集体保底分红3000元，贫困户每户每年分红785元，项目盈利后村集体和贫困户二次分红占效益的40%，带动了贫困群众稳定增收。

“微工厂”项目是鞍钢集团提升刘官街道高官村农副产品附加值的一项重点项目。2017年，集团投入30万元，村集体和贫困户共同占股40%，建立以当地农副产品加工、包装等为主的“微工厂”，搭建农副产品统一产销平台，延伸产业链。

鞍钢集团所属的攀钢集团有限公司与盘州煤炭企业形成战略合作关系。2017年，攀钢采购盘州煤炭200万吨左右，价值约28亿元，有力地带动了当地煤炭产业发展。

【基础设施建设】　鞍钢集团捐赠50万元帮助塔县政府在库克西力克乡卡玛如孜村帕斯热瓦提小组帕斯热瓦提河重建一座钢桁架贝雷桥，解决河对岸10户、50名农牧民出行不便的问题。地方政府将此桥命名为“鞍钢桥”。鞍钢集团投入47万元，支持刘官街道高官村文化活动基础设施建设，帮助援建占地面积2000余平方米的村民活动广场。攀钢投入24万元帮助高官村建成了党员活动室及活动广场，配备电脑、投影等设备，成为六盘水“党建引领促扶贫示范村”。

【健康扶贫】　鞍钢集团职工总医院领导带队共2批5人次深入塔县调研，选派6名优秀医生到塔县人民医院支医帮扶，专业涵盖妇产科、外科、检验科、理疗科等。开展医疗培训136次，在抗震救灾、科系建设、技术培训、质量控制、科普宣传等方面做出了重大贡献，特别是腹腔镜胃溃疡修补术、全子宫双附件切除术、宫颈镜下子宫内膜息肉切除术等填补了医院历史空白。

（鞍钢集团有限公司　杨　禹）

中国宝武钢铁集团有限公司定点扶贫

【概述】 中国宝武钢铁集团有限公司（以下简称“中国宝武”）在云南省宁洱、镇沅、江城三县，广南县，湖北罗田县以及广西壮族自治区上林县6县开展定点扶贫工作。2004—2017年，中国宝武已投入定点扶贫资金1.67亿元，做到有责任、能担当、出实招。

2017年，中国宝武共拨付定点扶贫资金1480万元，实施定点扶贫项目29个，其中产业开发项目12个、整村推进项目9个、教育培训项目7个，其他项目1项，开展进村入户调查155次，深入当地贫困村75个，调查贫困户489户，召开座谈会74次，形成督促检查报告4份，帮助建档立卡贫困人口脱贫4783人；帮助当地引入项目19个，受益群众2011人；购买对口地区特色产品895.7万元，扶持贫困人口1022人。

【扶贫资金投入】 2017年，中国宝武拨付定点扶贫资金1480万元，实施定点扶贫项目29个，其中产业开发项目12个、整村推进项目9个、教育培训项目7个，其他项目1项（定点扶贫挂职干部工作经费55万元）。中国宝武大力拓展扶贫资金渠道，中国宝武下属宝山钢铁股份有限公司（以下简称“宝钢股份”）捐赠团费50.7万元，为先胜小学建设一个计算机教室和卫生厕所、800平方米学生操场，更换全部学生课桌椅；宝钢股份、华宝证券有限责任公司等单位捐赠82.86万元，为江城县宝藏中学修建围墙、道路及场地；中国宝武党委组织部投入90万元党费，为镇沅县建设3个村组活动室、改造镇沅公共资源交易中心改造及电子化平台，扩建云岭广大瓢鸡冷库。

【扶贫调研】 2017年6月，时任中国宝武党委书记、董事长马国强，中国宝武副总经理、武钢集团党委书记、董事长刘翔一行到罗田县调研精准扶贫工作开展情况，走访慰问派驻干部与当地群众。实地查看灾后重建房屋建造情况。赴罗田县骆驼坳镇胡家冲村调研，慰问中国宝武选派的驻村第一书记。

【扶贫培训】 2017年10月中国宝武投入25万元，组织实施普洱市扶贫系统精准扶贫专题培训班，共培训普洱市及各县、乡扶贫干部354人。

【干部挂职扶贫】 2017年，中国宝武共派10名干部在定点扶贫地区挂职，其中挂职普洱市扶贫办副主任1人、挂职对口县副县长6人，担任对口县建档立卡贫困村驻村第一书记3人。

【扶贫资金管理】 中国宝武明确扶贫项目资金的两个“541”管理，即扶贫项目资金分配实行整村扶贫项目50%、产业扶贫项目40%、教育扶贫项目10%的“541”管理；扶贫项目资金拨付实行项目启动时拨付50%的资金，项目完成一半时拨付40%，项目竣工验收后最后拨付10%的“541”管理，有利于项目过程管理和项目实效检验。

【产业扶贫】 2017年，中国宝武定点扶贫产业项目以“集体+企业+农户”的创新模式，有效拓宽当地村民增收渠道，带动对口地区建档立卡户贫困人口脱贫致富。中国宝武投入84万元建设江城县宝藏镇良马河村岔河组和老苏寨组火龙果种植扶持建设项目，包括建设冷冻储存库500立方米，种植火龙果160亩。该项目建设采用股权量化固定分红模式，企业按扶持资金的8%（每年）固定分红给建档立卡农户，每年分红6.72万元，连续分红5年。分红资金由镇政府兑付给建档立卡贫困户，每户分配0.1万~0.3万元。同时，采用“企业+基地+农户”的开发模式返聘20户建档立卡贫困户管理160亩火龙果，每户增加年收入1.6万元。“集体+企业+农户”的模式有效提高产业项目的特色效益和组织化程度，最大限度地带动和支持扶贫对象发展生产，实现建档立卡贫困户有效增收脱贫。

【整村推进】　2017年，中国宝武投入资金675万元，实施整村推进项目7个。在江城县，中国宝武投入资金111万元实施宝藏镇板河村红星组整村推进项目，包括施村组道路硬化、文化室建设、活动场所建设、太阳能路灯安装、猪圈建设等，解决农民出行难问题，丰富农民的文化生活，为当地百姓产业发展创造硬件条件。该整村推进项目的实施，直接受益农户214户510人，其中建档立卡贫困户44户167人。

（中国宝武钢铁集团有限公司工会
陆　庆）

中国远洋海运集团有限公司定点扶贫

【概述】 2017 年，中国远洋海运集团有限公司（以下简称“中国远洋海运”）承担云南省永德县，湖南省安化县、沅陵县定点扶贫工作，同时还承担西藏自治区洛隆县和类乌齐县对口支援工作，各下属单位参与地方政府安排的对口帮扶基层组织 19 个。共投入帮扶资金 3899.71 万元，实施项目 93 项，为当地组织培训班 14 期，培训干部、专业技术人才和劳务人员 398 人次，购买当地农产品 1592.6 万元，扶持贫困人口 9005 人，在教育、公共设施、新农村建设、医疗卫生改善、扶贫济困等方面开展扶贫工作。

【扶贫资金投入】 2017 年，中国远洋海运共投入帮扶资金 3899.71 万元，其中，洛隆县和类乌齐县各 650 万元，永德县 400 万元，安化县、沅陵县各 350 万元；中远海运慈善基金会为集团定点帮扶的 5 县追加资金 268.6 万元；集团各下属单位支出帮扶资金 1231.11 万元。

【干部挂职扶贫】 2017 年，中国远洋海运共向定点帮扶地区派出 15 名挂职干部，其中 7 名干部在当地挂职副县级职务，2 名干部挂职村第一书记，6 名干部为下属企业派驻对口扶贫村工作队成员，15 人均在当地分管或协管扶贫工作。

【扶贫调研】 2017 年 8 月，中国远洋海运董事长、党组书记许立荣带队赴云南省临沧市永德县考察扶贫工作，为永德县中小学赠送 120 台电脑，为永德一中“中远海运希望班”同学们送去助学金和书籍；6 月，中国远洋海运董事、总经理万敏带队赴拉萨参加西藏自治区人民政府和国务院国有资产管理委员会联合主办的“央企助力，富民兴藏”活动，与西藏自治区签署“中央企业参与西藏国有企业改革发展战略合作协议”、与昌都市签署“‘十三五’中央企业对口援藏合作协议”，赴昌都市以及洛隆县和类乌齐县考察援藏工作，与昌都市签署“2017 年援藏项目捐赠协议”，明确 2017 年 200 万元新增援助项目，慰问集团援藏干部；副书记、副总经理孙家康于 6 月赴湖南省益阳市安化县和怀化市沅陵县考察扶贫工作，看望并慰问“远航·追梦”和“远航·家园”项目资助的学生和老人。集团总部及各所属单位共有 78 人次赴对口支援地区考察合作事项，共签署相关合作及捐赠协议 12 项，有力地支持了地方的发展。

【扶贫会议】 中国远洋海运定期召开党组会，专题讨论扶贫工作。3 月，召开集团扶贫（援藏）工作小组 2017 年第一次会议，总结 2016 年工作，部署下一阶段工作计划。利用赴定点帮扶地区现场考察和定点帮扶地区来集团访问的时机，召开扶贫工作座谈会 7 次，交流扶贫攻坚工作经验和体会。

【扶贫培训】 中国远洋海运承接永德县中青年干部及村干部培训班、洛隆县中青年干部培训班等 4 期培训项目，共培训干部 229 人次。

中远海运慈善基金会投入资金 50 万元，组织一期针对 5 个定点帮扶县的电商培训班，以政策宣讲、专业授课、实地参观等形式对主管电商业务的领导、部门负责人、经办人等共计 65 人进行培训，对促进当地特色产品的营销，因地制宜开展扶贫工作起到有力助推作用。各定点帮扶地区利用扶贫资金安排农业技术培训 172 人次。

【扶贫慰问】　中国远洋海运 2017 年共慰问教师 67 名、学生 761 名，慰问孤寡老人 114 名，共发放慰问金及慰问品折合人民币 17.96 万元。

【扶贫宣传】　2017 年 12 月，《人民日报》第 9～11 版“新农村”栏目中发表题为“湖南沅陵借母溪村靠产业解开‘绿’与‘穷’的结”的文章，对中国远洋海运产业帮扶沅陵县的情况进行报道；《中国报告文学》2017 年 12 月号刊载“借母溪的‘远航’密码——中远海运集团沅陵借母溪扶贫纪实”，以纪实文学的形式全面报道中国远洋海运在借母溪 8 年扶贫成果。

【产业扶贫】　积极参加国有资产监督管理委员会（以下简称“国资委”）发起的“央企助力　惠民兴藏”等系列活动，与西藏自治区国资委签订“参与西藏自治区国有企业改革重组战略合作协议”。

帮助永德县扩大茶叶销路，动员各级工会组织采购永德县出产的扶贫茶，2017 年共认购 76604 饼，价值 1540.06 万元。有效增加当地茶农收入，180.05 万元慈善款自动存入永德县慈善会账户，支持永德县扶贫攻坚工作。

投入 260 万元在沅陵县借母溪乡建设一个高标准生态农庄，进一步对景区内和周边村庄进行环境整治，提质升级景区的配套服务设施，完善旅游接待功能。

广州中远海运与临沧市签署战略合作协议，重点围绕休闲旅游、健康养老、生物医药及特色农产品等产业投资开展合作。

中远海运集运下属电商平台“远洋壹号”与永德县签订合作协议，在扶贫茶采购方面做好服务，在电子商务合作、电商人员培训等方面对永德县给予支持。

【教育扶贫】　2017 年共有 393 万元用于教育项目，包括在洛隆县设立的“中远海运·格桑美朵”奖助学金项目、中远海运永德县希望班、中远海运安化二中自强班、“远航·追梦”等奖助学金和教育帮扶项目等，共 1127 名学生获得资助。

集团团委与永德团县委联合开展“浪花·心愿”结对助学活动，采取结对帮扶形式，资助永德县贫困学生完成学业，共有 199 名贫困学生获得帮扶。

【公益扶贫】　2017 年，中远海运慈善基金会投入自有资金 2438.47 万元（不含集团援藏扶贫资金），实施公益项目 36 个，惠及“一带一路”建设、赈灾、扶贫、助学、医疗、文化、人才培训等领域，打造“远航·家园”“远航·丝路”“远航·追梦”“远航·健康”“远航·赈灾”等具有行业特色的“远航”系列公益品牌项目。

【基础设施建设】　2017 年，中国远洋海运共投入 390 万元，用于帮助对口帮扶地区改善基础设施建设，提高广大人民群众生产生活质量。包括安化县马路镇严家庄村河堤治理工程、安化县村村通工程、永德县村级公路及桥梁建设、永德县 4 个村的村民文化广场、沅陵县借母溪乡陈家溪村人行危桥重建项目、沅陵县村庄美化亮化工程等。中国远洋海运从总部党员补交党费中捐赠 20 万元，用于帮助永德县建设 2 个村民党员活动室。

【健康扶贫】　2017 年，中国远洋海运投入 105 万元，其中 30 万元在洛隆县建立“中远海运·冈拉美朵”医疗救助基金，75 万元为永德县鱼塘村、芒海村、明信坝村、怕掌村、大炉厂村、文化村新建 6 座村卫生室。

【易地扶贫搬迁】　2017 年，中国远洋海运投入 1200 万元用于易地扶贫搬迁，在洛隆县康沙村新建安置房 64 套，在类乌齐县协塘村新建扶贫安置房 92 套。

（中国远洋海运集团有限公司扶贫办　张　进）

中国航空集团公司定点扶贫

【概述】 2017年，中国航空集团公司（以下简称“中航集团”）坚持发挥企业优势与立足贫困地区实际相结合，坚持厚植扶贫点内生发展动力与直接精准，帮扶相结合，坚持扶贫、扶智、扶志相结合，聚焦精准，构建起“8+2”特色帮扶体系，针对定点帮扶地区广西壮族自治区昭平县和内蒙古自治区苏尼特右旗扶贫开发的实际难题和具体需求，全年投入帮扶资金4015.8万元（其中直接投入776.5万元，采购投入3239.3万元），完善当地基础设施建设，带动特色资源开发，改善贫困群众生活条件，在贫困地区路、水、电、房等基础设施建设以及贫困人口的教育、医疗、卫生、文化等方面开展扶贫工作。截至2017年底，集团帮助苏尼特右旗完成637户1065人的脱贫任务，6个贫困嘎查村脱贫摘帽，贫困发生率由9.7%下降到5.2%；昭平县完成脱贫人口数13118人，7个贫困村完成脱贫摘帽。

【扶贫资金投入】 2017年，中航集团共计向两个帮扶地区投入资金4015.8万元，其中直接投入776.5万元，采购投入3239.3万元。基础设施建设方面，落实“百县万村”工程要求，投入210余万元用于援建昭平县路桥项目；特色产业发展方面，投入245万元援建苏尼特右旗骆驼养殖基地；利用茶叶采购提取款和员工自愿捐款120余万元，投入江口村集体经济建设；动员员工向两地采购2500余万元的牛羊肉和特色有机茶叶，拉动相关产业发展，辐射千余名贫困群众，切实增强当地的“造血”能力。直接帮扶特殊贫困群体方面，在苏尼特右旗投入55万元开展“救急难”行动，在昭平县江口村投入30余万元帮扶因病致贫贫困户。

【扶贫调研】 2017年，中航集团党组成员7次带队赴扶贫点开展扶贫专项调研，下属多家分公司、二级单位组织7次专项考察，参与调研人数共计165人次。与帮扶县（旗）政府以及挂职第一书记村委召开27次交流座谈会、项目对接会以及现场办公会，进村入户开展调查，实地了解当地贫困群众生产生活和特色产业发展情况，重点查看集团帮扶资金和项目的具体帮扶成效，根据当地发展实际情况及时调整和优化集团帮扶项目安排和资金投入。

【扶贫会议】 2017年7月，中航集团对扶贫工作领导小组进行调整，由集团主要领导任组长，党组副书记任副组长，其他党组成员全部进入，相关职能部门、二级单位责任人全部纳入。中航集团召开3次党组会专题研究加强和改进定点扶贫工作；多次召开扶贫工作领导小组全体会议、扶贫办公室会议以及专项工作研讨会。在中航集团2017年度工作会和战略研讨会上，将扶贫工作作为战略重点进行专题研究和部署。

【扶贫制度建设】 中航集团立足企业自身发展实际，在充分调研考察、对接交流和专题研究的基础上，制定印发《关于进一步做好中航集团定点扶贫工作的实施意见》和《中航集团定点扶贫“8+2”重点项目推进方案》，从直接帮扶、开发式帮扶和智力帮扶3个层面，为扶贫地区量身定做“研究创设扶贫基金或直接资金帮扶、结对志愿帮扶、特色产品开发、特色产品采购、特色旅游合作、媒体宣传推广、干部交流培训、人员培养招聘”等8个重点项目以及“争取政策支持、协助规划发展”等2项长期合作项目。集团扶贫工作领导小组制定项目责任制、月推进报告和扶贫工作简报等一系列配套机制。针对定点扶贫工作采购和拨款等环节，加强整章建制，集团党组制定印发《中国航空集团公司定点扶贫工作财务管理办法（试行）》《中航集团定点帮扶地区特色农牧产品采购管理规定（试行）》，集团纪检组制定印发《中航集团纪检组关于加强扶贫领域监督执纪问责工作的若干措施》等系列管理办法，确保相关工作既依法合规、经得起检验，又精准到位、发挥帮扶实效。

【扶贫培训】　中航集团开展定点扶贫工作始终坚持“以人为本”，统筹使用各类专业培训资源，协助扶贫点开展人才培养工作。在扶贫点干部培养上与当地政府展开合作，以集中培训、短期挂职、座谈交流等形式，拓宽当地党员领导干部思维和视野。2017年，集团把当地干部“请过来”，邀请2批共10名帮扶地区基层党政干部和第一书记，参加集团在清华大学和井冈山组织干部培训班，提升当地领导干部宗旨意识和管理能力；以就业为导向把知识“送出去”，前往2个扶贫点举办2期职业技能培训班，引导当地贫困群众劳务输出脱贫。

【干部挂职扶贫】　中航集团选派3名优秀干部到扶贫点挂职，分别担任苏尼特右旗副旗长，昭平县委常委、副县长和昭平县江口村第一书记职务，协助支持当地推动扶贫开发工作。挂职干部每季度提交述职报告，定期汇报帮扶工作进展情况。

【扶贫慰问】　2017年6—7月，集团党组领导带队，前往苏尼特右旗和昭平县开展扶贫专项调研，走访慰问1名“救急难”贫困户，4名建档立卡贫困户，送出慰问金共计1.8万元。7月，昭平县遭遇特大洪水，集团党组第一时间派调研组前往受灾地区慰问困难群众，送出慰问金2万元。

【扶贫宣传】　中航集团利用自身媒体资源，加大对定点扶贫县（旗）特色产品及旅游景点的宣传、推广力度。在集团机上品牌杂志《中国之翼》《国际航空报》重要版面刊发《秀美昭平福寿长》《苏尼特右旗，闪耀“丝路”的草原明珠》以及《金秋昭平寻梦揽胜》等文章，提供市价近200万元的机上免费宣传，有力提升当地文化旅游资源的知名度和美誉度；2017年9月，集团邀请苏尼特右旗乌兰牧骑演出团队参加国航加入星空联盟10周年暨星空联盟成立20周年庆典活动。

【扶贫资金管理】　2017年，集团党组领导7次带队前往扶贫点开展调研，每次考察，调研组都扎到攻坚一线看成效、督进度。对于工程不符合要求的地方当场要求整改，对于进度落后的项目持续予以跟进，通过现场督察，确保援建项目落细落实。集团纪检部门不断加强对定点扶贫领域的监督执纪，定期对扶贫县（旗）集团扶贫资金开展审计，与扶贫点纪检监察、审计部门联系，要求梳理汇总扶贫资金和项目的相关财务资料，并根据工作推进情况赴当地开展联合审计，检查详细票据明细，真正把“干净扶贫”“精准扶贫”要求落到实处。

【产业扶贫】　2017年，中航集团投入245万元援建苏尼特右旗骆驼养殖基地，计划采购骆驼190峰，助力骆驼产业发展；援建昭平县江口村木耳养殖基地、桑果种植基地，推动村集体经济发展壮大；动员集团员工向两个扶贫点采购牛羊肉和特色有机茶叶，有力地拉动相关产业发展，辐射千余名贫困群众，切实增强当地的“造血”能力。中航集团市场部以及知名旅行社等前往帮扶地区进行考察，寻求特色旅游项目帮扶新路径，推出“走‘南’闯‘北’特色优惠国内游”旅游产品，对两地旅游资源进行有效的市场推广；中航集团旗下航空食品单位前往扶贫点考察特色农牧产品产业发展情况，采购牛羊肉、木耳、茶叶等当地特产，精心制作特色机上餐食和饮品，用于头等舱、公务舱服务以及候机楼服务，打造“牛羊上蓝天”

"茶香飘客舱"等品牌帮扶活动；中航集团酒店服务企业利用自身管理资源，探索合作途径，共同推动当地充分利用绿色生态资源发展康养产业。

【智力扶贫】 中航集团邀请2批共10名帮扶地区基层党政干部和第一书记，参加集团在清华大学和井冈山组织干部培训班，帮助拓宽思维视野，提高带头攻坚能力。开展专项招聘，推动劳动技能脱贫，在两个帮扶地区组织扶贫专项招聘，18名建档立卡贫困户未就业青年应聘者进入集团工作。在促进18户贫困家庭实现物质脱贫基础上，为当地群众，特别是青年人树立起能力脱贫、精神脱贫的榜样典型。

【教育扶贫】 中航集团在定点扶贫地区昭平县出资援建练滩小学教学楼和江口村幼儿园；捐建2个"中航集团新长城自强班"，让昭平县建档立卡户中100名贫困高中生继续完成学业；积极打造"中航蓝天课堂"志愿支教活动，以定点帮扶地区中小学为对象，定期开展支教活动，捐赠图书和学习用品等。2017年，集团在扶贫地区开展3次短期支教，21名志愿者参与，完成102课时教学任务。中航集团所属的内蒙古航空开展主题夏令营活动，邀请苏尼特右旗14名贫困小学生走进内蒙古分航和蒙牛工业园等地开展参观、学习和体验活动。

【基础设施建设】 2017年中航集团投入210余万元，援建昭平县大坡桥，为定点帮扶的江口村援建2处人饮工程和6处村屯道路；帮助江口村修缮15处村文化宣传基础设施，有效解决当地200余户受助群众的饮水难、出行难、获取帮扶信息难等问题。

（中国航空集团公司　李　悦）

中国铝业集团有限公司定点扶贫

【概述】 中国铝业集团有限公司（以下简称“中铝集团”）定点帮扶湖北省阳新县，坚持“因地制宜、因村施策、因户施法”扶贫原则，始终坚持聚焦贫困村和贫困户整合资源要素，选派优秀干部挂职，扶贫专项资金不减少，助力定点县贫困人口大幅减少。2017 年，中铝集团以产业帮扶为龙头引领贫困群众发展致富产业；以解决“三缺”问题为导向加强基础设施建设；培训各级各类干部人才近 800 人次，预脱贫 6046 户、19035 人。贫困发生率降至 5.1%。

【扶贫资金投入】 2017 年，中铝集团直接投入 100 万元资金进行帮扶，其中解决贫困地区的基础设施建设 32 万元；产业开发引导贫困乡亲发展致富产业项目 48 万元；慰问送温暖 6 万元，医疗卫生 4 万元，人力资源培训投入 3 万元。全年帮助 1093 名贫困人口脱贫，1693 名贫困人口实现就业，增加贫困户劳务收入 655 万元。

【扶贫调研】 2017 年，中铝集团共有 12 名领导干部赴阳新考察指导，在第四个全国“扶贫日”期间，开展“大走访、大调研、大督办”活动，安排扶贫干部对帮扶项目进行调研走访。9 月，中铝集团工会主席袁力带工作组赴阳新县专题调研，看望扶贫干部，走访慰问贫困党员、贫困群众；深入公司产业扶贫基地——蔡贤村桑蚕产业专业合作社、柏树村蛋鸡养殖合作社进行实地调研。

【扶贫工作会议】 2017 年 5 月，中铝集团党组成员、副总经理、扶贫领导小组组长张程忠召开中铝公司阳新县扶贫工作会，与阳新县县长明进华和常务副县长等 4 人，交流定点对口帮扶、项目建设等有关工作。会后召开扶贫领导小组专题会议，传达学习党中央、国务院关于扶贫开发的指示精神和中央单位定点扶贫工作会议精神，听取扶贫干部的工作汇报，研究部署扶贫重点工作和资金使用计划。

【扶贫培训】 充分发挥“中铝公司农民田间学校”的作用，组织专家编印《大棚栽培技术》等培训教材，免费发放给有需求的贫困群众，并组织培训，实现“培训一人，脱贫一户，带动一片”目标。军垦农场是阳新县的农业领头羊，邀请华中农业大学教授到五夫园开展技术培训，教授大棚栽培葡萄、火龙果、金钱橘等实用技术。为提高村民的育苗技术水平，中铝农民田间学校邀请市蔬菜办和县科技人员授课，举办蔬菜新品种引进、育苗技术和田间管理等实用技术培训班农技培训班 8 期，科普知识讲座 3 次，发放培训教材 1000 本，科普资料 2500 余份，受训群众超过 800 人次。

【干部挂职扶贫】 2017 年，中铝集团向定点县派出挂职干部 2 名，担任阳新县委副书记、对三溪镇柏树村第一书记。在柏树村带领群众发展土鸡养殖项目，带动 5 户贫困户脱贫。支持柏树村治理 1000 多米水渠，改善了陈子仁自然湾排水抗旱效果，支持修缮扩建 3 个水塘，方便了 3 个自然湾人畜用水，硬化柏树村乡村公路 1000 米，改善了村民出行条件。

【扶贫慰问】 对三溪镇、王英镇及洋港镇 60 户特困户进行走访慰问；在阳新团县委协助下，对 60 名家庭困难、成绩优异中小学贫困学子每人资助 500 元。

【扶贫资金管理】 中铝集团定点扶贫资金实行预算管理，纳入年度预算。根据预算，由扶贫工作小组在充分调研并征求定点阳新县有关方面的意见后，提出年度项目和资金安排计划。定点扶贫年度项目和资金安排计划，报经集团扶贫工作领导小组审核同意后，由中铝集团财务部将款项拨至定点县财政局国库科，设立专户，专款专用，纳入国库统一管理。一是村组产业发展和基础设施建设项目实施后，由公司扶贫工作组现场验收，经检查属实后由定点县财政局根据安排下拨到项目所在地财政所，到村到户，精确帮扶。二是助学济困项目。由财政局根据安排直接划拨到共青团、乡镇等单位，由其负责发放到人到户；对进入养老院和儿童福利院老幼对象慰问，则由财政局根据安排将资金直接划转至相应机构纳入统一管理使用。防汛慰问则直接拨付镇灾民安置点专账，纳入统一管理使用。三是农民田间学校等培训项目，由财政局根据安排将资金直接划转到承办机构设立的账户，由承办机构在财政部门监管下使用。四是挂职干部负责总体监管。

【产业扶贫】 2017 年，中铝集团安排专项资金 48 万元用于产业扶贫。支持漆洞村桑蚕示范基地扩大规模。中铝玉竹土鸡养殖示范基地支持贫困乡亲大力发展致富农业，指导周边 14 个村组建立土鸡养殖基地，总规模达 10 万羽，形成中铝集团扶贫放射状示范模式。支持木港丰台村香芋种植 400 亩，带动贫困户 60 人，西陇村发展蔬菜大棚，带动贫困户 40 人。支持浮屠镇下汪村建设放牧养鸡场，养殖乌鸡、珍珠鸡、贵妃鸡等 6 个品种，3 万余只，解决 16 个贫困户脱贫问题。帮助枫林镇大畈村发展生态养殖，发展苗木生产，涵盖群众 2600 多人，坡山村发展畜禽养殖，湖田村发展产业，开发荒山 7000 亩，种植油茶等经济树种，为绿化荒山，环境保护，村级经济发展出了微薄之力。扶持木港镇新湖村龙虾养殖 1000 亩，带动周边 100 余贫困户增加收入。支持王英镇蔡贤村发展乡村旅游，维修古民居，抗战遗址等项目，带动就业 620 人。继续支持当地特色食品折粉的传承地——洋港镇沙地村成立折粉专业合作社，扩大生产，建立“中铝产业扶贫折粉示范基地”，传承折粉生产工艺和文化，建成厂房 2500 余平方米，购入设备 4 套，残疾人就业 4 人，带动 50 户贫困群众人均增收 2000 元，实现就业脱贫。支持龙港镇马岭村发展吊瓜生产 50 亩。支持城东新区大垴村发展水产养殖，帮助贫困户 12 户脱贫。向贫困户发放鸡苗 2000 多只，复混肥 10 吨和部分大米、食用油等物资，解决现实困难。支持富池镇金堡村残疾人创办的饲料加工厂，安置 6 名残疾人就业。持续扶持四级残疾人筹资创办阳新县五彩工艺品有限公司，主营中国结的设计、研发和量产，解决 6 名残疾人就业和家庭脱贫。

【基础设施建设】 2017 年，中铝集团安排专项资金 32 万元。支持王英镇大田村修建泵站，解决 1113 亩抗旱排涝问题；解决浮屠镇阿冯村排洪港疏通和堤坝加固，下屋村整治灌溉塘开挖 5000 立方米；支持枫林镇沿冲村易地扶贫搬迁附属工程挡土墙 400 米，宋新村西河畈河道整治 2000 米；改善下庄村六甲湖排灌站，确保 1000 亩农田灌溉；帮助大王镇子向村建设 60 千瓦光伏发电项目；帮助排市镇购买抗旱设备；陶港镇樊祥村建设下水道 260 米，路灯 6 盏；洋港镇洋港村修路 1 千米，解决 1000 多村民的出行问题；太子镇官路村村村通公路 1200 米，解决了 4 个村民小组的出行问题。中铝集团出资 4 万元，引导村集体平整柏树村卫生室周围场地 300 余平方米，硬化广场，改善村民就医环境。

（中国铝业集团有限公司党群工作部
米 金）

中国中化集团有限公司定点扶贫

【概述】 中国中化集团有限公司（以下简称“中化集团”）定点帮扶内蒙古自治区阿鲁科尔沁旗（以下简称“阿旗”）和林西县。扎实开展产业扶贫、教育扶贫、公益扶贫，不断完善帮扶形式、拓宽帮扶渠道、加大扶贫力度，涵盖移民搬迁、文教卫生、水利交通、产业建设、人才培训、科技示范等项目。2016 年新投入 1 亿元参与国有资产监督管理委员会牵头创立的“中央企业贫困地区产业投资基金”，拨付部分党费用于定点帮扶。

【扶贫资金投入】 2017 年，中化集团向阿旗、林西投入项目资金 640 万元，实施帮扶项目 20 余个，产业扶贫资金 2112 万元，受益贫困户约 2000 余户。出资 200 万元与阿旗政府共同发起成立内蒙古自治区第一家“救急难基金会”，旨在救助一批急需救助的贫困群体，帮助贫困地区做好扶贫保障兜底工作。

【扶贫制度建设】 2017 年初，中化集团召开扶贫工作会议，根据对口扶贫点的实际情况确定资金投入额度，对定点扶贫计划进行质询、审议，全年对重点项目实施情况进行跟踪检查指导。精心选派定点扶贫干部，专门制定管理制度，严格管理。年底，对定点扶贫挂职干部进行绩效考核，逐个开展考评质询。考核内容涵盖挂职干部的党性素养、工作态度、精准帮扶、项目管理、资金安全、开拓创新等方面。通过对挂职干部的考核，促进定点扶贫工作。2017 年，中化集团领导，分别前往阿旗、林西县，对定点扶贫干部进行现场检查考核，与地方政府沟通商议扶贫事项，实地调研考察苏木乡镇、贫困嘎查村，走访慰问贫困户，召开对口支援扶贫工作座谈会等。

【健康扶贫】 2017 年，中化集团针对偏远牧区赛罕塔拉苏木医疗条件较差，群众看病就医难现状，出资 45 万元，整合京蒙帮扶资金和专项资金 120 万元，帮助新建一所 500 平方米的标准化卫生院。

【产业扶贫】 在阿旗实施“中化化肥精准产业扶贫工程”“种子扶贫工程”和“移民产业帮扶工程”“医疗保障项目”。中化化肥有限公司和中国种子集团公司共投入产业帮扶资金 343 万元，派专家取土测土，为玉米、谷子、葵花、苜蓿草等作物专项配方，挑选适宜当地气候土质条件的优良玉米品种，开展作物高产创建讲座、田间指导病虫害防治及种植模式调整，覆盖 10 个乡镇 85 个村，培训农牧民 3652 人。向农牧民提供测土配方肥 1100 吨、4 个玉米优良品种 3.5 万千克，为建档立卡贫困户优惠或免费赠送价值 32 万元的化肥、种子。截至 2017 年，紫花苜蓿草示范种植面积 20 万亩、玉米示范种植面积 5 万亩，增产增收率达到 5% ~10%。同时，捐赠一套以色列进口水肥一体化设备，在生态恶劣的盐碱地上开展葵花籽种植示范，每亩增收 250 元。

针对牧区一个搬迁贫困村地下水质含氟量高、不适宜人畜饮用的情况，投资 40 万元，对建档立卡 36 户贫困家庭实施“移民产业帮扶工程”。出资整治 300 亩沙土地，建设重庆太极药业集团中药材种植基地，科学种植、定向收购。

中化集团旗下远东宏信医疗健康集团投资 1 亿元，与阿鲁科尔沁旗人民医院融资租赁合作发展医疗卫生事业，使广大贫困农牧民大病不出县、小病不出村。

在林西县实施“盐碱地改良项目”“光伏扶贫”“互联网＋扶贫”。林西县盐碱化耕地面积达 20 万亩，占总耕地面积 17%。中化集团，旗下中化化肥有限公司，通过测土配方、排灌结合、合理施肥、提高土壤肥力等措施，实施“盐碱地改良项目”，前期实验达到预期的效果。项目共投资 16.18 万元，实验覆盖查干沐沦河沿线 4 个乡镇共 800 亩耕地，种植作物为甜菜。项目实施后，通过测产，增产率达到 11%。

【光伏扶贫】 林西县有充足的太阳能资源，利用贫困户的屋顶和院落实施项目，可以为其提供稳定的收入。中化集团牵头在大营子乡前地村实施分布式“光伏扶贫”项目，覆盖农户 94 户，总投资 207.2 万元，其中使用中化帮扶资金 120 万元，项目在 2016 年底建成并网发电。

【电商扶贫】 中化集团与林西县麻溜易购电商平台合作，建立电商孵化培训基地，进行创业和农村合作社电子商务培训。建成乡、镇、村电商示范店 35 个，解决当地群众卖难买难问题。林西县成为国家级电子商务进农村综合示范旗县市，获得国家电子商务建设专项资金 2000 万元。

【教育扶贫】 2017 年，中化集团“圆梦行动”共帮扶阿旗和林西县贫困生 460 余名，助学款 44 万元，慰问金及衣物 10 万余元。中化集团开展的“圆梦行动”受到社会广泛关注，2017 年上半年央视二套节目进行专题报道，引起很大反响，通过爱心员工的捐款，解决贫困学子后顾之忧。

【公益扶贫】 中化集团投资 50 万元，在林西县十二吐乡建设一座互助式敬老院。敬老院投入使用后，集体供养五保户 30 人，解决这部分五保、低保人群生存、生活问题。投资 200 万元，在林西县建设春蕾幼儿园，并于 2015 年投入使用，满足 18 个教学班、540 名儿童学前教育需求。中化集团组织下属单位和社会公益组织开展“扶危济困”“扶贫送温暖”活动，捐赠款物合计 240 万元。中化石油有限公司在阿鲁科尔沁旗天山六中和坤都总校建立两个“结对石油班”，开展助学、捐赠、联谊活动；中化河北有限公司向阿鲁科尔沁旗新平村 155 位老人实施捐赠；北京芭莎公益会向阿鲁科尔沁旗医院和中医院捐赠急救车；北京向阳花公益会向阿鲁科尔沁旗白城子总校 181 名学生进行慰问捐赠；九阳股份有限公司向阿鲁科尔沁旗六所贫困中小学捐赠标准化厨房设备。

【干部挂职扶贫】 2017 年，中化集团选派 3 名扶贫干部，挂职阿旗常委副旗长、林西县常委副县长、驻村挂职第一书记。阿旗副旗长被评为感动内蒙古十大人物。挂职村第一书记与村民同吃同住同劳动，身体力行带动村党支部建设和精准扶贫项目建设。

【扶贫资金管理】 中化集团注重加强项目资金的全过程管理，定期组织对扶贫项目进行审计。2017 年 3—4 月，集团审计合规部、纪检监察室共同组成审计组，前往阿旗、林西进行审计。对于挂职干部上报的扶贫规划和年度项目，集团都要严格审议、审批，保证扶贫资金精准使用和统筹安排。2017 年投入的扶贫资金 80% 以上都用在了改善农牧区群众生产生活上。扶贫干部按照集团项目管理规定，严格按照招投标管理要求履行程序，保证了项目的合规性。每个项目专人负责，严格按照招标程序选定工程队伍，明确施工进度、质量、安全、环保、费用等要求。工程项目有监理，农业项目有县农业局技术人员及中化农业事业部人员，按照工作进程到现场及时进行监督检查。2017 年召开项目推进专题工作会 4 次，针对天山口镇八家村十家段易地搬迁大棚建设项目，召开现场督促会。每个工程项目完成后，集团组织进行试运行，检查设备运行情况，严格按照竣工标准进行验收。农业项目则严格按标准测产及测糖度（专指甜菜），确保数据准确可靠，确保扶贫项目质量。

（中国中化集团有限公司扶贫办
毛适博）

中粮集团有限公司定点扶贫

【概述】 2017年，中粮集团有限公司（以下简称“中粮集团”）定点帮扶黑龙江省延寿县、绥滨县，江西省修水县，四川省甘孜县、石渠县，广西壮族自治区隆安县，新疆维吾尔自治区乌什县7个国家扶贫开发工作重点县，同时，承担着援疆（新疆建设兵团）、援藏（西藏洛扎县）、援青（青海省门源县）以及金融系统援助四川、科技扶贫、振兴东北等援助帮扶任务。

2017年中粮集团投入援疆援藏援青扶贫工作资金总计3785万元，比2016年度增加了1185万元，同比增长45%。其中，援藏援青资金增长36%，定点扶贫资金增长47%。中粮集团利用部分党员党费585万元助力当地党建。同时，落实国有资产监督管理委员会关于出资参与产业扶贫基金的有关要求，中粮集团出资1亿元参与贫困地区产业扶贫基金。2017年，中粮集团开展调查贫困村数量143个、调研贫困户1135户；实施帮扶项目46个，帮助建档立卡贫困人口4903人脱贫。

【扶贫资金投入】 2017年，中粮集团投入援疆援藏援青扶贫工作资金总计3785万元，比2016年度增加了1185万元，同比增长45%。其中，援藏援青资金增长36%，定点扶贫资金增长47%。

【扶贫调研】 2017年6月，中粮集团党组书记、董事长赵双连带队前往延寿县考察调研扶贫工作。集团领导带队分别深入修水县、绥滨县、乌什县、石渠县、门源县、洛扎县、隆安县、甘孜县考察调研。

【扶贫会议】 2017年，中粮集团共召开5次专题会议研究援助扶贫工作，传达上级会议精神，确定集团援助帮扶的原则、规划，明确集团7个专业化公司分别结对帮扶7个贫困县并选派挂职干部、探索产业帮扶和拨付扶贫资金一体等重大举措。

【扶贫培训】 在延寿县开展农民水稻种植技术培训工作，邀请黑龙江省农业专家为崇和村60名村民代表进行水稻种植技术讲座，协调哈尔滨轴承技校赴中和镇现场教授专业技术知识，崇和村24名青年参加培训，占符合条件青年的3/4。

在乌什县根据中粮集团在新疆产业布局具有劳动密集型的特点，组织青壮年贫困劳动力参加技能培训，提高就业能力，带动劳动力向县外疆内转移就业，实现人均增收1.8万元左右。利用集团资源优势，提供适当就业岗位，组织30人到中粮焉耆糖业分公司务工，实现贫困群众增收创收。

【干部挂职扶贫】 2017年，中粮集团派出2名援疆干部、1名第一书记。挂职干部积极参与当地援助扶贫攻坚当中，认真履职尽责，为脱贫攻坚战、助推当地改善民生作贡献。

【扶贫慰问】 2017年，中粮集团“救急难”行动共投入资金70万元，帮扶人数1720人。在绥滨县开展“救急难”捐助活动，捐助资金50万元，帮扶贫困户560户、帮扶人数1680人。在修水县开展“救急难”活动，捐助资金20万元，帮扶人数40人。2017年10月，慰问西藏地区贫困党员86名，每人发放慰问金1900元，共计16.34万元；帮扶95名高中应届升学学生助学金共计48.66万元。在绥滨县投入6.7万元，慰问67名贫困党员，每人1000元。

投入18.8万元，资助188名品学兼优且家庭困难学生，每人1000元。在延寿县，2017年初筹备300件爱心衣物捐赠崇和村，发放71户贫困户，解决部分贫困户保暖问题。同时，深入延寿镇红旗村，看望帮扶的贫困户、贫困党员16户。

【扶贫宣传】 在绥滨县投入50万元扶持绥滨县兴达米业品牌战略项目。创建“野鸭稻”富硒大米品牌，该品牌被推荐为“中国好粮油”品牌。截至2017年底，产品包装设计制作、企业宣传片、“三品一标”认证、企业双体系管理、全程可追溯系统完成。

在门源县组织门源县特色产品参与中粮集团参加的“2017年全国食品安全宣传周”活动。

在延寿县组织当地特色农产品参加全国食品安全宣传周活动，参加第十五届中国国际粮油产品及设备技术展会，参加中国粮食行业协会举办品牌建设培训班，参加北京展奥展览会。

【产业扶贫】 中粮集团借助集团驻地企业优势，推广先进实用技术，培植壮大特色支柱产业，通过资金注入、技术支持、销售渠道等多方面援助，探索产业扶贫新途径。在延寿县推动当地科技种植专业户有机水稻覆膜种植技术，帮助延寿县申请“中国优质香米之乡”，并获得批准。中粮糖业把隆安县糖业主体业务纳入中粮南糖业务范围，解决了隆安蔗糖的生产销售问题。在中粮粮谷推动下，在绥滨县建设有机富硒大米生产线项目。中粮驻四川高原藏区石渠县牦牛乳品加工等产业精准扶贫项目已全部完成。中粮援助西藏洛扎县藏鸡养殖、黄粉虫养殖和蔬菜种植三位一体农业循环项目，被洛扎县确定为产业扶贫的示范项目。

3月，董事长赵双连在福临门大厦会见西藏自治区主席齐扎拉，就“央企入藏”，加强产业对接进行探讨和交流。6月，集团党组副书记、副总裁万早田在西藏拉萨参加“央企助力富民兴藏”会议暨战略合作签约活动。

【智力扶贫】 中粮集团与西藏山南市共同开设山南县处干部交流培训班，培训山南市直部门、市属国有企业及所属区县负责产业建设的县处级以上干部。各相关专业化公司、扶贫干部围绕支持“教育脱贫”要求，策划、开展技能培训、助学扶贫等，助力脱贫攻坚。

【教育扶贫】 在修水县投入20.5万元援建双井小学门前台阶项目；出资10万元援助双井小学图书室建设。

2017年，中粮集团在乌什县和隆安县各投入65万元，实施“中粮助学金”资助贫困大学新生项目，支持隆安县教育精准扶贫工作，帮扶该县品学兼优的贫困户子女圆梦大学。

【文化扶贫】 2017年，帮助西藏洛扎县公共文化服务体系示范区创建工作通过国家验收，全县相继建成县级综合文化活动中心1个，新华书店1个，影剧院1个，民间艺术团排练场1个，县级文化信息资源共享中心1个，乡镇综合文化站7个，村级文化室26个，农家书屋26个，寺庙书屋20个，村级文化信息资源共享点26个，村级业余文艺演出队126支，覆盖率100%。充实文化队伍干部职工26名，招募文化志愿者54名，广播电视覆盖率分别达到95%和98%。同时，全面提升公共文化服务设施免费开放服务水平，推动公共文化服务公益化、均等化，保障群众基本文化权益。全县基本形成覆盖县、乡、村三级公共文化服务网络。8月，积极协调“库拉岗日”旅游文化节相关工作。依托传统节日、重大庆典活动为契机，组织县民间艺术团开展“文艺下乡”活动66场（次），观看人数达29040余人（次）。组织开展乐器培训班，世界读书日，首届干部群众乒乓球比赛，迎“七一”篮球、足球、棋牌等系列文化活动，丰富干部群众业余文化生活。

【公益扶贫】 中粮集团以第4个“国

家扶贫日”为契机，“贯彻十九大、践行新文化、脱贫攻坚战、中粮开新篇”为主题，总部与受援地相互联动。支持洛扎县在扎日乡蒙达村委会开工建设“忠良爱心超市”和“忠良暖心茶园”，各由1名党员致富带头人牵头，解决6名建档立卡贫困户就业问题，所得收益用于持续支持蒙达村委会各村小组党支部日常党建工作。捐助修水县325名贫困学生；对甘孜县老党员、贫困党员、三老干部和离任村干部共计981人进行慰问。扶贫日当天，对新疆乌什县阿克托海乡阿克托海村“四老人员”和特困户进行慰问。

中粮我买网将网络食品销售与对洛扎的公益活动相结合，采取网络上每销售1元抽取若干利润作为对洛扎县教育系统捐资，集资20万元，用于改善基层教学条件和偏远教职工的生活待遇。

在石渠县，将特产人参果、野白菌、虫草、糌粑、酥油等产品在中可饮料四川厂内部开展员工爱心购买和博物馆内可乐商店设专柜进行售卖。

【基础设施建设】　在延寿县，中粮集团投入扶贫资金286万元，3个项目。一是198万元为崇和村3个屯硬化道路4.1千米，实现崇和村所有屯内道路全部硬化；二是4万元为崇和村铺垫农田道3.5千米，水田进水灌溉壕清淤9千米；三是84万元为林区职工生活用水改造，为崇和村的经济发展提供基础保障。

在隆安县中粮集团投入资金200万元，开展7个项目，一是南圩镇爱华村龙仪路口至龙兰屯路，投入25万元，新建1.35千米道路，硬化0.4千米，完成30%；二是布泉乡龙礼村陇添屯至屏山乡咘也村咘也屯路，投入53万元，新建2.71千米道路，硬化0.6千米，完成25%；三是都结乡新风村龙砂屯路口至天等县进结镇爱乐村三卡屯路，投入13万元，升级1.4千米道路；四是都结乡龙民村叫龙屯至布泉乡岑山村洞靠屯路，投入73万元，新建3.91千米道路，硬化1.9千米；五是都结乡陆连村百楼屯至荣朋村慢汤屯路口道路硬化工程，投入20万元，新建1.42千米道路；六是布泉乡龙会村龙会村路口至内毫屯路，投入4万元，升级2.01千米道路；七是都结乡同乐村普权村路路口至古文屯路，投入12万元，升级1.72千米道路。

【健康扶贫】　中粮集团与致公党北京市朝阳区委签订三年合作协议，联手共建洛扎“县乡村三级医疗卫生服务体系标准化”项目，重点对基层医疗卫生服务体系进行规范化、标准化梳理和完善。

2017年组织3名洛扎乡镇卫生院医生赴北京市红十字会999急救中心开展为期两个月专项培训。特邀北京999急救中心专家前往洛扎一个月，接诊1756人次农牧民和驻边战士，解决12例误诊、漏诊病例。牵头搭建洛扎县人民医院—北京市301医院远程诊疗平台，通过互联网将首都优质医疗资源引入洛扎，解决了22例疑难病症的诊断，洛扎医生参加了27场301医院举办网络培训。

在延寿县为村级卫生室匹配资金72万元，帮助9个乡镇106个行政村修建村级卫生室。

协调中华思源工程扶贫基金会，为甘孜县、石渠县乡镇卫生院申请“思源救护项目”各2辆救护车。

【电商扶贫】　借助中粮我买网电商平台，致力于推广贫困县特色产品销售，打通绿色产品销售通道。设置有味道中国特产专区共计2000多个产品，囊括农牧肉类生鲜产品，山货土特产、地理标志产品，覆盖新藏青、陕甘宁、云贵川等大部分贫困特色区域。我买网对接多个省市二十余个民族地区贫困县。搭建中粮E平台“职工之家”专栏，将西藏洛扎县、黑龙江绥滨县、青海门源等贫困县的特色产品传递到中粮职工手中，扩大产品的知名度，助推当地特色产品企业发展。

（中粮集团有限公司　高立新）

国家开发投资集团有限公司定点扶贫

【概述】 国家开发投资集团有限公司（以下简称“国投”），承担甘肃省宁县、合水县以及贵州省罗甸县、平塘县的定点扶贫开发任务，共无偿捐赠2541.92万元，涉及基础设施、危旧房改造、三改补助、产业支持、农户资助、教育资助、疾病治疗、保险支撑8项28个帮扶项目，惠及建档立卡贫困户996户，建档立卡贫困群众6007人。

【扶贫资金投入】 2017年，国投累计对外捐赠4427万元。雅砻江水电、国投大朝山、国投罗钾等控股投资企业派驻村工作队，开展为民致富、帮助村民培训就业、资助学生上学等。

【扶贫调研】 国投党组书记、董事长王会生，党组成员、副总裁钱蒙先后赴贵州省罗甸县、平塘县和甘肃省宁县、合水县调研26个帮扶项目，督促检查2016年项目推进实施情况，考察2017年项目情况，并召开两县扶贫工作座谈会。

【扶贫制度建设】 编制《国家开发投资公司扶贫工作规划（2016—2020）》，确立“亿万千百十”总体思路，即“投资亿元扶贫资金，帮扶万名贫困人口，结对千名困难学生，助力百个贫困村组，派出数十名挂职干部”。11月，国投发布公司首部《扶贫白皮书（1995—2017）》。以“家国情怀，社会责任”为主题，系统总结和全面呈现了国投22年来对口支援、定点扶贫和基金扶贫工作的重要举措和实践成果。

【干部挂职帮扶】 国投共派出挂职干部5人。其中，4人担任甘肃省宁县、合水县，贵州省罗甸县、平塘县县政府副职，分管扶贫开发工作；1人担任合水县蒿咀铺村第一书记，任期3年。

【扶贫慰问】 2017年春节，国投分别向平塘县、罗甸县宁县、合水县发慰问信并拨慰问金40万元，慰问贫困家庭820户。

【扶贫资金管理】 2017年，修订《国家开发投资公司对外捐赠管理办法》，对捐赠类别、范围、途径，领导机构及职责，管理及权限，工作流程，实施与监督，统计报告等内容进行明确规定。

【产业扶贫】 国投通过旗下国投创益产业基金管理有限公司管理2支扶贫产业基金，分别是贫困地区产业发展基金和中央企业贫困地区产业投资基金，共计152亿元。“产业基金＋企业＋贫困地区资源＋贫困人口”产业扶贫模式，直接投资、在重点省设立子基金、发起扶贫基金联盟等方式，引领撬动社会资本超1000亿元投入贫困地区。截至2017年底，投资项目78个，金额102亿元，遍及全国26个省区市、14个集中连片特困地区，以及部分国家扶贫工作重点县、革命老区县。

【教育扶贫】 2017年，国投继续开展与中国扶贫基金会的“新长城自强班”项目，共捐赠159.2万元，资助平塘县、罗甸县240名贫困大学生和合水县、宁县、华池县400名贫困高中生完成学业。

【公益扶贫】 国投通过国投泰康信托有限公司，设立“国投慈善1号信托”，以慈善信托运作方式，将全部信托财产用于定点扶贫、教育扶贫等捐赠事业；通过卓越党建管理，动员号召广大干部员工与定点扶贫县400名贫困学生、100户贫困家庭进行爱心结对，精准帮扶。

【基础设施建设】 2017年，国投帮扶宁县修建漫水桥1座，为170户居民解决出行难问题；帮扶贵州省罗甸县茂井镇大亭村串寨串户路硬化43000平方米、安装路灯220盏、建设饮水池2口共90立方米。

【易地扶贫搬迁】 2017年，国投帮扶宁县、合水县完成危房改造206户，帮扶罗甸县、平塘县完成危房改造158户。

（国家开发投资集团有限公司党群工作部新闻中心　李青林）

招商局集团有限公司定点扶贫

【概述】 招商局集团有限公司（以下简称“招商局集团”），定点帮扶贵州省威宁彝族回族苗族自治县（以下简称“威宁县”）、湖北省蕲春县。新疆维吾尔自治区叶城县和莎车县定点扶贫工作也一并纳入招商局集团统一管理。2017 年招商局集团在 4 地全面发力，持续深耕威宁县、蕲春县及位于“三区三州”深度贫困地区莎车县、叶城县，根据贫困县实际情况，因地制宜，多点突破，全年总计实施定点扶贫项目 27 个，投入扶贫资金 2.65 亿元，带动脱贫人口 4.2 万人。

【扶贫调研】 2017 年总计调研 58 人次，其中部级（单位班子成员或党组成员）6 人次，司局级及以下 52 人次。考察团成员深入扶贫一线“田间地头”，认真了解帮扶工作进展情况，实地考察帮扶效果。组织座谈会，探讨实际有效的帮扶思路，

【扶贫工作会议】 2017 年 2 月，招商局集团扶贫工作领导小组召开扶贫工作会议，研究确立 2017 年度扶贫工作整体计划，审议通过 2017 年定点扶贫业务活动预算提案。在前期赴各县考察调研基础上，综合考虑贵州、湖北、新疆的总体安排，11 月，招商局集团扶贫领导小组召开专题会议，追加投入 2017 年度定点扶贫资金。

【扶贫制度建设】 2017 年 5 月，招商局集团出台《招商局集团有限公司定点扶贫挂职干部管理办法（试行）》，对挂职干部职责、选派流程、工作考核等方面做出明确规定，提高挂职扶贫工作的规范化和有效性。

【扶贫干部培训】 2017 年帮扶干部培训班在继续培训威宁、蕲春两县干部基础上，首次面向叶城、莎车两县开班，共投入项目资金 100 万元，累计开展三期培训班，培训干部 108 名。

【干部挂职扶贫】 2017 年，招商局集团先后派出 4 名挂职副县长和 2 名驻村第一书记，同时创新扶贫包村工作，与新疆“访惠聚”活动有机结合，在叶城县派出驻村工作组共计 9 人，实现选派管理人员驻村工作常态化，有效集中帮扶资金，确保帮扶效果。

【扶贫资金投入】 2017 年，招商局集团在威宁县投入扶贫资金 1900 万元，在蕲春县投入 1850 万元，在叶城县投入 1426 万元，在莎车县投入 1321 万元。另外，加大对深度贫困地区帮扶力度，投入 2 亿元支持新疆喀什地区综合保税区项目建设。截至 2017 年底，招商局集团实施扶贫项目 23 个，其中健康扶贫项目 2 个、教育扶贫项目 7 个、生计扶贫项目 8 个、智力扶贫项目 2 个、其他社区扶贫项目 4 个。

【扶贫资金管理】 2017 年，招商局集团为贯彻落实中纪委《关于开展扶贫领域腐败和作风问题专项治理工作的通知》要求，结合国资委扶贫领域监督执纪问责工作电视电话会议精神，根据集团扶贫工作领导小组统一部署，成立扶贫资金专项治理工作小组，对 2013 年 1 月至 2017 年 6 月招商局集团扶贫资金使用情况开展专项治理工作。

2017 年，进一步完善《招商局慈善基金会基金管理办法》及《招商局慈善基金会项目管理办法》等管理规定。

【产业扶贫】 2017 年，招商局集团在

叶城县、莎车县实施庭院经济发展项目涉及2400户贫困户，同时将脱贫开发总体目标“两不愁，三保障”分解为“十个一”目标：户均一套安居房、一个庭院、一座牲畜棚圈、一片菜园/大拱棚、一片果园、一群牲畜、一群家禽、一架葡萄、一人就业、培养一名大学生，明确、量化脱贫目标。

【教育扶贫】　2017年，招商局集团在4县引进社会组织共开展7个针对儿童和青少年群体的教育帮扶项目。招商局集团携手互满爱人与人（中国），在蕲春县引进乡村幼儿班项目落地蕲春，取得了良好的成效。项目发动偏远山区社区内的热心家长自发组成家长委员会，就近培养学前儿童教师，联合村委会开设幼儿班，为学龄前儿童服务。为家长委员提供培训，提升家长对儿童教育等社区公共事务的持续关注和公共参与能力。2017年项目共开设15个班，覆盖332名儿童，从幼儿教育入手解决贫困人口的代际阻断问题。

【健康扶贫】　招商局集团促成远程医疗诊治和保健咨询服务向贫困地区延伸，在威宁县以贫困村为单位，按照统一建设标准和“贫困村优先、人口集中、村医服务能力强”选址原则，投入项目中资金1400万元，全面覆盖一批“招商局·幸福乡村卫生室”，助力贫困地区县、乡、村三级医疗卫生服务网络标准化建设。2017年新建成村卫生室48间，覆盖全县30个乡/镇/街的48个行政村，受益人数16.05万人，其中建档立卡贫困户1.85万人（含健康扶贫人口数2845人）。该项目获评威宁县“2017年十大民生实事”之一，并在十九大召开期间获“展示试验区成果，喜迎十九大召开”的专题报道。

【整村推进】　2017年，招商局集团在蕲春县开展革命老区贫困村帮扶项目，在全县15个乡镇443个革命老区贫困村中各选定1个贫困人口多、贫困程度深的项目村，共计15个，分年度实施。项目发掘大叶山村等七个乡镇的7个村的优势资源，采取发展主导产业，引进一个市场主体，组建以专业合作社等措施，实现集体收入每年增收5万元以上，带动一批农民和贫困户脱贫致富的目标，同时切实解决7个村道路、沟渠、桥梁、路灯等基础建设。项目投资期为一年，扶持资金994万元，每个村142万元，激活社会工商资本投入1200多万元。

（招商局集团有限公司　刘怡芳）

华润（集团）有限公司定点扶贫

【概述】 2017 年，华润（集团）有限公司（以下简称“华润集团”）定点帮扶江西省广昌县和宁夏回族自治区海原县。自 2014 年至 2017 年，华润累计向广昌、海原两个定点贫困县捐资 38419.6 万元，直接受益农民 75970 户，超过 36 万名农村人口受益。

华润每年在广昌县选取 1 个相对集中的贫困村，帮助该村进行危旧土坯房改造及村内基础设施建设。援建广昌“共创·小康”工程示范区项目的同时，华润集团利用自身多元化经营的资源优势，帮扶广昌宣传、销售白莲等农产品，开展精准扶贫。为打响广昌白莲品牌，提升广昌白莲影响力和市场竞争力，截至 2017 年 11 月，华润万家销售广昌特产的门店数量已经达到 589 家，销售额累计达 901 万元人民币。

2014 年 11 月，华润向海原县捐赠 2.65 亿元，用于海原草畜一体化肉牛养殖基地的建设。截至 2017 年底，华润集团推行“基础母牛银行”的帮扶模式，已覆盖海原县 16 个乡镇、103 个村的 4675 户农户，共计赊销牛只 13440 头。2017 年捐赠 9000 万元作为农户购牛赊销款，精准解决发展肉牛养殖产业缺乏启动资金的难题。

同时，华润集团继续推进品牌公益项目华润希望小镇建设，聚焦贫困革命老区的脱贫攻坚，助力乡村振兴。兴建了广西百色、河北西柏坡、湖南韶山、福建古田、贵州遵义、安徽金寨、江西井冈山、宁夏海原、贵州剑河、湖北红安 10 座希望小镇，直接受益村民达 2679 余户共 10307 人。

【扶贫资金投入】 2017 年，华润集团以华润慈善基金会平台，为国家扶贫、救济、教育、文化、卫生等公益性事业捐赠 1.95 亿元。其中向海原县捐赠扶贫资金 8260 余万元，向华润希望小镇项目捐赠资金 7178 万元，向兰考县产业扶贫项目捐赠资金 3700 万元，向西南地区医疗健康捐赠 100 万元，救济困难群众 104 万元，其他向教育、乡村公共设施建设等项目捐款 200 余万元。

【扶贫调研】 2017 年 9 月，华润集团调研广昌县甘竹镇刘家堡村新农村建设点，与广昌县初步达成将刘家堡村作为第 3 个“共创·小康”工程示范区的援建意向。10 月，华润集团实地调查了杨坊村、西港村两个“共创·小康”工程示范区因病因残贫困户的生活情况，根据实地走访调查，在杨坊村、西港村两村开展“救急难”帮扶工作，6 个月为一期，每期根据每户贫困家庭的实际情况确定资助金额，予以资助。6 个月资助期满后，对示范区范围内贫困户进行回访，根据实际情况，删减已经病愈脱贫的家庭，增加因病返贫家庭，再制定下一期“救急难”计划。截至 2017 年 12 月，集团已捐资 8.2 万元，完成对首期两村 42 户贫困户的资金救助。12 月，华润集团党委委员、纪委书记单记京再次对甘竹镇刘家堡村进行实地考察，并最终将华润集团援建广昌第 3 个“共创·小康”工程示范区选址于甘竹镇刘家堡村。

【扶贫会议】 为推动华润帮扶海原发展肉牛养殖产业，华润集团与海原县制定了“四方联席会议”工作机制：即每年由海原县人民政府、华润集团办公厅、华润深国投信托有限公司、海原华润农业有限公司的托管运营管理方——华润五丰四方机构至少召开一次“四方联席会议”，群策群力，共同推动草畜一体化肉牛养殖项目各项建设工作。

2017 年 3 月，召开华润海原草畜一体化扶贫项目第 4 次四方联席会议。各方参会代表认真听取了海原草畜一体化项目 2016 年预算执行情况及 2017 年预算编制的汇报，通过了 2017 年商业计划项目。

【扶贫培训】　2017 年，华润集团共举办干部和人才培训班 19 期，培训干部和专业技术人才 701 人次（其中广昌县、海原县干部共计 30 人次），创业致富带头人 495 人次；同时，为提升海原县、广昌县劳动力技能水平，华润集团 2017 年举办劳务输出培训班 29 期，共 715 人参训，其中农业实用技术培训 705 人次。

【干部挂职扶贫】　华润集团先后向海原县选派 1 名挂职副书记、1 名驻村第一书记，向广昌县选派 1 名挂职副县长。考虑到海原县为深度贫困地区，华润集团还选派了一支 50 余人扶贫队伍，常驻海原扶贫一线，与海原县政府协同推进脱贫攻坚工作。

2017 年，华润集团出台《华润集团定点扶贫挂职干部绩效考核办法》，每年 1 月 31 日前由华润集团办公厅、人力资源部、定点扶贫县与挂职干部四方签订绩效合同，次年 1 月 15 日前由华润集团办公厅、人力资源部、定点扶贫县对挂职干部的绩效合同完成情况进行考核打分。每年考核结果将作为薪酬调整和职位晋升的重要依据，由华润集团办公厅、人力资源部联合发文反馈到挂职干部原派出单位。

扶贫挂职干部积极开展扶贫工作，协调华润三九医药股份有限公司在广昌杨溪乡高排村以高于市场价格收购高排村 22 户贫困户种植的白莲，促进贫困户的产业增收。在海原县，挂职干部在推动海原草畜一体化养牛项目的同时，重点开展基础母牛赊销牛、青贮玉米收购等各项帮扶工作。

【产业扶贫】　华润发挥企业资源优势，践行“六个精准”，在海原县定点扶贫工作中，全力打造“华润模式”。帮助农户引进品质优良西门塔尔基础母牛，每头牛为农户提供 6000 元的赊销款，政府提供 2000 元帮扶资金，农户自筹 2000 元。每个农户可认养 2 ~ 5 头基础母牛，农户养育 1 年后产下牛犊，产下母牛犊农户会留存养育，用以扩大规模，产下公牛犊将作为肉牛，在农户家散养育肥 10 ~ 12 个月后，由华润回购至草畜一体化肉牛养殖基地，抵顶农户赊销款。收回赊销款将继续留在“基础母牛银行”资金池中，用于帮扶更多贫困农户。华润将回购肉牛在养殖基地集中加速育肥后再统一销售到香港及其他市场。

2017 年华润集团共帮扶海原县引进西门塔尔基础母牛 6329 头（累计达 15653 头），西门塔尔公牛 4314 头（累计达 4676 头），向 2334 户农户赊销基础母牛 6855 头。草畜一体化肉牛养殖基地实现存栏 6933 头，价值 1.05 亿元；出栏育肥牛 1173 头，产值 1813 万元；其中供香港活牛 78 头，产值 138 万元。海原肉牛供香港渠道打通，将为提升海原肉牛的品牌影响力、进入国际市场打下良好的基础。

【基础设施建设】　为在落实海原“三缺”项目，华润向海原县政府捐赠 300 万元，帮助海原县解决史店乡田拐村的道路建设资金短缺问题。按照定向捐赠协议约定，截至 2017 年底，华润已完成捐赠 240 万元。

［华润（集团）有限公司办公厅
刘默涵］

中国节能环保集团有限公司定点扶贫

【概述】 中国节能环保集团有限公司（以下简称“中国节能”）定点帮扶河南省嵩县和广西壮族自治区富川瑶族自治县（以下简称“富川县”），先后选派4名干部分别到两个县挂职副县长、担任驻村第一书记；共投入资金350万元，实施逐村脱贫、专项扶贫、助学和走访慰问等项目，帮助解决了7个乡镇10个村公共照明、3个体育文化广场建设，以及深井修复、道路硬化、村卫生室和图书室改造等基础设施方面的困难，帮助470名贫困家庭学生完成学业，走访慰问262户贫困户。同时发挥集团产业资源优势，帮助两个县与相关单位初步达成预计14亿元的产业投资意向。中国节能扶贫工作入选中国社会科学研究院《企业扶贫蓝皮书（2017）》，中央企业党建思想政治研究会《企业文明》刊物刊发了集团扶贫工作经验。

【扶贫资金投入】 2017年，中国节能定点扶贫资金共投入350万元。主要用于嵩县实施“逐村脱贫项目”“‘圆梦大学·放飞希望’助学项目”和“石场村专项扶贫项目”；富川县实施“专项扶贫项目”“‘希望工程·圆梦行动’项目”，两个县实施“走访慰问项目”。

【扶贫调研】 2017年，中国节能两次召开扶贫工作座谈会，与定点扶贫单位嵩县、富川县的主要领导座谈，听取关于定点扶贫地区经济社会发展情况介绍和扶贫开发工作的意见建议。2017年8月、12月，中国节能主要领导带队，分别到嵩县和富川县实地调研，考察当地经济发展和自然资源开发利用的情况，与市、县、乡镇、村的领导共同分析探讨脱贫致富之路，研究了解决问题的办法措施。

【扶贫会议】 2017年，中国节能扶贫开发工作领导小组先后两次召开专题会议，传达中央文件精神，确定定点扶贫工作计划和扶贫资金预算。组织10余次扶贫衔接会议、扶贫协议签订仪式、扶贫资金捐赠仪式等工作会议督导工作落实。

【干部挂职扶贫】 2017年，中国节能派出扶贫干部4人，其中挂职干部2人，分别担任嵩县副县长、富川县副县长；驻村第一书记2人，分别在嵩县石场村、富川新石村任职。挂职干部与村民同生活、同劳动，及时了解定点扶贫县域的经济社会发展情况和当地老百姓对扶贫项目的需求，分析贫困的现状、原因以及脱贫致富的途径，理清工作的思路和扶贫的着力点。当好定点扶贫工作的联系人，及时做好中国节能与当地政府、群众沟通协调工作，因村施策用活帮扶措施，积极推动扶贫工作的有效落实。河南嵩县驻村第一书记还被当地政府评为了“嵩县劳动模范”。

【扶贫慰问】 2017年，中国节能主要领导分别到河南嵩县和广西富川县走访慰问262户贫困户，慰问金总计10万元。

【扶贫资金管理】 中国节能研究制定《集团公司定点扶贫资金管理办法》，确定有利于生态文明建设和可持续发展、有利于增强帮扶地区自身“造血机能”、有利于贫困群众脱贫的扶贫项目立项评估原则，明确项目的立项流程、立项管理、立项效益等相关要求；细化《集团公司定点扶贫项目资金使用协议书》《集团公司定点扶贫资金公益扶贫项目申报表》《集团公司定点扶贫资金安排及其资助的扶贫项目验收单》等配套文件，确保扶贫资金运作规范、效果落地；修订《中国节能环保集团公司对外捐赠管理办法》，进一步加强集团公司对外捐赠事项的管理工作。

【产业扶贫】　2017 年，中国节能通过实地调研，提出了适合当地的“2＋1”绿色经济发展模式，即：以种植和养殖 2 种农村产业项目为基础，搭建 1 条完整的绿色农产品产供销产业链，实现脱贫致富的经济模式。2017 年在嵩县石场村建成养鸡场、养猪场和特色养蝎场 3 个养殖试点项目，其中养鸡场存栏量达 2 万～3 万余只，养猪场存栏量 20～40 头，养蝎场预计年出蝎万余只。同时，在石场村李庄尝试通过土地流转建设水果和蔬菜大棚，探索从种植传统粮食作物向高经济附加值作物转型的可持续“绿色”经济发展道路。

【教育扶贫】　中国节能在嵩县、富川县分别实施了“圆梦大学·放飞希望”和“希望工程·圆梦行动”助学项目。2017 年，分别为嵩县 100 名贫困家庭应届高中毕业生、富川县 350 名学生发放助学金共计 82 万元。中国节能所属工业节能公司长期帮扶嵩县 4 名贫困学生，并向嵩县石场村捐赠 7 台笔记本电脑；服务公司、国际工程公司帮助嵩县石场村举办了两届以“走出山区看世界”为主题的初中毕业生爱国主义教育活动。

【文化扶贫】　2017 年，中国节能为嵩县石场村建立了电脑室，帮助石场村村民特别是青少年通过网络获取更多知识；为石场村图书室采购和捐赠各类图书逾 300 册，丰富了阅览书籍；为嵩县石场村建成 3 个体育文化广场，为富川县 4 个村修建文化小广场和老年活动中心，改善了贫困村的文化生活条件。

【公益扶贫】　2017 年，中国节能与嵩县联合举办旅游精准扶贫大型公益爱心活动，助力嵩县发展旅游事业；中国节能在集团系统内开展了结对助学帮扶活动，以集团公司员工个人出资形式，帮助 20 名贫困家庭学生完成学业。

同时，常态化开展“旧是爱”公益活动。2017 年，集团公司 500 余人次捐赠旧衣物、旧被褥、旧鞋、旧文具及电器共计 4000 件，捐赠至北京市慈善联合会。

【基础设施建设】　2017 年，中国节能针对嵩县和富川县基础设施差的问题，把改善贫困村照明基础设施作为切入点和重要抓手，投入 200 万元，为两个县 6 个乡镇 10 个村供货安装太阳能光伏 LED 路灯 400 盏，为 3276 户 12934 名群众提供方便安全的生活环境；投入 25 万元，为嵩县石场村修复李庄深井，水量不仅可满足群众日常需求，而且可以发展农业滴灌；投入 55 万元，为嵩县石场村硬化村内道路 3300 米，为富川县修建 3 条乡村道路；实施“助力农村信息化”项目，将集团公司更换下来的电脑重装系统，捐赠给定点扶贫县的乡村学校、互助合作社、乡镇机关等单位，并定期对捐赠电脑使用情况进行回访，确保发挥效益。

【健康扶贫】　2017 年，中国节能投入 3 万元，为嵩县石场村卫生室购置病床 3 张、点滴椅 6 套、医疗仪器器械 10 余类、空调 3 台，改善了村民卫生医疗条件。

【整村推进】　中国节能积极响应国务院扶贫办“百县万村”活动，在深入调研的基础上，启动“逐村脱贫”项目，自 2013 年起，累计投入扶贫资金 450 万元（其中，2017 年投入 100 万元），先后为 8 个村建设了吃水工程、排污工程、道路硬化工程和亮化工程，捐建了节能爱心幼儿园、小学及文体广场等，受益地区达 5 个乡镇 7 个行政村。

（中国节能环保集团有限公司
章　杨）

中国化学工程集团有限公司定点扶贫

【概述】 2017年，中国化学工程集团有限公司（以下简称“中国化学工程”）定点帮扶甘肃省华池县和环县。中国化学工程通过资金帮扶、人才支持、项目建设等举措落实扶贫工作。2017年共投入资金498.2万元，用于产业开发基金项目和贫困村阵地建设项目。发挥自身优势，建立脱贫长效机制，助力打赢脱贫攻坚战。

【扶贫资金投入】 2017年，中国化学工程投入扶贫资金498.2万元，助力两县脱贫攻坚。2017年对定点县的帮扶主要放在产业开发基金项目和贫困村阵地建设项目上。华池县利用帮扶资金作为产业开发基金，以1:10的比例撬动发放到户的产业贷款2300万元，惠及贫困群众500余户，切实解决了富民产业发展中的资金问题；环县利用帮扶资金补缺发展短板，提升贫困村阵地建设，惠及近400户贫困群众；为贫困大学生、留守儿童、困难老党员和孤寡老人，每人发放补助金1000元，开展“送温暖、献爱心”社会捐助活动，为建档立卡贫困户每户捐助1000元、困难学生每人捐助2000元。

【扶贫调研】 2017年9月，中国化学工程总经理余津勃一行对定点扶贫县进行调研，深入建档立卡贫困户了解生产生活情况及富民产业脱贫增收情况；召开座谈会了解定点扶贫县脱贫攻坚成效和发展瓶颈，提出创新解决思路，确定帮扶项目。

【扶贫制度建设】 制定出台《华池县招商引资工作考核奖惩办法（试行）》《华池县招商引资项目落地进展情况通报制度》，推动招商引资项目落地生根；指导编制《环县县级储备粮公开交易规则》，制定出台《环县废旧农膜回收利用“以旧换新”工作实施方案》，制定印发《全县加强散煤治理和优质煤炭配送网络体系建设实施方案》和《环县煤炭经营场所规范化建设指导意见》，督促完成6个乡村旅游扶贫重点村发展规划、《宋·元·明三朝古城旅游规划》等三部9个旅游规划，通过专项措施的实施，有效推动了扶贫工作顺利开展。

【扶贫培训】 持续推进华池县国家级电子商务进农村综合示范项目，全年累计举办培训班4期，培训电商人才1514人次；举办2期环县宾馆饭店管理服务人员培训班，培训人员100人次，并选派30名旅游管理从业人员和村干部参加国家和省市培训。

【干部挂职扶贫】 2017年，选派于滨同志接替任期已满的张忠虎继续担任华池县太阳村第一书记。于滨同志到村任职后，紧贴百姓切实需求，立足基础设施建设和产业富民，通过“四个一”工程助推太阳村实现稳定脱贫。

【扶贫资金管理】 中国化学工程出台《扶贫专项资金管理办法》，对于定点帮扶县上报的项目需求严格审查商讨；编制财务预算，专门将扶贫资金作为专项支出在预算中进行明确，保证扶贫资金的投入。加大对扶贫项目决策、预算、执行、审计、验收等环节的监督力度。在资金使用上，严把“选项、立项、申报、审批、发放、效益”六道关，实行扶贫项目资金公示、公告制度，做到不挪用、不挤占、不截留，确保专款专用。

【产业扶贫】 不断推动华池县电商产业健康发展，建立乡村电子商务微信购物群、交流群和业务培训群等达70多个，新增网店79个，全年电子商务交易额达到1.28亿元，同比增长31.3%，电子商务销售额达到0.13亿元，同比增长36.7%。在环县通过深入预脱贫村秦团庄乡新集子村，深入贫困户调研贫困现状，结合市场需求，帮助确立了黄芪、黄芩等中药材种植为主的富民产业，同时推动环县旅游产业发展，开工建设东老爷山景区综合服务区太极广场和游客服务中心，完成祖师殿和古建筑群整体维修保护主体工程；完成西山文昌阁景区工作人员生活用房和旅游厕所改（扩）建主体工程；经申报，中宣部新命名环县山城堡战役纪念馆为全国爱国主义教育示范基地。

（中国化学工程集团有限公司
党群工作部　李兴文）

中国有色矿业集团有限公司定点扶贫

【概述】 中国有色矿业集团有限公司（以下简称“中国有色集团”）自2001年起定点扶贫云南省梁河县。2017年，中国有色集团高度重视扶贫工作，由集团主要领导牵头，成立扶贫工作领导小组，精准发力，加大扶贫投入，从组织领导、选派干部、资金投入和工作创新等方面采取了一系列措施，取得了显著成效。全年投入帮扶资金434.24万元，同比增长117%，实施帮扶项目17个。截至2017年末，中国有色集团累计向梁河县拨付扶贫资金1453万元。

【扶贫资金投入】 2017年，中国有色集团向梁河县提供434.24万元扶贫资金支持。其中，384.24万元用于梁河县开展智力扶贫（26.4万元）、技术扶贫（10万元）、产业扶贫（10万元）、基础扶贫（181.3万元）、教育扶贫（204.54万元）等精准扶贫工作，其余50万元用于对梁河县内37所贫困小学捐赠“爱心包裹”。

【扶贫调研】 2017年8月，中国有色集团总经理、党委书记张克利一行到梁河县就定点扶贫工作进行专题调研，并召开座谈会。参加梁河县勐连小学“爱心包裹”捐赠仪式，向勐连小学98名贫困学生捐赠“爱心包裹”；赴梁河县光坪村，开展建档立卡贫困户走访慰问活动。

【干部挂职扶贫】 2016年8月，中国有色集团选派1名干部到梁河县任副县长，并根据工作需要兼任梁河县光坪村第一书记。

【产业扶贫】 2017年，中国有色集团通过央企合作的方式为梁河县引入呼叫外包服务产业。通过在当地建设呼叫中心基地，可为梁河县本地提供就业岗位及创业机会，实现高端人才的回流和人口集聚效应，带动相关配套产业发展，提升县域经济水平，同时带动梁河县贫困人口脱贫增收。

【基础设施建设】 2017年，中国有色集团为梁河县贫困村建设文化活动室和老年活动中心、修复沟渠、硬化道路、修建机耕路，改变了农村面貌，共投入资金181.3万元。

【教育扶贫】 2017年，为持续推进梁河县教育扶贫工作，中国有色集团向梁河县捐款204.54万元，其中30万元用于帮助梁河县2016年度新入学贫困大学生，36万元用于建设梁河县教师发展中心研究培训楼前期费用投入，24.7万元用于支持河西乡幼儿园征地资金，10万元用于支持勐养镇民族中学电教室购买投影仪、课桌椅等设备设施，53.84万元河西乡勐连小学食堂建设，50万元用于爱心包裹捐赠项目。

【爱心包裹项目】 2017年，中国有色集团通过中国扶贫基金会“爱心包裹”项目，向梁河县内相对贫困的37所小学捐赠了价值50万元的“爱心包裹”。

（中国有色矿业集团有限公司
战略规划部　张　舸）

中国中车集团有限公司定点扶贫

【概述】 2017年，中国中车集团有限公司（以下简称“中车集团”）坚持精准扶贫、精准脱贫的基本方略，积极推动定点帮扶县经济社会发展和脱贫攻坚工作。2017年投入扶贫资金812万元，按计划完成对甘肃省天水市麦积区、甘谷县和广西壮族自治区靖西市、那坡县4个贫困县的定点帮扶任务。

【扶贫资金投入】 中车集团向麦积区、甘谷县和靖西市、那坡县各投入帮扶资金200万元，共计800万元，开展扶贫工作。

【扶贫调研】 2017年6月，中车集团扶贫开发工作领导小组组长、董事长刘化龙、分管副总经理到麦积区、甘谷县开展了扶贫专题调研，考察集团帮扶项目，慰问建档立卡贫困群众，看望扶贫挂职干部，与天水市主要领导进行座谈交流。集团扶贫开发工作领导小组副组长带领相关人员先后5次共42人次赴4个定点帮扶县开展了专题调研和对接工作，在产业指导、教育帮扶、协调集团内部力量等方面给予了定点帮扶县大力支持。甘肃省和广西壮族自治区相关省、市、区、县领导3次共18人到集团总部座谈扶贫工作，双方进行了很好的交流，并就更好地完成扶贫攻坚任务提出了许多建设性意见。

【基础设施建设】 投入扶贫项目资金600万元，帮扶的具体项目有：一是根据甘谷县项目建设资金的申请报告，中车集团投入200万元，对百家湾乡百家湾村豁岘至斜坡村委的主干公路长3.5千米、路基宽6.5米进行了加宽硬化，大大提升了当地群众的生产生活和经济发展。二是根据麦积区帮扶项目计划的申请报告，中车集团投入200万元，在新阳镇王家庄村实施产业道路硬化3.2千米，新农村建设巷道硬化1000米，彻底改善基础设施条件，加快该村及贫困人口脱贫致富的步伐。三是根据那坡县项目建设资金的申请报告，中车集团投入200万元，在龙合乡定业村实施整村推进建设项目，实施了村部综合楼改建、巷道硬化、排水沟修建等项目，为脱贫出列奠定了基础。

【产业扶贫】 结合靖西市实施的“产业富民”“服务惠民”“基础便民”三个专项活动，中车集团出资200万元，对龙邦镇大莫村外屯、魁圩乡康和村布凌屯等78户实施每户3千瓦光伏发电项目帮扶。光伏发电项目并网发电后，贫困户将连续25年产生稳定收益，实现扶贫开发和新能源利用的充分结合。同时对魁圩乡康和村布凌屯实施整屯打造帮扶方案。通过实现村屯居住环境亮化、绿化、美化，农村厨房、厕所等基本生活设施明显改善，“楼上住人楼下养畜”的人畜混居现象得到有效治理，使贫困村人居环境质量大幅提升。

【干部挂职扶贫】 中车集团共向4个定点扶贫县选派了5名政治和业务素质强的同志，其中4名挂职当地副县（区）长，1名任当地建档立卡贫困村第一书记。

【扶贫慰问】 春节前夕，在扶贫工作领导小组副组长带领下，由集团公司扶贫办、总部机关党委和投资发展部组成联合慰问组，对4个定点扶贫县贫困群众进行了慰问。按照每户500元、每县（区）贫困户60户，共投入资金12万元。

【公益扶贫】 2017年10月，中车集团在天水市花牛苹果推介会上与麦积区签订《中国中车集团有限公司定点扶贫爱心果树认养协议》，在总部机关开展了“爱心果树认养”活动，按照每棵树400元标准自愿认养，从集团公司领导班子成员到每一位员工都踊跃参与，活动以公益为主，将认养人、果树、贫困户精准对接起来，定点帮扶，精准脱贫。自“中车购”正式上线以来，集团公司扶贫办及时协调“中车购”和定点地区扶贫办，以天水市麦积区为试点，逐渐向其他几个县进行了扩展；建立标本兼治的长效脱贫机制，通过“中车购+特产”模式，让贫困地区的优质农产品进入中国中车近20万的消费群中，以实际行动帮助贫困地区农民脱贫致富。

（中国中车集团有限公司扶贫办
童福林）

中国铁路通信信号集团有限公司定点扶贫

【概述】 2017年，中国铁路通信信号集团有限公司（以下简称“中国通号”）定点帮扶河南省社旗县，先后选派出2名干部分别挂职社旗县副县长、郝寨村党支部第一书记。在定点扶贫中以基层党建为基础，以产业扶贫、教育扶贫、公益扶贫、科技扶贫等为主要途径，开展全方位精准扶贫。2017年，中国通号累计投入40万元，实现115人脱贫，其中：出资17万元，坚持开展“金秋助学”工程，资助80名贫困大学生；出资3万元，开展“同舟工程—救急难”行动，对6位重大疾病贫困患者实施救助；累计出资82万元，建成郝寨镇中心小学教师公寓（已投入使用），先后捐赠价值8万元的电脑、打印机、扫描仪等教学（教育和办公）设备。根据定点帮扶壮大村级集体经济发展规划，对于2016年底落实的省壮大集体经济资金162万元，推动扶贫厂房建设，确保资产保值增收，增加村集体收益，带动周边人员就近就业，带领贫困户脱贫；推动建成郝寨村光伏发电项目50千瓦，实现10户贫困户每户年增收3000元；落实项目资金60余万元，修村路2千米，落实11户危改项目，累计协调投入资金12万元，改善郝寨村村民居住条件。

【扶贫资金投入】 2017年，中国通号共捐赠40万元，用于改善社旗县教育、生产生活、产业发展条件。出资17万元，资助贫困大学生80人；累计出资82万元，建成面积810平方米郝寨镇中心小学教师公寓（已投入使用）；出资3万元，救助重大疾病贫困患者6人。根据定点帮扶壮大村级集体经济发展规划，对于2016年度落实的省壮大集体经济资金162万元，推动修建扶贫厂房；落实政策性项目资金60余万元，修村路2千米；落实11户危改项目，累计协调投入资金12万元，改善村民居住条件。协助开拓社旗县特色产品消费市场，累计购买当地特色农产品4万元左右。

【干部挂职扶贫】 2017年，中国通号选派2名干部到社旗县挂职扶贫，分别担任副县长和郝寨村党支部第一书记。扶贫干部结合社旗县实际，依托集团优势，积极履行央企的社会责任。在工作交接期间，新选派人员提前半个月介入工作，做到压茬交接，实现工作无缝衔接。挂职干部按要求在职在岗，承担职责分工，接受当地组织部门管理，全身心投入帮扶工作中去。挂职干部以脱贫攻坚统揽工作全局，以“三个相结合”为切入点，扎实推进帮扶乡镇脱贫攻坚工作有序开展，深入一线扶贫50余次，与分包乡镇主要领导沟通脱贫思路，共同策划脱贫方案。挂职干部开展进村入户调查工作，为贫困户宣讲扶贫政策，看望困难群众，参与定点扶贫县精准识别、精准帮扶、精准退出全过程，参与入户调查116次，走访调查贫困村11个，调查贫困户数量65个。

【扶贫慰问】 2017年12月，中国通号协同当地乡镇党委、政府对驻点村60户贫困户，送去价值1万多元的粮油、牛奶、鸡蛋等慰问品。

【扶贫资金管理】 中国通号对扶贫资金实行“公司监控、当地县政府主管、审计部门跟踪”的运行使用模式。2017年9

月，中国通号纪委成立扶贫领域监督执纪问责工作专项检查组，对社旗县定点扶贫资金使用情况开展了专项检查，对扶贫资金使用流程、管理程序、使用效果、账目管理、领用手续等进行检查，督促社旗县加强扶贫资金管理，从检查情况看，有关扶贫资金使用流程较为规范、管理较为有序，特别是当地有关部门对扶贫资金实行专户管理，账目清晰，领用严格，管理有序。总体上，扶贫资金较好地用于救助贫困大学生、解决实际困难，助力社旗县扶贫脱贫，赢得当地领导干部群众真诚赞誉。纪检监察组进一步要求相关单位、挂职副县长、第一书记牢记使命、扎实工作、廉洁自律，加强扶贫资金实际去向监控，深度监管扶贫资金使用。

【产业扶贫】 “河南省壮大集体经济发展试点项目”是中国通号深入河南省社旗县了解实际情况后于2016年底牵头落实的一个项目。2017年，中国通号持续加大工作力度，积极推动当地政府相关部门沟通论证，组织镇里提出申请，协调县组织部、县财政局、农办、农业局共4家单位召开联席会议、现场办公会多次，推动162万元蔬菜大棚项目审批备案工作。2017年底，经当地有关部门反复论证，改投扶贫厂房建设，确保资产保值增收，增加村集体收益，带动周边人员就近就业，带领贫困户脱贫。当前项目已经进入设计阶段。此外，2017年，还推动建成郝寨村光伏发电项目50千瓦，实现10户贫困户每户年增收3000元。

【教育扶贫】 中国通号始终把教育扶贫作为定点扶贫的主要内容，通过“扶贫先扶智”，斩断“穷根”，实现发展式扶贫。一是坚持开展“金秋助学”工程，对品学兼优的应届贫困家庭大学生进行帮扶。2017年，中国通号投入资金17万，对当地有关部门按程序优选出的80名应届贫困家庭大学生，开展了资金补助。通过该项活动，与大学生充分交流，传递正能量，激发出贫困大学生努力学习的勇气和决心，鼓励他们学成以后努力建设家园，带动父老乡亲发家致富。二是教育设施和设备投入。2017年9月，中国通号累计投入82万元，建成面积810平方米的郝寨镇中心小学教师公寓（已投入使用）。该教师公寓充分改善教师工作生活条件，使该校教师能够安心从事教学事业，提高整体教育水平。2017年10月，中国通号挂职干部经过对财务账面报废但功能正常的办公设备修整，汇总了41台套扫描仪、电脑、打印机，捐赠给社旗县郝寨镇，分别用于教育、扶贫关键岗位，一定程度上改善了当地的办公自动化硬件条件，收到较好的效果。

【公益扶贫】 中国通号积极开展“同舟工程—救急难”行动，落实帮扶责任，2017年内已出资3万元，对符合条件的6位重大疾病患者实施救助。同时，中国通号积极动员社会力量，拓展扶贫新思路。一是帮助联系有实力企业，扩大当地农产品销路。2017年11月，在深入了解当地对黄金梨项目发展规划并实地考察的基础上，促成阿里巴巴集团公司农村淘宝板块有关部门与朱集镇黄金梨项目负责部门联系接洽。二是协助开拓社旗县特色产品消费市场，对社旗的赊店老酒、小杂粮食品（绿豆、豇豆、黑豆等）、“三粉”（红薯粉条、粉皮、粉丝）、芝麻香油、供香港有机蔬菜、丙玉供京蔬菜、黄金梨等当地特色农产品，进行广泛宣传和推介并发动职工、亲戚、朋友进行购买。2017年，累计购买当地特色农产品4万余元。

【基础设施建设】 中国通号落实当地村村通公路建设项目，帮助解决现存的“断头路”问题。2017年，在郝寨村落实政策性项目资金60余万元，修路2千米（已完工）；同时落实11户危改项目，累计协调投入资金12万元，改善了郝寨村村民居住条件。

（中国铁路通信信号集团有限公司
党委工作部　杨　扬）

中国铁道建筑有限公司定点扶贫

【概述】 2017年，中国铁道建筑有限公司（以下简称“中国铁建”）定点扶贫河北省张家口市万全区、尚义县及青海省甘德县。中国铁建派出21名定点扶贫干部，直接投入资金1733万元，物资折款1678万元，实施帮扶项目80个，帮助引进项目16个、资金1247万元。中国铁建荣获“青海省2016年度脱贫攻坚先进单位”“陕西省优秀扶贫单位”荣誉称号和甘肃省委脱贫攻坚协调领导小组颁发的“民心奖”，入选“2017年度中国上市公司精准扶贫优秀案例”。

【扶贫资金投入】 2017年，中国铁建直接投入资金1733万元，物资折款1678万元，引进资金1247万元。其中，与尚义县伦比服饰有限公司签订了合同价210万元的工装采购订单。购买万全区河北万矿机械厂设备、粤北神水公司矿泉水，为当地筹集扶贫资金36万元。以无偿捐助贫困资金100万元入股万全区农业产业龙头企业河北顺德投资集团有限公司（以下简称“顺德集团”），由顺德集团每年以不低于银行贷款利息的标准向贫困户派息分红，为贫困家庭增加了一份稳定收入。投资200万元注册成立“尚农劳务有限公司”。投入资金30万元，依托万全职教中心对劳务人员进行技能培训。从云校（北京）科技有限公司引进价值700余万元的智慧云端教育平台。资助尚义县三中20名特困生每年3000元直至完成学业，已资助9万元。筹资20万元，为尚义县三中教学楼楼道铺设了地板砖。筹资12万元，为下马圈小学购置了20台电脑，定做了17套夏冬季校服和球鞋，为南朝碾村12名留守学生捐赠了冬装，每人发放2000元助学金。筹资45万元，对尚义县小蒜沟敬老院进行修缮，改造暖气管道，硬化院落。开展扶贫募捐活动，筹集资金110万元，慰问贫困群众。成立“救急难”扶贫基金，向因病致贫家庭发放救助款30万元。

【扶贫调研】 2017年，中国铁建调研组、督察组共计78人次前往定点扶贫区县调研督查对口扶贫工作成效和扶贫干部履职情况。深入张家口恒泰建设产业集团有限公司、万矿机械厂、尚义伦比服装有限公司等地进行实地考察。针对不同地方特点，结合当地的特色和优势，精心谋划、细心策划，精准对接脱贫项目。把奥运工程设施建设、当地特色产品销售等与扶贫工作结合起来，修好致富之路、搞活现有企业、提升造血功能。督查组通过检查相关资料和台账，围绕扶贫项目管理、资金使用、扶贫干部履职等情况进行了专项督查并形成专项报告。

【劳动力转移培训】 2017年，共计举办37期培训班，培训877人。投入资金30万元，依托万全区职业技术教育中心对劳务人员进行技能培训，所培训架子工、电焊工、钢筋工、车间技术工、家政人员、月嫂等，在考核合格后，已到中国铁建所属单位、项目以及中煤张家口煤矿机械公司等企业入职。

【干部挂职扶贫】 2017年，中国铁建共派出6名定点扶贫干部分别到河北省张家口市万全区、尚义县及青海省甘德县任职，其中3名分别任区委副书记、县委副书记、副县长，另外3名任驻村第一书记。其中，孙洁被评为张家口市脱贫攻坚先进典型人物，并被推荐为全国脱贫攻坚贡献奖人选；陈锋被河北省组织部评为驻村优秀第一书记、河北省全国扶贫干部优秀奖、张家口市驻村优秀第一书记、张家口市第一届十佳“最美退役军人”提名奖；孔昊被河北省组织部评为优秀第一书记；王邦常被甘德县委评为扶贫攻坚模范驻村优秀第一书记、青海省扶贫先进个人。

【扶贫宣传】 中国铁建高度重视扶贫宣传工作，在中国铁建官网设立“社会责任”专栏，全方位报道社会扶贫、公益慈善工作，引导社会各界了解扶贫工作进而积极参与扶贫。2017年共发表192篇新闻报道。包括《人民日报》海外版、《河北经济日报》、《张家口日报》、《张家口晚报》、《中国扶贫》及国务院国有资产监督管理委员会网站、中国网、新华网、搜狐网、新浪网、中国社会扶贫网、大众网、中工网、齐鲁网、张家口新闻网、张家口广播电视台等多家媒体、网站均对中国铁建定点扶贫工作进行了报道。

【产业扶贫】 一是打通农产品进京通道。注册成立“张家口市万铁商贸有限公司”，把当地贫困户生产的无公害蔬菜、杂粮、柴鸡蛋、羊肉等农产品，源源不断地销往铁建机关大院和周边市场。已销售17批次37.5吨，实现销售额20余万元，让贫困群众在家门口扶贫企业就业，实现脱贫增收。二是搭建电商扶贫销售平台。在尚义县南朝碾村创办微店、网店，带领贫困村民线上销售坝上羔羊肉，不到一个月的时间销售量就达147份，销售额近9万余元，占全村全年农产品销售额的34%。三是建立企业带贫机制。与尚义县伦比服饰公司签订了合同价210万元的工装采购订单，吸纳了50多名贫困人员就业。采购万全区河北万矿机械厂设备、粤北神水公司矿泉水，帮助万全产品走向全国，扩大了经济效益和品牌效益，也为当地筹集扶贫资金36万元。以无偿捐助贫困资金100万元入股万全区农业产业龙头企业顺德集团，由顺德集团每年以不低于银行贷款利息的标准向贫困户派息分红，为贫困家庭增加了一份稳定收入。四是建立特色种植基地。在尚义县建立无公害小杂粮供应基地260亩，吸纳困难人口耕种管理。2017年种植的小米和玉米价值120万元，带动了近200名贫困人口就业。在甘德县投资50万元建设饲草基地项目，带动江千乡隆吉村6户15人、叶合青村12户57人脱贫，增加就业7人，增加贫困群众纯收入12.7万元。

【教育扶贫】 中国铁建与尚义县职教中心、张家口职业技术学院三家合作办学，设立“铁道施工与养护”专业，并在师资交流、岗位实践、实训器材等方面提供援助，该专业已经获批，招收了15名学生。从北京云校科技引进价值700余万元的智慧云端教育平台，免费向河北省张家口市万全区、河北省张家口市尚义县中小学、幼儿园提供教学服务，惠及万千学子。资助尚义县三中20名特困生每年3000元直至完成学业，为尚义县三中教学楼楼道铺设了地板砖，为下马圈小学购置了20台电脑，定做了17套夏冬季校服和球鞋，为南朝碾村12名留守学生捐赠了冬装，每人发放2000元助学金。组织青年员工志愿助学支教，不定期开展送知识、送文化暖心助学活动，开拓乡村孩子的视野和知识，鼓励他们自信自强。

【文化扶贫】 建立“中国铁建爱心书屋”，安装多媒体视频通话设备，为村民们提供学习交流平台和场所。编写《南朝碾村志》，全面记录和展示了当地风俗、文化和历史传承。开发“智慧·尚义”手机App，集“新闻咨询”“走进尚义”“旅游特色”“本地特产”“便民服务”和“行政办公”六大功能特色于一体，形成尚义互联网文化品牌。组织万全区晋剧团到集团公司京沈客专等多个建设工地现场进行巡回演出，加强文化互融互通，改善晋剧团工作生活条件，将国家非物质文化遗产发扬光大。

【基础设施建设】 加强农村基础设施建设。将通村公路、饮水工程、村湾环境整治纳入扶贫建设规划，为扶贫村修缮村委会房屋、新建文化墙、硬化道路、植树绿化、安装路灯，改变了农村面貌。筹资45万元，对尚义县小蒜沟敬老院进行了修缮，改造暖气管道，硬化院落。

【健康扶贫】 帮助村民解决就医难、看病贵问题。铁建医院组建10人义诊队，到张家口市万全区郭磊庄镇孙家小庄村和旧堡乡三里庄村，开展了为期3天的“服务百姓健康行动”义诊活动，为村民就诊200余人次，发放健康宣传材料400余份，免费赠送了麝香壮骨膏、感冒清热颗粒、氧佛沙星滴耳液等价值4000元的常用药品。联系张家口市颐健口腔医院，为张家口市尚义县下马圈乡南朝碾村留守人员进行了义诊并免费赠送药品。全额资助1名先天性心脏病患者入京诊断治疗。为贫困村的9名瘫痪老人安装了爱心呼救器。

【劳务输出】 投资200万元，注册成立“尚农劳务有限公司”，与地方就业局合作，为劳务输出意向人员进行政策咨询服务，做到“只要百姓真正愿意出来，就尽力接收”。已有58名尚义籍劳务人员在中国铁建14个工程项目工作，为外出务工人员搭建了长期稳定的增收岗位。与万全区劳务公司签订劳务分包合同，安排劳务队伍在项目部承包劳务施工任务。已先后向汉十客专、银西客专输出三支劳务队计100余人，完成施工产值2000余万元，实现劳务收入300多万元。

（中国铁道建筑有限公司　胡　勇）

中国交通建设集团有限公司定点扶贫

【概述】 2017年，中国交通建设集团有限公司（以下简称“中交集团”）继续在云南省泸水市、兰坪白族普米族自治县（以下简称“兰坪县”）、福贡县、贡山独龙族怒族自治县（以下简称“贡山县”），新疆维吾尔自治区英吉沙县开展定点帮扶工作。全年共计投入帮扶资金1907万元，重点在产业扶贫、教育扶贫、基础设施建设等方面开展帮扶。投资296万元的种植项目、320万元的养殖项目；561万元的教学环境改善项目、300万元的教育基金项目；40万元的乡村道路建设项目、30万元的党员阵地建设项目；10万元的大数据平台建设项目；300万元的旅游宣传推介项目；50万元的“救急难”项目进展顺利。举办8期培训班，完成创业致富带头人培训810人、劳务就业培训100人。2017年，共引进资金30万元，全部用于多媒体电教室建设。

【扶贫资金投入】 2017年，中交集团统筹所属各单位资金，在定点扶贫地区共计投入帮扶资金1907万元，比2016年增加了119万元，提高7个百分点。以产业扶贫、基础设施建设扶贫和教育扶贫为重点，选取了12个扶贫项目开展帮扶工作。

【扶贫调研】 2017年12月，中交集团副总裁文岗赴泸水、兰坪、福贡、贡山，开展扶贫工作调研。中交集团副总裁王海怀赴英吉沙县开展扶贫工作调研。

【扶贫培训】 中交集团与青岛姜岐中华蜜蜂研究院联系，为怒江傈僳族自治州蜂农寻求技术支持。青岛姜岐中华蜜蜂研究院免费举办6期培训班，对泸水市、贡山县、福贡县的810名蜂农进行了技术培训，收到了良好的效果。中交集团与贡山县共同举办了2期劳务输出培训班，对100人进行了相应的劳务技能培训。

【干部挂职扶贫】 中交集团先后派出5名干部到5县挂职扶贫，分别担任县委常委、县扶贫办副主任，其中1人任驻村第一书记。在工作中，下派挂职扶贫干部，严格按照《中国交通建设股份有限公司挂职扶贫干部暂行管理办法》要求开展工作。严守工作纪律，处处以身作则，时刻维护驻村干部的良好形象。积极走访调研，明确帮扶思路，深入到贫困农户家中了解情况，分析致贫原因，寻求致富门路。结合区域内自然环境特点以及物种多样性和独特性等特点，精心选择致富项目，认真组织实施。充分发挥桥梁纽带作用，加强与当地相关部门的联系，做好信息沟通，促进扶贫工作稳步推进。

【送温暖活动】 2017年3月、5月，中交集团分别赴泸水市自扁王基村、贡山县县警民小学送温暖，慰问贫困户，为学生们捐赠了价值3万余元的运动服、运动鞋和生活用品。

【扶贫宣传】 2017年，中交集团出资300万元，支持怒江傈僳族自治州举办“皮划艇野水国际公开赛”，此项赛事吸引了多名世界冠军参赛，多家媒体进行了宣传报道，提升了怒江傈僳族自治州知名度。

【扶贫资金管理】 中交集团加强对专项扶贫资金的管理。做到专款专用，资金跟着项目走，本着“成熟一个、审批一个、通过一个、启动一个”的原则推进项目实施。实施前，受援地将审核通过的扶贫项目以及请求实施函报送中交集团，经中交集团审核批复后方可使用资金。

【产业扶贫】　2017 年，中交集团以成立合作社的方式，采取“公司 + 种植大户 + 建档立卡贫困户”的经营和分配模式，在怒江傈僳族自治州的泸水市继续扩大火龙果种植面积。火龙果种植 80 亩，47000 余株。肉牛养殖项目稳步推进，存栏 58 头。

【教育扶贫】　2017 年，中交集团在教育扶贫方面共计投入扶贫资金 861 万元。一是为泸水一中提供资金 300 万，用于高中部教学楼建设。二是为泸水市俄嘎小学提供资金 150 万，用于易地重建教学楼。三是为福贡县腊吐底小学提供资金 41 万元，用于校舍维修改造。四是为兰坪县通甸镇中学提供资金 70 万元，用于电教室改造和办公环境改善。五是出资 300 万元在福贡县设立“中交集团福贡县职业教育扶持基金”。以上帮扶项目惠及 3486 名学生。

【基础设施建设】　2017 年，中交集团出资 30 万元，帮助兰坪县啦井镇重建村委会办公楼。办公楼为两层混凝土结构，建筑面积 343 平方米，实现集党员活动中心、党员培训中心、农村文化活动中心、农村实用技术培训中心，为民议事办事的场所、村民娱乐场所等于一身的多种功能。中交集团出资 40 万元，在福贡县上帕镇腊吐底村修建了长近 2 千米、宽 2.5 米的，从安置点至村级主干道的道路，打通“最后一公里”，解决群众出行困难。

【救急难活动】　2017 年，中交集团出资 50 万元在英吉沙县开展“救急难”活动。9 月，中交集团和新疆维吾尔自治区英吉沙县扶贫办共同组织召开了“中国交通建设集团援助英吉沙县‘救急难’补助资金发放仪式”现场会，为 91 户家庭发放了困难援助资金。

（中国交通建设集团有限公司办公厅
马　平）

中国普天信息产业集团有限公司定点扶贫

【概述】 中国普天信息产业集团有限公司（以下简称“中国普天”）定点帮扶青海省达日县。自2013年以来，中国普天累计共向达日县捐赠390余万元，共建设扶贫项目10个、培训各类人员100名、项目受益贫困户357户、捐赠物资102箱，捐赠精准扶贫指挥车一辆。2017年，中国普天响应国务院国有资产监督管理委员会设立中央企业贫困地区产业投资基金，支持贫困地区产业发展，带动贫困人口精准脱贫号召，投入资金300万元。

【扶贫资金投入】 2017年中国普天投入扶贫资金累计101.4万元，精准扶贫贫困户144户。扶贫资金主要用于：“达日县边缘贫困户及贫困家庭大学生救助项目”帮扶款62万元，该项目对全县边缘贫困户无法享受到“雨露计划”的大中专学生进行学杂生活费方面的补助，降低家庭负担，防止出现因学返贫的现象；“达日县吉迈镇扶贫联社蔬菜大棚项目二期”帮扶款28万元，创收全部用于对扶贫联社贫困户的工资以及分红，全社共24户109人分红，人均收入可以提高660元；“达日县救急难专项”帮扶款10万元，帮扶20户有重大疾病或者突然遭灾的贫困户，平均每户帮扶5000元；“达日县吉迈镇基层党建援助”，从集团党费中拿出1.4万元支持吉迈镇“三村一社”基层党建建设，使“政策上墙”“两学一做”和“十九大精神宣传学习”等基层党建工作得到加强。

【工作机制】 中国普天集团成立了由集团公司董事长、党委书记、总经理牵头任组长，党委委员为组员的扶贫领导小组，专职副书记直接负责定点扶贫工作。公司进一步完善了扶贫开发领导体制和工作机制，强化扶贫力量，做到分工明确，责任到人，还建立了行之有效的扶贫工作管理体系，定期召开扶贫专题会议和座谈会研究扶贫工作，为扶贫工作顺利开展奠定了坚实基础。

【扶贫调研】 2017年9月，中国普天集团党组副书记陶雄强率调研组对达日县精准扶贫工作开展实地督促检查，与当地政府相关部门深入探讨，进一步明确扶贫工作的主要思路和实施步骤，并现场调研了中国普天援助的精准指挥中心项目、扶贫联社蔬菜大棚项目，对项目资金使用、建设情况、分红方案等情况详细了解，并对项目后续工作给出了指导建议。6月，达日县党政领导班子成员赴京交流定点扶贫工作开展情况，就如何推进深度贫困地区精准扶贫工作交换意见。

【扶贫培训】 在集团党委会议和扶贫工作专题会议上，公司组织相关领导和扶贫干部对党中央、国务院最新扶贫工作思想进行培训学习，坚持贯彻落实指示精神。

扶贫干部积极学习、主动培训扶贫政策。2017年10月，扶贫干部参加了上海政法学院和青海省果洛州共同举办为期十天的精准扶贫政策经验学习班。扶贫干部在达日县吉迈镇，积极培训扶贫政策的同时，还对基层党员“政策上墙”“两学一做”和“十九大精神”党务知识进行培训。

【干部挂职扶贫】 中国普天派出的扶贫干部王志刚长期驻扎扶贫一线，积极配合当地干部开展扶贫工作，充分发挥自身专业优势，协助指导实施了达日县“精准扶贫指挥中心”，提高了扶贫工作信息化管理水平，并积极探索引入、精准落实扶贫项目，在达日县经济建设和脱贫攻坚过程中发挥了积极作用，得到当地政府和群众的一致肯定。经过一年驻村工作，已带领达日县龙才村完成全村全部 77 户 234 人建档立卡人口脱贫，贫困村退出。2017 年 5 月，在达日县 2017 年扶贫开发会议上，达日县授予王志刚 2016 年度“优秀第一书记”光荣称号。人民网、《青海日报》等媒体将其作为第一书记优秀典型进行专题采访和宣传报道。2017 年 10 月，达日县人大全票通过任命王志刚同志为达日县人民政府副县长（扶贫挂职），协助分管达日县扶贫工作。

【扶贫资金管理】　公司设立专项扶贫资金账户，根据当年扶贫计划制定扶贫资金预算。专项资金的使用严格按照扶贫工作有关要求和公司财务规定，以建档立卡户为精准扶贫主要目标，兼顾扶贫工作全局，根据扶贫干部对达日县扶贫村、户的实际需要提出项目可行性建议，报公司党委会审议通过后执行。每笔发生的扶贫工作费用经财务层层审核后支出，专款专用。派驻的扶贫干部全程监督公司扶贫捐赠项目资金的投入、使用。

【产业扶贫】　2017 年实施的“高原蔬菜大棚项目”，是中国普天为改善达日县广大群众吃菜难、蔬菜成本高等问题，充分利用吉迈镇扶贫联社土地、人力资源，2016、2017 两年先后投入资金 118 万元在吉迈镇扶贫联社修建 5.4 亩共计 6 个蔬菜温室大棚的产业扶贫项目。蔬菜大棚由乡镇政府管理，聘请农牧林业局专家定期提供技术指导。该项目可解决当地部分牧民就业，项目创收全部用于对扶贫联社贫困户的工资以及分红。

【教育扶贫】　2017 年公司投入“达日县边缘贫困户及贫困家庭大学生救助项目”帮扶款 62 万元，对全县边缘贫困户无法享受到“雨露计划”的大中专学生进行学杂生活费方面的补助，计划帮助边缘贫苦家庭 124 户，通过补贴边缘贫困家庭教育支出，降低家庭负担，防止出现因学致贫的现象。

（中国普天信息产业集团有限公司
党建人力部　王　征）

新兴际华集团有限公司定点扶贫

【概述】 2017年，新兴际华集团有限公司（以下简称“新兴际华集团”）定点扶贫甘肃省定西市安定区和内蒙古自治区四子王旗两个区县。定西市安定区在2017年11月组织区、镇、村三级干部和帮扶群众对帮扶单位新兴际华集团及挂职扶贫干部进行了满意度测评，共发放满意度测评表126份，满意度为100%。

【扶贫资金投入】 2017年，新兴际华集团共拨付扶贫款1300万，其中向甘肃定西安定区拨付扶贫资金950万元，用于鲁家沟镇将台村易地扶贫搬迁重大帮扶项目；向内蒙古四子王旗拨付扶贫资金400万元，着重解决四子王旗的民族教育的困境。

【扶贫调研】 2017年，新兴际华集团与定点扶贫县区进行了多次互访考察、实地调研，并与省市县乡村就扶贫脱贫工作互动交流，现场督导异地搬迁扶贫项目进度，考察对接当地相关产业合作机会，入村入户探讨扶贫方式和扶贫实效，切实推进定点扶贫工作开展。与此同时，按照季度或半年听取挂职干部工作汇报，及时协调帮助解决实际问题，确保扶贫工作组织到位、跟踪到位。

【扶贫培训】 新兴际华集团通过多种方式重点对集团内从事扶贫工作相关人员、领导、挂职干部进行学习培训。深入学习贯彻党的十九大关于脱贫攻坚的新部署新要求，解读脱贫攻坚政策举措，介绍精准扶贫典型做法，帮助培训对象提高认识，重点培训扶贫挂职干部，做好扶贫相关工作。

【干部挂职扶贫】 2017年，新兴际华集团选派2名干部在定点扶贫县挂职。挂职干部严格按照扶贫工作要求，克服个人困难，一方面按照驻村帮扶工作的标准严格要求自己，自觉维护挂职干部良好形象，另一方面扎根基层、服务基层，深入乡村了解定点扶贫县域的经济社会发展情况和当地老百姓对扶贫项目的需求。

【扶贫宣传】 2017年，在集团扶贫领导小组的全面部署下，新兴际华充分发挥自身和扶贫地区两方面积极性，不断建立健全上下互动、左右联动、齐抓共管的工作机制，不断推动扶贫工作出实效。为提升舆论影响力，新兴际华利用集团网站、报纸、官微等媒介对扶贫工作开展情况进行宣传报道3次，安定区、四子王旗当地媒体专门针对集团的帮扶工作实效拍摄制作了视频片，并进行专题报道。

【扶贫资金管理】 新兴际华集团于2012年成立定点扶贫工作领导小组，领导小组下设扶贫工作办公室，挂靠在集团战略投资部，将扶贫工作纳入集团重要战略项目。战略部每年制订扶贫资金预算，确定扶贫项目实施周期为5~7年。2017年，集团对近年来扶贫项目的实施情况进行了梳理，重点对资金使用、扶贫效果进行了监督检查，在总结往年工作经验的基础上，制定了2017年定点扶贫资金的计划，并参照《甘肃省财政专项扶贫资金使用管理实施办法》，进行科学管理和使用，确保扶贫资金精准支出、精准结算。

【产业扶贫】 新兴际华集团发挥央企优势，积极对接国家扶贫政策，共同申请国家异地搬迁配套产业资金，在安定区将台村易地扶贫搬迁区引进新型经营主体，建立了海阔蔬菜种植基地、农梓蔬菜库存基地、民祥饲草加工基地、昌鑫肉羊养殖4个基地。同时，抓住引洮通水的有利时机，进一步提升产业发展水平，加大招商引资力度，引进一批蔬菜种植大户，在全镇范围内尝试精细化蔬菜种植，变分散经营为产业化经营，通过大户带动当地蔬菜产业的发展，使更多的贫困群众参与产业化经营的各个环节，获得工资性收入，推动当地生产方式由农业向农工商一体化转变。中央财政拨付移民搬迁补助资金项目2600万元，引进四家实力雄厚的新型经营主体，帮扶带动搬迁农户500户，实行“企业（合作社）+基地+农户”的产业化运作模式，辐射带动将台村及全镇发展新型产业。将台村成为定西市乃至甘肃省易地扶贫搬迁的示范点。

【教育扶贫】　2017年，新兴际华集团对四子王旗红格尔蒙古族小学进行教育帮扶，投入资金400万元，重点实施“教育城域网”和“智慧教室”工程建设，为提高教学质量提供现代服务手段。“教育城域网”工程联网学校总数为19所。2017年，聘请相关网络专家及技术人员，对教育城域网建设进行了策划，制定了教育网络构建实施方案，并进行了网络设备安装和核心机房安装。

“智慧教室”工程在中小学共安装了12套价值为320万元的智慧教室系统，并对教师进行了培训。智慧教室的配备为今后教学模式和资源共享拓展了应用方式，为网络化教学提供了条件。

【基础设施建设】　2017年，集团推动了将台村500户搬迁群众天然气清洁能源建设项目进展。该项目规划建设天然气主管道1500米，村内天然气管网9734米，修建占地2185平方米的服务站1座，并配套安装相关供气设施，项目约投资450万元。“天然气站网”的后期运营业务交付地方，可带动贫困群众就业增收。

【易地扶贫搬迁】　按照“群众自筹搞征地、项目资金搞建房、企业帮扶完善公共服务”的思路，坚持“追求现代功能、鲜明地方特色、保护自然风貌”的原则，将鲁家沟镇行政村中贫困程度深、居住分散且交通不便、基础设施及公共服务建设成本过高的500户2518人，从2014—2020年分批搬迁至位于将台村的新兴际华集团帮扶示范点，并配套基础设施、公共服务及产业开发等项目。项目所需资金总额为1.57亿元，新兴际华集团有限公司帮扶2800万元，其中，2016—2017年帮扶资金950万元，用于将台村建设电力、通信、网络、人饮、排污五大管线，配套教育、医疗、文化、村级办公、金融网点、公共服务等基础设施，达到“道路硬化、村庄绿化、庭院净化、环境美化、居住社区化”的效果，为当地群众解决吃水难、行路难、就医难、上学难的问题。

（新兴际华集团有限公司　石　丽）

中国航空油料集团有限公司定点扶贫

【概述】 中国航空油料集团有限公司（以下简称“中国航油”）是以原中国航空油料总公司为基础组建的国有大型航空运输服务保障企业，从2013年起定点帮扶宁夏回族自治区盐池县。中国航油坚持精准扶贫，坚持发挥企业行业优势促进产业发展，将资金投向农村、农业和农民，投向教育、卫生、民生等“造血”项目，精准扶贫工作取得了显著成效。2017年共投入资金754万元，用于帮扶盐池县产业、教育、医疗、基础设施建设等多个方面，取得了良好的经济效益和社会效益。

【扶贫资金投入】 2017年中国航油向盐池县投入资金共754万元。其中500万元用于2017年定点扶贫帮扶资金项目，200万元用于“百县万村”专项活动帮扶，50万元用于同舟工程——中央企业参与“救急难”行动，4万元用于中国航油“少年励志班”助学资金。

【扶贫调研】 2017年，中国航油主要领导、分管领导和挂职干部先后多次到盐池农村调研、督查帮扶工作开展情况，并结合实际安排部署集团公司长远和阶段性定点帮扶工作。11月，集团公司董事长、党委书记周强一行到盐池调研、督查扶贫攻坚工作推进情况，先后到通用机场、花马池镇佟记圈村等地调研，对脱贫攻坚（援建项目）、佟记圈村金融扶贫等工作情况进行全面督查。7月，由集团公司党委副书记曹永晖带队，到盐池县实地检查集团公司扶贫开发项目，在检查中没有发现扶贫资金被挪用的现象，没有发现扶贫挂职干部违纪问题。9月，集团公司党委常委、副总经理张志刚一行赴盐，在盐期间与县委书记滑志敏就定点帮扶项目、挂职干部培养、盐池经济社会发展等工作进行交流，随后深入到麻黄山乡何家大院、花马池镇佟记圈村调研指导。8月，集团公司党委常委、副总经理张知诚一行赴盐，深入花园社区、佟记圈村调研指导帮扶工作。

【干部挂职扶贫】 2017年中国航油共有4名扶贫干部在盐池县挂职，分别任副县长、县长助理、村党支部书记（2名）。中国航油派驻盐池县的挂职干部坚持以“用脑用情，尽心尽力”的原则全力做好帮扶工作。一方面，深入乡镇贫困村调查研究，为精准扶贫项目规划、服务民生拓展思路、提供依据；不定期深入所包抓的乡、镇进行调研和督查，认真梳理存在问题、及时督促整改；积极配合县“两办”督查室，针对第三方评估、扶贫资金审计等方面查找出来的存在问题，集中予以专项督查整改。另一方面，认真贯彻落实宁夏村级党组织“三大三强”工程，不断提升基层党组织综合服务能力；坚持以“晒晒我的驻村帮扶成果”“移动党课”等活动为载体，狠抓村“两委”班子建设、党员教育管理，配齐配强想干事、会干事、干好事的党员干部队伍；以学习党的十九大报告精神为契机，向广大群众讲解、宣传八条涉农政策，激发了基层党组织的凝聚力和战斗力，引导全村上下形成心齐气顺的新面貌、干事创业的新环境。年内县扶贫开发领导小组组织对中国航油、挂职干部帮扶工作进行考核，测评结果显示中国航油、挂职干部、第一书记均为“好”等次。

【扶贫宣传】　《中国经济时报》刊登文章《中航油盐池扶贫的“绣花功夫”》，国务院国有资产监督管理委员会新闻网发布新闻《中国航油推进盐池县扶贫工作再上台阶》《中国航空油料集团公司：发挥两个优势　聚焦精准扶贫》，《宁夏日报》刊登新闻《中航油在盐池助学支教 助学捐款60万元》。集团公司还参加了由新华社半月谈杂志社与人民日报社《民生周刊》杂志社共同举办的“2017全国生态文明城市与社会责任企业”高峰论坛暨大型推选活动并荣获“企业精准扶贫奖”。

【扶贫资金管理】　中国航油扶贫项目资金管理严格按照《财政专项扶贫资金管理办法》和《财政专项扶贫资金报账制管理办法》执行。同时，在项目资金运行过程中，中国航油要求盐池县扶贫资金使用单位将项目资金与扶贫项目紧密挂钩，单独列账，做到可查可控，要求将项目资金的监管纳入县人大、纪检的监督范围，并及时面向社会公布资金的使用情况，确保资金安全、合理、有效使用。

【产业扶贫】　中国航油聚焦当地优势产业发展，坚持问题导向，精心选定了盐池县村级互助资金项目，与盐池县一起，探索走出了一条“依托金融创新推动产业发展、依靠产业发展促进农民增收”的新路子，解决了制约贫困群众发展生产资金短缺的问题，实现了“输血式”扶贫向“造血式”扶贫的转变，加快了贫困群众脱贫致富步伐。盐池金融扶贫小额信贷模式在全国推广。2017年，集团公司继续投入资金200万元，完成王乐井、冯记沟、月儿泉、刘四渠4个重点贫困村互助社增资扩量，村级互助模式的运用，既为贫困户产业发展增收提供了资金保障，又使盐池滩羊等优势特色产业得到了长足的发展。全县互助资金项目村达到102个，实现了互助资金项目扶持“全覆盖”。

【教育扶贫】　2017年，中国航油出资帮扶在盐池县第三中学的中国航油“少年励志班”，给予50名建档立卡贫困学生每学年800元资助；继续开展“情系老区 爱心助学”活动，组织集团公司两批志愿者共30余人次到王乐井乡小学开展爱心助学活动，捐赠图书3000余册，并在王乐井乡小学成立了爱心图书室。

【整村推进】　坚持以“百县万村”项目建设为抓手，全力打好整村推进、定点销号这场硬仗，着力破解水、电、路等基础设施“瓶颈”问题，2017年投入帮扶资金200万元，完成了青山、田记掌、王乐井3个销号村巷道硬化5.6千米，解决3个村121户359人出行难的问题（中心村庄）。

【健康扶贫】　2017年，中国航油投资90万元为惠安堡、冯记沟、高沙窝3个偏远乡镇卫生院各购置救护车一辆，有效改善了部分边远贫困村群众医疗急救条件。

（中国航空油料集团有限公司
尹　航）

中国电力建设集团有限公司定点扶贫

【概述】 中国电力建设集团有限公司（以下简称“中国电建”）定点帮扶云南省剑川县和新疆维吾尔自治区民丰县，协助中国延安干部学院定点帮扶四川省越西县，捐赠帮扶资金共927.7万元。共实施定点扶贫项目9个，涉及教育扶贫、产业扶贫、农村基础设施建设等方面。中国电建领导赴定点扶贫县调研考察、部署工作2人次，中国电建扶贫工作组赴定点扶贫县调研、检查工作共24人次，中国电建派出挂职扶贫干部3人，其中1人为驻村第一书记。2017年，民丰县实现脱贫摘帽。水电五局被四川省政府国有资产监督管理委员会2017年考核为脱贫攻坚“优秀企业”、派驻的驻村第一书记被评为优秀驻村第一书记；中国电建所属西北院2017年获“陕西省扶贫先进集体”荣誉称号，派驻的驻村第一书记被评为优秀第一书记；湖北工程公司扶贫工作队被湖北省委办公厅评为2017年度工作突出驻农村工作队；水电十六局被龙岩市委记“集体二等功”。

【扶贫资金投入】 中国电建进一步加大定点扶贫投入力度，助力地方全面打赢脱贫攻坚战。2017年，中国电建集团共捐赠资金2783.04万元用于定点扶贫，同比2016年（1474.4万元）增长89%。其中：中国电建总部共投入扶贫资金927.7万元；中国电建27户有关成员企业根据地方党委政府及有关部门的要求开展定点扶贫工作，联系定点扶贫县（村）共35个，2017年共投入扶贫资金1855.34万元，重点从产业、教育、基础设施、健康卫生等方面开展精准帮扶。

【扶贫调研】 2017年10月，中国电建党委书记、董事长、扶贫开发工作领导小组组长晏志勇带队到剑川县调研考察，研究部署中国电建定点扶贫工作。中国电建扶贫工作组分别于4月和10月赴民丰县进行调研和督促检查。

【扶贫培训】 2017年9月，中国电建组织2期投资高级研修班，邀请定点扶贫县干部参加培训，培训关键岗位干部5人次。两次组织召开扶贫挂职干部、驻村第一书记经验交流培训会，共50人次，集中学习国家经济发展新政策、扶贫开发新举措和脱贫攻坚新要求，交流总结一线扶贫工作经验。

【干部挂职扶贫】 2017年，中国电建派驻剑川县挂职副县长1名，协助分管县扶贫工作；派驻民丰县挂职副县长1名，协助分管县扶贫工作；完成驻剑川县白蜡村第一书记轮换交接工作。中国电建派出剑川县的挂职副县长充分发挥长期从事水电站建设积累的丰富经验，参与了县内一座大型水库项目的建设指导，一座大型水库的规划指导，挂钩指导剑川县黑潓江海尾河段治理和剑川县沙溪镇集镇供水工程两个项目。

【扶贫慰问】 2017年1月，中国电建所属水电十六局一行4人到定点帮扶村联益村走访并慰问了村里的10户贫困村民，向贫困户发放慰问金3万元。中国电建所属水电十一局在春节、国庆、国家扶贫日向贫困户送上电建人的关心与温暖，送去慰问物资共计4万余元，与此同时开展入村帮扶政策宣传。成都院党委号召工会、团委及全体员工开展形式多样的结对帮扶活动，全年持续开展对邵家坪村贫困师生和幼教点的捐赠帮扶，捐款2万余元、衣物300余件、体育用品20余件、书籍300余本、文具玩具等。

【产业扶贫】　2017年，中国电建所属华东院结合地方发展规划，充分发挥光伏投资运维优势，投入股本金3960万元，撬动建成投产山东省无棣县友发渔光互补40兆瓦光伏发电项目（总投资3.69亿元），项目所获收益折股量化分配给扶贫对象，为建档立卡贫困户提供长期、稳定收益。截至2017年末，该项目已为1601户建档立卡贫困户分配收益480.30万元。

中国电建所属水电顾问公司投资开发河北怀安北庄堡8兆瓦光伏扶贫发电项目，投资总额约6900万，项目建设后为贫困地区提供清洁绿色能源的同时，还为当地建档立卡贫困人口320人增加收入超过3000元/年人。另外，水电顾问公司投资的贵州沙阡水电站总装机容量50兆瓦项目水库移民征地采取按年补偿的“长期补偿”政策，向4个镇7个村17组928户每年补偿223.47万元移民征地费，补偿期限50年。

【智力扶贫】　中国电建所属水电十一局，利用下属技校便利条件，2017年优先择录定向委培应届毕业生30人，落实“雨露计划”生活补助，经过技术培训掌握一技之长，充实到公司项目生产中去，为贫困家庭孩子提供从学校到岗位的“一站式”服务。水电五局转移安置甲谷村贫困家庭富余劳动力到白鹤滩项目就业，累计30余人次；通过在白鹤滩项目务工，为定点帮扶贫困村培养了焊工、机械操作工等专业技术人员10余人，务工人员家庭年收入近4万余元，全村贫困户全年在白鹤滩务工收入达80余万元；采取“0成本”务工方式，对工资进行进村集中发放，激励更多的村民参与到“务工脱贫”队伍中来。中国电建所属四川电力设计咨询公司结合彝族贫困村实际，重点围绕“养成好习惯、形成好风气”等方面，培育贫困户脱贫的内生动力。

【教育扶贫】　2017年，中国电建通过中国红十字基金会向剑川县、民丰县和越西县三个贫困县定向捐赠了价值90万元的中小学生安全书包和安全图书，并邀请安全教育老师对学生进行安全教育培训。捐资150万元并带动地方配套资金，修建剑川县象图乡初级中学运动场，促进当地义务教育阶段均衡发展，提升学校体育教学水平。

中国电建所属水电顾问公司采取资金帮扶、定点教学等多种方式，其创办的“宝莲灯”爱心助学小组连续三年在老树下村和白马山村小学开展爱心助学活动，获评全国电力行业2017年度“十佳公益团队”荣誉称号。

中国电建所属四川电力设计咨询公司在定点帮扶村实施“春蕾”成长计划，用好微爱SEDC公益基金（该基金被列为全国电力勘测设计行业公益性平台），每月向在读中学生发放一笔助学善款；每年向全村学生捐赠运动服、运动鞋、书包、文具等各1套，累计捐赠1000余套（双）；开展“大山娃娃看西昌”活动，组织40名彝族学生走出大山看世界，开拓视野，增长知识。

【基础设施建设】　2017年，中国电建捐资200万元实施若克雅乡美丽乡村示范点建设项目，涉及农牧民80户，改善农牧民生活环境和生产条件。

中国电建所属水电五局承建1010户安全住房，总产值1.24亿元，2017年完成产值1.18亿元，移民安置点基础设施及公共服务设施建设项目，总产值0.35亿元，完成产值0.31亿元。

中国电建所属水电三局捐资新建1000平方米定点帮扶贫困村文化广场，解决全村无公共文化设施的问题；修建水泥路面，覆盖率达80%以上，实现村委会、村民文化广场及村公共活动、服务场所全覆盖；建成标准化村卫生室，建筑面积60平方米。

（中国电力建设集团有限公司
投资管理部　万齐平）

中国能源建设集团有限公司定点扶贫

【概述】 中国能源建设集团有限公司(以下简称“中国能建”)定点帮扶广西壮族自治区西林县和陕西省镇巴县。2017年，中国能建加强对定点扶贫工作的组织领导，选派2名干部挂职扶贫县副县长，选派2名干部挂职定点扶贫村第一书记，通过实地调研，按照“造血功能强、惠民功能强、服务受众广”的原则，制定了《“十三五”定点扶贫工作规划》和《定点扶贫攻坚阶段行动方案》，加大精准扶贫力度，精选扶贫项目，连续两期累计出资1.1亿元参加中央企业贫困地区产业投资基金，2017年投入帮扶资金949.25万元，实施饮用水水网改造、蒿坪子村通村水泥路、农产品物流集散园区、肉牛养殖等项目，帮助招商引资，改善了当地基础设施条件，发展了特色农业，美化了乡村环境。出资100万元建立“中国能建镇巴教育扶贫资金”，实施贫困家庭大学生就业帮扶计划，建立“爱心扶贫超市”，开展助学、助残、解困等帮扶活动，加大对帮扶县特色农产品品牌推广力度。2017年，西林县和镇巴县分别有2543户11120人和1624户5541人摘帽，贫困发生率下降至9.61%和17.1%，公司的扶贫得到当地政府的赞扬和肯定。

【扶贫资金投入】 公司连续两期累计出资1.1亿元参加中央企业贫困地区产业投资基金。2017年，公司向两个贫困县直接投入资金949.25万元(西林县282.5万元、镇巴县666.75万元)。

【扶贫调研】 2017年8月，中国能建党委书记、董事长汪建平带队到镇巴县开展扶贫调研，在县里召开扶贫工作座谈会，听取前期扶贫工作情况汇报，并与县委县政府主要领导深入交流，研究谋划下一步工作举措，深入贫困村看望慰问困难群众，查看公司援建项目落实情况。11月，公司党委常委、纪委书记李子勇赴西林县详细了解贫困县基本情况，到贫困村调研贫困户生产生活状况，与当地干部群众一起研究完善帮扶方案。此外，公司职能部门、所属有关企业负责人先后7次到扶贫县实地考察，督促推进扶贫规划和项目实施。

【制度建设】 中国能建在充分掌握两个扶贫县基本情况、脱贫计划的基础上，按照“造血功能强、惠民功能强、服务受众广”的原则，分别制订了《“十三五”定点扶贫规划》和年度工作计划。根据规划，2016—2018年，公司在西林县投入320万元、实施项目8个，在镇巴县投入600万元、实施项目9个，在改善基础设施、发展特色农业、教育帮扶、劳务输出和救急难等方面进行帮扶，受益贫困人口2500多人，受益群众5000多人。公司在两县的《“十三五”定点扶贫规划》和项目均得到了当地政府的批复同意。

在公司“十三五”扶贫规划以外，结合当地脱贫攻坚诉求，在深入调研、协商地方的基础上，公司党委常委会专题研究制定了《中国能源建设集团有限公司定点扶贫攻坚阶段行动方案》，加大对两个扶贫县的支持力度，新增帮扶资金347.5万元、新安排项目8个。

【干部挂职扶贫】 中国能建选派4名优秀干部到定点帮扶县挂职扶贫，分别挂职西林县副县长、镇巴县副县长、西林县足别乡央龙村第一书记、镇巴县泾洋街道办蒿坪子村第一书记。挂职干部深入基层一线，走村串户，帮助当地干部群众开展基础设施建设、产业开发、教育、文化活动场所、医疗卫生、基层组织建设、培训、信息采集核对和督促检查，推进公司扶贫计划落实，积极为改善贫困村贫困户生产生活条件贡献力量。2017 年，驻央龙村第一书记李杰被评为“百色市群众满意的第一书记”和“西林县最美扶贫干部”。

【产业扶贫】　中国能建根据西林县的地理条件实际，帮助策划风力发电扶贫项目，所属广西电力设计研究院有限公司积极推进前期测风和可行性研究，集团所属投资公司经实地考察，与西林县签订合作协议，进行投资开发。

为帮助西林县农副产品销售、提高附加值，中国能建挂职干部与地方政府策划农产品物流集散园区项目，所属广西电力设计研究院有限公司出资邀请专业机构开展可研论证，并积极对接中央企业贫困地区产业投资基金进行投资。

在支持村集体经济发展方面，中国能建投入专门资金支持西林县和镇巴县种植茶叶、砂糖橘、铁皮石斛、枇杷、魔芋、青花椒等经济作物，发展肉牛、黑山羊、蛋鸡等养殖业。在公司电商平台“能建商城”上专门建立了“扶贫爱心超市”，动员和鼓励所属企业集中采购帮扶县物资，促进帮扶县农特产品的销售。

【公益扶贫】　中国能建出资 100 万元在镇巴县建立“中国能建镇巴教育扶贫资金”，精准资助在册贫困大学生，并与该县签订了《中国能建促进镇巴大学生就业帮扶协议》，实施贫困家庭大学生就业帮扶计划，每年将定向录取一批专业对口的贫困大学生到企业就业。公司以“送温暖、献爱心”为主题开展捐资助学活动，先后向西林县捐助电脑623 台（套）、价值11 万元的教学仪器、书包、书籍等；广西电力设计研究院有限公司干部职工自愿捐款 10 余万元，设立“圆梦基金”，帮助西林县困难家庭学生完成学业；公司所属西北电力建设工程有限公司党员踊跃捐款 8 万元，助力镇巴县蒿坪子村脱贫攻坚。

【基础设施建设】　2017 年，中国能建投入 50 万元改造完成西林县足别乡央龙屯饮用水水网，让 40 户 160 多名群众喝上干净水；投入 260 万元帮助镇巴县泾洋街道蒿坪子村新建 7 千米的通村水泥路，已完成路面碾压、管涵预制等工作。帮助西林县积极推动田林—西林高速公路项目规划和落地，公路全长 198 千米，估算投资 260 亿元，项目已列入国家高速公路骨干网。

（中国能源建设集团有限公司战略与投资部　沈雄飞　赵　勇）

中国广核集团有限公司定点扶贫

【概述】 中国广核集团有限公司（以下简称“中广核”）自2002年开始承担广西壮族自治区凌云县和乐业县定点扶贫任务。2017年，中广核积极响应“坚决打赢脱贫攻坚战”的号召，由集团主要领导牵头，成立扶贫领导小组和扶贫办公室，开拓工作思路，完善工作制度，规范工作流程，加大扶贫投入，精准发力，一户一策，从组织领导、选派干部、资金投入、督促检查和工作创新等方面采取了一系列措施，取得了显著成效。全年直接投入帮扶资金1423.2万元，捐赠物资折合资金59万元，实施帮扶项目17个，推进产业扶贫4项，发展村集体经济项目4项，捐助危房改造76户，捐建村屯道路4条，解决饮水困难住户33户，捐助改造学校1所，资助贫困少数民族学生350名，总计帮扶410户贫困户1659人实现脱贫。

【扶贫资金投入】 2017年，中广核扶贫资金直接投入3714.74万元。具体情况为：向国家定点扶贫地区捐赠资金共计1423.2万元，向其他省市级定点扶贫地区捐赠资金共计832.24万元援疆援藏资金共计186万元，向文化体育事业类捐赠资金共计885.66万元，其他捐赠资金共计387.64万元。

【扶贫调研】 2017年，中广核党组书记和党组成员全年共4人次赴扶贫点调研。7月，集团公司党组书记、董事长贺禹和党组成员、副总经理谭建生赴凌云、乐业两县，考察调研产业扶贫、村集体经济建设和教育扶贫工作。10月，谭建生带队赴凌云、乐业两县，分别调研精准扶贫和扶贫领域监督执纪问责工作。

【扶贫会议】 2017年，中广核共召开4次党组会议研究部署扶贫工作，召开扶贫工作领导小组组长会议、月度例会、专题会议等共13次，确保扶贫工作有效落实。

【扶贫制度建设】 中广核修订《集团对外捐赠管理流程》，编制国家定点扶贫工作管理标准，保证科学高效推进工作；建立扶贫项目台账，编制进度跟踪表，明确责任人，动态跟踪实施全过程，完善资料档案；编制扶贫项目总结报告模板，做好经验反馈和评价，实现闭环管理。

【扶贫培训】 中广核注重对参与扶贫工作干部和员工的培训，及时传达上级精神，梳理扶贫相关政策编制材料，在会议上组织扶贫干部培训学习；扶贫挂职干部组织贫困村村“两委”和致富带头人培训，提升基层党组织战斗堡垒作用，培养脱贫致富内生动力。

【干部挂职扶贫】 中广核先后派出4名优秀干部到凌云县、乐业县挂职扶贫，分别担任县委常委、副县长、乡党委副书记、驻村第一书记，从事对两县的帮扶工作。挂职干部主动对接集团和扶贫点，当好信息传递员，并结合当地实际，充分利用自身专业技能和背景资源，当好扶贫措施和项目实施的督导和引导员，促进了当地的脱贫攻坚工作开展。其中，凌云县陇槐村驻村第一书记在百色市委组织部开展的贫困村党组织第一书记评价工作中入选“表现优秀名单”。

【扶贫宣传】 2017年，中广核先后在集团内外多渠道多样式推送新闻报道17篇。其中，在集团内部电视台CGNTV滚动播出两集《精准扶贫，中广核在行动》宣传视频，调动集团党员干部自愿参与的积极性；官方微信推出中广核精准扶贫系列报道，全面反映集团历年来扶贫攻坚所做的工作和取得的成绩；联系《人民日报》《广西日报》《经济日报》等各类媒体，先后推送出《中广核推进精准扶贫实施“一户一策”，一人不脱贫，坚决不撤岗》等多篇报道，引起较好反响。同时，向国务院扶贫办报送5篇信息，96期刊发了《中国广核集团多措并举精准发力推进定点扶贫县脱贫攻坚》。

【扶贫资金管理】 2017年，中广核进一步规范扶贫资金管理，以项目管理的方式，通过一本协议、两张表格、三份报告，全过程跟踪资金拨付和使用，确保专款专用，使实施管理规范化、程序化。一是在确定项目时签订协议，明确实施内容、金额、到款账户、预期脱贫成效等具体指标，指定项目负责人，责任到人；二是在实施过程中编制项目台账表和进度跟踪表，动态跟踪各里程碑实现的时间，及时搜集整理资料；三是项目完成后以相应的完工验收报告、项目总结报告、贫困村脱贫摘帽工作情况报告等作为验收、评价、拨付尾款的依据，有效加强扶贫监督，确保精准扶贫、干净扶贫。

【产业扶贫】 2017年，中广核根据当地实际和特色，积极开展“造血”式产业扶贫。一是结合地方规划精准帮扶支柱产业。乐业县已取得红心猕猴桃国家地理标志，计划将其重点打造成为支柱产业。集团统筹考虑其闲置土地较多、劳动力外出务工、大部分农户自主经营能力等实际情况，采用“村民合作社+党小组+基地+农户”模式，筹集党费1000万元，分三年支付，帮助建设1000亩产业园，预计可使贫困人口约2000人直接受益，获得持续稳定收入。二是结合主营业务策划产业项目投资。中广核推进乐业县风电产业开发，总投资额预计超过10亿元。同时还联系中央企业扶贫基金等外部资源，优势互补形成合力，加快项目落地，助力解决困扰政府多年的贫困村持续性收入难题。

【教育扶贫】 2017年，中广核向凌云县览金小学捐助40万元和发电机一台，改善学校设施。举办“精准扶贫——白鹭书屋进校园”活动，在凌云县15所学校建设白鹭书屋，捐赠图书7500余册、电脑10台、学习体育用品近1000件，设立“华龙·圆梦”专项助学金和“华龙·筑梦”专项奖学金。在凌云县初中和高中开设“中广核—凌云县少数民族白鹭班”，共投入400万元，分三年拨付，将资助以瑶族为主、贫困少数民族学生550名。举办白鹭大讲堂，通过生活补助、助学奖励、“文化课+假期技能培训+夏令营+社会实践”等帮扶在校学生；联系外部单位，开展职业技能培训，保证没有考上大学的学生能够掌握至少一门技能，首批已有200名学员选报了电工、电焊、摩托车维修等专业。

【整村推进】 2017年，中广核在陇槐村共投入465.5万元，进行危房改造解决66户住房安全问题，修建水窖解决33户吃水难问题，修建3条道路解决村民出行难问题，建设豚狸养殖基地和大蚕房发展村集体经济产业，形成5个产业带和1个仔猪繁育基地的发展规划。在全达村共投入496.5万元，帮助修建村集体经济养猪场配套基础设施和产业道路，帮助村民合作社种植245亩猕猴桃，帮助10户特别贫困户进行危房改造。

（中国广核集团有限公司办公厅
赵晓旭）

南光（集团）有限公司定点扶贫

【概述】 南光（集团）有限公司（以下简称“南光集团”）定点扶贫县为云南省禄劝彝族苗族自治县（以下简称“禄劝县”）和甘肃省临夏县。2017 年，南光集团从特色养殖、教育帮扶、设立劳务培训基地、安排劳务人员就业、改善农村基层基础设施建设等方面开展扶贫工作，投入帮扶资金 684.07 万元，为两县的脱贫攻坚工作提供了有力的支撑。

【扶贫资金投入】 2017 年，南光集团对定点帮扶县云南省禄劝县和甘肃省临夏县合计投入资金人民币 684.07 万元。具体项目为基础设施投入 323.62 万元，教育帮扶 240 万元，产业扶持 110 万元，开展“救急难”行动 2 万元，落实基层支部党建经费 8.45 万元。

【智力扶贫】 在 2016 年招收禄劝县职业高级中学 10 名应届毕业生到南光集团下属企业就业的基础上，2017 年 8 月，南光集团继续招收该学校 2 名建档立卡贫困户汽修专业应届毕业生到澳门中旅下属巴士公司就业。

【产业扶贫】 2017 年，南光集团在前期投入帮扶资金 75 万元的基础上，再次投入 60 万元对原有养殖圈舍升级改造，帮助临夏县南塬乡江家寨村发展山东黑驴特色养殖，采取专业养殖合作社 + X 支部 + 贫困户模式，确保江家寨村每年享有 5 万元资产性收益，同时有 235 户贫困户签署入股协议，加入合作社享受每年利润 10% 分红收益。另外投入帮扶资金 50 万元帮助禄劝县屏山街道发明村建设乌骨鸡散养场，带动 20 户建档立卡户脱贫致富。

【教育扶贫】 2017 年，南光集团投入帮扶资金 100 万元用于改善临夏县江家寨中学教学条件。其中 40 万元购置教学设备、体育用品；40 万元设置“阳光午餐”项目；20 万元为建档立卡户学生设置“南光奖学金”。投入帮扶资金 80 万元改造禄劝县秀屏中学校园林荫大道，美化校园环境，提升校园文化品位。投入帮扶资金 60 万元为禄劝县翠华中学改造学生公厕，解决了原来学校旱厕脏乱不卫生、学生们上厕所排队问题。

【基础设施建设】 2017 年，南光集团投入帮扶资金 97.81 万元为禄劝县屏山街道发明村安装太阳能路灯 200 盏，覆盖发明村下辖的 17 个村民小组，为 863 户 3625 人解决夜间照明问题；投入帮扶资金 115.81 万元为临夏县掌子沟乡白土窑村安装太阳能路灯 269 盏，覆盖白土窑村下辖 10 个社，为 331 户 1444 人解决夜间照明问题。投入帮扶资金 50 万元为云南省禄劝县屏山街道马鞍鞘村委会建造村级活动场所 2 个。投入帮扶资金 60 万元设立甘肃省临夏县江家寨村劳务培训基地，每年可帮助村里培训劳动技能人才 360 人次。

【“救急难”行动】 南光集团积极参与“同舟工程——中央企业参与‘救急难’行动”。2017 年出资 2 万元帮助临夏县掌子沟乡白土窑村 8 户困难家庭解决临时急难问题。

【基层党建扶贫】 2017 年 12 月，南光集团为甘肃省临夏县掌子沟乡白土窑村落实基层支部党建经费 4.25 万元，为云南省禄劝县屏山镇发明村落实基层支部党建经费 4.2 万元。帮助解决了上述两个村党支部办公设备老化、办公环境卫生差等问题。

［南光（集团）有限公司社会工作部 顾征东］

中国铁路物资集团有限公司定点扶贫

【概述】 中国铁路物资集团有限公司（以下简称“中国铁物”）定点帮扶湖北省孝昌县。2017年，中国铁物拨付扶贫专款108万元，落实扶贫资金的精准使用，解决贫困县的实际问题，积极开展“同舟工程”和“百县万村”活动，重点推进“互联网+农业”、油茶精品示范基地建设等产业扶贫项目，通过产业扶贫、教育扶贫、电商扶贫、健康扶贫等方式，增强贫困县“造血”能力，进一步提高定点帮扶的精准度和有效性。此外，中国铁物创新扶贫工作机制，利用央企资源优势，充分发挥扶贫资金引导作用，整合撬动11.26亿元资金。2017年，有11个贫困村出列，贫困人口减少19637人。在湖北省精准扶贫实绩考核中，孝昌县排名由2016年的B等次第4名（总第13名）跃升为A等次4名（总第4名）。

【扶贫资金投入】 2017年，中国铁物向孝昌县投入扶贫资金108万（含10万元爱心捐款），主要用于教育扶贫、产业扶贫、开展“百县万村”和“同舟工程”活动、扶贫慰问、关爱留守儿童等方面。同时充分发挥扶贫引导资金的杠杆作用，大力发展油茶、经济林、养殖等农业产业，有效推动各项产业扶贫项目的开展落地，带动当地贫困户脱贫。

【扶贫调研】 2017年，中国铁物党委书记、董事长马正武，党委常委、总会计师廖家生2次到孝昌县调研定点扶贫工作。12月，公司总裁助理郝文武赴孝昌县考察公司定点扶贫项目。

【扶贫制度建设】 2017年，为进一步做好定点扶贫工作，中国铁物编制《中国铁路物资（集团）总公司定点扶贫开发工作规划（2018—2020年）》，调整定点扶贫工作领导小组组成，提高扶贫资金额度，从原98万元/年提高至150万元/年，并就使用方向优化调整。

【干部挂职扶贫】 2017年，中国铁物选派有2名优秀青年干部驻孝昌县，分别任县委常委和花园镇松林岗村驻村第一书记。挂职干部深入孝昌县的田间地头，走村入户，详细调研，掌握县域资源和扶贫目标基本情况的第一手资料，抓住孝昌县脱贫攻坚的关键点，挖掘孝昌县资源禀赋，整合社会资本和央企资源，精准引进扶贫项目，大力发展扶贫产业，有效带动了孝昌县经济的快速发展，为孝昌县精准脱贫做出了积极贡献。

【教育扶贫】 中国铁物与孝昌县教育局和孝昌县第一中学合作，设立励志奖学金，2017年，捐赠奖学金8万元，80余名学生获得奖励。6月1日，中国铁物与三家驻汉企业在孝昌县小悟乡中心小学开展扶贫捐赠活动，捐赠鼓类、球类等文体用品百余套，丰富孩子们的课余生活。中国铁物员工捐助爱心款10万余元，用于开展对孝昌县贫困家庭学生、留守儿童的爱心捐助和帮扶活动。举办“关爱孝昌贫困留守儿童—寒假少儿英语特训营”活动，共有50名贫困留守儿童参加。此外，中国铁物携手中国扶贫开发协会和深圳市腾讯计算机系统有限公司，发展“互联网+教育”，投入1000余万元，引入“腾讯智慧校园”项目落户孝昌。该项目将全面实现学校、教师、学生、家长的教学场景全覆盖应用，并成为孝昌县

"互联网 + 教育"、信息化、智慧化发展的主要工具。"智慧校园" App 开发和平台建设已完成并进入正式运行阶段，覆盖了孝昌县所有中小学，实现了学校与学生家长的即时互通、学校自动化办公、教师教学等信息化功能，提升孝昌教育现代化水平。

【扶贫培训】 中国铁物依托自身商贸物流业务基础，与中华全国供销合作总社电子商务公司和孝昌县供销合作社合作，针对孝昌县电商扶贫开展专项培训。培训主要针对孝昌农产品深加工、产品质量认证体系建设、物流综合成本优化、农产品线上销售和线下体验等领域，全年共培训 100 余人。依托中国林业科学研究院和江西正邦集团油茶种植深加工方面的技术和市场优势，对孝昌县油茶种植贫困户开展培训。优化了孝昌近 5000 亩油茶基地的种植技术，年经济效益可达 5000 万以上。此外，中国铁物依托孝昌良好的生态水资源，在孝昌县卫店镇段港村发展稻虾养殖扶贫产业，邀请孝昌县水产局及中国农业科学院龙虾养殖专家开展专项技能培训，并现场指导。

【基层党建培训】 中国铁物会同孝昌县委组织部开展加强基层党建、夯实精准扶贫专项培训工作，对孝昌县驻点贫困村扶贫工作队队员进行专项培训。专项培训以孝昌县支部主题党日活动和农民夜校两个活动形式为载体，取得了积极的成效。

【产业扶贫】 2017 年，中国铁物万亩油茶基地项目有 1000 余户农户加入，种植油茶 2000 余亩。孝昌县小悟乡桥湾村白芨基地、小悟乡四方村树莓基地基本建成。此外，中国铁物投入旅游扶贫发展引导基金 10 万元，联合国家体育总局、中央电视台等外部资源，共同发展孝昌县全域旅游产业。

【中国社会扶贫网项目】 中国铁物高度重视信息化建设在定点扶贫工作中的重要性。2017 年，中国铁物积极与国务院扶贫办对接沟通，经多次磋商，国务院扶贫办确定将孝昌县作为中国社会扶贫网项目首家落户试点县。中国铁物党委还组织全系统员工注册对接中国社会扶贫网项目，全系统已有 3300 余人完成注册。

【基础设施建设】 中国铁物落实国务院国有资产监督管理委员会"深入开展中央企业定点帮扶贫困革命老区百县万村活动"要求，重点调研解决孝昌重点贫困村饮水难、出行难和就医难问题。2017 年，中国铁物拨付亮化扶贫引导资金，会同孝昌县季店乡政府，组织引导季店乡马店村和红星村两村村民共同捐资修路亮化道路，解决出行难问题。

【健康扶贫】 2017 年，中国铁物组织首都三甲医院专家赴孝昌开展大型义诊健康扶贫项目。携手中国扶贫志愿服务促进会，为孝昌县引进光明扶贫项目和儿童斜弱视项，为每位白内障贫困户手术补贴 1500 元，为每位患病儿童补贴 2000 元。

（中国铁路物资集团有限公司
战略规划部　时啸林）

中国铁塔股份有限公司定点扶贫

【概述】 中国铁塔股份有限公司（以下简称“中国铁塔”）对口帮扶湖北省鹤峰县、宣恩县和湖南省保靖县及3个挂点贫困村板辽村、龙潭河村和中溪村。2017年，中国铁塔选派的6名扶贫干部均在2017年扶贫挂职干部年度考核中被当地组织部门评为“优秀”。在定点扶贫县、村投入通信扶贫资金6160万元，投入精准扶贫资金354.4万元，实施帮扶项目22个，帮助建档立卡户1243人脱贫；组织各类培训8期，帮助建档立卡贫困户162人实现劳务就业。国务院扶贫开发领导小组通报的2017年中央单位定点扶贫工作情况试考核结果，中国铁塔考核等次为“好”。

【扶贫资金投入】 2017年投资6160万元，加快三县移动通信基础设施建设；投资354.4万元开展县村精准扶贫工作，涉及实施帮扶项目22个，项目进展良好。

【扶贫调研】 2017年，中国铁塔共有3位党委和班子成员赴保靖县、宣恩县、鹤峰县及中溪村、龙潭河村、板辽村三个村调研扶贫工作。9月，党委书记佟吉禄带队专程到保靖县及中溪村考察调研，协调推动该县整体扶贫工作，深入贫困户与村民谈心，对扶贫工作进行了深入调研和具体指导；10月，副总经理高步文带队到保靖县组织产业链大型合作伙伴与当地高新企业开展精准产业帮扶活动，并赴新中合公司的生产车间和生产线进行实地考察；12月，党委委员、扶贫办主任李文民代表公司党委，到鹤峰县、宣恩县及板辽村、龙潭河村考察调研，推动扶贫工作。

【扶贫制度建设】 公司印发《中国铁塔“十三五”扶贫工作规划》，明确工作机制、扶贫规划和实施方案，启动了公司对3县帮扶的具体实施。制定印发《中国铁塔扶贫管理办法》，明确了组织机构及职责分工、定点扶贫干部选派和管理、定点扶贫项目计划管理、定点扶贫项目资金管理、扶贫捐赠项目的审批管理等7个方面内容，加强了扶贫干部的选派和管理，规范了定点扶贫项目及资金的归口管理，有效保障了扶贫工作顺利进行。

【扶贫培训】 2017年组织干部参加培训3期，共培训干部和专业技术人才6人次，创业致富带头人16人次。组织劳务输出培训班5期，涉及劳务就业培训21人次，农业实用技术培训215人次，帮助建档立卡贫困户实现劳务就业162次，实现劳务收入150.1万元。2017年投入6万元，在鹤峰县组织电商创业就业培训，200多名贫困家庭创业青年从中受益；投入6万元，在保靖县开展劳务输出和产业发展技能培训达30人次，为贫困户提供了就业辅导。

【干部挂职扶贫】 中国铁塔先后选派了6名政治素质好、工作能力突出、事业心和责任感强，且有丰富基层工作经历的优秀干部，到定点扶贫县挂职副县长或驻村担任第一书记。3名挂职县长除了分管扶贫工作外，还协助负责旅游、工业、信息化建设等有关工作。各扶贫干部驻村后，主动担当、攻坚克难，千方百计帮助定点单位脱贫。各驻村第一书记通过建强支部班子，使村级支部建设有了主心骨，村务管理走上正轨；因地制宜抓产业促发展，养殖业、种植业齐头并进，越来越多的村民尝到了发展的甜头。

其中公司驻鹤峰县板辽村第一书记沈克勇同志被地方政府评为 2017 年“最美鹤峰人”。

【扶贫宣传】 中国铁塔先后在中国网、中国扶贫网、人民邮电报、湖北日报等网站或报社发表 7 篇稿件，扶贫先进事迹受到社会和行业内部的广泛关注。其中，中国发展门户网《铁塔公司来的“中溪人”——中国铁塔驻湖南省湘西州保靖县中溪村扶贫干部王金勇先进事迹》报道、中国扶贫网《沈克勇：第一书记的扶贫故事》、湖北日报《脱贫攻坚路上的“央企担当”》，引起社会较大反响。此外，还充分利用移动互联网优势，在公司 OA 平台及“铁塔微报”发布信息、报道，多层次、多角度宣传扶贫工作信息及扶贫干部先进事迹。

【扶贫资金管理】 建立扶贫资金常态化管理机制，加强扶贫资金监督管理。一是制定《中国铁塔“十三五”扶贫工作规划》，计划 5 年内投资 1.45 亿元用于 3 县移动通信基础设施建设，投资 1350 万～1800 万元用于专项精准扶贫，为项目实施提供资金保障。二是按年编制定点扶贫计划，包括扶贫项目、金额以及实施安排。三是加强定点扶贫项目资金管理，建立项目资金申请、拨付、使用流程。四是组织完成 2016 年扶贫项目的验收，公司组成联合验收组，到 3 个定点县及 3 个挂点贫困村，对 2016 年 19 个精准扶贫项目进行验收。五是扎实开展精准扶贫和干净扶贫专项检查。2017 年 11 月组成由纪委办、扶贫办相关人员参加的检查组，对定点扶贫县及挂点贫困村的扶贫工作开展了专项检查。检查组与 3 县政府、相关乡镇领导及村“两委”成员进行座谈，并走访了 14 位贫困村民代表和扶贫项目工作人员，经座谈和走访了解，公司选派的 6 位扶贫干部在当地口碑良好；各级党委、政府严格管理扶贫专项资金，扶贫干部认真执行扶贫资金使用和管理流程，检查中未发现违规违纪问题。

【产业扶贫】 2017 年，中国铁塔积极引导发动，汇聚多方力量参与扶贫攻坚。中国铁塔发挥铁塔产业链领头羊的作用，带动产业链 11 家知名企业参与对口扶贫攻坚工作。

探索“一村一品”，推动挂点贫困村特色产业发展。形成“公司＋合作社＋农户”“公司＋基地＋农户”“公司＋电商＋农户”等产业帮扶模式，实施各类集体种植养殖产业帮扶、贫困户对口帮扶等 22 个项目。其中，鹤峰板辽村实施林下养鸡、良种土豆种植、良种土猪养殖、贝母种植、电商扶贫 5 个项目，2017 年户均增收 5000 元以上，村级集体收入 4.1 万元，实现整村脱贫出列。宣恩县龙潭河村实施黑猪养殖、农作物良种种植等项目，第一批喂养黑猪 100 头，创造产值 30 万元，带动 5 个贫困户增收 8.6 万元；创新“以奖代补”方式对该村贫困户进行奖励，增强了贫困户发展产业的积极性，把“输血式”扶贫转换成“造血式”扶贫，2017 年该村已整村脱贫出列。保靖县中溪村实施了养鸡、养蜂、黄金茶等项目，2017 年土鸡养殖规模达 1.2 万羽、黑羽乌骨蛋鸡 1000 羽，预计全年销售额达 90 万元，林下产业帮扶已完成养蜂基地建设。

【教育扶贫】 2017 年，中国铁塔投入 24 万元，在鹤峰县为 6 所边远小学援助电脑 60 台，投入 30 万元，开展“情系寒门学子 铁塔爱心活动”救助了 125 名贫困户学生；投入 10 万元，在保靖县与县教体局联合设立“中国铁塔教育扶贫助学金”，为县内 125 名家庭困难建档立卡户在读学生提供了救助；投入 10 万元帮助保靖县岳阳学校、清水坪镇学校完善了教学基础建设；在宣恩县投入 10 万元，对高罗镇 9 个村建档立卡贫困户及困难中小学生进行帮扶，没有 1 名学生因贫辍学。

【公益扶贫】 2017 年中国铁塔从总部党员党费中拨出 30 万元，用于解决 3 个村贫困家庭上学困难，营造了公司党员干部人人关心支持扶贫工作、人人为扶贫事业做贡献的浓厚氛围。

注重发动广大干部员工参与扶贫事业，扩大内部市场，发动各分公司食堂采购保靖中溪村养殖的“跑山鸡”、宣恩龙潭河村养殖的“龙塔黑猪”。积极为贫困地区农产品寻找出路，推动定点县及贫困村土特产品在公司内部的销售，为定点扶贫村种植的黄金茶及生产的野猪肉等提供固定展台，号召员工购买特色土产品，用单位和个人的实际行动支持铁塔扶贫产业。

【党建扶贫】　中国铁塔帮助驻村党支部建立支部日常工作规则，制作村级党组织网络图，成立党员群众服务中心。开辟党员活动阵地，3 名驻村第一书记均加强了党员群众活动中心建设，打造党建文化墙、党建宣传标语、“红色文化”图书角等。驻村第一书记坚持定期组织村支部主题党日活动，宣传党的大政方针路线政策，结合工作实际讨论阶段性扶贫重点任务；根据当地红色历史，组织材料讲党课；组织党员干部到邻近的先进党支部考察学习；吸引 3 名年轻积极分子向党组织靠拢；注重提升村党支部党员干部的能力素质，组织基层党员和积极分子 24 人参观学习大棚种植、土壤改良、冷水鱼养殖等科技致富项目；成立“板辽村产业发展诸葛亮会”，有力提升了村党支部的战斗堡垒作用。

【整村推进】　中国铁塔积极协调、引导地方扶贫资金的共同投入，用于水、电、路等基础设施建设，在龙潭河村修建蓄水池解决了贫困户饮水安全问题，中溪村居民通自来水率达 90% 以上；积极争取各项扶贫资金，新装太阳能路灯 68 盏；公司出资在 3 个定点扶贫村硬化加宽了通村路、通组路，实现了村通硬化路、组通砂石路；公司出资为鹤峰县 6 所偏远小学建立了微机教室，改善了偏远乡村学校的教学条件，搭建了孩子们与外界沟通交流的桥梁；出资 7 万元为鹤峰县板辽村建成村民活动中心；在龙潭河村投入 11.21 万元新建了文化广场及健身设施，协调资金修建了党员群众服务中心；积极争取地方政府部门和社会力量的支持，在中溪村实施了“小康示范村”“精品示范村”“整村推进示范”和“特色民居改造示范村”等工程，推动了美丽乡村建设。

（中国铁塔股份有限公司扶贫办
郑念来）

中国国民党革命委员会中央委员会定点扶贫

【概述】 2017年，中国国民党革命委员会中央委员会（以下简称“民革中央”）以习近平总书记关于扶贫开发的重要论述为指导，贯彻落实中央扶贫开发工作会议精神，把参与打赢脱贫攻坚战作为一项重要政治任务予以高度重视，进一步提高认识、动员全党，发挥优势，整合资源，聚焦精准扶贫，精准脱贫，扎实推进在贵州省纳雍县的定点扶贫工作。2017年，民革中央组织有关领导、专家和企业家86人次赴纳雍开展扶贫考察调研，实施教育、医疗、新农村建设等帮扶项目13个，直接投入帮扶资金470万元、物资折款210万元，帮扶脱贫500人，组织开展各类人才培训7期，累计培训教师、医生、乡村干部和致富骨干1116人次。

【扶贫调研】 2017年1月，民革中央主席万鄂湘、常务副主席齐续春会见中共纳雍县委书记彭华昌、县长许晓鹏一行。7月，万鄂湘率队赴纳雍县调研脱贫工作，并出席由中山博爱基金会援助的纳雍县昆寨中学改扩建项目落成仪式和“博爱牵手·情暖童心”中山博爱夏令营开营仪式，考察纳雍县脱贫攻坚和生态保护工作。民革中央副主席兼秘书长李惠东于4月、7月、8月先后3次率队赴纳雍县考察调研，安排部署民革帮扶工作。

【精神扶贫】 民革中央在重视物质脱贫的同时，高度重视精神脱贫问题，将关爱支持贫困地区少年儿童特别是留守儿童的健康成长确定为重点工作。民革中央协调中山博爱基金会，在暑假期间组织纳雍县23个乡镇80名学生，分两批赴北京开展“中山博爱夏令营”活动。通过开展参观学习和交流等多种活动帮助乡村儿童特别是留守儿童开拓视野、增长见识，培养团队精神，塑造意志品格，树立人生理想。2017年8月，民革中央联合科学技术部、农业部、环境保护部、国家新闻出版广电总局等单位有关部门联合在纳雍县举办第五届“美丽家乡·科普环保公益电影万里行”活动，开展了公益电影放映、培训讲座等系列活动，丰富农民群众精神文化生活，增强农民生态文明理念和环保意识，倡导绿色健康的生活方式，努力实现绿水青山就是金山银山的美好愿景，并出资20万在寨乐镇实施“美丽家乡惠民工程”。活动共在纳雍农村放映科教片1000场，电影3000场，受益群众达54万余人。

【产业扶贫】 5月7日，民革中央和贵州省政府在北京联合主办“贵州省产业扶贫招商推介会”。民革中央企业家联谊会、中国国际商会、中国民族贸易促进会、中国中小商业企业协会、中国文化管理协会及会员企业，以及北京、天津、河北、浙江等多地民革党员企业代表及经济界人士近400人参加推介会。通过推介会使社会各界对贵州省经济社会发展、投资优惠政策、扶贫产业项目有了更多的了解，同时广泛动员企业家发挥行业优势，履行社会责任，热情参与打赢脱贫攻坚战。毕节市和纳雍县多个产业扶贫项目进入推介目录，受到广泛关注。经民革联系，促成纳雍县与深圳华大方舟生物技术有限公司达成合作。该项目将充分发挥华大基因前沿生物技术平台优势，创新农、林、牧、副、渔产业平台，为纳雍乌蒙土鸡扶贫产业发展提供技术支撑，利用基因技术助益农业产业发展和精准扶贫。针对纳雍县在发展乡村旅游产业过程中规划和人才欠缺的困难，组织纳雍县化作乡枪杆岩村10名农民代表赴重庆市石柱县学习黄水人家管理经验，提升当地乡村旅游发展水平。

【教育扶贫】 为改善纳雍县深度贫困乡镇昆寨乡教育条件，解决寄宿学生的住宿困难，民革中央协调中山博爱基金会捐款400万元，实施昆寨乡民族中学改扩建工程。学校建成后可容纳学生1800余名，满足全乡700余名寄宿学生的住宿需求并大幅提升学校硬件水平。组织吉林、湖北等地多位专家赴纳雍县开展教育信息技术、教学技能和音乐教师专题培训，累计培训中小学教师530多人。协调民革江苏泰州市委会邀请10名纳雍县一线教师赴泰州市进行为期一个月的跟班学习培训，由当地优秀教师一对一带教指导，帮助转变教育理念，提高教学水平。动员北京、上海等地民革党员捐资460万余元，资助纳雍县建档立卡贫困户学生80名，接收纳雍籍学生就读290名。

【健康扶贫】 民革中央组织天津市医疗专家赴纳雍县开展医疗帮扶活动，开展医疗体制改革培训和疑难病症专题讲座，并为当地600余名群众进行义诊义治。经民革江苏省委会联系，组织纳雍县医生赴扬州市第一人民医院跟班学习，学费住宿费全部减免，并给予伙食补助费，帮助培养骨干医学人才，传帮带乡镇基层医疗卫生机构医护人员，提升全县医疗卫生水平。

【整村推进】 民革中央出资50万元帮助提升纳雍县阳长镇核桃寨村公共服务水平，支持开展农村文化素质培训，增强农村基层组织建设，协调推动农村安全饮用水、经果林种植、乡村旅游等项目。2017年底，核桃寨村实现整村脱贫出列。

【干部挂职扶贫】 民革中央派出1名处级干部赴纳雍县挂职任副县长，自2016年起连续挂职两年，分管县扶贫办、县农牧局、县投资促进局工作。挂职干部全过程参与纳雍发展思路的谋划和具体工作推动，充分发挥联系协调民革组织和动员社会力量的作用，在争取项目资金、提升帮扶实效、培育脱贫骨干、扶持产业发展等方面发挥了积极有效的作用。

【脱贫攻坚民主监督】 按照中共中央统一部署，民革中央对口贵州省开展脱贫攻坚民主监督工作。脱贫攻坚民主监督调研小组在纳雍县通过进村入户、座谈走访、查阅资料等多种形式，了解实情，找准问题，总结经验，提出建议，及时反馈，督促落实，确保脱贫攻坚成效。针对农民合作社建设与管理、易地扶贫搬迁、退耕还林、特色经果林、土鸡养殖、生猪养殖等作为重点内容开展专项调研。全年共对纳雍县15个乡镇的24个行政村（社区）和4个县直部门开展了监督或专项调研，召开乡村两级座谈会40余次，走访调查贫困农户480余户（次），提交贫困村民主监督报告8篇、专题调研报告5篇。

（中国国民党革命委员会中央委员会
社会服务部 艾 岩）

中国民主同盟中央委员会定点扶贫

【概述】 2017年，中国民主同盟中央委员会（以下简称“民盟中央”）定点帮扶河北省广宗县，民盟中央坚持突出重点、量力而行、讲求实效、持之以恒的方针，以产业扶贫、教育扶贫、医疗扶贫为切入点，助推广宗经济社会事业全面发展。民盟中央及专家团队全年赴广宗走访调研共40人次，举办农业技术类、教育类、脱贫攻坚培训5期，培训人员500余名，开展名医大讲堂暨义诊活动2次，接待医疗咨询400余人次，资助贫困学生45名。

【扶贫慰问】 2017年春节前夕，民盟中央副主席龙庄伟一行赴广宗县看望慰问当地党员群众，深入贫困户家中了解生活情况、扶贫政策落实情况。民盟中央发放慰问金3万元，民盟河北省委向后魏村小学、后魏村困难群众捐赠11台电脑和10条棉被，来自河北省红十字基金会医院、邢台市人民医院、邢台民盟文化支部的医生和书法家举行了义诊、送春联活动。10月，民盟中央参政议政部调研组赴广宗县调研，并到葫芦乡慰问贫困户，发放慰问金和50条棉被，共计3万元。

【产业扶贫】 民盟中央社会服务部携手民盟中国农业大学委员会，加大对广宗农业产业发展的帮扶力度。2016年，民盟中国农业大学牵头，在广宗县建设“生态养殖示范基地”，创新“党—盟—校—地”合作模式，带动广宗畜牧行业新发展，培养新型产业人才。“生态养殖示范基地”一期占地200亩，投资200万元。2017年，民盟中央继续携手中国农业大学养殖专家开展技术培训，为广宗县“生态养殖示范基地”提供养殖技术支持、市场销售策划。

民盟中央牵线联系农业种植专家、旅游规划专家，帮助广宗县建设“食用玫瑰科技示范园”，做好种植技术指导、园区旅游规划、市场对接等相关工作。示范园初期规模1200亩，后将扩大至10000亩。

【扶贫培训】 2017年6月，民盟中央社会服务部与中共广宗县委联合举办“不忘初心 逐梦前行 矢志扶贫 精准帮扶”专题干部培训班共两期，培训党政干部150余人。培训围绕习近平治国理政新理念新思想新战略、“一带一路”倡议、扶贫理论政策与经验、法治思维方式、领导能力提升等内容展开。

【扶贫调研】 2017年4月，民盟中央牵线北京宝讯溯源科技有限公司赴广宗考察调研，与当地相关部门对接联系，计划投资建设畜牧兽医大数据系统平台，为农业主管部门提供技术支持，实现农产品质量安全的精细化管理，打造“互联网+”精准扶贫模式。

【教育扶贫】 2017年暑期，民盟中央携手新东方教育科技集团，免费向广宗县一中援建新东方双师课堂教室，继续开展“烛光行动——新东方教师社会责任行”活动。活动利用互联网技术，开启“双师课堂”新模式，新东方提供优秀教育资源，利用双师课堂平台，远程直播授课，有效拓展了支教活动的时间和空间边界。民盟中央拨款10万元，帮助广宗县建设录播教室。

【健康扶贫】 2017年，民盟中央组织北京三甲医院医疗专家两次赴广宗开展名医大讲堂暨义诊活动，为当地群众进行免费查体和诊疗，并现场发放5000余元的药品。活动开展专题讲座5场，接待医疗咨询400余人次，培训当地基层医卫人员300余人。

【公益扶贫】　2017年4月，民盟中央协调山花工程慈善基金会，向广宗县妇联捐赠价值20万元的妇女卫生用品，并在当地开展中小学音乐教室方面的调研，计划进行该方面的专项帮扶。9月，民盟中央联合陈香梅公益基金会嘉惠教育基金在广宗开展"慧蕾行动"，活动选取45名优秀贫困高中生和2017年被高校录取的贫困学生作为资助对象，资助资金15万元。10月，民盟中央在广宗县葫芦中学开展捐助活动，民盟企业家向广宗县教育捐赠34台电脑，价值10万元。

【干部挂职扶贫】　2016年，民盟中央派出1名副处级干部到广宗县挂职担任副县长，任期两年，分管扶贫工作；派出1名正处级干部驻广宗县挂职，任伏城村第一书记，开展对口扶贫及党建工作。挂职干部认真履行工作职责，积极协调盟内外资源，在信息交流、引资引智等方面做大量工作，为帮扶项目的落地实施起到很好的桥梁作用。

（中国民主同盟中央委员会
社会服务部办公室　邱　芳）

中国民主建国会中央委员会定点扶贫

【概述】 2017年，中国民主建国会中央委员会（以下简称“民建中央”）把参与河北省丰宁满族自治县（以下简称“丰宁县”）脱贫攻坚作为重大政治任务来抓，坚持精准扶贫、精准脱贫的基本方略，将发挥优势与立足贫困地区实际相结合，不断创新帮扶举措，努力提高扶贫成效。全年累计协调落实招商项目2个，投资额61亿元，已到位资金5.1亿元；捐赠及协调款物93.63万元，围绕健康扶贫、教育扶贫、人才培训、就业扶贫、民生改善等方面实施项目18个，直接帮助603个贫困户增收达到脱贫标准，帮扶项目惠及14778名困难群众。

【扶贫资金投入】 2017年，民建中央在丰宁县累计协调投资61亿元，其中已到位资金5.1亿元；捐赠及协调款物93.63万元，其中通过中华思源工程扶贫基金会投入扶贫款物80万元。

【扶贫调研】 2017年2月，民建中央主席（时任常务副主席）郝明金带领京津冀民建省级组织负责同志赴丰宁县调研，实地考察当地龙头企业了解产业扶贫情况，走访建档立卡困难户家中，并召开民建中央帮扶丰宁县精准脱贫座谈会，研究下一步的工作方向和重点。

4月，民建中央常务副主席（时任副主席）辜胜阻率队赴丰宁县调研精准扶贫工作，实地考察易地扶贫搬迁县城集中安置区，走访了缘天然乳业有限公司和民建会员企业丰宁元始种植有限责任公司。

【扶贫会议】 2017年1月，民建中央联合商务部赴丰宁县开展电商扶贫调研，并召开了助推丰宁电商扶贫座谈会。12月，民建中央召开电商扶贫对接会，邀请北京京东世纪贸易有限公司与丰宁县等贫困地区探讨电商扶贫形式、对接产业项目。

【扶贫培训】 民建中央出资与丰宁县委统战部、卫生局等单位联合开展人才培训，2017年全年共培训乡村医生400名，培训乡村致富带头人100名。

【干部挂职扶贫】 民建中央2017年加大在丰宁县精准扶贫力度，在现有1名科级干部挂职担任县政府办副主任兼扶贫办副主任的基础上，增派1名处级干部赴丰宁县挂职担任副县长，协助分管当地扶贫工作。

【扶贫慰问】 2017年1月，民建中央副主席张少琴率队赴丰宁县五道营乡长胜堡村和邓栅子村开展送温暖活动，深入9个村民小组的20个建档立卡贫困户家中，送去慰问金2万元。自2003年起，民建中央已连续15年赴丰宁开展送温暖活动，走访了8个乡镇的1710个贫困户，发放慰问金和物资48万元，赢得了丰宁人民的广泛赞誉。

【扶贫宣传】 民建中央将丰宁元始种植有限责任公司作为产业扶贫的典型进行宣传，多场合、多渠道邀请其介绍产业扶贫经验，积极发挥精准扶贫先进典型在扶贫攻坚战中的示范引领作用。2017年11月，中央电视台7套军事农业频道《每日农经》节目、新华社对丰宁元始种植有限责任公司通过原始种植方式，采取股份合作制与农民进行合作，带领深山区农民致富的精准扶贫、精准脱贫工作做了广泛报道。

【扶贫资金管理】 2017年7月，民建中央与民建河北省委脱贫攻坚民主监督工作组到丰宁县进行督促检查。督查组深入丰宁县黄旗镇乐国村、城根营村，土城镇榆树沟村、张百万村，听取乡政府、村党支部关于扶贫政策落实和脱贫产业发展情况的汇报，实地走访脱贫户检查帮扶资金使用、贫困人口精准识别和动态管理落实情况。

10月，民建中央赴丰宁县鱼儿山镇大河东村、杨木栅子乡高木栅子村，就中央政策落实情况、扶贫资金使用情况、民建中央帮扶项目落实情况开展专项检查。

【产业扶贫】　民建中央在丰宁县扶持河北丰宁元始种植有限责任公司发展特色杂粮种植，通过发现、培育、认定和使用创业致富带头人的形式，探索形成特色扶贫产业。2017年，丰宁元始种植有限责任公司在丰宁县12个乡镇、36个村发展小米、玉米、黑豆等传统杂粮种植，种植面积5000多亩，为种植户增收700多万元，直接带动603个贫困户脱贫，打造了“扶强带弱”的产业扶贫新模式。

【智力扶贫】　2017年3月，民建中央协调民建天津市委组织丰宁县农技人员和致富带头人一行46人前往天津农科院食用菌种植基地学习白灵菇栽培技术。4月，民建中央协调组织丰宁县5名科技特派员到天津农科院学习蔬菜种植技术。

【教育扶贫】　2017年1月，民建中央联合教育部中国教师发展基金会共同举办赠书活动，向丰宁县中小学生捐赠了价值22万元的教辅资料。6月，在北京举办丰宁县乡村骨干教师培训班，19名丰宁县乡村骨干教师接受了为期一周的业务培训。

【基础设施建设】　民建中央捐资10万元，在丰宁县黑山嘴镇平山村安装新型清洁沼气罐380套，为全村1082名群众提供了方便卫生的清洁能源；捐资10万元帮助丰宁县杨木栅子乡高栅子村实施通村道路硬化工程，便利了群众出行和山货运输。

【健康扶贫】　民建中央2017年在丰宁县捐资50万元，新建、改建丰宁县西官营、外沟门、大滩等乡镇的10所村级卫生室，共9985名困难群众从中受益。截至2017年12月底，民建中央在丰宁援建的“思源卫生室”已达80所，占全县村级卫生室的29.5%。

8月，民建中央组织北京大学第一医院、北京大学人民医院、北京友谊医院、北京同仁医院、309医院的6位专家赴丰宁开展送医下乡活动，接诊患者150多人次。在义诊过程中对基层卫生人员进行了业务指导培训。

【劳务输出】　2017年3月，民建中央协调会员企业天津金桥焊材集团赴丰宁县开展人才招聘，组织丰宁县50名困难群众到该企业通过技术培训后上岗就业，人均月收入4000元。

（中国民主建国会中央委员会
社会服务部　赵思源）

中国民主促进会中央委员会定点扶贫

【概述】 2017年，中国民主促进会中央委员会（以下简称“民进中央”）定点帮扶贵州省安龙县，通过开展扶贫调研、教育培训、健康扶贫、产业扶贫等工作，积极推进安龙县定点扶贫工作。协调组织100余位专家学者、企业家、艺术家到安龙县考察指导和慈善捐助活动；为安龙县经济社会各项事业直接投入30万元，帮助引进各类资金1.33亿元；协调民进各级组织培训安龙县教师500多人次，重点培养音乐、美术教师，着力提高安龙县美育水平；民进中央选派了2名干部到安龙县挂职。

【扶贫会议】 民进中央于2017年1月召开全国社会服务工作视频会议，专题研究部署参与统一战线聚力脱贫攻坚工作有关事项，研究制定民进中央参与安龙县2017年脱贫攻坚工作计划；4月，民进黔西南布依族苗族自治州（以下简称“黔西南州”）委会前往安龙县毛凼子村就其贫困原因、扶贫措施及落实情况、帮扶成效、脱贫计划等开展调研并召开座谈会研究部署工作。

【扶贫调研】 2017年8月，时任全国政协副主席、民进中央第一副主席罗富和率队赴安龙县考察产业扶贫项目，并出席了2017国际山地旅游暨户外运动大会开幕式。3月，民进中央原副秘书长王建国率队赴安龙县考察，督促落实中央精准扶贫精准脱贫政策，统筹扶贫资金使用，围绕贫困人口脱贫做好各项工作。

【扶贫慰问】 2017年，民进中央派代表到安龙县开展慰问，向安龙县坝盘村贫困户、老党员、留守老人发放慰问金共计2.13万元，发放慰问品价值6859元。

【参政议政】 民进中央和民进黔西南州委围绕脱贫攻坚工作，履行参政议政职能，2017年，提交了《关于构建脱贫长效机制的建议》《关于如何推进农业供给侧结构性改革的建议》《关于将教育扶贫项目纳入县（市、区）易地扶贫攻坚工程规划并提前实施的建议》等提案，在脱贫攻坚工作中知情出力献实策。

【产业扶贫】 民进中央推进福建农林大学与黔西南州人民政府合作框架协议实施，在黔西南设立国家菌草研究中心西南分中心，与民族职业技术学院签署战略合作协议，以菌草项目合作为重点，开展研发合作，助推安龙县食用菌产业发展，达成帮助茶产业发展和古茶树保护申遗工作、职业培训、教育帮扶等合作意向；支持安龙县申报国家现代农业产业园；帮助安龙县坝盘村发展乡村旅游，协调开明慈善基金会向坝盘村捐资30万元作为集体股份参与民宿项目建设，另协调北京曲美公益基金捐赠30万元物资支持项目建设；积极推动安龙县温氏50万头生猪产业一体化合作项目实施，项目总投资8.3亿元，其中2017年到位资金1.8亿元，开工建设家庭农场（养殖小区）104户，每个小区带动30户精准扶贫建档立卡贫困户，户均年增收1万元以上；协调民进会员企业北京中农华威制药有限公司赴安龙县就建立小黄牛种牛养殖基地事宜进行投资考察；民进会员、《中国服饰报》社总经理钱竹等一行赴安龙县考察布依文化，参观万峰湖镇布依姐妹制衣厂，在坝盘村参观民间布依刺绣，在座谈会上，安龙县、坝盘村、中国服饰报、西南民族大学艺术学院共同签署《彰显民族特色，艺术创新扶贫合作备忘录》，培训安龙县布依族传统手工艺者，启动“本子计划”，订购1万本刺绣封面纪念笔记本，通过培训到人、订单到户的精准帮扶方式，提高手工艺绣娘收入。

【教育扶贫】　5月，第三期“同心·彩虹——贵州安龙县幼教骨干培训班”在杭州开班，来自安龙县的25名幼教骨干在杭接受为期8天的免费培训；6月，民进天津市河西区委赴安龙县龙堡小学和洒雨镇小学进行帮扶培训签约和开展支教，培训老师150人；7月，民进中央组织了20名安龙县骨干教师赴四川内江培训；8月，民进中央在北京举办了“同心彩虹行动”2017年音乐美术教师暑期培训班，培训了安龙县20名音乐、美术教师；民进中央和民进北京市委会组织北京骨干会员教师赴安龙县开展培训，共培训中学物理、化学、生物实验教师200人，协调民进上海市委就教育合作赴安龙县考察，并签订对口协议，从2017年起三年内免费为安龙县培训骨干教师200名，同时组织教育专家开展讲学活动；民进浙江省委参与安龙建设座谈会暨图书捐赠仪式，杭州师范大学小博士艺术幼儿园董事长李君向安龙县栖凤第二幼儿园捐赠了“同心彩虹·幼儿园综合活动”图书7130册；10月，民进上海市委在上海市新中初级中学举办第二十七期西部教师培训班，培训安龙县中小学校长40名。

【健康扶贫】　民进中央协调推动“华佗工程”加快落地，协调民进重庆市委会和安徽省委会医疗专家赴安龙县人民医院考察交流，推进建立对口帮扶关系，就加快医院科室建设和提升管理水平提出建议，推进“名医@基层”项目实施，开展远程重症病例免费诊疗；1月，民进黔西南州委会组织科技、文化、医疗卫生等专家会员深入到安龙县万峰湖镇开展春节慰问暨文化、医疗、科技“三下乡”活动。

【公益扶贫】　开展“书香彩虹——安龙行动”捐书活动，向安龙县有图书需求的全部教学点和幼儿园，捐赠儿童课外图书共计13万元2000余册；5月，民进黔西南州委为安龙县11人名少数民族女高中生发放2016—2017年度民进“春阳同心行动”资助金，并开展励志辅导讲座；8月，民进上海市委会向安龙县捐赠了5万元的教学用品，上海盛农兴股权投资基金总裁、上海乾鸿实业发展有限公司董事长刘艳丽向安龙六中捐赠了5000元的学习用品，上海杉星住宅配套工程有限公司总经理，季菊星向青龙小学捐赠了5000元的学习用品；9月，在安龙县六中举行民进中央“美育进校园”活动启动仪式，安龙县230余名中小学骨干教师、中学生参加仪式。仪式上，民进中央、民进中央开明画院、重庆开明画院向安龙县委、统战部、安龙县五中、六中赠送书画21幅；民进黔西南州委赴毛凼子村开展春节慰问活动，为毛凼子村的10户计生户和贫困户送上棉被、大米、棉衣等物资。

【挂职干部扶贫】　2017年，民进中央共选派了2名干部到安龙县，挂任安龙县人民政府副县长和万峰湖镇坝盘村第一书记。挂职干部走村入户调研，结合民进特色和基层实际情况，把扶贫工作重点放在教育脱贫政策的宣传和落实上。推动建立长效教育帮扶机制，共筹资85万余元开展捐资助学，协调中国儿童少年基金会资助安龙县300名贫困家庭的留守儿童，开明慈善基金会资助安龙县200名贫困学生，民进福建省委会资助坝盘村全部贫困家庭学生等；推进乡村基础设施建设，协助修通通组路962米，串户路529米，动员危房改造3户；引领乡村旅游发展，为坝盘村完成民族文化特色村寨旅游规划，引进企业投资300万元，修建布依族特色民居。

（中国民主促进会中央委员会
社会服务部　郭建龙）

中国农工民主党中央委员会定点扶贫

【概述】 中国农工民主党中央委员会（以下简称“农工党中央”）定点扶贫贵州省大方县。农工党中央广泛动员农工党东部十省市开展帮扶工作，共组织党员专家、企业家730人次赴大方县开展帮扶工作，引资、捐资和协调资金、物资2024万元，实施项目扶贫、医疗扶贫、教育扶贫、旅游扶贫和公益扶贫44个。其中，医疗方面，帮助大方县培训医务人员、配备医疗设备，开展义诊、集中救治等活动，帮扶资金达990万元，培训医务人员1343名；开展“名医主刀”“微笑行动”“杏林春雨行动”和“儿童先天性心脏病义诊筛查活动”4次大型医疗救治活动。教育方面，共引资、捐资达760万元，实施教师培训2526人，干部培训256人。

【扶贫资金投入】 农工党中央通过引资、捐资和协调资金、物资，共落实定点扶贫资金2024万元，其中医疗扶贫资金990万元，教育扶贫资金760万元，其他扶贫资金274万元。

【扶贫调研】 2月，农工党中央副主席龚建明带领社会服务部赴大方县专题调研定点扶贫工作。7月，农工党中央陈竺主席同毕节市、大方县主要领导进行座谈，听取毕节市、大方县在脱贫攻坚、医疗卫生改革等方面的有关情况。6月和8月，农工党中央社会服务部两次组织东部十省市等地农工党负责同志，联系近百名企业家一行赴大方县考察调研扶贫开发、医疗卫生、文化教育、农业产业、旅游推介情况，并先后召开座谈会，建立东部十省市一对一结对帮扶机制、帮扶工作定期报送机制、定点帮扶工作考核机制和民主监督机制。10月，农工党中央专职副主席龚建明率调研组赴贵州省大方县就脱贫攻坚督促检查开展专题调研。12月，全国人大常委会副委员长、农工党中央主席陈竺赴大方县开展农工党中央定点帮扶工作考察调研，对大方县精准脱贫工作进行督促检查。召开定点扶贫工作座谈会，听取农工党中央助力大方县脱贫攻坚工作情况报告，东部十省市农工党组织定点帮扶工作开展情况。

【扶贫培训】 农工党中央联系北京中医院对大方75名医生进行为期6天的中医药服务能力提升培训；联系农工党上海市委员会为大方县53名组工干部进行为期5天的创新能力提升专题培训，帮助解决培训经费20万元；联系农工党天津市委员会促成天津市中医药研究院附属医院与大方县人民医院签订对口帮扶协议，第一期培训班大方县3人参加培训；联系农工党江苏省委员会举办“大方县环境保护与水生态文明建设江苏省专题培训班”，大方县53人参加培训，帮助解决食宿等各种费用18万元，举办“中小学幼儿园骨干教师培训班”，为大方县培训1100名中小学幼儿园骨干教师；联系农工党福建省委员会协调福州第十九中学、屏东中学、宁德市师范学院附属小学、漳州市第一中学、莆田市第二中学、三明市第二中学为大方县6名（后备）校长进行为期两个月的跟岗挂职锻炼；联系农工党山东省委员会促成山东大国之礼研究学院为大方县干部职工、教师、酒店管理员等开展礼仪培训，向学员捐赠价值2万元学习用品。

【扶贫慰问】 2017年，农工党中央协调北京伟达中医肿瘤医院有限公司向绿塘乡捐赠助学金10万元；协调北京潮星控股集团有限公司在大方县羊场镇举行“精准扶贫，情系毕节”爱心捐赠活动，向毕节试验区基层医疗机构捐赠价值200万元的彩超机4台；协调贝达药业有限公司向理化乡捐赠10万元医疗扶贫资金。12月，农工党中央陈竺主席走访慰问大方县羊场镇陇公村贫困户，联系农工党党员企业向大方县捐赠扶贫资金和物资折合人民币500万元。

【扶贫宣传】　2017年，农工党中央帮扶大方系列报道先后在中央媒体、各大新闻网站、微信公众号上发布，得到广泛关注。主要发布文章《一腔热血洒大方——农工党中央定点帮扶大方纪实》《情牵奢香故里　爱洒美丽大方》《真情谋发展　倾力拔穷根》《大力涌动山海情》等10篇帮扶大方系列报道。农工党中央网站设计制作“同心聚力脱贫攻坚　农工党帮扶大方三十年巡礼”专题。通过“聚焦同心”“媒体关注”“历史记忆”“成果一览”“蓄势·同心谋发展”“奋进·同心战贫困”“跨越·同心画未来”“印象农工”等栏目呈现农工党中央定点扶贫大方工作情况；采取选派干部深入地方实地调研形式，采集脱贫攻坚详细资料和数据，通过农工党中央微信公众号、《前进论坛》以消息、通信、图片新闻等多种形式，宣传农工党中央对地方的精准扶贫精准脱贫工作。

【扶贫资金管理】　农工党中央通过定期调研监督检查，对扶贫资金项目管理使用情况开展考察调研，进行监督监管，2017年共开展进村脱贫攻坚督促检查入户调查10次，调查贫困村14个，调查贫困户149户，在定点扶贫县召开座谈会9次，形成督促检查报告3份。

【产业扶贫】　农工党中央帮助大方同心食品药品产业园区开展招商引资工作，2017年，食品药品园区累计完成固定资产投资128.65亿元，实现规模工业总产值78亿元，增加值30.4亿元，累计引进企业43家，其中药品企业11家，建成投产企业7家；食品企业22家，建成投产企业18家，配套企业10家。在农业方面，促进大方县猕猴桃产业示范园建设，引进北京华麟果业有限公司在大方县理化乡发展猕猴桃产业，协调中科院武汉植物园、华南植物园的有关技术专家提供科技支撑，以公司投入为主体投资建设集科技成果转化、专利品种种植、精深加工及品牌销售为一体的农业高科技示范园。北京华麟果业有限公司完成投资2000万元，流转土地1033亩种植猕猴桃，示范带动种植1000余亩，申报绿色生产标准认证。共带动农户244户，其中建档立卡贫困户26户，解决固定就业20人，季节性用工5000人次。

【健康扶贫】　农工党中央协调联系优质医疗资源，帮助大方县培训医务人员、配备医疗设备，开展义诊、集中救治等活动，帮扶资金达989.25万元，培训医务人员1343名。其中联系农工党上海市委员会向大方县捐赠黑白超声诊断仪1台，血压机2台和价值5万元的手绘涂色书套装和防蚊手环；联系农工党天津市委员会向大方县大山乡卫生院捐赠5万元医疗仪器；联系农工党辽宁省委员会联系党员出资1000万元帮助大方建康复中心；联系农工党江苏省委员会促成江苏瑞年药业有限公司向大方捐赠价值55万元的医疗器械6台；联系农工党山东省委员会促成山东一泓电子科技有限公司向大方县猫场镇卫计中心捐赠价值1万元的医疗器械，中国孔子教育基金会传统教育分会向大方县捐赠价值6.5万元的医疗器械。

【教育扶贫】　农工党中央在教育扶贫方面共引资、捐资760万元，培训教师2526人。其中联系农工党北京市委员会向大方县第三中学47名优秀贫困生发放4.7万元助学金；联系农工党上海市委员会为六龙中学捐赠价值3.56万元的电脑10台，建设教师集体备课室，为大方县六龙中学免费安装风光互补发电系统和 26 盏风光互补路灯，共计 117.6 万元；联系农工党天津市委员会向大山乡松明小学捐赠 1.5 万元教育扶贫基金和物资；联系农工党江苏省委员会向大方县第四中学捐赠价值 28 万元的图书 10000 册，向大方县猫场镇新民小学捐赠 10 万元助学金和价值 2 万元的冰箱 6 台；联系农工党宁波市委员会向大方县理化乡大塘小学捐赠教育扶贫资金 5 万元，农工党诸暨市委员会向理化乡中坝小学捐赠价值 3 万元的校服、图书、文具及办公用品；联系农工党福建省委员会捐款 40 万元在大方县绿塘乡建立“同心助学基金”，向绿塘小学捐赠 2.6 万元图书 1262 册；联系农工党山东省委员会向大方县捐赠价值 5 万元的国学书籍，向大方县猫场中学、老水小学、前进小学、新民小学、幸福小学贫困学生捐赠 7 万元助学金；联系农工党广东省委员会向大方县牛场乡乐公小学共捐赠 150 个书包。

【公益扶贫】 2017 年 4 月，农工党中央联系中华少年儿童慈善救助基金会联系美国、加拿大、澳大利亚、埃及以及中国名医专家组成 40 多名医疗志愿者，在大方县人民医院筛查 130 名唇腭裂患者，为其中 80 名唇腭裂患者实施高质量免费手术，为患者共节约 120 万元。在农工党北京市委员会的牵线搭桥下，联系“名医主刀”专家团队赴大方县开展义诊活动，免费为 2 名骨关节患者进行手术，为 272 名患者免除挂号费，共计免除手术费用 8 万余元。

（中国农工民主党中央委员会
社会服务部　刘　玄）

中国致公党中央委员会定点扶贫

【概述】 中国致公党中央委员会（以下简称“致公党中央”）紧密围绕“致西合作”的目标和任务，开展定点扶贫重庆市酉阳土家族苗族自治县（以下简称“酉阳县”）的工作。坚持以智力帮扶为主，加大扶贫投入，通过实施医疗卫生扶贫、教育扶贫、农业产业扶贫、旅游扶贫、基础设施建设以及职业技能培训等扶贫措施，不断将定点扶贫工作引向深入。致公党中央还结合调研情况积极开展机制创新，加大资源整合力度和广度，加强东西部协作扶贫，通过号召发动东部发达地区签约结对帮扶酉阳县等途径，为“致西合作”蓄积更加强劲持久的发展动力。2017 年，致公党中央、致公党重庆市委以及全党各级组织在酉阳县投入资金、物资达 600 余万元，举办培训班 3 期，完成培训 93 人次。

【扶贫资金投入】 2017 年，致公党中央及各级组织共为酉阳县教育、文化、卫生等公益性事业投入资金 600 余万元，在酉阳县桃花源、花田、铜鼓、黑水、楠木等乡镇建设项目 17 个，包括建设乡镇卫生院 2 个，科普中心 2 个，卫生室 1 个，小学塑胶运动场 1 个；捐赠蓝牙助听器 1000 台，心电监护仪 2 台，空气能热水机 1 台，爱心校服 1000 套，有机肥 1 批；慰问贫困学生 200 人次等。

【扶贫会议】 2017 年 9 月，深化“致西合作”工作座谈会在重庆市酉阳县召开。座谈会上，致公党中央及地方组织、致公党员共向酉阳捐赠了价值人民币 350 万元的科普中心、卫生室和医疗设备。

【基础设施建设】 2017 年 3 月，致公党中央向酉阳县卫计委拨付 30 万元援建黑水中心卫生院业务综合楼。8 月，致公党中央致福慈善基金会捐资 50 万元、致公党重庆市委捐资 20 万元，为酉阳县花田乡中心小学修建的塑胶篮球场及 300 米塑胶跑道竣工。9 月，致公党中央及海外洪门社团捐建的酉阳铜鼓乡卫生院致公门诊楼正式竣工。10 月，致公党北京市委为楠木乡小学捐赠球场建设资金 10 万元。致公党中央与致公党上海市委合作在重庆酉阳桃花源街道中心小学校和黑水镇中心小学各建设 1 所“致公科普活动中心”。致公党中央为黑水中学捐赠空气能热水机 1 台。致公党中央协调中国社会福利基金会为万木乡柜木村捐赠村卫生室修建基金 20 万元。

【扶贫慰问】 2017 年 1 月，重庆市政协副主席、致公党重庆市委主委张玲，致公党中央社会服务部副部长李曼一行深入酉阳县龙潭、麻旺、黑水三个乡镇，看望慰问贫困学生共 200 人，每人发放慰问金 500 元，共计 10 万元。

【产业扶贫】 2017 年 5 月，致公党厦门市委免费为酉阳县花田乡、涂市乡及南腰界乡提供价值 3.7 万元海洋生物有机肥料用于提高 1500 亩优质稻米产量。

【健康扶贫】 2017 年 9 月，致公党重庆市委为酉阳县残障贫困群众捐赠价值 280 万元蓝牙助听器 1000 台。9 月，致公党天津市委组织 8 名医疗专家赴酉阳县开展“致福送诊”、医师培训活动，3 天时间义诊病人 1000 余人。致公党中央协调北京 999 急救中心为铜鼓乡卫生院和黑水镇卫生院各捐赠心电监护仪 1 台。

【教育扶贫】 2017 年 6 月，致公党中央在酉阳县捐建 14 支致福足球队，捐赠球服、球鞋等装备。7 月，致公党中央在酉阳县举办为期一周的酉阳中学英语骨干教师培训班。致公党中央与致公党天津市委共同组织 30 名酉阳中学英语骨干教师赴天津开展为期一周的培训。致公党中央在上海举办首届“致公科普夏令营”活动，酉阳县 3 所“致公科普中心”所在地的 4 名教育部门负责人及师生代表参加。8 月，致公党中央携手姜昆公益基金会向酉阳县桃花源街道中心小学校捐赠图书 11000 册。10 月，致公党杭州市委在酉阳县桃花源街道中心小学校建立“‘明志·悦读’杭州致公图书角”，捐赠 20 万元的图书。致公党中央协调党员为铜鼓乡中学捐赠价值 5 万元的武术服装。11 月，致公党朝阳区委联合首都经济贸易大学继续教育学院对重庆市酉阳县选送的 33 名学员进行为期 7 天的培训。致公党重庆市委与重庆机械电子高级技工学校合作的“致公·酉阳班”已经举办 11 年，该班 2017 年在酉阳招收 67 名家庭贫困学生，致公党共出资 26.8 万元设立奖学金和助学金，解决贫困家庭学生的学费和生活费。

【智力扶贫】 2017 年 2 月，致公党重庆市委组织专家编制完成《花田乡梯田旅游景区控制性详细规划》，为酉阳县发展乡村旅游经济提供智力支持。

【干部挂职扶贫】 2017 年，致公党中央选派 1 名处级干部挂职酉阳县副县长，分管“致酉合作”脱贫攻坚工作，帮助酉阳引进各类帮扶项目。

【扶贫宣传】 2017 年，致公党中央制作拍摄《携手共圆致富梦——中国致公党帮扶酉阳二十七年》宣传片和回顾纪录片，记录“致酉合作”开展 27 年来的艰辛历程，还原脱贫攻坚一线工作中的真实情况与群众反响。9 月，在致公党中央社会服务工作会议上播放该纪录片，号召致公党各级组织助力酉阳县脱贫攻坚。

【扶贫调研】 2017 年 2 月，致公党中央联络部原巡视员迟卫东率队赴酉阳县开展“西部地区农村电商平台建设”专题调研。9 月，全国人大常委、致公党中央副主席闫小培赴酉阳县开展精准扶贫工作调研。闫小培一行赴酉阳桃花源街道中心小学校、花田乡中心校的科普中心、塑胶运动场、科技活动馆、阅览室调研致公党中央对口援建的项目落实情况，赴花田乡何家岩村调研农业产业融合发展情况。

【脱贫攻坚民主监督】 脱贫攻坚民主监督工作开展以来，致公党中央广泛动员全党力量，发挥“侨”“海”特色，汇聚党员智力资源，不断创新和完善民主监督的体制机制，将加强党派自身建设融入工作中，实现了建言扶贫与践行扶贫的有机结合，取得了一系列成果。2017 年，全国政协副主席、致公党中央主席万钢，致公党中央常务副主席蒋作君，致公党中央副主席兼秘书长曹鸿鸣等多位领导先后 8 次率队赴四川深度贫困地区开展实地调研，地域涵盖秦巴山区、乌蒙山区、大小凉山彝区和高原藏区，涉及 18 个县（市、州）、29 个村，共 110 人次参加。举办协商、座谈、培训、答复反馈等会议 14 次，向地方党委、政府提出各类意见建议 45 条。

2017 年 3 月，全国政协副主席、致公党中央主席万钢出席各民主党派中央开展脱贫攻坚民主监督工作座谈会。11 月，致公党中央常务副主席蒋作君参加中央统战部组织召开的 2017 年脱贫攻坚民主监督成果会商会。

5 月，致公党中央制定《致公党中央 2017 年度脱贫攻坚民主监督工作实施方案》。

7 月，根据国务院扶贫开发领导小组统一部署，致公党中央参加第 4 督查组赴四川省开展脱贫攻坚督查巡查。了解四川省脱贫攻坚政策举措落实情况，发现先进典型和工作经验，查找问题和薄弱环节，听取基层干部群众意见建议。

10月，致公党中央在四川省遂宁市召开对口四川开展脱贫攻坚民主监督工作研讨会，协调12个省级组织对口监督四川12个贫困地市（州）。会议印发《致公党中央关于建立全党参与定点开展脱贫攻坚民主监督工作体系实施方案的通知》《致公党中央开展四川省脱贫攻坚民主监督工作方案》。

11月至12月，按照致公党中央统一部署和要求，致公党北京市委对口凉山彝族自治州，致公党上海市委对口甘孜藏族自治州，致公党天津市委对口绵阳市，致公党广东省委对口巴中市，致公党福建省委对口阿坝藏族羌族自治州，致公党江苏省委对口泸州市，致公党浙江省委对口广元市，致公党安徽省委对口南充市，致公党山东省委对口宜宾市，致公党辽宁省委对口乐山市，致公党河南省委对口达州市，致公党湖北省委对口广安市，分别开展了脱贫攻坚民主监督工作调研，并撰写调研报告。

（中国致公党中央委员会
社会服务部　过鹏华）

台湾民主自治同盟中央委员会定点扶贫

【概述】 2017 年，台湾民主自治同盟中央委员会（以下简称“台盟中央”）认真贯彻落实中共中央、国务院关于扶贫开发的指示要求，把定点扶贫贵州省赫章县（以下简称“赫章县”）纳入年度工作任务中，全面谋划，统筹安排。在实际帮扶工作中，台盟中央以智力扶贫为主线，以改善民生为重点，扎实开展定点扶贫工作。2017 年，台盟中央各级盟组织赴赫章开展调研、慰问等活动 10 次，派出机关人员、台盟盟员和各界爱心人士 120 余人次；累计投入物资约 50 万元，捐赠电脑 40 台，援建“同心”电教室 1 个；举办培训班 4 期，培训乡村教师 1000 余人，培训乡村医师 30 人，培训乡村致富带头人 10 人；派出挂职干部 1 人。

【扶贫慰问】 2017 年 5 月，台盟中央副主席杨健带队赴赫章县开展聚力助推脱贫攻坚“六一”慰问捐赠暨调研活动，向赫章县白果镇中心小学捐赠了 40 台电脑，援建了“同心电教室”；并向赫章三小捐赠价值 5 万元电教显示设备和管理软件，向赫章县结构乡初级中学捐赠 500 册图书，价值 2 万元；杨健副主席向赫章优秀中小学生捐赠自己撰写的《邮票上的英国文学》和《邮票上的儿童诗歌》图书 100 册。9 月，台盟中央副主席张泽熙带队赴赫章开展帮扶调研，向麻古镇团结小学捐赠书包 100 个、图书 100 册、衣服 90 件，并看望了原赫章县委统战部王永忠同志的遗孀和子女，张泽熙副主席个人赠予其家属 10000 元慰问金。

【扶贫调研】 2017 年 12 月，台盟中央社会服务部副部长张骏率台盟北京市委、台盟吉林省委一行 9 人组成调研组赴赫章开展脱贫攻坚专项督促检查调研活动。考察台盟中央援建白果中心小学“同心电教室”的使用情况和赫章县儿童福利院的运转情况，并向赫章白果镇中心小学捐赠 5 万元教学演示设备、向朱明乡中心小学捐赠 1 万元的教学设备。

【扶贫会议】 2017 年 3 月，台盟中央在广东珠海组织召开全盟 2017 年定点帮扶工作协调会。12 月，台盟中央在广州召开 2017 年社会服务暨脱贫攻坚民主监督工作会议。

【扶贫培训】 台盟中央始终坚持“扶贫”与“扶智”“扶志”相结合，对赫章县组织实施了“走出去”和“请进来”两种形式的智力帮扶培训，打造了“筑梦师者”“筑梦医者”和“筑梦乡村”系列帮扶品牌，从而不断推动赫章教育事业、医疗事业发展，提升基层干部行政管理水平。2017 年 7 月，台盟中央联合北京青年政治学院、台盟北京市委共同举办 2017 年“筑梦师者”骨干教师培训班，邀请来自赫章 40 名教师参加培训。7 月下旬，台盟中央和北京青年政治学院赴赫章开展调研，并与近三年参加过“筑梦师者”培训班的学员教师开展座谈交流。台盟中央协调沈阳师范大学赴赫章举办中小学骨干教师培训班，参加培训教师 1000 名，并与 30 余名参加过“筑梦师者”骨干教师培训的学员开展座谈。8 月，台盟中央联合安徽医科大学、安徽医科大学第一附属医院举办“筑梦医者”乡镇医师培训班，邀请赫章 30 名乡镇卫生院的医师参加。10 月，台盟中央联合阿里巴巴网络技术有限公司、义乌工商职业技术学院举办

“筑梦乡村”行政管理干部培训班，邀请10名赫章县行政管理干部参加，通过学习义乌人的创业精神、经营理念和管理模式，提升基层行政管理干部治理农村、服务群众的水平。

【教育扶贫】　2017年3月，台盟中央协调台盟上海市委、上海交通大学附属中学一行34人赴赫章县开展捐赠活动。在河镇中学开展学农活动，与赫章县第一中学结对共建。4月底，台盟广州市委组织广州市东风西路小学骨干教师10名赴赫章城关二小开展帮扶活动。8月，台盟上海市委、台盟南京市委联合开展“上海·南京·赫章心连心夏令营活动”，并向当地学生捐赠价值2万余元图书和文具。9月，台盟天津市委联合天津市台联赴赫章开展捐资助学活动，向双坪乡兴盛小学捐款5万元，用于资助88名贫困学生和奖励部分品学兼优的学生。

【健康扶贫】　2017年，台盟中央协调解放军第302医院与赫章县人民医院结为帮扶医院，派医疗队赴赫章开展为期一周的义诊活动并开设三次百姓大讲堂；同时，解放军第302医院承诺每年接收赫章县人民医院骨干医生到本医院免费进修培训半年，2017年共有3名赫章县医生到302医院进修。

【文化扶贫】　7月，台盟中央组织2017年两岸学生乡土文化研习营，邀请来自赫章和台湾海峡两岸的师生91名到福建研习闽南文化、客家文化、朱子文化等福建祖地文化。本次活动以“血脉相连 乡土文化之旅”为主题，旨在弘扬福建乡土文化，增强台湾青少年对中华民族和文化的认同感，推动两岸青少年交流交往。8月，台盟北京市委2017年京台文化研习营活动在京开营，活动邀请了台湾多所高校和贵州盛华职业学院的80名师生参加。

【产业扶贫】　2017年9月，时任台盟浙江省委主委张泽熙带队赴赫章开展产业扶贫调研工作，实地考察了赫章县贫困户搬迁建设点、扶贫畜牧业超市、现代农业援建项目、特色旅游扶贫项目和教育援建项目，并召开座谈会听取了当地创新开展扶贫工作的经验汇报。经台盟中央协调，台盟广东省委、台盟广州市委共同邀请香港、台湾工商协会会长邱文潜率企业家赴赫章开展帮扶考察，了解投资项目。

【干部挂职扶贫】　2017年，台盟中央派出1名副处级干部到赫章县挂职扶贫，担任中共赫章县委常委、副县长职务，协助分管赫章县脱贫工作。挂职扶贫干部严格按照扶贫工作要求，克服工作和生活方面的种种困难，做好定点扶贫各项工作。深入乡镇调研，了解定点扶贫县域的经济社会发展情况和当地老百姓对扶贫项目的需求，分析贫困的现状、原因以及脱贫致富的途径，理清工作的思路和扶贫的着力点，为当好台盟中央扶贫工作的联系人，做好信息沟通、落实扶贫方案，做了扎实的基础性工作。

（台湾民主自治同盟中央委员会
社会服务部　郑润东）

北京邮电大学定点扶贫

【概述】 北京邮电大学（以下简称“北邮”）定点扶贫贵州省长顺县，成立了由党委书记吴建伟和校长乔建永担任组长的定点扶贫工作领导小组，确保对定点扶贫工作的坚强领导。打造“1＋N”帮扶项目，以教育扶贫为核心，人才扶贫、文化扶贫、科技扶贫、产业扶贫、信息扶贫等为配套的精准扶贫体系。学校选派2名同志赴长顺县挂职。2017年投入专项经费20万元，帮助引进各类资金2352.8万元，受益建档立卡贫困户1086人。派遣21名研究生前往长顺县开展支教活动，培训210人次5支暑期社会实践团先后赴长顺县开展暑期“三下乡”社会实践活动，设立帮扶长顺县困难学子的北京邮电大学专项资助资金，每年10万元，资助50名贫困学生。

【扶贫调研】 2017年12月，校党委书记吴建伟带队前往长顺县和杉木村调研，听取了长顺县脱贫攻坚工作情况汇报，督促检查长顺县脱贫攻坚相关工作，走访慰问驻村第一书记和贫困户。举行了“北邮奖学金”捐赠仪式，每年向长顺县捐助10万元专项资金，用于资助长顺县民族高级中学贫困学生。

【干部挂职扶贫】 北邮选派学生处副处长刘春晓同志赴长顺县挂职，担任县委常委、副县长。选派校团委办公室主任李瑾梁同志到长顺县长寨街道办事处杉木村挂任第一书记。挂职干部赴任以来，认真履职，全身心投入脱贫攻坚的事业中，创造性地开展有关工作，展现了北邮党员干部的良好形象。

【招生工作宣传】 为帮助长顺县贫困学生升学，学校在当地大力宣传和推动“面向贫困地区定向招生专项计划”等教育部关于重点高校招收农村和贫困地区学生工作的相关政策。自长顺县民族高级中学成为北邮优秀生源基地以来，大力支持中学开展素质教育，推进广大中学生的科普、人文教育，共同培养优秀学生，选拔和输送优秀学生到校就读。录取长顺县代化镇建档立卡贫困学生1名，并为其开通绿色通道。

【科普讲座】 2017年12月，北邮信息安全中心主任杨义先教授为长顺县民族高级中学师生开展《安全简史》科普报告，报告围绕老师和同学们关心的信息安全知识，详细介绍大数据与信息安全、区块链、量子编码等前沿技术。

【教育扶贫】 北邮从数字校园建设、远程教育建设入手，支持建设长顺县第四中学。2017年3月，协调中国教育发展基金会拨付中央专项彩票公益金润雨计划专项资金230万元，长顺县自筹243万元进行长顺县敦操乡第二幼儿园建设。敦操乡第二幼儿园建成后，将可解决335户易地扶贫搬迁安置点群众子女入园问题。5月，协调全国政协委员、启明星辰信息技术集团股份有限公司CEO严望佳博士捐赠长顺县第四中学电脑室一间（含61台电脑和61套电脑桌椅），价值22.8万元。9月，协调中国宋庆龄基金会捐赠50余万元，在长顺县摆所镇营盘中心校捐建中超爱心球场，是长顺县农村中小学唯一一个标准化五人制足球场，协调5位冠军运动员赴长顺县开展交流活动。

【支教服务】 北邮派遣21名研究生前往长顺县开展支教活动。支教团成员在完成教学任务的同时，对团员信息进行分类整理，辅助建成长顺第四中学团委。制定了班级工作量化考核方案、值周生制度及考核方案等多项校园管理制度，并全面负责学校学生会、广播站的各项工作。帮助成立8个学生社团，成为四中办学的一大特色。开展"微心愿活动"，把心愿卡邮寄回北邮，由爱心人士为孩子们完成心愿。建设"春笋"心灵成长屋，为留守儿童提供安全防卫、礼仪交往、感恩电影、心灵相约等各项服务及活动组织。

【教师培训】　2017年11月，举办"2017年教师培训项目"，为第二批长顺县民族高级中学的10名教师进行为期两周的学习培训。

【干部培训】　2017年5月，北邮信息与通信工程学院院长张琳教授为长顺县领导、县直部门与乡镇（街道）社区领导干部以及24个深度贫困村第一书记开展了一场题为"互联网+，网络大数据和5G通信"的专题讲座。

【扶贫宣传】　北邮组织5支暑期社会实践团先后赴长顺县开展暑期"三下乡"社会实践活动。搭建了扶贫和旅游网站，设计了智慧旅游信息平台和纪堵村电商草案，助力长顺信息化脱贫。各实践团共形成超10万字报告总结、照片500余张、视频5部，并利用微信、微博以及直播等网络途径进行实时宣传，发布数十篇推送报道，在网上汇聚发出"青年服务国家"的时代声音。2017年8月，北邮学生团队拍摄了《长顺县脱贫攻坚之路》纪录片，社会反响热烈，较好展示了长顺"藤缠树"产业扶贫模式所取得的成效，"《长顺县饮食文化与脱贫之路》纪录短片拍摄实践团"荣获2017年度首都大中专学生暑期社会实践二等奖。

【消费扶贫】　北邮选派的挂职干部参加了由湖南卫视《越淘越开心》和淘宝直播联合出品的直播秀《镇店之宝》，向网友推介贵州省长顺县特色农产品——长顺绿壳鸡蛋，以互联网的优势，为县域农产品站台。整个直播过程共有超过115万名网友通过淘宝直播、优酷直播观看此次直播秀，点赞数5460万。北邮师生在社交网络掀起了一场转发热潮，广泛宣传长顺绿壳鸡蛋，教师自行下单购买，以实际行动支持定点扶贫县的农产品销售，取得了良好效果。9月，学校采购一批价值约30万元的长顺县农副产品，助力学校定点扶贫工作。

【捐资助学】　设立帮扶长顺县困难学子的北京邮电大学专项资助资金，每年10万元，资助50名贫困学生。全年累计捐款捐物折合人民币11万元。北邮幼儿园将义卖活动所得款项约1.3万元捐给长顺县鼓杨镇的幼儿园。举办支持长顺县白云山镇中心小学的"'E'本书香，爱与'光'同行"图书捐赠活动。开展点亮微心愿、农村电商帮扶、农村智慧旅游开发等特色活动。2017年5月起，北邮信通院辅导员团队通过每月捐款的方式定向资助一名长顺县贫困学生。

【产业扶贫】　北邮积极协调校友企业到长顺县兴办产业，如经营范围为计算机技术开发、咨询、服务与计算机、软件及辅助设备、电子产品销售的贵州网瑞达信息技术服务有限公司在长顺县注册，注册资金1000万元。促成绵阳中科创育成中心（秘书长为北邮校友）到长顺县对接基于大数据共建共享的智慧城乡建设。2017年4月，协调2016年全国脱贫攻坚奖获得者、北京邮电大学兼职教授、云校校长陈正拜先生捐赠价值1950万元（65套）的"云校智慧教育云平台"，使全县65所中小学校近26000名学生受益。7月，协调全国政协委员、北京帝恒投资有限公司董事长曾钫先生和其创办的思源基金会为长顺县捐赠8台救护车，价值100余万元。

（北京邮电大学扶贫办　钱丽倩）

中国农业大学定点扶贫

【概述】 中国农业大学定点帮扶贵州省镇康县。2017年，按照教育部滇西定点扶贫工作的整体安排，以“精准施策、精准推进、精准落地”为原则，“依镇康之所需、尽农大之所能”，构建和完善教授（服务团）工作站、科技小院、博士服务团、研究生支教团、人才培训五大工作平台，增加投入，加强产业扶持，为镇康县农业开展多层次教育培训，激发当地人民群众与领导干部的内生动力，做好定点扶贫工作。

【扶贫资金投入】 中国农业大学在年度经费预算中预算100万元扶贫专项经费，用于学校派出专家到镇康县定点扶贫从事农业技术推广与指导的差旅食宿费用以及专家劳务费，安排镇康县干部赴北京中国农业大学参加培训费用50万元。同时还协助当地向中国教育发展基金会申请项目资金130万元，用于镇康县木场乡幼儿园建设。

【扶贫培训】 中国农业大学组织镇康县26位科级管理干部到北京进行提升现代农业产业能力培训；通过教授服务团、博士服务团、科技小院培训农村管理干部和农业技术人员，先后为镇康县农村举办中草药栽培、甘蔗栽培与病虫害防治、蔬菜栽培与病虫害防治、柑橘病虫害防治技术等8次培训，培训村干部80余人，农技人员200余人，现场指导农民2000余人。

【干部挂职扶贫】 中国农业大学严格按照教育部选派挂职干部的要求，选强人，强选人，学校选派两名实职的副处级干部分别担任镇康县副县长和勐堆乡帮东村驻村第一书记。充分发挥挂职干部“桥头纽带侦察兵”的作用，做好定点扶贫项目政策的推进工作。

【智力扶贫】 主要依托学校在镇康县设立的教授工作站、科技小院和向镇康县派出博士科技服务团，帮助引进黄瓜嫁接栽培技术，提高了蔬菜、水果产量与品质，制定木场乡冬桃迭育蔬菜新品种，栽培、植保、水分子管理方案，为镇康县产业发展提供智力和技术支持。

【教育扶贫】 中国农业大学6名研究生组成的支教团在镇康县第一中学担任物理、数学、历史等科目的教学任务。2017年7月，中国农业大学8名博士组成的博士团赴镇康开展科技服务。邀请全国知名中学校长王克田带队赴镇康县第一中学考察指导，并初步达成协议，在师资力量、学生交流等方面，加大对镇康县第一中学的帮扶。帮助协调中国教育发展基金会，申请项目资金130万元，用于建设镇康县木场乡木厂村（建档立卡贫困村）幼儿园。

（中国农业大学研究生院　刘　军）

北京林业大学定点扶贫

【概述】 2017年，北京林业大学（以下简称“北林大”）继续定点帮扶大兴安岭南麓山区、内蒙古科尔沁右翼前旗（以下简称“科右前旗”），赴定点县科右前旗调研54人次（其中单位负责同志3人次），派遣挂职扶贫干部3人，投入资金67.3万元，实施帮扶项目6个（其中科技扶贫项目4个），充分发挥学科特色和智力优势，以教育培训、人才智力、科技帮扶等为工作重点，精心组织，精准发力，全力做好对内蒙古科右前旗的定点扶贫工作。

【扶贫调研】 2017年6月，北林大校党委书记王洪元，校党委副书记、纪委书记王涛，副校长张闯等领导带队专程赴科右前旗开展扶贫慰问、调研。看望慰问了在当地服务的8名研究生支教团成员，走访、了解他们的学习、工作和生活情况。查看了正在当地大棚实施的科技扶贫项目，重点了解项目建设情况。与当地政府主要负责人座谈，走访调查当地多个贫困嘎查村庄，为因地制宜开展帮扶工作提供了良好基础和可靠保障。

【督促检查】 北林大将实践育人与精准扶贫、督促检查相结合，组织开展“青年服务国家”大学生走进基层社会实践活动。2017年7—8月，学校16名青年学生骨干奔赴科右前旗开展了半个月的“模拟第三方精准扶贫评估”。15天时间里，实践服务团走遍全旗12个苏木乡镇，83个贫困村，入户走访1083户贫困户或脱贫户，对全旗的脱贫户收入达标率、政策满意度、脱贫认可度等重要指标进行了全面评估和查验。获得共青团中央颁发的2017年全国大中专学生志愿者暑期“三下乡”社会实践活动优秀实践团队荣誉。

【扶贫培训】 2017年12月，北林大为科右前旗举办“科右前旗现代农牧业合作社法人精准扶贫培训”，对象为科右前旗农牧局有关党政干部、现代农牧业合作社法人及相关骨干60人，内容涵盖“国家农牧业发展政策解读”“合作社规范化建设与管理”“农产品市场营销策略”“休闲农业与乡村旅游发展”等多项内容，采用课堂教学与现场教学相结合的授课方式。

【教育扶贫】 2017年，北林大组织“研究生支教团”16人次继续接力支教当地中小学。上半年派出8人在当地索伦小学、俄体小学、俄体中学，下半年派出8人在当地索伦小学、俄体中学、大石寨蒙古族学校分别开展扶贫支教，解决偏远地区教师资源不足问题。

【挂职干部扶贫】 2017年，继续选派2名干部赴科右前旗挂职担任副县级干部和科尔沁镇平安村驻村第一书记。两位同志认真贯彻中央精神，努力履职尽责，带领群众脱贫致富，得到一致好评。

【产业扶贫】 学校坚持科技帮扶、“扶智”先行，在科右前旗立项落地了包括“沙果深加工设备存在的关键问题开展沙果去核机定向输送机构”“科右前旗设施枣栽培技术研究与示范”“金口味食品饮料造型包装装潢设计”“科尔沁镇平安村标志设计及绿色果蔬包装设计”4个科技项目，直接投入19万元科研经费，发挥绿色高校智力科技优势，推动当地资源产业提质升级和优势转化。

【教授服务团】 2017 年，北林大组织了第二届“北京林业大学学习李保国同志先进事迹走进贫困地区教授服务团”。以林木育种、农林经济等优势学科为主的，掌握具有服务贫困地区潜力或应用转化前景技术的 10 名教授在 6 月 8—10 日三天时间里，深入到科右前旗的田间地头、车间厂房，开展技术推广、政策建言、咨询服务等精准帮扶活动，为当地脱贫攻坚致富发展出谋划策。

（北京林业大学发展规划处　朱雨晨）

天津大学定点扶贫

【概述】 天津大学定点扶贫甘肃省宕昌县，将学校的人才智力优势与宕昌县脱贫攻坚需求紧密结合，聚焦教育扶贫与智力扶贫，取得良好成效。2017年，共完成党政干部培训330人次、农村创业致富带头人培训25人次、赴津参加暑期科学营12人；选派2名研究生支教团成员到宕昌县城关一小支教一年；选派优秀青年骨干教师到宕昌县开展科技扶贫6人次。共引进资金12万元，用于宕昌县大寨村的产业培育；投入资金110万元，主要用于发展宕昌县贫困村集体经济，此外，天津大学从预算中列支30万元设立教育培训帮扶资金。

【扶贫调研】 2017年11月，时任校党委常务副书记舒歌群率队到宕昌县调研推进定点帮扶工作，召开扶贫工作座谈会，看望慰问城关一小支教学生，到新城子乡岳藏甫村调研党费扶贫项目。与宕昌县人民政府签订《关于定点扶贫帮扶资金使用计划的协议》《共建高端教育培训基地协议》和《共建青年教师实践基地协议》，确定将学校补交党费60万元用于发展贫困村集体经济，并设立30万元的教育培训帮扶资金。通过共建高端教育培训基地和青年教师实践基地，搭建“人才扶贫”的新平台，拓展人才智力帮扶的深度和广度。

【扶贫会议】 为加强定点扶贫工作的组织领导，天津大学成立定点扶贫工作领导小组，定期召开会议研究扶贫工作。2017年3月，时任校党委常务副书记舒歌群召开定点扶贫领导小组会议，一是传达党中央、国务院有关定点扶贫的文件精神，二是听取挂职干部的工作汇报，三是审议2017年度定点扶贫宕昌县工作计划，四是研究定点扶贫存在的难点问题，相关决议在校长办公会议上进一步研究落实。

【扶贫培训】 为提升宕昌县党政干部的管理能力和领导力水平，天津大学采取“送上门、请进来”的方式，开展干部培训工作。天津大学安排相关专家赴宕昌县，围绕《一带一路战略背景下区域发展战略选择》《传统村落保护与规划更新利用》《县域电子商务发展与农产品品牌营销》开展专题干部培训，全县副县级以上领导干部、各乡镇、县直各单位领导干部和相关部门中层干部约300人参加；组织宕昌县30位中小学校长走进天津大学，聚焦高招政策、干部领导力提升、学校品牌建设、安全管理等学校发展关键问题，组织学员们走进南开中学、红光中学实地考察学校建设及管理经验，取得良好培训效果。

【干部挂职扶贫】 天津大学先后选派2名干部到宕昌县挂职扶贫，分别担任宕昌县副县长、驻村第一书记职务。在工作中，挂职干部充分发挥桥梁纽带作用和第一书记的驻村帮扶作用，依托学校人才优势与科研力量，精准对接县域经济发展和脱贫攻坚中的迫切人才需求，做好教育扶贫、科技扶贫、“非遗扶贫”工作，充分发挥第一书记作用，带动富民增收，进一步提高定点扶贫的精准度和有效性。驻村第一书记宋鹏的工作事迹先后被天津卫视、《人民日报》等多家媒体报道，被评为第22届甘肃青年五四奖章、甘肃省驻村帮扶工作队优秀队长，并当选共青团第十八次全国代表大会代表。

【产业扶贫】 “党费扶贫”是天津大

学在宕昌县开展的产业扶贫项目。结合宕昌县正在开展的建档立卡贫困户稳定增收“十条路”行动，天津大学探索“党支部+合作社+贫困户”的党建扶贫模式，将补交党费60万元用于发展贫困村集体经济。选择最贫困、最具代表性的两个村进行富民产业帮扶。安排45万元用于帮扶两河口镇罗湾村，帮扶发展辣椒和花椒种植及加工产业；安排10万元用于帮扶新城子藏族乡岳藏甫村，该村为比邻鹅嫚沟景区的藏族聚集村，帮扶发展“民宿村落”旅游产业。安排5万元用于帮扶沙湾镇大寨村发展“中华蜂巢蜜”和“沙湾梅花椒”产业。

【智力扶贫】 天津大学聚焦宕昌县旅游和中草药种植两大支柱产业开展智力扶贫工作，提升支柱产业的竞争力。针对宕昌县2017年实施的“旅游大数据平台建设”和“拉路梁万亩中药材综合展示园建设”两个重点建设项目，天津大学选派计算机学院、建筑学院优秀青年骨干到宕昌县开展扶贫工作。按照省、市、县大数据建设标准和宕昌智慧城市建设的需求，制定大数据旅游服务支撑平台建设方案；从宕昌县中药材独特区域资源优势出发，提出“千年药乡 体验宕昌”的养生体验旅游发展理念与方案。组织优秀青年骨干教师组成的专家团队到宕昌县开展扶贫实践活动，搭建“人才扶贫”的新平台。

【教育扶贫】 充分发挥教育资源优势，采取“送上门”“走出去”“请进来”等方式，构建了全方位的教育帮扶模式。利用自主招生政策为宕昌考生报考天津大学提供支持。选派2名天津大学研究生支教团成员到宕昌县中小学进行支教，组织12名宕昌县中学生参加青少年高校科学营天津大学分营和到北京大学、清华大学访学，提升学生的科学兴趣，拓宽学生的眼界和视野，增强学生努力学习的内生动力。组织天津大学学生到宕昌县开展支教、扶贫调研等暑期社会实践活动，亲身体察国情民情，展现天大学子的责任与担当。

【文化扶贫】 天津大学依托冯骥才文学艺术研究院在非遗研究方面的优势与特色，深入调研挖掘宕昌县非遗的传承与保护现状，把非遗保护与旅游产业发展结合起来，提出“非遗+旅游”的非遗扶贫工作思路，并被评为首批教育部直属高校“非遗扶贫”示范建设项目，为探索高校文化扶贫新模式打下良好基础。

（天津大学党办校办　吴金克　周　静）

大连理工大学定点扶贫

【概述】 大连理工大学承担帮扶云南省龙陵县的工作。学校高度重视扶贫工作，切实把扶贫职责扛在肩上，积极推动扶贫工作取得实效。2017 年学校按照教育部要求和部署，整合科技、人才优势，从教育、干部培训、招商引资、科学技术研究等方面发挥自身优势，在精准扶贫上下功夫，为龙陵县经济社会发展增添了新动力。2017 年度，大连理工大学校党委和行政高度重视精准扶贫工作，全校上下各职能部门、学部（学院）群策群力，结合自身特点，从多个维度开展帮扶工作，较好地完成了帮扶计划。全年赴定点县考察调研 59 人次，挂职干部 2 人，直接投入资金 31.4 万元，实施帮扶项目 6 个，培训干部 1071 人次，招商引资 45 亿元。

【扶贫培训】 充分发挥学校教育资源优势，依托 MBA、MPA 和全国重点马克思主义学院等优势教育平台，制定专门的培训计划和教学方案，搭建龙陵县领导干部能力提升平台。

2017 年，在大连理工大学举办两期龙陵县党政领导干部能力提升培训班，共有 71 人参加培训，培训内容主要涉及党建工作、工业化经济发展、依法行政、中国宏观经济形势分析和展望、电子商务、旅游经济、社会管理创新等内容。

暑假期间，学校党委副书记、纪委书记李成恩教授、马克思主义学院院长洪晓楠教授、马万利教授、杨春平副教授分别从“全面从严治党”“习近平治国理政新理念新思想新战略”“全球视野下的‘一带一路’倡议”和“中国共产党历史概要——兼谈中国共产党人的理想信念”四个方面，在龙陵县为参加“龙陵县党组织书记培训班”的 800 余名党员领导干部做了专题培训。期间，马克思主义学院院长洪晓楠教授还为龙陵县基层理论宣讲和社科工作者做了专题培训。

【干部挂职扶贫】 2017 年，大连理工大学派出 2 名干部挂职担任龙陵县副县长和龙山镇核桃坪村驻村第一书记。挂职干部共走访督查检查 24 次，走访建档立卡贫困户 69 户 50 余次、贫困村 40 余次，了解扶贫工作推进情况，检查督促易地扶贫搬迁工作，帮助村、户解决实际困难。驻村第一书记开展了两次动态管理工作，利用建档立卡贫困户动态管理入户调查的契机，深入农户家了解农户生产生活情况，帮助解决实际困难。同时，开展贫困户的思想教育工作，引导他们解放思想、改变观念，从思想上改变贫困状态。监督扶贫政策落实情况。累计入户 112 户。利用工作之余，走访特殊农户（老党员家庭、孤儿家庭），累计走访 26 户。

【扶贫慰问】 2017 年 8 月，大连理工大学校党委常委、组织部部长毕明树带队赴核桃坪村调研脱贫攻坚、易地扶贫等工作，并为核桃坪村提供 10 万元的脱贫帮扶资金。

【产业扶贫】 2017 年，在挂职干部的推动下，西安隆基硅材料股份有限公司与云南省政府签订千亿级单晶光伏产业战略合作框架协议，促成西安隆基硅材料股份有限公司投资约 45 亿元、年产 5 吉瓦单晶硅棒及配套项目落地龙陵硅基产业园。该项目于 8 月 1 日正式投产，生产硅棒 90 吨，总价值 2500 万元，解决龙陵县 600 余人就业问题，其中建档立卡贫困户 300 人。

2017 年，大连理工大学管理与经济学部任曙明教授、丁永健副教授等两次前往保山市和龙陵县，参与工业产业园建设的规划，为县域经济发展献计献策。

4 月，校友企业峰岚农业（大连）有限公司与龙陵县发新石斛专业合作社签订协议，成立云南土特产合作基地，依托“互联网 +”和服务校友的企业优势，把龙陵的石斛、黄山羊、茶叶、中药材等一批优质高原特色农特产品推向全国。

促成龙陵县发新石斛合作社的特产在东北发售，实现销售额 17 万元。

帮助龙陵县核桃坪村建立“云南佧佤翁”淘宝店、微店等网络销售平台，截至 2017 年底，实现销售额 20 万元，村集体经济直接收入 8 万元。

【智力培训】 大连理工大学马克思主义学院将教学实践基地设在松山干部教育培训基地，充分发挥人才优势、科研优势和教学优势，为松山干部教育培训基地提供师资支持和智力支持。学校与龙陵县委、县政府按照着力构建“互联互动、同进同行、共建共赢”的工作原则，将该基地打造成结对帮扶工作新亮点。

2017 年 6 月，学校科学技术研究院副院长、保密办公室主任刘连峰率队到保山市调研科技、产业发展情况，并与保山市领导就校市共建“滇西产业发展研究院”进行了深入探讨。8 月，与保山市签署协议，共建滇西产业发展研究院，发挥大连理工大学在技术开发、成果转化、产业培育等领域的优势，助力保山市产业发展，为教育扶贫工作做出新贡献。滇西产业发展研究院立足保山，面向滇西，辐射云南，深入开展产业共性关键技术研究、应用系统开发、科技成果转化和市场开拓工作，力争将研究院打造成为政校融合协调创新基地、新兴产业和技术研发基地、科技成果转化孵化基地、高端技术人才聚集基地，面向南亚、东南亚的产业技术展示和转化中心。2017 年，研究院承担了保山市 4 项课题研究工作，筹办保山市全市领导干部工商管理硕士班和工程硕士班。

【教育扶贫】 大连理工大学每年选派特级教师定期到龙陵县，对当地师生开展教育培训，提升全县教育工作水平。2017 年 12 月，大连理工大学在龙陵县举行教师培训，培训了 200 名高中教师。

7 月，学校第 4 批 4 名研究生到龙陵县第一中学开展支教活动，并定期召开工作研讨会、开展爱心公益募捐、指导龙陵县第一中学学生社团开展活动等。研究生支教团还赴龙山镇董华小学开展了为期 8 周的义务支教活动。开设了“播音主持”和“美术”两个课外兴趣班，培训学生 60 余名。

核桃坪村第一书记为复建核桃坪小学筹集图书 3000 余册（其中新书价值 5000 余元），篮球架、足球门、羽毛球网等体育设施 5000 余元。

【公益扶贫】 依托大连理工大学（龙陵）公益服务实践基地，按照龙陵县妇联的工作需要，学校利用寒暑假组织大学生志愿者到村（社区）儿童之家开展公益服务活动，服务留守儿童。2017 年，共组织学校 24 名公益服务志愿者到龙陵县镇安镇、勐糯镇两个乡镇的儿童之家开展为期 15 天的公益服务，共有 3 支团队 70 余名学生志愿者到龙陵县龙山镇、龙江乡、镇安镇和勐糯镇 16 个儿童之家开展公益服务，受益学生 1000 余人。

2017 年 7 月，校党委副书记、纪委书记李成恩、马克思主义学院院长洪晓楠到龙陵县第三中学调研，并捐赠价值近万元的 360 余册图书。

（大连理工大学工会　王历聪）

复旦大学定点扶贫

【概述】 2017年，复旦大学认真落实党中央、国务院坚决打赢脱贫攻坚战的决策部署，按照《教育部定点联系滇西边境山区工作总体方案》要求，扎实推进定点扶贫云南省永平县相关工作，落实“真扶贫、扶真贫、真脱贫”的工作要求，建立完善挂钩帮扶工作机制，创新工作方式，充分发挥高校在人才、科技等方面的优势，整合校内外资源，着力在人才培养、决策咨询、科技支撑、产业发展、文化旅游、宣传推介、招商引资等方面推进扶贫工作。

2017年复旦大学直接投入或者在学校帮助下引进永平县的各类资金总额1035万元，用于发展永平县教育、医疗、卫生、旅游和科技文化等社会事业，助推全县经济社会发展。截至2017年底，永平县贫困发生率下降10%，减贫幅度达到65%。

【扶贫资金投入】 2017年，复旦大学直接投入或者在学校帮助下引进永平县的各类资金总额1035万元。

医疗方面，整合社会资源，组织爱心企业向永平县捐赠了价值600万元的64层CT，并帮助永平以510万元的成本价引进了价格近千万元的1.5T核磁共振设备；复旦大学教育发展基金会专项“陈灏珠院士医学人才培养基金”中“生命之花”项目之一“福平医疗救助基金”正式成立。

教育方面，为永平县龙街镇中心完小争取到了嘉润青少年教育发展基金图书馆项目，计划为龙街镇中心完小建设400平方米的图书馆一幢，概算总投资达100万元；争取了新城控股集团股份有限公司为永平县捐资100万元，用于永平县杉阳镇中心完小塑胶跑道建设和其他10所中小学的阅览室布置；协调晨光彩虹公益基金会到永平县开展“晨光文具金种子（开学礼包）助学计划”捐赠活动，为永平2845名建档立卡贫困户在校子女发放了价值40万元的“金种子助学”爱心礼包，并协调基金会为龙街镇羊街村完小捐赠了被子200张、床架40个共5.9万元，为57名贫困学生争取到每人1000元的助学资金；帮助争取到舜杰克明助学基金会第二期助学资金30万元；协调广东幸福狐狸贸易有限公司捐赠“爱心书包”5000个，价值30万元。

【扶贫调研】 2017年，复旦大学组织了11批（次），共计160多人（次），由教授及研究生为主、本科生为辅组成的调研团队到永平县就经济社会发展、教育、旅游开发、医疗卫生、核桃营销现状、教育事业发展等专题进行深度调研。签订了“复旦—永平规划扶贫协作框架协议”，对永平县高标准高水平做好“多规合一”规划、《永平县全域旅游规划》、《复旦 & 永平（曲硐）核桃商旅特色小镇规划》和永平县第一中学初中部搬迁等规划编制工作提供支持和帮助，并就永平旅游产业发展规划进行修编完善，指导永平县搞好旅游线路、旅游产品的策划和推介；依托复旦新农村发展研究院等科研平台，签订了“复旦—永平精准扶贫科技服务工作站”，将复旦的科技优势、人才优势转化为永平的产业发展优势。

【扶贫培训】 复旦大学积极对接永平县的干部培训需求，按照地方政府统一安排，分批次接收了永平县的69名干部到复旦大学干部教育学院进行培训学习。学校组织不同学科领域的知名教授赴永平县，紧密结合县域经济社会发展的不同主题，面向地方干部队伍开设专题讲座 4 场，培训 1000 多人。

运用互联网 + 技术，对永平县 694 名乡村医生进行慢性病管理远程培训，并协调中国医师协会乡村医生分会在永平县人民医院成立了“乡村医生培训中心”；接收永平县派出的 11 名医护人员和学科带头人到复旦大学各附属医院进行为期 1 ~6 个月的进修学习。

【干部挂职扶贫】 2017 年复旦大学选派干部张阳勇、赵泉禹先后在永平县挂职任副县长，张志强先后在永平县博南镇曲硐村和贫困村胜泉村挂职任驻村第一书记。

【扶贫宣传】 协调中央电视台、《光明日报》、中国教育电视台、《健康报》、《上海时报》（海外版）等媒体，对复旦大学帮扶永平县工作、脱贫攻坚工作和“云南·大理永平博南文化节”等内容进行宣传报道。利用“云品中心”推进“云品入沪”工程，帮助永平拓展上海市场，带动产业发展，提升永平县的对外知名度和影响力，为下一步推动永平县招商引资合作、推进脱贫攻坚打下基础。

2017 年 4 月，《中国教育报》头版头条刊发报道《改写一个贫困县的“健康曲线”——复旦大学定点扶贫滇西地区永平县工作纪实》，详细介绍了复旦大学对永平县医疗扶贫亮点，包括医疗人才培养、医疗品牌打造、远程医疗开展等措施。《云南日报》以《复旦大学的“永平情”为题》，报道了复旦大学在医疗扶贫、教育扶贫方面为永平带来的改变；《大理日报》也于头条发表了同题文章。

【产业扶贫】 根据永平县产业发展规划，复旦大学依托上海复旦资产经营有限公司积极争取相关企业资源，着力打造产品品牌、拓展电商销售渠道、宣传推介特色农产品，通过对接招商引资工作，帮助永平县做大做强核桃、烤烟、生态茶、畜牧养殖等优势高原特色农业，增加产业发展后劲，促进农民收入持续增长，推动定点扶贫工作。2017 年 7 月，上海复旦后勤服务发展有限公司、上海卉谷茶业有限公司到永平县考察生态茶产业发展情况，为下一步结合卉谷的“互联网 +”销售渠道优势和永平茶叶原料品质优势开展深入合作打下基础。

【教育扶贫】 复旦大学第二附属中学与永平县签署关于推进永平县基础教育发展备忘录，协调复旦大学青岛研究院成立“复旦—永平精准扶贫教育基金会”，在永平县举办了“沪浙苏鲁黔青滇六省一市中小学校长论坛”，帮助培训永平中小学教师 90 人；组织复旦大学烛心社深入永平基层，开展义务支教，为永平县中小学生量身定制暑期公益课程；选派复旦家族学校 47 名师生到永平开展“永平—复旦家族学校学生领袖峰会”，与永平师生面对面交流，传输先进的教育理念；接收永平 24 名中小学校长和骨干教师到复旦大学各附属中小学进行挂职锻炼和跟岗研修；邀请永平 10 名高中生参加 2017 年青少年科学夏令营复旦分营，并通过复旦教育发展基金会补助 3.5 万元解决贫困学生和带队教师的交通费用支出；通过复旦后勤公司建立的永平县职业中学毕业生实训基地，接收永平县派出的职业中学毕业生到公司实习，促成第二批 6 名学生留在公司解决就业问题，并接收第三批 8 名学生进行实习。

【文化扶贫】 牵线复旦大学中国历史地理研究所与永平县签署合作备忘录，主办千古博南之西南丝绸之路“博南古道”文化论坛，邀请 9 位全国各地高校和研究机构的知名专家到场授课演讲，并成立云南省永平南方丝绸之路研究协会。2017 年，依托复旦大学在文化遗产学、社会学、旅游学等学科方面的优势，全面调研和深度挖掘永平县文化资源的特征和价值，在保护文化遗产和传统文化的基础上，协助永平县“博南古道”申报全国重点文物保护单位，建设花桥村文化扶贫专家工作站，推进永平县文化遗产保护人才培养计划，促进永平县文化建设取得重要进展，为全县全面建成小康社会做出贡献。

【健康扶贫】　2017 年，复旦大学共派出 2 批 11 名医疗专家到永平县人民医院开展医疗帮扶，帮助开展门诊急诊接诊 3850 人次、手术 185 次、手术带教示教 51 次，推广医疗专业新技术新项目 14 项、更改报告 2605 份；运用互联网 + 技术，对永平县 426 名乡村医生进行了慢性病管理远程培训，并协调中国医师协会乡村医生分会在永平县人民医院成立了“乡村医生培训中心”；接收永平县派出的 11 名医护人员和学科带头人到复旦大学各附属医院进行为期 1 ~6 个月的进修学习。二是坚持深入基层，积极开展医疗服务。精心组织由各附属医院专家组成的医学专家团、“复旦大学博士生医疗服务团”以及上海市劳模专家团等团队定期或不定期到永平县开展专题讲座、义诊、临床教学和学术交流活动，累计培训医务人员 4000 多人次、教学查房 28 次、为 3260 多名当地群众提供了免费义诊和健康咨询服务。三是汇集多方力量，加快医疗设施建设。积极协调复旦大学陈灏珠院士发展基金、上海怡灏科技有限公司，实施了“乡镇卫生所助医系统”项目，为永平县 10 个村卫生室配备了健康一体机，对 9583 名群众进行了健康体检；整合社会资源，组织爱心企业向永平县捐赠了价值 600 多万元的 64 层 CT，并帮助永平县以 510 万元的成本价引进了价格近千万元的 1. 5T 核磁共振设备，让永平百姓切实感受到了高科技设备带来的便利；复旦大学教育发展基金会专项“陈灏珠院士医学人才培养基金”中“生命之花”项目之一“福平医疗救助基金”正式成立。

2017 年 5 月，复旦大学附属金山医院组织专家到永平开展“健康扶贫永平行”诊疗活动，开展学术讲座、现场手术示教、下乡义诊，并走访慰问贫困户，送去慰问金。2017 年 8 月，“心 · 肝宝贝”救助计划正式启动，将为经济困难的先天性心脏病患儿和肝病患者提供医疗救助。6 岁的彝族女孩杨康琳丹和 48 岁的王明学有幸成为“心 · 肝宝贝”计划首批受助者，分别由中国科学院院士、中山医院心内科主任葛均波和中山医院院长樊嘉亲自主刀手术。

（复旦大学改革与校外合作办公室
李　倩　郭建忠　赵玮杰）

华东理工大学定点扶贫

【概述】 华东理工大学（以下简称“华理”）定点帮扶云南省寻甸回族彝族自治县（以下简称“寻甸县”）。2017年，华理开展“扶贫扶志扶智”+“扶心”行动。制定并实施《2017年年度定点扶贫工作计划》。赴寻甸县调研15批次，其中专家教授116人次，调查贫困村63个；召开定点扶贫座谈会6次；完成党政干部培训520人次；村干部（含第一书记、驻村工作队员）173人次；举办2届寻甸农产品来沪展销会；20名寻甸县建档立卡家庭优秀高中生来沪参加上海市科学营；7名研究生前往寻甸县3个乡（镇）中学支教一年；捐赠小学精品读物5000余册，电脑50台。2017年，华理投入资金210.86万元，继续支持寻甸县打好扶贫攻坚战，扶贫工作取得新成效，8个贫困乡镇、134个贫困村、52510人达到退出标准。

【扶贫资金投入】 2017年，华理投入资金210.86万元，其中，寻甸干部培训班项目4.7万元，远程教育寻甸学习中心17.08万元，农产品采购及展销51.24万元，民族中学教学一体机等教学设备70.5万元，图书折款16万元，电脑折款18.8万元，暑期寻甸疗养项目25.74万元，寻甸学子来沪访学项目6.8万元。

【扶贫调研】 2017年，华东理工大学负责同志5人次到寻甸县调研，召开定点扶贫座谈会，签订定点扶贫重点工作备忘录等一系列帮扶协议，为华理网络教育寻甸学习中心揭牌，捐赠教学一体机、电脑、图书等物资，举办产业转型升级促脱贫攻坚培训班，深入寻甸建档立卡贫困户家庭，慰问考取华理的寻甸籍“励志计划”学生，了解当地教育情况，看望挂职干部，调研当地特色农业产业及旅游文化产业发展情况，同时，就共青团工作、社会工作及学生志愿服务促脱贫进行调研。

【扶贫培训】 2017年，寻甸县脱贫摘帽关键年，为进一步扩大培训覆盖面，经精心筹划，华理组织教授专家送教上门，在寻甸县开展“华东理工大学—云南省寻甸县现代产业体系建设助推脱贫攻坚专题培训班”，培训学员500人次，围绕产业布局与发展，邀请林业产业专家、投融资领域企业家以及农业农村领域教授前往寻甸文化报告厅为广大干部职工授课，深受参训学员的欢迎。在寻甸县委党校设立“华东理工大学现代远程教育寻甸学习中心”，通过现代远程教育手段，免学费帮助寻甸县干部职工和教师提升学历层次，通过严格的筛选、考试和选拔，寻甸学习中心2017年春季招收专升本学历层次学生38人。

【干部挂职扶贫】 成立华东理工大学定点扶贫寻甸前线工作临时党支部，在全校范围遴选优秀干部前往寻甸县挂职。选派1处级干部挂职寻甸县委常委、副县长，2名管理干部任驻村第一书记，驻村开展工作，积极搭建学校对口帮扶寻甸的工作平台和交流渠道，研讨制定精准扶贫项目；发挥自身的学科特长，为当地干部群众讲学授课，着力推动心理健康教育服务工作和社会建设管理工作；主动联系社会资源，邀请企业家到寻甸投资考察；鼓励并资助当地贫困学子。挂职干部所驻村党总支荣获年度昆明市先进基层党组织荣誉。

【产业扶贫】　华理协调上海市农科院，培育适合寻甸土壤条件，高原气候的玉米种子——“沪紫黑糯1号”，在前期“小试”的基础上，已在寻甸鸡街镇播种，当前幼苗已出土并茁壮成长。截至2017年底，“沪紫黑糯1号”使4万名农民受益。

【教育扶贫】　华理结合自身优势，精心设计贯穿小学、初中、高中的全过程教育帮扶体系实现对寻甸县乡村三级教育的精准支援。为寻甸乡镇小学捐赠图书，捐赠百余万元的电脑和教学一体机，提升当地高中信息化建设水平。邀请寻甸县建档立卡、品学兼优的高中学生，到上海参加“假期科学营专项行动”“名师讲坛”“校园文化生活体验”“探究性课题学习”“实验室及科技场馆参观”等精彩活动。协调华理附小参与结对共建，组织寻甸教师到上海交流学习。派遣7名研究生支教团赴寻甸乡镇的初级中学开展为期一年的支教，充实村镇初级中学的教师队伍。组织大学生团队暑期赴寻甸农村开展实践，为精准扶贫提供数据支撑。自2012年起便把云南纳入实施定向招生专项计划实施地区，2017年，5位寻甸学子考取华理。

【健康扶贫】　2017年，华理组织药学院师生从农村群众健康入手，先后赴柯渡镇卫生院、金所街道卫生院调研农村常见病情况，走村入户，宣传发放良好卫生习惯、常见病预防手册，受益群众400余人次，发放血压计、体温表、医用创可贴等物资折款3万余元。同时，药学院师生到寻甸县人民医院开展实践活动。

（华东理工大学校长办公室
满永博）

浙江大学定点扶贫

【概述】 2017年，浙江大学（以下简称“浙大”）认真贯彻落实中央决策部署，国务院扶贫办、教育部等有关定点扶贫工作的文件精神，充分发挥人才科技优势，围绕精准扶贫任务要求和目标，开发技术可行、经济有效、有带动和辐射作用的扶贫项目，整合多方资源，创新工作举措，加快推进云南省景东彝族自治县（以下简称“景东县”）精准脱贫和全面小康社会建设进程。

2017年举办各类培训班6期，培训景东县领导干部70人，技术人员219人，农村致富带头人26人，农村劳动力240人，骨干教师110人；指导并参与制定《景东无量山乌骨鸡养殖综合技术规范》市级地方标准1个，帮助建设景东乌骨鸡资源保护场1个，与景东合作共建“景东野生菌资源研发中心”和“浙江大学—景东野生菌资源保护实验室”，先后帮助景东县建成乌骨鸡产业发展项目示范基地6个，灵芝、小香菌人工栽培示范点2个，探索发展景东特色全产业链科技产业扶贫新模式；成立浙大2017年支教团景东分团，暑假期间先后组织4批共50余名学生社会实践团，在景东县积极开展支教、社会实践活动；利用丰富的校友资源，加大宣传力度，积极动员校友资源等社会力量，帮助景东引进各类资金103.51万元，引进项目2个。

【扶贫资金投入】 2017年，浙大在继续安排150万工作经费用于定点扶贫日常工作的基础上，积极整合科技项目资源，安排校长专项基金，用以支持科技成果培育项目，帮助精准扶贫村发展特色产业。2017年，浙大用于定点扶贫景东工作的直接投入共计408.01万元，其中资金179.54万元，物资折款28.47万元，扶贫消费200万元。扶贫资金由浙大当年预算安排，专项管理，专款专用，由浙大扶贫工作办公室负责管理，根据当年的扶贫项目统一安排资金。2017年，学校预算扶贫资金150万元，其中，安排30万元作为“求是奖学金”支助景东建档立卡贫困户学生，安排10万元作为“求是奖教金”奖励景东县扎根贫困山区的优秀乡村教师，安排30万元用于景东干部专业人员的培训，安排20万元用于产业首席专家津贴，安排30万用于景东特色产业技术的开发和成果转化，安排30万元作为工作经费。此外，从校友、浙商和社会各界募集来的资金根据捐赠者的意愿，直接用于景东县教育、医疗等方面。

【扶贫调研】 2017年，浙大选派专家教授、管理干部等赴云南省普洱市、景东县等地进行考察调研、指导扶贫工作等共计66人次，其中校级领导1名。12月，浙大副校长罗卫东率地方合作处、校友会、团委、电气学院等部门负责人及校友企业家赴景东实地考察调研。

【扶贫制度建设】 制定五年扶贫规划和年度工作计划，明确目标和任务，分工到部门和相关学院，责任到人。相继出台、完善《挂职干部考核办法》《浙江大学科技扶贫项目管理办法》，建立考评机制等对扶贫工作进行监督检查。建立对定点扶贫县脱贫攻坚工作的督查机制，以全县层面横向调研和定点镇村纵向深入调研两种方式，主要以干部座谈和入户访谈的形式进行。对全县25个村160余户建档立卡贫困户调研，引导景东县全面统筹脱贫攻坚工作，发挥脱贫攻坚主体责任。以机制保障推进景东县落实“六个精准”，对照“69115”贫困退出标准如期脱贫摘帽等工作。

【扶贫理论研究】　浙大成立“减贫与发展研究中心”，主要开展我国现阶段扶贫工作的理论研究，为减贫后贫困地区加快发展提供决策咨询。2017年，研究中心发表《不让一个兄弟民族在小康路上掉队——云南金平县“直过民族”精准脱贫调研报告》《深化产业精准扶贫 打赢脱贫攻坚战》等研究报告。

【扶贫培训】　通过各种方式推进对景东县各类人才的培养。2017年，景东县共选派科级干部70人到浙大进行为期15天的学习培训。3名青年骨干医生到浙大附属医院进修学习半年。浙大在景东党校设立了干部培训远程教学点，开展远程教育培训工作。2017年暑假，浙大选派了外语学院专家组对全县110名中小学英语骨干教师，进行理论与教学方法培训，提高教师专业技术水平。

【干部挂职扶贫】　2017年，浙大选派教育学院吴建绍同志赴景东县人民政府挂任副县长，电气学院苗晓明同志担任锦屏镇斗阁村第一书记。5月，浙大选派农业与生物技术学院汪志平副教授赴滇西地区挂职，担任滇西大普洱茶学院副院长。三位同志在挂职期间，兢兢业业，攻克难关，推动扶贫工作的顺利开展。

【扶贫宣传】　2017年9月，教育部在湖南省长沙市召开了第二届教育部直属高校精准扶贫精准脱贫十大典型项目推选活动，浙大报送的《洒向苗疆都是爱 育的苗岭花盛开》项目，入选十大典型项目。12月《中国教育报》发表了题为《一年半时间摘掉云南景东温卜村全部84个建档立卡贫困户的“穷帽子”——“博士书记”扶贫记》通讯稿，宣传景东县温卜村担任驻村第一书记徐超炯博士挂职期间工作先进事迹。

【产业扶贫】　探索建立乌骨鸡“鸡苗培育—集中育雏—散户饲养”产业帮扶模式，帮助景东制定“景东无量山乌骨鸡遗传资源保护场保种方案”，建设乌骨鸡品种资源保护场；指导参与制定《景东无量山乌骨鸡养殖综合技术规范》市级地方标准1个；指导建成存栏种鸡达10000套的乌骨鸡良种繁育基地，年供优质苗鸡100万羽以上；建成浙大定点帮扶景东县产业发展项目基地——景东无量山乌骨鸡良种繁育和示范推广、乌骨鸡原种鸡场、乌骨鸡生态庄园等示范基地6个；指导帮扶建档立卡贫困户60户养殖增收，带动脱贫人口180人以上。

2017年，景东食用菌产业首席专家陈再鸣副教授团队探索“大学＋政府部门＋龙头企业＋合作社＋基地＋农户”的“六位一体”科技产业扶贫新模式。建立以浙大首席专家为主要科技、成果和人才支撑，以景东自然保护区管理局为主要责任主体，联合浙大校友企业组成的扶贫联合体，建立灵芝、小香菌、茯苓等生态食用菌栽培示范基地。截至2017年底，保存重要野生菌种质资源分离物30多个，建立灵芝、小香菌人工栽培示范点2个，并尝试灵芝及孢子粉产品的深加工和全产业链开发，成立景东绿宝灵芝种植农民专业合作社，在景东县文井镇中所村建立30亩生态灵芝示范基地，带动景东县贫困农户共同实施科技产业扶贫新模式。建立名贵野生菌监测样地和野生菌—森林功能促进实验区，取得野生大红菌阻扰因子、物候、植被等方面重要的第一手资料。

根据吴朝晖校长带队考察景东县时提出的“紫金普洱”浙大120周年概念，浙大120周年校庆之际推出“紫金普洱”校庆纪念茶饼。共制作17120饼，寓意为在2017年向母校120周年校庆献礼。校庆纪念茶饼问世后通过校友平台进行宣传，得到广大校友的热烈欢迎。在纪念茶饼的带动下，2017年景东茶全年共实现直接销售2万多饼，销售金额200多万元，并以此带动间接销售数百万元；在此基础上还获得普洱茶后续订单（每年稳定直接销售200万元以上），建立精准扶贫的长效机制。年内，浙大通过景东地区茶叶合作社及当地茶农，设立并推广“小微茶叶初制所”，以帮助提升普洱茶的加工品质，深入开展制茶技术普及推广。在此基础上，建档立卡贫困户56户/206人受益（其中：安定镇河底村19户、中仓村14户、古德村5户、迤仓村5户、芹河村6户，文龙镇邦崴村7户）。

【智力扶贫】 2017年，鲁兴萌教授、王岳飞教授、陈再鸣副教授、尹兆正副教授从蚕桑产业、野生菌种植、乌骨鸡养殖等方面为景东县各级干部、乡镇技术人员、涉农企业经营者、专业合作社带头人、种植养殖业大户开展技能培训，共培训200余人次。

【教育扶贫】 在景东县成立支教团分团，继续选派5名优秀教师到景东职中进行支教，支教期间发起“浙里公益不独行”捐衣助学爱心公益活动，组织搭建“爱在滇西”书法材料捐赠活动；组织开展“常青藤·童梦无垠”活动，走访福利院为孤儿送食物、玩具等奉献爱心；创立“益心无量”志愿服务团队，定期推送主题推文，宣传公益活动，汇聚更多爱心。组织暑期实践团到景东县开展调研工作，2017年，先后组织4批共50余名浙大学生，利用暑期到景东开展“三下乡”社会实践活动。在景东利月希望小学义务开展支教，对景东县脱贫攻坚、教育文化、光伏工程、茶产业发展等方面进行入户走访，与乡镇、村干部、企业座谈，并依托相关学院的学科优势和科研力量献言献策。加大“求是奖学金”“求是奖教金”支持力度和精准度。2017年捐赠40万元设立“求是奖教金”和“求是助学金”，重点对景东县建档立卡贫困家庭学生实施资助。

【公益扶贫】 争取浙江省向日葵爱心助学志愿者协会，资助10名高考中榜贫困学生。争取凉善公益对景东县15所小学100余名学生学习用品资助，折合资金8万余元。争取浙大学院、相关部门对贫困学生的捐钱捐物，共捐助价值20万元的物资。通过浙大挂职干部，争取“润雨计划”项目90万元（其中景福镇中心完小学食堂建设项目资金45万元，林街乡中学体育活动场地建设项目资金30万元，太忠镇三合完小浴室建设项目资金15万元），改善贫困村学校基础设施建设。争取中国广核集团苏州热工研究院有限公司向景东县锦屏镇龙树村小学的物资捐助，其中：精装图书74套，体育用品35件，价值约4730元。浙大机关党委、机关团委连续第四年开展助学活动，共收到143位校内外热心人士95050元捐款，资助贫困学生150余人。

【健康扶贫】 浙大利用远程医疗会诊平台，为景东县提供医疗服务。由浙大医学院附属第二医院捐赠部署的远程会诊系统，落实浙大与景东县的医疗帮扶工作，发挥浙医二院在医疗技术、人才、经验上的优势，满足景东当地医疗实际需求。

（浙江大学地方合作处　章丽萍）

武汉大学定点扶贫

【概述】 2017年，武汉大学参与中央定点扶贫湖北省恩施土家族苗族自治州（以下简称“恩施州”），驻村精准扶贫恩施州芭蕉侗族乡白果树村，同时，参与湖北省精准扶贫大悟县新城镇熊湾村。武汉大学充分发挥自身科教优势，开展智力帮扶、教育帮扶、产业帮扶、医疗帮扶等，助推恩施州和大悟县脱贫攻坚。

2017年，校党委书记韩进、校长窦贤康等校领导赴受援地调研考察5次；学校累计直接投入资金物资698.1万元，引入整合部门和社会资金776万元用于驻点村的建设发展；组织干部师生680余人次前往受援地开展调研、考察、慰问、研究等；举办各类人才培训2期次204人；开展党建、旅游、规划、非遗等科研项目近10项；引进校友企业3个产业项目拟投资3亿多元等。2017年，白果树村完成60户160人脱贫，熊湾村完成66户153人脱贫，两村均实现整村脱贫出列。

【扶贫资金投入】 2017年，武汉大学累计直接投入资金物资698.1万元，其中建设资金205万元、培训经费50万元、捐款捐物118.5万元、采购扶贫物资324.6万元；引入整合部门和社会资金776万元用于驻点村的建设发展。此外，学校还协调引进校友企业3个产业项目落户恩施，拟投资3亿多元，已落实资金5000万元。

【干部挂职扶贫】 2017年，武汉大学选派5名干部深入一线挂职扶贫。其中，选派实验室与设备管理处刘超挂职恩施州副市长，选派测绘遥感信息工程国家重点实验室温智杰担任白果树村第一书记，选派保密办公室陈建功、后勤服务集团叶道军、人民医院邱凯明组成驻村工作队进驻熊湾村，开展精准扶贫精准脱贫工作。

【扶贫工作会议】 武汉大学将定点扶贫工作列为2017年重点工作，主要校领导先后召开党委常委会1次、专题会3次研究推进定点扶贫工作。4月6日，校党委书记韩进主持召开党委常委会议，专题学习中央关于扶贫工作的会议精神，研究部署2017年定点扶贫工作。

【扶贫调研】 2017年，武汉大学先后组织专家学者、干部、学生等680余人次前往受援地开展考察、调研、慰问等活动。其中，主要校领导（副部级）2次，分管校领导3次。

6月，校长窦贤康深入恩施受援学校和医院、乡村农户、田间地头，调研精准脱贫工作情况，与干部群众一起会商如何进一步推进定点扶贫。常务副校长冯友梅前往熊湾村，实地调研光伏产业、村卫生室建设及精准扶贫工作开展情况。

9月，校党委书记韩进赴恩施州调研脱贫攻坚，在沐抚办事处营上村开展脱贫攻坚“绣花功夫”入户调研，了解精准扶贫精准脱贫工作开展情况；在芭蕉侗族乡白果树村，考察村卫生室、白果树小学、合作社发展建设情况。常务副校长谈广鸣前往恩施州，与恩施州人民政府签署战略合作协议。在芭蕉侗族乡白果树村，考察教育和产业发展情况，了解扶贫政策措施落实情况和工作困难。

10月，校党委副书记赵雪梅赴恩施州就扶贫项目实施进展和成效进行调研，参加经济与管理学院党委与白果树村精准扶贫结对共建活动，调研恩施州第一中学、白果树村小学，并对两名挂职干部进行工作考核。

【智力扶贫】 2017 年，武汉大学举办各类人才培训 2 期次 204 人，开展科研项目近 10 项，在党建、医疗、教育、旅游、城乡规划等方面为受援地提供智力支持。

在人才培训方面，组织举办“恩施州工程项目管理培训班”，培训相关负责人 85 人；举办精准扶贫精准脱贫与美丽乡村建设能力提升研修班，培训恩施州和大悟县村支部书记 119 人。

在科学研究方面，城市设计学院陈婷婷团队以恩施州三岔镇为样本，制定三岔镇美丽乡村文化旅游建设规划；马克思主义学院张乾元团队调研恩施州党建与精准扶贫结合融合工作；信息管理学院陆伟团队协助恩施州精准扶贫大数据建立与完善作技术支撑；城市设计学院周捷团队策划白果乡茅坝槽村综合旅游项目等。

在科技成果转化方面，武汉大学武汉生物技术研究院入驻企业武汉净宇微藻科技有限公司与恩施屯宝生态农牧业有限公司合作，在恩施州屯堡乡打造富硒微藻项目，已投资 500 多万元。

【健康扶贫】 2017 年 6 月，武汉大学人民医院与恩施州中心医院签订对口支援合作协议，选派业务骨干对口帮扶开展教学查房与继续教育、帮扶重点专科建设；8 月，双方签约搭建病理会诊网络，实现了优质病理医师资源共享，切实帮扶恩施当地医院提升病理诊断与临床服务水平；11 月，双方正式结盟成立医联体；12 月，武汉大学人民医院选派医院评审评价办公室主任、医院评审省级评审员成于珈同志赴恩施州中心医院挂职副院长帮扶指导三级医院创建工作。

基层医疗帮扶方面。武汉大学医学部、附属人民医院向熊湾村卫生室捐赠价值 3 万元的医疗设备和药品，帮扶村卫生室建设；选派 2 名医疗专家前往熊湾村为 20 多名村民开展义诊服务。武汉大学人民医院向白果树村卫生室捐赠了心电图机、血液分析仪、尿液分析仪等价值 10 万元的医疗装备与器材，捐赠价值 2 万元的常备药品。基础医学院“暖医之家”大学生暑期社会实践队深入白果树村，开展调研考察，送医送药下乡，开展义诊活动，并建立“健康扶贫大学生志愿服务”实践基地。

健康脱贫方面。恩施州太阳河乡马林村贫困户周先永因右膝部疤痕溃疡多年致贫，9 月，武汉大学人民医院收治后组织专家团队制定个性化治疗方案，治愈后共花费 1.7 万元，医院为其减免医疗费用 1 万元，并帮助其办理医保报销，切实减轻了扶贫对象的经济负担和生活负担。

【教育扶贫】 2017 年，武汉大学提供援助资金 50 万元，用于恩施州第一中学校园无线千兆网及教育平台建设；投入资金约 10 万元，组织恩施州第一中学 46 余名师生参加武汉大学 2017“珞珈未来之星”夏令营活动。向恩施州中小学捐赠 120 台电脑，改善提升农村小学信息化水平。协调 9 名密西根州立大学中国留学生到白果树村小学进行为期三周的义务支教，提供资金 10 万元为白果树村小学修缮教学楼，并捐赠价值近 3 万元篮球架。在恩施州三岔镇三元小学和大悟县新城镇中心小学各新建魔法教室 1 间，开展支教等活动 160 余人次，志愿服务时长累计 5000 余小时。组织国际软件学院专家团队帮助新城镇希望小学建设智慧教育平台，并捐赠平板电脑设备等价值 5 万元。

【产业扶贫】 2017 年，武汉大学根据受援地实际情况，采取多种形式帮扶产业发展。深入挖掘校友企业落户恩施州创业兴业，引进韩国硒后全球株式会社等公司入驻，利用茶油开发化妆品及洗护用品（一期投入 5000 万元），该产品已投放韩国、香港及内地市场；牵线广东省湖北商会企业到恩施考察对接投资项目，已启动城市综合体项目、药业产业项目等 2 个项目，拟投资近

3 亿元。

在帮扶驻点村产业发展造血扶贫方面，3 月，为白果树村引进恒心农牧专业合作社，学校采购恩施农特产品物资 264.6 万元；在校内设置“定点扶贫农畜产品展示点”，每月营业额逾 3 万元；协调社会企业采购合作社农产品达 60 万元。6 月，在大悟县新城镇熊湾村建成 190 千瓦光伏电站，先后分两次向该项目提供援建资金 84 万元，每年可为村集体增收 5.5 万元，28 户贫困户年增收 3000 余元。

【基础设施建设】　2017 年，武汉大学在恩施州芭蕉乡白果树村，多方筹措整合资金 500 多万元，援建了村民活动广场、解决了安全饮水工程主管道以及到户引水管道问题，修通了邓家坡、长槽经济产业路，维修了白果树村小学墙面和屋顶，解决了教室漏雨和墙壁渗水的问题。

在大悟县新城镇熊湾村，配套资金 30 万元修建熊湾村级 12 千米道路于 12 月中旬竣工；提供援建资金 10 万元，完成了熊湾村环境综合整治，修建公共厕所 2 座，修缮水库 1 座；提供援建资金 20 万元，解决老百姓安全饮水问题；提供资金 15 万元，建设村民文化广场。

【结对帮扶】　2017 年，武汉大学累计组织干部师生 680 余人次前往受援地开展调研、考察、慰问、研究等活动，捐款捐物累计 118.5 万元。在扶贫日活动期间，组织全校教职工近 5000 人次，为扶贫捐款 50 多万元。学校组织部资助 11 万余元为白果树村党员活动室配备先进学习宣讲影音设备，巩固基层阵地建设。经济管理学院党委与白果树村党支部开展结对共建，全院 200 多名教职工党员共捐款 12.98 万元。

（武汉大学定点扶贫工作领导小组
办公室　杨志威）

中南大学定点扶贫

【概述】 2017年度，中南大学结合湖南省永州市江华瑶族自治县（以下简称“江华县”）实际，秉承“资源互补、注重实效、共谋发展”工作原则，持续推动江华县脱贫攻坚各项工作有序开展。截至2017年底，江华县贫困发生率下降至7%，脱贫考核居湖南省第一名。教育部网站、光明网、人民网、新华网等媒体先后对中南大学定点扶贫工作宣传报道236篇次。中央电视台、中新社、《中国教育报》等5家媒体走进江华县对中南大学扶贫工作进行集中采访。中南大学驻江华县扶贫工作队黎胤、朱徐荣获湖南省“百名最美扶贫人物”荣誉称号。

【扶贫资金投入】 中南大学为江华县直接投入支援经费724万元，帮助引进各类资金480万元。主要投入：贫困学生资助、基础设施建设、医疗卫生改善、产业扶持和人力资源培训等，推进扶贫攻坚项目库建设，完善项目审查制度。

【扶贫机制】 中南大学定点扶贫工作领导小组由学校党委书记和校长任组长，常务副书记和常务副校长任副组长，相关校领导为组员。领导小组下设15个职能部门的定点扶贫工作办公室，挂靠学校办公室，由学校办公室主任担任工作小组主任，各相关职能部门负责人为组员。学校与江华县签订《2017年度中南大学定点扶贫江华瑶族自治县目标责任书》，明晰年度扶贫工作目标、总体框架和工作重点。制定《2017年度中南大学定点扶贫江华瑶族自治县工作任务分解表》，逐个项目拟定进程计划，落实帮扶负责人，确保扶贫成果按时保质实现。

【扶贫调研】 中南大学学校领导及各职能部门、二级学院负责人先后到江华调研269人次。2017年1月4日，学校时任党委书记高文兵、常务副校长胡岳华等一行到江华县调研电商精准扶贫工作。2017年5月28日，常务副校长胡岳华带队实地考察江华县大圩镇长山村，调研“安居工程”项目规划方案。2017年7月，学校选派77名教师、154名学生，组建77支队伍，赴江华县开展“情牵脱贫攻坚”主题实践活动，通过进村入户调查，召开座谈会，查阅档案资料等，进一步摸清贫困户情况，填写《贫困户基本情况表》，完善精准扶贫档案；同时帮助调研村填制好《挂图作战表》。学校荣获湖南省扶贫开发办公室、湖南省教育厅授予的“大学生暑期‘情牵脱贫攻坚’主题实践活动优秀组织高校”荣誉称号。

【扶贫会议】 组织召开扶贫工作会议8次，学习研讨党中央、国务院、教育部关于扶贫工作的会议精神和决策部署，研究定点扶贫江华县工作计划、扶贫经费使用、扶贫工作队人员培训、重点扶贫项目推进等事宜。发布扶贫工作简报3期，明确扶贫工作进度，层层落实扶贫工作责任，确保扶贫方案各项措施落到实处。

【干部挂职扶贫】 中南大学先后派出12位干部赴江华县挂职一年以上。2017年，派出2名同志分别挂职江华县县长助理和江华县大圩镇长山村第一书记。挂职干部通过加强基层党建工作、完善基础设施建设、优化产业结构，为长山村整合各类项目资金710万元，超额完成脱贫村指标，2017年完成整村脱贫任务。

【扶贫培训】　中南大学针对江华县举办干部和人才培训班2期，共培训党政干部和医生、教师等专业技术人才150人次。举办劳务输出培训班1期，开展劳务就业培训、农业实用技术培训110人次。

【产业扶贫】　中南大学引进江华县瑶郡农业开发有限公司，以“公司+农户”的帮扶模式，建立“种植→养殖→种植”良性生态农业模式，耕种面积1000余亩，养殖瑶香猪1000余头，土鸡20000余羽，全村逐步建立以红薯、芋头、有机水稻为主体的农业生态示范园。

采取“互联网+生态农业”“基地+大学校内市场”的订单农业运作模式，指导江华县与湖南省广播电视台签订农业种植订单，种植子姜300亩，辣椒订单200余亩，农户以保底价形式供货给湖南省广播电视台。联系江华县与中南大学食堂签订采购协议，将定点扶贫的大圩镇打造为中南大学的蔬菜及农副产品供应基地。2017年，学校食堂采购江华县农副产品约80万元。在校内设立江华县农副产品展示柜，学校教职工可通过扫描电商平台二维码直接购买。此外，选择固定节点在学校推广江华县农副产品，学校邀请江华县农户在校内开展爱心助农年货展，使江华县贫困农户销售收入105万余元。

帮助规建长山村生态果园，鼓励贫困户注册瑶源家庭农场和优野生态农业开发公司，以“公司+基地+客户”发展模式为基础，利用当地农耕文化、原生态环境和瑶族民俗风情等要素规建现代生态养生示范基地，进行生态农庄建设。全年接待游客500余人次，开发茶叶基地300亩、药材基地450亩、野生油茶基地200亩、板栗园和雪莲基地50亩。预期年经济产值可达500万元，带动就业100余人，人均增收15000元。指导农户根据中南大学设计的作品原型进行原木画、瑶族织锦、根雕等艺术作品创作的规模化量产，形成小规模手工艺产业，增加村民经济收入。同时，引进“五月天”服装企业进乡村，创办“扶贫车间”，订单生产外贸服装，帮助贫困农户在家门口就业。

【科技扶贫】　中南大学建立农村电商服务平台“瑶都优品”，注册“瑶鼓”商标，开发农副产品38种，网络订单累计50余万元。推广“中南大学农村电商创业孵化基地”，完善农村电商服务体系，集中进行农产品初加工、物流配送、农技培训等服务。在大圩镇、县级淘宝中心建立瑶都优品线下体验馆，以整体品牌形象对外进行订单处理。签约第三方电商平台，与“校友商城”“富农王”“快乐中国”“田觅觅”等网络销售平台签约意向金额达200万元。

投入40万元支持学生创业团队开展“1+1”农村电商创业帮扶，（即1个学生创业团队帮助1个有产品的农户或农业合作社），指导使用电商平台销售产品。学校联系校友企业捐助智能手机200台，解决贫困户没有互联网接入终端的难题。依托中南大学江华农村电商创业培训基地，举办第二期江华农村电商青年电商创业培训班，邀请一批电子商务龙头企业的专业培训师授课。

【教育扶贫】　中南大学先后捐赠400余台电脑、40套多媒体教学设备，150套中小学语音室设备等，改善教学条件；联系北京蔚蓝公益基金会捐赠价值约100万元图书资料，在大圩镇中学建立图书室；联系校友企业帮助建设移民安置区学校操场及教室配套设施；投入10万元资助大圩镇贫困师生。

学校与江华县大圩镇中小学进行结对帮扶。选送了10堂优质示范课和4次教育报告会；选派8名优秀教师到对口支援学校支教；开展2次教师师资提高班培训；吸纳江华县24名中小学教师来校跟岗实习。

组织北京校友会创新创业联盟捐资20万元人民币，遴选出6所试点学校共12个试验班24名本地教师，开展双师教学试点，成立双师教学试点领导小组。

此外，学校还积极提升江华县职业中专办学质量，帮助其在旅游人才、养老护理、电子商务、幼儿教育等专业努力提升办学质量。

【智力扶贫】 2017 年 5 月，学校经实地调研和反复研讨，形成《江华县大圩镇“十三五”产业发展规划报告》。11 月，完成《江华瑶族自治县生态环境保护条例（草案）》，助推江华县建设生态美丽幸福家园。

【健康扶贫】 免费接收江华县进修医护人员 27 人；派出知名专家 7 人到受援医院技术指导。举行“新湘雅基层医院院长论坛”，对受援地区各级医疗卫生机构院长、科主任、管理人员进行培训。创建“新湘雅移动远程医疗平台”，打破医生会诊空间限制，2017 年远程会诊 60 余次，参与专家 100 余人次；开展远程移动医疗和慢性病筛查服务，捐赠价值近 200 万元的移动远程医疗设备；构建基于智慧医疗体系的“数字病区”，配备 1 台 55 寸触控高清终端和 5 台移动医生终端。

组织中南大学湘雅三医院 20 余名医护人员赴江华县指导基层医院建设，并与江华县人民医院签署《临床专科共建协议》，重点帮扶普外科、急危重症科、耳鼻喉科、消化内科、心血管内科等第一批五个临床专科。为长山村村民开展义诊、药物咨询 100 余人次，免费发放价值 5000 余元的药物和 7 万元的医疗器材。

【文化扶贫】 中南大学先后投入 90 万元立项支持 10 个团队 217 人次赴江华县开展瑶族长鼓舞调研，整理出 72 套长鼓舞范式；设立全校性长鼓舞选修课程，成立江华瑶族长鼓实践工作坊、长鼓舞舞蹈团和长鼓研究会 3 个学生社团。2017 年入选教育部“中华优秀传统文化艺术传承基地”优秀案例（全国仅 8 个），“江华瑶族长鼓舞”获得教育部直属高校“非遗扶贫”示范创建项目（全国仅 6 个）。

组织师生前往江华县盘王殿、阳华岩、涔天河水库、香草源、宝镜古居等主要景点，通过导游讲解、居民访谈、现场观察记录等方式，全面细致摸排江华县旅游资源概况，形成《江华县旅游资源现状与发展对策》专题报告；为江华县设计 3 条旅游线路并撰写旅游景点导游词，创作 18 个旅游景点故事，拍摄 1000 余幅特色景点宣传照，编辑成《神州瑶都江山华美》3 本精美旅游宣传画册。

（中南大学学校办公室　雷先阳）

西北农林科技大学定点扶贫

【概述】 西北农林科技大学定点帮扶陕西省合阳县。实施科技项目15项，投入资金435.42万元，开展科技培训17期，培训人员2100余人次。党委书记李兴旺先后2次前往合阳县检查督导定点扶贫工作。党委副书记吕卫东、副校长钱永华等先后4次赴合阳县检查督促扶贫工作，230余人次赴合阳县开展定点扶贫工作。合阳县16个贫困村、3499户贫困户、13349名贫困人口实现了脱贫。扶贫事迹被《人民日报》、《光明日报》、《中国教育报》、《农民日报》、人民网、光明网、新华网等媒体多次报道。

【扶贫机制】 为加强定点扶贫工作，在党委书记、校长任组长的扶贫工作领导小组基础上，又成立扶贫工作协调领导小组，协调全校力量，推进定点扶贫工作。

校党委2次专题学习并落实相关扶贫精神，3次专题研究定点扶贫工作。通过《西北农林科技大学2017年扶贫工作计划》，出台《进一步做好西北农林科技大学定点扶贫工作的意见》，确立以“教育引领、科技支撑、产业带动、靶向施策”总体思路，制定科教人员扶贫工作激励措施，出台扶贫挂职干部、第一书记的相关待遇政策，落实工作经费。制定《西北农林科技大学结对帮扶合阳县助力脱贫攻坚工作实施方案》。签订《成立“西北农林科技大学农民发展学院合阳分校”暨科技帮扶协议》《西北农林科技大学合阳县产业发展帮扶协议》，建立10个专家团队与10个产业园区有效对接机制。机关党委组织支部结对帮扶活动，25个党支部组成12个帮扶小组，对坊镇乾落社区、新池镇南沟社区12户贫困户开展结对帮扶。农学院、生命学院师生先后5次赴合阳开展入户调查、科技指导和支教活动。

【干部挂职扶贫】 2017年，西北农林科技大学选派2名干部赴合阳县挂职。崔永健担任合阳县副县长、县政府党组成员；韩锁昌担任合阳县坊镇乾落村第一书记。韩锁昌被评为陕西省优秀第一书记，并作为典型代表赴陕西十个地市巡回宣讲。

【扶贫培训】 成立“西北农林科技大学农民发展学院合阳县分校”，举办了2期产业扶贫专题培训班，培训基层干部、贫困户100人。在金峪镇、百良镇、城关镇举办大樱桃栽培技术培训6次，培训人员600余人次，为8个村65户贫困户种植红提葡萄常年提供指导服务，举办葡萄技术培训班9期，培训技术骨干和种植户贫困1033人次。

【产业扶贫】 按照“1＋10＋10＋N”科技帮扶模式，依托西北农林科技大学合阳葡萄试验示范站，建立1个产业扶贫示范基地（乾落村葡萄扶贫示范基地），围绕县域特色产业，组建10支科技帮扶团队，实施10个现代农业园区提升工程，开展N项具体帮扶措施，构建“政府＋大学＋产业园（合作社）＋贫困户”产业扶贫新路径。提出“红提产业田园综合体”“万花园”等产业帮扶项目，落实项目的整体规划，并在10个结对帮扶的现代农业产业示范园区加挂“西北农林科技大学产学研一体化示范基地”牌子。在坊镇建立红提葡萄示范园，在黑池镇建立“北黎红”红薯示范园，在洽川镇建立九眼莲示范基地，在金峪镇建立大樱桃示范基地，在城关镇建立了标准化养殖示范基地，在甘井镇建立了留茬免耕秸秆全程覆盖示范基地等，示范园总面积 8000 多亩，吸纳贫困户 1100 多户，不仅使基地所在村镇贫困户通过发展产业脱贫，而且为全县产业脱贫树立了样板。

安排 7 名专家依托合阳葡萄试验示范站指导建立示范点 22 个，对口联系贫困户 35 户，将种植新技术、产业新形势、营销新理念、市场新动态及时传播给群众，有效解决产业发展中的技术和市场营销难题，南沟村、乾落村示范户户均增收 2000 元。

【教育扶贫】 落实国家奖助学金、国家助学贷款、生源地贷款、学费减免等资助政策，做到在校在册合阳籍建档立卡贫困户大学生资助全覆盖。在合阳中学设立“西北农林科技大学奖学金”，特邀合阳中学校长参加学校举办的“2017 年全国部分知名中学校长论坛”，组织合阳中学优秀中学生参加夏令营活动，为合阳县中学生举办科普报告。西北农林科技大学第 19 届研究生支教团合阳分团 6 名研究生在合阳县坊镇、新池镇支教，开展“志愿服务 + 智力扶贫”活动。组织合阳县建档立卡贫困户中小学生 50 人赴西北农林科技大学开展研学旅行活动。暑期大学生社会实践小分队在坊镇为乾落村 80 余名中小学生开展美术、音乐、书法、作文与口才、科学、手工、卫生安全等支教课程。学校工会、团委、人文学院师生组成宣讲队，深入多个镇村开展了“遵法守法，携手逐梦”服务农民工普法宣传活动。

【企业扶贫】 西北农林科技大学引入杨凌吉美、铜川三联等公司投入 500 多万元，在合阳建立樱桃产业园 10000 多亩。动员和指导优秀大学生创业团队——杨凌农加电子商务有限公司，对合阳优质农产品进行线上销售，累计销售苹果 40 吨，大葱 3 吨，销售收入 40 多万元。将“陕西省贫困生网球培养帮扶工程”项目引入合阳，选拔 1 名贫困学生免费参加该项目的培养（全省 2017 年选拔 3 名，社会生源收费标准 18 万/人・年）。积极推介合阳莲菜销售，与北京新发地贸易公司达成协议，每年向韩国出口 20 万吨合阳莲菜，实施出口订单模式，带动贫困户增收。联合“大农圈”等新媒体平台，在合阳策划举办首届红薯文化节。引入西安临潼阿宝农业专业合作社、江苏淮安珐玛农业科技公司等企业，帮助合阳县黑池扶贫产业园区销售红薯 100 多万斤。

【公益扶贫】 在坊镇乾落村设立 20 万元葡萄产业发展专项资金 15 户贫困户资助种苗 16000 株，建设葡萄园 80 亩，产业扶持覆盖 59 户贫困户；投资 25 万元建设饮水及灌溉设施，捐赠电脑、打印机等办公设备 45 台套及文体用品 370 余件；扶持该村贫困户发展 200 亩冷棚红提葡萄示范园；对乾落村、南沟村 11 户特困户和 2 名扶贫挂职干部进行慰问。

【结对帮扶】 MBA 教育中心、MBA 联合会师生在乾落村开展“关爱贫困儿童，共享一片蓝天”系列帮扶活动，捐赠塑钢滑梯 1 台、300 余册幼儿绘本、30 多套玩具等值约 1.6 万元物品。

（西北农林科技大学扶贫工作办公室
侯　沛）

中国科学技术大学定点扶贫

【概述】 中国科学技术大学（以下简称“中国科大”）定点帮扶贵州省六盘水市六枝特区。2017 年，共举办 5 次专题培训，培训驻村第一书记、中小学科技辅导员和校长、各级干部等 1225 人次；组织师生到六枝特区开展“周末大讲堂”“三下乡”社会实践、支教和科普活动，惠及干部群众和中小学生 2500 人次；组织六枝特区初高中 60 余位教师赴浙江开展选课走班教学模式考察学习。安排中国科大专项扶贫经费 120 万元，其中投资 85 万元建立猕猴桃中高低海拔优良品种示范基地、云茸实验种植基地，为六枝特区发展猕猴桃和林下菌产业提供科技支撑，发挥积极示范引领作用。

【扶贫资金投入】 2017 年，中国科大申请中科院科技扶贫经费 515 万元，已到账 355 万元，支出 190.57 万元，主要用于精准扶贫调研、产业扶贫和教育培训；学校划拨扶贫专项经费 100 万元，划拨 20 万元结余党费用于定点帮扶村党建活动。加强对扶贫经费的审计监督对扶贫经费进行内部审计，配合中国科学院科技促进发展局、监督与审计局加强对科技扶贫项目的经费审计和成效考核，确保经费使用精准，帮扶效果明显。

【扶贫调研】 2017 年 4 月 20 日至 5 月 20 日，中国科大启动精准扶贫调研，组织 52 人次的师生，分赴六枝特区 17 个乡镇街道、115 个贫困村开展扶贫调研工作。调研组组织相关院系师生和产业专家根据当地的资源生态实际和具体情况，为每个乡镇分别提出了一个具体的科技扶贫产业建议，完成《六枝特区扶贫调研报告》。8 月 19 日至 23 日，中国科大党委统战部组织校内各民主党派负责人前往六枝特区新窑镇联合村开展扶贫调研。形成《六枝特区新窑镇联合村扶贫调研建议汇集》。

【扶贫会议】 中国科大扶贫开发领导小组召开了两次扶贫工作会议，传达学习习近平总书记关于扶贫开发的重要论述，听取扶贫工作进展汇报，启动精准扶贫调研工作，研讨扶贫工作思路和产业扶贫工作计划，帮助扶贫干部解决工作中的困难和问题，对下一阶段扶贫工作作出部署。两位校领导、扶贫开发领导小组副组长先后赴六枝特区召开对口扶贫工作座谈会，对学校的扶贫工作进行督促检查，准确了解六枝特区扶贫需求，建立沟通联络工作机制，并讨论学校下一步定点扶贫工作思路和工作重点。

【扶贫培训】 2017 年，中国科大先后为六枝特区开展第一书记能力提升研修班（两期）、中小学科技辅导培训班、教育管理干部（中小学校长）培训班、领导干部能力提升培训班五次专题培训，培训各级干部和科教人员 1225 人。培训采取理论学习和工作实务研讨等方式，邀请校内外知名专家学者进行授课，组织六枝特区干部到中国科大先进技术研究院、合肥滨湖新区、安徽凤阳小岗村和金寨革命老区、江苏蒋岗村和苏州工业园区等地考察学习。

【干部挂职扶贫】 中国科大选派 2 名优秀干部到六枝特区挂职，分别担任六枝特区党委常委、副区长和六枝特区新窑镇联合村第一书记。两位扶贫干部组织师生赴六枝特区开展精准扶贫调研、扶贫培训、支教科普活动，积极申请中科院科技扶贫经费，联系中科院研究院所和相关领域专家，为六枝特区特色种植、资源开发和产业发展升级提供技术支持。

【产业扶贫】 中国科大与六枝特区、中科院武汉植物园签署三方协议，投入60万元共同建立60亩中高低海拔山地猕猴桃产业示范基地。示范基地将引进12个以上可能适合六枝特区种植的猕猴桃品种，对各类品种的口感、产量、管护成本、成熟周期等开展研究和相关信息统计，为两年后六枝特区猕猴桃后续扩大种植提供科学性的指导意见。截至2017年底，猕猴桃产业示范基地已完成在新窑镇联合村、牛场乡平寨村、中寨乡平基村的选址工作，并完成了前期规划工作。

通过与中科院昆明植物园合作，投入25万元引进云茸、黑皮鸡枞等林下菌品种，建立种植实验示范基地。

【教育扶贫】 中国科大针对六枝中小学生开展“三下乡”社会实践、支教和科普活动，惠及1000余人次中小学生。邀请校内专家在六枝特区周末大讲堂授课三次，参加人数约1500人次。组织六枝特区初高中60余位教师赴浙江开展为期一周的选课走班教学模式考察学习。

【公益扶贫】 中国科大化学与材料科学学院团委发起的“春蕾计划”资助联合村贫困女童金额约17000元；校友企业英赛科技捐助联合村价值约8000余元的四箱玩具，价值五万元的2000多册书籍，300寸户外投影幕布一块，100寸室内投影幕布一块，无屏电视投影仪一台等。驻村第一书记利用图书和投影设备在村里建立小型图书馆和电影放映场，丰富村民的精神文化生活。

（中国科学技术大学　何昊华）

三、军队和武警部队扶贫

【概述】 2017年，军队和武警部队坚决贯彻习近平总书记和军委决策指示，按照国家脱贫攻坚工作部署安排，在完成军事任务的同时，深入老少边穷地区特别是“三区三州”等深度贫困地区，瞄着建档立卡贫困村贫困户研究确定帮扶思路举措，有力有序推进产业扶持、助学兴教、医疗援助、党建帮扶和扶贫扶志等扶贫行动，积极帮助贫困村改变村容村貌、改善基础设施和生产生活条件，激发贫困群众脱贫内生动力，为促进帮扶对象早日实现脱贫目标作出了新的贡献。

【工作指导】 2017年5月，中央军委决定设立军队参加和支援经济社会建设领导小组，进一步加强对军队援建工作的组织领导，凝聚决战脱贫攻坚、决胜全面小康的整体合力。随着脱贫攻坚不断向纵深推进，军委政治工作部结合部队实际，先后印发《关于认真贯彻落实习主席重要指示深入推进部队参与脱贫攻坚工作的通知》《关于进一步加强军队定点扶贫工作的通知》《关于组织部队积极参与2017年扶贫日活动进一步做好脱贫攻坚工作的通知》《军队和武警部队定点扶贫工作检查督导办法（试行）》等规范文件，指导部队充分发挥自身优势作用，密切军地团结协作，扎实做好参与脱贫攻坚工作。5月下旬，军委政治工作部群众工作局在西安政治学院举办军委机关和副战区级单位群工部门负责同志培训班，把军队参与脱贫攻坚作为一项重要内容，强化使命担当，理清工作思路，提高扶贫能力。军委办公厅、军委联合参谋部、军委后勤保障部、军委训练管理部、军委政法委等部门领导多次深入帮扶的贫困村调研指导，军委国防动员部在重庆、长沙、郑州3个片区召开省军区脱贫攻坚任务推进会，海军专门召开党委会研究部署扶贫工作并安排5名机关同志驻村蹲点推动落实，空军、火箭军、战略支援部队和武警部队等单位在帮扶点召开现场会，陆军派出工作组赴6省10县市检查督导，对脱贫攻坚工作实施了有力领导和指导。

【产业扶贫】 各级坚持从当地实际出发，按照“输血”和“造血”相结合的思路，力所能及地支持贫困村发展种植养殖、农产品加工等特色优势产业，帮助发展红色旅游和乡村旅游，形成持续推进脱贫致富的新动能。驻革命老区部队积极帮助修复陕西延安、甘肃会宁、贵州遵义等地红色遗址，协助地方发展红色旅游产业，推动老区早日脱贫致富。驻贫困地区旅团单位普遍落实1～2个扶贫项目，一些驻经济发达地区部队还采取跨区协作方式帮助中西部贫困村脱贫。南部战区陆军在南宁市西盛村实施的黑山羊养殖项目，仅用一年就给村民带来20余万元的收入。军委国防动员部支持河北阜平店房村的大枣产业，成立军熙枣业有限公司，采取“公司＋农户”脱贫路子，先后投入帮扶经费200余万元、争取地方各项建设经费7000多万元、吸引社会资金4000多万元，有效提升了帮扶村的脱贫速度和发展定位。海军机关为帮扶的大兰村建设规模化蛋鸡场、日光温室大棚等产业项目，协调农产品进入海军机关生活超市和驻京部队食堂，拓宽贫困村贫困户发展渠道。中部战区协调瑞泰农业发展公司帮助贫困村解决香菇大棚减产问题、军委办公厅协调科盾科技公司在贫困村开办器件组装福利厂、军委联合参谋部协调北京市农委为贫困村发展林下经济和生态养殖产业出谋划策、军委政治工作部帮助定点帮扶的红心村打造万亩脆红李种植基地，不仅促进了帮扶村脱贫，还惠及了周边乡村的建设发展。

【教育扶贫】 全军部队把支持贫困地区教育发展、资助贫困家庭学生完成学业，作为阻断贫困代际传递的基础工程来抓，持续援建156所“八一爱民学校”，广泛开展“1＋1”“N＋1”捐资助学活动，组织发动官兵特别是团以上干部重点与建档立卡贫困家庭学生建立稳定帮扶关系，全年累计资助学生 20 余万人。空军机关连续 24 年开展“蓝天春蕾计划”，2017 年又投入 1500 万元，资助 2160 名建档立卡贫困学生，培训 160 名蓝天春蕾学校教师；火箭军设立专项助学金资助西部地区高校贫困学生，协调安排定点帮扶村学校老师到北京优质学校跟班学习。南部战区积极协调广州、韶关等地职业技术院校和民兵训练基地，免费开展复退军人职业技能培训，提高创业致富能力，培训的 10 余名民兵致富带头人自主创办各类企业和实体，为村民提供就业岗位达 50 余个，帮助和带动贫困群众实现脱贫致富。军委政治工作部启动实施革命老区“八一”助学扶贫工程，2017—2020 年拿出 4000 万元，会同中国教育发展基金会、中国老区建设促进会，每年在中央苏区、陕甘宁等 5 个革命老区 10 所中等职业学校，资助 5000 名左右贫困学生，2017 年实际完成资助 5660 人。

【健康扶贫】 根据国家健康扶贫总体部署要求，2017 年 8 月，军委后勤保障部组织召开军队健康扶贫工作推进会议，印发《关于开展创建军队健康扶贫“三大工程”的通知》，制定出台军队参与健康扶贫的具体措施办法，组织全军卫生系统全面开展以“对口帮扶精品工程、大病救治样板工程、勇于奉献标兵工程”为主要内容的创建活动。组织指导 87 所军队医院对口帮扶 113 所贫困县县级医院，各任务医院累计派出 302 批次、1700 余人次医疗队进行驻点帮扶，最长连续蹲点时间超过 9 个月；帮建学科 1026 个，培养技术骨干 1800 余人，推广适宜技术 800 余项；巡诊巡治贫困地区群众 12.8 万余人次，开展远程医学会诊 3300 余例次，对口帮扶的 113 所贫困县县级医院，已有 90 所被评审为二级甲等或三级医院。结合国家“服务百姓健康行动”，军队卫生系统全年共组织 236 个医疗卫生机构 6306 名医务人员，累计为全国各地 16.5 万余名患者提供义诊服务，其中，抽组的 2 支国家医疗队分赴山西岢岚、新疆喀什等深度贫困地区巡回医疗，免费诊疗农村建档立卡贫困群众 3055 人，义务收治患者 5025 名，实施手术 228 台次。联勤保障部队针对所属部队处于调整改革期的实际，多次对 64 个对口支援的贫困县县级医院、132 个定点扶贫项目的内容、进度、资金等要素进行梳理更新、建档造册，明确帮扶责任、理顺帮扶关系。

【扶贫扶志】 担负帮扶任务的部队充分发挥思想政治工作优势，定期组织官兵进村入户开展学习宣传活动，先后派出宣传分队 3000 余支，深入村寨 5900 多个，宣传习近平总书记脱贫攻坚决策指示，宣传社会主义核心价值观和党的惠民富民政策，引导贫困群众更新思想观念，坚定脱贫致富信心。各部队普遍把抓党建与促脱贫、强组织与惠群众捆在一起，深入开展军地基层党组织互学互帮互促活动，帮助建强贫困村党支部。空军部队依托“三互”活动，以共学理论、共建组织、共谋发展为主题，培训帮带了 1218 名贫困村党支部工作骨干。武警西藏和四省藏区部队建立 8 个村党支部书记培养实践基地，帮带的 113 个基层党支部中，先后有 92 个跨入先进行列。许多部队还通过开展文艺演出、文体比赛等军民联谊活动，支持乡村文明建设，大力传播文明新风。军委政治工作部为军级以上单位帮扶的 100 多个贫困村订阅《人民日报》《中国国防报》，加深贫困群众对党、国家、军队建设事业的全面认识和了解，提振贫困地区群众精神风貌。

【扶贫济困】 各部队就地就近组织开展经常性扶贫济困活动，以“关爱空巢老人、关爱留守儿童、关爱弱势群体”为重点，常年帮扶 4.3 万多户特困群众、8600 多名孤寡老人和残疾人。结合学雷锋日、扶贫日以及元旦、春节、八一等重要节日纪念日，组织“爱心小分队”走上街头、走进社区、走进农村，送去米面油等慰问品，开展爱民助民劳动，清理环境卫生。新疆军区组织团以上干部与4400多户少数民族贫困群众结对认亲，吃团结饭、照全家福、干农家活，把党的关怀和子弟兵的深情厚谊送到各族群众心坎上。

【扶贫宣传】　军委政治工作部协调新华社、《人民日报》、《解放军报》、中央人民广播电台、中央电视台等军地主要媒体加大对军队参与脱贫攻坚工作宣传力度，全年累计刊播部队参与脱贫攻坚新闻稿件330多篇，国家《扶贫简报》《扶贫信息》《中国扶贫》等10多次刊发部队帮扶工作情况。通过微信、微博等新兴媒体广泛宣扬全国脱贫攻坚奖军队代表陈秀、卡哈尔·尼扎木丁等先进典型和各单位参与脱贫攻坚的身边人身边事，总结推广湖南省军区定点扶贫“桑植样本”、东部9个发达地区人武部助力井冈山脱贫摘帽等经验做法，积极培树民兵预备役人员和退役军人创业致富带头人，立起标杆榜样，发挥示范引领作用，营造了军地合力打赢脱贫攻坚战的舆论氛围。

【定点扶贫】　各部队认真贯彻精准扶贫、精准脱贫基本方略，按照“扶真贫、真扶贫、真脱贫”要求，扎实推动帮扶任务落地落实。全军部队共定点帮扶3205个贫困村、21.8万贫困户、72.1万名贫困群众，累计投入资金10.9亿元，协调利用社会资金13.4亿元，派出驻村帮扶干部1.6万多人次。截至2017年底，帮扶的1018个村、5.9万户、21.4万人已经实现脱贫。军委机关部门和战区级以上单位在河北、贵州、四川、西藏、新疆等20余个省份结对帮扶47个贫困村，带头做好定点扶贫工作，为部队立起了标杆。国防动员系统和武警部队驻地覆盖全国所有县市，主动挑重担子、啃硬骨头，所属单位共定点帮扶1800多个贫困村。陆军针对调整改革移防部队多的实际，主动联系地方有关部门对接扶贫工作，确保定点帮扶的871个贫困村接续帮扶不断线。火箭军机关以打造古色、红色、绿色为一体的现代乡村为目标，实施基础设施援建、助学兴教活动、产业发展帮扶、医疗卫生帮建、文化惠民服务、提升发展能力6项举措，重点帮建扶持“一路、一校、一室、一产业、一队伍”，办好20件实事，促进贫困村脱贫发展。2017年底，军委政治工作部组织力量对军委机关部门和战区级以上单位定点帮扶工作进行抽查，先后到江西、河北、新疆11个县市16个贫困村实地察看帮扶工作进展情况，压实帮扶责任，促进任务落实。

（中央军委政治工作部群众工作局
阳　晶）

四、社会组织扶贫

综　　述

社会组织是联系爱心企业、爱心人士等社会帮扶资源与农村贫困人口的重要纽带，是动员组织社会力量参与脱贫攻坚的重要载体，是构建专项扶贫、行业扶贫、社会扶贫“三位一体”大扶贫格局的重要组成部分。《中共中央、国务院关于打赢脱贫攻坚战的决定》《“十三五”脱贫攻坚规划》及其他一系列中央文件均提出要鼓励引导社会组织以多种形式参与扶贫开发，并明确了有关要求。2017 年初，《国务院扶贫开发领导小组关于印发 2017 年工作要点的通知》及其分工方案明确提出民政部、国务院扶贫办要制定社会组织参与脱贫攻坚相关文件。

按照中央部署和国务院扶贫开发领导小组工作安排，民政部和国务院扶贫办启动了文件起草工作，先后赴有关省份开展调研，多次召开座谈会，充分了解全国性和省、市、县各级社会组织及其业务主管单位、部分地方社会组织登记管理机关和有关部门对社会组织参与脱贫攻坚的工作建议。在此基础上草拟了《关于广泛引导和动员社会组织参与脱贫攻坚的通知》，报国务院扶贫开发领导小组同意后，正式印发。

《通知》主要对社会组织参与脱贫攻坚作出相应安排部署。一是明确参与脱贫攻坚是社会组织的重要责任，要求社会组织发挥专长和优势，引导社会帮扶资源向贫困地区、贫困人口汇聚。二是明确社会组织参与脱贫攻坚的重点领域，结合不同类型社会组织的专长和优势，支持社会组织积极参与产业扶贫、教育扶贫、健康扶贫、志愿扶贫等重点领域脱贫攻坚。三是要求全国性和省级社会组织发挥好示范带头作用。四是从信息对接、资金扶持、政策优惠、能力建设等方面提出各地区各部门要大力支持社会组织参与脱贫攻坚，并要求有关地方和部门建立健全相应工作机制，加强对社会组织参与脱贫攻坚的组织领导。

广大社会组织积极响应中共中央、国务院号召，按照国务院扶贫开发领导小组通知要求，广泛深入地参与到脱贫攻坚工作中来，充分发挥桥梁纽带作用和专业技术优势，形成了良好的工作局面。

（国务院扶贫办社会扶贫司
宿　盟）

中国扶贫基金会扶贫

【概述】 2017年，中国扶贫基金会捐赠总收入5.82亿元，公益事业支出4.73亿元，为贫困农户发放小额贷款86.23亿元。近420万人次受益，开展的国际项目涉及苏丹、埃塞俄比亚、尼泊尔、缅甸、柬埔寨等7个国家。

中国扶贫基金会聚焦精准扶贫，精雕细琢项目模式，在生计扶贫、旅游扶贫、电商扶贫、教育扶贫、健康扶贫、救灾扶贫等领域深化拓展工作。中国扶贫基金会进村入户为农民群众提供小额信贷服务；扎根基层，发掘乡村价值，发动群众参与，汲取群众智慧，建设美丽乡村；努力帮助贫困地区拓展就业增收渠道，通过电商搭建农户与消费者的沟通平台；严守承诺，筹措资源，向解决乡村留守儿童困难、儿童营养健康问题、家庭主要劳动力大病救助等聚焦发力，深化一对一的精准扶贫模式；深入灾区一线，为受灾群众提供及时救援。积极响应"一带一路"倡议，精心谋划国际援助项目，传播中国扶贫经验，讲述中国扶贫故事，为推动构建人类命运共同体做贡献。同时继续组织善行者、善行100、捐一元、"大爱无国界"义卖、精准扶贫行业论坛交流会等倡导活动，为广泛动员社会各界关注参与脱贫攻坚助力。

【美丽乡村旅游扶贫项目】 致力于搭建乡村和外部联结平台，重估贫困乡村价值，创造以村为本的发展机会。截至2017年底，项目累计接受捐赠资金12700万元，累计投入资金4450万元。项目涉及12个国家扶贫开发工作重点县的13个贫困村，共计3909户15307人受益。

2017年，投入项目资金920万元，已运营5个村庄，经营性收益总额为396万元，村民转化收益总额为229万元，带动村民就业155人，其中贫困户91人，人均工资性收入21225元，实现村民人均分红197.7元。2017年新增贫困项目村8个。

【善品公社电商扶贫项目】 善品公社是中国扶贫基金会创办的电商扶贫品牌，以"让诚信生产实现价值"为使命，生产端以农村合作社为组织载体，赋能生产者，提升农产品种植标准和产品品质；消费端以善品公社为统一品牌，通过电商手段和社群联结，赋权消费者推动团体共同购买，帮助贫困地区农户实现增收脱贫的同时，满足广大消费者对安全、健康农产品的需求，推动中国食品安全问题的解决。

截至2017年底，项目累计受益农户达10000户，合作社共建农户的户均增收3000元。善品公社累计出品了石棉黄果柑、石棉枇杷、汉源红大樱桃、蒙顶山红心猕猴桃、红河梯田红米、吉林舒兰大米共6款产品，2017年，覆盖6个省18个县，其中大部分地区为国家扶贫开发工作重点县。

2017年，项目受益户数3590户，10770人。善品公社进行了100次用户探访，举办了200次社区培训，拍摄了12条影像纪录片，举办3次农户影展，号召500家新媒体报道。

【小额信贷金融扶贫项目】 中和农信项目管理有限公司是一家专注农村市场的小微金融机构。其主要宗旨是为那些不能充分享受传统金融机构服务的农村中低收入群体，量身定制小额信贷、保险、理财、电商等多方位服务，帮助他们发展产业，增加收入，早日实现美好生活。

截至2017年底，中和农信小额信贷项目覆盖全国21个省，设有258个分支机构，其中70%以上为国家级、省级贫困县，其他为欠发达县或地震灾区县，累计发放贷款207万多笔、278亿多元，支持帮助了超过500万农户。

【顶梁柱公益保险健康扶贫项目】　联合阿里巴巴公益、蚂蚁金服公益于2017年共同启动项目，主要聚焦建档立卡贫困户的家庭主要劳动力开展救助帮扶，为18～60周岁的建档立卡贫困户提供专属扶贫公益保险，为其提供住院补充医疗保障。项目于2017年7月12日启动。2017年筹集资金1626万元，为贵州、云南、四川3个省10个县810380名建档立卡贫困户家庭主要劳动力提供了补充医疗保险。

【童伴妈妈留守儿童福利项目】　建立“一个人·一个家·一条纽带”的模式，以“童伴妈妈”为核心，以“童伴之家”为平台，建立留守儿童监护网络，探索农村留守儿童福利与权益保障的有效途径，为政府决策提供依据。

截至2017年底，累计接受捐赠2300多万元。覆盖四川、贵州两个省11个市（州）20个县203个村，其中有91个建档立卡贫困村，覆盖儿童近10万人，收集并解决儿童福利保障需求2.5万余例。项目模式在四川、贵州两个省600个村复制。2017年，收集并解决儿童福利保障需求1.8万余例，童伴妈妈入户走访8万余人次，参与童伴之家活动的儿童27万人次、家长6.7万人次。

【养老扶贫项目】　为应对人口老龄化快速发展的趋势，解决老年人群的养老问题，启动养老项目，面向失能失智的老年人群尤其是贫困低收入的老年人群，提供优质专业的养老照护服务。

2017年，在四川省雅安市设立公益养老示范项目——雅安中扶养老服务中心，截至2017年底，项目累计投入1054.28万元，完成5760平方米、156张床位的养老机构适老化装修改造及硬件设施配备。对雅安地区73位特困失能失智老人进行评估，2017年12月第一批公益老人入住。以失能失智机构照顾为依托，辐射社区、居家养老服务，受益老人450人次，其中特困失能失智老人80人次。搭建“时间银行”志愿者体系，100余名志愿者为当地特困失能失智老人提供志愿服务。

【救灾扶贫项目】　自2003年项目成立以来，累计开展177次灾害救援行动，投入救灾款物16.04亿元，直接受益人数累计达583.63万人次，覆盖31个省区市。

2017年，接受捐赠2734.32万元。其中，资金900.60万元，物资1833.72万元。在中国11个省区市和朝鲜相继启动23次灾害救援行动，在18个省区市的30个城市开展减防灾工作，投入项目款物2653.69万元，惠及21.54万人次。

推动减防灾工作。2017年，开展“向灾害SAY NO”——512全国减防灾社区公益活动、校园减灾教室项目，发布了《中国小学生减灾教育现状基础调研报告》和《小学生防灾减灾教育指南》，支出112.37万元，覆盖18个省区市的30个市（县、区），5.41万人次受益。

【母婴平安健康扶贫项目】　以降低孕产死亡率和婴儿死亡率，提高贫困地区母婴生命保障水平和健康水平为目标，开展母婴平安120行动项目、助明计划、大病项目等。截至2017年底，母婴平安项目累计投入超过1.6亿元，项目覆盖11省区市的23个县（市、区），项目受益人数64.5万人次。

2017年，母婴平安项目投入480.2万元，受益人数12万人次。助明计划覆盖4省4县（市），受益儿童超过11.5万；助听计划为65名听障儿童进行语言康复训练、为15名家长开展培训；妇女两癌项目为云南省玉龙县750名农村妇女进行“妇女两癌”筛查；PKU项目为隆德县7名贫困PKU患儿提供特食补贴。

【爱加餐健康扶贫项目】 通过提供营养加餐、学校厨房设备及营养宣教等方式，改善贫困地区儿童的营养状况。截至2017年底，项目累计投入约2.2亿元，覆盖14个省44个州（市）87个偏远山区的县（区），受益学生超过79.2万人次，为学生提供4480余万份的营养加餐，建立1445所标准化的爱心厨房；项目为全国20个省59万人次儿童提供了74.1万包蜜儿餐，价值1.46亿元。为柬埔寨、尼泊尔等国家开展学校供餐项目。

2017年，项目投入3968.8万元（不含蜜儿餐）。在国内，覆盖13个省28个市（州）38个偏远地区，为学生提供了660余万份营养加餐，建立了283个标准化的爱心厨房，受益学生超过14.2万人次；为云南、贵州2个省3个县2.5万人次儿童提供了近5.7万包蜜儿餐，价值1003万元。为柬埔寨1.7万余名学生提供342万份营养餐。

【爱心包裹教育扶贫项目】 通过动员社会力量捐购包裹形式，开展了关爱贫困地区及灾区小学生的一项全民公益活动。截至2017年底，累计接受捐赠61372.95万元，惠及31个省区市752个县24867所学校和537.84万名学生，还有6549个家庭受益。2017年，接受捐赠8124.27万元，捐购学生型美术包613464个，学生型温暖包99273个，学生型生活包210个，惠及27个省区市149个县3645所学校的712944名学生。

【加油计划教育扶贫项目】 旨在通过持续性的社会关爱和专业化支持，为贫困地区的儿童改善学习环境，共享优质教育资源。以贫困县为项目实施区域，同当地县教育部门联合，在全县一定比例的小学中开展加油计划，项目连续实施6~10年，助力贫困地区儿童全面发展。截至2017年底，项目累计接受捐赠2313.26万元，投入1999.92万元。2017年接受捐赠1461.5万元，投入1480.8万元，项目覆盖贵州省威宁彝族回族苗族自治县、云南省镇雄县和广西壮族自治区隆林各族自治县3个贫困县，累计受益学生24653人、受益教师927人。

【筑巢行动教育扶贫项目】 为贫困地区的乡村完小修建学生宿舍，为贫寒学子撑起一个温暖的家。截至2017年底，项目资金超过1.2亿元，在全国19个省206个县援建220所学校宿舍，约9.3万人受益。2017年，援建校舍16栋，约5400人受益。2017年接受捐赠114.44万元，投入519.35万元。

【新长城特困大学生资助教育扶贫项目】 以经济资助为基础，以成才支持为核心，以“传递社会关爱，锻造自强人才”为宗旨。截至2017年底，项目覆盖31个省区市600所大学，累计接受捐赠27202万元，130304人次直接受益。2017年，项目接受捐赠1302.8万元，5079人次直接受益。

【新长城高中生自强班教育扶贫项目】 为家庭经济困难高中生提供经济资助和成才支持，帮其实现求学之梦。截至2017年底，项目累计覆盖27个省区市246个县，在274所高中建立554个自强班，项目累计接受捐赠10795.1万元，6.46万人次直接受益，帮助2.15万余名高中生完成学业。2017年，项目接受捐赠2682.6万元，受益人数10711人。

【溪桥工程生计发展项目】 在贫困地区修建便民桥，解决老百姓过河难的问题。截至2017年底，累计接受捐赠4716万元，实施项目694个，项目覆盖24个省144个县，超过100万人次受益。2017年，接受捐赠656万元，实施94个项目，覆盖11个省28个县，受益人数达148708人次，竣工50个项目，累计投入595.3万元。

【灾后重建生计发展项目】　“4·20”芦山地震灾后重建项目是2013年5月12日设立的以开展芦山地震灾后重建、发展灾区生计为宗旨的公益项目。截至2017年底，共接受捐赠30404.24万元，累计投入25517.34万元，项目区覆盖雅安市、崇州市9个区县70个乡镇140余个村，累计受益人超过15万人次。

“8·03”鲁甸地震灾后重建项目是2014年8月设立的以开展鲁甸地震灾后重建、发展灾区生计为宗旨的公益项目，截至2017年底，共接受捐赠14748.30万元，累计投入13163.26万元，项目覆盖鲁甸县、会泽县、巧家县15个乡镇，累计受益人数超过5万人次。

【公益同行项目】　为携手公益组织，探索更多有效的社会问题解决方案。截至2017年底，已经形成了“人人公益”“ME公益创新资助计划”“社区发展计划”“公益宝贝联合劝募计划”等品牌项目。2017年，筹集1.3亿元资金，资助469个项目，项目受益地区涉及24个省区市。2017年开展“行动研究与影响力支持计划”“益起播种——NGO传播能力支持计划”、公益同行·公益伙伴2017年年会等，为合作伙伴在机构运营、影响力传播方面提供系统的支持。

【善行99为扶贫活动】　由腾讯公益联合数百家公益组织、知名企业、明星名人、顶级创意传播机构共同发起的一年一度全 民公益活动。2017年99公益日期间，自有项目和联合社会组织、企业合作募捐项目共计372个参与筹款，971406人次参与捐赠，接受捐赠6466.27万元，善款主要用于帮助儿童、老人、残障人士等贫困弱势人群。

【捐一元·献爱心·送营养活动】　2008年启动，连续10年通过百胜中国控股有限公司旗下数千家餐厅向公众劝募，倡议全社会一人捐一元钱，用于为贫困地区儿童提供为时一年的营养加餐，并为贫困地区学校捐赠爱心厨房设备。活动搭建“全民公益”的捐款平台，鼓励全社会“随手做公益”，推动“人人可公益”的慈善理念。10年来，累计筹款1.7亿元，吸引1.1亿人次参与。2017接受捐赠超过1936万元，超过1000万人次公众参与。

【善行者公益徒步活动】　内地首个百公里公益和健康相结合的大型户外公益徒步活动。鼓励4人一队，在规定的时间内完成50或100千米徒步挑战，以“每一步都会带来改变”的信念，动员身边的人以实际行动支持公益，关爱贫困地区儿童，助力中国公益事业发展。截至2017年底，善行者公益徒步活动共有来自10多个国家的5761支队伍报名，14000余人次参与徒步，9933人次完成挑战，14735人次的活动志愿者参与，活动参与者来自国内150多个城市。累积筹集善款1896余万元，19.7万余人次参与捐赠支持，12万余人次儿童直接受益，共有50余家企业支持，40多位明星参与活动推广，百余家媒体参与传播。

2017年，善行者公益徒步活动走出北京，在成都和南京成功举办。共有6916人报名，4192人顺利完成挑战。筹款7675897.03元，分别用于童伴妈妈项目、公益同行项目、爱心包裹项目、爱心厨房、旭航助学项目。

【善行100大学生志愿者筹款活动】　通过倡导大学生志愿服务100小时，商场提供场地100小时，公众捐赠善款100元的慈善行动模式，倡导并践行人人可公益慈善理念及志愿服务精神。截至2017年底，项目累计开展十三期，31个省区市、124个城市、279所高校、30.4万余名大学生志愿者参与，累计为贫困地区、灾区小学生筹集善款6509.24万元。

2017年，共号召4.3万名大学生志愿者，筹集近7万个爱心包裹，其中，2017善行100·温暖行动有81所高校的40815

名大学生参与，筹款894.24万元；2017善行100·快乐月捐季号召41所高校的2620名大学生参与，邀请13498位公众加入月捐。

【国际扶贫项目】 秉持“爱无疆，心相通”的理念，坚守“尊重当地，需求导向”的原则开展国际援助和国际倡导项目。截至2017年底，累计投入1.32亿元人民币，惠及19个国家和地区的30多万受灾或贫困群众。2017年围绕消除贫困、零饥饿、健康福祉、优质教育、清洁饮水和体面工作等六项联合国2030可持续发展目标，在缅甸、尼泊尔、埃塞俄比亚、苏丹、柬埔寨、朝鲜等七个国家开展国际援助项目，包括非洲微笑儿童学校供餐、尼泊尔灾后重建、缅甸胞波大学生助学金、埃塞妇女职业培训、埃塞水窖和国际志愿者等项目，全年累计投入2029万元，惠及91117人次。

（中国扶贫基金会　张秀峰）

中国扶贫开发协会扶贫

【概述】 2017年，中国扶贫开发协会（以下简称“协会”）贯彻党的十八大、十九大精神和习近平新时代中国特色社会主义思想，认真落实党中央、国务院各项扶贫政策方针，按照“高端、精准、创新、融合”的办会思路，积极开展各项工作，并顺利推进“博士后扶贫工程”“支持贫困地区‘大学生村官’成长工程”“新加坡连援饮水”等项目。

【贫困村“大学生村官”培训】 协会推进贫困村“大学生村官”培训及相关工作，为贫困村精准扶贫、精准脱贫贡献力量。2017年分别在湖南省韶山市、福建省福州市、河北省广平县、江苏省苏州市、广东省顺德市举办5期培训，来自安徽、湖北、陕西、湖南等19个省区473个县1100个村的“大学生村官”、第一书记参加培训，其中担任村支部书记、村委主任71人，村第一书记55人，村副书记、副主任250人，村书记（主任）助理724人。每期培训班紧扣精准扶贫主题，围绕学习党的十八大、十九大精神，突出特色。韶山培训班突出红色教育，福州培训班突出创业创新，广平培训班突出扶贫经验，苏州培训班突出学习十九大精神和苏州农村发展经验，顺德培训班突出贯彻十九大精神开拓进取，取得良好效果。截至2017年，协会共举办37期贫困村“大学生村官”培训班，培训全国29个省区市、860个贫困县、26个民族的7100名“大学生村官”（含部分第一书记）。

【贫困县“大学生村官”脱贫攻坚论坛】 2017年10月，中国扶贫开发协会承办了“贫困县大学生村官脱贫攻坚论坛”。参加论坛的人员有100余人，包括中央国家机关、地方政府、各社会团体、企业家代表、专家学者和来自山西、陕西、云南、安徽、山东、四川的“大学生村官”、第一书记的代表等。论坛围绕“发挥‘大学生村官’在脱贫攻坚中的先锋作用”为主题展开，通过交流各级领导对支持“大学生村官”成长工作的作法、分享各地“大学生村官”在精准扶贫中的经验，展示全社会助力“大学生村官”发挥脱贫攻坚“先锋队”的重要作用，激励更多青年人奉献农村、锻炼成长进行了深入的讨论。

【新加坡连援饮水项目】 协会继续推进与新加坡连氏援助组织的贫困村安全饮水项目。2017年实施第9批贫困村饮水项目，项目金额275万。截至2017年底，项目在甘肃、宁夏、内蒙古、重庆、贵州、湖南、湖北、云南、山东9省区市的35个县的83个饮水困难的贫困村成功实施，解决了近10万饮水困难群众吃水问题，其中“大学生村官”发挥了巨大作用。

【博士后扶贫工程】 协会注重发挥高端人才和科技优势，以“农业、环保、健康、电商”方向为抓手，强化博士后智力科技成果转化和项目实施。实施资源循环利用站分布式包村脱贫工程。以村为单位，建立精准扶贫农业废弃物资源循环利用站，以“政府主导、贫困人员参与、企业运营、收益共享”为原则建设、形成良性发展的企业，达到“一保障、二收益、三普惠”的包村脱贫目的。已在湖南省新化县建成7个，宁夏回族自治区盐池县建成4个，解决了当地柠条饲料化问题。实施“易小康”

农村电商精准扶贫（试点）项目。该项目是基于“农民种地不花钱”扶贫工程为基础的进一步创新。截至 2017 年底，该项目已在河南省扶沟县为 13 个行政村捐赠 1600 部“易小康”农村电商手机，试点两个月产生订单 7500 多个，订单金额 140 多万，共节约生产生活成本 36.89 万元，户均节约 272.67 元。通过数据显示，易小康用户生产、生活商品相比市场价平均节约 20% 以上。实施功能农业脱贫攻坚工程，在河南、山东、河北、内蒙古等地进行了试点。实施社区扶贫惠民工程。已与 30 多个贫困县签署了 100 多个优质农副产品的购销合同，在上海市 100 多个社区开展服务，得到了社区居民的广泛认可，惠及人群 80 多万。

【教育扶贫】 中国扶贫开发协会充分发挥高校学科资源优势，以项目为支撑，以提高贫困地区的学校师资水平和劳动者的技术技能为重点，采用集中培训和在线学习相结合的方式，为贫困地区培养培训经济社会发展急需的各级各类人才，帮助他们从根本上摆脱贫困。用教育扶贫联动大力提升高校社会服务能力。努力打造贫困地区中学教师教学技能提高专项培训工作。2017 年 7 月，第 4 期农村初中英语教师培训班在北京举办，完成了对来自陕西、云南和新疆的 58 名教师的培训工作。

【产业扶贫】 2017 年 10 月，协会与世纪爱心国际投资集团成立中国扶贫开发协会产品流通与展览专业委员会。通过对贫困地区名特优产品进行认证，线上线下市场化运作统一销售的模式，将贫困地区优质产品推向全国，帮助贫困地区农民增收脱贫。已有 70 家线上线下商业平台签约加入“物联网 + 产品流通商业联盟”，5 家签约加入“物联网 + 产品流通餐饮联盟”。其中，中购三六五商业连锁有限公司上架贫困地区产品种类 2250 种，产品销售额超亿元。老兵快线商业连锁有限公司销售来自贫困地区产品销售额突破 2 亿元。

【精准帮扶】 2017 年 10 月，协会与会员企业盘锦士林置业有限公司联合在辽宁省盘锦市启动了中国扶贫开发协会“士林置业精准扶贫工程”。覆盖中西部贫困县 40 个、辽宁省贫困县 10 个。对首批已启动的 30 个县的 3000 名贫困小学生按每人每年 500 元的资助金拨付到学生家庭银行卡。该工程还投资 1.2 亿元搭建了 1.5 万平方米的贫困县名优特农产品免费交易博览平台。另外每年安排 2500 名贫困县乡村教师业务交流、度假工作。

【民生扶贫】 2017 年 10 月，中国扶贫开发协会、中山市浩源净水设备有限公司联合主办的“助力脱贫攻坚，关注饮水安全——向贵州省 9000 个贫困村赠送夏新净水器捐赠启动仪式”在贵阳举行，为贵州贫困地区捐赠价值 5734 万元的物资，9000 个贫困村每个村获赠 1 台夏新净水器，1900 户特殊贫困户每户获赠太阳能路灯 1 盏。

（中国扶贫开发协会　李　萌）

中国老区建设促进会扶贫

【概述】 2017年，中国老区建设促进会认真贯彻落实中央各项决策指示，不忘初心、牢记使命，激流勇进、砥砺前行，圆满完成年度各项任务，取得了新的成绩。

【双百双促行动】 中国老区建设促进会组织开展的“双百双促”行动签约仪式分别于2017年3月、6月、11月，在浙江省杭州市、上海市、北京市举行，村企结对达到116对。“双百双促”行动是全国老促会系统配合中央企业定点帮扶贫困革命老区“百县万村”活动和全国工商联“万企帮万村”精准扶贫行动，助推老区脱贫攻坚的具体举措。

【旅游扶贫】 2017年3月28日，中国老区建设促进会与中国扶贫开发服务有限公司举行全国革命老区旅游扶贫工程启动发布会。该工程以建设特色精品民宿“燕溪堂”等旅游产品和乡村旅游扶贫公益“秘行”平台创客基地为重点，以旅游产品创新、金融扶持创新和营销公益创新为抓手，通过社会资本小额信贷扶贫扶持、贫困村旅游扶贫合作社实现贫困户参与，通过建立旅游扶贫公益互联网平台，实现转型升级和自动传递。中国扶贫开发服务有限公司通过在革命老区四川南江县等地试点开发“燕溪堂”精品扶贫民宿项目，启动实施了“三年千宿百万”老区乡村旅游扶贫计划，将依托老区优质旅游资源，联合社会力量建设（加盟）1000家精品民宿，带动100万贫困人口增收脱贫，从而助推老区打赢脱贫攻坚战。

【扶贫调研】 2017年7月，中国老区建设促进会组成5个调研组共计30人，分赴陕甘宁、赣闽粤、左右江、川陕、大别山等5大革命老区以及华北、东北共17个省区市，围绕革命老区贫困县脱贫攻坚重点工作推进情况进行调研，时间跨度6个月，覆盖98个县（市、区、旗）。调研组坚持到第一现场、看真实情况、得精准数据，听取汇报与现地察看结合，明察与暗访结合，领导介绍与民主测评结合，阅读材料与主动询问结合，召开座谈会323个，实地考察了460多个乡镇、村（社区）、产业园区、龙头企业（工厂）和专业合作社，组织扶贫工作满意度测评2400人，掌握了大量第一手资料。

【教育扶贫】 为深入学习贯彻习近平总书记关于扶贫开发和加强老区建设系列重要讲话精神，落实《“十三五”脱贫攻坚规划》《教育脱贫攻坚“十三五”规划》有关要求，2017年5月，中国老区建设促进会、江苏省老区建设促进会在江苏省扬州市召开“全国革命老区职业院校扶贫发展联盟”成立大会。

6月，在北京师范大学珠海校区举办了第一期英语教师培训班。来自山西、河南、江西、内蒙古等省区的60余名学员参加了培训。

【红嫂论坛】 2017年6月，首届中国老区红嫂论坛暨“老区脱贫 巾帼建功”活动表彰大会在北京隆重举行。来自23个省区市的老促会妇女组织先进集体和个人代表、特邀代表及中央新闻媒体等270人参加会议。会议向获奖代表颁发了荣誉证书、奖牌和奖章。会议还进行了红嫂精神研讨，对红嫂精神的历史起源、发展脉络、重大贡献进行了梳理，对在新时期弘扬红嫂精神、凝聚巾帼力量、为脱贫攻坚做贡献进行了交流。

【老区脱贫攻坚论坛】 2017年10月9日，中国老区建设促进会承办了2017年扶贫日系列活动——“老区精神与脱贫攻坚论坛”。论坛以习近平总书记关于扶贫开发和革命老区建设发展重要论述为指导，旨在总结交流党的十八大以来，全国革命老区大力弘扬老区精神、助推精准扶贫精准脱贫中取得的新成就、新路径，为老区脱贫攻坚提供坚强的精神动力。通过论坛交流活动，与会同志对以习近平同志为核心的党中央实施精准扶贫、精准脱贫基本方略，把农村贫困人口全部脱贫作为全面建成小康社会的标志性指标和底线目标，摆到治国理政的重要位置有了更深刻的认识，进一步增强了学习贯彻习近平总书记关于脱贫开发和革命老区建设发展的重要论述、坚决打赢革命老区脱贫攻坚战的自觉性。

【扶贫宣传】 2017年10月，中国老区建设促进会举办“光荣与梦想——中国革命老区历史贡献和建设成就展览”。展览以展望革命根据地的历史贡献，展现革命老区的建设成就，展示党和国家对革命老区的关心厚爱为主题，以习近平总书记关于大力弘扬老区精神和“精准扶贫、精准脱贫”的重要论述为指导，从土地革命战争时期根据地的创建及贡献、抗日战争时期根据地的建设及贡献、解放战争时期解放区的发展及贡献、社会主义革命和建设时期老区建设发展及贡献、改革开放时期老区建设发展及贡献、党的十八大以来老区建设发展及前景六个方面，系统回顾和全面展现中国革命根据地创建90周年老区建设成就，充分体现政治性、时代性、公益性和知识性。展览接待了160多家单位和各界群众9万余人前来观展，并受到广泛好评。

（中国老区建设促进会）

友成企业家扶贫基金会扶贫

【概述】 2017年，友成企业家扶贫基金会（以下简称“友成基金会”）坚持以推动社会公正和谐发展为目标，以发现和支持“新公益”领袖人才、建立跨界合作的社会创新网络支持平台为使命，在扶贫和社会发展领域搭建了社会创新的支持平台。

友成基金会研发的“扶贫志愿者行动计划”写入《中国农村扶贫开发纲要（2010—2020）》，跨界合作的“常青义教”“双师教学”“乡村青年教师社会支持公益计划”等教育扶贫项目多次得到中央领导人的批示和认可；创新实践的“电商扶贫”“创业咖啡”等职业教育项目也得到了上级管理部门的充分认可。积极发挥社会组织服务国家、服务社会、服务群众、服务行业的作用。

【友成扶贫志愿者行动计划】 友成扶贫志愿者行动计划是经国务院扶贫办批准，动员、资助和组织友成扶贫志愿者在贫困地区直接参与各项扶贫工作的行动计划。

友成基金会投入资金5370余万元，通过志愿者驿站共为贫困地区和灾区募集物资近2.73亿元；在18个省区市，搭建130个各级志愿者驿站，每年组织各类志愿者3000余人，为贫困地区提供近60万小时的志愿服务；探索出了丰富的实践模式（绵竹/西宁等），产业扶贫模式（阿坝/呼和浩特等），信息化扶贫模式（滦平/围场等），农村社区综合发展模式（建始/黔江等），退休教师支教模式（南宁/呼和浩特等），农村金融小额信贷模式（仪陇/西乡等），及志愿教育服务模式（昆明等）。

其中，资助小云助贫中心“河边村贫困综合治理试点项目”，通过招募专业社区和发展规划专业志愿者参与云南省昭通市河边村综合性发展方案的设计，以贫困群体为主导，从产业发展、生计提升、基础设施建设、人居环境改善、社区治理等五方面综合试策，求解深度贫困问题。

【教育扶贫】 友成基金会研发并推广“双师教学”和“乡村青年教师社会支持公益计划”项目，利用互联网技术进行教育扶贫。

“双师教学”项目运用MOOC的方式，利用现代网络技术，将城市优质课程资源直接引进乡村学校的教育扶贫项目，已覆盖19个省300余所中学，“双师”模式也得到了各县、市、省的整体加入及推广。

“乡村青年教师社会支持公益计划”简称“青椒计划”，是在教育部教师工作司的指导下，由友成基金会、北京师范大学、沪江网校作为核心团队联合全国30余家教育类公益组织及企业共同发起的乡村青年教师培训计划，该计划于2017年9月9日正式启动。覆盖全国18个省区市61个区县3442个学校2.23万名教师。邀请教育部、北京师范大学、上海市嘉定区教师进修学校等单位的专家学者14人，开设网络培训课程16节，累计播放次数20.97万次。推选出全国标兵学员50人，优秀学员152人。

【电商扶贫】 2016年以来，电商扶贫项目累计培训了1.2万余名贫困地区妇女和致富带头人，达到63%的就业和创业率，月收入增幅达300～2000元。电商培训项目核心合作伙伴10家，撬动直接参与项目并给予支持的政府单位及企业约100家，涉及的政府单位及企业约500家，起到了平台动员作用。

【小鹰计划】 选拔培养了157名青年深入基层、投身到乡村建设之中，实践地点遍布中国13个省20余个地区的乡村，为贫困地区累计志愿服务超过17万个小时，发起和执行公益项目达100余个。在乡村社区动员和可持续发展的框架下，在乡村素质教育、乡村生计发展、民族文化保育等领域内逐步形成系列项目群。小鹰校友形成了社创青年的社群。

【猎鹰计划】 旨在发现具有社会企业家精神和具有社会创新能力的领袖，通过陪伴、互动、学习，加速其认知/思想、知识/能力上的提升，业务的成长。建立具有共同理念、共同行为规范，相互支持、彼此合作的猎鹰共同体，共同倡导社会企业家精神和社会创新。2017年，招募了22名猎鹰学员，具体活动形式包括集中授课、私董会/创变者马拉松、游学、咨询辅导、融资辅导、资源对接、线上社群。有多个项目关注贫困地区人口，聚焦“三农”问题，如“萌帮水溶肥”通过生产高效环保肥料，帮助农民实现增产增收；“古村之友”以古建筑保护为契机，弘扬乡村道德文化，促进村落活化；“碧丽源”茶叶植根云南沧源，通过发展生态有机茶园，带动当地少数民族人口脱贫致富，并进行社区建设。通过撬动猎鹰学员的能力提升，使其组织更好地服务于广大贫困群众。

【定点扶贫】 友成基金会参与贵州省雷山县扶贫工作，定点帮扶村为西江镇龙塘村。2017年，基金会先后7次派员到当地考察，并多次与县政府领导开展座谈会，累计走访龙塘村、雀鸟村、格头村、连城村等10余个村落，入户走访贫困户20余户。并陆续开展了多样化的扶贫项目。

友成基金会支持雷山县教育局参与“青椒计划”，报名总数1160人，其中涵盖特岗教师284人，覆盖60余所小学、10所中学和10余所幼儿园。课程参与度较活跃的人数达到近500人，每月参与5讲以上课程的达到100人。

开展龙塘村玫瑰产业扶贫项目。根据定点帮扶村庄需求，对接多个企业家资源，为龙塘村首批捐赠优质航天育种玫瑰苗木100亩，价值300余万元，成为雷山县优质玫瑰育种基地，为今后扩大种植打下了良好的基础。友成基金会引进西安航天育种的技术人员，为贫困户进行玫瑰种植技术培训，提升贫困户种植技能。百亩玫瑰于2017年底完成种植。

友成基金会根据实地调研情况形成了《项目调研报告》及“让妈妈回家创业”农村女性电商创业培训项目执行方案，投入扶贫资金61万余元，为雷山培养100名电商扶贫专业人才。同时，在消费扶贫方面，对接今日头条有限公司开展产品销售活动，为雷山银球茶、黑毛猪肉、苗银饰品、乌杆天麻等12种产品打开销路。

友成基金会组织专业志愿者，在凤凰直播和一直播平台对雷山苗年节活动及龙塘村鱼冻节活动进行直播，推广雷山县旅游，累计观看直播达到33.5万人次。

（友成企业家扶贫基金会 张 静）

中国红十字会总会扶贫

【概述】 中国红十字会总会将扶贫作为重要工作内容，认真履行扶贫责任，充分发挥行业优势，精心设计政策举措，探索创新工作方法，借助组织网络优势和自身的影响力、号召力，组织动员各方力量积极参与脱贫攻坚，在定点扶贫、农村生计与社区发展扶贫、健康扶贫、救助扶贫等方面做了大量卓有成效的工作，帮助社会解决了一批民生问题。

进一步向深度贫困地区聚焦发力。争取最大限度将深度贫困地区纳入支持重点，在扶贫项目布局上，更加注重向这些地区倾斜，实现重点攻坚与面上突破相结合，助力破解深度贫困问题。在项目带动对象上，更加注重向贫困家庭患大病儿童、贫困残疾人、孤寡老人、长期患病者等特殊困难群体倾斜，解决重点人群特殊需求。

进一步突出产业扶贫作用。坚持以“生计发展”为主要内容，着力发展特色产业，确保脱贫长效可持续。

进一步激发群众内生脱贫动力。在扶贫工作中，既抓好物质扶贫，更重要的是抓好精神扶贫、激发群众内生动力。一手抓好项目实施，一手抓好群众的教育引导，增强贫困群众依靠勤劳双手脱贫致富、改变家乡落后面貌的决心、信心和精气神。

【定点扶贫】 2017 年，中国红十字会总会定点帮扶湖北省英山县，充分发挥自身优势，结合英山县脱贫攻坚实际需求，创新帮扶方式，动员社会力量参与，坚持多措并举，持续精准发力，通过开展产业扶贫、医疗扶贫、教育扶贫、救灾救助扶贫和社会关爱行动等，有力支援了英山县脱贫攻坚。定点扶贫英山以来，中国红十字会总会援助英山县款物总价值 1165.38 万元，援助生计、医疗等项目 32 个，总受益 52384 人次。英山县建档立卡贫困人口由 37390 户 104809 人减少到 22293 户 52925 人，贫困村从 78 个减少到 33 个，贫困发生率从 32% 降至 15.5%。

【红十字博爱家园项目】 中国红十字会总会积极发挥政府在人道领域的助手作用，全力投入社会扶贫工作。2011 年以来，以“红十字博爱家园”综合社区发展项目为抓手，为广大贫困社区提供生计支持，积极助力中央精准扶贫、精准脱贫战略部署。通过“红十字博爱家园”项目实施，每个项目社区将拥有“一项利民工程”“一笔致富基金”“一支志愿服务队伍”和“一种社区文明建设模式”，社区综合实力得以明显提高。该项目打破了“自上而下、政府主导”的传统扶贫模式，更多依靠社区智慧和力量设计和实施项目，有效地激发了贫困群众的参与热情和内生动力，从而形成了充满生机与活力的社区参与式扶贫新模式。中国红十字会总会累计投入资金 6.74 亿元，在全国 2184 个贫困社区（其中覆盖国家级贫困县 357 个）实施该项目，有效地帮助了贫困群众脱贫致富，探索出构建政府、市场、社会大扶贫格局的有益经验。

【红十字天使计划】 中国红十字基金会以关注和保护最易受损人群生命与健康的“红十字天使计划”为核心，针对白血病、先心病、再生障碍性贫血等病种陆续发起“小天使基金”“天使阳光基金”等系列专项公益救助基金，保障贫困家庭患大病儿童健康恢复，防止患儿家庭因病致贫、因病返贫。针对贫困家庭白血病患儿救助，除定向捐助外，对完成造血干细胞移植手术的白血病患儿每人一次性资助 5 万元；对无须造血干细胞移植手术或需要移植但尚未实施移植手术的白血病患儿每人一次性资助 3 万元；患儿在获得 3 万元资助款后完成造血干细胞移植手术，补充一次性资助 2 万元。针对贫困家庭先心病患儿救助，除定向捐助外，完成先心病手术的受助患儿根据其自付金额予以 5000 元至 30000 元不等的资助；患有复杂先心病需多次手术、且已获得过一次天使阳光基金资助的患儿，在完成再一次手术、提报相关资助材料，可予补充资助。共资助患儿 36055 人，资助金额 10. 38 亿元。

【红十字天使计划】 针对中共中央办公厅、国务院办公厅印发的《关于支持深度贫困地区脱贫攻坚的实施意见》，对深度贫困地区脱贫攻坚工作作出全面部署的要求，中国红十字基金会“小天使基金”“天使阳光基金”彩票公益金项目将优先资助来自“三区三州”的患儿申请。其中“天使阳光基金”彩票公益金项目根据年度资金预算，计划投入资金 700 万元针对“三州三区”开展贫困先心病患儿筛查救助活动。此外，采取彩票金与社会一般捐赠、网络众筹、定向捐赠等相结合方式，优先给予资助，确保来自“三区三州”白血病患儿求助实现应救尽救。中国红十字基金会计划在 2018—2020 年未来三年内，根据“三区三州”患儿求助需求，逐步加大资金投入力度，确保每年不低于 1000 万元的有针对性资金支持，以有效缓解因病致贫、因病返贫的情况发生，助力扶贫攻坚任务全面完成。

【红十字博爱送万家】 “红十字博爱送万家”活动是中国红十字会总会的一项传统工作，也是红十字会的品牌工程。自 1999 年以来，中国红十字会总会已连续 20 年开展“红十字博爱送万家”活动。作为党和政府在人道领域联系群众的桥梁和纽带，中国红十字会总会每年购买慰问物资，于元旦、春节期间慰问贫困家庭，并号召全国各级红十字会开展此项活动。该活动惠及全国农村、少数民族地区、革命老区及城市下岗职工中的贫困家庭，收到了良好的社会效果。近 20 年来，中国红十字会总会共投入资金 8688 万元开展“红十字博爱送万家”活动，使 389400 户贫困家庭，155760 贫困人口受益。

2017 年，“红十字博爱送万家”活动投入资金 930 万元，共为河北、贵州、山东、四川、重庆、山西、河南、黑龙江、广西、江西、湖北、甘肃等 23 个省区市贫困县的 3. 1 万户家庭送去慰问物资。

（中国红十字会总会赈济救护部
吴宏军）

中国光彩事业促进会扶贫

【概述】 2017年，中国光彩事业促进会（以下简称“中国光彩会”）和中国光彩事业基金会，引导广大非公经济人士，践行“致富思源、富而思进，义利兼顾、以义为先，扶危济困、共同富裕”的光彩精神，以“万企帮万村”“光彩行”“定点扶贫”为载体，组织民营企业参与精准扶贫行动，主要开展产业扶贫和公益扶贫，帮助贫困地区加快经济社会发展。

【万企帮万村】 2017年5月，中国光彩事业促进会在贵州省织金县召开全国“万企帮万村”精准扶贫行动片区座谈会。6月，在甘肃省和政县召开全国“万企帮万村”精准扶贫行动片区座谈会；8月，在四川省凉山彝族自治州召开“万企帮万村”向西部深度贫困地区倾斜座谈会；9月，在江西省赣州市召开全国“万企帮万村”精准扶贫行动片区座谈会；10月，在北京市举行“万企帮万村”精准扶贫行动论坛；11月，在山东菏泽召开全国“万企帮万村”扶贫车间座谈会；12月，“万企帮万村”精准扶贫行动领导小组在京召开“万企帮万村”精准扶贫行动台账管理工作电视电话会议；中国光彩会在山东省就“万企帮万村”精准扶贫行动开展情况进行调研并召开座谈会。先后赴河南濮阳、山东菏泽、山东德州、重庆专题调研“万企帮万村”精准扶贫行动推进情况，深入了解菏泽、濮阳两地涌现的“扶贫车间”帮扶新模式。

截至2017年底，已有4.62万家企业参与到行动中，帮扶了5.12万个村，采用产业扶贫、就业扶贫、公益扶贫帮扶等方法。产业扶贫投资约527亿元，公益扶贫投入约109亿。安置就业50多万人，技能培训54万人次，共带动620万建档立卡贫困人口。

【定点扶贫】 按照中央统战部领导统一部署，2016年11月，中国光彩会组织19家民营企业与贵州省晴隆县、望谟县的20个建档立卡贫困村建立村企结对帮扶关系。签订结对帮扶协议一年以来，已有12家企业在13个贫困村共投入1886.57万元，实施8个产业项目，开展多项公益帮扶及基础设施改善，使1898人受益，其中保护建档立卡贫困户413户864人。

其中大连万达集团股份有限公司捐赠200万元用于晴隆县大厂镇六坎田村蔬菜种植项目、望谟县石屯镇打岩村养蜂项目。亨通集团有限公司捐赠200万元用于晴隆县光照镇者布村食用菌及竹荪种植项目。劲牌有限公司捐赠100万元用于教育帮扶项目。其中，50万元用于望谟县桑郎镇中心小学留守儿童之家设备配置项目；50万元用于晴隆县青少年活动中心项目建设。富通集团有限公司捐赠100万元用于帮扶桑郎镇兴合村种植1000亩花椒和发展林下养鸡项目。项目覆盖兴合村309户1335人，其中贫困户141户561人。已完成1000余亩，栽种花椒7.5万株。

【光彩行活动】 2017年8月，由中国光彩会、四川省人民政府共同举办的“中国光彩事业凉山行”活动在四川省凉山彝族自治州举行。此次活动以“凝聚民企力量、建设美丽凉山”为主题，深入学习贯彻中央关于脱贫攻坚和统战工作有关精神，聚焦精准扶贫、精准脱贫，充分发挥光彩事业作用优势，组织动员民营企业积极为凉山发展贡献力量，同时开展理想信念教育活动。活动期间，举行了产业投资项目签约和公益捐赠仪式。活动共签订合同项目149个，合同金额2037.77亿元，框架合同105个，协议金额3115.41亿元。累计接收公益捐赠4037.3万元，其中中国光彩会捐赠2051.3万元公益资金，用于为昭觉县、美姑县的20个乡镇49个村，3000户11821名贫困群众配备生活设施“六件套”（钢制储物柜、钢制碗柜、钢制衣柜、钢制餐桌1张+钢木结构椅子6把、32寸电视机1台、20管太阳能热水器1台），剩余资金与四川省委统战部支持资金一起用于在昭觉县打造彝族特色旅游示范村。

【公益项目】 “中国光彩事业庆阳行”支持甘肃省华池县实施五类公益项目：蔬菜产业项目、畜牧产业、红色旅游产业、人畜饮水项目、农民技术培训。资助金额2000.6万元，已拨付1600.48万元。五类公益项目已全部完工并验收完毕。

“中国光彩事业德宏行”公益项目资助金额2018.34万元，已拨付1412.84万元。桑蚕养殖项目已完成桑园种植5130亩859户，完成养蚕大棚建设97座，建设面积8300平方米。肉牛养殖项目，王子树乡项目区已完成600头能繁母牛的采购和发放工作，涉及200户贫困建档立卡户834人。

“中国光彩事业黄冈（红安）老区行”公益项目资助金额1828.54万元，已全部拨付。红安县123所光彩新农村卫生室已全部建成，每个卫生室平均每天接待20～30名患者前来就医。

“光彩·民生银行西藏儿童先心病救治项目”，8月至12月，三所合作医院全年共收治来自拉萨、日喀则、阿里等地8批100名患儿，2017年项目支出531.62万元。

【抗洪救灾】 2017年，中国光彩会向广大民营企业发出号召，倡议奉献爱心支持救灾，民营企业家积极响应，截至9月1日，共募集公益款1000万元。根据各地受灾情况，中国光彩会向贵州省纳雍县捐赠100万元，江西省婺源县、修水县捐赠合计500万元，湖南长沙市捐赠300万元，辽宁省岫岩满族自治州捐赠100万元，用于支持受灾地区和受灾群众灾后重建和恢复生产生活。

【干部挂职扶贫】 2017年，中央统战部选派中国光彩会1名干部到贵州省赫章县挂职副县长兼可乐乡丰收村第一书记。挂职干部协调河仁慈善基金会投入80万元实施养猪项目。项目覆盖贫困户32户，每户项目农户购买能繁母猪2头（2000元每头），育肥猪4头（1500元每头），并新砌猪圈30平方米（每平方米250元），每户项目农户补助饲料款7500元。项目完全实施完成后，有效助推丰收村在2017年实现整村脱贫出列。同时，挂职干部在工作中积极开展对口扶贫、基层党建、基础设施建设等工作，协调统战部内外资源，在信息交流、产业帮扶等方面做了大量工作。

（中国光彩事业促进会　唐　琴）

中国残疾人福利基金会扶贫

【概述】 中国残疾人福利基金会（以下简称“基金会”）成立于1984年，始终坚持“弘扬人道、奉献爱心”的宗旨，广泛动员社会支持，累计筹集70多亿元款物，打造助残品牌，在残疾人康复、扶贫等领域，长期坚持开展助听、助行、助困等一批扶贫助残项目。帮扶听障、肢体残疾等各类残疾人和贫困残疾人超过200万人。2017年，基金会加大扶贫助残开发和精准扶贫力度，筹集款物4.82亿元，帮扶25万残疾人和困难群众。

【集善工程·助听行动】 2017年“助听行动”累计筹集3000余万元资金和助听设备，直接救助和带动地方项目救助听障残疾人和听障人士总计超过3万人，在听障残疾预防领域，尝试开展了听力筛查检测、听障残疾预防宣传等工作，为黑龙江、河南、广西等地的3000多名听障残疾人和困难群众开展了听力检测。

2017年，基金会在承担了220万元中国残疾人联合会财政资金支持开展“助听行动”项目工作中，继续坚持“团结带领残疾人追求美好生活”的鲜明时代主题，采取较高的项目招标技术指标，动员助听企业“爱心投标”，帮扶1334名听障残疾人和困难群众佩戴高品质助听器。同时，协调中标企业支持，免费为受助者开展验配、安装助听器服务。

2017年，澳门基金会捐赠305万元资金，支持基金会继续开展“集善工程——（澳门基金会）助听行动”，帮扶10个省区市、29个县（市）的1839名听障残疾人和困难群众佩戴高品质助听器，截至目前，澳门基金会连续三年捐赠“助听行动”，帮扶听障残疾人和困难群众超过5000人，使之成为近年来海外援助“助听行动”的杰出代表，“集善工程——（澳门基金会）助听行动”的规范管理也已成为澳门基金会支持内地建设的示范项目。

2017年基金会争取社会捐赠2500万元资金和助听设备，帮扶1.7万名听障儿童、听障残疾人和困难群众。主要包括：西万拓听力技术（苏州）有限公司捐赠1100万元助听设备和资金、瑞声达听力设备贸易（上海）有限公司捐赠500万元助听设备、北京博奥晶典生物技术有限公司捐赠311万元助听设备和资金，上海美好医疗器械有限公司捐赠150万元助听设备、浙江诺尔康神经电子科技股份有限公司捐赠140万元助听教育资金、索诺瓦听力技术（上海）有限公司130万元助听设备和资金、深圳市奥笛声学科技有限公司捐赠110万元助听设备、北京爱德发科技有限公司捐赠100万元助听项目资金、中国银行股份有限公司捐赠50万元资金、奥地利美迪医疗电子仪器公司30万元助听教育资金、领先仿生医疗器械（上海）有限公司捐赠20万元助听教育资金等共同支持“助听行动”。受助地黑龙江、河北、河南、湖北、湖南、广东、广西、云南和哈尔滨、长春、齐齐哈尔、延安、甘肃省临泽县等省市县残联和残疾人福利基金会积极参与项目实施工作，组织开展了捐赠助听器并免费验配调试、提升随班就读的听障学生听课能力、聋儿教师培训等助听项目。

同时，各项目地积极争取地方财政和社

会捐赠支持，推动地方“助听行动”项目开展，2017 年，“助听行动”各地方项目争取捐赠资金和助听设备款物合计超过 1000 万元，受助人群超过 1 万人。

【集善工程 · 助行行动】 2017 年，“助行行动”继续坚持“提升残疾人生活品质”的项目主题，累计筹资 1000 万元资金和电动轮椅、普通轮椅等辅助器具，救助 4000 名肢体残疾人，带动地方项目开展，帮扶 1 万名肢体残疾人。

2017 年是中银三星人寿保险有限公司、韩国三星生命保险株式会社捐赠开展“集善工程（爱之翼）助残行动”的第五个年头，项目获捐 562 万元电动轮椅，帮扶了黑龙江、吉林、河北、河南、山西、陕西、甘肃、新疆、广西、云南和延吉、延安等全国 20 个省区市的 914 名肢残人士走出家门，走向社会。

2017 年，上海烟草集团有限责任公司捐赠 100 万元善款，开展“集善工程（上海烟草 · 爱之翼）助残行动”，包括开展普通轮椅和电动轮椅两类项目，其中，招标采购 107 台高品质电动轮椅和 1021 辆普通轮椅，电动轮椅项目帮扶云南、河北、吉林、黑龙江等地的肢体残疾人。2017 年底，上海烟草集团有限责任公司捐赠 200 万元“爱之翼”二期项目款。二期项目于 2018 年开展。

2017 年，大溪地诺丽饮料（中国）有限公司再次捐赠 100 万元资金和高品质健康饮品，开展“集善工程——（大溪地 · 诺丽）助残行动”，帮扶黑龙江、河南、山东等地的 400 名肢体残疾人配置轮椅，同时帮扶了 800 名贫困残疾人改善营养健康状况。三年来，大溪地诺丽饮料（中国）有限公司累计捐赠了 300 万元资金和高品质健康饮品，帮扶 11 个省区市、30 个县（市）区的 4000 名残疾人改善出行条件和营养状况。

2017 年，广西紧急救援促进中心捐赠“助行行动”1000 台轮椅帮扶广西壮族自治区的肢体残疾人。2017 年“助行行动”示范带动黑龙江、河南、延安等地方项目开展，累计帮扶肢体残疾人超过 1 万人。

【集善工程 · 助困行动】 2017 年，“助困行动”累计捐赠服装、保健品等款物合计 4700 万元，帮扶 23 万贫困残疾人和困难群众。该行动紧密结合国家扶贫工作大局，立足“全面建成小康社会”的目标，服务于“精准扶贫”和“精准脱贫战略”，受助对象从原来的“重点帮扶贫困残疾人”调整至“重点帮扶贫困残疾人、残疾人家庭和困难群众”，开展有针对性的项目组织实施工作。

2017 年，上海拉夏贝尔服饰股份有限公司捐赠 95 万件全新服装。继续开展“集善工程——（爱心温暖）服装捐赠项目”，鉴于捐赠服装以较为时尚的女装为主，项目融入了团结带领广大残疾人朋友共同建设“美丽中国”的鲜明时代主题，项目组织方式在以往依托各级残疾人工作组织开展资助工作的基础上，拓展至各地政府关注支持，各地扶贫办、工会、社区和高校助残志愿服务组织等共同参与项目实施，进一步扩大了项目的社会影响。2017 年该项目重点帮扶黑龙江、云南、广西、甘肃等地 20 万贫困残疾人和贫困群众。

2017 年，深圳海王集团股份有限公司继续捐赠支持，开展“集善工程——（助您健康）海王集团捐赠保健品项目”，上半年，深圳海王集团捐赠 448 万元、127 万件蛋白粉等高品质保健品，项目紧密结合扶贫开发和“精准扶贫”战略，重点帮扶广东、广西地区的 3 万名残疾人和困难群众。2017 年底，深证海王集团再次捐赠 568 万元保健品，资助帮扶工作于 2018 年开展。

（中国残疾人福利基金会
朱晓峰　杜　玥）

中国西部人才开发基金会扶贫

【概述】 2017年，中国西部人才开发基金会（以下简称“基金会”）充分发挥社会组织在参与国家扶贫攻坚中的专业优势，通过实施“相守计划”“伊利方舟”“泛海扬帆行动”“山村教师公益计划”“春雨工程”“彩烛工程”等一系列公益项目，使包括儿童、创业大学生、返乡农民工、山村教育工作者等群体广泛受益。基金会实施的公益项目帮扶贫困地区实现产业发展、教育提升、创业就业、条件改善，既授人以鱼，也授人以渔，变“输血”为“造血”，斩断贫困“代际传递”，打造贫困地区内生动力，积极为国家精准扶贫、精准脱贫工作贡献公益力量。

【智力扶贫】“相守计划”公益项目首创留守老师与留守学生相守相伴的理念，旨在资助扶持学校自主设计和开展重点面向留守儿童的特色关爱活动。积极探索健全农村留守儿童关爱服务体系。截至2017年底，“相守计划”资助湖北省竹山和竹溪县、江西省兴国和宁都县共127所学校的336个关爱留守儿童项目，受益师生10万余名。2017年，“相守计划”进入互访观摩全面启动阶段。由各县教育局牵头，制定详尽的互访方案，组建互访领导小组、明确互访内容、规划互访路线、提出互访要求，互访还实现了湖北省竹山县和竹溪县的县级间互访，具有里程碑式的意义。2017年7月，基金会将5个理念先进、内容翔实、设计创新、结构严谨、语言流畅的关爱留守儿童项目案例集结成《“相守计划”案例集》一书，以期将“相守计划”三年来不断反思、总结凝练的项目成果呈现给读者。2017年10月，“相守计划”第四期总结交流暨第五期启动会在江苏省南京市举行，共计70人参加会议。2017年底，经过多方论证调研，大型关爱留守儿童公益活动——“童年”在“相守计划”120所实施校开展，旨在指导各校老师动员留守儿童家长回家过年，并与留守儿童过一个“有情、有爱、有礼、有趣”的团圆年。“童年”得到广大教师、学生和家长的热情参与和一致好评，直接受益人数达12万。

“伊利方舟”公益项目以安全生态校为核心，以方舟全息图为依托，通过一系列举措，为儿童安全、健康、快乐成长保驾护航。2017年3月，在云南大关县、墨江县分别举办一期国家行政学院脱贫攻坚项目——“伊利方舟”儿童安全教师培训班。8月，在上海举办“伊利方舟”儿童安全专题研讨班。共154名教师参加培训。9月，“伊利方舟”首个儿童安全体验教室在内蒙古克一河小学建成。11月，逐步完善而成的全国首部校园安全评估指标体系《方舟全息图2.0版》，在2017中国儿童安全保护公益盛典上正式向社会发布。伊利方舟通过集中培训、实地回访、物资捐赠、创新活动等一系列举措，因地制宜地为西部地区基层安全教育提供整体解决方案，为儿童送去实用的安全技能和物资，为学校安全教育提供个性化、可持续发展的整体解决方案。

“彩烛工程”公益项目以西部地区小学校长为资助对象，力争达到“培训一名校长，提升一所学校，带动一个地区”的效果。2017年，“彩烛工程”在北京师范大学成功举办第十八、十九、二十期小学校长培训班，共 144 名基层教育工作者参与培训。“彩烛工程——相守计划”第四、五期项目支持四川省古蔺县，共 30 所学校开展关爱留守儿童特色活动。每校获得 5000 ~ 20000 元不等的项目经费和价值 5000 元左右的“相守百宝箱”。截至 2017 年 12 月，“彩烛工程”先后在北京师范大学举办 20 期培训班，培训小学校长和教育部门负责人 949 名。

“中国石油西部人才开发工程”主要致力于西部地区领导干部素质和能力提升。2017 年，“人才工程”在甘肃实施，资助 400 多万元，在国家行政学院办班 6 期，甘肃行政学院办班 7 期，为甘肃培训各级各类领导干部 980 名。截至 2017 年 12 月底，项目为新疆、重庆、陕西、四川、甘肃 5 个省区市培训各级各类领导干部 7062 名，并形成了“党委政府支持、公益机构统筹、社会企业资助、行政学院实施”的干部培训新模式。

【就业扶贫】 创业带动就业，就业一人，脱贫一户。2017 年，基金会聚焦创业大学生和农民创业者，通过创业培训、场地扶持、导师帮带、深度培训、创业者互助共生、自主交流、回访复训等方式，增强与创业者黏性，对他们实施可持续赋能，为他们提供全方位创业服务。

“泛海扬帆大学生创业行动”扶持的创业项目具有“三创两带”特征，即创业型、创新型和初创型，能够带动当地就业率和当地经济发展。项目自 2011 年 7 月正式启动以来，累计捐赠公益资金 1 亿元，扶持重庆市、山东省、湖北省、昆明市、兰州市创业项目 1786 个，带动就业近 2.5 万人。并在 8 年的实践过程中形成了“公益组织统筹、社会企业捐赠、地方政府支持、受益群体参与”的公益合作模式。

2017 年，“泛海扬帆行动”在湖北落地实施，并成功启动重庆七期、山东二期、昆明六期、兰州四期项目。全年各项目实施地（不含湖北省项目）共计收到网上项目申报 1696 个，资助大学生创业者 520 人。2017 年，“泛海扬帆行动”被重庆市写入《重庆市实施人才强市战略行动计划》；山东省委统战部专门下发文件，将项目作为省委统战部主要考核工作；昆明市将项目列入《昆明市人民政府关于进一步促进全市经济平稳健康发展 26 条措施的意见》内容，并将配套资金由 200 万元增加到 600 万元；兰州市将项目写入《2017 年兰州市政府工作报告》和《“十三五”期间兰州市人力资源和社会保障事业发展规划》，并在原有配套资金 200 万元的基础上继续增加 200 万元。

“春雨工程”积极支持西部培育新型农民，促进农村劳动力输出和转移，推进西部社会主义新农村建设，帮助西部农民共同脱贫奔小康。2017 年 3 月，基金会组织编印《春雨工程》。10 月，项目组赴江油调研农村电子商务的现状和发展情况。江油市 40 名优秀农村创业青年参加了在北京市中关村互联网文化创意园开展的项目培训。

【精准扶贫】 基金会自 2009 年实施“山村教师公益计划”以来，一直致力于西部山区优秀贫困教师特别是代课教师扎根西部山村学校，培育祖国未来人才，旨在通过提供生活资助，鼓励西部地区优秀、贫困、有特殊贡献的老师更好地投身于教育事业，提高教学质量，培育人才，促进西部地区教育事业更快发展的公益项目。

2017 年，第五期项目在四川省凉山彝族自治州、宁夏回族自治区同心县、山西省临县实施，250 名山村教师分别得到 2000 元资助。

“九寨彩虹”公益项目资助四川省九寨沟县地震灾区 100 名学生圆梦大学，并完善资助体系，持续开展资助。

（中国西部人才开发基金会宣传部
李江燕）

五、民营企业扶贫

综　述

2017年是“万企帮万村”精准扶贫行动的提质增效年。各级“万企帮万村”精准扶贫行动领导小组深入学习党的十九大精神，认真贯彻落实习近平总书记关于精准扶贫、精准脱贫的重要论述和中央关于脱贫攻坚的决策部署，抓基础建设、抓模式创新、抓政策支持、抓典型引路，取得了显著的扶贫成效。截至2017年12月底，进入“万企帮万村”精准扶贫行动台账管理的民营企业有4.62万家，精准帮扶5.12万个村（其中建档立卡贫困村3.36万个）的624.34万建档立卡贫困人口；产业投入527.42亿元，公益投入109.7亿元，安置就业50.1万人，技能培训54.4万人。

（一）瞄准坚中之坚，向深度贫困地区倾斜

2017年6月23日，中共中央总书记习近平在深度贫困地区脱贫攻坚座谈会上发表重要讲话，明确要求“‘万企帮万村’行动要向深度贫困地区倾斜”。6月28日，全国“万企帮万村”精准扶贫行动领导小组（以下简称“全国行动领导小组”）在甘肃省和政县召开第六次会议，第一时间学习传达习近平在座谈会上的讲话精神。6月29日，在和政县召开全国“万企帮万村”精准扶贫行动片区座谈会，中共中央统一战线工作部副部长，全国工商业联合会党组书记、常务副主席，中国光彩事业促进会会长徐乐江，国务院扶贫办主任刘永富出席会议并讲话，向参会的部分省区工商业联合会、扶贫办、光彩事业促进会、农业发展银行以及民营企业传达了讲话精神。8月2日，在四川省凉山彝族自治州召开“万企帮万村”向西部深度贫困地区倾斜座谈会。引导光彩事业精准聚焦“三区三州”，扶贫与扶志、扶智相结合。开展深度贫困地区脱贫攻坚专题调研。

（二）大力宣传表扬，强化典型引路作用

为传递民营企业正能量，讲好民营企业扶贫故事，全国行动领导小组深挖典型、树立典型，推动学习典型，将宣传表扬作为推进行动提质增效的关键抓手。充分挖掘典型，开展学习交流。开展“万企帮万村”精准扶贫行动提质增效专题调研，其间，深入考察了“扶贫车间”模式，全国行动领导小组于11月3日在山东菏泽召开全国“万企帮万村”扶贫车间座谈会，总结推广扶贫车间经验；大力表彰表扬，树立示范引领。2017年全国脱贫攻坚奖，11位民营企业家获此殊荣，对广大民营企业进一步投身脱贫攻坚起到激励作用。开展了全国“万企帮万村”精准扶贫行动先进民营企业评选活动，评选出116家先进民营企业，予以通报表扬。

（三）抓基层打基础，不断完善服务支持

着力抓好台账管理、金融支持、将完善服务支持手段作为推进行动提质增效的重要依托。加强台账管理工作。召开全国“万企帮万村”精准扶贫行动台账管理工作电视电话会议，对台账工作进行再强调、再部署。强化金融支持。印发《关于推荐参与“万企帮万村”精准扶贫行动的民营企业纳入政策性金融支持的通知》。截至12月底，农发行已支持参与行动的企业911家，贷款额度 514 亿元。

中央企业积极参与定点扶贫、行业扶贫，在全社会发挥了示范带动作用，树立了央企负责任敢担当的良好形象。一是积极开展行业扶贫。2017 年，中央企业在改善贫困地区社会公共产品服务保障和基础设施建设等方面加大投资建设力度，为深度贫困地区脱贫攻坚夯实基础，创造条件；二是认真承担定点扶贫任务。101 家中央企业结对帮扶 246 个国家扶贫开发工作重点县，承担了 592 个定点扶贫县中 41.6% 的任务，是承担定点扶贫任务最多的行业系统；三是设立贫困地区产业投资基金。设立贫困地区产业发展基金和中央企业贫困地区产业投资基金。截至 2017 年底，两只基金共完成 41 个项目的投资决策，金额 75 亿元。

（国务院扶贫办社会扶贫司
宿　盟）

金科地产集团股份有限公司扶贫

【概述】 金科地产集团股份有限公司（以下简称“金科集团”）以“地产+服务”连接用户，打造优质生活方式，致力于成为领先城市进程中最坚定的“美好生活服务商”。金科集团秉承社会价值大于企业价值的理念，20年来，积极响应国家扶贫号召，不断探索更为有效的扶贫模式，逐步形成“红太阳工程”“精准扶贫”“大社区志愿者日”等多个系列品牌公益项目。通过公益捐款、产业和教育扶贫多项举措，截至2017年，已累计在贫困地区投资超过200亿元，拉动社会就业20万人，帮助2000多建档贫困人口成功脱贫，大量家庭困难子女受益于金科的助力成材计划，顺利完成学业。2017年，金科集团向国家缴纳税费逾50亿元，投入7700多万元用于社会公益。先后获得民政部颁发的“中华慈善突出贡献企业奖”“中国地产年度扶贫标杆企业”等称号。

【产业扶贫】 2016年，金科顺应国家提出的精准扶贫战略部署，在集团内部启动了一系列精准扶贫项目。这些项目旨在从单纯的“输血”扶贫向培养困难群众自我“造血”功能转变，变“大水漫灌”为“精准滴灌”，实现扶贫供给侧改革。

2017年8月，金科集团在“2017金科精准扶贫发布仪式”上，投入3800多万元用于精准扶贫，向包括石柱、忠县、涪陵、云阳、大足、黔江6个县（区）捐赠帮扶资金，用于基础设施改善、教育建设、医疗救助、特色产业扶持等，助力当地脱贫攻坚事业。

在石柱县，金科集团投入1100万元开展产业扶贫行动，用于帮扶石柱县中益乡风貌改造、道路建设及农业升级。如成立金科琥珀茶油农业扶贫公司，定点立足该县进行精准扶贫，计划通过1～2年时间，建立“基地—金科社区”直供通道，使农户收入得到有效提高，并打造具有高山特色的现代农业旅游一体化农场，探索适合石柱县高山农业长效扶贫的新模式。在忠县，金科集团投入750多万元用于帮助当地居民危房改造、居民点基础设施建设等，改善居住条件、扩大旅游接待能力，增加造血功能。

【教育扶贫】 2010年8月，金科集团开展“送优秀贫困大学生上大学”活动，自首次资助以来，平均每天就有一位贫困新生得到帮助。2016年，金科集团全额投资3亿元修建新疆兵团二中金科实验中学，努力打造成乌鲁木齐市北城区名校。

2017年，金科集团与重庆大学一起，针对2017级家庭经济困难大学新生设立了“重庆大学金科地产助学金”。在2017年金科资助的230名贫困大学生中，有100名来自重庆大学。同时在重庆大学建立大学生实训基地，为家庭困难学生提供多层面、多岗位的实训、实习、勤工助学机会。启动“金科 & 重庆大学‘精英人才基金’”项目，在重庆大学成立金科“星光班”，支持和培养重庆大学精英人才。

2017年6月，金科集团向西南大学教育基金会定向捐赠1080万元，用于西南大学人才培养和引进、科学研究及基础教育等，促进教育事业发展。

【公益扶贫】 2009年以来，金科集团实施“红太阳工程”，涉及教育、扶贫、卫生、抗灾等多个领域，举行了包括金科曙光计划、关爱留守儿童、温暖孤寡老人等在内的系列活动，每年定期对贫困大学生、留守儿童、“三无”老人、特困家庭等进行援助。

截至 2017 年底，“红太阳工程”累计帮助 2000 名贫困大学新生、2000 名留守儿童和 1100 名孤寡老人和超过 7 万个困难家庭。“情暖万家金科集团新春公益关爱行动”持续开展 8 年，2017 年春节前夕，金科工作人员奔赴重庆市涪陵区、万州区、石柱县、忠县四个县（区），为 1200 户“五老”群体及重点优抚对象送去慰问并赠送过年礼金。

金科集团先后在全国社区发起“一本新书、一件新衣”义捐活动、“一棵新苗”大型植树活动、“一次关爱”社区活动等一系列有组织、有策划、有规模的大型社会公益活动，带动周边的人群共同参与。

2017 年 3 月，金科“大社区志愿者日”活动正式启动，将每年的 3 月 5 日、12 月 15 日定为大社区志愿者日，围绕“公益、慈善”主题开展为期两个月的志愿者服务活动。共有 8000 名员工，40000 名业主参加志愿活动。

金科发起的“一次关爱”志愿者活动，通过社区主题活动、上门安全检查、娱乐场所增设、老人身体检测 4 大环节，关爱社区老人。如社区设立老人活动专场，开展安全知识专题讲座，提升安全意识；对社区退休老人、空巢老人和孤寡老人进行定期上门的家庭安全检查，包括电器设备、线路安全、燃气、门窗安全等；此外，建立大社区老年业主档案，通过健康档案、社区活动活跃度记录表、关怀计划表等 8 项细项管理，及时了解大社区老人状态。共有 5000 多名大社区志愿者为大社区超过 10000 名孤寡、独居老人带去了暖心上门服务。为老人们清理庭院、修剪植被，陪老人话家常、按摩、修剪头发，并在社区设置健康小屋，为园区老人进行义诊和体检。

（金科地产集团股份有限公司
集团品牌中心　晏婵婵）

四川铁骑力士实业有限公司扶贫

【概述】 四川铁骑力士实业有限公司（以下简称“铁骑力士”）是一家集饲料生产、种畜禽繁育与养殖、屠宰分割和食品精深加工为一体的现代农牧公司，在全国建有67家分（子）公司，是农业产业化国家重点龙头企业，获得“国家高新技术企业”“国家认定企业技术中心”“全国优秀畜牧企业”称号；形成了“饲料—畜禽养殖—食品加工”一条龙的产业链结构；是行业内唯一一家同时承担国家现代生猪、蛋鸡、水禽三大产业技术体系综合试验站的企业。

铁骑力士不忘承担社会责任，将社会公益理念融入企业发展规划。积极响应党和国家号召，把“精准扶贫”列入企业发展规划，主动参与“万企帮万村”活动，践行企业社会责任。

【产业扶贫】 铁骑力士组建社会责任研究中心从事社会责任活动的策划组织、产业扶贫模式的研究与实践。2014年，铁骑力士提出了“龙头企业＋家庭农场（专业大户）”的“1211生猪代养模式”，即1栋猪舍，夫妻两个有效劳动力，1年出栏1000头肥猪，1年可获得10万元以上的纯利润。2016—2017年，铁骑力士提出了生猪产业“1＋8精准扶贫模式”即1个能人＋8个贫困户，肉鸡产业“1＋4精准扶贫模式”即政府牵头“搭台”，公司、专合社“唱戏”，金融部门支持，贫困户积极参与，建设标准化的养殖小区，使贫困户实现致富增收。

这些模式均按照“七个统一”的推广方式，即统一设计圈舍、统一提供种苗（仔猪、鸡苗）、统一提供饲料、统一提供药品疫苗、统一标准化管理、统一按合同价格回收、统一品牌销售，通过创新性产业模式，明确了主体之间的关联性和一体化，有效地解决了产品的标准化、品牌化和规模化，促进了传统养殖转型升级，保障农户的稳定增收，使农民有效地摆脱了土地束缚，实现了由土地资源向土地资本，人力资源向人力资本的根本转变。

1211生猪代养模式通过政府引导，由公司自建仔猪繁育场，生产优质仔猪；由农户自建或改建育肥场，从公司领取仔猪、饲料、药品等，生猪育肥后公司以合同固定价回收，并结算支付农户合作养殖费。合作农户与公司签订合作养殖合同并交纳小额保证金，公司为每头猪从仔猪到育肥出栏公司垫付流动资金1200～1500元。合同期内，市场风险由公司承担，每头猪获利150元以上。“1＋8生猪产业精准扶贫模式”是指8户贫困户将扶贫资金、金融扶贫贷款打捆绑定量化投入到1户养殖大户（能人）的养殖场形成一定股份，再由养殖大户从铁骑力士以记账方式领取猪苗、饲料、药品、疫苗等所有投入品，并按公司标准进行饲养，最后公司按合同收购价扣除生产资料赊账后剩余部分返还养殖大户。贫困人口通过股金分红、务工人均增收5000元，扶贫成效显著。从2014年在四川省广元市推广，在广元市昭化区、剑阁县建设扩繁场，涉及10多个乡镇，67户贫困户；2015年10月，铁骑力士与绵阳市三台县合作启动“百万头健康猪业智慧产业园区建设项目”，计划投资20亿，采用“13331模式”建设（即1个中心、3个核心场、3个示范点、3个支撑、1个高端食品），将智慧产业园区建设成一、二、三产业深度融合发展、带动乡村振兴与农户脱贫增收的全国样板。截至 2017 年，在十多个乡镇，已建成 1500 头的原种猪场 1 个，20000 头的扩繁场 1 个，标准化代养示范场 3 个。在绵阳涉及 51 个乡镇，可带动 300 余户建档立卡贫困户脱贫奔小康。

2017 年，组建凉山彝族自治州、西昌市、铁骑力士实业有限公司“凉山州产业扶贫中心”，搭建国内外产业扶贫专家网络，构建产业扶贫公益圈，设计产业扶贫模式、培养产业扶贫人才，提升贫困地区的“造血能力”。在会东县、喜德县分别建成 10000 头扩繁场，年提供 25 万头仔猪。喜德县光明镇则果村、贺波洛乡补尔村、会东县鲹鱼河镇民主村的生猪代养场建成运营，可带动千名贫困人口参与生猪养殖，实现脱贫致富。

通过“1211”和“1 + 8”模式，实现了能人带动，贫困户参与。贫困户户均年收入 5000 元左右，经济能人年收入 10 万以上，有效地把企业市场优势与农户生产力优势相结合，实现“三无一稳”，即农户无市场行情低迷风险、无重大疫病死亡风险、无巨大流动资金负担、稳定收入。既能快速推动企业扩大规模，又能吸纳农户进入产业体系增加收入，实现双方效益最大化。最终实现产业扶贫模式的市场化可持续运作和发展。《人民日报》和人民网等新闻媒体先后分别以《风险两家担　农民稳赚钱》《风险企业担　农民稳赚钱》为题，大幅专题报道铁骑力士在生猪产业扶贫的经验。

肉鸡产业“1 +4”精准扶贫模式。即政府牵头“搭台”，公司、专合社“唱戏”，金融部门支持，贫困户积极参与。建设标准化的养殖小区，由公司提供肉鸡苗、饲料等全部流动资金和精准扶贫专项资金，带动合作社组织贫困户发展肉鸡产业，获得稳定的代养收入脱贫致富。模式在四川绵阳、南充共 20 个贫困村大力推广。20 个专业合作社，建设 20 个肉鸡养殖小区，年出栏肉鸡 300 万只，按照优先股和股份制分配方法平均每户每年可分配 4100 元利润，若有劳动力的贫困户参与日常养殖，还能得到每月 1500 元的工资。确保可持续发展和稳定收入，帮扶建档立卡贫困人口 2612 人脱贫致富。

【扶贫培训】　投入超过 3000 万资金，在铁骑力士有产业布局的县乡村，以猪、鸡、鸭三大产业发展为主题，多形式开展“铁骑力士万村产业帮扶大行动”。一是以铁骑力士国家级企业技术中心、国家认可实验室测试中心——冯光德实验室技术为依托，与中国农业大学、四川农业大学、四川省畜科研究院等大专院校组建年铁骑力士养猪研究院、蛋鸡研究院，开展博士、硕士送科技下乡，传授科学养殖技术；二是搭建平台，每年免费邀请养殖户、经销商参加由公司组织聘有行业专家、知名企业家、政府主管领导组织的西部猪业、鸡业、鸭业、渔业等行业专业论坛，解读国家政策走向、行业发展趋势、传播最新养殖技术、分析市场行情等；三是开展“万人走进铁骑力士”活动，利用铁骑力士大学养殖技术学院、免费请养殖户到大学学习，学习养殖技术。先后举办养殖技术培训班 415 期，培训了上万名养殖户和经销商。农户生猪养殖成活率由全国平均 85% 提高到 96. 5% ~98%，省饲料料比由全国平均 2. 9:1 降低到 2. 55:1；生产效率 MSY 由全国平均 15 头提高到 23. 5 头；每头猪养殖环节创造价值 322 元，农户与公司分享 160 元/头。

（四川铁骑力士实业有限公司　昝志成）

天士力控股集团有限公司扶贫

【概述】 天士力控股集团有限公司(以下简称“天士力控股集团”)是以大健康产业为主线，以大生物医药产业为核心，以健康保健产业和健康服务业为两翼协同发展的高科技国际化大型企业集团，已构筑了天士力国际、天士力医药、天士力资本、天士力保健与健康管理、天士力教育五大产业体系。天士力控股集团的控股子公司甘肃天士力中天药业有限责任公司位于国家扶贫开发工作重点县甘肃省陇西县，是集中药材种子种苗生产和经营、中药材种植、购销，中药饮片、中成药、中药配方颗粒、保健食品、健康产品的研发、生产、销售为一体的全产业链高新技术企业，拥有全资子公司甘肃中天中药材有限责任公司和甘肃中天金丹药业有限公司。参股企业甘肃中天羊业股份有限公司主要从事优质肉羊品种改良、繁育、推广以及农业技术培训，农业循环经济示范和清真肉食品精深加工等业务，公司现有5家全资及控股子公司，包括民勤中天羊业有限公司、陇西中天清真食品有限责任公司、金昌中天羊业有限公司、古浪中天羊业有限公司和北京陇原中天商贸有限公司。

天士力控股集团依托甘肃天士力中天药业的中药产业、中天羊业的肉羊产业等产业，经过15年的探索与实践，在甘肃省不断做大做强牛、羊、菜、果、薯、药六大特色优势产业，构建了产业扶贫、技术扶贫、消费扶贫、就业扶贫、公益扶贫等全方位的天士力扶贫战略联盟，助推甘肃省打好精准脱贫攻坚战。15年来，为甘肃省培训肉羊养殖、中药材种植农民近12万人，其中，建档立卡贫困户约1.3万户，2017年培训建档立卡贫困户2642人；先后免费发放《药用植物栽培》《肉羊养殖技术》等培训教材30余万册，投放优质种羊约75万只，投放种子种苗780余吨，回购原药材8万吨，带动7800多户建档立卡贫困户发展产业。

【产业扶贫】 天士力中天药业秉承“一地一品一模式、一乡一特一品种”的建设理念，采用“政府+公司+基地+合作社+贫困户/农户”的产业扶贫模式，采取“前期培训、中期投种回收、后期加工销售”的药业发展模式，在道地药材核心产区建设药源基地，实现了产业发展与建档立卡贫困人口的脱贫致富有机衔接。中天羊业以甘肃省内陇西、民勤、金昌、古浪等地建立养殖、肉食品精深加工基地为依托，在肉羊全产业链探索形成了“政府+公司+协会+合作社+养殖场（种植基地）+养殖户（种植户）+银行+担保+保险+疫病控制（病害防治）”的羊产业发展利益联合体，带动农户通过科学化肉羊养殖脱贫增收。

【技术扶贫】 天士力中天药业依托良种繁育、种植追溯体系、标准研究、GAP种植等方面的技术优势和人才优势，建立了以良种繁育为核心的规范化、规模化野生驯化及道地大宗药材药源基地，持续不断加强技术培训，并根据药材的分布，因地制宜，通过集中培训和传帮带的充分结合，科学合理地引导农户有计划地开展种植，有力地提升了当地药农的中药材种植技术水平。

中天羊业在陇西、民勤、金昌市金川区投资建设的多个万只规模种羊繁育场，已成为西北地区高标准、专业化、规模化的农业部“肉羊标准化示范场”“动物疫病净化场创建场”和甘肃省省级种羊场，每年可向社会提供优质纯种肉羊和杂交肉羊 10 万只以上，并由三大养殖基地辐射带动 100 多个养殖小区进行育种/育肥。通过向基地派驻技术员蹲点，开展人工授精、肉羊育种、育肥、品种改良、疾病防控、订单预付、收购活畜等方式，统一向广大肉羊养殖户特别是贫困户推广“中天羊”，在保障中天羊业前端肉羊品质的同时，促进养殖户通过养殖技术和劳务输出实现增收致富。

【扶贫培训】 天士力中天药业、中天羊业先后兴建了农民培训中心、计算机房、图书室及循环经济生态园区等技能培训示范场所，长期聘用一批从事中药材种植和初加工，畜牧养殖研究、教学的省内外专家、教授进行蹲点教学，向农民推广中药材种植及初加工、肉羊良种繁育等知识。中药材种植、肉羊养殖培训被纳入甘肃省农牧厅和省扶贫办的培训体系。承办中药产业、肉羊产业村干部扶贫培训班，培训村干部 743 人，为甘肃省内基层村干部带动广大贫困户实现就业创业脱贫奠定基础。

【就业扶贫】 天士力中天药业和中天羊业通过吸纳建档立卡贫困户、下岗职工、失地农民、退伍军人和残疾人就业，与 7800 余户建档立卡贫困户开展了业务合作，2017 年在职的家庭困难职工 113 人，解决当地百姓就业增收问题。此外，公司还利用在陇西、岷县药材主产区建设产地初加工基地，推动当地贫困户由“农民”变“工人”，通过就近就业增加农民收入。

【消费扶贫】 天士力控股集团以甘肃陇渭堂大健康连锁店、天津市甘肃商会扶贫大厦等为窗口，积极建设甘肃有机健康产品体验营销平台，集中展示、销售天士力小分子 C 胞活力水、国台酒、帝泊洱茶、草本养生茶、精制饮片、药膳调料包及中天羊肉等大健康产品，以产品消费拉动产业发展，有力地带动了以大健康产品为代表的甘肃名优特产的销售，实现了消费扶贫。

（天士力控股集团有限公司）

河南亿星实业集团有限公司扶贫

【概述】 河南亿星实业集团有限公司（以下简称“亿星集团”）主要从事农产品物流市场商贸、国家糖肉储备、天然气利用等涉农、环保、民生产业。是国家级农业产业化重点龙头企业、全国商贸流通服务业先进企业，河南省民营、纳税双百强企业、现代农业30强企业，企业积极承担社会责任，荣获“全国万企帮万村先进民营企业”“中国特色社会主义建设者”“全国五一劳动奖章”等荣誉，是中国光彩事业基金会会员单位、河南省慈善总会副会长单位。

2011年底，亿星集团响应中华全国工商业联合会“万企帮万村”光彩事业活动的号召，在河南省沈丘县李寨村开展企业帮扶、脱贫攻坚工作，6年来，通过扶持产业发展、加大基础设施建设、培育壮大集体经济、强化民生保障机制等一系列措施，筹措帮扶资金1.03亿元，每年坚持为李寨村办好十件民生实事，使李寨村发生了巨大的变化。农民人均纯收入由2012年的不足2700元增长到2017年底的11435万元。李寨村先后被评为“全国美丽乡村建设试点村”“全国改善农村人居环境保障基础示范村”、全国乡村旅游扶贫重点村、河南省新农村建设引导点、河南省第五批传统村落、河南省第三批水美乡村。

【产业扶贫】 组建“李寨农业发展公司”及7个专业合作社。由企业出资流转贫困户土地，建设了60个日光温室大棚、千头槐山羊养殖场、30亩藕池等项目，这些项目交由种植能手进行合作社模式经营，企业负责包销和价格兜底，贫困户参与劳动就业和经营分红。

将李寨村的3000亩土地全部流转到李寨农业发展公司，建设千亩优质红薯种植基地、周口农科院千亩小麦良种繁育、黑小麦基地、黄花菜基地，总计投入土地流转费用300万元。红薯种植基地使流转土地村民获得每亩1000元的流转费用的同时，还可以参与劳动就业，实现双份收入。另外向村集体经济“三粉加工厂”提供原料，形成产业链条。

实施“品牌提升”工程。依托亿星集团黄淮农产品大市场国家级农业产业化重点龙头企业优势，引导村民进行标准化、绿色有机种植，并通过初步分拣、加工和品牌化包装，形成了“李寨有机西瓜”“冯营黑土地五谷”“李寨板栗红薯”“刘寨石榴”等品牌，通过黄淮电商和李寨物流班线向省内外销售，大大提升了农产品附加值。

挖掘李寨村红色文化资源，推出刘邓大军过黄泛区为背景的“支前军粮”“红色品牌”，投入96万元建立了专门针对贫困人员就业的“支前军粮扶贫生产车间”，解决了20多名特困户的就业和收入保障问题。通过实施免息资金支持和技术帮扶措施，先后吸引了村里26位打工能人返乡创业，为李寨脱贫攻坚注入新活力。在一系列产业带动下，全村208户建档立卡贫困户如期实现脱贫。

【基础设施建设】 亿星集团在帮扶中，把解决村民生产难、出行难、吃水难等问题作为主攻方向，投资500万元，建设引沙河水入村工程，让村里的死水沟变成了清水河；投资280万元，修建1100米的河道护堤和绿水廊桥，让臭水坑变成了景观道；

投资560万元，建设养老院，让全村46位孤寡老人可以安享晚年；投资700万元，建立天然气站，让普通村民享受到了使用燃气的便利；硬化全村8650米道路，为村民出行提供了极大便利；修建了1200平方米的健身文化广场，为村民提供了休闲娱乐场所；建成李寨农产品集配中心、物流班线、淘宝电商等场所设施。

【民生帮扶】 投资565万元建设敬老院，稳步推进全村46名五保老人集中供养。投入81万完成李寨小学的改扩建工程，引进优秀师资，设立“外来教师奖励基金”和“优秀学子奖励基金”，小学教育质量由倒数第一上升到全县先进单位。连续5年对考上重点院校的大学生和高中生发放奖金，共67.84万元，帮助更多李寨学子通过教育摆脱贫困，阻止贫困代际传递。建设标准化村卫生室，为村民提供便捷、高效的医疗服务。每年对226名70岁以上老人发放长寿金50～300元，对村低保户、特困户进行救助。投资50万元建设李寨幼儿园，为留守儿童打造温馨家园。

【文化扶贫】 注重把扶贫同扶志、扶智结合起来，推动贫困群众通过自己的辛勤劳动脱贫致富。深入挖掘当年三名革命烈士为人民的解放事业在李寨牺牲的精神内涵，重塑先烈英雄碑，建设红色教育基地。赴陕西省延安市梁家河村、河南省兰考县贾堂村学习取经，出台文化扶志措施。举办纪念刘邓大军千里挺进大别山跨过黄泛区70周年专场文艺演出，邀请全国知名艺术家、文化志愿者为父老乡亲送上了精彩的红色节目，为李寨村脱贫攻坚提供强大的精神鼓舞。邀请著名词作家石顺义、歌唱家于文华等创作李寨村歌。组织40多名全国知名书法家、艺术家、高校教授到村里为广大村民、贫困户现场创作扶贫扶志的书画作品310幅。完成7400平方米弘扬社会主义核心价值观的李寨文化墙建设，连续两年表彰了全村25名优秀党员、创业标兵、帮扶模范、最美村民，树立好家风、好民风、好村风。

【乡村振兴】 亿星集团坚持按照“20字方针”要求，在李寨村实施乡村振兴战略，力争把李寨村建设成为富裕、和谐、文明、美丽的全面小康村。

坚持以生活富裕为根本建设“幸福乡村”。把增加农民收入作为实现全面小康的关键。重点通过产业发展，增加村民收入。

坚持以涉农产业兴旺为重点建设“实力乡村”。以农业供给侧结构性改革为主线，坚持质量兴农、绿色兴农，全面构建李寨村产业体系、生产体系、经营体系，夯实乡村振兴的产业基础和经济实力。

坚持以乡风文明为保障建设“文明乡村”。在过去文化建设基础上，加大乡村文明建设和移风易俗力度，以文明乡风“滋养”乡村振兴。

坚持以治理有效为基础建设“和谐乡村”。按照健全自治、法治、德治相结合的乡村治理体系的具体要求，“三治并举”，让村民生活和谐安宁。

坚持以生态宜居为关键建设“美丽乡村”。把美丽乡村建设作为重中之重，重点通过土地整理、新村规划建设、环境专项整治、文化传承“四大行动”，建设李寨美丽宜居家园。

（河南亿星实业集团有限公司）

中国泛海控股集团有限公司扶贫

【概述】 中国泛海控股集团（以下简称“中国泛海”）是一家以产业为基础，业务涵盖房地产、基础设施、电力、科技、数据信息技术、金融服务、文化旅游、战略投资等多个领域的具有一定市场影响力和社会贡献的企业集团。中国泛海在企业发展的同时，恪守“得益于社会，奉献于社会”的企业价值观，积极履行企业社会责任，热心公益慈善事业。

为实现中国泛海公益事业的持续化、体系化、战略化发展，更好地参与社会公益事业，2010 年 10 月，董事长卢志强和中国泛海共同捐资 2 亿元，成立由中共中央统战部主管、在民政部注册的泛海公益基金会（泛海公益基金会成立后中国泛海捐赠均通过泛海公益基金会实施），并于 2013 年捐资 1 亿元发起成立中华艺文基金会，捐资 5000 万元发起成立山东泛海公益基金会。

至 2017 年底，董事长卢志强和中国泛海已累计向社会公益事业捐赠 60 多亿元，资助公益项目 300 多个，参与的社会公益事业包括扶贫济困、新农村扶贫建设、光彩帮扶、大学生创业、大学教育和中小学教育、革命老区建设、抗震救灾、抗洪救灾、文化艺术、环境保护等多个领域，惠及 22 个省市数百万人，其中 2017 年新增协议捐赠 13.05 亿元，按照协议拨付金额 7.30 亿元。

【企业扶贫模式】 中国泛海把参与国家脱贫攻坚和“万企帮万村”精准扶贫行动纳入发展战略，制定了“公益性扶贫”和“产业投资扶贫”五年（2016—2020 年）实施计划，成立扶贫领导小组并由董事长担任组长以加强对精准扶贫工作的领导。

按照党中央“治贫先治愚、扶贫先扶智”“发展教育脱贫一批”的扶贫攻坚措施和“万企帮万村”精准扶贫行动的要求，中国泛海多次深入贫困地区调查研究，总结回顾多年教育扶贫的实践，将帮教助学作为精准扶贫重点，资助贫困家庭大学生入学、在校学习、毕业创业和高端人才培养。

在有关部门的支持下，制定并实施成龙配套的教育精准扶贫长期规划：捐资 23 亿元（其中 2017 年 8 亿元）开展“泛海助学行动”，捐资 7451 万元（其中 2017 年 3750 万元）在山东 50 所高校开展“同心光彩助学行动”，捐资 1.5 亿元开展“泛海扬帆大学生创业行动”；捐资 14.3 亿元（其中 2017 年 4.038 亿元）支持知名高校培养高端人才等，积极参与脱贫攻坚。

【教育扶贫】 将帮教助学作为精准扶贫重点，在有关部门的大力支持下制定并实施对大学生入学、在校学习、毕业创业的系统帮扶，与资助培养高端人才有机结合，形成了“成龙配套、帮学助教、系统公益、精准扶贫、功在当代、利在长远”的扶贫模式。

2017 年 7 月，统战部召开“泛海助学行动”推进座谈会，与中国泛海商定从 2017 年至 2020 年资助广西、贵州、陕西、重庆、湖北、山东、河北、内蒙古、黑龙江、湖南，捐赠金额增加至 23 亿元，资助学生增至 46 万名。2017 年 9 月，2017 年捐赠资金 4.78 亿元拨付到位。8 月，向寻甸县拨付 2000 万元捐赠资金。至 2017 年底，“泛海助学行动”共计拨付 8.03 亿元，资助贫困家庭大学生超过 16 万名。同时开通实时互动平台“泛海正能量”网站及App，及时解答受助学生相关问题，引导青年学生积极、乐观、向善。

2012年中国泛海与山东省委统战部共同发起实施“同心光彩助学行动”，每年资助32所高校中家庭困难、品学兼优的在校大学生。至2017年，项目共资助学生7400名，已发放助学金3701万元，其中2017年资助学生1300人，发放助学金650万元。2017年新签订协议约定2018年至2020年分三年每年捐赠1250万元并扩大至50所高校开展此活动。

2016—2020年，每年向广西“泛海·和合班”捐赠150万元，用于资助贫困地区学生营养晚餐，五年共计捐赠750万元。2017年8月分别拨付当年度150万元捐款。

中国泛海开展泛海扬帆大学生创业行动，决定2010—2020年分三个阶段，共计捐款1.5亿元，由泛海公益基金会与中国西部人才开发基金会在重庆、昆明、兰州、山东和湖北实施。至2017年9月已拨付捐赠款1亿元，其中2017年拨付2000万元。2010—2017年，“泛海扬帆大学生创业行动”已实施七年，累计资助大学生创业项目1786个，带动大学生就业近2.5万人，其中2017年资助大学生创业项目619个，带动就业1万多人。形成了“公益组织策划、爱心企业捐赠、地方政府指导、创业学生参与”的“泛海模式”和“不是只重视捐款，而是通过瞅准互助创新、构建互助生态、谋划互助发展”逐步形成“创业互助共生模式”。“泛海扬帆大学生创业行动”项目荣获第九届中华慈善奖“最具影响力公益项目”提名奖。

中国泛海先后向复旦大学、清华大学、北京大学、中南大学等知名高校共计捐赠14.3亿元，用于资助教学设施、重点学科的建设和国际交流，支持培养高端人才。其中2017年重点资助了以下项目：

支持复旦大学教育事业发展项目。为支持复旦大学教育事业发展，2015年，中国泛海控股集团与复旦大学签署捐赠协议，从2016年起中国泛海在5年内向上海复旦大学教育发展基金会捐赠人民币7亿元。其中5亿元用于支持“复旦泛海中心”三座综合楼建设，2亿元用于支持“复旦大学经济学院泛海发展基金”“复旦泛海国际金融学院发展基金”“复旦大学创新创业学院泛海发展基金”“复旦—泛海助学金、学生海外交流奖学金”四项教育发展基金。2017年3月，按照工程建设进度拨付“复旦泛海中心”三座综合楼建设费用1000万元。

2017年6月，由复旦大学、中国泛海、黄浦区三方共建的复旦大学泛海国际金融学院正式开办。中国泛海通过泛海公益基金会向复旦大学捐赠3亿元人民币，用于支持复旦大学金融学科的建设和发展，促进复旦大学金融学科培养和集聚具有国际视野的一流金融学人才。

4月，泛海公益基金会与复旦大学泛海书院签订协议，自2017年起，每年捐赠200万元，用于支持复旦大学泛海书院青年教师出版学术专著“泛海书院丛书”等费用。2017年共拨付380万元。

清华大学苏世民书院项目。2016年，中国泛海、清华大学及清华大学教育基金会三方签订捐赠协议，两年共捐赠1000万美元的等值人民币，支持清华大学苏世民书院的运营发展。2016年拨付3288.8万元，2017年拨付3402.65万元，两次共计拨付相当于1000万美元的等值人民币。

张世英美学哲学学术奖励基金项目。2016年，中国泛海向北京大学捐赠3000万元设立“张世英美学哲学学术奖励基金”，以发扬北京大学哲学系张世英先生的学术精神，奖励在哲学、美学、艺术学等领域做出突出学术贡献的著名学者和具有开创性研究的青年学者。

清华五道口泛海基金项目。2016年，中国泛海等三家企业向清华大学五道口金融学院捐赠成立全球并购重组研究中心。该中心通过设立“泛海金融学讲席教授”席位引进国内外卓有成就的金融学教授；设立“泛海奖学金”奖励学院优秀的硕士、博士研究生。其中，中国泛海通过泛海公益基金会向清华大学教育基金会协议捐赠共2000万元，2017年9月拨付当年度400万元捐赠款。

支持中南大学教育事业发展。2017年11月，中国泛海与中南大学签订捐赠协议，通过泛海公益基金会向中南大学教育基金会捐赠1亿元人民币，用于支持中南大学湘雅护理学院大楼（泛海楼）和中南大学湘雅—泛海健康管理研究院的建设。其中4000万元用于中南大学湘雅泛海健康管理研究院的发展建设；6000万元用于中南大学湘雅护理学院教学科研大楼泛海楼的建设。首笔中南大学湘雅泛海健康管理研究院的发展建设捐款1500万元和首笔中南大学湘雅护理学院大楼泛海楼的建设捐款500万元已拨付。

【公益扶贫及救灾】　2017年3月，中国泛海与中国人口福利基金会签订捐赠协议，捐赠2000万元用于支持中国人口福利基金会公益事业发展。12月，中国人口福利基金会向泛海公益基金会颁发了创建幸福家庭活动“不忘初心 共建幸福之家慈善榜样”的荣誉牌匾。

7月，向中国光彩事业基金会捐赠100万元，用于通过中国光彩事业基金会转赠给长沙市有关单位购买灾后重建物资，支援长沙市灾后重建工作。

8月，中国泛海捐赠100万元用于支持“朝阳—昆明人才驿站”建设。驿站将通过实体站的运作模式，建立北京市朝阳区和云南省昆明市两地人才交流的培养以及互动机制，实施人才交流合作项目，推动人才引进和合作计划。

【产业扶贫】　2016年，中国泛海董事长卢志强通过实地调研，同云南寻甸县的领导共同研究，决定捐赠2218万元在额秧村建设光伏脱贫示范工程项目。该项目于2017年4月底竣工，占地面积127亩，装机容量2兆瓦，有11个光伏发电单元，68座现代化农业蔬菜大棚和11座食用菌棚，实现“棚上发电、棚下种植”。预计光伏发电年收益173万元，大棚每年可创收40余万元，额秧村200户建档立卡贫困户每户每年可增收1万多元。额秧村818名彝族同胞参加了合作社，走出了一条现代农业发展之路，验证了“扶贫＋扶智＋扶志”相结合的精准扶贫模式。

（中国泛海控股集团有限公司公益事业管理总部　冉力省）

恒大地产集团有限公司扶贫

【概述】 恒大地产集团有限公司（以下简称“恒大集团”）是以民生地产为基础，文化旅游、健康养生为两翼，高科技产业为龙头的世界500强企业集团。2017年末，公司总资产1.76万亿、年销售额5010亿、年利税790亿，当年解决就业220多万人，并累计纳税约1840亿，累计慈善公益捐款113亿。近年来，获“全国脱贫攻坚奖”“全国劳动模范”“优秀中国特色社会主义事业建设者”等国家级荣誉，并连续七届获“中华慈善奖”。

恒大集团积极响应党中央号召，在中国人民政治协商会议全国委员会鼓励支持下，从2015年12月开始结对帮扶贵州省毕节市大方县，无偿投入30亿元；2017年5月起，恒大又承担了毕节市纳雍县、威宁彝族回族苗族自治县、赫章县、织金县、黔西县、金沙县、七星关区、金海湖新区和百里杜鹃管理区的帮扶工作，再无偿投入80亿元，共计110亿元扶贫资金，由整县帮扶大方扩展到帮扶毕节全市十县区。

截至2017年底，恒大已帮扶毕节市30.67万人初步脱贫，其中大方县12.73万人初步脱贫；已捐赠到位60亿元扶贫资金，其中定向捐赠给大方县的30亿资金全部到位。

此外，恒大复制推广毕节的扶贫经验，积极参与广东“扶贫济困日”活动，已为广东脱贫事业捐赠超20亿元。2017年7月1日开始，恒大结对帮扶惠州市惠东县、博罗县共26个贫困村整体脱贫，建成全省社会主义新农村示范村标杆。截至2017年底，恒大231个重点帮扶项目全面开工，其中170个已建成并交付使用，已覆盖全部1068户、3321人贫困群众。

【产业扶贫】 恒大无偿投入65亿元，帮助毕节打造我国西南地区的两大基地，一个是最大的蔬菜瓜果基地，一个是最大的肉牛养殖基地，帮助20万户、70万贫困人口发展蔬菜、肉牛以及中药材、经果林等特色产业，为每个贫困户配备至少两个产业项目，并引进上下游龙头企业，形成“龙头企业+合作社+贫困户+基地”的帮扶模式，实现“供、产、销”一体化经营。

截至2017年底，已建成44964栋蔬菜大棚，18.34万亩蔬菜大田基地；已引调并繁育3万头安格斯和西门塔尔优质母牛，改良18.3万头土种牛；已建设12.6万亩中药材和经果林基地。同时，已引进79家上下游企业，帮助贫困户解决种什么、怎么种、种多少、卖给谁的根本性问题，通过市场化手段有机连接，建立起长效持久的脱贫机制，确保贫困户持续增收、就地脱贫。

【易地扶贫搬迁】 针对基本丧失生产生活条件的4.2万户、18.2万贫困群众，在国家和省市易地扶贫搬迁专项资金的基础上，恒大再无偿补助36亿元，和当地政府一道，在毕节全市建设9个县城移民搬迁安置区和50个新农村，同步配建教育、商业等设施，配套适宜贫困户就业的种植养殖业和乡村旅游等，确保贫困群众“搬得出、稳得住、能脱贫、能致富”。

截至2017年底，建筑面积共计430万平方米的9大安置区所有楼栋已全面开工，六成以上的楼栋已封顶，奢香古镇首期和50个新农村已搬迁入住1.2万人。

【就业扶贫】 恒大集团组织贫困群众进行职业技能培训，计划解决8万人就业。至2017年，已在毕节市培训53610人，推荐到恒大引进的上下游企业、恒大下属企业和战略合作单位就业43611人，人均年收入4.2万元，实现“一人就业、全家脱贫”。

【教育扶贫】 恒大集团无偿投入5亿元，通过建学校、强师资、设基金，全方位补足毕节市大方县教育资源缺口。截至2017年底，建成11所小学、13所幼儿园、1所完全中学和1所职业技术学院，全部投入使用。与清华大学合作引进优质教育资源，远程教学平台投入使用，培训550名教师及管理干部。设立的恒大大方教育奖励基金，奖励资助400名偏远山区优秀教师、600名贫困家庭优秀学生。

【社会保障扶贫】 恒大集团无偿投入3亿元，在大方县援建1所慈善医院、1所养老院、1所儿童福利院，全部竣工交付使用。设立2亿元的“恒大大方慈善基金”，为孤寡老人养老就医、困境儿童生活学习和贫困家庭就医提供补助。为14140名特困人口每人购买一份固定收益的商业保险，补足当地低保标准与脱贫标准之间的差额，实现直接脱贫。组织恒大员工“一助一”帮扶大方县农村留守儿童、困境儿童和孤儿4993人。

【企业扶贫模式】 整市帮扶毕节，恒大坚持精准扶贫，因户施策、因人施策；坚持“输血”与“造血”并举；坚持既要“见效快”，更要“利长远”，运用市场化手段，建立长效脱贫机制，探索出可复制、可推广、可借鉴的帮扶模式。

直接参与，助推当地脱贫攻坚。恒大不仅出资金，更重要的是出人才、出技术、出管理、出思路。恒大从全集团系统选拔了321名优秀的扶贫干部和1500名本科以上学历的扶贫队员，与大方原有287人的扶贫团队组成2108人的扶贫队伍，常驻毕节市扶贫前线，与当地干部群众并肩作战，工作到村、包干到户、责任到人。通过有效探索，恒大变点式帮扶为整市帮扶，变间接帮扶为直接参与，变单一捐资为立体帮扶，变大水漫灌为精准滴灌，并通过以扶引商和转变发展观念等方式，激发贫困群众持续脱贫的内生动力。

精准识别，多措并举实现立体帮扶。恒大按照中央“六个精准”的要求，用时半年采集毕节全部34万多户、100多万贫困老百姓的详细资料，并运用互联网技术和大数据技术建立“精准扶贫大数据管理系统”，实现因人、因户施策。在精准识别的基础上，恒大因地制宜制定帮扶计划，通过产业扶贫、搬迁扶贫、就业扶贫、教育扶贫和保障扶贫等综合措施，建立全方位系统化帮扶体系，并对帮扶措施覆盖情况进行动态管理。

市场导向，建立长效脱贫机制。精准脱贫的核心在于产业支撑。恒大帮扶毕节的110亿资金，一半以上用在产业扶贫。在产业选择上，恒大结合当地实际，因地制宜发展蔬菜、肉牛、中药材和经果林等特色产业，为每个贫困户配备至少两个产业项目，并引进上下游龙头企业，形成“龙头企业+合作社+贫困户+基地”的帮扶模式。恒大与当地政府一道，运用市场手段把分散的土地适度集中，连片建设产业基地；把一家一户的农民组织起来，组建合作社进行合作劳动；同时引进上下游龙头企业，根据市场需求指导合作社进行生产。通过整合产业化各个环节，建立起持久的、可内生发展、互利共赢的市场化合作机制，为贫困农户规避市场风险提供保障，为贫困群众稳定增收奠定基础。

规模效应，带动全产业链跨越发展。恒大着力扶持带动当地特色产业规模化、全产业链发展，帮助毕节打造我国西南地区的两大基地：最大的蔬菜瓜果基地和肉牛养殖基地，带动约8万户、31万贫困人口稳定脱贫，年人均纯收入超4000元。

一方面，着力打造蔬菜瓜果种植产业链。恒大援建蔬菜大棚、育苗中心和初加工基地等，并引进以色列节水灌溉等现代高科农业技术，无偿提供给贫困户入股合作社生产经营，同时引进地利集团、三元朱等上下游龙头企业，负责指导合作社生产，蔬菜瓜果成熟后到田间地头采收并集中洗拣分，然后分销到国际国内市场，构建“龙头企业 + 合作社 + 贫困户 + 基地”的生产经营模式，实现供、产、销一体化经营，帮助贫困群众由传统农民转变为掌握现代农业生产技术的农业工人，持续增收，稳定脱贫。

另一方面，着力打造肉牛养殖产业链。恒大援建育种场、扶贫牛超市等养殖基地，建立疫病防控、品种改良、饲草饲料供应和市场营销等支撑体系，引进中禾恒瑞（北京）科技发展有限公司等上下游龙头企业，建立“龙头企业 + 专业合作社 + 贫困户 + 基地 + 金融 + 保险”的产业化经营机制，形成肉牛产业从育种—育肥—饲草饲料—屠宰加工—市场营销等各产业环节的有效衔接，推动肉牛产业“带一接二连三”，实现全产业链发展。

远近结合，着力夯实稳定脱贫基础。恒大投身脱贫攻坚，帮扶毕节贫困人口初步脱贫是基础，实现稳定脱贫并逐步致富奔小康是长远目标。一方面，恒大出钱、出人、出技术、出管理、出思路，牢牢牵住精准扶贫的“牛鼻子”——产业扶贫、易地搬迁扶贫和就业扶贫，确保各项精准帮扶措施覆盖全部贫困人口。另一方面，恒大坚持因户、因人施策，产业、就业帮扶着力建立长效机制，易地搬迁扶贫着力配套产业基地，坚持既要“见效快”更要“利长远”。同时，恒大坚持扶贫扶智并行，把大量资金投入到发展教育事业和职业技能培训上，阻断贫困代际传递。

高效执行，目标计划管理助力精准脱贫。恒大扶贫团队秉承和发扬了恒大独有的“目标计划管理”体系，在深入调研的基础上，制定《恒大集团结对帮扶大方县精准扶贫精准脱贫方案》《恒大集团结对帮扶毕节市精准扶贫精准脱贫方案》，并以此为依据细化工作方案和推进计划，对所有的扶贫工作目标任务都进行量化，量化到项目、到岗位、到个人，计划、目标分解到年、半年、季度、月和周，调度到日，既保证进度，又保证质量。同时，恒大扶贫团队秉承从严管理、重奖重罚的企业管理文化，设立综合计划部、监察室、打击官僚主义办公室等完善的监督监察体系，对员工完成目标和计划实现有力监督，确保以超强的执行力精准快速推进各项精准扶贫工作。

【扶贫宣传】 2017 年，《人民日报》、新华社、中央电视台、《人民政协报》、人民网、新华网、央广网、中国网等中央和各省市主流媒体关注并多次报道恒大结对帮扶毕节情况，累计 15200 篇次。

中国社会科学院《扶贫蓝皮书：中国扶贫开发报告（2017)》以《政企合力整体脱贫攻坚的典范》为题，评价恒大整县帮扶“创造了高质量的扶贫效率”“在扶贫领域创新性地实现了政府与企业的合作”，是“国内甚至国际上公益领域中的一个创举”；同时，恒大贵州大方扶贫模式获评人民日报社“2017 年度中国民生示范工程”。

（恒大地产集团有限公司）

六、公民个人扶贫

【概述】 中共中央总书记习近平在中央扶贫开发工作会议上强调：守望相助、扶危济困是中华民族的传统美德。要研究借鉴其他国家成功做法，创新我国慈善事业制度，动员全社会力量广泛参与脱贫事业。国务院扶贫办深入贯彻党中央战略部署，运用互联网新技术和新模式，指导建设了中国社会扶贫网，积极构建“人人皆愿为”“人人皆可为”“人人皆能为”的社会扶贫格局，汇聚全面打赢脱贫攻坚战的强大合力。

中国社会扶贫网将互联网的分享、协作、便捷、安全、高效等特点融入社会扶贫之中，打造了五大平台即爱心帮扶、扶贫商城、扶贫众筹、扶贫头条和爱心榜样平台。搭建起一座服务贫困人口和社会爱心人士、爱心企业的桥梁，让社会上的爱心资源和贫困地区、贫困群众的帮扶需求有效对接，让扶贫济困的爱心和力量更加便捷的传递到贫困地区、贫困群众，就可以有效实现社会扶贫的“举手之劳”。

截至2017年底，中国社会扶贫网注册人数已突破1500万人，发布贫困人口帮扶需求240多万条，满足需求165万条，对接成功率超过60%，得到贫困群众、基层干部和爱心人士的认可，成为有较强公信力和社会影响力的社会扶贫公益平台。

（国务院扶贫办社会扶贫司
宿　盟）

七、中国社会扶贫网

【概述】 2016年10月16日，时任国务院副总理汪洋在扶贫日活动中启动中国社会扶贫网（以下简称“社会扶贫网”）。2017年1月，国务院扶贫办成立中国社会扶贫网建设工作领导小组，国务院扶贫办主任刘永富担任组长，国务院扶贫办副主任欧青平、洪天云担任副组长，领导小组下设办公室。2017年，召开3次领导小组工作会议，研究部署和指导网站建设重要工作，审定社会扶贫网工作计划，协调解决重大问题。截至2017年底，平台注册用户1593万人，贫困人口通过平台发布爱心需求263.89万个，对接成功率64.16%。

社会扶贫网采用“互联网+”社会扶贫新模式，运用互联网力量构建便捷、高效、精准的社会扶贫网络平台，形成线上线下精准扶贫发展体系，创新完善人人皆愿为、人人皆可为、人人皆能为的社会扶贫参与机制，广泛动员和集聚全社会扶贫资源，助力脱贫攻坚战。2017年3月20日，社会扶贫网启动六省试点工作，试点过程中，各省扶贫办积极支持配合，广泛发动驻村第一书记、驻村工作队和基层一线扶贫干部作为社会扶贫网信息管理员，确保每一位贫困户第一时间发出真实有效需求。

2017年7月5日，中国社会扶贫网正式上线运营，7月16日，刘永富在湖南省永州市调研时明确中国社会扶贫网四个定位，即打造成为“社会扶贫的新平台”“社会动员的新抓手” “社情民意的新窗口”“脱贫攻坚的新品牌”，同时，要求社会扶贫网总结试点经验，将试点地区探索出的先进模式和优秀经验向全国推广，发挥样板作用。2017年，社会扶贫网在爱心帮扶、扶贫众筹、扶贫展示、电商扶贫、扶贫评价5大功能平台基础上，进行优化升级，分阶段推进平台建设，提升产品质量。

【爱心帮扶】 依托国家建档立卡数据资源，贫困户通过认证后可在爱心帮扶频道发布需求，爱心人士能够选择贫困需求进行捐赠，强化扶贫资源和帮扶需求有效匹配，实现爱心快速、精准、可信传递。2017年3月，爱心帮扶平台基本流程跑通，初步实现贫困户主动发布资金、物品等求助需求；爱心人士在线直接帮扶对接；第一书记代发、审核贫困户需求等功能。6月，App及WEB全页面改版，提升视觉效果，实现真正意义1.0版本，中国社会扶贫网发展研讨会在北京召开。10月，爱心帮扶平台实现后台自动化管理，贫困户需求内容审核、财务付款等系统管控能力加强。

【扶贫众筹】 探索发展公益众筹扶贫，围绕医疗、教育、创业、民生等领域，形成多种形式捐助，解决贫困户脱贫致富多元化需求。依据民政部要求，结合部委级重点，完成产品方案设计及技术准备工作。顺利推出白内障、瞳爱光明等43个众筹项目，支持爱心人士网站、App及微信端多渠道捐赠，筹款总额2612.95万元。其中，健康扶贫“白内障项目”惠及深度贫困地区1.4万建档立卡白内障患者。

【扶贫展示】 2017年9月，扶贫展示全新平台上线，引入CMS内容管理系统，发布和管理新闻资讯，完成全站广告位运营管理，为打赢攻坚战提供信息交流展示窗口。账号开通近2000个，平均每月发布文章约400篇，文章总点击量超过30000。

【电商扶贫】 立足于扶贫商品认证，全力打通农副产品上行通道，构建“扶贫电商生态链”，做好农产品进城，以电商扶贫拉动线下产业扶贫，切实为贫困户创收、增效，实现贫困户自身“造血”功能，解决局部地区的整体贫困问题。2017年，电商平台已完成买家平台、卖家平台、运营管理平台在PC端、微信端、App三端的所有功能设计工作，平台研发工作进入测试阶段。

【扶贫评价】 建立社会扶贫评价积分体系及国家扶贫荣誉制度，表彰对扶贫开发做出杰出贡献的组织和个人，多维度设立扶贫榜单，着力打造扶贫公益品牌，发布个人扶贫公益报告，体现参与社会扶贫的荣誉与价值。扶贫评价平台已完成积分系统、任务系统、勋章系统的 web、微信、App 三端设计及管理后台设计，研发工作有序推进。

【运营情况】 贫困户需求分为医疗、教育、住房及物品需求四类。2017 年，贫困户发布物品求助需求 249 万条。截至 2017 年底，贫困户发布资金需求 14.77 万个，需求金额 7.88 亿元，筹集金额 1638.20 万元。贫困户资金需求趋势如下：

据统计，发布医疗求助需求总金额 4.3 亿元，通过平台筹集 702 万元；发布教育求助需求总金额 1.34 亿元，通过平台筹集 459 万元；发布住房民生求助需求总金额 2.23 亿元，通过平台筹集 476 万元。

【推广情况】 3 月，中国社会扶贫网试点工作动员培训会召开，首批启动湖南、江西、河南、河北、甘肃及四川六省试点。在试点地区配合下，中国社会扶贫网召开全国及地方专项培训动员会两百余次，试点地区 6 省 11 市各级政府开展工作动员部署会 100 余场。9 月，国务院扶贫办在湖南省永州市举行全国“互联网 +”社会扶贫工作现场推进会暨中国社会扶贫网全国推广会，22 个省的代表共同观摩了江永县社会扶贫网管理中心及江华县社会扶贫网管理中心。

湖南、江西、湖北、云南、海南、贵州、四川、陕西、青海、河南、山西、安徽、山东、内蒙古、广西、甘肃等省区陆续参与到全国推广的行列。12 省召开全省启动会，全国 15 个重点省份制定了全国推广工作计划和各省实施方案。2017 年社会扶贫网业务覆盖 28 省，共涉及 290 个市 1665 个县 17.13 万个村。截至 12 月 31 日，平台注册人数包括爱心人士 1070 万人，贫困人口 503 万人，帮扶干部 19.7 万人。各省注册人数如下：

【新闻发布会】 国务院新闻办公室于 2017 年 7 月 5 日举行“互联网 +”社会扶贫新闻发布会，标志着中国社会扶贫网全国正式上线运营。试点期间，社会扶贫网共注册爱心用户 10 万个，贫困户连接 4 万个，驻村干部管理员超过 1 万人，贫困户共发布需求 5 万个，对接成功 1 万个，对接成功率 20%，试点工作取得阶段性成果。网信办数据显示，仅 5 天时间，微博相关话题阅读量超 1481 万次，微信相关文章阅读量超 2180 万次。

【数字图书馆】 2017 年 8 月，社会扶贫网联合中国移动咪咕文化科技有限公司发起“穿阅帮扶”精准教育扶贫项目，为贫困地区孩子捐建数字图书馆。社会扶贫网收到科大讯飞股份有限公司、凤凰网捐赠咪咕-kindle 阅读器 1500 台，对湖南、河北、四川、贵州、山东、甘肃、江西等省部分贫困地区学校进行捐助活动。

【“互联网 +”精准社会扶贫论坛】 10 月 9 日，国家第四个扶贫日期间，由国务院扶贫办主办，中国社会扶贫网建设工作领导小组办公室、中国扶贫志愿服务促进会、中国互联网发展基金会联合承办的“互联网 +”精准社会扶贫论坛在北京会议中心举行。社会扶贫网启动 2.0 版本新产品发布，实现后台数据管理和运营功能大幅提升，展示及查询速度提升 3 ~ 5 倍，新增天翼云生产系统，大大提高并发处理能力，同步形成同城容灾备份等能力升级。同时，中国社会扶贫网联合中国电信集团有限公司、中国移动通信集团有限公司、中国联合网络通信集团有限公司三大运营商面向深度贫困地区启动流量捐赠仪式。

（中国社会扶贫网　王　蓓）

第八篇

地方扶贫篇

综　述

2017年，各省区市认真落实中央统筹、省负总责、市县抓落实的体制机制，建立各负其责、合力攻坚的责任体系，建立并落实脱贫攻坚一把手负责制，强化各级党委领导作用。中西部22个省份党政主要负责同志向中央签署脱贫攻坚责任书，立下军令状，层层传导压力。切实开展抓党建促脱贫攻坚，着力配强乡镇领导班子，夯实农村基层党组织。形成“五级书记抓脱贫、全党动员促攻坚”的局面，为脱贫攻坚战提供坚强政治保障，各项工作稳步推进，脱贫攻坚成效显著：一是年度减贫任务超额完成。贫困人口减少1000万人以上，贫困县退出100个左右。二是强化精准施策。产业扶贫稳步推进，成功经验逐步推开，新业态发展迅速，电商扶贫带动274万贫困户增收，光伏扶贫直接惠及80万贫困户，旅游扶贫覆盖2.3万个贫困村。易地扶贫搬迁完成340万贫困人口搬迁建设任务。就业扶贫推广省际劳务协作经验，实现577万贫困劳动力稳定转移就业。生态扶贫推广扶贫造林合作社经验，累计选聘37万贫困人口为生态护林员。教育扶贫深入实施，贫困县农村学生上重点高校人数再增长9.3%，农村薄弱学校改造计划稳步推进。健康扶贫救治421万大病和慢性病贫困患者，贫困人口医疗费用实际报销比例提高到80%以上。对190万贫困户危房进行改造，保障住房安全。推进农村低保与扶贫开发有效衔接，低保兜底保障作用进一步加强。贫困地区基础设施和公共服务建设加快推进。三是聚焦工作重点。各省区全面推进深度贫困脱贫攻坚工作，各地结合实际确定深度贫困地区，编制深度贫困地区脱贫攻坚方案，集中力量攻坚。四是夯实建档立卡基础工作。各地开展自查自纠，245万脱贫不实人口重新回退为贫困人口。开展动态调整，新识别纳入849万贫困人口，清退识别不准412万人。五是强化驻村帮扶。着力解决“谁来扶”的问题，全国累计选派43.5万名干部到贫困村和基层党组织软弱涣散村担任第一书记，派出277.8万名干部驻村帮扶。2017年在岗的第一书记19.5万名、驻村干部77.5万名。六是加大扶贫投入。中央和省级财政专项扶贫资金突破1400亿元，其中中央财政资金较2016年增长30%，省级财政专项扶贫资金比2016年增长22%；贫困县整合财政涉农资金2956亿元，比2016年增加26%；继续安排600亿元地方政府债务用于脱贫攻坚。

（宁　钢）

河北省扶贫开发

【概述】 2017年，河北省委、省政府深入学习贯彻习近平总书记关于扶贫开发的重要论述和对河北工作的重要指示，把脱贫攻坚作为重大政治任务和第一民生工程来抓，完善政策措施，加大工作力度，推动脱贫攻坚工作取得阶段性成效。全省78.8万贫困人口脱贫，贫困发生率由3.23%下降到1.86%，海兴县、南皮县、望都县脱贫摘帽。贫困地区农村居民人均收入同比增长11.0%，高于全省农村平均水平2.9个百分点。一是着力抓实精准扶贫脱贫工作基础。结合贫困人口动态调整，集中时间、集中人力、物力，在全省开展全面彻底的建档立卡"回头看"，建立完善动态管理机制，精准扶贫工作基础进一步夯实。二是聚焦发力"坚中之坚"。综合考虑贫困发生率、贫困人口规模、人均可支配收入和基础设施状况等因素，在张承坝上地区和深山区确定了康保、阜平等10个深度贫困县、206个深度贫困村，出台倾斜政策，在全国率先启动了深度贫困地区脱贫攻坚工作。三是扎实推进精准施策。下大力抓产业就业扶贫，坚持分类施策，突出群众参与，增强贫困户的造血功能和内生动力，涞水县旅游扶贫、威县资产收益扶贫典型案例在中央政治局第39次集体学习会上印发；稳步推进易地扶贫搬迁，坚持因地制宜，认真负责抓好扶贫搬迁，确保群众搬得出、留得住、能致富，截至12月底建档立卡贫困人口13994人实现搬迁入住；强化社保兜底促脱贫，坚持完善政策与优化服务同步推进，下大力抓好义务教育、基本医疗、住房安全政策落地生效，不断提高贫困群众的获得感和满意度。四是凝聚攻坚合力。坚持全面发动，强化组织协调，做好中直单位定点帮扶，加强京津对口帮扶，组织开展省内结对帮扶，加强驻村帮扶；夯实脱贫攻坚的组织保障，推广"脱贫攻坚党旗红"经验，着力建强班子队伍，提升能力素质，形成抓党建促脱贫的良好局面。五是开展专项治理狠抓问题整改。认真学习贯彻中共中央总书记习近平关于张家口扶贫领域腐败和作风问题重要指示精神，深入开展扶贫领域腐败和作风问题专项治理，全面推进国家考核、巡查反馈问题整改，以作风攻坚保障脱贫攻坚。

【扶贫资金投入】 2017年各级共安排财政专项扶贫资金792351.9万元，其中：中央财政专项扶贫资金264644万元；省级安排财政专项扶贫资金379000万元（包括易地扶贫搬迁项目资本金195000万元、易地扶贫搬迁省级贴息资金22876万元、扶贫发展资金79532万元、扶贫开发投资公司资金49000万元等）；市县两级配套资金达到148707.9万元。

【扶贫资金管理】 制定《河北省财政专项扶贫资金管理办法》，指导规范各地扶贫资金使用，对资金安排、资金使用、资金拨付、资金管理、监督管理提出要求，明确财政专项扶贫资金不得用于行政事业基本支出、交通工具及通信设备、弥补企业亏损等9个方面的负面清单。制定《河北省财政专项扶贫资金绩效评价办法》，明确市县绩效评价的指标体系、数据来源、评分标准和结果使用，引导各地强化资金管理，提高资金使用效益。扶贫资金的分配、使用一律实行公告、公示和报账制，保证扶贫资金分配、管理、使用的各个环节公开透明，省市县扶贫部门借助媒体（报刊、广播、电视）、网站及告示等形式向社会进行全面的公告或公示，共进行7875批（次）。

【基础设施建设】 河北省农村公路建设完成投资38.3亿元，建设完成3195千米。专项安排扶贫攻坚用地指标3.7万亩。安排贫困县高标准农田建设任务137.95万亩。安排62个贫困县地下水超采治理资金23.2亿元。向贫困地区安排资金19.99亿元，完成造林绿化206万亩。向贫困地区安排生态补偿类资金4亿元。完成张承、坝上等10个深度贫困县所有行政村通达光纤宽带和覆盖4G信号工作。

【易地扶贫搬迁】 河北省自筹项目资本金19.5亿元已拨付省平台公司，省平台公司已拨付各县平台公司70亿元用于搬迁安置工程。启动10万贫困人口搬迁，截至12月底，交付使用集中安置项目49个，建档立卡贫困人口13994人实现搬迁入住，其中集中安置7430人，分散安置6564人。启动的建档立卡搬迁人口全部谋划了后续帮扶措施，在集中安置区大力发展特色农业、光伏、旅游、电商、家庭手工业等扶贫产业，带动建档立卡搬迁贫困户就业增收。

【产业扶贫】 大力发展土地、资金、资产、农宅等多种形式的股份合作，带动贫困农户、贫困地区创建现代农业产业园；每个产业安排一个工作团队和一支专家团队，实现了贫困县和扶贫产业科技专家全覆盖。大力发展特色产业，按照“一县一业、一园一牌”的发展思路，每个贫困县确定了3～5个特色扶贫产业，初步形成了燕太山区林果、食用菌、中药材、休闲旅游等特色产业带，黑龙港流域精品瓜菜和特色养殖产业带，环京津地区菜篮子产品集中供应和采摘、观光基地，涌现出了魏县扶贫“微工厂”、武邑县“京东跑步鸡”等一批产业扶贫模式。全省新增产业扶贫项目1.14万个，带动35.79万贫困户、84.11万贫困人口实现增收。

【建档立卡】 2017年，河北省组织22.5万名干部，在全省有农村户籍人口的168个县（市、区），开展建档立卡“回头看”。严格执行政策，设立政策咨询组答疑解惑，派出11个督导组驻市巡回督导，先后5次进行调度，对重要数据“三堂会审”，识别结果逐级把关签字。全省共识别贫困人口184.3万人。

【“雨露计划”】 继续实施“雨露计划”，继续做好职业教育助学补助工作，截至2017年底共计补助15359人，补助资金3432.5万元。积极开展贫困劳动力转移就业培训，共举办贫困劳动力转移就业培训326期，培训31070人次，投入培训资金2191.2万元。加强扶贫产业致富带头人培训，全省共确定致富带头人8979名，培训20404人次，举办培训班124期，投入培训资金1684.7万元。不断做好贫困群众职业技能及实用技术培训，全省共举办各类型培训班828期，培训贫困群众10.5万人次，投入培训资金2578.28万元。

【政策性金融扶贫实验示范区】 坚持把建设保定市政策性金融扶贫实验示范区作为全省脱贫攻坚的一项重大战略性改革举措来抓，指导保定市整合资源资产资金，实施资本化运作，推动财政资金和社会资金“两轮驱动”，债权融资和股权融资“双线操作”，直接融资与间接融资有机结合，初步探索了“创建政策性金融扶贫实验示范区——支撑易地扶贫搬迁社区和壮大现代产业园区——打造区域性整体脱贫试验区”的新模式，走出了一条协同发展、转型发展、共享发展的新路子。示范区各县筹集担保资金6.7亿元，风险补偿资金2.7亿元，为扶贫龙头企业担保贷款8亿元，为贫困户提供扶贫小额信贷8.06亿元。

【中央专项彩票公益金】 2017年，中央安排河北省彩票公益金支持革命老区贫困县实施扶贫项目资金1.8亿元，用于支持建档立卡贫困村村内小型生产性公益设施建设。在各市推荐的基础上竞争遴选出 9 个县为 2017 年中央专项彩票公益金支持贫困革命老区扶贫项目实施县，每县资金额度 2000 万元。

【金融扶贫】 把金融扶贫作为打赢脱贫攻坚战的战略性举措，按照定向、精准、特惠、创新的原则，充分发挥银行业、保险业、证券业金融扶贫主力军作用。坚持以“政银企户保”模式，强力推动扶贫小额信贷，2017 年内新增扶贫小额信贷 26.7 亿元，历年累计贷款量位居全国第三。坚持发挥保险业优势资源和力量，积极探索开展了“政保联办”保险扶贫、防贫保险、商业医疗补偿保险等可复制、可推广、可持续的保险扶贫新路径。坚持以“金融扶贫板”，引导资本市场壮大扶贫产业，指导石家庄股权交易所创建了全国首个“金融扶贫板”。

【社会保障制度】 全面落实“基本医保 + 大病保险 + 医疗救助”三保障制度，全省资助包括建档立卡贫困户、低保对象、特困人员等困难群体参加居民医疗保险人数达到 388 万人，全年医疗救助累计支出资金达到 13.3 亿元。开展教育扶贫，落实“三免一助”政策，2017 年共资助贫困学生 5.59 万人，贫困地区学生营养餐改善计划实现 45 个国定贫困县全覆盖，新增受益学生 63 万名。推进农村危房改造，省统筹中央补助资金和省级补助资金，确定省以上补助标准，2017—2018 年度，全省安排农村危房改造 93118 户，已完成改造任务。深化低保制度与扶贫政策有效衔接，与建档立卡“回头看”同步开展低保对象精准核查，做到应扶尽扶、应保尽保。建立农村低保线动态调整机制，保持全省农村低保标准始终高于当年扶贫标准。2017 年全省农村低保标准提高到每人每年 3300 元以上，人均月补差最低标准 175 元。

【定点扶贫】 2017 年，32 个中直单位定点帮扶河北省 40 个国定贫困县。各单位全面落实党中央、国务院决策部署，倾心、倾情、倾力开展工作。据统计，共向贫困地区派出挂职扶贫干部 100 人，赴定点县考察 1090 人次，其中部级领导 69 人次，直接向贫困地区投入帮扶款物 29320 万元。帮助贫困地区引进各类资金 52.8 亿元、项目 279 个，资助贫困学生 2511 人，举办各类培训班 210 期。加强驻村帮扶工作，全省共选派 7366 个驻村工作队，驻村干部 22164 人，实现了贫困村帮扶全覆盖，直接投入帮扶资金 19.84 亿元，引进项目 4736 个，帮助成立各类合作社 3814 个，举办培训班 21765 期，带动就业 19.8 万人。加强村级后备队伍和党员队伍建设，帮助贫困村新发展党员 2412 人，培养村级后备干部 10459 人。

【东西部扶贫协作】 积极对接推进东西部扶贫协作。北京市 11 个区帮扶张家口市张北县、康保县、沽源县、尚义县、涿鹿县、赤城县、崇礼区、怀来县（非贫困县），承德市滦平县、丰宁满族自治县，保定市阜平县、唐县、易县、顺平县、涞水县、涞源县；天津市 5 个区对口帮扶承德市承德县、平泉市、隆化县、围场满族蒙古族自治县、兴隆县。安排帮扶资金 17.4 亿元，实施帮扶项目 278 个，项目共覆盖 1300 多个贫困村，占 20 个县贫困村总数 48.7%。通过健全制度机制、产业协作、携手奔小康行动等系列帮扶措施，形成了多层次、精准化、全方位的扶贫协作格局，为全省贫困地区加快发展、后发赶超、同步小康注入了新的动力。

【军队和武警部队扶贫】 驻冀部队坚持把帮建村党支部作为首要任务，安排团以上领导干部与帮扶村党支部书记、副书记结成帮带对子，选派 130 余名机关干部指导帮扶村完善支部议事规则、落实组织生活制度，组织“两委”成员到先进地区学习新农村建设经验，增强带领群众致富本领。指导成立近 20 个农业合作社，产业项目涉及林果种植、花卉培育、特色养殖、果品加工等10多个类型。省军区协调驻军367个团级以上单位共帮扶20个项目。助推社会事业，采取团以上干部一帮一，团以下干部二帮一的方式帮扶贫困学生。

【企业和社会各界扶贫】　广泛动员全省社会力量参与扶贫攻坚的积极性，大力开展扶贫济困、爱心公益事业活动，社会各界爱心企业和人士积极履行社会责任，响应国家“精准扶贫、精准脱贫”号召，发挥自身优势，奉献爱心、贡献力量，开展产业、就业、捐赠、教育、健康、对结对帮扶等多种形式的专项扶贫活动，持续加大对贫困地区扶持投入力度。投入定向捐赠款物达4000多万元，帮扶建档立卡贫困村104个，受益贫困户达到5.5万余人。开展“千企帮千村”行动，全省1183个民营企业与1416个贫困村开展村企共建，实施帮扶项目2019个，投入帮扶资金11.17亿元，收益贫困人口19万人。

【扶贫宣传】　组织脱贫攻坚系列访谈，协调组织省“一报一台”新闻记者，深入张承坝上及深山区10个深度贫困县开展脱贫攻坚系列访谈活动，对康保、沽源、尚义等10位县委书记（县长）进行专题采访。组织“扶贫重点县记者行”和“脱贫攻坚一线行”行动，邀请省内外十几家媒体记者，深入到全省20多个贫困县开展系列报道，挖掘河北省脱贫攻坚中“沾泥土”“带露珠”的感人故事。组织中央驻冀新闻媒体记者赴脱贫攻坚一线采访报道，先后深入石家庄、承德、保定、邯郸等市30多个贫困村采访。据不完全统计，2017年以来，中央主流媒体共刊发播报河北省扶贫领域宣传稿件600余篇（次），编发《扶贫开发简报》45期，召开新闻发布会4场。

（河北省扶贫开发办公室　韩雪莹）

山西省扶贫开发

【概述】 2017年，山西省坚决贯彻落实习近平总书记关于扶贫开发工作的重要论述和视察山西重要指示精神，以“打不赢脱贫攻坚战就对不起这块红色土地”的态度和决心，逐月逐季推进落实，脱贫攻坚取得决定性进展、实质性突破。3个国家扶贫开发工作重点县、12个省级扶贫开发工作重点县达到贫困县退出标准，2557个贫困村退出、75万人脱贫，贫困发生率降至3.86%。贫困地区农村居民人均可支配收入7330元，比2016年增长10.7%，高出全省平均水平3.7个百分点。生态扶贫带动51.9万贫困人口增收。对3350个自然村、16.6万贫困人口实施整体搬迁，已启动2487个，搬迁884个，整村拆除复垦381个。特色农业产业带动32万贫困人口增收。光伏扶贫713座村级电站、21座地面集中电站并网发电，惠及2000多个贫困村、7万贫困户。电商扶贫建设村级网点6201个，带动9.7万贫困人口增收，21个贫困县进入全国电子商务进农村综合示范县。完成农村贫困劳动力免费职业培训7.2万人，转移就业9万人。农村低保全省平均保障标准为3646元。完成农村危房改造7.79万户、土窑洞2.76万户。完成1121个贫困村、18.33万贫困人口安全饮水工程。教育扶贫资助贫困大学生7347人，“雨露计划”资助中高职生4.45万，生源地助学贷款23.39亿元、37万人。健康扶贫省级每年投入11.7亿元，报销比例90%以上。

【中央领导调研】 2017年6月21日至23日，中共中央总书记、国家主席、中央军委主席习近平在山西省考察工作，并主持召开深度贫困地区脱贫攻坚座谈会。提出8条要求，一要合理确定脱贫目标；二要加大投入支持力度；三要集中优势兵力打攻坚战；四是区域发展必须围绕精准扶贫发力；五要加大各方帮扶力度；六要加大内生动力培育力度；七要加大组织领导；八要加强检查督查。9月4日，国务院总理李克强赴长治市壶关县程庄村考察脱贫攻坚，对山西省的健康扶贫“三保险三救助”（“三保险”即通过基本医疗保险、大病保险、补充医疗保险等措施，确保农村建档立卡贫困人口住院总费用实际报销比例达到90%以上。“三救助”指，一是对农村建档立卡贫困人口个人缴费按城乡居民缴费标准由财政资金给予全额救助。二是对省定24类重特大疾病晚期患者由民政部门给予一次性每人5000元的大病关怀救助，对有需求的持证贫困残疾人免费适配辅助器具。三是对少数农村特困人口由民政部门特殊帮扶，重点救助目录内个人自付“136”封顶额和目录外15%费用部分仍无力负担特殊困难人群）给予肯定。1月13至15日，5月7至8日、6月21至23日，时任国务院副总理汪洋分别赴长治市武乡县、吕梁市交城县、忻州市岢岚县考察调研脱贫攻坚工作。

【扶贫制度建设】 《山西省农村扶贫开发条例》是山西省2017年立法项目，2017年12月1日审议通过，2018年1月1日起施行。《条例》的主要内容包括总则、扶贫对象、扶贫措施、资金和项目、监督与考核、法律责任和附则等，《山西省农村扶贫开发条例》的颁布施行，标志着山西省将通过扶贫立法，规范农村扶贫开发工作，为全省脱贫攻坚提供坚强的法治保障。

【扶贫资金投入】　2017年，山西省扶贫投入共计118.11亿元，其中中央财政专项扶贫资金32.56亿元、省级财政专项扶贫资金30.11亿元、市级财政专项扶贫资金10.06亿元、县级财政专项扶贫资金18.78亿元。中央彩票公益金1.6亿元，8个项目县每县2000万。脱贫攻坚债券25亿元，主要用于贫困村整体提升工程。全省纳入统筹整合财政资金159.06亿元。扶贫周转金规模为21.6亿元，其中省级财政专项扶贫资金安排3.6亿元，贫困县统筹整合财政资金3.6亿元，吸纳银行贷款14.4亿元。

【四库建设】　"四库"建设指数据库、政策库、项目库和人才库建设，为精准扶贫精准脱贫奠定基础。一是数据库建设。完善建档立卡信息平台，对扶贫对象、帮扶责任人、帮扶资金项目、帮扶政策实行模块管理。建立扶贫数据交换分析系统，推进扶贫信息与行业部门共享共用、互联互通。二是政策库建设。分类梳理政策，将开发式帮扶、保障式兜底、贫困村提升3大类55项政策，汇编成册，网上公布，明确责任部门，公布咨询方式，方便基层干部和群众了解掌握政策。三是项目库建设。根据实际情况，择优选定各类扶贫项目，以县为单位建立项目库，对实施主体、建设内容、资金需求、带贫机制和预期效益等实施项目化管理，确保扶贫投入接得住、用得准、效益好。四是人才库建设。省级组建专家库，联系产业、科技、政策、金融、法律等方面专家200余名。市县组建人才库，为58个贫困县选派科技特派员1000名，主导产业技术需求与科技特派员技术服务精准对接。贫困村培育创业致富带头人2906名。

【易地扶贫搬迁】　2016年山西省10万搬迁贫困人口到2017年底已经全部入住。2017年，国家计划下达山西省建档立卡搬迁任务9万人，实际开工14.91万人；到年底竣工12.97万人，完成入住9.07万人。山西省以实施深度贫困自然村整体搬迁为重点，3350个自然村，已启动2487个，完成搬迁884个。旧房拆除和土地复垦协议"双签"5.56万户，旧房拆除1.05万套，旧宅基地复垦4200亩。加大易地扶贫搬迁后续产业就业扶持力度，采取多种方式发展产业、实现就业8.6万人。其中，发展特色农林业3.53万人，发展劳务经济1.59万人，发展现代服务业0.79万人，资产收益1.93万人，社会保障兜底0.76万人。

【贫困人口识别】　2017年，山西省有75万贫困人口脱贫，2557个贫困村退出，贫困发生率降至3.86%。经过2017年初的脱贫人口核查核准、年中的脱贫不实整改，全省有20.6万人列为巩固脱贫对象；8月份贫困人口动态调整和年度动态管理，新识别进入9.9万人，清理退出14万人。

【生态脱贫】　2017年，山西省坚持脱贫攻坚与生态治理紧密结合，统筹治山治水，协调增绿增收，以林业脱贫攻坚"五个一批"工作为抓手，联动推进造林务工、退耕奖补、管护就业、经济林和林业产业增收"五大项目"。在58个贫困县投入资金20.8亿元，完成人工造林260万亩，6.2万贫困劳力人均增收6000元；完成退耕还林163万亩，其中贫困县147.52万亩；农户第一年和第二年补助资金10.59亿元全部兑现到户。提供管护岗位2.8万个，吸纳1.9万名贫困人口参与管护，人均年增收6700元。完成干果经济林提质增效200万亩，其中58个贫困县150万亩，惠及20.4万户、51万贫困人口。培训林业技术人员及林农4万人次，组建4000人的乡村级技术服务队，完成干果经济林提质增效150万亩的任务。围绕荒山造林和新一轮退耕还林，调整经济林种植结构，发展油用牡丹、沙棘、皂荚等特色经济林。

【社会扶贫】　2017年，山西省持续深化领导联系、单位包村、县际结对、企县合作、专业人才挂职、学校医院对口"六个帮扶”。出台县际结对帮扶、企县合作帮扶指导意见，召开全省企业与贫困县合作帮扶现场推进会。山西省扶贫办和山西转型综改示范区签署产业转型与深度扶贫协同行动协议。协调推进全省机关企事业单位、省军区、武警部队结对帮扶贫困村，全省群团组织发挥自身优势，助力脱贫攻坚。山西省工商联组织开展民营企业“千企帮千村——精准到户”扶贫行动，参与帮扶民营企业和商会 1463 家，实施项目 3102 个，投入资金 19.5 亿元，帮扶贫困村 2390 个，帮扶贫困人口 230939 人。出台山西省启动“中国社会扶贫网”上线工作实施方案，全面启动“中国社会扶贫网”山西上线工作。

【光伏扶贫】 2017 年，山西省建成 2015 年、2016 年光伏扶贫项目总规模 78.96 万千瓦（村级电站 713 座、18.96 万千瓦，集中电站 21 座、60 万千瓦），全部并网发电。全省村级电站累计发电 1.29 亿度，发电收益全部分配到村到户，累计发放金额 4367 万元，惠及 1305 个村、18548 户贫困户。12 月 29 日，国家能源局、国务院扶贫办下达山西省“十三五”第一批光伏扶贫项目计划 102.94 万千瓦，涉及 35 个国家扶贫开发工作重点县（平陆县除外）。

【包容性农业产业融合发展项目】 山西包容性农业产业融合发展项目是山西省利用亚洲开发银行贷款完善农业产业体系的农业产业化项目。项目以促进农民增收、农业增效、产业发展并减少农村贫困为最终目标，通过包容性商业孵化和农业全产业链建设，推动农村一二三产业融合发展，稳定和拓宽农民增收渠道，从而改善农村居民（尤其是贫困农民）生计和促进农村经济可持续发展，2017 年完成签约并启动实施。项目总投资 10.33 亿元人民币，其中：亚行贷款 9000 万美元（折人民币 6.156 亿元）贷款期限 20 年，含建设期 5 年，利率约 2%。项目区域覆盖运城市、临汾市、长治市、晋中市、吕梁市和大同市 6 市 17 县（区），其中贫困县 10 个。打造和强化畜禽养殖、干鲜果、小杂粮、食用菌、中药材、蔬菜、冷链物流 7 类特色农业产业链，项目建设涉及 19 个农业龙头企业和农村专业合作社，直接带动原料供应和养殖户 45291 户。间接带动农户参与项目的上下游共 71874 户，其中安排贫困人口直接就业 1251 人，占就业总人数的 45.67%，人均年工资收入 25793 元；季节性用工中贫困人口 472 人，占季节性用工总人数的 16.56%，人均收入 15368 元。承包带动贫困户 532 户，占总承包户数的 48.58%，户均年净收入 32780 元。直接带动上下游贫困户 6732 户，占直接带动总户数的 14.86%，户均年净收入 10277 元。

【构树扶贫】 2017 年，山西省在 2015 年、2016 年娄烦县、临县、兴县、蒲县、阳曲县、代县、稷山县、孝义县 8 个县试点种植 5073 亩构树的基础上，鼓励有条件的地区自主种植 16830 亩，惠及贫困户 1682 户、贫困人口 4443 人。鼓励试点县依托企业力量，采取“公司 + 基地 + 合作社 + 农户”“合作社 + 农户”、农户自主种植等形式，使企业、合作社等市场主体与贫困户连产、连利、连心，建立和完善农企利益联结机制，实现农企双赢。

【中药材产业扶贫】 2017 年，山西省 8 市 27 个贫困县投入财政扶贫资金 7616 万元，种植各类中药材 30 万亩，带动贫困村 852 个，6.3 万贫困人口受益。引导贫困户参与中药材全产业链发展，通过基地建设、务工收入、土地租赁、集体入资、贫困户分红、技术指导、保底收购等形式实现贫困户增收。

【渗水地膜谷子穴播项目】 2017 年，山西省在 6 市 24 个县示范推广“渗水地膜谷子穴播技术示范推广项目”，涉及贫困县 20 个。全省种植推广面积达 46.9 万亩，惠及 1622 个贫困村，建档立卡贫困户 57235 户，贫困户推广种植面积 32.7 万亩，发放地膜3460.6吨，购置覆膜播种机701台，亩均增产150千克以上，贫困户户均增收4200元以上。2017年山西省扶贫办联合山西省农科院以及市县相关部门联合举办渗水地膜谷子穴播技术培训会40余场，对项目县2000余名农业、扶贫、农机等部门人员进行培训指导。对渗水地膜示范推广项目进行测产，旱地渗水地膜覆盖优质谷亩产量多数在400千克到600千克，比传统方法种植的谷子每亩增产30%～50%，神池县、山阴县、左权县等地增收明显。

【教育扶贫】　2017年，山西省资助2016—2017学年中高职学生44534人，其中国家扶贫开发工作重点县31203人、省级扶贫开发工作重点县7927人、非贫困县贫困家庭学生5404人；资助建档立卡贫困大学生7347人。

【创业致富带头人培育】　2017年，山西省实施贫困村创业致富带头人培育，按照“省市县共同推进、优选培训基地、分类分批培训、强化创业孵化”培训模式，省级培训2500人，市级培训658人。涉及种植养殖经营、农村电商、生态旅游、中药材加工、黄花产业发展等20个专业。

【贫困劳动力转移就业】　山西省开展“6万名建档立卡贫困劳动力免费职业培训”工作。全年组织培训7.2万人，培训合格6.5万人，培训合格取得相应证书7.7万人，转移就业贫困劳动力9万人。在12个贫困县开展劳务输出“员工制”管理试点。出台跨省务工交通补助、社会保险等激励政策，促进就近就地就业和跨区域转移就业工作。打造贫困地区特色劳务品牌，涌现出“忻州月嫂”“山西护工”“吕梁护工”“五台瓦工”“代县古建”“神池月饼”“繁峙绣娘”“保德好司机”等劳务品牌。

【电商扶贫】　山西省58个贫困县全部建立电商县级运营中心，2485个贫困村建立村级服务站，贫困户农产品上行1.7亿元。2017年，岚县、隰县、方山县、大同县等10个贫困县新列为电子商务进农村综合示范县。制定《关于贫困村电商网点规范提升和新建扩面的实施方案》，对贫困县电子商务实行“五免一扶持”政策，并对农芯乐商城入驻商家进行店铺运营、品牌推广、形象建设扶持。供销系统建设县级电商管理运营服务中心108个，实现58个贫困县全覆盖，建设村级电商综合服务网点1.2万多个，覆盖贫困村2800多个。优先聘用贫困户在服务站从事农业主产服务及劳动力工作，带动农民就业3200人。山西本土电商“乐村淘”2017年贫困地区交易总额达到4.66亿元，其中农产品上行销售额5600万元。京东集团与石楼县签署电子商务进农村战略合作协议，组织开展用工扶贫、电子商务培训，开设特色馆。9月在北京举办“吕梁山货”扶贫活动暨中央单位大宗采购对接会，联合20个贫困县、50余家单位和企业参加，汇集100余种特色产品，深入推进“吕梁山货”区域品牌在片区发展中的带动作用，带动吕梁山片区农产品销售达到1000万元。

【扶贫日活动】　2017年，山西省以“聚焦深度贫困，凝心聚力攻坚”为主题，组织开展扶贫日系列活动。10月16日，举办了2017年“10·17”全国扶贫日山西“攻坚深度贫困”高峰论坛，采取主论坛加六个分论坛（即市域县际结对帮扶、企业与贫困县合作帮扶、教育对口帮扶、医疗卫生对口帮扶、干部挂职帮扶、单位包村帮扶）的方式，探索新形势下深度贫困解决对策。10月17日，山西省总工会、山西省扶贫办在山西乐村淘网络科技有限公司举行了送奖仪式，省人大常委会副主任、省总工会主席、省扶贫开发办主任为12名2016年全省脱贫攻坚奖获奖代表颁发了“省五一劳动奖章”。10月9至10日，山西省商务厅组织召开了全省电子商务进农村综合示范暨电商扶贫工作推进会议，表彰了十大电商、十大微商，组织与微店总部签订了合作协议，邀请省外微商专家做了演讲。全省宗教界开展公益慈善行动，募集善款，扶危济困。10月19日至20日，山西省脱贫攻坚领导小组在太原市阳曲县、临汾市吉县召开贫困退出对标提升现场推进会。10月12日，山西省扶贫办举行“聚焦深度贫困 凝心聚力攻坚”新闻发布会，解读山西省攻坚深度贫困的若干意见，介绍攻坚深度贫困的超常举措和扶贫日活动安排。

【金融扶贫】 2017年，山西省金融扶贫新增投入630多亿元，其中，扶贫小额信贷83.82亿元，惠及17.63万贫困户。2月13日，召开“全省‘一村一品一主体’产业扶贫和‘五位一体’金融扶贫推进会”，全面部署“政府+银行+保险+实施主体+贫困户”的“五位一体”金融扶贫工作，将其作为推进扶贫小额信贷工作的主要抓手。中国人民银行太原中心支行牵头出台《关于“五位一体”推进全省扶贫小额信贷工作的指导意见》，将产业扶贫与金融扶贫政策有效结合，突出保证保险分散贷款风险作用，创新财政扶持政策，对保证保险保费给予不高于贷款额的1.5%的财政补贴。

【扶贫宣传】 2017年，山西省脱贫攻坚重要宣传报道4116条。其中：中央媒体报道924条，省级媒体报道3192条，推送中国扶贫杂志和中国扶贫微信平台86条。“10·17扶贫日”期间，制作扶贫日公益宣传广告并在《山西日报》整版刊登。召集40多家中央驻晋媒体和省主流媒体召开新闻发布会，深度报道攻坚深度贫困高峰论坛和“六个帮扶”分论坛。组织开展学习习近平总书记关于扶贫开发的重要论述理论创新和实践创新学习成果征文活动，山西省3篇论文入选优秀论文；组织文化扶贫演出活动周、脱贫攻坚摄影作品和视频作品评选活动。

（山西省扶贫办　刘世锋）

内蒙古自治区扶贫开发

【概述】 2017年，内蒙古自治区党委、政府坚决贯彻党中央、国务院关于打赢脱贫攻坚战的决策部署，全面落实精准扶贫精准脱贫基本方略，强化组织领导，完善政策措施，动员社会广泛参与，全区脱贫攻坚工作取得新进展。全年完成减贫20万人，1个国家扶贫开发工作重点县、13个自治区级扶贫开发工作重点县实现摘帽，贫困发生率下降到2.6%。贫困地区基础设施、公共服务明显改善，贫困群众义务教育、基本医疗和住房安全保障水平显著提高。

【创新体制机制】 完善政策保障，制定实施《内蒙古自治区脱贫攻坚责任制实施细则》《关于进一步加大脱贫攻坚力度的十项措施》《内蒙古自治区深度贫困地区脱贫攻坚推进方案》《内蒙古自治区推进健康扶贫工作方案》《加大教育扶贫实施意见》等多个配套政策，各地区各部门聚焦“两不愁三保障”，精准对接，注重质量，促进贫困人口发展特色产业，实现稳定就业，形成横向到边、纵向到底的政策体系。强化责任落实，39位省级领导“一对一”联系39个贫困旗县，409名盟市级领导、1852名县处级领导分别联系苏木乡镇、贫困嘎查村，15.2万名党员干部包联贫困户。成立自治区脱贫攻坚指挥部，向31个国贫旗县派驻由厅级干部带队的脱贫攻坚督导组实地督促指导。全区共有驻村工作队7239个，驻村干部39931名。完善动态管理，新识别建档立卡贫困人口4.5万户10.1万人，清退历年不符合标准20万人，做到应纳尽纳、应退尽退。严格督查考核，出台《内蒙古自治区贫困旗县脱贫攻坚交叉检查和交叉考核方案》，对57个贫困旗县和14个建档立卡贫困人口2000人以上的非贫困旗县开展了交叉检查。设立三级“12317”扶贫监督举报电话。加强项目资金监管，深化“放管服”改革，将扶贫资金按因素法直接切块到旗县，实行扶贫资金项目自治区、盟市、旗县、苏木乡镇和贫困嘎查村五级公告公示制度。全面推行村级义务监督员制度。出台财政专项扶贫资金管理办法，采取以奖代投形式对扶贫开发工作成效、资金使用绩效评价较好的地区给予奖励。委托第三方开展了专项审计。完善利益联结机制，推广“菜单式”扶贫，探索资产收益扶贫，采取“企业+基地+贫困户”“党支部+专业合作社+贫困户”等模式，带动贫困户增收，鼓励贫困户流转土地得租金，扶贫资金量化折股份股金，就近打工挣薪金。

【扶贫资金投入】 中央和自治区共投入财政专项扶贫资金60.6亿元，其中自治区本级财政专项扶贫资金37.37亿元，新增18亿元。盟市旗县投入财政专项扶贫资金30.9亿元，比2016年增加1倍。57个贫困旗县统筹整合财政涉农涉牧资金73.1亿元用于脱贫攻坚。全区9家金融机构年内新增金融扶贫贷款220亿元。自治区设立20亿元产业扶贫发展基金。全年用于扶贫开发的专项投入超过400亿元。

【深度贫困地区脱贫攻坚】 确定了15个深度贫困旗县、258个深度贫困嘎查村、12.9万深度贫困人口，从产业扶贫、易地扶贫搬迁、生态扶贫、教育扶贫、健康扶贫、住房安全、保障兜底扶贫、基础建设、土地政策九个方面明确了支持政策。

【扶贫调研】 7月5—6日，全国人大常委会副委员长兼秘书长王晨率全国人大常委会专题调研组在锡林郭勒盟太仆寺旗，就脱贫攻坚工作进行实地调研指导，并召开座谈会听取相关工作汇报，对加快脱贫攻坚步伐提出明确要求。

5月15日，全国政协第二轮精准扶贫监督性调研组到兴安盟科右前旗实地调研。调研组组长、全国政协常委、民族和宗教委员会主任朱维群对内蒙古今后脱贫攻坚主攻方向、基本原则、重点举措提出针对性意见和建议。

【扶贫会议】 1月3日，内蒙古自治区党委、政府召开全区脱贫攻坚工作推进会议，深入学习贯彻习近平总书记关于扶贫开发的重要论述，全面落实中央扶贫开发工作会议、东西部扶贫协作座谈会和全国扶贫开发工作会议精神，按照自治区第十次党代会的决策部署，对做好精准扶贫、精准脱贫工作进行再动员再部署。会议以视频电话形式召开，全区11000人参会。

2017年，自治区党委副书记、自治区主席布小林主持召开3次常务会议，研究部署脱贫攻坚工作。6月，自治区党委常委会议传达学习中共中央总书记习近平在深度贫困地区脱贫攻坚座谈会上的重要讲话精神，研究贯彻落实意见。7月，自治区党委常委会传达学习扶贫领域监督执纪问责工作电视电话会议精神，研究贯彻落实意见。10月，自治区党委书记李纪恒组织召开自治区党委常委会议，传达学习中共中央总书记习近平在第四个全国扶贫日以及10月3日在中纪委关于河北省有关情况报告上的批示精神，研究部署内蒙古贯彻落实意见。

【产业扶贫】 内蒙古自治区70%以上的财政扶贫资金用于扶持贫困户发展特色产业。采取自建直补、先建后补、“菜单式”扶贫等方式推进项目实施。全区14.4万贫困户32.3万贫困人口得到扶持。

【易地扶贫搬迁】 投入各类资金33亿元，集中建设安置点641个，5万建档立卡贫困人口实现搬迁，3.7万人入住。坚持哪有产业往哪搬，哪能就业往哪搬，安排后续产业发展资金1.75亿元，因户因人施策，使搬迁户在产业链上持续稳定增收。

【金融扶贫】 内蒙古继续在57个贫困旗县实施金融扶贫富民工程，投入风险补偿金5.7亿元，撬动各类金融扶贫贷款220亿元，其中发放到户贷款100.4亿元，覆盖7.2万贫困户。自治区安排3000万元专项资金，支持19个贫困旗县开展保险助推脱贫攻坚示范旗县创建活动。

【生态扶贫】 投入45亿元用于内蒙古57个贫困旗县生态保护与建设。全面落实草原补奖政策，惠及480万农牧民。优先吸纳贫困人口参与生态保护和建设，实行生态护林员政策，为8000名建档立卡贫困人口提供护林员公益性岗位，年人均补贴1万元。

【教育扶贫】 出台加大教育扶贫力度的专项支持政策，建立从学前教育到高等教育、职业教育一条龙的教育资助政策体系。对建档立卡贫困家庭考入普通高校的新生每人每年给予1万元资助，共资助学生2.1万人。开展“扶贫济困·圆梦学子”活动，资助建档立卡贫困高中生2176人。接受“雨露计划”职业教育1.2万人。

【健康扶贫】 内蒙古60%的旗县实施了“三个一批”行动计划（大病集中救治一批、慢病签约服务一批、重病兜底保障一批），85%的旗县实现贫困人口先诊疗后付费和“一站式”即时结算服务，建档立卡贫困人口住院费用个人自付比例控制在10%以内。

【社保兜底扶贫】 2017年内蒙古农村牧区低保标准达到4851元，比2016年提高654元，保障人数达到116万人。推进低保政策与扶贫开发政策有效衔接，全区17.9万人纳入低保政策兜底范围，基本实现应保尽保。

【就业扶贫】 2017 年内蒙古贫困人口中有 8.36 万人实现了劳动力转移。鼓励大学生、外出务工人员返乡创业。2017 年招募“三支一扶”高校毕业生 2500 名。

【旅游扶贫】 在 182 个贫困嘎查村推进旅游扶贫。开工建设旅游扶贫项目 200 多个，累计投入资金 20.13 亿元，带动贫困户 5017 户 13545 人。

【科技扶贫】 “三区”人才支持计划选派科技人员 896 人，覆盖 57 个贫困旗县，领办创办企业 71 个，带动农户 51499 户，引进新品种 533 种，推广新技术 386 项，建立示范基地 162 个，为受援旗县引进项目 107 个，举办培训班 2098 场次，培训农牧民近 25 万人次。

【电商扶贫】 在 57 个贫困旗县 3609 个村建设宽带服务，贫困村有 79136 户使用宽带上网，373641 户使用手机上网，贫困户网络销售 1104.1 万元。电商培训贫困人口 2748 人；带动创业就业 13807 人；改建升级贫困村电商服务站 293 个；有 10 个旗县被选为 2017 年电子商务进农村牧区综合示范县，每个示范旗县有 2000 万元专项资金支持。

【危房改造】 建档立卡贫困户优先享受国家、自治区危房改造政策，全年完成建档立卡贫困户危房改造 3.5 万户。

【扶贫日活动】 10 月 10 日，内蒙古自治区扶贫办召开全区深度贫困地区脱贫攻坚研讨会。10 月 12 日，召开全区社会扶贫工作会议，总结社会力量参与脱贫攻坚经验做法，安排部署社会扶贫工作。10 月 17 日，以新闻发布会形式向 26 家中央和自治区各类媒体介绍全区脱贫攻坚工作成效和做法。其间，全区募集社会扶贫资金 1500 多万元。推荐典型参加全国脱贫攻坚奖评选活动，扎鲁特旗巴彦塔拉苏木东萨拉嘎查党支部书记、兼任嘎查委员会主任吴云波荣获全国第二届脱贫攻坚奋进奖。是继王文彪之后内蒙古第二位获此殊荣的扶贫人物。

【协办国际扶贫培训班】 7 月，“2017 年发展中国家完善精准扶贫机制与缩小收入差距官员研修班”在赤峰市开班，来自墨西哥、南苏丹等 19 个国家的 53 名官员参加。研修班学员先后赴部分旗县实地参观，感受中国实现综合性扶贫大规模减贫的主要途径和方式。

【建档立卡动态调整交叉检查】 根据国务院扶贫办《关于对部分省（区）开展 2017 年建档立卡动态调整交叉检查工作通知》，9 月 4 日，省区间交叉检查组一行在内蒙古凉城县、察右中旗、和林县开展实地抽查。

【扶贫对象动态管理】 11 月 7 日，内蒙古召开扶贫对象动态管理工作电视电话会议，12 个盟市、96 个有建档立卡贫困人口任务旗县的分管领导、扶贫办主任、分管副主任、相关业务负责人以及苏木乡镇领导和工作人员在各分会场参加。

【京蒙扶贫协作】 落实《关于进一步加强京蒙对口帮扶和全面合作框架协议》，北京市在对口支援赤峰市、乌兰察布市 16 个国家扶贫开发工作重点县基础上，将重点帮扶地区扩大到集中连片地区兴安盟的 5 个县和通辽市的 4 个国贫县，帮扶旗县扩大到 25 个，选派 41 名挂职干部，投入政府帮扶资金 2.5 亿元，实施产业发展、就业、教育、医疗卫生、人才培训等项目 60 个。

【定点帮扶】 26 个中直单位定点帮扶 31 个国家扶贫开发工作重点县，选派 53 名干部到贫困旗县和嘎查村挂职，投入直接帮扶资金 1.06 亿元，引进各类项目 2890 个，折合资金 26.6 亿元。自治区 169 个直属机关企事业单位定点帮扶兴安盟和乌兰察布市 169 个贫困嘎查村，221 名机关干部驻村帮扶，投入帮扶资金 2.4 亿元，延伸帮扶投入 9.4 亿元。22 个区直单位对呼伦贝尔市鄂伦春自治旗、莫力达瓦达翰尔自治旗和额尔古纳市俄罗斯族聚居区开展区域帮扶，投入资金 15.2 亿元，实施项目 141 个。

【企业扶贫】 实施“万企帮万村”行动，组织引导 529 家企业通过产业、创业、就业和公益、慈善、培训等结对帮扶 1022 个贫困嘎查村，投入资金 5.1 亿元，实施各类项目 1132 个，覆盖 5.7 万贫困人口。

【区域帮扶】 自治区 22 个厅局区域帮扶呼伦贝尔“两旗一区”，实施帮扶项目 234 个，投入项目资金 14.8 亿元。截至 2017 年底，鄂尔多斯市对口支援兴安盟共拨付支援资金 9.6 亿元，援建项目共 29 个，企业建设项目计划总投资 340 亿元。

【以工代赈】 国家下达中央财政预算内以工代赈资金 1.78 亿元，分配到 57 个国家和自治区贫困旗县，用于基础设施项目建设。中央预算内以工代赈示范工程资金 0.51 亿元。

【扶贫龙头企业】 认定审批第五批自治区级扶贫龙头企业 134 家，至 2017 年，内蒙古有国家级扶贫龙头企业 31 家、自治区级扶贫龙头企业 763 家。

【整治腐败问题】 4 月 27 日，自治区扶贫办召开全区扶贫系统集中整治“雁过拔毛”式腐败问题动员大会，部署全区扶贫系统开展“雁过拔毛”式腐败问题集中整治工作，全区扶贫系统近 1200 人参加。

（内蒙古自治区扶贫开发办公室
高凤义）

辽宁省扶贫开发

【概述】 2017年4月，辽宁省机构编制委员会批准省扶贫办设置为省政府部门管理机构，省委批准设立省扶贫办党组，省直机关工委批准设立省扶贫办机关党委、机关纪委。抚顺、丹东、锦州、营口、铁岭5个市扶贫办独立设置。全省14个市有9个市扶贫办独立设置。

2017年，辽宁省有25.3万建档立卡贫困人口脱贫，566个贫困村销号，康平县、清原县、新宾县、桓仁县4个贫困县摘帽。

【扶贫资金投入】 2017年，辽宁省投入省级以上财政专项扶贫资金8.84亿元，其中，中央资金3.84亿元，省本级资金5亿元。全省累计发放扶贫小额信贷1.81亿元，惠及农村贫困人口4080人。制定《辽宁省财政专项扶贫发展资金管理办法》，督促指导市、县将2015年、2016年和2017年项目资金信息录入全国建档立卡信息业务子系统。

【扶贫会议】 2017年，辽宁省先后召开省脱贫攻坚领导小组第二次、第三次全体会议；省委、省政府主要领导同志19次主持召开省委常委会议、省政府常务会议；省扶贫办召开3次全省扶贫办主任座谈会，3次产业、医疗扶贫现场推进会，举办5次专题培训班。省脱贫攻坚领导小组和12个有脱贫攻坚任务的市主要负责同志签订了年度脱贫责任状，并层层签订责任状，落实脱贫责任。

【扶贫政策】 2017年，辽宁省委、省政府出台《辽宁省“十三五”脱贫攻坚规划》《支持15个重点贫困县提升基本公共服务水平行动计划》《辽宁省支持深度贫困地区脱贫攻坚行动方案》等重要政策文件，形成了更加完备的“1+18+N”政策体系。省直有关部门制定30余个配套文件。各市、县结合本地实际，相继出台和完善“1+N”的系列文件。

【产业扶贫】 辽宁省实施产业扶贫项目3000余个，带动贫困人口27.3万人，拉长了产业扶贫链条。

【教育扶贫】 辽宁省投入8.1亿元改善农村义务教育薄弱学校基本办学条件，资助在校学生、在园幼儿70余万人。

【健康扶贫】 辽宁省实现农村贫困人口大病集中救治3.2万人，重病兜底3090人，部分地市实现贫困人口域内住院治疗零负担。

【危房改造扶贫】 辽宁省完成建档立卡贫困户D级危房翻建改造1.1万户，确保贫困人口不住危房。

【低保兜底扶贫】 辽宁省农村低保平均标准4293元/年，实现扶贫、低保“双向纳入”，建档立卡贫困人口应保尽保。

【对口帮扶】 辽宁省印发《关于进一步明确全省驻村工作有关政策要求的通知》，36位省级领导对口帮扶36个县（市、区），派出省（中）直帮扶单位326个，派出省（中）直驻村工作队231个，实现全省1791个贫困村驻村工作队全覆盖。印发《关于进一步深化省内对口帮扶的工作方案》，在做好市级对口帮扶的基础上，向县级对口帮扶延伸。省、市、县三级共派出驻村工作队1791个、驻村帮扶干部5375名、选派1791名优秀干部担任贫困村第一书记，实现贫困村全覆盖。对未脱贫销号的1170

个贫困村党支部书记、第一书记进行全面轮训。省、市、县三级定点帮扶单位直接投入6.4亿元，其中资金投入3亿元。沈阳市、大连市分别帮扶阜新市、朝阳市各1500万元，鞍山市帮扶铁岭市1000万元，营口市帮扶建昌县1200万元，鞍钢集团帮扶建昌县资金和物资折款155.24万元，盘锦市和辽河油田分别帮扶义县500万元。

【扶贫考核监督】 制定《辽宁省脱贫攻坚工作考核实施细则》《辽宁省扶贫系统日常工作绩效考核实施办法》《辽宁省省（中）直单位定点扶贫和驻村帮扶工作考核实施方案》。开展全省脱贫攻坚成效一季度、半年、三季度督查，组织市际间交叉互检2次、第三方评估1次，通过辽宁省政府绩效管理信息平台完成对各市政府脱贫攻坚工作节点标准考评和年终总体考核评价。各市组织专项督查检查40次，各县（市、区）组织专项督察检查123次，实现多轮次、全覆盖。

【扶贫宣传】 辽宁省建立省、市、县三级政务公开与信息联络员制度，成立省扶贫办政务公开及信息工作领导小组。出台《关于全面推进政务公开工作的意见》《关于加强机关信息报送工作的意见》和《2017年政务会公开工作安排》等信息宣传政策文件。2017年11月19日，《人民日报》以“结对加培训 扶志又扶智 辽宁让贫困户揣上致富的钥匙”为题，头版头条报道了辽宁省脱贫攻坚工作。组织“10·17”扶贫日活动。省扶贫办联合省委网络安全和信息化领导小组办公室、省商务厅联合举办了扶贫日启动仪式和全省主活动——全省电商扶贫工作会议。发行《扶贫》杂志12期，编发《脱贫攻坚快报》60期，在辽宁省扶贫网发布各类信息2675条，向国务院扶贫办报送信息447条。

（辽宁省扶贫办　李文锋）

吉林省扶贫开发

【概述】 2017年，吉林省坚持把脱贫攻坚作为重大政治任务和第一民生工程，实施精准扶贫精准脱贫基本方略，16.3万建档立卡贫困人口实现脱贫，全省贫困发生率降至1.3%；664个贫困村基础设施、基本公共服务、产业发展、集体经济收入等15项指标全部通过验收，顺利退出；脱贫人口平均收入达到5270.02元，比2016年增加1327.02元。解决11.17万建档立卡贫困人口饮水安全问题，规划内的农村饮水安全脱贫攻坚任务基本完成，实现贫困地区农村饮水安全工程全覆盖。改造建档立卡贫困户危房4.8万户，全省建档立卡贫困人口住房安全问题全部解决。

【扶贫资金投入】 2017年，吉林省投入财政扶贫资金40.77亿元，其中，中央财政扶贫资金12.8亿元，省级财政资金投入7.6亿元，市县投入财政专项扶贫资金20.37亿元。充分调动省直各行业部门力量，整合交通、水利、电力等行业资金280亿元。强化扶贫资金整合，在2016年8个国家扶贫开发工作重点县试点基础上，2017年扩大到7个省级贫困县，整合涉农资金34.2亿元。创新金融融资方式，人民银行累计向16家金融机构发放扶贫再贷款29.8亿元；累计发放扶贫小额贷款33.44亿元，全年有3个月得到国务院扶贫办通报表扬。完善财政专项扶贫资金管理实施办法，加强项目管理，对财政涉农资金和专项扶贫资金使用情况开展专项检查，对所有使用扶贫资金的市本级及所辖县（市、区）财政扶贫资金分配管理使用情况，实行审计全覆盖。

【组织领导】 吉林省脱贫攻坚领导小组在党政主要领导任双组长、分管领导任副组长5人领导小组的基础上，充实增加省纪委书记、组织部部长、宣传部部长三位常委同志担任副组长，进一步加强了组织领导。出台《吉林省脱贫攻坚责任制实施细则》，完善省负总责、市县抓落实、乡村抓管理的责任机制，层层签订责任书，立下军令状。

【基础设施和公共服务】 2017年，新建贫困地区农村公路2670千米，自然村通硬化路100%，自然屯通硬化路率达78.5%。农村电网供电可靠率99.75%，综合电压合格率99.90%，两项主要指标均高于国家电网公司系统平均水平。全省贫困村文化活动室、广播电视和通讯达标率100%。新建1262个行政村文化小广场，实现贫困县行政村小广场全覆盖。稳步推进“两线合一”，全省84%的市县低保标准超过扶贫标准。全省纳入农村低保范围的建档立卡贫困人口22万人。

【住房安全】 围绕全部完成剩余4.8万户建档立卡贫困户危房改造任务，实行政策叠加，统筹使用新农村建设、抗震安居、农村改厕等政策资金集中投入；坚持分类施策，根据危房险级和实际情况，因地制宜实行修缮加固、推倒重建，鼓励利用闲置农房和集体公房置换、提高补助资金额度等方式，解决住房安全问题；精准落实建设计划，实行周调度通报制度，开展专项督查，推动危房改造任务扎实推进。

【饮水安全】 围绕全面解决建档立卡贫困人口饮水安全问题，采取分类指导、因地制宜，采取改造陈旧管网、打深水井、安装分户净水设施等办法，调整安全饮水提升工程规划，优先支持贫困县和贫困村，让贫困群众早日喝上安全放心水。中央预算内资金、省级配套资金和地方筹资 10.14 亿元，规划内的农村饮水安全脱贫攻坚任务基本完成，实现贫困地区安全饮水工程全覆盖。

【健康扶贫】 围绕解决因病致贫、因老致贫问题，让农村贫困人口“看得起病、看得好病、看得上病、少生病”，重点强化城乡居民医疗保险、大病保险、商业保险或医疗救助、县级医疗基金四道医疗保障网，通过“大病集中救治一批”“慢病签约服务管理一批”“重病兜底保障一批”，保障农村贫困人口享有基本医疗卫生服务。坚持分类救治，建立贫困户健康档案，实行签约服务，指导贫困户“会看病”“会买药”“会报销”“少花钱”，减少医药费支出。新农合报销比例达到 85%，大病保险起付线降低至 5000 元，全省 277 家定点医院全部实行“先诊疗、后付费”。

【教育扶贫】 围绕确保贫困户子女不因贫辍学，落实从学前教育到研究生教育全程资助政策，安排资金 3.4 亿元，资助在校学生（幼儿）41.1 万人次，改造校舍 20.8 万平方米。义务教育均衡发展全面通过国家验收，对贫困家庭学生从学前教育到研究生教育实行全程资助。

【社保兜底】 建立兜住收入水平、兜准救助对象、兜实保障待遇、兜牢民生底线的“四兜”保障机制。认真开展农村低保对象与建档立卡贫困人口信息比对工作，全省纳入农村低保范围的建档立卡贫困人口 22 万人。稳妥推进农村低保标准提标，实现全省各地 2017 年农村低保标准不低于支持计划中规定的最低指导标准。

【产业扶贫】 发展庭院经济等特色种养业。积极支持贫困村和贫困户因地制宜发展特色林果、庭院经济、中药材、蔬菜、杂粮、特色养殖及农畜产品加工等产业。引导白城市大力发展庭院经济，扩大“吉塔”辣椒、“雪寒”韭菜等“白城品牌”种植规模，种植 1 亩特色产品可达普通玉米 10 亩的产值，庭院经济实现总收入 14513.2 万元，户均增收 2004 元。抓好转移就业创业扶贫。围绕促进就地就近就业、返乡创业、劳务输出，出台个性化帮扶政策，扎实推进“春风行动”“雨露计划”，搭建就业创业对接服务平台。全省举办专场招聘会 656 场，完成贫困县“两后生”免费技工教育培训 4929 人，新建省级返乡创业基地 25 个，全省农民工返乡创业 6.99 万人。创新扶贫模式。龙头企业参与帮扶 708 个贫困村，带动贫困户 5.7 万户、10.72 万人。加快贫困村新型合作组织发展，1410 个贫困村建立合作社，带动贫困户 9.65 万户、18.23 万人。优先将贫困地区纳入省级上市（挂牌）企业后备资源库，新入库企业 43 家，其中 1 户企业实现在新三板挂牌上市。推动扶贫业态创新。坚持把光伏扶贫作为稳脱贫、立长远的破题之策，新增光伏并网装机规模 80.9 万千瓦，受益贫困户 40430 户。建成县域电子商务公共服务中心 7 个、村级服务站（点）近 800 个，新增网店 5000 个。依托东北丰富的冰雪旅游和红色旅游市场，推动 494 个村发展乡村旅游扶贫。探索资产收益扶贫。对没有劳动能力的，积极推行土地流转、扶贫资金入股合作社、参与龙头企业生产经营等扶贫方式，建立利益链接机制，促进贫困人口资产持续收益。21 万贫困人口参与资产收益分红，人年均分红 600 元左右。优先保障贫困地区用地指标，国家级贫困县安排建设用地增减挂钩指标 300 公顷。强化易地扶贫搬迁产业就业支撑，确保搬得出、稳得住、能脱贫、可致富，完成 39 个安置点 11337 人搬迁任务。

【深度贫困地区脱贫攻坚】 出台《吉林省关于支持深度贫困地区脱贫攻坚的实施方案》，制定财政投入、金融支持、项目倾斜、生态扶贫、人才支持、社会帮扶等 6 个方面 19 项支持政策。在东、西两个片区中的国家扶贫开发工作重点县中各确定 1 个为省重点支持的深度贫困县；在 15 个贫困县的贫困村中明确150个贫困村为省重点支持的深度贫困村。其他非贫困地区也自行确定本区域深度贫困村。以深度贫困县为主体，加大省级财政投入力度，从2018年至2020年，省财政每年新增2.5亿元财政专项扶贫资金，每个深度贫困县5000万元，每个深度贫困村100万元，专项用于深度贫困地区脱贫攻坚。

【包保帮扶】 吉林省继续开展“千个单位包村、万名干部包户、百万党员参与帮扶”活动，实行省级领导带头包保，省直单位重点包保，市直单位定向包保，县直单位兜底包保，百万党员支持包保，全省新下派驻村干部10829人，其中贫困村新派驻2978人，非贫困村派驻7851人。坚持重要节日要联系、生病住院要联系、遇重大灾害或特殊困难要联系、遇重大矛盾纠纷要联系“四个联系”和送观念、送政策、送技能、送信息、送扶持“五个帮送”。确保对贫困村、贫困户包保全面实现“五个一”全覆盖，即：每个贫困村1名联系领导、1个帮扶单位、1个驻村工作队、1名第一书记、1批帮扶责任人。吉林省印发对第一书记驻村帮扶工作情况年中考核、解决在脱贫攻坚包保帮扶工作中若干问题的意见等文件，加强对驻村帮扶工作的管理和考核。年初对2016年省直部门驻村帮扶工作排名靠后的进行通报批评；年中开展贫困村第一书记驻村帮扶工作考核；年末出台考评办法对全年帮扶工作进行考评。各省直部门（单位）选派195名第一书记到贫困村担任第一书记，其中副处级以上干部占60%以上。出台对贫困村驻村帮扶情况考核方案，对省直部门（单位）驻村帮扶工作进行考核，实行“召回”制度。

【东西部扶贫协作】 推动宁波市与延边州扶贫协作，开展脱贫攻坚、企业合作、旅游合作、经贸合作、干部人才交流培养等扶贫协作。延边州8个县市与宁波市10个县市区明确结对关系，两地互访11次，互派挂职干部14名，宁波实施援建项目23个，2992户、4602人贫困人口受益，支持延边州援助资金和救灾物资4900万元。印发开展省内扶贫协作实施意见。长春白城两地互派47名干部挂职交流；长春市协助白城市推进9个项目建设，组织41户企业与白城市对接，达成意向性签约金额30亿元；两地实施城乡建设用地增减挂钩建新指标流转项目，涉及建新指标2100公顷、金额31.5亿元。长春市及各区投入1000万元支持白城地区脱贫攻坚。吉林市各县（市、区）及行业部门与白山市靖宇县、长白县进行深入对接，吉林市每年拿出2000万元专项资金用于扶贫协作，所辖县（市）区、开发区每年为包保的乡镇提供项目帮扶资金1200万元。

【社会扶贫】 深入实施“民企帮扶脱贫攻坚光彩行动”，参与帮扶企业达到374户，实施项目661个，投入资金总额24467万元，帮扶贫困村384个，帮扶贫困人口14001人。省总工会开展精准扶贫“长白行”系列活动，为贫困村可以转移输出的剩余劳动力举办各类就业知识技能培训活动15次。团省委实施“吉青·吉心”工程，救助大病患者1809人。省妇联持续推进巾帼脱贫行动，实施吉林网姐、吉林巧姐、吉林大姐培训、春蕾助学等项目，为877名贫困家庭儿童提供助学支持。

【扶贫宣传】 在《人民日报》、新华社、中央电视台等中央主流媒体刊发稿件59篇，在《吉林日报》、吉林电视台、吉林人民广播电台刊发和播发稿件2110篇，在国务院扶贫办网站刊载稿件97篇。2017年11月4日，在吉林电视台公开发布12名“吉林好人·脱贫攻坚先锋”先进事迹，充分发挥先进人物示范带动作用，凝聚了全社会扶贫的强大动力。

（吉林省发展和改革委员会
扶贫综合处 刘远朋）

黑龙江省扶贫开发

【概述】 2017年，黑龙江省全面落实中央中央总书记习近平关于脱贫攻坚系列重要讲话精神和党中央、国务院重大决策部署，把脱贫攻坚作为重大政治任务和第一民生工程，坚持精准扶贫精准脱贫基本方略，坚持省负总责、市县抓落实的工作机制，坚持现行扶贫标准，坚持大扶贫工作格局，扎实开展脱贫攻坚“回头看”，突出重点，综合施策，精准发力，攻软肋、补短板、强弱项，着力在精准、求实、较真上下足“绣花”功夫，全面提升脱贫攻坚工作实效。全年实现16.2万人脱贫；贫困地区农民人均可支配收入增长9.5%，高于全省平均增速2.5个百分点。

【扶贫资金投入】 中央及省、市、县安排财政专项资金37.3亿元，其中中央财政投入23.2亿元，省本级投入9.4亿元。印发《关于进一步支持贫困县开展统筹整合使用财政涉农资金试点的实施意见》，将统筹整合资金范围扩大到20个方面39个专项，实现在大类间打通，切实增加扶贫资金投入。

【扶贫资金管理】 建立安全运行机制，出台《关于建立财政专项扶贫资金安全运行机制的意见》《黑龙江省财政专项扶贫资金管理办法》，完善财政专项扶贫资金分配、使用、监督、问责“四项机制”。开展扶贫资金专项整治，审计署及省级财政、审计、扶贫等部门对37个县开展扶贫资金专项检查。

【建档立卡】 深入开展“回头看”工作，印发《黑龙江省脱贫攻坚精准识别、精准退出实施方案》，严格标准和程序，明确识别标准为农民年人均纯收入3146元，综合考虑“两不愁三保障”因素，逐村逐户进行对标识别，不受数量指标限制，确保应纳尽纳、应退尽退。切实履行“两评议两公示一比对一公告”识别程序，识别和退出结果在县乡村三级范围内公示。对农户在城镇拥有购买的商品楼房、轿车等不精准问题，利用审计软件对贫困人口信息进行比对，对对比结果认真甄别和入户核实，不搞一刀切，确保识别精准度。强化动态管理，对低保户、危房户、重病户、残疾户等群体和外出务工、新入户籍、无户籍人口，开展经常性入户比对，做到应纳尽纳、能进能出。截至2017年底，全省有贫困户143331户，贫困人口29.6万人，贫困发生率由2.46%降至1.64%。

【动态管理】 全面开展以脱贫退出为主的动态管理工作，制定印发《2017年度全省扶贫对象动态管理实施方案》《黑龙江省贫困退出机制实施细则（试行）》，建立贫困退出机制，明确贫困县、贫困人口退出标准、程序和脱贫摘帽后脱贫攻坚责任不摘、政策不摘、帮扶不摘、监管不摘的要求，巩固提升脱贫实效，确保真脱贫、脱真贫。

【脱贫规划】 科学编制脱贫滚动三年规划，全省计划2018年脱贫15万人、10个国家扶贫开发工作重点县摘帽；2019年脱贫8万人、5个国家扶贫开发工作重点县摘帽；2020年再脱贫6.6万人，持续巩固提高。

【产业扶贫】 深化农业供给侧结构性改革，大力发展农产品精深加工业、绿色食品产业和优质高效农业，全省 20 个国家扶贫开发工作重点县调减玉米面积 480 多万亩，蔬菜、食用菌、杂粮杂豆等高值高效作物发展至 381 万亩，绿色、有机食品认证面积 2700 万亩，参与产业扶贫的龙头企业、农民合作社、家庭农场和种养大户数量 8230 个。“两牛一猪”规模化牧场、粮改饲等牧业扶贫项目覆盖全部贫困县、110 个贫困村，安置贫困人口 1.26 万人。组织开展贫困农民创业技能培训，以创业带动就业，全省 10.5 万名贫困劳动力就地就近转移就业。全省选聘贫困人口生态护林员 9801 人。加快建设村级光伏扶贫电站，截至 2017 年底，全省已建成并网发电村级光伏电站 614 座，总装机容量 15.15 万千瓦，带动贫困户 28312 户。出台《金融精准扶贫十项政策措施》，建立省产业扶贫基金。全面落实扶贫小额信贷贷款优惠利率、财政贴息和风险补偿金等政策，建立月通报工作制度。全年累计放贷 33.45 亿元，贷款户数 9.3 万户。

【饮水安全】　省政府召开扶贫饮水安全保障工作专题会议，部署推动饮水安全工程建设。建立旬报制度，建设计划下达后，按旬统计各地前期工作审批、招标、开工、工程量和投资完成等情况；建立约谈制度，由省水利部门对 12 个进度较慢项目县的水务局长进行集体约谈；建立督导制度，省水利部门成立 5 个综合督导组，对以农村饮水安全工程建设为首的重点水利工作开展了为期一个月的驻地督导，及时发现问题、解决问题。全省各级政府安排项目资金 16.14 亿元，其中省级投资 12.05 亿元。全年累计解决 4941 个村屯、14.97 万贫困人口饮水安全问题。

【住房安全】　全面开展建档立卡贫困户危房核查，对 D 级危房改造每户增加省级补助资金 1.4 万元，对农村公租房（幸福大院）建设每户增加省级补助资金 2.3 万元，对无合理稳定居住条件户长期租赁租期不低于 5 年，并享受户均 1.4 万元补助。全年建档立卡贫困户危房改造竣工 7.1 万户。

【健康扶贫】　全面落实“先诊疗、后付费”“一站式”即时结算机制，建立起“基本医保 + 大病保险 + 医疗救助”三重医疗保障线。对贫困人口参加城乡居民医疗保险按 60% 给予定额参保补助，基本医保普通门诊统筹封顶线由 100 元提高到 200 元，门诊慢性病报销比例分别提高 5 个和 10 个百分点；城乡居民大病保险起付线由不低于 1 万元降低至不低于 6000 元，报销比例由不低于 50% 提高到不低于 55%；大病救助按不低于 50% 救助，单病种年度最高救助限额不低于 3 万元；市域内住院报销比例提高 5 个百分点。慢病签约服务管理覆盖贫困县因病致贫人口 99.7%。

【教育扶贫】　建立建档立卡贫困家庭学生基础信息库，落实各项贫困家庭学生救助补助政策，开展“控辍保学”工作，确保贫困家庭没有因贫辍学发生。全年累计落实普通高校国家励志奖学金和国家助学金 5.3 亿元，资助学生 19.2 万人；落实普通高中国家助学金 1.5 亿元，资助学生 10.38 万人；免除普通高中贫困学生学杂费 1169 万元，资助学生 3.12 万人；落实中职国家助学金和免学费资金 2.1 亿元，资助学生 10.52 万人；落实义务教育寄宿生补贴资金 8095 万元，资助贫困寄宿生 7.9 万人；落实学前资助中央奖补资金 2225 万元。扎实推进“雨露计划”，鼓励“两后生”参加中、高等职业教育，并按每生每年 3000 元的标准给予建档立卡贫困学生扶贫助学资助。2017 年投入资金 816.83 万元，资助 3988 名建档立卡贫困学生。

【驻村帮扶】　2017 年 6 月，黑龙江省从省市县党政机关、国有企事业单位及中直驻省单位中选派后备干部、中长期培养对象和优秀年轻干部 5471 名，组建 1778 个驻村工作队，实现贫困村全覆盖。各级组织部门专门负责驻村帮扶工作，省市县分别成立驻村工作办公室，负责工作指导、督促、检查、考核及日常管理。省委组织部对402个驻村工作队进行暗访，对1778个驻村工作队交叉互检全覆盖，查阅驻村日记，对21名履职不力、身体状况较差的驻村干部召回调换。驻村期间给予驻村工作队工作经费每年不低于5万元、驻村干部每人每天生活补助100元。全年各级驻村工作队争取扶贫项目6054个，协调落实资金23.9亿元，解决实际困难9万多件，增强贫困群众获得感。

【社会扶贫】 深入开展“百企帮百村联万户”活动，432家帮扶企业投入资金16.8亿元，实施帮扶项目657个，帮扶贫困村381个，帮扶贫困人口4.8万人。深入开展结对帮扶活动，组织34名省工商联企业家副主席（副会长）与34个贫困村结对帮扶，任“名誉村长”，投入1082万元，实施生产发展和基础设施建设项目52个，惠民增收492万元。广泛开展社会捐赠和助学、助老、助残、助医活动，全年累计公益捐助1.93亿元，惠及贫困人口2.88万人。

【扶志扶智】 全面开展以“自强、感恩、文明”为主题的扶志教育活动，全省发动各级干部14.3万人，发放宣传资料770万份，进村入户宣传扶贫政策，进行思想教育引导，转变贫困群众“等靠要”思想。加强现代农业生产经营技能培训，强化政策支持、资金投入和服务保障，培育出以村干部、农村经纪人、复转军人、合作社理事长为主体的一批各级各类带动贫困人口发展生产的致富带头人群体。悬挂政策宣传条幅、设立宣传栏和村内大喇叭等，让贫困群众切身感受到党的扶贫政策带来的巨大变化，增强发展信心。制定完善村规民约，充分发挥村民议事会、红白理事会、道德评议会等群众组织的自律监督作用，引导群众摆脱“面子观”、放下“攀比心”，自觉抵制陈规陋习。创作扶贫题材剧目《百米河边》，开展《黑龙江脱贫攻坚主题摄影展》，集中宣传展示脱贫攻坚阶段性成就，真实记录精准扶贫、精准脱贫带来的新变化、新面貌。

【扶贫监督】 黑龙江省人大常委会首次对7个市、13个贫困县组织开展全省脱贫攻坚专项视察。听取省政府报告脱贫攻坚工作，召开脱贫攻坚询问会。省委召开脱贫攻坚民主监督座谈会，省政协、各民主党派开展脱贫攻坚民主调研活动，促进各地各部门责任落实。

【扶贫队伍建设】 强化对脱贫攻坚的领导和指导，充实调整黑龙江省扶贫开发领导小组，新增省委常委、组织部部长为副组长。新组建省扶贫开发工作办公室，作为省政府正厅级直属机构，增加编制25名。各市（地）和县（市）扶贫机构都得到强化。全年开展各类培训18期，培训市地党政干部和扶贫系统干部3548人次。

【执纪问责】 出台《关于脱贫攻坚监督执纪问责办法》，对中央和省委脱贫攻坚决策部署落实不到位，对脱贫攻坚工作领导不力，脱贫攻坚不精准，对履行主体责任不认真、工作不严不实，对脱贫攻坚有令不行、有禁不止、纪律松弛、违规违纪行为多发等问题严肃问责，对在脱贫攻坚中失职失责性质恶劣、后果严重的，不论其责任人是否调离转岗、提拔或者退休，实行终身问责。建立纪检监察、审计和检察机关联动机制、信息共享机制。对市、贫困县党委和政府脱贫攻坚成效考核中评价为C等次的4个贫困县、发现突出问题的1个非贫困县的党委、政府主要领导和5个县（市）所在市的党委、政府分管领导进行约谈。全年全省各级纪检监察机关查处扶贫领域违纪问题1430个，处理1852人，给予党政纪处分1295人，其中4名省管干部。

（黑龙江省扶贫办　许艳东）

江苏省扶贫开发

【概述】 2017年，江苏省深入贯彻落实中央脱贫攻坚各项决策部署，继续聚焦年收入6000元以下建档立卡低收入人口、经济薄弱村和重点片区等重点对象，强化脱贫攻坚责任落实，依法规范建档立卡动态调整，投入省级以上财政专项扶贫资金13.2亿元，在加强低收入人口医疗保障、实施危房改造任务等方面出台37份支持脱贫攻坚政策文件，全力破解病、残、孤、老、灾等重点低收入群体和“四低一高”重点经济薄弱村脱贫攻坚等突出难点，苏北6个重点片区23个关键工程项目全部开工建设、建成7个项目，圆满完成黄桥茅山革命老区强村富民三年行动计划，省委驻各县（区）帮扶工作队落实投入资金16.63亿元、实施到村到户帮扶项目1100个，市县全面建立“阳光扶贫”监管系统，围绕解决相对贫困问题探索取得一批创新性成果，全年共有67.8万农村建档立卡低收入人口人均收入达到6000元以上，242个省定经济薄弱村集体经济收入达到18万元以上，重点片区和黄桥革命老区面貌进一步改善，12个重点帮扶县（区）发展步伐进一步加快。

【扶贫资金投入与管理】 2017年，下达省级财政专项扶贫（含中央资金）资金13.2亿元，超过年度预算投入1.9亿元。各设区市财政安排专项扶贫资金2.6亿元，比上年增加1.59亿元，各县（市、区）财政安排专项扶贫资金9.63亿元，比上年增加4.4亿元。各市、县（市、区）普遍建立扶贫资金持续增长机制，不断提高扶贫资金投入占财政总支出比重。在12个省级重点帮扶县（区），以脱贫致富奔小康工程规划为引领，以重点扶贫项目为平台，以脱贫攻坚成效为导向，整合各级财政安排用于农业生产发展和农村基础设施建设等方面的资金，对政策目标、投入方向、扶持环节、管理方式等相近的开展涉农资金整合使用试点。

【脱贫致富奔小康工程责任图谱】 按照中央和省全面落实脱贫攻坚责任制的有关要求，根据省委省政府“十三五”扶贫开发有关政策和制度体系，绘制印发江苏省“十三五”实施脱贫致富奔小康工程责任图谱，由省委、省政府总揽全局，省扶贫工作领导小组组织协调，将省扶贫部门工作责任、省相关部门管理指导责任、专项扶贫行动牵头责任、设区市党委政府统筹推进责任、县级党委政府主体责任、镇村具体落实责任条分缕析，真正做到脱贫攻坚主体责任、帮扶责任和监督责任明确区分、一目了然。

【建档立卡动态调整】 按照全国统一方法制度、统一软件系统建档立卡的工作要求，江苏以人均收入低于6000元为主要标准，结合教育、基本医疗、住房等“三保障”情况实施建档立卡和动态调整工作。省里在关键工作环节、关键时间节点强化工作部署、明确工作要求，加强业务指导。2017年召开全省建档立卡数据核查、动态调整5次专项工作会议，共有600余人次参加培训。印发《关于依法规范做好建档立卡数据核查和动态调整工作的通知》《关于做好2017年度全省扶贫对象动态管理工作的通知》等文件，以及业务工作手册、系统操作手册等。实施了两期专门针对身份证错误的专题数据清洗。针对建档立卡低收入人口虚报、漏报、错报等，组织市县全面开展入户核查，组织95名党员会计师抽查复核。在“两公告四公示”基础上增加了“两比对”环节，即扶贫对象户籍、收入、车辆、住房等信息与建档立卡数据比对和不合要求疑似对象入户人工核对。帮扶手册“五签字五确认”规范普遍实施。经年度动态调整，2017年底全省年人均收入6000元以下的低收入人口剩125万左右。

【基础设施建设】 2017年，持续推进重点片区等经济薄弱地区交通、水利等基础设施建设。全年对重点片区等经济薄弱地区完成交通帮扶项目投资30亿元，新改建农村公路471.3公里，改造农村危桥56座，新设船闸1处，实现9个乡镇开通镇村公交。在苏北经济薄弱地区，完成高效节水灌溉面积27.1万亩。推进苏北经济薄弱地区和苏中部分地区农村饮水安全巩固提升，完成投资25.3亿元，其中省级财政投资2亿元，地方投入23.3亿元，共完成铺设农村供水管网4.56千米、改扩建水厂37座，新建改建增压站82处。跨年度向12个省重点帮扶县（区）安排实施土地整理项目61个，累积下达资金16.3亿元，土地整理规模累计达到55.69万亩。通过土地综合整治，苏北五市建成旱涝保收、高产稳产高标准农田510.39万亩，改善了当地农民群众的生产、生活条件。

【重点片区建设】 2017年，对苏北低收入人口和经济薄弱村相对集中的丰县湖西地区、涟沭结合部、西南岗地区、成子湖周边地区、石梁河库区、灌溉总渠以北地区等6个重点片区进一步强化整体帮扶。全年安排关键工程项目省级财政专项补助资金2.3亿元。发挥省级综合部门牵头片区整体帮扶联席会议制度作用，及时召开联席会议，协调帮扶事项，落实资金项目。全年建设完成整体帮扶项目677个，总投资94.97亿元，其中基础设施项目290个、投入资金58.5亿元，产业发展项目161个、投入资金18.7亿元，民生事业项目209个、投入资金17.3亿元。2017年，6个重点片区有3.23万户、10.2万人年人均收入达到6000元以上，60个省定经济薄弱村集体年经济收入达到18万元。

【革命老区建设】 2017年，是黄桥茅山革命老区富民强村三年（2015—2017年）行动计划的收官之年。全年省级财政投入黄茅老区帮扶资金1708万元，三年累计投入老区帮扶专项资金1.2亿元，其中经济薄弱村发展资金9420万元，困难军烈属户和老党员户补助资金2580万元。各有关市县和省有关部门高度重视老区扶贫开发工作，扎实推进政策措施落实，到2017年底，三年行动计划各项目标任务圆满完成，55个省定经济薄弱村全部达标退出。

【经济薄弱村帮扶】 2017年，在全省214个经济薄弱村开展扶持村级集体经济发展试点，投入省级以上财政资金1.91亿元。其中，在45个村开展土地股份合作社试点，每村补助村级集体发展资金200万元；169个村开展其他项目试点，每村补助村级集体发展资金60万元。省财政下达1461万元，专项支持未进行农村综合服务社提档升级的487个省定经济薄弱村电子商务建设，促进省定经济薄弱村“一村一品一店”全覆盖。选优配强经济薄弱村领导班子，加强教育培训力度，选派优秀干部驻村帮扶担任第一书记，深入开展领导干部挂钩、“村企挂钩”“村村结对”和科技人员挂钩，落实帮扶举措，切实提高经济薄弱村脱贫发展能力和水平。

【重点群体和重点村脱贫攻坚】 为深入贯彻习近平总书记在深度贫困地区脱贫攻坚座谈会上的重要讲话精神，根据《中共中央办公厅、国务院办公厅关于支持深度贫困地区脱贫攻坚的实施意见》，结合江苏省实际，在建档立卡低收入人口中排定一批因病、残、孤、老、灾等原因导致支出型贫困问题突出的人群作为重点低收入群体（简称“重点群体”）；在未脱贫省定经济薄弱村中排定一批村集体经济收入低、村民人均可支配收入低、耕地流转比重低、农民合作组织化程度低、低收入人口占比高“四低一高”特征突出的村作为省定重点经济薄弱村（简称“重点村”）。采取更有力、更集中、更精准的措施，加大攻坚力度，有的放矢地开展脱贫攻坚工作，确保这两类重点到2020年稳定实现脱贫目标。通过深入调查研究，多轮征求部门和市县意见建议，为出台加强重点群体和重点村脱贫攻坚意见打下了良好的基础。

【产业扶贫】　2017年，中央和省级财政农业产业项目资金安排14.7亿元到12个重点帮扶县（区），较上年增加5.76亿元，增幅达到64%。专门下拨1亿元农业产业富民专项资金，支持12个重点帮扶县（区）实施76个农业产业富民项目，撬动社会资本近1亿元，带动2000多户低收入农户和40多个经济薄弱村增收脱贫。在重点片区、黄桥茅山革命老区实施各类涉农产业项目201个，投入财政资金3.18亿元。支持泗阳县成功创建国家现代农业产业园。在泗阳、泗洪、灌南、沭阳等县，推广绿色稻田综合种养，增加综合种养面积8万亩。多渠道搭建平台，积极推介丰县苹果、涟水有机大米、睢宁蚕桑、响水蔬菜、泗阳生猪、灌云食用菌等优质农产品。在重点片区和12个重点帮扶县（区）开展“省级以上农业龙头企业+新型经营主体+农户”合作，帮助低收入农户解决资金、技术等问题，带动低收入农户2500多户。以开展村集体领办土地股份合作为重点，促进低收入农户与现代农业发展有机衔接。推动挂县强农富民专家与低收入农户直接对接，将符合条件的低收入农户优先培育为科技示范户。

【扶贫小额信贷】　2017年，江苏省在总结泗阳县试点经验的基础上，修改完善扶贫小额贷款相关政策，制定下发了《关于进一步调整完善我省“十三五”扶贫小额贷款有关事项的通知》，落实“5万元以下、三年以内、免抵押免担保、基准利率、全额贴息、设立风险补偿金”的扶贫小额贷款机制，更好地支持有意愿、有能力的低收入农户发展产业增收项目。2017年，全省累计发放扶贫小额贷款24.44亿元，有12.85万户低收入农户得到支持。

【就业创业扶贫】　2017年，向6个重点片区下拨14个就业帮扶项目专项资金。举办春风行动、就业援助月等品牌公共就业服务活动，全年为39.8万人次低收入农户劳动力提供免费就业服务，促进实现转移就业10.8万人。对低收入农户劳动力及家庭子女技能培训费用，按照实际成本给予全额补助。严格落实低收入农户家庭学生技工院校免学费、助学金、生活费补贴等政策。全年开展低收入农户劳动力技能培训2.86万人。将创业担保贷款、创业培训补贴、一次性创业补贴、带动就业补贴、场租补贴等创业扶持政策覆盖到有创业意愿的低收入农户劳动力。全年为4.38万人次低收入农户劳动力提供各类创业服务，发放创业担保贷款2.35亿元，成功帮扶自主创业0.73万人。

【五方挂钩帮扶】　2016年初，江苏省动员组织262家单位参与，其中机关单位90家、苏南县市21家、高校院所40家、各类企业114家，与苏北12个重点帮扶县（区）实施“五方挂钩”帮扶。2017年，各挂钩帮扶单位积极履行脱贫攻坚挂钩帮扶责任，及时召开“五方挂钩”帮扶会议，落实年度帮助资金项目，用情用力推动经济薄弱地区发展。全年262家单位无偿出资2.8亿元，到挂钩帮扶县（区）开展扶贫现场办公0.7万人次，其中单位领导班子成员769人次。

【驻村帮扶】　2016年初，省委从“五方挂钩”帮扶单位选派265名优秀干部，组建新一届省委驻县（区）帮扶工作队，派驻两年。除12名工作队队长任所驻县

（区）委副书记外，其他队员全部到村兼任第一书记。2017 年，各驻村工作队员在上一年工作的基础上，充分利用挂钩帮扶的政策、人才、资金、技术等优势，深化精准帮扶，突出产业带动，引导资源要素向经济薄弱村集聚，在经济薄弱村培育了一批看得见、摸得着、有成效的好项目，拓展了富民强村空间。截至 2017 年底，第 21 届省委驻县帮扶工作队圆满完成两年帮扶任务，累计协调投入资金 30.29 亿元，捐赠实物折价 0.4 亿元，实施各类帮扶项目 2023 个，所挂钩帮扶 244 个省定经济薄弱村 90% 以上实现脱贫，圆满完成两年帮扶任务，受到当地干部群众的广泛赞誉。依据工作实绩、相关责任、形象影响等三大类 18 个指标，按照工作队自评、其他工作队复核、考核组审定程序，对 2016—2017 年度省委驻县区帮扶工作队队员和队长履职情况进行期满考核，作为评优和总结的重要依据。经考核评定，省扶贫工作领导小组对 93 名优秀帮扶工作队员进行通报表彰。此届省委帮扶工作队队员有 3 人去世，其中年仅 39 岁的驻丰县帮扶工作队队员赵宝同志因公殉职，被追授为“江苏最美基层干部”。

【东西部扶贫协作】 2017 年，苏陕扶贫协作各项工作扎实推进。深化苏陕劳务协作，帮扶 3843 名陕西籍贫困劳动力实现就业。落实扶贫协作产业项目资金 6.5 亿元，带动 16.33 万名低收入人口增收。“陕电送苏”近 12 亿千瓦时，超额完成年度计划。宁（南京）商（商洛）生物医药产业园完成共建协议签订和土地征迁。富（富平）丹（丹阳）产业园签订合作协议，重点发展汽车零部件、航空航天、生物医药等。在“江苏省经济薄弱地区特色农产品展销会”上，设立陕西展区，参展单位现场销售 36.1 万元，签订购销协议 3.2 亿元，达成投资意向 5000 万元。帮助陕西培训教师 1.5 万人，促成 18 所学校结对。派出 200 多名医疗卫生人才开展组团式医疗援陕工作。向陕西派出扶贫协作干部 152 名，陕西向江苏派出 395 名干部挂职锻炼。陕西安排 105 批次 1556 名党政干部和专业技术人员赴苏培训。全年安排对口帮扶青海省西宁市、海东市资金 1.2 亿元，用于精准脱贫项目。协助西宁、海东两市在江苏举办 4 场农产品交易会，向西宁、海东两市派出帮扶干部 25 名，两市 36 名干部赴江苏挂职。苏州市全年投入 1.08 亿元，对口帮扶贵州省铜仁市。全年实施援疆项目 339 个，投入援建资金 22.98 亿元；实施援藏项目 66 个，安排对口支援资金 4.95 亿元；支援青海省海南州 2.95 亿元，实施项目 59 项。

【国家扶贫改革试验区】 2017 年，宿迁扶贫改革试验区工作被列入省委、省政府分管领导抓重大改革落实联系事项，建立了进展情况季度通报机制。省扶贫办等有关部门多次协商会办或向上协调争取，帮助解决试验中遇到的实际困难，推动各项支持政策落地。宿迁市围绕“缓解相对贫困、缩小收入差距、促进共同富裕”主题，坚持问题导向，加快探索机制创新。2017 年，实施年度改革试验项目 34 个，制定制度性文件 27 份，重点围绕低收入人口因灾致贫保险、城乡建设用地增减挂钩、“股权”扶贫、扶贫资金资产管理等，进一步探索形成了一些可复制、可推广的扶贫改革创新成果。

【扶贫创新】 围绕帮扶工作方式创新和探索解决相对贫困问题，积极创新扶贫体制机制。在健全贫困监测预警机制、优化“五签字五确认”工作程序、破解因病致贫难题、全面加强资产收益扶贫、培育内生动力、推进扶贫开发与社会救助制度政策有机衔接、加强扶贫监管等方面，取得新的创新成果。支持和指导苏北各市、县在领导体制、组织方式、发展模式、资金使用方式以及解决支出型贫困突出问题、破解返贫难题、金融创新、社会保障兜底等方面，加大探索创新力度，取得了明显成效。如徐州市搭建“扶贫超市”平台，宿迁市构建支出型贫困保障体系，盐城市建立“贫困指数”，连云港市实行“五制工作法”，淮安市率先建设“阳光扶贫”监管系统等。

【社会扶贫】　大力引导群众团体、民营企业、慈善组织、金融机构参与扶贫。深入开展第四个全国“扶贫日”活动，设计制作20万份扶贫公益广告，通过媒体宣传和广为张贴。组织全省农业科技、医疗等领域离退休老专家，到灌南县开展“银发人才服务基层”活动，取得良好社会影响。举办经济薄弱地区扶贫项目招商引资和特色农产品展示展销活动，招引重点项目投资额达5.98亿元、展会产品销售额达740.3万元，取得较为丰硕的成果。

【扶贫考核】　江苏省对2017年度市县扶贫工作成效严格考核，坚持依据客观指标实施量化考评，采取市县自评、交叉检查、电话调查和综合测评方式，多方位同步进行，将考核结果及时书面反馈到市县，并提出整改意见。对考核工作成效显著的县（区），省里给予适当奖励，对问题较多的县（区）由设区市扶贫工作领导小组约谈县（区）主要领导。

【扶贫宣传】　全年中央、省级主流媒体刊发相关宣传报道900余篇（期）。2017年10月18日《新华日报》整版刊发题为奋力推进脱贫致富奔小康迈出坚实步伐的文章，宣传“十三五”以来江苏省扶贫成效和做法，引起各方面强烈反响。认真组织开展脱贫攻坚工作评优表彰，经江苏省推荐上报，刘强东、周善红2人获“全国脱贫攻坚奖”；经严格评选，10人获全省“脱贫致富奖”、13人获全省“扶贫济困奖”，营造“脱贫致富光荣”“扶贫济困光荣”的良好舆论氛围。在这些典型中，有的扶贫济困，有的自强不息，有的甘于奉献，有的锐意创新，发挥了很好的脱贫攻坚示范带动作用。组织6位著名作家，对驻重点县（区）帮扶工作队帮扶实践深入采访，出版《驻村帮扶第一书记——江苏省委驻县（区）帮扶工作队帮扶工作纪实》报告文学集。在全体驻村队员中开展“帮扶手记”专题征文活动，优选189篇征文，结集为《幸福的责任》一书。

（江苏省扶贫工作领导小组办公室
朱　奎　王若昇）

浙江省扶贫开发

【概述】 2017年，浙江省贯彻落实习近平总书记关于扶贫开发的重要论述和党中央、国务院关于扶贫开发的部署，以促进低收入农户持续增收和改善低收入农户生活质量为目标，坚持扶贫开发与社会保障并重，继续深入实施“低收入农户收入倍增计划”。在有效巩固消除绝对贫困成效的基础上，浙江省还在减缓相对贫困的目标、举措等方面进行了初步研究与有益探索。2017年，浙江省农村常住居民人均可支配收入24956元，同比增长9.1%，绝对值连续33年居全国各省区第一位。低收入农户人均可支配收入11775元，同比增长15.8%；城乡居民收入比从2016年的2.066∶1降低至2.05∶1，相对差距进一步缩小，低于全国2.71∶1的水平。

【扶贫资金投入】 2017年，浙江省省级财政安排专项扶贫资金79489万元，比2016年增加7651万元，其中，异地搬迁项目补助资金16792万元、低收入农户发展资金12401万元（包括低收入农户产业发展扶持资金、扶贫小额信贷贴息资金和来料加工以奖代补资金等）、光伏小康工程资金48780万元、其他资金1516万元。此外，省财政安排“两山（一类）”财政专项激励资金18亿元，用于龙泉等12个重点扶持县扶贫开发、特色产业、公共服务等项目建设。

【扶贫资金管理】 2017年，根据中央扶贫资金管理要求，修订出台《浙江省财政厅等五部门关于印发浙江省财政专项扶贫资金管理办法的通知》，试点竞争性立项制度，探索报账层级下放制度。通过数据库跟踪、备案项目反馈、下乡调研随访、专项工作督查等形式，加强对扶贫资金使用情况的督查。同时，充分发挥审计、纪委、监察等部门和第三方中介机构的作用，加强扶贫资金“点”和“面”的审计、扶贫资金专项检查和绩效评价审计，把绩效评价结果与扶贫资金分配额度挂钩，进行“点对点”绩效情况通报，构建起日常检查与抽查相结合、外部监督与内部监督相结合的大监督工作格局，形成强有力的扶贫资金监管体系。如2017年3月至5月组织开展了浙江省中央财政扶贫资金专项检查工作，重点检查了2015—2016年安排中央财政扶贫资金较集中的15个县（市、区）336个乡镇的630个扶贫重点村和16个国有贫困林场，涉及资金17501.01万元，总体检查资金覆盖面为54%。对财政扶贫资金拨付与使用、扶贫项目建设管理、扶贫项目资金管理与会计核算等方面发现的问题进行及时整改。此外，积极推行扶贫资金阳光监管，省、市、县三级已建立阳光工程网，公开扶贫项目资金和相关政策文件，涉及扶贫资金的县全部做到扶贫项目资金的公告公示，县、村两级公开率达到100%。

【社会保障】 2017年，全省城乡在册低保对象（未含五保供养）82.7万人，其中城市低保人口24.5万人，标准每人每月739元（8868元/年），增长9%；农村低保人口58.2万人，标准每人每月730元（8760元/年），增长15.7%。城乡低保标准比为98.8%，比2016年提高5.5个百分点；全省83个县（市、区）实现城乡低保标准一致，一体化率93.3%。全年低保补助资金合计支出41.6亿元。全省城乡居民社会养老保险参保1200.7万人，其中60周岁及以上领取养老金待遇538万人，2017年度新增首次参保人数37.26万人，基础养老金最低标准135元。参加养老保障制度的被征地农民542.44万人，其中171.93万人参加被征地农民基本生活保障，370.52万人参加职工基本养老保险。全年投入资金37亿元，新增各类养老机构床位数3.08万张，建成社区居家养老服务照料中心1811个，累计建成2.36万个；建成居家养老服务站8041个；养老服务实现农村社区全覆盖。城乡居民基本医疗保障参保人数3134.2万人，筹资标准977元，其中财政补助676元，政策范围内住院报销比例62.46%。全省发放医疗救助补贴资金24.18亿元，比上年增加11.64亿元，涉及694.88万人次。全省农村特困人员基本生活标准平均1002.3元/月。

【教育扶贫】　学前教育等级幼儿园比例91.1%，比上年提高1.4个百分点；义务教育入学率99.99%；高中段毛入学率为96.5%，比上年提高0.5个百分点；15年基础教育普及率为98.77%，义务教育标准化学校比例95%。农村义务教育阶段学校年生均公用经费标准为小学650元、初中850元；农村义务教育阶段学校年生均公用经费实际支出为小学2817元、初中3747元。农村小学低收入家庭子女爱心营养餐标准1000元/生·年，受益学生占义务教育阶段学生总数的5%。义务教育中小学随迁子女在校生148.64万人，增长0.76%。全省高等专科学校高等职业学校49所，中等职业学校328所（含技工学校77所）。参加成人“双证制”教育培训毕业5.2万人。享受本省涉农专业免费就读政策的大中专学生2.3万人。

【医疗文化扶贫】　浙江省所有县（市）都已建成至少一所二级甲等以上医院，公办乡镇卫生院和社区卫生服务中心标准化建设达标率分别达到99.2%和97%，“20分钟医疗卫生服务圈”基本形成。2017年，每千人医生数3.17人，每千人护士数3.33人，每千人医疗机构床位数5.55张。全年新建农村文化礼堂1389家，累计建成7916家。村级文化活动室覆盖率100%，送戏下乡2.16万场、送图书280万册次、送讲座展览5010场、组织文化走亲活动1500场。

【扶贫工作风险点排查】　为贯彻落实全国、全省扶贫工作会议和中纪委、省纪委有关会议精神，防范扶贫工作中可能存在的风险，确保扶贫开发各项工作合纪合规。省农办（扶贫办）、省纪委派驻农业厅纪检监察组联合开展扶贫工作风险点排查调研，先后赴景宁县、瑞安市、平阳县、武义县、磐安县的6个乡镇10个村开展进村入户蹲点调研，实地查看产业项目20余个，召开县、乡、村各级干部座谈会11次，广泛听取了意见和建议，全面排查出扶贫工作中存在的10方面风险，并从乡村、乡镇、县级、省市等不同层面给出了防范风险、解决存在问题的对策建议和具体办法，各地积极落实了整改。

【扶贫对象调查认定】　按照“统一收入财产范围、统一限制性条件、统一审批流程、统一数据管理”的原则，省扶贫办、省民政厅和省财政厅共同部署了低收入农户调查认定工作。各地扶贫、民政和财政部门发动近万名干部共同组织开展认定工作，并组织人员将调查认定的低收入农户数据录入信息系统，同时要求扶贫部门和民政部门做好信息共享和对接工作，切实推动最低生活保障和扶贫开发“两项制度”有效衔接。全省共调查认定低收入农户684516户、1195162人，其中低保户469362户、727843人，其他经济困难农户215154户、467319人；淳安等26个加快发展县和婺城区、兰溪市、黄岩区（以下简称26+3县）共认定低收入农户372914户、660958人，其中低保户

235444 户、372826 人，其他经济困难农户 137470 户、288122 人。

【两山“一类”扶持】 在全面总结“两轮”重点欠发达县特别扶持计划实施成效的基础上，为切实推动文成、泰顺、磐安、衢江、开化、缙云、松阳、遂昌、景宁、云和、龙泉、庆元等 12 县（以下简称 12 县）加快发展，2017—2019 年省财政每年安排 18 亿元资金（两山“一类”资金）支持 12 县开展生态环境保护利用、发展高效生态农业、促进低收入农户加快增收和提升公共服务有效供给水平等。其中资金总额的 20% 以上要专门用于扶贫开发有关工作。

【产业扶贫】 大力推进现代农业发展，积极扶持农业产业、来料加工、农家乐休闲旅游业等，积极推动就地就业和转移就业促增收。重点扶持加快发展地区的产业开发，在传统产业开发上，支持农民合作社以多种形式吸纳低收入农户参股入社。在新兴产业发展上，根据当地特点，鼓励来料加工项目扶持向低收入农户倾斜，做好农村电商在扶贫重点村的设点、培训工作。2017 年发放来料加工费 100.6 亿元，实现农产品网络零售 506.2 亿元。2017 年培训农村劳动力 46.6 万人（次），其中，农村实用人才和新型职业农民培训 19.7 万人，农村富余劳动力转移就业技能培训 6.5 万人，实现转移就业 5.2 万人，转移就业率 80%。2017 年，全省农家乐休闲旅游特色村 1155 个、特色点 2328 个，餐位数 153 万个、床位数 37 万张，经营户 20463 户、从业人员 16.8 万人，带动就业 45.4 万人。全年实现接待游客 3.38 亿人次，增长 21.6%，营业总收入 353.79 亿元，增长 20.5%。其中直接营业收入 281.26 亿元，增长 20.6%；农产品销售等收入 72.53 亿元，增长 19.9%。

【异地搬迁】 深入实施“小县大城”发展战略，以县城、中心镇、小城镇为主要迁入地，结合生态搬迁、地质灾害搬迁等，积极创新搬迁方式，稳步推进人口集聚发展。全年投入资金 1.7 亿元，完成农户搬迁 1.1 万户、3.32 万人。

【金融扶贫】 深入推进扶贫小额信贷，稳妥发放国家扶贫贴息贷款，有效推动低收入农户增收，促进农民组织化、农业产业化和管理民主化。全省全年发放扶贫小额贷款 10.78 亿元，受益低收入农户 2.55 万户次，发放贴息 2108.5 万元。全省林权抵押贷款余额 108.6 亿元，增长 7.8%；当年贷款 3.9 万户、金额 65.3 亿元。

【健康扶贫】 印发《浙江省健康扶贫工程实施方案》，推动健康扶贫政策落地，完善医疗保险、大病保险、医疗救助政策。核查低收入农户中因病致贫、因病返贫家庭数及患病人员情况，对需要治疗的大病和慢性病患者进行分类救治。强化“双下沉、两提升”服务，推进县级医院医疗资源向乡镇下沉，建立健全对因病低收入农户的医疗服务机制。鼓励各地结合当地实际，探索出台政策举措，推动健康扶贫政策落地。如衢州市针对低收入农户中绝大部分为因病致贫、因病返贫的问题，在全省率先建立扶贫健康保险制度，市、县财政投入资金 908 万元，首批将全市 8.89 万农村低收入农户纳入免费保险，将 30 种重大疾病、住院医保外费用、意外死亡、疾病死亡等纳入保险责任。龙湾区、瑞安市、文成县等大力推行低收入农户意外伤害和大病医疗补充保险。杭州市出台专项政策安排低收入农户支出性贫困补助金 1000 万元。启动保险精准扶贫行动，健全低收入人口救助机制。省扶贫办与中国人寿保险股份有限公司浙江省分公司签订合作协议书，针对因病因残因灾等意外返贫的低收入人口，实施医保外费用补偿保险举措。如温州市将推进低收入农户精准扶贫补充保险工作列入市委市政府 1 号文件贯彻落实，全年计划覆盖低收入农户 10 万人以上。柯城区投入 171.3 万元为 1.43 万名低收入农户提供补充保险，实现健康保险服务与民生保险服务的精准对接，弥补了低收入人群抗风险能力弱的缺陷。

【东西部扶贫协作】　2017年，浙江省向对口帮扶的四川省、贵州省黔西南州、吉林省延边州等地无偿援助资金42190万元，实施项目304个。开展经贸合作项目296个，到位资金31.7487亿元，吸纳就业26063人，其中安排建档立卡贫困人口就业24863人，开展人才培训4338人次，干部挂职交流2236人次。广泛动员社会各界力量，参与东西扶贫协作工作，宁波市全年捐资捐物710万元；四川省浙江商会发挥商会的独特优势，为四川省凉山彝族自治州美姑县、布拖县等地共捐款捐物414.04万元，为越西县阿来吾、白拉吾等8个贫困村捐款捐物110万元，使依觉村39户贫困户186人全部脱贫，2017年人均增收3300元，该村39户贫困户子女无一人因贫辍学。

【社会扶贫】　以“扶贫日”和结对帮扶为载体，积极引导社会力量参与精准扶贫，推动各方资源向低收入农户倾斜。省级29个帮扶团组和市县两级帮扶团组按照“一村一计一单位”和“一户一策一干部”的要求，坚持“扶贫与扶智”和“输血与造血”并举，深入开展扶贫结对帮扶行动，2013—2017年，为2000个扶贫重点村落实帮扶项目4900多个，到位帮扶资金5.2亿元，引进资金5.91亿元。省扶贫办、省工商联、省慈善总会等部门在温州市泰顺县共同举办“10・17”全国扶贫日活动，11个单位和个人到活动现场认领扶贫项目并签订帮扶协议，扶贫项目累计将投入2000余万元用于村级集体经济发展和低收入农户增收。组织10家三甲医院20余名医疗专家，到泰顺县开展“名医直通车 健康扶贫行”活动，累计为500余名低收入农户提供义诊。

【扶贫改革试点】　继续推进丽水国家级扶贫改革试验区相关工作，深化扶贫体制机制创新，加大扶贫改革创新力度。2017年，在浙江省召开全国扶贫改革试验区工作座谈会，来自东部六省、六市和50个县（市、区）的会议代表在云和县参加了会议，对2017年扶贫改革试验区工作进行深入交流和汇报。

【扶贫宣传】　继续做好“浙江扶贫信息网”信息公开工作，新增各类动态信息106条，充分起到了“政策传递、经验推广、成果展示、信息共享”的媒介作用。借助中央、省级主流媒体及时传播浙江扶贫声音，国家、省级媒体刊载浙江省扶贫有关的报道200余篇。其中，2017年10月10日，《浙江日报》专门增发四个版面，总结宣传全省和温州市、衢州市、丽水市等地的扶贫开发工作好经验、好做法。金华市以“金华铿锵扶贫之路”为主题，组织市各有关部门、各县（市、区）开展扶贫成效总结宣传活动，在金华电视台等媒体拍摄专题片总结宣传全市五年来扶贫开发取得成效和经验。杭州市在市主流媒体开辟专栏，总结杭州区县协作发展的做法和经验。衢州市举办“喜迎十九大　展扶贫成果——衢州市‘低收入农户收入倍增计划’五年成就展”。

（浙江省扶贫办　林　铭）

安徽省扶贫开发

【概述】 2017年，安徽省全面贯彻中共十九大精神，深入贯彻习近平总书记关于扶贫开发的重要论述和视察安徽重要讲话精神，全面落实中共中央、国务院关于脱贫攻坚决策部署，按照“坚决贯彻精准扶贫精准脱贫基本方略、确保如期完成脱贫攻坚任务”的总体目标，以针对性解决突出问题、深入推进政策落实为工作重点，以“重精准、补短板、促攻坚”专项行动为抓手，全面落实脱贫攻坚责任制，扎实推进脱贫攻坚“十大工程”（产业脱贫工程、就业脱贫工程、易地扶贫搬迁工程、生态保护脱贫工程、智力扶贫工程、社保兜底脱贫工程、健康脱贫工程、基础设施建设扶贫工程、金融扶贫工程、社会扶贫工程），狠抓脱贫攻坚各项工作落实，全年实现95.5万贫困人口脱贫、1134个贫困村出列，申请摘帽的1个国家级贫困县（岳西县）和3个省级贫困县（亳州市谯城区、蒙城县、怀远县）贫困发生率均降至1.5%以下。20个国家扶贫开发工作重点县农村居民人均可支配收入10931元，比2016年增长10.5%，高出全省平均水平1.9个百分点。在中央对中西部22个省区市2017年扶贫开发工作成效考核中，安徽省是综合评价为“好”的8个省份之一，受到通报表扬。

【扶贫资金投入】 2017年，安徽省严格落实省市县三级财政专项扶贫资金投入稳定增长机制，切实加大扶贫资金投入。全年中央财政专项扶贫资金投入32.04亿元。省级财政安排专项扶贫资金17.2亿元；统筹安排31亿元地方政府债务资金，重点支持贫困村基础设施建设。市、县财政安排47.4亿元；盘活安排存量资金16亿元支持脱贫。32个试点县整合财政涉农资金163.18亿元。发放扶贫小额贷款158.46亿元。15家中直定点扶贫单位直接投入帮扶资金0.8668亿元，帮助引进各类资金约36.03亿元。8800个省市县定点帮扶单位直接投入帮扶资金18.5亿元（含物资折款），帮助引进各类资金27.8亿元。20个经济较发达县（市、区）向结对帮扶的20个国家级贫困县投入帮扶资金2.07亿元。3316家民营企业累计投入帮扶资金18.7亿元。第四个扶贫日活动期间，全省认领扶贫项目4620个，认领资金6.67亿元，捐款3.6亿元。

【扶贫资金管理】 加快资金预算执行，建立并落实扶贫资金支出月通报、季约谈制度，严控资金结转结余，召开2次专题会议，对支出进度较慢的市县进行约谈。修订完善《安徽省财政扶贫资金管理办法》，推行“负面清单”管理。组织开展扶贫资金集中检查、财政扶贫领域监督执纪问责、财政扶贫资金绩效评价等专项工作。严格执行扶贫资金和项目公告公示制度。加强扶贫、财政、纪检监察、检察、审计等部门的联系与配合，严肃查处勾结套利、套取骗取、截留挪用、串标围标等违规违纪违法行为，保障扶贫资金使用安全。在2017年度国家财政专项扶贫资金绩效评价中，安徽省荣获“优秀”等次，获得国家扶贫开发工作成效考核奖励资金4亿元、专项扶贫资金绩效奖励资金1.1亿元。

【扶贫会议】 2017年，安徽省委、省政府召开4次全省综合性扶贫开发工作会议，其中，2 月召开全省扶贫开发工作会议，4 月召开全省扶贫开发工作“重精准、补短板、促攻坚”专项整改行动动员部署会议，7 月召开全省扶贫开发工作“重精准、补短板、促攻坚”专项整改行动推进会，9 月召开全省深度贫困地区脱贫攻坚暨基层基本公共服务均等化工作推进会。全年召开 62 次专题会议研究部署脱贫攻坚工作，其中，省委常委会议、省委脱贫攻坚专题会议等省委会议 9 次，省扶贫开发领导小组会议 4 次，省长工作例会 4 次，省政府常务会议 9 次，省政府脱贫攻坚工作专题会议 25 次，全省产业扶贫现场会、全省县域结对帮扶推进脱贫攻坚工作现场会等专项工作协调推进会议 11 次。

【扶贫政策体系】　出台《关于加强基层基本公共服务功能建设的意见》《关于支持企业参与脱贫攻坚的若干意见》《关于进一步加强行蓄洪区脱贫攻坚工作的若干意见》《关于县域结对帮扶推进脱贫攻坚的实施意见》《安徽省全面落实脱贫攻坚责任制实施细则》《关于完善包保机制加强定点帮扶工作的实施意见》《关于聚焦深度贫困集中力量攻坚的实施意见》《关于深入推进扶贫小额信贷工作的实施意见》《关于防范返贫确保稳定脱贫的实施意见》《关于深入推进产业脱贫工程的实施意见》《关于进一步强化脱贫攻坚政策落实工作的通知》《关于取消贫困县国家安排的公益性建设项目县级配套资金的通知》《关于支持油茶产业扶贫的意见》《健康脱贫综合医疗保障实施细则》《关于引导支持高校食堂面向贫困县（市、区）采购农产品的意见》《关于进一步激发贫困群众脱贫攻坚内生动力的意见》《关于省级领导督促检查贫困地区脱贫攻坚工作的实施意见》《贫困县退出实施方案》《安徽省省直单位定点扶贫工作考核办法（试行）》《安徽省县域结对帮扶工作考核办法（试行）》，形成更加完善的“1 + 20 + N”脱贫攻坚政策体系。

【产业扶贫】　全面总结推广“四带一自”（园区带动、企业带动、农民合作社带动、种养大户带动和贫困户自主种养）产业扶贫模式，充分发挥各类园区和新型经营主体的带动辐射能力，促进贫困群众增收脱贫。截至 2017 年底，安徽省发展到户产业扶贫项目 304.2 万个，覆盖 167.6 万贫困户，覆盖率达 93.97%，户均项目 1.7 个；发展到村产业扶贫项目 1.93 万个，覆盖 3000 个建档立卡贫困村，覆盖率达 100%，村均项目 6.4 个。特色种养业扶贫方面，投入到村到户资金 144.4 亿元（含财政资金 53.7 亿元）。实施特色种养业扶贫到村项目 6940 个、到户项目 197.6 万个。全省有条件发展特色种养业的贫困村和自种自养贫困户中，达到产业发展要求的贫困村 2363 个、贫困户 47.6 万户。光伏扶贫方面，新建成村级光伏电站 2987 个、户用光伏电站 18.3 万户，并网发电村级光伏电站、户用光伏电站和集中式光伏扶贫电站等光伏扶贫工程项目装机规模为 131.39 万千瓦。全省历年累计装机规模达 199.3 万千瓦，惠及 40 多万贫困户和近 3000 个贫困村。乡村旅游扶贫方面，全省 333 个旅游扶贫重点村中有 70% 的村完成或基本完成“八个一”工程，11.7 万贫困人口通过发展乡村旅游扶贫实现增收脱贫。商贸流通扶贫方面，全省 20 个国家级和 11 个省级贫困县实现县域电商服务中心、县级物流配送中心全覆盖，累计培训建档立卡贫困人口 6.4 万人次，孵化培育建档立卡贫困户注册成立网商网企 4933 个，带动 2.9 万贫困人口电商领域就业创业，带动 1.5 万贫困人口脱贫，人均增收 700 余元。资产收益扶贫方面，投入 101.3 亿元（含财政性资金 46.22 亿元），带动 2887 个村集体村均增收 9 万元，106.87 万贫困人口人均增收 940 元。

【就业扶贫】　2017 年，安徽省培训贫困劳动者 6.1 万人；建成就业扶贫驿站 1282 个，吸纳 4.6 万劳动者就业，其中贫困劳动者1.4万人；建成扶贫车间908个，吸纳贫困劳动者就业1.3万人；认定就业扶贫基地3002个，吸纳贫困劳动者2.21万人；开发居家就业岗位49.12万个，吸纳贫困劳动者4.63万人；开发辅助性就业岗位7.46万个，吸纳贫困劳动者3.17万人；帮扶贫困劳动者就业13.15万人。

【易地扶贫搬迁】 按照“搬得出、稳得住、能致富”的目标要求，2017年，安徽省25个县（市、区）472个易地扶贫搬迁安置点全部竣工，房屋全部达到搬迁入住条件，搬迁人口11132户35121人。

【生态扶贫】 组织开展农村环境综合整治，2017年争取中央节能减排资金3592万元，全面完成800个建制村农村环境综合整治任务。成功推荐宣城市、金寨县、绩溪县参加全国首批国家生态文明建设示范市县评选，旌德县作为全国首批绿水青山就是金山银山试点，并获环保部命名授牌。印发安徽省生态文明建设示范区指标体系和管理办法，命名全省第11批55个省级生态乡镇和97个省级生态村。安置1.15万贫困人口在生态护林员公益岗位就业，人均年增收6000元以上。

【智力扶贫】 2017年，安徽省累计发放贫困家庭学生资助资金100.1万人次、11.35亿元。增加贫困地区学生接受高等教育机会，通过实施国家、地方、高校三个专项计划，贫困地区7190名农村学生进入重点高校，比2016年增加629名。安排营养膳食补助资金10.21亿元，为贫困地区5365所学校152万名农村义务教育学生提供营养餐。实施“雨露计划”职业教育补助应补尽补贫困家庭学生3.1万人次，补助资金8004.8万元。2017年春秋两季“雨露计划”补助9.9万人，补助资金15186万元。加大科技扶贫力度，向贫困地区选派省级科技特派员480名，派出各类科技特派员3500多名。大力实施扶贫题材戏曲创作孵化计划，全省第二批109个村级综合文化服务中心示范点全部建成。举办“文化扶贫、携手小康——全省惠民巡演乡村行”，共计演出1900余场。

【社保兜底扶贫】 完善农村最低生活保障制度，按照农村低保和建档立卡贫困人口各自识别认定的标准、程序等，分别把符合条件的对象纳入救助或帮扶范围，实现双向衔接。农村低保动态调整时，将因病、因残及其他因临时困难返贫的建档立卡贫困家庭作为重点。印发《关于调整提高2017年最低生活保障标准的指导意见》，推进各地实现“两线合一”，切实增强贫困群众获得感。2017年，全省农村低保平均标准4289元/年，惠及建档立卡贫困户92万人。印发《2017年农村危房改造实施办法》《关于进一步加强农村危房改造工作的指导意见》等文件，帮助建档立卡贫困户解决最基本安全住房问题，建立“一户一档”台账，做到改造一户、销号一户。危房改造优先满足贫困户需求，已竣工11万户，超额完成年度计划。

【健康扶贫】 进一步完善和落实健康脱贫政策措施，出台慢性病“180”（贫困慢性病患者1个年度内门诊医药费，经“三保障一兜底”补偿后，剩余合规费用由补充医保再报销80%）补充医保政策，建立完善贫困人口“三保障一兜底一补充”综合医疗保障体系，基本医保、大病保险、医疗救助、“351”（贫困人口在省内县、市、省级医疗机构就诊，个人年度自付封顶额分别为0.3万元、0.5万元、1万元）政府兜底和“180”补充医保之间无缝衔接、协同保障。省财政下拨“351”政府兜底和“180”专项补助资金4亿元。2017年，全省贫困人口住院119.89万人次，发生医药费用62.8亿元，综合医保补偿58.08亿元，平均实际补偿比92.48%，较普通参保患者提高约30个百分点。贫困人口慢性病门诊医药费用实际补偿比96.5%，惠及贫困慢性病患者186.69万人次。“一站式”结算全面铺开，全省129万贫困户家庭医生签约服务基本实现全覆盖。组织省市三级医院选派450名医疗专家“组团式”驻点对口帮扶31个国家和省级贫困县医院，加快推进贫困地区医联体、医共体、远程医疗平台建设。

【基础设施建设】 2017年，安徽省农村道路畅通工程已完工2.14万千米。农村饮水安全巩固提升工程解决529.92万农村居民饮水问题，其中贫困人口73.06万人，完成总投资31.06亿元。全面完成全省小型水利工程改造提升年度任务，除险加固小型水库357座、更新改造小型泵站9.3万千瓦、加固新建小型水闸1072座、改造灌溉面积1万~5万亩的灌区52处94万亩、扩挖塘坝13.9万口、整治河沟7805条、修复和新建机电井1.87万眼、改造灌区末级渠系271万亩，总投资约73.8亿元。累计新下达贫困地区农网投资35.7亿元，在全国率先完成农网升级改造“两年攻坚战”，解决405个贫困村不通动力电和动力电不足问题；完成皖北地区6市22县（其中国家扶贫开发工作重点县9个）8.2万眼机井通电工程建设，减少农民灌溉支出8910万元；全面完成9680个中心村电网改造任务，惠及全省1037万农村人口。

【金融扶贫】 2017年，安徽省政府召开全省扶贫小额信贷工作推进会，出台《关于深入推进扶贫小额信贷工作的实施意见》，省财政对全省31个贫困县安排扶贫小额信贷专项补助资金2.06亿元。实行“月点评、季通报”制度。全年累计向39.73万贫困户发放扶贫小额贷款158.46亿元，位居全国第2位。用好证券扶贫政策，安庆市太湖县“集友股份”2017年元月成功借助贫困地区企业上市“绿色通道”实现上市，成为全国第1家适用证监会资本市场扶贫政策并在主板上市的企业。全省IPO在审企业1家、辅导备案企业6家，形成“培育—改制—辅导—申报—上市”的IPO梯次推进格局。大力推进保险扶贫，通过财政资金补贴和保险优惠形式，免除建档立卡贫困户政策性农业保险自缴费用，对建档立卡贫困户、五保户、低保户、贫困残疾人及农村困难群众投保的中央政策性保险、农房保险，提高理赔标准，理赔金额上浮20%。截至2017年底，累计向全省31个贫困县的12.7万农户特色种养提供40.16亿元风险保障，向4万农户支付赔款1.13亿元。

【定点扶贫】 2017年，15家中直定点扶贫单位定点帮扶安徽省19个国家扶贫开发工作重点县，共安排54名干部挂任副县长或驻村第一书记，其中处级干部23人、科级干部31人（挂任贫困村第一书记27人）；赴定点贫困县考察调研504人次，其中部级63人次；共走访定点帮扶贫困县的贫困村324个、贫困户5015户，召开座谈会114次。直接投入帮扶资金7106万元，物资折款1562万元，实施帮扶项目150个，帮助脱贫43390人；帮助引进各类资金约36.03亿元、各类项目62个，受益贫困户12.44万人。进一步落实定点帮扶包保机制和驻村帮扶制度，全省参与帮扶单位达8800家，赴定点扶贫地区考察85万多人次，其中厅级干部（或单位领导）考察6593人次、县处级干部（或单位领导）考察100627人次；直接投入18.5亿元（含物资折款2.36亿元）。帮助引进各类资金27.8亿元，帮助引进项目18019个，受益贫困户429490户。强化驻村帮扶力量，在原有驻村扶贫干部的基础上，对未出列的1923个贫困村增派驻村扶贫干部，确保扶贫工作队由1名副处级以上第一书记（扶贫队长）、1名副队长和1名扶贫专干组成，实现贫困村副处级以上第一书记（扶贫队长）全覆盖。2017年，全省3000个建档立卡贫困村驻村帮扶干部达到7872人，其中县处级以上干部1932人。对贫困人口较多、贫困发生率较高的非贫困村由市、县派驻扶贫工作队7834个22240人。

【社会扶贫】 出台《关于县域结对帮扶推进脱贫攻坚的实施意见》，选择省内20个经济较发达县（市、区）结对帮扶20个国家级贫困县。双方挂职交流干部168人，开展各类人才培训1468人次，落实帮扶资金2.07亿元，实施项目420个，受益贫困人口13.01万人。“千企帮千村”精准扶贫行动提质增效，3316家民营企业结对2735个村，实施项目5140个，投入资金18.7亿元，带动30多万贫困人口增收。

【扶贫日活动】 2017年全国“扶贫日”活动期间，安徽省组织开展扶贫项目认领认捐，认领扶贫项目4620个，认领资金6.67亿元，捐款3.6亿元。2017年“扶贫日”活动中，砀山县唐寨镇唐寨村农民李娟荣获“2017年全国脱贫攻坚奖”奋进奖荣誉称号，安徽省民族事务委员会政策法规处副处长、池州市石台县七都镇河口村第一书记（驻村扶贫工作队队长）李朝阳荣获“2017年全国脱贫攻坚奖”贡献奖荣誉称号。

【扶贫督查】 2017年，安徽省建立健全“随机点调、督查巡查、交叉互查、随机暗访”的督查体系。出台《关于省级领导督促检查贫困地区脱贫攻坚工作的实施意见》，省委书记李锦斌、省长李国英采取不打招呼、随机点调的方式，15次深入贫困地区最偏远的乡镇和贫困村开展脱贫攻坚督导。省四大班子31位负责同志70次深入扶贫联系点督查指导脱贫攻坚工作。8月份，针对2016年市、县党委和政府脱贫攻坚工作考核结果，对各地脱贫攻坚政策措施落实等情况开展综合性督查巡查。11月份，开展脱贫攻坚大排查交叉互查，抽调领导小组成员单位、市县扶贫业务骨干及基层扶贫专干，以“七个不落、一个不少”（真贫不落一人，全面覆盖；资金不落一分，全面到位；政策不落一项，全面落实；产业扶贫不落一户，全面对接；健康扶贫不落一家，全面完善；易地搬迁不落一宅，全面安居；帮扶不落一方，全面聚力；基层基本公共服务、基础设施建设包括村集体经济发展一村不少）为重点，实行横向到边、纵向到底的拉网式大排查，进行不留死角、不留隐患的排雷式大整改，不落一村、不少一户。建立“自行、自住、自吃、自查”的常态化随机暗访制度，每周派1～2个暗访小队直接进村入户，对70个有扶贫开发任务的县（市、区）实现暗访全覆盖，走访农户近千家。

【扶贫考核评估】 2017年初，由省直单位副厅级干部带队，抽调各市扶贫一线工作人员开展2016年市、县党委和政府脱贫攻坚工作成效考核。依据考核结果，对考核评价为“好”的县进行通报表扬，对考核评价为“较差”的3市、4县党政主要负责同志单独约谈，对考核评价为“一般”的3市、18县党政分管负责同志进行集体约谈；对242家省直定点帮扶单位（含中央驻皖单位）的帮扶工作成效进行分类考核。12月，组织省内27所高校1.6万余名师生，进村入户宣讲党的十九大精神，对2017年拟出列贫困村、拟脱贫户实行全覆盖评估，并抽取部分行政村对村内脱贫户和贫困户进行全覆盖评估，抽取部分贫困村按一般农户总数20%开展随机走访，确保脱贫成效真实可靠。

【扶贫宣传】 2017年，中央主要媒体进一步加大对安徽脱贫攻坚宣传报道力度，组织驻皖新闻单位深入基层开展“脱贫攻坚媒体调研行”集中采访，《人民日报》、人民网、新华网等国家级媒体宣传报道安徽省扶贫工作850篇。9月7日中央电视台《新闻联播》头条以“脱贫的信心一天比一天强”为题报道安徽省脱贫攻坚做法与成效。国务院扶贫办信息简报专刊采用安徽省扶贫信息10篇、综合采用7篇，国务院扶贫办网站刊登安徽省脱贫攻坚报道147篇。省级各类媒体刊载扶贫宣传报道1626篇，省及市、县相关媒体开设“坚决打赢脱贫攻坚战”“扶贫政策解读”等专题专栏，及时开展“绿色减贫的‘安徽样板’”“砀山女孩李娟身残志坚创业电商”“驻村扶贫工作队进村到岗”“扶贫日”等专题报道。各级编印脱贫攻坚政策，举办脱贫攻坚成就展，确保脱贫攻坚政策进村入户。充分发挥典型引领作用，大力宣传全国脱贫攻坚奖获得者李娟、李朝阳及中共十九大代表余静等先进典型，重点报道岳西县驻村干部刘扬彧等牺牲在脱贫攻坚岗位上的扶贫干部感人事迹。一些地方还将扶贫政策、典型事迹编成戏曲，如宿州市编排大型原创扶贫剧《春风化雨》等，采取“送戏下乡”方式，推进扶贫政策深入人心。

【扶贫机构和队伍建设】　2017 年，安徽省扶贫办人员编制由 35 人增加至 75 人，业务处室由 5 个增加至 9 个；市级扶贫办工作人员由 117 人增加至 197 人；县级扶贫办工作人员由 772 人增加至 1195 人；全省 1195 个乡镇设立扶贫工作站，配备 5130 人；扶贫开发任务重的县（市、区）将村级扶贫专干作为公益性岗位，全省共统一选招 3544 名扶贫专干；部分贫困县还在自然村设立专职扶贫小组长，确保人员力量与脱贫攻坚任务相适应。

【彩票公益金试点】　2017 年，安徽省在泗县、岳西县、霍邱县共实施彩票公益金项目 174 个，其中交通基础设施建设项目 125 个，水利设施建设项目 49 个。全年完成项目总投资 7232. 1 万元，其中：彩票公益金投入 6000 万元，整合及配套资金投入 693. 5 万元，农户投劳及自筹资金投入 538. 6 万元。

【以工代赈】　2017 年，国家发展和改革委员会累计投入安徽省以工代赈资金 4. 75 亿元，其中：财政预算内资金 1. 59 亿元，中央预算内示范工程资金 0. 7 亿元，易地扶贫搬迁资金 2. 46 亿元，主要用于贫困县（市、区）乡村道路、农田水利、小流域治理等中小型基础设施建设和易地扶贫搬迁工程（搬迁建档立卡贫困人口 11169 户、35121 人）。

（安徽省扶贫开发领导小组办公室
程　春）

福建省扶贫开发

【概述】 2017年，福建省深入学习贯彻习近平总书记关于扶贫开发的重要论述，认真贯彻落实党中央、国务院关于脱贫攻坚的决策部署，全面实施精准扶贫精准脱贫方略，脱贫攻坚取得决定性进展，超额完成年度脱贫任务。全年实现脱贫20.44万人，23个省级扶贫开发工作重点县发展步伐加快，2201个贫困村自我发展能力明显提升。印发《扶贫手册》《挂钩帮扶工作手册》，做到贫困户一户一册《扶贫手册》，帮扶责任人人手一册《挂钩帮扶工作手册》，将帮扶计划、帮扶措施、帮扶项目、帮扶过程等逐季动态录入手册，推动"一户一策""一户一挂钩"帮扶责任落到实处。创新产业就业扶贫机制，让贫困户从生产发展、就业创业中获得稳定收入。创新资产收益扶贫机制，不断拓宽贫困村和贫困户增收渠道。创新精准扶贫医疗叠加保险机制，进一步减轻贫困群众的就医负担。建立脱贫攻坚督查和考核制度，加大督查跟进力度，强化问题整改，确保如期完成脱贫攻坚任务。

【扶贫资金投入】 2017年，中央安排财政专项扶贫资金44320万元，省本级安排财政专项扶贫资金124540万元，设区市级安排财政专项扶贫资金107906.48万元，县级安排财政专项扶贫资金186960.91万元。各级财政专项扶贫资金主要用于造福工程扶贫搬迁、扶贫小额信贷、"雨露计划"培训、整村推进扶贫开发等项目和扶持建档立卡贫困户发展"种、养、加""农家乐"等项目补助、贷款贴息以及直接带动贫困户增收脱贫的生产性重点扶贫项目。

【扶贫资金管理】 2017年2月，福建省组织开展2016年度设区市财政专项扶贫资金使用管理绩效评价。3—4月，开展2015—2016年度中央财政扶贫资金和中央彩票公益金专项检查。印发《福建省省级财政专项扶贫资金管理办法》《关于进一步完善财政专项扶贫资金项目公告公示制度的通知》等，进一步规范扶贫资金使用管理，促进资金使用和项目安排公开、公正、公平。推进扶贫资金在线监管系统建设，对21项省级以上扶贫专项资金使用管理实行全过程监管。

【扶贫会议】 2017年9月，福建省召开全省脱贫攻坚现场推进会，深入贯彻习近平总书记在深度贫困地区脱贫攻坚座谈会上的重要讲话精神，传达学习全国深度贫困地区脱贫攻坚工作电视电话会议精神，认真落实党中央、国务院精准扶贫精准脱贫的决策部署，总结交流脱贫攻坚经验做法，部署推进全省脱贫攻坚工作。

【动态管理】 2017年6—8月，福建省组织各地对建档立卡工作进行查缺补漏，共补录建档立卡贫困人口17597人，清退不符合标准的错识错评人员18592人。11月，组织开展以"贫困退出"为主要内容的贫困人口动态管理工作，将符合标准的贫困人口全部纳入建档立卡范围，对不符合标准的建档立卡错识错评人员进行复核清退，确保做到应纳尽纳、应退尽退。2017年举办4期脱贫攻坚专题培训班，对有减贫脱贫任务的8个设区市全面开展督促指导和宣传动员。

【产业扶贫】 2017年，福建省安排中央财政扶贫发展资金21907万元，扶持建档立卡贫困户发展优势特色农业项目和农产品加工、休闲农业、乡村旅游、电子商务、流通配送、光伏扶贫等项目；扶持直接带动20户以上贫困户或带动整个贫困村60%以上贫困户脱贫致富的生产性重点扶贫项目等。支持贫困地区大力培育农业产业化龙头企业和农民专业合作社，采取“公司（合作社）+基地+贫困户”等模式带动贫困户增收脱贫。8月，新增安排2亿元省级财政专项产业扶贫发展资金，对贫困户生产性项目进行补助，做到每个有劳动力能力的贫困户都有1个以上增收脱贫项目。

【健康扶贫】　2017年7月，福建省实施精准扶贫医疗叠加保险政策，在落实好原有基本医疗保险、大病保险、医疗救助等政策的基础上，采取财政支持与社会捐赠相结合的办法，筹集2.4亿元，为贫困户再增加一道保险，进一步减轻贫困人口医疗费用负担。7—12月，全省建档立卡农村贫困人口享受医疗叠加保险补助41301人，医疗费用20158.32万元，其中现行医保政策报销14133.95万元，精准扶贫医疗叠加保险政策补助2031.29万元。建档立卡贫困患者的医疗费用平均个人报销比例提高到80.19%，针对13种重特大疾病的个人报销比例提高到97.54%。

【资产收益扶贫】　2017年，福建省新增安排2000万元省级财政专项资金，对开展资产收益扶贫的县（市、区）进行“以奖代补”。9月，印发《关于开展扶持村级集体经济发展试点工作的通知》，确定43个县750个村作为第一批试点，省级财政安排补助资金34876万元，支持各地通过资产收益、股份合作等形式发展贫困村集体经济。

【易地扶贫搬迁】　2017年，福建省完成造福工程易地扶贫搬迁11.23万人，建设各类规模集中安置区196个，完成投资51.38亿元。继续实施差别化补助政策，国定建档立卡贫困户按家庭人口每人补助不少于25000元，同步搬迁的省定建档立卡贫困户、非贫困户分别由省级财政按家庭人口每人补助10000元、3000元，同时享受造福工程相关叠加补助政策，专项用于易地扶贫搬迁住房建设。强化项目资金监管，修订完善资金管理办法，印发《福建省易地扶贫搬迁中央预算内投资管理实施办法的通知》。

【山海协作对口帮扶】　完善省领导挂钩联系、沿海较发达县（市、区）对口帮扶、省直部门挂钩帮扶23个省级扶贫开发工作重点县制度。2017年，新增厦门市和福州市的10家国有企业参与挂钩帮扶经济实力排名靠后的10个省级扶贫开发工作重点县。沿海经济较发达县（市、区）落实对口帮扶资金34280万元。组织引导山区和沿海发挥各自优势互设山海协作共建产业园区，在项目招商、技术帮扶、产业链延伸、资金落实和用工帮困等方面实现“共建”，全省建成32个园区，做到每个省级扶贫开发工作重点县都有1个园区。

【整村推进】　2017年，福建省实施第五轮整村推进扶贫开发工作，从省、市、县三级选派优秀年轻干部到贫困村和村级组织薄弱村担任村党组织第一书记，任期3年，实施“部门挂钩、资金捆绑、干部驻村、政策倾斜”工作机制，对建档立卡贫困村全覆盖，其中省派驻村第一书记400名。

【扶贫小额信贷】　充分发挥扶贫小额信贷风险担保金作用，为扶贫开发对象发展生产提供5万元以下、3年以内的无抵押无担保贷款，并由省级财政为贫困户贷款按人民银行的基准利率给予全额贴息。截至2017年12月底，累计为贫困户发放扶贫小额贷款27.70亿元，扶持6.44万户建档立卡贫困户发展生产，贫困户覆盖面为42.22%。

【“雨露计划”】　2017年，省级财政安排“雨露计划”培训资金1600万元，支持开展农业实用技术和职业技能培训，不断提升贫困户就业创业能力，全年完成培训

7.87万人次。

【社会扶贫】 开展扶贫日系列活动，组织福建日报社、福建电视台等宣传媒介大力宣传社会扶贫和全国脱贫攻坚奖获奖者等先进典型，宣传发动社会力量参与脱贫攻坚。推动百企帮百村活动，2017年，共有510家企业结对帮扶348个村，涉及贫困人口16904人，总投入3.94亿元，安置就业1479人，技能培训916人。河仁慈善基金会筹集慈善资金3000万元，在长汀县、屏南县、永泰县等三个省级扶贫开发工作重点县中各选择10个产业特色明显且有一定基础的贫困村实施产业扶贫，每个村每年帮扶资金100万元，连续帮扶3年。

【扶贫督查】 2017年，福建省组织开展脱贫攻坚“春季攻势”行动。3月，由8位省领导带队开展调研检查，指导推动各地脱贫攻坚。11月，组织省直有关部门负责人带队，组成8个督查组，开展脱贫攻坚工作督查。通过专项督查、明察暗访、电话问卷调查等形式，建立月报和进度跟踪制度，推动造福工程易地扶贫搬迁、扶贫小额信贷、“雨露计划”培训等脱贫攻坚重点工作落实。

【扶贫考核评估】 2017年2月，组织开展2016年设区市党委和政府扶贫开发工作成效考核，委托福建农林大学开展第三方评估，并邀请8名省人大代表、8名省政协委员和8名中介机构人员全程参与、实施监督。对考核等次为“好”的6个设区市，每市奖励1000万元。

【扶贫表彰】 2017年，福建农林大学菌草研究所所长林占熺荣获全国脱贫攻坚贡献奖，宁德市诚信促进会常务副会长王绍据荣获全国脱贫攻坚奉献奖。

【扶贫制度建设】 2017年5月，福建省政府印发《福建省农村扶贫开发办法》。出台《关于贯彻落实习近平总书记重要指示精神进一步强化扶贫领域监督执纪坚决打赢脱贫攻坚战的通知》《关于进一步加强重点贫困人群脱贫攻坚工作的通知》《关于开展扶贫领域作风问题专项治理的实施方案》等文件，不断强化脱贫攻坚政策保障。

【彩票公益金试点】 2017年，财政部下达福建省中央专项彩票公益金8000万元，用于扶持浦城、云霄、武平和建宁等4个原中央苏区县，每个县2000万元，带动社会资金投入1735.66万元，扶持4个县建设机耕道、桥梁、堤坝、水渠等贫困村村内小型生产性公益设施项目95个。

【以工代赈】 2017年，福建省下达中央财政预算内以工代赈资金3900万元、省级财政配套资金600万元，用于支持欠发达地区乡村道路、小型农田水利基础设施项目，改善农村生产生活条件。同时，组织项目所在地建档立卡贫困户参加工程建设，增加贫困户务工收入。

【东西部扶贫协作】 2017年7月，福建省、宁夏回族自治区、人民日报社、国务院扶贫办在宁夏回族自治区银川市共同举办中共中央总书记习近平“银川会议”讲话一周年纪念活动，深入学习贯彻习近平在“银川会议”上的重要讲话精神，认真总结闽宁对口扶贫协作的成效与经验，不断深化“联席推进、结对帮扶、产业带动、互学互助、社会参与”的闽宁对口扶贫协作机制。颁布《“十三五”闽宁扶贫协作规划》。8月，闽宁第21次联席会议在福州召开。9月，中阿博览会在宁夏银川召开，福建省举办一系列主题活动。进一步加大财政投入力度，省级财政援宁资金从2016年的3500万元增加到2017年的8000万元。闽宁两省区在项目对接、资金支持、产业合作、劳务协作、人才支援等方面深入开展协作。

（福建省扶贫办　黄肇文）

江西省扶贫开发

【概述】 2017年，江西省贯彻习近平新时代中国特色社会主义思想，按照“核心是精准、关键在落实、确保可持续”的要求，围绕“两不愁三保障”，加大资金投入和政策扶持，实施产业就业扶贫全覆盖、保障扶贫再强化、教育扶贫再对接、健康扶贫再提升、安居扶贫再落实、贫困村村庄整治再推进等重点工程，深入推进精准扶贫精准脱贫。2017年2月26日，江西省政府批准并宣布井冈山市在全国率先宣布脱贫，成为我国贫困退出机制建立后首个脱贫“摘帽”的贫困县市。2017年底，江西省继井冈山市、吉安县后，再增6个贫困县达到脱贫摘帽条件，1000个贫困村退出，实现52.93万人脱贫，贫困人口减至87.54万人，贫困发生率降至2.37%。在中央对2017年省级党委和政府扶贫开发工作成效考核中，江西省综合评价为“好”。在国务院对2017年落实重大政策措施真抓实干成效明显地方予以督查激励通报中，江西省共获11项奖励支持措施，涉及扶贫开发2项，分别为在扶贫开发工作成效考核中认定为完成年度计划、减贫成效显著、综合评价好的省份，以及易地扶贫搬迁工作积极主动、成效明显的省份。

【扶贫资金投入】 2017年，中央财政安排江西省专项扶贫资金26.44亿元；中央专项彩票公益金扶贫资金1.2亿元。江西省、市、县各级财政专项扶贫资金投入66.2亿元，其中江西省本级投入26.63亿元。2017年分配给24个国家扶贫开发工作重点县财政涉农扶贫资金规模124.96亿元。

【连片特困地区脱贫攻坚】 2017年，江西省坚持区域发展与脱贫攻坚相结合，按照《江西省罗霄山片区区域发展与脱贫攻坚实施规划（2016—2020）》，围绕基础设施、生产生活改善、基本公共服务、产业发展、生态建设等5大类建设任务，确定30个小类18121个项目。2017年罗霄山片区县各级财政扶贫资金投入11.67亿元。发放扶贫小额信贷61.86亿元。罗霄山片区县共有3034个行政村建立电商站点，其中贫困村1184个。建成贫困村光伏扶贫电站61.8万千瓦，受益贫困户16万户。11.92万贫困劳动力实现就业。3538个贫困村组完成改路3236千米，修建排水沟1496千米，改水11.9万户，改厕9.8万户，新建或改造办公议事、文体休闲、医疗卫生、教育培训等设施2777个。全年实现20.81万人脱贫、420个贫困村退出、3个贫困县达到摘帽条件，贫困人口减至30.24万人，贫困发生率降至3.96%。

【深度贫困村脱贫攻坚】 2017年，江西省出台《江西省大力支持深度贫困村脱贫攻坚实施方案》，在赣南等原中央苏区、罗霄山片区、扶贫开发工作重点县和滨湖地区、深山区，以村为单位，综合考虑贫困人口规模及脱贫难度等因素，以贫困发生率10%及以上、集体经济薄弱、无特色优势产业、基础设施落后、公共服务较差为主要依据，按照乡镇核实上报、县级审查、设区市核查、省扶贫开发领导小组审定的程序，确定269个深度贫困村并加大扶贫投入、资金整合、项目倾斜、金融扶贫、生态扶贫、政策支持、保障兜底、社会帮扶等，确保2018年至2020年支持深度贫困村存量及增量扶贫资金和政策性融资达到1000万元。

【易地扶贫搬迁】 2017年，江西省实施易地扶贫搬迁再精准工程，统筹推进2016年、2017年项目建设，2017年筹集各类资金46.8亿元，支持易地扶贫搬迁项目建设。融资方面，实行省级“统贷统还”政策，由省级层面负责资金筹集和本息还贷，全部承担易地扶贫搬迁70亿元贷款的还款责任。住房建设方面，按照确保贫困户户均自筹控制在1万元以内的要求倒算资金投入，优先保障搬迁户建房补助。截至2017年底，江西省2016年易地扶贫搬迁建档立卡人口4.2万人，建设安置住房11130套；2017年易地扶贫搬迁建档立卡人口7万人，建设安置住房18460套，住房竣工15170套，完成搬迁入住42430人。

【产业扶贫】 2017年，江西省推广“选准一项优势主导产业、组建一个合作组织、设立一笔贷款风险补偿金、落实一个部门帮扶机制”产业扶贫模式，因地制宜扶持贫困户发展特色种养业及乡村旅游、光伏、电商等新兴产业实现增收脱贫。注重贫困户参与，大力推进村干部与能人带头领办、村党员主动参与、村民自愿参与、贫困群众统筹参与的“两领办三参与”产业扶贫合作模式，支持贫困户以各种要素参与合作社或入股合作社。截至2017年底，全省投入产业扶贫资金523.6亿元，支持贫困村发展扶贫产业，培育4.8万个农业新型经营主体，特色种养业带动贫困户63.6万户210万人，户均增收3900元。其中，发展贫困户直接参与的特色种植业193万亩，带动贫困户36.3万户123.6万人；发展特色养殖业带动贫困户27.3万户89.7万人，户均增收3300元；建设贫困村电商站点2463个，帮助4.9万户14.92万人销售农产品，户均增收3000元；通过旅游扶贫带动贫困户2.91万户9.37万人；建成光伏扶贫电站规模119万千瓦，受益贫困村（含“十二五”贫困村）3766个、贫困户24.5万户。2017年，江西省290万亩高标准农田建设项目全部开工，项目区落实产业结构调整面积103.7万亩，惠及贫困户6.8万户。赣州市大力发展脐橙、蔬菜、油茶三大产业，种植面积分别达155万亩、180万亩和269万亩，累计带动28.06万户贫困户增收。成功开行中欧蔬菜、水果班列，脐橙等农产品远销20多个国家和地区，带动贫困户实现年户均增收1.5万余元。中共中央总书记习近平对赣州产业扶贫工作给予充分肯定并作出重要批示。5月，农业部、国务院扶贫办在江西瑞金召开全国产业扶贫现场观摩会，将赣州产业扶贫模式作为全国三大产业扶贫经典案例进行总结推广。

【就业扶贫】 2017年，江西省32.57万贫困劳动力实现就业。其中，建立国家级就业扶贫基地46家、省级就业扶贫示范点600个、就业扶贫示范园区60个；开发护林员、护路员、保洁员、“农家书屋”图书管理员等就业扶贫专岗，吸纳贫困劳动力就业5.47万人；建立乡村扶贫车间3541个，吸纳贫困劳动力就业5.5万人。11月，人力资源和社会保障部、国务院扶贫办在赣州市召开全国就业扶贫经验交流现场会。

【金融扶贫】 2017年，江西省加大金融支持力度，实现精准扶贫贷款余额1194亿元，同比增长83.3%。其中，建档立卡贫困户贷款73.1亿元，惠及11万户贫困群众；产业扶贫贷款余额345.1亿元；易地扶贫搬迁贷款余额104.4亿元。

【危旧房改造】 2017年，江西省采取整村改造、分散改造、住房维修、交钥匙工程等措施解决贫困群众住房安全问题。安排各级政府补助资金19.4亿元，对8.02万户农村困难群众的C级、D级危旧房进行维修改造，其中建档立卡贫困户6.7万户。

【村庄整治】 2017年，江西省实施贫困村村庄整治提升工程，省市县三级安排37.9亿元财政专项资金，投入7755个省级贫困村组，完成改路1.6万余千米、修建排水沟 1.2 万千米、改水 26.9 万户、改厕 26.9 万户，新建或改造办公议事、文体休闲、医疗卫生、教育培训等设施 4600 个；58 个原中央苏区县修建通 25 户及以上自然村公路 4784 千米，惠及 5165 个自然村 88 万人，解决 33.99 万农村人口饮水安全问题。

【电商扶贫】　2017 年，江西省 24 个国家级贫困县全部纳入国家电子商务进农村综合示范县范围，获中央财政扶持资金 6.905 亿元，电商服务网络覆盖 76.4% 建档立卡贫困村，惠及 21.4 万贫困人口。10 个县（区）被列入商务部、财政部、国务院扶贫办公布的第四批国家电子商务进农村综合示范县名单。电子商务销售额 4361.2 亿元。其中涉农电商销售额 323.7 亿元。实现网络交易额 237 亿元，带动建档立卡贫困户户均年增收 2750 元。其中江西邮政建成 1327 个电商扶贫站，覆盖近 50% 的贫困村，辐射服务 100 万贫困户，上线农产品 2000 余款，销售农产品 1.91 亿元，带动 5.7 万户贫困家庭增收脱贫。

【健康扶贫】　2017 年，江西省在筑牢健康扶贫基本医保、大病保险、补充保险、大病救助“四道保障线”基础上，统筹政府资金、慈善基金、社会捐赠等各方资源，建立医疗救助兜底机制，对经“四道保障线”补偿后承担个人自负费用仍有困难的贫困患者以及不需住院但要长期服药的慢性病、精神病等特困患者，进行再补偿，打造健康扶贫“第五道保障线”，进一步减轻贫困群众的看病负担。建档立卡贫困人口基本医保报销补偿人数 216.83 万人，报销补偿金额 31.15 亿元；大病保险报销补偿人数 16.07 万人，报销补偿金额 3.20 亿元；补充保障报销补偿人数 55.6 万人，报销补偿金额 8.7 亿元；医疗救助 52.60 万人，救助金额 3.27 亿元，贫困患者住院费用个人自付比例保持在 10% 以下。落实“三个一批”（即大病集中救治一批、慢病签约服务管理一批、重病兜底保障一批）行动计划，全面推行贫困群众县域内住院“先诊疗后付费”制度、“一站式”结算和家庭医生签约服务。1 月和 6 月，江西省分别在全国健康扶贫工作会议上做典型经验发言。江西省“精准施策助力健康扶贫”被评为全国“推进医改、服务百姓健康”十大新举措。贫困人口重大疾病医疗补充保险制度在全国推广。

【教育扶贫】　2017 年，江西省加强学籍管理系统数据与建档立卡信息系统动态衔接，实现资助贫困家庭子女就学、关爱留守儿童、帮扶贫困家庭高校毕业生初次就业“三个全覆盖”。创新推行教育扶贫资助政策校长（园长）负责制，落实贫困家庭学生享受各种助学政策，累计发放教育资助资金 8.98 亿元，资助建档立卡贫困户 35.05 万人。

【扶贫机构和队伍建设】　2017 年，江西省出台《关于进一步加强脱贫攻坚基层基础工作的指导意见》，建立乡镇扶贫工作站 1551 个，村级扶贫工作室 17320 个。按“四化”要求，强化乡村扶贫工作站（室）功能作用。即：建设配置“规范化”。在有脱贫攻坚任务的乡镇按照机构编制、工作人员、办公场所、工作经费“四个固定”标准，全面建立扶贫工作站，每个工作站不少于 3 人；在有精准扶贫任务的行政村，按照“设置一个工作室，乡镇统一配备一个文件柜、一张贫困户帮扶卡、一个贫困户文件资料袋、一个贫困户信息公示栏”的“五个一”要求，全面建立配齐村级扶贫工作室，每村确定 1 ~2 名专干。服务管理“网格化”。乡村扶贫工作站（室）互联互动，发挥“网格化”服务管理职能，统筹各级驻村扶贫力量，落实驻村扶贫和结对帮扶机制，编织了精准扶贫大规模开展、常态化推进、网格化管理的良好格局。信息采集“专业化”。坚持专业的人做专业的事，每个乡镇扶贫工作站配备 2 名专职信息员、每个村工作站室配备1名专职信息员，江西省共落实2.08万名专职信息管理员，负责做好精准扶贫信息系统数据的采集、录入、更新、维护、比对、上报工作，完善精准识别、精准管理、精准帮扶、精准退出等方面资料。政策实施“精细化”。在资金使用、项目实施、工作监管上赋予乡村扶贫工作站（室）具体职责，在责任落实、政策落实、工作落实上实现精细化。

【千企帮千村】 2017年，江西省动员2637个民营企业参与“千企帮千村”精准扶贫行动，结对帮扶2787个贫困村，投入帮扶资金（含捐赠物品折款）14.37亿元。6336个单位定点帮扶2900个贫困村，投入帮扶资金（含捐赠物品折款）17.91亿元。9月，全国“万企帮万村”精准扶贫行动片区座谈会在江西省召开。

【中国社会扶贫网】 2017年，江西省在全国率先出台《中国社会扶贫网江西推广管理办法》。全省在中国社会扶贫网注册量516.06万人，位居全国第一；发起贫困物品需求累计86.9万件，贫困需求对接成功66.7万件，对接成功率76.75%。9月，江西省在全国“互联网+社会扶贫”工作推进现场会上作典型发言，10月，在全国“扶贫日”论坛上分享江西推广中国社会扶贫网经验。

【脱贫攻坚奖】 2017年，江西省修水县抗洪英雄、扶贫专干程扶摇荣获“2017年全国脱贫攻坚奖贡献奖”，正邦集团有限公司董事长林印孙荣获“2017年全国脱贫攻坚奖奉献奖”。

【江西省脱贫攻坚奖】 2017年，江西省决定设立“全省脱贫攻坚奖”。从2017年到2020年，每年评选表彰一批为脱贫攻坚作出突出贡献的先进人物。设奋进奖、作为奖、贡献奖、奉献奖四个奖项，每个奖项评选表彰5人，共20人。评选表彰对象为对江西省脱贫攻坚作出突出贡献的个人。其中，奋进奖从脱贫主体中产生，表彰脱贫致富先进典型；作为奖从致富带头人、创新创业主体中产生，表彰带领群众脱贫致富、推动扶贫改革创新的先进典型；贡献奖从扶贫工作主体中产生，表彰各级党政机关、国有企事业单位、军队和武警部队、民主党派和工商联、人民团体中的扶贫先进典型；奉献奖从社会帮扶主体中产生，表彰各类社会组织、非公有制企业和公民个人中的扶贫先进典型。2017年，经申报推荐、审核评审、社会公示等程序，江西省首次评选“全省脱贫攻坚奖”。

（江西省扶贫和移民办政策法规处 龚亮保）

山东省扶贫开发

【概述】 2017年是山东省各级各部门以习近平新时代中国特色社会主义思想为指导，认真贯彻落实党的十九大精神和中央决策部署，按照省委、省政府要求，坚持问题导向，扭住重点难点，拿出实招硬招，深入推进精准扶贫精准脱贫，现行省定扶贫标准（以下简称：省标）以下83.2万建档立卡农村贫困人口脱贫，其中，现行国家扶贫标准（以下简称：国标）33.4万人，退出建档立卡省定扶贫工作重点村（以下简称：省定重点村）1848个，完成年度减贫任务。截至2017年底，全省还有省标以下建档立卡贫困户8.9万户、贫困人口17.2万人，其中，国标以下贫困户4.1万户、贫困人口8.1万人，省定重点村68个。

【深度贫困地区脱贫攻坚】 2017年，山东省把菏泽和临沂2个市、20个脱贫任务比较重的县（市、区）、200个重点扶持乡镇、2000个省定重点村“4个2”重点区域和黄河滩区作为“深度贫困地区”，整合省有关部门支持脱贫攻坚的实招硬招，制定《关于进一步强化政策措施推进深度贫困地区精准脱贫的实施意见》，有针对性地提出26项政策措施，新增项目、资金、举措重点支持深度贫困地区。出台《关于省扶贫工作重点村加快建设美丽乡村的意见》，坚持先难后易、因地制宜，推进美丽乡村建设与脱贫攻坚融合发展。

【专项扶贫资金投入与监管】 2017年，山东省出台《关于加强2017年度财政专项扶贫资金使用监管的意见》《山东省财政专项扶贫资金和项目管理办法》，对财政专项扶贫资金分配、使用和监管作出详细规定。各级投入财政专项扶贫资金59.32亿元。其中，中央资金4.69亿元，比上年增长60.62%；省级资金22亿元，比上年增长29.4%；市县两级资金32.63亿元，比上年增长12.4%。临沂、菏泽2个市占65.2%，20个脱贫任务比较重的县（市、区）占61.7%。全年特色产业发展、小额贷款担保、公益事业三支扶贫基金到位50亿元。

【产业扶贫】 2017年，山东省实施财政专项扶贫资金产业扶贫项目6381个，其中，种养加项目3753个、电商项目154个、旅游项目225个、光伏项目1298个、其他项目951个。总投资34.98亿元，其中，各级投入31.72亿元，占总投资的90.7%；项目覆盖带动贫困人口48.9万户、95.01万人。全省有扶贫任务的县（市、区）普遍建立县级产业扶贫项目储备库，作为安排年度项目计划、编制项目实施方案的主要依据，入库项目3.2万个；县级设立项目评审委员会和评审专家库，负责对项目实施的可行性、合规性、有效性严格把关，入库专家3614人。全省29637个村成立精准扶贫理事会，村内设立扶贫联络员，确保贫困群众的知情权、参与权和监督权。

【彩票扶贫项目】 2016年度彩票扶贫项目于2017年3月开工建设，年底完工，费县、沂南县和莒县3个沂蒙革命老区县总投资10798.8万元，其中，中央专项彩票公益金6000万元，市县投入4798.8万元。修建生产路155千米，新建塘坝、蓄水池等小型水利设施34处、扬水站3座，项目覆盖4个乡镇、52个扶贫工作重点村，惠及7.89万人。确定临朐、泗水、新泰、蒙阴4县实施2017年度彩票扶贫项目，临沭、沂水、郯城3县实施2018年度提前批彩票扶贫项目，每县（市）安排中央专项彩票公益金2000万元，用于修建扶贫工作重点村生产路和小型农田水利设施。

【三保障扶贫】 2017年，山东省累计投入资金4.04亿元，资助建档立卡贫困家庭学生15.68万人，从学前教育到高等教育全学段家庭经济困难学生资助政策全覆盖。省定重点村中小学校设置留守儿童关爱室3952个，基本实现全覆盖。全省安排“雨露计划”资金4500万元，补助“两后生”1.5万人；对患病贫困人口全部实施“两免两减半”“先诊疗、后付费”政策，救治患病贫困人口17.3万人。救助贫困残疾人9.95万人，采取巩固性救助扶持贫困边缘残疾人口33.9万人次，有效防止致贫返贫现象。开展健康扶贫系列公益活动1.97万次，惠及贫困人口20.97万人；印发《关于进一步做好建档立卡贫困户危房改造工作的通知》，完成4.85万户贫困户危房改造任务。黄河滩区脱贫迁建工程28个新建村台开工18个，42个规划外迁社区动工41个。加快推进易地扶贫搬迁项目建设，全省搬迁入住贫困人口4490人。4月份，国务院办公厅将山东省作为全国4个易地扶贫搬迁工作积极主动、成效明显的省份进行通报表彰。

【就业扶贫】 2017年，山东省人力资源社会保障部门免费培训贫困人口1.8万人次；妇联系统举办建档立卡贫困妇女培训班1534期，培训15万人次；商务部门面向36个县（市、区）的电商扶贫企业、第一书记、贫困户、种植养殖大户等开展电商培训，累计培训144期，培训学员3000余人次。加大就业安置力度，省内外转移贫困劳动力10.1万人，开发护林员、保洁员、安全员、养老护理员等公益岗位6.59万个，通过设立互助养老、助残等“村级扶贫专岗”安置就业7428人。99家企业入选全国就业扶贫基地。制定全国首个《精准扶贫车间》地方标准，全省推广建设扶贫车间6126个，吸纳12.6万贫困人口就业。

【两项制度有效衔接】 2017年，全省扶贫系统认真贯彻落实《山东省人民政府办公厅转发省民政厅等部门关于做好农村最低生活保障制度与扶贫开发政策有效衔接的实施意见的通知》有关要求，山东省扶贫办会同省民政厅转发《民政部、国务院扶贫办关于进一步加强农村最低生活保障制度与扶贫开发政策有效衔接的通知》，积极推动“两项制度”在政策、标准、对象、管理和信息等方面有效衔接。截至2017年底，山东省提前实现“两线合一”目标，全省平均农村低保标准达到4251元，比2016年底提高445元，超出省标（3509元）742元，超出国标（2952元）1299元，17市平均低保标准均高于现行省定扶贫标准。

【干部驻村帮扶】 2017年，山东省在岗驻村帮扶干部41812人，其中，派往省定重点村17804人，第一书记10962人，扶贫工作重点村干部驻村全覆盖。建立派出单位包村、第一书记驻村、党员干部联户“三位一体”合力帮扶的工作体系，全省新建基层党组织79个，调整选配支部书记588名，调整选配“两委”成员1385名，发展党员3332名，发展入党积极分子10503名，健全管用制度14845个；投入项目资金33.2亿元，争取社会资金12.7亿元，发展和培育产业致富项目8369个；修路14654.7千米，兴建文体设施4919处，1067个村完成生产生活用电改造，1528个村实现安全饮水，新增村集体经营性收入2.2亿元。

【社会扶贫】 开展扶贫日系列活动，举办“优品嘉年华”线上线下推介会，展出特色农产品380个种类4000多个产品，签订采购合同6400余万元。“泛海助学山东行动”资助全省1万名参加高考并被高校录取的贫困家庭大学新生，每人资助5000元。31786名志愿者与30007名留守儿童牵手结对，21087 名志愿者结对服务 10288 名贫困老人。开展“弱势儿童免费救治”“齐鲁光明行”“微笑山东”“大爱清尘”“同心圆梦”等扶贫公益活动，救治贫困群众 9700 人次。实施“千企帮千村”脱贫攻坚行动，全省参与帮扶企业 1343 户，实施帮扶项目 2310 个，结对帮扶省定重点村 1510 个，投入总金额 8.85 亿元，帮扶贫困群众 7.5 万人。印发《关于帮助贫困群众解决冬季春节期间生活难题的通知》，全省投入资金 10 亿元，惠及贫困人口和其他困难群众 193.3 万人。聚焦 20 个脱贫任务比较重的县（市、区），从省管企业和社会捐赠中支出 1206 万元，开展“过暖冬送年礼”活动，为贫困户发放棉被 7.5 万床、生鲜肉 5.6 万份。

【金融扶贫】　2017 年，山东省充分发挥财政资金撬动作用，引导更多的信贷资金聚集扶贫领域。全省累计发放扶贫小额信贷和富民生产贷 115.82 亿元，支持带动贫困人口 23.85 万人。其中，扶贫小额信贷 22.71 亿元，支持带动贫困人口 5.22 万人；富民生产贷 93.11 亿元，支持带动贫困人口 18.63 万人。面向全省所有建档立卡农村贫困人口实施以医疗商业补充保险、意外伤害保险、家庭财产保险等 3 个险种为主的“扶贫特惠保”，为贫困群众构筑风险“安全网”。截至 2017 年底，各级财政累计投入保费 3.94 亿元（其中省级 2.79 亿元），基本实现贫困群众扶贫特惠保险全覆盖。各险种受理赔付 3.52 亿元，惠及 23.18 万贫困人口，其中，医疗商业补充保险 3.21 亿元，惠及 22.12 万人；意外伤害保险 2830 万元，惠及 9208 人。

【精神扶贫】　2017 年，山东省坚持扶贫与扶志、扶智相结合，着力补齐贫困群众“精神短板”。用沂蒙精神提振精气神，用身边人身边事示范带动，用先进扶贫事迹激励感化，让贫困群众心里热起来、脑子转起来、身子动起来。对能干活的纳入项目，愿就业的提供岗位，有创业能力的提供资金。全省成立红白理事会 8.6 万多个，举办新农村新生活培训班 6.4 万期次，推行喜事新办、丧事简办、厚养薄葬，为“人情账本”减负。通过村级组织带、驻村干部帮、扶贫理事会促、扶贫联络员联，强化基层组织，密切与贫困群众的联系。建立精准扶贫理事会 10232 个，成员达 62051 名，其中，贫困户代表 19045 名。

【省内扶贫协作】　2017 年，山东省加大省内扶贫协作资金帮扶力度，6 个帮扶市财政预算安排帮扶资金 2.59 亿，实际到位 2.7 亿元，社会捐助资金 1680 万元，社会捐物折价 627.74 万元；推进产业协作，6 个帮扶市援建项目 104 个，到位资金 133.87 亿元；开展劳务合作，帮助方为被帮助方开展人才交流、培训、招生合计 4.45 万人次，被帮助方有 4.58 万人通过扶贫协作实现就业；强化人才支持，协作双方安排 113 名党政干部挂职交流。指导各地在乡镇、村以及企业之间建立帮扶对子，开展“点对点”帮扶。密切沟通协调，督促指导市县两级召开联席会议 50 余次。

【扶贫督查考核】　2017 年，山东省出台《山东省脱贫攻坚责任制实施细则》《山东省扶贫领域作风问题专项治理实施方案》，先后开展脱贫核查、扶贫工作专项督查和第三方评估等督查评估 3 次，针对发现的问题约谈县委书记 3 人次，市、县扶贫办负责人 5 人次。在全省部署开展脱贫攻坚“整改落实季”集中行动，建立问题台账，集中进行问题销号整改。2017 年，督查考核覆盖全省 17 市、103 个县（市、区）、418 个乡镇、1662 个村、12948 户贫困户、776 个项目和 45 个省扶贫开发领导小组成员单位。建立健全 12317 电话、官网、来信、来访和上级转办五位一体的信访舆情监控体系，全年收到信访舆情 434 件，全部妥善处置。建立与省纪委机关的联动联办机制，移交 3 个批次 95 条信访舆情线索。

【扶贫审计监督】 2017 年，山东省扶贫办根据扶贫资金、贫困人口分布等因素，组织开展 7 轮专项审计检查，覆盖全省 14 市 36 县（市、区），延伸调查 107 个乡镇（街道）、393 个村、510 个项目和 1411 户贫困户，涉及 2015 年至 2017 年专项扶贫资金 16.58 亿元，审计检查发现问题 438 项，提出意见建议 74 条。截至 2017 年底，已有 6 市 13 县（市、区）完成 271 项问题的整改，涉及问题资金 1627.54 万元。加快推动完成危房改造 535 户，清退不符合金融扶贫贷款条件企业 2 家，促进建立健全规章制度 11 项，市县乡各级党委政府处理相关责任单位 4 个、责任人 9 人。

【扶贫干部培训】 2017 年，山东省组织“新常态新理念新作为”扶贫开发长效机制建设专题研讨培训班、全省县乡扶贫干部培训班、40 个县（市、区）党委书记培训班、基层公务员扶贫培训班，培训各市县扶贫办主任、脱贫任务比较重的县（市、区）党委书记、有脱贫任务的县（市、区）党委分管负责同志、200 个重点扶持的乡（镇、街办）党（工）委书记等 1133 人。组织日喀则市扶贫干部培训班，承接全国脱贫攻坚培训工作研讨班、全国第一书记示范培训班、全国精神扶贫工作研讨班等全国性培训班 3 期。

【扶贫影像档案】 2017 年，山东省扶贫办与省文学艺术界联合会联合开展“我眼中的脱贫攻坚”影像档案征集活动。省扶贫办官网开辟专栏。举办“2017 新春摄影佳作展”“山东第一书记风采展”，结合全国及全省扶贫开发研讨班、培训班在淄博、临沂、菏泽 3 市分别举办专题展览。截至 2017 年底，征集摄影类作品 30396 件、影视类作品 2987 部，举办展览 117 场、出版画册 78 部。组织开展年度评审，评出摄影类大奖 30 件、影视类大奖 24 部，特别奖 4 件（部），优秀奖 130 件（部），16 个单位获组织奖。

【扶贫宣传】 2017 年，中央主要新闻媒体刊发山东省脱贫攻坚稿件 7165 篇，其中，人民日报 121 篇，新华社 2806 篇，中央电视台 106 篇；省级媒体刊发 10660 篇；网络及其他媒体采用 10000 多篇。编发《山东脱贫攻坚简报》142 期，刊发典型经验等各类信息 493 个，鄄城扶贫车间、沂水资金循环使用、五莲脱贫解困并举、乐陵扶贫专岗等典型经验在全省各地落地开花，扶贫车间成为十八届中央政治局 39 次集体学习 12 个典型案例之一。

【脱贫攻坚表彰】 2017 年，山东省扶贫办把推荐申报“全国脱贫攻坚奖”与全省脱贫攻坚先进评选表扬工作结合开展。秦玉峰、李玉如分别被国务院扶贫开发领导小组授予全国脱贫攻坚奖奉献奖、创新奖，陈明利同志被追授“齐鲁时代楷模”荣誉称号。评选出 2017 年度全省脱贫攻坚先进集体 35 个、先进个人 60 名，在第 4 个扶贫日召开先进典型代表座谈会进行通报表扬。

（山东省扶贫办　王　珂）

河南省扶贫开发

【概述】 2017年，河南省坚持精准扶贫精准脱贫基本方略，全面强化脱贫攻坚责任落实、政策落实和工作落实。省脱贫攻坚领导小组细化明确省级责任、部门责任、市县责任、乡村责任、驻村帮扶责任和督查巡查责任，健全脱贫攻坚责任体系。召开省委常委会议、省政府常务会议、省脱贫攻坚领导小组会议和4次全省脱贫攻坚推进会议，部署推动全省脱贫攻坚工作。做好转移就业、产业扶持、易地搬迁、社会保障、特殊救助“五项重点工作”，持续强化教育、交通、医疗、水利、电力“五大基础建设”，提高贫困群众受益度和获得感。将贫困发生率高于10%的4个贫困县确定为深度贫困县，将贫困发生率高于20%的1235个村确定为深度贫困村，出台《关于支持深度贫困地区脱贫攻坚的实施意见》，集中力量解决深度贫困问题。形成扶贫车间带贫模式、金融扶贫“卢氏模式”、贫困家庭重度残疾人集中托养“上蔡模式”、困难群众大病补充医疗保险制度、宅基地复垦券制度等有益经验。全年实现106.2万农村贫困人口脱贫，973个贫困村退出贫困序列，省级贫困县舞阳县脱贫摘帽。贫困地区农村居民人均可支配收入10789元，增长10.8%，高出全省平均水平2.1个百分点。

【扶贫资金投入】 2017年，河南省投入各级财政专项扶贫资金144.32亿元，其中：省、市、县三级投入财政专项扶贫资金104.84亿元，主要用于产业扶贫、扶贫小额信贷、易地扶贫搬迁和贫困村基础设施建设。贫困县统筹整合使用财政涉农资金243.39亿元。金融机构精准扶贫贷款余额1162.3亿元，2017年新增482.6亿元。扶贫小额贷款累计余额287.87亿元，2017年新增244.98亿元。扶贫再贷款余额125.7亿元，覆盖所有贫困县。

【扶贫资金管理】 出台《关于强化扶贫项目管理提高扶贫资金使用效益的意见》《关于加强扶贫资金监管的意见》《河南省财政专项扶贫资金管理办法》《河南省扶贫资金项目公告公示制度》《河南省统筹整合使用财政涉农资金试点实施办法》，完善扶贫资金和扶贫项目管理制度。对中央财政专项扶贫资金、中央彩票公益金使用管理情况和贫困县统筹整合财政涉农资金政策落实情况开展专项检查，对全省贫困县和17个非贫困县开展扶贫审计，对16个贫困县和4个非贫困县扶贫项目建设管理及扶贫资金支付情况开展督查巡查，实行财政专项扶贫资金拨付进度和统筹整合财政涉农资金支出进度通报制度，促进扶贫资金安全高效使用。2017年河南省财政专项扶贫资金绩效被评价为优秀等次。

【就业扶贫】 2017年，河南省采取劳务协作对外输出、产业发展就地就近吸纳、鼓励居家灵活就业、扶持自主创业带动、中介组织介绍就业、开发公益岗位安置等帮扶措施，开展送政策、送技能、送岗位、送服务“四送”活动，帮助贫困劳动力实现就业。采取吸引企业车间下乡、引导农民工回乡创业、支持能人创业、招商引资等方式，建成扶贫车间5613个，吸纳36.7万人就地就近就业，其中贫困劳动力12.6万人。设立100亿元农民工返乡创业投资基金，制定支持农民工返乡创业政策措施，2017年返乡创业带动 26.3 万名贫困劳动力就业。选聘建档立卡贫困人口生态护林员 1.8 万人。“雨露计划”培训贫困家庭新生劳动力、青壮年劳动力和贫困村产业发展农村实用技术人员、致富带头人共计 11.4 万人次。截至 2017 年底，全省 135.8 万名贫困劳动力中实现转移就业 101.1 万人。

【产业扶贫】 坚持投资少、风险小、带动大、发展快的原则，重点发展特色林果业、畜牧养殖业、乡村旅游业、轻纺制造业、农产品加工业和电商流通业，带动贫困人口就业增收。坚持群众自愿原则，探索直接帮扶、托管帮扶、合作帮扶、社会帮扶、股份帮扶、资产收益帮扶、代种代养帮扶等产业扶持脱贫模式，提高贫困人口受益度。加快推进电商扶贫，累计有 45 个贫困县被确定为国家级和省级电商进农村综合示范县，覆盖率 85%，其中 2017 年新增的 13 个国家级示范县均为贫困县。推进旅游扶贫，制定实施《河南省乡村旅游扶贫三年行动计划》，形成“景区带村”“能人带户”“旅游 + 交通 + 扶贫”等乡村旅游扶贫模式。有序推进光伏扶贫，建成并网村级光伏电站和屋顶分布式扶贫电站 5085 个，并网容量 82.3 万千瓦；建成并网集中式光伏扶贫电站 1 个，并网容量 10 万千瓦。全省实施产业扶贫项目 7412 个，带动贫人口数 217.3 万人次。

【易地扶贫搬迁】 对 10 万农村贫困人口实施易地扶贫搬迁，建设 412 个集中安置点。按照靠县城、靠园区、靠乡镇、靠乡村旅游点的原则选址集中安置点，方便搬迁人口就近就业和享受现有公共服务。按照有社区服务中心、有义务教育学校、有幼儿园、有卫生室、有综合文化场所的原则建设安置点配套设施，逐步实现公共服务覆盖到位。按照因地制宜建设 1 个村级光伏小电站、落实 1 项产业帮扶措施、建设 1 个扶贫车间、实现 1 人稳定就业、有 1 份稳定资产收益的原则支持搬迁群众后续发展，逐步实现产业扶贫措施全覆盖。用活国家城乡建设用地增减挂钩政策，创新建立宅基地复垦券制度，易地扶贫搬迁产生的 A 类复垦券实现交易 9291 亩，筹集资金 27.87 亿元，惠及 23 个县的 3 万多户搬迁户。

【社会保障制度完善】 农村低保标准提高到年人均不低于 3210 元，惠及 320 万农村低保对象。农村特困人员生活费标准不低于当地低保标准的 1.3 倍，惠及 50 万农村特困人员。社会散居孤儿、机构供养孤儿养育标准分别提高到不低于 700 元、1100 元，惠及 3 万余名孤儿。建立困难残疾人生活补贴和重度残疾人护理补贴制度，“两项补贴”标准分别不低于每人每月 60 元，惠及 149.3 万残疾人。中央和省级投入农村危房改造资金 8.17 亿元，贫困县统筹整合 8.2 亿元财政涉农资金用于农村危房改造，改造贫困家庭危房 8.85 万户。

【教育扶贫】 实施贫困家庭学生就学保障资助政策全员全学段的全覆盖，投入 8 亿元资助 2016 学年和 2017 学年贫困家庭学生 113.5 万人次，基本实现“应助尽助”。在“两免一补”的基础上，将学生营养改善计划实施范围扩大到全省建档立卡贫困家庭义务教育阶段学生，受益学生由 216 万人增加到 242 万人。新建、改扩建 7000 所贫困地区薄弱中小学校，建设贫困地区教师周转宿舍 6700 套，招聘特岗教师 9300 名，定向免费培养全科教师 3000 名。实施边远贫困地区和革命老区人才支持计划教师专项计划，累计选派 4992 名教师开展对口交流支教。按照每月乡镇 100 元、农村 300 元、教学点 500 元的标准，向国家连片特困地区县农村教师发放生活补助 7.79 亿元，惠及 24 万人次。

【健康扶贫】 大病补充医疗保险在基本医疗保险、大病保险的基础上，实际报销比例提高 10.89 个百分点，政策范围内报销比例达到 83% 以上。家庭医生签约服务全面覆盖农村贫困人口，累计为 26 万贫困人口开展医疗集中救治。全省有近 2500 家医疗机构开展贫困人口“先诊疗后付费”和

"一站式"就医结算服务，惠及贫困患者138万人次，累计免收住院押金近26亿元。安排贫困地区县级医院、妇幼保健院和县级疾病机构建设项目39个，总投资25亿元。实现三级医院对贫困县县医院对口支援全覆盖，对全省68所三级医院进行健康扶贫政策全员培训。免费开展出生缺陷产前筛查和新生儿疾病筛查，惠及全省贫困地区妇女儿童。免费为42万贫困地区农村妇女实施"两癌"筛查项目，为22.7万贫困儿童发放营养包229万盒。

【基础设施建设】 投入贫困地区交通建设资金312亿元，加大普通干线公路、农村公路、运输场站、内河水运等建设力度，新建、改建普通干线公路504千米和农村公路8900千米，建设旅游路、资源路、产业路1800千米，2017年退出的贫困村实现通路和通客车，行政村直接通邮率达到100%。投入贫困地区水利建设资金64亿元，统筹实施防洪减灾、农田水利、农村饮水安全巩固提升、水资源调配等工程，对1316个贫困村实施饮水安全巩固提升工程，累计解决饮水安全贫困村数量占"十三五"规划目标的84.74%。投入贫困地区电网建设资金98亿元，对38个贫困县、3943个贫困村实施电网改造，贫困县、贫困村电网改造率分别达到75.47%、96.16%；完成贫困地区6.3万眼机井通电任务，实现贫困地区现有存量机井通电全覆盖。对1157个贫困自然村实施宽带网络覆盖工程，实现对全省贫困自然村4G网络全覆盖。

【以工代赈】 安排以工代赈投资计划4.54亿元，其中：国家以工代赈资金2.94亿元，省财政及交通配套资金0.6亿元，省基建资金1亿元，为贫困人口发放劳务报酬0.4亿元。在贫困地区建设一批交通、水利、农业等农村中小型基础设施工程和示范工程，改善贫困地区生产生活条件和发展环境，增加贫困群众收入。实行"项目到县、资金到县、工作到县、责任到县"的管理模式，将以工代赈资金项目审批权和责任同步下放到贫困县，赋予贫困县统筹整合使用以工代赈资金自主权，由县级统筹编制实施方案、统筹安排使用资金和统筹监督管理。

【定点扶贫】 组织各级定点扶贫单位严格落实"干部当代表、单位做后盾、领导负总责"的工作机制。完善第一书记管理办法，实行"五天四夜"驻村工作制度，对第一书记累计召回124人、提拔重用1789人。按照省派不低于3万元、市派不低于2万元、县派不低于1万元的标准安排第一书记工作经费。为全省第一书记办理体检，办理重大疾病和人身意外伤害保险，安排专项扶贫资金近5亿元。在全省贫困村和扶贫任务较重的非贫困村建立3.89万个村级脱贫责任组，成员由县乡副科级以上干部、第一书记、村支部书记、村委会主任、贫困户帮扶责任人、党员能人等组成，强化帮扶力量。

【企业和社会各界扶贫】 深化"千企帮千村"精准扶贫行动，2965家民营企业结对帮扶2293个贫困村，累计投入帮扶资金133.4亿元，帮扶贫困人口24万多人。全省累计建设"巧媳妇"工程基地及项目点3.2万个，带动80多万农村妇女就业，其中建档立卡贫困妇女11.2万人。各民主党派对口6个脱贫攻坚任务重的省辖市持续开展民主监督。各级团组织建立由省市团委、直属单位团委、省管高校团委、驻外团组织、青年社会组织与国家级贫困县开展结对帮扶的"5+1"工作体系，精准帮扶48.5万名贫困青少年。启动中国社会扶贫网在河南省上线工作。

【扶贫法制化建设】 2017年12月1日，河南省第十二届人民代表大会常务委员会第三十二次会议审议通过《河南省扶贫开发条例》，自2018年1月1日起施行。

（河南省扶贫办政策法规处　郑　方）

湖北省扶贫开发

【概述】 2017年，湖北省委、省政府认真学习贯彻习近平总书记关于扶贫开发的重要论述，高举习近平新时代中国特色社会主义思想伟大旗帜，全面贯彻中共十九大精神，坚定不移地贯彻落实中共中央、国务院的战略部署，牢固树立“四个意识”，把脱贫攻坚作为重大的政治任务、重大的政治责任、重大的民生工程，坚持“准”“实”的总标准，按照“精准扶贫、不落一人”的总要求，举全省之力强力推进，脱贫攻坚取得进展。2017年，湖北省91.7万贫困人口脱贫、1013个贫困村出列，完成年度减贫任务。全国产业扶贫现场观摩会、光伏扶贫现场会、金融扶贫现场观摩会、贫困地区电商扶贫助力精准脱贫经验交流会在湖北召开，湖北易地扶贫搬迁、产业扶贫、健康扶贫工作经验在全国交流。2017年，中央对省级党委和政府扶贫成效考核，湖北评为第一类。

【扶贫资金投入】 2017年，湖北省投入财政扶贫资金134.57亿元，其中省级48.8亿元、市级22.94亿元、县级62.83亿元。加大资金整合力度，实行大类间打通，实质性整合，28个国家扶贫开发工作重点县共整合资金285.3亿元。盘活省级财政存量资金，筹措资金5亿元支持贫困地区统筹建立贫困村产业发展基金、贫困村发展乡村旅游基金、贫困地区“双创”基金。组建省扶贫投资开发有限公司，承接金融机构政策性专项贷款200.49亿元、地方债券97.5亿元、国家专项建设基金50亿元。

【扶贫资金管理】 坚持因素法阳光分配扶贫资金。坚持“管总量不管结构、管任务不管项目、管监督不管实施”原则，到县资金由各地按照项目管理规定和脱贫需求，自主确定资金投向。开展资金绩效评价，客观评价资金使用效益，严格兑现奖惩，确保资金安全投到贫困户、受益到贫困户。以铁面对待、铁腕处理、铁规执行、铁心防范的“四铁”精神，对资金流向实行全程监管。落实群众监督、社会监督、审计督察等监管机制和问责机制，建立扶贫资金违规使用责任追究制度。湖北省扶贫攻坚领导小组组建督查组，扎实开展暗访；中共湖北省纪律检查委员会开展扶贫政策落实大数据比对，促进资金安全运行、项目规范实施；省审计厅对97个有扶贫任务的县（市、区）实现审计全覆盖；省委督查室、省政府政务督查室开展扶贫资金、项目等落实情况专项督查巡查；省人大常委会对35个贫困县扶贫资金审计整改报告开展满意度测评，结果为“满意”。

【产业扶贫】 湖北省统筹使用扶贫和涉农资金，大力发展特色种养业及其加工业，推进第一、二、三产业融合发展。总结推广37个产业扶贫典型范例，37个贫困县224家省级以上重点龙头企业与贫困户建立帮扶机制，95%以上贫困村成立农民专业合作社。有序推进光伏扶贫，建成并网光伏扶贫项目4523个、总装机101.54万千瓦。对接苏宁云商、京东集团，在38个县开展电商扶贫试点。

【易地扶贫搬迁】 湖北省各级成立集中统一的搬迁工作指挥部，按照应搬尽搬、应补尽补、应贴尽贴的原则，坚持群众自愿、积极稳妥的方针，对居住在“一方水土养不起一方人”地方的建档立卡贫困人口实施易地搬迁。严守建房面积红线、不因建房而举债红线、建新必须拆旧的红线，实行“挪穷窝”与“换穷业”并举、安居与乐业并重、搬迁与脱贫同步。实现“交钥匙”工程（含已完工具备入住条件和购房安置）13.47 万户、37.21 万人。

【健康扶贫】　湖北省大力推进大病集中救治一批、慢病签约服务管理一批、重病兜底保障一批等“三个一批”行动计划，全面推行“基本医保 + 大病保险 + 医疗救助 + 补充医疗保险”四位一体健康扶贫模式，对贫困人口就医主要实行“一资助、一取消、一降低、三提高、一衔接、一补充、一封顶、一窗口”。贫困人口城乡居民大病保险起付线由 1.2 万元降低至 5000 元，96 个县建立建档立卡贫困人口补充医疗保险制度。

【教育扶贫】　湖北省建立完善资助体系，全年落实各类困难家庭学生资助资金 27.79 亿元，惠及学生 140 多万人次。支持贫困地区新招录教师 4377 名，培训中小学教师 4.3 万余人次。实施“雨露计划”，对 3.33 万补贴对象实施资助。

【金融扶贫】　湖北省鼓励和引导各类金融机构加大金融扶贫力度，村级金融精准扶贫工作站实现贫困村全覆盖。新增扶贫小额信贷规模 95.14 亿元，累计发放扶贫小额信贷 162.14 亿元，为推进脱贫攻坚提供资金保障。

【兜底保障扶贫】　湖北省对因病因残丧失劳动力的贫困户，实施社会保障兜底。落实农村低保最低生活保障制度与扶贫开发政策有效衔接，及时将贫困人口符合条件的对象全部纳入低保五保救助范围。调整 2017 年农村低保、五保标准，所有县（市、区）农村低保标准超当年扶贫标准，农村低保标准平均达到 4646 元，农村五保集中供养标准平均达到 8750 元、分散供养标准平均达到 8377 元。

【东西部扶贫协作】　深化浙鄂东西部区域扶贫协作工作，签署《东西部扶贫协作和对口帮扶合作框架协议》，杭州市 8 个区、50 个乡镇、50 个行政村分别与恩施土家族苗族自治州 8 个县市、50 个乡镇、50 个行政村形成一对一的结对帮扶关系。杭州市投入财政援助资金 4000 万元，落实对口帮扶项目 110 个。组织湖北省内经济强县对口帮扶 37 个贫困县，落实帮扶资金 1.6 亿元，实施帮扶项目 130 个。

【定点扶贫】　建立与中直帮扶单位沟通协调机制，推进帮扶单位的帮扶政策、帮扶资金、帮扶项目等精准滴灌到贫困村和贫困人口。加大衔接力度，17 家中央单位定点帮扶湖北省 25 个国家扶贫开发工作重点县，投入帮扶资金 10.6 亿元，帮助引进项目 89 个、引进资金 6.23 亿元。整合 112 个省直单位、146 所学校、22 家三级医院、54 家国有企业等扶贫资源，对 37 个贫困县进行集团式帮扶，投入帮扶资金 8.76 亿元，帮助引进项目 860 个、引进资金 7.83 亿元。

【企业和社会各界扶贫】　湖北省实施“千企帮千村”行动。组织 3150 家民营企业帮扶 3570 个贫困村，实施帮扶项目 5915 个，投入帮扶资金 37.7 亿元，辐射贫困人口 39.07 万人。推进“中国社会扶贫网”上线运行，建立健全省、市、县、乡组织构架，搭建起连接贫困人口和社会爱心人士、爱心组织的网络服务平台，全省在中国社会扶贫网注册各类人员总数为 53.63 万人，被国务院扶贫办授予 2017 年度“互联网 +”社会扶贫最佳突破奖。引导社会各界参与脱贫攻坚，2017 年“扶贫日”活动募集资金 4.48 亿元。

【驻村帮扶】　按照“全脱产、硬抽人、抽硬人”的原则，湖北省派出 17487 个工作队 83201 名干部开展驻村帮扶工作，实现 4821 个贫困村驻村帮扶全覆盖。各级驻村工作队直接投入帮扶资金 39.31 亿元，实施帮扶项目 30984 个，帮助引进各类资金

41.18 亿元，引进项目 17692 个，培训 64 万人次，帮助贫困户实现劳务就业 41.14 万人次，实现劳务收入 43.31 亿元，贫困村集体经济收入 3.42 亿元。组织 17 个市州对各级干部驻村帮扶工作进行交叉检查，组成督查专班，开展督查暗访，累计召回问责 120 人，有效解决驻村帮扶中选人不优、管理不严、作风不实、保障不力等问题。

【扶贫考核】 湖北省坚持年终考核与平时掌握情况相结合的方式，对 17 个市州、37 个贫困县 2016 年度扶贫成效进行考核评估。省委、省政府分别约谈考核排名靠后的 4 个市党政主要领导、分管领导和 4 个县党政主要领导。坚持以“清零销号”为目标，狠抓扶贫考核问题整改。整合归并考核内容，统一对省直单位精准扶贫目标责任制、驻村工作队进行考评。

【扶贫督查】 健全巡视督查机制，倒逼责任落实。省委巡视组对 31 个贫困县开展扶贫专项巡视，省人大开展“聚力脱贫攻坚、五级代表在行动”活动，省政府将精准脱贫列入月度督查重点内容，省政协组织开展扶贫监督性调研，督促政策落地。2017 年 3 月，省纪委组织开展基层工程项目建设损害群众利益突出问题专项治理活动，全省共核查工程建设项目 20350 个，查出问题线索 316 个，问责追责 156 人，建章立制 70 个。

【扶贫机制创新】 探索银行、证券、保险“三驾齐驱”的金融扶贫新模式。创新扶贫小额信贷方式，建立小额信贷风险补偿金机制，创新贫困户信用评级办法；借助“金融扶贫网格化”平台，实现 4821 个贫困村“村级金融精准扶贫工作站”全覆盖、插花贫困县“乡镇惠农金融服务站”全覆盖。创新保险扶贫模式，量身定做 30 多个扶贫保险产品，累计为贫困户提供 130 亿元风险保障；启动农村治安保险、自然灾害公众责任保险、巨灾保险、民生保险试点。创新运用扶贫再贷款政策工具，确保扶贫再贷款落地。郧阳区创建全国第一支扶贫公益股，丹江口市建立 2 亿元的全国首家绿色产业扶贫基金，五峰县发行规模 5 亿元的全国首单扶贫专项债券。

探索有效防止因病致贫返贫的健康扶贫新模式。突出抓好大病集中救治一批、慢病签约服务管理一批、重病兜底保障一批等“三个一批”行动计划，全面推行“基本医保 + 大病保险 + 医疗救助 + 补充医疗保险”四位一体的健康扶贫模式。红安县对贫困人口就医的医疗费用实行兜底保障，并通过健康扶贫信息系统对贫困人口健康服务实施全程跟踪、对贫困人口医疗费用实行严格控制、对贫困人口实行先诊疗后付费和“一站式”结算，有效防止了因病致贫返贫。

探索“五位一体”的产业扶贫新模式。创立“政府 + 市场主体 + 农户 + 银行 + 保险”的“五位一体”产业扶贫推进机制，实行政府政策扶持、企业保障运行、金融保障资金、合作社保障服务、保险保障风险，各负其责、各司其职，把贫困户产业发展风险降到最低。

探索“三乡工程”扶贫新模式。武汉市把“三乡工程”（市民下乡、能人回乡、企业兴乡）作为推进脱贫攻坚的新抓手，作为乡村振兴的新举措，出台鼓励市民下乡的支持措施“黄金 20 条”、促进市民下乡与脱贫攻坚相结合的支持措施“钻石 10 条”等一系列政策举措，促进 271 个贫困村农民新增收入达到 2.82 亿元，收入增长贡献率达 75.3%。

探索多管齐下的光伏扶贫新模式。探索了招商引资建站、政府投资建站、贷款筹资建站等 10 余种光伏扶贫模式，为没有劳动能力的贫困户和没有集体收入的贫困村开辟稳定的收入渠道。

建立稳定的专职扶贫信息员队伍。为促进贫困人口信息管理系统高效运行和规范管理，确保贫困人口数据库信息精准，最大限度发挥贫困人口信息系统的监测、统计、参考、决策功能。十堰市在市扶贫办配备4名专职扶贫信息员，县扶贫办配备3名以上专职扶贫信息员，有扶贫任务的乡镇配备2名专职扶贫信息员，每个村明确1名兼职扶贫信息员。全省大部分贫困乡镇和贫困村都已配备专职扶贫信息员。

探索攻克深度贫困新举措。坚持把攻克深度贫困作为脱贫攻坚重点中的重点，确定9个深度贫困县、507个深度贫困村，拿硬办法，集中政策优势、财力优势、人才优势，打好十一大攻坚战，集中力量攻坚。向9个深度贫困县投入中央彩票公益基金1.8亿元。国务院扶贫办《扶贫信息》转发了湖北省这一做法。

在全国率先开展“聚力脱贫攻坚，五级代表在行动”活动。从2017年5月份开始，省人大常委会组织五级人大代表投身脱贫攻坚，9万多名人大代表分赴贫困村，深入贫困户家中走访调查，充分发挥了人大法律监督和工作监督职能，有效促进了脱贫攻坚政策落实。

（湖北省扶贫宣传教育中心
吴　珂）

湖南省扶贫开发

【概述】 2017年，湖南省委、省政府深入学习贯彻习近平总书记关于扶贫开发的重要论述，坚定不移地贯彻落实中共中央、国务院的决策部署，牢固树立“四个意识”，把脱贫攻坚作为重大政治任务、第一民生工程和头等大事，围绕减贫计划，突出问题导向，加强组织领导，加大工作力度，扎实推进精准扶贫、精准脱贫，取得了明显成效。2017年湖南共减贫139.5万人、2695个贫困村脱贫出列、7个省级贫困县脱贫摘帽（祁东县、双牌县、江永县、宁远县、鹤城区、洪江市、吉首市）、5个国家级贫困县（炎陵县、茶陵县、桂东县、石门县、中方县）接受国家脱贫摘帽专项评估验收，贫困地区农村居民人均可支配收入达到9268元，增幅高出全省平均水平2.3个百分点。

【扶贫资金投入】 2017年，安排各级财政专项扶贫资金109.12亿元，较2016年度增长35.7%。其中：中央财政安排42.78亿元，增幅32.9%；省级财政安排33.74亿元，增幅33.8%；市级财政安排4.88亿元，增幅32.4%；县级财政安排27.72亿元，增幅43.5%。出台《湖南省贫困县统筹整合使用财政涉农资金工作绩效考评办法（试行)》，全年统筹整合下达到县资金190亿元，发放扶贫小额信贷78亿元。

【扶贫资金管理】 2017年，湖南省扶贫办与省财政厅、省发改委、省民宗委、省农业委、省林业厅联合修订印发了《湖南省财政专项资金管理办法》，划定专项扶贫资金支出红线，完善资金项目公告公示制度。出台了《湖南省财政专项扶贫资金绩效评价办法（试行)》，对资金使用情况、支出进度和资金项目公开公示重点进行考核，全面建立省、市、县、乡、村公示公告制度。引入第三方机构参与扶贫资金绩效评价、扶贫资金检查及市州、县市区党委、政府脱贫攻坚考核等工作，提高资金监管工作的科学性、时效性和客观性。

【扶贫会议】 2017年2月，湖南召开全省扶贫开发工作会议，全面部署安排年度脱贫攻坚工作。会议通报了2016年度市州、县市区党委和政府脱贫攻坚工作考核结果，批复同意武陵源区和洪江区脱贫摘帽，怀化市、长沙市、江华瑶族自治县、宜章县、凤凰县、浏阳市等市县负责人做经验交流。4月，省委副书记、省长许达哲主持召开省扶贫开发领导小组2017年第一次全体会议，学习贯彻习近平总书记关于脱贫攻坚系列重要讲话精神，部署贯彻国务院领导就扶贫开发工作成效考核有关工作对湖南做出的指示要求。同月，召开全省领导干部会议，深入学习贯彻习近平总书记关于脱贫攻坚重要讲话精神，落实时任副总理汪洋对湖南脱贫攻坚工作的讲话要求，全面部署安排脱贫攻坚突出问题集中整改工作。6月，省委副书记、省长许达哲主持召开省扶贫开发领导小组2017年第二次全体会议，学习贯彻习近平总书记在深度贫困地区脱贫攻坚座谈会上的重要讲话精神，研究部署脱贫攻坚突出问题集中整改、行业扶贫政策落实等工作。同月，省委副书记、省长许达哲主持召开罗霄山片区区域发展与脱贫攻坚工作推进会，传达落实第五次罗霄山片区区域发展与脱贫攻坚部际联席会议精神，督办存在的突出问题，总结前段工作情况，部署下阶段工作任务。7月，省委书记、省人大常委会主任杜家毫主持召开部分贫困县县委书记座谈会，祁东、炎陵、城步、平江、石门、桑植、安化、江华、桂东、麻阳、新化、凤凰等12个贫困县的县委书记，聚焦金融扶贫、“两线合一”、易地扶贫搬迁、产业扶贫、健康医疗扶贫、教育扶贫、基础设施建设、扶贫考核等方面存在的问题先后发言，共谈了65个问题，提出了64条建议。同月，湖南脱贫攻坚集中整改工作汇报暨巡查情况反馈会在长沙召开，省委书记、省人大常委会主任杜家毫主持会议并代表省委、省政府作表态发言，巡查组组长、国务院扶贫开发领导小组副组长、国务院扶贫办主任刘永富反馈巡查情况，省委副书记、省长许达哲汇报全省脱贫攻坚突出问题整改工作情况。11月，省委副书记、省长许达哲主持召开省扶贫开发领导小组2017年第三次全体会议，传达党的十九大关于“坚决打赢脱贫攻坚战”的部署要求，研究推进脱贫攻坚考核、贫困退出、深度贫困地区脱贫攻坚等工作，部署谋划2018年扶贫开发工作。会议强调，要不折不扣落实好十九大报告关于脱贫攻坚的新部署、新要求，坚持以脱贫攻坚统揽经济社会发展，确保完成脱贫攻坚年度目标，重点攻克深度贫困地区脱贫任务，坚决打好打赢脱贫攻坚战。全年省委书记、省长分别主持召开省委常委会会议7次、省政府常务会议13次，研究部署推进脱贫攻坚。

【三走访三签字】　省委、省政府出台《关于全省党政主要领导干部带头开展脱贫攻坚“三走访三签字”工作的通知》，明确规定：省市县党政主要领导干部走访脱贫攻坚任务重的地区。省委书记、省长带头一年中要走访全省所有贫困县；市州委书记、市州长走访辖区所有贫困人口集中的乡镇（贫困县有4个以上贫困村的乡镇、面上县有3个以上贫困村的乡镇）；县市区委书记、县市区长走访辖区所有贫困村。省市县党政主要领导干部对脱贫退出层层负责、层层把关。贫困户脱贫摘帽，由村支部书记、村主任共同签字；贫困村脱贫退出，由县市区委书记、县市区长签字；贫困县脱贫摘帽，由市州委书记、市州长签字，报省委书记、省长审定。2017年，省委书记杜家毫、省长许达哲走访调研了51个贫困县，其他省级领导按照分工要求履职尽责，带队开展常态化督查286次；14个市州委书记、市州长走访了914个重点贫困乡镇，123个县市区委书记、县市区长走访了6923个贫困村，解决各类问题11000余个。

【建档立卡】　开展建档立卡集中清理和动态管理，全省共纳入符合条件对象132.9万人，清退识别不准对象100.72万人。7次组织建档立卡数据清洗工作，全面提升建档立卡数据质量。

【驻村帮扶】　出台《省派驻村帮扶工作队管理办法》和《省派驻村帮扶工作队守则》，省市县三级对60万驻村帮扶工作队员和结对帮扶责任人开展专题培训全覆盖。加大对非贫村的帮扶力度，向贫困人口100人以上的非贫困村派出工作队，全省向非贫困村派驻工作队11215支，增加结对帮扶责任人81310人。组织开展驻村帮扶和结对帮扶工作全面清查，建立工作队员召回制度，全省调整或召回工作不力的工作队员1279人，纪律处分168人。

【问题集中整改】　2017年4月16日，湖南省委、省政府召开全省领导干部会议，部署开展为期2个月的突出问题大排查、大诊断、大整改；先后18次召开专题会议调度整改工作。组织53万名干部进村入户全面排查出19类1240个具体问题，制定问题清单、责任清单、问责清单，做到“一个问题、一套方案、一名责任人、一抓到底”；组织6000多名高校师生开展“情牵脱贫攻坚”大学生暑期实践活动，进一步检验和巩固集中整改成效。通过2个月的集中整改，各类个案问题都于7月底前全面整改到位，涉及体制机制、政策落实等方面的问题，纳为常态化工作、常抓不懈。国务院扶贫办刘永富主任指出：“湖南高度重视整改工作，整改举措明确有力，面上问题全面整改，重点问题重点整改，总体符合中央关于问题整改的工作要求”。

【扶贫督查考核】 修订完善《市州、县市区党委和政府脱贫攻坚工作考核办法》和《省直和中央驻湘单位扶贫开发责任制考核办法》及其实施方案，实施最严格扶贫成效考核，对2016年度扶贫开发成效考核排名靠后的2个省辖市和8个县市区党政主职进行了约谈；建立常态化督查巡查机制，出台《湖南省脱贫攻坚常态化联点督查工作方案》，由36名省领导牵头、45个省直部门参与，统筹对49个贫困县开展定点定人常态化督查巡查；组建11支机动督查小分队，重点对贫困县开展明察暗访；开通12317扶贫监督举报电话，核查处置涉贫信访举报问题。

【产业扶贫】 出台《关于支持贫困地区发展产业扩大就业的若干政策》，明确10个方面的支持举措，推动贫困地区提升自我发展能力、做大做强县域经济，帮助贫困人口实现就近就业、长期就业。按照“四跟四走”路子，实施省级重点产业项目150余个，直接帮扶20余万贫困人口稳定增收；发挥经济组织带动引领作用，依托两个“百千万”工程，引导427家省级以上龙头企业建立617万亩产业扶贫基地，覆盖83万贫困农户；在全国首创线上线下相结合的“电商扶贫特产专区”，25个贫困县成功申报成为全国电子商务进农村综合示范县，电子商务交易额达600亿元以上。

【易地扶贫搬迁】 按照“先定区域再定人”的原则，精准确定搬迁对象，出台项目招投标“七条禁令”，优化调整搬迁建设模式，对30户以上的统规统建集中安置项目，委托省建工集团统一进行EPC（设计、采购、施工）总承包，实行零利润管理，全年完成了35万人的搬迁任务。

【就业扶贫】 创建全国首个贫困劳动力劳务协作市场，建立了贫困劳动力就业“三张清单”（任务清单、稳岗清单、责任清单），2017年新增贫困劳动力转移就业15.6万人，人均年增收3万元以上。开发河道清淤、环卫保洁等公益性岗位近10万个；建设“扶贫车间”700多家，帮助3万多名贫困群众实现家门口就业。

【教育扶贫】 构建从学前教育到研究生教育的资助政策体系，全年共资助460万人次，实现贫困学生应助尽助；开展“三帮一”劝学行动，共劝返9968名辍学学生；推进“雨露计划”，提高补助标准，帮助5万多名“两后生”接受职业学历教育；投入218.8亿元，全面改善贫困地区义务教育薄弱学校基本办学条件；安排12亿元支持贫困县建设40所“芙蓉学校”，优先招收建档立卡贫困学生。

【健康扶贫】 实施“三个一批”行动计划，出台“三提高、两补贴、一减免、一兜底”特惠政策，农村贫困人口住院费用城乡居民医保报销比例提高10%。2017年全省贫困人口救治实际报销比例达到85.09%，财政对参加城乡居民医保的个人缴费部分给予50%以上补贴，农村贫困人口全部纳入重特大疾病医疗救助范围，实行县域内住院“一站式”结算和“先诊疗后付费”，共救治44.16万人，慢性病签约服务实现全覆盖，贫困人口全部纳入家庭医生签约服务范围。完善医疗救助体系，设立农村建档立卡贫困人口医疗救助基金，开展大病住院医疗救助和特殊病种门诊就诊，优先在11个深度贫困县试点。

【生态补偿脱贫】 安排到贫困地区的国家林业重点工程、科技推广等项目资金达22.52亿元；进一步提高生态公益林补助标准，将1.48万名贫困人口选聘为生态护林员，新增森林管护面积2000多万亩。

【社保兜底扶贫】 开展农村低保对象

清理整顿，精准认定农村低保对象125.7万人（其中兜底对象24.7万人），将符合条件对象全部纳入建档立卡范围。将农村低保指导标准由2640元/年提高到3026元/年，实现“两线合一”。

【行业扶贫】　2017年继续实施7大扶贫工程。一是水利扶贫工程：加快推进全省贫困地区饮水安全项目建设，实施饮水安全巩固提升工程，全省共完成投资45.1亿元，解决153万建档立卡贫困人口安全饮水问题。二是电力扶贫工程：投资15.9亿元，改造1788个贫困村电网，在2000个贫困村建成村级光伏扶贫电站。三是交通扶贫工程：51个贫困县新改建干线公路完工421.8千米，农村公路建设累计完工里程8643千米，建成农村客运招呼站626个。四是危房改造和人居环境改善工程：提高农村贫困家庭危房改造补助标准，户均补助标准从2016年1.53万元提高到2017年2.448万元，全年帮助12.97万贫困农户完成了危房改造，超额完成中央下达的年度目标任务。以6923个贫困村为重点，安排贫困县农村环境综合整治专项资金3.6亿元，占资金总额68.8%。安排9000多万元在贫困地区启动一批水污染治理项目，改善环境质量、促进生态文明建设。五是通信扶贫工程：以电信普遍服务试点工程为抓手，加快农村通信建设，全省贫困村光网通达率和4G网络有效覆盖率分别达到了83.6%、93.75%。六是文化扶贫工程：完成679个贫困地区村级综合文化服务中心示范点建设，创作出《十八洞村》等系列扶贫题材作品。七是乡村旅游扶贫工程：推进大湘西和大湘东13条旅游精品线路建设，覆盖531个旅游扶贫重点村实现脱贫致富，辐射带动全省1000个以上建档立卡贫困村脱贫。

【深度贫困地区脱贫攻坚】　湖南结合本省实际，综合考虑贫困发生率、自然条件和经济发展水平等因素，确定了湘西土家族苗族自治州泸溪县、凤凰县、花垣县、保靖县、古丈县、永顺县、龙山县，张家界市桑植县，怀化市通道县、麻阳县，邵阳市城步县等11个深度贫困县和549个深度贫困村。出台了《关于支持深度贫困地区脱贫攻坚的实施方案》，明确了财政、金融、项目、土地、易地扶贫搬迁、产业培育、生态扶贫、人才支持等10个方面的支持政策，着力解决因病致贫、因残致贫、饮水、住房、教育、就业、兜底、基础设施等8个方面的突出问题。2017年投入到11个深度贫困县的财政扶贫资金达18.49亿元，交通、水利等一批重大项目布局深度贫困地区。

【东西部扶贫协作】　深入贯彻落实全国东西部扶贫协作座谈会议精神，加强湘西自治州与济南市对接力度，编制《济南市扶贫协作湖南湘西州规划（2017—2020年）》，签订了“1+7+11”扶贫协作框架协议。2017年济南市和所辖区两级财政在湘西自治州共安排援助资金8200余万元，启动26个产业合作项目，双方派出17名干部交流挂职。

【对口帮扶】　组织长沙市等7个经济较发达市对口帮扶湘西土家族苗族自治州7个县，投入财政援助资金2.5亿元，实施援建项目40多个。在4个经济百强县与4个贫困县开展“携手奔小康”行动的基础上，新增长沙市4个区与4个深度贫困县开展“携手奔小康”行动。

【社会扶贫】　在全国率先开展“中国社会扶贫网”上线试点，贫困户注册数、爱心人士注册数、贫困需求发布数、对接成功率均居全国前列。2017年9月，全国“互联网+”社会扶贫工作现场会在湖南召开。深入推进“万企帮万村”，全省4574家民营企业精准对接5052个贫困村，辐射带动一批贫困人口增收脱贫。泛海控股集团捐赠2亿元，4年内资助湖南省4万名贫困大学新生就读。围绕“扶贫日”组织开展“我想有个家”“扶贫助学”等系列公益募捐活动，全省共募集资金10亿多元。

【扶贫宣传】 省委书记、省长连续四年在“扶贫日”撰写署名文章，号召全省上下凝心聚力推进脱贫攻坚。编印脱贫攻坚到户政策口袋书、工作手册和到户政策告知书200多万份，组织开展“全省百名最美扶贫人物”评选。王新法同志被评为“全国脱贫攻坚模范”，向长江同志荣获2017年“全国脱贫攻坚奋进奖”；中央和省内主流媒体全年报道脱贫攻坚1.2万多篇。分期分批组织近两年来的脱贫攻坚先进模范人物到长沙体检，形成正向激励机制。2017年，湖南脱贫攻坚宣传报道总上稿量位居全国第二位，湖南省扶贫办被授予“2017年度全国扶贫宣传工作先进单位”。

（湖南省扶贫开发办公室　胡伯明）

广东省扶贫开发

【概述】 2017年，广东省围绕到2020年如期完成脱贫攻坚任务、相对贫困户稳定实现“两不愁、三保障”、贫困村实现“一相当”目标，全面贯彻落实党中央及省委和省政府脱贫攻坚决策部署，严格落实省负总责、市县抓落实的工作机制，全省五级书记抓扶贫的工作格局基本建立，脱贫攻坚各项政策举措得到有效落实，建档立卡贫困人口“两不愁、三保障”总体实现，全省有劳动能力相对贫困户年人均可支配收入达9046元，117万相对贫困人口达到当年脱贫标准，脱贫攻坚工作取得阶段性成效。

【扶贫资金投入和管理】 2016—2020年，各级财政将投入资金700多亿元，助推脱贫攻坚和贫困村创建新农村示范村工作，其中，专项扶贫资金391亿元，贫困村创建新农村示范村资金313亿元。扶贫资金使管理不断加强。出台《关于加快财政扶贫资金使用进度 切实发挥资金使用效益的通知》，联合省纪委开展扶贫领域腐败和作风问题专项治理，省检察院开展集中整治和加强预防扶贫领域职务犯罪，形成重遏制、强高压、长震慑局面。

【创建社会主义新农村示范村】 广东省2277个省定贫困村200人以上自然村公路路面硬化建设任务累计完成2069个项目，完成里程2252.384千米。18376个行政村开通农村客运，行政村通客车率达93.74%。村村通自来水基本实现全覆盖，农村集中供水率从2015年底的84.7%提升至2017年的91.74%，农村自来水普及率整体从2015年底的83.4%提升至2017年的88.89%。贫困村人居环境明显改善，截至2017年底，全省2277个贫困村中，20户以上自然村村庄整治规划编制完成率达92%，“三清三拆”等村容村貌整治完成率达69%，自然村村内道路硬化完成率达33%，自然村雨污分流实现率达16%，自然村集中供水实现率达63%。

【产业扶贫】 出台《广东省农业现代化“十三五”规划》，指导各地合理确定产业发展方向、重点和规模。粤东西北贫困地区发展农业龙头企业达2559家，培育家庭农场1.29万家。全省供销社系统领办农民专业合作社3525个，入社农户17.88万户。4个国家级示范县（市）已建成6个县级电商（物流）服务中心和643个乡村服务站点，物流快递网点的乡镇覆盖率达到100%，共培训22611人次，带动32308农村人口创业就业，累计帮助建档立卡贫困人口增收526万元。全省农村乡镇快递网点总数达7180个，乡镇快递通达率实现100%。累计建成村邮站12027个，全省建制村直接通邮率达到100%。全省2277个贫困村建有农业特色产业4578个，带动在家有劳动能力相对贫困户20.9万户，基本实现全覆盖，人均产业增收2605元。参与资产性收益项目的贫困人口93.56万人，占有劳动力贫困人口79.56%。

【就业扶贫】 多渠道开发就业岗位，引导企业将简单生产加工、销售服务等环节延伸到乡镇、村居，创建“扶贫车间”或“扶贫工作坊”，组织相关贫困人员在家门口实现就业。组织97所技工院校与88个县区对接。经人力资源社会保障部门建设认定创业孵化基地达643家，累计进驻企业6.5万家、带动就业61.6万人。2017年转移就业及就近就业相对贫困人口34.96万人，人均就业增收1.8万元。

【教育扶贫】 广东省将建档立卡贫困户子女入读义务教育、高中（含中职）、大专院校学生生活补助分别提高到年生均3000元、5000元、10000元，农村贫困户子女九年义务教育阶段毛入学率达95.85%，因贫辍学情况得到明显遏制。

【健康扶贫】 全额资助建档立卡贫困人口参加基本医疗保险，落实大病保险向贫困人员倾斜政策，农村建档立卡贫困人口全部参加基本医疗保险，合规医疗费报销比例达79.62%，因病致贫因病返贫现象明显减少。

【危房改造】 贫困户危房改造补助标准大幅提高，分散供养五保户、建档立卡贫困户危房改造补助标准分别提至每户3.4万元和4万元。2017年，广东省完成79607户低收入住房困难户危房改造任务。最低生活保障方面：农村低保最低标准提至4800元，低保与扶贫开发两项政策衔接加快推进，农村低保对象脱贫不再符合低保条件后，继续保留原有农村低保待遇及补差水平6个月，确保脱贫低保对象生活“平稳过渡”。全省符合条件的贫困户实际纳入低保率达99.75%以上。

【精准识别动态管理】 2017年，广东省对建档立卡贫困人口进行动态调整，通过覆盖县、镇、村的大数据平台对比筛查，将不符合条件的清退出帮扶对象，将符合条件的及时纳入帮扶对象，实现贫困人口动态管理，贫困户精准识别率达98%以上。扶贫大数据平台建设实现全覆盖。有相对贫困户分布的14个地级市下辖的县、镇、贫困村平台建成率达100%，对接民政、教育、人社等行业部门数据，基本实现“数据监控、责任监控、项目监控、示范村建设、扶贫服务”的可查、可视、可共享。

【东西部扶贫协作】 广东省按照“中央要求、当地所需、广东所能”，组织省和下辖经济较强的10个市开展东西部扶贫协作，帮扶对象涉及桂、川、黔、滇4省区的14个市（州）93个县。注重在产业帮扶、劳务协作、人才支援与开展携手奔小康行动等方面加大力度，派出6个省级协作工作组168名党政干部、2455名科技人才到被帮扶地区，接收219名党政干部到广东挂职交流；省及各级共筹措财政援助资金10.86亿元，社会帮扶资金32.23亿元；引导广东省企业在西部地区签约项目678个，投资总额115.69亿元。加强组织领导，注重顶层设计。省委和省政府主要领导同志13人次及其他省领导18人次参加扶贫协作工作对接活动。为强化政策支撑，制定政策性文件，对帮扶任务、干部选派、资金安排等方面从政策机制上作出了具体明确。针对深度贫困地区一些贫困人口居住条件恶劣的实际，佛山市帮扶凉山彝族自治州、珠海市帮扶怒江傈僳族自治州、东莞和中山市帮扶昭通市，共援建了76个易地搬迁示范点，助力深度贫困地区1.1万户群众建设安全、宜居新住房，并打造具有民族特色的美丽乡村建设示范点。

【社会扶贫】 建立市、县、镇对口帮扶协调联动机制，珠三角6市向被帮扶的粤东西北12个市派出驻市驻县工作队52个，驻村工作队1719个。定点扶贫工作继续深化，全省各级党政机关企事业单位向贫困村选派第一书记和驻村工作队，派出驻镇（街道）工作组1112个、驻村工作队1.2万个，驻镇驻村工作队员4.4万人，对贫困人口比较多的村基本实现了全覆盖。社会扶贫有新突破，组织1254家工商企业对口帮扶1316个相对贫困村。利用6月30日“广东扶贫济困日”、10月17日“全国扶贫日”等平台，动员社会各界积极参与扶贫，广东省认捐30.9亿元，支持精准扶贫精准脱贫事业。

（广东省扶贫开发办公室　曾艳菊）

广西壮族自治区扶贫开发

【概述】 2017 年，广西壮族自治区各级扶贫系统认真学习贯彻中共十九大精神，强化目标和问题导向，年度减贫任务全面完成。蒙山县、上思县、兴业县、百色市右江区、南丹县、贺州市八步区 6 个自治区扶贫开发工作重点县（区）和 1056 个贫困村实现脱贫摘帽，经国家统计局核定，2017 年减少贫困人口 95 万人。申请 2017 年脱贫摘帽的龙州县（国家扶贫开发工作重点县和滇桂黔石漠化片区县）通过了自治区验收。全年共筹措财政扶贫资金 255.81 亿元，比 2016 年增长 54.7%，加快推进产业扶贫、易地扶贫搬迁、集体经济发展、基础设施建设、扶贫协作等工作。其中，制定县级“5 +2”和贫困村“3 +1”特色产业目录及认定标准，集中力量支持发展特色产业；建立县级领导包点责任制，累计搬迁建档立卡贫困人口 35.97 万人；发展贫困村集体经济，5000 个贫困村均成立村民合作社，脱贫摘帽贫困村集体经济年收入均达 2 万元以上；改善贫困村基础设施，累计建成屯级道路 9640.1 千米，农村饮水安全巩固提升工程投入 9.71 亿元，受益人口 100 多万人；深化粤桂扶贫协作和结对帮扶，签订《“十三五”时期粤桂扶贫协作框架协议》，广东省实现对广西 33 个国家扶贫开发工作重点县（片区县）结对帮扶全覆盖。在中央对 2017 年省级党委和政府扶贫开发工作成效考核中，广西是“综合评价好”的 8 个省区之一。

【扶贫资金投入】 2017 年，广西共投入财政专项扶贫资金 124.83 亿元，其中：中央财政专项扶贫资金 53.31 亿元（包括扶贫发展资金 45.84 亿元、以工代赈资金 2.18 亿元、少数民族发展资金 4.87 亿元、国有贫困农场资金 1518 万元、国有贫困林场资金 2667 万元），自治区本级财政扶贫资金 24.42 亿元；市级财政投入扶贫资金 12.01 亿元；县级财政投入扶贫资金 26.24 亿元。2017 年投入到 33 个滇桂黔石漠化片区县、国家扶贫开发工作重点县的中央财政专项扶贫资金（扶贫发展）26.23 亿元，占当年中央财政专项扶贫资金（扶贫发展）投入总量的 49.19%。

【扶贫资金管理】 修订《广西财政专项扶贫资金管理办法》，加强和规范财政专项扶贫资金管理。出台《广西壮族自治区财政专项扶贫资金绩效评价办法》，进一步发挥绩效评价对财政专项扶贫资金使用管理的导向和激励作用。出台《广西易地扶贫搬迁工程建设项目专项融资资金管理办法》等易地扶贫搬迁资金筹措使用管理系列文件。规范扶贫小额信贷工作，出台《关于稳步推进扶贫小额信贷有关工作的补充通知》《关于利用扶贫小额信贷合作或委托经营有关问题的通知》《广西壮族自治区扶贫小额信贷风险补偿金管理办法》等文件，做好扶贫小额信贷政策设计，规范贷款发放、使用、监管和回收工作。加强整合财政涉农资金制度建设，制定《自治区支持贫困县开展统筹整合使用财政涉农资金试点实施方案》、操作指南及相应的流程图表，明确提出整合资金总体要求和程序规定，推动扶贫资金使用管理监督工作制度化、规范化、程序化。

【扶贫政策体系】 修订《广西壮族自

治区扶贫开发条例》，调整广西脱贫摘帽标准，完善农村危房改造、卫生帮扶等8个脱贫攻坚实施方案，出台整屯搬迁、后续产业就业扶持等5个易地扶贫搬迁配套文件，建立“1+20+N”扶贫政策体系。

【金融扶贫】 2017年，广西累计向45.31万户建档立卡贫困户发放扶贫小额信贷，涉及贷款余额206.83亿元，其中对除低保兜底保障贫困户外的所有建档立卡贫困户发放5万元以下、3年以内、基准利率、免抵押、免担保、财政全贴息的扶贫小额信贷，推行自用自营、入股共营、委托联营等贷款使用方式，提高信贷资金使用效益。截至2017年底，自治区共设立县级扶贫小额信贷风险补偿金25.25亿元。

【易地扶贫搬迁】 实行“八包”责任制（包建设进度、包工程质量、包资金管理、包搬迁入住、包后续产业发展、包就业创业、包稳定脱贫、包考核验收），落实78名市级领导分片包县、508名县级领导包安置点，组成500多个专门工作班子，人员达3000多人。截至2017年底，累计搬迁建档立卡贫困人口35.97万人。对有劳动能力的搬迁对象，加大就业和产业扶持；对没有劳动能力的，实行政策兜底。

【基础设施建设】 开展基础设施“春季攻势”“路水攻坚”“未通电排查”等专项行动，加快完善贫困村脱贫攻坚基础设施。广西安排44.5亿元政府债券用于通屯路建设，累计建成20户以上自然村（屯）屯级道路9640.1千米。投入农村饮水安全巩固提升工程资金9.71亿元，受益人口100多万人。投入2.2亿元用于贫困地区农村电网改造升级，98%以上的具备通电条件的自然村（屯）解决了用电问题。广播电视村村通工程覆盖所有贫困村。2017年修建村委会场所470个、村委会宣传栏511个、村卫生室126个、篮球场800个、文化室（文化书屋）或戏台821个。

【产业扶贫】 印发县级“5+2”和贫困村“3+1”特色产业目录及认定标准，各地集中力量支持发展特色产业，覆盖60%以上的贫困户，带动50多万贫困人口增收。新增农民专业合作社9461家，脱贫摘帽村每村至少有1家农民专业合作社或产业示范基地。累计23个贫困县纳入电子商务进农村综合示范县、建成463个贫困村电商服务站点，“党旗领航·电商扶贫”带动20多万贫困人口增收。投入资产收益扶贫资金145.2亿元。

【村级集体经济】 广西成立发展壮大村级集体经济领导小组，办公室设在自治区党委组织部，各市县也相应成立领导和工作机构。出台《关于加快贫困村村级集体经济发展的意见》《关于实施光伏扶贫工程增加贫困村村集体经济收入的指导意见》等政策文件。5000个贫困村（含摘帽村）全部成立村民合作社，由全体村民参加，在村党组织领导下，受村委会委托，按章程实行民主管理、自主经营，承担村级集体资金、资产、资源经营管理职能。印发《广西壮族自治区村民合作社管理暂行办法》《广西壮族自治区村民合作社登记管理细则（暂行）》等文件。脱贫摘帽贫困村村集体经济年收入均达2万元（含）以上。

【电商扶贫】 广西建设36个电子商务进农村综合示范县，其中贫困县23个。建成电商服务站点1902个，其中建档立卡贫困村463个，建成物流配送网点1494个，累计培训11万人次。开展“党旗领航·电商扶贫”大行动，带动8万名农村党员群众发展电商，带动20多万贫困人口脱贫。推广“空中农贸市场”电商精准扶贫模式。

【就业扶贫】 动员12万多名返乡人员留乡就业创业。12.13万名贫困劳动力实现转移就业；选聘2.56万名建档立卡贫困人口担任生态护林员；473家企业在贫困村（屯）建立分厂或“扶贫车间”，吸纳3.11万名贫困劳动力就业。48所技工院校结对帮扶54个贫困县，对贫困家庭“两后生”

进行免费培训并推荐就业，第一批“两后生”就业4759人，第二批7128人入学。

【扶贫培训】　2017年“雨露计划”扶贫培训投入3.68亿元，扶持贫困家庭学生及青壮年劳动力27.35万人次接受学历教育和技能培训，其中本科学历教育和职业学历教育共资助18.22万人次，短期技能培训1.77万人，农村实用技术培训7.37万人次。资助9340名贫困家庭“两后生”参加中期就业技能培训。开展扶贫干部培训，举办干部培训班23期，培训5216人；培训贫困村“两委”干部733人。

【社会扶贫】　2017年9月，召开中央单位定点帮扶广西贫困县座谈会，截至年底，共有24家中央单位定点帮扶广西28个国家扶贫开发工作重点县，9100多家单位结对帮扶5000个贫困村，投入或引进资金22亿元。出台广西定点扶贫工作考核办法，定点扶贫纳入区直单位年终绩效考评。开展“扶贫日”广西系列活动，参与单位1.2万多个，募集资金4.46亿元。推进“千企扶千村”行动，3390家民营企业结对帮扶3382个贫困村，帮扶贫困人口47万人。开发“微助八桂”扶贫公益平台（第二期）并提升平台影响力。抓好区内结对帮扶，落实帮扶资金3300万元。

【驻村帮扶】　深入推进帮扶贫困户、联系贫困户学生工作（简称“一帮一联”），共落实52.3万名干部结对帮扶，实现贫困户及贫困家庭学生帮扶全覆盖。向贫困户、脱贫户发放《帮扶手册》和《帮扶联系卡》，向村、户分别发放扶贫成效明白卡和受益明白卡。选派5000名干部到贫困村担任第一书记，落实3.4万名干部驻村帮扶。自治区财政为第一书记每人每年安排1.5万元驻村工作经费，第一书记派出单位每年落实5万元以上帮扶经费。完善驻村人员管理办法，建立召回撤换、工作纪实等8项管理制度。坚持脱贫不脱政策、脱贫不脱帮扶，对脱贫户再扶持2年、同等享受扶贫政策，并跟踪指导发展生产1年，明确2014年、2015年退出户享受的扶贫政策。

【东西部扶贫协作】　2017年3月，广东、广西两省区在北京签订《“十三五”时期粤桂扶贫协作框架协议》，双方加强10个方面协作。9月，广东、广西两省区在广西梧州市召开粤桂扶贫协作第二次联席会议，会上共同签署《关于进一步加强粤桂扶贫协作工作的意见》，全面落实“携手奔小康行动”任务。广东新增江门、肇庆、湛江、茂名4市所辖县（区）帮扶广西16个国家扶贫开发工作重点县（片区县），实现对广西33个国家扶贫开发工作重点县（片区县）全覆盖。广西82个乡镇、106个贫困村（社区）与广东有关乡镇（街道）、社区建立结对帮扶关系。2017年广东向广西提供财政帮扶资金4.48亿元，1000多个贫困村、20万贫困人口直接受益。广西出台13条粤桂扶贫协作优惠政策。

【深度贫困地区脱贫攻坚】　2017年7月，召开广西深度贫困地区脱贫攻坚座谈会。参照国家确定深度贫困县的标准，确定20个深度贫困县、30个深度贫困乡镇和1490个深度贫困村。出台《关于支持深度贫困地区脱贫攻坚的实施意见》，提出打赢深度贫困地区脱贫攻坚的政策及措施，明确新增资金、新增政策、新增项目主要用于深度贫困地区，统筹整合各方资源，集中支持深度贫困地区。

【教育医疗住房保障】　全面落实教育、医疗、住房等方面政策。资助贫困家庭学生144.86万人次，发放补助资金18.83亿元。贫困人口基本医保参保率100%，并全部纳入重特大疾病医疗救助范围，累计救治33.9万名贫困重病患者。建档立卡贫困户危房改造户均补助标准提高到2.65万元，对12.35万农户危房实施改造，竣工10.51万户。

【扶贫机制创新】　健全脱贫攻坚责任体系，印发《广西壮族自治区脱贫攻坚责任制实施细则》，按照自治区负总责、市县抓落实、乡村实施的工作机制，构建责任清晰、各负其责、合力攻坚的责任体系。完善财政专项扶贫资金管理，印发《广西财政专项扶贫资金管理办法》。强化扶贫对象动态调整，出台《建档立卡扶贫对象动态管理办法（试行）》，建立精准扶贫台账，实行有进有出的动态管理。规范扶贫档案管理，制定扶贫档案管理相关的规范标准，创新建立脱贫台账，编制自治区、市、县、乡、村、户六级归档清单。建立自治区、市、县、镇、村五级扶贫信息（档案）员制度，提高建档立卡扶贫对象精准度。

【外资扶贫】 实施世界银行贷款广西贫困片区农村扶贫试点示范项目，全年完成项目投资 3000 万元，实施项目 200 多个。争取 4 亿美元扶贫示范项目落地广西，此项目成为全国首个利用世行结果导向型贷款工具实施的扶贫项目。实施中央专项彩票公益金扶贫项目，全年完成项目投资任务 1.87 亿元，实现该项绩效考核指标完成量 3 年连续增长目标，累计获得中央专项彩票公益金 2.8 亿元，资金量居全国第四位。

【国际减贫交流合作】 实施东亚减贫示范合作技术援助项目（老挝部分）工作，派遣专家赴老挝组织开展项目建设，实现中老合作、联合管理的援外扶贫项目管理模式。筹办第十一届中国—东盟社会发展与减贫论坛，承办 5 期发展中国家减贫经验研修班，组织老挝、东帝汶、苏丹等亚、非、拉近 20 个国家 100 多名扶贫官员到广西考察农村电商发展、产业扶贫、文化扶贫、旅游扶贫、金融扶贫、教育扶贫、合作社运营等 20 多项重点扶贫项目。推进中国—东盟减贫中心筹建工作。

（广西壮族自治区扶贫开发办公室
文湘林）

海南省扶贫开发

【概述】 2017年，海南省认真贯彻落实中共中央、国务院的决策部署，深入实施精准扶贫、精准脱贫。全省实际脱贫206352人，新增贫困户1616户6721人，返贫307户1311人，净减少贫困人口198320人。完成117个贫困村脱贫出列，4个贫困自然村易地扶贫搬迁。5个国家扶贫开发工作重点县农村居民人均可支配收入增长12.5%，高出全省平均水平3.6个百分点。

【扶贫资金投入】 2017年，海南省安排财政专项扶贫资金28.47亿元，比2016年增长46.01%。其中，中央财政专项扶贫资金12.2亿元，比2016年增长60.5%；省级财政专项扶贫资金9.34亿元，比2016年增长60.6%。实施“扶贫资金支出进度半月（周）通报和通报约谈”制度，对每半月支出进度倒数三名且未达到支出目标要求的市县财政局主要负责人进行约谈。支持8个市县围绕脱贫攻坚任务，统筹整合使用37项中央和省级财政涉农资金22.3亿元（含专项扶贫资金），比2016年增长116.5%。

【扶贫会议】 2017年4月，海南省召开全省扶贫开发工作会议，部署年度脱贫攻坚工作。全年共召开5次省扶贫开发领导小组会议、18次省扶贫开发领导小组办公室会议、4次全省扶贫电视电话会议、5次全省扶贫办主任会议、24次省扶贫办主任办公会议。

【扶贫责任落实】 出台《海南省脱贫攻坚责任制实施细则》，进一步完善“省负总责、市县落实、乡村实施、合力攻坚”的脱贫攻坚责任制。各市县成立扶贫开发领导小组，书记和市县长担任“双组长”。各市县党政主要负责人与省委省政府主要领导签订脱贫攻坚责任书。在2017年动态调整工作中，首次实行村向乡镇、乡镇向市县签订精准识贫退出承诺书制度，把责任压实到一线。

【基础设施建设】 加大贫困市县高速公路和农村公路等六大工程建设力度，全年投入51亿元，完成5个国家扶贫开发工作重点县及3个贫困人口较多市县的公路建设里程500千米。投入65亿元建设农村信息基础设施，建档立卡贫困村和旅游扶贫重点村4G信号和光纤宽带网络整体上全覆盖。安排6.89亿元，对农村贫困地区电网进行改造升级。投入5.13亿元，为5个国家扶贫开发工作重点县建设农田水利项目39个，实施农村饮水安全巩固提升工程10个、受益人口6.28万人。

【动态调整】 2017年，海南省举办2期全省动态调整工作培训班、2次全省电视电话会议、1次全省动态调整市县交叉检查。开展对已退出的贫困人口“回头看”和新申请贫困户“集中办理月”活动。对达到“两不愁三保障”标准的贫困户完成线上线下退出程序。10月，针对国家检查发现的问题，在全省范围内抽调业务骨干26人，组织开展动态调整集中检查。

【整村推进】 2017年8月，海南省出台《关于推进贫困村提升工程建设的实施意见》，按照“八大工程”标准，完成对117个贫困村实施整村推进提升，并将72个贫困村列入美丽乡村建设规划。整合各类资金整体推进建设，全年投入资金7.02亿元，实施基础设施项目 1179 个、产业发展项目 350 个。

【易地扶贫搬迁】 2017 年，海南省投入资金 7733.71 万元，完成五指山毛道乡空共下村、乐东尖峰镇实验场村、白沙元门乡翁村三队和琼中营根镇百花村 4 个贫困村的生态移民整体搬迁，受益群众 204 户 803 人。加强对搬迁户的产业帮扶和基础设施配套等工作。

【产业扶贫】 2017 年，海南省投入农业特色产业扶贫资金 12.42 亿元，辐射带动贫困户 6.8 万户 28.8 万人。贫困户特色产业覆盖率 95% 以上，组织化程度达 87%。全年新认定龙头企业 103 家。投入财政资金 2953 万元发展林下经济。

【旅游扶贫】 2017 年，海南省投入旅游扶贫资金 13.43 亿元，对旅游扶贫重点贫困村实施 238 个旅游扶贫项目，48 个贫困村建成乡村旅游点并投入运营。131 家旅游企业与 122 个乡村旅游扶贫重点村建立结对帮扶关系，全省从事旅游相关工作直接受益贫困户 6587 户 27084 人。

【光伏扶贫】 2017 年，海南省投资 2.25 亿元，在 15 个市县（区）开展分布式光伏扶贫工作，建成村级光伏电站 34 座、户用屋顶光伏项目 1052 个，受益贫困人口 3601 户 15249 人。白沙隆基 20 兆瓦生态农业光伏发电扶贫项目，已经并网发电，每年扶贫资产收益 240 万元，帮扶建档立卡贫困户 800 户。

【就业扶贫】 2017 年，海南省实施“雨露计划”，为 5633 名贫困家庭未就业青年提供中高职业技术教育培训补助。组织“春风行动”等就业扶贫专场招聘会 237 场，5953 家企业参与，28228 名贫困劳动力参与招聘，全年实现 35040 名贫困劳动力转移就业。

【信贷扶贫】 2017 年 6—9 月，海南省开展金融扶贫集中推进“百日行动”。全年各市县共设立风险补偿金 8200 万元，银行机构共为 39305 户贫困户发放贷款 9.41 亿元，户获贷率从 2016 年底的 10% 提高到 35.2%。创立“保险 + 期货 + 精准扶贫”新模式，人保财险、新湖期货为白沙县南开乡全体橡胶种植户的 1483 吨橡胶提供价格风险保障 2090.64 万元。

【电商扶贫】 2017 年，海南省贫困地区农产品电商企业有 700 多家，建成电商服务站 515 个，实现贫困村电商服务站全覆盖，全年累计销售额达 2.77 亿元，受益贫困群众 19118 户 80988 人。5 月，海口市秀英区永兴镇成立全省首个镇级电商扶贫中心。

【教育扶贫】 2017 年，海南省分春秋两季共发放教育补助金 3.4 亿元，资助在校生 10.6 万人，实现建档立卡贫困学生特惠资助全覆盖。全力做好“控辍保学”工作，对照掌握的辍学情况，建立台账，分析原因，开展个性化劝返，成功劝返学生 134 名。在全省中职学校开办扶贫励志班 93 个，为 2800 多名贫困学生提供上职校的机会，每人每年补助生活费 3500 元。

【健康扶贫】 2017 年，海南省财政出资为所有建档立卡贫困人口全额代缴新农合个人参合金，人均 150 元，共计 6822.5 万元。实施大病集中救治行动，将 9 个病种（国家划定的 7 个病种和海南省增加的 2 个病种）纳入大病集中救治范围，全省筛查出 9 个病种贫困患者 1605 人，对 1555 名患者实施救治，救治率 97%。49921 户有大病慢性病人口的贫困户与乡镇卫生院医生和村医签约，签约率 100%。

【危房改造】 2017 年，海南省下拨危房改造补助资金 14.17 亿元，改造完成贫困户危房 26975 户。确定国家、省财政补助标准都为户均 7500 元，市县财政户均补助不少于 6000 元。全年举办 14 期农村工匠培训班，培训 6500 人。

【两项制度有效衔接】 2017 年 7 月，海南省出台《海南省农村低保对象、特困人员教育医疗住房保障和产业扶持实施办法》，全年将符合条件的4.2万建档立卡贫困人口纳入低保范围，予以兜底保障，发放低保、医疗救助金、临时救助金等1.29亿元。市县教育部门向农村低保家庭学生、特困供养学生25538人发放特惠性教育补贴3862万元。将农村低保特困户3490户13980人纳入2017年危房改造计划，其余1.5万户将纳入2018年和2019年改造计划。

【定点扶贫】　2017年，海南省共有330个单位参与帮扶323个贫困村。定点扶贫引进和自投资金3.43亿元，建设帮扶项目786个，帮助4.56万贫困人口增收脱贫。建设乡村道路824.616千米，建设饮水项目74个，改造危房18696间，解决32986人行路难、3124人饮水难问题，资助贫困学生972人，维修加固水利设施123个，新增灌溉面积1760亩，恢复灌溉面积2015亩。

【驻村帮扶】　2017年，海南省从机关、国企等单位选派驻村第一书记785名，驻村工作队582支，驻村工作队员1534名，贫困户帮扶责任人10024名，全省323个建档立卡贫困村派驻第一书记和驻村扶贫工作队，实现全覆盖。利用“钉钉管理系统”对驻村第一书记进行考勤，确保驻村第一书记正常情况下均在岗履职。2017年，全省第一书记帮助培养村级后备干部2373名，协调落实道路、桥梁、水利等基础设施项目1995个，指导成立农民专业合作社575个。驻村工作队协助健全基层组织412个，召开村民大会8787场次，入户访谈255715人次，帮助落实危房（民房）改造18696户，帮助办理低保6222户，资助贫困学生972人，化解矛盾纠纷3517多起，大病救治18030人次。

【百企帮百村】　2017年，海南省动员组织816家民营企业参与扶贫，投入项目资金1.9亿元，捐款、捐物、助学捐赠合人民币3051万元，惠及6963户贫困户。9月，举行“百企帮百村”精准扶贫提质增效行动启动仪式，开展“百企帮百村”精准扶贫提质增效行动，带动贫困县贫困村发展一批特色优势产业，投入帮扶资金1.64亿元，开工帮扶项目333个，竣工287个，270家结对村企签订结对帮扶协议，带动发展9528户35067人。

【第三方评估】　2017年11月，海南省扶贫开发领导小组委托新华社中国经济信息社，成立10个评估小组共270人，对19个市县（不含三沙市）的108个行政村（社区），建档立卡贫困户489户，脱贫户2039户，非建档立卡贫困户1191户，共3827个样本（含108个村样本），开展精准扶贫工作第三方评估。

【市县交叉考核】　2017年12月，海南省从18个市县共抽调360人组织18个考核组，每组21人，采取听取汇报、集体座谈、个别访谈、查阅资料、实地核查项目、入户问卷调查等方式，对18个市县及洋浦经济开发区党委和政府扶贫开发工作成效进行交叉考核。提交考核报告19份，收集归纳问题101个，总结经验做法72条，提出意见建议78条。

【扶贫宣传】　2017年，海南省利用各类媒体，深入解读中央和全省脱贫攻坚政策，挖掘宣传脱贫攻坚一线的典型人物和事迹。国家级媒体刊发海南省扶贫方面的新闻稿件2836篇（条），省级媒体刊发4662篇（条）。第四个全国扶贫日期间，召开“大研讨大行动”脱贫攻坚研讨成果交流会，各市县组织开展“奋进户”和“脱贫致富带头人”评选等一系列有特色、效果好的活动。

【脱贫攻坚奖】　2017年10月，海南省脱贫攻坚奖颁奖仪式首次在海口举行。来自全省脱贫攻坚战线的35名同志分获“奋进奖”“贡献奖”“奉献奖”“创新奖”四个奖项。

【脱贫致富电视夜校】　截至2017年底，海南省脱贫致富电视夜校已播出70期，超过500万人次收看节目，收视率排名持续稳居全省第一位。该节目入选国家新闻出版广电总局“2017年第一季度广播电视创新创优节目”，多次受到中央媒体点赞。进一步创新节目播出方式，开设脱贫攻坚广播夜校，用普通话和海南话双语播出电视夜校节目，覆盖620多万人。

【“961017”服务热线】 2017年，海南省进一步发挥“961017”脱贫致富服务热线作为群众扶贫投诉和申诉的主渠道作用，指定专人负责热线工单办理，对每一个工单均限时办结。截至年底，全省共生成工单34586件，办结34524件，办结率99.8%。

【扶贫培训】 2017年，海南省投入培训资金4027.47万元，各市县、乡镇、村共培训干部10.84万人次。举办第一书记培训班，轮训驻村第一书记375名。4—6月，举办致富带头人培训班10期，培训村干部、合作社负责人1400余人次。9—10月，举办5期全省扶贫干部业务轮训班，市县区扶贫办、财政局、有扶贫工作任务的乡镇共869名干部参加轮训。

【国际交流合作】 2017年8月，菲律宾国家减贫委员会主席黎萨·马萨率团到海南省考察扶贫开发工作。就科学建立减贫机制、农村妇女儿童减贫发展、扶贫项目实施等问题与海南省有关部门进行座谈交流，实地参观万宁、陵水、三亚等市县。12月，海南省在联合国粮农组织举办的“互联网+”农民田间学校扶贫研讨会上，交流开办脱贫致富电视夜校经验，向世界展示海南扶贫工作成果。

（海南省扶贫工作办公室政策法规处 郭冬生）

重庆市扶贫开发

【概述】 2017年，重庆市全面贯彻习近平总书记关于扶贫开发的重要论述，深入贯彻习近平总书记在深度贫困地区脱贫攻坚座谈会上的重要讲话和视察重庆重要讲话精神，牢固树立“四个意识”，全面落实精准扶贫精准脱贫基本方略，扎实推进“五个一批”和“十大扶贫行动”，实现129个贫困村、13.6万贫困人口稳定脱贫。

【扶贫资金投入】 2017年，重庆市强化政府投入的主体和主导作用，加大金融投放力度。落实市级以上专项财政扶贫资金47.3亿元，贫困区县整合使用涉农资金110亿元。探索财政扶贫资金以奖代补、改补为借、改补为投，实现资金安排与贫困人口参与程度、脱贫效果直接挂钩。建立借款启动、奖补巩固、信贷提升“财政+金融”扶持产业发展新机制，实施改补为借，带动贫困户2.3万户。建立“参股入社、配股到户、按股分红、脱贫转股”改补为投新机制，实施农业项目财政补助资金股权化改革项目937个，持股贫困户3.1万户，持股金额2.5亿元，分红1355万元。

【基础设施建设】 2017年，重庆市新建、改建农村“小康路”8000千米，整治山坪塘2.6万口，建设小型水库15座、中型水库23座，受益贫困人口65万人。贫困区县新增建设用地8400亩，完成D级危房改造2.4万户，建成农村电商物流仓配中心17个、服务站点1425个，建成乡镇级污水处理设施688座，新建续建少数民族特色村镇35个，新建村综合文化服务中心369个。

【扶贫政策体系】 2017年，重庆市出台《关于深化脱贫攻坚的意见》《调整我市国家扶贫开发工作重点区县脱贫摘帽计划的方案》《深度贫困乡（镇）定点包干脱贫攻坚行动方案》《全市脱贫攻坚问题整改工作方案》。全面开展精准扶贫精准脱贫“回头看”，深化完善产业扶贫、教育扶贫、健康扶贫、金融扶贫、资产收益扶贫、易地扶贫搬迁等政策举措10余项。出台《关于开展农村“三变”改革试点促进农民增收产业增效生态增值的指导意见》，按照“清产核资、确权确股、市场对接、合股联营、按股分红”的模式，采取村民联动、村社共建、股份合作等形式，扎实推动资源变资产、资金变股金、农民变股东，促进农民增收、产业增效、生态增值。累计清理核查农村集体资产804.8亿元，完成土地承包经营权确权颁证640.2万户，在2183个村、9853个组开展集体资产量化确权，组建新型农村集体经济组织443个，培育农民合作社2万个，带动贫困户17.9万户。

【扶贫规划编制实施】 2017年，重庆市编制“十三五”脱贫攻坚规划、秦巴山片区区域发展与脱贫攻坚“十三五”规划、武陵山片区区域发展与脱贫攻坚“十三五”规划、深度贫困地区脱贫攻坚规划、扶贫产业发展规划、乡村旅游扶贫发展规划等总体规划和行业扶贫规划近10个。按照部门职责，分项分年度将规划任务逐一分解到40余个部门，逐级逐项建立规划落实台账，定期掌握进度、通报情况，推动各级各部门锁定目标、正排工序、倒排工期，把握时间节点，有力有效抓好落实。

【产业扶贫】 2017年，重庆市出台《关于深化脱贫攻坚扎实推进产业扶贫的实施意见》，制定“菜单式”产业项目清单，建立“双对接、双选择”产业扶贫机制，组织、培育1602家龙头企业、6935家农民合作社参与产业扶贫；落实现代特色效益农业专项资金4.4亿元，推动柑橘、生态渔业、草食牲畜等特色产业链覆盖带动贫困人口86万人；因地制宜发展林果药桑菜、鸡牛羊兔蜂和电商、乡村休闲旅游“10+2”特色扶贫产业，覆盖带动贫困人口近100万人。

【“雨露计划”】 2017年，重庆市建立精准劳务对接机制，培训贫困人口18万人次、致富带头人2.1万人次，实现贫困人口转移就业19万人，针对贫困人口开发公益性岗位7.5万个。健全从学前教育到高等教育全覆盖资助政策，实施贫困学生就读普通高中学费全免，资助贫困学生27万人次。

【驻村帮扶】 2017年，重庆市突出“因村选派、全面覆盖、严格管理、真驻实帮”重点，扎实解决“选人不优、管理不严、作风不实、保障不力”等问题。全市累计选派驻村工作队6367个，驻村工作队员26687人，第一书记兼任工作队队长4833人，调整驻村工作队员622名。

【深度贫困地区脱贫攻坚】 2017年，重庆市集中优势力量，突出抓好18个市级深度贫困乡镇脱贫攻坚。由市委、市政府领导和市人大、市政协主要领导逐一定点包干，担任指挥长，18个帮扶集团牵头部门主要负责同志担任常务副指挥长，18名副厅级领导担任驻乡工作队长，从市级扶贫集团成员单位精准选派驻乡工作队员70名、驻村第一书记88名。完成18个深度贫困乡镇精准脱贫三年规划，累计规划项目2372个，启动脱贫项目229个，投资15亿元。

【易地扶贫搬迁】 2017年，重庆市扎实推进易地扶贫搬迁，提高搬迁补助标准，实施特殊困难户兜底搬迁，完成贫困人口搬迁10万人。投入专项资金4.3亿元，实施贫困地区基本公共服务项目建设530余个。

【建档立卡和扶贫开发动态监测】 2017年，重庆市建立全市精准扶贫大数据平台，充分依托大数据、云计算等手段，推动行业扶贫数据互通共享，搭建基础数据支撑、脱贫指挥调度、项目资金管理、工作移动巡检、贫困监测预警等平台，实现动态化、数字化、常态化精细管理。健全扶贫信息系统，完善扶贫对象动态管理，通过集中开展逐户调查和大数据比对，全面掌握贫困人口分布、致贫原因、帮扶需求等信息，落实精准帮扶措施，新识别贫困人口和返贫人口10.8万人，切实做到应扶尽扶。建立贫困动态监测和跟踪管理机制，完善特殊困难“临界对象”档外台账，及时跟进落实有针对性的帮扶举措。实施脱贫对象台账管理、分类监测，督促区县把巩固脱贫成果作为硬任务。

【扶贫调研】 2017年，重庆市委书记陈敏尔、市长张国清带头履行第一责任人责任，主持召开市委常委会会议和市政府常务会议研究脱贫攻坚工作，深入贫困区县调研指导脱贫攻坚工作。市级各部门立足本职、主动作为，加快推动行业精准扶贫十大行动，积极参与深度贫困乡镇帮扶行动，全力助推脱贫攻坚。

【扶贫宣传与表彰】 2017年，重庆市发挥新闻媒体舆论导向作用，开设“纵深推进脱贫攻坚”“走村进户访脱贫”“聚焦脱贫故事报道”“脱贫攻坚进行时”专栏，开展脱贫攻坚宣传报道1200余篇次，编发《重庆扶贫专报》62期，被国务院扶贫办转发7期，在《人民日报》《经济日报》《农民日报》和中央电视台《焦点访谈》《新闻联播》等推出报道110篇。在脱贫攻坚先进典型推荐评选表彰中，1人获评全国脱贫攻坚先进个人，重庆市表彰市级先进集体49个、先进个人98名。

【金融扶贫】 2017年，重庆市深化实施金融扶贫主办行、“一行一品”产品创新、金融扶贫示范点创建、金融扶贫统计

“四大行动”。5 家主办行推出“扶贫贷”“再贷款+”等精准扶贫金融产品 30 多个，全市金融扶贫贷款余额达 840 亿元；建立风险补偿金 4.23 亿元，发放扶贫小额信贷 12 亿元；新增易地扶贫搬迁贷款 27.9 亿元；生源地助学贷款余额 20.7 亿元；发放创业担保贷款 10.9 亿元，金融精准扶贫惠及贫困人口 300 余万人次。

【健康扶贫】　2017 年，重庆市全面落实贫困人口基本医保、大病保险、商业保险、医疗救助、慈善帮扶“五重保障”，为所有贫困人口购买每人每年 100 元的“精准脱贫保”；设立 3 亿元扶贫济困医疗救助基金，推行贫困人口在定点医疗机构“先诊疗后付费”；对患重病、慢性病的贫困人口实施集中医治、居家康养等分类救治，实现家庭医生签约服务、电子健康档案建设全覆盖。

【低保兜底扶贫】　2017 年，重庆市建立农村低保与经济社会发展相适应的增长机制，将符合条件的 24.4 万名贫困人口全部纳入低保，并针对致贫原因精准落实帮扶举措，确保稳定实现“两不愁、三保障”。

【生态扶贫】　2017 年，重庆市进一步强化生态扶贫，落实资金 3 亿元，加大贫困地区造林绿化、水生态治理等生态保护与治理力度。充分依托贫困山区生态自然优势，大力发展生态特色产业、生态旅游业，带动贫困人口 20 余万人。

【社会扶贫】　2017 年，重庆市深化鲁渝扶贫协作，出台《关于进一步加强鲁渝扶贫协作工作的意见》，建立鲁渝高层联席会议制度，开展高层互访和结对市区县调研对接 27 批次；签订深化东西部扶贫协作合作协议，举办“山东·重庆扶贫协作暨经贸合作项目签约仪式”，实施经贸合作项目 100 余个；建立劳务协作精准对接机制，联合举办专场招聘活动，组织 212 家企业提供就业岗位 2.1 万个，实现就业 6179 人，举办各类培训班 17 期、培训 1500 余人次；互派挂职干部 38 名，开展教师、医生等专业人员交流 113 人次，落实政府援助资金 1.6 亿元。深化中央国家机关定点扶贫，中央国家机关向重庆市下派挂职干部及驻村第一书记 21 名，投入资金 13 亿元。深化“万企帮万村”，组织 1608 家民营企业结对帮扶 1195 个贫困村，投入资金 19.9 亿元。深化市内对口帮扶，18 个市级扶贫集团和对口帮扶区县落实帮扶资金 23.5 亿元。深化扶贫志愿服务行动，组织 111 个志愿组织、8.1 万人次开展政策宣传、结对帮扶、助推创业等服务活动，全面凝聚社会合力。

【基层组织建设】　2017 年，重庆市制定《深化抓党建促脱贫攻坚行动方案》，强化县乡村班子建设、驻乡驻村帮扶、督查考核等组织措施。保持贫困区县党政正职稳定，落实深度贫困乡镇 1 名领导班子成员专职分管脱贫攻坚工作，从区县下派扶贫副乡镇长 572 名，提拔重用脱贫攻坚一线干部 735 名。将 226 个未脱贫村的党组织全部纳入后进整顿，落实以强带弱共建对子 698 个，及时调整不胜任现职的贫困村党组织书记 256 名，为每个贫困村配备 1 名“大学生村官”。建立贫困村本土人才库，回引 2803 名本土人才到贫困村挂职、创业，打造一支“不走的扶贫工作队”。推行将支部建在产业上，创建产业支部 510 个。

【扶智扶志】　2017 年，重庆市坚持扶贫同扶智、扶志结合起来，注重培育贫困群众发展生产和务工经商的基本技能，注重提高贫困地区和贫困群众自我发展能力，注重调动贫困群众的主动性、积极性和创造性。大力推进以村风民俗、自立自强为重点的农村公序良俗建设，积极开展文明村镇创建，设立乡贤评理堂、成立道德评议会、组建村民议事会，着力构造自治、法治、德治相结合的乡村治理体系。

【扶贫督查巡查】　2017 年，重庆市建立健全专项巡视、集中督查、专项督查、专项巡查、蹲点督导等多位一体的大督查体系，组织开展 9 个轮次的专项督查，覆盖 33 个区县、134 个乡镇、75 个贫困村、77 个非贫困村，累计入户调查贫困户 1402 户、非贫困户 1316 户，督查整改问题 303 个。

【扶贫考核评估】 2017 年，重庆市坚持把从严要求贯穿到脱贫攻坚工作全过程、各环节，完善区县党委和政府扶贫开发工作成效考核办法，提高脱贫攻坚工作在区县经济社会发展实绩考核中的占比，实行市级扶贫集团成员单位和区县脱贫攻坚捆绑考核，做到党建工作述职评议考核与扶贫工作考核相结合。完善区县自查、市级交叉检查、第三方评估、认可度调查“四位一体”考核评估及退出验收程序，邀请党代表、人大代表、政协委员、群众代表、民主党派和专家、记者全程监督，成立专门督查组开展巡回督查，较真碰硬开展考核评估。

【执纪问责】 2017 年，重庆市层层签订扶贫领域党风廉政建设责任书，全面落实扶贫资金项目 10 项监管制度。健全财政部专员办、审计署特派办、市财政局、市审计局、市扶贫办“五方”协调机制，每季度召开一次联席会议，强化扶贫项目运行和资金使用监管，对扶贫专项资金项目实行全过程监督。建立联动监管机制，强化纪检监察、审计、财政、公安、检察等单位协作配合，坚决查处贪污挪用、截留私分、优亲厚友、虚报冒领等违纪违法行为。开展扶贫领域腐败和作风问题专项治理，狠抓决策执行不力问题、监管责任缺失问题、工作作风漂浮问题、扶贫资金管理问题，查处扶贫领域腐败和作风问题 518 件，问责失职失责人员 345 人。

（重庆市扶贫开发办公室综合处 杨方清）

四川省扶贫开发

【概述】 2017年，四川省聚焦“两不愁、三保障”目标和“四个好”要求，持续打好“3+10+N”组合拳，下足“绣花”功夫，推进精准扶贫精准脱贫，实现15个贫困县摘帽、3769个贫困村退出、108.5万贫困人口脱贫，超额完成年度计划。先后掀起“春季攻势”“夏季战役”“秋季攻坚”“冬季冲刺”，召开4次全省性大会、9次省脱贫攻坚领导小组会，强力部署推动。锁定“六个精准”，深入实施“五个一批”，扎实推进产业就业扶贫、住房安全建设、教育健康扶贫等重点工作，创建省、市、县三级“四好村”（即住上好房子、过上好日子、养成好习惯、形成好风气）分别有省级3481个、市级14828个、县级21122个，建成“农民夜校”4.5万余所。确定深度贫困县45个、深度贫困村2550个，出台《关于进一步加快推进深度贫困县脱贫攻坚的意见》等政策措施，深度贫困地区脱贫攻坚聚力推进。全面完成第4轮精准识别“回头看”，扎实解决“错评漏评”“未整户识别”“自主移民识别”等问题，全面升级“六有”大数据平台功能，完成对2014—2016年已脱贫对象“回头看”“回头帮”，全覆盖开展贫困村“五个一”（即每个贫困村有1名责任领导、1个帮扶单位、1名第一书记、1个驻村工作组、1名驻村农技员）和非贫困村“三个一”（即对贫困户超过20户的非贫困村选派1名第一书记、每个村选派1个农业技术巡回服务小组、每户贫困户落实1名帮扶责任人）驻村帮扶，积极推广“歇帮机制”（即针对部分贫困户不积极主动参与脱贫发展甚至违法乱纪、阻挠村镇脱贫的现象采取暂停所有帮扶和政策兑现的惩戒性措施）、“积分制管理”、“星级评定”等精神扶贫模式，脱贫攻坚长效机制加快建立。省领导带队、省市县三级联动开展调研督导3轮，实施《四川省农村扶贫开发条例》执法检查2次、综合暗访1次、15个计划摘帽县专项督战1次，年度任务有力推动落实。建立市县党委政府脱贫攻坚成效和扶贫专项、定点扶贫、省内对口帮扶“1+3”考评体系，实施脱贫验收考核和第三方评估，扶贫领域突出问题专项整治进一步加强。鲜明“奖优罚劣”，省委、省政府对42个脱贫攻坚先进市县、200个帮扶先进单位、700名驻村帮扶优秀干部给予通报表扬，对2016年扶贫工作任务完成较差、扶贫资金审计发现问题的23个县党政负责人进行约谈。在中央对2016年省级党委和政府扶贫开发工作成效考核中，四川被列为“综合评价好”的省区之一。

【扶贫资金投入】 2017年，四川省产业、就业、教育、健康扶贫等22个扶贫专项共投入各类资金1263.35亿元，其中财政资金748.87亿元。投入中央和省级财政专项扶贫资金91.2亿元，其中中央财政专项扶贫资金52.25亿元，省级财政专项扶贫资金38.94亿元。省级财政安排32亿元地方政府债券支持脱贫攻坚。88个贫困县整合财政涉农资金254亿元。

【扶贫资金管理】 2017年，四川省出台《中央和省级财政专项扶贫资金管理办法》《财政专项扶贫资金绩效评价办法》等文件，坚持扶贫资金公示公告制度，促进扶贫资金规范化运行。强化扶贫资金全方位监管和第三方监督，统筹人大、政协、纪检、审计及财监等部门力量综合开展专项监督检查，组织市、县开展常态化自查，委托会计师事务所、财评中心等独立机构开展监督检查和绩效评价。建立完善扶贫资金分配与绩效评价结果挂钩机制，提高资金监管结果在资金分配因素中的占比，促使资金真正管好用好。出台贫困村产业扶持、教育扶贫救助、卫生扶贫救助、扶贫小额信贷分险等四项扶贫基金使用管理办法，基金总规模达 110.04 亿元，扶持和救助效益明显。

【深度贫困地区脱贫攻坚】 2017 年，四川省贯彻落实中央深度贫困地区脱贫攻坚座谈会精神，在科学确定深度贫困县、深度贫困村的基础上，明确提出新增脱贫攻坚资金主要用于深度贫困地区、新增脱贫攻坚项目主要布局于深度贫困地区、新增脱贫攻坚举措主要集中于深度贫困地区，免除纳入年度专项扶贫计划新增项目资金县级配套"三增一免"总体要求，出台《关于进一步加快推进深度贫困县脱贫攻坚的意见》《深度贫困县脱贫攻坚实施方案》和加强脱贫帮扶、建设飞地园区、实施人才振兴、加强凉山彝族自治州禁毒防艾等 4 个支撑意见，基本构建起深度贫困地区脱贫攻坚政策体系。召开全省深度贫困县脱贫攻坚工作会议、全省深度贫困地区脱贫攻坚推进电视电话会议，强力推进住房、产业、生态扶贫等"七个聚力攻坚"，进一步强化财政投入、金融支持、用地指标、社保兜底、人才支撑等要素保障，新增 24 名省级领导、15 个省直部门（单位）、76 所高校、18 家医院、17 户国有企业和金融机构参与深度贫困县定点扶贫。

【基础设施建设】 2017 年，四川省新改建农村公路 2 万千米，新增 71 个乡镇通油路、2000 个建制村通硬化路；解决 63.04 万贫困人口饮水保障问题和 1.24 万户贫困户安全用电问题；实施 70 个农村土地整治专项扶贫项目，建设规模达 77.29 万亩，新增耕地面积 6.93 万亩；新建户用沼气池 1900 口，建成大型沼气工程 15 处、新村集中供气工程 67 处；新增解决 2800 余个贫困村通光纤问题，实现全省 84% 贫困村通光纤，贫困地区发展条件持续改善。

【易地扶贫搬迁】 2017 年，四川省加大易地扶贫搬迁力度，建立完善常态化工作推进机制，严格建设标准，探索形成"小、组、微、生"建设模式，落实下达年度资金 183.2 亿元、完成投资 198 亿元，超额完成国家下达的 29 万人搬迁建设任务，搬迁入住 9.65 万户 33 万人。

【产业扶贫】 2017 年，四川省出台《关于加强产业扶贫工作促进精准脱贫的意见》，探索建立"直接扶持、托管帮扶、企业带动、社会帮扶、股份合作、资产收益、代种代养"等产业扶持脱贫模式，新培育农民合作社 7878 个、家庭农场 6236 个，实现贫困村新型经营主体带动全覆盖；创建省级旅游扶贫示范区 15 个、示范村 164 个，推动 364 个旅游扶贫重点村加快发展；新增国家级电商进农村综合示范县 25 个；实施科技扶贫项目 357 项，启动建设省级科技扶贫产业示范基地 34 个，"四川科技扶贫在线"覆盖 88 个贫困县。

【就业扶贫】 2017 年，四川省围绕"一人就业、全家脱贫"目标，建立贫困劳动力基础信息、就业培训、转移就业、自主创业、公益性岗位安置情况"5 个名单"；大力开展"扶贫专班""送培训下乡"等活动，培训贫困群众 18.4 万人次；打造就业扶贫车间 387 个，吸纳贫困劳动力 7900 人；举办劳务用工专场招聘会近 2000 场（次）；全年贫困劳动力转移就业规模达 85.2 万人，公益性岗位安置特困劳动力 8.3 万人。

【以工代赈】 2017 年，四川省编制印发《"十三五"以工代赈实施方案》。创新采用遴选机制择优分解下达以工代赈资金 4.79 亿元涉及项目 429 个，主要用于支持"四大片区"、深度贫困地区乡村道路、农田水利、基本农田、草场、小流域治理等农村小型基础设施建设，其中向“四大片区”贫困县下达以工代赈资金 4.2 亿元。累计安排资金 1.3 亿元组织实施 39 个片区综合开发、以工代赈示范工程、示范村项目。开展以工代赈资产收益扶贫试点，指导巴中市通江县和广元市苍溪县、旺苍县编制试点实施方案。

【社保制度完善】　2017 年，四川省加强农村低保制度与扶贫开发政策衔接，做到应扶尽扶、应保尽保、按标补差，全省农村低保标准低限提高至 3300 元/年，较 2016 年增加 420 元；将困难残疾人生活补贴从 2016 年的每人 60 元/月提高至每人 70 元/月。加强义务教育保障，贫困学生资助体系不断健全，累计减免 80 余万名在园幼儿保教费，为 136.82 万名高中生、中职生免除学费、提供助学金；民族地区累计开办“一村一幼”幼教点 4736 个、惠及 18.6 万名儿童。加强基本医疗保障，实施“十免四补助”医疗扶持，贫困患者县域内住院个人支付占比控制在 10% 以内。全年完成农村危房改造 18.6 万户。

【定点扶贫】　2017 年，23 个中央国家机关定点扶贫四川省 36 个贫困县，直接投入资金 2.38 亿元、帮助引进各类资金 11.89 亿元，实施帮扶项目 345 个；调整充实省内定点扶贫力量，参与省内定点扶贫部门（单位）由 249 个增加至 383 个，全年直接投入资金 62.6 亿元、帮助引进资金 21.68 亿元，帮助上项目 2.4 万个。

【对口帮扶】　2017 年，四川省成立省内对口帮扶专项工作组，构建统筹指挥体系。1 月，召开全省省内对口帮扶藏区彝区贫困县工作座谈会；3 月，组织 42 个帮扶地、45 个受扶地集中开展“专班对接”活动，形成年度项目帮扶清单；9 月，在阿坝藏族羌族自治州、甘孜藏族自治州、凉山彝族自治州分别召开深度贫困县脱贫攻坚暨省内对口帮扶工作推进会。全年共投入帮扶资金 11.65 亿元，实施住房建设、产业就业、教育保障、医疗保障、基础设施建设等项目 673 个，成阿、甘眉、德阿、成甘等飞地园区建设取得积极进展。

【东西部扶贫协作】　2017 年，编制完成“十三五”对口支援规划、佛山对口凉山扶贫协作规划。广东省和浙江省的 67 个市、县与全省 66 个贫困县开展结对帮扶，实现藏区彝区贫困县及国家扶贫开发工作重点县结对帮扶全覆盖。佛山市除安排 5 个区结对帮扶凉山彝族自治州 11 个贫困县外，还实施 11 个镇（街道）、11 个村（社区）与凉山彝族自治州 11 个乡镇、11 个村建立结对帮扶关系。广东省、浙江省、佛山市全年落实援助资金 5.38 亿元、实施项目 216 个，选派干部 32 人组成前方工作组到受扶县挂职帮扶。出台《携手共建佛山—凉山东西部扶贫协作示范工作方案》。

【企业和社会各界扶贫】　2017 年，四川省出台《关于充分发挥群团组织优势助力脱贫攻坚的意见》，组织引导群团组织助力贫困地区产业就业扶贫、科技扶贫、电商扶贫、技能扶贫、精神扶贫、关怀帮扶等脱贫攻坚项目。全省各地各部门共开展扶贫日活动逾万个，募集资金 18.7 亿元，评选表彰省级脱贫攻坚奖获奖者 40 名，2 人荣获全国脱贫攻坚奖。开展“中国社会扶贫网”试点，全省注册用户突破 180 万人。“万企帮万村”深入开展，投入资金 66.26 亿元，实施帮扶项目 7700 个；举办“光彩凉山行”系列公益活动，创新开展“国企入凉”活动。

【驻村帮扶】　2017 年，四川省在加强贫困村“五个一”帮扶基础上，创新非贫困村“三个一”帮扶机制，向有 20 户以上贫困户的非贫困村选派第一书记 8274 名，向所有非贫困村选派农业技术巡回服务小组 2732 个，为 49.3 万户“插花式”贫困户落实帮扶责任人 26.7 万人。建立激励约束机制，出台切实关心爱护脱贫攻坚一线干部的 22 条措施，累计提拔一线扶贫干部 2 万人，表扬记功 1.7 万人，调整召回第一书记 2975 人。

【扶贫宣传】 2017 年，推出《以生命共赴使命——祭奠脱贫攻坚英雄》报道。连续推出《“藤梯”变“钢梯” 踏上致富路》《向总书记汇报 您牵挂的“悬崖村”明天会更好》等系列报道。在中共十九大召开前夕，组织省内媒体推出《决战贫困 狠下“绣花”功夫——向总书记报告·脱贫攻坚篇》。峨眉电影公司、五粮液集团等投资拍摄全国第一部反映脱贫攻坚的电影《十八洞村》。制作电视剧《索玛花开》，在中央电视台一套热播。推动文艺扶贫“万千百十”活动，共创作发表扶贫优秀作品 800 余篇（首），涌现出《高腔》《通江水暖》等一批精品力作。

（四川省扶贫开发局　熊素华）

贵州省扶贫开发

【概述】 2017年，贵州省连续发动春季攻势、夏季大比武、秋季攻势“三大战役”，全面打响以农村“组组通”公路为重点的基础设施建设、产业扶贫、易地扶贫搬迁、教育医疗住房“三保障”四场硬仗，创新实施政策设计、工作部署、干部培训、监督检查、追责问责“五步工作法”，编制贵州省“十三五”脱贫攻坚专项规划、武陵山片区（贵州）区域发展与扶贫攻坚“十三五”实施规划、滇桂黔石漠化片区（贵州省）区域发展与扶贫攻坚“十三五”实施规划、乌蒙山片区（贵州省）区域发展与扶贫攻坚“十三五”实施规划，出台支持深度贫困地区脱贫攻坚行动“1+20”文件，建成组组通公路2.5万千米，完成易地扶贫搬迁45万人，实施产业扶贫项目1.5万个，完成20万户农村危房“危改”“三改”（改厨、改厕、改圈），资助贫困家庭学生83万人，257万人次享受“四重医疗保障”，安排5万名生态护林员，调增农村低保标准达到3580元。选派7368名干部担任贫困村第一书记，选派4.3万名驻村干部组成8519个工作组进驻贫困村帮扶。全年减少农村贫困人口123万人，贫困发生率降至7.75%。

【扶贫资金投入】 2017年，中央财政预算安排贵州省财政专项扶贫资金75.4亿元（其中发展资金69.5亿元），较2016年增加15.6亿元；省本级预算安排财政专项扶贫资金63.7亿元，较2016年增加18.9亿元；全省各级财政专项扶贫资金130.5亿元，比2016年同期增加26.1亿元。安排补助资金5亿元，支持14个深度贫困县、20个深度贫困乡（镇）和2760个深度贫困村脱贫攻坚。累计向贫困户发放扶贫小额信用贷款137.87亿元，位列全国第二；注入风险补偿资金9.13亿元，使用风险补偿金2018.8万元。扶贫产业子基金累计通过投资评审项目949个、计划投资744.88亿元，实际投放项目470个、到位资金270.18亿元；深度贫困乡（镇）子基金拨付资金91.78亿元，使用资金32.03亿元。财政涉农资金整合试点范围扩大到66个贫困县，纳入统筹整合资金规模350亿元。

【扶贫资金管理】 出台《贵州省财政专项扶贫资金管理办法》《关于建立财政专项扶贫资金安全运行机制的意见》《关于进一步加强财政扶贫资金监督检查促进精准扶贫政策落实的实施意见》《贵州省支持贫困县统筹整合使用财政涉农资金绩效评价及目标考核办法（试行）》，对45个贫困县2015—2016年中央财政专项扶贫资金、中央专项彩票公益金支持贫困革命老区扶贫开发部分开展专项检查。抽派24人组成8个调研组，对8个市（州）（除贵阳市、贵安新区外）的18个县（市）财政专项扶贫资金结转结余情况进行实地调研。委托第三方评价机构对省本级安排2016年财政专项扶贫资金开展绩效评价。成立脱贫攻坚投资基金领导小组，抽调8名厅级领导和43名干部，组成8个工作组，分片包县，协调指导、督促推进扶贫产业子基金项目落地落实。运用“贵州·扶贫云”对扶贫资金精准使用实施实时监测，每季度召开一次扶贫系统经济运行调度分析会，实行季度资金使用情况调度和通报制度。

【基础设施建设】 筹集资金 388 亿元，实施农村“组组通”公路三年大决战，建设 9.7 万千米通组公路（深度贫困地区 3.3 万千米）。其中，2017 年投入 100 亿元、开工建设 4.16 万千米，建成 2.5 万千米通组公路，实现 12276 个 30 户以上自然村寨通硬化公路。投入 97 亿元，实施贫困地区县乡以上道路提级改造 2027 千米。投入 300 亿元，全面加快“四在农家·美丽乡村”建设。投入 94.02 亿元，支持贫困地区水利建设。分别投入省级以上水利建设资金 46.1 亿元、13.48 亿元、41.67 亿元，解决滇桂黔石漠化片区（贵州省）25.82 万农村建档立卡贫困人口、武陵山片区（贵州省）8.42 万农村建档立卡贫困人口、乌蒙山片区（贵州省）6.69 万农村建档立卡贫困人口的饮水安全巩固提升问题。开工建设中小河流治理项目 77 个，治理病险水库 53 座，新增有效灌溉面积 26.54 万亩。完成 42.11 万农村建档立卡贫困人口的饮水安全问题。

【易地扶贫搬迁】 制定《关于精准实施易地扶贫搬迁的若干政策意见》《关于进一步加强和完善易地扶贫搬迁领导体制和组织保障工作的通知》。加快 2017 年搬迁项目建设，全年搬迁 45 万人，251 个安置点已全部开工建设，其中 91 个安置点 17432 套住房全部建成。累计完成搬迁人口就业培训 15 万人次，落实就业 17.52 万人，户均实现就业 1.7 人。组织 600 余名干部对全省 2016 年 562 个项目进行为期 2 个月的全覆盖审计。

【产业扶贫】 实施 12 项产业精准扶贫政策措施，重点发展具有比较优势的蔬菜、茶叶、生态家禽、食用菌、中药材五大产业，推进“一县一业”特色优势产业发展。推进农校、农超等“菜单式”产销对接，推动贫困地区农产品进入上海、广州等东部城市市场。建设 48 个国家级电子商务进农村综合示范县，建成县级电商运营服务中心 60 多个，村级电商服务站点 1.022 万个。实现市州冷链物流中心全覆盖，冷库库容达到 75 万吨，冷链运输车辆达到 700 台。实施旅游项目建设扶贫工程、景区带动扶贫工程、旅游资源开发扶贫工程等九个旅游扶贫工程。推广农村“三变”改革、“龙头企业 + 合作社 + 贫困农户”模式和“塘约经验”，明确财政专项扶贫资金的 60% 用于产业扶贫，到县扶贫资金入股或资产收益扶贫项目贫困户分红比例必须高于 70%。全省累计培育省级以上农业龙头企业 711 家，实施产业扶贫项目 1.5 万多个，覆盖贫困户近 60 万户 200 余万人；开展乡村旅游扶贫村寨超过 3000 个，涉及 32.4 万户 107.66 万贫困人口。

【“雨露计划”】 2017 年，贵州省投入财政专项扶贫资金 1.49 亿元，培训劳动力 18.67 万人，其中，转移就业技能培训 1.97 万人，乡村特色旅游培训 0.16 万人，农村实用人才培训 11.28 万人，农村电商培训 0.43 万人，民族手工艺培训 0.32 万人，创业培训 1.2 万人。实施“雨露计划·圆梦行动”，资助建档立卡贫困大学新生 2 万余名、资助金额 8000 余万元。

【地方病防治】 截至 2017 年底，贵州省实现以县为单位消除碘缺乏病目标，并在黔西南布依族苗族自治州、六盘水市、毕节市、铜仁市所辖的县（市、区）及贵安新区共 30 个县（市、区）开展碘盐监测工作。燃煤污染型地方性氟中毒实现基本消除危害目标，37 个氟中毒病区县（市、区）中，有 26 个县达到消除标准，9 个县达到控制标准。继续在七星关区、大方、黔西、普安、普定、仁怀开展地氟病监测工作，完成 6 个县（市、区）48 个村的监测任务，监测覆盖率和完成率均为 100%。已经消除燃煤污染型砷中毒危害目标，无新发的燃煤污染型砷中毒患者，砷病区改良炉灶率和改良炉灶正确使用率均为 100%，居民健康知识知晓率为 97.8%。继续在兴仁、安龙 2 县开展地砷病监测工作，监测覆盖率和完成率均为100%。

【革命老区建设】　顺利通过国家和省第三方对赫章县、纳雍县、习水县2015年项目的第三方评审验收工作；印发《关于对习水县、纳雍县、赫章县实施2015年度中央专项彩票公益金扶贫项目存在问题进行整改的通知》，促进扶贫项目规范实施；完成赫章县、桐梓县、松桃县2016年项目的规划设计、项目启动、中期督查、竣工验收和绩效评审；全面启动2017年4个项目县、2018年3个项目县的规划设计工作。

【以工代赈】　2017年，贵州省投入中央以工代赈资金3亿元、安排省财政预算内资金0.18亿元，支持全省65个贫困县脱贫攻坚工作。出台《贵州省以工代赈资产收益扶贫试点实施方案》，积极探索推进资产收益扶贫试点，创新利益联结机制。

【产业扶贫】　制定《贵州省发展“一县一业”助推脱贫攻坚三年行动方案(2017—2019年)》，发展精品水果、早熟马铃薯、薏仁米、酿酒用高粱、荞麦、特色生猪、优质肉牛肉羊、冷水鱼等产业。共种植精品水果501万亩、马铃薯1100万亩（其中种植早熟马铃薯30万亩）、薏仁米80.65万亩、酿酒用高粱103.29万亩、荞麦80万亩，特色生猪出栏146.34万头、优质肉牛出栏143.95万头、优质肉羊出栏363.85万只、冷水鱼产量10000吨。开展国家级农民合作社监测，农民合作社达5.8万个。在双龙物流园、花溪地利物流园开辟贵州贫困县农产品免费销售专区6.4万平方米；安排200万元在贵阳启动设立20家“两鸡两蛋”直销专营店、“农产品惠民生鲜超市”直销专区。开展农校对接活动4次，105家家禽养殖企业、22家蔬菜企业与29家高校达成采购协议。

【科技扶贫】　投入资金5700万元，支持农业类科技支撑计划项目159项，培育新品种40余个。投入资金2675万元，支持69项农业科技成果推广项目。建设50个省级农业科技示范园区，建设面积16.4万亩，带动10.78万户农户增收致富。选派1720名科技人才到基层开展创新创业和农业科技成果推广及技术服务。评选120名优秀科技特派员。深化“万名农业专家服务‘三农’行动”，组织开展农业专家“集中会诊”极贫乡镇贫困村活动，走访调研贫困乡镇（村）7088次（其中极贫乡镇679次），解决农业技术难题4026个。在全国首创提出“两制双返”（农民专业合作社制和股份期权制；合作社70%以上的利润返还给农户，股份制企业70%以上的利润分配给以科技人员为主的企业员工）科技扶贫机制。

【定点帮扶】　增加省市县三级党委专职副书记作为易地扶贫搬迁指挥部指挥长，明确省市两级扶贫部门和易地扶贫搬迁部门主要负责人同时担任同级党委副秘书长，县级易地扶贫搬迁部门主要负责人由县委常委或副县长兼任，县级扶贫部门主要负责人担任县委办公室副主任。从省直部门遴选65名优秀处级干部到贫困县挂任县委常委或副县长，专职负责脱贫攻坚工作。从市（州）直部门遴选434名副县级干部或后备干部到极贫乡镇和深度贫困村所在乡镇挂职，从县（市、区）选配744名优秀干部充实到乡镇领导班子。根据极贫乡镇和深度贫困村所在乡镇公务员或事业单位编制空缺情况，及时补充乡镇公务员1025名，补充乡镇事业单位人员2979名。对省市县三级机关从极贫乡镇和深度贫困村所在乡镇借用的3260名干部全部进行清退，并明确脱贫攻坚期内不得再次借用。从县直以上机关单位选派7368名干部担任贫困村第一书记，选派4.3万名驻村干部组成8519个工作组进驻贫困村帮扶。

【东西部扶贫协作】　2017年，贵州省成立东西部扶贫协作领导小组或工作专班，与帮扶城市签订“十三五”扶贫协作框架协议。省委省政府负责同志到东部7个帮扶城市对接落实扶贫协作工作7次，8个市

(州) 党政负责同志到东部调研对接 152 次，全省各级各部门到东部地区调研对接 1956 人次。7 个帮扶城市派出 139 名干部到贵州省贫困地区挂职，接受贵州省 1016 名干部到 7 个帮扶城市学习，选派 2975 名教师、医生、农业技术等专业技术人员到贵州省开展帮扶工作，为贵州省开展专业技术人才培训 21069 人次。7 个帮扶城市向贵州省投入财政帮扶资金 7.31 亿元，实施帮扶项目 676 个，带动和帮助 44869 名建档立卡贫困人口脱贫。引进帮扶城市企业 284 个，实施项目 863 个，实际到位资金 272.14 亿元。开展《多彩贵州风》赴对口帮扶城市开展巡演推介活动，推出面向帮扶城市的各项旅游优惠政策，东部帮扶城市到贵州游客达 1.16 亿人次。8 个市（州）与 7 个帮扶城市签署劳务合作协议。面向帮扶城市举办专场招聘会 349 场，提供针对贫困户的就业岗位 39.26 万个，帮助 31579 名建档立卡贫困户实现就业脱贫。7 个帮扶城市的 54 个县（市、区）对口帮扶贵州省 66 个贫困县；完成乡镇（街道）结对帮扶关系 229 对，完成贫困村（社区）结对帮扶关系 187 对。东部帮扶县（市、区）向贵州省贫困县（区）投入资金 6.12 亿元。

【企业和社会各界扶贫】 2017 年，39 家中央定点扶贫单位共投入资金 6000 万元，实施帮扶项目 150 个；中央定点扶贫单位引进项目资金 50.2 亿元、项目 130 个。争取到国家卫生和计划生育委员会、国家中医药管理局、中国医学科学院、北京协和医学院共建和帮扶贵阳中医学院、遵义医学院、贵州医科大学。东部城市 66 个三甲医院与贵州省 66 个贫困县县医院建立结对帮扶关系，全面加强医院重症医学、急诊急救和 5 个以上临床重点学科建设；64 家全国高水平中医院对口帮扶 64 家县级中医院。恒大集团投入 110 亿元结对帮扶毕节市整市。万达集团投入 15 亿元，支持建设贵州丹寨县建设职业技术学院、万达旅游小镇。推进省内 21 户大型国有企业结对帮扶 20 个重点贫困县和贵阳市 9 个区与 9 个贫困县的结对帮扶工作。3698 家民营企业结对帮扶 3827 个村，投资产业扶贫项目资金 132 亿元，公益扶贫项目资金 36.4 亿元，受益群众超过 80 万人。开展 2017 年"扶贫日"贵州省系列活动，募集社会帮扶资金 24.9 亿元。

【扶贫法制建设】 2017 年 12 月，贵州省第十二届人民代表大会常务委员会第二十四次会议审议通过《贵州省大扶贫条例》(以下简称《条例》)。《条例》实施后，贵州省人大常委会执法检查组分 10 个小组，对全省 9 个市州和贵安新区的实施情况进行检查，特别针对各级政府及其有关部门围绕《条例》重点内容，在助推脱贫攻坚工作中的情况进行了检查。结果显示，在产业扶贫、乡村旅游、易地扶贫搬迁、教育医疗扶贫、财政扶贫资金投入上，《条例》推动成效显著。

【扶贫宣传】 2017 年，"砥砺奋进的五年"大型成就展中，《新时期易地扶贫搬迁省际成就巡礼》以贵州为例，全方位展现新时期全国易地扶贫搬迁成就。印发"1+10""1+4"《贵州省大扶贫条例》等政策法规读本并发放到村组。编撰《贵州省脱贫攻坚驻村工作队手册》《贵州省脱贫攻坚村支两委工作手册》《贵州省脱贫攻坚农户应知应会手册（插图本)》。制作发放《贵州省贫困人口分布图》3000 余份。创办脱贫攻坚手机报，发布手机报 266 期。微信公众号"微扶贫"订阅量 1.3 万余人。制作《致富有道——贵州产业科教宣传片》。拍摄电影《云上之爱》。

【扶贫督查问责】 贵州省四大班子负责同志全部深入脱贫攻坚一线开展明察暗访。8 位退休省级老领导带队对 8 个市（州）脱贫攻坚开展两轮督导检查。开展对 80 个县（市、区）和贵安新区易地扶贫搬迁资金项目审计，对 7 个贫困县和 20 个极贫乡镇的扶贫资金进行审计，共审计 1002

个政府部门和单位，延伸审计调查349个施工单位及监理单位，走访4753户农户，实地抽查553个易地扶贫搬迁项目和432个其他扶贫项目。组成1458个民生监督组对扶贫工作进行动态跟踪监督。率先开通省委省政府“扶贫专线”电话，全年接听专线电话2500余个，限时核实处理反馈，群众满意率达94%。全年共查处扶贫领域违纪问题3069个、查处3190人。

【扶贫表彰】　2017年12月，贵州省委省政府召开脱贫攻坚表彰暨秋季攻势总结会议，对60个先进集体和190名先进个人进行表彰。发布“贵州脱贫攻坚群英谱”，推出104名先进典型。遵义市播州区团结村农民、名誉支书黄大发荣获“全国脱贫攻坚奋进奖”，安顺市平坝区塘约村党总支书记左文学荣获“全国脱贫攻坚创新奖”。

（贵州省扶贫开发办公室综合处　叶　波）

云南省扶贫开发

【概述】 2017年，云南省以习近平新时代中国特色社会主义思想为指导，坚决贯彻落实党中央、国务院重大决策部署，围绕决战脱贫攻坚、决胜全面小康、实现跨越发展的战略目标，接连开展“找问题、补短板、促攻坚”专项行动、贫困对象动态管理、政策标准再明确、“自强、诚信、感恩”主题实践活动和“完成全年扶贫目标任务百日行动”，对标政策抓落实，对准问题抓整改，对标任务抓进度，脱贫攻坚取得决定性进展，实现质的转变。全省115万贫困人口净脱贫，实现1100个贫困村出列，15个贫困县申请贫困退出，可望实现贫困县历史上首次减少，贫困地区农村居民年人均可支配收入8695元，同比增长10.8%，增速高于全省平均水平1.5个百分点。

【扶贫资金投入】 2017年，云南省把脱贫攻坚作为省级财政优先保障重点，按10%的比例压缩省直各部门公用经费、按20%的比例统筹省本级专项收入、按20%的比例统筹政府性基金、按19%的比例统筹省级国有资本经营预算、按20%的比例统筹由专项收入转列的国有资源有偿使用收入用于扶贫。全年投入省级以上财政专项扶贫资金117.7亿元，其中中央财政扶贫资金71.7亿元，同比增长9.5亿元、增长15.3%；省级财政专项扶贫资金46亿元，同比增长15亿元、增长47.4%。

【扶贫资金管理】 坚持问题导向，进一步深化扶贫资金管理机制改革，制定《云南省财政专项扶贫资金管理实施办法》《关于加强县级脱贫攻坚项目库建设和完善扶贫资金项目公示公告制度的实施意见》《涉农资金统筹整合试点工作考核办法》，从完善资金分配、改进资金支出、强化资金监管等关键环节，强化建章立制，推进源头管理。纳入整合范围的省级涉农资金提前下达比例提高到70%以上，省级不再指定项目资金具体用途，全部切块下达到县。以县级脱贫攻坚规划引领项目库建设，初步形成县有项目库、乡有“路线图”、村有“施工图”的项目管理格局。按照“谁分配谁公开、谁使用谁公开、分配到哪里公开到哪里”的原则，落实项目资金在基层的公告公示制度。强化审计监管，组织全省审计系统对16个州（市）124个县（市、区）进行了扶贫“一条线”审计，对70个县（市、区）开展了财政扶贫资金专项检查，实现监督检查贫困县全覆盖。

【基础设施建设】 把当前脱贫和长远发展结合起来，组织实施贫困村提升工程，推进深度贫困村水、电、路、网等基础设施建设和教育、卫生、文化等公共服务体系建设，优先安排50户以上不搬迁的自然村补齐基础设施短板，增强自我“造血”功能。目前，全省所有建制村100%通硬化路，道路通畅率提高到99.98%，广播电视覆盖率达到99%，农村集中供水率和自来水普及率分别达到83.9%、78.5%，巩固提升了55.5万贫困人口的饮水安全保障水平。

【易地扶贫搬迁】 云南省共调出不符合条件的搬迁对象6.28万户21万人，调减比例达40.5%；补助政策由按户补助调整为按人补助，取消建档立卡搬迁户可申请不超过6万元低成本长期借款的政策；对超面积建设和负债建房问题，通过直系亲属共建、平台公司共享等方式进行整改，人均住房面积从36平方米降至22.4平方米。聚焦脱贫抓搬迁，认真落实搬迁贫困人口产业扶持、转移就业、生态扶贫、低保兜底等脱贫措施，落实义务教育、基本医疗、基本生活三项保障，盘活原有承包地、山林地、宅基地，努力实现搬得出、稳得住、能脱贫。全年20万贫困人口易地扶贫搬迁任务顺利推进。

【农村危房改造】　对标住房和城乡建设部、财政部、国务院扶贫办《关于加强建档立卡贫困户等重点对象危房改造工作的指导意见》，制定《关于加强全省脱贫攻坚4类重点对象农村危房改造工作的意见》，实施危房改造32.34万户，开工率100%、竣工率82%，其中建档立卡贫困户19.82万户。

【金融扶贫】　88个贫困县全部纳入创建省级政策性金融实验示范区，大力开展金融产品和服务扶贫创新，发放扶贫小额信贷资金102.89亿元、惠及23.02万户贫困户，发放扶贫再贷款78.33亿元，投放浦发扶贫投资发展基金751.10亿元、累计支持2.97万个扶贫项目。

【就业扶贫】　制定《关于切实做好就业扶贫工作的实施意见》，完善劳务协作精准对接机制，加大职业技能培训力度，将就近就地就业与转移就业相结合，设立省内外劳务输出服务站32个，完成贫困劳动力就业培训112.56万人次，实现转移就业68.71万人次，就业扶贫组织化程度明显提高。

【生态扶贫】　造林绿化、天保工程、退耕还林、生态效益补偿等重点生态建设工程与贫困群众脱贫发展有机结合，在88个贫困县进行林业投资70.74亿元，实施退耕还林还草625.86万亩，将省级国有公益林补偿标准从6元/亩提高到10元/亩，实施木本油料提制增效100.4万亩，低效林改造64.9万亩，选聘4.53万贫困人口为生态护林员，落实生态护林员补助资金4亿元，户均年增收9018.8元。

【教育扶贫】　对标教育部等6部委《教育脱贫攻坚“十三五”规划》，制定《云南省教育扶贫实施方案》，全力“控辍保学”，建立乡（镇）领导包乡、乡（镇）干部包村、村干部包组、组干部包户“四包”责任制，加强法律和道德双重约束，劝返义务教育阶段辍学贫困家庭子女3343人。春季学期资助建档立卡贫困家庭学生890474人，落实资助资金10.38亿元，秋季学期资助建档立卡贫困家庭学生1106755人，落实资助资金14.72亿元。

【健康扶贫】　对标国家卫生和计划生育委员会《健康扶贫工作考核办法》，制定《云南省健康扶贫30条措施》，建立基本医保、大病保险、医疗救助、医疗费用兜底“四重保障”机制，推进健康扶贫“三个一批”工程，全省建档立卡贫困人口100%参加城乡居民基本医保和大病保险，住院及28种特慢病门诊实际报销比例达80%以上，住院实际补偿比例达90%。88个贫困县村级卫生室达标率提高到98.58%。

【特色产业扶贫】　编制全省和88个贫困县特色产业精准扶贫规划，在每个乡镇精准选择2~3项特色产业，形成以云烟、云茶、云咖、云花、云菜、云果和特色养殖为代表的“一村一品、一户一业”产业扶贫格局。鲁甸花椒、永德坚果、云南核桃、红河哈尼梯田红米4个高原特色“云品”被选为中央电视台“广告精准扶贫”推介产品。据不完全统计，全省种植业带动9万户贫困户脱贫，养殖业带动7.9万户贫困户脱贫。

【保障性扶贫】　全省农村低保平均保障标准不低于每人每年3175元，围绕“托底线、救急难”，支出临时救助资金帮助贫困对象解决个案性急难问题5.14万人次，对37.76万“五保户”“低保户”贫困人口实行减免用电政策（每月15千瓦时）。开展“助盲脱贫”行动，培训扶持近5000名盲人按摩脱贫示范带头人。

【中央单位定点扶贫】 47家中央定点扶贫单位共派出帮扶干部139名，直接投入资金4.26亿元、帮助引进资金3.65亿元、实施精准帮扶项目255个。

【省级单位挂钩扶贫】 修订完善定点扶贫考核办法，推行帮扶单位与挂包县乡村扶贫成效捆绑考核，促进责任落实和精准帮扶。全省17896个机关企事业单位参与"挂、包、帮"定点扶贫，59万名干部结对帮扶贫困户，2066个贫困村有了民营企业结对帮扶，实现帮扶工作"全覆盖"。

【驻村帮扶】 选派驻村扶贫工作队7068支，队员38492名，第一书记6512名；从扶贫一线选拔任用干部38人，从省级机关选派200多名厅处级干部到贫困县挂职；选拔2036名乡（镇）事业编制人员、村干部和"大学生村官"进入乡（镇）领导班子，筛选7200名村干部后备力量，以换届为契机，选拔2600多名致富带头人任贫困村书记，调整379名不称职书记，召回不合格队员799名，通报典型案例16个。

【深度贫困地区脱贫攻坚】 确定了27个深度贫困县、307个深度贫困乡、3539个深度贫困村，制定《关于深入推进深度贫困地区脱贫攻坚的实施意见》，编制《云南省全力推进迪庆州怒江州深度贫困脱贫攻坚实施方案》，提出坚决打好深度贫困地区易地扶贫搬迁、产业扶贫、生态扶贫、健康扶贫、教育扶贫、"直过民族"和"人口较少民族"素质提升、农村危房改造、贫困村脱贫振兴、守边强基、迪庆州怒江州脱贫等"十大攻坚战"。实施"直过民族"和"人口较少民族"帮扶行动，培训少数民族双语教师2977人，培训少数民族群众39311人达到汉语"脱盲"标准。加快推进迪庆藏区、怒江傈僳族自治州、"镇彝威"革命老区脱贫攻坚3个专项行动，累计到位资金分别达到43.06亿元、126.7亿元、80.89亿元。

【沪滇扶贫协作】 上海市15个区扶贫协作范围扩大到云南省13个州（市）74个贫困县，与114个贫困乡445个贫困村结对开展"携手奔小康"行动，投入帮扶资金10.06亿元，同比增长199.4%，实施援建项目375个，惠及贫困村562个、建档立卡贫困人口10.53万人。

【东西部扶贫协作】 广东省中山、东莞、珠海3市8区10镇（街道）与云南省昭通市、怒江傈僳族自治州14个贫困县建立结对关系，签订了14个"携手奔小康"行动框架协议。投入帮扶资金2.9亿元，同比增长102.7%，建设扶贫安居示范工程14个、安居房3719套、村卫生室244个，资助贫困学生2326人。珠海市6家企业投资3500万元到怒江开展产业帮扶。昭通市向东莞市、中山市累计输出劳动力10777人，其中建档立卡贫困人口2992人。

【企业和社会各界扶贫】 加强与上海市、广东省和47家中央定点扶贫单位的协调对接，调动社会各界参与脱贫攻坚的积极性，实现政府、市场、社会互动和行业扶贫、专项扶贫、社会扶贫联动，推进"携手奔小康"行动。加强向片区牵头单位和中央定点扶贫单位汇报沟通衔接，精准聚焦、深化合作、形成合力。加强同三峡集团、华能集团、大唐集团、国家烟草专卖局等的对接协调，促进人口较少民族、"直过民族"脱贫工作精准有效推进。大力实施民营企业"万企帮万村"行动，壮大社会帮扶力量，提高社会帮扶层次，提升社会扶贫水平。截至2017年，共协调5家企业集团投入资金64.5亿元帮扶"直过民族"和人口较少民族，动员2177家企业、商会结对帮扶2628个贫困村，攻坚合力不断聚集。

【扶贫宣传】 2017年，云南省开展自强、诚信、感恩主题活动，创作微电影、微视频、民族歌舞、小品等到1368个乡（镇）开展送戏下乡惠民演出9019场，观众累计达1000余万人次。组织广大党员干部和3.85万名驻村扶贫工作队员进村入户宣传40余万场次。评选表彰光荣脱贫户，选树脱贫先进典型，为脱贫户颁发脱贫光荣牌证，以村为单位发布脱贫光荣榜、开展先进事迹宣讲等，为贫困群众树立“看得见、摸得着”的模范典型，强化“脱贫光荣守贫耻”“苦熬不如苦干”的观念，引导贫困群众思想观念实现由“要我脱贫”向“我要脱贫”的转变。

（云南省扶贫开发办公室政策法规处　胡丹丹）

西藏自治区扶贫开发

【概述】 西藏自治区把打赢脱贫攻坚战作为经济社会发展的头等大事和第一民生工程，加强顶层设计，出台《西藏自治区“十三五”时期脱贫攻坚规划》《西藏自治区深度贫困地区脱贫攻坚实施方案》《产业精准扶贫精准脱贫考评暂行办法》等“1+N”政策文件，落实“六个精准”工作要求，扎实推进“五个一批”工程，2017年底全区25个贫困县达到脱贫摘帽标准，1700个贫困村（居）退出、14万以上贫困人口实现脱贫。

【扶贫资金投入】 西藏统筹整合财政专项扶贫资金、水利发展资金、农业生产发展资金等35项涉农财政资金110.53亿元用于脱贫攻坚。其中，纳入统筹整合资金范围的财政专项扶贫资金56.8亿元（中央43.12亿元、自治区13.68亿元）。统筹整合资金主要用于脱贫致富产业发展、生态补偿岗位补助、农村基础设施建设及小型生产扶持、支持易地扶贫搬迁建设等。金融扶贫力度不断加大，国家开发银行、中国农业发展银行、中国农业银行为脱贫攻坚提供强大支持，2017年底金融扶贫贷款余额超过1139亿元。

【扶贫会议】 西藏自治区党委书记、自治区扶贫开发领导小组组长吴英杰多次深入深度贫困地区调研，指导推进脱贫攻坚工作。吴英杰书记先后在1月19日全区脱贫攻坚工作会议、6月28日深度贫困地区脱贫攻坚动员暨脱贫攻坚表彰大会、8月7日深化对口援藏扶贫工作会议、9月4日自治区扶贫开发领导小组会议、12月13日深度贫困地区脱贫攻坚汇报会和多次党委常委会上安排部署脱贫攻坚工作。要求深入学习贯彻习近平总书记关于扶贫开发的重要论述，学习贯彻习近平总书记在深度贫困地区脱贫攻坚座谈会上的重要讲话精神和东西部扶贫协作座谈会精神，重点解决脱贫攻坚存在的困难问题。4月，自治区政府齐扎拉主席专程到国务院扶贫办等部委汇报脱贫攻坚相关工作。11月14日，自治区党委常委、常务副主席、脱贫攻坚指挥部总指挥长罗布顿珠同志，专程向中央政治局常委汪洋同志汇报西藏脱贫攻坚工作。自治区脱贫攻坚指挥部认真贯彻落实区党委、政府脱贫攻坚决策部署，抓贯彻、抓落实、抓督导、抓成效。2017年，罗布顿珠常委、自治区政府其美仁增副主席分别主持召开自治区脱贫攻坚指挥部会议13次、指挥部办公室会议21次。

【脱贫攻坚指挥部】 脱贫攻坚指挥部由西藏自治区党委常委、常务副主席罗布顿珠任总指挥长，1名自治区人大常委会副主任、2名自治区副主席任副总指挥长，64家区（中）直单位主要负责同志为成员。下设办公室和10个专项组，分别是政策保障组、规划计划组、产业脱贫组、易地搬迁脱贫组、生态补偿脱贫组、教育脱贫组、转移就业脱贫组、社会保障组、督导考核组、宣传组。办公室由区扶贫办牵头组成，政策保障组、生态补偿脱贫组由区财政厅牵头组成，规划计划组、易地搬迁脱贫组由区发改委牵头组成，产业脱贫组由区农牧厅牵头组成，教育脱贫组由区教育厅牵头组成，转移就业脱贫组由区人社厅牵头组成，社会保障组由区民政厅牵头组成，督导考核组由区党委组织部、纪委牵头组成，宣传组由区党委宣传部牵头组成。各部门分别抽调精干力量、集中办公。

【精准识别】 西藏自治区在开展扶贫对象建档立卡“回头看”“数据清洗”工作的基础上，开展建档立卡信息系统自查自纠工作，2017 年 6—8 月，开展扶贫对象动态调整，按照规范程序，清退不符合条件的建档立卡人口，标注新识别贫困人口、自然增加人口、返贫人口，通过调整净增加 3.7 万人。12 月底，年度减贫情况全部录入系统。

【产业扶贫】 西藏自治区筛选出城关区净土产业、白朗县蔬菜产业、南木林县人工种草产业、隆子县黑青稞产业、林芝藏香猪养殖产业、贡觉县阿旺绵羊产业、芒康县葡萄产业、高原特色牧业产业、班戈县牧业科技产业合作园区、改则县物玛乡抢古村牧业集体经济合作社“十大优秀”扶贫产业，通过龙头带动促进群众增收。解决产业扶持融资问题。产业扶贫资金 124.15 亿元，自治区统筹安排产业发展资金 60 亿元，撬动金融信贷 19.11 亿元，地市、县区和援藏投入 7.06 亿元，吸纳社会资金 37.98 亿元。完成投资 106.25 亿元，累计开工建设产业扶贫项目 1195 个，直接带动脱贫 6.94 万人。安排 560 家非公企业结对帮扶 551 个贫困村，投入资金 4.25 亿元，精准带动 3.1 万人脱贫。多次召开金融支持产业扶贫座谈会，深入研究探讨和解决金融信贷问题，精准扶贫到户贷款满足率达到 85%，超过全国平均水平 50 个百分点。在产业扶贫现场会上，4 家银行与区直单位签订产业扶贫贷款战略框架协议，与 7 地市签订 24.46 亿元产业扶贫项目放贷协议。在全区脱贫攻坚经验交流展上，7 地市与 13 家企业签订了 28.1 亿元的产业扶贫合作项目。

【易地扶贫搬迁】 2017 年，上年度安排的 342 个安置点全部开工建设、竣工 338 个，累计完成投资 53.5 亿元，入住 7.55 万人。433 个安置点已全部开工建设，竣工 133 个，入住 1.99 万人。拉萨市“三有村”易地扶贫搬迁作为先进典型案例，被中央政治局在集体学习时采用。羊八井高海拔风湿患者易地搬迁一期 150 户 625 人已入住。昌都“三岩”片区 2 县 7 个乡镇 1.16 万人的整体搬迁工作已经启动。争取国家对高海拔等特殊区域农牧民群众搬迁工作的支持，编制完成规划并上报。

【生态补偿脱贫】 整合中央对民族地区、主体功能区等重大生态工程资金，面向建档立卡贫困人口中有劳动能力的群体，实行“定岗定员、定责定酬”，全面核查清理生态岗位落实情况，对一人多岗、不符合要求的要及时清理调整。适时适度提高生态补偿岗位补助标准，落实林业生态保护、草原生态保护、野生动物保护等各类专兼职生态补偿岗位 62 万个。

【教育扶贫】 深入实施教育脱贫，重点抓好基础设施建设、“控辍保学”、技能培训、学生资助等工作，推进义务教育均衡发展。“三包”标准提高到 3480 元，落实“三包”及助学金 21.22 亿元，年度计划摘帽的县乡义务教育入学率、巩固率达到 95% 以上。落实双语幼儿园建设资金 11.6 亿元，安排新建村级双语幼儿园 555 所。安排义务教育学校建设资金 12.56 亿元，改造义务教育阶段薄弱学校 107 所。中等职业技术学校和县级职教中心共培训农牧民 12680 人次。安排脱贫攻坚“两后生”中职招生 1000 人，面向农牧区贫困学生高校专项招生 6054 人。出台《建档立卡贫困家庭子女接受高等教育实施免费教育补助政策管理办法》，对建档立卡贫困家庭子女上大学实行“三免一补”政策，自治区本级资助年度贫困大学生 12508 人，下拨资金 8756 万元，每人达到 7000 元。每年面向建档立卡家庭子女及“两后生”中等职业学历教育专项招生 1000 名。

【基础设施建设】 西藏自治区实施“水电路讯网、教科文卫保”十项提升工程，着力改善贫困地区基础设施条件。正确处理重大项目和民生项目的关系，全力补齐基础设施建设突出短板，用足用活中央赋予西藏的公共基础设施建设和基本公共服务各项优惠政策，2017 年计划实施“十项提升”项目共 17 类 5367 个。启动边境地区小康村建设工作，对 21 个边境县、628 个边境一二线行政村，实施包括住房建设、基础设施建设、产业建设等在内的建设工程，将惠及边民 24 万余人，规划总投资 301 亿元。2017 年全区实施 184 个边境地区小康村和察隅农场建设项目，计划总投资 64.6 亿元。

【劳动力转移培训就业】 转变培训方式，面向市场需求，对有就业意愿的贫困人口开展市场适销对路的餐饮服务、民族工艺制作、机动车驾驶、旅游服务、家政服务等技能培训，积极对接国有企业、民营企业、重大项目、对口援藏省市和中央企业在藏招聘用工扩大就业，结合扶贫搬迁、产业发展、项目建设、企业需求等加大培训力度，通过多种途径加快贫困人口转移就业。落实好“双创”优惠政策，鼓励支持建档立卡贫困人口创新创业。下达贫困人口培训补助资金 7200 万元，2017 年累计培训贫困人口 4.97 万人，转移就业 4.62 万人。自治区扶贫部门组织深度贫困地区创业致富带头人、乡村干部、驻村干部等参加示范培训 9 期 580 人次。林芝市通过广东援藏项目开展 3D 打印技术培训，阿里地区每年邀请陕西有关机构培训农牧民 100 名，提供 60 个就业岗位。统筹职业技术院校、民办培训机构、各类企业、援藏省市等培训资源，采取企业与基地互动、与贫困户对接、企业订单培训等方式，将有就业意愿的贫困人口全部纳入培训范围。

【深度贫困地区脱贫攻坚】 深入贯彻深度贫困地区脱贫攻坚座谈会精神，2017 年 6 月底，区党委政府召开“千人动员大会”，把深度贫困地区作为脱贫攻坚的突出短板加大支持力度。综合考虑贫困发生率等因素，确定 44 个深度贫困县区以及深度贫困乡镇、深度贫困村，分别占全区县乡村总数的 59.5%、45.3%、44.6%。44 个县涉及建档立卡贫困人口 39.6 万人，占全区贫困人口总数的 82.7%。聚焦制约深度贫困地区发展短板和资源优势，区、市、县层层编制深度贫困地区脱贫攻坚实施方案，乡村两级确定具体措施。方案明确将 90% 以上的新增脱贫攻坚资金、项目、举措集中投向深度贫困县乡村，规划投资 817.57 亿元，其中申请国家新增专项资金 307.66 亿元。围绕“两不愁”“三保障”目标，紧紧瞄准深度贫困县 39.6 万贫困人口，重点实施产业扶贫、就业扶贫、搬迁扶贫等项目，推进“水电路讯网、教科文卫保”等基础设施和公共服务建设，加大政策支持、加强组织保障，攻克深度贫困地区脱贫攻坚任务。

【健康扶贫】 深入实施“三个一批”健康扶贫行动计划。通过确定定点医院，实施大病集中救治一批；通过建立贫困家庭医生制度，实施慢病签约服务管理一批；通过兜底保障，实施重病救治保障一批。立足“大病不出自治区、中病不出地市、小病不出县区”的要求，对比较普遍的高原性疾病，开设住院绿色通道，全面落实基本医疗保险、大病保险、商业保险、医疗救助，提高医疗保障制度，降低贫困人口大病、慢性病费用支出，完善先治疗后结算的医疗救助机制。农牧区医疗政府补助标准由 435 元提高到 475 元，农牧民大病保险保费为年人均 18 元，人均基本公共卫生服务经费标准提高到 65 元，高出全国平均水平 15 元。在 20 种门诊特殊病种基础上，把包虫病纳入基本医疗统筹基金和大病保险补偿范围。推行异地就医即时结报，实行“大病集中救治一批、慢病签约服务管理一批、重病兜底保障一批”，将9类15种疾病纳入救治范围。包虫病患者筛查人数达到290万人、手术治疗1500多例，白内障患者筛查7138例、手术治疗4293例，免费筛查救治儿童先天性心脏病136例。投入6.4亿元支持贫困地区医疗卫生服务体系建设。自治区城市医院派出15支医疗队进驻9个县15个高海拔边远贫困地区乡镇开展帮扶，与羊八井150户搬迁户签订家庭医生服务协议。

【社会保障扶贫】　制定出台《关于进一步加强医疗救助与城乡居民大病保险有效衔接的通知》《临时救助实施办法》《特困人员救助供养办法（试行）》等文件。实现农村最低生活保障与扶贫开发政策有效衔接，农村低保标准提高到3311元。五保供养标准提高到4940元，残疾人两项补贴资金分别提高到每人每月55元、110元。共下拨困难群众生活救助资金50115万元，城乡低保提标补助资金15929万元，城乡医疗救助资金11912万元，残疾人两项补贴资金5824万元。将城乡低保资金、临时救助资金、特困人员供养资金作为“困难群众生活救助资金”统筹使用。

【援藏扶贫】　与国务院扶贫办联合召开深化对口援藏扶贫工作会议，明确对口援藏扶贫的目标、原则、任务、重点、政策和措施。完善结对帮扶机制，确保对口援藏资金的80%向脱贫攻坚倾斜、向贫困群众倾斜、向深度贫困地区倾斜。对口援藏省市、企业落实援藏扶贫项目1354个，实际完成投资32.9亿元。处理好央企在藏资源开发和解决当地农牧民增加收入的关系，协调在藏央企对重大项目建设所在地贫困人口按比例结对帮扶、吸纳就业，实现每个援藏省市、中央企业每年分别为西藏提供2000个以上、1000个以上就业岗位，每年帮助完成1000人以上的技能培训。与12家在藏央企签订了《企业支持就业扶贫框架协议》，提供转移就业岗位6000多个。在藏央企对重大项目建设所在地贫困人口按10%比例结对帮扶，确保贫困家庭有一人进入央企就业。

【扶贫宣传】　2017年9月，举办“感党恩爱核心”全区民间文艺汇演，展示农牧民脱贫后的新生活。2017年11月，西藏自治区举办全区脱贫攻坚经验交流展，接待参观干部群众1.5万人次。举办两次新闻发布会，通报整体工作进展和脱贫攻坚摘帽情况。在“扶贫日”期间，举办“全区脱贫攻坚知识竞赛”和感动西藏“扶贫十大人物”颁奖晚会。那曲市聂荣县尼玛乡致富带头人赤加等10名同志被评为感动西藏“扶贫十大人物”，浪卡子县羊湖建筑有限公司边久论珠荣获全国脱贫攻坚奖。2017年，西藏各类新闻媒体刊播7200多条新闻稿件，各类新闻网站刊载3万余篇稿件，累计阅读量达200余万次。中央主要新闻媒体刊播西藏脱贫攻坚新闻稿件20多篇，展示和刊播宣传标语4万余条。区内主要新闻媒体和新闻网站、中央驻藏媒体（频道）长期开辟脱贫攻坚战专题专栏，宣传脱贫工作成效和模范典型。中国西藏新闻网、中国西藏之声网、西藏人民广播电台分别开设《我们一起奔小康》《坚决打赢脱贫攻坚战》《藏家小康路》等大型专题，发布图文、音视频等稿件970余篇，阅读量近百万人次。

【督导考核】　按照扶贫工作必须务实、扶贫过程必须扎实、扶贫成效必须真实的工作要求，不断强化巡查督查力度，切实巩固上年摘帽县和减贫人口的脱贫成果，同时保证当年脱贫攻坚质量。加强考核评估，完成130家区（中）直定点扶贫单位和21家行业扶贫单位扶贫考核，全区脱贫攻坚第三方评估、5个贫困县区脱贫摘帽评估验收等工作。经国务院扶贫开发领导小组专项审核，自治区政府批复同意，拉萨市城关区、日喀则市亚东县、山南市乃东区、林芝市巴宜区、昌都市卡若区脱贫摘帽。组织2次全区脱贫攻坚地市间交叉考核。组织开展了

2017 年计划脱贫摘帽 25 个县区的第三方评估工作。3—5 月，对 7 地市、43 个县区、50 个乡镇进行了实地巡查。7 月组成 7 个督查组，对七地市、41 个县区、191 个乡镇、744 个村居、2097 户建档立卡贫困户进行了综合督查。开展残疾人脱贫攻坚专项督查工作。开通“12317”扶贫监督举报电话，截至 2017 年 12 月底，共受理举报事项 17 起。

（西藏自治区扶贫开发办公室政研规划处
蒲正学　王岩迢）

陕西省扶贫开发

【概述】 2017年，陕西省认真学习贯彻中共十九大精神和习近平总书记关于扶贫开发的重要论述，坚持精准扶贫精准脱贫方略，全省脱贫攻坚取得重要进展。56个贫困县农村居民人均可支配收入7350元，比2016年增长10.5%，高出全省平均水平1.7个百分点，实现40.4万人脱贫、1261个村退出贫困村，4个县达到贫困县退出标准。成立省委副书记任总指挥，常务副省长、分管副省长和省扶贫办主要负责同志任副总指挥，18个省级部门主要负责同志为成员的省脱贫攻坚指挥部，成立产业扶贫、健康扶贫等8个行业扶贫办公室和资金保障、基础设施建设2个协调组，形成党委领导、政府落实，人大、政协监督、“八办两组”协同推进的工作机制。出台兜底保障与扶贫衔接、健康扶贫、产业扶贫、小额信贷以及资产收益扶贫等50多项制度措施，覆盖脱贫攻坚各领域、各环节的制度体系基本形成。

【扶贫资金投入和管理】 2017年，陕西省各级累计下达“五个一批”脱贫攻坚资金535亿元，56个贫困县整合涉农资金137亿元，向16.07万户贫困户发放扶贫小额贷款61.86亿元。制定财政专项扶贫资金和涉农整合资金使用管理工作导引、加快扶贫资金支出进度提高资金使用效率工作导引、《财政扶贫资金绩效考评办法》和《财政扶贫资金监督管理与责任追究办法》，组织3次专项检查，全省结余结转2年以上的资金全部支出。陕西省在国家组织的2017年财政专项扶贫资金绩效评价中荣获A级等次。

【扶贫领域作风建设】 2017年，陕西省牢固树立“作风硬、脱贫赢”导向，召开4次省委常委（扩大）会、6次省政府常务会（党组会）、10多次专题推进会、35次省脱贫攻坚指挥部会议。省委、省政府主要负责同志深入14个县区暗访脱贫攻坚，省委、省政府分管负责同志每周选取1个市、2个县明察暗访，省级督导累计60余次。诫勉谈话661人。完成对10153名第一书记的考核，召回1352名驻村干部，组织处理108名，补充5770名驻村干部，整顿1348个软弱涣散村级党组织，并通过招聘“大学生村官”等，充实乡镇扶贫工作人员1978人，组成驻村工作队10381个，配齐配硬脱贫攻坚一线骨干力量。出台《陕西省脱贫攻坚工作督查考核实施细则》，对考核较差的5个市、20个县进行约谈或提醒谈话，对考核较差的个别党政主要负责同志和分管负责同志进行调整。

【基础设施建设】 2017年，陕西省出台《陕西省贫困地区公共服务和基础设施建设实施方案》《陕西省基础设施和公共服务设施建设三年滚动计划（2018—2020年）》《陕西省深度贫困地区基础设施和公共服务设施建设专项规划》等文件。投资670亿元，组织开展村组通沥青（水泥）路、安全饮水巩固提升全覆盖、自然村通动力电“三提升”行动。建成通村公路6785千米，4个拟摘帽贫困县建制村通畅率均达到100%；农村饮水安全投资23.33亿元，建成人饮工程5193处，3489个贫困村、66.94万贫困人口直接受益，农村自来水普及率达到86%；完成10288个电信普遍服务试点村建设，贫困县中小学校宽带网络接入率超过95%；农村电网改造升级完成，2629个贫困村通了动力电和机井用电；农村生活垃圾收集、转运和处理率达到90%，卫生厕所普及率57.64%；补助2643万元用于村卫生室建设，全省有标准化卫生室的行政村达80%。

【产业扶贫】 2017年，陕西省用好扶贫产业基金，推动产业发展。壮大传统特色产业，新增种植苹果20万亩、猕猴桃4.6万亩、茶叶5.5万亩、中药材105万亩，发展生猪、肉羊、奶山羊、林下养殖等特色畜牧业标准化养殖13多万户，带动40万户贫困户增收。发展新兴产业，建设光伏电站4102个、惠及3.6万户贫困户，旅游扶贫重点村1178个、带动贫困群众超过5万人，电商服务站点2280个、促进10余万户贫困户增收。培育壮大新型经营主体，在56个贫困县新建扶贫产业园1136个，新增农业产业化龙头企业271家、农民专业合作社6067家，24.8万户贫困户依托3万多家新兴经营主体稳定受益。推行"党支部+集体经济+'三变'改革+贫困户"模式，对有经营性资产的村组，进行确权、赋权、活权；对没有经营性资产的，通过财政资金注入、群众股金投入等方式，组建村集体经济合作社，保障贫困户优先享受资金折股量化和收益分红。建立贫困村互助资金协会5909个，启动1680个村"三变"改革，培育涌现出礼泉县袁家村、榆阳区赵家峁村等"三变"改革典型，集体经济带动贫困户增收能力明显增强。

【就业扶贫】 2017年，陕西省组织各级党政机关、事业单位就新增或补充的服务性、辅助性岗位优先安置贫困劳动力，并在每个贫困村开发2~3个特设岗位，扶持贫困劳动力就近就地就业，共安置5.18万人。综合运用国企聘用、民企吸纳、劳务输出等措施，建成就业扶贫基地191个，社区工厂和扶贫车间1167个，吸纳贫困劳动力7.9万人。12家省级单位联合开展七大类技能培训，推广"企业+免费培训+定向输出+就业安置"模式，实现就地培训即时上岗。落实国家"技能脱贫千校行动"，全省39所技工院校优先招收贫困家庭子女，2133名贫困学生免费入学。积极落实创业担保贷款政策，向贫困劳动力发放创业贷款1.2亿元。大力实施农村在外创业成功人士返乡行动，安康远元公司吸纳8000多名贫困劳动力就业，受到国家表彰奖励。全年实现贫困劳动力转移就业36.2万人，初步形成以公益性专岗安置为牵引，以国企吸纳，社区工厂和产业园区就近就便务工，劳务输出等为支撑的多元就业扶贫格局。

【健康扶贫】 2017年，陕西省投入2700万元启动深化健康知识普及和健康促进、加强传染病和地方病综合防控、深化公卫和妇幼保健项目实施、深化爱国卫生和全民健身行动等健康扶贫"八大行动"。对贫困人口实行"一降两提三免四保障"的医保倾斜政策（"一降"即大病保险起付线从1万元降至3000元；"两提"即各级住院报销比例提高10个百分点，门诊特殊慢病报销额度提高20%；"三免"即免除门诊一般诊疗费、乡镇卫生院起付线、县域内定点医院住院押金；"四保障"即建立了新农合、大病保险、民政医疗救助和补充医疗保障四重保障体系）。向有扶贫开发任务的县投资9.5亿元，建成中央预算内投资卫生计生县级项目34个；投资3300万元，为300个中心卫生院增配医疗设备；投资2681万元，为基层医疗机构建中医馆108个，特色中医专科11个；筹措2643万元重点解决全省1096个贫困村空白村卫生室建设问题。

【生态扶贫】 2017年，陕西省累计选聘2.36万贫困人口就地转化为生态护林员，人均增收5302元，带动贫困人口6.84万人脱贫。实施退耕还林、三北防护林、天然林保护等林业重点工程项目资金向贫困地区、贫困户"双倾斜"，下达林业资金30.55亿元，惠及贫困户17.65万户、53.88万人，实现增收15.42亿元，人均增收2862元。下达退耕还林70万亩，倾斜安排贫困地区退耕还林任务52.5万亩、补助资金6.3亿元。指导贫困群众栽植山地苹果、核桃、花椒、茶叶、板栗、油用牡丹等优质高效经济林，惠及10.73万户贫困户、33.54万贫困人口，户均受益5871元。下达公益林生态效益补偿资金9.14亿元，其中中央财政转移支付8.54亿元、地方公益林省级财政补助6000万元，惠及贫困户32.4万户、101.5万人。下达林业产业发展资金1.65亿元。新建核桃、花椒、油用牡丹等特色经济林61.62万亩，低产低效改造52.41万亩，发展林下经济示范基地30处，全省木本油料林突破2000万亩，油用牡丹、核桃、花椒面积分别达到60万亩、1176万亩、277万亩，惠及贫困人口18.27万户、55.15万人，实现贫困人口增收9.51亿元，人均增收1724元。油用牡丹、核桃面积居全国第二，花椒产量居全国第一。繁育林麝3976只，全省人工养殖林麝达1.5万只，林麝养殖和麝香产量占全国的70%。

【社保兜底保障】　2017年，陕西省将农村低保保障标准从每人每年3015元提高到每人每年3470元。省级安排5.07亿元，为84.85万名困难残疾人、34.52万名重度残疾人及时足额发放两项补贴；为建档立卡低保户38.39万人（兜底户16.85万人）发放保障金13.08亿元；累计发放建档立卡贫困人口医疗救助金3.81亿元，救助贫困人口31.67万人；投入2.4亿元，新建农村互助幸福院997个、社区日间照料中心198个，实现对各类兜底对象的“应兜尽兜”。

【易地扶贫搬迁】　2017年，陕西省出台《关于深入推进全省易地扶贫搬迁“精准搬迁、精确施策、精细管理”工作的意见》《易地扶贫搬迁“十三五”总体规划》等易地扶贫搬迁政策性文件30多份。投入123.52亿元，建设安置房9.95万套，竣工9.61万套、入住4.5万套。强化后续扶持，推行先业后搬、以业促搬、以岗定搬、订单搬迁，培育84个配套完善的安置社区和产业园区“双示范”点，实现搬得出、稳得住、能致富。

【危房改造】　2017年，陕西省出台《陕西省农村危房改造脱贫工作方案》《关于加强建档立卡贫困户农村危房改造工作的实施意见》《陕西省农村危房改造质量安全管理办法》等文件，全面推广大荔低成本改造经验，保留传统风貌，提升院落环境，中央及省级财政投入资金11.14亿元，完成4.31万户危房改造，从根本上改变群众住房条件。

【教育扶贫】　2017年，陕西省出台《陕西省教育扶贫实施方案》等20多项教育扶贫政策措施。一是严格落实“控辍保学”措施。对义务教育阶段贫困户儿童、留守儿童、残疾儿童等特殊群体实行“一生一档、一生一策”，全省义务教育阶段学生没有因贫失学辍学。二是加强贫困地区教育保障。落实财政专项资金33.43亿元，完善各级各类学校家庭经济困难学生资助政策，共资助48.28万人。实施高校扶贫专项招生计划，扩大高校扶贫专项招生比例，高校扶贫专招4326人，中高职院校招录4450人。三是强化师资力量倾斜。完善43个国家集中连片特困县乡村教师生活补助政策，将月人均补助标准从166元提高到400元。争取国家特岗教师计划4168人，对服务期满符合留用条件的特岗教师直接办理聘用手续。认真执行“国培计划”，明确80%的指标用于贫困县一线教师。实施“优质学校对口帮扶贫困地区学校计划”，选派2383名省市级骨干教师到贫困地区中小学支教帮扶。

【社会扶贫】　2017年，陕西省发挥集中力量办大事的制度优势，着力打造以国企帮扶“合力团”、校地帮扶“双百工程”、优质医疗资源下沉为主要内容的“3+X”帮扶体系，在破解产业扶贫、智力支持、健康扶贫等脱贫攻坚难点问题上发挥独特作用。9 大国企合力团覆盖 9 个市，助力产业扶贫，总投资 269.2 亿元，对接项目 122 个；组织 103 所高校与 96 个有脱贫任务的县结对，开展教育、科技等帮扶，启动帮扶项目 957 个，建成示范基地 131 个；组织省市 304 家医疗机构对口帮扶贫困县 1744 个医疗单位，开展医疗新技术新项目 212 项，培训医务人员 3.72 万人次。开展“10·17”扶贫日陕西系列活动，引导支持各类社会组织参与扶贫。开展“万企帮万村”扶贫工作，全省进入台账管理系统的民营企业 3581 个，帮扶贫困人口 44 万人，涉及贫困村 4356 个，实施帮扶项目 7518 个，累计投入资金 29.45 亿元，受帮村 4356 个，涉及贫困人口 44 万人。

【东西部扶贫协作】 2017 年，陕西省成立由省委书记任第一组长、省长任组长，5 位省级领导任副组长，19 个省级部门和 10 个设区市主要负责同志为成员的苏陕扶贫协作领导小组，有关市、县也成立相应机构。陕西省、江苏省主要负责同志率团互访 2 次，互派挂职干部 547 名，陕西省 56 个贫困县与江苏省 51 个县（市、区）结对，其中 11 个深度贫困县全部与江苏经济强县结对，236 对镇（街办）和 111 对村（社区）签署合作协议；江苏 35 所三级医院与陕西 35 所县市级医院建立对口支援关系。举办苏陕扶贫协作专场招聘会 72 场，帮助陕西贫困人口在江苏就业 2180 人。陕西省出台《进一步深化苏陕扶贫协作工作的实施意见》《对口扶贫协作规划》《苏陕扶贫协作工作导引》《苏陕扶贫协作考核办法（试行）》等，江苏省 2017 年支援陕西扶贫协作资金 4.5 亿元，重点支持 559 个协作项目建设，带动社会投资 117 亿元，覆盖建档立卡贫困人口 13 万人。陕西省出台支持江苏企业赴陕投资兴业参与产业扶贫的若干意见，从江苏省引进支持贫困县发展项目 232 个，总投资 49 亿元，带动贫困人口 4 万多人；启动宁（南京）商（商洛）生物医药产业园和富（富平）丹（丹阳）产业园建设；全面加强能源合作，协商确定陕西每年向江苏输电 10 亿千瓦时，2017 年输电超过 12 亿千瓦时。

【精神扶贫】 2017 年，陕西省通过党建引领提升、教育引导树德、村规民约自治、文明模范创建、公益救助暖心、司法保障护航等“六大行动”，系统根治精神贫困。加强宣传，全省累计开展集中宣讲 3.67 万场，举办道德讲堂 3.3 万场次，直接受众 290 多万人；发放《陕西省脱贫攻坚政策摘要》110 多万册；各级媒体开辟专题、专栏，刊（播）扶贫信息 10 万多篇（条）。推广安康以道德评议为主要内容的新民风建设做法，全省纠正恶意分户、把负担甩给政府的问题 2770 例，转变“懒汉”1900 多人。设立 1 亿元励志基金，综合运用生产奖补、劳务补助等措施，在 1951 个村建立爱心超市 3124 个，通过实行积分制，激励贫困群众劳动致富。采取“田间课堂”“联合培训”“订单培训”等多种方式，搭建技术服务工作平台 518 个，对贫困群众进行针对性实用技术和技能培训 2650 多期、54 万人次，贫困群众自我发展的意识和能力明显增强。

【深度贫困地区脱贫攻坚】 2017 年，陕西省编制 11 个深度贫困县、482 个深度贫困村脱贫规划；制定“六聚焦、五保障”倾斜支持政策，聚焦基础设施建设、易地扶贫搬迁、产业扶贫、就业扶贫、生态扶贫、健康扶贫，加大资金投入、优化帮扶体系、激发内生动力、深化改革创新、强化组织领导，每年财政专项扶贫资金在正常增幅基础上，对深度贫困县再提高 20%，切块下达专项资金年度增幅不低于 10%，攻坚期内每个深度贫困村投入不低于 500 万元；实行每个深度贫困县一名省委常委联系、一个省级部门包抓、一家中型以上国企帮扶、一家三级医院结对、一所高校扶智、一个平台融资。2017 年，陕西省 11 个深度贫困县投入财政专项扶贫资金 22.96 亿元，基础设施投资 64.87 亿元，启动产业建设项目 600 多个。

【建档立卡】　2017 年，陕西省出台《全省扶贫对象核实及数据清洗工作方案(试行)》。全面推行“四处照相”（房前、灶前、主卧、厅堂)、“四方签字”（贫困户、村支书、第一书记、乡镇干部在入户核查表签字)，签订“四书”(《家庭情况真实性承诺书》《自主创业意愿书》《自愿就业承诺书》《干部帮扶责任书》)，落实“两公示、一公告”制度，层层签字背书，确保程序公正透明、信息真实可靠、群众认可满意。制定贫困退出《实施细则》，提出贫困户脱贫认定“四个不得”（即不得将预期收入算作当年实际收入，不得把易地扶贫搬迁尚未入住、危房改造项目正在实施、产业项目还未见效的贫困户认定脱贫，不得将有劳动能力的贫困户一“兜”了之，不得将低保金作为脱贫收入)，严防弄虚作假、数字脱贫。2017 年，陕西省确定产业扶持对象 39.56 万户，就业创业扶持对象 26.09 万户，生态补偿对象 17.65 万户，易地扶贫搬迁对象 29.8 万户，危房改造对象 12.33 万户，医疗救助对象 25.28 万户，教育资助对象 22.24 万户，兜底保障对象 23.42 万户，为所有贫困户印送“两卡一袋”（精准脱贫明白卡、健康扶贫明白卡和帮扶工作档案袋)，逐项列出帮扶人员、帮扶措施等内容。上线陕西省脱贫攻坚大数据平台，省级 22 个单位、11 个市、95 个县开通各级使用账号 63384 个，手机 App 累计安装 14553 次，日均访问量为 8668 人次。

（陕西省扶贫开发办公室　刘　帅）

甘肃省扶贫开发

【概述】 2017年，甘肃省委、省政府以习近平新时代中国特色社会主义思想为指导，围绕“两不愁、三保障”，聚焦深度贫困地区脱贫攻坚难点，落实工作责任，突出问题整改，脱贫攻坚工作取得显著成效。全年减少贫困人口67万人，贫困人口由2016年底的256万人减少到189万人，贫困发生率由12.97%下降至9.6%，有6个片区县、13个插花县申请摘帽退出。

【扶贫资金投入】 2017年，中央下达甘肃省专项扶贫资金71.83亿元，省级配套扶贫资金18.82亿元，中央和省级财政专项扶贫资金到县资金中92.8%用于58个片区县，其中“两州一县”占24%。稳步推进世行项目，完成投资7906万元，其中世行贷款4652万元。全省财政扶贫资金绩效连续4年被财政部和国务院扶贫办评为A级。建立完善以“七个一批”及危房改造、安全饮水等重点到村到户到人扶贫项目为主的县级脱贫攻坚项目库，印发《关于切实加快财政专项扶贫资金支出提高资金使用精准度和效益的意见》，建立资金月进度通报机制，提高财政专项扶贫资金使用效益。强化金融支撑，通过建立规范的担保公司，为1000亿元特色产业发展贷款工程提供担保，支持贫困地区发展产业。持续推进“两保一孤”保险试点，累计为49.18万名贫困群众提供保险保障，有1136人次享受1803.9万元保险补偿。加强扶贫资金监管，联合财政、审计部门印发《关于进一步加强财政专项扶贫资金监管的意见》，实行分级责任制。配合财政部门对48个片区县2015—2016年财政专项扶贫资金使用管理情况进行专项检查，省审计厅对14个重点县扶贫政策落实和扶贫资金管理使用情况进行审计，查处优亲厚友等廉政风险高的问题，真正使扶贫资金成为“碰不得的高压线”。

【扶贫责任落实】 组建综合协调、资金保障、基础设施、易地扶贫搬迁等11个脱贫攻坚专责小组，全面落实主抓责任。健全脱贫攻坚会议制度，每月筹备召开联席会议，召开5次省脱贫攻坚领导小组会议、6次全省性扶贫工作会议、3次贫困县脱贫攻坚实施方案（到村到户项目评审）审查会议。建立健全“月报告、季分析、半年小结、年度总结”制度，梳理汇总和报告脱贫攻坚工作动态，研究提出对策建议，编制脱贫攻坚政策解读和典型经验汇编，为省委省政府领导和推动全省精准扶贫脱贫提供决策服务。制定《甘肃省脱贫攻坚责任制实施办法》，修订完善《甘肃省农村扶贫开发条例》。紧盯到村到户突出问题，协调督促相关行业部门进一步细化完善脱贫攻坚支持政策，推进各项政策措施到户到人、落实见效。

【动态管理】 出台《关于开展贫困人口动态调整工作的通知》，明确识贫定贫校贫标准和方法，建立健全各级扶贫部门与人社、公安、工商、建设、国土、税务、银行等部门的信息共享机制，结合2017年底动态调整，又新增贫困人口5.9万人（其中，新识别3.7万人、返贫1.7万人、自然增加0.6万人），进一步提高建档立卡质量和水平。

【贫困退出】 按照《甘肃省贫困退出验收办法》，严把退出时序、退出标准、退出程序、核查比对、评估检查“五个关口”，采取自下而上和自上而下相结合的办法反复测算分析，印发贫困县摘帽退出指导时序和减贫人口指导计划。按照脱贫标准，对2014年以来脱贫人口收入、“三保障”实现情况等再次全面核查。对2017年拟脱贫人口“三保障”实现情况，与卫生、教育、住建、水利等部门进行信息比对，对发现的疑似问题信息开展入户核实，对脱贫质量不高的13.4万人回退到贫困人口，对审计反馈的5大类9324条疑似问题信息进行核查整改，将确实不符合条件的人口剔除，确保贫困人口脱贫质量。

【深度贫困地区脱贫攻坚】 聚焦“两州一县”、18个深度贫困县、40个深度贫困乡镇和3720个深度贫困村，印发《甘肃省深度贫困地区脱贫攻坚实施方案》，编制“两州一县”脱贫攻坚实施方案，协调推进产业扶贫、技能提升培训、教育扶贫、健康扶贫、安居扶贫等“十大行动”，重点解决贫困村生产生活条件差、贫困人口增收难和贫困人口“三保障”实现程度低等3个方面问题。各部门安排的惠民项目向深度贫困地区倾斜，省对深度贫困县均衡性转移支付补助系数高于其他市县平均水平3个百分点，省级行业主管部门对深度贫困地区切块下达的资金年度增幅高于全省平均增幅5个百分点。中央和省级财政专项扶贫资金分配中，贫困程度最深、脱贫难度最大的23个特困县占52.3%。统筹省级部分资金3.45亿元，安排23个深度贫困县各1500万元，用于贫困县村级扶贫、解决民生领域突出困难和问题。

【精准帮扶】 2017年，甘肃省出台《关于调整加强全省脱贫攻坚帮扶工作力量的意见》。“两州一县”及18个省定深度贫困县按照贫困程度依次由省委书记、省长、省政协主席、省委副书记等23名省级领导联系，40个特困乡镇由23名联县省级领导每人包1个特困乡、抓2个贫困村，剩余17个特困乡镇由其他省级领导每人包1个特困乡、抓1个贫困村，实现特困县、特困乡镇省级领导包抓全覆盖。选派58名副厅级、处级干部到贫困县挂任县委副书记，并兼任该县驻村帮扶工作队总队长，负责统筹全县驻村帮扶工作；选派66名科技人才到贫困县挂职开展科技帮扶、628名优秀年轻干部到深度贫困乡镇贫困村任第一书记，新选聘的538名“大学生村官”全部分配到深度贫困村工作。出台《关于进一步加强脱贫攻坚驻村帮扶工作管理的若干意见》，及时召回调整772名不符合选派条件或不能胜任帮扶工作的驻村帮扶干部。全省9588个帮扶单位、22.28万名帮扶干部结对帮扶6222个贫困村、58.78万户贫困户，做到“户户有帮扶”。

【危房改造】 将建档立卡贫困户危房改造补助标准由1.15万元提高到2万元，10.8万户年度危改计划全部竣工，年内基本消除农村D级危房。全年实施易地扶贫搬迁23.8万人，其中建档立卡贫困人口18万人，已开工建设住房4.94万套，竣工2.55万套，搬迁入住6.42万人。

【健康扶贫】 印发《甘肃省农村贫困人口大病专项救治工作实施方案》，对全省患有50种大病的贫困户建立台账，集中救治5.3万人次，占应救治的81%。对建档立卡慢病患者签约服务管理，进行跟踪干预和诊疗服务。提高基本医保报销比例，建档立卡贫困人口基本医保报销比例在2016年提高5%的基础上，2017年对全部参合对象再提高5%。将贫困人口大病保险起付线由5000元降低至3000元，为3.14万名建档立卡贫困群众多报销3459.33万元，实际报销比例提高4.53个百分点。建立医疗费用兜底保障制度，对建档立卡贫困人口住院费用经基本医保、大病保险、大病保险再报销后，个人负担的合规医疗费用年累计超过3000元以上部分，通过医疗救助全部解决，全省共有2338名重病患者享受兜底保障政策。

【教育扶贫】 按照“一户一对策”“一人一办法”，对所有建档立卡贫困家庭义务教育适龄学生精准建档、动态监测，实现全省2017年拟脱贫人口中义务教育适龄人口无一人辍学的目标。

【产业扶贫】 选择100个贫困村开展村集体经济示范建设，每村安排财政扶贫资金50万元；争取中央党费300万元、列支省管党费9000万元支持深度贫困县发展村级集体经济。推动农村“三变”改革，探索创新资产收益扶贫机制；推进电子商务精准扶贫，实现电子商务县级服务中心全覆盖，乡村电商服务站（点）覆盖70%的贫困乡和50%的贫困村。安排26250名建档立卡贫困人口成为生态护林员，培训建档立卡贫困劳动力24.77万人，打造陇原妹、陇原巧手等劳务品牌，输转建档立卡贫困劳动力63.5万人，创劳务收入106.7亿元。

【特困群体保障】 出台《甘肃省贫困残疾人脱贫攻坚行动计划》；全省农村低保指导标准提高到3500元，农村低保一、二类对象年补助水平分别提高到3500元、3300元，农村特困救助供养人员集中、分散供养年保障标准分别提高到6020元、4855元以上。

【“雨露计划”】 2017年，甘肃省完成“雨露计划”培训92087人次，累计发放补助1.12亿元，基本实现对有培训意愿的建档立卡户和特殊困难家庭的全覆盖。

【以工代赈】 2017年，甘肃省下达集中连片特殊困难县以工代赈资金37255万元（国家财政预算内以工代赈资金25100万元，中央预算内投资7600万元，省财政配套资金4555万元），其中劳务报酬3706万元，支持县市区统筹实施一批基础设施和基本公共服务设施项目。

【社会扶贫】 深化东西协作和定点帮扶，与东部协作省市开展业务主管部门、行业部门、县区三个层面的交流互访2257人次，同扶贫协作地区召开联席会议82次。天津市16个区与甘肃省25个贫困县全部签订对口帮扶框架协议。58个贫困县市区与东部发达地区39个县市区确立“携手奔小康”结对关系。天津市共安排帮扶资金1.95亿元，其中东西部扶贫协作资金1.24亿元，援助藏区资金7052万元；厦门市安排临夏州东西协作资金1.65亿元；青岛市区安排陇南市东西协作资金9600万元；福州市安排定西市东西协作资金1.15亿元。出台《关于进一步做好中央定点扶贫对接服务工作的实施意见》，2017年，中央国家机关共赴定点扶贫县考察和调研1356人次，33家中央单位全年投入帮扶资金2.92亿元，实施帮扶项目274个，引进各类资金29.53亿元，引进项目92个，使5.54万建档立卡贫困人口直接受益，帮助2万多人脱贫。开展“千企帮千村”精准扶贫行动，动员全省1201户企业与1413个贫困村建立结对帮扶关系，实施帮扶项目2597个，投入资金14.91亿元，帮扶贫困人口23.1万人，帮助9685人稳定脱贫。

【扶贫领域作风建设】 开展扶贫领域作风和腐败问题专项治理，印发《关于深化扶贫领域作风和腐败问题专项治理的实施方案》，明确6个方面29项问题清单，逐一落实整改责任和措施。坚持推进“两查两保”专项行动，检察机关开展“保民生、促‘三农’”专项行动，监督检查582次、公开扶贫信息20571条。受理国务院扶贫办转办和“12317”热线扶贫监督举报事项324件，均按“属地管理”及时转交核实办理，办结316件，办结率97.5%。

【督查考核】 组织开展2次大规模的督查巡查，支持台盟中央开展脱贫攻坚民主监督，协调6个民主党派省委会对6个贫困县开展脱贫攻坚民主监督。通报2016年市县扶贫开发工作成效考核情况，严肃兑现考核奖惩。制定《甘肃省贫困县退出验收核查办法（试行）》《甘肃省东西部扶贫协作考核工作实施办法（试行）》和《甘肃省配合中央单位定点扶贫考核工作实施办法（试行）》，完善《贫困县党委和政府扶贫开发工作成效考核办法》，印发贫困县、市州党委和政府年度扶贫开发工作成效考核评估两个实施方案。组成11个考核评估组，完成对13个市州、75个贫困县党委和政府2017年度扶贫工作成效开展异地交叉考核评估。

【扶贫宣传】 中央主要新闻媒体和省属媒体刊登或报道甘肃省脱贫攻坚各类稿件8377篇（条）。编印脱贫攻坚专报65期、动态122期。13个市州、44个省直部门报送329篇典型经验材料。国务院扶贫办《扶贫信息》刊发甘肃省贫困退出验收办法和积石山“两户”见面会促脱贫信息。组织开展全国脱贫攻坚奖评选表彰活动，甘肃省2人分别荣获脱贫攻坚“奋进奖”和“创新奖”。

（甘肃省扶贫开发办公室　任爱军）

青海省扶贫开发

【概述】 2017年，青海省扶贫开发工作以习近平总书记关于新时期扶贫开发的重要论述和“四个扎扎实实”重大要求为指引，全面贯彻党中央、国务院关于脱贫攻坚一系列重大决策部署，认真践行五大发展理念，坚持精准扶贫、精准脱贫基本方略，加强领导，高位推进，精心谋划，精准发力，年度脱贫攻坚工作有力有序推进，取得了明显脱贫成效。全年共落实各类扶贫资金105亿元，完成年度计划的105%。7个贫困县摘帽、500个贫困村退出、14万贫困人口脱贫年度目标任务顺利实现。

【扶贫资金投入】 全年共落实各类扶贫资金105亿元。其中，落实财政专项扶贫资金31.55亿元（中央财政扶贫资金21.05亿元，增幅23.1%；省级财政扶贫资金10.5亿元，增幅24.3%）；年度易地扶贫搬迁项目计划投资43.3亿元（含2016年易地扶贫搬迁剩余资金8.67亿元和群众自筹资金），已拨付34.47亿元；落实金融扶贫贷款34.28亿元。国际农发基金扶贫项目进展顺利，累计完成投资3.4亿元，已完成全部投资的50%。落实对口援青江苏省本级资金1.3亿元。全省财政涉农资金统筹整合使用工作扎实有效，年度计划统筹整合资金181.66亿元，已实际整合165.86亿元，完成支出92.43亿元。各市（州）级财政配套力度进一步加大，共计落实配套资金4.25亿元。

【专项扶贫】 投资15.42亿元，实施26.43万人到户产业项目，实现了42.63万贫困人口到户产业项目全覆盖。全省14个县级扶贫产业园、52个乡村旅游扶贫项目方案编制工作基本完成，29%的乡村旅游扶贫项目启动实施。2016年易地扶贫搬迁项目全面完成，2.1万户7.8万搬迁人口全部入住。2017年2.5万户9.2万人搬迁项目已完成总工程量的70%。全省1622个贫困村互助金社全部登记注册，入会户数达到15.8万户，全年累计发放借款6.33亿元；注入风险补偿金2.05亿元，撬动金融资金3.53亿元。

【行业扶贫】 行业部门根据年度脱贫目标，按照责任分工，持续加大资金投入和工作力度，全面实施6000千米农村公路新改建、200座便民桥梁建设、451个贫困村饮水安全工程、223个贫困村电网改造升级工程、2.7万户贫困户危旧房改造等项目。全年新增贫困人口公益性生态管护岗位2.53万个。安排15年免费义务教育资金18.37亿元。全额资助贫困家庭参加医疗保险，全面落实医疗救助“一免七减十覆盖”等政策，实施健康扶贫“三个一批”行动，对大病、慢病、重病贫困人口实施分类救助，使农牧区贫困人口住院费用自付比例降低到10%以下。

【社会扶贫】 13家中央定点扶贫单位和2500家省内各级定点扶贫单位共落实帮扶资金5.3亿元。391家民营企业参与“双百”精准扶贫行动，与469个贫困村签约结对，实施产业项目942个，累计投资4.5亿元。6个对口援青省市落实对口援助和东西扶贫协作资金15.97亿元（含物资折价0.73亿元）。

【监督执纪】 严格落实督查巡查机制和月通报制度，省扶贫开发工作领导小组及

"两办"督查室、组织、财政、扶贫等部门先后组织开展综合督查、专项督查20余次，以督查问效倒逼责任落实。省纪委组织召开全省扶贫领域监督执纪问责工作电视电话会议，全方位部署推进监督执纪问责工作；在全省范围部署开展了扶贫领域侵害群众利益的不正之风和腐败问题专项整治活动，对多起扶贫领域违纪违法案例进行了通报。省检察院、省扶贫局联合开展集中整治和加强预防扶贫领域职务犯罪工作，建立了联席会议制度，防微杜渐、早防早治。省扶贫局借助监督举报电话、举报投诉平台等渠道，接受群众举报30起，全部进行了实地核查。各地各部门认真落实主体责任，全年共开展督查巡查180余次，指出存在问题，倒逼工作落实。

【宣传引导】　主动加强与省内外媒体的协调沟通，按照"电视有影、广播有声、报刊有文"的要求，在省垣主要媒体开设了多个精准扶贫专题专栏，邀请中央及国内主流媒体开展了"青海脱贫攻坚基层行""脱贫攻坚一线风采"等系列采访活动。2017年，全省在央媒和省内各类重要媒体刊发脱贫攻坚稿件9500余篇，是2016年的近1倍。坚持扶贫与扶智、扶志相结合，组织开展"思想脱贫集中宣讲"，通过宣讲团集中宣讲、脱贫典型现身说法、扶贫干部入户座谈等形式，着力解决部分贫困地区陈规陋习严重，部分贫困群众思想贫困、素质贫困等问题。召开了2016年度脱贫攻坚表彰大会，对73个先进集体、90个先进个人进行了大张旗鼓地表彰奖励，在全省树立了扶贫不扶懒、扶干不扶看、扶志不扶靠的鲜明导向，着力激发贫困群众自主脱贫的积极性和主动性。

（青海省扶贫开发局　李晓林）

宁夏回族自治区扶贫开发

【概述】 2017年，宁夏回族自治区紧紧围绕中共中央总书记习近平视察宁夏时提出的“经济繁荣、民族团结、环境优美、人民富裕，确保与全国同步建成全面小康社会”的奋斗目标，牢记“宁夏民生工作的重中之重是打赢脱贫攻坚战”的指示要求，大力推进脱贫富民战略。更加注重脱贫攻坚责任落实，更加注重建立健全稳定脱贫长效机制，更加注重补齐短板解决突出问题，更加注重激发内生动力，更加注重扶贫资金整合与管理，脱贫攻坚工作呈现措施有力、氛围浓厚、成效明显、纵深推进的良好态势，确保脱贫攻坚再战再胜。2017年减少建档立卡贫困人口19.3万人，贫困发生率下降到6%，圆满完成国家下达的减贫任务。贫困地区农民人均可支配收入增长11%，达到8346元，增幅高于全区农民收入平均增幅2个百分点。

2017年6月，自治区召开第十二次党代会，将脱贫富民确立为自治区“三大战略”（创新驱动战略、脱贫富民战略、生态立区战略）之一，作为今后五年发展的战略任务和工作重点，举全区之力扎实推进。特别是在脱贫目标上，自治区党委、政府坚持实事求是，稳中求进，紧紧围绕2020年这个时间节点，调整完善2017—2020年脱贫滚动计划，稳扎稳打，不搞层层加码，不搞急功近利，不搞急于求成，也不犯拖延症，确保按期完成脱贫攻坚任务，确保脱贫结果经得起实践和时间的检验。

【扶贫资金投入】 自治区财政及时拨付中央财政专项扶贫资金，足额安排区本级财政专项扶贫资金，超额安排脱贫攻坚地方债资金，市县区安排一定规模本级财政专项扶贫资金。2017年，全区投入扶贫资金及易地扶贫搬迁资金共计95.27亿元，其中，中央财政专项扶贫资金增幅为19.42%，自治区本级财政专项扶贫资金增幅为36%，自治区本级财政专项扶贫资金规模占中央财政专项扶贫资金的30.01%，达到中央考核要求。认真落实《国务院办公厅关于支持贫困县开展统筹整合使用财政涉农资金试点的意见》，结合财政部、国务院扶贫办的安排部署，制定了《宁夏回族自治区人民政府办公厅关于支持贫困县开展统筹整合使用财政涉农资金试点的实施意见》，将9个贫困县区一次性全部纳入试点范围，将中央20项、自治区17项涉农资金纳入整合资金范围，大力支持贫困县统筹整合使用财政涉农资金。自治区下达涉农资金总规模105.5亿元，其中分配给贫困县的资金66.4亿元，占63%，贫困县每项中央、自治区涉农资金增幅全部超过全区平均增幅，贫困县已整合资金70.1亿元（含市县级涉农资金3.7亿元），整合率100%，支出率92%。

【扶贫资金管理】 印发了《自治区财政专项扶贫资金管理办法》《自治区财政专项扶贫资金绩效考评办法》《自治区扶贫资金使用管理责任追究办法（试行）》，进一步规范财政专项扶贫资金预算安排、拨付使用、监督管理、责任追究，积极配合纪检监察机关开展扶贫领域腐败问题专项治理，不断扎紧、扎牢制度的笼子，确保扶贫资金安全使用，切实提高效益。强化审计监督检查，聘请会计师事务所对五个地级市市本级和13个区县2016年各类扶贫资金使用管理情况进行了审计。强化专项督导检查和常态性监管检查，加强事前、事中、事后监督。开展扶贫资金结余滞留专项督查，对问题较突出的县（区），以自治区扶贫开发领导小组办公室名义给予通报，督促加快拨付、支付力度。

【基础设施建设】　着力补齐贫困地区水、路等基础设施短板，村均投入1760万元，完成363个贫困村巩固提升，其中302个村达到脱贫条件。加快扶贫水利工程建设，中部干旱带7座扶贫水库实现蓄水5座，受益人口16.4万人；实施农村饮水安全巩固提升工程，有效解决了300个销号村、9.1万人安全饮水问题。加大交通扶贫力度，投资8.1亿元，完成300个销号村村组道路改造建设任务。

【扶贫规划】　编制完成《宁夏回族自治区"十三五"脱贫攻坚规划》《六盘山片区（宁夏）区域发展与扶贫攻坚"十三五"实施规划》《"十三五"闽宁扶贫协作规划》等，围绕基础设施建设、农村生产生活条件改善、基本公共服务、特色产业发展、生态建设与环境保护等建设任务，建立六盘水宁夏片区区域发展与扶贫项目库，计划5年累计投入1032亿元，实施一批脱贫攻坚工程，加快破解贫困地区区域发展瓶颈制约。

【政策制度】　出台了《关于推进脱贫富民战略的实施意见》《宁夏回族自治区深度贫困地区脱贫攻坚实施方案》《关于进一步加强银行业金融机构助推脱贫攻坚的实施意见》《关于加快推进产业扶贫的指导意见》《关于推进健康扶贫若干政策的意见》《关于解决劳务移民社会保障有关问题的通知》《关于调整农村危房危窑改造补助对象分类和提高补助标准的通知》政策，完善了政策措施，切实增强了脱贫攻坚的政策支撑和保障。自治区还建立了考核、约束、退出、评估、监督、审计和督查等多项机制，构成了事前、事中、事后全程规范的制度体系。

【深度贫困地区脱贫攻坚】　宁夏深度贫困地区范围为西吉县、海原县、同心县、原州区、红寺堡区和中部干旱带西部片区"五县一片"，涵盖170个深度贫困村、32.4万贫困人口。自治区党委、政府办公厅印发《宁夏回族自治区深度贫困地区脱贫攻坚实施方案》，集中安排资金、项目、举措，重点实施健康扶贫、残疾人扶贫、老年人养老保障、饮水安全巩固提升、危房危窑改造、贫困村整村推进与提升、扶贫产业提质增效、教育培训就业、易地扶贫搬迁、保障兜底"十大工程"，着力攻克深度贫困堡垒。

【产业扶贫】　明确新增扶贫资金、财政整合涉农资金重点用于产业发展，自治区累计安排扶贫产业担保基金10亿元，大力发展特色产业，以产业带扶贫、扩就业、促增收，形成了盐池滩羊、海原肉牛、同心黑毛驴、西吉马铃薯等"一县一业"支柱产业和中药材、黄花菜、冷凉蔬菜、苗木等"一村一品"富民产业，构建了产业项目到户、技术培训到户、小额信贷到户、帮扶措施到户、农业保险到户的"一户一策"扶持体系。充分发挥种养大户、家庭农场、专业合作社和龙头企业等市场主体带动作用，培育扶贫示范村109个、扶贫龙头企业124家，规范培育扶贫合作社375家，培养发展致富带头人2103名，带动5.5万贫困户、20万人脱贫增收。

【金融扶贫】　各类金融机构广泛参与脱贫攻坚，2017年底，扶贫小额信贷余额71.6亿元，15.7万户建档立卡贫困户获得贷款，户均4.6万元，贫困户贷款覆盖面达74.2%。所有县（区）全部建立了风险补偿金，余额达到5.8亿元，"扶贫+保险"模式实现省域全覆盖，进一步提高了保障额度，降低了保险费率，拓宽了保险责任，有效增强了贫困群众抵御风险能力。

【就业培训】　2017年培训贫困人口10.5万人次，实现有劳动能力、有就业意愿贫困人口培训全覆盖。坚持以就业促脱贫，开展省际劳务协作，农村劳务就业稳定在75万人次，总收入80亿元，劳务收入占贫困群众收入的40%，成为脱贫致富的“铁杆庄稼”。

【危房改造】 2017年，宁夏下达农村危房危窑改造任务2.2084万户，其中，支持山区9个贫困县危房改造2.1万户，占自治区总任务的95%以上。

【易地扶贫搬迁】 坚持严格科学选址规划，严把搬迁对象精准界线，严控住房面积标线，严守搬迁不举债底线，严抓工程质量红线，累计新建和回购移民住房19765套，搬迁安置移民12891户55632人，超额完成了2017年易地扶贫搬迁住房建设任务。

【东西部扶贫协作】 召开闽宁协作第二十一次联席会议，出台《“十三五”闽宁扶贫协作规划》，扎实推进“携手奔小康”行动，共建闽宁示范村42个；深化部门协作，在医疗、教育、文化、旅游等领域签订新一轮部门合作协议15个。2017年福建省财政投入援宁资金5325万元，9个对口帮扶县（区）投入资金5900万元，争取社会帮扶资金635万元。

【社会扶贫】 加强中央单位定点帮扶，9家中央单位对宁夏9个贫困县（区）定点帮扶全覆盖。2017年共投入各类帮扶资金1.7亿元，支持对口贫困县（区）基础设施、产业、教育卫生事业发展。深入推进“百企帮百村”行动，470家民营企业与256个建档立卡贫困村结对帮扶，实施项目374个，投入各类帮扶资金17亿元，安置贫困人口就业3.2万人。

【驻村帮扶】 选派2267名有农村工作经验的干部，配齐配强贫困村第一书记和驻村工作队。加大区、市、县各级帮扶人员选派力度，实现建档立卡贫困户帮扶全覆盖。

【激发内生动力】 坚持抓党建促脱贫攻坚，实施“两个带头人工程”（建强村党组织带头人队伍、壮大农村致富带头人队伍），开展“三大三强”促脱贫富民行动（加大投入力度，强化基本保障；加大培训力度，增强能力素质；加大选拔力度，选优配强基层党组织书记），着力打造先富带后富的“不走工作队”。2017年12月，全国贫困村创业致富带头人培育工作现场会在宁夏召开。

【扶贫干部作风建设】 狠抓干部作风建设，盯住不严不实的人和事，见人见事、见事见人，毫不含糊、毫不留情，较真碰硬，查处调换了一批不作为、慢作为，懒政庸政怠政的党员干部，发挥了警示教育作用。同时，广大扶贫一线干部夙夜在公、忘我工作，冲锋在前、为民请命，无私奉献，流血流汗甚至牺牲，树立了可歌可泣的典型。

【生态扶贫】 2017年，安排9个贫困县造林、管护等林业资金10.3亿元，占全区林业投资的57.2%。退耕还林直补农民增收，重点在脱贫攻坚任务重、贫困人口多的宁南山区和沙区落实退耕还林任务34万亩，直补退耕农户资金2.5亿元。精准造林带动农民增收，宁夏9个贫困县（区）完成营造林75.6万亩，启动实施“六盘山400毫米降水线造林绿化工程”，安排1.61亿元用于工程建设，完成造林65万亩，使用建档立卡贫困户苗木1219.6万株，苗木销售收入4221万元，贫困户劳动力参与造林62220人次，劳务收入3240万元。实施生态护林员精准到户扶贫，新增生态护林员指标1500名、落实中央补助资金1500万元，重点安排在自治区“五县一片”深度贫困地区。7500名生态护林员人均年管护补助1万元，带动近3万贫困人口脱贫，真正实现了精准到户脱贫。

支持贫困地区大气污染防治专项资金3000万元。切实推进煤尘、烟尘、汽尘、扬尘“四尘”同治。加大燃煤锅炉淘汰和深度治理力度，大气污染综合治理取得阶段性成效。2017年投入水污染防治资金4.26

亿元，其中投入贫困地区近1亿元。

【教育扶贫】 出台了《宁夏教育精准扶贫"十三五"行动方案》等政策，按照"发展教育脱贫一批"的要求，2017年投入资金4.19亿元，新建、改建和增设幼儿园220所，新增学位2.3万个；安排"全面改薄"资金12.57亿元，改造校舍18万平方米，运动场55万平方米；投入普通高中建设资金1.17亿元，推进贫困地区10所普通高中标准化建设。各级财政累计安排学生资助资金6.75亿元，资助各学段学生48.84万人次。认真落实普通高中建档立卡家庭经济困难学生、残疾学生、农村低保家庭学生、特困救助供养学生免学费政策，资助学生2.6万人。

【少数民族地区扶贫】 2017年，国家民族事务委员会争取中央财政扶贫资金（少数民族发展支出方向）11141万元用于宁夏扶贫开发工作，比2016年增加1761万元，增幅达到18.8%。加大少数民族发展支出方向资金向贫困9县（区）的投入和倾斜力度，切块下达9个贫困县（区）财政扶贫（少数民族发展支出方向）资金9781万元，占资金总量的88%，较2016年的6832万元增加2949万元，较《2017年脱贫攻坚任务清单》规定的8200万元增加1581万元，超额完成任务。

【两项制度有效衔接】 通过持续加强与扶贫部门工作对接和政策衔接，实现农村低保制度和扶贫开发政策对农村贫困人口全覆盖。2017年城乡低保人数较2016年均有下降，但全区建档立卡贫困人口中经审核纳入农村低保范围的较2016年底增加5万人，已达17.6万人，占全区农村低保对象总数的45%，个别县区农村低保对象中扶贫建档立卡人数已达60%以上。

【就业扶贫】 全区共帮助11.97万名具有就业意愿和能力的建档立卡农村贫困劳动力（以下简称贫困劳动力）实现就业；为农村贫困劳动力发放创业担保贷款4427万元，帮助自主创业905人，带动贫困人口就业1800人；在全国首创购买3500个公益性岗位专项用于安置建档立卡贫困劳动力稳定就业脱贫；组织1.5万名有培训意愿的贫困劳动力参加了政府补贴性职业培训；建档立卡贫困人口参加基本医疗保险82.21万人，参保率100%；参加养老保险33.91万人，参保率93.4%。

【基础设施建设】 交通运输厅承担了建设300个脱贫村对外连接道路的交通扶贫任务。争取交通运输部车购税资金8.1亿元，用于贫困地区农村公路建设，完工约1200千米，完成了300个脱贫村对外连接道路建设任务。

【水利扶贫】 2017年全区共落实水利扶贫资金43.6亿元，占全区水利总投资的62%。大力实施农村饮水安全巩固提升工程，集中解决了300个贫困村的饮水安全问题，自来水普及率达到93%以上，确保了9.15万贫困人口的饮水安全，解决革命老区220个贫困村和6.84万贫困人口的饮水安全问题。贫困县建成高效节水灌溉面积11.24万亩；新增水土流失治理面积660平方千米，其中革命老区新增565平方千米。

【文化精神扶贫】 2017年，积极争取中央、自治区公共文化服务体系建设专项资金，加大对贫困地区建设项目、资金等扶持力度。固原市文化馆、图书馆、丝路文化展览馆，隆德县文化馆、图书馆和红寺堡区文化馆均已完成主体工程建设。新建8个乡镇综合文化站全部安排在中贫困地区，均已建成主体工程。贫困地区9县（区）建成606个村综合文化服务中心，完成555个村综合文化服务中心基础设施建设，实现了贫困地区村综合文化服务中心全覆盖。扶持建设贫困地区村综合文化服务中心、农民文化大院、民间文艺团队158个。

【健康扶贫】 将因病致贫返贫目标人群（2.73万人）及住院自付费用超过3000元的农村建档立卡贫困户全部纳入健康扶贫

"一免一降四提高一兜底"的综合保障网（"一免"：实行县域内"先诊疗后付费"，取消住院押金。"一降"：贫困患者住院就医，起付线降低，从以前的 8100 ~ 9500 元降低到 3000 元。"四提高"：贫困患者大病保险报销比例在普惠性的基础上再提高 5 个百分点；对患有 20 个特殊病种的贫困患者，在此基础上报销比例再提高 5 个百分点；贫困患者全部纳入医疗救助范围，罹患重特大疾病的贫困患者，年度最高报销限额由原来的 8 万元提高到 16 万元；提高商业保险"扶贫保"保障层次。"一兜底"：贫困患者年度内在医疗机构发生的个人自付费用累计超过 5000 元或自付比例超过 10% 时，超过部分由各级政府兜底保障）。住院救治个人自付超过 3000 元的贫困大病患者 6964 人次，支出费用 10542.29 万元。

【旅游扶贫】 重点扶持列入国家序列的 8 个贫困县的 72 个旅游资源禀赋、基础设施较好的行政村发展乡村旅游。72 个旅游扶贫重点村有建档立卡贫困户 12368 人，贫困人口 41056 人。全区有 67 个乡村旅游扶贫重点村通过发展旅游带动 4.21 万建档立卡贫困人口脱贫。2017 年安排旅游扶贫专项资金 4800 万元支持旅游扶贫重点村、东部环线旅游驿站、六盘山旅游扶贫试验区、9 个贫困县（区）旅游基础设施建设等。

（宁夏回族自治区扶贫开发办公室
高海林）

新疆维吾尔自治区扶贫开发

【概述】 2017年，新疆维吾尔自治区贯彻落实以习近平同志为核心的党中央治疆方略、特别是社会稳定和长治久安总目标，把脱贫攻坚作为重大政治任务和第一民生工程，聚焦南疆四地州深度贫困地区和特殊贫困群体，制定《南疆四地州深度贫困地区脱贫攻坚实施方案（2018—2020年）》《关于认真学习贯彻习近平总书记重要讲话精神加快推进深度贫困地区脱贫攻坚的意见》《关于构建脱贫攻坚“五个一”全覆盖包联工作体系的实施意见》《关于抓党建促脱贫攻坚的实施意见》《关于加大对口援疆支持脱贫攻坚力度的实施意见》，完善财政、金融、资产收益、用地、人才、脱贫激励等支持政策，健全专项扶贫、行业扶贫、社会扶贫、援疆扶贫等多方力量、多种举措有机结合和互为支撑的“四位一体”大扶贫格局。坚持精准扶贫精准脱贫基本方略，因村因户因人施策，推进“七个一批”“三个加大力度”，通过转移就业扶持一批、发展产业扶持一批、土地清理再分配扶持一批、转为护边员扶持一批、实施生态补偿扶持一批、易地扶贫搬迁扶持一批、综合社会保障措施兜底一批，加大教育扶贫力度、加大健康扶贫力度、加大基础设施建设力度，提高脱贫攻坚精准度。建立省级领导联系贫困县制度，推进“五个一”包联全覆盖，每个贫困村至少有1个上级部门单位结对包扶、1个援疆省市帮扶共建、1名县级领导干部定点联系、1名第一书记驻村领导、1个“访惠聚”工作队驻村工作，不脱贫不脱钩。实行队员当代表、单位做后盾、一把手负总责，3671个贫困村实现“访惠聚”工作队驻村帮扶全覆盖。2017年，全区实现44.38万贫困人口脱贫、331个贫困村退出、3个贫困县摘帽，贫困发生率下降至11.57%，较2016年底下降3.94个百分点。35个贫困县农村居民人均可支配收入达到10222元、增长9.7%，比全区平均水平高出1.2个百分点。在2017年省级党委和政府扶贫开发工作成效考核综合评价中被评定为“好”的等次。

【精准识别】 2017年，新疆动员组织22万名干部，开展全区扶贫对象信息数据复核工作，逐户逐人开展贫困家庭实情、建档立卡数据、公安户籍信息“三方比对”，据实执行建档立卡数据和公安户籍信息“双向校准”，实现三方高度统一，全面摸清贫困底数，做到“户有卡、村有表、乡有册、县有档、地有卷、区有库”，在新疆历史上第一次建立起完整的贫困人口信息资料库。

【深度贫困地区脱贫攻坚】 2017年，新疆按照“控制规模、突出重点、缩小范围、体现精准”的要求，以县乡贫困发生率超过18%、村贫困发生率超过20%为主要指标，综合考虑“三保障”等方面存在的突出困难和问题、贫困人口规模、基础设施和公共服务条件、脱贫攻坚难易程度、生态环境、社情复杂程度等因素，确定南疆四地州22个深度贫困县及其所辖的1962个深度贫困村和162.75万贫困人口，作为脱贫攻坚的重中之重、坚中之坚。坚持新增财政专项扶贫资金全部用于深度贫困地区，新增脱贫攻坚项目主要布局于深度贫困地区，新增涉农资金集中整合用于深度贫困地区脱贫攻坚项目，举全区之力推进南疆四地州脱贫攻坚。2017 年，南疆四地州实现 31.66 万贫困人口脱贫，227 个贫困村退出，贫困发生率由 2016 年底的 23.54% 下降至 18.3%。

【扶贫资金投入】 2017 年，新疆安排财政专项扶贫资金 81.74 亿元，其中：中央财政专项扶贫资金 57.18 亿元，较 2016 年增加 17.98 亿元，增长 45.87%；自治区财政扶贫资金 24.56 亿元，较 2016 年增加 18.65 亿元，增长 315.57%，地县两级安排财政扶贫资金 18.37 亿元，较 2016 年增加 5.12 亿元。

【统筹整合使用财政涉农资金】 2017 年，新疆将涉农资金统筹整合扩大到 35 个贫困县，将 17 项中央资金、14 项自治区资金纳入整合范围，整合财政涉农资金 145.2 亿元，其中：中央财政涉农资金 106.5 亿元，自治区财政涉农资金 14.5 亿元，地县财政涉农资金 24.2 亿元。

【扶贫资金项目管理】 2017 年，新疆制定《自治区财政专项扶贫资金管理办法》《自治区财政专项扶贫资金（扶贫发展）项目管理办法》，建立扶贫资金投入增长机制，规范县级脱贫攻坚项目库建设，完善项目管理机制，实现资金跟着项目走、项目跟着规划走、规划跟着贫困群众需求走。开展区地县三级财政专项扶贫资金绩效评价，实行第三方审查评价机制，建立财政扶贫资金管理问责机制，强化责任追究。

【产业扶贫】 2017 年，新疆种植设施蔬菜面积 30 万亩。实施林果业提质增效工程，改造低产林 178 万亩。支持 2.5 万户贫困户建设中小拱棚、开展特色种植养殖、家庭手工业等。加大合作社培育力度，南疆四地州建设合作社 7676 个，其中 22 个深度贫困县 4810 个。实施产地初加工项目，安排资金 1.19 亿元，在 35 个贫困县实施冷藏保鲜库项目 1570 个。采用“总部 + 卫星工厂”“公司 + 基地 + 农户”等形式，大力发展纺织服装、电子产品组装加工等劳动密集型产业，建成卫星工厂、扶贫生产车间 334 个，带动深度贫困地区就业 1 万余人。在南疆四地州实施“短平快”项目 218 个，实现新增就业 1.85 万人。实现南疆四地州乡村旅游 281.64 万人次，参与贫困户户均增收约 9000 元。实施贫困县国家级电商进农村综合示范项目，建成深度贫困县电子商务公共服务中心 14 个、乡镇级电商扶贫服务站 66 个。

【转移就业扶贫】 2017 年，新疆开展职业培训专项行动，优先对贫困家庭劳动力全面开展企业就业、季节性就业技能培训和致富技能培训，组织贫困家庭未升学应届初高中毕业生参加劳动预备制培训，开展各类职业培训近 100 万人次。实施“零就业”贫困家庭动态清零，加大政府引导、社会保险补贴、岗前培训补贴、资金奖励、创业担保贷款及贴息等政策扶持力度，推动贫困人口就业创业，实现贫困家庭劳动力就业 18.37 万人。实施南疆四地州 3 年 10 万深度贫困人口就业计划，通过国有企业、重点产业、兵团、公益岗位、协作扶贫、非公企业等 6 类渠道，实现 4.72 万人稳定就业。

【土地清理再分配扶贫】 2017 年，在南疆四地州开展土地清理工作，依法依规清退和收回机关、企事业单位、干部、种植大户等违法违规占有的农用耕地，清理违法违规占有耕地 386 万亩、草场 146 万亩、生态林 26 万亩，建立政府主导、企业化经营、土地折股量化受益运行机制，普惠南疆四地州贫困人口。

【边境扶贫】 2017 年，新疆下达边境地区转移支付资金 33 亿元，下达兴边富民中央基建 1.75 亿元，加强边境地区基础设施建设，改善边民生产生活条件。提高边民补助标准，由原来的 70 元/（人·月）提高到 100 元/（人·月）。提高护边员补助标准，由原来的平原地区 800 元/（人·月）、高原地区 1000 元/（人·月），分别提高到 2000 元/（人·月）、2600 元/（人·月）。

【生态补偿扶贫】　2017年，新疆将生态护林员选聘范围从国家扶贫开发重点县扩展到集中连片特困地区和重点生态功能区建档立卡贫困人口，管护补助标准每人每年1万元。新增3000个生态护林员名额，其中安排南疆四地州护林员名额2845名（深度贫困县2446名），可带动12330名贫困人口脱贫。

【易地扶贫搬迁】　2017年，新疆易地扶贫搬迁坚持与新型城镇化、新农村建设、旅游开发、产业发展、促进就业、生态保护等相结合，稳妥有序向县城、小城镇、产业园区、乡村旅游区、中心村等搬迁，涉及49个县，搬迁22685户83900人，总投资50.11亿元，其中：中央预算内投资8.39亿元，地方政府债券8.16亿元，专项建设基金4.19亿元，低息贷款29.37亿元。易地搬迁住房全面开工建设，竣工18163套，搬迁入住12840户48791人。新建学校4个，幼儿园22个，卫生室9个，活动室26个，其他村级服务设施90个。修建道路317千米，铺设饮水管网248千米，架设电网289千米。大力发展后续产业，引导搬迁群众“宜农则农、宜牧则牧、宜商则商、宜游则游”，解决群众就业问题，累计脱贫19060人。

【综合社会保障措施兜底扶贫】　从2017年开始，新疆每年安排20亿元资金，连续10年共计200亿元，建立最低生活保障兜底脱贫专项基金。将农村低保标准在2016年2855元/年的基础上提高345元，达到3200元/年。将所有符合低保条件、无法通过自己的劳动摆脱贫困的321759名建档立卡贫困人口全部纳入农村低保范围。开展临时救助29.67万人次，发放困难残疾人生活补贴和重度残疾人护理补贴2.6亿元。

【教育扶贫】　2017年，新疆实施南疆四地州15年免费教育，推进农村学前三年免费双语教育，将生均保障标准由1810元提高到2800元，建设农村双语幼儿园4408所，其中南疆四地州3153所，实现农村双语幼儿园应建尽建、适龄儿童应入尽入。小学和初中起始年级全面实行国家通用语言文字授课，3至5年内基本实现学前和义务教育阶段双语教育全覆盖。建立覆盖学前教育、义务教育、普通高中阶段教育、中等职业教育、高等教育和研究生教育的较为完善的学生资助教育体系，实现建档立卡贫困家庭学生资助精准覆盖，保障贫困家庭学生有学上、上得起学、不辍学。

【健康扶贫】　2017年，新疆持续开展全民免费健康体检，扎实开展贫困人口大病重病专项救治行动，将贫困人口大病保险起付标准降低至60%。实现县域内贫困人口住院先诊疗后付费，探索建立“一站式”即时结算机制，优化医疗费用结算模式。筹集城乡医疗救助资金7.41亿元，全面开展重大特大疾病医疗救助，将救助对象范围从原先的低保对象、特困供养对象扩大到建档立卡贫困人口、低收入重度残疾人（含低收入老年人、未成年人、重病患者）和因病致贫等困难群体。提高困难群众住院救助报销比例，在年度救助限额内按不低于70%的比例给予救助、南疆四地州按80%的比例给予救助，开展医疗救助149.8万人次，人均住院补助2390元。拨付财政资金1.39亿元，为南疆四地州农牧民家庭配备1个健康小药箱和常用药物。加强乡镇卫生院和村卫生室标准化建设，组建各种形式医联体，县域内就诊率提高到85.09%，基本做到小病不出村、大病不出县。

【基础设施建设】　2017年，新疆实施农村安居工程，完成20.39万户农村4类重点对象安居房建设任务。实施大中型灌区续建配套与节水改造项目15个，完成高效节水灌溉面积85.7万亩，惠及70多万贫困人口；实施贫困地区农村饮水安全巩固提升工程36处，供水受益贫困人口15万人，新增农村饮水安全达标人口14万人，自来水普及率达到77.3%。加强农村道路建设，实施农村公路畅通工程，完成309个建制村通硬化路建设项目，200个乡镇、1900个建制村通行条件改善，受益人口约350万人。加强农村电网建设，积极推进农网改造升级，实施591个小城镇（中心村）农网改造，解决187个村不通动力电问题。加强通信网络建设，实施光纤通达项目，新增网络覆盖村2756个，75%的行政村通光纤。

【以工代赈】 2017年，投入以工代赈资金3.22亿元，其中：财政预算内以工代赈资金1.97亿元，中央预算内以工代赈示范资金1.05亿元，自治区财政预算内以工代赈配套资金1950万元。安排项目112个，全部开工建设，完工101个，累计完成投资30602万元，建成农村道路137.161千米，防渗渠250.731千米，土地平整7000亩，排碱渠44.98千米，防洪堤0.6千米，基本农田改造4657亩，治理灌溉面积8.834亩，改善草场2800亩，棚圈501座，温室大棚12座，发放劳务报酬2785.64万元。

【金融扶贫】 2017年，新疆新增扶贫小额信贷45.23亿元，新增贷款贫困户数11.32万户，累计贷款规模达到116.26亿元、贷款户数29.97万户。

【东西部扶贫协作和对口援疆】 2017年，19个援疆省市将80%以上援疆资金用于民生建设、将80%以上援疆资金安排使用到县及县以下基层，安排援疆扶贫资金118.5亿元，实施援疆项目1177个，重点用于改善住房条件、发展教育、完善医疗卫生服务、实施产业带动就业，助力受援地区44.4万贫困人口脱贫摘帽（以上数据包含兵团）。

【定点扶贫】 2017年，5720家中央、区、地、县四级定点帮扶单位投入资金及物资折价34.26亿元，实施帮扶项目3616个，帮助9.97万贫困人口脱贫。16家中央定点帮扶单位帮扶27个贫困县，选派挂职干部70人，其中选任贫困村第一书记13人，投入帮扶资金1.78亿元，实施帮扶项目63个，带动3366户1.18万贫困人口脱贫。

【区内协作扶贫】 2017年，新疆组织33个经济实力较强县（市、区）与南疆四地州27个贫困县开展协作扶贫，以产业合作、劳务协作、人才支援、拓宽增收门路等为切入点，投入援建资金3608.9万元，协议合作项目18个，受益贫困村130个、贫困户866户，实现贫困人口劳务就业1057人次，劳务收入685.55万元。

【企业和社会各界扶贫】 2017年，新疆积极引导和协调社会组织、慈善力量与贫困村、贫困户对接，有针对性地开展扶贫、助学、支教、助医、扶老、助残等各类慈善“扶贫济困”项目。动员各类商会和民营企业积极参与“千企帮千村”精准扶贫行动，通过打造特色产业、吸纳就业、促进商贸、小贷援助、公益捐赠、结对认亲等方式，包村包户参与脱贫攻坚。1666家民营企业投入发展性资金6.34亿元、公益性资金6322万元，实施项目1426个，帮扶贫困村830个、贫困人口16.93万人。

【结对帮扶】 2017年，新疆扎实开展“民族团结一家亲”结对认亲活动，全区112万名干部职工与161万户各族群众结对认亲。推动民族团结“结亲周”活动常态化，坚持每2个月走访结亲户1次，1次住户5天，与亲戚同吃同住同劳动同学习。实行各级干部包村住户、入户住户，地县乡村各级干部和自治区“访惠聚”工作队干部坚持入户住户，确保干部人人都住户、贫困户家家都有干部住，推动结对认亲、入户住户、关心关爱、惠民政策等全覆盖措施落实。

【作风建设】 2017年，新疆设立南疆、北疆、东疆3个扶贫督导组，加强对扶贫资金、项目的监督管理、跟踪落实，推动扶贫领域专项整治常态化、全覆盖。开展扶贫领域专项审计，实现扶贫资金项目全覆盖。自治区党委巡视工作领导小组组成10个巡视组，开展扶贫专项巡视巡察。共查处扶贫领域违纪问题2817件、处理2909人，给予党纪政纪处理1772人，移送司法机关处理83人，通报曝光扶贫领域典型违纪案件680起。

【扶志扶智】　2017年，新疆坚持扶贫与扶志、扶智相结合，充分调动贫困群众的积极性、主动性、创造性。加强思想教育，开展“周一升国旗”常态化宣讲、农牧民夜校、感恩教育、草根宣讲、“民族团结一家亲”和民族团结联谊等活动，引导各族贫困群众自觉转变思想观念、学习先进文化、崇尚现代文明、反对暴力恐怖、抵制极端思想。加强技能培训，把思想发动、宣传教育与沟通感情、技能培训结合起来，帮助群众提高发展生产和务工经商的基本技能。加强帮扶引导，采用生产奖补、劳务补助、以工代赈等机制，改变简单送钱送物、发钱发物的做法，引导贫困群众靠自己的辛勤劳动脱贫致富。

【扶贫机构和队伍建设】　2017年，新疆成立由自治区党政主要领导任“双组长”的深度贫困地区脱贫攻坚工作领导小组，下设基层组织和阵地建设、社会保障、教育扶贫、健康扶贫、住房安全、农村饮水安全和水利建设、易地扶贫搬迁、文化建设、产业发展、就业扶贫、公共设施建设、乡村综合治理、美丽庭院建设、援疆扶贫、执纪问责、资金保障等16个专项组，两月一调度、半年一部署，全力推动脱贫攻坚工作。根据自治区党委、人民政府的决定，原自治区扶贫开发办公室、自治区移民管理局、自治区农业产业化发展局三家单位整合，整合后的自治区扶贫开发办公室（移民管理局）实行一个机构两块牌子，为自治区人民政府直属机构，编制数由原来的47个增加到127个，领导职数由3名增加至7名。充实加强脱贫攻坚力量，在32个国家扶贫开发工作重点县配备专职脱贫攻坚副职的基础上，再为南疆四地州、22个深度贫困县、192个深度贫困乡党委各增配1名专职副书记。南疆四地州扶贫办干部配备不少于30人、22个深度贫困县市扶贫办不少于20人、深度贫困乡镇扶贫办不少于10人、深度贫困村扶贫工作站不少于5人。

（新疆维吾尔自治区扶贫开发办公室 王冠强）

新疆生产建设兵团扶贫开发

【概述】 2017年，新疆生产建设兵团（以下简称“兵团”）党委以习近平总书记新时代中国特色社会主义思想和关于新时期扶贫开发的重要论述为指导，深刻把握和领会党中央治疆方略，始终坚持将习近平总书记系列重要讲话精神作为打赢脱贫攻坚战的强大动力。认真贯彻兵团党委第七次党代会精神，把脱贫攻坚作为全面建成小康社会的重要组成部分，全力推进脱贫攻坚工作。以“五个一批”为路径，坚持“六个精准”基本方略，积极推动贫困团场摘帽和贫困人口脱贫，完善扶贫对象动态调整机制，狠抓扶贫专项行动计划的落实，调动各方力量推进脱贫攻坚，推进兵团对口支援地方脱贫攻坚。以严格督查巡查为手段，确保各项工作落到实处。以脱贫攻坚正面宣传为主导，激发贫困群众的内生动力，坚定打赢脱贫攻坚战的决心和信心。

【基础设施建设】 完善基础设施建设以饮水安全、住房保障、农田水利、道路等设施为重点，加大对贫困团场基础设施建设的支持力度。安排23亿元，用于支持南疆和边境贫困团场道路建设，积极探索“交通+特色旅游”扶贫模式，支持十四师一牧场等贫困团场旅游业发展。建成41团、45团、48团、东风农场等客运综合体，初步形成客流、物流、商流、信息流一体化发展格局，有力支持贫困团场脱贫。安排7.87亿元用于支持53个贫困团场饮水安全、灌区水利基础设施建设等，极大改善贫困团场水利设施条件，受益贫困人口近万人。投入3.3亿元，支持团场新建保障性住房1.4万户，租赁补贴3万户，较好解决贫困户住房保障问题。下达兵团农村安居工程建设任务1500户，补助资金1500万元用于保障建档立卡贫困户、低保户、贫困残疾人家庭农村分散供养特困人员住房安全。下达贫困团场环卫设施补助资金840万元，柴煤改气补助资金520万元，改善贫困团场生活条件。

【产业扶贫】 产业扶贫是精准扶贫、精准脱贫最根本的途径，是专项扶贫的重中之重。一是以南疆困难师团为主战场，狠抓招商引资。一批重点项目落户南疆师团。以三师草湖工业园等一批纺织企业为代表的企业集团的发展对吸纳当地贫困人口就业、促进脱贫致富起到了重要作用。2017年以来，南疆师团建档立卡贫困劳动力实现新增就业0.41万人。二是积极发挥龙头企业带动作用。叶河阳光等产业化龙头企业在调整优化产业结构，推动农业供给侧结构性改革，促进贫困地区群众就业增收方面发挥了积极作用，成为带动贫困地区发展的重要载体。三是结合城镇化和新型工业化，鼓励和组织贫困职工进城镇和工业园区，向工商企业和服务业转移就业。四是培育各类新型经营主体。以大户、能人牵头的合作社为主，通过“以资金带动产业，以产业促进就业”的模式，重点发展市场前景好，能辐射带动贫困农户脱贫致富的特色优势产业。2017年以来，兵团建档立卡贫困劳动力实现新增就业0.82万人。

【教育扶贫】 一是加强贫困团场教育基础设施建设，2017年安排4.6亿元用于改善贫困团场办学条件，其中安排1.14亿元支持幼儿园建设，安排3.46亿元用于中小学基础设施建设。二是加强贫困团场师资队伍建设。招聘324名特岗教师用于补充南疆师团教师队伍，组织实施南疆支教工作，通过“南疆团场学前双语教育干部支教计划”、山区支教、西部志愿者支教、特岗支教、对口援疆支教、大中专生实习支教等方式，向南疆输送师资1119人。三是大力提升资助水平。落实国家各级各类教育资助政策，对贫困学生发放助学金，对家庭经济困难寄宿生发放生活补助，实施南疆师团义务教育学生营养改善计划，落实资助经费3.3亿元。实施区内初中班培养计划，扩大招生规模，目前在校生规模达1100人。

【健康扶贫】 一是着力改善贫困团场医疗卫生机构基础设施条件，安排912万元，分别支持了46团、48团、69团、84团、181团、团结农场疾控中心建设项目，争取援疆资金998万元，支持87团、皮山农场医院建设项目。二是提升贫困人口医疗服务质量。积极开展全民免费健康体检工作，将7~14岁在校学生体检经费标准由人均29元提高至100元，截至2017年11月8日，已完成全民健康体检240万人。投入300万元，为贫困妇女免费开展孕前健康优生检查，受益妇女1万人。补助贫困团场计划生育事业费1300万元，落实计划生育奖励政策，开展各项节育措施，受益人口达8000人。对团场贫困人口9种大病进行了复查统计，由团场医院和社区卫生机构与患者签订家庭医生服务协议。三是持续推动艰苦边远困难团场医院综合改革。通过建立医疗联合体、设立分院、托管等方式，推进兵师医院与艰苦边远困难团场合作开展医疗服务工作。2017年新增合作团场6家，累计覆盖团场35家。加强对贫困团场医疗服务，派遣146名专业医疗人员赴团场开展义诊活动80余次，近千名基层群众受益。四是加强对贫困团场医院业务骨干培训，共培训团场医院业务骨干67名、学科带头人23名，有效提升了团场医院的管理及医疗服务能力。

【科技扶贫】 一是建立了科技结对帮扶制度。由“两校一院”及各师农业推广单位、企业等派出240名科技人员，与南疆少数民族聚居贫困团场建立结对帮扶关系，帮助贫困团场解决发展特色产业和脱贫致富关键技术问题。二是加强与兵团“访惠聚”工作队的协同配合，为南疆“访惠聚”工作队驻点村、连队选派150名科技特派员，开展科技帮扶、技术示范和培训等工作，实现精准科技帮扶。三是组织动员各师开展科技扶贫活动。各师共派出100余名科技人员赴贫困团场开展科技服务。三师畜牧兽医站、农科所组建联合服务团队，赴伽师总场，为团场培养科技示范户8户，技术培训1500人次，十师农科所组建科技服务团队赴181团、185团、188团开展服务，为团场推广作物新品种、新技术10余项，示范面积达到10万余亩。

【金融扶贫】 继续深化与农行兵团分行合作，按照与农行兵团分行签订的《金融扶贫合作协议》，以2014年建档立卡贫困人口为基数，给予南疆贫困团场每个贫困户5万元，边境贫困团场每个贫困户4万元，腹心贫困团场每个贫困户3万元的小额扶贫优惠贷款。以合作社为平台，按照“贫困户入股、民主管理、按股分红”的模式，吸纳贫困户参与合作社生产和经营，带动贫困户脱贫致富，目前，已落实贷款10.21亿元。

【社会兜底保障扶贫】 加强社会救助政策与脱贫攻坚的政策衔接。以政策衔接、对象衔接、标准衔接、管理衔接为重点，开展低保对象和建档立卡贫困人口台账比对，实施低保标准和脱贫标准“两线合一”，将符合社会救助条件的贫困人口全部纳入救助范围，实现扶贫开发政策与贫困团场最低生活保障政策无缝对接。2017年下达6.92亿元社会救助资金，其中低保救助资金3.3亿元，受益人口8.2万人，特困人员供养救助

0.16 亿元，受益人口 1270 人，残疾人生活补贴和护理补贴 0.41 亿元，受益人口 4.53 万人，医疗救助资金 0.85 亿元，开展医疗救助 15 万人次，下拨冬春自然灾害救助资金 1.2 亿元，临时救助资金 1 亿元，使困难群众基本生活得到保障。各师积极开展两节“送温暖”活动，如二师按照团场慰问 8～10 户，企业慰问 3～5 户的标准，在全师范围内开展送资金、送物资、送岗位、送科技、送政策等内容的慰问帮扶活动。

【旅游扶贫】 支持帮助贫困团场制定旅游发展规划，扶持旅游资源较好的贫困团场发展特色旅游业，拓宽贫困职工增收渠道。2017 年投入 5400 余万元，支持 161 团、165 团、170 团、185 团、186 团、188 团及十四师一牧场景区基础设施和旅游设施服务中心建设，带动贫困人口就业增收。

【社会扶贫】 一是挂钩扶贫工作。对定点挂钩扶贫单位进行了调整、充实和完善，印发了《兵团定点挂钩扶贫工作方案》。形成 57 个机关部门（大专院校、直属单位）与 33 个贫困团场“结对子”，定点挂钩扶贫的格局。各师团也积极开展党员干部与贫困户“结对子”帮扶活动。二师组织 1160 名党员干部、七师组织 422 名党员干部、九师组织 255 名党员干部挂钩帮扶贫困户，定期走访，帮助贫困户解决实际困难。二是“百企帮百连”行动。截至目前已对接连队 99 个，参与对接的商会有 15 家，企业 290 多家。累计公益捐款近千万元、捐物折合约 500 多万元。开展扶贫项目 35 个，投入资金 3000 余万元，安置困难家庭人员就业 4000 多人。三是充分发挥“访惠聚”工作队的作用。兵师团三级共抽调 1522 人组成 350 个“访惠聚”工作队，围绕“1＋3＋5”九项工作任务，深入兵团 250 个连队和地方 103 个村（有 1 个驻博州工作队托管两个村，两个驻塔城工作队托管 4 个村）开展“访民情、惠民生、聚民心”驻连（村）工作。四是援疆扶贫。投入援疆资金 5.34 亿元，占援疆资金总额的 23.4%，支持贫困团场民生项目 65 个，受益人口近 8.5 万人。援疆省市社会组织积极参与脱贫攻坚工作。湖北省总工会为五师 45 户单亲特困家庭给予每户 3000 元的帮扶资金支持。山西省拿出 300 万元，补贴在内地上学的贫困大中专学生。黑龙江省每年拿出 100 万元，补助贫困户大学生。五是“四挂钩一结对”活动。充分发挥工会联系基层工会和职工群众的桥梁纽带作用，组织引导职工群众参与扶贫开发。组织工会系统干部与 3500 户困难职工结对子实施精准帮扶，实施 147 个自主创业示范项目，带动 850 户职工脱贫增收。

六是青春助力扶贫行动。兵团团委积极实施以“青年创业增收引领计划”为主的青春助力扶贫行动，帮助青年通过创业就业实现脱贫增收。全年投入创业示范项目扶持资金 500 万元、创业项目贷款贴息资金 300 万元，扶持 2650 名青年成功创业，带动 3600 名青年实现就业。七是巾帼脱贫行动。兵团妇联印发《关于实施“巧女兴家工程”推进“巾帼脱贫行动”的意见》，各级妇联组织举办扶贫宣传活动 300 余次，参与人数 1 万多人。组织开办提高妇女创业就业技能培训班 200 期，培训妇女 9000 多人次。将国语教育同脱贫工作相结合，在三师 44 团、七师 1 团和十四师皮山农场的服装厂、地毯厂建设“兵团妇联巾帼国语教育培训基地”，使少数民族妇女从一句国语不会讲到现在能用国语写日记，解决她们创业就业的语言障碍。投入资金 550 万元，实施妇女居家创业工程、“雪莲花开”电商项目，带动贫困妇女就业 1000 多人；发放创业贷款 3700 多万元，帮助 300 多名妇女创业。争取“贫困母亲两癌救助专项基金”“春蕾计划”项目资金 671.5 万元，救助了 553 名贫困妇女、950 名贫困女学生。

（新疆生产建设兵团扶贫开发办公室 郭利涛）

第九篇

国际合作篇

综　述

减贫领域的国际交流合作是中国特色扶贫开发道路的重要内容，也是中国对外开放大局的重要组成部分。中国政府高度重视减贫领域的国际交流与合作，一直是世界减贫事业的积极倡导者和有力推动者。2015 年 10 月，中国国家主席习近平在“2015 减贫与发展高层论坛”发表主旨演讲，明确提出推动建立以合作共赢为核心的新型国际减贫交流合作关系，发表了共建一个没有贫困、共同发展的人类命运共同体倡议。围绕国家脱贫攻坚和外交大局，国务院扶贫办减贫领域国际交流合作积极进取、不断创新，进一步加大了与亚非拉发展中国家及国际组织的交流合作力度，各项工作取得积极进展。总体上看，2017 年国际减贫交流合作有三个特点：一是重大活动统筹协调，相得益彰。三大品牌性论坛统一谋划、合理布局、主题相互呼应，充分展示了扶贫在多边舞台中的特点和效果。二是部门合作效果突出、大有可为。2017 年，国务院扶贫办分别与中共中央宣传部、中共中央对外联络部、外交部、商务部、财政部、农业部等多个部门合作，通过发挥各自特点和优势，共讲中国扶贫故事，形成了传播中国扶贫理念和经验的“大合唱”。三是外事来访亮点纷呈。2017 年外事来访活动层次高、范围广，涉及国家元首、政党领袖、政府要员、世界名人、国际组织主要负责人等，共有来自 20 多个国家的 60 多名代表。

国际减贫交流

【出访活动】 2017 年 6 月 20—23 日，国务院扶贫办副主任陈志刚率团赴埃塞俄比亚首都亚的斯亚贝巴参加了主题为“摆脱贫困、共同发展”的中非减贫发展高端对话会暨智库论坛。150 多位中非政府部门代表、驻非盟使节、专家学者及媒体人士参会。外交部部长王毅和非盟委员会主席法基出席开幕式并做主旨发言。陈志刚在第一次全体会上做主题发言，以梳理和推介习近平《摆脱贫困》一书重要扶贫论述为主线，积极宣传中国扶贫开发理念及经验。同时，为配合会议的召开，国务院扶贫办编印了《中国减贫新进展》英文、法文版，全面介绍了十八大以来中国脱贫攻坚的新进展。

2017 年 7 月 20—27 日，国务院扶贫办副主任洪天云率团赴柬埔寨出席“第十一届中国—东盟社会发展与减贫论坛”并访问老挝。在柬期间，洪天云还与柬埔寨农村发展部大臣乌拉本（H. E. Ouk Rabun）进行了双边会谈。在老挝期间，洪天云与老挝农业和林业部副主席通万·维拉赫旺（Thongvanh VILAYHEUANG）进行了双边会谈，并赴琅勃拉邦实地调研了由中国国际扶贫中心牵头组织、广西壮族自治区扶贫办负责实施的援老挝减贫示范援助项目。

2017 年 9 月 2—9 日，国务院扶贫办副主任夏更生率团赴毛里求斯出席“中非合作论坛——减贫与发展会议”并访问坦桑尼亚。毛里求斯总理普拉温德、社会融合和经济增长部部长王纯万，国务院扶贫办副主任夏更生、外交部中非合作论坛事务大使周欲晓出席会议并致辞。在坦桑尼亚期间，代表团访问了国家计划委员会，调研了“中坦村级减贫学习中心”项目。

【外事会见】 2017 年 3 月 24 日，国务院扶贫办主任刘永富会见了来访的美国盖茨基金会联席主席比尔·盖茨先生一行。刘永富表示，中国目前还有 4335 万贫困人口，越往后脱贫难度越大。中国有决心有信心啃下这块“硬骨头”，确保贫困地区、贫困群众与全国人民一道迈入小康社会。中国的扶贫开发事业一直得到国际社会的关心帮助，欢迎国际社会继续关心支持中国的脱贫攻坚事业。盖茨表示，中国是实现联合国千年发展目标中贫困人口减半目标的最大贡献者，中国的创新经验和发展成就举世瞩目，对于其他发展中国家具有宝贵的借鉴意义。盖茨基金会很高兴能与国务院扶贫办开展战略合作，助力中国走完消除绝对贫困的“最后一公里”，并支持中国在帮助全球实现联合国可持续发展目标的过程中继续发挥领导作用。会见结束后，刘永富与比尔·盖茨签署了战略合作谅解备忘录，双方将在中国反贫困经验的总结及交流推广、中国未来扶贫战略研究、扶贫人才培养等方面展开广泛合作。

2017 年 4 月 17 日，国务院扶贫办主任刘永富会见来访的毛里求斯社会融合和经济增长部部长王纯万一行。刘永富介绍了中国扶贫开发的主要做法、成就和基本经验。他表示，中共十八大以来，中国坚持精准扶贫精准脱贫基本方略，按照“六个精准”要求，实施“五个一批”工程，正在为全面建成小康社会、实现中华民族伟大复兴的中国梦努力奋斗。中国和毛里求斯同为发展中国家，都致力于发展本国经济和改善民生，中方愿与毛方在减贫领域深化交流合作，相互借鉴、相互促进。王纯万表示，中国在减贫领域取得了显著成就，政策举措值得毛方学习。中国政府加大政策和资金支持力度，实施易地扶贫搬迁，动员企业参与扶贫等做法令人印象深刻。毛里求斯愿与中国深化减贫交流合作，学习借鉴中国经验，促进中国减贫经验在非洲传播分享。

2017 年 7 月 31 日，国务院扶贫办主任刘永富会见来访的菲律宾国家减贫委员会主席黎萨·马萨（Liza Maza）一行。刘永富介绍了中国脱贫攻坚工作的进展和取得的成绩。他指出，中共十八大以来，中国在习近平总书记关于扶贫开发的重要论述指引下，深入实施精准扶贫精准脱贫，坚持“六个精准”要求，实施“五个一批”工程，脱贫攻坚开局良好，正在为全面建成小康社会、实现中华民族伟大复兴的中国梦努力奋斗。他表示，减贫是中菲两国的共同关切，中方愿与菲方深化减贫领域交流合作，积极落实两国领导人会谈成果。黎萨·马萨表示，中国减贫事业成就显著，政策举措值得菲方学习。中国政府重视产业扶贫、就业扶贫，为贫困人口提供医疗保障，积极动员社会力量参与扶贫等做法令人印象深刻，菲律宾愿与中国深化减贫交流合作，学习借鉴中国经验，促进实现本国减贫目标。

2017 年 8 月 28 日，国务院扶贫办主任刘永富会见国际农业发展基金总裁吉尔贝·洪博（Gilbert Fossoun Houngbo）。刘永富简要介绍了中国脱贫攻坚的进展情况。他表示，中共十八大以来，中国在习近平总书记关于扶贫开发的重要论述的指引下，深入实施精准扶贫精准脱贫，以实现农村贫困人口“两不愁三保障”为目标，建立脱贫攻坚责任体系，广泛动员社会参与，注重激发贫困群众内生动力，脱贫攻坚取得显著成绩。国际农业发展基金与中国开展了长期良好合作，为中国减贫事业和农业发展作出了贡献。国务院扶贫办愿意继续深化合作，共享减贫经验，推动全球减贫事业发展。洪博表示，中国从国家战略的高度推进减贫事业，经验和做法值得学习。国际农发基金将加强与中国交流合作，推动减贫经验交流和知识分享。

2017 年 10 月 9 日，国务院扶贫办主任刘永富会见了柬埔寨农村发展部大臣乌拉本（Ouk Rabun）一行。刘永富指出，中柬友谊源远流长，中方愿意继续在现有减贫合作框架下，进一步加深合作，交流减贫经验，共同发展进步。乌拉本大臣指出，柬中双方在减贫与发展领域开展了长期务实合作，希望今后进一步加强交流，取得新的成绩。

2017 年 10 月 11 日，国务院扶贫办副主任陈志刚会见了南非农村发展与土地改革部副部长穆塞比斯·斯科瓦特沙（Mcebisi Skwatsha）一行。陈志刚表示，中国和南非都肩负着消除贫困、发展经济、改善民生的历史使命，双方在解决农村贫困方面可以互相分享、互学互鉴，进一步推动双方减贫合作深入发展。斯科瓦特沙感谢中方邀请其出席“2017 减贫与发展高层论坛”，表示中国取得了举世瞩目的减贫成就，希望能够学习和借鉴中国的减贫经验。

2017 年 12 月 4 日，国务院扶贫办副主任陈志刚会见南非议会合作治理与传统事务委员会主席达卡尼一行。陈志刚介绍了中共十八大以来中国脱贫攻坚取得的成就、经验做法和中共十九大对脱贫攻坚作出的新部署新安排。他表示，中国和南非都是发展中国家，都肩负着消除贫困、改善民生的历史使命，希望双方能够在解决农村贫困问题方面加强互学互鉴，推进减贫交流合作深入发展。达卡尼祝贺中国共产党第十九次全国代表大会胜利召开，对中国减贫成就表示赞赏，希望更多学习和借鉴中国的减贫经验。

2017 年 12 月 14 日，国务院扶贫办副主任陈志刚会见了塞舌尔人民党主席、副总统文森特·梅里顿（Vincent Meriton）一行。陈志刚着重介绍了精准扶贫精准脱贫基本方略以及中国脱贫攻坚的做法、成就和经验。他表示，中国将深入贯彻以人民为中心的执政理念和发展思想，继续扎实推进脱贫攻坚，进一步增进人民福祉。梅里顿对中国共产党消除贫困的决心、举措和取得的成就表示钦佩，对习近平提出的精准扶贫精准脱贫基本方略表示赞赏，认为中国的经验值得塞舌尔学习借鉴。双方共同表示，愿意进一步加强减贫领域交流合作，互学互鉴，更好促进两国民生改善。

2017 年 12 月 20 日，国务院扶贫办副主任陈志刚会见了缅甸边境事务部部长耶昂一行。陈志刚简要介绍了中国脱贫攻坚的发展历程、目前形势和目标任务，重点介绍了精准扶贫精准脱贫基本方略。他表示，中国将聚焦深度贫困地区和最困难人群，继续深入攻坚，确保实现脱真贫、真脱贫。耶昂对中国的减贫成就和做法，特别是精准扶贫精准脱贫基本方略表示赞赏，希望更多地借鉴中方经验。双方共同表示，愿进一步加强减贫领域交流合作，互学互鉴，为两国人民带来更多福祉。

国　际　培　训

【援外培训】　2017 年 4 月 7—21 日，“2017 年发展中国家可持续发展经济社会政策官员研修班”在北京举办。牙买加公安部警署里昂·科隆尼斯（Leon Ernest Clunis）先生代表学员致辞。研修班的主题是“可持续发展经济社会政策”，为期 15 天。研修班分专家讲座、国别演讲和实地考察三个部分。国内有关专家、学者介绍了中国国情概况、农村可持续发展政策与实践、“十三五”时期中国经济展望、中国财政转移支付与区域经济协调发展等相关专题。研修班安排学员赴广西壮族自治区实地参观考察。来自津巴布韦、斯里兰卡、尼泊尔、南苏丹、多米尼克、牙买加、南非、加纳、喀麦隆、乌干达、哥伦比亚、赞比亚、肯尼亚、苏丹、巴拿马等 15 个国家减贫相关政府部门的 48 名代表参加了此次研修班。

2017 年 4 月 14—28 日，“2017 年发展中国家信息化扶贫与建档立卡官员研修班”在北京举办。本次研修班为期 15 天，有来自巴拿马、乌干达、格林纳达、南非、塞拉利昂和津巴布韦等 6 个国家减贫与发展相关政府部门的 27 名学员参加。研修班主题为“信息化扶贫与建档立卡”，分为课堂讲座、国别演讲、实地考察三个部分。通过专家讲座与实地考察，学员们较好地了解了中国在信息化扶贫与建档立卡方面所实施的政策与取得的成绩，并一致认为，中国的扶贫开发工作之所以成功，是因为它是一条符合中国国情、顺应时代潮流、体现人民意愿的道路。任何一个国家，在借鉴其他国家成功经验的基础上，必须结合自身实际，结合时代变化，适应国内外形势的新情况，自主选择和不断探索适合本国情况的发展道路和减贫模式。

2017 年 4 月 17—27 日，2017 年第一期“南非农村发展政策与实践研修班”在北京举办。南非农村发展与土地改革部农村企业和工业发展司处长卢拉玛如本·赞吉（Lulama Reuben Zantsi）先生代表学员致辞。研修班是落实国务院扶贫办与南非农村发展与土地改革部签署的减贫交流合作谅解备忘录的一次具体行动，主题是“推动农村企业发展，促进包容性经济增长”，具体内容包括：了解中国农村扶贫具体情况、青年创业就业、合作社发展情况等，为期 15 天。研修班安排了专家讲座，介绍中国扶贫政策、农村市场体系、农村教育转型、农村合作社发展等内容。在北京市实地考察了北京京东世纪贸易有限公司的电商扶贫、百年职校的职业教育；在江苏省考察了农业产业园区、中小企业发展、电子商务等项目。来自南非农村发展与土地改革部的 6 名官员以及南非农村青年服务团培训学院的 25 名青年学生参加本次研修班。

2017 年 5 月 5—18 日，“2017 年非洲法语国家开发式扶贫政策与实践官员研修班”在北京举办，主题是“开发式扶贫政策与实践”。研修班分专家讲座、国别演讲和实地考察三个部分。国内有关专家、学者介绍了中国国情概况、中国农村开发式扶贫政策与实践、中国农村扶贫资金的使用与管理等。研修班组织学员赴江西省宜春市奉新县及九江市永修县考察中国农村专项扶贫开发项目。来自科摩罗、布隆迪、尼日尔、吉布提、刚果（金）、马里、乍得、科特迪瓦、塞内加尔、突尼斯、几内亚比绍、马达加斯加、摩洛哥13个非洲国家规划、减贫与发展相关政府部门的38名代表参加了此次研修班。

2017年5月12—24日，2017年发展中国家“农村交通建设与水利扶贫”暨“包容性增长与持续减贫”官员研修班在北京举办。亚洲学员代表柬埔寨农村发展部社区发展局副主任蒙拉（Mony La）先生、非洲学员代表埃塞俄比亚劳工部司长雷盖斯·特芙洛（Legesse Meaza Tefera）女士出席开班式并致辞。两期研修班的主题分别为“农村交通建设与水利扶贫”和“包容性增长与持续减贫”。来自亚洲格鲁吉亚、巴基斯坦、巴勒斯坦、约旦、柬埔寨5个国家，非洲突尼斯、埃塞俄比亚、马拉维、乌干达、津巴布韦、利比里亚6个国家，美洲巴拿马、多米尼加、格林纳达3个国家共14个国家减贫与发展相关政府部门的58名学员参加了研修。

2017年6月5—16日，“2017年发展中国家金融扶贫官员研修班”在北京举办。斯里兰卡萨伯勒格穆沃省省会副秘书长阿库原治·斯瑞亚尼·帕德玛拉萨（Akurange Sriyani Padmalatha）女士代表学员致辞。研修班的主题是“金融扶贫”。研修班组织学员赴四川省南充市、仪陇县、蓬安县及西充县考察中国农村专项扶贫开发项目。来自老挝、斯里兰卡、埃塞俄比亚、津巴布韦、哥伦比亚、萨摩亚、莫桑比克、越南、冈比亚、格林纳达、厄立特里亚、巴拿马、多米尼加13个发展中国家规划、减贫与发展相关政府部门的50名代表参加了此次研修班。

2017年6月9—23日，“2017年发展中国家城乡协调发展与减贫官员研修班”在北京举办。多米尼克社会服务部社会福利官员尼可·图赛特（Nicole Toussaint）女士、洪都拉斯国立自治大学地方发展副教授内斯特·古提扎帕塔（Nestor Agustuin Guityzapata）先生、津巴布韦农村发展部首席行政官员塔特恩达·西索尔（Tatenda Sithole）女士、喀麦隆国民议会副主任梅布尔·妮施伍杜（Mabel Nshiawudu Ep Ndikum）女士、多米尼加共和国圣多明各理工学院工程部土木工程质量经理派瑞佐巴兹·马琳（Perezurbaez Marlene Brenilde）女士5位学员作为学员代表在结业典礼上致辞。研修班主题为“城乡协调发展与减贫”，学员实地考察了安徽省金寨、岳西、潜山三县。来自巴布亚新几内亚、洪都拉斯、多米尼克、乌干达、约旦、埃塞俄比亚、马拉维、喀麦隆、津巴布韦、多米尼加、博茨瓦纳、毛里求斯、利比里亚和委内瑞拉14个国家减贫与发展相关政府部门的35名学员参加了研修。

2017年6月21—7月5日，“2017年发展中国家生态与旅游扶贫官员研修班”在北京举办。博茨瓦纳农业发展与食品安全部官员科莱宝恩·塔乌（Kelebaone Felicia Tau）女士代表学员致辞。研修班的主题是“生态与旅游扶贫”。学员赴贵州省毕节市威宁县及大方县考察了马铃薯产业精准扶贫示范基地、生态与旅游助推扶贫、食用菌产业扶贫、扶贫生态建设、企业帮扶、文化旅游扶贫等项目。来自亚美尼亚、博茨瓦纳、多米尼加、埃及、埃塞俄比亚、加纳、圭亚那、莱索托、缅甸、尼日利亚、巴拿马、菲律宾、萨摩亚、苏里南、突尼斯、乌干达、赞比亚17个国家减贫与发展相关政府部门的63名代表参加。

2017年7月7—26日，“2017年孟加拉减贫研修班”在北京举办。孟加拉国公共管理部联合秘书长穆罕默德·米赞·拉赫曼（Mohammed Mizanur Rahman）先生致辞。研修班的主题为“减贫政策和实践”，来自孟加拉国减贫与发展相关政府部门的30名学员参加。研修期间，学员赴江西省考察农业生产、电商发展、产业扶贫、教育扶贫、社会保障等项目，全面了解了中国城乡减贫战略的制定方式、实施机制、管理模式和主要成效。

2017 年 7 月 14—28 日，“2017 年发展中国家完善精准扶贫机制与缩小收入差距官员研修班”在北京举办。中国国际扶贫中心副主任张广平出席开班仪式并致辞，学员代表厄瓜多尔的卡乐·安得拉（Callesmonar Andrea Carolina）女士致辞。研修班的主题是“完善精准扶贫机制与缩小收入差距”，共有来自墨西哥、蒙古、多米尼加、南苏丹、埃塞俄比亚、苏里南、乌干达、博兹瓦纳、土耳其、摩尔多瓦、厄瓜多尔、格林纳达、巴勒斯坦、毛里求斯、突尼斯、老挝、卢旺达、津巴布韦、巴基斯坦 19 个国家减贫相关领域 54 名政府官员学员参加。研修期间，学员赴内蒙古自治区实地考察扶贫相关项目。

2017 年 7 月 21—8 月 4 日，“2017 年发展中国家公共服务与减贫官员研修班”在北京举办。学员代表乌干达内政部惩教署署长萨缪尔·阿科纳（Samuel Akena）先生在结业典礼上致辞。参加研修班的 64 名学员分别来自波黑、喀麦隆、多米尼加、埃塞俄比亚、格林纳达、约旦、肯尼亚、老挝、黎巴嫩、摩尔多瓦、蒙古、缅甸、尼日利亚、巴拿马、南苏丹、坦桑尼亚、乌干达 17 个国家。研修班主题为“公共服务与减贫”，通过专家讲座和实地考察等方式向发展中国家官员介绍中国在公共服务与减贫领域的政策和经验，推动各国在经济社会政策与实践方面的知识分享。研修期间，学员赴福建省政和县进行实地考察，了解当地减贫发展的政策与模式，参观考察了现代光伏农业、百香果基地、花卉产业基地、莲子产业基地、茶业公司、竹艺公司、美丽乡村建设、工业园区、易地扶贫搬迁等项目。

2017 年 8 月 21—31 日，2017 年第二期“南非农村发展政策与实践研修班”在北京举办。南非农村发展与土地改革部农村基础设施发展司处长纳瑟勒·内森·梅罗马库卢（Nasele Nathan Mehlomakulu）先生代表学员致辞。研修班主题是“推动农村企业发展，促进包容性经济增长”，具体内容包括：了解中国农村扶贫具体情况、农村青年就业创业情况、农业合作社发展情况等。研修班邀请专家为南非学员介绍中国农村市场体系、农村基础设施建设等内容；安排学员赴百年职校考察职业教育发展情况，赴山东省实地考察农业产业园区、中小企业发展等项目。来自南非农村发展与土地改革部的 4 名官员以及南非农村青年服务团培训学院的 18 名青年学生参加研修。

2017 年 8 月 29 日，由中国财政部、商务部、国务院扶贫办、国际农发基金和世界银行共同主办，中国国际扶贫中心承办的“第八届中国—国际农发基金南南合作研讨班暨第九届中非共享发展经验高级研讨班”在北京举办。国务院扶贫办副主任陈志刚、财政部副部长史耀斌、国际农发基金总裁洪博、世界银行中国局局长郝福满、商务部国际商务官员研修学院副院长刘明哲，南非农村发展与土地改革部副部长坎蒂斯·达拉米妮等出席开班仪式并致辞。自 2008 年以来，财政部与商务部、国际农发基金、世界银行等国内外机构合作，连续举办了 9 届“中非共享发展经验高级研讨班”，8 届“中国—国际农发基金南南合作研讨班”，研讨班已成为中国与各发展中国家共同交流和探讨发展问题、促进南南合作的重要平台。本届研讨班主题为“一带一路倡议下推进国际农业与减贫合作”，来自南非、蒙古、苏里南、约旦、斯里兰卡、柬埔寨等 6 个国家的政府高级官员，中国有关部委和科研机构代表，以及国际组织嘉宾 100 余人参加本次研讨。与会代表围绕政府为推动农业与减贫所发挥的积极作用，非洲农业与减贫发展的国际合作需求，减贫经验交流等专题进行研讨交流，并赴湖南省长沙市、常德市进行考察活动。

2017 年 9 月 1—15 日，“2017 年发展中国家医疗与健康扶贫官员研修班”在北京举办。研修班的主题是“医疗与健康扶贫”，共有来自冈比亚、苏里南、蒙古、南苏丹、马拉维、巴拿马、尼日利亚、老挝 8 个国家医疗减贫相关领域的 29 名政府官员参加。学员赴湖北省实地考察医疗扶贫相关项目。

2017 年 9 月 9—23 日，“2017 年发展中国家农村发展与减贫官员研修班”在北京举办。学员代表阿富汗农村建设与发展部高级顾问穆罕默德・以沙・考德瑞（Muhammad Eesa Qudrat）先生致辞。研修班的主题是“农村发展与减贫”。学员赴陕西省延安市、洛川县、宜川县考察中国农村专项扶贫开发项目。来自加纳、马拉维、毛里求斯、蒙古、波斯尼亚和黑塞哥维那、巴勒斯坦、阿富汗、格林纳达、苏里南、柬埔寨、博茨瓦纳 11 个发展中国家规划、减贫与发展相关政府部门的 55 名代表参加了研修班。

2017 年 9 月 18—28 日，“2017 年发展中国家中小企业发展与民间组织扶贫能力建设官员研修班”在北京举办。学员代表委内瑞拉国民经济财政部国际事务主任米歇尔・黛珂（Micaela Noemiovelar Delcol）女士致辞。来自 19 个国家和国际组织减贫和企业发展领域的 44 名学员参加。学员赴云南省大理州考察企业发展、农业生产、电商发展、产业扶贫、教育扶贫、社会保障等项目。

2017 年 11 月 7—16 日，2017 年“亚信国家农村发展与减贫理论与实践研修班”在北京举办。外交部亚信国家中方主席国工作组主席、欧亚司大使顾子平及中国国际扶贫中心主任左常升出席开班仪式并致辞，柬埔寨副国务秘书桑・魏索（San Visal）代表学员致辞。来自柬埔寨、乌兹别克斯坦、以色列、泰国、孟加拉国、埃及、哈萨克斯坦、韩国、巴基斯坦、老挝等 15 个“亚洲相互协作与信任措施会议”成员国的农业、外交、规划、科技等部门的政府官员和专家学者共 25 人参加了本次研修班。

【出国培训】 2017 年，国务院扶贫办共组织了两批因公出国培训团组，分别是赴南非的“南非农村改革与减贫模式”培训和赴美国的“贫困瞄准与社会救助体系”培训。共有 27 名来自各地扶贫系统的代表参加。学员从多领域、多角度了解了南非和美国扶贫救助和社会保障政策措施的经验做法，进一步增强了中国发展的道路自信、理论自信、制度自信和文化自信。

国际减贫合作

【东亚减贫示范合作项目】 2017年，东亚减贫示范合作项目中的援柬埔寨项目和援老挝项目正式启动，成立项目联合办公室，派驻专家，各项工作按计划推进。2017年11月18日，缅甸项目的实施协议正式签署，外交部部长王毅和缅甸国务资政昂山素季共同见证。项目主要内容为在老挝、柬埔寨、缅甸6个村合作开展道路、供水等基础设施建设，扶持种植、养殖等农业产业，并开展社区环境整治，提供物资支持和派遣专家开展培训等，通过上述措施改善村民的生产生活条件，增强村庄的发展活力。

【非洲"微笑儿童"学校供餐项目】 非洲"微笑儿童"学校供餐项目于2015年5月和8月分别在埃塞俄比亚和苏丹启动，至2017年10月，中国扶贫基金会已经募集资金近1200万元，资助了埃塞俄比亚和苏丹49所公立学校的7800名学生。"微笑儿童"项目总体受益学生2万人。

【缅甸贫困大学生胞波助学金项目】 胞波助学金项目自2016年8月5日在缅甸仰光启动，共资助仰光4所大学600名贫困大学生。2017年，在中共中央对外联络部的捐赠和网络平台的公众筹资的支持下，投入163万，项目规模从资助学生600名扩大到1300名，项目地区从仰光扩展到若开和曼德勒地区。

【尼泊尔灾后重建项目】 尼泊尔灾后重建项目自2015年起实施，共投入近400万元，其中2017年支出123万元。聚焦教育和卫生7个项目，其中教育类项目包括学校校舍重建、震后学生心理辅导、电脑教室、发放爱心书包文具等；卫生类项目主要包括旅游区乙肝筛查和防治、饮水安全项目等。

国际减贫会议和重要活动

【减贫与发展高层论坛】 2017年10月9日，国务院扶贫办与联合国驻华系统在北京举办“2017减贫与发展高层论坛”。论坛以“精准扶贫与2030年可持续发展议程”为主题，来自13个国家的政要、16个国际机构的代表以及专家学者共200余人参加了论坛。时任国务院副总理汪洋出席论坛开幕式并致辞，联合国秘书长古特雷斯向论坛发来贺信，高度评价了中国减贫成就和经验。汪洋强调，消除贫困是全人类的共同理想，也是当今时代的重要主题。中国共产党和中国政府始终把消除贫困、改善民生、实现共同富裕作为执政宗旨，中国的政治优势和制度优势是我们取得举世瞩目减贫成就的根本保证。党的十八大以来，中国能够在脱贫难度不断加大情况下，仍然每年减贫1000万人以上，展现出新的重要的时代特征。习近平总书记作为党的领导核心，对贫困有着刻骨铭心的经历，他以强烈的使命情怀和政治担当，亲力亲为抓扶贫，展现了卓越的领导力。党的作风转变为各项政策措施的落实提供了有力的保障，各级党组织和各级政府在扶贫领域较真碰硬、苦干实干蔚然成风。各地深入实施精准帮扶，基层群众因地制宜探索创新，全党全社会合力攻坚，推动扶贫开发不断取得新进展。下一步，中国将坚持新发展理念，坚持精准扶贫方略，聚焦深度贫困地区和重点贫困群体，进一步动员社会各方面参与，坚决打赢脱贫攻坚战，为国际减贫事业作出新贡献。

【中国—东盟社会发展与减贫论坛】 2017年7月25—27日，“第十一届中国—东盟社会发展与减贫论坛”在柬埔寨暹粒举行，此次论坛由中国国务院扶贫办与柬埔寨农村发展部共同主办，中国国际扶贫中心、广西壮族自治区扶贫办共同承办，东南亚国家联盟（以下简称“东盟”）秘书处、亚洲开发银行、联合国开发计划署等机构支持。来自中国和东盟十国的政府官员、专家学者、媒体、中资企业代表、非政府组织代表和国际组织代表120余人与会。论坛围绕“减贫实践与创新”的主题，讨论中国与东盟国家在减贫理念及政策方面的创新及成功实践、如何推进中国—东盟减贫合作、中国与东盟国家如何实现2030年可持续发展目标等国内外关注的议题。国务院扶贫办副主任洪天云、柬埔寨农村发展部大臣乌拉本（H. E. Ouk Rabun）、广西壮族自治区人民政府副主席黄世勇、老挝农业与林业部副主席通万·维拉赫旺（Thongvanh VILAY-HEUANG）、东盟秘书处人类发展司司长罗德拉图拉尔德·巴巴兰（Rodora Babaran）等出席开幕式并致辞。在会议研讨之后，参会代表还赴伦塔爱生态村等项目点进行实地考察。

【中非合作论坛——减贫与发展会议】 2017年9月6—7日，“2017年中非合作论坛——减贫与发展会议”在毛里求斯举行。会议由中国国务院扶贫办和毛里求斯社会融合与经济增长部部联合主办，中国国际扶贫中心和中国驻毛里求斯大使馆承办，得到非洲联盟、联合国开发计划署、中非发展基金等机构支持。来自中国和毛里求斯、埃及、喀麦隆、埃塞俄比亚、加蓬、冈比亚、马拉维、尼日利亚、乌干达、赞比亚、肯尼亚、南非的政府官员、专家学者、国际组织、非政府组织、企业及媒体代表等 100 多人参会。会议的主题是“中国和非洲：携手应对减贫新挑战”。与会者交流各国减贫经验和挑战，寻求推进中非减贫合作更有效路径。毛里求斯总理普拉温德·贾格纳特出席活动并发表讲话。毛里求斯社会融合和经济增长部部长王纯万、中国国务院扶贫办副主任夏更生、中国外交部中非合作论坛事务大使周欲晓等出席活动并致辞。

【减贫促进人权边会】　2017 年 6 月 16 日，在联合国人权理事会第 35 次会议召开期间，中国民间组织国际交流促进会和中国扶贫基金会在联合国日内瓦总部万国宫共同举办了主题为“减贫促进人权”的边会。这是中国社会组织首次在联合国人权理事会期间举办减贫领域的边会。埃塞俄比亚母性之本慈善协会总干事黛博拉沃克·迪贝贝女士介绍了与中国扶贫基金会等机构在埃塞俄比亚合作开展“微笑儿童”学校供餐项目的情况。该项目已改善 4000 多名埃塞俄比亚贫困学生的营养状况，使他们能够安心上学，保障了贫困儿童的生存与发展权，受到了当地民众和社区的欢迎。国际美慈组织高级主任亨利·范·伊根在题为《促进人权发展：减贫的作用》的发言中提到，中国在国际减贫领域是领跑者，中国经验值得国际社会学习。

（国务院扶贫办综合司　赵懂文）

第十篇

专题研究篇

2030年可持续发展议程与中国—东盟减贫合作

（一）2030年可持续发展议程与国际减贫合作新要求

2010年联合国千年发展目标高级别会议要求，启动对后千年发展目标（Post-MDGs）① 的讨论。② 此后，经过近5年时间的广泛咨询、密集谈判，2030年可持续发展议程（以下简称“2030年议程”）最终得以在2015年联合国发展峰会上通过。相比千年发展目标，2030年议程一方面拓展了全球发展议程的关注范畴，从千年发展目标相对单一的经济发展特别是减贫聚焦，向经济、社会、环境三位一体的发展目标延伸；另一方面，2030年议程也延续了千年发展目标的努力，特别是将“削减贫困”升级为“消除贫困”，并将其与其他社会、环境目标等相互联系起来。这意味着，2030年议程为全球减贫努力和减贫合作设定了更高标准，提出了全新的要求。

1. 2030年议程的制定进程

于2000年启动的联合国千年发展目标按计划于2015年底到期，围绕相关接替议程的讨论于2010年底正式启动。2030年议程的制定是一个综合性进程，大致可分为三个阶段，由联合国所启动的多个工作序列（Working Stream）或进程所推动。

第一阶段大致从2010年底至2013年8月，可称作开放性咨询和参与式讨论时期。这一时期发挥主导作用的是多个主要对联合国秘书长负责的咨询进程。其中最主要的工作序列是：第一，在2010年联合国千年发展目标高级别会议后，联合国系统工作组（UN System Task Team on the Post－2015 UN Development Agenda，UNSTT）于2011年9月创建，成为联合国系统内正式创建的第一个有关2015年后议程的工作序列。系统工作组的主要目的是围绕2015年后议程与所有利益攸关方开展咨询，包括成员国、公民社会、学者和私营部门，覆盖了60余个联合国机构和国际组织。系统工作组成立后，先后于2012年6月出台其报告《实现我们憧憬的所有人的未来》（Realizing the Future We Want for All），2013年3月出台《更新的全球发展伙伴关系》（A Renewed Global Partnership for Development），此外还递交了大量的专题性建议。③第二，联合国发展集团（UN Development Group，UNDG）于2012年5月至2013年4月，启动了共计

① 对接替千年发展目标的新议程的命名主要经过三次演变：一开始常被称作“后千年发展目标”，随着时间推移而变更为“联合国2015年后发展议程”（UN Post－2015 Development Agenda，简称“2015年后议程”），随着2015年7月底政府间谈判结束，“2030年可持续发展议程”成为最终名称。为体现不同阶段的现实发展，本部分将使用所论述时期的原本名称，而不使用“2030年可持续发展议程”作统一称谓。特此说明。

② 2010年9月第65届联合国大会千年发展目标高级别会议通过的决议要求，联合国秘书长应当在此后的年度报告中提议恰当的促进联合国在2015年后议程中作用的步骤。See Keeping the Promise：United to Achieve the Millennium Development Goals，Resolution adopted by the General Assembly，UN，October 19，2010，A/RES/65/1，p. 29.

③ UNDESA，The UN System Task Team，http：//www. un. org/en/development/desa/policy/untaskteam _ undf/index. shtml.

100 场专题和国别咨询会议，并利用“我的世界”（MY World）网络平台启动了“一百万个声音”（A Million Voices）大型民意调查。第三，联合国秘书长 2015 年后联合国发展议程高级别名人小组（High Level Panel of Eminent Persons on the Post-2015 Development Agenda，以下简称“高级别小组”）于 2012 年 7 月成立，此后先后在纽约、伦敦、蒙罗维亚和巴厘岛召开四次会议，并于 2013 年 5 月 31 日向联合国秘书长递交报告《新型全球合作关系：通过可持续发展消除贫困并推动经济转型》（“A New Global Partnership：Eradicate Poverty and Transform Economies through Sustainable Development”）。[①]第四，联合国可持续发展行动网络领导委员会（Sustainable Development Solutions Network，以下简称“可持续发展行动网络”）也于 2012 年 8 月成立，并于 2013 年 6 月向联合国秘书长递交了其报告《可持续发展行动议程：报告提交联合国秘书长》。[②]第五，联合国地区经济委员会（RECs）也于 2012 年 6 月启动地区性咨询，重点关注地区是非洲、拉丁美洲和加勒比海地区等，并于 2013 年 6 月向秘书长递交了其最终报告。[③]第六，联合国全球契约组织（UN Global Compact）于 2012 年 6 月启动全球性咨询，并于 2013 年 6 月向秘书长递交了其报告。[④]到 2013 年 6 月，上述工作序列基本上都向秘书长递交了其最后报告，秘书长在综合各方报告的基础上于 2013 年 7 月向联合国大会递交了其建议性报告。随着第 69 届联合国大会的召开，2015 年后议程讨论的第一阶段基本结束。

第二阶段大致从 2013 年 9 月持续到 2014 年 8 月，可称作参与行为体和目标/指标体系压缩时期，其努力方向是为政府间谈判准备可行的 2015 年后议程谈判框架。这一阶段主要有三个工作序列，第一个服务于联合国大会主席，后两个服务于联合国成员国。第一个工作序列是覆盖整个时期的联合国大会主席工作序列，又包括两个部分，即联合国大会主席组织的辩论专题和高级别会议。3 次辩论专题分别为“水、卫生设施和可持续能源”“发展伙伴关系作用”和“确保稳定与和平的社会”，均在 2014 年 5 月前结束。高级别会议由 3 次专题会议和 1 次总结性会议组成，3 次专题会议分别聚焦“妇女、青年和公民社会角色”“南南合作、三边合作和 ICT 角色”和“人权、法治与 2015 年后议程”，总结性会议为 2014 年 9 月联合国大会期间举行的综合性“倡议盘点”（Stock-Taking）高级别会议。[⑤]第二和第三个序列都是根据“里约 + 20”峰会成果文件《我们憧憬的未来》而创建的，分别为联合国大会可持续发展目标开放工作组（Open Working Group of the General Assembly on Sustainable Development Goals，以下简称“开放工作组”）和政府间可持续发展融资专家委员会（Committee of Experts on Sustainable Development Financing）。开放工作组于 2013 年 1 月成立，计划召开 15 届会议，其中前 8 次为专题性的咨询与磋商，从

---

① High-Level Panel of Eminent Persons on the Post-2015 Development Agenda，2013. A New Global Partnership：Eradicate Poverty and Transform Economies through Sustainable Development [R]. New York：United Nations.

② 可持续发展行动网络领导委员会，2013. 可持续发展行动议程：报告提交联合国秘书长 [R].

③ A Regional Perspective on the Post-2015United Nations Development Agenda，E/ESCWA/OES/2013/2，New York：United Nations，http：//www.regionalcommissions.org/post2015regionalreport.pdf.

④ UNGC，2013. Corporate Sustainability and the United Nations Post-2015 Development Agenda [R]. New York：UNGC，http：//www.unglobalcompact.org/docs/news_events/9.1_news_archives/2013_06_18/UNGC_Post2015_Report.pdf.

⑤ UNGA. The Post-2015 Development Agenda：Setting the Stage! President of the 68th Session，http：//www.un.org/en/ga/president/68/settingthestage/.

第9次会议开始讨论最终的目标框架，为最终于2014年9月向联合国成员国政府间磋商递交2015年后议程目标（草案）做准备。但在其运作期间，开放工作组实际召开13届会议，比原计划少了两届。政府间可持续发展融资专家委员会于2013年6月建立，计划召开5届会议并与开放工作组一道于2014年9月向联合国大会递交其最终报告。在其运作期间，政府间可持续发展融资专家委员会先后于2013年8月、12月、2014年3月、5月和8月召开五届会议，从2015年后议程的融资需求出发提出了“战略办法”，其中对审查政策做了重点强调。①

第三阶段也持续了一年，是2015年后议程的政府间谈判时期。这一时期唯一重要的工作序列是自2014年9月第69届联合国大会开始各国政府进入政府间谈判，各种输入都将于2014年9月汇总成为一个可递交各国政府的基本谈判文本框架。政府间谈判分为7轮，分别聚焦评估、宣言、可持续发展目标和具体目标、后续行动和审查、成果文件的政府间谈判（两次）。在绝大多数工作序列事实上已结束使命的情况下，依据“里约+20”峰会创设的高级别政治论坛（High Level Political Forum）持续活跃，它于2013年9月第68届联合国大会期间启动并召开了第一次会议，其第二次会议计划于2014年7月召开，第三次会议计划于2015年7月召开。经过全体成员国同意，高级别政治论坛也被确立为2030年议程后续落实与评估的核心平台。

在高级别论坛之外，还有少数工作序列跨时期发挥作用，它们很大程度上具有协调功能。一方面，为了确保不同工作序列的相互协调，联合国创建了一个由4位助理秘书长负责的非正式高级协调组，并建立“单一秘书处”（One Secretariat）以负责具体协调，但每个工作序列仍保持相互独立。② 另一方面，联合国从一开始便设立了一个跨部门技术支持组（Inter-Agency Technical Support Team），负责将第一时期的各种输入与第二阶段的工作相对接，确保从后千年发展目标向可持续发展目标的平稳过渡。

需要专门指出的是，在上述联合国进程之外，于2015年7月在埃塞俄比亚亚的斯亚贝巴召开了第三次发展筹资问题国际会议。这次会议的目标是为2015年后议程的落实提供同样可信的执行手段，其核心任务包括三个方面：追踪和评估在执行《蒙特雷共识》和《多哈宣言》方面取得的进展，进一步加强为可持续发展和普遍的2015年后发展议程执行手段提供资金的框架，振兴和加强发展筹资后续进程，以确保承诺的行动得到落实并得到适当、包容、及时和透明的审查。③ 此次会议所通过的《亚的斯亚贝巴行动议程》（Addis Ababa Action Agenda，AAAA）被认为对2015年后议程的落实有着重要推动作用。④

2. 2030年议程目标体系

2030年议程共计有17项目标（Goals）、169项具体目标（Targets），相应的指标多达244个。⑤ 这些目标寻求巩固发展千年发展目标，完成其未竟事业。它们要让所有人享有人权，实现性别平等，增强所有妇女和女童的权能。它们是整体的，不可分割的，

---

① 联合国，2014. 可持续发展融资政府间专家委员会的报告［R］.

② Post－2015 Process. UN Sustainable Development Knowledge Platform ［R/OL］. http：//sustainabledevelopment. un. org/index. php？ menu＝1561.

③ 联合国，2015. 第三次发展筹资问题国际会议成果文件：亚的斯亚贝巴行动议程［R］.

④ 联合国，2015. 变革我们的世界：2030年可持续发展议程［R］.

⑤ 联合国统计委员会于2017年3月通过最终版的2030年议程指标体系，且该体系于6月初被联合国经社理事会通过。参见联合国统计委员会：《第四十八届会议报告（2017年3月7日至10日）》，联合国文件，E/2017/24－E/CN. 3/2017/35，2017年3月。

并兼顾了可持续发展的三个方面：经济、社会和环境。[①] 正如联合国所声称的，可持续发展目标和具体目标是一个整体，不可分割，是全球性和普遍适用的，兼顾各国的国情、能力和发展水平，并尊重各国的政策和优先事项。具体目标是人们渴望达到的全球性目标，由各国政府根据国际社会的总目标，兼顾本国国情制定。各国政府还将决定如何把这些激励人心的全球目标列入本国的规划工作、政策和战略。必须认识到，可持续发展与目前在经济、社会和环境领域中开展的其他相关工作相互关联。[②]

2030 年议程的 17 项目标又被称作“可持续发展目标”（Sustainable Development Goals，SDGs），从内容上可以分为四组（表 1）：第 1～7 项目标涉及消除贫困、消除饥饿、保障受教育权利、促进性别平等、享有水和环境卫生及能源服务等，主要体现保障人自身发展的基本需求，特别是弱势群体的基本权利；第 8～12 项目标涉及可持续经济增长和就业，可持续工业化和创新，减少不平等，建设可持续城市和人类住区，可持续的消费和生产等，重点在促进可持续的经济增长和社会包容；第 13～15 项目标涉及应对气候变化、保护海洋资源和陆地生态系统，强调环境可持续性；第 16～17 项涉及制度建设、执行手段和伙伴关系，意在通过国际合作加强各项目标的落实。

表 1　2030 年议程目标结构

序号	目　　标	具体目标数量
1	在全世界消除一切形式的贫穷	7
2	消除饥饿，实现粮食安全，改善营养和促进可持续农业	8
3	让不同年龄段的所有的人都过上健康的生活，促进他们的安康	13
4	提供包容和公平的优质教育，让全民终身享有学习机会	10
5	实现性别平等，增强所有妇女和女童的权能	9
6	为所有人提供水和环境卫生并对其进行可持续管理	8
7	每个人都能获得价廉、可靠和可持续的现代化能源	5
8	促进持久、包容性的可持续经济增长，促进充分的生产性就业，促进人人有体面工作	12
9	建造有抵御灾害能力的基础设施，促进包容性的可持续工业化，推动创新	8
10	减少国家内部和国家之间的不平等	10
11	建设包容、安全、有抵御灾害能力的可持续城市和人类住区	10
12	采用可持续的消费和生产模式	11
13	采取紧急行动应对气候变化及其影响	5
14	养护和可持续利用海洋和海洋资源以促进可持续发展	10
15	保护、恢复和促进可持续利用陆地生态系统，可持续地管理森林，防治荒漠化，制止和扭转土地退化，阻止生物多样性的丧失	12
16	创建和平、包容的社会以促进可持续发展，让所有人都能诉诸司法，在各级建立有效、负责和包容的机构	12
17	加强执行手段，恢复可持续发展全球伙伴关系的活力	19
小计		169

资料来源：联合国：《变革我们的世界：2030 年可持续发展议程》，2015 年 9 月 25 日大会决议，联合国文件，A/RES/70/1，2015 年 10 月 21 日。

① 联合国：《变革我们的世界：2030 年可持续发展议程》，2015 年 9 月 25 日大会决议，联合国文件，A/RES/70/1，2015 年 10 月 21 日，第 1 页。

② 联合国：《变革我们的世界：2030 年可持续发展议程》，2015 年 9 月 25 日大会决议，联合国文件，A/RES/70/1，2015 年 10 月 21 日，第 12 页。

如果从2030年议程与千年发展目标的相互关联看，又可将2030年议程目标分为三类：一是继续推进千年发展目标中未完成目标的相关目标，如消除贫困、教育、卫生等。当然，2030年议程对所有未完成的千年发展目标都有所升级，提高了门槛。例如，千年发展目标的减贫目标是“1990年至2015年间，将每日收入低于1.25美元的人口比例减半”（具体目标1.A），2030年议程将其升级为“到2030年，在世界所有人口中消除极端贫穷，目前的衡量标准是每人每日生活费不足1.25美元”（具体目标1.1）；又如，千年发展目标规定“1990年至2015年间，将五岁以下儿童死亡率降低2/3”（具体目标4.A），而2030年议程则期望“到2030年，消除新生儿和5岁以下儿童可预防的死亡率”（具体目标3.2）；再如，千年发展目标要求“1990年至2015年间，产妇死亡率降低3/4”（具体目标5.A），而2030年议程则期待“到2030年，将全球孕产妇死亡率减至每10万例活产死亡少于70人”（具体目标3.1）；等等。

二是新增的大量可持续发展目标。在2030年议程的制定过程中，国际社会面临三方面的冲击，一是国际恐怖主义的泛滥，二是全球金融危机的爆发，三是以气候变化、埃博拉等为代表的全球性问题滋生。这三大挑战要求新的国际发展议程提出新的发展观和国际发展合作观，实现国际发展合作的可持续性。这样，可持续发展问题成为2030年议程的核心关注。为此，2030年议程将包容性发展、气候变化、可持续消费与生产、海洋环境保护、生态系统保护、和平与包容社会等都纳入议程之中。2030年议程对前述未完成的千年发展目标的升级努力，也与可持续性要求是一脉相承的。

三是与执行手段、全球伙伴关系相关的目标。与千年发展目标相比，2030年议程相当宏伟，这就要求有更为全面和深入的执行手段及全球伙伴关系的支持。效仿千年发展目标，2030年议程也将相关手段和伙伴关系单独列出，其中第17项目标名为“加强实施手段、重振可持续发展全球伙伴关系”，下有19个具体目标，全部指向全球伙伴关系建设。在前16项目标中，也列出了共计43项执行手段。换句话说，2030年议程的具体目标中有62项涉及执行手段和全球伙伴关系。

需要指出的是，尽管提出了发展道路、发展合作等的更新理念，但2030年议程仍存在明显不足：第一，尽管千年发展目标的后续落实得到重点强调，但在2030年议程中，相关具体目标的数量事实上很少，即使是涉及千年发展目标的具体目标也被重大地升级为可持续发展目标了。在169项具体目标中，可持续发展目标的数量接近100个，而真正的后千年发展目标不足10个。第二，尽管强调2030年议程不具法律约束力，但对诸如政策一致性、数据革命等的强调表明，备受争议的援助附加条件正通过某种技术合理性掩盖，合法进入了2030年议程。第三，尽管2030年议程强调“普遍性”，但根本上仍是一种南北关系，整个目标框架中“发展中国家”和“欠发达国家”两词共出现100余次，而发达国家不足20次，新兴大国不足10次。上述不足，使得通过升级伙伴关系、促进国际社会共同推动2030年议程落实相当必要。

3.2030年议程与国际减贫合作的新要求

2030年议程的通过为未来一个时期的全球发展与发展合作提供了方向，同时也意味着更高标准和更新要求。具体而言，2030年议程为包括中国—东盟减贫合作在内的国际减贫合作提出的新要求体现为以下四个方面。

第一，诸多质量型目标的设定要求国际减贫合作超越既有的数量型目标思维。传统上，包括减贫合作在内的发展合作更多强调数量型目标，尤为明显地体现在千年发展目标上。例如，千年发展目标中有关“消除极端贫穷与饥饿”下的三个具体目标中有两个是数量型目标，仅具体目标 1. B 是质量型目标，因其强调“充分的生产性就业和适合的工作”（表 2）。相比之下，2030 年议程目标 1（“在全世界消除一切形式的贫穷”）本身就是质量导向型目标，其 7 个具体目标中仅具体目标 1. 1 和 1. 2 是数量性目标，其余 5 个具体目标都是质量型目标（表 3）。由于质量型目标相比数量型目标而言更难实现且更难评估，因此国际减贫合作需要重大地改变传统的聚焦数量的合作思维。

第二，对目标间关联性的强调，要求国际减贫合作完善影响评估。虑及人类发展中经济、社会、环境等要素的复杂互动，2030 年议程相当重视各目标之间的关联性（Nexus）。例如，尽管一般认为贫困的最主要原因是经济增长不充分①，但事实上还有更多因素可能导致贫困，如因病致贫涉及公共卫生与贫困的关联②，而因灾致贫则是环境与贫困的关联③，等等。因此对 2030 年议程而言，削减或消除贫困不能仅聚焦贫困本身——如同千年发展目标那样，应从更广泛的议题或目标间相互关联的角度思考特定政策行为的关联后果或影响。因此，联合国可持续发展目标指标机构间联合专家组（Inter Agency and Expert Group on SDG Indicators，IAEG－SDG，以下简称“指标专家组”）在设定具体目标的指标时，提出了“多用途指标”（Multi-purpose Indicator）概念——即一个指标同时与多个具体目标对应。以与减贫目标（SDG1）的具体目标和指标为例：具体目标 1. 5 的两个衡量指标 1. 5. 1 和 1. 5. 2 均为多用途指标，前者与具体目标 11. 5、13. 1、1. 3、14. 2、15. 3、3. 9、3. 6、3. d 等相联系，后者与具体目标 11. 5、13. 1、2. 4、14. 2、15. 3、3. d 等相联系。又如，其他具体目标的指标，也有多项与目标 1 下的具体目标相互关联（表 4）。正是由于目标相互关联性得到更高重视，对落实 2030 年议程的评估也正逐渐从传统的绩效评估转向影响评估。④

表 2　千年发展目标 1“消除极端贫穷与饥饿”

具体目标	进展监测指标
1. A　1990 年至 2015 年间，将每日收入低于 1 美元的人口比例减半	1. 1 每日收入低于 1. 25 美元（购买力平价）的人口比例 1. 2 贫困差距率 1. 3 最贫困的 1/5 人口的消费占国民总消费的份额
1. B　使包括妇女和青年人在内的所有人都享有充分的生产性就业和适合的工作	1. 4 就业人口人均 GDP 增长率 1. 5 人口就业率 1. 6 依靠每日低于 1. 25 美元（购买力平价）维生的就业人口比例 1. 7 全部就业人口中自营就业和家庭雇员所占比例
1. C　1990 年至 2015 年间，将挨饿人口的比例减半	1. 8 5 岁以下儿童中体重不达标的比例 1. 9 低于最低食物能量摄取标准的人口比例

资料来源：《千年发展目标指标官方一览表》，联合国千年发展目标指标官方网站，https：//mdgs. un. org/unsd/mdg/Host. aspx？Content = Indicators/OfficialList. htm。

---

① Akram Esanov，2006. The Growth-Poverty Nexus：Evidence from Kazakhstan［J］. ADB Institute Discussion Paper，51：1 – 18.

② Kaiser Bengali，2012. Health-Poverty Nexus：Preventing Families from Falling into the Poverty Hole［J］. PIMA Biennial Convention 2012：54 – 59，http：//pima. org. pk/articles/kaiser. pdf.

③ Juha I. Uitto，2016. The Environment-Poverty Nexus in Evaluation：Implications for the Sustainable Development Goals［J］. Global Policy，7（3）：441 – 447.

④ Simon Hearn and Anne L. Buffardi，2016. What is Impact？［R/OL］. Methods Lab，ODI.

Greet Peersman，Patricia Rogers，Irene Guijt，Simon Hearn，Tiina Pasanen，Anne L. Buffardi，2016. When and How to Develop an Impact-Oriented Monitoring and Evaluation System［R/OL］. Methods Lab，ODI.

表 3　2030 年议程目标 1 “在全世界消除一切形式的贫穷”

具体目标	进展监测指标
1.1 到 2030 年，在全球所有人口中消除极端贫困，极端贫困目前的衡量标准是每人每日生活费不足 1.25 美元	1.1.1 低于国际贫穷线人口的比例，按性别、年龄、就业状况、地理位置（城市/农村）分列
1.2 到 2030 年，按各国标准界定的陷入各种形式贫困的各年龄段男女和儿童至少减半	1.2.1 国家贫穷线以下人口的比例，按性别和年龄组分列 1.2.2 各国按其标准界定的陷入各种形式贫穷的不同年龄段男女和儿童所占比例
1.3 执行适合本国国情的全民社会保障制度和措施，包括最低标准，到 2030 年在较大程度上覆盖穷人和弱势群体	1.3.1 社会保护最低标准/系统覆盖的人口比例，按性别分列并区分儿童、失业者、老年人、残疾人、孕妇、新生儿、工伤受害者、穷人和弱势者
1.4 到 2030 年，确保所有男女，特别是穷人和弱势群体，享有平等获取经济资源的权利，享有基本服务，获得对土地和其他形式财产的所有权和控制权，继承遗产，获取自然资源、适当的新技术和包括小额信贷在内的金融服务	1.4.1 其家庭可获得基本服务的人口比例 1.4.2 拥有可靠的土地保有权，以及法律承认文件，而且认为其拥有土地权利有保障，按性别和保有类型分列的总成年人口比例
1.5 到 2030 年，增强穷人和弱势群体的抵御灾害能力，降低其遭受极端天气事件和其他经济、社会、环境冲击和灾害的概率和易受影响程度	1.5.1 每 10 万人当中因灾害死亡、失踪和直接受影响的人数 1.5.2 灾害造成的直接经济损失与全球国内生产总值相比 1.5.3 依照《2015—2030 年仙台减少灾害风险框架》通过和执行国家减少灾害风险战略的国家数目 1.5.4 依照国家减少灾害风险战略通过和执行地方减少灾害风险战略的地方政府比例
1.a 确保从各种来源，包括通过加强发展合作充分调集资源，为发展中国家、特别是最不发达国家提供充足、可预见的手段以执行相关计划和政策，消除一切形式的贫困	1.a.1 由政府直接向减贫方案分配的国内产生的资源比例 1.a.2 用于基本服务（教育、保健和社会保护）的开支在政府总开支中的比例 1.a.3 直接分配给减贫方案的拨款总额和不产生债务的流入款额之和与国内生产总额相比的比例
1.b 根据惠及贫困人口和顾及性别平等问题的发展战略，在国家、区域和国际层面制定合理的政策框架，支持加快对消贫行动的投资	1.b.1 政府经常性支出和资本中用于特别有益于女性、贫困者和弱势人群领域的比例

资料来源：联合国统计委员会：《第四十八届会议报告（2017 年 3 月 7 日至 10 日）》，联合国文件，E/2017/24 - E/CN.3/2017/35，2017 年 3 月，第 8 - 9 页。

表 4　2030 年议程中涉及消除贫困的多用途指标

指　标	关联性具体目标
1.5.1 每 10 万人当中因灾害死亡、失踪和直接受影响的人数	11.5、13.1、1.3、14.2、15.3、3.9、3.6、3.d
1.5.2 灾害造成的直接经济损失与全球国内生产总值相比	11.5、13.1、2.4、14.2、15.3、3.d
8.10.1（a）每 10 万成年人可使用的商业银行分支机构数目和（b）每 10 万成年人可使用的自动取款机数目	1.4
11.5.1 每 10 万人当中因灾害死亡、失踪和直接受影响的人数	1.5、1.3
11.5.2 灾害造成的直接经济损失（与全球国内生产总值相比）、重要基础设施的损坏和基本服务的中断次数	1.5
11.b.1 依照《2015—2030 年仙台减少灾害风险框架》通过和执行国家减少灾害风险战略的国家数目	1.5

（续）

指 标	关联性具体目标
13.1.1 每 10 万人当中因灾害死亡、失踪和直接受影响的人数	1.5
13.1.2 依照《2015—2030 年仙台减少灾害风险框架》通过和执行国家减少灾害风险战略的国家数目	1.5、1.3

资料来源：联合国统计委员会：《第四十八届会议报告（2017 年 3 月 7 日至 10 日）》，联合国文件，E/2017/24 - E/CN.3/2017/35，2017 年 3 月。

第三，2030 年议程落实所需资金远远超出千年发展目标，要求国际减贫合作建立更加合理、高效的全球伙伴关系。相比千年发展目标，2030 年议程更加普遍、更加宏大，因此所需资金也更多；人们形象地用“从百万美元到亿万（美元）（from Billions to Trillions）”来形容 2030 年议程相比千年发展目标的资金需求增长。① 例如，根据亚洲开发银行（ADB）的报告，到 2030 年，亚洲新兴经济体需要投资多达 26 万亿美元用于建设电力、交通、通信、公共卫生等设施，平均每年投入 1.7 万亿美元，以确保 2030 年议程减贫目标的实现。② 巨额资金缺口要求各利益攸关方发展合理、高效的伙伴关系。对各国政府而言，如何动员国内资源，如何更好地发挥官方发展援助的效用，如何综合使用包括官方发展援助在内的官方可持续发展支助总量（Total Official Support for Sustainable Development，TOSSD）等，都是未来值得关注的问题。但仅有官方公共资源仍是不够的，因此具体目标 17.17 要求“借鉴伙伴关系的经验和筹资战略，鼓励和推动建立有效的公共、公私和民间社会伙伴关系”。但需要指出的是，衡量这一具体目标的指标 17.17.1 却没有将公共伙伴关系考虑在内，只考察“为建立公私伙伴关系和民间社会伙伴关系承付的美元数额”。就此而言，面对 2030 年议程下的国际减贫合作资金要求，全球伙伴关系的构建仍充满某种不确定性。

最后，2030 年议程所强化的指标化治理方法，对国际减贫合作提出更高的数据要求，对中国、东盟的统计能力提出更高期待。2030 年议程的通过和落实，标志着自 20 世纪 90 年代起逐渐兴起的指标化治理方法的全面强化。所谓指标化治理，即基于结果管理而来的主要通过设定行动目标、具体目标和衡量指标来推动政策目标实现的治理方法。指标化治理是相对规范化治理而言的，前者更强调政策目标及其追踪，而后者则强调行为模式设定，其政策目标往往较为宽泛和模糊。由于指标化治理相当强调目标明晰和可跟踪、可验证，因此对辅助政策决策、跟踪的数据提出了相当高的要求——这也体现出对千年发展目标多项目标未能如期实现的反思。其具体体现便是所谓“数据革命”的提出。2013 年 5 月，高级别小组在其提交联合国秘书长的报告中首次提出“数据革命”，作为推动实现 2015 年后议程的重要支持手段。此后，数据革命迅速得到普遍接受，最终体现为目标 17 下的具体目标 17.18 和 17.19。这意味着包括中国、东盟在内的国际减贫合作需要重大地提升自身的统计能力，进而满足数据革命的要求，推动 2030 年议程的落实。

（二）东盟实现 2030 年议程贫困目标的机遇与挑战

东盟目前是全球第六大经济体，预期

① Gavin E. R. Wilson，2015. Billions to Trillions：Financing the Global Goals［J/OL］. Voices，The World Bank，http：//blogs. worldbank. org/voices/billions-to-trillions-financing-the-global-goals.

② Asian Development Bank，2017. Meeting Asia's Infrastructure Needs［R］. Manila，ADB，p. xi.

到2030年可能成为全球第四大经济体。同时，东盟也拥有约6.5亿人口，是全球第三大劳动力集中地区。尽管经济增长稳定，但东盟仍有25.2%的人口生活在贫困线以下，这意味着东盟国家实现2030年议程消除贫困的目标仍有很长的路要走。当然，东盟整体及各成员国均高度重视贫困问题，并努力将自身的减贫战略与东盟2025年愿景、联合国2030年议程等有效对接，这也为其贫困问题的应对创造了良好的战略环境。

1. 千年发展目标落实与东盟贫困现状

自2000年以来，除文莱以外的其余9个东盟成员国年均经济增长率都在4%以上。同时，东盟各成员国的发展水平也有明显提升，最不发达国家正摆脱低级农业化迈向工业化，而更发达一些的成员国的经济多元化、服务型经济等均取得重要进展。更重要的是，自1997—1998年亚洲金融危机以来，东盟成员国面对经济和金融危机的复原力明显提升，特别明显地体现在应对2008年全球金融危机方面。例如，从就业人口比例来看，由于2008年全球金融危机的冲击，全球就业率从1991年的64%下降到2015年的60%；2015年全球失业人口高达2.04亿人，比1991年高5300万人，比2008年全球金融危机前高3400万人。尽管如此，东盟整体的就业率总体保持稳定——尽管期间略有波动。以生活在极端贫困状态下的就业人口比重衡量，东盟国家的表现明显强于全球平均水平，从1991年的50%下降到2015年的7%。①

贫困是东盟及其成员国长期面临的一项重要挑战。东盟是一个充满多样化的地区，其10个成员国中有2个高收入国家，2个中高收入国家，4个中低收入国家，2个低收入国家；柬埔寨的人均国民生产总值（GDP）仅相当于新加坡的1/5。在东盟绝大多数成员国，农村人口所占比重都相当高。为推动地区减贫努力和减贫合作，东盟将自身宗旨与联合国千年发展目标实现有效对接。在2009年3月泰国举行的第14次东盟峰会上，东盟各国领导人在《东盟实现联合国千年发展目标联合宣言》（Joint Declaration on the Attainment of the MDGs in ASEAN）中，呼吁制定东盟实现千年发展目标的路线图。该路线图是东盟成员国实现千年发展目标的集体行动框架，聚焦五个关键领域，即倡导与联系，知识，资源，专家与地区合作，地区公共产品。② 2011年，东盟又通过《东盟实现千年发展目标路线图》（ASEAN Roadmap for the Attainment of the Millennium Development Goals），以促进贫困削减和包容与可持续的发展目标。③ 此外，地区一体化特别是贸易一体化也是东盟促进地区减贫的重要方法。自东盟于1992年开始东盟自贸区创建努力以来，96%的贸易和关税壁垒已被消除，70%的非关税壁垒也已被消除，而协调标准与法规的目标有80%已经实现。贸易增长推动了地区人均GDP的增长，其中以越南、缅甸、柬埔寨和老挝增长最快。④

千年发展目标为全球减贫努力作出了重要贡献。1990年，发展中国家有近一半人口生活在1.25美元/天以下的极端贫困状态之中；到2015年，这一比例下降到14%。

① United Nations, 2015. The Millennium Development Goals Report 2015 [M]. New York: United Nations: 17-18.

② ASEAN, 2009. Joint Declaration on the Attainment of the Millennium Development Goals in ASEAN [R]. Jakarta: The ASEAN Secretariat.

③ ASEAN, 2011. ASEAN Roadmap for the Attainment of the Millennium Development Goals [R]. Jakarta: The ASEAN Secretariat.

④ NTS-Asia, 2017. Way Forward for Trade Integration in Addressing Poverty in ASEAN [EB/OL]. http://rsis-ntsa-sia.org/way-forward-for-trade-integration-in-addressing-poverty-in-asean/.

就绝对数量而言，生活在极端贫困中的全球人数从1990年的19亿人下降到2015年的8.36亿人，超过一半以上，其中绝大多数进展是在2000年千年发展目标启动后取得的；有工作的中产阶级（即4美元/天以上）的人口1991—2015年翻了三番，从1991年时的18%增长到2015年时的约50%；发展中国家的营养不良人口也大幅下降，从1990—1992年的23.3%下降到2014—2016年的12.9%。[①]

在千年发展目标落实期间，东盟所取得的减贫成绩远高于全球平均水平，仅次于中国。1990—2015年，东盟国家生活在1.25美元/天以下的人口从46%下降到12%。相比之下，中国则从61%下降到4%。[②] 总体而言，东盟在冷战结束后不到20年的时间里，逐渐从一个极端贫困地区提升为一个中度贫困地区。20世纪90年代初，东盟地区以1美元/天以下收入衡量的极端贫困发生率接近50%，以2美元/天以下收入衡量的中度贫困发生率达到66%。除新加坡、马来西亚和文莱外，其余东盟成员国的贫困都是长期性问题，影响到绝大多数人口。过去几十年里，贫困人口的数量和比重都大幅且持续下降。到2015年，极端贫困发生率已经降到12%，中度贫困发生率则降到33%左右。东盟成员国也设法维持了较长时间的发展动力，20世纪90年代的强劲增长态势在21世纪以来总体上得以延续。结果是，东盟的贫困发生率在2015年时约为南亚地区的一半，撒哈拉以南非洲的1/4。[③]

东盟地区的减贫进展主要体现在几个人口大国中。例如，在越南和泰国，极端贫困事实上已经消除。目前泰国有10.5%的人口生活在国家贫困线以下，以购买力平价计算，生活在1.9美元/天以下的就业人口占0.1%，每1000名新生儿中有11名在一周岁前死亡；越南有7.0%的人口生活在国家贫困线以下，以购买力平价计算，生活在1.9美元/天以下的就业人口占4.5%，每1000名新生儿中有17名在一周岁前死亡。[④] 换句话说，仅越南和印度尼西亚就使极端贫困人口数量减少了约1亿人。但在人口相对较少的东盟成员国，减贫进展可能没那么明显，特别是就脱贫人口数量而言。1990年时，柬埔寨有约50%的人生活在极端贫困状态下，2011年时这一比重已经下降到11%。令人鼓舞的是，以2美元/天衡量的中度贫困发生率也在持续下降，经济增长不仅使人民收入超过最低水平，也帮助大量人口完全摆脱贫困[⑤]。

尽管取得不俗成绩，但东盟减贫仍面临着严峻的挑战。首先，东盟成员国间的减贫进展并不一致。尽管从全球视角看仍是成功的，但从东盟视角看，老挝和菲律宾的减贫成效并不突出，其极端贫困发生率下降还不到一半；换句话说，老挝和菲律宾并没有实现千年发展目标的减贫目标。在老挝，仍有23.3%的人口生活在国家贫困线以下，以购买力平价计算，生活在1.9美元/天以下的就业人口占59.4%，而每1000名新生儿中就有51名在一周岁前死亡。菲律宾的情况与老挝较为相似，有21.6%的人口生活在国家贫困线以下，以购买力平价计算，生活在1.9美元/天以下的就业人口占10.8%，每1000名新生儿中有22名在一周岁前死亡[⑥]。缅甸甚至缺乏可进行国际比较的数据，但通过对国家贫困线的估算，在2001

① United Nations，2015. The Millennium Development Goals Report 2015 [M]. New York：United Nations：4.

② United Nations，2015. The Millennium Development Goals Report 2015 [M]. New York：United Nations：14.

③⑤ ASEAN，2015. Report of the ASEAN Regional Assessment of MDG Achievement and Post－2015 Development Priorities [R]. Jakarta：The ASEAN Secretariat：18.

④⑥ Asian Development Bank，2017. Basic 2017 Statistics [R]. ADB Economic Research and Regional Cooperation Department.

年到2010年间情况并没有太大变化。目前，缅甸有25.6%的人口生活在国家贫困线以下，每1000名新生儿中有40名在一周岁前死亡①。

其次，就绝对数量看，东盟地区仍有相当多的贫困人口。仅老挝、印度尼西亚、菲律宾和柬埔寨就有1.6亿人仍生活在2美元/天水平之下。现如今，柬埔寨仍有14%的人口生活在国家贫困线以下，以购买力平价计算，生活在1.9美元/天以下的就业人口占33.6%，每1000名新生儿中有25名在一周岁前死亡；印度尼西亚有10.9%的人口生活在国家贫困线以下，以购买力平价计算，生活在1.9美元/天以下的就业人口占10.4%，每1000名新生儿中有23名在一周岁前死亡。

再次，在东盟成员国内部，不同地区的减贫成果也存在重大差异，表明在国家层面上的发展极不均衡。需要指出的是，东盟国家的城市和农村贫困发生率差异较大。除印度尼西亚之外，所有东盟成员国的农村贫困发生率都为城市贫困发生率的2倍以上。在越南，尽管减贫成效显著，但少数民族和主要民族京族的贫困发生率的差距却在增加。

最后，贫困与饥饿互成因果：食物不足或不对，是儿童发育不良、成人生产能力不足、妇女生育能力下降等的重要原因。尽管遭受饥饿威胁的人口比重明显下降，但营养不良的改善情况却明显不如减贫。仅马来西亚、越南和泰国成功实现了千年发展目标1.3所设定的体重不达标儿童比重减半的目标。削减受饥饿人口目标的进展明显不如减贫目标的进展，这是一个全球性现象，与政策、社会习俗等密切相关。②

2. 东盟落实2030年议程减贫目标的努力

东盟及多个成员国事实上早在2030年议程正式通过前便已经开始思考如何实现自身国家发展战略与后者的有效对接，并推动自身未完成的千年发展目标特别是贫困削减目标继续落实。

东盟一直高度关注2030年议程的制定进程并积极参与其中；更为重要的是，自开始思考2015年东盟共同体建成后的发展愿景起，东盟就试图对照新的全球发展议程，制定自身的东盟发展目标（ASEAN Development Goals，ADGs）。2014年年底，《东盟共同体2015年后愿景内比都宣言》（Nay Pyi Daw Declaration on the ASEAN Community's Post－2015 Vision）正式通过，提出了东盟共同体建成后的东盟发展愿景。但东盟发展目标的制定并未产生预期成果。一方面，《东盟共同体2015年后愿景内比都宣言》中缺乏对东盟发展目标的明确界定，事实上仅有两个目标相对明确：一是到2030年实现东盟GDP翻番，即从2014年的2.2万亿美元增长到4.4万亿美元；二是东盟实现贫困减半的目标，即从2014年的18.6%降到9.3%。③另一方面，各成员国对于东盟2015年后愿景目标有着不同的观点，因为每个国家的具体情况差异明显。例如，泰国认为，地区发展议程应当“具体、可衡量且可落实，能对基层民众的需要与渴望作出响应”，并包括“削除贫困与不平等，缓解灾害风险和预防，更好地获得优质医疗和全

① Asian Development Bank，2017. Basic 2017 Statistics ［R］. ADB Economic Research and Regional Cooperation Department.

② ASEAN，2015. Report of the ASEAN Regional Assessment of MDG Achievement and Post－2015 Development Priorities ［R］. Jakarta：The ASEAN Secretariat：18－20.

③ ASEAN，2014. Nay Pyi Taw Declaration on the ASEAN Community's Post－2015 Vision ［R/OL］. Nay Pyi Taw，http：//www.asean.org/storage/images/pdf/2014_ upload/Nay%20Pyi%20Taw%20Declaration%20on%20the%20ASEAN%20Communitys%20Post%202015%20Vision%20w.annex.pdf.

民医疗保障”①。

正是由于东盟发展目标制定的困难，东盟最终尝试将2030年议程整合到其2025年发展规划中，即2015年通过的《东盟2025：携手前行》（ASEAN 2025：Forging Ahead Together）。这是一项对东盟经济共同体、政治共同体和社会文化共同体到2025年的发展目标加以规定的战略性文件，其中涉及减贫的总体目标包括：建立一个复原力强、包容、以人为本的共同体，确保平等发展和包容性增长；建立一个支持减贫的具有更多经济机会的共同体。②

更为具体地，东盟经济共同体和社会文化共同体的战略目标中均涉及减贫。例如，东盟经济共同体的第二项目标中就明确规定，要推动更加平等与包容的经济增长，缩小发展差距，如不能消灭贫困则至少要大幅削减贫困，维持人均GDP高速增长，维持中产阶级增长。③ 又如，东盟社会文化共同体战略认为，2015年通过的2030年议程将延续千年发展目标的努力，并重点应对如贫困、不平等、极端暴力、自然资源退化、气候变化等实现可持续发展的挑战。因此，东盟社会文化共同体要与东盟经济共同体的包容性增长议程形成互补，实现机会平等、消除贫困、体面就业、医疗保健等目标。东盟共同体建设还要与东盟成员国的努力相配合，支持成员国的减贫努力，推广多维度贫困指数应用，为失业、贫困和其他边缘化团体创造平等获得资源和机会的环境；促进国家层次的包容性增长，确保穷人和脆弱群体同等获得经济及其他机会。④

与作为整体的东盟通过将自身发展愿景与2030年议程相结合相似，东盟成员国也在自身发展战略中强调与2030年议程相似的战略目标，并将减贫置于优先地位。

3. 东盟落实2030年议程的主要挑战

尽管东盟及多个成员国已经对2030年议程作出积极响应，并在其地区发展愿景和国别发展战略中设定了雄心勃勃的减贫目标，但以总体福利指标（General Welfare Index）、治理与情感分布指标（Governance and Emotional Landscape Index）和社会气候指标（Social Climate Index）等组成的多维贫困指数衡量，东盟地区实现2030年议程减贫目标仍有很长的路要走。⑤ 例如，老挝、缅甸、菲律宾仍有超过20%的人口生活在国家贫困线以下。这要求东盟及成员国采取更多、更为协调的行动。具体而言，东盟落实2030年议程的主要挑战来自以下方面：

首先，东盟及成员国必须进一步提高自身的经济发展水平，确保2030年议程减贫目标落实有切实的经济和社会基础。具体而言，东盟需要重点关注以下问题：使经济发展更具包容性；管理和增加城市发展的受益范围；提供更为优质、更加体面的工作；提高现代经济技能；满足持续的和新出现的卫生需求；对气候变化和自然灾害作出有力响应；建立有较强复原力的社会保障体系；改善社会治理表现。⑥

---

① Thailand and Its ASEAN Partners Working Toward The ASEAN Community's Post -2015 Vision [R]. Royal Thai Embassy Singapore, 2014, http://www.thaiembassy.sg/press_media/news-highlights/thailand-and-its-asean-partners-working-toward-the-asean-communitys-post.

② ASEAN, 2015. ASEAN 2025: Forging Ahead Together [R]. Jakarta: The ASEAN Secretariat: 15.

③ ASEAN, 2015. ASEAN 2025: Forging Ahead Together [R]. Jakarta: The ASEAN Secretariat: 60.

④ ASEAN, 2015. ASEAN 2025: Forging Ahead Together [R]. Jakarta: The ASEAN Secretariat: 104 -108.

⑤ Jayvee Faust B. Anga, Jonah Marie S. Enerlas, Kristine June D. Uy, Marjurie Lourince E. Zanoria, 2015. Multidimensional Poverty Indicators in light of ASEAN Integration [J]. Recoletos Multidisciplinary Research Journal, 3 (1).

⑥ ASEAN, 2015. Report of the ASEAN Regional Assessment of MDG Achievement and Post -2015 Development Priorities [R]. Jakarta: The ASEAN Secretariat: 32 -47.

其次，东盟及成员国需加快与2030年议程的正式对接，出台落实2030年议程的国别方案。尽管已有原则性的东盟发展目标和东盟2025年愿景，但东盟整体的2030年议程对接方案尚未形成，更别说相应的落实机制建设。具体就减贫而言，2015年12月召开的第9届东盟农村发展与减贫部长会议（ASEAN Ministers Meeting on Rural Development and Poverty Eradication，AMRDPE）也仅通过原则性的《东盟农村发展与减贫框架行动方案2016—2020》（ASEAN Framework Action Plan on Rural Development and Poverty Eradication 2016—2020），具体内容仍有待于2017年举行的第十届东盟农村发展与减贫部长会议予以明确。[①] 相似地，东盟成员国目前均未出台完整的2030年议程国别落实方案，减贫与2030年议程的对接有待进一步强化。

再次，东盟落实2030年议程的地区内协调机制有待建立。在千年发展目标落实期间，作为整体，东盟反应总体迟缓：直到2009年才出台第一份文件以讨论东盟地区的千年发展目标落实，第二份也是最后一份相关文件于2011年出台；对整个东盟地区的千年发展目标落实情况加以评估的文件数量也相对较少。可以认为，在千年发展目标落实的15年间，东盟本身并未建立相关的内部协调机制，这也正是各成员国千年发展目标落实差异明显的原因之一。就2030年议程的落实而言，东盟内部协调机制的建立和发展，不仅可促进东盟各国减贫目标的实现，也有利于东盟共同体的长期发展。

然后，东盟及成员国的数据统计能力有待进一步提升。就千年发展目标的落实而言，包括东盟在内的整个国际社会都面临决策所需数据不足的挑战。因此，数据革命也就成为2030年议程落实的重要前提。随着2030年议程全球性指标的完成，东盟及成员国也需要发展自身与全球性指标相对应的地区性指标和国别性指标。为提高数据的国际可比性，为国际合作提供更为可靠的依据，东盟及其成员国应当在数据统计方面加强合作，特别是可考虑采用统一的方法推进东盟所有成员国的国内社会经济统计。[②]

最后，东盟落实2030年议程特别是减贫目标的伙伴关系有待强化。尽管东盟相比非洲等其他发展中地区有着更强的财政能力推动2030年议程的落实，但国际公共、公私伙伴关系仍不可或缺。东盟强调，为使东盟共同体成为地区、全球事务特别是2030年议程落实的积极伙伴，必须建立“东盟2015年可持续发展的公共、私营与人民伙伴关系”［Public，Private，People Partnership（4Ps）for the Post－2015Sustainable Development in ASEAN］。尽管越南、菲律宾、泰国等均已发展出落实2030年议程的伙伴关系，但仍有必要进一步强化南南合作、三角合作及其他伙伴关系。

（三）2030年议程视野下的中国—东盟减贫合作

自20世纪80年代中期以来，中国政府开始有组织、有计划、大规模地开展农村扶贫开发，先后制定实施《国家八七扶贫攻坚计划（1994—2000年）》《中国农村扶贫开发纲要（2001—2010年）》《中国农村扶贫开发纲要（2011—2020年）》等减贫规划，使扶贫减贫成为全社会的共识和行动。正是在此背景下，中国的减贫事业在过去

① Joint Statement The Ninth ASEAN Ministers Meeting on Rural Development and Poverty Eradication（9th AMRDPE），October 17，2015，Vientiane，Lao PDR.

② Sudarno Sumrto and Sarah Moselle，2015. Addressing Poverty and Vulnerability in ASEAN：An Analysis of Measures and Implications Going Forward［R/OL］. ERIA Discussion Paper，No. 2015－63：1，http：//www. eria. org/ERIA－DP－2015－63. pdf.

30 年中取得了重要进展，为千年发展目标的实现作出了重要贡献，同时也促进提升了中国参与国际减贫合作的力度，特别是推动了中国与东盟的减贫合作。需要指出的是，中国与东盟的减贫合作仍有重要的提升空间，特别是在 2030 年议程全面落实的背景下。

1. 中国扶贫成就与经验

中国是世界上最大的发展中国家。改革开放以来，中国的扶贫工作取得了举世瞩目的成就，在近 30 年时间里，中国有 6.6 亿人摆脱了贫困，并成功走出了一条以经济发展为带动力量、以增强扶贫对象自我发展能力为根本途径，以政府主导、社会帮扶与农民主体作用相结合，普惠性政策与特惠性政策相配套，扶贫开发与社会保障相衔接的中国特色扶贫开发道路。世界银行中国局局长郝福满指出，世界银行使用按照 2011 年购买力平价（PPP）计算每天 1.9 美元的国际贫困线对全球贫困所做的最新估算显示，中国低于这一国际贫困线的人口比例从 1988 年的 88% 下降到 2012 年的 6.5%。在过去 30 年里，中国的贫困人口减少了 7.9 亿人，占整个发展中国家减贫人数的 70% 以上。①

需要指出的是，中国的减贫成就为千年发展目标在全球层次上的实现作出了重要贡献。中国在千年发展目标 1（消除极端贫困和饥饿）的 3 个具体目标上均取得了重要成就：

具体目标 1. A“1990 年到 2015 年，将日收入不足 1.25 美元的人口比例减半”提前实现，中国贫困人口从 1990 年的 6.89 亿人下降到 2011 年的 2.5 亿人，减少了 4.39 亿人，为全球减贫事业做出了巨大贡献；联合国开发计划署（UNDP）驻华代表处国别主任文霭洁认为，中国为全球减贫事业贡献率达到了 76%。②

具体目标 1. B“让包括妇女和年轻人在内的所有人实现充分的生产性就业和体面工作”基本实现，2014 年中国就业人员总数达 7.73 亿人，城镇就业人员总数 3.93 亿人，2003—2014 年全国城镇新增就业累计达 1.37 亿人，此前近十年的城镇登记失业率保持在 4.3% 以下。

具体目标 1. C“1990 年到 2015 年，将饥饿人口的比例减半”提前实现，中国营养不良人口占总人口比例由 1990—1992 年的 23.9% 下降至 2012—2014 年的 10.6%。中国 5 岁以下儿童低体重率由 1990 年的 19.1% 下降至 2010 年的 3.6%，5 岁以下儿童生长迟缓率由 1990 年的 33.4% 下降至 2010 年的 9.9%，下降幅度分别为 81.2% 和 70.4%。③

中国取得如此重大的减贫成就，既源于自身对减贫工作的高度重视，也源于将自身减贫努力与国际减贫合作的有机结合。具体而言，中国减贫取得成功的主要经验包括以下四个方面：

第一，高度重视扶贫减贫工作，将其纳入国家经济社会发展总体规划，并不断提高工作标准。在前述农村扶贫开发战略文件的指导下，中国政府不断细化深化扶贫工作，完善国家扶贫战略和政策体系。例如，2011 年，中国将农民年人均纯收入 2300 元（2010 年不变价）作为新的国家脱贫标准，比 2009 年提高了 92%。标准调整后，中国的贫困人口数量由 2010 年的 2688 万人扩大至 1.28 亿人。又如，自党的十八大以来，以习近平同志为核心的党中央把脱贫攻坚作

① 世行中国局局长郝福满评价中国减贫进程［EB/OL］. 中国发展门户网，2017－5－26，http：//cn. chinagate. cn/news/node_ 7230789. htm.

② 联合国开发计划署：中国对全球减贫贡献率达 76%［EB/OL］. 中国发展门户网，2017－5－26，http：//cn. chinagate. cn/news/node_ 7230943. htm.

③ 中华人民共和国外交部，联合国驻华系统. 中国实施千年发展目标报告（2000—2015 年）［R］. 北京，2015：11.

为全面建成小康社会的重要任务，明确提出到2020年中国现行标准下农村贫困人口实现脱贫，贫困县全部摘帽，解决区域性整体贫困的目标任务。自2014年起，中国政府开始实施精准扶贫，包括扶持对象精准、项目安排精准、资金使用精准、措施到户精准、因村派人精准和脱贫成效精准等六个要素。精准扶贫将中国的脱贫攻坚推向前所未有的高度。2013—2016年，中国农村共有5500多万人口脱贫，连续四年实现了每年减少1000万以上贫困人口的减贫任务。①

第二，健全扶贫减贫工作的组织实施机制，建立社会保障（托底）、消极减贫（扶贫）与积极增长（开发）"三位一体"，形成减贫扶贫的良性循环。社会保障是确保贫困人口不致陷入更为贫困的局面或避免脱贫人口因病、因灾等返贫的重要手段，是一种托底性政策。2013—2016年，中央财政累计安排财政专项扶贫资金1961亿元，年均增长19.22%，其中2016年为667亿元，增幅超43%；省级为493亿元，同比增长56%。金融部门累计发放扶贫小额贷款2833亿元，其中2016年新增1706亿元，累计发放扶贫再贷款1127亿元。②在确保托底政策的前提下，中国还将扶贫与增长有机结合起来，即中国所说的"扶贫开发"或"开发性扶贫"。传统意义上，减贫旨在削减贫困发生率，属于一种消极增长政策。只有在将消极增长即减贫与积极增长即开发相结合时，扶贫减贫的成效才会更加明显和可持续。在2000—2014年，中国政府的"以工代赈"（即政府投资建设农村基础设施、扶持对象参加建设并获取劳务报酬）政策累计投入专项资金840亿元，为参与工程建设的贫困群众发放劳务报酬100多亿元；异地扶贫搬迁工程在自愿的前提下，累计搬迁贫困人口588万人，中央补助投资308亿元。③ 托底、扶贫、开发的"三位一体"架构，是中国减贫事业取得成功的重要保障。

第三，不断完善市场机制的包容性，努力使经济增长惠及更多贫困人口。通过专项扶贫资金、财政转移支付、部门项目建设、社会各界捐助、引进利用外资等途径，不断加大对贫困地区的资金投入。不断探索参与式整村推进、小额信贷、贫困村互助资金等多种扶贫模式。尊重贫困地区广大干部群众在农村扶贫开发中的主体地位，广泛调动他们的主动性、积极性、创造性。广大干部群众自强不息，不等不靠，苦干实干，积极参与决策、投工投劳，依靠自身力量改变贫困落后面貌。④ 通过改革贫困县考核机制、实施精准扶贫机制、建立干部驻村机制、完善扶贫资金管理机制、创新金融扶贫等，确保扶贫机制改革红利不断释放，扶贫资源配置和利用效率稳步提升。2014年，中国对每个贫困村、贫困户开展贫困识别，建档立卡，基本实现了对贫困村的全覆盖。

第四，坚持专项扶贫和行业扶贫、社会扶贫相结合，建立扶贫减贫的新型伙伴关系。中国政府把收入在扶贫标准以下的人口作为扶贫对象，把贫困人口集中的中西部革命老区、少数民族地区、边疆地区和特困地区作为扶贫开发的重点区域，并在这些地区确定国家扶贫开发工作重点县给予重点扶持。行业扶贫聚焦贫困问题的历史、经济、地理等根源，从贫困地区实际情况出发，坚持综合治理原则，发挥政府各相关部门优势，积极推广农业技术、改善贫困地区交通

---

①② 陈志刚：十八大以来中国年均减贫人口超千万 形成大扶贫格局［EB/OL］. 新闻资讯，2017-5-26，http：//news. uc. cn/a_ 17285870424202782325/.

③ 中华人民共和国外交部，联合国驻华系统. 中国实施千年发展目标报告（2000—2015年）［R］. 北京，2015：12.

④ 中华人民共和国国务院新闻办公室，2011. 中国农村扶贫开发的新进展［EB/OL］. http：//www. scio. gov. cn/zxbd/tt/Document/1048386/1048386. htm.

条件、加强贫困地区水利建设、解决无电人口用电问题、开展科技扶贫、加强贫困地区生态建设等行业扶贫措施。社会扶贫旨在发挥中华民族扶贫济困的优良传统，组织和动员社会力量积极参与扶贫开发，共同推进减贫事业发展。① 例如，中国政府完善了东西部扶贫协作关系，东部 9 省市对口帮扶西部 12 个省份，实现对 30 个民族自治州全覆盖，启动实施东部地区 267 个经济强县和西部地区 406 个贫困县“携手奔小康”行动。加强定点扶贫，中央层面共有 320 个单位定点帮扶 592 个贫困县，军队和武警部队结对帮扶 2000 多个贫困村。实施“万企帮万村”活动，2.65 万家民营企业精准帮扶了 2.46 万个村、389 万名建档立卡贫困人口。如中国最大的民营企业之一恒大集团帮扶了中国贵州省的一个贫困县，不仅投入了 30 亿元人民币的帮扶资金，更重要的是在理念、人才、技术、市场、信息等多方面进行了扶持。②

2. 中国—东盟减贫合作现状

中国的减贫事业曾得到国际社会的大力支持。进入 21 世纪以来，特别是 2004 年中国国际扶贫中心成立以来，中国日益积极地参与国际减贫合作。从 2007 年开始，中国政府和联合国驻华系统在每年 10 月 17 日“国际消除贫困日”联合举办“减贫与发展高层论坛”，积极开展国际、区域及双边减贫交流与合作。中国与亚非拉等地区十几个发展中国家签订了减贫合作协议，加强减贫经验与知识共享。2014 年，中国政府提出了“东亚减贫合作倡议”，与非洲联盟共同发表了《中非减贫合作纲要》，并在中拉合作论坛框架下积极推动中拉减贫交流合作。中国政府与世界非营利慈善组织合作开展减贫工作。2011 年，中国科技部与比尔及梅琳达·盖茨基金会在非洲地区开展减贫合作，帮助当地解决贫困问题。③

中国—东盟减贫合作的发展与中国参与国际减贫合作的步伐相一致，主要分为三个层面：首先是中国与作为整体的东盟及其成员国间的双边减贫合作。其中最为重要的是自 2007 年启动的中国—东盟社会发展与减贫论坛。这是中国与作为整体的东盟就减贫合作设立的国家—地区性双边论坛，旨在为双方政策制定者、理论研究者和发展实践者提供一个分享社会发展和减贫政策与经验的交流平台。自 2007 年以来，中国—东盟社会发展与减贫论坛每年轮流在中国及东盟国家举办（表 5），逐步形成了“围绕主题深入研讨、结合实际组织考察”的会议模式，逐步发展为中国和东盟各国讨论共同关切问题的一个有效平台。

中国与东盟的国家—地区性双边减贫合作平台的另一典型是“东盟 +3‘村官’交流项目”（表 6），由中国国际扶贫中心与东盟秘书处和东盟有关国家合作于 2013 年启动，是面向基层“村官”/社区官员的区域减贫交流合作活动，旨在将减贫知识共享拓展到基层社区治理者层面，实现区域内基层社区发展。项目形式是中国政府作为主办方，邀请东盟 +3 各国“村官”来华开展为期一周的活动。尽管名为“东盟 +3”，但事实上日本和韩国“村官”从未参加，因此仍是中国与东盟的双边整体性合作机制。

---

① 中华人民共和国国务院新闻办公室，2011. 中国农村扶贫开发的新进展［EB/OL］. http://www.scio.gov.cn/zxbd/tt/Document/1048386/1048386.htm.

② 陈志刚：十八大以来中国年均减贫人口超千万 形成大扶贫格局［EB/OL］. 新闻资讯，2017-5-26，http://news.uc.cn/a_17285870424202782325/.

③ 中华人民共和国外交部，联合国驻华系统．中国实施千年发展目标报告（2000—2015 年）［R］. 北京，2015：12.

表 5　中国—东盟社会发展与减贫论坛（2007—2016 年）

届次	时间	地　点	主　　题
第一届	2007	广西南宁	参与和推进区域社会发展与减贫交流合作
第二届	2008	广西南宁	粮食、灾害与减贫
第三届	2009	越南河内	全球经济衰退与亚太地区减贫与可持续发展
第四届	2010	广西桂林	自由贸易与减贫
第五届	2011	印度尼西亚雅加达	经济增长的质量与减贫
第六届	2012	广西柳州	中国—东盟：包容性发展与减贫
第七届	2013	广西防城港	城镇化进程中的减贫与包容性发展
第八届	2014	缅甸内比都	深化中国—东盟减贫区域合作
第九届	2015	老挝万象	金融创新与减贫
第十届	2016	广西桂林	“一带一路”与中国东盟减贫合作

注：本表为笔者根据中国国际扶贫中心（http：//www. iprcc. org. cn）资料整理制作。

表 6　东盟 +3“村官”交流项目

届次	时间	地　点	东盟参与国家
第一届	2013 年 4 月	四川省成都市和南部县	文莱、柬埔寨、印度尼西亚、马来西亚、泰国、越南
第二届	2014 年 5 月	四川省成都市和仪陇县	文莱、印度尼西亚、老挝、马来西亚、缅甸、菲律宾、新加坡、泰国、越南
第三届	2015 年 11 月	广西省南宁市	文莱、柬埔寨、印度尼西亚、老挝、马来西亚、缅甸、菲律宾、新加坡、泰国、越南
第四届	2016 年 9 月	上海市	文莱、柬埔寨、印度尼西亚、老挝、马来西亚、缅甸、菲律宾、新加坡、泰国、越南

注：本表为笔者根据中国国际扶贫中心（http：//www. iprcc. org. cn）资料整理制作。

在与作为整体的东盟进行双边性合作之外，首先，中国与东盟成员国的国家间双边减贫合作也得到了重大发展。例如，中国先后于 2013 年、2014 年和 2015 年与老挝围绕农村发展与减贫官员培训举办了三次研修班。又如，中国最大的扶贫公益组织中国扶贫基金会将缅甸和柬埔寨当作重要合作伙伴，并在上述两个国家设立了办公室。①

其次是中国与东盟及其成员国在地区多边层面的减贫合作。例如，2005 年 7 月，中国参与在老挝万象召开的首届东盟与中日韩区域扶贫研讨会，并表示愿意承担 2006 年的第二届 10 +3 区域扶贫高层研讨会，与各国加强减贫合作。2006 年 9 月，第二届东盟与中日韩（10 +3）区域扶贫高层研讨会在北京召开，并发布《第二届东盟与中日韩（10 +3）区域扶贫高层研讨会北京倡议》，特别是倡议此后每两年举行一次 10 + 3 农业部长会议。又如，在中国所主办的如“亚洲国家包容性增长与持续减贫”“亚洲国家城乡协调发展与减贫”“亚洲国家发展（减贫）理论与实践”“发展中国家农村发展与减贫”等官员研修班，“中国—国际农发基金第三届南南合作”、“亚洲国家灾害风险管理与减贫”、中国微小企业融资经验等研修班中，均有来自部分东盟国家的扶贫官员。再如，中国与亚洲开发银行合作建立的中华人民共和国减贫与区域合作基金于

① 国际公益项目［EB/OL］. 中国扶贫基金会网站，http：//www. fupin. org. cn/project/GJProject. aspx.

2005年成立，以支持亚行在亚洲和太平洋地区的发展中成员国减贫、区域合作和知识共享的进程，其援助重点是大湄公河次区域经济合作（Great Mekong Subregion Cooperation，GMS）和中亚区域经济合作（Central Asia Regional Economic Cooperation，CAREC）框架下的国家。①

2014年11月13日，国务院总理李克强在出席东盟与中日韩（10+3）领导人会议时指出，缩小差距、减少贫困、改善民生是亚洲地区国家面临的首要任务。中方提议实施"东亚减贫合作倡议"，并提供1亿元人民币，开展乡村减贫推进计划，建立东亚减贫合作示范点。为落实好"东亚减贫合作倡议"。2014年12月底，中国国务院扶贫办与外交部、商务部、财政部召开部门协调会，拟定了乡村减贫推进计划工作方案，选定了老挝、缅甸、柬埔寨3个国家开展具体工作对接。2016年12月，东亚减贫合作示范项目启动会在老挝首都万象举行。根据项目设计，未来三年中国将在老挝、柬埔寨、缅甸的6个村合作开展道路、供水等基础设施建设，扶持种植、养殖等农业产业，并开展社区环境整治、提供物资支持和派遣专家开展培训等活动，通过上述措施切实改善村民的生产生活条件，增强村庄的发展活力。②

再次是更大的全球范围的合作。例如，自联合国粮农组织1996年发起南南合作相关行动计划以来，中国一直积极参与，并于2008年捐赠3000万美元启动"粮农组织—中国南南合作信托基金"，后又于2015年进一步提供5000万美元资金，旨在支持发展中国家建设可持续的粮食系统和具有包容性的农业价值链。③ 又如，中国与世界粮食计划署围绕南南合作展开了大量努力，如在2017年5月于北京召开的中国—联合国世界粮食计划署南南合作需求分析国际研讨会，旨在针对其他发展中国家的具体要求，分享中国在粮食安全和营养改善方面的解决方案。④ 尽管中国参与南南合作的重点更多放在非洲、拉美等地区，但与东盟国家的南南合作仍既相当必要、又充满潜力。

迄今为止的中国—东盟减贫合作呈现三个基本特征：一是中国和东盟双方均日益重视，《落实中国—东盟面向和平与繁荣的战略伙伴关系联合宣言的行动计划（2011—2015）》和《落实中国—东盟面向和平与繁荣的战略伙伴关系联合宣言的行动计划（2016—2020）》两份战略性文件均将减贫合作单列讨论。二是机制化、系统化趋势明显，中国—东盟社会发展与减贫论坛、东盟+3"村官"交流项目等不仅实现了机制化，而且覆盖了战略性讨论和操作性交流，不仅有最先进的减贫理念、经验交流，也有最基础的能力培养。三是通过结合援助、投资等手段实现托底、扶贫、开发的立体性合作。例如，根据东盟自身统计，中国近年来对东盟各国的农林渔业——实现减贫目标的核心领域——投资不断增长，2012年为587.5万美元，2013年为881.9万美元，2014年为515.3万美元，2015年为620.2万美元。⑤

---

① 中华人民共和国减贫与区域合作基金［EB/OL］．亚洲开发银行网站，https：//www.adb.org/zh/site/funds/funds/prc-regional-cooperation-and-poverty-reduction-fund.

② 东亚减贫合作示范项目正式启动［EB/OL］．中国驻老挝大使馆，2016－12－15，http：//la.mofcom.gov.cn/article/zxhz/ 201612/20161202211178.shtml.

③ 中国与联合国粮农组织签署"南南合作"新协定［EB/OL］．新华网，2015－6－8，http：//news.xinhuanet.com/2015－06/08/c_ 1115545138.htm.

④ 南南合作需求分析国际研讨会［EB/OL］．联合国世界粮食计划署，2017－5－12，http：//weibo.com/ttarticle/p/show？id＝2309404106508957793053&infeed＝1.

⑤ ASEANstats Database，https：//data.aseanstats.o.

3. 中国—东盟减贫合作的新机遇和新挑战

在2017年3月十二届全国人大五次会议的记者会上，国务院扶贫办主任刘永富就中国与东盟的减贫合作指出，“我们有一个东盟10+3早期收获，现在有一个中国—东盟减贫合作活动，另外也在做老柬缅贫困村示范项目。下一步，我们还会进一步扩大和周边国家、东盟国家的一些合作项目，实现共享。但是中国仍然是一个最大的发展中国家，我们一定要在做好国内脱贫攻坚的基础上，加大国际的减贫领域的合作，积极响应联合国2030年发展议程提出的要求，展示大国负责任的形象”。[①] 的确，中国与东盟围绕减贫主题展开的合作取得了不小成就，也得到东盟国家的普遍欢迎。但如前所述，2030年议程的落实及更大的国际政治、经济环境为中国—东盟合作提出了新的要求，这既意味着大量新挑战，也蕴含着重大机遇。

首先，中国自身高度重视2030年议程的国内落实和国际合作，但中国—东盟在2030年议程内的合作尚未被提升到其应有的地位，不利于中国—东盟减贫合作向更高阶段发展。

就国内落实而言，中国已经为国际社会树立了榜样作用。中国不仅相当积极地参与2030年议程的塑造，而且极为迅速地开展国内对接。中国政府于2016年初成立由43个部委组成的2030年议程落实部际协调机制，于同年4月19日发布有关2030年议程的第三份政策立场文件——《落实2030年可持续发展议程中方立场文件》；同年10月，中国政府公布了大国中首份国别对接方案——《中国落实2030年可持续发展议程国别方案》。[②] 2016年12月，中国发布《中国落实2030年可持续发展议程创新示范区建设方案》，计划创建10个左右国家可持续发展议程创新示范区，形成若干可持续发展创新示范的现实样板和典型模式，对国内其他地区可持续发展发挥示范带动效应，对外为其他国家落实2030年可持续发展议程提供中国经验。[③]

就国际合作而言，在2016年逆全球化浪潮突然高涨的背景下，中国成为坚定维护和推动2030年议程的重要力量。2016年9月，李克强总理出席联合国第71届联合国大会辩论，并围绕中国与2030年议程落实发表重要讲话；正是在中国的推动下，同月召开的二十国集团杭州峰会通过了《二十国集团落实2030年可持续发展议程行动计划》《二十国集团支持非洲和最不发达国家工业化倡议》等文件，大力推动全球范围的2030年议程落实。此外，中国还在与非洲、金砖国家等的合作中，将2030年议程落实置于相当优先的地位。

尽管如此，中国目前与东盟围绕2030年议程的合作尚未得到足够重视。除东盟10+3机制及中国、东盟、联合国开发计划署合作机制外，中国与东盟的国家—地区及国别性双边合作中，尚未将2030年议程置于战略优先地位。特别是，自2015年9月以来举行的两次中国—东盟领导人会议，均未明确提及2030年议程。可以认为，尽管中国与东盟均高度重视减贫合作，但仍未实现与将减贫当作核心要素的全球性议程的有效对接。

其次，尽管已有大量合作努力，但中国

---

① 中国助力东盟国家减贫获积极评价［EB/OL］. 国际在线，2017-3-15，http://news.cri.cn/20170315/72d06e74-8b65-e6d8-db00-2bd690ec367d.html.

② 中方发布《中国落实2030年可持续发展议程国别方案》［EB/OL］. 外交部，2016-10-12，http://www.fmprc.gov.cn/web/ziliao_674904/zt_674979/dnzt_674981/lzlzt/lkqcxd71lhghy_687690/zxxx_687692/t1405173.shtml.

③ 国务院关于印发中国落实2030年可持续发展议程创新示范区建设方案的通知（国发〔2016〕69号）［I/OL］. 国务院，2016-12-3，http://www.gov.cn/zhengce/content/2016-12/13/content_5147412.htm.

—东盟减贫合作更多聚焦理念与经验交流和能力培养，物质性合作仍有较大提升空间。

一方面，中国对东盟国家的减贫支持主要表现为援助和投资两个方面，但均相当有限。中国对东盟国家的减贫援助主要集中于缅甸和柬埔寨，对其余东盟成员国的减贫援助并不常见。中国与联合国、亚行等展开的相关努力，也较少用于实际的生产性项目。而就投资而言，尽管如前所述数额并不小，但如果从全球对东盟的减贫（农林渔业）投资规模看，中国对东盟减贫投资不仅比重小，而且呈下降态势（图1）。

另一方面，中国迄今为止所提出的大量与中国—东盟减贫合作密切相关的政策倡议，其实际政策规划与效果并不明确。习近平主席在参加2015年9月联合国大会期间，宣布了一系列支持2030年议程落实和南南合作的举措，如设立“南南合作援助基金”、国际发展知识中心、南南合作与发展学院，及向发展中国家提供“6个100”项目支持。但需要指出的是，上述举措与中国—东盟减贫合作的具体项目推进之间的关系如何，迄今尚不清晰。类似的情况也可从“一带一路”倡议推进、中国—东盟基金设立等努力中看到，即其与中国—东盟减贫合作的具体物质性联系并不明晰。这也意味着，如何推动中国—东盟减贫合作从相对软性的理念和经验交流及能力培养，朝向更具能见度的开发性合作转变，仍是一个严峻的挑战。

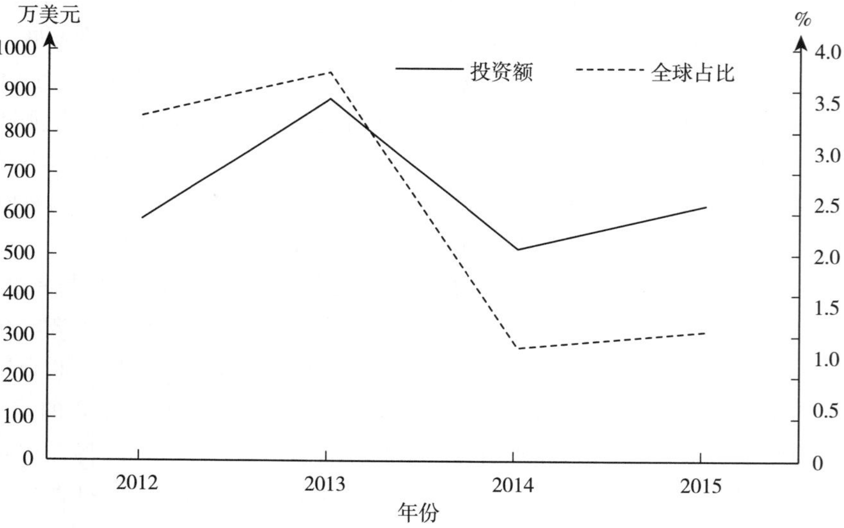

图1　中国对东盟减贫（农林渔业）投资情况（2012—2015年）

注：本图为作者根据东盟统计数据库资料自制。ASEANstats Database，https：//data. aseanstats. o.

最后，尽管中国—东盟减贫合作正逐渐朝向系统化、机制化方向发展，但面对双边关系中政治、安全甚至历史、人文等障碍，中国—东盟减贫合作的机制建构仍存在明显差距。

进入21世纪特别是第二个十年以来，中国与东盟关系出现明显的倒挂现象或二元格局，即“经济上靠中国、安全上靠美国”；换句话说，在中国与东盟国家的经济合作持续发展的同时，双边政治与安全纠纷也同步、明显上升。[①] 这尤其明显地体现在长期困扰中国与越南、菲律宾等国的南海问

① 张春，2014. 国际公共产品的供应竞争及其出路——亚太地区二元格局与中美新型大国关系建构［J］. 当代亚太，6：52－72.

题上。同时，以美国、日本为代表的第三方也对中国—东盟合作产生较大的消极影响。

无论是从基本伦理还是从实际政策效果看，减贫合作都应对中国—东盟的整体关系产生积极影响。但现实远非如此，多数东盟国家倾向于将政治、安全与经济、发展合作等区别对待，在称赞中国—东盟减贫合作的同时，念念不忘在南海问题、历史问题、安全问题等上对中国施压。这样，中国与东盟在经济领域、特别是具备道德正确性的减贫合作等领域的合作成果，并没有产生预期中的外溢效果。其原因可能不仅在于中国—东盟政治、安全关系的高度复杂，也在于减贫合作本身的不充分，包括与国际发展议程的对接水平、合作本身的机制体制建设等不充分。

（四）政策建议

中国与东南亚已在减贫合作方面开展了有效努力，重点围绕有关东盟国家减贫的战略设计、经验交流和能力培养等方面展开。2030年议程的通过和全面落实，为中国—东盟减贫合作提出了全新要求，首先需要实现全面和有效对接，进而创新减贫合作方式，动员更多资金与伙伴，强化监督与评估，使既有的减贫合作更上一个台阶，为东盟地区彻底消除贫困贡献应有的力量，同时也提升中国—东盟减贫合作的战略地位，甚至帮助推动发展合作成为中国与东盟关系的重要支柱。

1. 战略共识凝聚和国别战略对接

中国与东盟尚未有意识地推动既有减贫合作与2030年议程的全面和有效对接。这就要求双方应首先就战略对接达成共识，使中国—东盟减贫合作能够提质增效，与国际发展议程相互促进，实现最大成效。

第一，围绕中国—东盟减贫合作与2030年议程的对接达成战略共识。

联合国2030年议程的全面落实需要两个方面的战略对接：一是国内发展战略与2030年议程的对接；二是国际合作与2030年议程的对接，以推动全球可持续发展伙伴关系的建设。中国—东盟减贫合作与2030年议程的对接，表面上主要涉及第二个方面，但事实上涉及两个方面。但实现这一战略对接的前提是，中国与东盟双方应就战略对接的重要性、紧迫性、全面性等达成战略共识：

中国—东盟减贫合作与2030年议程对接的重要性表现为：一是帮助东盟减贫战略目标的达成，特别是到2030年消除各种形式的贫困；二是推动中国与东盟减贫合作向更加深入、更加全面的方向发展；三是贡献于中国与东盟关系的发展，使减贫合作乃至更大的发展合作成为中国与东盟关系的重要支柱之一，特别是在当前中国与东盟关系受地缘政治、战略竞争等影响较大的背景下；四是贡献于全球可持续发展伙伴关系的建构，为全球2030年议程的落实贡献力量。

中国—东盟减贫合作与2030年议程对接的紧迫性主要源于：一是2030年议程已经启动落实2年时间，为吸取千年发展计划通过直至启动落实的时间间隔长达5年的教训，国际社会普遍要求加快实施对接的步伐；二是东盟共同体建设也已启动2年时间，考虑到东盟2025年愿景的实现，与2030年议程的对接也相当紧迫；三是当前各种逆全球化潮流明显强化，中国与东盟采取及时行动不仅有利于促进双方合作，更有利于在全球层次上继续推动全球化向正确方向发展。

根本上由于前述的减贫与发展、安全、治理等的复杂关联，中国—东盟减贫合作与2030年议程的对接应当是全面的，而不应仅关注传统意义上的减贫。就此而言，中国—东盟减贫合作与2030年议程的对接必须充分虑及贫困问题与其他议题的相互关联，这也为双方实现对接的战略认识提出了更高要求。

第二，通过中国—东盟减贫合作促进全球可持续发展伙伴关系的建设。

中国与东盟双方均应从全球可持续发展伙伴关系建设的视角，思考中国—东盟减贫合作的未来发展。一方面，基于东盟地区在落实千年发展目标方面所取得的成绩、地区既有发展水平等，东盟有重大潜力成为落实 2030 年议程的示范地区，特别是当与非洲、拉丁美洲或中亚等发展中地区相比时。因此，应将中国—东盟减贫合作打造成推动东盟地区成为 2030 年议程落实示范地区的重要支柱，为全球可持续发展伙伴关系的建设和 2030 年议程的落实作出重要贡献。

另一方面，鉴于中国—东盟关系中存在明显的政经背离现象，中国—东盟减贫合作应成为缓解双方战略互疑、促进双方战略互信的重要方面。通过与具备全球性合法性的 2030 年议程实现全面和有效对接，中国—东盟减贫合作不仅将有力推动中国与东盟的发展合作，更有潜力为中国—东盟双边关系提供新的支柱。因此，中国与东盟应以 2030 年议程为指导，使中国方面的“一带一路”倡议、中国—东盟“2 + 7”合作框架等战略构想，与东盟 2025 年愿景、《东盟互联互通总体规划 2025》等战略规划实现有效对接，从而推动中国—东盟减贫合作与 2030 年议程的全面和有效对接。

第三，通过经验交流促进东盟国家发展战略与 2030 年议程的对接。

中国已就国内落实 2030 年议程展开了重要努力，同时也正积极推动 2030 年议程全球落实或全球伙伴关系的建设。相比之下，东盟国家起步较晚，部分国家甚至尚未起步。迄今为止，大部分东盟成员国尚未出台 2030 年议程国别落实方案，尽管可能在诸多文件或场合中提及国别对接落实的重要性。为推动中国—东盟减贫合作与 2030 年议程的对接，有必要强化中国与东盟国家关系国别对接方案的制定与落实的经验交流。

这一经验交流主要包括两个层次：一是政府层次的战略对话，由相关政府部门结对交流；二是智库交流与合作，强化 2030 年议程落实的智力支持能力。在中国国别方案的撰写过程中，上海国际问题研究院发挥了重要作用，可成为中国与东盟国家围绕 2030 年议程对接的智库交流的核心机构，为东盟国家撰写国别方案提供帮助；在中国国别方案具体落实过程中，中国科技部下属的中国 21 世纪议程管理中心也正发挥重要作用，可成为中国与东盟国家围绕未来 2030 年议程国别方案落实展开交流的核心机构。

2. 减贫合作方法创新

2030 年议程为中国—东盟减贫合作提出了诸多新要求，中国与东盟双方应推动全政府一体化的减贫合作，实现减贫合作的方法创新，以适应长期可持续发展的需要。

第一，打破政府内部条块分割，推动全球政府一体化的减贫合作模式。

如同千年发展目标落实过程所证实、2030 年议程所强调的，减贫并非是特定社会经济或政府部门的事情，而是整个社会、整个政府均应全力参与的。贫困不仅与经济发展水平相关，更与安全、治理等互为因果。尽管如此，由于迄今为止的中国—东盟减贫合作主要集中于战略沟通、经验交流和能力培养，因此尚未有效地将所有相关部门尽可能地纳入其中，一种有效的全政府一体化减贫合作方法尚未形成。就政府性机制而言，中国国务院扶贫办可有效发挥整体协调功能，但在东盟及其成员国内部往往缺乏相似的全政府协调平台。这就要求东盟及成员国大力完善国内机制平台建设，发展全政府平台，从而推动中国与东盟减贫合作朝向全政府的方向发展。就引领性项目而言，中国提出的“一带一路”倡议可通过促进地区互联互通而助推地区联动发展，从而有助于地区一体化下的区域减贫合作，使中国—东盟减贫合作朝向一体化的方向发展。

第二，建立健全中国与东盟及其成员国

的减贫合作机制。

迄今为止，中国—东盟减贫合作的机制化与系统化水平仍相对较低，主要体现为论坛或会议的定期举行，其他合作平台的建设仍相对缺乏。全球可持续发展伙伴关系为中国—东盟减贫合作的公共伙伴关系、公私伙伴关系、民间伙伴关系等提出了更高要求。

就公共伙伴关系而言，中国—东盟减贫合作的既有论坛、机制应发挥更大作用；同时，在条件成熟时，可考虑设立中国—东盟减贫合作中心，并在各成员国设立分中心。中国—东盟减贫合作中心内部可围绕战略沟通、政策研究、理论与方法创新、资本动员、数据统计、监测与评估、伙伴关系等设立具体部门，以推动中国与东盟减贫合作的可持续发展。就公私伙伴关系而言，应从扶贫开发角度思考政府、私营部门的相互合作；就民间伙伴关系而言，除为盈利性民间行为体创造更大空间外，还应思考如何引入更多非政府组织、慈善组织、互助组织等进入中国与东盟的减贫合作框架。

第三，推动中国—东盟减贫合作的立体化。

一方面，应通过引进第三方乃至更多行为体参与，大力推动中国与东盟减贫合作的三方乃至多方合作。中国—东盟减贫合作的三方合作乃至多方合作的伙伴选择应有明确的优先次序：尽管中日韩关系相对复杂，但考虑到减贫合作本身性质，仍应首先推动东盟 10 +3 框架下的减贫三方合作，不仅因为东盟 10 +3 合作本身基础较好，更因为当前维持乃至促进中日韩三方更为宏观的合作的有利因素的确不多；在与日本、韩国的三方合作之外，与包括如联合国粮农组织、世界粮食计划署、世界银行等全球性组织或类似亚洲开发银行的地区性组织在内的国际组织的三方合作也应优先考虑；而与具体的主权国家，特别是如美国、英国、法国、德国等发达国家的三方合作，其优先次序应低于日本、韩国及其他国际组织。

另一方面，应推动减贫合作与其他方面合作的有效配合，特别是与减贫密切相关的基础设施建设、粮食安全、公共卫生等领域，从而真正实现 2030 年议程所倡导的议题关联性及由此而来的可持续发展。

3. 资金动员与伙伴关系建设

减贫合作更多是一项公益事业，就国际合作而言则更多是提供利他性的国际公共产品。就此而言，减贫合作一贯面临严峻的资金动员问题，因为对于私营部门而言，最为重要的营利动机显然不存在，而仅依赖公共资源则明显不足以应对广泛存在的贫困问题。中国与东盟的减贫合作要实现效用最大化，并推动 2030 年议程最终彻底消除贫困的目标实现，就必须思考更大范畴的资金动员与伙伴关系建设。

第一，帮助东盟国家提升国内资源动员能力，应创建相应的能力培养机制。尽管东盟国家的国内资源动员能力相对非洲或其他发展中地区更强，但仍未充分动员其潜力，特别是民间资本、侨汇、税收、外逃资本等。2030 年议程相当强调在实现可持续发展目标过程中动员国内资源的重要性。可考虑建立中国—东盟国内资源动员能力培养中心，开展国内资源动员的联合研究、建设孵化基地、发展种子基金等，使中国与东盟的减贫合作拥有更为扎实的资金基础。

第二，从托底、扶贫与开发三位一体的角度，思考中国—东盟减贫合作中的公私伙伴关系建设及其优化。考虑到减贫合作的利他性，公私伙伴关系建设中最为困难的是如何利用公共资金动员私人资本的参与。因此，需要在中国—东盟减贫合作中识别出最为基础的必须使用公共资金的托底与扶贫工程，并将其与后续的可动员大量私营资本参与的开发工程有机结合起来。通过以公共资金发展托底、扶贫基础设施，以私营资本投入开发性工程的方式，实现公私伙伴关系的建立与健全。考虑到“一带一路”倡议推进过程中已有多项公共资金配套措施，如亚投行、中国—东盟合作基金、丝路基金、金砖国家新发展银行等，再加上传统的中国进出口银行、中国国家开发银行等金融伙伴，中国—东盟减贫合作的公共资金基础已相当雄厚，下阶段推进公私伙伴关系的重点应放在两个方面：一是提高公共资金的杠杆能力，可借鉴世界银行的“发展政策贷款”（Development Policy Loan，DPL）和“结果规划贷款”（Policy-for-Results Financing，PforR）所采用的方法，进而吸引更多私营资本进入；二是为私营资本进入中国—东盟减贫合作创造更好的投资环境，特别是农业加工业、粮食安全等领域，包括提供较低准入门槛、更为全面的投资风险保障。

4. 后续监测与影响评估

迄今为止，中国—东盟减贫合作的相关评估更多以象征性或标志性项目为主要衡量标准，缺乏系统、合理、科学及定量的评估。为推动中国—东盟减贫合作更有利于东盟地区可持续发展目标的实现，帮助东盟到2030年基本实现消除贫困的目标，中国与东盟双方应建立科学、系统的评估体系。

第一，建立中国—东盟统计能力培养中心，强化东盟及成员国的数据统计能力，为中国—东盟减贫合作的科学评估奠定坚实基础。首先，中国与东盟应实现统计能力建设合作与2030年议程全球可持续发展数据伙伴关系的建设的有机对接，为中国—东盟统计能力合作提供更为宏大的指导框架和合法性支撑。其次，加强中国与东盟及成员国的双边性统计能力培养，特别是围绕数据收集、处理和分发等环节展开有针对性的能力提升努力。最后，帮助东盟建设有效的内部数据协调机制，包括帮助实现东盟内部主要社会经济调查数据统一性，帮助实现东盟成员国的国内经济社会调查方法的统一，帮助发展东盟减贫研究中心以协调减贫战略并衡量其影响。

第二，发展中国—东盟减贫评估体系，全面提升中国—东盟减贫合作的效用，同时提高其国际推广能力。对中国—东盟减贫合作的评估应遵循以下三项原则：一是坚持以定性评估为主、定量评估为辅、定性评估与定量评估相结合的原则。由于社会发展特别是减贫成效的量化困难及实现量化的数据本身的质量问题，定量评估的精确性背后存在形式主义、以偏概全等风险，需要以定性评估加以纠正。二是坚持以影响评估为主、成果评估为辅、影响评估与成果评估相结合的原则。2030年议程强调可持续性，鉴于传统的成果评估往往基于短期可见的成效，因此需要通过采用影响评估，充分虑及中国—东盟减贫合作的长期社会、经济、环境等外部溢出效应。三是坚持以官方评估为主、社会评估为辅、官方评估与社会评估相结合的原则。官方往往拥有更为全面的数据和信息，其评估结果可能更为精准，但由于其兼具裁判与运动员身份，因此评估结果往往趋于乐观。因此，需要以相对客观、中立的社会评估加以平衡。

第三，建立中国—东盟减贫智库网络，强化中国与东盟减贫合作的智力支撑能力。中国与东盟均有大量智库，但致力于减贫研究的研究力量仍较为薄弱。建议在中国、东盟及每个成员国均指定一个牵头单位，组织系统联合研究，定期召开集体或部分成员参与的研讨会，推动减贫合作的人力资源培养。

（上海国际问题研究院外交政策所
张　春）

城市贫困问题研究

（一）城市贫困基本形势

1. 城市贫困人口规模下降

贫困属于社会历史范畴，其认知及界定是一个复杂的过程。在我国，由于缺乏统一的城市贫困人口统计口径，在考察城市贫困人口问题，特别是贫困人口规模时，通常以民政部公布的全国各城市收入水平在当地政府规定的最低生活保障线以下的非农村人口为基础。由于城市最低保障政策的实施以城市户籍人口为基础范围，而相当部分的城市劳动力为农村流向城市的流动人口，2017 年全国流动人口为 2.45 亿人[①]，因此，以城市接受最低生活保障的所谓“低保人口”为标准的测算可能低估了城市贫困人口的实际规模。2011 年中国社会科学院发布的《城市蓝皮书：中国城市发展报告 N0.5》对我国城市贫困人口总规模做了初步测算，约为城市低保人口数量的 2 倍以上。[②]

1997 年 9 月 2 日，国务院出台《关于在全国建立城市居民最低生活保障制度的通知》，标志着城市居民最低生活保障制度正式确立。制度实施以来，保障人数呈现先上升后下降的趋势。随城镇社会保障体系，特别是最低生活保障制度的建立和逐步完善，我国城市贫困人口期初递增推移的趋势也发生了变化。1998 年，我国符合城镇低保标准的人数仅为 184.1 万人，占城市人口总数的 0.4%。1999 年，城市最低生活保障制度全面推行，对低收入群体的保障在制度层面实现了全覆盖，到 2003 年，城市最低生活保障制度全面落实，基本上完成了应保尽保的保障对象全覆盖。2001 年，城市低保人数首次超过千万，2002 年超过两千万；从 2003 年到 2013 年，城市低保的保障人数基本稳定在 2200 万左右。2009 年，由于金融危机，城市低保人数达到最高值，2345.6 万；近年来，尤其是 2010 年至今，我国的城镇绝对贫困问题正在得到有效的缓解。城市低保平均标准逐渐上升[③]，城市低保人数呈现逐年下降的趋势，到 2017 年，已降至 1261 万人，比 2016 年减少 219.2 万人，占城市人口总数的比例也由 2009 年最高的 4.3% 降至 1.6%。随着我国产业转型进程不断推进，城乡二元格局的进一步打破，特别是民营经济发展对就业促进和保障水平的稳定提高，城镇绝对贫困的产生成因相对弱化，城市贫困发生出现了新的变化。同时，社会分配制度改革也对城镇绝对贫困人口减少产生了积极影响。1998—2017 年城市低保人口情况如图 1 所示。

---

① 国家卫生育计划生育委员会：《中国流动人口发展报告 2017》。

② 中国社会科学院：《城市蓝皮书：中国城市发展报告 N0.5》。

③ 2010 年全国城市低保平均标准为 251.2 元/月；2017 年全国城市低保平均标准 540.6 元/月。

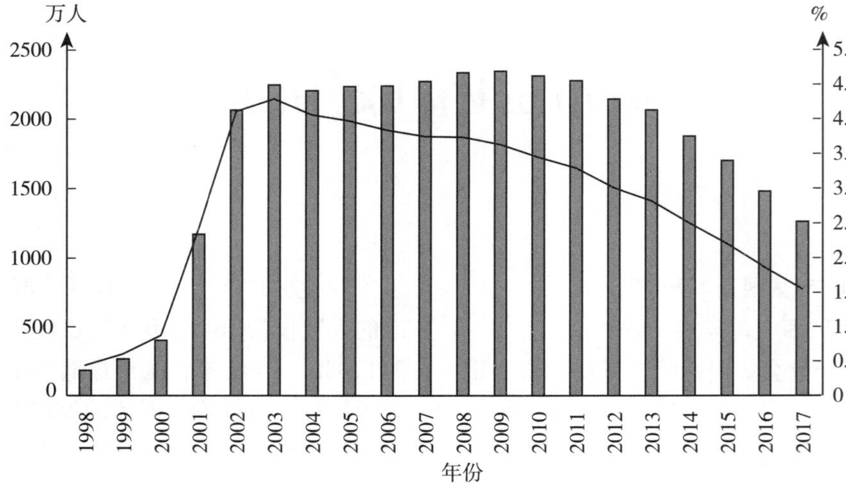

图1　1998—2017年我国城市低保人数及城市低保人口占比

资料来源：根据民政部历年发布的《社会服务发展统计公报》整理。

2. 城市贫困人口主体结构变化

城市贫困是与城市化过程伴生的长期存在的问题，不同时期由于产生贫困的环境和因素不同，贫困人口主体构成也不同。20世纪80年代末，制度覆盖仅限于“三无”人员，即无劳动能力、无经济来源、无法定赡养人的贫困人员。90年代中期，随着中国特色社会主义市场经济制度体系的逐步确立，经济体制改革推进的同时，城镇化进程加快，城市贫困问题逐渐引起关注。城市贫困人口由以往的“三无”人员扩大为以“失业人员、下岗职工、离退休老年人、农民工①”为主体的新贫困人口②。进入21世纪以后，特别是近十年以来，由于住房、医疗、教育等基本生活开支的不断增长形成支出型贫困现象，这类人群被称作“支出型贫困群体”③。此外，还有相当数量的低保边缘家庭和中低收入家庭，人均收入虽超过低保标准，但由于家庭刚性支出较大，尤其是在发生重大疾病和特殊情况时，支出骤升，实际生活水平可能降至低保线以下。随着大批农村劳动力涌入城市，部分无法就业的大学生以及城市老龄化人口等群体数量增多，我国城市贫困人口来源呈现多元化趋势。

失业人口是城市贫困人口的后备军，失业或就业状态不稳定不但是短期贫困现象出现成因，而且由于失业和不稳定就业对社会保障参与，如养老保险费的缴纳等产生影响，因此也是老龄阶段长期贫困的根本原因。通常新增劳动力对工作岗位的需求量超过就业市场的工作岗位供应量，就业困难就会发生，失业人数增加，其中有一部分便有可能陷入贫困状态，成为城市贫困人口。图2显示近五年来，我国城镇登记失业率始终保持在4.0%的较低水平上，城镇登记失业人数维持在1000万人以下。在社会经济发展转型中，部分城镇劳动人口长期陷入贫困的原因并非是该群体就业意愿与基本劳动能力缺失，而是他们缺乏就业机会或者符合特定就业岗位需求的劳动技能。尤其是在产能过剩的供给侧改革、产业转型时期，机会缺失与技能缺失并存，在一定程度上放大了失业的致贫效应。

---

① 当前农民工并未被纳入政策覆盖范围，但农民工问题已成为理论研究的热点。

② 臧元峰．双重转型背景下的城市贫困问题研究［J］．现代城市研究，2017（7）：107－113.

③ 与传统致贫情况不同，这类人群陷入贫困主要是由于生活资料价格上涨速度过快。

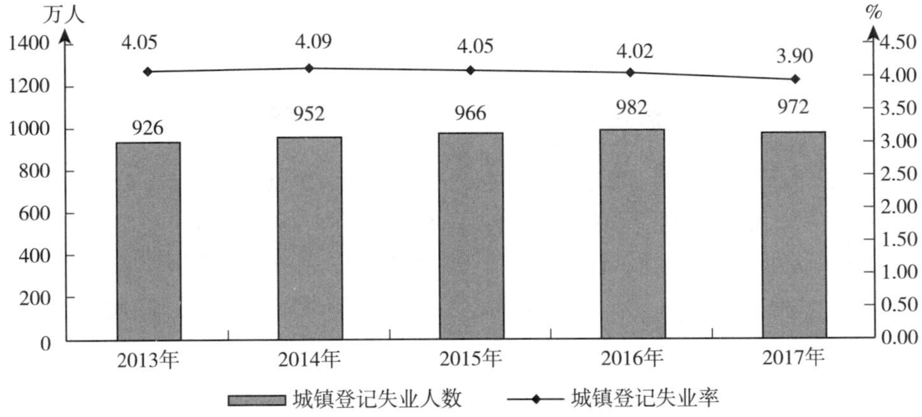

图 2　近五年城镇登记失业人数及登记失业率

资料来源：人力资源和社会保障部发布的《2017 年人力资源和社会保障事业发展统计公报》。

城市低收入老年人作为一个潜在的贫困群体受到广泛关注。随着我国人口老龄化的加速，城市老年人口的比重不断增加。2017年底，我国 60 周岁及以上老年人口 2.41 亿人，占总人口的 17.3%，其中 65 周岁及以上老年人口 1.58 亿人，占总人口的 11.4%。[①] 按照国际划分惯例（即 65 岁及以上人口大于 7%，60 岁及以上人口大于 10%），已经进入人口老龄化社会。进入老龄阶段后，随着年龄的增长，劳动能力会逐步降低直至丧失，需要足够的自我积累以及充分的养老、医疗保险等社会保障体系的系统支持才能有稳定的老年生活。农民工也是城市贫困人口的潜在来源。从农民工规模和流向来看，2017 年农民工总量达到 28652 万人，比 2016 年增加 481 万人，增长 1.7%；在外出农民工中，进城农民工 13710 万人，比上年增加 125 万人，增长 0.9%。[②] 这部分以农民工为主体的城市流动人口生计来源较为单一，容易陷入失业或半失业状态。由于受教育程度不高、缺乏专业技术，其中部分人无固定收入、工作和居住场所，所享受的城市居民福利也较少。此外，在校贫困大学生和暂时无法就业的毕业生是一个易被忽略的城市贫困群体。生活成本上涨速度较快而普通工薪阶层工资收入较为稳定使得部分大学生家庭难以负担大学费用，入学后则成为贫困大学生。由于转型影响和高校毕业生规模较大等原因，劳动力市场供大于求，部分应届高校毕业生就业困难的问题依然存在。对此，政府相关部门历年来不遗余力地帮助大学生扩大就业，出台了多项促进大学生就业的政策，2004 年开始实施“允许大学生进行失业登记，特别困难的大学生可以领取失业救济金”的政策。2017 届大学毕业生总体就业去向分布情况如下，有 78.7% 的人毕业半年后受雇全职或半职工作，仍有近 57 万人未能就业，处于失业状态[③]。

3. 城市贫困区域差距缩小

城市贫困人口的分布在区域之间和区域内都有一定的差异。改革开放以后，城市贫困的区域内分布呈现大分散小集中的特点，主要集中在城市中的老城衰退区、旧工业区配套简易住宅区和“城中村”等；城区内部与外围的贫困区域在人口构成、贫困深度、居住环境、扶贫力度、社区发展机遇等方面均有差异。对中国区域间贫困分布差异的研

① 国家统计局：《2017 年国民经济和社会发展统计公报》。

② 国家统计局：《2017 年农民工监测调查报告》。

③ 中国社会科学院：《2018 年我国大学生就业报告》。

究表明，20 世纪 80 年代中期以来区域差距增大，区域的贫困发生率从高到低依次是西部、东北部、中部和东部，城市贫困人口较多集中在东北老工业基地、中部和西部省份。

以各省城镇低保人数作为贫困人口参照指标，2013 年以来我国城镇最低生活保障人数变化如图 3 所示。四大区域城市贫困分布演变表现出三个主要特征：第一，除东北地区城市最低保障人口数量较多，贫困人口压力仍然较大外，城市贫困人口自西向东逐渐递减。第二，城市贫困人口总体规模减小的同时，区域差距也在缩小，不断完善和持续实施的城市反贫困措施收效明显。第三，2015 年后，东部地区总量较低，各区域城市贫困人口递减速度加快，东北地区尤其显著。中小城市①、资源型城市数量较多的中西部地区贫困人口减少速度相对滞后于其他地区。按城市市辖区年末总人口分类，我国 298 个地级及以上城市中，中西部地区有 38 个小城市、54 个中等城市（表 1），分别占全国地级及以上城市总数的 74.5% 和 62.79%②。中等城市中小城市自身发展动力不足，资源型城市发展模式转型带来结构性失业，容易引发贫困，成为城市贫困人口较为密集的重点区域。

总体看，2017 年，中西部地区城市贫困人口规模下降幅度较大，中西部地区城镇低保人数较上年分别减少 27.3% 和 14.5%，城市贫困人口空间差异缩小态势继续，区域协调发展和社会保障体系的完善发展对反贫困进程的影响和促进作用明显。

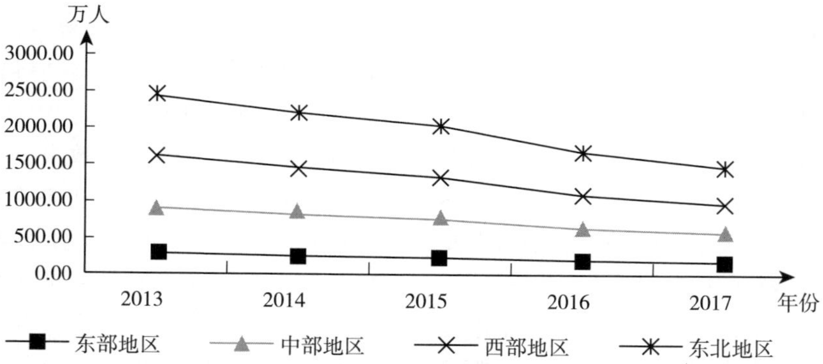

图 3　2013—2017 年我国四大区域城镇低保人数演变趋势

资料来源：中国民政部历年各省社会服务统计数据，除 2015 年第四季度数据缺失，改用第三季度外，其余均为第四季度数据。

表 1　2017 年全部地级以上城市数　　单位：个

地　区	合计	按城市市辖区年末总人口分组				
		400 万人以上	200～400 万人	100～200 万人	50～100 万人	50 万人以下
全部地级及以上城市	298	19	42	100	86	51
东部地区	89	12	24	31	16	6
中部地区	80	1	10	30	32	7
西部地区	95	3	7	32	22	31
东北地区	34	3	1	7	16	7

资料来源：根据国家统计局发布的《中国统计年鉴 2018》整理。

① 按照国务院 2014 年出台的《关于调整城市规模划分标准的通知》确定的城市规模划分标准，城区常住人口 50 万以下的城市为小城市，50 万以上 100 万以下的为中等城市。

② 资料来源：国家统计局《中国统计年鉴（2018）》。

4. 城市贫困邻里引发关注

从城市贫困与城市空间结构相关联的角度，基于城市产业与社会单元及居住的空间分异特征，不同类型的人口有规律地集聚在城市的不同区位，即产生所谓的不同特质的人群邻里问题。随着城市贫困现象的出现与不断演进，贫困人口在城区特定范围内集聚的状况开始出现，并有不断增强的趋势。贫困人口的空间集聚对整个都市区的健康发展将产生不利影响。通过贫困群体内部成员的相互影响和客观形成的所谓传导效应，贫困问题可能不断广化和深化，更加复杂化。近年来，城市居住空间分异现象引起持续关注。从城市社会空间分异视角对贫困空间、低收入邻里、贫困邻里等问题进行研究拓展了人们全方位认知城市贫困问题的视野。特别是对国内外部分典型城市的内城、城中村及保障性住房区域的贫困邻里现象及分布特征的考察，对低收入邻里问题实证研究，提高了对未来贫困及贫困代际传递等深层问题紧迫性的认知。

转型期的中国城市贫困人口在整个城市空间范围内分布即区域分布较为分散，而在特定城市区域内分布则表现为社区或邻里层次方面则相对集中。当前，我国主要城市的贫困邻里主要集中在衰退老旧城、计划经济时期工业区配套的简易住房区和农民工集聚区（城中村）等区域。部分衰退老城区内分布着高密度的低收入人群，建筑密集程度高，开发成本高昂，改造相对缓慢，贫困人群相对集聚状况持续存在。城中村土地为农村集体所有，存在土地承租和村民承包及宅基地等多种占有使用形态，土地利用及房屋建设不够规范。城中村廉价的住房及低生活成本容易吸引农民工在此聚集，并形成集中连片的“棚户区”。由于没有规划，缺乏科学管理，各类棚户区均没有基础设施规划保障，违法违规建筑数量多且居住条件差。对此，自2008年以来，我国政府全面启动保障性安居工程、棚户区改造等重大民生项目，2017年，全国各类棚户区改造开工609万套，共计投资1.84万亿元[①]，这些项目的实施对改善城镇居民尤其是贫困居民的住房条件、缩小贫困邻里与普通城区之间的差距、缓解贫困邻里问题有深远的意义和重要推动作用。

5. 其他贫困现象

贫困有绝对贫困和相对贫困两种类型，以城市最低生活保障线作为参照的绝对贫困人口数量在不断减少，情况也在不断好转；相对贫困则是当前乃至更长时期内，更加值得重视和关注的问题。通常，城市相对贫困的认知或识别有明确的标准或依据，即其生活水平与社会平均收入或消费水平相比，处于相对较低的状况。同时，这类人群受自身教育水平、职业素养、社会保障水平等诸多因素限制，具有家庭生计来源脆弱、不可持续的特征，是潜在的城市贫困人口。城市相对贫困人口缺乏稳定的制度性生活保障，容易受到社会经济结构转型等外部因素的冲击，自身抗风险能力欠缺、生计脆弱，容易陷入绝对贫困状态。

随着城市经济水平的提高，城市最低生活保障制度作为“最后一道防线”，有效应对了绝对贫困问题，但温饱问题得到解决，生活水平仍然低于社会平均水平的相对贫困问题不能成为反贫困的盲点。当前我国用于城市最低生活保障支付的资金由中央和地方政府共同承担，不同地区的支付标准受地方经济发展水平和财政支出能力的影响而存在较大差异。2017年第4季度，全国城市最低生活保障支付平均标准为571.74元/（人·月），高于这一标准的省区市有9个，

① 资料来源：中国住房和城乡建设部网站，网址：http://www.mohurd.gov.cn/zxydt/201712/t20171220_234436.html。

低于这一标准的省份有 22 个①。由于不同地区最低生活保障支付标准的差异性较大，用消费支出替代率来衡量低保标准的高低可以减少不同地区经济发展水平不同带来的干扰，有利于衡量不同地区的低保标准。消费支出替代率是不同地区低保标准占当地人均消费支出的比例。一般而言，人均消费支出高的地区，基本的生活成本也相对较高，满足当地居民的最低生活需求的保障支付标准就高一些。表 2 是 2015—2017 年全国 31 个省区市的低保标准、人均消费支出以及相应的消费支出替代率。

表 2　2015—2017 年 31 个省区市消费支出替代率

年份	2015			2016			2017		
城市	低保标准（元/月）	人均消费支出（元/年）	消费支出替代率	低保标准（元/月）	人均消费支出（元/年）	消费支出替代率	低保标准（元/月）	人均消费支出（元/年）	消费支出替代率
北京	710.00	36642.0	0.23	800.00	38255.5	0.25	900.00	40346.3	0.27
天津	705.00	26229.5	0.32	780.00	28344.6	0.33	860.00	30283.6	0.34
河北	441.37	17586.6	0.30	501.16	19105.9	0.31	544.00	20600.3	0.32
山西	413.18	15818.6	0.31	441.09	16992.8	0.31	467.46	18404.0	0.30
内蒙古	508.01	21876.5	0.28	540.24	22744.5	0.29	591.59	23637.8	0.30
辽宁	493.49	21556.7	0.27	522.83	24995.9	0.25	561.61	25379.4	0.27
吉林	401.59	17972.6	0.27	446.93	19166.4	0.28	483.41	20051.2	0.29
黑龙江	506.35	17152.1	0.35	535.89	18145.2	0.35	550.65	19269.8	0.34
上海	790.00	36946.1	0.26	880.00	39856.8	0.26	970.00	42304.3	0.28
江苏	581.74	24966.0	0.28	610.82	26432.9	0.28	645.62	27726.3	0.28
浙江	640.46	28661.3	0.27	673.72	30067.7	0.27	706.21	31924.2	0.27
安徽	455.04	17233.5	0.32	497.08	19606.2	0.30	531.24	20740.2	0.31
福建	478.14	23520.2	0.24	514.77	25005.5	0.25	589.78	25980.5	0.27
江西	452.02	16731.8	0.32	480.83	17695.6	0.33	531.67	19244.5	0.33
山东	470.12	19853.8	0.28	494.88	21495.3	0.28	513.22	23072.1	0.27
河南	374.09	17154.3	0.26	425.14	18087.8	0.28	459.62	19422.3	0.28
湖北	447.12	18192.3	0.29	487.88	20040.0	0.29	563.56	21275.6	0.32
湖南	359.78	19501.4	0.22	431.27	21420.0	0.24	444.06	23162.6	0.23
广东	513.83	25673.1	0.24	576.15	28613.3	0.24	674.84	30197.9	0.27
广西	404.38	16321.2	0.30	457.61	17268.5	0.32	517.96	18348.6	0.34
海南	466.84	18448.4	0.30	466.96	19015.5	0.29	484.40	20371.9	0.29
重庆	419.13	19742.3	0.25	459.63	21030.9	0.26	500.00	22759.2	0.26
四川	367.03	19276.8	0.23	419.53	20659.8	0.24	485.12	21990.6	0.26
贵州	453.42	16914.2	0.32	507.32	19201.7	0.32	557.04	20347.8	0.33
云南	395.85	17675.0	0.27	442.17	18622.4	0.28	516.00	19559.7	0.32
西藏	589.32	17022.0	0.42	693.51	19440.5	0.43	751.51	21087.5	0.43
陕西	460.71	18463.9	0.30	479.48	19368.9	0.30	532.20	20388.2	0.31
甘肃	378.12	17450.9	0.26	410.90	19539.2	0.25	458.55	20659.4	0.27
青海	370.39	19200.6	0.23	400.83	20853.2	0.23	450.50	21473.0	0.25
宁夏	361.82	18983.9	0.23	416.36	20364.2	0.25	473.18	20219.5	0.28
新疆	349.23	19414.7	0.22	389.89	21228.5	0.22	408.96	22796.9	0.22

资料来源：低保标准采用各年度第四季度的低保标准作为该年的低保标准，数据来源于民政部网站；人均消费支出数据来源于《中国统计年鉴（2018）》。

① 资源来源：中国民政部网站，“2017 年 4 季度各省城市低保标准表”。

我国各省区市低保标准的消费支出替代率除了西藏地区在 0.4 以上，其他都位于 0.2 与 0.4 之间，均不足 0.5。其中，消费支出替代率的最小值保持不变，如表 3 所示，2015—2017 年都为 0.22。消费支出替代率的最大值、均值和中值都呈现小幅度上升趋势。2015 年全国消费支出替代率的最大值为 0.42，2017 年上升到 0.43。同时，均值由 2015 年的 0.28 上升到 2017 年的 0.29。中值由 2015 年的 0.27 上升到 2017 年的 0.28。

表 3　2015—2017 年各省消费支出替代率分布趋势

年份	最大值	最小值	均值	中值
2015	0.42	0.22	0.28	0.27
2016	0.43	0.22	0.28	0.28
2017	0.43	0.22	0.29	0.28

从以上数据可以看出，我国城市低保标准在与社会平均消费水平相适应方面仍有提升的空间。低保标准在满足城市居民的基本生活需求，维持其生活所必需的衣食住支出，解决城市绝对贫困的基础上，应具备适应性调整机制，以适应当前相对贫困较为突出的基本现实。

（二）城市贫困成因及变化

目前，我国处于快速转型期，引发城市贫困的因素发生了重大变化。产业结构调整与去产能等供给侧改革的逐步推进，特别是以信息技术革命为特征的技术进步引发的人工智能产业的迅猛发展，不仅对产业发展产生广泛、深远影响，对就业方式与形态也有划时代的影响。以大众创业、万众创新为特征的新时代就业呈现形式多样，形态各异的特点，不确定性增大。城市生活成本持续上升背景下，处于低收入边缘的群体贫困发生概率增加。现行制度下，进入城市的农民工难以享受到与持有城镇户口的居民同等的公共服务和社会保障，处于社会保障体系覆盖的盲区。另外，老龄化问题的不断深化，也对反贫困提出了新的要求。总之，以信息技术革命为原动力和以绿色发展为核心要求的产业结构优化即经济转型，以城乡人口流动和城镇化为主要内容的社会转型，是我国经济社会发展的时代特征，贫困问题的发生与应对也具有明显的转型特质。

1. 经济因素

新时期，我国经济增长向高质量发展方向转变，经济发展方式、经济结构、经济增长动力都发生了重大变化。绿色发展理念和信息技术革命引导的产业转型成为增长方式转变的主要途径，创新驱动成为经济增长的重要动力源。一系列的转型与变革对就业格局产生重大影响，传统部门就业规模减小，新增就业对劳动力素质要求越来越高。不仅对我国城市贫困人口脱贫产生现实影响，同时，由于产业转型产生的临时失业人员的再就业也面临新的困难。经济转型过程中，由于失业保障作用有限，就业培训必要性增强难，再就业难度加大，周期延长。因此由转型引起的贫困现象发生的概率加大。

在全球化背景下，资本、劳动力和技术等生产要素在国家和区域之间转移速度加快，资源在全球范围内寻求最优配置的情形更加普遍。国内则表现为产业更新换代速度加快，部分劳动密集型和资源密集型产业自东部向中西部地区进行产业梯度转移。东部地区产业升级速度加快，中西部地区也面临产业调整的重大契机。尤其是我国加入世贸组织后，金融、信息等高新技术产业在产业结构中所占比例上升幅度较为显著。高新技术产业主要为资本、技术密集型产业，从而推动我国产业结构由劳动密集型向资本、技术密集型产业转变，进而带动就业结构发生相应转变。数据显示，2009 年至 2017 年间，第一产业就业人数占全国就业总人数比重从 38.1% 下降到 27%；第二产业就业人数所占比重基本保持不变；第三产业就业人数占全国就业总人数比重从 34.1% 上升至

44.9%，第三产业吸纳劳动力数量增长较为显著[①]。还应看到，第二产业就业人数所占比重变化虽然不明显，但其内部结构已经发生了很大变化。随着供给侧改革不断推进深入，高耗能、高排放、高污染行业去产能，用工数量大幅缩减，劳动密集型和资源密集型行业就业需求大幅下降，大量劳动力转型就业。而且这类低技术劳动力再就业转换周期较长，现有的失业保障制度难以全面覆盖。因此，经济转型及由此产生的结构性失业成为城市贫困产生的重要原因。

2. 社会因素

在经济社会转型，城镇化进程不断推进的背景下，大量农村剩余劳动力转入城市。虽然户籍制度的改革加速，城乡一体化的制度体系构建已经启动，社会保障体系城乡全覆盖等，但受长期形成的社会、经济及制度方面因素的影响，流动人口中农村户籍人口完全融入城市，成为户籍市民，完成真正意义上的城乡人口转移，依然面临诸多困难。2017年我国按常住人口规模计算的城镇化率为58.5%，户籍人口城镇化率仅为42.4%。[②] 这一差距表明目前仍然有两亿多人口在城市生活居住，但未完成真正意义的市民身份转换。因而难以正常享受城镇户籍人口公共服务，特别是社会保障，包括最低生活保障，这些城市社会资源切实关系到其自身的生存与发展。进城务工农民工的工资水平一般在城市平均收入水平之下，而其在住房保障、医疗卫生、教育等方面无法得到社会保障，生活成本及发展压力相对较大，容易陷入贫困状态。

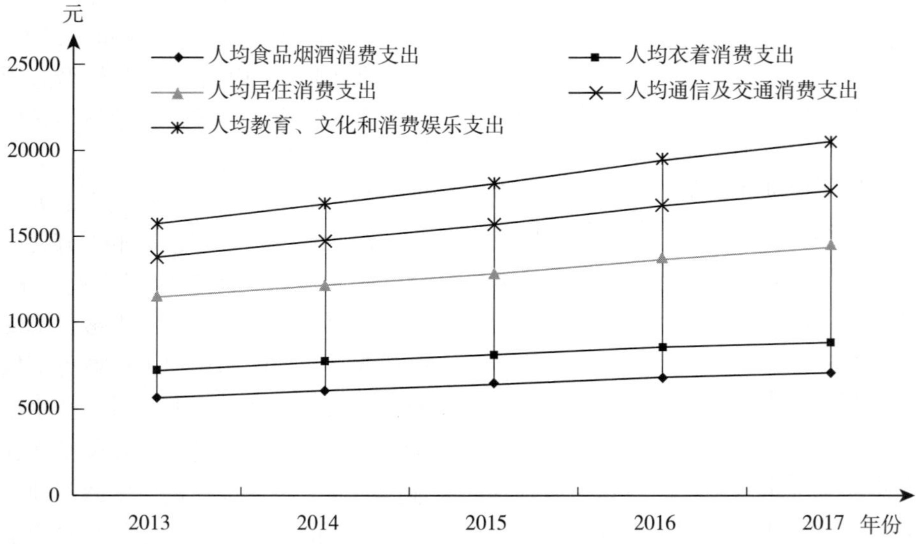

图4 2013—2017年城镇居民人均消费支出

资料来源：国家统计局发布的《中国统计年鉴（2018）》。

支出成为刚性支付。过快增长的高房价，大幅增加了城市生活成本，使支出不断增加。尽管为缓解低收入群体住房压力，保障性住房的供给能力在逐年提升，但由于住房需求过大，保障性住房仍然面临供给不足的问题，低收入群体的住房问题仍然不容忽视。

与此同时，城市居住成本上升速度较快，城市住房支出已成为城镇居民消费支出的主体部分。国家统计局数据显示，2017

① 资料来源：人力资源和社会保障部发布的2009年、2017年《人力资源和社会保障事业发展统计公报》。

② 资料来源：《2017年人力资源和社会保障事业发展统计公报》。

年，我国城镇居民人均住房支出为5564元，相较于2013年的4301元，上涨了29.4%。相较于2016年，城镇居民人均住房支出占总支出的比重也有所上升。国家统计局统计的居住消费支出包括了自有住房的折算租金，因此，这一指标尚不能完全体现住房支出在居民整体消费支出中占比的实际状况。2017年，我国约有1.6亿人在城镇租房居住，占城镇常住人口的21%，其中以新就业大学生和外来务工人员为主①。大中城市房价整体保持较高水平，大量住房刚需消费主体，特别是新市民群体只能通过租赁满足住房需求。而我国大中城市高企的房价，诱发投机性投资成为除自住以外的保有主要目的，租赁市场房源总量不足、租价较高。住房作为生活必需品，相关城市人口老龄化程度加重，也成为城市贫困的重要成因，2017年末，全国60周岁及以上老年人口24090万人，占总人口的17.3%，其中65周岁及以上人口15831万人，占总人口11.4%。日益庞大的老年人群体在加重社会赡养负担的同时，也加大了低收入家庭预防贫困或摆脱贫困的难度。国家卫生和计划生育委员会（现国家卫生健康委员会）2017年发布的《中国家庭发展报告》表明：我国家庭结构具有家庭规模小型化、家庭类型多样化的特点，以二人家庭、三人家庭为主体，由两代人组成的核心家庭占六成以上。家庭成员的减少意味着单个家庭成员生计负担加重，尤其是大量独生子女家庭逐步进入老龄化阶段。另外，家庭养老需求和医疗与养老结合的需求较为强烈。老年人对健康医疗的需求较大，健康支出在家庭支出中的比重不断增大。对于贫困家庭来说，赡养老人的负担与相应的生活支出意味着更高的生活成本，需要更多的收入来源才能改善生活条件。

（三）城市反贫困政策和措施

近年来，中国城市反贫困治理取得了较大进步，已经初步形成了以城市最低生活保障制度为基础，社会保险、社会救助和社会互助为辅的多层次、宽领域、综合性的城市预防与反贫困治理体系，这些政策相互衔接、各有侧重，从事前预防和事后补偿对城市贫困人口起到了重要的救助作用。主要包括城市最低生活保障制度、社会保险制度、医疗救助政策、教育救助政策、促进就业政策和社会互助政策。

1. 城市最低生活保障制度

城市最低生活保障是由中央政府和地方政府共同承担，对城市绝对贫困阶层按最低生活保障标准发放差额补助的一种社会救济制度，是社会保障体系的最后一道“安全网”。

图5为1998—2017年低保覆盖人口和人均补贴趋势。2017年全国共有城市低保对象741.5万户、1261.0万人，比上年减少219.2万人。各级财政共支出城市低保资金640.5亿元，全国城市低保平均标准540.6元/（人・月），比上年增长9.3%。

2017年末全国城乡最低生活保障制度对象5402.6万人，全国平均城市低保标准达到534元/（人・月）。由于东部地区城市收入、消费水平和地方财政实力高出全国平均水平，其低保标准也普遍较高。如上海市、北京市、天津市和浙江省低保标准都在700元以上，其中上海市最高，低保标准为970元。西部地区城市的城市低保标准普遍偏低，除西藏自治区为751.51元外，西部其他地区低保标准均在500元左右。其中，新疆维吾尔自治区最低，为408.96元。

① 租住房改革再出重要举措 集体土地建租赁房将如何影响市场?［EB/OL］. 新华社，2017-08-30. 网址：http：//www.gov.cn/zhengce/2017-08/30/content_5221485.htm。

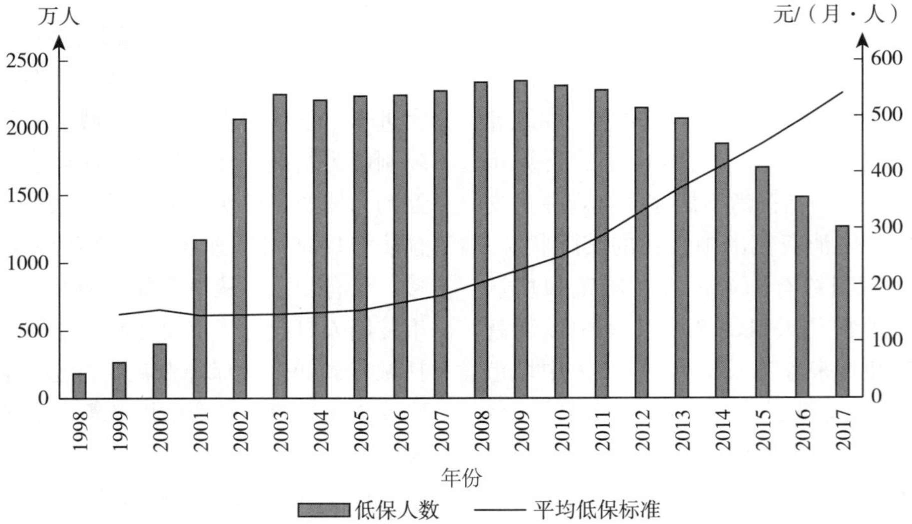

图5　1998—2017年低保覆盖人口和人均补贴

资料来源：根据民政部历年《社会服务发展统计公报》整理。

表4　2017年第4季度各地区最低生活保障标准

地　区	平均低保标准（元/月）	区县数量	地　区	平均低保标准（元/月）	区县数量
上海市	970.00	16	贵州省	557.04	90
北京市	900.00	16	陕西省	532.20	114
天津市	860.00	16	山西省	467.46	123
浙江省	706.21	92	海南省	484.40	25
江苏省	645.62	118	吉林省	483.41	74
西藏自治区	751.51	74	重庆市	500.00	40
内蒙古自治区	591.59	103	云南省	516.00	134
广东省	674.84	131	湖南省	444.06	138
辽宁省	561.61	109	青海省	450.50	46
山东省	513.22	179	广西壮族自治区	517.96	116
黑龙江省	550.65	141	四川省	485.12	189
河北省	544.02	194	新疆维吾尔自治区	408.96	114
安徽省	531.24	119	河南省	459.62	182
江西省	531.67	108	甘肃省	458.55	89
湖北省	563.56	111	宁夏回族自治区	473.18	22
福建省	589.78	87			

资料来源：中国民政部网站公布的2017年4季度低保标准，网址：http：//www.mca.gov.cn/article/sj/tjjb/bzbz/2018/201803131532.html。

2. 社会保险制度

目前我国实施的社会保险制度主要包括养老保险制度、医疗保险制度、失业保险制度、工伤保险制度和生育保险制度。其中，养老、医疗、失业保险制度能够预防因老致贫、因病致贫和失业致贫等城市贫困现象的发生。2017年10月18日，习近平在中国共产党第十九次全国代表大会报告中指出，要加强社会保障体系建设，全面建成覆盖全民、城乡统筹、权责清晰、保障适度、可持续的多层次社会保障体系。全面实施全民参保计划，完善城镇职工基本养老保险和城乡居民基本养老保险制度，尽快实现养老保险全国统筹。可以预见，未来社会保险制度建设与完善将提速。

（1）养老保险。养老保险制度是由政府以立法为依据强制征收保险费（由雇主和参保个人承担），形成养老保险基金，为达到法定条件的参保老年劳动者基本生活提供保障的社会养老保障体系。与过去几年相比，2017 年我国养老保险制度运行也表现出一些新的特征：参与规模进一步扩大。2017 年末全国参加基本养老保险人数为 91548 万人，比上年末增加 2771 万人。全年基本养老保险基金收入 46614 亿元，比上年增长 22.7%，其中征缴收入 34213 亿元，比上年增长 24.4%。全年基本养老保险基金支出 40424 亿元，比上年增长 18.9%。年末基本养老保险基金累计结存 50202 亿元。

保障群体进一步拓宽。2017 年末全国参加城镇职工基本养老保险人数为 40293 万人，比 2016 年底增加 2364 万人。年末城乡居民基本养老保险参保人数 51255 万人，比上年末增加 408 万人，其中，实际领取待遇人数 15598 万人。

表 5　基本养老保险参保人数（2012—2017 年）

单位：万人

年份	2012	2013	2014	2015	2016	2017
基本养老保险	78796	81968	84232	85833	88777	91548
城镇职工基本养老保险	30427	32218	34124	35361	37930	40293
城乡居民基本养老保险	48370	49750	50107	50472	50847	51255

资料来源：中国人力资源和社会保障部发布的历年《人力资源和社会保障事业发展统计公报》。

2017 年末参加城镇职工基本养老保险的农民工人数为 6202 万人，比上年末增加 262 万人。年末城镇职工基本养老保险执行企业制度参保人数为 35317 万人，比上年末增加 1053 万人。年末全国有 8.04 万户企业建立了企业年金，比上年增长 5.4%。参加职工人数为 2331 万人，比上年增长 0.3%。2017 年，全国城镇职工基本养老保险支出为 3.79 万亿元人民币，而全国城乡居民基本养老保险支出为 2398.7 亿元人民币。两类养老保险不仅在参保人数上有巨大差距，在获得养老金总量上差距也较为明显。2012 年 8 月起，新型农村社会养老保险和城镇居民养老保险制度全覆盖工作全面启动，合并为城乡居民养老保险制度。2012—2017 年，城乡居民养老保险参保人数为分别为 48369.5 万人、49750.1 万人、50107.5 万人、50472.2 万人、50847.1 万人、51255 万人，六年共增长了 2885.5 万人。

（2）医疗保险。医疗保险通过集聚用人单位和个人的缴费，以及政府的资助，对因病致贫或无力承担医疗费用的城市贫困阶层提供经济补偿。我国的医疗保险制度主要包括城镇职工医疗保险和城镇居民医疗保险，目前我国已基本建成了覆盖全民的基本医疗保险制度。

2017 年我国实行的医疗保险政策覆盖人数继续增加。年末全国参加城镇基本医疗保险人数为 117681 万人，比 2016 年底增加 43290 万人。其中，参加职工基本医疗保险人数 30323 万人，比 2016 年增加 791 万人；参加城镇居民基本医疗保险人数为 87359 万人，比 2016 年底增加 42499 万人。在职工基本医疗保险参保人数中，参保职工 22288 万人，参保退休人员 8034 万人，分别比 2016 年底增加 568 万人和 233 万人。2017 年参加城镇基本医疗保险的农民工人数为 6225 万人，比 2016 年增加 1339 万人。

（3）失业保险。失业保险是国家强制实行的，由用人单位、职工个人缴费及国家财政补贴等渠道筹集资金，为失去工资收入的劳动者提供物质救助的制度安排。随着产业结构要调整，特别是以去产能为特点的传统产业的改造与优化升级，转型失业人口开始出现。失业保险制度通过保险基金的有效运用，为转型就业的失业人员提供帮助，以避免陷入贫困境地。另外，利用失业保险基金，发放稳岗补贴，扶持、引导钢铁、煤炭等行业困难企业以协商薪酬、灵活工时、培训转岗等方式稳定现有工作岗位。

2017 年人力资源社会保障部、财政部印发《关于阶段性降低失业保险费率有关问题的通知》（人社部发〔2017〕14 号），决定从 2017 年 1 月 1 日起，失业保险总费率为 1.5% 的省区市，可以将总费率降至 1%，降低费率执行至 2018 年 4 月 30 日。

2017 年末全国参加失业保险人数为 18784 万人，比上年末增加 695 万人。其中，参加失业保险的农民工人数为 4897 万人，比上年末增加 238 万人。年末全国领取失业保险金人数为 220 万人，比上年末减少 10 万人。全年共为 458 万名失业人员发放了不同期限的失业保险金，比上年减少 26 万人。失业保险金支出 839.8 亿元，保险金账户结余 5552.4 亿元。失业保险金月均水平 1111 元，比上年增长 5.7%。全年共为领取失业保险金人员代缴基本医疗保险费 85 亿元，同比增长 6.8%。全年共为 66 万名劳动合同期满未续订或者提前解除劳动合同的农民合同制工人支付了一次性生活补助。全年共向 45 万户参保企业发放稳岗补贴 198 亿元，惠及职工 5192 万人。共向 11 万参保职工发放技能提升补贴 3 亿元。

3. 救助政策

（1）医疗救助政策。医疗救助制度是医疗保险制度的重要补充，主要面向贫困群体给予医疗费用补助，特别是未参加医疗保险的城市低保户和已参加医疗保险但负担仍然较重的贫困群体。民政部、财政部、人力资源社会保障部、卫生计生委、保监会 2015 年联合发布的《关于进一步完善医疗救助制度全面开展重特大疾病医疗救助工作的意见》（国办发〔2015〕30 号），明确要求，对经大病保险报销后仍有困难的低保对象、特困人员、建档立卡贫困人口、低收入重度残疾人等困难群众（含低收入老年人、未成年人、重病患者）实施重特大疾病医疗救助，同时对因病致贫家庭重病患者救助也提出了具体的要求。

2017 年医疗救助政策为城市贫困阶层应对看病难的问题，提供积极的帮助。年末资助参加基本医疗保险 5621.0 万人，人均补助 131.6 元。实施住院和门诊医疗救助 3571.1 万人次，支出 266.1 亿元，住院和门诊每人次平均救助水平分别为 1498.4 元和 153.2 元。2017 年，支持在全国全面推开公立医院综合改革，破除运行 60 多年的“以药补医”机制，中央财政按照每个城市一次性补助 2000 万元、每个县每年补助 300 万元、每个市辖区每年补助 100 万元的标准安排补助资金 103 亿元。各级财政对基本公共卫生服务项目补助标准人均新增 5 元，达到 50 元，免费为群众提供 12 类 47 项基本公共卫生服务。同时，实施国家免疫规划、重大传染病防治等重大公共卫生服务项目。

（2）教育救助政策。教育救助制度是政府和社会公益组织为家庭经济困难学生提供资金、物质方面帮助和支持的制度，是防止贫困代际传递的重要政策手段。近年来，随着国家财政支出的不断增加，教育救助政策在很大程度上保障了城市贫困家庭子女教育费用支出。

2017 年全国资助学前教育（幼儿）、义务教育、中职学校、普通高中和普通高校学生（幼儿）9590.41 万人次（不包括义务教育免费教科书、营养改善计划资助），较 2016 年增加 464.27 万人次。累计资助金额 1882.14 亿元，比 2016 年增加 193.38 亿元，增幅 11.45%。2017 年学生资助总额中，财政投入共计1210.62亿元，占当年资助总额比例为64.32%，比2016年增加101.44亿元，增幅9.15%。其中，中央财政616.39亿元，比上年增加37.19亿元，增幅6.42%；地方财政594.22亿元，比上年增加64.24亿元，增幅12.12%。

2017年4月，财政部、教育部、人民银行、银监会印发了《关于进一步落实高等教育学生资助政策的通知》（财科教〔2017〕21号），进一步完善高等教育学生资助政策，实现无缝衔接。具体为：

①进一步加大对建档立卡等特困家庭学生的资助力度。2017年，全国共有1604.61万家庭经济困难寄宿生享受生活费补助政策。各级财政共计投入资金179.11亿元。其中，中央财政资金81.22亿元，占财政资金总额45.35%；省级财政资金65.18亿元，占36.39%；市级财政资金7.10亿元，占3.96%；县级财政资金25.61亿元，占14.3%。共有186.66万普通高中学生享受建档立卡等家庭经济困难学生免学杂费政策，资助资金共计24.71亿元，其中，中央预拨资金15.92亿元，占65.87%。

②资助政策体系更加健全。在义务教育阶段，统一城乡“两免一补”政策，对城乡义务教育学生免除学杂费，免费提供教科书，对家庭经济困难寄宿生补助生活费。在中等职业教育阶段，建立了以免学费、国家助学金为主，学校和社会资助及顶岗实习等为补充的资助政策体系。在普通高中教育阶段，建立了以国家助学金、建档立卡等家庭经济困难学生免学杂费、地方政府资助项目为主，学校和社会资助相结合的资助政策体系。在本专科教育阶段，建立了国家奖学金、国家励志奖学金、国家助学金、国家助学贷款、基层就业学费补偿贷款代偿、应征入伍国家资助、师范生免费教育、新生入学资助、退役士兵学费资助、勤工助学、校内奖助学金、困难补助、伙食补贴、学费减免及新生入学“绿色通道”等相结合的资助政策体系。在研究生教育阶段，建立了研究生国家奖学金、国家助学金、学业奖学金、“三助”岗位津贴、国家助学贷款、基层就业学费补偿贷款代偿、应征入伍国家资助、校内奖助学金及新生入学“绿色通道”等相结合的资助政策体系。

4. 就业促进政策

近年来失业型贫困问题较为严峻，就业能力单一使得城市贫困阶层的贫困脆弱性上升，为解决这类人群的基本生活保障和再就业问题，我国政府出台了一系列的积极就业政策，加大了对贫困群体的就业援助力度。

2017年国务院发布《“十三五”促进就业规划》，提出增强经济发展创造就业岗位能力、提升创业带动就业能力、加强重点群体就业保障能力、提高人力资源市场市场供求匹配能力以及强化劳动者素质提升能力等具体要求，还将稳定和扩大农民工就业规模和化解过剩产能职工安置工作列为重点人群就业促进计划，实施高技能人才振兴计划和专业技术人才知识更新工作。

2017年就业促进政策成效显著。城镇新增就业人数1351万人，城镇失业人员再就业人数558万人，就业困难人员就业人数177万人。年末城镇登记失业人数为972万人，城镇登记失业率为3.90%。全年全国共帮助5.1万户“零就业”家庭实现每户至少一人就业。

5. 社会互助政策

城市互助体系完善和事业发展是构建我国城镇多元化、多层次反贫困体系的重要内容，是社会救助制度的重要补充。社会互助的形式主要包括工会组织、妇联、共青团组织的群众性互助互济活动，以及民间公益团体组织的慈善救助活动等，例如送温暖工程、希望工程、“雨露计划”、金秋助学等。

从全国整体来看，截至2017年底，全国共建立经常性社会捐助工作站、点和慈善超市2.8万个（其中：慈善超市8969个）。全年共接收社会捐款754.2亿元，其中：民政部门直接接收社会各界捐款 25.0 亿元，各类社会组织接收捐款 729.2 亿元。全年各地民政部门直接接收捐赠物资价值折合人民币 1.1 亿元，间接接收其他部门转入的捐赠物资折款 0.7 亿元，社会捐款 10.3 亿元。全年有 582.8 万人次困难群众受益①。

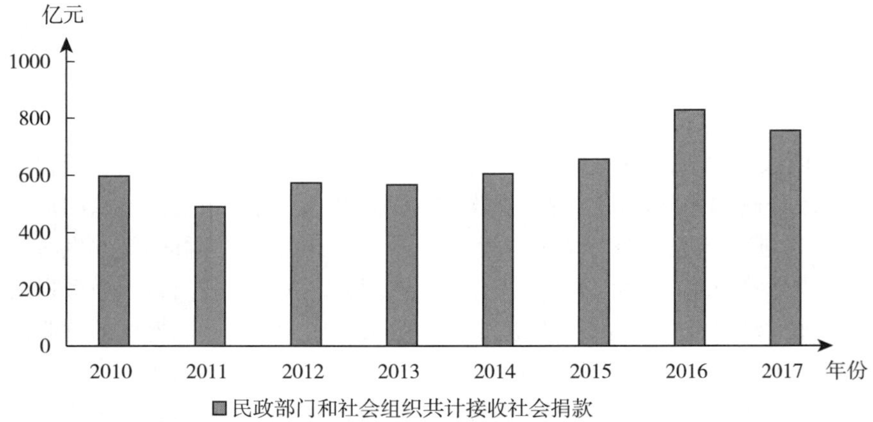

图 6　2010—2017 年接收社会捐款情况

资料来源：根据民政部历年《社会服务发展统计公报》整理。

从单个社会团体来看，以工会组织为例，工会组织按照各省、市、县、企业工会四级，分别以困难职工家庭为单位建立困难职工档案，实行动态管理，为准确掌握困难职工底数，完善城市居民最低生活保障制度发挥了很好的作用，也为有针对性地制定和实施帮扶措施提供了依据。除此之外，各地工会还通过建立送温暖工程基金（资金）的形式，帮助困难职工解决生活困难，并大力创办工会职业介绍、职业培训和再就业基地，大力开展面向下岗失业人员和农民工的职业介绍、就业培动、创业指导、小额贷款、劳务输出、维权服务等就业服务项目，扶持失业下岗职工开展生产自救，由“输血”变“造血”，帮助他们脱贫。

（四）结论

综上所述，2017 年，我国城市贫困总体状况有所好转，贫困人口规模降低，城市贫困在区域间分布的差异不断缩小，东、中、西、东北四大区域之间的城市贫困都有不同程度的缓解。这表明目前实施的城市最低保障制度、社会保险、失业保险及各项救助政策及制度是有效的。反贫困策略与方向明确，政策积极富有成效。

同时，新时期我国城市贫困也表现出一些新的特征。首先是贫困人口构成发生了重要变化，随着政策构建与全面落实，城市贫困人口不再以过去的“三无”人员为主，而主要在因经济转型而下岗或失业的人员、部分进城务工人员也有陷入贫困的情况，成为新的城市贫困现象。部分中低收入家庭受住房、医疗、教育开支刚性增多影响，出现生活水平降至贫困线以下的新贫困状况。此外，集中在尚未完成改造和再开发的城市衰退老旧区域、城中村等区域的贫困现象引发了学界持续关注。另外一个需要提出的问题是，当前城市相对贫困问题仍然比较突出，城市低保标准适时适度调整的机制有待完善。由于居民子女教育投入不断增大的社会现实，家庭因素对子女受教育水平仍然有较大影响，城市贫困出现了一定程度的代际传递，应该引起足够的重视。

应该看到，进入新时期后，在经济社会快速转型的背景下，引发城市贫困的成因出

① 资料来源：人力资源与社会保障部《2017 年社会服务发展统计公报》。

现了更加复杂而多元的变化。在经济结构转型阶段，部分劳动密集型产业容易出现低技术劳动力失业的现象，当这部分人群的社会保障没有及时落实时，便容易引发新的城市贫困。快速城镇化进程在提高居民生活水平的同时，部分城市住房等刚性生活支出增长过快，成为隐性贫困不可忽视的诱因。我国政府长期推行的保障性住房政策对促进低收入居民住房条件改善发挥了重要作用，但一定程度的总量不足、结构失调问题依然存在。另外，我国不断加剧的老龄化也加大了城市贫困家庭摆脱贫困现状的难度。

在现行的城乡居民养老保险制度下，相较于城镇职工基本养老保险的支出水平，城乡居民养老保险支出水平过低。据人社部公布数据显示，截至2017年12月底，城乡居民基本养老保险月人均养老金125元，还不到全国农村低保平均标准的一半。且参保人群主要为农村居民，还包括部分贫困人口。在经济社会转型背景下，人口转移规模和速度增长都十分显著，随着新进入城市养老保险覆盖范围的人群规模不断扩大，原有的低保障、低支付水平难以满足其后续的养老保障需求。为此，在制定反贫困政策方面，应立足转型中贫困成因与现实，在遏制原有贫困的基础上，着眼未来，完善和构筑符合经济社会转型实际的贫困预防与救助保障体系，提升社会保障水平，有效应对和缓解转型贫困问题。

（中央民族大学　张建平）

2017 年中国扶贫理论综述

2017 年是脱贫攻坚承上启下、全面突破的关键一年，更是巩固前期成果、及时发现和纠正问题、全力攻坚拔寨的关键一年。总体来看，本年度的研究成果有了更进一步的发展，据不完全统计，2017 年扶贫脱贫研究发表学术论文约 6869 篇左右，博士和硕士论文中与扶贫脱贫相关的约有 450 篇。研究专著约 100 多部，与 2016 年相比增加 10 余部，显示出对扶贫脱贫关注度的进一步提升。从具体研究内容看，虽然 2017 年扶贫研究仍主要包括精准扶贫机制、扶贫脱贫路径、扶贫开发经验模式及案例研究、扶贫脱贫区域差异性研究等基本模块，但是学者们针对其中的新时代下扶贫新概念、新理念、新方法进行了诸多拓展研究：在探究精准扶贫时，尝试对其与乡村建设、全面小康的关系进行了探究；在分析扶贫脱贫路径时，易地搬迁扶贫、金融扶贫、旅游扶贫等较新理念成为研究重点；在总结中国扶贫开发经验时，既有从宏观上对中国扶贫开发政策与实践进行了系统梳理，也有在微观上深入乡村基层从一线实践中总结扶贫经验。总体来看，2017 年我国扶贫脱贫研究呈现以下特点：第一，扶贫脱贫理论研究不断深入，研究内容更加细化，中国特色的社会主义扶贫减贫理论体系不断完善；第二，扶贫脱贫实践经验探索研究进一步深化，多个领域及地域的扶贫蓝皮书相继出台，助力形成中国减贫智慧与经验；第三，扶贫脱贫创新理念层出不穷，为减贫提供了新动力，推动其可持续。

（一）以多维贫困为核心的贫困标准研究取得新进展

在贫困标准方面，2017 年大多数扶贫脱贫研究主要针对多维贫困进行了深入探讨。贺胜年、张琦（2017）指出，以国家贫困线标准审视我国贫困及其减贫演变推进，实际上可理解为从单一经济收入贫困的简单再生产，扩大到包括公共服务、社会福利、公民权利等多维综合因素的扩大再生产视角。朱梦冰、李实（2017）提出为逐步实现农村扶贫标准和农村低保标准的“两线合一”，低保户识别标准需从单一收入标准向多维贫困标准转变，形成统一的低保标准，制定统一的识别方案。张秀艳、潘云（2017）对贫困概念及分类、贫困测量方法以及我国相应的反贫困政策进行系统梳理，总结贫困理论的演变和进展，从而揭示出多维贫困理论对于我国政策制定的导向作用。

在区域性多维贫困方面，陈烨烽等（2017）认为中国贫困村整体呈多因素致贫，其中三因素支配型、四因素协同型、五因素联合型贫困分布相对较高，并指出通路情况较差、自然灾害频发、收入水平低下、劳动力状况不佳是中国贫困村的主要致贫因素。高翔、王三秀（2017）基于实证分析发现当农村老年人陷入四维贫困时，中部地区的贫困发生率和多维贫困指数要高于西部；当陷入五维贫困时，西部地区的贫困发生率和多维贫困指数要高于中部；而当陷入六维贫困时，中西部的贫困发生率相同，但是中部的多维贫困指数略高于西部地区。

此外，杨帆、庄天慧（2017）对我国农民工贫困研究进展进行了梳理，指出未来农民工贫困问题研究应重点关注农民工的多维贫困、相对贫困，要加大对农民工群体贫困异质性研究，推进农民工贫困识别与帮扶管理的体制机制研究。

（二）深入开展习近平总书记扶贫开发重要论述的研究

全面学习系列重要讲话，重点学习扶贫开发重要论述，深刻领会习近平治国理政新理念新思想新战略。开展习近平扶贫开发战略理论创新和实践创新研究，在脱贫攻坚战中起到了武装头脑、指导实践、推动工作、提供动力的关键作用。刘永富（2017）指出，兑现我们党“让贫困人口和贫困地区一道进入全面小康社会”的庄严承诺，必须用习近平总书记关于扶贫开发的重要论述武装头脑，指导实践；必须坚决贯彻落实打赢脱贫攻坚战的决策部署；必须加强党的建设，提升扶贫干部队伍能力水平；必须深入推进精准扶贫精准脱贫基本方略，全力抓好各项重点工作落实，同时要坚持目标标准和基本方略，推动扶贫脱贫工作的开展。

在内涵阐释方面，黄承伟（2017）提出，习近平总书记关于扶贫开发的重要论述是中国特色扶贫开发道路的理论创新和实践创新，是治国理政新理念新思想新战略的重要组成部分。汪三贵（2017）将习近平总书记关于精准扶贫的重要论述的关键内涵总结为“六个精准”，即扶持对象精准、项目安排精准、资金使用精准、措施到户精准、因村派人精准、脱贫成效精准。张琦、张诗怡（2017）认为绿色发展理念和绿色减贫理念是党中央治国理政新理念新思想新战略的重要内容，也是扶贫脱贫工作的重要遵循和方向指引，因此提出学习和贯彻习近平总书记绿色发展理念和绿色减贫理念，就是要秉承绿色发展理念，走绿色减贫和精准脱贫之路。

在意义研究方面，黄承伟（2017）认为，习近平总书记关于扶贫开发的重要论述的形成发展为脱贫攻坚提供了根本遵循，把我国扶贫开发理论创新提高到了新的历史高度，为全球减贫治理贡献了中国方案。具体来看，习近平总书记关于扶贫开发的重要论述有三个方面的时代贡献：一是丰富和发展了中国特色扶贫开发理论，为全球减贫治理提供了中国方案；二是为精准扶贫精准脱贫提供了科学指南；三是为地方推进脱贫攻坚提供了行动纲领。张瑞敏（2017）认为，习近平总书记关于精准扶贫的重要论述强调扶贫开发“贵在精准，重在精准，成败之举在于精准”，强化了顶层设计，有力地推进了中国扶贫方式由粗放到精准的深刻转变。

（三）聚焦精准扶贫的扶贫脱贫机制研究

1. 扶贫脱贫综合机制研究

精准扶贫、精准脱贫是新时期脱贫攻坚的基本方略，学者们对其综合机制进行了深入研究。左停（2017）认为十八大以来，我国脱贫攻坚的政策体系、政策内容得到不断完善，解决贫困问题有了更为精准的针对性措施，更科学精准地制定了贫困标准和识别贫困对象，强化了政府部门扶贫自觉提升了村社区内部扶贫自主化能力，扶贫政策体系特别是强化扶贫政策的执行体系更加完善。郑瑞强（2017）提出实现扶贫治理现代化需要从党的核心的认同化、公共服务的均等化、收入分配的合理化和政策体系的科学化四方面建构扶贫治理现代化目标实现框架。在实证分析方面，王志章、韩佳丽（2017）基于全国九大贫困片区的农户微观调查数据发现，贫困地区扶贫政策的精准实施能够有效减缓贫困，扶贫政策越多元化，其减贫效应越明显，而目前贫困地区精准扶贫政策的实施更多地表现为“益非贫困户”而非“益贫困户”。胡联等（2017）对安徽省12县区调研数据进行分析，认为深入推进精准扶贫和精准脱贫，需要进一步完善农村医疗体制，鼓励地方企业为贫困户创造就业机会，提高金融扶贫项目的效果，对生活水平提高的贫困户进行“摘帽”再观察。

2. 精准扶贫机制研究

精准扶贫机制是2017年学者研究的核

心和重点之一，其成果也是比较多。王晓毅、黄承伟（2017）认为今后 4 年是中国精准扶贫的关键时期，既需要坚持精准扶贫的思想，按照既有的规划扎扎实实抓落实，同时又需要面对新的形势，不断创新扶贫举措。汪三贵等（2017）认为经济新常态为精准扶贫带来了外部挑战，机制不完善、基层治理能力不足以及精准识别与帮扶的实践困境制约了精准扶贫工作的开展，并指出通过强化资金投入机制、基层治理能力和群众受益机制来完善精准扶贫机制，是未来推进扶贫工作的必要选择。万君、张琦（2017）认为精准扶贫强力推行以来，我国扶贫开发机制的总体特征是外源巨力推动下内源发展，外源推动占据重要地位，内源发展相对较弱但逐步显现，未来将必然呈现“内外融合”创新趋势，而这种机制完善创新效果和程度，则取决于外源推动的可持续能力、外源推动的供给侧结构性改革、贫困社区的内源发展能力、外源推动和内源发展的技术手段与实施策略等四个条件。杨帆、庄天慧（2017）认为精准扶贫是一场涉及资源、技术、制度和文化的贫困治理和整体性社会发展与改革行动，需摒弃单一认知思维，从社会发展的整体思路出发构建其理论分析框架，并在实际工作中不断践行。檀学文、李静（2017）提出单一标准统一识别、划分脱贫和兜底机制、树立贫困户脱贫责任主体意识、完善基层脱贫责任制、赋予基层扶贫主体更大权限、打造真正扶贫大数据云平台等六个方面的建议，以使精准扶贫思想在实践中得到进一步深化。

针对当前的脱贫攻坚难题，唐丽霞（2017）认为精准识别是精准扶贫的第一步，目前各地为保证识别的精准性，进而落实精准帮扶措施，扶助贫困农户脱贫，制定精准考核标准，提出贫困退出机制等政策创新，取得了一定的成效，但精准扶贫仍然面临一些制度和实践的挑战。吴国宝（2017）指出，东西扶贫协作政策实施 20 多年来取得了丰硕的成果，但东西部扶贫协作仍存在与中央精准扶贫、精准脱贫要求不相适应的问题，需要通过完善和创新东西部扶贫协作的政策和制度安排来推进精准扶贫。许汉泽、李小云（2017）通过对精准扶贫政策在村级实践过程的调研发现，在精准识别阶段出现了程序调整与选择性平衡，在精准帮扶过程中发生了“逼民致富”和贫困户参与不足，在精准管理环节又遭遇了由于权责不匹配而带来的管理体制僵化问题。李博、左停（2017）对西海固地区一贫困村精准识别过程中国家逻辑和所遭遇的乡土困境分析提出，以追求工具理性为目标的国家逻辑和以追求价值理性为目标的乡土逻辑二者之间的张力仍然是困扰精准识别的主要障碍。

专著研究成果主要有：陆汉文、黄承伟著作的《中国精准扶贫发展报告（2017）》以 8 个省区市的典型案例调查为基础，阐明了精准扶贫顶层设计转化为具体实践的丰富过程，揭示了取得的成效、经验和存在的矛盾与问题，提出了促进精准扶贫的对策建议。张建明主编的《中国人民大学中国社会发展研究报告（2016）：精准扶贫的战略任务与治理实践》，分析了当代中国贫困地区和贫困群体的现实状况，为解决某些扶贫无效的问题而应当做出的进一步探索等做出了考察分析。郑长德主编的《精准扶贫与精准脱贫》为“全国贫困地区精准脱贫学术研讨会”文集。中共中央组织部干部教育局编著的《精准扶贫 精准脱贫：打赢脱贫攻坚战辅导读本》收录了省部级干部打赢脱贫攻坚战研讨班上有关同志的辅导讲稿，具有很强的政策性、积极性、指导性。

另外，在精准扶贫机制研究的专著中还有将精准扶贫与乡村建设和全面建成小康社会的专著研究成果。例如：黄渊基、李云峰主编的《精准扶贫与乡村建设的理论和实践——来自湘西北地区的调查》收录了研究论文和调研报告 14 篇。鲁可荣、杨亮承、朱启臻著作的《精准扶贫与乡村再造：基于云南禄劝实践的反思》系统回顾总结了改革开放以来各级政府、社会组织在云南省昆明市禄劝彝族苗族自治县所开展的反贫困工作历程、取得的成就与成功经验以及存在的主要问题，剖析了民族地区农村经济社会发展现状、农民发展需求以及农村可持续发展趋势，探索了有效开展民族地区精准扶贫的创新路径。专著研究还有李方祥的《摆脱贫困与全面小康》，曹立、石霞编著的《小康路上一个不能少：精准扶贫案例》，王三生编著的《中国扶贫精细化：理念、策略、保障》，杨道田著作的《新时期我国精准扶贫机制创新路径》，贾利军、赵瑾璐、陈招勇等编著的《新常态下精准扶贫的理论与实践—以湖北黄冈地区为例》，等等。

3. 成效评估考核机制研究

考核评估既是明确脱贫实效导向的“指挥棒”，也是检验脱贫质量的“质检仪”，更是传导压力、压实责任的“推进器”。汪洋（2017）指出，做好考核评估工作，是立导向、严规矩、压责任、促进扶贫工作上台阶的关键环节。彭刚、李霞（2017）认为在“十三五”期间彻底消除极端贫困，减贫脱贫任务艰巨，因此，对千年发展目标在世界和中国的实施进展进行评估分析，对深刻理解2030可持续发展议程并把握未来中国的经济政策取向具有极为重要的意义。张琦等（2017）基于灰色关联度多维评价模型来衡量中国贫困地区多维减贫效果，发现滇桂黔石漠化片区综合评价排名较高，秦巴山片区、乌蒙山片区和大别山片区未来减贫方面面临更大的困难，西藏地区、南疆三地州和大兴安岭南麓片区目前发展较落后，但在未来减贫过程中有更多的潜力。李文静等（2017）采用准实验研究设计方法对我国7省开展的IFAD项目的1356份农户问卷数据进行分析评价，认为IFAD扶贫项目的整体脱贫效果明显，且在不同省份之间存在差异，在评价农户是否精准脱贫方面，与农民人均纯收入相比较，资产指数具有更好的稳健性和客观性。龙海军、丁建军（2017）构建“人—业—地”综合减贫的精准扶贫政策评价指标体系，以两个集中连片特困区典型贫困村为个案进行了对比分析，发现不同贫困村在“人、业、地”各维度扶贫政策实施差异会导致扶贫政策实施成效差异；贫困村村民对扶贫政策实施整体认同度较好，且感知面向“人、地”的政策好于面向“业”的政策，符合精准扶贫“以人为本”的理念；贫困户的生计资本、产业包容性、社会排斥等方面得到了实质性改善，而在可行能力、产业脆弱性方面改善较小。

4. 贫困退出机制研究

到2020年完成农村贫困地区贫困人口全部脱贫、贫困县全部摘帽，解决区域性整体贫困问题，这是“十三五”规划全面建成小康社会目标的首要任务。对此，国家提出制定和建立贫困考核机制和贫困退出机制，学者们也进行了深入研究。王晓毅（2017）指出，在2020年现有贫困标准下的贫困人口实现全部脱贫以后，中国的扶贫政策需要深化精准扶贫中的五个一批策略，完善以解决社会问题为导向的公共政策，强调发展增进社会公平，通过贫困影响评估等手段，推动发展。陆汉文（2017）提出，如何科学评估脱贫成效，如何有效提升评估可靠性与客观性，如何有力发挥评估结论的反馈作用，是建立完善贫困退出机制须解决的核心问题，是确保脱贫成效经得起历史检验的关键切入点。王佳宁、史志乐（2017）认为可以从贫困基础、经济发展、人文发展和生存环境四个维度构建多维、动态的贫困退出指标体系，而构建贫困退出机制应从建立、健全和完善贫困退出的动力机制、补偿机制、风险防范机制、激励与约束机制、第三方评估机制等方面入手。郑瑞强（2017）指出，贫困退出机制的完善与发展需要严把精准路径，注重贫困退出工作考核评估，强化贫困退出宣传教育，注重精神脱贫与物质脱贫相结合，注重正向激励与负向激励相结合。潘斌等（2017）对内蒙古贫困地区进行排序、划分和总结分析，提出要优化开放型扶贫环境、重构扶贫政策、瞄准扶贫下沉和动态可退的贫困县退出路径选择。关于扶贫脱贫成效评估考核与贫困退出机制研究的专著主要有：张琦著作的《中国脱贫攻坚保障：完善和创新贫困县考核与退出机制研究》。庄天慧著作的《精准脱贫第三方评估：理论、方法与实践》从概念、目标和内容等方面介绍精准脱贫第三方评估的基本内涵和标准，分析精准脱贫第三方评估的调查方法、分析方法，从全国、省级、市级、县级四个层面提出精准脱贫第三方评估的样本选择、机构选择、人员选择、评估内容及流程等方法，具体从识别准确率、退出准确率、帮扶满意度等方面提出评估的具体分析范式。

（四）聚焦实现如期脱贫的扶贫路径创新研究

实施精确扶贫，变“大水漫灌”为“滴灌”，关键是如何来实施和实现精准扶贫精准脱贫的目标任务和原则，确定具体的扶贫脱贫路径，学者的研究也更加细化和深入。

产业扶贫研究方面，黄承伟（2017）指出产业精准扶贫要遵循习近平总书记的精准扶贫理念，处理好治国理政方略与脱贫攻坚事业之间的关系、市场主义逻辑与社会道德逻辑之间的关系以及事本主义思维与区域协调发展之间的关系，实现精准扶贫时期产业扶贫的深化拓展，助推全面建成小康社会宏伟目标的实现。万君、张琦（2017）在总结了绿色减贫的经验后，认为绿色减贫的机制在于通过产业绿色化和绿色产业化，实现贫困地区脱贫，可以从产业融合和利益联结机制两个视角考察绿色产业的模式。许汉泽、李小云（2017）以华北李村“整村推进、连片开发”产业扶贫项目为例，发现在产业项目申请阶段容易出现“精英捕获”与“弱者吸纳”；在产业进行中易遭遇“政策性负担”以及规模化经营不善等问题；在产业完成后又面临着后续维护的缺失与农民生计系统的损害。单德朋（2017）认为贫困地区在减贫的产业结构选择上，首要是改善专业化程度，其次是谋求相关多样化，尤其是第三产业的相关多样化，而既往产业结构更有利于贫困线附近群体的贫困减缓，而对深度贫困群体的溢出不足。孙维等（2017）以西藏山南市贡嘎县岗堆镇吉纳村在草牧业科技精准扶贫中将现代技术与传统生产要素、生产方式融会贯通的方法为例，探索出一套较为完善的科技服务工作体系，取得了显著成效。产业扶贫路径研究专著有：胡联的《中国产业发展的减贫效应研究》，分析了我国产业发展减贫效应不同的原因，揭示了我国不同地区间产业发展的减贫效应差异，剖析了导致不同地区间产业发展的减贫效应差异的原因。

教育扶贫研究方面，张澧生著作的《社会资源禀赋视域下湘西教育精准扶贫路径研究》，对湘西教育精准扶贫进行了尝试性的探索，展示了湘西教育扶贫的历程，并对社会资源禀赋视域下湘西教育精准扶路径进行了合理的论述。张琦、史志乐（2017）指出虽然教育扶贫积累了相关经验并取得了初步成效，但是现在我国教育扶贫尚未形成系统完善的机制，并且在实施过程中遇到种种问题和困难，在全面建成小康社会的冲刺阶段亟待梳理和研究。张琦、史志乐（2017）认为以家庭为单位的微观个体教育发展问题尤为重要，但目前贫困家庭对教育的重视程度不够，教育投入不足，要解决贫困家庭在教育方面遇到的问题，需要有针对性地制定和实施教育扶贫专项规划并给予贫困家庭倾斜性政策，提高教育脱贫的可持续性。封清云等（2017）以甘肃省借助大数据分析技术实现教育精准扶贫对象的清单式管理和动态监控为例，指出以大数据分析为技术手段的精准定位，将会在很大程度上保证扶贫工作的精准精确，从而实现大数据分析与教育精准扶贫的高度耦合，针对性地引导资金流向、政策导向。曾天山等（2017）在对滇西片区九个州市的义务教育阶段学校信息化发展进行专题调查后，提出从战略高度重点投入、优先发展，保证贫困地区教育信息化硬件装备不低于全国平均水平等政策建议。教育部学校规划建设发展中心编著的《高校定点扶贫典型案例集（2012—2015年）》按照“已落地、见成效，典型性、创新性，可持续、能扩展，可借鉴、易推广”的评选标准，共收录196份案例，系统总结了高校（含职业教育集团）定点扶贫的成就与经验。

金融扶贫研究方面，朱一鸣、王伟（2017）认为经济增长是普惠金融发展促进减贫增收的重要机制，并提出贫困县和非贫困县在推进普惠金融发展时应实施不同的瞄准机制，避免出现“瞄准性偏误”。蒋远胜（2017）认为资金是重要的扶贫资源，把有限的扶贫资源精确瞄准贫困人口，可以提高反贫困的效率，农村金融的有偿和竞争性投递机制符合Hurwicz的良好机制设计要求。刘芳、刘明（2017）认为金融发展与贫困减缓存在先抑后扬的“非线性关系”，在短期金融发展对贫困减缓呈现负向冲击，而长期则具有正向激励。现阶段贫困地区农村金融体制与机制缺陷，将制约金融资源与生产要素的深层结合，抑制甚至负向影响金融减贫的实践效果。而单德朋、王英（2017）提出金融发展和金融可得性未体现出显著的益贫性，经济机会对于农村人均纯收入提升和低收入人口数量减少均具有显著的积极效应。周双、刘鹏（2017）重点研究了如何通过金融扶贫的制度与管理创新、金融产品与服务方式创新等方式满足贫困地区精准扶贫金融需求，从而建立起新型金融扶贫机制，从根本上突破金融扶贫的制度瓶颈，达到精准扶贫的目的。黄英君、胡国生（2017）借用心理账户理论分析了贫困人群的金融心理特质，并结合区域性“贫困陷阱”假说阐述了金融扶贫的正负效应，认为金融精准扶贫需要建立横向和纵向的金融联动机制，才能实现贫困人群收入增长的良性循环。谭燕芝、张子豪（2017）认为社会网络可以显著改善农户的多维贫困状况，且对中间层次多维贫困的农户减贫效果更大，且社会网络可以通过影响农户非正规金融借贷，缓解贫困农户的融资约束进而改善农户的多维贫困。

在金融扶贫研究专著方面主要有：李宝庆的《精准扶贫背景下的金融扶贫及其绩效评价研究》，胡德宝、苏基溶的《金融发展与反贫困：来自中国的理论与实践》，苏静的《中国农村金融发展的减贫效应研究》，陈清华著作的《村级互助资金与扶贫贴息贷款的减贫机制与效应比较研究》，中国人民银行机关团委编著的《贫困村里话扶贫》，姚庆海的《助推脱贫攻坚：保险业在行动》，等等。

资产收益扶贫研究方面，汪三贵、梁晓敏（2017）认为我国资产收益扶贫作为资产建设理论在我国的初次实践，构建了扶贫工作的新机制，在项目主体、参与度实现、政府职能、农户决策等多个方面创新了我国的扶贫方式。檀学文（2017）指出资产收益扶贫是对精准扶贫精准脱贫基本方略的生动实践方式，资产收益扶贫完善了针对致贫原因提供脱贫方案的途径，丰富了“五个一批”脱贫路径的内涵。刘扬、王东宾（2017）认为资产收益扶贫作为我国扶贫开发领域的一项重要制度创新，有利于转变扶贫资源使用方式，提升贫困人口所拥有的资源水平，实现资产增值和脱贫，是精准扶贫模式的重要探索。邹薇、屈广玉（2017）认为从资产贫困视角制定扶贫战略和标准，能抓住贫困人口的贫困根源，并且能激发或改善脱贫家庭的未来发展现状，同时通过与传统扶贫政策的效率相比，可以为政策的动态调整提供参考。

财政扶贫研究方面，刘明慧、侯雅楠（2017）将财政减贫定义为一个由理念维度、对象厘定、主体行为与保障方式构成的四位一体的综合性功能系统，而四个子系统在保障架构中既有特定的意蕴，又相互衔接和支撑。盛文霞等（2017）认为教育支出对收入的影响最为显著；社会保障和就业以及医疗卫生等支出的正向影响则较小，与预期有偏差；农林水事务支出对农民收入则产生负向效应。徐爱燕、沈坤荣（2017）认为要提高财政支出减贫的收入效应，一要通过多种手段努力提高农业产出，还要在农业科技上下大力气；二要加大人力资本建设建设，强化贫困人口的自我造血、自力更生能力。财政扶贫研究专著有：徐爱燕著作的《财政支出的减贫效应研究》，李盛基、吕红的《中国农村财政支出的减贫作用机制及效果研究》分析和验证了财政支出的减贫效果，等等。

旅游扶贫研究方面，吴靖南（2017）从健全贫困人口参与受益机制、健全旅游扶贫联动运行机制、健全旅游扶贫主体协调机制、健全旅游扶贫目标考核机制等方面提出了乡村旅游扶贫的保障机制，为乡村旅游更好发挥精准扶贫功能提供了一定政策启示。林移刚、杨文华（2017）认为贫困地区应制定乡村旅游发展规划，合理配置各种旅游生产要素；提升劳动、土地和旅游资源等旅游初级生产要素利用效果；创新和发展企业家才能、技术和信息等旅游高级生产要素，形成贫困地区发展乡村旅游业的核心竞争力。李喜梅（2017）认为生态旅游区和贫困地区具有地域重叠性与发展目标一致性的特点，未来应通过深化完善管理机制、合理定位战略方向、充分论证规划方案、依托当地资源、慎重平衡利益分配等对策开展工作。黄渊基等（2017）指出武陵山片区可以从加大基础设施投资与建设，重视生态资源合理开发与升级整合，加强文化资源开掘利用与创新发展等三个方面着力发展生态文化旅游。卢冲等（2017）发现四川藏区男性或拥有草场、牦牛或房屋较好的贫困农牧民参与旅游扶贫意愿较强，贫困农牧民参与旅游扶贫的行为态度、他人支持度、个人胜任/控制力，对其参与旅游扶贫的意愿及行为都有显著正向影响。汪侠等（2017）以贵州郎德镇为例对贫困居民旅游扶贫满意度进行定量评价，制定了包括经济条件、生活水平等 8 个方面的评价指标，结果显示郎德镇旅游扶贫的满意度水平处于“一般”到“满意”之间。关于旅游扶贫路径研究专著主要有：黄勇嘉、高凌、林佳颖等的《中国旅游扶贫发展指数报告》，从旅游资源、旅游环境、旅游贡献、旅游管理、旅游传播和旅游形象 6 个维度对各地全域旅游的发展程度与水平开展多方面测评。李佳的《少数民族连片特困区域旅游精准扶贫机制研究》，冯伟林、向从武、毛娟等的《西南民族地区旅游扶贫理论与实践》和陶少华的《旅游扶贫新视野——以重庆武陵山片区为例》等。

易地搬迁扶贫研究方面，王晓毅（2017）提出易地搬迁扶贫仍存在不少问题，要使易地搬迁更好地发挥扶贫的作用，需要在城乡一体化的背景下，建立具有流动性的扶贫机制，创新自愿搬迁的安置方式。曾小溪、汪三贵（2017）在对中西部 8 省区 16 县 2019 户建档立卡搬迁户的总体情况进行了分析后，建议易地扶贫搬迁要根据轻重缓急分类施策，搬迁方式需要符合贫困家庭的生计能力，在严格控制标准的基础上，因地制宜地进行住房建设，加强搬迁后的后续扶持政策。邹英、向德平（2017）认为易地扶贫搬迁贫困户由于自身群体的特性，在市民化进程中存在诸多困境，形成由特定政策推动的、毫无准备状态下的“被动市民化”，需从分类施策、政策配套和公共服务等层面加以推进。陆汉文、覃志敏（2017）认为通过非农安置实现较大规模的扶贫移民脱贫，可转变主要从安置地资源角度来解决移民脱贫的生计发展，统筹安置地、迁出区域的各类资源，在安置地积极引导建设特色优势产业聚集区，在迁出区域适当、合理发展现代农林特产业，并探索移民资产收益扶贫。孙良顺（2017）认为要使贫困移民真正摆脱贫困，关键在于提升贫困移民的自我发展能力。因此，需要通过精准扶贫使水库移民扶贫政策真正落到实处，借助移民社区的发展带动贫困移民脱贫解困，通过政策的改进，防止移民精英享有特权、占据资源，使扶贫资源能够真正促进水库移民社区的发展，从而带动并帮助贫困移民在社区发展中提升自我发展能力，彻底摆脱贫困。国家发展和改革委员会编著的《全国易地扶贫搬迁年度报告（2017）》分为总报告、部门篇、地方篇、典型安置区巡礼及典型经验做法等，介绍了国家有关部委和22省区市推进易地扶贫搬迁工作和下一步打算，通过对迁出区和安置区进行比较分析，介绍了各地精准确定安置对象、安置点选择及安置房建设、后续脱贫措施方面的典型案例。另外还有何得桂著作的《治理贫困——易地搬迁与精准扶贫》，李南洁、何丙辉、肖新成的《高山生态扶贫搬迁研究——以重庆山区为例》等专著。

生态扶贫研究方面，雷明（2017）基于我国近年扶贫实践，从生态扶贫概念及基础入手，剖析了绿色发展下生态扶贫模式，探讨了绿色发展下生态扶贫现实路径，给出了绿色发展下创新生态扶贫机制的建议。王晓毅（2016）指出精准扶贫和生态环境保护是贫困地区面临的两个重要任务，生态环境保护要促进精准扶贫，扶贫要推动环境保护，环境保护和扶贫共同构成了绿色减贫。帅传敏等（2017）构建了三峡库区生态减贫的系统动力学理论模型，揭示了地质灾害、生态环境和移民贫困三者之间的复杂关系和动态反馈机制，并提出了三峡库区兼顾生态环境保护和地质灾害减轻的系统性减贫策略。曾维忠等（2017）对扶贫视域下的森林碳汇研究进展进行了梳理，认为贫困人口受益和发展机会创造、森林碳增汇与扶贫的权衡关系是发掘森林碳汇减贫潜力、深入开展森林碳汇扶贫研究的基本科学问题。李俊杰等（2017）通过实地调研认为，六盘水破解生态贫困的关键是以绿色发展理念为指引，大力发展循环经济，积极培育接续替代产业，争取碳交易的市场化补偿，创新资源开发补偿方式，拓展农民发展权，从而实现精准脱贫。专著研究成果主要有：蔡典雄的《中国生态扶贫战略研究》，刘晓霞、周凯的《西部地区生态型反贫困法律保障研究》和王晓毅的《生态移民与精准扶贫》等。

文化扶贫研究方面，王晓晖（2017）认为贫困是一个包含社会和文化因素在内的多维现象，并且扶贫开发嵌入在特定的社会和文化背景之中，民族地区的精准扶贫应把国家扶贫政策与“在地”的社会和文化特殊性紧密结合起来。韩竹（2017）认为扶贫开发离不开文化建设，必须充分发挥主观能动性，从文化产业入手，依托重大项目的引领，尊重差异性，因地制宜地实现文化精准扶贫工作。段小虎、张梅（2017）认为要探索有中国特色的文化扶贫研究范式，鼓励研究者深入贫困村落、贫困家庭，了解贫困人口日常文化生活，把握贫困文化的地域性、遗传性特征及其内在结构、变迁规律，为脱贫对策研究的“精准识别”“精准施策”“精准管理”提供实证依据和数据支持。欧阳雪梅（2017）指出文化扶贫是一项系统工程，需要保障贫困地区人们的文化权益，丰富精神文化生活，提升社会文明；发展与文化相关的新产业新业态，助力农村供给侧结构性改革；扶贫扶智，提高贫困地区人口素质，提升他们的脱贫技能。熊正贤（2017）认为目前武陵山区特色文化产业扶贫处于倒“U”形曲线的上升阶段，其中特色演艺产业扶贫效果不明显，扶贫空间有限，文化旅游产业扶贫绩效显著，但“双刃剑”特征已经显现；特色工艺产业扶贫正在起步。文化扶贫研究专著主要有：邓子纲的《大文化视阈下产业扶贫与特色发展研究》，官景辉主编的《宗祖文化与精准扶贫》等成果。

电商扶贫研究方面，刘学琴著作的《“互联网+精准扶贫”模式与路径研究》从“互联网+”与农业、电商、金融、旅游、教育等深度融合的视角，深入研究“互联网+精准扶贫”的创新模式，探索符合我国国情的反贫困发展之路。学术杂志研究方面，王盈盈等（2017）认为农村电商活动带来了流动人口“回乡创业”的热情，“互联网+农村电商”模式不仅改变了传统地方的生产销售方式，重塑地方关系网络，在此基础上也有利于贫困乡村精准扶贫的实现。高松（2017）认为电子商务的发展促进了我国传统农业升级，改变了以往农产品销售市场小、方式单一的特点，拓宽了销售渠道，不但有效缓解农产品积压难卖的老问题，同时为农村扶贫提供了新思路、新途径。马泽波（2017）认为若要进一步提高农村电商扶贫效果，应将文化程度是初中、高中或中专的农民作为推进农村电商扶贫的主体，将农村电商扶贫对象聚焦于收入水平略高或略低于贫困标准线的农民。李向阳（2017）认为电子商务为精准扶贫嵌入新的视角和工具，但个别部门在推进中出现定位不准、缺乏统筹、数据分割、重建轻管等问题，并由此提出应充分发挥政府主导、农民主体的作用，注意“三要素”合理流动，将更多收益留在农村。张夏恒（2017）基于对陕西省凤县电商扶贫的实地调研，认为西部山区县更应重视电子商务产业发展，重视电子商务进农村以推动农村扶贫脱贫，并提出“五不出村”理念，指导电子商务发展，还应重视政府的主体责任与共享经济模式。王旭杰（2017）指出，宁夏电商扶贫政策的发展路径应为坚持原有的政策方向，大力发展基础设施建设；重视工业品下乡政策，打通双向流通渠道；对接纵向产业政策和横向法律法规等。

健康扶贫研究方面，左停、徐小言（2017）认为贫困与疾病通过许多联结相互影响，反复循环，只有从这一恶性循环中的某一联结切断才能打破贫困与疾病的相互作用，而健康保障链是截断贫困循环和防止“因病致贫、因贫致病”现象的重要途径。张仲芳（2017）认为应充分发挥医疗保障的反贫困功能，增强健康扶贫精准度，建立因病致贫数据库，医疗保障政策向农村贫困人口倾斜，并提出建立“四重医疗保障”反贫困政策体系。陈成文（2017）则提到健康扶贫观的政策意义在于必须着力提升健康扶贫政策的契合度，包括优先建立健康扶贫补充保险制度、全面实行分类分批救治、尽快改善贫困地区医疗卫生服务条件、积极加强贫困地区公共卫生和疾病防控工作等。黄薇（2017）认为城居保政策对低收入城镇家庭具有明显的扶贫效果，但其扶贫效果在不同收入家庭具有明显的异质性特征，对中高收入参保家庭的影响尤甚，出现了“目标上移”现象，这为未来的精准扶贫工作指明了改进方向。王黔京等（2017）利用云南省10个县885户农村家庭健康扶贫问卷调查，发现因病致贫存在着家庭规模小型化、家庭医疗卫生支出比例高等问题，并结合调研数据和相关资料提出了完善云南省健康精准扶贫工作的具体政策建议。陈鹏（2017）通过对宁夏农村贫困人口因病致贫返贫的现状、存在的主要问题及成因进行客观分析，提出了解决农村贫困人口精准健康扶贫工作的对策与建议，为建设“开放、富裕、和谐、美丽”宁夏提出了相应的对策。

其他路径研究方面，首先科技扶贫研究。科学技术部编著的《把论文写在大地上——科技扶贫100个典型案例》选取了100余个“成果转化实、带动面广、精准性好、造血功能强”的科技扶贫典型案例，意在充分发挥科技扶贫工作典型案例的示范、辐射和引导作用。其次是关于水利扶贫研究。水利部扶贫办编著的《水利扶贫：典型案例选》全面收录了近几年来水利部在片区水利扶贫、水利精准扶贫示范区建设、对口支援和革命老区等水利扶贫工作中的典型案例。常全利、李曦、虞泽等编著的《水利扶贫工作考核制度研究》对考核的指导思想、考核目的、考核原则、考核对象、考核方式、考核内容、考核依据、考核组织、考核实施和考核结果等10个方面进行了研究和案例分析。再次，关于企业扶贫研究。钟宏武的《企业扶贫蓝皮书：中国企业扶贫研究报告（2016）》总结了定点扶贫63家企业的扶贫管理模式和经验。另外关于党建扶贫研究。中组部编著的《抓党建促脱贫攻坚案例选》收集了36名党支部书记的实例。还有中组部编著的《脱贫攻坚——基层党组织怎么干》等。

（五）中国扶贫开发道路及经验模式研究

从改革开放以来，我国走出了一套具有中国特色的扶贫脱贫之路，积累了丰富宝贵的经验。刘永富（2017）指出，在中国的脱贫攻坚战中，党的领导政治优势和中国特色社会主义制度优势是脱贫攻坚取得辉煌成就的根本保证，坚持改革开放，保持经济持续健康发展，是脱贫攻坚不断推进的基础条件，要坚持政府主导，科学制定规划，积极稳妥推进，坚持开发式扶贫，不断调整完善帮扶方式，激发贫困人口内生动力。黄承伟（2017）认为中国精准扶贫精准脱贫方略的核心内容包括：发挥政治优势，层层落实脱贫攻坚责任；不断完善精准扶贫政策工作体系，切实提高脱贫成效；坚持政府投入的主体和主导作用，不断增加金融资金、社会资金投入脱贫攻坚；坚持专项扶贫、行业扶贫、社会扶贫等多方力量有机结合的大扶贫格局，发挥各方面的积极性；尊重贫困群众扶贫脱贫的主体地位，不断激发贫困村贫困群众内生动力。曾小溪、汪三贵（2017）将新中国成立以来的扶贫历程大致分为保障生存阶段、体制改革阶段、解决温饱阶段、巩固温饱阶段、全面小康阶段五个阶段。而谢撼澜、谢卓芝（2017）则认为可将中国改革开放以来的特色扶贫开发道路划分为开创探索、基本形成、纵深发展和进一步拓展等四个阶段。王琳、唐子茜（2017）通过回顾中国扶贫开发道路的实践历程，归纳中国特色扶贫开发道路的理论新发展，认为中国成功走出一条中国特色扶贫开发道路，为人类减贫事业贡献了中国智慧。胡联等（2017）指出精准扶贫理论是以马克思主义政治经济学为理论指导，在融合国内外减贫理论精髓基础上得出的新成果，是马克思主义中国化的又一重大理论发展成果，其作为先进的国际减贫理念，从理论上探讨如何规避精英俘获，为世界反贫困理论与实践贡献中国智慧。专著研究成果主要有：张琦著的《中国减贫政策与实践：热点评论（2013—2016）》，李培林、魏后凯、吴国宝的《扶贫蓝皮书：中国扶贫开发报告（2016）》，左常升所著的《中国扶贫开发政策演变（2001—2015年）》，王小林、张晓颖著作的《迈向2030：中国减贫与全球贫困治理》，中央组织部干部教育局著作的《新发展理念案例选：脱贫攻坚》。

（六）扶贫脱贫区域差异性研究

由于不同地区的地理位置、自然环境、经济条件等存在差异，中国贫困现状因地域不同而呈现出不同特点。因此，许多学者针对不同地区进行了分类研究，取得了不少成果。

1. 连片特困地区扶贫开发研究

连片特困地区是精准扶贫的主战场，学者们针对此进行了诸多研究。胡联、汪三贵（2017）基于乌蒙山片区贫困村精准识别建档立卡的抽样调查数据分析认为，若要减少建档立卡的瞄准偏差，需要限制村干部任期、让村民有效参与到贫困识别、引入微观层次的第三方监督和完善村级治理。李博、左停（2014）探析了陕南秦巴山区以“公益岗位”为依托的“购买服务式”综合性扶贫治理模式的运行逻辑，并指出“购买服务式”模式实现了扶贫开发与贫困地区农村社区建设、乡村治理、生态保护、社会保障、乡土知识传承的有效衔接。李博（2017）通过在秦巴山区集中连片贫困带的调研发现，村庄合并的“形合神不合”造成了项目安排目标靶向的偏离，贫困地区治理单元的放大使精准管理难度加大，并且造成了精准扶贫的内卷化，同时村庄合并带来的政权“再悬浮”使贫困人口边缘化，合并中形成的动力差形塑了形式上的脱贫。田宇等（2017）发现武陵山片区农村家庭存在多个维度的贫困，多维贫困发生率较高，多维贫困家庭达到了70.9%，重度贫困家庭达到了40.1%；多维贫困指数较高，其中燃料、人均收入、教育年限对贫困指数的影响较大。张玉强、李祥（2017）对大别山区、武陵山区、秦巴山区的旅游精准扶贫、金融精准扶贫、易地搬迁精准扶贫三种实践模式进行比较，认为集中连片特困地区实施精准扶贫时，需尊重地区之间的差异性、做好精准操作工作、完善各项扶贫工作机制、创新精准扶贫模式，才能真正发挥出精准扶贫的效果。常香荷（2017）认为吕梁山集中连片特困地区农民收入增长速度较慢的主要原因在于农民劳动技能缺乏、农业生产条件差、资金投入不足等，由此提出加速推进农民素质全面提升、推动农业适度规模经营、大力发展农村生态经济、加大农村基础设施建设力度等建议。郑长德（2017）分析了贫困陷阱在四川省集中连片特困地区的表现，并基于分析给出了通过外部的发展援助进行贫困治理的政策选择。杨毅、张琳（2017）选取环渝六大集中连片贫困区近600户贫困家庭进行问卷调研，发现目前针对性地满足受众需求的扶贫供给成为阻滞扶贫效益的关键因素，并提出亟须改进扶贫政策适应性与精准性管理在扶贫对象价值感知层面的中间效应来提升扶贫效益满意度。周常春等（2017）基于云南省四大连片特困区家庭入户调查数据研究，发现四个片区均在很高程度上存在教育贫困，但随着贫困维度的提高，健康问题逐渐替代教育问题成为农村家庭陷入深度贫困的主要原因。游俊、冷志明、丁建军著作的《中国连片特困区发展报告（2016—2017）》以“连片特困区扶贫开发政策与精准扶贫实践”为主题，从“人地关系地域系统”层面解读连片特困区的贫困，提出“人、业、地”综合减贫分析框架及政策评价指标体系。蓝红星等著作的《集中连片特困地区农村慢性贫困问题研究》介绍了贫困内涵与识别、我国连片特困地区贫困现状、四川连片特困地区贫困现状、大小连山彝区多维贫困测度、大小凉山彝区反贫困实践与减贫绩效等。陈敬胜、曾鹰、童翎等著作的《经验与典型：罗霄山脉连片特困区精准扶贫的个案研究》用田野调查的方法，对罗霄山脉连片特困区域郴州片的精准扶贫经验和成功典型进行民族志的研究，总结其成功的模式，以期为国内同类山地村落的扶贫提供模式借鉴和经验参阅。

2. 特殊区域的扶贫脱贫研究

特殊类型贫困地区，包括少数民族地区、革命老区、边境县地区等，其贫困状况相对全国其他地区更加突出，致贫原因也更为复杂。

在少数民族和民族地区研究方面，郑瑞强（2017）基于民族地区扶贫开发的阶段性特征探讨与未来减贫形势研判，认为城乡扶贫开发联动治理要更新理念，推进城乡扶贫开发梯次并轨，增进协同，着力益贫性社会保护政策体系健全，注重发展，强化要素共融与贫困空间重构。万良杰（2017）针对民族地区剩下的绝对贫困人口规模仍然较大的情况，提出用供给侧结构性改革思维，增强供给结构对需求变化的适应性和灵活性。罗骥（2017）分析了目前中国县域扶贫工作“内卷化”矛盾，创新提出少数民族贫困县县域扶贫治理的路径选择，运用“缓和曲线”原理，选择最佳路径。陈中伟（2016）认为政府应提高少数民族地区的贫困线标准、在穷人识别设计中引入土地指标、在穷人界定与细分标准中引入性别敏感指标及建立容纳穷人参与的穷人识别机制。针对少数民族地区易地扶贫搬迁，在针对藏区的扶贫研究中，李波等（2017）认为高寒藏区在增强扶贫政策的社会认同感的同时，应充分利用农户对于扶贫政策的依赖性来提升政策效应和有效受益率，同时加强人力资本投资，着重培养农户的自主反贫困能力。刘林、李光浩（2017）基于对新疆南疆三地州少数民族农户的多维贫困程度测算，发现目前多维贫困状况得到较好改善，且空间差异逐渐缩小；农户人力资本、物质资本和社会资本的增加均能有效较少多维贫困，其中社会资本积累的减贫效应最为显著。杨帆等（2017）通过测算发现，四川藏区各县域多维贫困程度在波动中不断减轻，各县域多维贫困从扶贫开发相对初期的趋同性大于异质性逐渐发展为扶贫开发后期的趋同性大于异质性。莫光辉（2017）从创新、协调、绿色、开放、共享五大发展理念探讨了发展理念与扶贫实践的契合路径，认为少数民族地区脱贫攻坚政策在执行实践时需要五大发展理念作为价值导向。少数民族和民族地区研究专著主要有：张丽君、吴本健、王润球等的《中国少数民族地区扶贫进展报告（2016）》《中国少数民族地区精准扶贫案例集》，刘小珉的《贫困的复杂图景与反贫困的多元路径》，郭佩霞、朱明熙的《西南民族地区脆弱性贫困研究》，王孔敬编著的《民族地区特色资源产业精准扶贫研究——以湖北恩施州为例》。

在其他特殊类型贫困地区研究方面，陈光燕、杨浩（2017）认为水灾、旱灾、冷冻灾害和风灾对贫困地区农户收入和消费有明显的负向影响，气象灾害对贫困地区农村家庭的农业收入和非农业收入有双重抑制作用，并就此提出完善农业保险和生态补偿等有利于增强农户应对气象灾害能力的政策。颜廷武等（2017）对滇桂黔石漠化地区和秦巴山区连片特困地区的农户灾害风险感知情况进行分析后发现，自然灾害脆弱性程度提高会显著增加农户陷入贫困的可能性，其致贫效应强于市场风险脆弱性，但两者致贫效应存在着统计意义上的此消彼长关系。孙良顺（2017）通过观察农村水库移民认为政策福利发生逆转、难以形成家庭代际分工以及缺乏专门的政策扶持是扶持非农业户口水库移民的原因所在，并就此提出建立和完善适用于非农业户口水库移民的社会保障制度和加大对非农业户口水库移民的创就业支持力度两种实现非农业户口水库移民脱贫致富的措施。专著研究成果有：张小萍主编的《闽东老区扶贫路》通过诸多典型事例和真实情节，总结了闽东革命老区脱贫攻坚艰辛探索的成功经验——“宁德模式”。田延光、刘善庆、张明林著作的《共享理念下的赣南等中央苏区脱贫攻坚研究》对中央苏区扶贫进行了研究。周怡著作的《资源富含型贫困地区可持续发展研究》对资源富集型贫困地区扶贫进行了研究。

3. 区域及省县村级扶贫脱贫研究

区域扶贫脱贫研究方面，郑长德（2017）认为“三区三州”深度贫困地区在精准扶贫方面，扶贫政策设计要考虑激励相容，实施贫困家庭振兴计划；理解贫困群众行为逻辑，体现精准帮扶的因势利导和顺势而为；完善社会保障/保险，实现分层次的社会救助与保障。熊雪等（2017）发现农户培训使云南、贵州和陕西三省六县的农民家庭总收入获得了增长，其中劳动力平均受教育年限长、家庭土地数量多、家庭生产资产多等七个因素均提高了农民参与培训的意愿，而家庭人员数量多和到市场的距离远两个因素会降低农民参与培训的意愿。杨宜勇（2017）认为，株洲精准扶贫的成功经验主要为充分利用“互联网 +”开展精准扶贫、积极动员社会、重视金融扶贫的作用、精准扶贫督查十分到位等四个方面。何家理等（2017）针对“谁来识别”“用什么识别”“识别效果如何”等问题在安康市贫困村中进行分析，发现贫困人口期望认定采取“自己申报 + 村民代表评议 + 干部审核 + 公示监督”的复合程序，期望认定综合考察辩证识别，以及脱贫认定标准采取“国家制定的经济指标”或者“不同权重综合考核标准”。

省级扶贫脱贫研究方面，杨晶等（2017）回顾“十二五”期间江西省脱贫攻坚的现状，总结了 16 个典型的脱贫攻坚模式，并分析了当前江西脱贫攻坚存在的资金约束、制度碎片化、项目同质化、程序繁杂化、贫困户脱贫内生动力不足等五大困难。王永明等（2017）认为坡度、到所在市中心的距离、青少年人口占比、少数民族人口占比是导致贵州区县层面乡村贫困空间差异的显著因素，且这些因素的效应水平呈现出不同的空间模式。杨军等（2017）利用中国家庭追踪调查（CFPS）山西省农村成人面板数据对该省县域农村多维贫困进行测度，发现山西省农村县域多维贫困差异不明显，从事农业的农村人口更易陷入多维贫困，而当前有工作的农村人口摆脱贫困的可能性较大。郑长德（2017）对四川省有建档立卡贫困户的 161 个县域数据进行分析，指出集聚对贫困有重要的影响，企业集聚和城镇化对于减贫有重要意义。邱玲玲、曾维忠（2017）则使用 2013 年《四川省农村贫困监测报告》数据，对贫困县农村收入差距的影响因素进行分析，认为无论是在农村收入差距小还是大的贫困县，实施农村教育振兴政策均有助于缩小农村收入差距，在农村收入差距较小的贫困县的农村地区，加大道路交通基础设施投入和积极组织劳动力技能培训将有助于减小农村收入差距。

案例研究成果主要有：省级扶贫案例研究，如叶多多著作的《一个都不能掉队——云南脱贫攻坚之路》；市级扶贫案例研究，如中国地质调查局编著的《红土地上的地质情怀——中国地质调查局赣南扶贫三十年纪实》。县级扶贫案例研究，如农业部扶贫办公室、农业部科技发展中心与湖北省恩施州农业科学院、湖南省湘西州农业科学院联合编写的《农业部武陵山区定点扶贫县农业特色产业技术指导丛书》，王红蕾、伍国勇编著的《减贫摘帽 同步小康：贵州十个国家扶贫工作重点县减贫研究》，郑旺盛著作的《庄严的承诺——兰考脱贫记》。村级扶贫案例研究，如中共中央宣传部新闻局编著的《激情，在脱贫攻坚一线挥洒：“精准扶贫驻村调研”记者手记》等。

（七）社会保障与扶贫开发相结合的减贫理论探索

社会保障与扶贫脱贫相结合是完成 2020 年脱贫目标任务的兜底政策，也成为学者们关注和研究的重点。公丕明、公丕宏（2017）指出在精准扶贫脱贫攻坚中发挥社会保障兜底扶贫作用，需要继续完善农村贫困地区社会保障制度，优化社会保障兜底扶贫机制设计，健全贫困地区社会保障筹资机制等。李志平（2017）认为我国今后一段时间的扶贫开发和社会保障政策的最优组合方式是“紧保障、宽扶贫”，而减贫政策的重点区域依次是提高贫困户的资源整合能力、技术水平，以及加大扶贫资源的投入规模。王国洪（2017）指出我国社会保障在反贫困中主要起着兜底的角色，贫困问题的根本解决更多依靠经济增长、收入分配机制的设计和贫困人口自身能力的增强。苏小燕（2017）认为洛阳栾川重渡沟村的社会保障在实践中体现了经济自由主义与国家干预主义的融合，初步实现了以就业保障为基础、以养老保障及最低生活保障等为内容的乡村社会保障的全面提高。

专著成果有：韦璞著作的《社会保障的减贫作用研究——理论解析与典型比较》，着重对不同社会保障模式及其各个保障项目的减贫作用进行分析，并通过解构社会保障体系，从理论上逐次剖析了社会保障制度的筹资机制、运作管理方式、投资监管方式、支出水平和支出结构等几个方面的减贫作用，同时以典型国家为例，对比了不同保障模式的减贫效果。王延中、龙玉其著作的《民族地区社会保障反贫困研究》，对民族地区社会保障反贫困效应进行了评价，通过调查西藏自治区、广西壮族自治区、新疆维吾尔自治区、内蒙古自治区、宁夏回族自治区、贵州省、云南省、青海省八个省区的社会保障反贫困研究情况，提出了我国当前民族地区社会保障反贫困存在的问题，提出了提升民族地区社会保障制度反贫困效果的思考与建议。

（八）社会扶贫下的大扶贫格局理论探索

社会组织参与贫困治理可以弥补政府和市场在贫困治理中的不足，促进贫困治理的灵活性、公平性和可持续性。随着社会组织的不断发展壮大和“政府主导、社会参与”扶贫开发大格局的深入推进，社会组织参与国家减贫事业的路径多元、效果显著。高飞、向德平（2017）指出，引入社会治理可以破除政府单兵作战的被动局面，构建多元贫困治理主体，也可以丰富贫困治理中“政府—贫困群体”的线性结构，实现减贫主体间的多层次立体良性互动，还可以突破传统救济式扶贫的路径依赖，为开发式扶贫探索新路。陆汉文、杨永伟（2017）提出将贫困人口的主体性需求分别从个体与组织层面嵌入农村反贫困实践的逻辑中，实现贫困人口与外部干预主体的协商共治，是破解扶贫困境、实现精准脱贫的有效途径。郭君平等（2017）认为参与式社区综合发展减贫方式虽有一定“漏出效应”和“溢出效应”，但其包容性较强，可惠及绝大多数“轻度贫困户”和“中、小富户”。冯朝睿（2017）提出构建地方政府反贫困的竞合治理模式，该模式从政治、经济、市场、体制、社会、经验六个方面统筹规划，科学发展，最终为国家区域经济发展注入动力，为地方治理的多元、多层合作格局奠定基础。

专著方面有：蒋国河著作的《社会工作与农村反贫困：本土化实践与理论反思》，结合贫困救助社会工作、发展性社会工作、金融社会工作等社会工作的理论模式，分析社会工作在农村反贫困的需求领域、角色功能和应用价值，从理论与制度层面对反贫困的农村社会工作的实践加以理论反思，促进社会工作在反贫困中发挥更大作用。赵辉编著的《社会扶贫项目实施——企业社会责任与慈善创新视角的案例研究》采用案例研究的方法，对企业社会责任扶贫项目和基层慈善组织创新扶贫项目的实施过程进行深入研究，试图拓展有关嵌入性、伙伴关系、企业社会责任方面的理论，并构建有关基层慈善组织扶贫项目实施的理论框架。李长洪、陈方圆著作的《扶贫社会工作服务指南》结合一线社会工作的实践经验、工作做法，从社会工作参与扶贫的大体发展过程及服务流程进行分析梳理，提出社会工作扶贫在每一个阶段的重点工作任务、服务内容、工作者角色以及社会工作扶贫所需要的支持、保障、思考与挑战等。何道峰编著的《中国扶贫基金会经典案例》真实地记录了中国扶贫基金会在走过的28年中，筹集扶贫资金和实施扶贫项目的多个成功案例，对于总结自身成长、发展的经验教训，促进机构未来发展有着重要的作用，同时也为研究、探索整个公益行业的发展路径提供借鉴。张再杰、李国和著作的《社会学视野与贵州脱贫攻坚研究》从文化、社会政策、社会参与、社会保障、社区发展和社会工作等多维层面总结反思脱贫攻坚的“贵州经验”，探讨社会要素与脱贫攻坚的理论联系以及新形势下脱贫攻坚的实践路径，揭示“大扶贫”战略作为一项系统工程的深刻寓意以及社会学深入该领域研究的独特作用。

（九）关于扶贫问题与对策研究

针对精准扶贫实践中存在着若干亟待解决的难题，黄承伟、王猛（2017）联系河南省兰考县精准扶贫、精准脱贫的案例，指出“五个一批”精准扶贫理念与微观情景变量进行有效结合，实现了公共政策产出绩效的最大化，助推了兰考县脱贫摘帽目标的实现。左停（2017）认为以生产发展为主的开发式扶贫已经不能有效地解决我国反贫困中的“难题”，反贫困的方法需要社会保护视角的创新，关键在于发挥好社会保障的扶贫兜底作用和收入再分配功能，创新积极的社会救助和社会保障政策，加强围绕贫困人口的社会性基础设施建设。左停等（2017）指出，只有多样化的扶贫措施供给才能有效地保障扶贫的精准性和稳定长效性，更重要的是要求多样化的措施能在匹配比重和时空顺序上相互协调共同作用于贫困户群体，使贫困户形成稳固的生计系统，从而实现精准长效脱贫。陆汉文、梁爱有（2017）认为第三方的介入可以改变分权治理模式之下中央政府的信息劣势，为贫困人口将相关意见有效反馈给中央政府提供了新渠道，同时将改变地方政府的行为逻辑，驱使其主动了解、回应贫困人口的发展诉求。戴小文等（2017）通过分析循证实践方法机理、精准扶贫现状以及将二者相结合可能面临的困难，认为精准扶贫机制作用机理符合循证实践的机理，循证实践方法是一种合适且有效的帮助消除贫困的研究与实践方法。

此外，陆汉文、李文君（2017）对豫西Y县农村实用技术培训的个案材料进行分析，针对性地提出把实用技术培训嵌入到产业化扶贫项目，与适度规模经营和延伸产业链条结合在一起，逐渐提升培训效果、突破结构性困境。许汉泽、李小云（2017）认为第一书记扶贫工作的开展一方面受到上级政府目标设置权责不匹配与原单位有限资源的条件限制，另一方面遭遇了乡镇干部与村干部之间的“共谋”与“乡—村”关系的闭合，这样双重排斥的结构性变化不仅影响第一书记扶贫工作的本身，还导致驻村帮扶制度的变迁，使得国家对于农村基层社会的控制能力弱化。杨秀丽、徐百川（2017）认为应通过发展完善乡村治理过程中的基层民主，落实扶贫工作中精准识别、精准帮扶和精准管理等关键环节，从而促进乡村贫困户精准脱贫。祝慧等（2017）从精准扶贫目标、理念、主体、工作重点等方面梳理了精准扶贫的演进逻辑，并指出了精准扶贫实践面临的主要问题，提出了今后精准扶贫实践的路径创新方向。贺坤、刘林（2017）通过构建理论模型，并应用多维贫困测度方法对2013年中国农村流动人口数据进行测算，得出造成农民工贫困的关键因素不是收入低，而是农民工的非市民化身份带来的各类制约影响了农民工脱贫甚至导致其返贫。

（十）国际减贫经验研究

张琦、贺胜年（2017）对20世纪90年代以来发展中国家女性贫困和女户家庭贫困问题进行了大量的研究，认为由于遭受资源、市场准入和社会保障、就业方面的歧视，女性发展条件受限极易陷入贫困境地，而当前我国正处于脱贫攻坚关键期，国外女性贫困及女户家庭贫困研究成果对提高贫困群体和对象瞄准度、减贫和治贫措施精准度极具参考价值。张平（2017）就国内外研究进行了回顾，指出经济增长无疑对减贫具有积极推动作用，是贫困减少的必要条件但并非充分条件，在这一过程中，增长性质、结构、初始条件、市场效率以及政策取向等经济、非经济因素都会对减贫成效产生重要影响。孙鑫（2017）对国内外旅游扶贫文献关键词进行分析发现，旅游扶贫策略、生态旅游与可持续发展和乡村旅游是国内外研究共同关注的热点，但国内外旅游扶贫研究主题存在一定差异性，国内研究案例地以中小尺度为主，民族地区旅游扶贫是研究热点，而国外研究以大尺度案例地为主，主要研究发展中国家的旅游扶贫。邓大松、仙蜜花（2017）介绍了美国的贫困问题及针对低收入者的福利计划，分析福利项目的运行效果及存在的问题，认为我国在推进精准扶贫的过程中可以借鉴其成功经验，同时也要避免出现类似的问题，推动扶贫工作顺利开展。王志章、黄明珠（2017）结合英国后工业化时期英国政府承担的扶贫责任，提出完善社会保障制度；制定有针对性的脱贫手段，实施多元化精准脱贫工具；增强政府与社会组织的合作，建立健全慈善法规制度等扶贫措施。罗圣荣（2017）针对目前澜湄次区域国际减贫合作中存在的种种问题，认为未来澜湄合作机制下开展国际减贫合作应积极倡导包括“共商、共建、共享”合作，绿色环保减贫，以及政府、企业、非政府组织、社会“四位一体”的减贫实践新理念。王志章、郝立（2017）认为中国与东盟区域反贫困合作可从做好政府间减贫合作的顶层设计，争取多边力量参与扶贫，加强基础设施互联互通，实施教育扶贫以及做好合作扶贫的效果评估和退出保障机制等方面，推动双边在反贫困议题上构建长效合作机制。

（十一）其他方面研究

在经济发展进入新常态的背景下，为了增强减贫活力，提供持续驱动力，诸多学者围绕扶贫脱贫进行了其他方面有益探索。

在廉政扶贫研究方面，国务院扶贫开发领导小组办公室著作的《强化监督执纪 保障精准扶贫——全国扶贫领域腐败案件警示录》，从近年来纪委通报的300多件扶贫领域的违纪案件中选取了具有典型性的70余个案例，结合不同地区的不同情况，通报扶贫领域的突出问题，警示广大党员干部，谁也不能动贫困人口的“奶酪”。陈丽玲、杨同柱主编的《扶贫干部案头书：精准扶贫廉政风险防控指南》，从扶贫干部具体工作角度出发，着重分析了扶贫过程中出现的违法违纪行为和违纪违法人员心理，以引出容易渎职和贪贿各环节风险，揭示易发多发的常见问题和现象及大众做法，为扶贫工作领域中的领导干部明确法律界线，划好合法底线。吴国宝（2017）认为扶贫治理不当是引发扶贫造假行为的主要原因，应该通过加强和创新扶贫治理，构建不想造假、不能造假的扶贫治理体系，减少和遏制扶贫造假行为的发生。莫光辉等（2017）提出精准反腐机制建构是顺利完成脱贫攻坚战目标任务和净化脱贫攻坚战政治生态的现实需要，应从建构精准扶贫领域腐败的预防机制、惩治机制以及反腐倡廉激励机制等方面着手建构反腐机制。

在特殊人群扶贫研究方面，杨宜勇、吴香雪（2017）认为残疾人要想摆脱贫困，必须实现对社会资源的无障碍获得，因而无障碍扶贫战略的建构与实施刻不容缓。在无障碍战略的指导下，残疾人扶贫要统筹推进，不断打破扶贫观念、制度、政策、服务等方面的障碍，使残疾人能够平等地享有社会公民权和社会资源，从而摆脱贫困，实现全面发展。在未成年人扶贫脱贫研究方面。王作宝的《我国居家监护未成年人贫困问题及其治理研究》，突破以往在家庭贫困和区域贫困的框架下研究未成年人贫困的不足，对未成年人贫困的内涵进行了“二维多元”阐释，区分未成年人贫困与家庭贫困、成年人贫困的不同，探讨未成年人贫困的致因和影响，据此论证未成年人贫困的特殊性及研究和治理的必要性。

在外资扶贫研究方面，张惠君著作的《外资扶贫对云南省民族地区的影响与可持续研究》首次对外资扶贫进行了系统的研究，全面评价了外资扶贫对云南少数民族地区和少数民族的影响，澄清了误解，在此基础之上提出了在反贫困领域继续进行国际合作的必要性和对策建议。在援助减贫研究方面，熊青龙著作的《官方发展援助的减贫效果研究》分析了援助促进减贫的理论机制，从实践和实证的角度讨论了官方发展援助的减贫效果，提出了一些关于如何提高援助减贫效果的建议和思考，涉及如何接续"后 2015"议程、如何探索新的援助筹资模式、如何制定科学的援助减贫战略和如何改进现有的援助政策。

（北京师范大学中国扶贫研究院
张　琦　张诗怡　孙思睿）

附录：

2017 年扶贫开发专著整理

	书　　名	作　者	出版社	出版时间
1	企业扶贫蓝皮书：中国企业扶贫研究报告（2016）	钟宏武	社会科学文献出版社	2017 年 1 月
2	中国扶贫开发政策演变（2001—2015 年）	左常升	社会科学文献出版社	2017 年 1 月
3	双联行动与精准扶贫发展研究	赵铁军，曲涛	经济日报出版社	2017 年 1 月
4	新时期我国精准扶贫机制创新路径	杨道田	经济管理出版社	2017 年 1 月
5	中国生态扶贫战略研究	蔡典雄	科学出版社	2017 年 1 月
6	扶贫干部案头书：精准扶贫廉政风险防控指南	陈丽玲、杨同柱	法律出版社	2017 年 1 月
7	扶贫蓝皮书：中国扶贫开发报告（2016）	李培林，魏后凯，吴国宝	社会科学文献出版社	2017 年 1 月
8	民族地区社会保障反贫困研究	王延中，龙玉其	经济管理出版社	2017 年 1 月
9	精准扶贫与乡村再造：基于云南禄劝实践的反思	鲁可荣，杨亮承，朱启臻	社会科学文献出版社	2017 年 2 月
10	中国人民大学中国社会发展研究报告（2016）——精准扶贫的战略任务与治理实践	张建明	中国人民大学出版社	2017 年 2 月
11	我国居家监护未成年人贫困问题及其治理研究	王作宝	东北大学出版社	2017 年 2 月
12	“互联网 + 精准扶贫”模式与路径研究	刘学琴	中国海洋大学出版社	2017 年 3 月
13	深入实施精准扶贫精准脱贫	郭玮	言实出版社	2017 年 3 月
14	中国少数民族地区扶贫进展报告（2016）	张丽君，吴本健，王润球，等	中国经济出版社	2017 年 3 月
15	少数民族连片特困区域旅游精准扶贫机制研究	李佳	经济科学出版社	2017 年 3 月
16	惠农政策和贵州农村贫困研究	张玉梅，陈志钢	中国农业科学技术出版社	2017 年 3 月
17	多维视角下新疆益贫式增长研究	张庆红	西南财经大学出版社	2017 年 3 月
18	中国连片特困区发展报告（2016—2017）：连片特困区扶贫开发政策与精准扶贫实践	游俊，冷志明，丁建军	社会科学文献出版社	2017 年 4 月
19	精英俘获：扶贫资源分配的乡村叙事	邢成举	社会科学文献出版社	2017 年 4 月
20	贫困的复杂图景与反贫困的多元路径	刘小珉	社会科学文献出版社	2017 年 4 月
21	金融发展与反贫困：来自中国的理论与实践	胡德宝，苏基溶	人民日报出版社	2017 年 4 月
22	贫困地区基本公共服务均等化研究——基于主体功能区框架的分析	冯骁	经济科学出版社	2017 年 4 月
23	资源富集型贫困地区可持续发展研究	周怡	西南财大出版社	2017 年 4 月

（续）

	书　名	作　者	出版社	出版时间
24	中国产业发展的减贫效应研究	胡联	经济科学出版社	2017 年 4 月
25	新发展理念案例选：脱贫攻坚	中央组织部干部教育局	党建读物出版社	2017 年 4 月
26	红土地上的地质情怀：中国地质调查局赣南扶贫三十年纪实	国土资源部中国地质调查局	中国地质大学出版社	2017 年 5 月
27	全国易地扶贫搬迁年度报告（2017）	国家发展和改革委员会	人民出版社	2017 年 5 月
28	西部地区生态型反贫困法律保障研究	刘晓霞，周凯	中国社会科学出版社	2017 年 5 月
29	长征精神与反贫困研究	洪名勇	中国社会科学出版社	2017 年 5 月
30	调结构促发展打赢脱贫攻坚战——农业农村干部培训读本	王雄	西北农林科技大学出版社	2017 年 5 月
31	社会保障的减贫作用研究：理论解析与典型比较	韦璞	中国社会科学出版社	2017 年 5 月
32	POD-收入平等目标下的农村扶贫政策研究	王宏杰	科学出版社	2017 年 6 月
33	社会资源禀赋视域下湘西教育精准扶贫路径研究	张澧生	北京理工大学出版社	2017 年 6 月
34	外资扶贫对云南省民族地区的影响与可持续研究	张惠君	中国社会科学出版社	2017 年 6 月
35	特殊类型贫困地区贫困和反贫困绩效的调查与评估	李翠锦，刘林	经济管理出版社	2017 年 6 月
36	《“十三五”脱贫攻坚规划》辅导读本	国家发展和改革委员会	人民出版社	2017 年 6 月
37	脱贫攻坚——基层党组织怎么干	中共中央组织部	人民出版社	2017 年 6 月
38	陕西蓝皮书：陕西精准脱贫研究报告（2017）	任宗哲，白宽犁，王建康	社会科学文献出版社	2017 年 6 月
39	西南民族地区脆弱性贫困研究	郭佩霞，朱明熙	西南财经大学出版社	2017 年 6 月
40	资源富集型贫困地区可持续发展研究	周怡	西南财经大学出版社	2017 年 6 月
41	治理贫困——易地搬迁与精准扶贫	何得桂	知识产权出版社	2017 年 6 月
42	高校定点扶贫典型案例集（2012—2015 年）	教育部学校规划建设发展中心	云南人民出版社	2017 年 7 月
43	民心的乔迁——贵州省黔西南州易地扶贫搬迁工作实录	中共黔西南州州委宣传部	团结出版社	2017 年 7 月
44	减贫摘帽 同步小康（综合卷）/贵州十个国家扶贫工作重点县减贫研究	王红蕾，伍国勇	贵州大学出版社	2017 年 7 月
45	水利扶贫工作考核制度研究	常全利，李曦，虞泽，杨涛，王威等	黄河水利出版社	2017 年 7 月
46	精准扶贫背景下的金融扶贫及其绩效评价研究	李宝庆	中国金融出版社	2017 年 7 月
47	精准扶贫　精准脱贫——打赢脱贫攻坚战辅导读本	中共中央组织部干部教育局	党建读物出版社	2017 年 7 月
48	中国农村财政支出的减贫作用机制及效果研究	李盛基，吕红	科学出版社	2017 年 7 月
49	中国贫困地区可持续发展战略	北京大学贫困地区发展研究院	经济科学出版社	2017 年 7 月
50	共享理念下的赣南等中央苏区脱贫攻坚研究	田延光，刘善庆，张明林	经济管理出版社	2017 年 7 月
51	助推脱贫攻坚：保险业在行动	姚庆海	人民出版社	2017 年 7 月

（续）

	书　　名	作　者	出版社	出版时间
52	大文化视阈下产业扶贫与特色发展研究	邓子纲	中国社会科学出版社	2017年7月
53	空间视角下的城市贫困：格局、耦合与感知	薛东前	科学出版社	2017年7月
54	扶贫社会工作服务指南	李长洪，陈方圆	中国社会出版社	2017年7月
55	中国减贫政策与实践：热点评论（2013—2016）	张琦	经济日报出版社	2017年8月
56	强化监督执纪 保障精准扶贫——全国扶贫领域腐败案件警示录	国务院扶贫开发领导小组办公室	人民出版社	2017年8月
57	湖南农村金融扶贫问题研究	李金美	吉林人民出版社	2017年8月
58	中国旅游扶贫发展指数报告	黄勇嘉，高凌，林佳颖，金炫美，杨芳等	中国社会科学出版社	2017年8月
59	经验与典型：罗霄山脉连片特困区精准扶贫的个案研究	陈敬胜，曾鹰，童翎，曹莉	中南大学出版社	2017年8月
60	集中连片特困地区农村慢性贫困问题研究	蓝红星	科学出版社	2017年8月
61	中国农村金融发展的减贫效应研究	苏静	经济科学出版社	2017年8月
62	财政支出的减贫效应研究	徐爱燕	科学出版社	2017年8月
63	小康路上一个不能少（精准扶贫案例）	曹立，石霞	人民出版社	2017年8月
64	把论文写在大地上——科技扶贫100个典型案例	中华人民共和国科学技术部	科学技术文献出版社	2017年8月
65	抓党建促脱贫攻坚案例选	中共中央组织部组织二局	党建读物出版社	2017年8月
66	脱贫攻坚保障：完善创新贫困考核与退出机制	张琦	经济日报出版社	2017年9月
67	基于GIS的县级多维贫困监测与评价	王艳慧	科学出版社	2017年9月
68	精准扶贫与精准脱贫	郑长德	经济科学出版社	2017年9月
69	西南民族地区旅游扶贫理论与实践	冯伟林，向从武，毛娟	西南交通大学出版社	2017年9月
70	民族地区特色资源产业精准扶贫研究——以湖北恩施州为例	王孔敬	科学出版社	2017年9月
71	生态移民与精准扶贫	王晓毅	社会科学文献出版社	2017年9月
72	新时期扶贫攻坚之路	孙铮	中国财政经济出版社	2017年9月
73	精准脱贫第三方评估：理论、方法与实践	庄天慧	科学出版社	2017年9月
74	中国反贫困斗争的伟大决战	新华社记者	人民出版社	2017年9月
75	官方发展援助的减贫效果研究	熊青龙	江西人民出版社	2017年9月
76	水利扶贫：典型案例选	水利部扶贫领导小组办公室	黄河水利出版社	2017年10月
77	贫困村里话扶贫	中国人民银行机关团委	中国金融出版社	2017年10月
78	开发性金融脱贫攻坚发展报告（2017）	国家开发银行	人民出版社	2017年10月
79	新常态下贫困山区开发战略与脱贫模式——基于河南省嵩县的实证分析	李大伟	河南人民出版社	2017年10月
80	精准扶贫与乡村建设的理论和实践——来自湘西北地区的调查	黄渊基，李云峰	中南大学出版社	2017年11月
81	社会扶贫项目实施——企业社会责任与慈善创新视角的案例研究	赵辉	经济科学出版社	2017年11月

（续）

	书　　名	作　者	出版社	出版时间
82	中国扶贫精细化：理念、策略、保障	王三生	社会科学文献出版社	2017 年 11 月
83	收入不均等与农村贫困：理论与实证	熊小刚，吴海涛	中山大学出版社	2017 年 11 月
84	迈向 2030：中国减贫与全球贫困治理	王小林，张晓颖	社会科学文献出版社	2017 年 11 月
85	山村重塑——少数民族贫困山区参与式乡村社会发展研究	邵志忠	民族出版社	2017 年 11 月
86	摆脱贫困与全面小康	李方祥	人民日报出版社	2017 年 11 月
87	一个都不能掉队——云南脱贫攻坚之路	叶多多	云南人民出版社	2017 年 11 月
88	高山生态扶贫搬迁研究——以重庆山区为例	李南洁，何丙辉，肖新成	科学出版社	2017 年 12 月
89	新常态下精准扶贫的理论与实践（以湖北黄冈地区为例）	贾利军，赵瑾璐，陈招勇，杨俊霞	知识产权出版社	2017 年 12 月
90	旅游扶贫新视野——以重庆武陵山片区为例	陶少华	经济科学出版社	2017 年 12 月
91	村级互助资金与扶贫贴息贷款的减贫机制与效应比较研究	陈清华	经济科学出版社	2017 年 12 月
92	连片特困区扶贫资源配置效应与优化机制	郑瑞强，朱述斌，王英	社会科学文献出版社	2017 年 12 月
93	脱贫攻坚进行时："精准扶贫驻村调研"采访报道作品集	中共中央宣传部新闻局	学习出版社	2017 年 12 月
94	农业部武陵山区定点扶贫县农业特色产业技术指导丛书——永顺篇、来凤篇、咸丰篇、龙山篇	农业部科技发展中心	中国农业科学技术出版社	2017 年 12 月
95	中国城乡发展报告（2017）：水平评价与精准扶贫	任保平	中国经济出版社	2017 年 12 月
96	中国少数民族地区扶贫进展报告 2017	张丽君，吴本健，王飞，马博等	中国经济出版社	2017 年 12 月
97	中国扶贫基金会经典案例	何道峰	社会科学文献出版社	2017 年 12 月
98	中国少数民族地区精准扶贫案例集	张丽君，吴本健，王润球张春敏等	中国经济出版社	2017 年 12 月
99	宗祖文化与精准扶贫	官景辉	社会科学文献出版社	2017 年 12 月
100	闽东老区扶贫路	张小萍	海峡文艺出版社	2017 年 12 月
101	中国精准扶贫发展报告（2017）	陆汉文，黄承伟	社会科学文献出版社	2017 年 12 月
102	激情，在脱贫攻坚一线挥洒："精准扶贫驻村调研"记者手记	中共中央宣传部新闻局	学习出版社	2017 年 12 月
103	2017 中国农村贫困监测报告	国家统计局住户调查办公室	中国统计出版社	2017 年 12 月
104	社会学视野与贵州脱贫攻坚研究	张再杰，李国和	科学出版社	2017 年 12 月
105	庄严的承诺——兰考脱贫记	郑旺盛	中共中央党校出版社	2017 年 12 月
106	村级互助资金与扶贫贴息贷款的减贫机制与效应比较研究	陈清华	经济科学出版社	2017 年 12 月
107	社会工作与农村反贫困：本土化实践与理论反思	蒋国河	中国社会出版社	2017 年 12 月

注：按照出版时间进行排序。

第十一篇

宣传表彰篇

扶 贫 宣 传

【综述】 2017年，扶贫宣传工作在中共中央宣传部有力指导和中央有关部门、主流媒体大力支持下，主动策划、主动引导、主动作为，脱贫攻坚大宣传格局基本形成，宣传制度体系基本健全，宣传工作机制基本完善，畅通了主渠道、巩固了主阵地、唱响了主旋律，取得了显著的工作成效。据统计，全年中央主要媒体共推出扶贫报道13.1万余条，省级媒体扶贫报道24.3万余条，网络媒体扶贫报道多达521万条，分别比2016年增加3万条、21万条和90万条，为脱贫攻坚战取得决定性进展作出了重要贡献，营造了良好舆论氛围。

深入学习宣传习近平总书记关于扶贫开发工作的重要论述。一是加强学习研讨。认真学习中共中央总书记习近平在党的十九大、中央政治局第39次集体学习、中央政治局常委会、深度贫困地区脱贫攻坚座谈会等重要会议、重要活动上的重要讲话和指示，坚持系统学，及时跟进学，专题研讨学，不断提高政治站位，强化责任担当，把学习成果转化为工作思路举措。二是开展理论研究。完成中宣部马克思主义理论研究和建设工程重大项目“习近平总书记扶贫开发战略思想的理论创新和实践创新研究”课题。两次召开习近平总书记关于扶贫开发工作的重要论述专题研讨会，在全国范围组织开展主题征文活动，共收到各地的投稿论文811篇，共评选出100篇获奖征文，精选31篇结集出版。把课题研究、理论研讨、编写书籍、征文的过程作为深化学习、广泛宣传的过程，树立鲜明的政治导向，产生良好的社会影响。国务院扶贫办党组集体和党组书记发表《中国特色扶贫开发道路的新拓展新成就》等7篇理论文章。三是开展培训宣讲。国务院扶贫办主任刘永富在中央党校（国家行政学院）、中共中央办公厅机关党校、中央直属机关党校等为各级党员领导干部授课11次，宣讲习近平总书记关于扶贫开发工作的重要论述和中央脱贫攻坚决策部署。

大力宣传脱贫攻坚成就。坚持把脱贫攻坚宣传作为迎接党的十九大宣传的开篇之作，组织中央主要媒体做好“砥砺奋进的五年”重大主题宣传。组织完成“砥砺奋进的五年”大型成就展脱贫攻坚展工作，充分展示了中共中央总书记习近平的为民情怀、扶贫足迹和中国脱贫攻坚的辉煌成就，在国内外引起巨大反响，超过226万人次入场观展。中央主要媒体均开设脱贫攻坚专栏，推出专题系列报道，全年刊发大量报道。

持续开展脱贫攻坚典型宣传。与新华社建立脱贫攻坚线索月报机制，全年对31个正面典型作了重点宣传报道。定期提供《脱贫攻坚新闻宣传资料汇编》，共推介200余个驻村帮扶、坚守岗位、“绣花”功夫、内生动力等各类先进典型案例。深入宣传报道全国脱贫攻坚奖和脱贫攻坚模范的先进事迹。

及时召开新闻发布会。围绕贫困县摘帽、省级党委政府考核评估、作风治理、减轻基层负担、脱贫攻坚奖评选等热点话题，共组织召开各类发布会15次，发布次数为历年最高。通过主动发声，及时回应舆论关切，及时亮明态度，中央各主要媒体均作突出报道，社会影响大，效果比较好。

主动引导扶贫题材文艺创作。主动指导、参与、推进扶贫题材文艺创作，推出电视剧《苦乐村官》《索玛花开》和电影《十八洞村》《南哥》，指导创作扶贫歌曲《都说变了样》、长篇报告文学《乡村国是》《文艺扶贫歌曲创作汇报音乐会》。

（国务院扶贫办政策法规司
余绪海）

【扶贫日论坛】 2017 年 10 月 9 日，在北京市举办以“精准扶贫与 2030 年可持续发展议程”为主题的 2017 年减贫与发展高层论坛，国务院原副总理汪洋出席论坛开幕式并发表重要讲话。来自 13 个国家的政要、16 个国际机构的代表以及专家学者共 200 余人参加了论坛。

汪洋在讲话中强调，消除贫困是全人类的共同理想，也是当今时代的重要主题。中国始终是国际减贫事业的积极倡导者和有力推动者，愿与各国一道，持续开展减贫经验交流，深入推进国际减贫与发展合作，为实现 2030 年可持续发展议程目标注入强劲动力。

与会外国嘉宾充分肯定中国的减贫成就，纷纷表达学习借鉴中国减贫经验、加强减贫合作的强烈愿望。联合国秘书长古特雷斯在贺信中表示：“精准减贫方略是帮助最贫困人口实现《2030 年可持续发展议程》宏伟目标的唯一途径。中国已实现数亿人脱贫，中国的经验可以为其他发展中国家提供有益借鉴。”

10 月 9—10 日，还举办了交通扶贫论坛、扶贫用地政策论坛、信息高速公路助力脱贫奔小康论坛、老区精神与脱贫攻坚论坛、互联网 + 社会扶贫论坛、教育扶贫论坛、贫困县“大学生村官”扶贫论坛、易地扶贫搬迁论坛、水利扶贫论坛、万企帮万村精准扶贫论坛、县域发展与脱贫攻坚论坛、乡村发展与脱贫攻坚论坛、农业产业论坛、健康扶贫论坛、文化扶贫论坛等 15 个平行论坛。

（国务院扶贫办政策法规司
余绪海）

扶　贫　表　彰

【全国脱贫攻坚奖】 认真开展评选工作。首次实行在京中央单位由牵头部门推荐的做法。坚持评选委员会独立评审的同时，评选办公室积极发挥把关作用，在关键环节先后四次召开全体会议对重要事项进行集体研究决策，形成了评选办公室和评选委员会既各司其职，又协调配合的良好工作机制。明确提出聚焦精准、注重实绩、面向主战场、面向基层一线等评选原则，实化各奖项的评选标准，细化方法步骤。通过层层发动、上下联动、共同行动，各省各牵头部门共受理参评 2492 人，是 2016 年的 2.2 倍。经过初评、实地考察、复评、公示等环节，评选脱贫攻坚奋进奖 10 名、贡献奖 10 名、奉献奖 10 名、创新奖 10 名。从评选结果来看，脱贫攻坚任务重的中西部 22 个省份实现全覆盖，有 23 名获奖者奋斗在县以下基层一线，充分体现了向主战场和基层一线倾斜的鲜明导向。

举办先进事迹报告会。10 月 9 日，国务院扶贫开发领导小组首次举办脱贫攻坚先进事迹报告会，汪洋出席会议并讲话。会议传达了习近平重要指示和李克强批示，对全国脱贫攻坚奖获奖者进行了表彰。邓迎香、李朝阳、陈开枝、李君、刘锦秀等 5 位获奖者代表作先进事迹报告。推荐 13 名获奖者在平行论坛上做事迹报告。

录播特别节目。首次录制《最深的牵挂——2017 年全国脱贫攻坚奖特别节目》，于 10 月 17 日晚在央视二套黄金时间播出，后又分别在二套、十二套重播。节目通过四组人物的短片以及 9 位获奖代表访谈、现场秀、宣读颁奖词、颁奖等环节，与现场观众分享 40 位获奖者的感人事迹，展现了党的十八大以来全国脱贫攻坚取得的辉煌成就，以及广大贫困地区群众、一线扶贫干部和社会帮扶人士昂扬向上的精神风貌。节目播出后在社会各界引起热烈反响，收视率在同类型节目中居于前列。

（国务院扶贫办政策法规司
余绪海）

【全国脱贫攻坚模范】 2017 年，人力资源社会保障部、国务院扶贫办追授王新法同志、授予刘桂珍同志“全国脱贫攻坚模范”称号。

王新法同志是中国共产党党员，生前为河北省石家庄市公安局退休干部。2013 年退休后，他响应中央号召，拿出个人全部积蓄自愿到湖南省石门县南北镇薛家村义务扶贫，担任名誉村主任，带领该村实现整体脱贫，农民人均纯收入翻一番，把落后的贫困村建成全国文明村。2017 年 2 月 23 日，王新法同志因劳累过度突发心肌梗死，牺牲在脱贫攻坚一线，终年 64 岁。王新法同志去世后，中共湖南省委、省人民政府追授其“扶贫楷模”称号并组织先进事迹报告会 10 多场，湖南各地以专场报告会、报告文学、微电影、歌曲等形式掀起了学习王新法的热潮，引起了强烈反响。

刘桂珍同志是中国共产党党员，现任山西省代县峪口乡段家湾村党支部书记、村委会主任。她默默坚守贫困山村，群众有求必应，主动作为，勇于担当，一肩挑起村支书、村主任、乡村医生、代课教师的责任数十载，带领贫困群众整体实现“两不愁三保障”。国务院原副总理汪洋两次作出重要批示，请山西省和国务院扶贫办关注刘桂珍同志先进事迹。

湖南、山西两省严格按照“两审三公示”要求进行了推荐。湖南省人力资源和社会保障厅和省扶贫办联合上报了《关于追授王新法同志为“全国脱贫攻坚模范”的请示》，山西省人力资源和社会保障厅和省扶贫办联合上报了《关于申报刘桂珍同志为全国脱贫攻坚模范的请示》。2017 年 11 月 8 日至 11 月 10 日，评选办公室分别赴湖南和山西两省对王新法、刘桂珍先进事迹进行了考察。12 月 13—19 日，国家公务员局官网和国务院扶贫办官网同时对全国脱贫攻坚模范候选人王新法、刘桂珍先进事迹进行了公示公告。

（国务院扶贫办政策法规司
余绪海）

第十二篇

扶贫数据篇

表 1　2017 年中国农村贫困人口数量和贫困发生率

地　区	贫困人口			贫困发生率	
	数量（万人）	比上年下降（万人）	下降幅度（%）	水平（%）	比上年下降（百分点）
全　国	3046	1289	29.7	3.1	1.4
北　京	.	.	.	.	.
天　津	.	.	.	.	.
河　北	124	64	34.2	2.2	1.1
山　西	133	53	28.5	5.5	2.2
内蒙古	37	16	30.6	2.7	1.2
辽　宁	39	20	33.5	1.7	0.9
吉　林	41	16	28.5	2.7	1.1
黑龙江	50	18	26.9	2.7	1
上　海	.	.	.	.	.
江　苏	.	.	.	.	.
浙　江	.	.	.	.	.
安　徽	158	79	33.2	3	1.4
福　建	.	.	.	.	.
江　西	107	48	31	3	1.3
山　东	60	80	57.4	0.8	1.1
河　南	277	95	25.5	3.4	1.2
湖　北	114	62	35.2	2.8	1.5
湖　南	232	111	32.4	4.1	1.9
广　东	.	.	.	.	.
广　西	246	95	27.8	5.7	2.2
海　南	23	10	29.9	3.9	1.6
重　庆	21	24	53.7	0.9	1.1
四　川	212	94	30.6	3.1	1.3
贵　州	295	107	26.6	8.5	3.1
云　南	279	95	25.3	7.5	2.6
西　藏	20	14	40.3	7.9	5.3
陕　西	169	57	25.3	6.3	2.1
甘　肃	200	62	23.6	9.7	2.9
青　海	23	8	26.5	6	2.1
宁　夏	19	11	36.4	4.5	2.6
新　疆	113	34	23.3	9.9	2.9

注：1. “.”表示数值较小，统计上不显著。

2. 表 1 至表 13 的数据来源于国家统计局公布的《中国农村贫困监测报告 2017》。

表2　2017年贫困地区农村贫困人口数量和贫困发生率

地　区	贫困人口			贫困发生率	
	数量（万人）	比上年下降（万人）	下降幅度（%）	水平（%）	比上年下降（百分点）
合　计	1900	760	28.6	7.2	2.9
河　北	97	50	33.8	7	3.6
山　西	49	18	27.3	8.6	3.2
内蒙古	34	13	27	4.8	1.8
吉　林	8	2	23.2	6.8	2.1
黑龙江	38	16	29.6	7	3
安　徽	108	47	30.2	5.5	2.4
江　西	71	32	31.2	5.9	2.7
河　南	158	63	28.6	5.2	2.1
湖　北	79	38	32.2	6.5	3.1
湖　南	139	65	31.9	7	3.3
广　西	77	23	23.1	7.5	2.2
海　南	6	2	27.9	8.1	3.2
重　庆	17	17	49.7	2	2
四　川	103	47	31.4	6.1	2.8
贵　州	252	94	27.2	8.7	3.2
云　南	264	89	25.2	10.2	3.4
西　藏	20	14	40.3	7.9	5.3
陕　西	102	38	27.3	7.7	2.9
甘　肃	175	60	25.4	10.8	3.7
青　海	23	8	26.5	6	2.1
宁　夏	13	5	25.6	6.5	2.2
新　疆	67	20	22.8	8.7	2.6

表 3　2017 年连片特困地区农村贫困人口数量和贫困发生率

片区名称	贫困人口			贫困发生率	
	数量（万人）	比上年减少（万人）	减少幅度（%）	水平（%）	比上年下降（百分点）
全部片区	1540	649	29.6	7.4	3.1
1. 六盘山区	152	62	29	8.8	3.6
2. 秦巴山区	172	85	33	6.1	3
3. 武陵山区	188	96	33.8	6.4	3.3
4. 乌蒙山区	199	73	26.9	9.9	3.6
5. 滇黔桂石漠化区	221	90	29	8.4	3.4
6. 滇西边境山区	115	37	24.1	9.3	2.9
7. 大兴安岭南麓山区	35	11	24.2	6.6	2.1
8. 燕山—太行山区	71	28	28.2	7.9	3.1
9. 吕梁山区	29	17	37.1	8.4	5
10. 大别山区	173	78	31.2	5.3	2.4
11. 罗霄山区	49	24	32.9	5	2.5
12. 西藏区	20	14	40.3	7.9	5.3
13. 四省藏区	51	17	25.4	9.5	3.2
14. 南疆四地州	64	16	20.1	9.1	2.3

表4　2017年国家扶贫开发工作重点县农村贫困人口数量和贫困发生率

地　区	贫困人口			贫困发生率	
	数量（万人）	比上年减少（万人）	减少幅度（%）	水平（%）	比上年下降（百分点）
合　计	1603	616	27.8	7.6	2.9
河　北	87	37	29.8	7.4	3.1
山　西	44	17	28.1	7.9	3.1
内蒙古	34	13	27	4.8	1.8
吉　林	8	2	23.2	6.8	2.1
黑龙江	28	14	32.7	8.3	4
安　徽	108	46	29.8	5.7	2.4
江　西	67	24	26.1	6.3	2.2
河　南	138	43	23.7	6.1	1.9
湖　北	73	37	33.3	6.4	3.2
湖　南	94	30	23.9	9.3	2.9
广　西	66	18	21.2	7.4	2
海　南	6	2	27.9	8.1	3.2
重　庆	17	17	49.7	2	2
四　川	77	41	34.5	5.6	2.9
贵　州	200	79	28.3	9	3.6
云　南	232	83	26.4	11.4	4.1
陕　西	80	36	30.9	7.2	3.2
甘　肃	164	52	24.2	12.5	4
青　海	13	5	25.9	7.6	2.7
宁　夏	13	5	25.6	6.5	2.2
新　疆	52	18	25.4	9.7	3.3

表 5　2017 年全国农村居民收入消费结构

指　　标	水平（元）	构成（%）	名义增长（%）
一、人均可支配收入	13432	100	8.6
1. 工资性收入	5498	40.9	9.5
2. 经营净收入	5028	37.4	6
（1）一产净收入	3391	25.2	3.7
#农业	2524	18.8	3.4
牧业	586	4.4	2.1
（2）二三产净收入	1637	12.2	11.2
3. 财产净收入	303	2.3	11.4
4. 转移净收入	2603	19.4	11.8
二、人均消费	10955	100	8.1
1. 食品烟酒	3415	31.2	4.6
2. 衣着	612	5.6	6.3
3. 居住	2354	21.5	9.6
4. 生活用品及服务	634	5.8	6.4
5. 交通通信	1509	13.8	11
6. 教育文化娱乐	1171	10.7	9.4
7. 医疗保健	1059	9.7	13.9
8. 其他商品和服务	201	1.8	8

表6　2017年贫困地区农村居民收入消费结构

指　标	水平（元）	构成（%）	名义增长（%）
一、人均可支配收入	9377	100	10. 5
1. 工资性收入	3210	34. 2	11. 8
2. 经营净收入	3723	39. 7	6. 9
（1）一产净收入	2826	30. 1	3. 2
#农业	2061	22	4. 6
牧业	562	6	-2. 2
（2）二三产净收入	897	9. 6	20. 4
3. 财产净收入	119	1. 3	11. 9
4. 转移净收入	2325	24. 8	14. 8
二、人均消费	7998	100	9. 2
1. 食品烟酒	2689	33. 6	4. 8
2. 衣着	453	5. 7	6. 9
3. 居住	1695	21. 2	10
4. 生活用品及服务	485	6. 1	8. 3
5. 交通通信	935	11. 7	16. 3
6. 教育文化娱乐	883	11	12. 1
7. 医疗保健	725	9. 1	13. 7
8. 其他商品和服务	134	1. 7	13. 4

表 7　2017 年连片特困地区农村居民收入消费结构

指　　标	水平（元）	构成（%）	名义增长（%）
一、人均可支配收入	9264	100	10. 5
1. 工资性收入	3163	34. 1	11. 7
2. 经营净收入	3715	40. 1	6. 8
（1）一产净收入	2777	30	2. 8
#农业	1981	21. 4	4. 4
牧业	573	6. 2	-3. 2
（2）二三产净收入	938	10. 1	20. 5
3. 财产净收入	111	1. 2	14. 8
4. 转移净收入	2274	24. 6	15
二、人均消费支出	7915	100	9
1. 食品烟酒	2693	34	4. 7
2. 衣着	443	5. 6	6. 6
3. 居住	1668	21. 1	10. 1
4. 生活用品及服务	486	6. 1	9. 1
5. 交通通信	918	11. 6	16. 1
6. 文教娱乐	878	11. 1	12
7. 医疗保健	696	8. 8	11. 6
8. 其他	134	1. 7	14. 1

表8　2017年国家扶贫开发工作重点县农村居民收入消费结构

指　　标	水平（元）	构成（%）	名义增长（%）
一、人均可支配收入	9255	100	10.8
1. 工资性收入	3136	33.9	12.1
2. 经营净收入	3633	39.3	7.3
（1）一产净收入	2771	29.9	3.6
#农业	1998	21.6	4.4
牧业	585	6.3	0.6
（2）二三产净收入	862	9.3	21.5
3. 财产净收入	116	1.2	12.4
4. 转移净收入	2371	25.6	14.6
二、人均消费	7906	100	8.9
1. 食品烟酒	2694	34.1	4.7
2. 衣着	442	5.6	6.6
3. 居住	1678	21.2	10.7
4. 生活用品及服务	474	6	6.9
5. 交通通信	901	11.4	15
6. 教育文化娱乐	868	11	10.9
7. 医疗保健	721	9.1	13.4
8. 其他商品和服务	127	1.6	13.4

表9　2017年全国各地区农村居民人均可支配收入及增长情况

地　区	人均可支配收入（元）	名义增长（%）
全　国	13432	8.6
北　京	24240	8.7
天　津	21754	8.4
河　北	12881	8.1
山　西	10788	7
内蒙古	12584	8.4
辽　宁	13747	6.7
吉　林	12950	6.8
黑龙江	12665	7
上　海	27825	9
江　苏	19158	8.8
浙　江	24956	9.1
安　徽	12758	8.9
福　建	16335	8.9
江　西	13242	9.1
山　东	15118	8.3
河　南	12719	8.7
湖　北	13812	8.5
湖　南	12936	8.4
广　东	15780	8.7
广　西	11325	9.3
海　南	12902	8.9
重　庆	12638	9.4
四　川	12227	9.1
贵　州	8869	9.6
云　南	9862	9.3
西　藏	10330	13.6
陕　西	10265	9.2
甘　肃	8076	8.3
青　海	9462	9.2
宁　夏	10738	9
新　疆	11045	8.5

表10　2017年贫困地区农村居民人均收入及增长情况

地　区	人均可支配收入（元）	名义增长（%）
合　计	9377	10.5
河　北	9331	11.3
山　西	7330	10.7
内蒙古	9852	9.4
吉　林	8361	9
黑龙江	8572	9.5
安　徽	10931	10.5
江　西	9602	11.1
河　南	10789	10.8
湖　北	10471	10.2
湖　南	8908	10.9
广　西	9719	10.4
海　南	10312	12.5
重　庆	11273	10
四　川	9759	10.9
贵　州	8677	9.9
云　南	8695	10.8
西　藏	10330	13.6
陕　西	9297	10.4
甘　肃	6968	10.2
青　海	9462	9.2
宁　夏	8809	11
新　疆	9985	9.8

表 11　2017 年连片特困地区农村居民人均收入及增长情况

片区名称	人均可支配收入（元）	名义增长（%）
全部片区	9264	10.5
1. 六盘山区	7593	9.8
2. 秦巴山区	9721	10.8
3. 武陵山区	9384	10.3
4. 乌蒙山区	8776	9.8
5. 滇黔桂石漠化区	9109	10.9
6. 滇西边境山区	8629	11.3
7. 大兴安岭南麓山区	9346	11.3
8. 燕山—太行山区	8593	8.7
9. 吕梁山区	7782	13.1
10. 大别山区	10776	9.9
11. 罗霄山区	9598	11.9
12. 西藏自治区	10330	13.6
13. 四省藏区	8018	10
14. 南疆四地州	9845	9.7

表 12　2017 年国家扶贫开发工作重点县农村居民人均收入及增长情况

地　区	人均可支配收入（元）	名义增长（%）
合　计	9255	10.8
河　北	9190	10.1
山　西	7429	10.1
内蒙古	9852	9.4
吉　林	8361	9
黑龙江	7843	15.9
安　徽	10903	10.2
江　西	9540	11
河　南	10812	12
湖　北	10442	11.6
湖　南	8528	11.2
广　西	9700	11
海　南	10312	12.5
重　庆	11273	10
四　川	9589	10.7
贵　州	8488	10.3
云　南	8518	11.6
陕　西	9209	9.6
甘　肃	6572	10.7
青　海	8330	8.5
宁　夏	8809	11
新　疆	8860	10.2

表13　2017年国家扶贫开发工作重点县基础设施和公共服务状况

单位：%

地　区	1. 所在自然村通公路的农户比重	2. 所在自然村通电话的农户比重	3. 所在自然村能接收有线电视信号的农户比重	4. 所在自然村进村主干道路硬化的农户比重	5. 所在自然村能便利乘坐公共汽车的农户比重
合　计	99.9	99.8	97.3	97.2	67.3
河　北	100	100	98.3	98.5	86.2
山　西	100	100	96.8	99.3	87.7
内蒙古	100	100	99.6	94.8	85.1
吉　林	100	100	100	100	69.3
黑龙江	100	100	100	95.5	96.2
安　徽	100	100	98.1	99.8	66.3
江　西	100	100	100	100	53.4
河　南	100	100	98.7	99	73.9
湖　北	100	100	98.6	99.1	81.8
湖　南	100	100	93.3	98.8	55.1
广　西	99.6	99.5	90.1	97.9	49.9
海　南	100	82.6	81	100	51.8
重　庆	100	100	99.5	97.9	60.3
四　川	99.7	100	94.7	95.7	47.7
贵　州	100	100	96	96.3	63.6
云　南	100	100	97.7	91.2	47.4
陕　西	99.7	99.2	98.7	97.2	75.4
甘　肃	100	100	98.9	96.9	79.7
青　海	98.2	95.7	92.9	98.6	77.3
宁　夏	100	100	96	100	86.8
新　疆	100	100	92.2	100	73.3

地　区	6. 所在自然村能通宽带的农户比重	7. 所在自然村垃圾能集中处理的农户比重	8. 所在自然村有卫生站的农户比重	9. 所在自然村上幼儿园便利的农户比重	10. 所在自然村上小学便利的农户比重
合　计	87.8	61.2	92.2	83.7	87.5
河　北	97.9	59.8	98.7	89.4	87
山　西	87.6	65.7	89.4	71.2	70.6
内蒙古	80.5	57.1	97.7	75.6	74.8
吉　林	100	45.8	88	69.7	76.7
黑龙江	97.1	37.7	97.1	79.7	82.6
安　徽	97.8	88.6	87.9	93	94.2

（续）

地 区	6. 所在自然村能通宽带的农户比重	7. 所在自然村垃圾能集中处理的农户比重	8. 所在自然村有卫生站的农户比重	9. 所在自然村上幼儿园便利的农户比重	10. 所在自然村上小学便利的农户比重
江 西	94. 7	75. 6	87. 1	88. 1	92
河 南	94. 7	48	98. 4	94. 3	97. 7
湖 北	91. 9	70. 5	93. 6	84. 9	86. 6
湖 南	81. 3	73. 7	86. 6	78. 4	79. 2
广 西	82. 1	84. 8	81. 8	85. 8	92. 3
海 南	70. 5	75	72. 9	70. 7	85
重 庆	84. 8	51. 7	94. 3	75	78. 2
四 川	84. 4	61. 7	89. 7	78. 6	83. 8
贵 州	79. 9	53	97	85. 9	91. 7
云 南	80. 7	41. 8	84. 7	78. 3	85. 8
陕 西	88	69. 4	95. 9	79. 1	82. 6
甘 肃	84. 7	59. 5	94	77. 2	88. 8
青 海	66. 3	59. 4	96. 5	90. 3	95. 5
宁 夏	83. 2	45. 8	96	87. 8	90. 3
新 疆	97. 4	66	94. 9	98. 4	97. 2

表 14　中央、国家机关和有关单位定点扶贫情况统计

（2002—2017 年，总表）

年份	参加定点扶贫单位（个）	扶持的重点县（个）	挂职干部数量（人）				赴定点县考察（人次）		本单位直接投入（含无偿和有偿资金）（万元）			帮助引进各类资金（含无偿和有偿资金）（万元）	帮助上项目数（含全额、部分资助或引进）（个）	资助贫困学生（人）	培训情况	
			合计	局级	处级	科及科以下	合计	单位领导	合计	资金	物资折款				举办培训班（期）	培训数量（人次）
2002	272	481	298	27	179	92	1774	103	84583	80958	3625	129602	1031	31227	823	102123
2003	272	481	487	45	323	119	4741	348	70104	64203	5901	313386	1188	41086	1780	188623
2004	272	481	564	55	345	164	5296	254	70821	65231	5590	184342	1498	48538	1185	192882
2005	272	481	349	33	235	81	4317	187	84754	75319	9435	157265	1448	34137	1274	109436
2006	272	481	396	55	254	87	4925	327	66415	55952	10463	674861	1519	34313	1546	203670
2007	272	481	299	26	196	77	5799	153	121289	116126	5163	672297	777	28794	1587	188601
2008	272	481	361	33	212	116	4921	114	152257	117244	35013	332985	941	32199	1317	247694
2009	272	481	390	45	236	109	5942	245	110358	105648	4710	310662	1123	27102	2311	251963
2010	272	481	415	41	263	111	6552	178	148381	137824	10557	615157	1130	36554	1338	199064
2011	272	481	404	21	237	154	6873	189	153734	140193	8193	505486	1308	21211	1614	148907
2012	310	592	357	45	232	93	3685	188	190230	175768	7928	903386	939	39988	764	96321
2013	310	592	451	45	308	106	6162	417	208217	198656	9991	538539	1251	64496	1267	115770
2014	310	592	458	23	327	108	5953	462	302704	289586	8843	2186918	998	74458	1301	104788
2015	320	592	734	42	371	321	5863	441	330934	319512	10282	2823879	14624	42619	4485	121778
2016	320	592	957	46	543	368	12531	663	437967	407688	30279	2325498	4000	71495	1770	144005
2017	310	592	1202	42	687	473	14885	1223	688283	626100	62183	7746505	5006	—	4442	342740
合计	310	592	8122	624	4948	2579	100229	5492	3221032	2976008	228157	20420769	38781	628217	28804	2758365

注：2002 年开始部署新一轮中央单位定点扶贫。

表 15a　东西部扶贫协作结对帮扶关系表

东部省市结对帮扶中西部省市协作关系表

序号	东部省市	中西部地区
1	**北京**	**内蒙古** **河北张家口、保定**
2	**天津**	**甘肃** **河北承德**
3	辽宁（大连）	**六盘水**
4	**上海**	**云南** **贵州遵义**
5	**江苏**	**陕西** **青海西宁、海东**
		苏州—贵州铜仁
6	**浙江**	**四川**
		杭州—贵州黔东南、湖北恩施
		宁波—贵州黔西南、吉林延边
7	**福建**	**宁夏**
		福州—甘肃定西
		厦门—甘肃临夏
8	**山东**	**重庆**
		济南—湖南湘西
		青岛—贵州安顺、甘肃陇南
9	**广东**	**广西** **四川甘孜**
		广州—贵州黔南、毕节
		中山、东莞—云南昭通
		珠海—云南怒江
		佛山—四川凉山

表 15b　东西部扶贫协作结对帮扶关系表

西藏、新疆、青海对口支援结对关系表

序号	西部省区	对口支援地区
1	西藏	北京市、江苏省、天津市、重庆市、湖南省、湖北省、安徽省、山东省、上海市、黑龙江省、吉林省、浙江省、辽宁省、河北省、陕西省、广东省、福建省
2	新疆	湖南省、河南省、山西省、福建省、湖北省、河北省、浙江省、江苏省、辽宁省、吉林省、黑龙江省、江西省、广东省、广东深圳市、上海市、山东省、北京市、安徽省、天津市
3	青海	山东省、天津市、江苏省、上海市、北京市、浙江省

表 15c　东西部扶贫协作结对帮扶关系表

西部省区市扶贫协作关系表

序号	西部省区市	扶贫协作地区
1	河北	张家口—北京
		保定—北京
		承德—天津
2	内蒙古	北京
3	吉林	延边—宁波
4	湖北	恩施—杭州
5	湖南	湘西—济南
6	广西	广东
7	重庆	山东
8	四川	浙江
		甘孜—广东
		凉山—佛山
9	贵州	遵义—上海
		黔南、毕节—广州
		六盘水—大连
		安顺—青岛
		黔西南—宁波
		黔东南—杭州
		铜仁—苏州
10	云南	上海
		怒江—珠海
		昭通—东莞、中山
11	陕西	江苏
12	甘肃	天津
		定西—福州
		陇南—青岛
13	青海	西宁—江苏
		海东—江苏
14	宁夏	福建

表 16a　携手奔小康结对关系表（西部）

湖北省、吉林省、湖南省

西部省区市	地市州	被帮扶县市区	东部省市	地市区	帮扶县市区
湖北省（8）	恩施土家族苗族自治州	咸丰县	浙江省	杭州市	余杭区
		来凤县			拱墅区
		宣恩县			西湖区
		利川市			萧山区
		恩施市			江干区
		鹤峰县			上城区
		巴东县			下城区
		建始县			滨江区
吉林省（4）	延边朝鲜族自治州	安图县	浙江省	宁波市	奉化区
		汪清县			北仑区
		龙井市			象山县
		和龙市			鄞州区
湖南省（7）	湘西土家族苗族自治州	永顺县	山东省	济南市	历下区
		龙山县			市中区
		古丈县			高新区
		保靖县			历城区
		泸溪县			章丘区
		花垣县			槐荫区
		凤凰县			天桥区

表 16b　携手奔小康结对关系表（西部）

内蒙古自治区

西部省区市	地市州	被帮扶县市区	东部省市	地市区	帮扶县市区
内蒙古自治区（31）	赤峰市	喀喇沁旗	北京市	西城区	西城区
		敖汉旗		海淀区	海淀区
		林西县		丰台区	丰台区
		宁城县		石景山区	石景山区
		翁牛特旗		通州区	通州区
		巴林左旗		顺义区	顺义区
		阿鲁科尔沁旗		昌平区	昌平区
		巴林右旗		密云区	密云区
	乌兰察布市	化德县		东城区	东城区
		卓资县		朝阳区	朝阳区
		察哈尔右翼后旗		门头沟区	门头沟区
		察哈尔右翼中旗		房山区	房山区
		察哈尔右翼前旗		大兴区	大兴区
		商都县		平谷区	平谷区
		四子王旗		怀柔区	怀柔区
		兴和县		延庆区	延庆区
	兴安盟	阿尔山市		东城区	东城区
		科尔沁右翼前旗		海淀区	海淀区
		扎赉特旗		丰台区	丰台区
		突泉县		房山区	房山区
		科尔沁右翼中旗		通州区	通州区
	呼伦贝尔市	鄂伦春自治旗		西城区	西城区
		莫力达瓦达斡尔族自治旗		昌平区	昌平区
	锡林郭勒盟	正镶白旗		大兴区	大兴区
		太仆寺旗		大兴区	大兴区
		苏尼特右旗		平谷区	平谷区
	呼和浩特市	武川县		门头沟区	门头沟区
	通辽市	科尔沁左翼中旗		顺义区	顺义区
		科尔沁左翼后旗		怀柔区	怀柔区
		库伦旗		密云区	密云区
		奈曼旗		通州区	通州区

表 16c　携手奔小康结对关系表（西部）

河北省

西部省区市	地市州	被帮扶县市区	东部省市	地市区	帮扶县市区
河北省（26）	张家口市	崇礼区	北京市	东城区	东城区
		张北县		西城区	西城区
		康保县		朝阳区	朝阳区
		赤城县		海淀区	海淀区
		涿鹿县		门头沟区	门头沟区
		沽源县		顺义区	顺义区
		尚义县		昌平区	昌平区
		阳原县		朝阳区	朝阳区
		万全区		顺义区	顺义区
		怀安县		怀柔区	怀柔区
		蔚县		密云区	密云区
		宣化区		延庆区	延庆区
	承德市	丰宁满族自治县		怀柔区	怀柔区
		滦平县		密云区	密云区
	保定市	阜平县		西城区	西城区
		顺平县		石景山区	石景山区
		涞水县		房山区	房山区
		唐县		朝阳区	朝阳区
		易县		海淀区	海淀区
		涞源县		平谷区	平谷区
		望都县		石景山区	石景山区
		曲阳县		房山区	房山区
	承德市	承德县	天津市	东丽区	东丽区
		平泉市		西青区	西青区
		隆化县		津南区	津南区
		围场满族蒙古族自治县		武清区	武清区

表 16d　携手奔小康结对关系表（西部）

西藏自治区

西部省区市	地市州	被帮扶县市区	东部省市	地市区	帮扶县市区
西藏自治区（39）	拉萨市	当雄县	北京市	东城区	东城区
		尼木县		顺义区	顺义区
		城关区		通州区	通州区
		堆龙德庆区		门头沟区	门头沟区
	昌都市	卡若区	天津市	静海区	静海区
		丁青县		北辰区	北辰区
		江达县		武清区	武清区
		贡觉县		宁河区	宁河区
	那曲市	安多县	辽宁省	沈阳市	沈阳市
		索县		大连市	大连市
		巴青县		鞍山市	鞍山市
	日喀则市	江孜县	上海市	浦东新区	浦东新区
		定日县		松江区	松江区
		萨迦县		徐汇区	徐汇区
		拉孜县		杨浦区	杨浦区
		亚东县		普陀区	普陀区
	拉萨市	林周县	江苏省	苏州市	苏州市
		曲水县		扬州市、泰州市	扬州市、泰州市
		达孜区		镇江市	镇江市
		墨竹工卡县		南京市	南京市
	那曲市	那曲县	浙江省	杭州市、嘉兴市	杭州市、嘉兴市
		嘉黎县		温州市、台州市	温州市、台州市
		比如县		宁波市、绍兴市	宁波市、绍兴市
	昌都市	八宿县	福建省	福州市	福州市
		左贡县		厦门市	厦门市
		洛隆县		泉州市	泉州市
		边坝县		漳州市、龙岩市	漳州市、龙岩市
	日喀则市	白朗县	山东省	济南市	济南市
		桑珠孜区		青岛市	青岛市
		昂仁县		淄博市	淄博市
		聂拉木县		烟台市	烟台市
		南木林县		潍坊市	潍坊市
	林芝市	巴宜区	广东省	东莞市	东莞市
		墨脱县		佛山市	佛山市
		波密县		广州市	广州市
		察隅县		深圳市	深圳市
		工布江达县		中山市	中山市
		米林县		珠海市	珠海市
		朗县		惠州市	惠州市

表16e　携手奔小康结对关系表（西部）

新疆维吾尔自治区

西部省区市	地市州	被帮扶县市区	东部省市	地市区	帮扶县市区
新疆维吾尔自治区（27）	和田地区	墨玉县	北京市	朝阳区	朝阳区
		和田市		海淀区	海淀区
		和田县		大兴区	大兴区
		洛浦县		平谷区	平谷区
		策勒县	天津市	津南区	津南区
		于田县		西青区	西青区
		民丰县		宝坻区	宝坻区
	塔城地区	托里县	辽宁省	本溪市	本溪市
	伊犁哈萨克自治州	察布查尔锡县	江苏省	盐城市	盐城市
		尼勒克县		武进区	武进区
	克孜勒苏柯尔克孜自治州	阿图什市		昆山市	昆山市
		阿合奇县		无锡市	无锡市
		乌恰县		常州市	常州市
	阿克苏地区	乌什县	浙江省	衢州市	衢州市
		柯枰县		湖州市	湖州市
	喀什地区	泽普县	上海市	闵行区	闵行区
		莎车县		浦东新区	浦东新区
		叶城县		宝山区	宝山区
		巴楚县		静安区	静安区
		疏勒县	山东省	东营市	东营市
		英吉沙县		济宁市	济宁市
		岳普湖县		泰安市	泰安市
		麦盖提县		日照市	日照市
		疏附县	广东省	广州市	广州市
		伽师县		佛山市	佛山市
		喀什市		深圳市	深圳市
		塔什库尔干县			

表 16f 携手奔小康结对关系表（西部）

青海省

西部省区市	地市州	被帮扶县市区	东部省市	地市区	帮扶县市区
青海省（42）	玉树藏族自治州	囊谦县	北京市	西城区	西城区
		治多县		丰台区	丰台区
		曲麻莱县		昌平区	昌平区
		称多县		石景山区	石景山区
		杂多县		怀柔区	怀柔区
		玉树市		密云区	密云区
	黄南藏族自治州	同仁县	天津市	滨海新区	滨海新区
		尖扎县			
		泽库县			
		河南蒙古族自治县			
	果洛藏族自治州	玛沁县	上海市	虹口区	虹口区
		班玛县		青浦区	青浦区
		甘德县		长宁区	长宁区
		达日县		奉贤区	奉贤区
		久治县		嘉定区	嘉定区
		玛多县		黄浦区	黄浦区
	西宁市	湟中县	江苏省	南京市	栖霞区
		大通回族土族自治县			雨花台区
		湟源县			六合区
	海东市	乐都区		无锡市	惠山区
		平安区			
		化隆回族自治县			锡山区
		民和回族土族自治县			滨湖区
		互助土族自治县			新吴区
		循化撒拉族自治县			梁溪区
	海南藏族自治州	共和县		常州市	常州市
		同德县		盐城市	盐城市
		贵德县		南通市	南通市
		兴海县		徐州市	徐州市
		贵南县		扬州市	扬州市
	海西蒙古族藏族自治州	格尔木市	浙江省	温州市	温州市
		德令哈市		杭州市	杭州市
		乌兰县		湖州市	湖州市
		都兰县		嘉兴市	嘉兴市
		天峻县		宁波市	宁波市
		冷湖行委		金华市	金华市
		大柴旦行委		绍兴市	绍兴市
		茫崖行委		台州市	台州市
	海北藏族自治州	门源回族自治县	山东省	威海市	威海市
		祁连县		滨州市	滨州市
		海晏县		临沂市	临沂市
		刚察县		聊城市	聊城市

表 16g　携手奔小康结对关系表（西部）

甘肃省

西部省区市	地市州	被帮扶县市区	东部省市	地市区	帮扶县市区
甘肃省（58）	甘南藏族自治州	合作市	天津市	滨海新区	滨海新区
甘肃省（58）	甘南藏族自治州	夏河县	天津市	南开区	南开区
甘肃省（58）	甘南藏族自治州	舟曲县	天津市	和平区	和平区
甘肃省（58）	甘南藏族自治州	卓尼县	天津市	河西区	河西区
甘肃省（58）	甘南藏族自治州	临潭县	天津市	东丽区	东丽区
甘肃省（58）	甘南藏族自治州	迭部县	天津市	河东区	河东区
甘肃省（58）	甘南藏族自治州	碌曲县	天津市	红桥区	红桥区
甘肃省（58）	甘南藏族自治州	玛曲县	天津市	河北区	河北区
甘肃省（58）	天水市	张家川回族自治县	天津市	滨海新区	滨海新区
甘肃省（58）	天水市	甘谷县	天津市	东丽区	东丽区
甘肃省（58）	天水市	清水县	天津市	河北区	河北区
甘肃省（58）	天水市	秦安县	天津市	津南区	津南区
甘肃省（58）	天水市	麦积区	天津市	西青区	西青区
甘肃省（58）	天水市	武山县	天津市	宝坻区	宝坻区
甘肃省（58）	庆阳市	庆城县	天津市	南开区	南开区
甘肃省（58）	庆阳市	环　县	天津市	南开区	南开区
甘肃省（58）	庆阳市	宁　县	天津市	河东区	河东区
甘肃省（58）	庆阳市	合水县	天津市	红桥区	红桥区
甘肃省（58）	庆阳市	华池县	天津市	北辰区	北辰区
甘肃省（58）	庆阳市	正宁县	天津市	北辰区	北辰区
甘肃省（58）	庆阳市	镇原县	天津市	静海区	静海区
甘肃省（58）	白银市	靖远县	天津市	和平区	和平区
甘肃省（58）	白银市	会宁县	天津市	和平区	和平区
甘肃省（58）	白银市	景泰县	天津市	西青区	西青区
甘肃省（58）	平凉市	庄浪县	天津市	河西区	河西区
甘肃省（58）	平凉市	崆峒区	天津市	河西区	河西区
甘肃省（58）	平凉市	灵台县	天津市	津南区	津南区
甘肃省（58）	平凉市	泾川县	天津市	武清区	武清区
甘肃省（58）	平凉市	静宁县	天津市	武清区	武清区
甘肃省（58）	武威市	天祝藏族自治县	天津市	蓟州区	蓟州区
甘肃省（58）	武威市	古浪县	天津市	蓟州区	蓟州区
甘肃省（58）	兰州市	皋兰县	天津市	东丽区	东丽区
甘肃省（58）	兰州市	永登县	天津市	宝坻区	宝坻区
甘肃省（58）	兰州市	榆中县	天津市	宁河区	宁河区

（续）

西部省区市	地市州	被帮扶县市区	东部省市	地市区	帮扶县市区
甘肃省（58）	临夏回族自治州	临夏市	福建省	厦门市	思明区
		临夏县			
		康乐县			同安区
		永靖县			翔安区
		广河县			火炬高新区
		和政县			集美区
		东乡族自治县			湖里区
		积石山保安族东乡族撒拉族自治县			海沧区
	定西市	岷县		福州市	鼓楼区
		通渭县			福清市
		漳县			长乐市
		渭源县			晋安区
		临洮县			仓山区
		安定区			台江区
		陇西县			连江县
	陇南市	宕昌县	山东省	青岛市	市南区
		西和县			市北区
		康县			李沧区
		礼县			崂山区
		成县			城阳区
		武都区			黄岛区
		文县			即墨区
		徽县			胶州市
		两当县			莱西市

表 16h　携手奔小康结对关系表（西部）

贵州省

西部省区市	地市州	被帮扶县市区	东部省市	地市区	东部帮扶县市区
贵州省（66）	六盘水市	盘　县	辽宁省	大连市	金普新区
		六枝特区			甘井子区
		水城县			中山区
	遵义市	赤水市	上海市	普陀区	普陀区
		桐梓县			
		习水县			
		道真仡佬族苗族自治县		杨浦区	杨浦区
		正安县			
		湄潭县			
		凤冈县		奉贤区	奉贤区
		务川仡佬族苗族自治县			
	铜仁市	江口县	江苏省	苏州市	姑苏区
		石阡县			相城区
		思南县			常熟市
		印江土家族苗族自治县			吴江区
		德江县			吴中区
		沿河土家族自治县			张家港市
		松桃苗族自治县			工业园区
		碧江区			昆山市
		万山区			高新区
		玉屏侗族自治县			太仓市
	黔西南布依族苗族自治州	兴仁县	浙江省	宁波市	慈溪市
		普安县			镇海区
		晴隆县			宁海县
		贞丰县			海曙区
		望谟县			余姚市
		册亨县			江北区
		安龙县			慈溪市
	黔东南苗族侗族自治州	镇远县		杭州市	西湖区
		黄平县			拱墅区
		施秉县			临安区
		三穗县			江干区
		岑巩县			建德市
		天柱县			余杭区
		台江县			
		锦屏县			富阳区
		剑河县			淳安县
		黎平县			下城区
		榕江县			桐庐县
		从江县			萧山区
		雷山县			上城区
		麻江县			滨江区
		丹寨县			

（续）

<table>
<tr><th>西部省区市</th><th>地市州</th><th>被帮扶县市区</th><th>东部省市</th><th>地市区</th><th>东部帮扶县市区</th></tr>
<tr><td rowspan="23">贵州省
（66）</td><td rowspan="6">安顺市</td><td>普定县</td><td rowspan="6">山东省</td><td rowspan="6">青岛市</td><td>崂山区</td></tr>
<tr><td>镇宁布依族苗族自治县</td><td>胶州市</td></tr>
<tr><td>关岭布依族苗族自治县</td><td>城阳区</td></tr>
<tr><td>紫云苗族布依族自治县</td><td>即墨区</td></tr>
<tr><td>西秀区</td><td>市北区、莱西市</td></tr>
<tr><td>平坝区</td><td>市南区</td></tr>
<tr><td rowspan="10">黔南布依族苗族自治州</td><td>罗甸县</td><td rowspan="17">广东省</td><td rowspan="17">广州市</td><td rowspan="2">越秀区</td></tr>
<tr><td>长顺县</td></tr>
<tr><td>瓮安县</td><td>海珠区</td></tr>
<tr><td>荔波县</td><td rowspan="2">白云区</td></tr>
<tr><td>平塘县</td></tr>
<tr><td>独山县</td><td rowspan="2">黄埔区</td></tr>
<tr><td>三都水族自治县</td></tr>
<tr><td>贵定县</td><td rowspan="3">南沙区</td></tr>
<tr><td>龙里县</td></tr>
<tr><td>惠水县</td></tr>
<tr><td rowspan="7">毕节市</td><td>七星关区</td><td>荔湾区</td></tr>
<tr><td>大方县</td><td rowspan="2">天河区</td></tr>
<tr><td>纳雍县</td></tr>
<tr><td>织金县</td><td rowspan="2">花都区</td></tr>
<tr><td>黔西县</td></tr>
<tr><td>威宁彝族回族苗族自治县</td><td rowspan="2">番禺区</td></tr>
<tr><td>赫章县</td></tr>
</table>

表16i 携手奔小康结对关系表（西部）

云南省

西部省区市	地市州	被帮扶县市区	东部省市	地市区	东部帮扶县市区
云南省（88）	红河哈尼族彝族自治州	元阳县	上海市	徐汇区	徐汇区
		屏边苗族自治县			
		石屏县			
		泸西县			
		红河县		长宁区	长宁区
		金平苗族瑶族傣族自治县			
		绿春县			
	文山壮族苗族自治州	广南县		静安区	静安区
		文山市			
		砚山县			
		麻栗坡县			
		西畴县		虹口区	虹口区
		富宁县			
		丘北县			
		马关县			
	普洱市	墨江哈尼族自治县		金山区	金山区
		宁洱哈尼族彝族自治县			
		景东彝族自治县			
		镇沅彝族哈尼族拉祜族自治县			
		澜沧拉祜族自治县		黄浦区	黄浦区
		孟连傣族拉祜族佤族自治县			
		西盟佤族自治县			
		景谷彝族傣族自治县			
		江城哈尼族彝族自治县			
	大理白族自治州	弥渡县		浦东新区	浦东新区
		剑川县			
		鹤庆县			
		云龙县			
		洱源县			
		南涧彝族自治县			
		漾濞彝族自治县			
		巍山彝族回族县			
		祥云县			
		宾川县			
		永平县			
	临沧市	永德县		崇明区	崇明区
		镇康县			
		沧源佤族自治县			
		耿马傣族佤族自治县			
		临翔区			
		云县			
		凤庆县			
		双江拉祜族佤族布朗族傣族自治县			

（续）

西部省区市	地市州	被帮扶县市区	东部省市	地市区	东部帮扶县市区
云南省（88）	楚雄彝族自治州	武定县	上海市	嘉定区	嘉定区
		双柏县			
		永仁县			
		大姚县			
		南华县			
		牟定县			
		姚安县			
	西双版纳傣族自治州	勐海县		松江区	松江区
		勐腊县			
	德宏傣族景颇族自治州	芒市		青浦区	青浦区
		盈江县			
		陇川县			
		梁河县			
	保山市	隆阳区		闵行区	闵行区
		施甸县			
		龙陵县			
		昌宁县			
	昆明市	东川区		普陀区	普陀区
		禄劝彝族苗族自治县			
		寻甸回族自治县			
	曲靖市	师宗县		宝山区	宝山区
		罗平县			
		会泽县			
		宣威市			
		富源县			
	丽江市	永胜县		杨浦区	杨浦区
		宁蒗县			
		玉龙县			
	迪庆藏族自治州	香格里拉市		闵行区	闵行区
		德钦县		嘉定区	嘉定区
		维西傈僳族自治县		宝山区	宝山区
	怒江傈僳族自治州	泸水市	广东省	珠海市	香洲区
		福贡县			斗门区
		贡山独龙族怒族自治县			金湾区
		兰坪白族普米族自治县			横琴新区
	昭通市	镇雄县		东莞市	清溪镇
		彝良县			黄江镇
		昭阳区			石碣镇
		威信县			大岭山镇
		鲁甸县			莞城街道
		巧家县			樟木头镇
		大关县		中山市	火炬开发区
		盐津县			石岐区
		绥江县			东区
		永善县			小榄镇

表 16j 携手奔小康结对关系表（西部）

陕西省

西部省区市	地市州	被帮扶县市区	东部省市	地市区	帮扶县市区
陕西省（56）	延安市	延川县	江苏省	无锡市	江阴市
		延长县			宜兴市
		宜川县			新吴区
	渭南市	富平县		镇江市	丹阳市
		白水县			扬中市
		蒲城县			句容市
		澄城县			丹徒区
		合阳县			镇江新区
	商洛市	洛南县		南京市	江宁区
		镇安县			浦口区
		柞水县			高淳区
		商南县			溧水区
		山阳县			六合区
		丹凤县			雨花台区
		商州区			栖霞区
	榆林市	绥德县		扬州市	邗江区
		子洲县			江都区
		佳县			广陵区
		清涧县			开发区
		横山区			生态科技城
		吴堡县			仪征市
		米脂县			高邮市
		定边县			宝应县
	宝鸡市	麟游县		徐州市	沛县
		陇县			铜山区
		千阳县			新沂市
		扶风县			邳州市
		太白县			贾汪区
	安康市	汉滨区		常州市	武进区
		平利县			
		紫阳县			新北区
		岚皋县			
		白河县			溧阳市
		汉阴县			
		石泉县			金坛区
		宁陕县			
		旬阳县			天宁区
		镇坪县			钟楼区

（续）

西部省区市	地市州	被帮扶县市区	东部省市	地市区	帮扶县市区
陕西省（56）	汉中市	西乡县	江苏省	南通市	启东市
		勉县			海门市
		镇巴县			通州区
		略阳县			海安县
		留坝县			崇川区
		佛坪县			
		宁强县			港闸县
		城固县			经开区
		洋县			如皋市
		南郑区			如东县
	咸阳市	旬邑县		泰州市	泰兴市
		永寿县			靖江市
		长武县			海陵区
		淳化县			高港区
	铜川市	耀州区		盐城市	东台市
		印台区			亭湖区
		宜君县			大丰区
	西安市	周至县		苏州市	太仓市

表 16k　携手奔小康结对关系表（西部）

四川省

西部省区市	地市州	被帮扶县市区	东部省市	地市区	东部帮扶县市区
四川省（63）	凉山彝族自治州	木里藏族自治县	浙江省	湖州市	德清县、长兴县、安吉县、吴兴区、南浔区
	阿坝藏族羌族自治州	壤塘县		温州市	乐清市、鹿城区、龙湾区
		阿坝县			瓯海区、瑞安市
		黑水县		嘉兴市	海宁市、桐乡市
		九寨沟县			平湖市、嘉善县
		汶川县		金华市	兰溪市、义乌市
		理县			东阳市、永康市
		茂县		台州市	温岭市、玉环市
		松潘县			黄岩区、临海市
		小金县		绍兴市	上虞区、嵊州市、新昌县
		金川县			柯桥区、诸暨市
		马尔康市			绍兴市全市、绍兴嵊州市
		若尔盖县		嘉兴市	南湖区、秀洲区
		红原县		温州市	苍南县、平阳县、永嘉县
	宜宾市	屏山县		嘉兴市	海盐县
	乐山市	沐川县		衢州市	江山市
		马边彝族自治县		绍兴市	越城区
	南充市	南部县		温州市	洞头区
		嘉陵区		金华市	武义县
		仪陇县			磐安县
		阆中市		台州市	天台县
	广元市	朝天区			路桥区
		旺苍县			仙居县
		剑阁县		丽水市	莲都区
		昭化区			龙泉市
		青川区		湖州市	吴兴区
		广安区			南浔区
		苍溪县		台州市	三门县
	绵阳市	北川羌族自治县		衢州市	柯城区
		平武县			衢江区
	泸州市	叙永县			龙游县
		古蔺县			常山县
	达州市	宣汉县		舟山市	定海区
		万源市			普陀区

（续）

西部省区市	地市州	被帮扶县市区	东部省市	地市区	东部帮扶县市区
四川省（63）	巴中市	平昌县	浙江省	丽水市	青田县
		南江县			缙云县
		巴州区			松阳县
		通江县			遂昌县
	甘孜藏族自治州	甘孜县	广东省	深圳市	深圳市
		德格县			
		石渠县			
		色达县		广州市	广州市
		新龙县			
		炉霍县			
		稻城县		珠海市	珠海市
		理塘县			
		白玉县		中山市	中山市
		巴塘县			
		九龙县		东莞市	东莞市
		雅江县			
		康定市		江门市	江门市
		泸定县			
		丹巴县		惠州市	惠州市
		道孚县			
		乡城县		佛山市	佛山市
		得荣县			
	凉山彝族自治州	普格县		佛山市	禅城区
		昭觉县			
		布拖县			
		甘洛县			南海区
		越西县			
		喜德县			
		美姑县			顺德区
		金阳县			
		雷波县			
		盐源县			三水区
		木里藏族自治县			高明区

木里藏族自治县由浙江省德清县、长兴县、安吉县、吴兴区、南浔区和广东省佛山市高明区分别帮扶。

表 161　携手奔小康结对关系表（西部）

广西壮族自治区

西部省区市	地市州	被帮扶县市区	东部省市	地市区	东部帮扶县市区
广西壮族自治区（33）	百色市	田东县	广东省	深圳市	坪山新区
		田阳县			南山区
		德保县			
		靖西市			龙岗区
		那坡县			
		凌云县			盐田区
		乐业县			
		田林县			光明新区
		西林县			罗湖区
		隆林各族自治县			
	河池市	凤山县			龙华区
		东兰县			
		罗城仫佬族自治县			福田区
		环江毛南族自治县			
		巴马瑶族自治县			大鹏新区
		都安瑶族自治县			宝安区
		大化瑶族自治县			
	崇左市	天等县		江门市	蓬江区
		龙州县			鹤山市
		宁明县			新会区
		大新县			江海区
	桂林市	龙胜各族自治县		肇庆市	高要区
		资源县			端州区
	贺州市	富川瑶族自治县			四会市
		昭平县			鼎湖区
	柳州市	融水苗族自治县		湛江市	廉江市
		融安县			遂溪县
		三江侗族自治县			吴川市
	南宁市	马山县		茂名市	电白区
		上林县			高州区
		隆安县			化州市
	来宾市	忻城县			信宜市
		金秀瑶族自治县			茂南区

表 16m　携手奔小康结对关系表（西部）

重庆市

西部省区市	被帮扶县市区	东部省市	地市区	东部帮扶县市区
重庆市（14）	城口县	山东省	临沂市	兰山区
	云阳县		威海市	荣成市
	奉节县		滨州市	邹平县
	巫山县		烟台市	龙口市
	巫溪县		泰安市	肥城市
	丰都县		枣庄市	滕州市
	武隆区		济南市	历下区
	黔江区		日照市	东港区
	石柱土家族自治县		淄博市	沂源县
	秀山土家族苗族自治县		德州市	齐河县
	酉阳土家族苗族自治县		东营市	广饶县
	彭水苗族土家族自治县		聊城市	茌平县
	万州区		济宁市	邹城市
	开州区		潍坊市	寿光市

表 16n　携手奔小康结对关系表（西部）

宁夏回族自治区

西部省区市	地市州	被帮扶县市区	东部省市	地市区	东部帮扶县市区
宁夏回族自治区（8）	吴忠市	盐池县	福建省	泉州市	洛江区
		同心县			永春县
	固原市	原州区		福州市	经济开发区
		隆德县			闽侯县
		西吉县		莆田市	莆田市
		泾源县		厦门市	海沧区
		彭阳县			思明区
	中卫市	海原县		漳州市	漳浦县

表 17a　携手奔小康结对关系表（东部）

北京市

省（市）	区	携手奔小康行动
北京	东城区	化德县（内蒙古）、阿尔山市（内蒙古）、崇礼区（河北）、当雄县（西藏）
	西城区	喀喇沁旗（内蒙古）、鄂伦春自治旗（内蒙古）、张北县（河北）、阜平县（河北）、囊谦县（青海）
	朝阳区	卓资县（内蒙古）、墨玉县（新疆）、康保县（河北）、唐县（河北）、阳原县（河北）
	丰台区	林西县（内蒙古）、扎赉特旗（内蒙古）、治多县（青海）
	石景山区	宁城县（内蒙古）、称多县（青海）、顺平县（河北）
	海淀区	敖汉旗（内蒙古）、科尔沁右翼前旗（内蒙古）、和田市（新疆）、赤城县（河北）、易县（河北）
	门头沟区	察哈尔右翼后旗（内蒙古）、武川县（内蒙古）、堆龙德庆区（西藏）、涿鹿县（河北）
	房山区	察哈尔右翼中旗（内蒙古）、突泉县（内蒙古）、涞水县（河北）、曲阳县（河北）
	通州区	翁牛特旗、（内蒙古）、奈曼旗（内蒙古）、科尔沁右翼中旗（内蒙古）、城关区（西藏）
	顺义区	巴林左旗（内蒙古）、科尔沁左翼中旗（内蒙古）、尼木县（西藏）、沽源县（河北）、万全区（河北）
	昌平区	阿鲁科尔沁旗（内蒙古）、莫力达瓦自治旗（内蒙古）、曲麻莱县（青海）、尚义县（河北）
	大兴区	察哈尔右翼前旗（内蒙古）、正镶白旗（内蒙古）、太仆寺旗（内蒙古）、和田县（新疆）
	怀柔区	四子王旗（内蒙古）、科尔沁左翼后旗（内蒙古）、杂多县（青海）、丰宁县（河北）、怀安县（河北）
	平谷区	商都县（内蒙古）、洛浦县（新疆）、涞源县（河北）、望都县（河北）
	密云区	巴林右旗（内蒙古）、库伦旗（内蒙古）、苏尼特旗（内蒙古）、玉树市（青海）、滦平县（河北）、蔚县（河北）
	延庆区	兴和县（内蒙古）、宣化区（河北）
小计	16	67

北京市16个区帮扶中西部67个贫困县，其中内蒙古31个、河北22个、西藏4个、新疆4个、青海6个。

表 17b　携手奔小康结对关系表（东部）

天津市

省（市）	区（县）	携手奔小康行动
天津	和平区	舟曲县（甘肃）、会宁县（甘肃）、靖远县（甘肃）
	河东区	迭部县（甘肃）、宁县（甘肃）
	河西区	卓尼县（甘肃）、庄浪县（甘肃）、崆峒区（甘肃）
	南开区	夏河县（甘肃）、环县（甘肃）、庆城县（甘肃）
	河北区	玛曲县（甘肃）、清水县（甘肃）
	红桥区	碌曲县（甘肃）、合水县（甘肃）
	东丽区	临潭县（甘肃）、甘谷县（甘肃）、皋兰县（甘肃）、承德县（河北）
	西青区	麦积区（甘肃）、景泰县（甘肃）、平泉市（河北）、于田县（新疆）
	津南区	秦安县（甘肃）、灵台县（甘肃）、隆化县（河北）、策勒县（新疆）
	北辰区	华池县（甘肃）、正宁县（甘肃）、丁青县（西藏）
	武清区	静宁县（甘肃）、泾川县（甘肃）、围场县（河北）、江达县（西藏）
	宝坻区	武山县（甘肃）、永登县（甘肃）、明丰县（新疆）
	滨海新区	甘肃 2 县（合作市、张家川县）、青海 4 县（同仁县、尖扎县、泽库县、河南县）
	宁河区	榆中县（甘肃）、贡觉县（西藏）
	静海区	镇原县（甘肃）、卡若区（西藏）
	蓟州区	天祝藏族自治县（甘肃）、古浪县（甘肃）
小计	16	49

天津市 16 个区（县）帮扶中西部 49 个贫困县，其中甘肃 34 个、河北 4 个、西藏 4 个、新疆 3 个、青海 4 个。

表 17c　携手奔小康结对关系表（东部）

辽宁省

省（市）	市	县（市、区）	携手奔小康行动	
			全市帮扶	县区帮扶
辽宁	沈阳市			安多县（西藏）
	大连市	中山区	索县（西藏）	水城县（贵州）
		甘井子区		六枝特区（贵州）
		金普新区		盘州市（贵州）
	鞍山市		巴青县（西藏）	
	本溪市		托里县（新疆）	
小计	7		7	

辽宁省 7 个地区（4 个地级市、3 个县级区）帮扶西部贫困县 7 个，其中贵州 3 个、西藏 3 个、新疆 1 个。

表17d　携手奔小康结对关系表（东部）

上海市

省（市）	区	携手奔小康行动
上海	黄浦区	云南5县（澜沧县、孟连县、西盟县、江城县、景谷县）、玛多县（青海）
	徐汇区	云南4县（元阳县、泸西县、屏边县、石屏县）、萨迦县（西藏）
	长宁区	云南3县（红河县、金平县、绿春县）、甘德县（青海）
	静安区	云南4县（砚山县、文山市、麻栗坡县、广南县）、巴楚县（新疆）
	普陀区	云南3区县（东川区、禄劝县、寻甸县）、贵州3县（赤水市、桐梓县、习水县）、亚东县（西藏）
	虹口区	云南4县（西畴县、丘北县、马关县、富宁县）、玛沁县（青海）
	杨浦区	云南3县（玉龙县、永胜县、宁蒗县）、贵州3县（道真县、正安县、湄潭县）、拉孜县（西藏）
	闵行区	云南5县市（香格里拉市、隆阳县、施甸县、龙陵县、昌宁县）、泽普县（新疆）
	宝山区	云南6县（维西傈僳族自治县、师宗县、罗平县、会泽县、宣威市、富源县）、叶城县（新疆）
	嘉定区	云南8县（武定县、德钦县、双柏县、永仁县、大姚县、南华县、姚安县、牟定县）、久治县（青海）
	浦东新区	云南11县（弥渡县、剑川县、鹤庆县、云龙县、洱源县、南涧县、漾濞县、巍山县、永平县、祥云县、宾川县）、江孜县（西藏）、莎车县（新疆）
	金山区	云南4县（墨江县、宁洱县、景东县、镇沅县）
	松江区	云南2县（勐腊县、勐海县）、定日县（西藏）
	青浦区	云南4县（梁河县、芒市、盈江县、陇川县）、班玛县（青海）
	奉贤区	贵州2县（凤冈县、务川仡佬族苗族自治县）、达日县（青海）
	崇明区	云南8县（永德县、镇康县、沧源县、耿马县、临翔区、云县、凤庆县、双江县）
小计	16	97

上海市16个区帮扶西部97个贫困县，其中云南74个、贵州8个、西藏5个、新疆4个、青海6个。

表 17e　携手奔小康结对关系表（东部）

江苏省

省（市）	市	县（市、区）	携手奔小康行动	
			全市帮扶	县区帮扶
江苏	南京市	浦口区	墨竹工卡县（西藏）	镇安县（陕西）
		栖霞区		商州区（陕西）、湟中县（青海）
		雨花台区		丹凤县（陕西）、大通县（青海）
		江宁区		洛南县（陕西）
		六合区		山阳县（陕西）、湟源县（青海）
		高淳区		柞水县（陕西）
		溧水区		商南县（陕西）
	无锡市	梁溪区	阿合奇县（新疆）	循化县（青海）
		锡山区		化隆县（青海）
		惠山区		乐都区（青海）、平安区（青海）
		滨湖区		民和县（青海）
		江阴市		延川县（陕西）
		宜兴市		延长县（陕西）
		新吴区		宜川县（陕西）、互助区（青海）
	徐州市	贾汪区	兴海县（青海）	太白县（陕西）
		铜山区		陇县（陕西）
		沛县		麟游县（陕西）
		新沂市		千阳县（陕西）
		邳州市		扶风县（陕西）
	常州市	天宁区	乌恰县（青海）、共和县（新疆）	旬阳县（陕西）
		钟楼区		镇坪县（陕西）
		新北区		紫阳县（陕西）、岚皋县（陕西）
		武进区		汉滨区（陕西）、平利县（陕西）、尼勒克县（新疆）
		溧阳市		白河县（陕西）、汉阴县（陕西）
		金坛区		石泉县（陕西）、宁陕县（陕西）
	苏州市	吴中区	林周县（西藏）	德江县（贵州）
		相城区		石阡县（贵州）
		姑苏区		江口县（贵州）
		吴江区		印江县（贵州）
		常熟市		思南县（贵州）
		张家港市		沿河县（贵州）
		昆山市		碧江区（贵州）、阿图什市（新疆）
		工业园区		松桃县（贵州）
		高新区		万山区（贵州）
		太仓市		周至县（陕西）、玉屏县（贵州）

（续）

省（市）	市	县（市、区）	携手奔小康行动	
			全市帮扶	县区帮扶
江苏	南通市	崇川区	贵德县（青海）	留坝县（陕西）、佛坪县（陕西）
		港闸区		宁强县（陕西）
		通州区		镇巴县（陕西）
		海安县		略阳县（陕西）
		如东县		南郑区（陕西）
		启东市		西乡县（陕西）
		如皋市		洋县（陕西）
		经开区		城固县（陕西）
		海门市		勉县（陕西）
	盐城市	东台市	同德县（青海）、察布查尔县（新疆）	耀州区（陕西）
		亭湖区		印台区（陕西）
		大丰区		宜君县（陕西）
	扬州市	广陵区	贵南县（青海）、曲水县（西藏）	佳县（陕西）
		邗江区		绥德县（陕西）
		江都区		子洲县（陕西）
		宝应县		定边县（陕西）
		仪征市		吴堡县（陕西）
		开发区		清涧县（陕西）
		生态科技城		横山区（陕西）
		高邮市		米脂县（陕西）
	镇江市	丹徒区	达孜区（西藏）	澄城县（陕西）
		丹阳市		富平县（陕西）
		扬中市		白水县（陕西）
		镇江新区		合阳县（陕西）
		句容市		蒲城县（陕西）
	泰州市	海陵区	曲水县（西藏）	长武县（陕西）
		高港区		淳化县（陕西）
		靖江市		永寿县（陕西）
		泰兴市		旬邑县（陕西）
小计	74		89	

江苏省74个地区（10个地级市、64个县市区）帮扶西部89个贫困县，陕西56个、青海14个、贵州10个、新疆5个、西藏4个。

表 17f　携手奔小康结对关系表（东部）

浙江省

省（市）	市	县（市、区）	携手奔小康行动	
			全市帮扶	县区帮扶
浙江	杭州市	上城区	色尼区（西藏）、德令哈市（青海）	雷山县（贵州）、鹤峰县（湖北）
		下城区		黎平县（贵州）、巴东县（湖北）
		江干区		三穗县（贵州）、恩施市（湖北）
		西湖区		镇远县（贵州）、宣恩县（湖北）
		萧山区		从江县（贵州）、利川市（湖北）
		余杭区		天柱县（贵州）、台江县（贵州）、咸丰县（湖北）
		富阳区		锦屏县（贵州）
		拱墅区		黄平县（贵州）、来凤县（湖北）
		滨江区		麻江县（贵州）、丹寨县（贵州）、建始县（湖北）
		桐庐县		榕江县（贵州）
		淳安县		剑河县（贵州）
		建德市		岑巩县（贵州）
		临安区		施秉县（贵州）
	宁波市	海曙区	比如县（西藏）、天峻县（青海）	贞丰县（贵州），协作义龙新区（贵州）
		江北区		册亨县（贵州）
		北仑区		汪清县（吉林），协作图们市（吉林）
		镇海区		普安县（贵州）
		宁海县		晴隆县（贵州）
		余姚市		望谟县（贵州）、协作兴义市（贵州）
		慈溪市		安龙县（贵州）、兴仁县（贵州）
		奉化区		安图县（吉林），协作珲春市（吉林）
		鄞州区		和龙市（吉林），协作延吉市（吉林）
		象山县		龙井市（吉林），协作敦化市（吉林）
	温州市	鹿城区	嘉黎县（西藏）、格尔木市（青海）	壤塘县（四川）
		龙湾区		壤塘县（四川）
		瓯海区		阿坝县（四川）
		洞头区		南部县（四川）
		瑞安市		阿坝县（四川）
		苍南县		红原县（四川）
		平阳县		红原县（四川）
		永嘉县		红原县（四川）
		乐清市		壤塘县（四川）
	嘉兴市	海盐县	色尼区（西藏）、都兰县（青海）	屏山县（四川）
		嘉善县		九寨沟县（四川）
		海宁市		黑水县（四川）
		平湖市		九寨沟县（四川）
		南湖区		若尔盖县（四川）
		秀洲区		若尔盖县（四川）
		桐乡市		黑水县（四川）

（续）

省（市）	市	县（市、区）	携手奔小康行动	
			全市帮扶	县区帮扶
浙江	湖州市	吴兴区	柯枰县（新疆）、乌兰县（青海）	木里藏族自治县（四川）、青川县（四川）
		南浔区		木里藏族自治县（四川）、广安区（四川）
		德清县		木里藏族自治县（四川）
		长兴县		木里藏族自治县（四川）
		安吉县		木里藏族自治县（四川）
	绍兴市	越城区	马尔康市（四川）、比如县（西藏）、大柴旦行委（青海）	马边彝族自治县（四川）
		柯桥区		金川县（四川）
		上虞区		小金县（四川）
		新昌县		小金县（四川）
		诸暨市		金川县（四川）
		嵊州市		马尔康市（四川）、小金县（四川）
	金华市	兰溪市	冷湖行委（青海）	汶川县（四川）
		义乌市		汶川县（四川）
		东阳市		理县（四川）
		武义县		嘉陵区（四川）
		磐安县		仪陇县（四川）
		永康市		理县（四川）
	衢州市	柯城区	乌什县（新疆）	北川县（四川）
		衢江区		平武县（四川）
		龙游县		叙永县（四川）
		常山县		古蔺县（四川）
		江山市		沐川县（四川）
	台州市	黄岩区	嘉黎县（西藏）、茫崖行委（青海）	松潘县（四川）
		玉环市		茂县（四川）
		路桥区		朝天区（四川）
		仙居县		旺苍县（四川）
		三门县		苍溪县（四川）
		天台县		阆中市（四川）
		温岭市		茂县（四川）
		临海市		松潘县（四川）
	丽水市	莲都区		剑阁县（四川）
		龙泉市		昭化区（四川）
		青田县		平昌县（四川）
		缙云县		南江县（四川）
		松阳县		巴州区（四川）
		遂昌县		通江县（四川）
	舟山市	定海区		宣汉县（四川）
		普陀区		万源市（四川）
小计	84		85	

浙江省 84 个地区（9 个地级市、75 个县市区）帮扶中西部 85 个贫困县，其中四川 38 个、贵州 22 个、湖北 8 个、吉林 4 个、西藏 3 个、新疆 2 个、青海 8 个。

表 17g　携手奔小康结对关系表（东部）

福建省

<table>
<tr><th rowspan="2">省（市）</th><th rowspan="2">市</th><th rowspan="2">县（市、区）</th><th colspan="2">携手奔小康行动</th></tr>
<tr><th>全市帮扶</th><th>县区帮扶</th></tr>
<tr><td rowspan="20">福建</td><td rowspan="9">福州市</td><td>鼓楼区</td><td rowspan="9">八宿县（西藏）</td><td>岷县（甘肃）</td></tr>
<tr><td>台江区</td><td>安定区（甘肃）</td></tr>
<tr><td>仓山区</td><td>临洮县（甘肃）</td></tr>
<tr><td>晋安区</td><td>渭源县（甘肃）</td></tr>
<tr><td>闽侯县</td><td>隆德县（宁夏）</td></tr>
<tr><td>连江县</td><td>陇西县（甘肃）</td></tr>
<tr><td>福清市</td><td>通渭县（甘肃）</td></tr>
<tr><td>经济开发区</td><td>原州区（宁夏）</td></tr>
<tr><td>长乐市</td><td>漳县（甘肃）</td></tr>
<tr><td rowspan="7">厦门市</td><td>思明区</td><td rowspan="7">左贡县（西藏）</td><td>临夏县（甘肃）、临夏市（甘肃）、彭阳县（宁夏）</td></tr>
<tr><td>海沧区</td><td>积石山自治县（甘肃）、泾源县（宁夏）</td></tr>
<tr><td>湖里区</td><td>东乡族自治县（甘肃）</td></tr>
<tr><td>集美区</td><td>和政县（甘肃）</td></tr>
<tr><td>同安区</td><td>康乐县（甘肃）</td></tr>
<tr><td>火炬高新区</td><td>广河县（甘肃）</td></tr>
<tr><td>翔安区</td><td>永靖县（甘肃）</td></tr>
<tr><td></td><td>莆田市涵江区</td><td></td><td>西吉县（宁夏）</td></tr>
<tr><td rowspan="2">泉州市</td><td>洛江区</td><td rowspan="2">洛隆县（西藏）</td><td>盐池县（宁夏）</td></tr>
<tr><td>永春县</td><td>同心县（宁夏）</td></tr>
<tr><td>漳州市</td><td>漳浦县</td><td>边坝县（西藏）</td><td>海原县（宁夏）</td></tr>
<tr><td></td><td>龙岩市</td><td></td><td>边坝县（西藏）</td><td></td></tr>
<tr><td>小计</td><td colspan="2">25</td><td colspan="2">27</td></tr>
<tr><td colspan="5">福建省 25 个地区（5 个地级市、20 个县市区）帮扶西部 27 个贫困县，其中宁夏 8 个、甘肃 15 个、西藏 4 个。</td></tr>
</table>

表 17h　携手奔小康结对关系表（东部）

山东省

省（市）	市	县（市、区）	携手奔小康行动	
			全市帮扶	县区帮扶
山东	济南市	历下区	白朗县（西藏）	武隆区（重庆）、永顺县（湖南）
		市中区		龙山县（湖南）
		槐荫区		花垣县（湖南）
		天桥区		凤凰县（湖南）
		历城区		保靖县（浑南）
		高新区		古丈县（湖南）
		章丘区		泸溪县（湖南）
	青岛市	市南区	桑珠孜区（西藏）	宕昌县（甘肃）、平坝区（贵州）
		市北区		西秀区（贵州）、西和县（甘肃）
		黄岛区		武都区（甘肃）
		崂山区		普定县（贵州）、礼县（甘肃）
		李沧区		康县（甘肃）
		城阳区		关岭布依族苗族自治县（贵州）、成县（甘肃）
		胶州市		镇宁布依族苗族自治县（贵州）、徽县（甘肃）
		即墨区		紫云苗族布依族自治县（贵州）、文县（甘肃）
		莱西市		西秀区（贵州）、两当县（甘肃）
	淄博市	沂源县	昂仁县（西藏）	石柱土家族自治县（重庆）
	枣庄市	滕州市		丰都县（重庆）
	东营市	广饶县	疏勒县（新疆）	酉阳土家族苗族自治县（重庆）
	烟台市	龙口市	聂拉木县（西藏）	巫山县（重庆）
	潍坊市	寿光市	南木林县（西藏）	开州区（重庆）
	济宁市	邹城市	英吉沙县（新疆）	万州区（重庆）
	泰安是	肥城市	岳普湖县（新疆）	巫溪县（重庆）
	威海市	荣成市	门源县（青海）	云阳县（重庆）
	日照市	东港区	麦盖提县（新疆）	黔江区（重庆）
	临沂市	兰山区	海晏县（青海）	城口县（重庆）
	德州市	齐河县		秀山土家族苗族自治县（重庆）
	聊城市	茌平县	刚察县（青海）	彭水苗族土家族自治县（重庆）
	滨州市	邹平县	祁连县（青海）	奉节县（重庆）
小计	42		49	

山东省 42 个地区（13 个地级市、29 个县市区）帮扶中西部 49 个贫困县，其中重庆 14 个、贵州 6 个、湖南 7 个、甘肃 9 个、西藏 5 个、新疆 4 个、青海 4 个。

表 17i　携手奔小康结对关系表（东部）

广东省

省（市）	市	县（市、区）	携手奔小康行动	
			全市帮扶	县区帮扶
广东	广州市	荔湾区	四川3县（色达县、新龙县、炉霍县）、波密县（西藏）、疏附县（新疆）	七星关区（贵州）
		越秀区		罗甸县（贵州）、长顺县（贵州）
		海珠区		瓮安县（贵州）
		天河区		大方县（贵州）、纳雍县（贵州）
		白云区		荔波县（贵州）、平塘县（贵州）
		黄埔区		独山县（贵州）、三都水族自治县（贵州）
		番禺区		威宁彝族回族苗族自治县（贵州）、赫章（贵州）
		花都区		织金县（贵州）、黔西县（贵州）
		南沙区		贵定县（贵州）、龙里县（贵州）、惠水（贵州）
	深圳市	罗湖区	四川3县（甘孜县、德格县、石渠县）、新疆2县（喀什市、塔什库尔干自治县）、察隅县（西藏）	西林县（广西）、隆林自治县（广西）
		福田区		罗城自治县（广西）、环江自治县（广西）
		南山区		田阳县（广西）、德保县（广西）
		宝安区		都安自治县（广西）、大化自治县（广西）
		龙岗区		靖西市（广西）、那坡县（广西）
		龙华区		凤山县（广西）、东兰县（广西）
		光明新区		田林县（广西）
		大鹏新区		巴马瑶族自治县（广西）
		坪山新区		田东县（广西）
		盐田区		凌云县（广西）、乐业县（广西）
	珠海市	香洲区	四川2县（稻城县、理塘县）、米林县（西藏）	泸水市（云南）
		斗门区		福贡县（云南）
		金湾区		贡山独龙族怒族自治县（云南）
		横琴新区		兰坪白族普米族自治县（云南）
	佛山市	禅城区	四川2县（乡城县、得荣县）、墨脱县（西藏）、伽师县（新疆）	普格县（四川）、昭觉县（四川）、布拖县（四川）
		南海区		甘洛县（四川）、越西县（四川）、喜德县（四川）
		顺德区		美姑县（四川）、金阳县（四川）、雷波县（四川）
		三水区		盐源县（四川）
		高明区		木里藏族自治县（四川）
	江门市	蓬江区	四川2县（康定市、泸定县）	天等县（广西）
		江海区		大新县（广西）
		新会区		宁明县（广西）
		鹤山市		龙州县（广西）
	湛江市	遂溪县		融安县（广西）
		廉江市		融水县（广西）
		吴川市		三江县（广西）

（续）

省（市）	市	县（市、区）	携手奔小康行动	
			全市帮扶	县区帮扶
广东	茂名市	茂南区		金秀县（广西）
		电白区		马山县（广西）
		高州市		上林县（广西）
		化州市		隆安县（广西）
		信宜市		忻城县（广西）
	肇庆市	端州区		资源县（广西）
		鼎湖区		昭平县（广西）
		高要区		龙胜县（广西）
		四会市		富川县（广西）
	惠州市		四川2县（丹巴县、道孚县）、朗县（西藏）	
	东莞市	清溪镇	四川2县（九龙县、雅江县）、巴宜区（西藏）	镇雄县（云南）
		黄江镇		彝良县（云南）
		石碣镇		昭阳区（云南）
		大岭山镇		威信县（云南）
		莞城街道		鲁甸县（云南）
		樟木头镇		巧家县（云南）
	中山市	火炬开发区	四川2县（白玉县、巴塘县）、工布江达县（西藏）	大关县（云南）
		石岐区		盐津县（云南）
		东区		绥江县（云南）
		小榄镇		永善县（云南）
小计	62		104	

广东省62个地区（8个地级市、54个县市区镇）帮扶西部104个贫困县，其中广西33个、四川29个、云南14个、贵州17个、西藏7个、新疆4个。

表 18　中央、国家机关和有关单位定点扶贫结对关系（分部门）

序号	单　　位	定点帮扶的国家扶贫开发工作重点县	
		个数	名称（所在片区、省区市）
1	中央直属机关工委	2	宁武（山西）；平山（河北）
2	中央纪委	2	雷波、马边（乌蒙山区、四川）
3	中央办公厅	2	宁陕（秦巴山区、陕西）；光山（大别山区、河南）
4	全国政协办公厅	2	舒城、颍东（安徽）
5	中央组织部	2	舟曲（四省藏区、甘肃）；台江（滇桂黔石漠化区、贵州）
6	中央宣传部	2	耀州（陕西）；科尔沁右翼中旗（大兴安岭南麓山区、内蒙古）
7	中央统战部	3	赫章（乌蒙山区、贵州）；晴隆、望谟（滇桂黔石漠化区、贵州）
8	中央对外联络部	1	行唐（河北）
9	中央政法委	1	扎赉特旗（大兴安岭南麓山区、内蒙古）
10	中央政策研究室	1	安图（吉林）
11	中央台办	1	广河（六盘山区、甘肃）
12	中央网信办	1	佛坪（秦巴山区、陕西）
13	中央财办	1	剑河（滇桂黔石漠化区、贵州）
14	中央外办	1	彭水（武陵山区、重庆）
15	中央编委办公室	1	化德（燕山—太行山区、内蒙古）
16	中央 610 办公室	1	三江（滇桂黔石漠化区、广西）
17	中央党校	2	武邑（河北）；安远（江西）
18	人民日报社	2	虞城（河南）；滦平（河北）
19	中央文献研究室	1	南召（秦巴山区、河南）
20	中央党史研究室	1	镇原（六盘山区、甘肃）
21	求是杂志社	1	杂多（四省藏区、青海）
22	全国总工会	2	和顺、壶关（山西）
23	共青团中央	2	灵丘（燕山—太行山区、山西）；石楼（吕梁山区、山西）
24	全国妇联	2	漳县（六盘山区、甘肃）；西和（秦巴山区、甘肃）
25	中国文联	1	武都（秦巴山区、甘肃）
26	中国作协	1	临潭（四省藏区、甘肃）
27	中国科协	2	岚县、临县（吕梁山区、山西）
28	中国侨联	1	上饶（江西）
29	新闻出版广电总局	2	德格（四省藏区、四川）；平顺（山西）
30	新华社	2	石阡（武陵山区、贵州）；新河（河北）
31	光明日报社	1	囊谦（四省藏区、青海）
32	经济日报社	1	赤城（河北）
33	中国日报社	1	会昌（罗霄山区、江西）
34	中央编译局	1	唐县（燕山—太行山区、河北）
35	中国外文局	1	左权（山西）
36	中国法学会	1	开县（重庆）
37	中国记协	1	文县（秦巴山区、甘肃）
38	全国台联	1	榆中（六盘山区、甘肃）
39	中国出版集团	1	泽库（四省藏区、青海）

（续）

序号	单　　位	定点帮扶的国家扶贫开发工作重点县	
		个数	名称（所在片区、省区市）
40	国家档案局	1	喜德（乌蒙山区、四川）
41	国家保密局	1	房县（秦巴山区、湖北）
42	中国浦东干部学院	1	江口（武陵山区、贵州）
43	中国井冈山干部学院	1	鄱阳（江西）
44	中国延安干部学院	1	越西（乌蒙山区、四川）
45	中央国家机关工委	2	临城（河北）；阳原（燕山—太行山区、河北）
46	全国人大常委会办公厅	2	太仆寺旗、察哈尔右翼前旗（内蒙古）
47	最高人民法院	2	睢县（河南）；宁陵（大别山区、河南）
48	最高人民检察院	2	西畴、富宁（滇桂黔石漠化区、云南）
49	国务院办公厅	2	怀安、张北（燕山—太行山区、河北）
50	外交部	2	麻栗坡（滇桂黔石漠化区、云南）；金平（滇西边境山区、云南）
51	国家发展改革委	3	灵寿（河北）；田东（广西）；汪清（吉林）
52	教育部	2	青龙、威县（河北）
53	科学技术部	4	佳县（吕梁山区、陕西）；柞水（秦巴山区、陕西）；井冈山、永新（罗霄山区、江西）
54	工业和信息化部	4	洛宁、汝阳（秦巴山区、河南）；南部、嘉陵（四川）
55	国家民族事务委员会	2	巴林右旗（内蒙古）；德保（滇桂黔石漠化区、广西）
56	公安部	2	兴仁、普安（滇桂黔石漠化区、贵州）
57	安全部	2	敖汉旗（内蒙古）；盐山（河北）
58	民政部	2	遂川、莲花（罗霄山区、江西）
59	司法部	2	平昌、苍溪（秦巴山区、四川）
60	财政部	2	平江（湖南）；永胜（滇西边境山区、云南）
61	人力资源社会保障部	2	天镇（燕山—太行山区、山西）；金寨（大别山区、安徽）
62	国土资源部	4	赣县、宁都、兴国、于都（罗霄山区、江西）
63	环境保护部	2	围场、隆化（燕山—太行山区、河北）
64	住房城乡建设部	4	湟中（六盘山区、青海）、大通（青海）；红安、麻城（大别山区、湖北）
65	交通运输部	4	黑水、壤塘、小金、色达（四省藏区、四川）
66	水利部	4	城口、巫溪（秦巴山区、重庆）；丰都、武隆（武陵山区、重庆）
67	农业部	4	咸丰、来凤（武陵山区、湖北）；龙山、永顺（武陵山区、湖南）
68	商务部	3	广安（四川）；仪陇（秦巴山区、四川）；城步（武陵山区、湖南）
69	文化部	2	娄烦（山西）；静乐（吕梁山区、山西）
70	国家卫生计生委	4	大宁、永和（吕梁山区、山西）；清涧、子洲（吕梁山区、陕西）
71	中国人民银行	2	宜君、印台（陕西）
72	审计署	2	顺平（燕山—太行山区、河北）；丹寨（滇桂黔石漠化区、贵州）
73	国务院国资委	2	平乡、魏县（河北）
74	海关总署	2	鲁山、卢氏（秦巴山区、河南）
75	国家税务总局	2	民和（六盘山区、青海）；平安（青海）
76	国家工商行政管理总局	2	同江、抚远（黑龙江）
77	国家质量监督检验检疫总局	2	民权（大别山区、河南）；礼县（秦巴山区、甘肃）

（续）

序号	单　　位	定点帮扶的国家扶贫开发工作重点县	
		个数	名称（所在片区、省区市）
78	国家体育总局	2	繁峙（燕山—太行山区、山西）；代县（山西）
79	国家安全生产监督管理总局	2	阳高、广灵（燕山—太行山区、山西）
80	国家食品药品监督管理总局	2	临泉（大别山区、安徽）；砀山（安徽）
81	国家统计局	2	岢岚（吕梁山区、山西）；正镶白旗（内蒙古）
82	国家林业局	4	罗城、龙胜（滇桂黔石漠化区、广西）；荔波、独山（滇桂黔石漠化区、贵州）
83	国家知识产权局	2	桑植（武陵山区、湖南）；崇礼（河北）
84	国家旅游局	2	巴马（滇桂黔石漠化区、广西）；阿尔山（大兴安岭南麓山区、内蒙古）
85	国家宗教事务局	1	三都（滇桂黔石漠化区、贵州）
86	国务院参事室	1	龙井（吉林）
87	国家机关事务管理局	1	阜平（燕山—太行山区、河北）
88	国务院侨务办公室	1	积石山（六盘山区、甘肃）
89	国务院港澳事务办公室	1	赞皇（河北）
90	国务院法制办公室	1	阜城（河北）
91	国务院研究室	1	淅川（秦巴山区、河南）
92	中国科学院	3	水城（滇黔桂石漠化区、贵州）；环江（滇桂黔石漠化区、广西）；库伦旗（内蒙古）
93	中国社会科学院	2	丹凤（秦巴山区、陕西）；上犹（罗霄山区、江西）
94	中国工程院	2	会泽（乌蒙山区、云南）；澜沧（滇西边境山区、云南）
95	国务院发展研究中心	1	大名（河北）
96	国家行政学院	2	大关（乌蒙山区、云南）；墨江（滇西边境山区、云南）
97	中国工程物理研究院	1	富平（陕西）
98	中国地震局	1	永靖（六盘山区、甘肃）
99	中国气象局	1	突泉（大兴安岭南麓山区、内蒙古）
100	中国银行业监督管理委员会	2	和政、临洮（六盘山区、甘肃）
101	中国证券监督管理委员会	8	隰县、汾西（吕梁山区、山西）；宿松、太湖（大别山区、安徽）；兰考（大别山区、河南）；桐柏（河南）；延长（陕西）；武山（六盘山区、甘肃）
102	中国保险监督管理委员会	2	察哈尔右翼中旗、察哈尔右翼后旗（内蒙古）
103	全国社会保障基金理事会	1	兴和（燕山—太行山区、内蒙古）
104	国家自然科学基金委员会	1	奈曼旗（内蒙古）
105	国家信访局	1	海兴（河北）
106	国家粮食局	1	阜南（大别山区、安徽）
107	国家能源局	2	清水、通渭（六盘山区、甘肃）
108	国家国防科技工业局	2	略阳、宁强（秦巴山区、陕西）
109	国家烟草专卖局	2	竹溪、竹山（秦巴山区、湖北）
110	外国专家局	1	屏山（乌蒙山区、四川）
111	国家海洋局	1	琼中（海南）
112	国家测绘局	1	海伦（黑龙江）

（续）

序号	单　位	定点帮扶的国家扶贫开发工作重点县	
		个数	名称（所在片区、省区市）
113	国家铁路局	1	榕江（滇桂黔石漠化区、贵州）
114	中国民用航空局	2	策勒、于田（南疆三地州、新疆）
115	国家邮政局	1	平泉（燕山—太行山区、河北）
116	国家文物局	1	淮阳（大别山区、河南）
117	国家中医药管理局	1	五寨（吕梁山区、山西）
118	国家外汇管理局	1	巨鹿（河北）
119	国务院扶贫办	2	渭源（甘肃）；雷山（滇桂黔石漠化区、贵州）
120	国务院三峡办	1	万州（重庆）
121	国务院南水北调办公室	1	郧阳区（秦巴山区、湖北）
122	中华全国供销合作总社	2	潜山（大别山区、安徽）；寻乌（罗霄山区、江西）
123	中国国际贸易促进会	2	林甸（大兴安岭南麓山区、黑龙江）；从江（滇桂黔石漠化区、贵州）
124	中国人民对外友好协会	1	兴县（吕梁山区、山西）
125	中国残疾人联合会	1	南皮（河北）
126	中国宋庆龄基金会	1	彭阳（六盘山区、宁夏）
127	中国红十字会总会	1	英山（大别山区、湖北）
128	中国铁路总公司	4	和田（南疆三地州、新疆）；栾川（秦巴山区、河南）；勉县（秦巴山区、陕西）；原州（六盘山区、宁夏）
129	中国投资有限责任公司	4	会宁、静宁（六盘山区、甘肃）；施秉（滇黔桂石漠化区、贵州）；循化（六盘山区、青海）
130	中国中信集团公司	3	元阳（滇西边境山区、云南）；屏边（滇桂黔石漠化区、云南）；黔江（武陵山区、重庆）
131	中国光大集团股份公司	3	新化、古丈（武陵山区、湖南）；新田（湖南）
132	中国邮政集团公司	2	商州、洛南（秦巴山区、陕西）
133	国家开发银行	4	道真、务川、正安（武陵山区、贵州）；古蔺（乌蒙山区、四川）
134	中国进出口银行	2	岷县（六盘山区、甘肃）；云阳（秦巴山区、重庆）
135	中国农业发展银行	4	大安（大兴安岭南麓山区、吉林）；隆林（滇桂黔石漠化、广西）；锦屏（滇桂黔石漠化、贵州）；马关（滇桂黔石漠化、云南）
136	中国工商银行	4	南江、通江、万源（秦巴山区、四川）；金阳（乌蒙山区、四川）
137	中国农业银行	4	武强、饶阳（河北）；秀山（武陵山区、重庆）；黄平（滇桂黔石漠化区、贵州）
138	中国银行	4	永寿、长武、淳化（六盘山区、陕西）；旬邑（陕西）
139	中国建设银行	4	汉滨、紫阳、汉阴、岚皋（秦巴山区、陕西）
140	交通银行	3	天祝（四省藏区、甘肃）；理塘（四省藏区、四川）；浑源（燕山—太行山区、山西）
141	中国人民保险集团股份有限公司	4	乐安（罗霄山区、江西）；吉安（江西）；桦川（黑龙江）；留坝（秦巴山区、陕西）
142	中国人寿保险集团有限公司	4	龙州、天等（滇桂黔石漠化区、广西）；郧西、丹江口（秦巴山区、湖北）
143	中国太平保险集团公司	2	两当（秦巴山区、甘肃）；裕安（安徽）

（续）

序号	单　位	定点帮扶的国家扶贫开发工作重点县	
		个数	名称（所在片区、省区市）
144	中国出口信用保险公司	2	霍邱（大别山区、安徽）；余干（江西）
145	华融资产管理公司	1	宣汉（秦巴山区、四川）
146	长城资产管理公司	1	陇县（六盘山区、陕西）
147	东方资产管理公司	1	邵阳（武陵山区、湖南）
148	信达资产管理公司	1	乐都（六盘山区、青海）
149	招商银行	2	永仁（滇西边境山区、云南）；武定（乌蒙山区、云南）
150	民生银行	2	封丘、滑县（河南）
151	包商银行	2	鄂伦春旗、莫力达瓦旗（内蒙古）
152	中国核工业集团公司	2	石柱（武陵山区、重庆）；同心（六盘山区、宁夏）
153	中国核工业建设集团公司	2	旬阳、白河（秦巴山区、陕西）
154	中国航天科技集团公司	3	太白、洋县（秦巴山区、陕西）；涞源（燕山—太行山区、河北）
155	中国航天科工集团公司	2	富源、东川（云南）
156	中国航空工业集团公司	5	镇宁、普定、关岭、紫云（滇桂黔石漠化区、贵州）；西乡（秦巴山区、陕西）
157	中国船舶工业集团公司	1	鹤庆（滇西边境山区、云南）
158	中国船舶重工集团公司	2	勐腊（滇西边境山区、云南）；丘北（滇桂黔石漠化区、云南）
159	中国兵器工业集团公司	2	红河（滇西边境山区、云南）；甘南（大兴安岭南麓山区、黑龙江）
160	中国兵器装备集团公司	2	泸西、砚山（滇桂黔石漠化区、云南）
161	中国电子科技集团公司	2	绥德（吕梁山区、陕西）；叙永（乌蒙山区、四川）
162	中国石油天然气集团公司	10	台前、范县（河南）；尼勒克、托里、巴里坤、吉木乃、青河、察布查尔（新疆）；习水（乌蒙山区、贵州）；横峰（江西）
163	中国石油化工集团公司	6	岳西、颍上（大别山区、安徽）；凤凰、泸溪（武陵山区、湖南）；岳普湖（南疆三地州、新疆）；东乡（六盘山区、甘肃）
164	中国海洋石油总公司	5	保亭、五指山（海南）；夏河、合作（四省藏区、甘肃）；卓资（内蒙古）
165	国家电网公司	5	巴东、秭归、长阳（武陵山区、湖北）；神农架（湖北）；玛多（四省藏区、青海）
166	中国南方电网有限责任公司	2	维西（四省藏区、云南）；东兰（滇桂黔石漠化区、广西）
167	中国华能集团公司	2	横山（吕梁山区、陕西）；阿合奇（南疆三地州、新疆）
168	中国大唐集团公司	2	大化（滇桂黔石漠化区、广西）；澄城（陕西）
169	中国华电集团公司	2	乌恰、阿图什（南疆三地州、新疆）
170	中国国电集团公司	3	宁城（内蒙古）；右玉（山西）；曲麻莱（四省藏区、青海）
171	国家电力投资集团公司	3	商城（大别山区、河南）；美姑（乌蒙山区、四川）；延川（陕西）
172	中国长江三峡集团公司	4	巫山、奉节（秦巴山区、重庆）；万安（罗霄山区、江西）；巴林左旗（内蒙古）
173	神华集团有限责任公司	4	米脂、吴堡（吕梁山区、陕西）；布拖、普格（乌蒙山区、四川）
174	中国电信集团公司	4	木里、盐源（四川）；田林（滇桂黔石漠化区、广西）；疏附（南疆三地州、新疆）
175	中国联合网络通信集团有限公司	4	康保、沽源（燕山—太行山区、河北）；饶河（黑龙江）；册亨（滇桂黔石漠化区、贵州）

（续）

序号	单　　位	定点帮扶的国家扶贫开发工作重点县	
		个数	名称（所在片区、省区市）
176	中国移动通信集团公司	6	汤原、桦南（黑龙江）；白沙（海南）；疏勒、洛浦、阿克陶（南疆三地州、新疆）
177	中国电子信息产业集团有限公司	4	镇安（秦巴山区、陕西）；阆中（四川）；松桃（武陵山区、贵州）；临高（海南）
178	中国第一汽车集团公司	3	镇赉（大兴安岭南麓山区、吉林）；和龙（吉林）；凤山（滇桂黔石漠化区、广西）
179	东风汽车公司	2	马山（滇桂黔石漠化区、广西）；柯枰（新疆）
180	中国第一重型机械集团公司	1	泗县（安徽）
181	中国机械工业集团有限公司	3	固始、淮滨（大别山区、河南）；朝天（秦巴山区、四川）；平陆（山西）
182	哈尔滨电气集团公司	1	文山（云南）
183	中国东方电气集团有限公司	2	昭觉（乌蒙山区、四川）；吉县（吕梁山区、山西）
184	鞍钢集团公司	2	塔什库尔干（南疆三地州、新疆）；盘州市（贵州）
185	中国宝武钢铁集团有限公司	6	宁洱、江城、镇沅（滇西边境山区、云南）；广南（滇桂黔石漠化区、云南）；罗田（大别山区、湖北）；上林（滇桂黔石漠化区、广西）
186	中国铝业公司	1	阳新（湖北）
187	中国远洋海运集团有限公司	3	沅陵、安化（武陵山区、湖南）；永德（滇西边境山区、云南）
188	中国航空集团公司	2	苏尼特右旗（内蒙古）；昭平（广西）
189	中国东方航空集团公司	2	双江、沧源（滇西边境山区、云南）
190	中国南方航空集团公司	2	皮山、墨玉（南疆三地州、新疆）
191	中国中化集团公司	2	林西、阿鲁科尔沁旗（内蒙古）
192	中粮集团有限公司	6	延寿、绥滨（黑龙江）；乌什（新疆）；隆安（滇桂黔石漠化区、广西）；甘孜、石渠（四省藏区、四川）；修水（江西）
193	中国五矿集团公司	6	威信、镇雄、彝良（乌蒙山区、云南）；花垣（武陵山区、湖南）；沿河、德江（武陵山区、贵州）
194	中国通用技术（集团）控股有限责任公司	2	武川（内蒙古）；商都（燕山—太行山区、内蒙古）
195	中国建筑工程总公司	3	卓尼（四省藏区、甘肃）；康乐（六盘山区、甘肃）；康县（秦巴山区、甘肃）
196	中国储备粮管理总公司	3	拜泉、兰西（大兴安岭南麓山区、黑龙江）；伽师（南疆三地州、新疆）
197	国家开发投资公司	4	罗甸、平塘（滇桂黔石漠化区、贵州）；合水、宁县（六盘山区、甘肃）
198	招商局集团有限公司	4	威宁（乌蒙山区、贵州）；蕲春（大别山区、湖北）；叶城、莎车（南疆三地州、新疆）
199	华润（集团）有限公司	2	广昌（江西）；海原（六盘山区、宁夏）
200	中国旅游集团公司［香港中旅（集团）有限公司］	5	黎平（滇桂黔石漠化区、贵州）；西盟、孟连（滇西边境山区、云南）；香格里拉、德钦（四省藏区、云南）
201	中国商用飞机有限责任公司	1	西吉（六盘山区、宁夏）
202	中国节能环保集团公司	2	嵩县（秦巴山区、河南）；富川（广西）

（续）

序号	单　　位	定点帮扶的国家扶贫开发工作重点县	
		个数	名称（所在片区、省区市）
203	中国国际工程咨询公司	1	利辛（大别山区、安徽）
204	中国诚通控股集团有限公司	1	宜阳（河南）
205	中国中煤能源集团有限公司	3	蔚县（燕山—太行山区、河北）；赵家蓬（河北非重点县）；印江（武陵山区、贵州）
206	中国煤炭科工集团有限公司	2	寿县（大别山区、安徽）；武乡（山西）
207	机械科学研究总院	1	新县（大别山区、河南）
208	中国中钢集团公司	1	翁牛特旗（内蒙古）
209	中国钢研科技集团有限公司	1	山阳（秦巴山区、陕西）
210	中国化工集团公司	2	古浪（六盘山区、甘肃）；平山（河北）
211	中国化学工程集团公司	2	环县、华池（六盘山区、甘肃）
212	中国轻工集团公司	1	喀喇沁旗（内蒙古）
213	中国工艺（集团）公司	2	鲁甸、巧家（乌蒙山区、云南）
214	中国盐业总公司	2	定边、宜川（陕西）
215	中国建材集团有限公司	5	永善、绥江（乌蒙山区、云南）；石台（安徽）；泾源（六盘山区、宁夏）；昭阳（乌蒙山区、云南）
216	中国有色矿业集团有限公司	1	梁河（滇西边境山区、云南）
217	北京有色金属研究总院	1	思南（武陵山区、贵州）
218	北京矿冶研究总院	1	平舆（河南）
219	中国国际技术智力合作公司	2	姚安、大姚（滇西边境山区、云南）
220	中国建筑科学研究院	1	偏关（山西）
221	中国中车集团公司	4	麦积、甘谷（六盘山区、甘肃）；那坡、靖西（滇桂黔石漠化区、广西）
222	中国铁路通信信号集团公司	1	社旗（河南）
223	中国铁路工程总公司	3	桂东、汝城（罗霄山区、湖南）；保德（山西）
224	中国铁道建筑总公司	3	尚义、万全（燕山—太行山区、河北）；甘德（四省藏区、青海）
225	中国交通建设集团有限公司	5	贡山、福贡、泸水、兰坪（滇西边境山区、云南）；英吉沙（南疆三地州、新疆）
226	中国普天信息产业集团公司	1	达日（四省藏区、青海）
227	电信科学技术研究院	1	沈丘（大别山区、河南）
228	中国农业发展集团有限公司	1	萧县（安徽）
229	中国中丝集团公司	1	忻城（滇桂黔石漠化区、广西）
230	中国林业集团公司	1	通道（武陵山区、湖南）
231	中国医药集团总公司	2	靖宇（吉林）；治多（四省藏区、青海）
232	中国保利集团公司	2	五台（燕山—太行山区、山西）；河曲（山西）
233	中国建筑设计研究院	1	陇西（六盘山区、甘肃）
234	中国冶金地质总局	2	漾濞、巍山（滇西边境山区、云南）
235	中国煤炭地质总局	1	张家川（六盘山区、甘肃）
236	新兴际华集团有限公司	2	四子王旗（内蒙古）；安定（六盘山区、甘肃）
237	中国民航信息集团公司	1	神池（吕梁山区、山西）
238	中国航空油料集团公司	1	盐池（宁夏）

（续）

序号	单　位	定点帮扶的国家扶贫开发工作重点县	
		个数	名称（所在片区、省区市）
239	中国航空器材集团公司	1	白水（陕西）
240	中国电力建设集团有限公司	2	剑川（滇西边境山区、云南）；民丰（南疆三地州、新疆）
241	中国能源建设集团有限公司	2	镇巴（秦巴山区、陕西）；西林（滇桂黔石漠化区、广西）
242	中国黄金集团公司	2	贞丰（滇桂黔石漠化区、贵州）；新蔡（大别山区、河南）
243	中国广核集团有限公司	2	乐业、凌云（滇桂黔石漠化区、广西）
244	中国华录集团有限公司	1	上蔡（河南）
245	上海贝尔股份有限公司	1	宁蒗（滇西边境山区、云南）
246	武汉邮电科学研究院	1	大悟（大别山区、湖北）
247	华侨城集团公司	2	天柱、三穗（滇桂黔石漠化区、贵州）
248	中国南光集团有限公司	2	禄劝（乌蒙山区、云南）；临夏（六盘山区、甘肃）
249	中国西电集团公司	1	麟游（六盘山区、陕西）
250	中国铁路物资（集团）总公司	1	孝昌（大别山区、湖北）
251	中国国新控股有限责任公司	1	利川（武陵山区、湖北）
252	中国铁塔股份有限公司	3	保靖（武陵山区、湖南）；鹤峰、宣恩（武陵山区、湖北）
253	民革中央	1	纳雍（乌蒙山区、贵州）
254	民盟中央	1	广宗（河北）
255	民建中央	1	丰宁（燕山—太行山区、河北）
256	民进中央	1	安龙（滇桂黔石漠化区、贵州）
257	农工民主党中央	1	大方（乌蒙山区、贵州）
258	致公党中央	1	酉阳（武陵山区、重庆）
259	九三学社中央	1	旺苍（秦巴山区、四川）
260	台盟中央	1	赫章（乌蒙山区、贵州）
261	全国工商联	1	织金（乌蒙山区、贵州）
262	北京大学	1	弥渡（滇西边境山区、云南）
263	清华大学	1	南涧（滇西边境山区、云南）
264	北京科技大学	1	秦安（六盘山区、甘肃）
265	北京化工大学	1	科尔沁左翼中旗（内蒙古）
266	北京交通大学	1	科尔沁左翼后旗（内蒙古）
267	北京邮电大学	1	长顺（滇桂黔石漠化区、贵州）
268	中国农业大学	1	镇康（滇西边境山区、云南）
269	北京林业大学	1	科尔沁右翼前旗（大兴安岭南麓山区、内蒙古）
270	中国地质大学（北京）	1	化隆（六盘山区、青海）
271	中国矿业大学（北京）	1	都安（滇桂黔石漠化区、广西）
272	南开大学	1	庄浪（六盘山区、甘肃）
273	天津大学	1	宕昌（秦巴山区、甘肃）
274	山东大学	1	确山（河南）
275	东北大学	1	昌宁（滇西边境山区、云南）
276	大连理工大学	1	龙陵（滇西边境山区、云南）
277	吉林大学	1	通榆（大兴安岭南麓山区、吉林）
278	东北林业大学	1	泰来（大兴安岭南麓山区、黑龙江）

（续）

序号	单　　位	定点帮扶的国家扶贫开发工作重点县	
		个数	名称（所在片区、省区市）
279	复旦大学	1	永平（滇西边境山区、云南）
280	同济大学	1	云龙（滇西边境山区、云南）
281	上海交通大学	1	洱源（滇西边境山区、云南）
282	华东理工大学	1	寻甸（乌蒙山区、云南）
283	东华大学	1	盐津（乌蒙山区、云南）
284	南京大学	1	双柏（滇西边境山区、云南）
285	东南大学	1	南华（滇西边境山区、云南）
286	河海大学	1	石泉（秦巴山区、陕西）
287	南京农业大学	1	麻江（滇桂黔石漠化区、贵州）
288	中国药科大学	1	镇坪（秦巴山区、陕西）
289	浙江大学	1	景东（滇西边境山区、云南）
290	合肥工业大学	1	灵璧（安徽）
291	厦门大学	1	隆德（六盘山区、宁夏）
292	华中科技大学	1	临翔（滇西边境山区、云南）
293	武汉大学	1	恩施（武陵山区、湖北）
294	华中农业大学	1	建始（武陵山区、湖北）
295	湖南大学	1	隆回（武陵山区、湖南）
296	中南大学	1	江华（湖南）
297	中山大学	1	凤庆（滇西边境山区、云南）
298	华南理工大学	1	云县（滇西边境山区、云南）
299	四川大学	1	甘洛（四川）
300	电子科技大学	1	岑巩（滇桂黔石漠化区、贵州）
301	重庆大学	1	绿春（滇西边境山区、云南）
302	西安交通大学	1	施甸（滇西边境山区、云南）
303	西北农林科技大学	1	合阳（陕西）
304	西安电子科技大学	1	蒲城（陕西）
305	长安大学	1	商南（秦巴山区、陕西）
306	北京航空航天大学	1	中阳（山西）
307	北京理工大学	1	方山（山西）
308	西北工业大学	1	融水（滇桂黔石漠化区、广西）
309	哈尔滨工业大学	1	金秀（广西）
310	中国科技大学	1	六枝特区（滇桂黔石漠化区、贵州）

表 19　中央、国家机关和有关单位定点扶贫结对关系（分省）

省份	单位序号	单位名称	重点县数量	定点帮扶县
河北（共有32个单位定点帮扶41个重点县）	1	中央对外联络部	1	行唐
	2	中央直属机关工委	1	平山
	3	中央国家机关工委	2	临城、阳原
	4	中央党校	1	武邑
	5	人民日报社	1	滦平
	6	新华社	1	新河
	7	经济日报社	1	赤城
	8	中央编译局	1	唐县
	9	国务院办公厅	2	怀安、张北
	10	国家发展改革委	1	灵寿
	11	教育部	2	青龙、威县
	12	安全部	1	盐山
	13	环境保护部	2	围场、隆化
	14	审计署	1	顺平
	15	国务院国资委	2	平乡、魏县
	16	国家知识产权局	1	崇礼
	17	国家机关事务管理局	1	阜平
	18	国务院港澳办	1	赞皇
	19	国务院法制办	1	阜城
	20	国务院发展研究中心	1	大名
	21	中国残疾人联合会	1	南皮
	22	中国农业银行	2	武强、饶阳
	23	国家信访局	1	海兴
	24	国家邮政局	1	平泉
	25	国家外汇管理局	1	巨鹿
	26	中国航天科技集团公司	1	涞源
	27	中国联合网络通信集团有限公司	2	康保、沽源
	28	中国中煤能源集团有限公司	2	蔚县、赵家蓬
	29	中国化工集团公司	1	平山
	30	中国铁道建筑总公司	2	尚义、万全
	31	民盟中央	1	广宗
	32	民建中央	1	丰宁
山西（共有26个单位定点帮扶35个重点县）	1	中央直属机关工委	1	宁武
	2	全国总工会	2	和顺、壶关
	3	共青团中央	2	灵丘、石楼
	4	中国科协	2	岚县、临县
	5	新闻出版广电总局	1	平顺
	6	中国外文局	1	左权
	7	人力资源社会保障部	1	天镇
	8	文化部	2	娄烦、静乐

（续）

省份	单位序号	单位名称	重点县数量	定点帮扶县
山西（共有26个单位定点帮扶35个重点县）	9	卫生计生委	2	大宁、永和
	10	国家体育总局	2	繁峙、代县
	11	国家安监总局	2	阳高、广灵
	12	国家统计局	1	岢岚
	13	中国证监会	2	隰县、汾西
	14	中国人民对外友好协会	1	兴县
	15	交通银行	1	浑源
	16	国家中医药管理局	1	五寨
	17	中国国电集团公司	1	右玉
	18	中国东方电气集团有限公司	1	吉县
	19	中国煤炭科工集团有限公司	1	武乡
	20	中国机械工业集团有限公司	1	平陆
	21	中国建筑科学研究院	1	偏关
	22	中国铁路工程总公司	1	保德
	23	中国保利集团公司	1	五台、河曲
	24	中国民航信息集团公司	1	神池
	25	北京航空航天大学	1	中阳
	26	北京理工大学	1	方山
内蒙古（共有26个单位定点帮扶31个重点县）	1	中央政法委	1	扎赉特旗
	2	中央宣传部	1	科尔沁右翼中旗
	3	中央编委办公室	1	化德
	4	全国人大常委会办公厅	2	太仆寺旗、察哈尔右翼前旗
	5	国家民族事务委员会	1	巴林右旗
	6	国家安全部	1	敖汉旗
	7	国家统计局	1	正镶白旗
	8	国家旅游局	1	阿尔山
	9	中国科学院	1	库伦旗
	10	中国气象局	1	突泉
	11	中国保监会	2	察哈尔右翼中旗、察哈尔右翼后旗
	12	全国社保基金理事会	1	兴和
	13	自然科学基金委	1	奈曼旗
	14	包商银行	2	鄂伦春旗、莫力达瓦旗
	15	中国海洋石油总公司	1	卓资
	16	中国国电集团公司	1	宁城
	17	中国长江三峡集团公司	1	巴林左旗
	18	中国航空集团公司	1	苏尼特右旗
	19	中国中化集团公司	2	林西、阿鲁科尔沁旗
	20	中国通用技术（集团）控股有限责任公司	2	武川、商都
	21	中国中钢集团公司	1	翁牛特旗
	22	中国轻工集团公司	1	喀喇沁旗
	23	新兴际华集团有限公司	1	四子王旗
	24	北京化工大学	1	科尔沁左翼中旗
	25	北京交通大学	1	科尔沁左翼后旗
	26	北京林业大学	1	科尔沁右翼前旗

（续）

省份	单位序号	单位名称	重点县数量	定点帮扶县
吉林（共有7个单位定点帮扶8个重点县）	1	中央政策研究室	1	安图
	2	国家发展改革委	1	汪清
	3	国务院参事室	1	龙井
	4	中国农业发展银行	1	大安
	5	中国第一汽车集团公司	2	镇赉、和龙
	6	中国医药集团总公司	1	靖宇
	7	吉林大学	1	通榆
黑龙江（共有10个单位定点帮扶14个重点县）	1	国家工商总局	2	同江、抚远
	2	中国贸促会	1	林甸
	3	国家测绘局	1	海伦
	4	中国兵器工业集团公司	1	甘南
	5	中国联合网络通信集团公司	1	饶河
	6	中国移动通信集团公司	2	汤原、桦南
	7	中粮集团有限公司	2	延寿、绥滨
	8	中国储备粮管理总公司	2	拜泉、兰西
	9	中国人民保险集团股份有限公司	1	桦川
	10	东北林业大学	1	泰来
安徽（共有15个单位定点帮扶19个重点县）	1	全国政协办公厅	2	舒城、颍东
	2	人力资源社会保障部	1	金寨
	3	国家粮食总局	1	阜南
	4	中国证监会	2	宿松、太湖
	5	中华全国供销合作总社	1	潜山
	6	国家食品药品监管总局	2	临泉、砀山
	7	中国石油化工集团公司	2	岳西、颍上
	8	中国第一重型机械集团公司	1	泗县
	9	中国国际工程咨询公司	1	利辛
	10	中国煤炭科工集团有限公司	1	寿县
	11	中国建材集团有限公司	1	石台
	12	中国农业发展集团有限公司	1	萧县
	13	中国出口信用保险公司	1	霍邱
	14	中国太平保险集团公司	1	裕安
	15	合肥工业大学	1	灵璧
江西（共有15个单位定点帮扶21个重点县）	1	中国侨联	1	上饶
	2	中央党校	1	安远
	3	中国日报社	1	会昌
	4	科学技术部	2	井冈山、永新
	5	民政部	2	遂川、莲花
	6	国土资源部	4	宁都、兴国、于都、赣县
	7	中国井冈山干部学院	1	鄱阳
	8	中国社会科学院	1	上犹

（续）

省份	单位序号	单位名称	重点县数量	定点帮扶县
江西（共有15个单位定点帮扶21个重点县）	9	中华全国供销合作总社	1	寻乌
	10	中国出口信用保险公司	1	余干
	11	中国石油天然气集团公司	1	横峰
	12	中国长江三峡集团公司	1	万安
	13	华润（集团）有限公司	1	广昌
	14	中粮集团有限公司	1	修水
	15	中国人民保险集团股份有限公司	2	乐安、吉安
河南（共有24个单位定点帮扶31个重点县）	1	中央办公厅	1	光山
	2	人民日报社	1	虞城
	3	中央文献研究室	1	南召
	4	最高人民法院	2	睢县、宁陵
	5	工业和信息化部	2	洛宁、汝阳
	6	中国铁路总公司	1	栾川
	7	海关总署	2	鲁山、卢氏
	8	国家质检总局	1	民权
	9	国务院研究室	1	淅川
	10	中国证监会	2	兰考、桐柏
	11	国家文物局	1	淮阳
	12	民生银行	2	封丘、滑县
	13	中国石油天然气集团公司	2	台前、范县
	14	中国电力投资集团公司	1	商城
	15	中国节能环保集团公司	1	嵩县
	16	中国诚通控股集团有限公司	1	宜阳
	17	中国机械工业集团有限公司	2	固始、淮滨
	18	机械科学研究总院	1	新县
	19	北京矿冶研究总院	1	平舆
	20	中国铁路通信信号集团公司	1	社旗
	21	电信科学技术研究院	1	沈丘
	22	中国黄金集团公司	1	新蔡
	23	中国华录集团有限公司	1	上蔡
	24	山东大学	1	确山
湖北（17个单位定点帮扶25个重点县）	1	中国红十字会总会	1	英山
	2	住房城乡建设部	2	红安、麻城
	3	国家保密局	1	房县
	4	农业部	2	咸丰、来凤
	5	国务院南水北调办公室	1	郧阳区
	6	国家烟草专卖局	2	竹溪、竹山
	7	国家电网公司	4	巴东、秭归、长阳、神农架
	8	中国宝武钢铁集团有限公司	1	罗田
	9	中国铝业公司	1	阳新

（续）

省份	单位序号	单位名称	重点县数量	定点帮扶县
湖北（17个单位定点帮扶25个重点县）	10	招商局集团有限公司	1	蕲春
	11	武汉邮电科学研究院	1	大悟
	12	中国铁路物资（集团）总公司	1	孝昌
	13	中国国新控股有限责任公司	1	利川
	14	中国铁塔股份有限公司	2	宣恩、鹤峰
	15	中国人寿保险集团有限公司	2	郧西、丹江口
	16	武汉大学	1	恩施
	17	华中农业大学	1	建始
湖南（14个单位定点帮扶20个重点县）	1	财政部	1	平江
	2	农业部	2	龙山、永顺
	3	商务部	1	城步
	4	国家知识产权局	1	桑植
	5	中国光大集团股份有限公司	3	新化、古丈、新田
	6	东方资产管理公司	1	邵阳
	7	中国石油化工集团公司	2	凤凰、泸溪
	8	中国远洋海运集团有限公司	2	沅陵、安化
	9	中国五矿集团公司	1	花垣
	10	中国铁路工程总公司	2	桂东、汝城
	11	中国林业集团公司	1	通道
	12	中国铁塔股份有限公司	1	保靖
	13	湖南大学	1	隆回
	14	中南大学	1	江华
广西（共有24个单位定点帮扶28个重点县）	1	国家发展改革委	1	田东
	2	国家民族事务委员会	1	德保
	3	中央610办公室	1	三江
	4	中国电信集团公司	1	田林
	5	国家林业局	2	龙胜、罗城
	6	国家旅游局	1	巴马
	7	中国科学院	1	环江
	8	中国农业发展银行	1	隆林
	9	中国南方电网有限责任公司	1	东兰
	10	中国大唐集团公司	1	大化
	11	中国第一汽车集团公司	1	凤山
	12	东风汽车公司	1	马山
	13	中国宝武钢铁集团有限公司	1	上林
	14	中国航空集团公司	1	昭平
	15	中粮集团有限公司	1	隆安
	16	中国节能环保集团公司	1	富川
	17	中国中车集团公司	2	那坡、靖西
	18	中国中丝集团公司	1	忻城

（续）

省份	单位序号	单位名称	重点县数量	定点帮扶县
广西（共有24个单位定点帮扶28个重点县）	19	中国能源建设集团有限公司	1	西林
	20	中国广核集团有限公司	2	乐业、凌云
	21	中国人寿保险集团有限公司	2	龙州、天等
	22	西北工业大学	1	融水
	23	哈尔滨工业大学	1	金秀
	24	中国矿业大学（北京）	1	都安
海南（共有4个单位定点帮扶5个重点县）	1	国家海洋局	1	琼中
	2	中国海洋石油总公司	2	保亭、五指山
	3	中国移动通信集团公司	1	白沙
	4	中国电子信息产业集团有限公司	1	临高
重庆（共有10个单位定点帮扶14个重点县）	1	中国进出口银行	1	云阳
	2	中国法学会	1	开县
	3	水利部	4	城口、巫溪、丰都、武隆
	4	国务院三峡办	1	万州
	5	中国中信集团公司	1	黔江
	6	中国农业银行	1	秀山
	7	中央外办	1	彭水
	8	中国核工业集团公司	1	石柱
	9	中国长江三峡集团公司	2	巫山、奉节
	10	致公党中央	1	酉阳
四川（共有23个单位定点帮扶36个重点县）	1	中央纪委	2	雷波、马边（凉山彝族自治州）
	2	国家档案局	1	喜德（凉山彝族自治州）
	3	中粮集团有限公司	2	石渠、甘孜（甘孜藏族自治州）
	4	新闻出版广电总局	1	德格（甘孜藏族自治州）
	5	工业和信息化部	2	南部、嘉陵
	6	司法部	2	平昌、苍溪
	7	交通运输部	4	黑水、壤塘、小金、色达
	8	商务部	2	广安、仪陇
	9	国家开发银行	1	古蔺
	10	中国工商银行	4	南江、通江、万源、金阳
	11	交通银行	1	理塘（甘孜藏族自治州）
	12	外国专家局	1	屏山
	13	华融资产管理公司	1	宣汉
	14	中国电子科技集团公司	1	叙永
	15	中国电力投资集团公司	1	美姑（凉山彝族自治州）
	16	神华集团有限责任公司	2	布拖、普格（凉山彝族自治州）
	17	中国电信集团公司	2	木里、盐源（凉山彝族自治州）
	18	中国电子信息产业集团有限公司	1	阆中
	19	中国机械工业集团有限公司	1	朝天
	21	中国东方电气集团有限公司	1	昭觉（凉山彝族自治州）
	21	中国延安干部学院	1	越西（凉山彝族自治州）
	22	九三学社中央	1	旺苍
	23	四川大学	1	甘洛（凉山彝族自治州）

（续）

省份	单位序号	单位名称	重点县数量	定点帮扶县
贵州（共有39个单位定点帮扶50个重点县）	1	中央统战部	3	赫章、望谟、晴隆
	2	新华社	1	石阡
	3	中央组织部	1	台江
	4	中央财办	1	剑河
	5	审计署	1	丹寨
	6	国家宗教事务局	1	三都
	7	国家铁路局	1	榕江
	8	国务院扶贫办	1	雷山
	9	中国国际贸易促进会	1	从江
	10	公安部	2	兴仁、普安
	11	国家林业局	2	荔波、独山
	12	中国浦东干部学院	1	江口
	13	中国科学院	1	水城
	14	中国投资有限责任公司	1	施秉
	15	国家开发银行	3	道真、务川、正安
	16	中国农业发展银行	1	锦屏
	17	中国科技大学	1	六枝特区
	18	中国农业银行	1	黄平
	19	中国航空工业集团公司	4	镇宁、普定、关岭、紫云
	20	中国石油天然气集团公司	1	习水
	21	中国电子信息产业集团有限公司	1	松桃
	22	中国联合网络通信集团有限公司	1	册亨
	23	鞍钢集团公司	1	盘州市
	24	国家开发投资公司	2	罗甸、平塘
	25	招商局集团有限公司	1	威宁
	26	中国旅游集团公司［香港中旅（集团）有限公司］	1	黎平
	27	中国中煤能源集团公司	1	印江
	28	中国五矿集团公司	2	沿河、德江
	29	北京有色金属研究总院	1	思南
	30	中国黄金集团公司	1	贞丰
	31	华侨城集团公司	2	天柱、三穗
	32	民革中央	1	纳雍
	33	民进中央	1	安龙
	34	农工民主党中央	1	大方
	35	台盟中央	1	赫章
	36	全国工商联	1	织金
	37	北京邮电大学	1	长顺
	38	南京农业大学	1	麻江
	39	电子科技大学	1	岑巩

（续）

省份	单位序号	单位名称	重点县数量	定点帮扶县
云南（共有47个单位定点帮扶73个重点县）	1	最高人民检察院	2	西畴、富宁
	2	外交部	2	麻栗坡、金平
	3	财政部	1	永胜
	4	中国工程院	2	澜沧、会泽
	5	国家行政学院	2	墨江、大关
	6	中国农业发展银行	1	马关
	7	中国中信集团公司	2	元阳、屏边
	8	招商银行	2	永仁、武定
	9	中国航天科工集团公司	2	富源、东川
	10	中国船舶工业集团公司	1	鹤庆
	11	中国船舶重工集团公司	2	勐腊、丘北
	12	中国兵器工业集团公司	1	红河
	13	中国兵器装备集团公司	2	泸西、砚山
	14	中国南方电网有限责任公司	1	维西（迪庆藏族自治州）
	15	哈尔滨电气集团公司	1	文山
	16	中国宝武钢铁集团有限公司	4	宁洱、江城、镇沅、广南
	17	中国远洋海运集团有限公司	1	永德
	18	中国东方航空集团公司	2	双江、沧源
	19	中国五矿集团公司	3	威信、镇雄、彝良
	20	中国旅游集团公司［香港中旅（集团）有限公司］	4	西盟、孟连、香格里拉、德钦（迪庆藏族自治州）
	21	中国工艺（集团）公司	2	鲁甸、巧家
	22	中国建材集团有限公司	3	永善、绥江、昭阳
	23	中国有色矿业集团有限公司	1	梁河
	24	中国国际技术智力合作公司	2	姚安、大姚
	25	中国交通建设集团有限公司	4	贡山、福贡、泸水、兰坪（怒江傈僳族自治州）
	26	中国冶金地质总局	2	漾濞、巍山
	27	中国电力建设集团有限公司	1	剑川
	28	上海诺基亚贝尔股份有限公司	1	宁蒗
	29	中国南光集团有限公司	1	禄劝
	30	北京大学	1	弥渡
	31	清华大学	1	南涧
	32	中国农业大学	1	镇康
	33	东北大学	1	昌宁
	34	大连理工大学	1	龙陵
	35	复旦大学	1	永平
	36	同济大学	1	云龙
	37	上海交通大学	1	洱源
	38	华东理工大学	1	寻甸

（续）

省份	单位序号	单位名称	重点县数量	定点帮扶县
云南（共有47个单位定点帮扶73个重点县）	39	东华大学	1	盐津
	40	南京大学	1	双柏
	41	东南大学	1	南华
	42	浙江大学	1	景东
	43	华中科技大学	1	临翔
	44	中山大学	1	凤庆
	45	华南理工大学	1	云县
	46	重庆大学	1	绿春
	47	西安交通大学	1	施甸
陕西（共有35个单位定点帮扶50个重点县）	1	中央办公厅	1	宁陕
	2	中央宣传部	1	耀州
	3	中央网信办	1	佛坪
	4	科学技术部	2	佳县、柞水
	5	中国铁路总公司	1	勉县
	6	卫生计生委	2	清涧、子洲
	7	中国人民银行	2	宜君、印台
	8	中国社会科学院	1	丹凤
	9	中国工程物理研究院	1	富平
	10	中国证监会	1	延长
	11	中国银行	4	永寿、长武、淳化、旬邑
	12	中国建设银行	4	汉滨、紫阳、汉阴、岚皋
	13	中国邮政集团总公司	2	商州、洛南
	14	国防科工局	2	略阳、宁强
	15	长城资产管理公司	1	陇县
	16	中国核工业建设集团公司	2	旬阳、白河
	17	中国航天科技集团公司	2	太白、洋县
	18	中国航空工业集团公司	1	西乡
	19	中国电子科技集团公司	1	绥德
	20	中国华能集团公司	1	横山
	21	中国大唐集团公司	1	澄城
	22	神华集团有限责任公司	2	米脂、吴堡
	23	中国电子信息产业集团有限公司	1	镇安
	24	国家电力投资集团公司	1	延川
	25	中国钢研科技集团有限公司	1	山阳
	26	中国盐业总公司	2	定边、宜川
	27	中国航空器材集团公司	1	白水
	28	中国能源建设集团有限公司	1	镇巴
	29	中国西电集团公司	1	麟游
	30	中国人民保险集团股份有限公司	1	留坝
	31	河海大学	1	石泉
	32	中国药科大学	1	镇坪
	33	西北农林科技大学	1	合阳
	34	西安电子科技大学	1	蒲城
	35	长安大学	1	商南

（续）

省份	单位序号	单位名称	重点县数量	定点帮扶县
甘肃（共有33个单位定点帮扶43个重点县）	1	中央组织部	1	舟曲（甘南藏族自治州）
	2	中央台办	1	广河
	3	党史研究室	1	镇原
	4	全国妇联	2	漳县、西和
	5	中国文联	1	武都
	6	中国作协	1	临潭
	7	中国记协	1	文县
	8	全国台联	1	榆中
	9	国务院扶贫办	1	渭源
	10	国家质检总局	1	礼县
	11	国务院侨办	1	积石山（临夏回族自治州）
	12	中国地震局	1	永靖（临夏回族自治州）
	13	中国银监会	2	和政、临洮
	14	中国证监会	1	武山
	15	中国投资有限责任公司	2	会宁、静宁
	16	中国进出口银行	1	岷县
	17	交通银行	1	天祝
	18	国家能源局	2	清水、通渭
	19	中国石油化工集团公司	1	东乡（临夏回族自治州）
	20	中国海洋石油总公司	2	夏河、合作
	21	中国建筑工程总公司	3	卓尼、康乐、康县
	22	国家开发投资公司	2	合水、宁县
	23	中国化工集团公司	1	古浪
	24	中国化学工程集团公司	2	环县、华池
	25	中国中车集团公司	2	麦积、甘谷
	26	中国南光集团有限公司	1	临夏
	27	中国建筑设计研究院	1	陇西
	28	中国煤炭地质总局	1	张家川
	29	新兴际华集团有限公司	1	安定
	30	中国太平保险集团公司	1	两当
	31	北京科技大学	1	秦安
	32	南开大学	1	庄浪
	33	天津大学	1	宕昌
青海（共有13个单位定点帮扶15个重点县）	1	求是杂志社	1	杂多（玉树藏族自治州）
	2	光明日报社	1	囊谦（玉树藏族自治州）
	3	住房城乡建设部	2	湟中、大通
	4	国家税务总局	2	民和、平安
	5	中国出版集团	1	泽库（黄南藏族自治州）
	6	中国投资有限责任公司	1	循化
	7	信达资产管理公司	1	乐都

（续）

省份	单位序号	单位名称	重点县数量	定点帮扶县
青海（共有13个单位定点帮扶15个重点县）	8	国家电网公司	1	玛多（果洛藏族自治州）
	9	中国国电集团公司	1	曲麻莱（玉树藏族自治州）
	10	中国铁道建筑总公司	1	甘德（果洛藏族自治州）
	11	中国普天信息产业集团公司	1	达日（果洛藏族自治州）
	12	中国医药集团总公司	1	治多（玉树藏族自治州）
	13	中国地质大学（北京）	1	化隆
宁夏（共有8个单位定点帮扶8个重点县）	1	中国铁路总公司	1	原州
	2	宋庆龄基金会	1	彭阳
	3	中国核工业集团公司	1	同心
	4	华润（集团）有限公司	1	海原
	5	中国商用飞机有限责任公司	1	西吉
	6	中国建材集团有限公司	1	泾源
	7	中国航空油料集团公司	1	盐池
	8	厦门大学	1	隆德
新疆（共有16个单位定点帮扶27个重点县）	1	中国铁路总公司	1	和田（和田地区）
	2	中国民用航空局	2	策勒、于田（和田地区）
	3	中国石油天然气集团公司	6	尼勒克、托里、巴里坤、吉木乃、青河、察布查尔
	4	中国石油化工集团公司	1	岳普湖（喀什地区）
	5	中国华能集团公司	1	阿合奇
	6	中国华电集团公司	2	乌恰、阿图什（克孜勒苏柯尔克孜自治州）
	7	中国电信集团公司	1	疏附（喀什地区）
	8	中国移动通信集团公司	3	疏勒（喀什地区）、洛浦、阿克陶（克孜勒苏柯尔克孜自治州）
	9	东风汽车公司	1	柯枰（阿克苏地区）
	10	鞍钢集团公司	1	塔什库尔干（鞍钢集团）
	11	中国南方航空集团公司	2	皮山、墨玉（和田地区）
	12	中粮集团有限公司	1	乌什（阿克苏地区）
	13	中国交通建设集团有限公司	1	英吉沙（喀什地区）
	14	招商局集团有限公司	2	叶城、莎车（喀什地区）
	15	中国电力建设集团有限公司	1	民丰
	16	中国储备粮管理总公司	1	伽师（喀什地区）

附录1　有关文件汇编

中央政策文件

中共中央办公厅　国务院办公厅
关于支持深度贫困地区脱贫攻坚的实施意见

厅字〔2017〕41号

根据《中共中央、国务院关于打赢脱贫攻坚战的决定》和习近平总书记在深度贫困地区脱贫攻坚座谈会上的重要讲话精神，为攻克深度贫困壁垒、确保全面建成小康社会，现就支持深度贫困地区脱贫攻坚提出如下实施意见。

一、深化思想认识，明确总体要求

党的十八大以来，以习近平同志为核心的党中央把贫困人口脱贫作为全面建成小康社会的底线任务和标志性指标，以前所未有的力度推进，取得显著成效。但必须看到，随着脱贫攻坚不断深入，集中连片特困地区、革命老区、民族地区、边疆地区深度贫困问题突出，攻坚任务依然十分艰巨。西藏、四省藏区、南疆四地州和四川凉山州、云南怒江州、甘肃临夏州（以下简称“三区三州”），以及贫困发生率超过18%的贫困县和贫困发生率超过20%的贫困村，自然条件差、经济基础弱、贫困程度深。剩余4335万贫困人口中，因病因学因残因灾致贫返贫、饮水安全保障程度低和住房不安全的群体规模大，补齐这些短板是脱贫攻坚决战决胜的关键之策。

各地区各部门要深刻认识深度贫困地区如期完成脱贫攻坚任务的艰巨性、重要性、紧迫性，坚持精准扶贫精准脱贫基本方略，坚持中央统筹、省负总责、市县抓落实的管理体制，坚持专项扶贫、行业扶贫、社会扶贫“三位一体”大扶贫格局，以解决突出制约问题为重点，以重大扶贫工程和到村到户帮扶措施为抓手，以补短板为突破口，以抓党建促脱贫攻坚为组织保证，强化支撑保障体系，加大政策倾斜力度，集中力量攻关，万众一心克难，确保深度贫困地区和贫困群众同全国人民一道进入全面小康社会。

二、中央统筹，重点支持“三区三州”

新增脱贫攻坚资金、新增脱贫攻坚项目、新增脱贫攻坚举措主要用于深度贫困地区，国家重点支持“三区三州”。

（一）加大中央财政投入力度。有条件的中央一般性转移支付、财政专项扶贫资金进一步向“三区三州”倾斜。在此基础上，2018年至2020年中央财政结合财力情况统筹安排部分新增投入，重点支持“三区三州”脱贫攻坚。（财政部牵头负责）

（二）加大金融扶贫支持力度。针对“三区三州”制定差异化信贷支持政策，在贷款准入、利率、期限等方面，对建档立卡贫困户和扶贫产业项目、贫困村提升工程、基础设施建设、基本公共服务等重点领域提供优惠政策。对“三区三州”符合条件的企业首次公开发行股票、在新三板挂牌等，加快审核进度。提高“三区三州”保险服务水平，加快发展多种形式的农业保险，适当降低贫困户保险费率。（中国人民银行、中国银监会、中国证监会、中国保监会、财政部分别牵头负责）

（三）加大项目布局倾斜力度。加快推进“三区三州”各项规划的组织实施。在“三区三州”优先安排公益性基础设施项目、社会事业领域重大工程建设项目以及能源、交通等重大投资项目。加大革命老区、边境地区相关政策规划落实力度，推动资金项目安排向“三区三州”倾斜。加强环评审批技术指导和服务，加快“三区三州”重大项目审批进度。在“三区三州”严格落实公益性建设项目取消县级和地市级配套资金政策。（国家发展改革委牵头负责）

（四）加大易地扶贫搬迁实施力度。把“三区三州”作为推进易地扶贫搬迁的重中之重，加大对居住在自然条件特别恶劣地区贫困群众搬迁力度，优先纳入年度实施计划，充分保障资金需求。强化深度贫困地区搬迁群众后续脱贫措施，加大产业扶持、转移就业、生态扶贫等政策落实力度，进一步提升搬迁质量与脱贫效果，确保实现搬迁一户、脱贫一户。（国家发展改革委、国务院扶贫办、中国人民银行分别牵头负责）

（五）加大生态扶贫支持力度。加强“三区三州”生态建设，优先安排退耕还林任务，重点支持防护林建设和经济林发展。加大重点生态功能区以及集中连片特困地区、国家扶贫开发工作重点县生态护林员选聘力度，将生态护林员管护范围扩大到湿地、沙地及国家森林公园和国有林场。面向“三区三州”招录贫困人口为草原管护员。建立扶贫造林合作社，吸纳贫困人口参与造林、抚育管护。落实好国务院确定的牧区半牧区县的草原生态保护补助奖励政策。（国家发展改革委、财政部、国家林业局、农业部分别牵头负责）

（六）加大干部人才支持力度。降低“三区三州”基层公务员进入门槛，县乡机关招录公务员，可根据实际需要设置一定数量职位面向当地县乡事业编制人员和退役士官士兵招考，必要时可不开设开考比例。继续支持新疆、西藏开展专项招录内地高校毕业生工作。在待遇、职称、培养、选拔等方面出台特殊倾斜政策，落实和完善深度贫困地区工资倾斜政策，鼓励和引导各方面人才向“三区三州”基层一线流动。对“三区三州”申报国家“千人计划”“万人计划”，适当放宽申报条件、评审标准。瞄准产业发展需求，加大革命老区、民族地区、边疆地区人才支持计划科技人员专项计划在“三区三州”的实施力度。（中央组织部、人力资源社会保障部、科技部分别牵头负责）

（七）加大社会帮扶力度。东西部扶贫协作和对口支援、中央单位定点扶贫、军队和武警部队扶贫的帮扶对象在“三区三州”的，要在资金、项目、人员等方面加大支持力度。东部经济发达县结对帮扶西部贫困县“携手奔小康行动”和民营企业“万企帮万村”精准扶贫行动，要向“三区三州”倾斜，向乡村基层延伸。动员社会组织、个人等广泛参与“三区三州”脱贫攻坚。（国务院扶贫办、国家发展改革委、全国工商联、民政部门分别牵头负责）

三、落实部门责任，支持深度贫困地区、解决深度贫困问题

中央和国家机关有关部门要落实行业主管责任，对“三区三州”和其他深度贫困地区、深度贫困问题，予以统筹支持解决。

（一）解决因病致贫问题。建立健康扶贫保障机制，支持推进健康扶贫工程。加快大病集中救治覆盖所有深度贫困地区，对所有患大病和慢性病的贫困人口进行分类救治，家庭签约服务覆盖所有贫困人口。采取城乡居民基本医保、大病保险、医疗救助及其他措施，进一步降低贫困人口医疗费用个人自付比例。加大疾病与残疾预防控制和健康促进力度，从源头上防止因病致贫返贫。（国家卫生计生委牵头负责）

（二）解决因残致贫问题。把符合条件的建档立卡贫困残疾人全部纳入农村低保范围。把建档立卡贫困家庭重度残疾人全部纳入医疗救助范围。对建档立卡贫困人口中尚未参加城乡居民基本医保的贫困残疾人个人缴费给予补贴。严格落实困难残疾人生活补

贴制度和重度残疾人护理补贴制度。对16周岁以上有长期照料护理需求的贫困重度残疾人，符合特困人员救助供养条件的纳入特困人员救助供养；不符合救助供养条件的，有条件的地方可通过政府购买服务，采用托养等多种方式为其提供集中或社会化照料护理服务。采取多种方式，逐一安置贫困家庭未入学适龄残疾儿童、困境未成年人接受义务教育。推进建档立卡贫困残疾人家庭享受资产收益扶贫政策。（中国残联、民政部、教育部分别牵头负责）

（三）加强兜底保障工作。推动深度贫困地区农村低保标准尽快达到国家扶贫标准，加快实现农村低保制度与扶贫开发政策有效衔接。完善农村低保制度，对无法依靠产业扶持和就业帮助脱贫的家庭实行保障兜底。对农村低保家庭中的老年人、未成年人、重度残疾人和重病患者等重点救助对象，采取多种措施提高救助水平，保障基本生活。建立防范因灾致贫返贫长效机制，保障因灾致贫返贫群众基本生活。（民政部牵头负责）

（四）保障贫困户饮水安全。加快实施农村饮水安全巩固提升工程，加大对深度贫困地区支持力度，对深度贫困地区建档立卡贫困人口饮水安全巩固提升工程先期安排实施。（水利部牵头负责）

（五）保障贫困户住房安全。农村危房改造任务和资金安排向深度贫困地区倾斜，中央补助资金聚焦贫困户等重点对象，户均补助提高到1.4万元。大力推广加固改造等低成本改造方式，鼓励通过统建农村集体公租房，加固、置换或长期租赁闲置房屋等方式，兜底解决贫困户等重点对象住房安全。将各地支持深度贫困地区贫困户危房改造纳入农村危房改造绩效考评。（住房城乡建设部牵头负责）

（六）加大教育扶贫力度。中央相关教育转移支付存量和资金优先保障、增量资金更多用于深度贫困地区教育发展和建档立卡贫困家庭子女受教育的需要。完善深度贫困地区“控辍保学”工作机制，防止适龄儿童少年失学辍学。为就读职业学校的深度贫困地区贫困家庭学生，开辟招生绿色通道，优先招生，优先选择专业，优先安排在校企合作程度较深的订单定向培训班或企业冠名班，优先落实助学政策，优先安排实习，优先推荐就业。（教育部、人力资源社会保障部分别牵头负责）

（七）加大就业扶贫力度。支持深度贫困地区开发就业岗位，促进贫困家庭劳动力就地就近就业。依托东西部扶贫协作和对口支援工作机制，提高劳务扶贫协作组织化程度。加强对深度贫困地区贫困家庭劳动力技能培训和就业服务，提升培训服务针对性和有效性，确保贫困家庭劳动力至少掌握一门实用技能。对深度贫困地区符合条件的贫困家庭劳动力，实施就业援助，按规定享受公益性岗位补贴、社会保险补贴等政策。（人力资源社会保障部牵头）

（八）加强基础设施建设。加快推进贫困地区建制村和撤并建制村通硬化路任务，加大中央预算内投资和车购税补助地方资金对深度贫困地区农村公路建设的支持力度。优化通村硬化路线走向，尽可能串联带通更多自然村，推进一定人口规模自然村通硬化路。实施深度贫困地区农网改造升级工程，着力解决低电压、网架不合理、未通动力电等问题。实现90%以上建档立卡贫困村有宽带网络覆盖，80%以上由信息服务站。加大深度贫困地区以工代赈投入力度。（交通运输部、国家能源局、工业和信息化部、农业部、国家发展改革委分别牵头负责）

（九）加强土地政策支持。新增建设用地指标优先保障深度贫困地区发展用地需要。深度贫困地区开展城乡建设用地增减挂钩，可不受指标规模限制。探索“三区三州”及深度贫困县增减挂钩节余指标在东西部扶贫协作和对口支援框架内开展交易，收益主要用于深度贫困地区脱贫攻坚，按照土地出让收入的有关管理规定，加强资金使用管理。支持深度贫困地区农村集体经济组织依法使用农村集体建设用地或以土地使用权入股、联营等方式与其他单位或个人共同兴办企业，发展农村新产业新业态。旅游项目中的自然景观及为观景提供便利的观光台、栈道等非永久性附属设施用地，在不破坏生态、景观环境和不影响地质安全的前提下，可不征收（收回）、不转用，按照用途管理。光伏方阵使用永久基本农田以外的农用地或未利用地的，在不影响种植、养殖等生产条件的前提下，可按原地类认定，按照用途管理。深度贫困地区建设用地，涉及农用地转用和土地征收的，在做好依法补偿安置的前提下，可以边建设边报批；涉及占用耕地的，允许边占边补；省级以下基础设施、易地扶贫搬迁、民生发展等建设项目，确实难以避让永久基本农田的，可以纳入重大建设项目范围，由省级国土资源主管部门办理用地预审，并按照有关规定办理农用地转用和土地征收。土地整治新增耕地目标，可按照有关规定优先纳入耕地占补平衡国家统筹。（国土资源部牵头负责）

四、省负总责，解决区域内深度贫困问题

各省、自治区、直辖市党委和政府要统筹整合资源，紧盯最困难的地方，瞄准最困难的群体，扭住最急需解决的问题，集中力量解决本区域内深度贫困问题。

（一）落实脱贫攻坚责任。省级党委和政府对本地区深度贫困地区脱贫攻坚负总责。要明确本区域内深度贫困地区，制定专项计划，加大投入力度，打好政策组合拳。要加强对深度贫困地区脱贫目标任务完成情况的检查，确保脱贫成效经得起时间和历史检验。

（二）确定深度贫困地区。结合本地实际情况，综合考虑贫困人口规模、贫困发生率、脱贫难度等因素，统筹评估自然条件、产业基础以及义务教育、基本医疗、住房安全“三保障”等情况，确定着力攻坚的深度贫困县、深度贫困乡、深度贫困村。

（三）做实做细建档立卡。加强贫困人口精准识别和精准退出，将符合扶贫标准的贫困人口和返贫人口全部纳入，将稳定脱贫和识别不准的及时退出，实现动态管理，不断提高识别质量，打牢精准基础。加强部门间数据比对、信息共享和数据分析，为宏观决策和工作指导提供支持。

（四）加强驻村帮扶工作。把深度贫困地区作为驻村帮扶工作的重中之重，根据贫困村需求，调整充实第一书记和驻村工作队，优先选派政治素质好、工作作风实、综合能力强、具有履职身体条件的人员参加驻村，对成绩突出、群众公认的第一书记和驻村干部可按照国家有关规定予以表彰宣传，注重提拔使用，对不胜任的要及时召回调整。要明确驻村帮扶工作任务，加强日常管理，以县为单位每年对驻村工作队进行考核，确保取得实效。

（五）实施贫困村提升工程。研究适度增加地方政府一般债务限额，鼓励各省、自治区、直辖市政府发行一般债券筹集资金，稳步推进专项债务管理改革，加快发展项目收益与融资自求平衡的专项债券，积极支持符合条件的贫困村提升工程项目建设。推进贫困村内水、电、路、网等基础设施和教育、卫生、文化等公共服务体系建设，因地制宜推进农村社区综合服务设施建设，改善人居环境和生产生活条件。发展特色优质产业，提高产业扶贫组织化程度，培育壮大村集体经济。加强贫困村基层组织建设，培育创业致富带头人，吸引本土人才返乡创业。创新农村社区治理机制，发挥村规民约作用，改变陈规陋习，培育健康文明生活方式。（国务院扶贫办、财政部分别牵头负责）

五、加强组织领导，强化政治和保障制度

打赢深度贫困地区脱贫攻坚战，要继续发挥我们的政治优势和制度优势，发挥贫困地区贫困群众主动性创造性，凝聚起各方面力量。

（一）坚定打赢深度贫困地区脱贫攻坚战的信心。各级党委和政府要坚持标准，长短结合，科学合理制定减贫规划和年度计划，确保到2020年我国现行标准下农村贫困人口实现脱贫，贫困县全部摘帽，解决区域性整体贫困。

（二）坚持精准扶贫精准脱贫基本方略。深度贫困地区各项基础设施、公共服务、产业发展等工程项目，要确保贫困人口参与和收益，坚决防止以区域发展之名代替精准扶贫，搞缩小版的“大水漫灌”。支持深度贫困地区脱贫攻坚的各项政策举措，都要聚焦贫困人口脱贫。

（三）深入推进抓党建促脱贫攻坚。保持贫困县县级党政正职稳定，进一步建强深度贫困地区领导班子和干部队伍，推动优秀干部人才资源向脱贫攻坚一线倾斜，把深度贫困地区作为培养锻炼干部、考察识别干部的重要平台。建强深度贫困地区农村基层党组织，配齐配强贫困村党组织书记，支持党员带头脱贫致富、带领脱贫致富。派强用好第一书记，从县以上党政机关选派得力干部下去，各级党委组织部门分级负责、备案管理，县（市、区、旗）党委组织部和乡镇党委明确专人负责，加强管理考核和保障支持，确保选得准、下得去、融得进、干得好。解决软弱涣散基层班子问题，每个贫困村至少储备1到2名后备干部，每两年至少发展一名年轻党员。加快乡镇“五小”建设和周转房建设，完善村级组织运转经费保障机制。加强对脱贫攻坚一线干部的关心关爱，政治上激励、工作上支持、待遇上保障、心理上关怀。

（四）解决形式主义等倾向性问题。加强检查督查，实施最严格的考核评估，落实年度脱贫攻坚报告制度。加强监督执纪问题，对不严不实、弄虚作假的严肃问责。坚决克服形式主义，减少填表次数、检查考评、会议活动、发文数量，规范调查研究，减轻基层负担，不断提高各项工作的有效性。

（五）加强扶贫资金监管。改进扶贫资金使用方式，支持各地采用生产奖补、劳务补助等方式开展项目建设。严格按照关于涉农资金统筹整合规定的范围和用途，优先保障贫困人口直接受益的产业发展资金需求。推进县级脱贫攻坚项目库建设，保证资金围绕脱贫目标任务精准使用。完善项目资金公告公示制度，提高资金使用效益和透明度。建立扶贫资金常态化监管机制，完善扶贫资金使用绩效考核评价，提升扶贫资金使用管理水平。

（六）激发深度贫困地区和贫困人口脱贫致富内生动力。建立正向激励机制，将帮扶政策措施与贫困群众参与挂钩，培育贫困群众发展生产和务工经商的基本能力。弘扬中华民族劳动光荣、勤俭持家、邻里和睦、孝亲敬老等传统美德，教育和引导贫困群众用自己的双手光荣脱贫、勤劳致富、服务社会、贡献国家。大力宣传推广脱贫攻坚先进典型，讲述好故事，弘扬正能量，奏响主旋律。

各地区各部门要强化责任担当，抓紧制定具体方案，细化政策举措，确保取得实效。国务院扶贫开发领导小组要加强组织协调和工作指导，重大情况及时向党中央、国务院报告。

2017年9月25日

中共中央办公厅　国务院办公厅关于加强贫困村驻村工作队选派管理工作的指导意见

2017 年 9 月 25 日

为着力解决驻村帮扶中选人不优、管理不严、作风不实、保障不力等问题，更好发挥驻村工作队脱贫攻坚生力军作用，现就加强贫困村驻村工作队选派管理工作提出如下指导意见。

一、总体要求

（一）指导思想。全面贯彻党的十九大精神，以习近平新时代中国特色社会主义思想为指导，认真落实党中央、国务院关于脱贫攻坚决策部署，紧紧围绕统筹推进“五位一体”总体布局和协调推进“四个全面”战略布局，牢固树立和贯彻落实新发展理念，深入实施精准扶贫精准脱贫，以实现贫困人口稳定脱贫为目标，确保贫困村驻村工作队选派精准、帮扶扎实、成效明显、群众满意。

（二）基本原则

——坚持因村选派、分类施策。根据贫困村实际需求精准选派驻村工作队，做到务实管用。坚持因村因户因人施策，把精准扶贫精准脱贫成效作为衡量驻村工作队绩效的基本依据。

——坚持县级统筹、全面覆盖。县级党委和政府统筹整合各方面驻村工作力量，根据派出单位帮扶资源和驻村干部综合能力科学组建驻村工作队，实现建档立卡贫困村一村一队。驻村工作队队长原则上由驻村第一书记兼任。

——坚持严格管理、有效激励。加强驻村工作队日常管理，建立完善管理制度，从严从实要求，培养优良作风。健全保障激励机制，鼓励支持干事创业、奋发有为。

——坚持聚焦攻坚、真帮实扶。驻村工作队要坚持攻坚目标和“两不愁、三保障”脱贫标准，将资源力量集中用于帮助贫困村贫困户稳定脱贫，用心、用情、用力做好驻村帮扶工作。

二、规范人员选派

（一）精准选派。坚持因村选人组队，把熟悉党群工作的干部派到基层组织软弱涣散、战斗力不强的贫困村，把熟悉经济工作的干部派到产业基础薄弱、集体经济脆弱的贫困村，把熟悉社会工作的干部派到矛盾纠纷突出、社会发育滞后的贫困村，充分发挥派出单位和驻村干部自身优势，帮助贫困村解决脱贫攻坚面临的突出困难和问题。

（二）优化结构。优先安排优秀年轻干部和后备干部参加驻村帮扶。每个驻村工作队一般不少于 3 人，每期驻村时间不少于 2 年。要把深度贫困地区贫困村和脱贫难度大的贫困村作为驻村帮扶工作的重中之重。东西部扶贫协作和对口支援、中央单位定点帮扶的对象在深度贫困地区的，要加大选派干部力度。

（三）配强干部。县级以上各级机关、国有企业、事业单位要选派政治素质好、工作作风实、综合能力强、健康具备履职条件的人员参加驻村帮扶工作。新选派的驻村工作队队长一般应为处科级干部或处科级后备干部。干部驻村期间不承担原单位工作，党员组织关系转接到所驻贫困村，确保全身心专职驻村帮扶。脱贫攻坚期内，贫困村退出的，驻村工作队不得撤离，帮扶力度不能削弱。

三、明确主要任务

（一）宣传贯彻党中央、国务院关于脱贫攻坚各项方针政策、决策部署、工作措施。

（二）指导开展贫困人口精准识别、精准帮扶、精准退出工作，参与拟定脱贫规划计划。

（三）参与实施特色产业扶贫、劳务输出扶贫、易地扶贫搬迁、贫困户危房改造、教育扶贫、科技扶贫、健康扶贫、生态保护扶贫等精准扶贫工作。

（四）推动金融、交通、水利、电力、通信、文化、社会保障等行业和专项扶贫政策措施落实到村到户。

（五）推动发展村级集体经济，协助管好用好村级集体收入。

（六）监管扶贫资金项目，推动落实公示公告制度，做到公开、公平、公正。

（七）注重扶贫同扶志、扶智相结合，做好贫困群众思想发动、宣传教育和情感沟通工作，激发摆脱贫困内生动力。

（八）加强法治教育，推动移风易俗，指导制定和谐文明的村规民约。

（九）积极推广普及普通话，帮助提高国家通用语言文字应用能力。

（十）帮助加强基层组织建设，推动落实管党治党政治责任，整顿村级软弱涣散党组织，对整治群众身边的腐败问题提出建议；培养贫困村创业致富带头人，吸引各类人才到村创新创业，打造“不走的工作队”。

四、加强日常管理

（一）落实责任。县级党委和政府承担驻村工作队日常管理职责，建立驻村工作领导小组，负责统筹协调、督查考核。乡镇党委和政府指导驻村工作队开展精准识别、精准退出工作，支持驻村工作队落实精准帮扶政策措施，帮助驻村工作队解决实际困难。县乡党委和政府要安排专人具体负责。

（二）健全制度。建立工作例会制度，驻村工作领导小组每季度至少组织召开1次驻村工作队队长会议，了解工作进展，交流工作经验，协调解决问题。建立考勤管理制度，明确驻村干部请销假报批程序，及时掌握和统计驻村干部在岗情况。建立工作报告制度，驻村工作队每半年向驻村工作领导小组报告思想、工作、学习情况。建立纪律约束制度，促进驻村干部遵规守纪、廉政勤政。要防止形式主义，用制度推动工作落实。

五、加强考核激励

（一）强化考核。县级党委和政府每年对驻村工作队进行考核检查，确保驻村帮扶工作取得实效。坚持考勤和考绩相结合，平时考核、年度考核与期满考核相结合，工作总结与村民测评、村干部评议相结合，提高考核工作的客观性和公信力。考核具体内容由各地根据实际情况确定。年度考核结果送派出单位备案。

（二）表彰激励。考核结果作为驻村干部综合评价、评优评先、提拔使用的重要依据。对成绩突出、群众认可的驻村干部，按照有关规定予以表彰；符合条件的，列为后备干部，注重优先选拔使用。

（三）严肃问责。驻村干部不胜任驻村帮扶工作的，驻村工作领导小组提出召回调整意见，派出单位要及时召回调整。对履行职责不力的，给予批评教育；对弄虚作假、失职失责，或者有其他情形、造成恶劣影响的，进行严肃处理；同时，依据有关规定对派出单位和管理单位有关负责人、责任人予以问责。

六、强化组织保障

（一）加强组织领导。省级党委和政府对本行政区域内驻村工作队选派管理工作负总责。市地级党委和政府要加大对驻村工作指导和支持力度。县级党委和政府负责统筹配置驻村力量，组织开展具体驻村帮扶工作。地方各级党组织和组织部门要加强管理，推动政策举措落实到位，为驻村帮扶工作提供有力支持。地方财政部门要统筹安排，为驻村工作队提供必要的工作经费。有关部门要加强协调配合，积极支持驻村工作队开展工作。

（二）加强督查检查。省级党委和政府对本行政区域内驻村工作队进行督查抽查，总结典型经验，加强薄弱环节，纠正突出问题，完善管理制度。要在省域范围内通报督查检查结果，并督促认真做好问题整改。

（三）加强培训宣传。各地要通过专题轮训、现场观摩、经验交流等方式，加大对脱贫攻坚方针政策、科技知识、市场信息等方面培训力度，帮助驻村干部掌握工作方法，熟悉业务知识，提高工作能力。要注重发现驻村帮扶先进事迹、有效做法和成功经验，加大宣传力度，树立鲜明导向，营造驻村帮扶工作良好氛围。

（四）加强关心爱护。县乡两级党委和政府、派出单位要关心支持驻村干部，为其提供必要的工作条件和生活条件。驻村期间原有人事关系、各项待遇不变。派出单位可利用公用经费，参照差旅费中伙食补助费标准给予生活补助，安排通信补贴，每年按规定为驻村的在职干部办理人身意外伤害保险，对因公负伤的做好救治康复工作，对因公牺牲的做好亲属优抚工作。干部驻村期间的医疗费，由派出单位按规定报销。县乡两级党委和政府、派出单位负责人要经常与驻村干部谈心谈话，了解思想动态，激发工作热情。

2017 年 12 月 25 日

国务院扶贫开发领导小组文件

《东西部扶贫协作考核办法（试行）》

《国务院扶贫开发领导小组关于印发〈中央单位定点扶贫工作考核办法（试行）〉的通知》

《国务院扶贫开发领导小组关于表彰2017年全国脱贫攻坚奖的决定》

《国务院扶贫开发领导小组关于开展扶贫领域作风问题专项治理的通知》

《国务院扶贫开发领导小组关于广泛引导和动员社会组织参与脱贫攻坚的通知》

《国务院扶贫开发领导小组关于在扶贫考核中切实减轻基层工作负担的通知》

东西部扶贫协作考核办法（试行）

根据《中共中央、国务院关于打赢脱贫攻坚战的决定》，按照《中共中央办公厅、国务院办公厅关于进一步加强东西部扶贫协作工作的指导意见》和《脱贫攻坚责任制实施办法》，制定本办法。

一、考核目的

发挥考核指挥棒作用，通过考核，激励先进，鞭策后进，推动参与东西部扶贫协作的各省（自治区、直辖市）深入贯彻精准扶贫精准脱贫基本方略，向深度贫困地区倾斜，向乡村基层延伸，进一步加大帮扶力度，提升帮扶工作水平，促进西部贫困地区如期完成脱贫攻坚任务。

二、考核对象

东部地区参加帮扶的北京市、天津市、辽宁省、上海市、江苏省、浙江省、福建省、山东省、广东省等 9 个省（直辖市）；辽宁省大连市，江苏省苏州市，浙江省杭州市、宁波市，福建省福州市、厦门市，山东省济南市、青岛市，广东省广州市、佛山市、中山市、东莞市、珠海市等 13 个市。

西部地区被帮扶的内蒙古自治区、广西壮族自治区、重庆市、四川省、贵州省、云南省、西藏自治区、陕西省、甘肃省、青海省、宁夏回族自治区、新疆维吾尔自治区等 12 个省（自治区、直辖市）；中西部的河北省张家口市、承德市、保定市，吉林省延边朝鲜族自治州，湖北省恩施土家族苗族自治州，湖南省湘西土家族苗族自治州，贵州省六盘水市、遵义市、安顺市、毕节市、铜仁市、黔西南布依族苗族自治州、黔东南苗族侗族自治州、黔南布依族苗族自治州等 14 个市州。

三、考核主要内容

（一）东部地区

1. 组织领导。主要考核东部帮扶省（直辖市）与扶贫协作地区建立高层联席会议制度以及落实情况；党委政府负责同志研究部署、协调推进扶贫协作工作情况。

2. 人才支援。主要考核选派优秀干部挂职，有针对性地选派专业技术人才，开展人才支援和交流情况。

3. 资金支持。主要考核财政援助资金、社会帮扶资金投入及增长情况。

4. 产业合作。主要考核引导企业到贫困地区投资兴业，带动贫困人口就业、增收脱贫情况。

5. 劳务协作。主要考核建立和完善劳务输出精准对接机制，开展职业教育、职业培训以及通过就业援助带动贫困人口脱贫情况。

6. 携手奔小康行动。主要考核组织经济较发达县（市、区）参与帮扶情况；携手奔小康行动覆盖结对省（区、市）贫困县情况；县（市、区）组织实施帮扶工作情况和党委政府主要负责同志赴结对县调研对接情况；与贫困乡镇和贫困村结对帮扶情况。

人才支援、资金支持、产业合作、劳务协作和携手奔小康行动，要考核向深度贫困地区倾斜支持情况。

（二）西部地区

1. 组织领导。主要考核被帮扶省份与东部省市建立高层联席会议制度以及落实情况；党委政府负责同志研究部署、协调推进扶贫协作工作情况。

2. 人才交流。主要考核向东部省市选派挂职干部和专业技术人员交流学习；为到本地挂职交流的东部地区干部和专业技术人才提供必要保障条件等情况。

3. 资金使用。主要考核东西部扶贫协作和对口支援资金整合、管理、使用效益。

4. 产业合作。主要考核提供扶贫产业项目需求，出台并落实优惠支持政策以及产业项目带动贫困人口脱贫等情况。

5. 劳务协作。主要考核提供贫困人口就业意愿和信息情况，与东部地区开展有组织劳务对接和贫困人口就业脱贫情况。

6. 携手奔小康行动。主要考核贫困县党委政府主要负责同志到东部结对县调研对接情况；贫困县组织实施帮扶工作情况；帮扶资金和项目精准聚焦贫困村和贫困人口情况。

四、考核组织

国务院扶贫开发领导小组统一组织考核工作，从 2017 年到 2020 年，每年开展一次。由国务院扶贫办牵头，会同中央组织部、中央统战部、国家发展改革委、教育部、国家民委、财政部、人力资源社会保障部、国家卫生计生委、全国工商联等国务院扶贫开发领导小组成员单位组成考核工作组。

五、考核步骤

（一）省市总结。每年年底前，东西部扶贫协作各省（自治区、直辖市）和市州，对照考核内容形成自评报告，征求结对省份或市州意见后，报送国务院扶贫办。

（二）交叉考核。次年 1 月底前，考核工作组组织东西部扶贫协作省、市州有关人员，以省为单位统一编组，按照回避原则统筹确定考核对象，开展交叉核查，提出评价意见建议。

（三）综合评议。次年 2 月底前，考核工作组根据交叉考核情况，综合考虑平时工作情况和创新性做法，分析确定初步考核结果，形成考核报告，提出考核等次建议，报国务院扶贫开发领导小组审定。

六、考核结果及运用

考核结果分为好、较好、一般、较差四个等次。在扶贫协作工作中出现重大违纪违规问题的，年度考核等次不得确定为“好”。

国务院扶贫开发领导小组每年向党中央、国务院报告考核结果，并在一定范围内通报。考核结果作为对中西部省级党委和政府扶贫开发工作成效考核的参考依据。

本办法由国务院扶贫办负责解释。

本办法自印发之日起施行。

附件：1. 东西部扶贫协作东部考核评价指标

2. 东西部扶贫协作西部考核评价指标

附件 1

东西部扶贫协作东部考核评价指标

考核内容	考核指标	数据来源
组织领导	党委政府负责同志到扶贫协作地区调研对接； 建立高层联席会议制度； 编制扶贫协作规划和年度计划。	东部省市提供
人才支援	按要求和协商计划完成党政干部选派比例； 按协商计划选派专业技术人才比例； 向深度贫困地区倾斜支持情况。	扶贫协作双方提供
资金支持	财政援助资金数及占财政收入比例； 财政资金投入增长比例； 社会帮扶资金数； 向深度贫困地区倾斜支持情况。	扶贫协作双方提供
产业合作	引导企业实际投资额； 带动贫困人口脱贫数； 向深度贫困地区倾斜支持情况。	扶贫协作双方提供
劳务协作	开展贫困人口就业培训数； 开展就业服务提供就业岗位数； 贫困人口就业脱贫数； 向深度贫困地区倾斜支持情况。	扶贫协作双方提供
携手奔小康	参与帮扶的东部强县比例； 东部县（市、区）党委政府主要负责同志到贫困县调研对接； 对西部省区市贫困县结对帮扶比例； 结对帮扶贫困乡镇和贫困村数； 向深度贫困地区倾斜支持情况。	扶贫协作双方提供

附件 2

东西部扶贫协作西部考核评价指标

考核内容	考核指标	数据来源
组织领导	党委政府负责同志到东部调研对接； 建立高层联席会议制度； 研究部署和协调推进工作。	西部地区提供
人才交流	选派挂职干部和专业技术人才交流学习； 为东部挂职干部和专业技术人才提供必要保障条件。	西部地区提供
资金使用	整合扶贫协作和对口支援资金用于脱贫攻坚比例； 管好用好帮扶资金，提高使用效益。	西部地区提供
产业合作	出台落实优惠支持政策或措施； 带动贫困人口脱贫数。	扶贫协作双方提供
劳务协作	提供贫困人口就业意愿和信息； 提供就业服务，开展职业培训； 帮助贫困人口就业脱贫数。	扶贫协作双方提供
携手奔小康	贫困县党委政府主要负责同志到东部结对县调研对接； 帮扶资金和项目用于贫困村和贫困户比例。	西部地区提供

国务院扶贫办

2017 年 8 月 11 日

国务院扶贫开发领导小组关于印发《中央单位定点扶贫工作考核办法（试行）》的通知

国开办内发〔2017〕7 号

根据《中共中央、国务院关于打赢脱贫攻坚战的决定》，按照《中共中央办公厅、国务院办公厅关于进一步加强中央单位定点扶贫工作的指导意见》，制定本办法。

一、考核目的

通过考核，激励先进，鞭策后进，进一步压实中央单位的帮扶责任，推动加大帮扶力度，向深度贫困地区倾斜，向乡村基层延伸，切实帮助定点扶贫县如期完成脱贫攻坚任务。

二、考核对象

承担定点扶贫任务的中央单位。

三、考核主要内容

（一）帮扶成效。主要考核帮助定点扶贫县完成脱贫攻坚任务情况，加大对深度贫困地区帮扶情况（定点扶贫县属深度贫困地区）。

（二）组织领导。主要考核中央单位对定点扶贫工作重视程度、部署推动落实定点扶贫工作情况。

（三）选派干部。主要考核中央单位向定点扶贫县选派挂职扶贫干部和第一书记等方面的情况。

（四）督促检查。主要考核中央单位督促检查定点扶贫县党委政府承担脱贫攻坚主体责任、落实政策措施和加强资金项目管理等方面的情况。

（五）基层满意情况。主要考核定点扶贫县、乡镇、村三级干部群众对中央单位帮扶工作和挂职干部工作的满意情况。

（六）工作创新。主要考核中央单位发挥自身优势，开展精准帮扶、创新帮扶方式、总结宣传经验典型、动员社会力量参与等方面的情况。

中央单位定点扶贫县在深度贫困地区的，要在资金、项目、人员方面增加力度。

四、考核组织

国务院扶贫开发领导小组统一组织考核工作，组成考核工作组。从 2017 年到 2020 年，每年开展一次。9 个定点扶贫牵头部门国务院扶贫办负责综合协调工作，中央组织部牵头对中央单位选派挂职扶贫干部、驻村第一书记工作进行督促落实。中央直属机关工委、中央国家机关工委、中央统战部、教育部、中国人民银行、国务院国资委分别牵头对中央直属机关、中央国家机关、各民主党派中央和全国工商联、高等院校、金融机构、中央企业的定点扶贫工作开展考核。中央军委政治工作部根据实际情况组织对军队和武警部队定点扶贫工作进行检查督导。

五、考核程序

（一）单位总结。每年年底前，中央单位将本年度定点扶贫工作总结报送相应定点扶贫牵头部门，并抄送国务院扶贫办。

（二）分类考核。次年 1 月底前，中央直属机关工委、中央国家机关工委、中央统战部、教育部、中国人民银行、国务院国资委 6 个定点扶贫牵头部门通过审阅定点扶贫工作总结、开展实地核查等方式，分别对各自联系单位进行分类考核。

（三）综合评议。次年 2 月底前，考核工作组对分类考核结果进行综合评议，提出考核等次建议，报国务院扶贫开发领导小组审定。

六、考核结果及运用

考核结果分为好、较好、一般、较差四个等次。排名前 30% 左右的单位确定为好和较好等次，排名靠后且存在突出问题的单位确定为较差等次，其余单位为一般等次。定点扶贫县未完成年度脱贫攻坚任务或出现重大涉贫事件的，负责帮扶的中央单位考核等次不能确定为“好”。

国务院扶贫开发领导小组每年向党中央、国务院报告考核结果，并向中央各单位通报考核情况，表扬好和较好的单位，指出存在问题，提出改进工作的要求。考核结果送中央组织部。

本办法由国务院扶贫办负责解释。

本办法自印发之日起施行。

附件：1. 中央单位定点扶贫工作考核指标

2. 牵头单位考核分工

2017 年 8 月 8 日

附件 1

中央单位定点扶贫工作考核指标

考核内容	考核指标	数据来源
帮扶成效	帮助定点扶贫县完成脱贫攻坚任务情况，加大对深度贫困地区帮扶情况（定点扶贫县属深度贫困地区）。	定点扶贫县提供
组织领导	单位负责同志当年至少到定点扶贫县调研考察一次；制定实施本单位定点扶贫工作年度计划；落实具体工作机构和责任人。	本单位提供，牵头部门核实
选派干部	向每个定点扶贫县选派挂职扶贫干部，挂职干部分管或协助分管扶贫工作；至少选派一名驻贫困村第一书记；加大对深度贫困地区倾斜力度（定点扶贫县属深度贫困地区）。	本单位提供，牵头部门核实
督促检查	对定点扶贫县在精准识别、精准帮扶、精准退出、资金管理使用等方面开展督促检查，督促定点扶贫县党委政府落实脱贫攻坚主体责任，落实好扶贫政策措施。	本单位提供，牵头部门核实
基层满意情况	定点扶贫县、乡镇、村三级干部群众对帮扶工作的满意情况。	定点扶贫县提供
工作创新	发挥行业优势、开展精准帮扶、创新帮扶方式、动员社会力量参与、宣传推广典型等方面的成效、经验和亮点。	本单位提供，牵头部门核实

附件2

牵头单位考核分工

（一）中央直属机关工委牵头考核单位（44家）

1 中央国家机关工委
2 中央纪委
3 中央办公厅
4 全国政协办公厅
5 中央组织部
6 中央宣传部
7 中央统战部
8 中央对外联络部
9 中央政法委
10 中央政策研究室
11 中央台办
12 中央网信办
13 中央财办
14 中央外办
15 中央编办
16 中央610办公室
17 中央党校
18 人民日报社
19 中央文献研究室
20 中央党史研究室
21 求是杂志社
22 全国总工会
23 共青团中央
24 全国妇联
25 中国文联
26 中国作协
27 中国科协
28 中国侨联
29 新闻出版广电总局
30 新华社
31 光明日报社
32 经济日报社
33 中国日报社
34 中央编译局
35 中国外文局
36 中国法学会
37 中国记协
38 全国台联
39 中国出版集团
40 国家档案局
41 中央保密办（国家保密局）
42 中国浦东干部学院
43 中国井冈山干部学院
44 中国延安干部学院

（二）中央国家机关工委牵头考核单位（89家）

1 中央直属机关工委
2 全国人大常委会办公厅
3 最高人民法院
4 最高人民检察院
5 国务院办公厅
6 外交部
7 国家发展改革委
8 教育部
9 科学技术部
10 工业和信息化部
11 国家民族事务委员会
12 公安部
13 安全部
14 民政部
15 司法部
16 财政部
17 人力资源社会保障部
18 国土资源部
19 环境保护部
20 住房城乡建设部

21 交通运输部
22 水利部
23 农业部
24 商务部
25 文化部
26 国家卫生计生委
27 中国人民银行
28 审计署
29 国务院国资委
30 海关总署
31 国家税务总局
32 国家工商行政管理总局
33 国家质量监督检验检疫总局
34 国家体育总局
35 国家安全生产监督管理总局
36 国家食品药品监督管理总局
37 国家统计局
38 国家林业局
39 国家知识产权局
40 国家旅游局
41 国家宗教事务局
42 国务院参事室
43 国家机关事务管理局
44 国务院侨务办公室
45 国务院港澳事务办公室
46 国务院法制办公室
47 国务院研究室
48 中国科学院
49 中国社会科学院
50 中国工程院
51 国务院发展研究中心
52 国家行政学院
53 中国工程物理研究院
54 中国地震局
55 中国气象局
56 全国社会保障基金理事会
57 国家自然科学基金委员会
58 国家信访局
59 国家粮食局
60 国家能源局
61 国家国防科技工业局
62 国家烟草专卖局
63 国家外国专家局
64 国家海洋局
65 国家测绘局
66 国家铁路局
67 中国民用航空局
68 国家邮政局
69 国家文物局
70 国家中医药管理局
71 国务院扶贫办
72 国务院三峡办
73 国务院南水北调办
74 中华全国供销合作总社
75 中国国际贸易促进会
76 中国人民对外友好协会
77 中国残疾人联合会
78 中国宋庆龄基金会
79 中国红十字会总会
80 中国铁路总公司
81 中国投资有限责任公司
82 中国中信集团公司
83 中国光大集团股份公司
84 中国邮政集团公司
85 北京航空航天大学
86 北京理工大学
87 西北工业大学
88 哈尔滨工业大学
89 中国科技大学

（三）中国人民银行牵头考核单位（23家）

1 中国银行业监督管理委员会
2 中国证券监督管理委员会
3 中国保险监督管理委员会
4 国家外汇管理局
5 国家开发银行
6 中国进出口银行
7 中国农业发展银行
8 中国工商银行
9 中国农业银行

10 中国银行
11 中国建设银行
12 交通银行
13 中国人民保险集团股份有限公司
14 中国人寿保险（集团）公司
15 中国太平保险集团公司
16 中国出口信用保险公司
17 华融资产管理公司
18 长城资产管理公司
19 东方资产管理公司
20 信达资产管理公司
21 招商银行
22 民生银行
23 包商银行

（四）国务院国资委牵头考核单位（101家）

1 中国核工业集团公司
2 中国核工业建设集团公司
3 中国航天科技集团公司
4 中国航天科工集团公司
5 中国航空工业集团公司
6 中国船舶工业集团公司
7 中国船舶重工集团公司
8 中国兵器工业集团公司
9 中国兵器装备集团公司
10 中国电子科技集团公司
11 中国石油天然气集团公司
12 中国石油化工集团公司
13 中国海洋石油总公司
14 国家电网公司
15 中国南方电网有限责任公司
16 中国华能集团公司
17 中国大唐集团公司
18 中国华电集团公司
19 中国国电集团公司
20 国家电力投资集团公司
21 中国长江三峡集团公司
22 神华集团有限责任公司
23 中国电信集团公司
24 中国联合网络通信集团有限公司
25 中国移动通信集团公司
26 中国电子信息产业集团有限公司
27 中国第一汽车集团公司
28 东风汽车公司
29 中国第一重型机械集团公司
30 中国机械工业集团有限公司
31 哈尔滨电气集团公司
32 中国东方电气集团有限公司
33 鞍钢集团公司
34 中国宝武钢铁集团有限公司
35 中国铝业公司
36 中国远洋海运集团有限公司
37 中国航空集团公司
38 中国东方航空集团公司
39 中国南方航空集团公司
40 中国中化集团公司
41 中粮集团有限公司
42 中国五矿集团公司
43 中国通用技术（集团）控股有限责任公司
44 中国建筑工程总公司
45 中国储备粮管理总公司
46 国家开发投资公司
47 招商局集团有限公司
48 华润（集团）有限公司
49 中国旅游集团公司［香港中旅（集团）有限公司］
50 中国商用飞机有限责任公司
51 中国节能环保集团公司
52 中国国际工程咨询公司
53 中国诚通控股集团有限公司
54 中国中煤能源集团有限公司
55 中国煤炭科工集团有限公司
56 机械科学研究总院
57 中国中钢集团公司
58 中国钢研科技集团有限公司
59 中国化工集团公司
60 中国化学工程集团公司
61 中国轻工集团公司
62 中国工艺（集团）公司

63 中国盐业总公司
64 中国建材集团有限公司
65 中国有色矿业集团有限公司
66 北京有色金属研究总院
67 北京矿冶研究总院
68 中国国际技术智力合作公司
69 中国建筑科学研究院
70 中国中车集团公司
71 中国铁路通信信号集团公司
72 中国铁路工程总公司
73 中国铁道建筑总公司
74 中国交通建设集团有限公司
75 中国普天信息产业集团公司
76 电信科学技术研究院
77 中国农业发展集团有限公司
78 中国中丝集团公司
79 中国林业集团公司
80 中国医药集团总公司
81 中国保利集团公司
82 中国建筑设计研究院
83 中国冶金地质总局
84 中国煤炭地质总局
85 新兴际华集团有限公司
86 中国民航信息集团公司
87 中国航空油料集团公司
88 中国航空器材集团公司
89 中国电力建设集团有限公司
90 中国能源建设集团有限公司
91 中国黄金集团公司
92 中国广核集团有限公司
93 中国华录集团有限公司
94 上海贝尔股份有限公司
95 武汉邮电科学研究院
96 华侨城集团公司
97 中国南光（集团）有限公司
98 中国西电集团公司
99 中国铁路物资（集团）总公司
100 中国国新控股有限责任公司
101 中国铁塔股份有限公司

（五）教育部牵头考核单位（44 家）

1 北京大学
2 清华大学
3 北京科技大学
4 北京化工大学
5 北京交通大学
6 北京邮电大学
7 中国农业大学
8 北京林业大学
9 中国地质大学（北京）
10 中国矿业大学（北京）
11 南开大学
12 天津大学
13 山东大学
14 东北大学
15 大连理工大学
16 吉林大学
17 东北林业大学
18 复旦大学
19 同济大学
20 上海交通大学
21 华东理工大学
22 东华大学
23 南京大学
24 东南大学
25 河海大学
26 南京农业大学
27 中国药科大学
28 浙江大学
29 合肥工业大学
30 厦门大学
31 华中科技大学
32 武汉大学
33 华中农业大学
34 湖南大学
35 中南大学
36 中山大学
37 华南理工大学
38 四川大学
39 电子科技大学
40 重庆大学

41 西安交通大学
42 西北农林科技大学
43 西安电子科技大学
44 长安大学

（六）中央统战部牵头考核单位（9家）

1 民革中央
2 民盟中央
3 民建中央
4 民进中央
5 农工民主党中央
6 致公党中央
7 九三学社中央
8 台盟中央
9 全国工商联

2017年8月8日

国务院扶贫开发领导小组关于表彰2017年全国脱贫攻坚奖的决定

国开发〔2017〕8号

各省、自治区、直辖市和新疆生产建设兵团扶贫开发领导小组，中央和国家机关各部委，中央军委政治工作部，各人民团体：

党的十八大以来，以习近平同志为核心的党中央把脱贫攻坚摆到治国理政的重要位置，纳入“五位一体”总体布局和“四个全面”战略布局，认真实施精准扶贫精准脱贫基本方略，举全党全社会之力坚决打赢脱贫攻坚战。贫困地区广大干部群众艰苦奋战，各级扶贫主体组织推动，社会各界真帮实扶，涌现出许多践行习近平总书记关于扶贫开发的重要论述，忠诚党的扶贫事业，贯彻脱贫攻坚决策部署，勇挑重担、无私奉献、事迹突出、群众公认的先进典型。

为表彰先进，国务院扶贫开发领导小组决定，授予向长江等10人“2017年全国脱贫攻坚奖奋进奖”，授予马锁安等10人“2017年全国脱贫攻坚奖贡献奖”，授予王绍据等10人“2017年全国脱贫攻坚奖奉献奖”，授予左文学等10人“2017年全国脱贫攻坚奖创新奖”。

希望受到表彰的同志珍惜荣誉、再接再厉，在脱贫攻坚中发挥榜样引领作用。广大干部群众和社会各界人士要坚决同以习近平同志为核心的党中央保持高度一致，不断增强“四个意识”，以获奖者为榜样，学习他们信念坚定、不忘初心、忠于党忠于事业的政治品格，学习他们自力更生、自强不息、摆脱贫困奔小康的拼搏精神，学习他们情系群众、心系扶贫、真心实意为群众办实事谋福祉的价值追求，学习他们扶贫济困、奉献爱心、积极承担社会责任的大爱情怀，学习他们勤于钻研、勇于探索、不断推动扶贫改革创新的开拓精神，围绕目标、聚焦精准，砥砺奋进、合力攻坚，为打赢脱贫攻坚战、全面建成小康社会而努力奋斗！

附件：2017年全国脱贫攻坚奖获奖名单

国务院扶贫开发领导小组

2017年9月27日

附件

2017年全国脱贫攻坚奖获奖名单

（分奖项，按姓氏笔画排序）

奋进奖（共10人）

向长江	湖南省隆回县岩口镇向家村村委会主任
刘金国	河北省行唐县南桥镇东安太庄村党支部书记、村委会主任

刘前东　　新疆生产建设兵团第三师叶城二牧场三连连长

孙开林　　湖北省保康县马桥镇尧治河村党委书记、村委会主任

李　君　　四川省苍溪县白驿镇岫云村党支部书记

李　娟（女）　　安徽省砀山县唐寨镇唐寨村农民

吴云波　　内蒙古自治区扎鲁特旗巴彦塔拉苏木东萨拉嘎查党支部书记、嘎查委员会主任

段必清　　云南省瑞丽市户瓦土鸡养殖专业合作社理事长

黄大发　　贵州省遵义市播州区平正仡佬族乡团结村农民、名誉支书

龚志荣　　甘肃省临洮县太石镇三益村村委会主任

贡献奖（共10人）

马锁安（藏族）　　青海省委组织部干部教育处调研员，省组工干部培训办公室副主任，互助县台子乡哇麻村第一书记、扶贫工作队队长

王　凯　　海关总署缉私局政治部主任科员、缉私局党总支委员、团支部书记，河南省鲁山县瓦屋镇土桥村第一书记

向贵瑜　　四川省南充市政府副市长、党组成员，市扶贫和移民工作局党组书记、局长

李朝阳　　安徽省民族事务委员会政策法规处副处长，池州市石台县七都镇河口村第一书记、驻村工作队队长

沈东亮（回族）　　国务院三峡办资金计划司副调研员，重庆市万州区大周镇铺垭村第一书记

陈开枝　　中国扶贫基金会理事，广东省老区建设促进会会长，广东省国际文化交流中心理事长

陈宝发　　黑龙江省齐齐哈尔市食品药品监督管理局主任科员，龙江县龙兴镇新功村第一书记

林占熺　　国家菌草工程技术研究中心常务副主任兼首席科学家，福建农林大学菌草研究所所长

黄海军　　海南省琼中县农信社主任助理，琼中县湾岭镇岭门村第一书记

程扶摇　　原江西省修水县杭口镇扶贫专干、杨坊村主任助理、茅坪村扶贫工作组组长

奉献奖（共10人）

王绍据　　福建省宁德市诚信促进会常务副会长，闽东日报社原总编，原福鼎县委报道组组长

边久论珠（藏族）　西藏山南羊湖建筑工程有限公司董事长

刘强东　　京东集团董事局主席兼首席执行官

刘锦秀（女）　　湖北名羊农业科技发展有限公司董事长，罗田县锦秀林木专业合作社理事长

陈钢粮　　新疆旺源生物科技集团董事长

林印孙　　江西正邦集团党委书记、董事局主席、总裁，江西省工商联副主席

郑远元　　陕西郑远元专业修脚保健服务集团有限公司董事长

秦玉峰	山东东阿阿胶股份有限公司党委书记、总裁
秦英林	河南牧原实业集团有限公司党委书记、总裁
党彦宝	宁夏宝丰集团有限公司董事长，宁夏燕宝慈善基金会理事长，宁夏回族自治区工商联副主席

创新奖（共 10 人）

左文学	贵州省安顺市平坝区乐平镇塘约村党总支书记
卡哈尔·尼扎木丁（维吾尔族）	中国人民解放军 93886 部队政治工作部副主任
李小云	中国农业大学人文与发展学院教授
李玉如	山东省鄄城县董口镇党委书记
杨如军	吉林省辽源市社会保险事业管理局党组书记、局长
张维林	甘肃省甘谷县腾达职业技术培训学校校长
周善红	江苏万顺机电集团有限公司董事长，中国扶贫志愿服务促进会全国贫困村结对帮扶行动工作组副组长
钟凯民	北京德青源农业科技股份有限公司董事长
徐一丁	中国农业发展银行扶贫金融事业部副总裁兼扶贫综合业务部（易地扶贫搬迁部）总经理
雷茂端	山西省运城市盐湖区三路里镇沟东村党支部书记、村委会主任

国务院扶贫开发领导小组关于开展扶贫领域作风问题专项治理的通知

各省、自治区、直辖市扶贫开发领导小组，国务院扶贫开发领导小组成员单位：

为全面贯彻党的十九大精神，认真贯彻落实习近平总书记关于开展扶贫领域腐败和作风问题专项治理的重要指示要求，国务院扶贫开发领导小组决定将 2018 年作为脱贫攻坚作风建设年，在全国范围开展扶贫领域作风问题专项治理。现通知如下。

一、总体要求

（一）重要意义。作风是党的形象和生命，作风建设攸关脱贫攻坚成败。当前，脱贫攻坚顶层设计基本完成，体制机制基本建立，政策举措基本出台，关键要抓好落实。但一段时期以来，扶贫领域存在的“四个意识”不强、责任落实不到位、工作措施不精准、工作作风不扎实，形式主义、官僚主义问题突出，资金管理使用不规范，以及扶贫领域腐败等问题，严重影响脱贫攻坚工作落实，严重侵害贫困群众利益，严重损害党和政府形象。要打赢脱贫攻坚战，必须打赢作风攻坚战。各地区各部门要充分认识开展扶贫领域作风问题专项治理的重要意义，在脱贫攻坚中把作风建设摆在突出位置，认真组织开展扶贫领域作风问题专项治理，摸清作风建设薄弱环节，落实专项整改措施，用作风建设的成果促进各项扶贫举措的落实。

（二）指导思想。全面贯彻党的十九大精神，以习近平新时代中国特色社会主义思想为指导，坚决贯彻落实党中央脱贫攻坚决策部署，坚持精准扶贫精准脱贫基本方略，强化目标导向，强化责任担当，强化问题意识，全面系统清除作风问题形成根源，较真碰硬压缩作风问题滋生空间，严惩严治形成对作风问题的强大震慑，标本兼治构建扶贫领域作风建设长效机制，推动扶贫领域作风明显改善，促进脱贫攻坚各项政策措施全面落实，确保如期完成脱贫攻坚目标任务。

（三）基本原则。坚持统一部署与分工负责相结合。国务院扶贫开发领导小组统一部署，明确专项治理总体要求。国务院扶贫开发领导小组成员单位和各省区市扶贫开发领导小组按照职责分工，围绕本地区本部门扶贫工作存在的作风问题开展专项治理。坚持以上率下与加强指导相结合。国务院扶贫开发领导小组成员单位和各省区市扶贫开发领导小组带头示范，以严肃的态度、严格的标准、严明的纪律抓好自身作风建设。指导本地区本部门加强作风建设，解决存在的突出问题。坚持立行立改与制度建设相结合。对影响脱贫攻坚政策措施落实的突出问题，对基层干部反映强烈的问题，对损害群众利益的行为，迅速纠正，坚决整改。追根溯源，举一反三，完善政策措施，加强制度建设，扎紧制度笼子。坚持集中突破与持续推进相结合。用 1 年左右时间，集中力量解决突出问题，确保取得阶段性成效。将作风建设贯穿脱贫攻坚全过程，持续推进。

二、治理内容

（一）“四个意识”不强。

1. 对脱贫攻坚的重要性艰巨性紧迫性认识不足，没有作为重大政治任务进行安排部署。

2. 对党中央脱贫攻坚决策部署和政策措施贯彻不力，制定配套措施、细化落实方案、推进组织实施不及时不到位。

3. 对推动落实精准扶贫精准脱贫基本方略认识不到位，行动不坚决，以农村区域发展代替精准扶贫。

4. 对脱贫攻坚标准把握不准，或提高标准，人为吊高胃口；或降低标准，搞数字脱贫、虚假脱贫。

5. 对贫困退出时序谋划不科学不合理，或不顾客观条件，层层加码、急躁冒进；或不愿主动作为，消极观望、拖延等待。

（二）责任落实不到位。

6. 领导责任落实不到位，主要负责同志研究指导不够，履行主体责任和监督责任不力，分管负责同志工作不深入不扎实，具体负责部门责任不明确不落实。

7. 对已出台政策措施的实施指导督促不够，政策停留在纸面上或实施效果不明显。

8. 对本地区本部门的扶贫工作指导不够，没有形成系统合力。

9. 主动作为不够，对脱贫攻坚中出现的新问题不重视、不解决或者推诿扯皮。

10. 对定点扶贫、选派第一书记、驻村工作队等工作不够重视，派出的干部不得力，缺少指导、支持、关心和监督，存在“挂名走读”等问题。

（三）工作措施不精准。

11. 贫困识别不精准，没有做到应扶尽扶，贫困退出没有坚持标准和程序，退出质量不高。

12. 行业扶贫政策措施操作性不强，无法落实落地。

13. 区域扶贫政策聚焦精准扶贫不够，到村到户政策措施针对性不强、力度不够。

14. 用部门一般性工作代替扶贫工作，对贫困地区和贫困人口的倾斜支持力度不够；用行业普惠性政策代替精准扶贫政策，政策措施缺乏针对性。

（四）资金管理使用不规范。

15. 对扶贫资金和项目监管不严，导致贪污浪费、挤占挪用等问题时有发生。

16. 在扶贫资金管理使用过程中失职渎职，导致扶贫资金闲置滞留或造成损失。

17. 对贫困县统筹整合财政涉农资金用于脱贫攻坚支持不坚决，甚至软抵制。

18. 未按规定执行扶贫资金公开和公示公告制度，群众和社会不知晓，难以有效监督。

（五）工作作风不扎实。

19. 调查研究不深入实际，指导工作脱离实际，遇到问题不解决。

20. 工作落实走形式，以会议贯彻会议，以文件贯彻文件。

21. 垒大户堆盆景，搞形象工程，或者强迫命令一刀切。

22. 简单发钱发物、送钱送物，不注重激发贫困群众内生动力，扶贫成果不可持续。

（六）考核监督从严要求不够。

23. 考核评估一团和气，不较真碰硬。

24. 督查巡查避重就轻，报喜不报忧。

25. 发现问题隐瞒不报，袒护包庇。

三、工作措施

（一）加强学习培训。国务院扶贫办研究制定全国扶贫干部培训规划，组织开展对各省区市扶贫办和国务院扶贫开发领导小组成员单位相关人员的培训。各地区各部门要分别制定学习培训计划，分级安排培训活动，重点要加强对基层扶贫干部的培训。培训要深入学习贯彻党的十九大关于脱贫攻坚的新部署新要求，解读脱贫攻坚政策举措，介绍精准扶贫典型做法，帮助培训对象提高认识，着力培育懂扶贫、会帮扶、作风硬的扶贫干部队伍。

（二）规范驻村帮扶。县级以上各级机关、国有企事业单位要选派得力干部担任贫困村第一书记和驻村工作队员；加强管理考核，对成绩突出、群众认可的，表彰激励，对弄虚作假、失职失责的，严肃问责；加强保障支持，确保驻村干部下得去、融得进、干得好。

（三）改进调查研究。各地区各部门要改进脱贫攻坚调研方式，通过深入基层、联系群众、解剖麻雀，总结推广经验，发现并解决问题，防止走过场。调研方式要求实，不提前踩点，不培训农户，不弄虚作假。调研活动要严格遵守中央有关规定，一律轻车简从。严禁为迎接检查制作展板，严禁无实质内容的安排，严禁省市县层层陪同。

（四）减轻基层负担。减少村级填表报数，除每年根据统一部署填报一次建档立卡信息系统数据外，任何单位任何部门不得以任何理由要求村级填报扶贫数据，切实减轻村级扶贫干部负担。减少检查考评，除党中央、国务院确定的督查巡查、考核评估外，国务院扶贫开发领导小组不再组织其他检查考评，各地严禁层层多头组织脱贫攻坚检查考评。减少会议文件，精简会议活动，减少发文数量，严禁朝令夕改。

（五）完善扶贫开发大数据平台。加强建档立卡动态管理，不断提高识别质量。开发业务管理子系统，拓展服务功能。加强部门间数据和信息共享，加强数据分析，为宏观决策和工作指导提供支持。

（六）加强县级脱贫攻坚项目库建设。根据脱贫攻坚规划和工作需要，指导各地建立县级脱贫攻坚项目库，加强项目论证和储备，防止资金闲置浪费，防止因项目选定不准造成损失。

（七）健全扶贫项目资金公告公示制度。国家、省、市、县扶贫资金分配结果一律公开，乡村两级扶贫项目安排和资金使用情况一律公告公示。引导贫困群众参与扶贫项目决策、管理和监督，接受群众和社会监督。

（八）严格考核评估。实施最严格的考核评估和督查巡查，开展常规性的暗访监督，自觉接受人大、政协、民主党派、纪检监察、审计、检察、媒体、社会等全方位的监督，倒逼各地打造过硬优良作风。国务院扶贫开发领导小组对各成员单位贯彻落实党中央脱贫攻坚决策部署情况开展第三方评估。

（九）查处突出问题。建立举报追查制度，组织开展明察暗访，对扶贫领域不正之风，一经举报，追查到底。建立查实曝光制度，对查实的扶贫领域案件，坚决予以曝光。建立主体责任和监督责任追究制度，对涉贫作风问题频发的地区、部门和单位，严肃追究有关单位和个人的责任。

四、组织领导

（一）提高思想认识。脱贫攻坚是全面建成小康社会的标志性指标和底线任务，是促进贫困地区和贫困群众共享改革发展成果、满足美好生活需要的重要途径，是解决发展不平衡不充分主要矛盾的重要手段，是坚持以人民为中心发展思想的重要体现。各地区各部门要结合“不忘初心、牢记使命”主题教育，增强“四个意识”，强化责任担当，切实转变作风。自觉从思想上政治上行动上同以习近平同志为核心的党中央保持高度一致。

（二）落实工作责任。各地区各部门要按照中央统筹省负总责市县抓落实的扶贫工作机制，强化脱贫攻坚一把手责任制，把扶贫领域作风专项治理作为落实管党治党政治责任的具体行动，纳入本地区本部门重点工作。主要负责同志对本地区本部门扶贫的重大政策、重大问题要高度重视，做到统筹安排部署。要根据脱贫攻坚实际，加强政策供给，完善政策措施。

（三）贯彻从严要求。各地区各部门要把党中央关于全面从严治党的一系列部署要求不折不扣落实到脱贫攻坚全过程各环节，高标准、严要求、做表率，坚持不懈改作风转作风。对扶贫领域作风问题专项治理不安排、不督促、不落实或发现问题不整改的，要严肃追究责任。

（四）制定实施方案。国务院扶贫开发领导小组成员单位和各省区市扶贫开发领导小组要根据本通知精神，制定具体实施方案，明确牵头部门、工作人员、治理重点、工作举措等，于 12 月 31 日前送国务院扶贫办。

国务院扶贫开发领导小组

2017 年 11 月 22 日

国务院扶贫开发领导小组关于广泛引导和动员社会组织参与脱贫攻坚的通知

国开发〔2017〕12号

国务院扶贫开发领导小组各成员单位、中央国家机关有关单位，各省、自治区、直辖市和新疆生产建设兵团扶贫开发领导小组：

为全面贯彻落实党的十九大精神，坚持大扶贫格局，坚决打赢脱贫攻坚战，现就广泛引导和动员社会组织（指的是在民政部门登记的社会团体、基金会、社会服务机构，下同）积极参与脱贫攻坚工作通知如下。

一、参与脱贫攻坚是社会组织的重要责任

确保我国现行标准下农村贫困人口如期脱贫、贫困县全部摘帽、解决区域性整体贫困，是全面建成小康社会的基本标志和底线目标，是以习近平同志为核心的党中央作出的庄严承诺。现在距2020年实现全面脱贫目标还有三年时间，全国仍有4300多万贫困人口没有摆脱贫困，脱贫攻坚任务十分艰巨。

社会组织是我国社会主义现代化建设的重要力量，是联系爱心企业、爱心人士等社会帮扶资源与农村贫困人口的重要纽带，是动员组织社会力量参与脱贫攻坚的重要载体，是构建专项扶贫、行业扶贫、社会扶贫“三位一体”大扶贫格局的重要组成部分。参与脱贫攻坚，既是社会组织的重要责任，又是社会组织服务国家、服务社会、服务群众、服务行业的重要体现，更是社会组织发展壮大的重要舞台和现实途径。要按照党的十九大关于动员全党全国全社会力量参与脱贫攻坚的要求，积极引导各级各类社会组织深入学习贯彻习近平总书记关于扶贫开发的重要论述，领会精髓实质，牢固树立政治意识、大局意识、核心意识、看齐意识，与以习近平同志为核心的党中央同心同德、同向同行，发挥自身专长和优势，从帮助贫困人口解决最直接、最现实、最紧迫的问题入手，促进社会帮扶资源进一步向贫困地区、贫困人口汇聚，在承担公共服务、提供智力支持、实施帮扶项目、协助科学决策等方面主动作为，在打赢脱贫攻坚战中发挥重要作用。

二、社会组织参与脱贫攻坚的重点领域

（一）参与产业扶贫。支持有条件的社会组织特别是行业协会商会、农村专业技术协会参与落实贫困地区特色产业发展规划，围绕市场需求踊跃参与贫困地区特色产业发展、培育农民专业合作组织、引进龙头企业、搭建产销平台、推广应用中国社会扶贫网、推进电商扶贫工程、促进休闲农业和乡村旅游开发、支持农民工返乡创业等。鼓励社会组织组织专业人才为贫困地区发展特色优势产业提供智力和技术支持，提高贫困人口脱贫增收能力，促进贫困地区经济社会发展。

（二）参与教育扶贫。鼓励社会组织特别是基金会参与《教育脱贫攻坚“十三五”规划》《职业教育东西协作行动计划（2016—2020年）》等政策的落实工作，参与实施教

育扶贫结对帮扶、扶贫助学助困项目。鼓励社会组织通过增强贫困地区教育培训机构能力和师资水平，开展科学普及，提升贫困地区教育水平，帮助扶贫对象（含建档立卡贫困人口、农村低保对象、特困人员、贫困残疾人）学习掌握职业技能、致富技术，提供职业指导，增强就业能力。鼓励社会组织有序组织大学生、退休教师、社会人士到贫困地区开展扶贫支教。鼓励非营利性民办学校加大对贫困学生资助力度。

（三）参与健康扶贫。鼓励社会组织通过提供医疗技术支持、卫生人才培训和紧缺设备援助等，帮助贫困地区提高医疗水平，改善服务设施。支持社会组织针对贫困人口实施儿童营养改善、新生儿疾病筛查、小儿先心病治疗、妇女两癌筛查、优生优育、白内障治疗、失能失智老人照护等健康项目，帮助解决大病、地方病、慢性病等问题，做好疾病预防宣传、早发现、早治疗等工作。动员有条件的社会组织对贫困人口开展义诊、免费体检等公益活动。鼓励支持相关公益慈善组织通过设立专项基金等形式，开展贫困人口重特大疾病专项救助。依托慈善组织互联网公开募捐信息平台向社会公众进行募捐，加大慈善医疗救助力度，精准对接特殊困难家庭，减轻贫困人口医疗费用负担。鼓励非营利性民办医院对贫困人口开展一对一帮扶和义诊等活动。

（四）参与易地扶贫搬迁。鼓励社会组织积极参与易地扶贫搬迁，促进帮扶资源与建档立卡搬迁户精准对接，帮助搬迁群众发展生产、充分就业。支持社会组织发挥专项建设规划、心理疏导、关系调适等方面的优势，促进搬迁群众融合适应，形成现代文明理念和生活方式，为“搬得进、稳得住、能脱贫”创造条件。

（五）倡导志愿扶贫。支持贫困地区培育发展志愿服务组织，鼓励志愿服务组织到贫困地区开展扶贫志愿服务。推动社会工作服务机构为贫困人口提供心理疏导、生活帮扶、能力提升、权益保障等专业服务，为贫困妇女、青年提供技能培训、能力提升、就业援助、生计发展等服务。支持社会组织参与贫困村农村社区服务体系建设，开展贫困村老人、残疾人、留守儿童、低保家庭、特困人员等关爱保障工作，帮助化解其生活、学习等方面的困难。

（六）支持社会组织参与其他扶贫行动。发挥产业信息汇集、行业资源聚集、专业人才密集等优势，助推劳务输出就业扶贫；发挥服务专业、成本低廉、运作高效等优势，助力贫困地区水利交通建设、电力能源开发、危房改造、文化建设等工作。鼓励社会组织对脱贫攻坚工作提出政策建议、参与第三方评估、反映贫困人口需求等。支持社会组织在贫困地区宣传现代文明理念和生活方式，开展科技助力精准扶贫活动，参与环境综合治理整治，保护和修复生态，改善贫困乡村生产生活条件。

三、发挥全国性和省级社会组织示范带头作用

全国性和省级社会组织是社会组织参与脱贫攻坚的主力军。要倡导全国性和省级社会组织结合自身专长、优势和活动地域，每年至少面向贫困地区开展一次扶贫活动；主办、承办的博览会、展销会、年会、专题会等，优先选择在贫困地区举行，积极与贫困地区经济发展、招商引资、扶贫开发等相结合，并对贫困地区参展参会给予费用减免等优惠。要支持全国性和省级社会组织通过设立慈善信托、实施扶贫项目、结对帮扶、捐赠款物、消费扶贫、资助贫困地区公益慈善组织等方式，参与贫困地区脱贫攻坚工作。要鼓励公益慈善类社会组织、科技类社会组织、行业协会商会和民办教育、培训、养老、卫生等社会服务机构，进一步提高业务活动成本中用于脱贫攻坚的比例。

社会组织业务主管单位、行业管理部门和登记管理机关要按照管理权限，引导实行

双重管理的全国性和省级社会组织、脱钩后的全国性和省级行业协会商会、直接登记试点的全国性和省级社会组织，主动对接政府扶贫工作计划和扶贫工作部署，按要求定期上报参与脱贫攻坚的情况，配合做好工作检查和信息统计，并通过互联网等多种途径及时、全面地公开“在哪里扶贫”“扶了谁”“扶了多少”“扶贫效果怎么样”等情况，接受社会各方监督。

社会组织业务主管单位、行业管理部门和登记管理机关要引导全国性和省级社会组织，按照其宗旨和业务范围，结合上述要求制定2020年前参与脱贫攻坚工作规划和年度工作计划，明确工作目标，细化任务措施。工作规划和实施情况于本通知下发后两个月内分别报送业务主管单位、登记管理机关和扶贫部门备案。2018年至2020年年度工作计划和上一年度参与脱贫攻坚工作情况随当年年检年报工作相关材料一同报送业务主管单位、登记管理机关和扶贫部门。

四、创造条件，支持社会组织参与脱贫攻坚

国务院扶贫开发领导小组各成员单位、中央国家机关各有关单位、各省（区、市）扶贫开发领导小组要通过思想动员、政策支持、典型宣传等方式，支持引导社会组织积极参与脱贫攻坚。要推动社会组织资源供给和扶贫需求实现有效对接，努力为社会组织提供信息服务。要建立健全政府向社会组织购买扶贫服务制度，细化落实社会组织参与扶贫济困活动的税收减免、信贷支持、行政事业性费用减免等政策，努力为社会组织提供优惠政策服务。要定期开展相关扶贫政策和业务知识培训，努力为社会组织提供能力建设服务。民政部门、扶贫部门要建设共享合作平台和信息服务网络，建立健全社会组织参与脱贫攻坚信息核对和抽查机制，确保“真扶贫”“扶真贫”。

扶贫部门要将社会组织参与脱贫攻坚纳入重要议事日程，建立相应机制，积极协调本级扶贫开发领导小组成员单位为社会组织参与脱贫攻坚提供方便、创造条件。定期与社会组织沟通工作，切实加强业务指导，通过合理方式对到贫困地区参与脱贫攻坚的社会组织给予必要的资金和项目支持。

民政部门要做好社会组织依法登记、年检年报、评估、慈善组织认定、公募资格审定、慈善信托的备案和监督等工作，支持、规范社会组织参与脱贫攻坚。要会同同级扶贫部门牵头建立协调服务机制，明确专门机构和人员负责组织协调服务工作，及时解决社会组织参与脱贫攻坚遇到的困难和问题。要创新宣传形式，拓宽宣传渠道，大力表彰在脱贫攻坚中做出突出贡献的社会组织，配合新闻宣传部门，加大社会组织参与脱贫攻坚先进事迹、先进人物宣传力度，营造支持社会组织参与脱贫攻坚的浓厚氛围。

社会组织业务主管单位应当定期检查社会组织参与脱贫攻坚工作的情况，每年12月底前，统计并公布本单位、本部门、本系统社会组织参与脱贫攻坚的情况，并将检查情况和统计信息通报给同级登记管理机关和扶贫部门。

行业管理部门等有关单位要依法对社会组织参与脱贫攻坚中弄虚作假的行为进行公开曝光批评；对挪用、截流扶贫资金或擅自改变用途，以及假借扶贫开发名义，违法募集、套取资金的，对没有公开募捐资格或未获得互联网公开募捐信息平台指定，擅自开展在线扶贫募捐的，要严肃予以查处；对未经登记、擅自以社会组织名义进行扶贫开发的非法社会组织，要坚决予以取缔；对于假借扶贫名义，搞各种违法犯罪活动的，要坚决予以打击。

各省（区、市）扶贫开发领导小组可按本通知精神，制定本省（区、市）引导社会组织参与脱贫攻坚具体规定，要部署贫困地区县级民政部门会同扶贫部门建立健全各级、各类参与本行政区域内脱贫攻坚活动

的社会组织信息统计制度，定期向社会公布，并于每年年底联合向省级民政部门和扶贫部门报送相关数据，省级民政部门和扶贫部门汇总后，报送民政部和国务院扶贫办。工作中遇到的重大问题请及时向当地党委政府报告，并通报给民政部和国务院扶贫办。

国务院扶贫开发领导小组

2017 年 11 月 22 日

国务院扶贫开发领导小组关于在扶贫考核中切实减轻基层工作负担的通知

国开发〔2017〕13号

各省、自治区、直辖市扶贫开发领导小组，国务院扶贫开发领导小组成员单位：

今年11月，国务院扶贫开发领导小组（以下简称扶贫领导小组）对2017年扶贫成效考核工作和扶贫领域作风问题专项治理工作分别作出安排部署。为认真贯彻落实习近平总书记关于进一步纠正“四风”、加强作风建设的重要指示精神，现就在扶贫考核中切实减轻基层工作负担有关问题通知如下。

一、端正思想认识。实行最严格的考核评估，是打赢脱贫攻坚战的重要保障，是扶贫领域落实全面从严治党要求的关键举措。各地要牢固树立正确的政绩观，切实通过考核促进脱贫攻坚责任落实、政策落实和工作落实，转变应付过关心态，杜绝为“过关”而采取的迎评迎检等错误行为，确保脱贫工作务实、脱贫过程扎实、脱贫结果真实。

二、统筹整合考核。扶贫领导小组已将东西部扶贫协作考核纳入省级党委和政府扶贫开发工作成效考核统筹安排，除党中央、国务院确定的督查巡查、考核评估外，不再组织开展其他考核。各成员单位也不得开展其他扶贫专项考核，确需开展的经扶贫领导小组批准后实施。各省级扶贫开发领导小组要统筹整合本省（区、市）现有扶贫考核，取消不必要的考核，减少考核频次，严禁多头考核、层层考核、搭车考核。省市两级对县及以下的考核每年原则上总量不超过2次。市级及以下未经省级扶贫开发领导小组批准不得自行开展第三方评估。

三、改进方式方法。全国建档立卡数据库已逐渐完善，从实际出发，2017年省级党委和政府扶贫开发工作成效省际交叉考核不再考核贫困人口识别准确率、贫困人口退出准确率和因村因户帮扶工作群众满意度，重点考核脱贫攻坚责任落实、政策落实和工作落实等情况。简化第三方评估调查问卷，完善群众满意度评估方法。增加对脱贫人口返贫情况考核。建立年度集中考核和平时工作情况相结合的考核机制，不搞“一考定终身”。各地也要完善考核方式方法，不搞打分排名，防止“以分论英雄”；要突出正向激励，对亮点多、成效突出的地方，给予表彰奖励；要坚持问题导向，对问题多、问题突出的地方，给予通报批评。

四、减少填表报数。为切实减轻基层干部工作负担，除每年根据统一部署填报一次建档立卡信息系统数据外，任何单位任何部门不得以任何理由要求村级填报扶贫数据。扶贫领导小组成员单位和各地在考核评估中所需数据由考核评估人员通过实地调查获取，不得违反规定要求村级填表报数。

五、强化作风要求。考核评估要严格执行中央八项规定精神和廉洁纪律。各地不得在考核前搞预考自考、模拟演练、突击修改资料等，不得为迎接考核做展板、拉横幅。有关部门、地方和评估机构要加强对考核评估人员的培训，把握政策，严格标准，实事求是、客观公正开展考核评估。对层层考核、增加基层负担的，对弄虚作假、徇私舞弊的，对搞形式主义、干扰考核造成严重后果的，实行一票否决，并依纪依规追究责任。

各地各部门要认真学习贯彻习近平总书记重要指示精神，以严肃的态度、严格的标准、严明的纪律防止和纠正考核中的形式主义、官僚主义等作风问题，不断完善和改进脱贫攻坚考核工作，切实减轻基层工作负担，增强脱贫攻坚考核的有效性、科学性，为打赢脱贫攻坚战提供重要保障。

国务院扶贫开发领导小组
2017 年 12 月 22 日

行　业　文　件

国家发展和改革委员会、国家开发银行《关于开发性金融支持特色小（城）镇建设促进脱贫攻坚的意见》

民政部、财政部、人力资源和社会保障部、国家卫生和计划生育委员会、中国保险监督管理委员会、国务院扶贫开发领导小组办公室《关于进一步加强医疗救助与城乡居民大病保险有效衔接的通知》

交通部《"四好农村路"督导考评办法》

《住房城乡建设部　国家开发银行关于推进开发性金融支持小城镇建设的通知》

国家卫生和计划生育委员会、民政部、财政部、人力资源和社会保障部、中国保险监督管理委员会、国务院扶贫开发领导小组办公室《健康扶贫工程"三个一批"行动计划》

中国残联、国务院扶贫办、全国妇联印发《发展手工制作促进贫困残疾妇女就业脱贫行动实施方案》

民政部、财政部、国务院扶贫开发领导小组办公室《关于支持社会工作专业力量参与脱贫攻坚的指导意见》

中国残疾人联合会《关于做好贫困重度残疾人家庭无障碍改造工作的通知》

教育部、财政部《关于进一步加强全面改善贫困地区义务教育薄弱学校基本办学条件中期有关工作的通知》

中国残疾人联合会、中国共产主义青年团中央委员会《关于印发〈青年志愿者阳光助残扶贫行动实施方案〉的通知》

民政部、教育部、财政部、中国共产主义青年团中央委员会、中华全国妇女联合会《关于在农村留守儿童关爱保护中发挥社会工作专业人才作用的指导意见》

《银监会、财政部、人民银行、保监会、国务院扶贫办联合印发〈关于促进扶贫小额信贷健康发展的通知〉》

中国银行保险监督管理委员会《慈善信托管理办法》

人力资源社会保障部、财政部、国务院扶贫开发领导小组办公室《关于切实做好社会保险扶贫工作的意见》

民政部、国务院扶贫开发领导小组办公室《关于进一步加强农村最低生活保障制度与扶贫开发政策有效衔接的通知》

国土资源部、国务院扶贫开发领导小组办公室、国家能源局《关于支持光伏扶贫规范光伏发电产业用地的意见》

中国人民银行、中国银行保险监督管理委员会、中国证券监督管理委员会、中国银行保险监督管理委员会《关于金融支持深度贫困地区脱贫攻坚的意见》

国家发展和改革委员会《加大深度贫困地区支持力度推动解决区域性整体贫困行动方案（2018—2020年）》

《水利部关于扎实做好深度贫困地区农村饮水安全工作的通知》

交通运输部办公厅印发《关于支持深度贫困地区交通扶贫脱贫攻坚的实施方案》

民政部、司法部、财政部、人力资源社会保障部、文化部、国家卫生和计划生育委员会、国务院扶贫开发领导小组办公室、全国老龄办《关于加强农村留守老年人关爱服务工作的若干意见》

关于开发性金融支持特色小（城）镇建设促进脱贫攻坚的意见

发改规发〔2017〕102号

各省、自治区、直辖市及计划单列市发展改革委、新疆生产建设兵团发展改革委，国家开发银行各分行：

建设特色小（城）镇是推进供给侧结构性改革的重要平台，是深入推进新型城镇化、辐射带动新农村建设的重要抓手。全力实施脱贫攻坚、坚决打赢脱贫攻坚战是“十三五”时期的重大战略任务。在贫困地区推进特色小（城）镇建设，有利于为特色产业脱贫搭建平台，为转移就业脱贫拓展空间，为易地扶贫搬迁脱贫提供载体。为深入推进特色小（城）镇建设与脱贫攻坚战略相结合，加快脱贫攻坚致富步伐，现就开发性金融支持贫困地区特色小（城）镇建设提出以下意见。

一、总体要求

全面贯彻党的十八大和十八届三中、四中、五中、六中全会精神，统筹推进“五位一体”总体布局和协调推进“四个全面”战略布局，牢固树立和贯彻落实新发展理念，按照扶贫开发与经济社会发展相结合的要求，充分发挥开发性金融作用，推动金融扶贫与产业扶贫紧密衔接，夯实城镇产业基础，完善城镇服务功能，推动城乡一体化发展，通过特色小（城）镇建设带动区域性脱贫，实现特色小（城）镇持续健康发展和农村贫困人口脱贫双重目标，坚决打赢脱贫攻坚战。

——坚持因地制宜、稳妥推进。从各地实际出发，遵循客观规律，加强统筹协调，科学规范引导特色小（城）镇开发建设与脱贫攻坚有机结合，防止盲目建设、浪费资源、破坏环境。

——坚持协同共进、一体发展。统筹谋划脱贫攻坚与特色小（城）镇建设，促进特色产业发展、农民转移就业、易地扶贫搬迁与特色小（城）镇建设相结合，确保群众就业有保障、生活有改善、发展有前景。

——坚持规划引领、金融支持。根据各地发展实际，精准定位、规划先行，科学布局特色小（城）镇生产、生活、生态空间。通过配套系统性融资规划，合理配置金融资源，为特色小（城）镇建设提供金融支持，着力增强贫困地区自我发展能力，推动区域持续健康发展。

——坚持主体多元、合力推进。发挥政府在脱贫攻坚战中的主导作用和在特色小（城）镇建设中的引导作用，充分利用开发性金融融资、融智优势，聚集各类资源，整合优势力量，激发市场主体活力，共同支持贫困地区特色小（城）镇建设。

——坚持改革创新、务求实效。用改革的办法和创新的精神推进特色小（城）镇建设，完善建设模式、管理方式和服务手段，加强金融组织创新、产品创新和服务创新，使金融资源切实服务小（城）镇发展，有效支持脱贫攻坚。

二、主要任务

（一）加强规划引导。加强对特色小（城）镇发展的指导，推动地方政府结合经济社会发展规划，编制特色小（城）镇发展专项规划，明确发展目标、建设任务和工作进度。开发银行各分行积极参与特色小（城）镇规划编制工作，统筹考虑财税、金融、市场资金等方面因素，做好系统性融资规划和融资顾问工作，明确支持重点、融资方案和融资渠道，推动规划落地实施。各级发展改革部门要加强与开发银行各分行、特色小（城）镇所在地方政府的沟通联系，积极支持系统性融资规划编制工作。

（二）支持发展特色产业。一是各级发展改革部门和开发银行各分行要加强协调配合，根据地方资源禀赋和产业优势，探索符合当地实际的农村产业融合发展道路，不断延伸农业产业链、提升价值链、拓展农业多种功能，推进多种形式的产城融合，实现农业现代化与新型城镇化协同发展。二是开发银行各分行要运用“四台一会”（管理平台、借款平台、担保平台、公示平台和信用协会）贷款模式，推动建立风险分担和补偿机制，以批发的方式融资支持龙头企业、中小微企业、农民合作组织以及返乡农民工等各类创业者发展特色优势产业，带动周边广大农户，特别是贫困户全面融入产业发展。三是在特色小（城）镇产业发展中积极推动开展土地、资金等多种形式的股份合作，在有条件的地区，探索将“三资”（农村集体资金、资产和资源）、承包土地经营权、农民住房财产权和集体收益分配权资本化，建立和完善利益联结机制，保障贫困人口在产业发展中获得合理、稳定的收益，并实现城乡劳动力、土地、资本和创新要素高效配置。

（三）补齐特色小（城）镇发展短板。一是支持基础设施、公共服务设施和生态环境建设，包括但不限于土地及房屋的征收、拆迁和补偿；安置房建设或货币化安置；水网、电网、路网、信息网、供气、供热、地下综合管廊等公共基础设施建设；污水处理、垃圾处理、园林绿化、水体生态系统与水环境治理等环境设施建设以及生态修复工程；科技馆、学校、文化馆、医院、体育馆等科教文卫设施建设；小型集贸市场、农产品交易市场、生活超市等便民商业设施建设；其他基础设施、公共服务设施以及环境设施建设。二是支持各类产业发展的配套设施建设，包括但不限于标准厂房、孵化园、众创空间等生产平台；旅游休闲、商贸物流、人才公寓等服务平台建设；其他促进特色产业发展的配套基础设施建设。

（四）积极开展试点示范。结合贫困地区发展实际，因地制宜开展特色小（城）镇助力脱贫攻坚建设试点。对试点单位优先编制融资规划，优先安排贷款规模，优先给予政策、资金等方面的支持，鼓励各地先行先试，着力打造一批资源禀赋丰富、区位环境良好、历史文化浓厚、产业集聚发达、脱贫攻坚效果好的特色小（城）镇，为其他地区提供经验借鉴。

（五）加大金融支持力度。开发银行加大对特许经营、政府购买服务等模式的信贷支持力度，特别是通过探索多种类型的 PPP 模式，引入大型企业参与投资，引导社会资本广泛参与。发挥开发银行“投资、贷款、债券、租赁、证券、基金”综合服务功能和作用，在设立基金、发行债券、资产证券化等方面提供财务顾问服务。发挥资本市场在脱贫攻坚中的积极作用，盘活贫困地区特色资产资源，为特色小（城）镇建设提供多元化金融支持。各级发展改革部门和开发银行各分行要共同推动地方政府完善担保体系，建立风险补偿机制，改善当地金融生态环境。

（六）强化人才支撑。加大对贫困地区特色小（城）镇建设的智力支持力度，开发银行扶贫金融专员要把特色小（城）镇作为金融服务的重要内容，帮助派驻地（市、州）以及对口贫困县区域内的特色小（城）镇引智、引商、引技、引资，着力解决缺人才、缺技术、缺资金等突出问题。以“开发性金融支持脱贫攻坚地方干部培训班”为平台，为贫困地区干部开展特色小（城）镇专题培训，帮助正确把握政策内涵，增强运用开发性金融手段推动特色小（城）镇建设、促进脱贫攻坚的能力。

（七）建立长效合作机制。国家发展改革委和开发银行围绕特色小（城）镇建设进一步深化合作，建立定期会商机制，加大工作推动力度。各级发展改革部门和开发银行各分行要密切沟通，共同研究制定当地特色小（城）镇建设工作方案，确定重点支持领域，设计融资模式；建立特色小（城）镇重点项目批量开发推荐机制，形成项目储备库；协调解决特色小（城）镇建设过程中的困难和问题，将合作落到实处。

各级发展改革部门和开发银行各分行要支持贫困地区特色小（城）镇建设促进脱贫攻坚，加强合作机制创新、工作制度创新和发展模式创新，积极探索、勇于实践，确保特色小（城）镇建设取得新成效，打赢脱贫攻坚战。

国家发展改革委

国家开发银行

2017年1月13日

关于进一步加强医疗救助与城乡居民大病保险有效衔接的通知

民发〔2017〕12号

各省（自治区、直辖市）民政厅（局）、财政厅（局）、人力资源社会保障厅（局）、卫生计生委、扶贫办；各保监局；各计划单列市民政局、财政局、人力资源社会保障局、卫生计生委、扶贫办；新疆生产建设兵团民政局、财务局、人力资源社会保障局、卫生计生委、扶贫办：

医疗救助和城乡居民大病保险（以下简称大病保险）是我国多层次医疗保障体系的重要组成部分，发挥保障困难群众基本医疗权益的基础性作用。为进一步加强两项制度在对象范围、支付政策、经办服务、监督管理等方面的衔接，充分发挥制度效能，现就有关事项通知如下。

一、加强保障对象衔接

（一）做好资助困难群众参加基本医疗保险工作。各地要全面落实资助困难群众参保政策，确保其纳入基本医疗保险和大病保险范围。根据本地区医疗救助资金筹集情况、基本医疗保险缴费标准以及个人承担能力等明确资助额度，对于特困人员给予全额资助，对于低保对象、建档立卡贫困人口给予定额资助。对按规定纳入定额资助范围的人员，要做好参保动员工作，加大保费征缴力度，提高参保意愿，可由其先行全额缴纳参保费用，相关部门再将资助资金支付本人，确保人费对应、足额缴纳、及时参保。

（二）拓展重特大疾病医疗救助对象范围。各地要贯彻落实国务院办公厅转发民政部等五部门《关于进一步完善医疗救助制度全面开展重特大疾病医疗救助工作的意见》（国办发〔2015〕30号），对经大病保险报销后仍有困难的低保对象、特困人员、建档立卡贫困人口、低收入重度残疾人等困难群众（含低收入老年人、未成年人、重病患者）实施重特大疾病医疗救助，积极探索做好因病致贫家庭重病患者救助工作。省级民政部门要会同相关部门综合考虑家庭经济状况以及医疗费用支出、医疗保险支付情况等因素，完善低收入救助对象和因病致贫家庭重病患者的认定办法，指导市、县民政部门依托社会救助家庭经济状况核对机制，准确认定救助对象，及时落实救助政策。

二、加强支付政策衔接

（三）落实大病保险倾斜性支付政策。各地要统筹考虑大病保险筹资水平、当地人均可支配收入和低保标准等，制定大病保险向低保对象、特困人员、建档立卡贫困人口、低收入重度残疾人等困难群众（含低收入老年人、未成年人、重病患者）倾斜的具体办法，明确降低大病保险起付线、提高报销比例的量化要求，实施精准支付，提高困难群众受益水平。各省（自治区、直辖市）要根据大病患者需求、筹资能力等实际，合理确定大病保险合规医疗费用范围。要将对困难群众的倾斜照顾措施纳入大病保险实施方案，通过招投标等方式，与承办机构签订合同，确保部署实施。

（四）提高重特大疾病医疗救助水平。各地要合理调整医疗救助资金支出结构，稳步提高重特大疾病医疗救助资金支出占比。综合救助家庭经济状况、自负医疗费用、当地医疗救助筹资情况等因素，建立健全分类分段的梯度救助模式，科学设定救助比例和年度最高救助限额。重点救助对象救助水平要高于其他救助对象；同一类救助对象，个人自负费用数额越大，救助比例越高。积极拓展重特大疾病医疗救助费用报销范围，原则上经基本医疗保险、大病保险、各类补充保险等报销后个人负担的合规医疗费用，均计入救助基数。合规医疗费用范围应参照大病保险的相关规定确定，并做好与基本医疗保险按病种付费改革衔接。鼓励有条件的地方对困难群众合规医疗费用之外的自负费用按照一定比例给予救助，进一步提高大病保障水平。

（五）实行县级行政区域内困难群众住院先诊疗后付费。各地要针对低保对象、特困人员、建档立卡贫困人口、低收入重度残疾人等困难群众（含低收入老年人、未成年人、重病患者），全面实施县级行政区域内定点医疗机构住院先诊疗后付费改革。依托定点医疗机构服务窗口，实现基本医疗保险、大病保险、医疗救助的同步即时结算，困难群众出院时只需支付自负医疗费用。鼓励有条件的地方建立市级和省级行政区域内困难群众按规定分级转诊和异地就医先诊疗后付费的结算机制。

三、加强经办服务衔接

（六）规范医疗费用结算程序。各地要按照精准测算、无缝对接的工作原则和"保险在先、救助在后"的结算程序，准确核定结算基数，按规定结算相关费用，避免重复报销、超费用报销等情况。对于年度内单次或多次就医，费用均未达到大病保险起付线的，要在基本医疗保险报销后，按次及时结算医疗救助费用。对于单次就医经基本医疗保险报销后费用达到大病保险起付线的，应即时启动大病保险报销，并按规定对经基本医疗保险、大病保险支付后的剩余合规费用给予医疗救助。对于年度内多次就医经基本医疗保险报销后费用累计达到大病保险起付线的，要分别核算大病保险和医疗救助费用报销基数，其中大病保险应以基本医疗保险报销后超出大病保险起付线的费用作为报销基数；原则上，医疗救助以基本医疗保险、大病保险支付后的剩余多次累计个人自负合规总费用作为救助基数，对照医疗救助起付线和年度最高救助限额，分类分档核算救助额度，并扣减已按次支付的医疗救助费用。

（七）加强医疗保障信息共享。各地要加快推进基本医疗保险、大病保险、医疗救助"一站式"费用结算信息平台建设，努力实现资源协调、信息共享、结算同步。积极提升"一站式"信息平台管理服务水平，为困难群众跨地域看病就医费用结算提供便利。民政、扶贫等部门要加强与大病保险承办机构协作，及时、全面、准确提供救助对象信息，为"一站式"信息平台建设提供数据支撑。探索通过政府购买服务等方式，支持具备开展"一站式"结算条件的大病保险承办机构参与医疗救助经办服务。

四、加强监督管理衔接

（八）强化服务运行监管。各地各相关部门要做好医疗服务行为的质量监督和规范管理，防控不合理医疗行为和费用。人力资源社会保障、卫生计生、民政、财政、保险监管等部门要定期对基本医疗保险、大病保险、医疗救助经办（承办）机构的资金使用、管理服务等情况开展监督检查。保险监管部门要做好商业保险承办机构从业资格审查。商业保险机构承办大病保险要实行单独核算，严格资金管理，确保及时偿付、高效服务。

（九）做好绩效评价工作。各地要建立健全医疗救助工作绩效评价机制，将重特大疾病医疗救助开展情况纳入社会救助绩效评价体系，并将评价结果作为分配医疗救助补助资金的重要依据。对于工作推进缓慢、政策落实不到位的地区要进行重点督导，按规定予以通报批评。民政部将会同相关部门采取“两随机、一公开”、委托第三方等方式对各地工作开展情况实地抽查。

各地要以提高制度可及性、精准性以及群众满意度作为出发点和落脚点，抓紧制订本地区医疗救助和大病保险制度衔接的实施方案，进一步明确工作目标、主要任务、实施步骤和保障措施，确保制度稳健运行和可持续发展。要加大政策宣传力度，积极稳妥回应公众关切，合理引导社会预期，努力营造良好氛围。

民政部
财政部
人力资源社会保障部
国家卫生计生委
保监会
国务院扶贫办
2017年1月16日

“四好农村路”督导考评办法

第一章　总　　则

第一条　为进一步把农村公路建好、管好、护好、运营好，建立健全督导考评体系，根据《中华人民共和国公路法》《公路安全保护条例》《道路运输条例》《农村公路建设管理办法》《农村公路养护管理办法》等法律法规规章，制定本办法。

第二条　本办法适用于对中央确定的农村公路发展任务，以及部、省、市、县确定相关任务、目标和主要政策落实情况的督导考评工作。

第三条　督导考评应当遵循科学评价、突出重点、奖优罚劣的原则。

第四条　督导考评实行逐级督导考评制，原则上分为部、省、市、县四个级。

部级督导考评对象为省级交通运输主管部门，省级督导考评对象为市级交通运输主管部门或县级交通运输主管部门，市级督导考评对象为县级交通运输主管部门，县级督导考评对象为乡道、村道的管理单位。

第五条　交通运输部负责部级督导考评的组织实施，指导全国督导考评工作。

省级交通运输主管部门负责省级督导考评的组织实施，协助、配合部级督导考评工作，监督指导本辖区督导考评工作。

省级以下督导考评规则由省级交通运输主管部门制定。

第六条　各级交通运输主管部门应当定期开展督导考评工作，突出目标导向和结果导向，推动重点任务完成和政策落实，强化行业管理，不断提升“四好农村路”服务“三农”和脱贫攻坚的能力和水平。

第七条　各级交通运输主管部门应当积极将“四好农村路”工作纳入地方政府目标考核体系。

第二章　督导考评内容

第八条　部级督导考评内容包括中央年度任务落实情况、政策法规保障情况，以及农村公路建设、管理、养护、运营等方面。

省级及以下督导考评内容由各级交通运输主管部门在上级督导考评内容基础上，结合本地区实际确定。

第九条　中央年度任务落实以任务分解、监督实施、督促整改为考评重点，主要包括中央1号文件、国务院政府工作报告和部确定的“四好农村路”年度工作任务等。

第十条　政策法规保障考评以国家政策落实和相关制度制定情况为考评重点，主要包括以下几个方面：

（一）“四好农村路”相关法律法规规章落实情况。

（二）省级“四好农村路”法规和规章制定情况。

（三）争取省级政府出台“四好农村路”支持政策和纳入地方政府绩效考核情况。

（四）“四好农村路”工作安排部署、组织推动、示范县创建和政策激励等情况。

第十一条　“建设好”以资金投入和行业管理等为考评重点，主要包括以下几个方面：

（一）建设资金筹集、建设任务落实和服务农村经济社会发展情况。

（二）生命安全防护和危桥改造工程开展情况。

（三）行业监督管理和基本建设程序规

范情况，建设质量管理的制度体系完善情况，整改措施落实和建设标准、质量达标等情况。

（四）“三同时”“七公开”制度落实情况。

第十二条　“管理好”以机构人员配备、路产保护和路域治理等为考评重点，主要包括以下几个方面：

（一）县、乡农村公路管理机构和村级议事机制完善情况，管理机构和人员经费纳入地方政府财政预算情况。

（二）路政、运政行业管理情况。

（三）路产路权保护的部署和落实情况，推进超载超限治理、用地确权等情况，爱路护路乡规民约、村规民约制定和执行情况。

（四）路域环境治理情况，“路田分家”“路宅分家”情况。

第十三条　“养护好”以资金保障、养护工程开展、路况水平和行业管理等为考评重点，主要包括以下几个方面：

（一）《农村公路养护管理办法》规定的养护资金相关政策落实情况。

（二）列养率和大中修工程开展情况，优、良、中等路率目标完成情况。

（三）路况检测、评定和决策科学化情况，养护台账情况。

（四）养护管理规范化、市场化、专业化情况。

第十四条　“运营好”以客货运发展情况为考评重点，主要包括以下几个方面：

（一）具备条件的乡镇、建制村通客车情况。

（二）农村客运班线安全通行条件审核情况。

（三）城乡客运一体化发展情况。

（四）覆盖县、乡、村三级的农村物流体系建设情况。

第十五条　部级督导考评根据农村公路发展阶段，选取可量化、可评价、典型性的指标，评分标准在每年交通运输部制定的督导考评实施方案中予以明确。

第三章　督导考评实施

第十六条　督导考评工作流程原则上按印发督导通知、组成督导考评工作组、实地督导考评、印发督导考评情况通报的程序进行。

第十七条　督导考评实行督导考评工作组负责制。

部级督导考评由交通运输部从各地抽调负责农村公路工作的专家组成部督导考评工作组。组长由部内相关司局或委托省级交通运输主管部门负责同志担任。

省级及以下督导考评由当地交通运输主管部门组织，可采用自检、交叉互检、委托第三方检查或检测等方式。组长原则上由相关交通运输主管部门负责同志担任。

第十八条　交通运输部根据全国“四好农村路”开展情况，在每年一季度确定部级督导考评省份和实施方案，每个省份至少实地督导分属不同地市的两个县。其中，一个县由受检查省份推荐，一个县由部督导考评工作组选定。

省级及以下督导考评对象和实地督导相关要求由各级交通运输主管部门确定。

第十九条　实地督导考评一般采用座谈了解、检查内业资料、数据核算、现场检测或检查的方法，并按照评分标准打分，准确客观进行考评。

第二十条　督导考评工作组应与受检单位交换督导考评意见。

第四章　督导考评结果运用

第二十一条　部级督导考评结果由交通运输部向省级交通运输主管部门通报，抄送省级人民政府办公厅。

省级及以下督导考评结果通报方式由省级交通运输主管部门确定。

第二十二条　省级交通运输主管部门应

在接到督导考评通报的两个月内向交通运输部反馈整改方案，并根据整改进展及时报告阶段性成果。

第二十三条 部级督导考评结果作为交通运输部评判各地“四好农村路”开展情况的主要依据。

对年度任务落实不力，进度严重滞后，以及在督导考评中弄虚作假的，交通运输部将予以通报批评，并采取相应惩戒措施。

第二十四条 省级交通运输主管部门应当建立健全督导考评结果与投资和荣誉等相挂钩的奖惩机制，充分发挥督导考评结果的激励作用。

第五章 附 则

第二十五条 省级交通运输主管部门应根据本办法制定实施细则，指导市县落实本办法相关规定。

第二十六条 本办法由交通运输部公路局负责解释。

第二十七条 本办法自 2017 年 1 月 18 日起施行。

交通运输部

2017 年 1 月 18 日

住房城乡建设部　国家开发银行关于推进开发性金融支持小城镇建设的通知

建村〔2017〕27 号

各省、自治区、直辖市住房城乡建设厅（建委），北京市农委、规划和国土资源管理委，上海市规划和国土资源管理局，新疆生产建设兵团建设局，国家开发银行各省（区、市）分行、企业局：

为贯彻落实党中央、国务院关于推进小城镇建设的精神，大力推进开发性金融支持小城镇建设，现就有关工作通知如下。

一、充分认识开发性金融支持小城镇建设的重要意义

小城镇是新型城镇化建设的重要载体，是促进城乡协调发展最直接最有效的途径，在推进经济转型升级、绿色低碳发展和生态环境保护等方面发挥着重要作用。小城镇建设任务艰巨，资金需求量大，迫切需要综合运用财政、金融政策，引导金融机构加大支持力度。开发性金融支持是推动小城镇建设的重要手段，是落实供给侧结构性改革的重要举措。各级住房城乡建设部门、国家开发银行各分行要充分认识开发性金融支持小城镇建设的重要意义，加强部行协作，强化资金保障，全面提升小城镇的建设水平和发展质量。

二、主要工作目标

（一）落实《住房城乡建设部 国家发展改革委　财政部关于开展特色小镇培育工作的通知》（建村〔2016〕147 号），加快培育 1000 个左右各具特色、富有活力的休闲旅游、商贸物流、现代制造、教育科技、传统文化、美丽宜居的特色小镇。优先支持《住房城乡建设部关于公布第一批中国特色小镇名单的通知》（建村〔2016〕221 号）确定的 127 个特色小镇。

（二）落实《住房城乡建设部等部门关于公布全国重点镇名单的通知》（建村〔2014〕107 号），大力支持 3675 个重点镇建设，提升发展质量，逐步完善一般小城镇的功能，将一批产业基础较好、基础设施水平较高的小城镇打造成特色小镇。

（三）着力推进大别山等集中连片贫困地区的脱贫攻坚，优先支持贫困地区基本人居卫生条件改善和建档立卡贫困户的危房改造。

（四）探索创新小城镇建设运营及投融资模式，充分发挥市场主体作用，打造一批具有示范意义的小城镇建设项目。

三、重点支持内容

（一）支持以农村人口就地城镇化、提升小城镇公共服务水平和提高承载能力为目的的设施建设。主要包括：土地及房屋的征收、拆迁和补偿；供水、供气、供热、供电、通讯、道路等基础设施建设；学校、医院、邻里中心、博物馆、体育馆、图书馆等公共服务设施建设；防洪、排涝、消防等各类防灾设施建设。重点支持小城镇污水处理、垃圾处理、水环境治理等设施建设。

（二）支持促进小城镇产业发展的配套

设施建设。主要包括：标准厂房、众创空间、产品交易等生产平台建设；展示馆、科技馆、文化交流中心、民俗传承基地等展示平台建设；旅游休闲、商贸物流、人才公寓等服务平台建设，以及促进特色产业发展的配套设施建设。

（三）支持促进小城镇宜居环境塑造和传统文化传承的工程建设。主要包括：镇村街巷整治、园林绿地建设等风貌提升工程；田园风光塑造、生态环境修复、湿地保护等生态保护工程；传统街区修缮、传统村落保护、非物质文化遗产活化等文化保护工程。

四、建立项目储备制度

（一）建立项目储备库。各县（市、区）住房城乡建设（规划）部门要加快推进本地区小城镇总体规划编制或修编，制定近期建设项目库和年度建设计划，统筹建设项目，确定融资方式和融资规模，完成有关审批手续。

（二）推荐备选项目。各县（市、区）住房城乡建设（规划）部门要组织做好本地区项目与国家开发银行各分行的项目对接和推荐，填写小城镇建设项目入库申报表（详见附件），报省级住房城乡建设部门。省级住房城乡建设部门应汇总项目申报表，于 2017 年 3 月底前报住房城乡建设部，并将项目信息录入全国小城镇建设项目储备库（http：//www. charmingtown. cn）。

今后，应在每年 11 月底前报送下一年度项目申报表，并完成项目录入工作。住房城乡建设部将会同国家开发银行对各地上报项目进行评估，将评估结果好的项目作为优先推荐项目。

五、加大开发性金融支持力度

（一）做好融资规划。国家开发银行将依据小城镇总体规划，适时编制相应的融资规划，做好项目融资安排，针对具体项目的融资需求，统筹安排融资方式和融资总量。

（二）加强信贷支持。国家开发银行各分行要会同各地住房城乡建设（规划）部门，确定小城镇建设的投资主体、投融资模式等，共同做好项目前期准备工作。对纳入全国小城镇建设项目储备库的优先推荐项目，在符合贷款条件的情况下，优先提供中长期信贷支持。

（三）创新融资模式，提供综合性金融服务。国家开发银行将积极发挥“投、贷、债、租、证”的协同作用，为小城镇建设提供综合金融服务。根据项目情况，采用政府和社会资本合作（PPP）、政府购买服务、机制评审等模式，推动项目落地；鼓励大型央企、优质民企以市场化模式支持小城镇建设。在风险可控、商业可持续的前提下，积极开展小城镇建设项目涉及的特许经营权、收费权和购买服务协议下的应收账款质押等担保类贷款业务。

六、建立工作协调机制

住房城乡建设部和国家开发银行签署《共同推进小城镇建设战略合作框架协议》，建立部行工作会商制度。省级住房城乡建设部门、国家开发银行省级分行要参照部行合作模式建立工作协调机制，加强沟通、密切合作，及时共享小城镇建设信息，协调解决项目融资、建设中存在的问题和困难；要及时将各地项目进展情况、存在问题及有关建议分别报住房城乡建设部和国家开发银行总行。

中华人民共和国住房和城乡建设部
国家开发银行股份有限公司
2017 年 1 月 24 日

健康扶贫工程“三个一批”行动计划

国卫财务发〔2017〕19号

为贯彻落实党中央、国务院脱贫攻坚部署和全国健康扶贫工作会议精神，坚决打赢健康扶贫攻坚战，根据国家卫生计生委等部门《关于实施健康扶贫工程的指导意见》要求，组织对患有大病和长期慢性病的贫困人口开展分类分批救治，精准推进实施健康扶贫工程，保障农村贫困人口享有基本医疗卫生服务，防止因病致贫、因病返贫，为农村贫困人口脱贫提供健康保障，制定本行动计划。

一、工作目标

2017—2020年，对核实核准的患有大病和长期慢性病的农村贫困人口（指建档立卡贫困人口和农村低保对象、特困人员、贫困残疾人，下同），根据患病情况，实施分类分批救治，确保健康扶贫落实到人、精准到病，有效解决因病致贫、因病返贫问题。

二、行动措施

（一）大病集中救治一批。开展农村贫困家庭大病专项救治，按照“三定两加强”原则，对患有大病的农村贫困人口实行集中救治。

1. 确定定点医院。各省级卫生计生行政部门要会同民政、人力资源社会保障等部门按照保证质量、方便患者、管理规范的原则，确定大病集中救治定点医院。定点医院原则上设置在县级医院，县级医院不具备医疗条件的，可设置在上级医院。要建立疑难/重症病例的会诊、转诊机制，充分利用对口支援、巡回医疗、派驻治疗小组、远程会诊等方式做好救治工作。

2. 确定诊疗方案。省级卫生计生行政部门要根据国家卫生计生委已发布的相关诊疗指南规范和临床路径，结合本地区实际，按照“保基本，兜底线”的原则，制订符合当地诊疗服务能力、具体细化的诊疗方案和临床路径。要优先选择基本医保目录内的安全有效、经济适宜的诊疗技术、药品和耗材，严格控制费用。定点医院要进一步优化诊疗流程、缩短等候时间，为农村贫困家庭大病患者开通就医绿色通道。

3. 确定单病种收费标准。各地要贯彻落实国家发展改革委、国家卫生计生委、人力资源社会保障部《关于推进按病种收费工作的通知》（发改价格〔2017〕68号）要求，按照“有激励、有约束”的原则，以医疗服务合理成本为基础，体现医疗技术和医务人员劳务价值，参考既往实际发生费用等进行测算，制订病种收费标准。

4. 加强医疗质量管理。省级卫生计生行政部门要切实加强医疗质量管理，制订完善医疗质量管理与控制相关指标，组建重大疾病临床诊疗专家组，开展质量管理、业务培训和考核评价等工作，对定点医院提供技术支持与指导。定点医院要强化质量安全意识，完善各项制度和工作规范，开展单病种质量控制，按照相关病种临床路径要求，规范临床诊疗行为，保障医疗质量与安全。

5. 加强责任落实。国家卫生计生委负责制订救治工作方案，指导组织实施食管癌、胃癌、结肠癌、直肠癌、终末期肾病、儿童白血病和儿童先天性心脏病等大病集中救治工作，2018 年实现农村贫困人口全覆盖。省级卫生计生行政部门具体组织落实，结合实际，逐步扩大集中救治病种。地市、县两级卫生计生行政部门实行挂图作战，对患有大病的农村贫困人口实行分类分批集中救治。

（二）慢病签约服务管理一批。开展慢病患者健康管理，对患有慢性疾病的农村贫困人口实行签约健康管理。

1. 建立农村贫困人口健康卡。为每位农村贫困人口发放一张健康卡，置入健康状况和患病信息，与健康管理数据库保持同步更新。落实基本公共卫生服务项目，以县为单位，为符合条件的农村贫困人口每年开展 1 次健康体检。

2. 实行签约服务。组织乡镇卫生院医生或村医与农村贫困家庭进行签约，鼓励县医院医生与乡村两级医务人员组成医生团队与贫困家庭签约，按照高危人群和普通慢病患者分类管理，为贫困人口提供公共卫生、慢病管理、健康咨询和中医干预等综合服务。对已经核准的慢性疾病患者，签约医生或医生团队负责制订个性化健康管理方案，提供签约服务。需住院治疗的，联系定点医院确定诊疗方案，实施有效治疗。

3. 开展健康管理。国家卫生计生委负责制订统一规范的健康管理指导方案。各地结合实际，制订健康管理实施方案，确定定点医疗机构、细化诊疗流程、明确质量要求，并加强基本药物配备使用。乡镇卫生院等基层医疗卫生机构在县级医院指导下，根据农村贫困家庭慢性病患者病情安排个性化健康管理，每年按管理规范安排面对面随访，询问病情，检查并评估心率、血糖和血压等基础性健康指标，在饮食、运动、心理等方面提供健康指导。签约医生和团队做好随访记录，填写居民健康档案各类表单，并将有关信息录入健康卡。

（三）重病兜底保障一批。提高医疗保障水平，切实减轻农村贫困人口医疗费用负担，有效防止因病致贫、因病返贫。

1. 实行倾斜性精准支付政策。完善大病保险政策，对符合条件的农村贫困人口在起付线、报销比例等方面给予重点倾斜。积极探索与按人头付费相结合的门诊慢性病管理。加大医疗救助力度，将符合条件的农村贫困人口全部纳入救助范围，进一步提高救助水平。

2. 建立健康扶贫保障机制。各地要统筹基本医保、大病保险、医疗救助、商业健康保险等保障措施，实行联动报销，加强综合保障，切实提高农村贫困人口受益水平。

3. 落实“一站式”结算。贫困人口县域内住院先诊疗后付费，贫困患者只需在出院时支付自负医疗费用。推动城乡居民基本医疗保险经办机构、大病保险承办机构、医疗救助经办机构、医疗机构之间基本信息共享、互联互通，相关医保、救助政策在定点医院通过同一窗口、统一信息平台完成“一站式”结算，为群众提供方便快捷服务。未建立统一信息平台的，实行定点医院垫付、定期联审、统一结算的方式，确保减轻贫困患者看病经济负担。

4. 动员社会力量救助。充分发挥慈善医疗救助作用，鼓励支持相关公益慈善组织通过设立专项基金等形式，开展重特大疾病专项救助。依托慈善组织互联网公开募捐信息平台向社会公众进行募捐，精准对接特殊困难家庭，减轻或免除个人费用负担。

三、组织实施

（一）强化组织领导，落实各级责任。国家卫生计生委、国务院扶贫办会同民政部、财政部、人力资源社会保障部、保监会等有关部门，加强统筹协调，每年组织开展督导评估，将“三个一批”行动计划落实情况作为重点纳入各地健康扶贫工作年度考核内容。各级党委、政府要将“三个一批”行动计划作为本地脱贫攻坚和深化医改主要任务，进行重点研究部署。省级卫生计生部门、扶贫办会同民政、财政、人力资源社会保障、保监等部门制订本省（区、市）“三个一批”行动计划，细化方案和政策，明确责任和要求，加强指导考核，推动落实。地市、县两级要结合实际，以县为单位，制订具体方案和工作计划，组织全面实施。

（二）广泛动员部署，夯实工作基础。要将实施“三个一批”行动计划明确为各级医疗卫生机构今后四年的重要工作任务，充分调动广大基层医务人员参与，充分发挥村级计生专干在推动健康扶贫工作中的重要作用。积极动员组织乡镇、村“两委”、驻村帮扶工作队等基层工作力量，做好人员组织、政策宣讲、工作对接，确保“三个一批”行动计划有序推进。

（三）建立工作台账，实行动态管理。要组织安排乡村两级医务人员或计生专干为农村贫困人口建立健康扶贫工作台账。在进一步核实核准建档立卡贫困人口患病情况基础上，组织农村低保对象、特困人员、贫困残疾人患病情况核实核准，及时将其纳入健康扶贫救治范围。完善健康扶贫动态管理信息系统，动态监测“三个一批”行动计划和因病致贫返贫情况，实时更新数据。

（四）加强宣传引导，推动深入开展。通过设置宣传栏、广告牌、发放宣传单等各种方式，加大政策宣传力度，提高基层干部群众和农村贫困人口对健康扶贫政策和“三个一批”行动计划的知晓度。加强总结交流，推广好的做法和经验。广泛宣传先进典型特别是先进人物的感人事迹，为深入实施健康扶贫工程营造良好舆论氛围。

国家卫生计生委
民政部
财政部
人力资源社会保障部
保监会
国务院扶贫办
2017年4月12日

发展手工制作促进贫困残疾妇女就业脱贫行动实施方案

残联发〔2017〕24 号

贫困残疾妇女是生活最困难、就业率最低的弱势群体，也是各级残联、扶贫办、妇联组织关爱帮扶的重点对象。帮助贫困残疾妇女脱贫致富事关整体扶贫攻坚进程，事关阻断贫困代际传递，事关如期全面建成小康社会，具有特殊重要性和紧迫性。近几年，手工制作业以其投资少、就业方式灵活、增收见效快等行业优势，在吸纳城乡贫困残疾妇女就地就近灵活就业、脱贫增收方面发挥了重要作用。以手工制作促进贫困残疾妇女就业脱贫，是传承民族传统手工文化、增进妇女福祉、提高家庭收入、促进社会和谐稳定的重要举措。中国残联、国务院扶贫办、全国妇联围绕贯彻落实《中共中央 国务院关于打赢脱贫攻坚战的决定》和《中国残联等 26 部门和单位关于印发〈贫困残疾人脱贫攻坚行动计划（2016—2020 年）〉的通知》精神，积极发挥手工制作业在吸纳贫困残疾妇女就业方面的积极作用，共同制定发展手工制作促进残疾妇女就业脱贫行动实施方案，帮助贫困残疾妇女群体在手工制作领域实现更加充分的就业创业。

一、目标任务

2017—2020 年，通过实施开发就业创业岗位、开展手工制作技能培训、举办职业技能竞赛等措施，以农村建档立卡贫困残疾女性为重点，为 8 万人次贫困残疾妇女提供手工制作免费技能培训，帮助 5 万名有就业能力和愿望的贫困残疾妇女从事手工制作业，实现脱贫致富。

二、主要措施

（一）强化技能培训，提升脱贫能力。各地残联、扶贫办和妇联等要充分发挥各自作用，密切配合，形成合力，综合运用各类激励政策和措施，以提高贫困残疾妇女基本素质和生存发展能力为重点，共同制定残疾妇女手工技能培训计划，调动贫困残疾妇女从业积极性。结合区域手工制作业发展实际、区域特色经济、旅游市场需求和残疾妇女就业特点，宜绣则绣、宜剪则剪、宜编则编，积极拓展通用性广、时尚前沿、产品市场需求量大、符合国际发展趋势的手工技能培训项目，科学设置课程内容，广泛开展技能培训，增强残疾妇女脱贫致富本领和自我发展能力。统筹利用残联和妇联组织的各类职业培训资源，搭建以各级各类职业院校、特教院校、妇女手工产品合作组织和龙头企业、残疾人职业培训基地、残疾人就业扶贫基地、托养机构为载体的妇女手工技能培训网络。

（二）用好相关资金，助力贫困残疾妇女就业创业。各地残联、扶贫办和妇联等要共同推动创业担保贷款财政贴息政策重点向贫困残疾妇女倾斜，提供扶贫小额信贷支持和服务，降低政策门槛，帮助有创业意愿的贫困残疾妇女解决资金困难，力争通过金融扶持实现创业一人、脱贫一户。围绕当地特色主导产业，积极发展符合自身实际、具有市场潜力的手工制作类就业创业项目。要统筹规划、合理安排使用残疾人就业保障金，充分用于贫困残疾妇女就业培训、创业扶持。依托各级残疾人就业服务机构、各类妇女手工编织协会、商会、合作组织及残疾人职业培训基地、创业孵化基地，为残疾妇女免费提供职业指导、就业创业培训、政策咨询、市场拓展、跟踪扶持等有针对性的就业创业服务。

（三）注重贫困残疾妇女人才资源开发，培养就业创业带头人和骨干队伍。各地要积极推动手工制作进农村、进社区，树立先进典型辐射带动更多残疾妇女参与手工制作业，使其作为残疾妇女就业的重要门路。要主动与相关企业联系，采取“公司＋协会＋农户”的方式，形成集培训、研发、生产、销售为一体的残疾妇女手工产业链。重点发展一批妇女手工龙头企业，增强其市场竞争力和影响力，引领带动更多贫困残疾妇女实现灵活就业、脱贫致富。通过推动创办合作社、家庭农场等，培育残疾妇女致富带头人。鼓励致富带头人或女能人与贫困残疾妇女结对帮扶，发展各种形式的互助组、合作社，采用“合作社＋贫困户”“市场＋贫困户”“协会＋贫困户”等多种扶贫模式，确保“精准扶贫”落到点上，扎到根上。

（四）举办手工制作类职业技能竞赛和交流展示活动，充分发挥高端引领带动作用。各地要鼓励和动员残疾妇女积极参与各级各类职业技能竞赛，在参赛中提高技能，展示形象，提升社会对残疾妇女自主创业和灵活就业的关注度。各地残联在举办省市级职业技能竞赛中，要广泛设置面向残疾妇女群体，具有区域特点、民族特色、通用性广、从业岗位多的手工制作类项目，以赛促训，有效拓展残疾妇女从业领域。要通过竞赛和相关活动，积极协调有关部门对获奖残疾妇女授予省级技术能手、巾帼建功标兵、工艺大师、非遗传承人等称号，充分激励广大贫困残疾妇女自尊、自信、自强、自立，引领带动更多贫困残疾妇女步入手工制作业就业创业。各地残联要鼓励并协调安排贫困残疾妇女参加妇联组织的各类妇女手工艺交流展示活动，充分扩大影响面，增加认同感，提升凝聚力。要整合区域资源，以面向妇女群体的各类合作社和常态化开展的手工艺活动等为平台，建立覆盖体制内外的组织架构，切实做到残联与妇联组织资源共用、成果共享。

（五）以市场为导向，以互联网为依托，开发新产品，走出新路子。各地要积极探索、广泛调查，根据市场需求特别是当地旅游市场的需求增加新品种、增添新花色、增设新工艺。要充分利用互联网快、新、广、众的特点，积极引导帮助广大贫困残疾妇女接触熟悉互联网，指导其通过网上学习、网上宣传、网上开店来推销自制的手工产品。依托“残疾人就业创业网络服务平台”，展示宣传产品信息，拓展销售渠道。

三、工作要求

（一）思想高度重视。各地残联、扶贫办和妇联等要充分认识帮助残疾妇女摆脱贫困对于打赢脱贫攻坚战的重要性，切实增强责任感、使命感和紧迫感，在实施精准扶贫、精准脱贫方略中，找准工作定位，强化责任担当，积极主动作为，以增加贫困残疾妇女家庭收入、提升生活质量为目标，努力帮助残疾妇女早日摆脱贫困，与全国人民一道迈入全面小康社会，共享改革发展成果。各地要从实际出发，因地制宜、突出重点，做到有目标任务、有方法路径，把帮助贫困残疾妇女脱贫致富的各项工作抓细抓准抓实，抓紧研究制定相关措施办法，有序推进工作开展。

（二）开展摸底调查。各级残联、扶贫办和妇联等要联合对本地区贫困残疾妇女在手工制作领域的就业情况开展调查，了解掌握就业现状、存在困难和发展需求，优先配置人、财、物等资源，有针对性地制定目标任务、扶持措施，加强工作联系，明确职责分工，合力推进落实。

（三）加强工作领导。各级残联、扶贫办和妇联等要将发展手工制作促进贫困残疾妇女就业脱贫行动作为维护残疾妇女劳动权益、推进同步小康进程的重要内容，建立健全工作机制，切实加强统筹规划、组织领导。要将发展手工制作促进残疾妇女就业脱贫行动作为“十三五”期间的一项重点任务，列入年度工作计划安排，统一研究、统一部署、统一指导、统一考核。中国残联就业服务指导中心与全国妇联妇女发展部具体负责组织实施。

（四）密切沟通协作。各地残联要与本地妇联和妇女手工制品协会（商会）加强沟通联系，妥善利用妇女手工制品协会（商会）人才、技术等优势，密切合作，实现资源互补，共同推动贫困残疾妇女在手工制作领域顺利就业脱贫。各地残联要结合工作实际，制定贫困残疾妇女手工制作培训、就业创业的年度任务目标和总体任务目标，加强工作主动性，与妇联和妇女手工制品协会（商会）建立定期沟通、协商、通报工作机制。各省残联于每年12月15日前将本省年度任务目标的完成情况、完成名单（列表形式统计汇总每位残疾人基本信息）、典型经验举措、存在突出问题等内容报送至中国残联就业服务指导中心，并抄送国务院扶贫办政策法规司和全国妇联妇女发展部。

（五）搞好宣传发动。各地残联、扶贫办和妇联等要向残疾妇女群众广泛宣传《中共中央 国务院关于打赢脱贫攻坚战的决定》《“十三五”脱贫攻坚规划》和《贫困残疾人脱贫攻坚行动计划（2016—2020年）》精神，宣传脱贫攻坚各项惠民政策，宣传各地精准扶贫、精准脱贫的重点举措和任务要求，使广大残疾妇女正确理解党和政府扶贫开发的决策部署和政策措施，坚定改变贫困落后面貌的信心和决心。教育引导贫困残疾妇女发扬自尊自信自强自立精神，克服“等、靠、要”思想，激发贫困残疾妇女求富裕求发展的内生动力。大力宣传妇女依靠自力更生、辛勤劳动脱贫致富的先进典型，用鲜活事例带动更多贫困残疾妇女实干兴家、发展立家，改变贫困面貌。

中国残疾人联合会
国务院扶贫办
中华全国妇女联合会
2017年4月24日

关于支持社会工作专业力量参与脱贫攻坚的指导意见

民发〔2017〕119号

各省、自治区、直辖市民政厅（局）、财政厅（局）、扶贫办，新疆生产建设兵团民政局、财务局、扶贫办；参与东西部扶贫协作有关省市经合办、对口办：

打赢脱贫攻坚战需要社会各方面力量的参与。社会工作专业人才是为贫困群众提供心理疏导、精神关爱、关系调适、能力提升等社会服务的新兴力量，在帮助贫困群众转变思想观念、树立自我脱贫信心、拓宽致富路径、提升自我脱贫能力等方面可以发挥积极作用。党中央、国务院十分重视社会工作专业人才服务贫困地区工作，《中共中央国务院关于打赢脱贫攻坚战的决定》（中发〔2015〕34号）、《中华人民共和国国民经济和社会发展第十三个五年规划纲要》和《国务院关于印发"十三五"脱贫攻坚规划的通知》（国发〔2016〕64号）先后提出了"实施社会工作专业人才服务贫困地区计划""制定出台支持专业社会工作和志愿服务力量参与脱贫攻坚专项政策"的要求。为贯彻落实党中央、国务院决策部署，支持社会工作专业力量参与脱贫攻坚工作，现提出如下指导意见：

一、总体要求

支持社会工作专业力量参与脱贫攻坚工作，要坚持党政引领、协同推进，将发展专业社会工作纳入当地党委政府关于脱贫攻坚的总体安排中，同其他扶贫工作一同部署、协同推进；坚持以人为本、精准服务，科学评估贫困群众服务需求，分类制定个性化扶贫方案，有效配置扶贫资源，灵活选择服务方式，开展有针对性的个案服务，助力精准扶贫、精准脱贫；坚持东西协作、广泛参与，充分发挥东部发达地区社会工作专业人才、资源优势，采用定点帮扶、对口支援、结对共建等方式帮助西部贫困地区发展壮大社会工作专业力量，开展专业社会工作服务；坚持群众主体、助人自助，发挥社会工作专业人才组织协调、资源链接、宣传倡导的优势，激发贫困群众的内生动力，帮助贫困群众建立健全社会支持系统，支持贫困群众提升自我脱贫、自我发展能力。

二、明确社会工作专业力量参与脱贫攻坚的服务内容

社会工作专业力量要在贫困地区党委政府领导下，围绕脱贫攻坚的实际需求，重点开展以下服务：

（一）参与贫困群众救助帮扶。配合社会救助经办机构对贫困群众开展需求评估、分析致贫原因、制定救助方案，促进救助对象的精准识别和精准管理，推动贫困群众服务需求与扶贫资源精准对接。为社会救助对象提供心理疏导、社会融入、团体互助、宣传倡导等服务，推动健全物质资金帮扶与心理社会支持相结合、基本救助服务与专业化个性化服务相补充的新型社会救助模式。

（二）参与贫困群众脱贫能力建设。配合相关部门、会同相关社会力量帮助有劳动能力的贫困群众转变思想观念，增强脱贫信

心和内生动力，促进其发挥潜能、提升技能、互帮互助、积极就业创业，通过增加稳定收入脱贫致富。

（三）促进易地搬迁贫困群众融合适应。帮助因自然条件恶劣需易地搬迁的贫困群众疏导不良情绪，加强关系调适，联系就业资源，发展自助互助组织，重构社会支持网络，促进其更好融入新的社区生活。

（四）参与贫困地区留守儿童关爱保护。联合相关部门、会同相关力量开展贫困村留守儿童及家庭的监护随访、调查评估、监护指导等工作，督促指导农村留守儿童家庭承担监护主体责任。以困境儿童为重点，开展成长辅导、法制宣教、临界预防、行为矫正、社交指导、情绪疏导等服务。配合学校和社区做好适龄儿童“控辍保学”工作和成长关爱服务。

（五）针对其他特殊困难人群开展关爱服务。为贫困地区特殊困难老年人提供精神慰藉、生活照顾、权益保障、临终关怀等服务。为贫困地区特殊困难妇女提供精神减压、心理支持、亲职辅导、权益维护等服务。对贫困地区有不良行为青少年、社区服刑人员、刑满释放人员等特殊人群强化心理社会支持，帮助其改善家庭和社区关系，恢复和发展社会功能。

三、扶持壮大贫困地区社会工作专业力量

（一）支持贫困地区加强社会工作专业人才队伍建设。各级民政部门和扶贫部门要将贫困地区社会工作专业人才队伍建设纳入部门的议事日程，在有关培训中加入社会工作专业课程。贫困地区民政部门要加快本地社会工作专业人才培养，将社会服务部门、基层群众性自治组织、农村社区服务机构、基层群团组织、相关事业单位和社会组织中从事社会管理与服务工作人员纳入社会工作专业培训范围。鼓励符合条件人员参加全国社会工作者职业水平考试和社会工作学历学位教育，着力提升应用社会工作专业理念、知识与方法开展扶贫工作的能力。各地要通过合理开发公益性岗位、机构派驻、挂职锻炼、对口援建、城乡共建等方式，支持贫困地区引进社会工作专业人才开展服务。

（二）支持贫困地区加强社会工作组织建设。发挥中国社会工作联合会、中国社会工作教育协会、中国社会工作学会等全国性社会团体和各省级社会工作领域社会组织的枢纽作用，促进贫困地区社会工作领域社会组织发展。加快贫困地区社会工作服务机构发展，鼓励社会工作领域社会团体、志愿服务组织、公益慈善类社会组织、企事业单位和个人通过对口援建、项目合作、定向帮扶、捐资创办等方式扶持发展一批面向贫困地区的社会工作服务机构，依托乡（镇）社会救助站、综合服务设施等建设一批社会工作服务站点。

四、支持实施社会工作专业力量参与脱贫攻坚重点项目

（一）实施社会工作教育对口扶贫计划。发挥中国社会工作教育协会的推动作用，支持和鼓励高校社会工作专业院系与贫困地区合作建立社会工作专业培训、教师实践和学生实习实训基地，帮助贫困地区培养社会工作专业人才。支持高校社会工作专业教师到贫困地区开展专业督导，引导社会工作专业在校生到贫困地区进行社会实践。支持鼓励社会工作专业毕业生到贫困地区就业。到2020年，促成至少200所高校与贫困县建立社会工作专业培训、教师实践和学生实习实训基地。

（二）实施社会工作服务机构“牵手计划”。从2017年到2020年，从发达地区共选择300家管理规范、服务专业、公信力强的社会工作服务机构，与贫困地区社会工作服务机构、儿童福利机构、老年人福利机构、救助保护机构、特困人员救助供养服务机构、优抚安置服务机构、残疾人福利与服

务机构、农村社区儿童之家等开展结对帮扶，通过人才支持、项目支持、督导支持、培训支持等方式，将受援机构的社会工作服务水平提升到一个新高度。

（三）实施社会工作专业人才服务边远贫困地区、边疆民族地区和革命老区计划。按照《边远贫困地区、边疆民族地区和革命老区人才支持计划社会工作专业人才专项计划实施方案》（民发〔2012〕170号）规定程序和经费安排，从2017年到2020年由中央财政和省级财政继续支持每年选派1000名社会工作专业人才，深入中西部艰苦贫困地区，扎根贫困村开展社会工作服务。

（四）实施面向贫困地区的社会工作服务示范项目。积极利用各渠道资金，每年支持实施一批农村特殊困难群体救助帮扶示范项目，重点为因灾、因残、因病等陷入贫困、失去生活来源的扶贫对象提供生计发展服务；支持实施一批农村留守儿童、困境儿童社会关爱示范项目，重点为贫困地区儿童提供成长支持、精神关爱和社会保护服务；支持实施一批农村特殊困难老年人社会工作服务示范项目，重点为特困老年人和空巢、失独、病残、失能老年人开展生活照护、社会参与、生命关怀、精神慰藉等服务。

五、加强组织保障

（一）加强组织领导。民政、财政、扶贫等部门要加强沟通，密切合作，共同协商研究解决重点、难点问题。各级民政部门要发挥好统筹推进社会工作发展的职能作用，牵头研究制定具体实施意见，进一步加强广大贫困地区社会工作专业人才、组织和平台建设，支持和引导社会工作专业力量参与实施脱贫攻坚项目、开展扶贫济困服务，为到贫困地区开展服务的社会工作专业力量解决实际困难、提供必要保障。各级财政部门要充分发挥政府购买服务的作用，完善社会工作服务成本核算制度，为社会工作专业力量参与脱贫攻坚提供支持。以财政资金为牵引，引导整合各类慈善资金、社会资金投入扶贫社会服务。各级扶贫部门要加强宏观指导和统筹协调，将社会工作专业力量参与脱贫攻坚纳入总体工作部署，并会同民政部门按照《关于进一步加强东西部扶贫协作工作的指导意见》（中办发〔2016〕69号）要求，将社会工作专业力量参与脱贫攻坚纳入国家东西部协作扶贫和对口支援工作范围。鼓励各地各有关部门将社会工作专业力量参与脱贫攻坚列入经济强县（市）与贫困县"携手奔小康"行动任务中。

（二）加强服务协同。建立健全社会工作专业人才和志愿者协作扶贫机制，充分发挥社会工作专业人才在志愿者招募、注册、培训、管理等方面的作用，发动和组织志愿者有序开展扶贫志愿服务，加快孵化培育扶贫志愿服务组织，通过购买服务、公益创投等方式支持志愿服务组织实施扶贫志愿服务项目。支持贫困地区建立健全农村社区、社会组织和社会工作联动机制，加快形成社会工作专业力量协同参与脱贫攻坚格局。将社会工作专业力量作为慈善资源的有力补充，鼓励在慈善扶贫社会组织和服务项目中吸纳使用社会工作专业人才。

（三）加强激励保障。对在脱贫攻坚中作出重要贡献、成绩显著的社会工作专业人才和机构根据国家有关规定给予奖励，将表现优异、贡献突出的社会工作专业人才纳入国家和地方脱贫攻坚表彰范围。鼓励有条件的企业、社会组织和个人依法设立社会工作扶持奖励基金，对在脱贫攻坚中有突出贡献的社会工作专业人才和机构进行奖励。对到贫困地区开展服务、带动贫困群众就业增收的社会工作组织，严格落实税收减免等相关支持政策。对自愿长期留在贫困地区工作的优秀社会工作专业人才，当地民政和扶贫部门要根据有关政策协助解决其住房、子女就学、配偶就业等事宜。

（四）加强宣传引导。充分利用各类媒体，多渠道、多角度宣传社会工作专业力量助力脱贫攻坚的典型案例和先进事迹，不断激发社会工作专业力量服务贫困地区的热情，努力营造关心、支持社会工作专业力量助力脱贫攻坚的浓厚社会氛围。

民政部
财政部
国务院扶贫开发领导小组办公室
2017 年 6 月 27 日

关于做好贫困重度残疾人家庭无障碍改造工作的通知

残联发〔2017〕40号

各省、自治区、直辖市残联，新疆生产建设兵团残联，黑龙江垦区残联：

近年来，党和政府高度重视残疾人家庭无障碍改造工作，《无障碍环境建设条例》和《国务院关于加快推进残疾人小康进程的意见》《“十三五”加快残疾人小康进程规划纲要》提出明确要求，中央彩票公益金对残疾人家庭无障碍改造给予专项支持，各地积极采取措施，争取经费投入，规范残疾人家庭无障碍改造内容，取得一定成效。残疾人家庭无障碍改造改善了残疾人家居环境，提高了残疾人生活质量，受到广大残疾人的欢迎和社会各界的好评。

但是，由于起步晚、经费投入不足等原因，残疾人家庭无障碍改造工作亟待加强。根据全国残疾人基本服务状况和需求动态更新信息数据显示，2015年1月至2016年6月全国共对93万户残疾人家庭进行了无障碍改造，仅占有需求残疾人家庭的6%，其中包括约13万户贫困重度残疾人家庭。特别是全国还有354万贫困重度残疾人家庭尚未进行无障碍改造，远没有满足贫困重度残疾人的基本需求。

当前，我国已进入全面建成小康社会的决胜阶段。为残疾人特别是贫困重度残疾人家庭进行无障碍改造，是保障残疾人基本民生、实现不让贫困残疾人掉队的重要举措，是确保贫困残疾人“两不愁、三保障、两扩面”工作的重要内容，也是打赢贫困残疾人脱贫攻坚战、兜底补短、加快推进残疾人小康进程的重要基础。为做好贫困重度残疾人家庭无障碍改造工作，现就有关事宜通知如下。

一、切实将贫困重度残疾人家庭无障碍改造工作纳入党和政府工作大局，统一推动部署

贫困重度残疾人实现脱贫、奔小康，家庭无障碍改造是重中之重，难中之难。在实现与全国贫困人口脱贫目标基础上，要着力解决残疾人有别于健全人的特殊困难和需求，努力扩大家庭生活无障碍覆盖面，是实现不让贫困残疾人掉队的重要特征。特别是更要关注354万贫困重度残疾人家庭无障碍改造问题。各地要对贫困重度残疾人家庭无障碍改造工作高度重视，要积极向党委、政府汇报残疾人的特殊困难和需求，切实纳入党和政府工作大局，纳入政府为民办实事工程，要推动将农村贫困重度残疾人家庭无障碍改造工作纳入脱贫攻坚的目标，统筹规划，统一部署，统一检查验收，加强督导落实。

二、坚持问题导向，明确贫困重度残疾人家庭无障碍改造需求任务和内容

各级残联要认真发挥“代表、服务、管理”职责，坚持需求和问题导向，切实依据全国残疾人基本服务状况和需求动态更新信息数据中城乡残疾人家庭无障碍改造需求数据，优先安排落实贫困重度残疾人家庭无障碍改造（城市低保、农村建档立卡），“十三五”要依此倒逼分解任务，层层压实责任，倒排计划，制定实施方案。要积极协调住房城乡建设、扶贫办、民政等部门，在

城市保障房建设和农村危房改造中同步考虑残疾人家庭无障碍建设内容；在制定和实施搬迁规划中同步做好家庭无障碍设施的规划与建设；要推广家居无障碍通用设计。切实统筹政策合力，加大工作力度。要针对不同类别残疾人的不同需求，科学确定改造内容，既解决残疾人的出行无障碍问题，又解决获取信息无障碍问题，要注重通过家庭无障碍改造进一步提高残疾人生活质量。

三、多方筹措资金，积极争取财政和社会资源投入

各地要根据本地贫困重度残疾人家庭无障碍改造任务，争取财政部门支持，加大本地资金投入，要加强资金统筹，科学合理编制预算，争取对贫困重度残疾人家庭无障碍改造工作予以更多的倾斜。要争取财政部门支持，按照《残疾人就业保障金征收使用管理办法》第二十一条第六款“经地方人民政府及其财政部门批准用于促进残疾人就业和保障困难残疾人、重度残疾人生活等其他支出”的规定，推动将贫困重度残疾人家庭无障碍改造纳入残疾人就业保障金支出范围。要将残疾人家庭无障碍改造纳入政府购买服务内容，提高残疾人家庭无障碍改造服务供给能力和效率。要引导社会力量，倡导爱心企业、社会组织通过捐款捐赠、志愿服务、设立基金等方式，支持和参与贫困重度残疾人家庭无障碍改造工作，扩大残疾人家庭无障碍改造覆盖面。

四、加强宣传推广，营造支持残疾人家庭无障碍改造工作的良好社会氛围

各地要通过各种媒体平台，丰富宣传形式，加大宣传力度，宣传残疾人的特殊困难和需求，宣传开展贫困重度残疾人家庭无障碍改造工作的意义，宣传家庭无障碍改造给残疾人生活带来的便利，努力营造全社会积极参与和支持的浓厚氛围。要注重总结推广贫困重度残疾人家庭无障碍改造好的做法和经验，强化培训交流。要动用各种资源和各方力量，切实推进解决贫困重度残疾人家庭无障碍改造问题。

为进一步规范贫困重度残疾人家庭无障碍改造工作，中国残联制定了《贫困重度残疾人家庭无障碍改造工作指导意见》，供各地在推进工作中结合实际贯彻落实。

附件：贫困重度残疾人家庭无障碍改造工作指导意见

中国残疾人联合会
2017 年 6 月 28 日

附件

贫困重度残疾人家庭无障碍改造工作指导意见

一、目标任务

“十三五”期间中央和各地加大投入，争取到 2020 年初步解决贫困重度残疾人家庭无障碍改造基本需求，扩大残疾人家庭无障碍改造覆盖面，提高残疾人居家生活质量，为残疾人实现小康奠定基础。

二、基本原则

（一）聚焦重点，统筹规划

聚焦城市低保、农村建档立卡贫困重度残疾人家庭，每年农村建档立卡贫困重度残疾人家庭改造比例不低于当年城乡改造总量的 70%；已完成贫困重度残疾人家庭无障碍改造的地区，可扩大改造范围，对其他有需求的残疾人家庭进行无障碍改造。

（二）因地制宜，分类施策

结合当地经济、文化、地理、风俗习惯等实际情况和特点，按照贫困重度残疾人家庭无障碍改造的总体要求，根据各类残疾人的残疾状况、需求与居住环境，科学确定改造项目和内容，投入资金。

（三）注重实效，公开透明

着力解决贫困重度残疾人家庭急需，兼顾共性与个性，工作程序公开、公正、透明，文明施工，保证质量，达到改善贫困重度残疾人家居环境的目的。

三、工作措施

（一）明确任务

各地要坚持需求和问题导向，切实依据全国残疾人基本服务状况和需求动态更新信息数据中城乡贫困重度残疾人家庭数据（城市低保、农村建档立卡），制定贫困重度残疾人家庭无障碍改造计划和实施方案，明确责任，分解任务，落地见效。实施方案请于2017年8月底前送中国残联维权部。

（二）推进纳入政府为民办实事工程

各地要积极向党委、政府汇报贫困重度残疾人家庭的困难和无障碍需求，汇报家庭无障碍改造对于提高残疾人生活质量、促进残疾人实现小康的重要意义和典型事例，争取推动贫困重度残疾人家庭无障碍改造纳入政府为民办实事工程，加大投入，加强政府督导，使更多残疾人受益，放大工作效应。

（三）统筹政策实施

中国残联、住房城乡建设部等13个部门联合印发的《无障碍环境建设“十三五”实施方案》明确要求“在城市保障房建设和农村危房改造中考虑残疾人家庭无障碍建设内容”。中国残联、中央组织部、住房城乡建设部、国务院扶贫办等26个部门联合制定《贫困残疾人脱贫攻坚计划（2016—2020年）》明确规定“加快农村贫困残疾人危房改造实施进度。在危房改造中同步做好无障碍改造。”“加大对建档立卡残疾人贫困户易地扶贫搬迁的扶持力度。在制定和实施搬迁规划中同步做好家庭无障碍设施的规划与建设。”各地残联要积极协调住房城乡建设、扶贫办等部门在推进工作中考虑残疾人家庭无障碍建设和改造内容，形成政策合力，切实加大改造力度。

（四）科学确定残疾人家庭无障碍内容

中国残联制定了《政府购买残疾人家庭无障碍改造服务规范和服务标准》。各地要按照《无障碍设计规范》（GB50763）、住房城乡建设部《家庭无障碍改造指南》和中国残联相关要求，结合地方实际，根据残疾人特点和需求，科学确定残疾人家庭无障碍改造内容，推进制定残疾人家庭无障碍改造地方导则和标准。有条件的地方要组织专家积极开展家庭无障碍施工设计、建造技术、延伸产品的科学研究，通过智能物联网感知技术等科技创新手段，探索开展规范化、标准化、人性化、智能化家庭无障碍环境建设。

（五）健全工作程序

各级残联要结合本地实际，根据任务确定年度需进行无障碍改造的贫困重度残疾人家庭，建立改造对象公示制度。组织安排对残疾人家庭进行入户勘察设计，拟定改造方案，确定施工单位，严格按照政府招投标、采购程序及要求办理申购改造器具，指派专人负责施工管理，采取适宜有效的工程措施和技术，精准组织实施改造项目，量身定制，文明施工，尽量减少对残疾人家庭正常生活的影响，提高改造工作的专业化、科学化水平，切实保证改造项目实用和安全质量。施工结束后，认真组织工程验收，验收不合格的按要求返工，并向残疾人家庭做好解释工作。工作开展过程中，要及时整理和保存包括受益残疾人家庭基本状况、改造内容、技术图纸、改造前后对比照片等相关资料，逐户建立改造档案，将资料录入“贫困残疾人家庭无障碍改造数据库系统”。

（六）加大资金投入

中央彩票公益金安排的残疾人家庭无障碍改造补助资金，按照各地需求、财力和绩效等因素进行分配。各地要据此争取财政部门支持，根据任务加大本省资金投入，结合地方实际情况加强资金统筹，科学合理编制预算，争取对贫困重度残疾人家庭无障碍改造工作予以更多的倾斜，提升资金使用效益。

各级残联要争取财政部门支持，按照《残疾人就业保障金征收使用管理办法》第二十一条第六款“经地方人民政府及其财政部门批准用于促进残疾人就业和保障困难残疾人、重度残疾人生活等其他支出”的规定，推动将贫困重度残疾人家庭无障碍改造纳入残疾人就业保障金支出范围。

将残疾人家庭无障碍改造纳入政府购买服务内容。鼓励具备相应服务能力的企业、机构、工程队伍参与承接政府购买服务，提高残疾人家庭无障碍改造服务供给能力和效率。

（七）动员社会资源参与

要动员各方力量，优化支持政策，采用社会化工作方式，整合资源，联合多部门共同参与、互相配合，特别是引导社会力量，倡导爱心企业、社会组织通过捐款捐赠、志愿服务、设立基金等方式，支持和参与贫困重度残疾人家庭无障碍改造工作，扩大残疾人家庭无障碍改造覆盖面。

四、组织保障

（一）高度重视，加强领导

各地残联要高度重视贫困重度残疾人家庭无障碍改造工作，纳入重点任务进行督导部署，定期进行研究，针对薄弱环节加大工作力度；统筹考虑残疾人事业支出资金时，给予更多的资金和政策倾斜；要安排专人负责贫困重度残疾人家庭无障碍改造工作，确保任务落到实处。

（二）强化培训，交流经验

根据家庭无障碍建设的专业技术和政府采购要求，对负责人、工作人员以及设计、施工、监理单位和技术人员，加大业务培训交流力度，进一步提高基层工作人员服务、管理能力和技术水平，保证改造工程质量，满足残疾人家庭人性化、个性化、精准化的服务需求。同时，要加强交流学习，学习改造内容全面、业务流程规范、资金投入多的地区推进残疾人家庭无障碍改造好的做法和经验，改进完善，提高工作实效。

（三）开展宣传，营造氛围

通过广播、电视、报纸、网络特别是充分利用微博、微信、移动客户端等新媒体平台，创新宣传方式，加大宣传力度，宣传开展贫困重度残疾人家庭无障碍改造工作的意义，

宣传家庭无障碍改造给残疾人生活带来的便利，特别是发挥已完成改造家庭的示范效应和带动作用，进一步争取政府、社会等各方力量支持，扩大残疾人家庭无障碍改造的覆盖范围，提高改造标准，努力营造全社会积极参与和支持的浓厚氛围。

（四）强化考核，监督落实

各地要高度重视，将贫困重度残疾人家庭无障碍改造工作纳入工作绩效评价和考核体系，加大督促检查力度，加强社会监督，建立第三方评估机制，增强约束力和工作透明度。

各省（区、市）残联要于每年12月15日前向中国残联提交工作情况报告，特别要总结年度贫困重度残疾人家庭无障碍改造任务完成情况和下一步工作措施。要安排对年度接受过无障碍改造的贫困重度残疾人家庭情况进行抽查验收，回访受益残疾人家庭，听取残疾人意见和建议，监测残疾人满意度，及时总结经验。中国残联将加强调研督导，对年度工作实施情况进行检查，并适时公布各省（区、市）工作实施情况。

关于进一步加强全面改善贫困地区义务教育薄弱学校基本办学条件中期有关工作的通知

教督〔2017〕9号

各省、自治区、直辖市教育厅（教委）、财政厅（局），新疆生产建设兵团教育局、财务局：

三年多来，各地深入贯彻落实中央决策部署，聚焦聚力抓落实，全面改善贫困地区义务教育薄弱学校基本办学条件工作（以下简称全面改薄）取得了阶段性成效。为深入贯彻落实中央打赢脱贫攻坚战总体部署和《教育脱贫攻坚“十三五”规划》要求，切实做好全面改薄中期有关实施工作，确保如期实现全面改薄任务目标，现提出如下要求：

一、进一步完善工程规划。各地可结合近年来城镇化进程、生育政策调整，以及统筹推进县域内城乡义务教育一体化改革要求，进一步调整完善全面改薄5年工程规划。规划调整既要符合原有政策要求，又要解决目前农村和贫困地区面临的突出难点问题，顺应未来办学发展方向，切实加强确需保留的农村小规模学校和寄宿制学校建设，着力改善学生住宿条件，妥善解决县镇学校大班额问题，加快缩小城乡、区域教育差距，促进基本公共教育服务均等化。教育、财政等部门要结合本地实际研究制定有关指导意见或具体实施办法，指导市、县做好规划调整完善工作。各地规划调整完善，要确保建设规模和资金总投入与原规划大体相当，要确保“补短板，兜网底”的任务不变，要确保如期实现“20条底线”的政策目标不变，严禁大拆大建和建设豪华学校。各地调整完善后的全面改薄5年工程规划需报教育部、财政部备案。

二、进一步加快实施进度。各地要充分考虑土地征用、项目审批、招投标等前期手续时间较长的特点，提早启动工程建设前期准备工作。要协调有关部门依照规定对工程涉及的政府性基金予以减免。要进一步细化进度表和路线图，将工作任务落实到每个季度、每个月度，对接到每所项目学校，确保到2017年底完成校舍建设和设备采购任务“超七成”，2018年底“过九成”，2019年完成收尾工作。要引导和支持贫困县在2017年底前完成全面改薄任务，让贫困县薄弱学校早达标、学生早受益。对多次督促工程进度仍靠后的省份，财政部、教育部将按规定酌情扣减年度专项补助资金相关分配因素评分。

三、进一步强化资金落实。各地要加强资金统筹，整合中央和本地区义务教育改善办学条件相关投入，综合考虑地区财力差异，分档、分类划定省、市、县资金分担比例，对困难县市坚持省级“拿大头”，足额落实规划承诺的资金，确保不留资金缺口。2017年全面改薄相关资金，重点支持贫困县提前实施项目，确保列入当年实施计划的项目，都能按规划中确定的数额落实资金。

四、进一步加强质量管理。各地要把项目质量和施工安全作为实施全面改薄工作的“红线”，确保工程质量。新建、改扩建校舍要严格执行国家质量安全有关法律法规和工程建设强制性标准，新建校舍必须按照重点设防类抗震设防标准进行建设。要落实设备采购项目的政府采购、招投标等制度，将相关标准和质量要求写入招标文件和采购合同，确保质量、提高效益。要选择有资质的勘察、设计、施工和监理单位，遵守基本建设程序，督促参建各方建立健全安全生产责任制，把责任落实到人。校舍建设项目竣工要在醒目位置设置永久性标牌，采购设施设备验收后，要抓紧登记资产账目，把质量的保障“写在纸上，钉在墙上”。

五、进一步加大公开力度。各地要进一步加大公开公示力度，做好宣传引导，把全面改薄工作打造成“阳光工程”“民生工程”。全面改薄规划和年度计划要及时上网公示。要对各市县工作进展情况进行通报并向社会公开，主动接受师生、家长和社会监督。要主动做好宣传工作，积极配合媒体报道，鲜活呈现加快实施全面改薄工作的政策、进展和成效，让群众便于知晓、正确理解、愿意支持。

六、进一步加强督导检查。全面改薄是脱贫攻坚重要措施，加快贫困地区实施进度是教育精准扶贫重要手段，各地要积极协调列入政府脱贫攻坚重点任务推进，纳入政府绩效考核内容进行考核。要严格落实“八项”工作推进机制，定期检查、定期通报工作进展，适时组织第三方评估，及时定向调度、约谈进展缓慢、工作不力的市县，及时帮助解决问题。从 2017 年开始，国务院教育督导委员会办公室将组织专项督导，逐一检查项目学校“20 条底线”达标情况，确保到 2019 年底所有项目学校都达标。对专项督导发现的问题，各地要列出清单、限时整改。对因懒政怠政影响项目进度、不能按时完成任务、出现严重质量和安全问题的，要提请省级人民政府进行严肃问责。

教育部　财政部

2017 年 6 月 29 日

关于印发《青年志愿者阳光助残扶贫行动实施方案》的通知

残联发〔2017〕42号

各省、自治区、直辖市残联、团委，新疆生产建设兵团残联、团委，黑龙江垦区残联、团委：

为深入贯彻落实《中共中央国务院关于打赢脱贫攻坚战的决定》和《贫困残疾人脱贫攻坚行动计划（2016—2020年）》，通过志愿服务帮助农村贫困残疾人加快脱贫进程，中国残联、共青团中央共同制定了《青年志愿者阳光助残扶贫行动实施方案》，现印发你们，请结合实际认真贯彻执行。

中国残疾人联合会　共青团中央

2017年6月30日

青年志愿者阳光助残扶贫行动实施方案

为贯彻落实《中共中央国务院关于打赢脱贫攻坚战的决定》和《贫困残疾人脱贫攻坚行动计划（2016—2020年）》，通过志愿服务帮助农村贫困残疾人加快脱贫进程，中国残联、共青团中央决定在农村地区进一步深化中国青年志愿者助残“阳光行动”，共同开展青年志愿者阳光助残扶贫行动。为做好有关工作，制定本方案。

一、任务目标

“十三五”期间，全国农村69.68万名6～35岁建档立卡持证贫困残疾青少年及其家庭普遍得到志愿服务。

二、主要措施

（一）做好结对帮扶工作。广泛动员社会力量，发挥共青团和团员、青年的骨干作用，坚持运用“结对帮扶”的模式，通过签订结对协议等方式，明确志愿者与建档立卡贫困残疾青少年家庭的结对关系和服务内容，切实开展生产扶助、生活照料、健康咨询、康复训练、教育辅导、扫盲识字、文化阅读、情感慰藉、心理疏导、法律维权、体育健身等服务。推动高校、企业、公益机构等参与结对服务。

（二）积极搭建志愿助残服务平台。充分运用已经建成的“温馨家园”“阳光之家”“老年之家”、康复机构、农疗站、扶贫基地等志愿助残服务平台，开展志愿助残服务。有条件的地区，要在已有平台的基础上，进一步拓展服务领域和内容，创新开发特色助残服务。充分发挥农村社区在志愿助残服务中的重要作用，依托社区综合服务设施、专业服务机构和社区残协，加强农村志愿助残联络站建设。积极推动农村社区建立助残志愿服务组织。通过共建、命名、挂牌等方式，建设一批农村助残志愿服务阵地。

（三）深入推进“邻里守望”志愿助残活动。发扬农村邻里相亲、守望相助传统，开展“邻里守望”志愿助残服务公益行动，从小事做起，从身边做起，经常性组织贫困残疾青少年家庭的邻里，特别是团员、青年开展“为残疾人办件事”活动。帮助卧床的重度残疾人洗澡、晒太阳、打扫卫生，提供亲情陪伴；陪盲人就医、购物；陪残疾小伙伴一起上学，为残疾学生做家教辅导；帮助残疾青壮年文盲扫盲识字；为残疾人送实用图书，帮助实现一次小愿望等。

（四）组织动员专业技术人员为农村贫困残疾人提供专业志愿服务。鼓励、动员、组织各行各业专业技术人员深入农村，运用专业理念、知识和方法，为贫困残疾人及其家庭成员开展相关专业的助残志愿服务，如医务工作者开展医疗、康复志愿服务，法律工作者提供法律援助，教育工作者提供送教上门等志愿服务。充分发挥专业社会工作在扩大社区参与、促进社区融合、推动社区发展等方面的重要作用，鼓励通过项目招聘、购买服务等方式吸引社会工作人才，为农村贫困残疾人提供心理疏导、社会融入等专业服务，提升贫困残疾人家庭脱贫自信，大力推行社会工作者等专业技术人员帮带志愿者的服务方式，组织志愿者在社会工作者等专业技术人员的带领和指导下，开展有针对性的志愿服务。

（五）完善制度建设。制定和完善志愿助残的招募注册、服务记录、权益维护、评估监督、表彰奖励等制度和相关政策措施，不断提升志愿助残工作的规范化、专业化水平。加强助残志愿者的招募、选拔和管理，组建一支规模适中、结构合理、相对稳定的志愿者队伍。注重发挥西部计划志愿者、“大学生村官”作用。制定合理的培训规划，加强志愿者培训，健全助残志愿者教育培训制度，针对助残服务特点，结合贫困残疾人家庭的迫切需求，对志愿者进行党和国家脱贫攻坚大政方针及残疾人精准脱贫政策措施、残疾人工作业务知识、残疾人生理和心理、助残服务技巧和礼仪等相关政策、专业知识与技能的培训，提升志愿者的服务技能和服务水平。将志愿者助残扶贫的内容纳入志愿者助残培训教材。

（六）抓好青年志愿者阳光助残扶贫行动的社会宣传和氛围营造。树立一批青年志愿者阳光助残扶贫行动中涌现出来的先进典型，通过主流媒体开展宣传活动。通过中国残联网站和“中国青年志愿者网”，利用中国残联微博微信、移动客户端和中国青年志愿者官方微博、微信加强宣传。

（七）做好表彰奖励。对开展青年志愿者阳光助残扶贫行动成绩突出的基层残联、团委和志愿服务团队和优秀志愿者纳入志愿者助残表彰范围。

三、保障条件

（一）争取党政支持。积极争取各级党委、政府的关心和支持，将青年志愿者阳光助残扶贫行动纳入当地志愿服务和脱贫攻坚工作大局，摆上重要位置。积极争取文明办、扶贫办、教育、民政等有关部门和单位的支持。

（二）加强工作指导。加强残联与共青团组织的协作，通过统一规划，分解目标，细化职责，落实好各项工作。建好助残志愿服务档案，做到工作有记录、服务质量有评价、服务记录可查询。逐步建立志愿助残工作台账。

（三）提供资金支持。争取将青年志愿者阳光助残扶贫行动所需经费纳入财政预算，用于项目、组织、队伍等建设。推动将青年志愿者阳光助残扶贫行动列入政府购买服务管理目录。加强与企业、金融机构、基金会的合作，争取资金、项目支持。

四、督导检查

（一）加强自查和抽查。县级残联、团组织定期对青年志愿者阳光助残扶贫行动开展情况进行自查，省、市相关部门每年组织对各县服务情况进行抽查。

（二）开展检查评估。中国残联、共青团中央在适当时间组织相关部门对青年志愿者阳光助残扶贫行动进行检查评估。

关于在农村留守儿童关爱保护中发挥社会工作专业人才作用的指导意见

民发〔2017〕126号

各省、自治区、直辖市民政厅（局）、教育厅（教委）、财政厅（局）、团委、妇联；新疆生产建设兵团民政局、教育局、财务局、团委、妇联：

社会工作专业人才是开展农村留守儿童关爱保护的新兴力量，在回应农村留守儿童心理社会服务需求、促进农村留守儿童全面健康成长中具有积极作用。为贯彻落实《国务院关于加强农村留守儿童关爱保护工作的意见》（国发〔2016〕13号）、《国务院关于加强困境儿童保障工作的意见》（国发〔2016〕36号）和《国务院关于印发"十三五"脱贫攻坚规划的通知》（国发〔2016〕64号）有关精神要求，现就在农村留守儿童关爱保护中发挥社会工作专业人才作用，提出如下指导意见：

一、推动社会工作专业人才在农村留守儿童关爱保护中发挥作用的指导原则

一是引导家庭尽责。立足完善家庭功能、促进家庭融合、推动家庭尽责，引导和督促农村留守儿童父母或受委托监护人履行抚养监护主体责任，弘扬倡导良好家风家教，形成有利于留守儿童健康成长的家庭环境。

二是充实基层力量。在基层党委政府的领导和基层组织的支持下，引导社会工作专业人才深入乡镇（街道）和农村社区，充实基层农村留守儿童关爱保护工作力量，协助解决农村留守儿童在生活、监护、成长过程中遇到的困难与问题。

三是注重因地制宜。从各地农村留守儿童关爱保护工作需要和社会工作发展实际出发，充分考虑区域差异，因地制宜确定社会工作专业人才参与农村留守儿童关爱保护的范围、程度和方式，确保其有序参与农村留守儿童关爱保护工作。

四是强化专业作用。培育发展社会工作专业人才队伍和服务机构，推广应用社会工作专业人才参与农村留守儿童关爱保护的经验模式，发挥社会工作专业人才的专业优势，促进提升农村留守儿童关爱保护工作成效。

二、明确社会工作专业人才在农村留守儿童关爱保护中的主要任务

（一）协助做好救助保护工作。协助开展农村留守儿童家庭随访，对农村留守儿童的家庭组成、监护照料、入学就学、身心健康等情况进行调查评估，对重点对象进行核查，确保农村留守儿童得到妥善照料。及时发现报告遭受或者疑似遭受家庭暴力或其他受虐行为，协助做好应急处置工作。协助做好对无人监护或遭受监护侵害农村留守儿童的心理疏导、精神关爱和临时监护照料工作。帮助农村留守儿童及其家庭链接社会救助、社会福利和公益慈善资源，引导公益慈善力量、相关社会组织和志愿者等社会力量为农村留守儿童及其家庭提供物质帮助和关爱服务。

（二）配合开展家庭教育指导。协助开展农村留守儿童监护法制宣传和家庭暴力预

防教育，对农村留守儿童父母、受委托监护人开展家庭教育指导，引导其正确履行抚养义务和监护职责。配合调解农村留守儿童家庭矛盾，促进建立和谐家庭关系，为隔代照顾家庭提供代际沟通、关系调适和能力建设服务。引导外出务工家长关心留守儿童，增进家庭亲情关爱，帮助农村留守儿童通过电话、视频等方式加强与父母的情感联系和亲情交流。

（三）积极开展社会关爱服务。协助中小学校和农村社区做好安全教育，帮助农村留守儿童增强防范不法侵害的意识、掌握预防意外伤害的安全常识。协助做好农村留守儿童心理健康教育，及早发现并纠正心理问题，提供心理援助、成长陪伴和危机干预服务，疏导心理压力和负面情绪，促进农村留守儿童心理、人格健康发展。提供社会融入服务，增强农村留守儿童社会交往和社会适应能力。协助做好农村留守儿童不良行为临界预防，对有不良行为的留守儿童实施早期介入和行为干预，帮助其纠正偏差行为。

三、以留守儿童关爱保护为重点，加大农村地区社会工作专业人才培养使用力度

（一）加强社会工作专业人才培养。加强区域和城乡统筹，鼓励城市相关事业单位、高校科研机构、社会组织和街道社区中的社会工作专业人才通过对口支援、实习实训、提供培训督导等方式支持农村地区社会工作专业人才队伍建设。逐步将乡镇（街道）民政助理员、村“两委”成员、家庭关系调解员、儿童福利督导员、未成年人保护专干、基层青少年事务工作者、基层团干部、基层妇女干部等纳入相关部门社会工作培训范围、接受继续教育和职业培训，推动符合条件人员参加全国社会工作者职业水平评价和社会工作学历学位教育，提升专业能力。县级民政部门要推动乡镇党委政府从有志于扎根奉献农村、具有高中（职高）以上学历的中青年人员、各类妇女骨干中培养选拔一支用得上、留得住的农村本地社会工作专业人才队伍，壮大农村基层社会工作力量。

（二）积极培育发展社会工作服务机构。加快发展以农村留守儿童为重点服务对象的社会工作服务机构。未成年人保护机构和儿童福利机构可以通过免费提供场所、开展项目合作等方式孵化社会工作服务机构，延伸农村留守儿童关爱保护臂力。

（三）推进乡镇（街道）**社会工作服务站点建设。**县级民政部门要指导乡镇（街道）将社会工作专业人才作为充实基层农村留守儿童关爱保护工作力量的重要手段，推动在农村留守儿童集中的乡镇依托民政事务办公室、农村社区综合服务设施或妇女之家、儿童之家、青少年综合服务平台等现有综合服务设施设立社会工作站（室）。通过由具备社会工作教育培训背景的基层工作人员任职、公开招聘、委托社会工作服务机构运营等方式配备社会工作专业服务团队，在乡镇（街道）党委政府的领导下采取定点服务、巡回服务等方式为乡镇（街道）辖区内农村留守儿童提供服务。

（四）加强相关单位社会工作专业人才配备使用。各地民政部门要推动未成年人保护机构、儿童福利机构、救助管理机构通过开发设置岗位、购买服务等方式配备使用社会工作专业人才。未成年人保护机构和儿童福利机构可根据需要将社会工作专业岗位明确为主体专业技术岗位。各地教育部门和共青团、妇联组织要鼓励中小学校、青少年服务机构、妇女儿童服务机构根据工作需要设置社会工作专业岗位，配备使用社会工作专业人才。

四、加强对社会工作专业人才在农村留守儿童关爱保护中发挥作用的组织保障

（一）加强组织领导。各地各有关部门

要高度重视在农村留守儿童关爱保护中发挥社会工作专业人才作用，加强协调联动，完善政策措施，健全工作机制，确保工作实效。民政部门要发挥牵头协调作用，加快发展农村地区社会工作专业人才队伍，将发挥社会工作专业人才作用纳入农村留守儿童关爱保护制度安排，作为加强和充实基层民政工作力量的重要举措。教育部门要支持社会工作专业人才在农村中小学校、幼儿园发挥作用，为在校留守儿童提供相关社会工作服务。财政部门要加大农村社会工作专业人才队伍建设和农村留守儿童社会工作服务支持力度。共青团组织要加强农村地区青少年事务社会工作专业人才培养使用，支持开展相关社会工作服务。妇联组织要在农村基层妇联组织和相关单位中配备使用社会工作专业人才，支持开展相关社会工作服务。

（二）强化保障措施。民政部将通过社会组织参与社会服务项目、社会工作专业人才服务“三区”计划、城乡社会工作服务机构“牵手计划”等方式，为各地探索在农村留守儿童关爱保护中发挥社会工作专业人才作用提供支持。各地各有关部门要推动将由政府提供且适宜社会承担的农村留守儿童关爱保护工作纳入政府购买服务指导性目录，落实《国务院办公厅关于政府向社会力量购买服务的指导意见》（国办发〔2013〕96号）、《民政部、财政部关于政府购买社会工作服务的指导意见》（民发〔2012〕196号）精神，统筹使用相关渠道资金，通过政府购买服务方式支持社会工作服务机构协助开展信息收集、监护情况调查评估等农村留守儿童关爱保护工作。

（三）加强宣传引导。各地各有关部门要按照试点先行、示范带动、整体推进的思路，选择一批农村留守儿童数量较多、服务需求较大的地区和单位先行开展试点，积累经验、探索模式、创新方法，取得实实在在的成效。在试点基础上创建一批示范地区和单位，发挥其辐射带动作用，由点及面推动社会工作专业人才广泛参与农村留守儿童关爱保护工作。要及时总结提炼社会工作专业人才介入农村留守儿童关爱保护工作的实践经验，广泛宣传先进典型和成熟做法，提高社会认知、扩大社会共识，影响带动更多地方和单位支持社会工作专业人才在农村留守儿童关爱保护中发挥作用。

社会工作专业人才服务农村困境儿童相关工作参照农村留守儿童关爱保护工作开展。

民政部　教育部　财政部
共青团中央　全国妇联
2017年7月17日

银监会、财政部、人民银行、保监会、国务院扶贫办联合印发《关于促进扶贫小额信贷健康发展的通知》

银监发〔2017〕42号

各银监局，各省（区、市）财政厅（局），中国人民银行上海总部、各分行、营业管理部、各省会（首府）城市中心支行，各保监局；各省（区、市）扶贫办（局），各政策性银行、大型银行、股份制银行，邮储银行：

国务院扶贫办、财政部、人民银行、银监会、保监会《关于创新发展扶贫小额信贷的指导意见》（国开办发〔2014〕78号）印发以来，各地、各部门认真落实有关政策，积极探索、稳步推进扶贫小额信贷发放和管理工作，在帮助贫困户发展生产、增收脱贫等方面取得了明显成效。扶贫小额信贷已成为精准扶贫、精准脱贫的金融服务品牌，但也存在资金使用不合理、贷款发放不合规、风险管理不到位等苗头性倾向性问题。为贯彻落实党中央和国务院有关工作部署，进一步加强和改善扶贫小额信贷管理，促进扶贫小额信贷业务健康发展，更好地发挥其在精准扶贫和精准脱贫中的作用，现将有关工作事项通知如下：

一、坚持精准扶贫，坚持依法合规

扶贫小额信贷是为建档立卡贫困户量身定制的金融精准扶贫产品，其政策要点是“5万元以下、3年期以内、免担保免抵押、基准利率放贷、财政贴息、县建风险补偿金”。扶贫小额信贷要始终精确瞄准建档立卡贫困户，各银行业金融机构要加大对信用良好、有贷款意愿、有就业创业潜质、技能素质和一定还款能力的建档立卡贫困户支持力度。对已经脱贫的建档立卡贫困户，在脱贫攻坚期内保持扶贫小额信贷支持政策不变，力度不减。各地扶贫部门要加强对扶贫小额信贷和贴息对象的审查，在县乡村三级公告公示，防止非建档立卡贫困户“搭便车”。要将信用水平和还款能力作为发放扶贫小额信贷的主要参考标准，发放过程要符合法律法规和信贷管理规定，借款合同要明确贷款资金用途，坚持户借、户还，切实防范冒名借款、违规用款等问题。

二、坚持发展生产，推动长期受益

各银行业金融机构要将扶贫小额信贷精准用于贫困户发展生产或能有效带动贫困户致富脱贫的特色优势产业，不能用于建房、理财、购置家庭用品等非生产性支出，更不能将扶贫小额信贷打包用于政府融资平台、房地产开发、基础设施建设等。各银行业金融机构在探索将扶贫小额信贷资金用于有效带动贫困户致富脱贫的特色优势产业过程中，必须坚持贫困户自愿和贫困户参与两项基本原则，使贫困户融入产业发展并长期受益，提高贫困户脱贫内生发展动力。

三、完善补偿机制，加强风险管理

各地财政和扶贫部门要积极推动建立和完善风险补偿和分担机制。风险补偿金要按规定及时拨付到位，专款专存、专款专用、封闭运行。科学合理确定风险补偿金放大贷款倍数，明确政府与银行业金融机构风险分担比例，不得将风险补偿金混同为担保金使用。鼓励开展农业保险保单质押贷款等银保合作模式试点。

积极稳步推进扶贫小额信贷服务创新，加强贷款风险管理。一是加强贷款管理。对于贫困户参与的扶贫产业项目，要做到对建档立卡贫困户和产业项目双调查。定期对借款人生活和产业经营情况进行监测分析，建立资金监管机制和跟踪监督机制，对可能影响贷款安全的不利情形要及时采取针对性措施。二是稳妥办理无还本续贷业务。对于贷款到期仍有用款需求的贫困户，支持银行业金融机构提前介入贷款调查和评审，脱贫攻坚期内，在风险可控的前提下，可以无须偿还本金，办理续贷业务。三是区别对待逾期和不良贷款。对确因非主观因素不能到期偿还贷款的贫困户，帮助贫困户协调办理贷款展期。对通过追加贷款能够帮助渡过难关的，应予追加贷款扶持，避免因债返贫。贷款追加后，单户扶贫小额信贷不能超过5万元。对确已发生的贷款损失，要按规定及时启动风险补偿机制，按约定比例分担损失。四是适当提高不良贷款容忍度。对于银行业金融机构扶贫小额信贷不良率高出自身各项贷款不良率年度目标2个百分点以内的，可以不作为监管部门监管评价和银行内部考核评价的扣分因素。五是加快完善尽职免责制度。明确扶贫小额信贷发放过程中的尽职要求，强化正面导向，积极调动银行业金融机构投放扶贫小额信贷的积极性，同时也要加强对不尽责、失职行为的责任追究，切实防范道德风险。

四、完善组织服务，落实工作责任

各银监局要督促银行业金融机构落实“包干服务”制度，推动扶贫小额信贷精准合规发放，加强信贷风险防范。放贷机构要履行好扶贫小额信贷投放的主体责任，在风险可控和商业可持续前提下，加大扶贫小额信贷的投放力度，各地扶贫部门要按照《关于创新发展扶贫小额信贷的指导意见》（国开办发〔2014〕78号）职责分工，做好组织协调、咨询指导等工作。各人民银行分支机构要灵活运用多种货币政策工具，加强对银行业金融机构的指导，推动相关部门完善配套机制建设。各地扶贫部门要加强对扶贫小额信贷工作的组织领导，明确责任领导和责任人，落实工作职责，通过县乡村三级联动，自上而下，全力、全程做好贷款的组织服务管理。乡（镇）级扶贫部门要把好项目审核关，做好项目管理服务工作，督促驻村工作队、第一书记和村“两委”要全程参与，前期协助开展政策宣传、贫困户评级授信、汇总贫困户贷款需求，中期帮助开展贷款使用监督，后期帮助落实贷款回收，确保扶贫小额信贷贷得到、用得好、还得上。各级扶贫部门要推动完善风险补偿机制，保证扶贫小额信贷资金安全，防范和分担银行信贷风险。县级财政和扶贫部门要用好财政贴息政策、加强风险管理、提供综合信息服务、做好项目前期论证和产业规划、教育群众提升市场意识和风险意识。

五、做好信息共享，加强监测考核

各人民银行分支机构要积极发挥金融精准扶贫信息系统作用，加强与扶贫、银监、保监等部门的信息对接共享，共同做好扶贫小额信贷统计监测分析和评估考核工作。针对监测发现的贷款户数异常波动、贷款逾期以及政策落实不到位、违法违规等问题，银监局要会同各地人民银行分支机构、扶贫办定期通报、限期整改，并将动态监测情况和整改情况作为评估考核的重要依据。银行业金融机构要将扶贫小额信贷纳入内部考核，强化约束激励机制，落实责任。国务院扶贫办、银监会按月统计监测、定期通报地方扶贫小额信贷工作进展情况，对工作不力的严格督导问责。

六、做好政策宣传，总结先进经验

各银监局、各地扶贫部门和各人民银行分支机构要组织银行业金融机构加强政策宣传，自上而下层层明确责任，加大政策宣传培训力度，规范工作称谓，统一使用“扶贫小额信贷”名称，提高政策认知度。要组织驻村工作组、第一书记、村“两委”、致富带头人等骨干人员接受培训，利用群众喜闻乐见的年画、动漫、手册、短信等形式加强宣传，确保贫困户真正把握“免担保、免抵押、基准利率放贷、财政贴息”等政策要点。要注意总结扶贫小额信贷健康发展的有效做法，主动发掘创新亮点，对实践证明比较成熟、具有较高推广价值的典型经验，加大交流推广力度。

中国银监会 财政部 人民银行
保监会 国务院扶贫办
2017年7月25日

慈善信托管理办法

银监发〔2017〕37号

第一章 总 则

第一条 为规范慈善信托，保护慈善信托当事人的合法权益，促进慈善事业发展，根据《中华人民共和国慈善法》（简称《慈善法》）、《中华人民共和国信托法》（简称《信托法》）、《中华人民共和国银行业监督管理法》（简称《银行业监督管理法》）等法律法规，制定本办法。

第二条 本办法所称慈善信托属于公益信托，是指委托人基于慈善目的，依法将其财产委托给受托人，由受托人按照委托人意愿以受托人名义进行管理和处分，开展慈善活动的行为。

第三条 开展慈善信托，应当遵循合法、自愿、诚信的原则，不得违背社会公德、危害国家安全、损害社会公共利益和他人合法权益。

第四条 国家鼓励发展慈善信托，支持自然人、法人和其他组织践行社会主义核心价值观，弘扬中华民族传统美德，依法开展慈善活动。

第五条 慈善信托的委托人、受托人、受益人以及监察人在中华人民共和国境内开展慈善信托，适用本办法。

第六条 国务院银行业监督管理机构及其派出机构、国务院民政部门及县级以上地方各级人民政府民政部门根据各自法定职责对慈善信托实施监督管理。

第二章 慈善信托的设立

第七条 设立慈善信托，必须有合法的慈善信托目的。

以开展下列慈善活动为目的而设立的信托，属于慈善信托：

（一）扶贫、济困；

（二）扶老、救孤、恤病、助残、优抚；

（三）救助自然灾害、事故灾难和公共卫生事件等突发事件造成的损害；

（四）促进教育、科学、文化、卫生、体育等事业的发展；

（五）防治污染和其他公害，保护和改善生态环境；

（六）符合《中华人民共和国慈善法》规定的其他公益活动。

第八条 慈善信托的委托人应当是具有完全民事行为能力的自然人、法人或者依法成立的其他组织。

第九条 慈善信托的受托人可以由委托人确定其信赖的慈善组织或者信托公司担任。

第十条 慈善信托的委托人不得指定或者变相指定与委托人或受托人具有利害关系的人作为受益人。

第十一条 慈善信托的委托人根据需要，可以确定监察人。

监察人对受托人的行为进行监督，依法维护委托人和受益人的权益。监察人发现受托人违反信托义务或者难以履行职责的，应当向委托人报告，并有权以自己的名义向人民法院提起诉讼。

第十二条 设立慈善信托，必须有确定的信托财产，并且该信托财产必须是委托人合法所有的财产。

前款所称财产包括合法的财产权利。

第十三条　设立慈善信托、确定受托人和监察人，应当采取书面形式。

书面形式包括信托合同、遗嘱或者法律、行政法规规定的其他书面文件等。

第十四条　慈善信托文件应当载明下列事项：

（一）慈善信托名称；

（二）慈善信托目的；

（三）委托人、受托人的姓名或者名称、住所，如设置监察人，监察人的姓名或者名称、住所；

（四）受益人范围及选定的程序和方法；

（五）信托财产的范围、种类、状况和管理方法；

（六）年度慈善支出的比例或数额；

（七）信息披露的内容和方式；

（八）受益人取得信托利益的形式和方法；

（九）信托报酬收取标准和方法。

除前款所列事项外，可以载明信托期限、新受托人的选任方式、信托终止事由、争议解决方式等事项。

第三章　慈善信托的备案

第十五条　受托人应当在慈善信托文件签订之日起 7 日内，将相关文件向受托人所在地县级以上人民政府民政部门备案。

未按照前款规定将相关文件报民政部门备案的，不享受税收优惠。

第十六条　信托公司担任受托人的，由其登记注册地设区市的民政部门履行备案职责；慈善组织担任受托人的，由准予其登记或予以认定的民政部门履行备案职责。

第十七条　同一慈善信托有两个或两个以上的受托人时，委托人应当确定其中一个承担主要受托管理责任的受托人按照本章规定进行备案。备案的民政部门应当将备案信息与其他受托人所在地的县级以上人民政府民政部门共享。

第十八条　慈善信托的受托人向民政部门申请备案时，应当提交以下书面材料：

（一）备案申请书；

（二）委托人身份证明（复印件）和关于信托财产合法性的声明；

（三）担任受托人的信托公司的金融许可证或慈善组织准予登记或予以认定的证明材料（复印件）；

（四）信托文件；

（五）开立慈善信托专用资金账户证明、商业银行资金保管协议，非资金信托除外；

（六）信托财产交付的证明材料（复印件）；

（七）其他材料。

以上材料一式四份，由受托人提交履行备案职责的民政部门指定的受理窗口。

第十九条　备案后，发生第三十八条规定的部分变更事项时，慈善信托的受托人应当在变更之日起 7 日内按照第十八条的规定向原备案的民政部门申请备案，并提交发生变更的相关书面材料。

如当月发生两起或两起以上变更事项的，可以在下月 10 日前一并申请备案。

第二十条　慈善信托的受托人违反信托义务或者难以履行职责的，委托人可以变更受托人。变更后的受托人应当在变更之日起 7 日内，将变更情况报原备案的民政部门重新备案。

申请重新备案时，应当提交以下书面材料：

（一）原备案的信托文件和备案回执；

（二）重新备案申请书；

（三）原受托人出具的慈善信托财产管理处分情况报告；

（四）作为变更后受托人的信托公司的金融许可证或慈善组织准予登记或予以认定的证明材料（复印件）；

（五）重新签订的信托合同等信托

文件；

（六）开立慈善信托专用资金账户证明、商业银行资金保管协议，非资金信托除外；

（七）其他材料。

以上书面材料一式四份，由变更后的受托人提交原备案的民政部门受理窗口。

第二十一条 慈善信托备案申请符合《中华人民共和国慈善法》《中华人民共和国信托法》和本办法规定的，民政部门应当在收到备案申请材料之日起7日内出具备案回执；不符合规定的，应当在收到备案申请材料之日起7日内一次性书面告知理由和需要补正的相关材料。

第二十二条 信托公司新设立的慈善信托项目应当按照监管要求及时履行报告或产品登记义务。

第四章 慈善信托财产的管理和处分

第二十三条 慈善信托财产及其收益，应当全部用于慈善目的。

第二十四条 受托人管理和处分慈善信托财产，应当按照慈善信托目的，恪尽职守，履行诚信、谨慎管理的义务。

第二十五条 受托人除依法取得信托报酬外，不得利用慈善信托财产为自己谋取利益。

第二十六条 慈善信托财产与受托人固有财产相区别，受托人不得将慈善信托财产转为其固有财产。

任何组织和个人不得私分、挪用、截留或者侵占慈善信托财产。

第二十七条 受托人必须将慈善信托财产与其固有财产分别管理、分别记账，并将不同慈善信托的财产分别管理、分别记账。

第二十八条 对于资金信托，应当委托商业银行担任保管人，并且依法开立慈善信托资金专户；对于非资金信托，当事人可以委托第三方进行保管。

第二十九条 受托人应当自己处理慈善信托事务，但信托文件另有规定或者有不得已事由的，可以委托他人代为处理。

受托人依法将慈善信托事务委托他人代理的，应当对他人处理慈善信托事务的行为承担责任。

受托人因依法将慈善信托事务委托他人代理而向他人支付的报酬，在其信托报酬中列支。

第三十条 慈善信托财产运用应当遵循合法、安全、有效的原则，可以运用于银行存款、政府债券、中央银行票据、金融债券和货币市场基金等低风险资产，但委托人和信托公司另有约定的除外。

第三十一条 受托人不得将其固有财产与慈善信托财产进行交易或者将不同委托人的信托财产进行相互交易，但信托文件另有规定或者经委托人同意，并以公平的市场价格进行交易的除外。

第三十二条 委托人、受托人及其管理人员不得利用其关联关系，损害慈善信托利益和社会公共利益，有关交易情况应当向社会公开。

第三十三条 受托人应当根据信托文件和委托人的要求，及时向委托人报告慈善信托事务处理情况、信托财产管理使用情况。

第三十四条 慈善信托的受托人应严格按照有关规定管理和处分慈善信托财产，不得借慈善信托名义从事非法集资、洗钱等活动。

第三十五条 受托人应当妥善保存管理慈善信托事务的全部资料，保存期自信托终止之日起不少于十五年。

第三十六条 受托人违反法律、行政法规和信托文件的规定，造成慈善信托财产损失的，应当以其固有财产承担相应的赔偿责任。

第五章 慈善信托的变更和终止

第三十七条 慈善信托的受托人违反信托文件义务或者出现依法解散、法定资格丧失、被依法撤销、被宣告破产或者其他难以履行职责的情形时，委托人可以变更受托人。

第三十八条　根据信托文件约定或者经原委托人同意，可以变更以下事项：

（一）增加新的委托人；

（二）增加信托财产；

（三）变更信托受益人范围及选定的程序和方法；

（四）国务院民政部门和国务院银行业监督管理机构规定的其他情形。

第三十九条　慈善信托的受托人不得自行辞任，信托文件另有规定的除外。

第四十条　有下列情形之一的，慈善信托终止：

（一）信托文件规定的终止事由出现；

（二）信托的存续违反信托目的；

（三）信托目的已经实现或者不能实现；

（四）信托当事人协商同意；

（五）信托被撤销；

（六）信托被解除。

第四十一条　自慈善信托终止事由发生之日起15日内，受托人应当将终止事由、日期、剩余信托财产处分方案和有关情况报告备案的民政部门。

第四十二条　慈善信托终止的，受托人应当在30日内作出处理慈善信托事务的清算报告，向备案的民政部门报告后，由受托人予以公告。

慈善信托若设置信托监察人，清算报告应事先经监察人认可。

第四十三条　慈善信托终止，没有信托财产权利归属人或者信托财产权利归属人是不特定的社会公众，经备案的民政部门批准，受托人应当将信托财产用于与原慈善目的相近似的目的，或者将信托财产转移给具有近似目的的其他慈善信托或者慈善组织。

第六章　促进措施

第四十四条　慈善信托的委托人、受托人和受益人按照国家有关规定享受税收优惠。

第四十五条　信托公司开展慈善信托业务免计风险资本，免予认购信托业保障基金。

第四十六条　鼓励地方各级人民政府根据经济社会发展情况，制定和出台促进慈善信托事业发展的政策和措施。

第七章　监督管理和信息公开

第四十七条　银行业监督管理机构负责信托公司慈善信托业务和商业银行慈善信托账户资金保管业务的监督管理工作。县级以上人民政府民政部门负责慈善信托备案和相关监督管理工作。

第四十八条　民政部门和银行业监督管理机构应当建立经常性的监管协作机制，加强事中、事后监管，切实提高监管有效性。

第四十九条　民政部门和银行业监督管理机构根据各自法定管理职责，对慈善信托的受托人应当履行的受托职责、管理慈善信托财产及其收益的情况、履行信息公开和告知义务以及其他与慈善信托相关的活动进行监督检查。

第五十条　民政部门和银行业监督管理机构根据各自法定管理职责，联合或委托第三方机构对慈善信托的规范管理、慈善目的的实现和慈善信托财产的运用效益等进行评估。

第五十一条　民政部门和银行业监督管理机构根据履行职责的需要，可以与受托人的主要负责人和相关人员进行监督管理谈话，要求就受托人的慈善信托活动和风险管理的重大事项作出说明。

第五十二条　除依法设立的信托公司或依法予以登记或认定的慈善组织外，任何单位和个人不得以“慈善信托”等名义开展活动。

第五十三条　行业组织应当加强行业自律，反映行业诉求，推动行业交流，提高慈善信托公信力，促进慈善信托事业发展。

第五十四条 任何单位和个人发现慈善信托违法违规行为的，可以向民政部门、银行业监督管理机构和其他有关部门进行投诉、举报。民政部门、银行业监督管理机构和其他有关部门接到投诉、举报后，应当及时调查处理。

国家鼓励公众、媒体对慈善信托活动进行监督，对慈善信托违法违规行为予以曝光，发挥舆论和社会监督作用。

第五十五条 民政部门和银行业监督管理机构应当及时向社会公开下列慈善信托信息：

（一）慈善信托备案事项；

（二）慈善信托终止事项；

（三）对慈善信托检查、评估的结果；

（四）对慈善信托受托人的行政处罚和监管措施的结果；

（五）法律法规规定应当公开的其他信息。

第五十六条 受托人应当在民政部门提供的信息平台上，发布以下慈善信息，并对信息的真实性负责。

（一）慈善信托设立情况说明；

（二）信托事务处理情况报告、财产状况报告；

（三）慈善信托变更、终止事由；

（四）备案的民政部门要求公开的其他信息。

第五十七条 涉及国家秘密、商业秘密、个人隐私的信息以及慈善信托的委托人不同意公开的姓名、名称、住所、通讯方式等信息，不得公开。

第五十八条 慈善信托的受托人应当于每年 3 月 31 日前向备案的民政部门报送慈善信托事务处理情况和慈善信托财产状况的年度报告。

第八章 法律责任

第五十九条 慈善信托的受托人有下列情形之一的，由民政部门予以警告，责令限期改正；有违法所得的，由民政部门予以没收；对直接负责的主管人员和其他直接责任人员处二万元以上二十万元以下罚款：

（一）将信托财产及其收益用于非慈善目的的；

（二）未按照规定将信托事务处理情况及财务状况向民政部门报告或者向社会公开的。

第六十条 信托公司违反本办法规定的，银行业监督管理机构可以根据《中华人民共和国银行业监督管理法》等法律法规，采取相应的行政处罚和监管措施。

第六十一条 慈善信托的当事人违反《中华人民共和国慈善法》有关规定，构成违反治安管理行为的，依法移送公安机关给予治安管理处罚；构成犯罪的，依法移送公安、司法机关追究刑事责任。

第九章 附 则

第六十二条 本办法由国务院银行业监督管理机构与国务院民政部门共同负责解释。

第六十三条 此前有关慈善信托的相关规定与本办法不一致的，以本办法为准。

第六十四条 省、自治区、直辖市、计划单列市人民政府民政部门和国务院银行业监督管理机构的省一级派出机构可以按照本办法规定结合当地实际联合制定实施细则，但不得设置或变相设置限制性条件。

第六十五条 本办法自印发之日起施行。

2017 年 7 月 26 日

关于切实做好社会保险扶贫工作的意见

人社部发〔2017〕59号

各省、自治区、直辖市及新疆生产建设兵团人力资源社会保障厅（局）、财政（务）厅（局）、扶贫办：

为贯彻党中央、国务院关于打赢脱贫攻坚战的决策部署，落实"十三五"脱贫攻坚规划，进一步织密扎牢社会保障"安全网"，现就做好社会保险扶贫工作提出如下意见：

一、明确社会保险扶贫的目标任务

社会保险扶贫的目标任务是，充分发挥现行社会保险政策作用，完善并落实社会保险扶贫政策，提升社会保险经办服务水平，支持帮助建档立卡贫困人口、低保对象、特困人员等困难群体（以下简称贫困人员）及其他社会成员参加社会保险，基本实现法定人员全覆盖，逐步提高社会保险待遇水平，助力参保贫困人员精准脱贫，同时避免其他参保人员因年老、疾病、工伤、失业等原因陷入贫困，为打赢脱贫攻坚战贡献力量。

二、完善并落实社会保险扶贫政策

（一）减轻贫困人员参保缴费负担。对建档立卡未标注脱贫的贫困人口、低保对象、特困人员等困难群体，参加城乡居民基本养老保险的，地方人民政府为其代缴部分或全部最低标准养老保险费，并在提高最低缴费档次时，对其保留现行最低缴费档次。对贫困人员参加城乡居民基本医疗保险个人缴费部分由财政给予补贴。进一步做好建筑业农民工按项目参加工伤保险工作，对用工方式灵活、流动性大、建档立卡农村贫困劳动力（以下简称贫困劳动力）相对集中的行业，探索按项目等方式参加工伤保险。用人单位招用农民合同制工人应当依法缴纳失业保险费，农民合同制工人本人不缴纳失业保险费。依法将包括农民工在内的合同制工人纳入生育保险，由用人单位缴纳生育保险费，职工个人不缴费。

（二）减轻贫困人员医疗费用负担。结合城乡居民基本医疗保险制度整合，做好制度平稳并轨，确保贫困人员保障待遇不降低。巩固完善城乡居民大病保险，对贫困人员通过降低起付线、提高报销比例和封顶线等倾斜性政策，实行精准支付。对贫困人员中已核准的因病致贫返贫患者，通过加强基本医保、大病保险和医疗救助的有效衔接，实施综合保障，提高其医保受益水平。对其他罹患重特大疾病陷入贫困的患者，可采取综合保障措施。对工伤尘肺病患者，按规定将疗效可靠的尘肺病治疗药物列入工伤保险药品目录，将符合医疗诊疗规范的尘肺病治疗技术和手段纳入工伤保险基金支付范围。将参加城乡居民基本医疗保险的非就业妇女符合条件的住院分娩医疗费用纳入城乡居民基本医疗保险报销范围。

（三）适时提高社会保险待遇水平。研究建立城乡居民基本养老保险待遇确定与基础养老金最低标准正常调整机制，完善城乡居民基本养老保险筹资和保障机制。根据经济发展和居民收入水平增长情况，适时适度逐步提高城乡居民基本养老保险最低缴费标准和基础养老金标准。强化多缴多得、长缴多得的激励约束机制，完善缴费补贴政策，引导城乡居民主动参保缴费。完善基本养老保险基金投资运营政策，加强风险管理，提高投资回报率。农民合同制工人在用人单位依法为其缴纳失业保险费满1年，劳动合同期满不续订或提前与其解除劳动合同后，可申领一次性生活补助。

（四）体现对贫困人员的适度优先。加强城乡居民基本养老保险与农村最低生活保障、特困人员救助供养等社会救助制度的统筹衔接，“十三五”期间，在认定农村低保和扶贫对象时，中央确定的城乡居民基本养老保险基础养老金暂不计入家庭收入。充分运用浮动费率政策，促使企业加强工伤预防，有效降低工伤发生率。对符合工伤保险待遇先行支付情形的贫困劳动力，工伤保险经办机构应给予先行支付。有条件的地区可打破户籍限制，统一农民合同制工人和城镇职工失业保险政策。

三、强化社会保险扶贫的保障措施

（一）推进贫困人员应保尽保和法定人员全覆盖。全面实施全民参保计划，深入贫困地区、农民工集中的高风险行业、单位和岗位，重点摸清贫困人员和贫困劳动力参加社会保险情况，采取通俗易懂的方式开展政策宣传。根据贫困人员和贫困劳动力参保信息，认真落实社会保险扶贫政策，积极主动开展参保登记及缴费等经办服务工作。各地社会保险经办机构要按规定支付参保人员社会保险待遇。

（二）增强贫困地区社会保险经办服务能力。各地要科学整合贫困地区现有公共服务资源和社会保险经办管理资源，采取政府购买服务、增加公益性岗位、聘用合同工等方式充实基层经办力量。加强经办窗口作风建设，简化优化流程，推进标准应用，提升服务水平。加大贫困地区社会保险经办人员培训支持力度，开展“送培训到基层”活动，提高培训层次和质量。组织实施“互联网＋人社”2020行动计划，将社会保险信息系统向基层延伸，打造方便快捷的基层经办平台。

（三）提高对贫困人员的医疗保险服务水平。加强定点医疗机构监管，完善协议管理，积极探索按人头、按病种等付费方式，促进医疗机构为贫困人员提供合理必要的医疗服务，主动控制医疗成本，进一步降低其医疗费用负担。充分依托基层医疗卫生机构，结合建立分级诊疗体系，完善医保差异化支付政策，适当提高基层医疗卫生机构政策范围内医疗费用报销比例，促进贫困人员就近合理有序就医。依托基本医保信息平台，实现基本医保、大病保险、医疗救助“一站式”即时结算，切实减轻贫困患者垫资压力。

（四）加强对社会保险扶贫工作的组织领导。各地要充分认识开展社会保险扶贫工作的重要性，围绕扶贫大局，创新思路对策，加强协调配合，全力抓好社会保险扶贫政策的落实。人力资源社会保障部和国务院扶贫办建立信息共享机制，定期开展建档立卡贫困人口与全国社会保险参保人员数据信息比对工作。各级人力资源社会保障部门要建立管理台账，做好人员标识，动态掌握建档立卡贫困人口参保和待遇保障情况，为实施社会保险精准扶贫提供数据支撑。各地财政部门要做好社会保险补助资金的预算安排和分配下达，确保按时足额拨付到位。

各地人力资源社会保障、财政、扶贫部门要按照各自职责，加强工作调度，防范廉政风险，定期开展督促检查。对推进社会保险扶贫工作成效突出的地区和个人，推广其经验做法，营造良好社会氛围；对思想认识不到位、扶贫政策不落实、廉政风险防范不力的，予以通报批评并责成及时纠正，确保完成社会保险扶贫目标任务。

人力资源社会保障部

财政部

国务院扶贫开发领导小组办公室

2017年8月1日

关于进一步加强农村最低生活保障制度与扶贫开发政策有效衔接的通知

民发〔2017〕152 号

各省、自治区、直辖市民政厅（局）、扶贫办（局）：

《国务院办公厅转发民政部等部门关于做好农村最低生活保障制度与扶贫开发政策有效衔接指导意见的通知》（国办发〔2016〕70 号）印发后，各地认真贯彻落实，取得一定成效。但在工作实践中，各地还不同程度存在认识不清晰、理解有偏差、落实不到位等问题，亟须研究解决。为进一步加强农村最低生活保障制度与扶贫开发政策有效衔接工作，现就有关问题通知如下。

一、正确认识建档立卡贫困人口和农村低保对象重合问题

各地要充分考虑农村低保和扶贫开发在资格条件、认定标准、收入计算等方面存在的差异，坚持实事求是，不能片面要求提高或降低两类对象重合比例。要改变简单以有无劳动能力区分建档立卡贫困人口和农村低保对象的做法，坚决杜绝搞平衡“二选一”、对象识别“互斥”等问题。要按照农村低保和建档立卡贫困人口各自识别认定的标准、程序等，分别把符合条件的对象纳入救助或帮扶范围，实现双向衔接。建档立卡贫困人口动态调整时，要把建档立卡以外的农村低保对象、特困人员等作为重点；农村低保动态调整时，要把因病、因残及其他因临时困难返贫的建档立卡贫困家庭作为重点，符合条件的及时纳入，确保实现“应扶尽扶、应保尽保”。

二、妥善处理贫困发生率和农村低保覆盖面的关系

贫困发生率是指建档立卡贫困人口占当地农村人口的比例，农村低保覆盖面是指享受农村低保政策的人口占当地农村人口的比例。建档立卡贫困人口与农村低保对象的认定标准不同，政策目标也不同，各地不应将贫困县“摘帽”时允许存在的贫困发生率2%或3%视为脱贫之后的农村低保覆盖面，更不应将农村低保覆盖面硬性降低到2%或3%。农村低保覆盖面应与当地经济社会发展水平相适应，中西部地区低保覆盖面过高的，要科学调整使之逐步趋于合理；覆盖面过低的，要通过提标扩面增人逐步提高，使困难群众的基本生活得到切实保障。要精准认定脱贫对象，凡未解决“三保障”问题的扶贫建档立卡户和农村低保家庭，均不能宣布脱贫。脱贫攻坚期内“脱贫不脱政策”，宣布脱贫后，医疗、教育、住房等扶持政策要保持不变；对于收入水平已超过扶贫标准但仍低于低保标准的，宣布脱贫后继续享受低保政策，做到“脱贫不脱保”。对于实现就业的低保对象，可通过“救助渐退”等措施，增强其就业稳定性。

三、参考国家扶贫标准科学制定农村低保标准

各地要进一步加大省级统筹工作力度，加强对深度贫困地区的工作指导，督促农村低保标准低于国家扶贫标准的地区科学制定

农村低保标准，确保两项政策有效衔接。农村低保标准已达到或超过国家扶贫标准的地方，要综合考虑维持困难群众基本生活、当地物价水平、财政保障能力、低保城乡统筹等因素，科学制定农村低保标准。各地在研究制定当年农村低保标准时，既要保证农村低保标准动态、稳定地高于国家扶贫标准，也要从当地实际出发，避免增幅过高不可持续。农村低保金既可按照现行规定补差发放，也可以根据当地实际情况分档发放；同时要考虑分类施保因素，对于获得低保后生活仍有困难的老年人、未成年人、重度残疾人和重病患者等特殊困难人群，可根据当地规定适当增发低保金。

四、协同做好脱贫攻坚相关考核评估工作

各地民政、扶贫等部门要加强在脱贫攻坚考核评估等工作中的协同配合。在考核评估建档立卡的“漏评”对象时，“档”外的农村低保对象、特困人员除存在义务教育、基本医疗、安全住房“三保障”问题外，不应作为“漏评”对象。在考核评估建档立卡的“错评”对象时，因获得低保金后家庭收入超过扶贫标准但存在“三保障”问题的农村低保对象、特困人员，不应作为“错评”对象。对于有劳动能力的建档立卡贫困人口纳入农村低保范围的，都应享受产业扶持、就业促进等帮扶措施，不能“只兜不扶”。要加强信息比对工作，民政部、国务院扶贫办每季度比对一次农村低保对象和建档立卡贫困人口数据，县级民政、扶贫部门每年至少比对一次。在建档立卡贫困人口动态调整完成后，各地要及时摸清本行政区域内需兜底保障的贫困人口规模，研究兜底保障措施。

五、注意激发农村低保对象等困难群众脱贫增收的内生动力

注意调动有劳动能力和劳动条件农村低保对象的积极性、主动性，注重培育其发展生产和务工就业的基本技能，努力提高其自我发展能力，防止低保“一兜了之”。要更好发挥扶贫资金引导激励作用，将扶贫资金向农村低保对象等困难群众参与度高、带动脱贫作用强的产业项目倾斜，增强脱贫的稳定性。要注意发挥驻村第一书记、驻村工作队的宣传组织动员作用，鼓励和引导农村低保对象等困难群众参与脱贫攻坚项目，依靠自力更生脱贫致富。要大力宣传脱贫先进典型，用身边人身边事教育和引导困难群众，激发他们脱贫增收的内生动力。

各地衔接过程中出现的关键性、苗头性、倾向性问题，请及时报告民政部、国务院扶贫办。

民政部
国务院扶贫办
2017 年 9 月 13 日

关于支持光伏扶贫规范光伏发电产业用地的意见

各省、自治区、直辖市和新疆生产建设兵团国土资源、扶贫、能源主管部门，各派驻地方的国家土地督察局：

国土资源部会同有关部门联合印发《关于支持新产业新业态发展促进大众创业万众创新用地的意见》（国土资规〔2015〕5号）以来，对促进光伏发电产业发展起到了积极作用。随着光伏扶贫工作力度不断加大，光伏发电产业持续发展，对用地管理提出了新的要求。为深化供给侧结构性改革，现就支持光伏扶贫和规范光伏发电产业用地提出以下意见：

一、总体要求

各地应当依据国家光伏产业发展规划和本地区实际，加快编制本地区光伏发电规划，合理布局光伏发电建设项目。光伏发电规划应符合土地利用总体规划等相关规划，可以利用未利用地的，不得占用农用地；可以利用劣地的，不得占用好地。禁止以任何方式占用永久基本农田，严禁在国家相关法律法规和规划明确禁止的区域发展光伏发电项目。

除本文件确定的光伏扶贫项目及利用农用地复合建设的光伏发电站项目（以下简称光伏复合项目）外，其他光伏发电站项目用地应严格执行国土资规〔2015〕5号文件规定，使用未利用地的，光伏方阵用地部分可按原地类认定，不改变土地用途，用地允许以租赁等方式取得，双方签订补偿协议，报当地县级国土资源主管部门备案，其他用地部分应当办理建设用地审批手续；使用农用地的，所有用地均应当办理建设用地审批手续。新建、改建和扩建地面光伏发电站工程项目，按建设用地和未利用地管理的，应严格执行《光伏发电站工程项目用地控制指标》（国土资规〔2015〕11号）要求，合理利用土地。

二、积极保障光伏扶贫项目用地

对深度贫困地区脱贫攻坚中建设的光伏发电项目，以及国家能源局、国务院扶贫办确定下达的全国村级光伏扶贫电站建设规模范围内的光伏发电项目，变电站及运行管理中心、集电线路杆塔基础用地按建设用地管理，各地在编制土地利用总体规划和年度土地利用计划中应予以重点保障，并依法办理建设用地审批手续；场内道路用地可按农村道路用地管理；光伏方阵使用永久基本农田以外的农用地的，在不破坏农业生产条件的前提下，可不改变原用地性质；采用直埋电缆方式敷设的集电线路用地，实行与项目光伏方阵用地同样的管理方式。

三、规范光伏复合项目用地管理

对使用永久基本农田以外的农用地开展光伏复合项目建设的，省级能源、国土资源主管部门商同级有关部门，在保障农用地可持续利用的前提下，研究提出本地区光伏复合项目建设要求（含光伏方阵架设高度）、认定标准，并明确监管措施，避免对农业生产造成影响。其中对于使用永久基本农田以外的耕地布设光伏方阵的情形，应当从严提出要求，除桩基用地外，严禁硬化地面、破坏耕作层，严禁抛荒、撂荒。

对于符合本地区光伏复合项目建设要求

和认定标准的项目，变电站及运行管理中心、集电线路杆塔基础用地按建设用地管理，依法办理建设用地审批手续；场内道路用地可按农村道路用地管理；利用农用地布设的光伏方阵可不改变原用地性质；采用直埋电缆方式敷设的集电线路用地，实行与项目光伏方阵用地同样的管理方式。

四、加强光伏发电项目用地利用监管

光伏发电站项目用地中按农用地、未利用地管理的，除桩基用地外，不得硬化地面、破坏耕作层，否则，应当依法办理建设用地审批手续，未办理审批手续的，按违法用地查处。对于布设后未能并网的光伏方阵，应由所在地能源主管部门清理。光伏方阵用地按农用地、未利用地管理的项目退出时，用地单位应恢复原状，未按规定恢复原状的，应由项目所在地能源主管部门责令整改。

五、建立部门联合监管机制

项目所在地市、县国土资源主管部门在监管中发现项目违反本通知规定的，应将相关情况通知同级能源主管部门，并逐级上报国家能源局，将项目投资主体纳入能源领域失信主体名单，组织实施联合惩戒。国土资源部将根据行业管理需要，适时对各类光伏发电站项目用地开展专项监测。

本文件自下发之日起执行，有效期五年。

国土资源部
国务院扶贫办
国家能源局
2017 年 9 月 25 日

关于金融支持深度贫困地区脱贫攻坚的意见

银发〔2017〕286号

为深入贯彻落实党的十九大、深度贫困地区脱贫攻坚座谈会和《中共中央办公厅国务院办公厅印发〈关于支持深度贫困地区脱贫攻坚的实施意见〉的通知》(厅字〔2017〕41号)精神，集中力量、集中资源，创新金融扶贫体制机制，着力做好深度贫困地区金融服务，现提出如下意见。

一、强化责任、提升站位，金融扶贫资源要更加聚焦深度贫困地区。攻克深度贫困堡垒，是打赢脱贫攻坚战必须完成的任务。做好金融助推深度贫困地区脱贫攻坚工作，是金融系统义不容辞的责任。金融部门要坚持新增金融资金优先满足深度贫困地区、新增金融服务优先布设深度贫困地区，加大对建档立卡贫困户和扶贫产业项目、贫困村提升工程、基础设施建设、基本公共服务等重点领域的支持力度，着力增强深度贫困地区自我发展能力，为深度贫困地区打赢脱贫攻坚战提供重要支撑。

二、综合运用货币政策工具，引导金融机构扩大深度贫困地区信贷投放。加强深度贫困地区扶贫再贷款管理，加大对深度贫困地区的扶贫再贷款倾斜力度，到2020年，力争每年深度贫困地区扶贫再贷款占所在省(区、市)的比重高于上年同期水平。引导金融机构加强系统内信贷资源调剂，加大对深度贫困地区的支持力度。2020年以前，深度贫困地区贷款增速力争每年高于所在省(区、市)贷款平均增速。

三、改进完善差别化信贷管理，更好满足深度贫困地区群众合理融资需求。各银行业金融机构要合理调配信贷资源，优化调整内部授权与绩效考核，适当延长贷款期限，综合确定贷款额度。脱贫攻坚期内，对于精准扶贫贷款，在风险可控的前提下，稳妥办理无还本续贷业务，区别对待逾期和不良贷款。对深度贫困地区发放的精准扶贫贷款，实行差异化的贷款利率。规范发展扶贫小额信贷，着力支持深度贫困地区符合条件的建档立卡贫困户发展生产。在深度贫困地区，适度提高创业担保贷款贴息额度、取消反担保要求。加大国家助学贷款实施力度，支持更多家庭困难学生入学。延长民贸民品优惠利率贷款期限，因地制宜支持民贸民品企业发展，保障少数民族群众生产生活的特殊需求。建立带动建档立卡贫困人口脱贫的挂钩机制，加大对产业扶贫的金融支持力度。对存在不良信用记录的扶贫对象，要通过深入分析金融精准扶贫信息系统和金融机构记录，查找不良信用记录形成原因，开展信用救助，有针对性地帮助其重建良好信用。

四、加强资金筹集使用管理，全力做好深度贫困地区易地扶贫搬迁金融服务。国家开发银行、农业发展银行要根据深度贫困地区搬迁工作进度和资金需求，合理安排易地扶贫搬迁专项金融债券发行时机，筹集信贷资金，确保支持对象精准、贷款资金专款专用，坚决避免资金闲置挪用和因贷款原因影响搬迁进度，人民银行相关分支机构要加强动态监测和监督检查。各银行业金融机构要做好贫困人口安置综合金融服务，支持安置区贫困人口就近就地生产生活。

五、发挥资本市场作用，拓宽深度贫困地区直接融资渠道。对深度贫困地区符合条件的企业首次公开发行股票，加快审核进度，适用“即报即审、审过即发”政策。支持深度贫困地区符合条件的企业在全国中小企业股份转让系统挂牌，实行“专人对接、专项审核”，适用“即报即审，审过即挂”政策，减免挂牌初费。对深度贫困地区符合条件的企业发行公司债、资产支持证券的，实行“专人对接、专项审核”，适用“即报即审”政策。鼓励上市公司支持深度贫困地区的产业发展，支持上市公司对深度贫困地区的企业开展并购重组。对涉及深度贫困地区的上市公司并购重组项目，优先安排加快审核。支持证券经营机构开展专业帮扶，通过组建金融工作站等方式结对帮扶贫困县，提高深度贫困地区利用资本市场促进经济发展的能力。支持深度贫困地区符合条件的企业通过发行短期融资券、中期票据、扶贫票据、社会效应债券等债务融资工具筹集资金，实行会费减半的优惠。

六、创新发展保险产品，提高深度贫困地区保险密度和深度。大力发展商业医疗补充保险、疾病保险、扶贫小额保险、农房保险等保险产品，重点服务深度贫困地区因病、因残致贫的突出困难群体。加大对深度贫困地区建档立卡贫困户投保保费补贴力度，积极发展农业保险，适度降低深度贫困地区保险费率。创新发展农产品价格保险和收入保险，提高深度贫困地区农业风险保障水平。到 2020 年底，实现深度贫困地区贫困人群医疗补充保险广覆盖，政策性农业保险乡镇全覆盖。

七、优先下沉深度贫困地区金融网点，更加贴近贫困农户需求。金融机构要结合深度贫困地区实际需求，合理优化网点布局，保持现有网点基本稳定并力争有所增加，提升网点覆盖面，积极推动已有金融机构网点服务升级，适度下放管理权限。地方法人金融机构要继续向深度贫困地区乡村下沉营业网点，扩大业务范围。推动加大财政奖补力度，审慎稳妥扩充助农取款点服务功能，进一步推进支付服务进村设点，鼓励深度贫困地区推广网络支付，力争 2020 年底前实现助农取款服务在深度贫困地区行政村全覆盖，实现“基础金融服务不出村、综合金融服务不出镇”。

八、推进深度贫困地区信用体系建设，加大信用贷款投放力度。全面开展信用乡镇、信用村、信用户创建，到 2020 年实现深度贫困地区建档立卡贫困户信用体系建设全覆盖。结合深度贫困地区实际，探索开展信用培育有效途径，完善信用评价机制。在风险可控、商业可持续的前提下，大力发展信用贷款业务，提高信用贷款金额，促进深度贫困地区信用贷款保持较快增长。

九、继续发挥经理国库职能，提升深度贫困地区国库服务水平。发挥国库的监测分析作用，配合地方财政部门盘活财政资金存量，提高财政扶贫资金使用效率。拓宽国库直接支付惠农资金种类和范围，完善贫困农户直接补贴机制，保障各类补贴资金安全及时足额发放到位。适时开展国债下乡，为深度贫困地区农户提供安全可靠的投资渠道，提高财产性收入水平。

十、加强深度贫困地区金融生态环境建设，有效防范金融风险。在深度贫困地区优先实施农村金融教育“金惠工程”，2020 年以前实现深度贫困地区贫困村金融宣传教育全覆盖。加强对深度贫困地区基层干部的金融知识培训，提升金融风险防范意识和识别能力以及运用金融工具的能力。强化深度贫困地区金融消费者权益保护，严厉打击金融欺诈、非法集资、制售使用假币等非法金融活动，规范金融机构业务行为，净化深度贫困地区金融消费环境。严格扶贫项目贷款审批管理，避免假借扶贫名义违法违规举债融资上其他项目，切实防范金融风险，促进深度贫困地区经济可持续，为贫困群众“真脱贫、脱真贫”提供长远支撑。

十一、优化银行业金融机构监管考核，提升银行业金融机构贷款投放的积极性。适当提高不良贷款容忍度，对深度贫困地区银行业金融机构个人精准扶贫贷款不良率高于自身各项贷款不良率年度目标2个百分点以内的，可以在监管部门监管评价和银行内部考核中给予一定的容忍度。加快完善落实尽职免责制度，明确精准扶贫贷款发放过程中的尽职要求，强化正面引导。

十二、加强财税金融结合，撬动金融资源更多投向深度贫困地区。加强与地方政府部门沟通协调，推动落实好扶贫贷款贴息政策。健全融资风险分担和补偿机制，支持深度贫困地区设立贷款担保基金和风险补偿基金。支持深度贫困地区设立政府性融资担保机构，通过资本注入、风险分担、风险补偿等方式，撬动金融资本和社会资金投入扶贫开发。推动地方落实好支持企业融资税收优惠政策，引导金融机构更好支持深度贫困地区农户、小微企业、个体工商户贷款融资。

十三、完善监测考核评价机制，强化金融精准扶贫政策宣传推广。充分利用金融精准扶贫信息系统，加强信息对接共享和专项贷款统计，加强对金融精准扶贫服务情况和精准扶贫贷款异常波动情况的监测分析。改进金融精准扶贫效果评估，丰富评估结果运用方式，推动纳入政府综合扶贫工作效果考核体系，并与扶贫再贷款使用、宏观审慎评估、银行间债券管理、金融产品创新等挂钩。充分利用主流媒体和网络媒体广泛宣传金融扶贫政策、金融知识、金融产品和服务及金融扶贫效果，及时总结推广典型金融扶贫模式和经验，形成金融助推深度贫困地区脱贫攻坚的浓厚氛围。

中国人民银行
银监会
证监会
保监会
2017年12月15日

加大深度贫困地区支持力度 推动解决区域性整体贫困行动方案（2018—2020年）

发改地区〔2017〕2180号

2017年6月23日，习近平总书记在深度贫困地区脱贫攻坚座谈会上明确指出，深度贫困地区是脱贫攻坚的坚中之坚，是脱贫攻坚这场硬仗中的硬仗，务必深刻认识深度贫困地区如期完成脱贫攻坚任务的艰巨性、重要性、紧迫性，采取更加集中的支持、更加有效的举措、更加有力的工作，扎实推进深度贫困地区脱贫攻坚。10月18日，习近平总书记在党的十九大报告中指出，要重点攻克深度贫困地区脱贫任务，确保到2020年我国现行标准下农村贫困人口实现脱贫，贫困县全部摘帽，解决区域性整体贫困。按照党中央、国务院决策部署，为集中力量如期打赢深度贫困地区脱贫攻坚战，推动解决区域性整体贫困，特制定本行动方案。

一、总体要求

（一）指导思想。全面贯彻党的十九大精神，以习近平新时代中国特色社会主义思想为指导，落实习近平总书记关于扶贫开发的重要论述和在深度贫困地区脱贫攻坚座谈会上的重要讲话精神，坚持精准扶贫精准脱贫基本方略，坚持精准帮扶与区域整体开发有机结合，紧密围绕“三区三州”等深度贫困地区脱贫发展需要，立足当前、着眼长远、精准施策、集中攻坚，推动新增资金、新增项目、新增举措进一步向深度贫困地区倾斜，充分调动广大干部群众脱贫攻坚的主动性、积极性和创造性，着力改善贫困群众生产生活条件，着力提升基本公共服务水平，着力推进精准扶贫工程到村到户到人，着力强化区域性基础设施支撑能力，打好深度贫困地区精准脱贫攻坚战，为推动解决深度贫困地区区域性整体贫困打下坚实基础。

（二）行动目标。到2020年，“三区三州”等深度贫困地区群众出行条件、饮水安全、生活生产用能全面改善，义务教育和基本医疗服务便利可及，贫困村人居环境有效提升，易地扶贫搬迁对象住房安全、就业脱贫有保障，交通、水利、能源、通信等重大基础设施保障能力明显提升，同全国一道进入全面小康社会。

二、大力改善深度贫困地区生产生活条件

（三）优先保障贫困群众路水电等基本需求。加快推进“百万公里农村公路”建设，继续安排中央预算内投资支持集中连片特困地区通建制村硬化路建设，完善精准扶贫乡村交通基础网络，推进交通建设项目安排向进村入户倾斜。继续积极支持“三区三州”农村扶贫公路建设。优先安排农村饮水安全巩固提升工程建设任务，将“十三五”后三年中央补助投资适度集中在2018—2019年下达，2020年收尾。大力推进以小城镇和中心村电网改造、机井通电和贫困村通动力电为重点的新一轮农村电网改造升级工程，研究提高“三区三州”等深

度贫困地区资本金比例，全面提高供电稳定性和质量，确保2017年底除西藏之外的其他地区贫困村全部通动力电，2020年底西藏完成贫困村通动力电任务。优先支持“三区三州”符合政策的光伏扶贫项目建设，保障电网接入。

（四）加大易地扶贫搬迁支持力度。对“三区三州”等深度贫困地区符合条件的建档立卡贫困人口实行“应搬尽搬”，优先安排搬迁建设任务，足额保障资金需求。鼓励引导“三区三州”实施整村整组搬迁，在确保建档立卡搬迁户住房建设补助标准不降低、自筹标准不提高前提下，省级政府可统筹国家易地扶贫搬迁资金（中央预算内投资除外）等脱贫攻坚资金，用于支持边缘贫困户同步搬迁。边缘贫困户界定标准、补助标准、自筹标准等由省级政府制定并报国家发展改革委备案，不得将标准制定权限下放。允许“三区三州”等深度贫困地区按照不超过工程项目国家下达资金总额2.5%的比例，列支安置区地质勘察、工程设计、招标投标、工程监理等前期工作费。“三区三州”等深度贫困地区易地扶贫搬迁拆旧复垦产生的增减挂钩节余指标优先安排交易，积极推进在东西部扶贫协作和对口支援框架内开展跨省交易。统筹搬迁结余资金、财政涉农资金、社会帮扶资金等，支持搬迁群众后续产业发展和转移就业、技能培训工作，确保搬迁一户、稳定脱贫一户。

（五）大力实施以工代赈。调整以工代赈资金分配方式，主要用于“三区三州”等深度贫困地区。大力推广自建、自管、自营等以工代赈方式，能用人工的尽量不用机械，能投工投劳的尽量不用专业队伍，组织当地贫困群众积极参与基础设施、生态保护、水利工程等项目建设，及时足额发放劳务报酬，通过参与式扶贫激发内生动力，共建美好家园。拓展以工代赈内涵，探索开展以工代赈资产收益扶贫试点，逐步提高贫困群众资产性收入水平。

（六）实施农村人居环境整治行动。在深度贫困地区有序推进农村人居环境整治，在优先保障农民基本生活条件基础上，实现干净整洁的基本要求。加强农村生活垃圾和厕所粪污治理，梯次推进农村生活污水治理，改善村内道路通行条件，提升村容村貌，加强村庄规划管理，完善建设管护机制，提高农村文明意识。

（七）推进乡村振兴战略。在深度贫困地区大力实施乡村振兴战略。优化“三区三州”等深度贫困地区乡村空间布局，因地制宜分类推进乡村发展。着力务实农业生产能力基础，加快农业转型升级，逐步壮大“三区三州”乡村特色优势产业，引导“三区三州”等深度贫困地区建立现代农业经营体系，推进农村一二三产业融合发展。

三、提升深度贫困地区基本公共服务能力

（八）着力强化教育基础设施建设。瞄准“三区三州”等深度贫困地区教育薄弱环节，加快完善学前教育公共服务体系，全面改善义务教育薄弱学校基本办学条件，优化义务教育学校布局，加强乡村小规模学校和乡镇寄宿制学校建设，推动县域内城乡义务教育一体化发展和普及高中阶段教育。县及县以下义务教育学校配套建设教师周转宿舍。加快发展面向“三区三州”的职业教育和培训，提高贫困群众就业技能。中央投资继续积极支持“三区三州”符合条件的义务教育学校、普通高中和中等职业学校建设项目，在下达中央预算内投资时予以优先安排。

（九）扎实推进医疗卫生服务体系建设。着力加强“三区三州”等深度贫困地区医疗卫生服务体系建设，提升医疗卫生服务能力。全面加强县级医院业务用房建设，确保每个县（市、区）建好1～2所县级公立医院（含中医院），医疗装备水平能够满足县域内居民常见病、多发病诊疗、突发事

件现场医疗救援等需求。同步加强乡镇卫生院、社区卫生服务中心和村卫生室基础设施建设。全面改善医疗卫生薄弱环节基础设施条件，提升医疗卫生服务能力。中央投资继续积极支持“三区三州”符合条件的县级医院、妇幼保健、疾控中心等公共卫生领域项目，在下达中央预算内投资时予以优先安排。

（十）加大特殊贫困群体关爱服务体系建设。加强“三区三州”等深度贫困地区养老服务体系建设，加快推进以居家为基础、社区为依托、机构为补充、医养结合的多层次养老服务体系，整合改造闲置社会资源发展养老服务。加强深度贫困地区社会福利、残疾人康复和托养等薄弱环节设施建设，充分发挥社会服务设施兜底保障功能。逐步完善救助管理机构、福利机构场所设施，满足临时监护照料农村留守儿童的需要。中央投资继续积极支持“三区三州”符合要求的养老、社会福利、残疾人康复和托养等薄弱环节设施建设项目，在下达中央预算内投资时予以优先安排。

四、加大深度贫困地区生态扶贫力度

（十一）加大生态建设力度。加大“三区三州”等深度贫困地区退耕还林还草、退牧还草、天然林资源保护、三北防护林体系建设、水土保持、石漠化综合治理、沙化土地封禁保护区建设、湿地保护与恢复、农牧交错带已垦草原综合治理等重大生态工程建设支持力度。优先安排“三区三州”等深度贫困地区新增退耕还林还草任务。鼓励地方组建生态建设扶贫专业合作社，组织贫困人口参与生态工程建设，增加贫困人口收入。加大新疆南疆四地州退地减水支持力度。

（十二）创新生态扶贫支持方式。积极探索通过生态保护、生态修复飞生态搬迁、生态产业发展、生态乡村建设等带动贫困人口精准增收脱贫模式。扩大“三区三州”等深度贫困地区森林、草原、湿地、沙化土地等生态管护公益岗位规模，优先吸纳符合条件的贫困劳动力作为生态管护人员。

（十三）大力发展生态产业。在“三区三州”积极推进生态旅游、特色林产业、特色种养业发展，促进一二三产业融合发展。加强自然保护区、森林公园、湿地公园、沙漠公园、草原等旅游配套设施建设。

五、加快推进深度贫困地区重大基础设施建设

（十四）加快推进交通基础设施建设。积极推进重点交通项目前期工作，加快实施交通扶贫“双百”工程。“三区三州”等深度贫困地区已列入百项骨干通道工程的国家高速公路、普通国道、铁路、机场等项目，力争2018年底实现全部开工建设。加大对“三区三州”国边防公路建设支持力度，对条件成熟的项目，优先安排中央预算内投资。

（十五）科学推进水利工程建设。在“三区三州”等深度贫困地区因地制宜建设一批重点水源、病险水库除险加固、中小河流治理、灌区续建配套与节水改造、水土保持、山洪灾害防治等水利工程，推进坡耕地综合治理和小型农田水利建设。有序推进一批脱贫带动效果明显的重大水利枢纽、重点引水工程、灌区工程等项目建设，科学开展项目前期论证，在保护生态的前提下，提高水资源开发利用水平，为改善贫困地区农业农村生产条件打好基础。

（十六）不断提升能源保障能力。依据“三区三州”相关能源规划，加强电源点建设，优先布局、尽快开工建设重大能源投资项目，鼓励开发风能、太阳能、地能等清洁能源，重点推进一批重大水电项目，促进深度贫困地区能源结构调整和转型升级。实施骨干电网联网工程，加快建设藏中和昌都电网联网工程，研究推进建设阿里与藏区主网

互联工程，新疆电网进一步向南疆延伸，完善西部水电基地外送通道建设等。

（十七）进一步强化网络通信保障能力。加快“三区三州”等深度贫困地区信息和网络基础设施建设，加大电信普遍服务试点在深度贫困地区的实施力度，完善深度贫困地区农村综合信息服务体系，加快推进信息进村入户。加强深度贫困地区建制村邮政设施建设，实现村村通邮政。加快网络信息安全设施建设，提高深度贫困地区应急通信保障能力建设。

六、统筹解决特殊类型地区区域性整体贫困

（十八）切实解决边境地区重点民生问题。按照党中央、国务院部署，全面落实边民补助政策，加强边境地区农村公路建设，全面完成农村危旧房改造和村庄功能提升等任务，大力改善边民生产生活条件，明显提高边境地区基本公共服务水平，加快边疆发展，确保边疆巩固飞边境安全。

（十九）扎实推进重点革命老区开发建设与脱贫攻坚。全面落实支持革命老区开发建设与脱贫攻坚相关政策措施，加快实施陕甘宁、赣闽粤、左右江、大别山、川陕等重点革命老区振兴发展规划，采取“一事一议”等方式建立规划实施部际、部省沟通协调机制，指导协调跨省重大项目、重大政策、重大改革等事项。健全支持赣南等原中央苏区振兴发展部际联席会议制度。结合国家现有各类支持政策，积极支持老区群众住房、村组道路和产业发展等设施建设。

（二十）大力支持民族地区脱贫攻坚。继续安排中央预算内投资支持新疆、西藏和四省藏区经济社会发展等工作，指导做好纳入相关规划的重点民生工程和重大项目实施。大力实施《关于支持四川省凉山彝族自治州云南省怒江傈僳族自治州甘肃省临夏回族自治州加快建设小康社会进程的若干意见》，加快民族地区脱贫攻坚步伐。将民族地区特别是深度贫困民族地区旅游产业发展作为促进交流、交往、交融和脱贫致富的重要途径加以推进，支持具备条件的地区打造全域旅游，鼓励开展省际环形旅游和重点旅游廊道建设，着力疏通旅游交通瓶颈制约，不断完善旅游配套基础设施和公共服务设施。

（二十一）深入推进集中连片特因地区规划实施。进一步强化集中连片特困地区区域发展与扶贫攻坚“十三五”省级规划实施工作，片区重大基础设施和重点民生工程优先纳入年度实施计划，推动形成片区基础设施互联互通、公共服务共建共享、生态环境同治同管的一体化发展新格局。完善片区工作机制，进一步压实省级政府主体责任，进一步加强片区联系单位对片区省级及以下政府的协调指导力度，做好规划实施跟踪调度与监督检查。

（二十二）深化对口支援。充分发挥对口支援工作机制作用，指导援受双方实施好对口支援新疆、西藏和四省藏区规划，按照“两个倾斜”要求，严格落实80%以上援助资金用于保障和改善民生、用于县及县以下基层，进一步向贫困县、贫困村和贫困人口倾斜。加强对口支援绩效综合考核评价工作，把帮助受援地区完成脱贫攻坚任务作为重要考核内容。

七、保障措施

（二十三）加强组织领导。要深刻认识深度贫困地区脱贫攻坚和解决区域性整体贫困问题的艰巨性、复杂性和紧迫性，充分发挥政治优势和制度优势，按照精准扶贫精准脱贫基本方略和“中央统筹、省负总责、市县抓落实”的工作机制，不断开拓创新，补齐突出短板，破解瓶颈制约。国家发展改革委统筹做好政策制定、项目安排、投资下达等工作，督促各项工作落实落地，协调解决工作中出现的主要困难和重大问题。“三区三州”相关省区发展改革委要根据本方

案要求，实化细化配套政策措施，明确时间表、路线图，建立“三区三州”等深度贫困地区重点民生工程和重大基础设施项目库，及时出清、及时补充、动态调整。各级发展改革部门要真正扑倒身子，深入贫困地区基层调查研究，由此及彼、由表及里找到深度贫困的难点堵点，认真研究解决问题的办法。

（二十四）加大投入力度。各级发展改革部门要按照中央“三个新增”要求，进一步优化调整投资结构，加大对“三区三州”等深度贫困地区和革命老区、民族地区、边疆地区、集中连片特困地区的支持力度。加快“三区三州”等深度贫困地区重大项目审核备案进度，优先安排重大工程、重大项目、重大改革，严格落实公益性建设项目取消县级和地市级配套资金政策。按照突出重点、统筹衔接的原则，在安排重大项目前期工作费特别是西部大开发重点项目前期工作专项补助资金时，对“三区三州”公益性基础设施建设项目前期工作予以倾斜支持。

（二十五）强化工作督导。国家发展改革委统筹做好本方案的组织实施工作，及时跟踪重点任务、重大项目推进实施情况，确保行动方案顺利实施。省级发展改革部门要不断强化责任意识和担当意识，加强对深度贫困地区相关脱贫发展工作的跟踪指导和督促检查，并结合扶贫领域作风建设，做好发展改革系统基层干部作风培训、政策培训和能力培训，提高实战能力和水平，打造一支作风优良、敢打硬仗、能打胜仗的扶贫干部队伍。

2017 年 12 月 17 日

水利部关于扎实做好深度贫困地区农村饮水安全工作的通知

水农〔2017〕451号

保障农村饮水安全是事关亿万群众切身利益的重大民生事业，优先解决好深度贫困地区贫困人口饮水安全问题是中央关于全面建成小康社会、打赢脱贫攻坚战提出的重点任务和明确要求。为贯彻落实中共中央办公厅、国务院办公厅《关于支持深度贫困地区脱贫攻坚的实施意见》，现就扎实做好深度贫困地区农村饮水安全工作要求如下：

一、切实加强组织领导。各地要按照中央的统一要求，切实落实好脱贫攻坚农村饮水安全保障实行中央统筹、省负总责、市县抓落实的工作机制。省级水利部门要高度重视贫困地区农村饮水安全问题，加强领导，强化责任，进一步聚焦贫困地区，特别是深度贫困县、贫困乡、贫困村，检查督促各市县将解决贫困地区农村饮水安全问题纳入党政领导脱贫攻坚的重要内容。水利部门要进一步完善与扶贫部门、驻村工作队的联系机制，更加精准掌握各地贫困村、贫困户饮水安全状况和需求，指导各地编制完善县级农村饮水安全年度工作实施方案，并将工作内容细化至具体乡、村。支持贫困地区加大资金投入和整合力度，切实解决好深度贫困地区的农村饮水安全问题。

二、扎实做好基础工作。省级水利部门要根据各省级人民政府批复的“十三五”农村饮水安全巩固提升工程规划及其分年目标任务，按年度任务计划逐级细化分解至市县，作为各省对市县农村饮水安全巩固提升工作进行年度考核的重要依据。各级水利部门要以国务院扶贫办提供的国家建档立卡贫困村、贫困人口中存在饮水问题的人口为基础，依据农村饮水安全评价标准，及时精准识别掌握贫困村、贫困人口饮水安全问题的真实情况，防止盲目提高标准。要按照脱贫攻坚要求，把农村饮水安全巩固提升工程规划与当地扶贫规划和经济社会发展规划布局紧密结合，科学合理确定农村饮水安全巩固提升目标任务和年度实施方案。省级水利部门要加大技术帮扶力度，通过组织专家团队、技术服务、技术培训等形式，指导市县优先实施深度贫困地区特别是建档立卡贫困村、贫困人口农村饮水安全项目。

三、千方百计落实工程建设资金。各省“十三五”中央预算内资金补助控制规模已经明确，中央将优先下达涉及深度贫困地区省份农村饮水安全巩固提升年度投资。省级水利部门要商发展改革、财政等部门在分解下达中央年度投资计划和安排省级财政资金投入时，加大对深度贫困地区饮水安全巩固提升工程倾斜支持力度。深度贫困地区水利部门要积极主动向当地党委政府汇报情况，将农村饮水安全工程建设纳入中央财政新增“三区三州”脱贫攻坚资金重点支持范围。贫困县要加强各类扶贫资金、援助资金的整合力度，争取更多政策性金融资金支持，鼓励和引导社会资本参与深度贫困地区农村饮水安全巩固提升工程建设与管理，千方百计足额落实工程建设资金，确保农村饮水安全工程顺利实施，并如期发挥效益。

四、强化工程管理管护。各地在加强农村饮水安全巩固提升工程建设的同时，要突出管理管护，避免因管理不到位而出现农村饮水安全不稳固、易反复问题。要建立健全农村饮水工程县级管理机构，明晰工程产权，落实工程管护主体，积极推行“基本水价＋计量水价”的两部制水价，落实农村饮水安全工程维修养护经费，加强工程管理维护，确保工程建得成、管得好、用得起、长受益。强化水源保护，按规定划定饮用水水源保护区或保护范围，完善相关防护设施建设和标志设置；加强净化消毒，配套完善工艺合理的水处理、消毒设施设备或采取适宜的净化消毒措施；做好水质检测监测，逐步建立千吨万人以上水厂水质化验室日检、区域水质检测中心巡检、卫生计生部门行业监管的水质检测监测体系，保障水质安全达标。加强农村饮水安全巩固提升工程建设管理，采取月报告、定期督查等方式，及时掌握工程建设进展情况，推动项目顺利实施。

五、严格考核工作要求。深度贫困地区脱贫攻坚是一场硬仗，优先解决饮水安全问题是一项政治任务。各地要按照年度脱贫目标，建立健全农村饮水安全督导检查考核机制。考核评估必须实事求是，绝不能搞数字脱贫、虚假脱贫。对不严不实、弄虚作假的一经发现，根据有关规定严肃问责。工程建设中要加强对项目的技术指导和监督检查，要及时协调解决工作推进中出现的困难和问题，确保每个贫困县、贫困村、贫困户都能早日用上安全洁净的饮用水。各地要加强调研、总结深度贫困地区农村饮水安全工作成效、典型经验，广泛宣传、及时推广，营造农村饮水安全工作发展的良好氛围。

水利部

2017 年 12 月 21 日

关于支持深度贫困地区交通扶贫脱贫攻坚的实施方案

为全面贯彻党的十九大作出的战略部署，进一步落实中办、国办《关于支持深度贫困地区脱贫攻坚的实施意见》（厅字〔2017〕41号，以下简称《实施意见》）有关要求，攻克深度贫困堡垒，打好打赢交通扶贫脱贫攻坚战，确保如期全面建成小康社会，特制定本实施方案。

一、总体要求

以习近平新时代中国特色社会主义思想为指导，围绕深度贫困地区基本公共服务主要领域指标接近全国平均水平的目标要求，坚持精准扶贫精准脱贫基本方略，坚持中央统筹、省负总责、市县抓落实的管理体制，以补短板为突破口，强化政策保障，持续加大力度，进一步发挥好交通在脱贫攻坚中的基础性、先导性作用，为深度贫困地区脱贫摘帽和全面建成小康社会当好先行、做好支撑。

兜住底线，确保目标。坚持目标导向，围绕2020年如期完成建制村通硬化路、通客车的交通扶贫兜底性目标要求，充分考虑深度贫困地区交通需求特点、资金能力和环境承载力，实事求是、因地制宜，加快深度贫困地区干线公路建设，进一步建好、管好、护好、运营好农村公路，到2020年深度贫困地区基本建成"外通内联、通村畅乡、班车到村、安全便捷"交通运输网络。

突出重点，精准施策。坚持问题导向，对于深度贫困地区项目优先安排、资金优先保障、措施优先落实、工作优先对接。坚持中央统筹，重点支持"三区三州"（指西藏、四省藏区、新疆南疆四地州和四川凉山州、云南怒江州、甘肃临夏州），交通扶贫新增资金、新增项目、新增举措主要向"三区三州"倾斜，加快"三区三州"交通建设项目前期工作，优先安排实施。

部省合力，协同联动。支持相关省区按照"省负总责"要求解决本省区内深度贫困问题，调动各方力量共同推进交通扶贫建设。加强协调协作，鼓励和引导交通建设项目尽量向进村入户倾斜。坚持专项扶贫、行业扶贫、社会扶贫"三位一体"大扶贫格局，凝聚各方合力抓好定点扶贫、对口支援、联系六盘山片区等扶贫专项工作。

二、重点任务

（一）优先推进深度贫困地区国家高速公路、普通国省道等对外通道建设。优先推进深度贫困地区对外运输通道建设，促进区域内外互联互通。一是加快国家高速公路待贯通路段建设，重点推进"三区三州"国家高速公略G4217成都至马尔康段、G4218雅安至康定段、G4216成都至丽江段、G7611西昌至昭通段等项目建设，建设规模约1500公里。二是以通县普通国道改造建设为重点，加快普通国道未贯通路段建设，对无铺装路面、三级及以下路段实施升级改造，重点推进"三区三州"境内G219、G245、G348等项目建设，提高干线公路服务能力和保障水平，建设规模约8600公里。加快重点项目前期工作，符合年度投资安排要求的优先安排建设计划。（规划司、公路局牵头负责）

（二）加快贫困地区剩余乡镇和建制村通硬化路建设，加大对深度贫困地区的支持力度。

加快推进贫困地区剩余乡镇和建制村通化路建设任务，2018—2019年解决贫困地区128个乡镇和剩余5700个建制村通畅问题，建设规模约8.4万公里，优先安排实施“三区三州”和深度贫困县、深度贫困村项目，到2019年底实现具备条件的乡镇和建制村通硬化路。进一步加大车购税资金对“三区三州”项目的支持力度。按照目标要求，明确2018年、2019年分年度建设任务，倒排工期，加快建设进度，实行销号管理。支持深度贫困地区改造建设一批乡村旅游路、产业路、资源路，优化改善自然人文、少数民族特色村寨和风情小镇等旅游景点景区交通设施，为深度贫困地区特色产业扶贫创造条件。（规划司、公路局牵头负责）

（三）支持贫困地区一定人口规模自然村通硬化路，推动农村公路向进村入户倾斜。

进一步优化贫困地区通村硬化路路线走向，尽可能串连带通更多的自然村，直接惠及更多的群众。加大对深度贫困地区较大人口规模撤并建制村（自然村）通硬化路建设支持力度，加快项目建设进度，延伸农村公路通达深度，扩大路网覆盖范围，2018—2020年建设规模约4.6万公里，解决约1.2万个撤并建制村（自然村）通畅问题。支持云南“直过民族”地区和沿边地区20户以上自然村通硬化路，建设里程约2万公里，改善边境深度贫困地区人民群众出行条件，促进边境地区经济社会稳定发展。（规划司、公路局牵头负责）

（四）强化深度贫困地区“四好农村路”建设，进一步提高深度贫困地区农村交通运输服务水平。

加强农村公路安全生命防护工程建设和危桥改造力度，重点对急弯陡坡、临水临崖等安全隐患重点路段加设安全防护设施，其中2018—2020年“三区三州”实施约3.3万公里公路安全生命防护工程、改造约1300座危桥，到2020年前基本完成乡道以上行政等级公路安全隐患治理，实现农村公路交通安全基础设施明显改善、安全防护水平显著提高。（公路局牵头负责）

切实提升农村公路质量安全，大力推广建养一体化等建设模式。加强建设市场监管和质量、安全督导，切实落实“七公开”“三同时”等制度要求，推动农村公路品质工程全面开展，确保“建成一条、达标一条”。（公路局、安质司牵头负责）

深化农村公路管养体制改革，完善和落实省、市、县、乡镇、村五级责任，结合事业单位和乡镇机构改革，完善县乡农村公路管理体制。（公路局牵头负责）

聚焦2020年具备条件建制村通客车目标，继续大力推进深度贫困地区乡镇和建制村通客车，创新农村客运发展模式，进一步扩大农村客运覆盖范围。推进“交通十电商快递”工程，提高深度贫困地区农村物流服务水平。（运输服务司牵头负责）

（五）加大定点扶贫和交通“扶智”工作力度，推动深度贫困县加快实现脱贫目标。

进一步深入落实部机关、部属单位结对联系帮扶机制，调动全行业全系统及社会各方面力量，创新帮扶工作举措，支持定点扶贫县和六盘山片区的深度贫困县乡村加快脱贫攻坚进程。（各司局分头负责）

将深度贫困地区交通扶贫与干部人才培养锻炼紧密结合，继续加大西藏、新疆、青海、六盘山片区、定点扶贫县干部挂职、教育培训、科技推广等的工作力度，为深度贫困地区脱贫攻坚提供更有力的人才智力支持。（人事教育司、科技司牵头负责）

三、保障措施

（一）加强组织领导。各级交通运输主管部门要充分认识深度贫困地区脱贫攻坚的严肃性、艰巨性和时效性，切实把“中央统筹省负总责、市县抓落实”的管理体制落到实处。交通运输部做好政策统筹，加大倾斜支持。各相关省级交通运输主管部门要高度重视，进一步加强组织领导，结合易地扶贫搬迁、村镇建设等规划，优先安排深度贫困地区交通扶贫项目，切实做好资金保障，强化技术指导和监督考核，按时完成目标任务。

（二）加大政策倾斜。优先保障深度贫困地区交通扶贫项目资金，交通运输部统筹优化“十三五”规划有关资金安排，进一步加大中央资金对深度贫困地区的投入力度，其中“三区”（西藏、新疆南疆四地州、四省藏区）项目继续按现行倾斜政策执行；“三州”（凉山州、怒江州、临夏州）项目车购税补助标准，国家高速公路按项目建安费50%安排，普通国道按项目建安费全额安排，建制村通硬化路就高执行70万元/公里标准。各相关省级交通运输主管部门积极争取省级财政、一般债券加大对深度贫困地区农村公路建设的支持力度，督促市（地、州）、县政府将农村公路建设、养护资金及管理机构运行经费和人员基本支出纳入一般公共财政预算。鼓励引导深度贫困地区市县政府积极整合财政涉农资金支持农村公路建设。

（三）强化督促检查。各级交通运输主管部门要强化深度贫困地区交通建设管理和质量控制，因地制宜、实事求是，切实保证交通扶贫项目建设质量。持续加强交通扶贫事中事后监管，按时做好交通扶贫统计监测，切实落实政策保障措施和年度目标任务，严防“数字脱贫”、虚假脱贫。进一步加强工作督导，各相关省交通运输主管部门争取将交通扶贫、“四好农村路”等相关指标纳入地方政府绩效考核体系，加快建立农村公路管理养护长效机制。加强建设资金使用监管，地方交通运输主管部门在实施过程中必须保障中央资金足额、规范使用，严防资金风险。对于工作不实、弄虚作假的严肃问责。

（四）营造良好氛围。激发深度贫困地区和贫困人口内生动力，积极构建政府主导、社会支持、群众参与的农村公路建设管理体制。加强交通扶贫优秀案例、先进人物、典型事迹的线索收集，加大宣传力度，树立身边榜样，充分发挥先进模范典型带动作用，构建政府部门、社会力量和广大群众共同参与交通扶贫脱贫攻坚的良好氛围。

2017年12月26日

关于加强农村留守老年人关爱服务工作的若干意见

民发〔2017〕193号

各省、自治区、直辖市民政厅（局）、公安厅（局）、司法厅（局）、财政厅（局）、人力资源社会保障厅（局）、文化厅（局）、卫生计生委、扶贫办、老龄办、新疆生产建设兵团民政局、公安局、司法局、财务局、人力资源社会保障局、文化局、卫生计生委、扶贫办、老龄办：

农村留守老年人问题是我国工业化、城镇化、市场化和经济社会发展的阶段性问题，是城乡发展不均衡、公共服务不均等、社会保障不完善等问题的深刻反映。农村留守老年人关爱服务是农村养老服务体系的重要组成部分。关爱服务体系的完善关乎广大农村留守老年人的晚年幸福生活，关系到脱贫攻坚的目标实现，关系到社会和谐稳定和全面建成小康社会大局。党中央、国务院高度重视农村留守老年人关爱服务工作，党的十九大报告明确要求加快建立健全农村留守老年人关爱服务体系。为贯彻落实党中央、国务院决策部署，进一步加强农村留守老年人关爱服务工作，现提出以下意见：

一、把握农村留守老年人关爱服务工作的总体要求

加强农村留守老年人关爱服务工作，要深入贯彻党的十九大精神和习近平新时代中国特色社会主义思想，以促进农村留守老年人安享幸福晚年生活为落脚点，着力完善关爱服务网络，提升关爱服务能力，健全关爱服务体制机制，切实把握好四方面原则与要求：

一是明确职责、完善机制。强化家庭和子女在赡养、扶养留守老年人中的主体责任和法定义务，落实县乡两级政府在维护留守老年人权益中的基本职责，充分发挥老年人组织、村民互助服务组织、社会工作服务机构作用，建立健全家庭尽责、基层主导、社会协同、全民行动、政府支持保障的农村留守老年人关爱服务工作机制。

二是突出重点、强化服务。各地要加强资源统筹，以防范留守生活安全风险为重点内容，以经济困难家庭的高龄、失能留守老年人为重点对象，督促各方履行关爱职责，增强生活照料、精神慰藉、安全监护、权益维护等基本服务，防止冲击社会道德底线的问题发生。

三是因地制宜、改革创新。各地区要结合当地经济社会发展水平，结合当地人文风俗文化习惯，结合当地人口老龄化形势趋势，深入研究、开拓创新，积极探索有效管用的农村留守老年人关爱服务政策措施与实践模式。

四是加强统筹、综合施策。将农村留守老年人关爱服务体系纳入养老服务体系统筹设计，做好政策衔接；与城乡一体化、基本公共服务均等化和农业现代化发展相适应，与信息化、智能化等现代技术推广应用相同步，从城市和农村两端发力逐步解决农村老年人留守问题。

力争到2020年，农村留守老年人关爱服务工作机制和基本制度全面建立，关爱服务体系初步形成，关爱服务普遍开展，养

老、孝老、敬老的乡村社会氛围更加浓厚，农村贫困留守老年人全部脱贫。

二、强化家庭在农村留守老年人赡养与关爱服务中的主体责任

家庭是农村留守老年人赡养和关爱服务的责任主体。子女或其他赡养人要依法履行对老年人经济上供养、生活上照料和精神上慰藉的义务，扶养人要依法履行扶养义务。子女或其他赡养人、扶养人应当经常看望或者问候留守老年人，不得忽视、冷落老年人。支持家族成员和亲友对留守老年人给予生活照料和精神关爱，鼓励邻里乡亲为留守老年人提供关爱服务，避免让生活不能自理的老年人单独居住生活。在尊重老年人意愿的前提下，赡养义务人可与亲属或其他人签订委托照顾协议，相关情况应向村民委员会报备。提高子女或其他赡养人的守法意识，增强村规民约对家庭赡养义务人的道德约束，发挥孝亲敬老典型的示范引导作用。对赡养人、扶养人不履行赡养、扶养义务的，村民委员会、老年人组织或者赡养人、扶养人所在单位应当监督其履行；情节严重的，相关执法部门要依法追究其法律责任。

三、发挥村民委员会在农村留守老年人关爱服务中的权益保障作用

村民委员会要在县乡两级政府的统筹协调和组织引导下，加强留守老年人关爱服务工作。协助做好辖区内留守老年人基本信息摸查；以电话问候、上门访问等方式，定期探访留守老年人，及时了解留守老年人生活情况，将存在安全风险和生活困难的留守老年人作为重点帮扶对象，村民委员会要及时通知并督促其子女和其他家庭成员予以照顾，同时报告乡镇人民政府。将关爱服务纳入村规民约，推动形成孝敬父母、尊重老人、互帮互助、邻里相亲的良好乡村社会风尚。鼓励乡贤人士、社会爱心企业和个人资助开展留守老年人关爱服务。

四、发挥为老组织和设施在农村留守老年人关爱服务中的独特作用

增强农村老年协会对留守老年人的关爱服务能力。支持乡镇、村建立老年协会或其他老年人组织，鼓励留守老年人入会互助养老。鼓励和引导农村老年协会积极参与和组织留守老年人关爱服务，开展老年人喜闻乐见的文体娱乐、教育培训、知识讲座等活动，提供权益维护、互助养老等服务。鼓励各地将农村互助幸福院等养老服务设施委托交由老年协会等社会力量运营管理，面向留守老年人提供服务，把具备资质的老年协会纳入政府购买服务承接主体。

发挥农村特困人员供养服务机构和养老服务设施在留守老年人关爱服务中的重要作用。鼓励有条件的农村特困人员供养服务机构在满足特困人员集中供养需求的基础上，发挥辐射功能，为经济困难家庭的高龄、失能留守老年人提供服务。持续推进农村互助幸福院建设，有条件的地方，可将日常运行维护费用纳入财政预算支持范围。

发挥农村各类公共服务设施在留守老年人关爱服务中的支持作用。支持农村卫生服务中心提升服务能力，拓展服务范围，为农村留守老年人提供健康管理、基本医疗和长期护理服务。支持农村综合性文化服务中心、农村社区综合服务设施、老年学校、党员活动室等公共服务设施建设，鼓励各有关部门和组织下沉基层的公共服务项目面向留守老年人开展服务。

五、促进社会力量广泛参与留守老年人关爱服务

广泛开展关爱农村留守老年人志愿服务。鼓励农村基层组织组建志愿者队伍，为志愿服务活动开展提供场所和其他便利条件，完善志愿服务信息网络，建立健全农村志愿服务体系。引导城市和农村志愿者和志愿服务组织为留守老年人提供内容丰富、形

式多样、符合需要的志愿服务。鼓励低龄健康老年人为高龄、失能留守老年人提供力所能及的志愿服务，探索建立志愿服务互助循环机制。

探索推动社会工作专业力量参与留守老年人关爱服务。加大农村社会工作专业人才培养力度，支持农村基层组织、为老服务组织根据需要配备使用社会工作专业人才。发挥社会工作人文关怀、助人自助的专业优势，通过设立社会工作站点、政府购买服务等方式，及时为留守老年人提供心理疏导、情绪疏解、精神慰藉、代际沟通、家庭关系调适、社会融入等服务。

支持社会组织为留守老年人提供关爱服务。落实税费减免等优惠政策，加快孵化培育专业化为老社会服务机构，提升其开展农村留守老年人安全防护、生活照料、紧急援助、康复护理等专业服务的能力。鼓励农村经济合作社、农村电商组织等其他社会力量参与关爱留守老年人。

六、加强政府对农村留守老年人关爱服务的支持保障

加强组织领导。各地要建立健全党委领导下的政府支持保障、部门协同配合、群团组织积极参与、村民委员会和老年协会发挥骨干作用、社会力量广泛参与的农村留守老年人关爱服务工作机制。各级老龄工作委员会、养老服务业发展领导小组要将农村留守老年人关爱服务纳入统筹指导范围，推进留守老年人关爱服务与老龄工作、养老服务协调发展。鼓励各地建立健全工作考核、责任追究和奖惩机制。

明确职责分工。公安部门要依法严厉打击侵害留守老年人合法权益的违法犯罪行为，督促、指导乡镇政府落实农村为老设施的消防设施器材建设、日常消防安全管理和老年人消防安全宣传教育工作。民政部门牵头做好工作协调，培养壮大农村养老服务和社会工作专业人才队伍，加强农村养老服务设施建设，将农村留守老年人关爱服务体系纳入农村养老服务体系统筹考虑。司法行政部门要做好法治宣传教育工作，依法为留守老年人提供法律援助服务。财政部门要积极支持农村留守老年人关爱服务工作，完善政府购买服务制度。人力资源社会保障部门要建立健全覆盖城乡居民基本养老保险、基本医疗保险等社会保障公共服务体系，逐步提升社会保障水平。文化部门要依托基层综合性文化服务中心，为农村留守老年人提供丰富多彩的文化服务，丰富老年人精神文化生活。卫生计生部门要落实基本公共卫生服务项目，为65岁以上农村留守老年人提供健康管理服务，会同民政等部门推进医养结合工作。扶贫部门要落实脱贫攻坚政策，支持做好贫困留守老年人脱贫工作。老龄工作机构要统筹协调留守老年人关爱工作，培育和发展老年协会，做好留守老年人权益维护，加强孝亲敬老社会宣传与人口老龄化国情教育。

加强资源支持。地方各级财政要优化和调整支出结构，支持做好留守老年人关爱服务工作。鼓励有条件的地区通过购买服务形式开展留守老年人关爱服务。不断完善基本医疗、基本养老、社会救助、社会福利等社会保障制度，落实相关社会保障政策，切实维护农村留守老年人基本权益。坚持应扶尽扶，精准识别农村贫困人口，将符合条件的农村留守老年人全部纳入建档立卡范围，给予政策扶持，帮助其脱贫增收。鼓励有条件的地区统筹辖区为老服务资源，探索建立留守老年人关爱服务清单制度，定期梳理并发布留守老年人关爱服务项目内容和资源获取渠道。鼓励有条件的地区将村集体收入按一定比例用于农村留守老年人关爱服务。支持利用移动互联网、物联网等现代科学技术，依托城乡社区为老服务设施，为留守老年人获取有关服务以及与其外出工作子女亲情交流等，搭建高效、便捷、适用的智能服务网络平台。

建立信息台账与定期探访制度。建立信息共享和动态管理的农村留守老年人信息台账。乡镇政府要定期组织排查，对农村留守老年人进行摸底，掌握辖区农村留守老年人的家庭结构、经济来源、健康状况、照料情况、存在困难问题等动态信息；重点排查经济困难家庭的高龄、失能留守老年人，做到精准到村、到户、到人。省市县级层面要掌握辖区留守老年人的数量规模、基本分布、主要特征等总体信息。以县为单位，由乡镇人民政府统筹指导，由村民委员会协助实施，建立农村留守老年人定期探访制度，及时了解或评估农村留守老年人生活情况、家庭赡养责任落实情况，将相关信息及时更新到留守老年人信息台账，并为留守老年人提供相应援助服务。有条件的地区可探索建立留守老年人风险评估制度，制定风险等级标准，对风险等级高的留守老年人及时进行干预，实施关爱救助。

做好宣传引导。及时研究总结与宣传推广各地农村留守老年人关爱服务实践先进经验。大力宣扬积极老龄化理念，倡导健康生活理念，开展健康生活知识教育，引导留守老年人保持身心健康。加强《中华人民共和国老年人权益保障法》等法律法规宣传，提高子女或其他赡养人守法意识，督促落实赡养义务；加强孝亲敬老传统美德宣传，形成互帮互助、助老爱老的良好风尚，营造全社会正确对待、积极接纳、关心关爱留守老年人的友好环境。

各省（自治区、直辖市）民政部门要主动会同有关部门根据此意见，结合当地实际，抓紧制定和出台具体实施意见或实施细则，加快建立和完善农村留守老年人关爱服务制度。

民政部
司法部
财政部
人力资源社会保障部
文化部
卫生计生委
国务院扶贫办
全国老龄办
2017年12月28日

扶　贫　文　件

《国务院扶贫办关于扶贫领域违纪违法10起典型案例的通报》

《国务院扶贫办关于进一步克服形式主义减轻基层负担的通知》

《国务院扶贫办关于持续开展警示教育的通知》

《国务院扶贫办关于印发〈信访工作办法（试行）〉的通知》

国务院扶贫办关于扶贫领域违纪违法10起典型案例的通报

国开办发〔2017〕2号

各省、自治区、直辖市扶贫办（局）：

为扎实推进扶贫领域监督执纪问责工作，教育和警醒广大扶贫干部挺纪在前，我办从中纪委通报和互联网舆情报道中，摘选了10起典型案例，按贪污挪用、骗取套取、渎职失职顺序通报如下：

1. 甘肃省临夏回族自治州和政县扶贫办原出纳陈应山挪用扶贫资金进行网络博彩问题。2015年1月17日始，陈应山利用职务上的便利，采取网上银行转账的方式多次挪用该单位扶贫专户上的资金1300余万元进行网络博彩游戏，给国家造成经济损失500万元。临夏州中级人民法院终审以陈应山犯挪用公款罪判处有期徒刑11年。

2. 广东省佛山市顺德区环境运输和城市管理局科员欧阳德汉挪用扶贫资金问题。2013年5月至2015年4月，欧阳德汉被单位外派开展扶贫开发工作，利用负责处理租地过程中青苗补偿等事务的便利，挪用扶贫资金122.35万元归个人使用。2016年8月，顺德区纪委监察局给予欧阳德汉行政开除处分，并将其涉嫌犯罪问题移送司法机关处理。

3. 陕西省子洲县周家硷镇赵场村党支部书记王军、村委会主任侯世军套取及克扣扶贫项目资金问题。在整村推进产业化养羊扶贫项目中，2人虚报养羊户18户，套取补助资金9万元；以“项目开支”为由，违规收取32户养羊户1.6万元，用于村务开支。2人分别受到党内严重警告处分，违纪资金被收缴。

4. 浙江省常山县同弓乡胡村村委会原主任卢根发套取国家扶贫类财政资金问题。卢根发利用职务便利，在协助乡政府从事申报、初审林区道路建设项目工作中，伪造材料，以个人名义申报补助，套取国家扶贫类财政资金10万元。卢根发受到开除党籍处分，司法机关已追究其刑事责任。

5. 海南省白沙县青松乡牙扩村原党支部书记、村委会主任兼互助社理事长李桂文骗取扶贫资金问题。李桂文利用职务便利，擅自以13名社员名义向互助社借贷扶贫资金共计4.7万元，用于个人开支；组织调查期间，将4.7万元存入互助社账户。2016年7月，李桂文受到开除党籍处分。

6. 吉林省延吉市朝阳川镇仲坪村原民兵连长、团支部书记柳吉善骗取国家扶贫专项资金等问题。2013年至2014年，柳吉善隐瞒“朝阳川镇仲坪村东北细毛羊养殖项目”为其本人所有的事实，以村集体名义，制作细毛羊养殖工程虚假施工合同、村民代表大会会议记录等资料，骗取国家扶贫专项资金30万元；将其本人种植的集体土地擅自对外租赁，私自占有租赁费3.3万元，违规领取该土地粮食直补等各项惠农补贴资金3万余元。柳吉善受到开除党籍处分，司法机关已依法追究其刑事责任。

7. 黑龙江省汤原县扶贫办扶贫项目荒废闲置问题。2013年，汤原县扶贫办以仙马村名义立项，投资200万元建设2600平方米奶牛养殖项目。项目实际建在了某牧业企业厂区，一直由该牧业企业无偿使用，且未明确产权归仙马村所有。后因奶业市场不景气，现已荒废闲置。县扶贫办原主任王华、副主任李义军受到党内警告处分。

8. 青海省果洛藏族自治州达日县扶贫开发局原局长韩戈违反财经纪律问题。2014年，韩戈在任达日县扶贫局局长期间，在实施上红科乡尼勒村、窝赛乡直却村易地搬迁项目时，违反招标投标法，违规将9个标段366万元的施工项目承包给同一家施工单位，在党员干部中造成了不良影响。2015年10月23日，达日县纪委监察局研究决定，给予韩戈行政记过处分。

9. 新疆维吾尔自治区裕民县江格斯乡切格尔村党支部书记、村委会主任邹金春违规发放扶贫羊问题。邹金春任裕民县江格斯乡切格尔村党支部书记、村委会主任期间，未经乡党委同意，违背“精准扶贫”要求，将1100只扶贫羊发放给全村村民。扶贫羊发放给受益户后，有25只生产母羊死亡，造成经济损失22000元。其本人还涉及其他违纪问题。2016年9月，邹金春受到留党察看一年处分。

10. 福建省漳州市诏安县西潭乡原副乡长钟武钦在分管扶贫开发工作期间失职渎职、优亲厚友等问题。2015年，钟武钦在分配2014年度生产性扶贫补助资金指标中，没有提交乡班子会研究，给予其老家美营村6个名额，其他15个村仅各分配到2个名额；提议美营村将其1户不符合条件的亲戚列为补助对象上报，并对各村上报的补助对象材料审核把关不严，导致共6户不符合条件对象领取补助资金1.2万元。2016年8月，钟武钦受到党内警告处分。

扶贫资金是贫困群众的“救命钱”，一分一厘都不能乱花，更容不得动手脚、玩猫腻。这些典型案例反映出扶贫领域的不正之风和腐败问题仍然易发多发，而且手段多样，性质恶劣。也深刻警示我们在脱贫攻坚的新形势下，必须高度警醒，引以为戒。各级扶贫部门要全面落实“两个责任”，坚决以“零容忍”的态度和更加有力的措施，集中预防和整治扶贫领域违纪违法问题。切实加强风险防控，健全完善扶贫资金项目管理制度，在扶贫领域构建“不能腐”的防范机制，形成“不敢腐”的高压态势，为打赢脱贫攻坚战提供有力保障。

国务院扶贫办

2017年1月5日

国务院扶贫办关于进一步克服形式主义减轻基层负担的通知

国开办发〔2017〕52号

各省、自治区、直辖市和新疆生产建设兵团扶贫办（局），办机关各司、机关党委（人事司）、各直属事业单位：

《国务院扶贫办关于解决扶贫工作中形式主义等问题的通知》（国开办发〔2016〕32号）印发后，各地认真贯彻落实，取得一定成效。但必须看到，扶贫领域形式主义问题依然突出，一些地方还有新的表现。近段时间以来，各方面普遍反映，频繁填表报数、迎评迎检、陪会参会等耗费了基层干部大量精力，干扰了脱贫攻坚工作，影响了党和政府形象，必须坚决制止。为贯彻中央纪委扶贫领域监督执纪问责工作电视电话会议精神，落实国务院扶贫开发领导小组的指示要求，现就有关问题通知如下：

一、减少填表报数。国务院扶贫办将进一步完善建档立卡信息系统和统计报表制度。完善建档立卡指标体系，开发业务管理子系统，拓展服务功能，建立信息共享机制，加强与相关部门数据交换，减少基层重复填表报数。规范统计报表制度，自2018年1月1日起，扶贫数据主要通过建档立卡信息系统上报，不再要求县以下单位通过其他渠道提供。各地扶贫部门要充分利用建档立卡信息系统，严禁层层增加指标和填报频次，切实减轻基层填表报数负担。建档立卡数据指标要统一规范，保持连续性和稳定性，确需修改完善的，按照全国统一部署进行。

二、减少检查考评。除党中央、国务院和国务院扶贫开发领导小组确定的督查巡查、考核评估外，国务院扶贫办不再组织检查考评。督查巡查和考核评估将增加对脱贫质量的核查，减少对纸制档案材料的检查，严禁为迎接视察检查制作高档大型展板、作战图、画册等。各地要按照省负总责的要求，以省为单位统筹谋划辖区内脱贫攻坚督查检查、考核评估工作，严禁层层组织，严禁多头重复。

三、减少会议活动。国务院扶贫办每年制定并严格执行会议计划，除学习贯彻党中央、国务院和国务院扶贫开发领导小组重大决策部署外，不召开计划外会议。除一年各一次的全国扶贫开发工作会议、全国扶贫办主任座谈会和涉密会议外，其他会议一般以视频会议形式召开，以减少地方参会人员往返周折。国务院扶贫办处以上干部未经批准一律不出席各类剪彩、奠基活动和庆祝会、纪念会、表彰会、博览会、研讨会及各类论坛。各地扶贫部门要采取有效措施，进一步精简和规范会议活动。

四、减少发文数量。凡没有实质内容的文件一律不发，通过会议部署的工作不再另行发文。已发文作出明确部署的工作，半年内不再发文变更工作要求，确需修改完善的要从严控制。国务院扶贫办除综合司外，机关各司、各直属事业单位一律不得向各地扶贫部门正式行文。各地扶贫部门要采取有效措施，进一步精简文件，严禁朝令夕改。

五、规范调查研究。国务院扶贫办每季度制定调研督查计划，加强对精准扶贫精准脱贫工作和具有前瞻性、战略性、全局性问题的调查研究，为中央决策部署当好参谋助手。机关各司、事业单位要严格执行调研督查计划，确有必要开展计划外调研督查的从严审批。调研督查采取“解剖麻雀”的办法，到县以下基层和进村入户了解实情，总结经验、发现问题、研究对策，每次调研督查都要形成报告。调研督查一律轻车简从，不得层层陪同，严禁变相旅游、收受礼品。国务院扶贫办到地方核查群众反映的问题，主要采取暗访形式。各地扶贫部门要进一步加强和改进调研工作，增强调研的针对性和实效性，切忌走过场。

六、严格监督问责。要把全面从严治党的新要求贯彻到脱贫攻坚的全过程各环节。国务院扶贫办将加强与有关部门和媒体、社会等监督力量的合作，及时发现脱贫攻坚工作中的形式主义等问题，对搞形式主义和增加基层负担的，对建档立卡不准确、精准帮扶不落实、贫困退出不真实的，严肃批评教育，情节严重造成不良影响的，追究相关人员责任并予以曝光。对搞数字脱贫、虚假脱贫和违纪违规动扶贫“奶酪”的，严惩不贷。各地扶贫部门要建立健全监督问责机制，采取措施预防和纠正形式主义。

各级扶贫部门要牢固树立“四个意识”，把反对“四风”作为与以习近平同志为核心的党中央在思想上政治上行动上保持高度一致的行动体现，把防止和克服形式主义、官僚主义等问题作为一项长期而艰巨的任务，以严肃的态度、严格的标准、严明的纪律，狠刹形式主义歪风，切实减轻基层负担，不断开创脱贫攻坚工作和扶贫队伍建设的新局面。

国务院扶贫办

2017 年 7 月 21 日

国务院扶贫办关于持续开展警示教育的通知

国开办发〔2017〕53号

各省、自治区、直辖市和新疆生产建设兵团扶贫办（局）：

2016年6月，国务院扶贫办印发《关于在全国扶贫系统集中开展警示教育的通知》，决定开展为期半年的警示教育。为深入学习贯彻习近平总书记关于扶贫开发的重要论述和在深度贫困地区脱贫攻坚座谈会上的重要讲话精神，贯彻落实中央纪委扶贫领域监督执纪问责工作电视电话会议要求，压实全面从严治党主体责任，强化思想教育，加强党风廉政建设和反腐倡廉工作，实现廉洁扶贫、阳光扶贫，脱贫攻坚期内需要在全国扶贫系统持续开展警示教育，并逐步实现常态化、长效化。现将有关事项通知如下：

从2016年全国扶贫系统警示教育总体开展情况看，多数省份对警示教育高度重视，认真组织开展相关活动，采取切实可行的措施，取得了一定效果。但个别省份不够重视，甚至出现新疆扶贫办原主要负责人严重违法、黑龙江扶贫办原主要负责人涉嫌严重违纪问题，令人警醒。同时，近年来基层扶贫领域违纪违规问题频发，乡村两级成为违纪违规案件的多发区。因此，持续加大扶贫领域警示教育，积极开展预防工作，把纪律规矩挺在前面，增强扶贫系统和扶贫领域干部拒腐防变能力，增强不越红线、守住底线意识，打牢不想腐、不敢腐和不能腐的思想基础，切实做到廉洁阳光扶贫意义重大。

一、要把警示教育作为一项长期工作持续开展，与深入推进"两学一做"学习教育常态化、制度化，配合中央纪委扶贫领域监督执纪问责工作、最高人民检察院集中整治和加强预防扶贫领域职务犯罪工作以及审计整改等工作，向乡村基层延伸，统筹谋划推进。

二、要将警示教育纳入各级扶贫工作培训课程，利用我办与中国纪检监察报社、最高人民检察院反贪总局联合编写出版的《强化监督执纪 护航精准扶贫—全国扶贫领域贪腐案件警示录》（2017年7月人民出版社发行）、《扶贫领域违法案件警示录》（2016年1月中国检察出版社发行）两本书中收录的103个典型案例作为反面教材，以案说法，吸取教训，用身边事身边人教育大家，充分发挥警示、震慑和教育作用。同时，创新警示教育形式，增强宣传教育效果。

三、要切实履行各级扶贫部门全面从严治党主体责任，健全工作制度，细化工作安排，落实相关责任。加强对警示教育工作的督查指导，做好舆论引导和宣传报道。对警示教育中形成的好做法、好经验进行梳理总结，认真研究分析，及时把警示教育成果转化为制度规范，巩固拓展警示教育成果，建立长效机制。对查处的违纪违法典型问题和案例，各级扶贫部门要在门户网站上建立"曝光台"，加大通报曝光力度。

请各省（区、市）把警示教育工作开展情况纳入年度工作总结内容。我办将把各省（区、市）警示教育开展情况纳入脱贫攻坚督查和相关考核。

国务院扶贫办

2017年8月25日

国务院扶贫办关于印发《信访工作办法（试行）》的通知

国开办内发〔2017〕14 号

第一条 为加强国务院扶贫办信访工作，推进责任信访、阳光信访和法治信访建设，根据《信访条例》《中央和国家机关信访事项受理办理工作有关规定（试行）》等，制定本办法。

第二条 信访工作在办党组领导下组织开展。综合司牵头负责，制定规章制度、研提办理意见、督促办理进度、反馈办理结果等。办属各单位按职责分工积极配合。

第三条 国务院扶贫办信访渠道主要包括党中央国务院等领导同志交办、国家信访局等部门转办、主任信箱、举报电话、群众来信来访等。

第四条 机关各司、机关党委（人事司）轮流负责来访接待工作，每单位 1 个月。各单位指定 1 名处级干部或业务骨干担任接访人员，接访人员当月原则上不安排外地出差或办外会议，确需安排的由本单位安排其他人员接访。

第五条 主任信箱是通过办网站受理信访的渠道。信息中心明确专人负责主任信箱邮件登记、向综合司移交和网上回复等工作。

第六条 举报电话“12317”是扶贫监督举报电话受理信访的渠道。综合司商办属有关单位抽调专人负责接听电话、来电登记和交办等工作。

第七条 国务院扶贫办信访受理范围主要包括：反映与国务院扶贫办职能有关的意见、建议和诉求的信访事项；对地方和基层扶贫工作提出意见建议或进行申诉，需要转送或交办的信访事项等。不属于国务院扶贫办职责范围、涉法涉诉、复核终结、重复信访已经受理或正在办理的信访事项，不予（再）受理。

第八条 综合司对受理的信访事项及时逐一登记，建立督办台账，实行全过程记载，并与国家信访信息系统互联互通，一般应在登记后的 3 日内提出办理意见。对发现的重大紧急信访信息，应在第一时间妥善处理。

第九条 属于国务院扶贫办工作职能范围的信访事项，综合司按职能分送办属有关单位办理。承办单位 10 日内形成书面意见，综合司审核后反馈信访人。

第十条 需地方扶贫部门核查处理的信访事项，一般转送省级扶贫部门办理，要求 30 日内核查处理并将结果反馈信访人。重要信访事项办理情况报国务院扶贫办备案，并视情况开展复查。

第十一条 对领导同志交办、有关部门转办或群众重要信访事项，承办单位视情况组织人员实地核查或会同省级扶贫部门共同处理，实地核查一般在 10 日内完成。

第十二条 对重大涉贫事项或信访人员多、历时时间长、资金规模大及地方核查有疑点等信访事项，综合司视情况转规划财务司移交纪检监察审计机关等部门处理。

第十三条 领导同志交办的信访事项，承办单位应形成书面材料，按有关要求报告办理情况。部门转办的信访事项，需要反馈结果的由承办单位按要求办理。报告情况或反馈结果一般应在30日内完成。

第十四条　综合司对信访情况每季度进行汇总分析，提出改进工作和完善政策的意见建议。

第十五条　信访工作中形成的文件、材料按照档案管理的有关规定统一归档。

第十六条　信访工作中因履行职责不当造成影响或危害的，将依据有关规定追究责任。

第十七条　本办法自发布之日起实施，由综合司负责解释。

2017年12月25日

附录 2　年度领导重要讲话

在全国扶贫办主任座谈会上的讲话

国务院扶贫办主任　刘永富

2017 年 2 月 26 日

同志们：

2017 年 2 月 21 日，中央政治局就我国脱贫攻坚形势和更好地实施精准扶贫进行集体学习，会上播放了脱贫攻坚专题片，听取了我办和贵州、云南、甘肃省关于脱贫攻坚情况的汇报，中央政治局同志进行了讨论，习近平总书记发表了重要讲话。2 月 22 日，国务院召开常务会议，听取扶贫办关于脱贫攻坚情况汇报，李克强总理就做好今年工作提出明确要求。今天，召集大家到北京开会，主要任务是传达学习总书记重要讲话和国务院常务会议精神，研究贯彻落实意见，进一步做好今年工作。我讲五点意见。

一、习近平总书记重要讲话的主要精神

总书记的重要讲话将会很快正式印发，我们要认真组织学习，切实贯彻落实。今天先传达学习主要精神。

总书记在讲话中充分肯定了党的十八大以来脱贫攻坚的显著成绩。总书记指出：党的十八大以来，党中央对脱贫攻坚作出新的部署，吹响了打赢脱贫攻坚战的进军号，脱贫攻坚取得显著成绩。2013—2016 年，每年农村贫困人口减少都超过 1000 万人，累计脱贫 5500 多万人；贫困发生率从 2012 年底的 10.2% 下降到 2016 年底的 4.5%，下降 5.7 个百分点；贫困地区农村居民收入增幅高于全国平均水平，贫困群众生活水平明显提高，贫困地区面貌明显改善。总的来看，党中央确定的中央统筹、省负总责、市县抓落实的管理体制得到了贯彻，四梁八柱的顶层设计基本形成，各项决策部署得到较好落实，各方面都行动起来了。

总书记总结了脱贫攻坚的经验：第一，加强领导是根本，发挥各级党委领导作用，建立并落实脱贫攻坚一把手负责制，实行省、市、县、乡、村五级书记一起抓，为脱贫攻坚提供坚强政治保障。第二，把握精准要义，脱贫攻坚贵在精准，精准识别、精准施策，根据致贫原因有针对性地制定方案，对不同原因不同类型的贫困采取不同措施，因人、因户、因村施策，对症下药、精准滴灌、靶向治疗。第三，增加投入是保障，坚持政府投入的主体和主导作用，增加金融资金对脱贫攻坚的投放，吸引社会资金参与脱贫攻坚。第四，各方参与是合力，坚持专项扶贫、行业扶贫、社会扶贫等多方力量有机结合的“三位一体”大扶贫格局，发挥各方面积极性。第五，群众参与是基础，脱贫攻坚必须依靠人民群众，组织和支持贫困群众自力更生，发挥人民群众主动性。总书记指出，这些经验弥足珍贵，要长期坚持。

总书记对做好脱贫攻坚工作强调了 4 个问题：

一是要充分认识打赢脱贫攻坚战的艰巨性。今后几年，我国脱贫攻坚面临着十分艰巨的任务。根据统计部门的调查监测数据，2016 年底，全国农村贫困人口有 4335 万人，要在 4 年时间里实现全部脱贫，平均每年需要减少贫困人口近 1100 万人，任务繁重，时间紧迫。越往后脱贫难度越大，因为

剩下的大都是条件较差、基础较弱、贫困程度较深的地区和群众。必须强化领导责任、强化资金投入、强化部门协同、强化东西协作、强化社会合力、强化基层活力、强化任务落实，集中力量攻坚克难。把深度贫困地区作为区域攻坚重点，把贫困老年人、残疾人等作为群体攻坚重点，把因病致贫返贫和住房安全作为工作攻坚重点，确保在既定时间节点完成脱贫攻坚任务。

二是要坚持精准扶贫、精准脱贫。每个贫困户的致贫原因、发展能力、发展需求是不同的。所谓贫有百样、困有千种。过去那种大水漫灌式扶贫很难奏效，必须采取更精准的措施。要打牢精准扶贫基础。通过建档立卡，我们基本摸清了我国贫困人口底数，但还要做实做细，实现动态调整，把已经稳定脱贫的人标注出去，把遗落的人纳入进来。要提高扶贫措施有效性，核心是因地制宜、因人因户因村施策。要突出产业扶贫，组织好易地扶贫搬迁，加大扶贫劳务协作，落实教育扶贫和健康扶贫政策，加强农村低保同扶贫开发有效衔接。为支持脱贫攻坚，中央和有关部门、地方出台了一系列政策举措，强度密度空前，关键是要确保兑现、落地生根。目前看，财政、土地等政策支持力度很大，要抓好落实，交通扶贫、水利扶贫、金融扶贫、教育扶贫、健康扶贫等扶贫行动要加强，扶贫小额信贷、扶贫再贷款等政策要突出精准。脱贫攻坚期内扶贫政策要保持稳定，贫困县、贫困村、贫困人口退出后，相关政策要保持一段时间。驻村帮扶、东西部协作扶贫、定点扶贫等政策要继续执行。要针对特困地区、特困群体和贫困村，研究制定特殊的政策措施，必要时采取一些超常规的办法推动脱贫。

三是要加强基层基础工作。很多贫困村面临着经济功能薄弱、基础设施滞后、人才持续流失、陈规陋习严重等问题，特别是基层组织力量薄弱，难以发挥带领群众脱贫致富的战斗堡垒作用。要打赢脱贫攻坚战，必须要加强基层基础工作。要加强贫困村“两委”建设。“帮钱帮物，不如帮助建个好支部”。要深入推进抓党建促脱贫攻坚工作，选好配强村“两委”班子，培养农村致富带头人，促进乡村本土人才回流，打造一支“不走的扶贫工作队”。要充实一线扶贫工作队伍，发挥贫困村第一书记和驻村工作队作用，在实战中培养锻炼干部，打造一支能征善战的干部队伍。农村干部在村里，脸朝黄土背朝天，工作很辛苦，对他们要加倍关心。

四是要把握好脱贫攻坚正确方向。要防止层层加码。各地出台的脱贫摘帽时间表，有12个省份提出提前实现脱贫目标，多的提前3年，少的提前1年。省里时间提前了，市里、县里就紧跟着层层加码提前。不顾客观条件层层加码，看似积极向上，实则违背规律、急躁冒进，欲速则不达。有条件的地方可以提前完成，但要量力而行、真实可靠、保证质量，不要勉为其难、层层加码，要防止急躁症，警惕“大跃进”，确保脱贫质量。要防止形式主义。扶贫工作必须务实，脱贫过程必须扎实，扶真贫、真扶贫，脱贫结果必须真实，让脱贫成效真正获得群众认可、经得起实践和历史检验，决不搞花拳绣腿，决不摆花架子。要实施最严格的考核评估，开展督查巡查，对不严不实、弄虚作假的，要严肃问责。要防止忽视贫困群众主体作用。干部和群众是脱贫攻坚的重要力量，贫困群众既是脱贫攻坚的对象，更是脱贫致富的主体。要注重扶贫同扶志、扶智相结合，把贫困群众积极性和主动性充分调动起来，引导贫困群众树立主体意识，发扬自力更生精神，激发改变贫困面貌的干劲和决心，变“要我脱贫”为“我要脱贫”，靠自己的努力改变命运。

总书记再次强调了扶贫资金管理问题，指出：中央三令五申、严查严管，扶贫资金管理使用情况总的来看有所好转，但不能放松警惕。对挪用乃至贪污扶贫款项的行为，必须坚决纠正、严肃处理、绝不姑息。

总书记要求：言必信，行必果。农村贫困人口如期脱贫、贫困县全部摘帽、解决区域性整体贫困，是全面建成小康社会的底线任务，是我们作出的庄严承诺。全党要扎扎实实做好工作，确保到 2020 年贫困人口和贫困地区同全国一道全面建成小康社会。

二、学习习近平总书记重要讲话的初步体会

习近平总书记的重要讲话，为我们进一步做好脱贫攻坚工作指明了正确方向，提供了基本遵循。

（一）习近平总书记高度重视脱贫攻坚

从去年底开始，在岁末年初的两个多月里，以习近平同志为核心的党中央紧锣密鼓地研究部署脱贫攻坚。去年 12 月 1 日，中央扶贫开发工作会议召开一周年之际，中央政治局常委会议专题听取国务院党组关于脱贫攻坚情况汇报，总书记发表重要讲话，提出了六个坚持的要求。12 月 8 日，总书记在我办上报的督查巡查报告和克服形式主义报告上作出长篇批示。12 月 14 日，在中央经济工作会议上，总书记对深入推进脱贫攻坚作出明确部署，李克强总理提出了今年的主要目标和任务。12 月 31 日，总书记在一字千金的新年贺词中，用六分之一的篇幅讲脱贫攻坚，并且向奋战在脱贫攻坚一线的同志们致敬。今年 1 月 24 日，春节前夕，总书记专程到河北张北县的一个贫困村调研脱贫攻坚工作，这是总书记十八大以来连续第五年新年国内第一次考察看扶贫。2 月 21 日，总书记主持中央政治局第 39 次集体学习，把脱贫攻坚确定为学习主题。总书记这样高强度高密度高层次地研究部署脱贫攻坚，体现了对这项工作的高度重视，体现了总书记的扶贫情结、为民情怀和责任担当。我们在思想上、行动上要切实向总书记看齐，切实把脱贫攻坚作为自己的政治责任抓在手上、放在心上、扛在肩上。

（二）脱贫攻坚意义重大

脱贫攻坚，体现了我们党的宗旨、社会主义的本质，体现了人民立场、群众观点，也是经济新常态下新的增长点和贫困地区统筹经济社会发展的重要抓手。打赢脱贫攻坚战，意味着贫困人口和贫困地区同全国一道全面建成小康社会，具有标志性意义；意味着我国绝对贫困问题得到历史性解决，具有里程碑意义；意味着我国提前 10 年实现联合国 2030 年可持续发展议程确定的减贫目标，具有国际意义。

（三）脱贫攻坚成效明显

从我国组织有计划大规模的扶贫开发以来，国家制定过三次扶贫标准。第一次是 1986 年，扶贫标准为农民人均纯收入 200 元，到 2000 年，贫困人口由 1.28 亿人减少到 3209 万人，年均减少 639 万人。第二次是 2001 年，扶贫标准为 865 元，到 2010 年，贫困人口由 9422 万人减少到 2688 万人，年均减少 673 万人。第三次是 2011 年，扶贫标准为 2300 元，到 2016 年，贫困人口由 1.22 亿人减少到 4335 万人，年均减少 1317 万人。前两轮扶贫，减贫走势都是逐年下降。新十年扶贫纲要实施以来，特别是十八大以来，逐年递减趋势得到了扭转，每年减贫速度都保持在 1000 万人以上，是从未有过的。

（四）脱贫攻坚任务艰巨

在基础薄弱的农村做精准的事情，难度和挑战是巨大的。我国农村很多地方还很落后，自然条件很差，生存环境恶劣，群众生活十分艰苦。贫困村无人管事、无人干事、无钱办事，许多贫困群众语言不通、思路不通、观念不通，致贫原因复杂。如期全部脱贫，难度是空前的，不是重视了、下决心了，就能够轻松实现的。上面重视了，不表示层层都重视了；政策出台了，不表示都落地落实了；口号喊出去了，不表示都真抓实干了。习近平总书记反复强调脱贫攻坚的长

期性、艰巨性、复杂性，我们一定不能松懈，要有清醒认识，始终保持打攻坚战的状态。

（五）脱贫攻坚要乘势前行

行百里者半九十。脱贫攻坚已经到了啃硬骨头、攻坚拔寨的冲刺阶段。中央高度重视、强力推进，各地各部门齐抓共管、密切配合，社会各界积极参与、合力攻坚，贫困地区干部群众积极响应、苦干实干，各方面都动起来了，大好形势前所未有。只要我们坚定信心、坚持不懈、乘势而上，拿出精卫填海的恒劲、蚂蚁啃骨的韧劲、老牛爬坡的拼劲，久久为功、攻坚克难，脱贫攻坚就一定能取得圆满成功。

三、学习习近平总书记重要讲话的基本要求

全国扶贫系统要把学习贯彻习近平总书记系列重要讲话、关于扶贫开发的重要论述和在政治局集体学习上的重要讲话精神作为当前和今后一个时期的政治任务，打好思想理论基础，推动指导工作实践。在学习中重点把握以下 4 点要求。

一要坚决维护党中央权威。习近平总书记指出：言必信，行必果。打赢脱贫攻坚战，是中央作出的重大决定，习近平总书记代表党和政府向全国人民作出了庄严承诺，向全世界进行了宣布，开弓没有回头箭，只能成功，不能失败。我们要牢固树立“四个意识”，向总书记看齐，坚决打赢脱贫攻坚战，坚决维护以习近平同志为核心的党中央权威。

二要增强责任感使命感。2014 年我们提出扶贫系统要做到精神享受、工作享受（扶贫济困，积德行善，是精神享受；小马拉大车，加班加点，是工作享受），2015 年我们要求“一来二去”（思想认识跟上去，观念方式转过来，工作落实顶上去），2016 年我们提出不怕流汗流泪、不怕流血牺牲。2014 年以来，我们已经有 100 多位同志倒在脱贫攻坚战场上，因劳累过度病逝的由 2016 年以前的不到 1/3 上升到现在的近 2/3。今后几年，脱贫攻坚会更加艰巨，我们的工作会更加辛苦，但我们要牢记使命担当，坚决翻越扶贫人长征路上的雪山草地，用自己的辛苦指数换取贫困群众的幸福指数。

三要坚持基本方略。精准扶贫、精准脱贫是脱贫攻坚的基本方略，是我国扶贫方式的重大改革。实践已经证明了精准扶贫的效果和正确性，我们必须坚定不移地实施下去。精准扶贫、精准脱贫刚刚破题，精准识别、精准帮扶、精准施策、精准退出还有很大提升空间。脱贫攻坚的过程就是不断精准的过程，精准扶贫永远在路上。

四要力戒形式主义。扶贫领域的形式主义危害很大，如果任其发展下去，脱贫攻坚就难以取得实效，打赢脱贫攻坚战就会落空。导致形式主义的原因很多，但不管什么原因，我们都必须持之以恒地反对形式主义。脱贫攻坚是干出来的，只要我们真诚努力地为贫困群众做事，不管结果如何，群众和社会是一定会认可的。

四、抓落实的几项重点工作

在国务院第 165 次常务会议上，扶贫办就进一步做好脱贫攻坚工作提出 6 点建议，会议原则同意。一是进一步加大部门扶贫力度。国务院各部门进一步做好定点扶贫工作，发挥示范带动作用。片区牵头部门和定点扶贫牵头部门继续加强组织协调和推动实施工作。各部门进一步明确本部门本行业脱贫攻坚的重点难点，持续发力集中攻坚。二是保持现有政策措施稳定。脱贫攻坚期内，扶贫投入和工作力度保持稳定，已退出的贫困县、贫困村、贫困人口继续享受有关政策，继续执行贫困县党政正职稳定、干部驻村帮扶、东西部扶贫协作和定点扶贫等政策措施，巩固脱贫成果，实现稳定脱贫。三是保障重点工作资金需求。对解决重点区域发

展和贫困村提升工程等重点工作的资金需求，建议请国务院扶贫开发领导小组组织研究，提出方案报国务院审批。四是充分发挥重点工程项目的带动作用。国家重点工程项目和农业产业化项目尽可能与当地脱贫攻坚有效衔接，带动贫困人口就业增收脱贫。五是落实光伏扶贫政策。对按国家规划建设的光伏扶贫项目，全额收购并及时结算，在电价调整过程中，兼顾光伏技术进步和扶贫项目需要，科学合理制定光伏标杆上网电价。六是防止因病因灾致贫返贫。研究提出有针对性的措施，解决贫困人口大病和慢性病医疗保障问题。加快发展多种形式的农业保险，逐步建立起防范因灾致贫返贫的长效机制。

为贯彻落实好总书记重要讲话和国务院常务会议精神，我再强调几项重点工作。

（一）完善建档立卡

2014 年以前，我国贫困人口都是根据抽样数据推算出来的，具体是谁、在哪里，没有名单。2014 年 6 月到 2015 年 4 月，我们组织开展建档立卡工作，把系统建了起来，使贫困人口第一次具体到户到人，中央作出了“五个一批”的部署。2015 年 8 月到 2016 年 6 月，我们开展“回头看”，剔除识别不准人口 929 万人，补录贫困人口 807 万人，数据进一步准确。总书记作出重要批示，给予肯定。但建档立卡还存在一些问题，主要是相当规模的“档”外贫困人口存在，必须进一步做实做细，不管是低保对象、还是别的类型，只要符合条件的都应该纳入。在贫困识别和退出时，要重点关注“三保障”，考虑支出性贫困。

关于动态调整，各地在去年 12 月 31 日前都完成了录入工作，通过比对发现了一些问题，今年又用近一个月的时间基本完成对标注脱贫人口的核查工作，充分体现了大局意识和责任担当。以后动态调整就是一年一次，每年 12 月 31 日作为一个节点，为当年快报数，再给各地一定时间进行分析比对核实，作为核实数。但建档立卡系统业务运转部分，如帮扶措施、项目进展等，仍要做到定期更新。

（二）集中力量重点攻坚

全国主要是攻 4 个“坚”。第一个“坚”是西藏、四省藏区、南疆四地州以及凉山、怒江、临夏等深度贫困地区，强化基础设施和公共服务建设。第二个“坚”是贫困村，组织实施贫困村提升工程。第三个“坚”是因病因学致贫返贫，完善贫困人口大病、慢性病救治和贫困家庭学生就学保障机制。第四个“坚”是陈规陋习，加强乡风文明建设，解决思想贫困、意识贫困，激发内生动力。各地各部门也要明确各自脱贫攻坚的重点难点，统筹资源，持续发力，集中攻坚。

（三）解决突出问题

重点解决 4 个突出问题。一是层层加码数字脱贫问题，各地要结合实际，调整完善贫困人口脱贫和贫困县摘帽滚动规划，科学制定 2017 年脱贫摘帽计划。二是形式主义问题，要按照总书记的指示，认真落实《关于解决扶贫工作中形式主义等问题的通知》（国开办发〔2016〕32 号）要求，采取措施坚决制止。三是内生动力不足问题，要改进帮扶方式，扩大贫困群众在扶贫项目各个环节的参与度，转变思想观念，提升能力素质，鼓励光荣脱贫、勤劳致富。四是扶贫资金管理问题，要完善扶贫资金管理机制，加强扶贫资金监管，提高资金使用效益和透明度，阳光扶贫廉洁扶贫。

（四）严格考核评估

今年是正式开展省级党委和政府扶贫开发工作成效考核的第一年，除委托第三方评估外，我们还组织开展了省际交叉考核。各地都很支持，做了很多工作。但交叉考核还要进一步提升，一些省没有较真碰硬，发现的问题不深不透，有的交叉考核报告内容基本上抄用被考核省的工作报告。这项工作还要继续完善，各省交叉考核组要对交叉考核报告内容负责。2016年度省级党委和政府扶贫开发工作成效考核正在进行，将向中央报告。总的看，各省都完成了减贫任务，也都存在不同程度的问题，我们要按照总书记的要求，坚持问题导向，在发现问题、改进问题的过程中不断提升脱贫攻坚水平。

五、扶贫系统要始终保持昂扬向上的精神状态

打赢脱贫攻坚战，意义重大，使命光荣。扶贫系统要有愚公移山的意志，有将革命进行到底的精神，坚定不移地走好脱贫攻坚的长征路。

一要保持责任心。扶贫系统是脱贫攻坚战的敢死队和主力军，扶贫部门的主要负责同志更要冲在前、干在前，在其位、谋其政，负其责、尽其力。要当好党委、政府的参谋助手，敢于作为，敢于担当，敢于出主意，敢于提建议。要加强统筹协调，充分发挥各部门和社会各界的力量，合力攻坚。要保持战略定力，对一些不正确的说法敢于回应。

二要保持进取心。脱贫攻坚是党的事业、国家的事业、人民的事业，困难再大、任务再重，我们都要始终充满激情和斗志，敢想事、能干事、干成事、不出事。凡是有利于党和国家事业，有利于贫困地区、贫困群众脱贫致富的，我们就坚决干、加油干、一刻不停地干；凡是不利于党和国家事业，不利于贫困地区、贫困群众脱贫致富的，我们就坚决改、彻底改、一刻不耽误地改。有为才能有位，有位才能更有为，对于那些在脱贫攻坚中勇于探索、勇于创新、勇于突破、勇于攻坚的干部，要建立容错纠正机制和正向激励机制，保护他们的积极性创造性，形成充满正能量的工作环境。

三要坚定必胜信心。帮助穷人从来就不是一件容易的事情。脱贫攻坚以来，扶贫系统工作量骤增，同志们很辛苦，加班加点，任劳任怨，顶住了压力，打出了威风，鼓舞了士气。我们用一年时间完成了建档立卡，再用一年时间“回头看”，从基本准确到比较准确，还会更加准确。我们建立了脱贫攻坚责任制、考核评估机制、督查巡查机制、退出机制、约束机制，中共中央办公厅、国务院办公厅一年内连续出台10个配套文件，中央各部门出台118个政策文件，财政、金融、土地等支持力度不断加大，第一书记和驻村工作队实现对贫困村全覆盖，等等，许多工作都是开创性的。这几年我们走过来很不容易，完成了以前不敢想、在外人看来几乎不可能完成的事情。我们要充分肯定，相信我们的能力，坚定我们的信心，履行我们的责任，和中央始终保持一致。我们要像跑步一样，当遇到“极点”的时候，咬牙坚持下去，突破了，就是一片新天地。

最后，我再强调一下近期需要抓紧抓好的几项工作。一是请各地尽快把2016年建档立卡脱贫核实数和2017年脱贫摘帽计划数定下来，3月10日前报办。二是对建档立卡动态管理、贫困村提升工程、两项制度有效衔接等工作，加强调研，摸清底数，提出意见。三是对今年的扶贫日活动、全国脱贫攻坚奖评选表彰、建立全国社会扶贫网、落实东西部扶贫协作座谈会精神等工作，抓紧部署，及时报告。

同志们，2017年已经过去近2个月，我们要以时不我待、只争朝夕的干劲，全力以赴抓好今年各项工作落实。把落实总书记重要讲话精神，体现在具体行动上，体现在工作效果上，奋力推进脱贫攻坚再上新台阶，以优异成绩迎接党的十九大胜利召开。

全面贯彻中央决策部署
坚决打赢脱贫攻坚战

——在中央党校 2017 年春季学期班上的报告

国务院扶贫办主任　刘永富

（2017 年 4 月 7 日）

各位学员、同志们：

非常高兴再次来中央党校，向大家汇报我国脱贫攻坚有关情况。去年我主要介绍了习近平总书记关于扶贫开发的重要论述和中央关于“十三五”脱贫攻坚的决策部署，今年重点报告中央决策部署的贯彻落实情况和下步工作安排，不妥之处，请批评指正。借此机会，对大家长期以来关心、关注和支持扶贫事业表示衷心感谢。我从四个方面汇报。

一、以习近平同志为核心的党中央高度重视脱贫攻坚

党中央、国务院历来高度重视扶贫开发。新中国成立后，特别是改革开放以来，我国组织大规模有计划的扶贫开发，贫困地区面貌发生明显变化，贫困群众生活水平明显提高，30 多年累计减少贫困人口 7 亿多人，对全球减贫贡献率超过 70%，为全球减贫事业贡献了中国方案，充分体现了中国共产党领导和中国特色社会主义制度的优越性。

党的十八大以来，以习近平同志为核心的党中央把脱贫攻坚作为全面建成小康社会的突出短板和底线目标，纳入“五位一体”总体布局和“四个全面”战略布局，摆到治国理政的重要位置，以前所未有的力度推进。2012 年 11 月，习近平总书记在十八届中央政治局常委同中外记者见面时鲜明宣示：“人民对美好生活的向往，就是我们的奋斗目标。”2012 月 12 月，总书记第二次国内考察选择河北阜平革命老区，进村入户看真贫，提出“两个重中之重”（“三农”工作是重中之重，革命老区、民族地区、边疆地区、贫困地区在“三农”工作中要把扶贫开发作为重中之重）、“三个格外”（对困难群众要格外关注、格外关爱、格外关心）等重要论述，拉开了总书记抓脱贫攻坚的序幕。2013 年 2 月，总书记在十八届二中全会上指出：“贫穷不是社会主义。如果贫困地区长期贫困，面貌长期得不到改变，群众生活长期得不到明显提高，那就没有体现社会主义制度的优越性，那也不是社会主义。”2015 年 10 月，十八届五中全会把“到 2020 年我国现行标准下农村贫困人口实现脱贫，贫困县全部摘帽，解决区域性整体贫困”作为全面建成小康社会的目标要求，把扶贫攻坚改为脱贫攻坚，表明中央的坚强决心和坚定信心。2015 年 11 月，中央召开扶贫开发工作会议，中共中央、国务院作出关于打赢脱贫攻坚战的决定，习近平总书记、李克强总理发表重要讲话，全面部署“十三五”脱贫攻坚，明确了总体目标、基本方略、政策举措和组织保障。

习近平总书记亲自挂帅、亲自出征、亲自督战。党的十八大以来，总书记30多次国内考察都涉及扶贫，连续5年新年国内首次考察都调研扶贫，连续5年新年贺词都谈到扶贫，14个连片特困地区基本都走遍了。总书记先后在河北阜平、部分省区市扶贫攻坚与“十三五”时期经济社会发展座谈会、2015年减贫与发展高层论坛、中央扶贫开发工作会议、东西部扶贫协作座谈会、中央政治局第39次集体学习时发表长篇重要讲话，全面部署脱贫攻坚。多次主持召开中央政治局会议、政治局常委会议、中央深改领导小组会议、中央财经领导小组会议，研究作出重大决策。在每年中央经济工作会议和全国“两会”上，都对做好脱贫攻坚工作作出重要指示。近几个月来，总书记继续密集研究推进脱贫攻坚工作，作出新指示提出新要求。去年12月1日，中央政治局常委会议专题听取脱贫攻坚首战之年的情况汇报，总书记发表重要讲话，强调要坚持脱贫攻坚目标，要解决突出问题，要狠抓精准扶贫落地，要激发内生动力，要从严考核监督，要在脱贫攻坚中培养锻炼干部。12月8日，总书记在督查巡查报告和克服形式主义报告上作出长篇批示，要求凝心聚力、一步一个脚印地狠抓落实。12月14日，总书记在中央经济工作会议上对深入推进脱贫攻坚作出明确部署。12月31日，总书记在一字千金的新年贺词中，用六分之一篇幅讲脱贫攻坚，并向奋战在脱贫攻坚一线的同志们致敬。今年1月24日，总书记专程到河北张家口调研脱贫攻坚。2月21日，总书记主持中央政治局第39次集体学习，把“我国脱贫攻坚形势和更好实施精准扶贫”作为主题。总书记总结了脱贫攻坚的5条经验，强调要充分认识打赢脱贫攻坚战的艰巨性，要坚持精准扶贫精准脱贫，要加强基层基础工作，要把握好脱贫攻坚正确方向。“两会”期间，总书记在参加代表团审议和看望政协委员时，都强调要抓好脱贫攻坚，号召所有扶贫地区的领导干部都要坚守岗位，要保证人员的稳定。要求改进脱贫攻坚动员和帮扶方式，扶持谁、谁来扶、怎么扶、如何退，全过程都要精准，有的需要下一番“绣花”功夫。3月23日和3月31日，总书记分别主持召开中央政治局常委会议和中央政治局全体会议，听取2016年省级党委和政府扶贫开发工作成效考核情况汇报，审定考核结果。总书记发表重要讲话，强调要发挥考核指挥棒作用，推广先进典型经验，坚决纠正问题，不断完善考核工作。

习近平总书记始终高度重视脱贫攻坚，亲力亲为抓扶贫工作。我们体会，这源于总书记40多年来从农村到县、市、省、中央始终牵挂贫困群众的扶贫情结，源于总书记一以贯之、一心为民的公仆情怀，源于总书记全面建成小康社会、实现中华民族伟大复兴的使命担当。总书记在梁家河村插队7年，品尝贫穷之苦，深刻理解中国“三农”和贫困问题；在正定县，走遍全县200多个村子，带领全县人民告别“高产穷县”；在宁德市，探索创新扶贫开发，提出经济大合唱、弱鸟先飞、滴水穿石和解决意识贫困、思路贫困等重要论述，形成《摆脱贫困》一书；在福建，积极贯彻邓小平同志“两个大局”战略思想，开创了东西部扶贫协作的“闽宁模式”；在浙江，强调要把握贫困动态的变化，讲求针对性，使投入的钱真正让贫困户受益。总书记无论在什么地区、在什么岗位，都始终不忘初心，始终以人民为中心，坚守崇高的理想信念，为全党作出了表率。

李克强总理多次调研扶贫工作，连续4年在政府工作报告中明确1000万人以上减贫任务，多次主持召开国务院常务会议，研究部署易地扶贫搬迁、交通扶贫、教育扶贫、健康扶贫、革命老区扶贫、扶贫资金使用管理、“十三五”脱贫攻坚规划等重点工作，就推进脱贫攻坚多次作出重要批示。中央政治局常委和政治局各同志都对脱贫攻坚十分重视，分别到贫困地区调研考察，提出要求，推动落实。汪洋副总理担任国务院扶贫开发领导小组组长，靠前指挥，主持召开16次国务院扶贫开发领导小组全体会议、多次工作会议和专题会议，30多次带队深入扶贫一线调研，研究部署推动工作。

以习近平同志为核心的党中央驰而不息推动脱贫攻坚。我们理解，首先是因为脱贫攻坚是我们党的历史使命，是全面建成小康社会的底线目标，是必须要完成的政治任务。总书记代表我们党和政府向全国人民、向全世界作出了庄严承诺，到我们党成立100年时，如果还有绝对贫困人口，贫富差距拉大，那就没有体现我们党的宗旨，就不能说我们全面建成了小康社会。其次是脱贫攻坚任务艰巨而复杂，不是轻轻松松一冲锋就能实现的。减贫的一般规律是越往后成本越高、难度越大、见效越慢，当前我们所面对的都是贫中之贫、困中之困、坚中之坚。贫困村无人管事、无人干事、无钱办事，许多贫困群众语言不通、思路不通、观念不通、致贫原因复杂，如期全部脱贫，难度是空前的，必须始终保持打攻坚战的状态。第三是体现了党的十八大以来的新气象。中央反复强调“三严三实”，就是要言必行、行必果，做到行胜于言、言行一致。中央作出的决策部署一定要坚决执行，中央公开的承诺一定要确保兑现，坚决维护以习近平同志为核心的党中央权威。第四是脱贫攻坚不仅仅帮助穷人，它还是促进供给侧改革、加快经济发展、促进社会和谐、巩固社会稳定的重要工作。发挥贫困地区自然人文生态等优势，发展适应消费多样化的产品，可以增加有效供给。脱贫攻坚系列超常规的投入，几千万贫困人口摆脱贫困后的庞大消费潜力，将有效拉动投资、刺激消费，促进经济增长。各级各类干部深入贫困地区帮助贫困群众，干群关系就会更加融洽，我们党的群众基础和执政基础就会更加坚实。社会各界互帮互助，会改善社会风气，促进社会和谐，巩固社会稳定。

二、脱贫攻坚首战之年开局良好

2016年是脱贫攻坚首战之年。在党中央、国务院的坚强领导下，国务院扶贫开发领导小组统筹协调、督促落实，各地区各部门齐抓共管、密切配合，社会各界积极参与、合力攻坚，实现了脱贫攻坚首战之年的良好开局。

（一）四梁八柱顶层设计基本完成

一是建立脱贫攻坚责任体系。中央出台脱贫攻坚责任制实施办法，强化“中央统筹、省负总责、市县抓落实”的扶贫管理体制，构建起责任清晰、各负其责、合力攻坚的责任体系。中西部22个省份党政主要负责同志向中央签署脱贫攻坚责任书，立下军令状，贫困县党政正职攻坚期内保持稳定，形成了五级书记抓扶贫、全党动员促攻坚的局面。扶贫责任体系符合我国国情，契合精准扶贫实际，有利于发挥我们的政治优势和制度优势。

二是建立脱贫攻坚政策体系。国务院印发“十三五”脱贫攻坚规划，细化落实中央决策部署。中共中央办公厅、国务院办公厅出台11个《决定》配套文件，中央和国家机关各部门出台118个政策文件或实施方案，各地也相继出台和完善了“1＋N”的脱贫攻坚系列文件，内容涉及产业扶贫、易地扶贫搬迁、劳务输出扶贫、交通扶贫、水利扶贫、教育扶贫、健康扶贫、金融扶贫、农村危房改造、土地增减挂钩、水电矿产资源开发资产收益扶贫等。很多“老大难”问题都有了针对性的措施，打出了政策组合拳。

三是建立脱贫攻坚投入体系。中央明确，扶贫投入力度要与打赢脱贫攻坚战的要求相匹配。在财政投入上，2016年，中央和省级财政专项扶贫资金首次突破1000亿元，其中中央为667亿元，同比增长43.4%；省级为493.5亿元，同比增长

56.1%。安排地方政府债务600亿元，用于改善贫困地区生产生活条件。“十三五”时期，国家将向省级扶贫开发投融资主体注入约2500亿元资本金，用于易地扶贫搬迁。在金融投入上，各类金融机构加大对扶贫的支持力度，其中，易地扶贫搬迁专项金融债将超过3500亿元。扶贫小额信贷2016年新增1706亿元，累计发放2833亿元，共支持了802万贫困户，贫困户获贷率由2014年底的2%提高到26.7%。保险业扶贫、证券业扶贫等工作举措也明显加强。

四是建立脱贫攻坚动员体系。中央先后出台关于进一步加强东西部扶贫协作工作的指导意见和关于进一步加强中央单位定点扶贫工作的指导意见，明确了帮扶的主要任务和工作要求。国务院批准将每年10月17日确定为我国的扶贫日，国家设立全国脱贫攻坚奖，宣传先进典型，动员民营企业、社会组织和个人参与脱贫攻坚，着力构建社会扶贫“人人皆愿为、人人皆可为、人人皆能为”的参与机制。

五是建立脱贫攻坚监督体系。中央出台脱贫攻坚督查巡查工作办法，对各地各部门落实中央决策部署开展督查巡查。督查坚持目标导向，着力推动工作落实。巡查坚持问题导向，着力解决突出问题。开展脱贫攻坚民主监督，各民主党派中央分别对应8个贫困人口多、贫困发生率高的中西部省份（贵州、河南、广西、湖南、云南、四川、陕西、甘肃），一盯5年。扶贫部门加强与纪检监察、巡视、审计、财政、媒体、社会等监督力量的全方位合作，把各方面的监督结果运用到考核评估、督查巡查中。

六是建立脱贫攻坚考核评估体系。中央出台省级党委和政府扶贫开发工作成效考核办法。2016—2020年，每年开展一次考核，由国务院扶贫开发领导小组组织进行。主要考核减贫成效、精准识别、精准帮扶、扶贫资金使用管理等方面，涉及建档立卡贫困人口数量减少和贫困县退出计划完成率、贫困地区农村居民收入增长率、贫困人口识别精准度和退出准确率、群众帮扶满意度、扶贫资金绩效等指标，树立脱贫实效导向，确保脱贫攻坚质量。

（二）重点工作稳步推进

第一，完成建档立卡。建档立卡是一项十分浩大、艰苦细致的工作，是精准扶贫的基础。2014年4月至10月，根据中央关于“县为单位、规模控制、分级负责、精准识别、动态管理，对每个贫困村、贫困户建档立卡”的要求，扶贫办在征求各地区各部门意见基础上，制定建档立卡工作方案，提出“一年打基础、两年完善、三年规范运行”的工作目标。对贫困村，按照“一高一低一没有”（贫困发生率高于全省贫困发生率一倍以上、农民人均纯收入低于全省平均水平60%、没有集体经济收入）的标准和“村申请、乡镇审核、县审定”的程序，以及“一公示一公告”（乡镇审核后公示，县审定后公告）的要求进行识别。对贫困户，按照收入低于国家扶贫标准，综合考虑“两不愁三保障”情况，采取“农户申请、民主评议、公示公告、逐级审核”的程序和“两公示一公告”（村里民主评议后公示，乡镇审核后公示，县里复审后公告）的要求进行识别。全国组织80万人进村入户，共识别12.8万个贫困村，2948万个贫困户、8962万名贫困人口，基本摸清了我国贫困人口分布、致贫原因、脱贫需求等信息，建立起了全国统一的扶贫开发信息系统。2015年8月至2016年6月，全国动员近200万人开展建档立卡“回头看”，补录贫困人口807万人，剔除识别不准人口929万人，识别精准度进一步提高。习近平总书记就建档立卡“回头看”工作批示：“这项工作抓得及时有效，今后每一项措施都应这样抓实抓准。”国务院对建档立卡工作予以通报表扬。2017年2月，组织各地对2016年脱贫真实性开展自查自纠，245万标注脱贫人口重新回退为贫困人口。建档立卡，使我国贫困数据第一次实现了到村到户到人，为中央制定“五个一批”等政策措施提供了重要参考，为精准帮扶、“靶向疗法”提供了目标。

第二，开展驻村帮扶。中央要求，每个贫困村都要派驻村工作队，每个贫困户都要有帮扶责任人，实现全覆盖。全国共选派77.5万名干部驻村帮扶，期限1~3年。中央组织部组织开展抓党建促脱贫攻坚工作，选派18.8万名优秀干部到贫困村和基层党组织薄弱涣散村担任第一书记，着力建强农村基层党组织，发挥带领群众脱贫致富的战斗堡垒作用。第一书记和驻村干部积极帮助群众出主意干实事，推动各项扶贫措施落地落实，打通精准扶贫“最后一公里”。各地加强驻村干部管理，强化考核监督，有些省份针对帮扶干部“挂名”“走读”等问题，建立召回制度；有些省份探索干部“逢提必下”制度，在脱贫攻坚一线培养锻炼干部。

第三，推进分类施策。按照“五个一批”的工作思路，突出产业扶贫、易地扶贫搬迁。实施劳务输出扶贫，在广东、湖南、湖北进行精准对接试点，并在全国推开。实施教育扶贫，促进教育资源向贫困地区、贫困群众倾斜。实施健康扶贫，组织动员80万基层卫生计生人员逐户、逐人、逐病核实，分类救治贫困患者100多万人。探索生态保护脱贫，安排28万建档立卡贫困人口走上护林员岗位。推进农村低保和扶贫开发进行有效衔接。扶贫办会同有关部门开展教育、健康、金融、交通、水利、劳务协作、危房改造、科技、中央企业百县万村、民营企业万企帮万村十大扶贫行动，组织实施整村推进、职业教育培训、扶贫小额信贷、易地扶贫搬迁、电商扶贫、旅游扶贫、光伏扶贫、构树扶贫、贫困村创业致富带头人培训、龙头企业带动十项精准扶贫工程。在428个贫困县开展电商扶贫试点，旅游扶贫覆盖2.26万个贫困村，光伏扶贫将覆盖3万个贫困村。

第四，加强资金管理。修改完善财政专项扶贫资金管理办法，提高资金使用精准度。推进扶贫资金项目审批权限下放到县，到县比例从2014年的70%提高到2016年的95%。国务院办公厅印发《关于支持贫困县开展统筹整合使用财政涉农资金试点的意见》，贫困县共整合资金超过2300亿元用于脱贫攻坚。财政部、扶贫办开展财政专项扶贫资金集中检查和绩效评价，查处问题1339个、处理1231人。设立“12317”扶贫监督举报电话，接听电话13705个，查处违纪违法案件38件，处理25人。中央纪委机关开展扶贫领域监督执纪问责，高检院、扶贫办开展集中惩治和预防扶贫领域职务犯罪专项工作，审计署加强财政扶贫资金审计，扶贫办在全国扶贫系统开展警示教育。通过各方面的齐抓共管，扶贫资金违纪违规问题明显减少。

第五，动员各方参与。一是深化东西部扶贫协作。认真落实习近平总书记银川会议重要讲话精神，调整完善东西部扶贫协作关系，东部9省市对口帮扶（对口支援）西部12个省份，实现对30个民族自治州全覆盖，明确了京津冀协同发展中京津两市与河北省张家口、承德和保定三市的扶贫协作任务，启动实施东部地区267个经济强县和西部地区406个贫困县“携手奔小康”行动。二是加强定点扶贫。中央出台定点扶贫指导意见，明确考核要求，着力解决做与不做、做多做少一个样的问题，中央层面共有320个单位定点帮扶592个贫困县，军队和武警部队结对帮扶2000多个贫困村。三是动员民营企业、社会组织和个人参与扶贫脱贫攻坚。国务院国资委组织45家中央企业开展“百县万村”行动，重点帮助1.5万个贫困村解决水电路问题。全国工商联动员2.2万家民营企业开展“万企帮万村”行动，帮助2.1万个贫困村发展特色产业，带动贫困户增收。

第六，营造良好氛围。深入宣传习近平总书记关于扶贫开发的重要论述，宣传中央脱贫攻坚决策部署，宣传推广先进典型。设立全国脱贫攻坚奖奋进奖、贡献奖、奉献奖、创新奖，对38名获奖者进行表彰，追授李保国、姜仕坤同志“全国脱贫攻坚模范”。组织开展扶贫日系列活动。中央主要媒体推出脱贫攻坚报道约10万条，一些地方充分利用互联网等新兴媒体，探索开展消费扶贫、志愿扶贫等方式，营造了良好社会氛围。

（三）考核评估较真碰硬

为确保脱贫成效经得起实践和历史检验，中央明确要求实行最严格的考核评估制度。根据《省级党委和政府扶贫开发工作成效考核办法》，国务院扶贫开发领导小组组织开展2015年省级党委和政府扶贫工作成效试考核，根据试考核情况对中西部20个省份开展了督查，对2个省开展了巡查。今年元旦后，组织开展2016年省级党委和政府扶贫工作成效正式考核。

一是组织省际交叉考核。从22省抽调476名司处级干部组成交叉考核工作组，通过随机抽样，分赴22省的108个县、605个村，入户调查8063户建档立卡贫困户和脱贫户、一对一访谈基层干部3216人，共发现典型92个、查找问题102个、收集建议48条。

二是开展第三方评估。主要评估贫困人口识别和退出准确率、因村因户帮扶工作群众满意度，以及“两不愁三保障”实现情况。委托第三方组织1756名评估人员，组成22个评估组，赴22省的117个县、630个村，对15000个建档立卡贫困户和6600个脱贫户开展评估。评估组自己安排吃住行、现场随机抽样，全程录音录像，努力减少干扰。

三是收集考核数据。收集各省总结报告，贫困监测据和建档立卡数据，财政部、扶贫办提供的2016年财政专项扶贫资金使用管理绩效评价结果，中央纪委机关、审计署和社会监督发现的违纪违规问题，扶贫领导小组督查巡查和各民主党派中央开展民主监督提供的情况。

四是综合汇总分析。考核工作小组结合收集的情况和各省总结，按照定性定量相结合、第三方评估数据与部门数据相结合、年度考核与平时掌握情况相结合的原则，对22省2016年脱贫攻坚成效进行综合分析，形成考核意见。从分省情况看，有8个省综合评价好，有6个省综合评价较好，有4个省综合评价一般或发现某些方面有突出问题，有4个省综合评价较差且发现突出问题。

五是运用考核结果。经党中央同意，对综合评价好的8省通报表扬，并在2017年中央财政专项扶贫资金分配上给予奖励。对综合评价较差且发现突出问题的4省，党中央、国务院授权国务院扶贫开发领导小组约谈党政主要负责人。对综合评价一般或发现某些方面问题突出的4省，约谈省份管负责人。约谈主要是指出考核发现的问题，提出整改要求。考核结果送中央组织部，作为对省级党委、政府主要负责人和领导班子综合考核评价的重要依据。国务院扶贫开发领导小组将组织对被约谈的8个省份开展巡查，对其他省份开展督查。

经过一年努力，脱贫攻坚首战告捷，全年减少农村贫困人口1240万人，这是党的十八大以来连续第4年减贫超过1000万人，改变了以往减贫幅度逐年大幅递减的趋势。井冈山、兰考等县率先脱贫摘帽，产生了良好的示范带动作用。

三、脱贫攻坚存在的主要困难和问题

脱贫攻坚虽然取得了一些成绩，但攻坚战仅仅打了一年多，举措落实、政策见效、工作开展还需要一个过程，不少困难和问题仍然存在，特别是在基础薄弱的农村做精准的事情，难度和挑战之大前所未有，攻坚任务十分艰巨。

一是“硬骨头”问题。从区域看，连片特困地区、革命老区、民族地区、边疆地区是脱贫攻坚的重点区域。西藏、四省藏区、南疆四地州以及凉山、怒江、临夏等地，生存环境恶劣，文化习俗落后，贫困发生率普遍在20%左右。从基层看，全国12.8万个贫困村居住着60%的贫困人口。贫困村基层组织功能弱化，无人管事。大部分村干部年龄偏大、文化程度不高、政策不理解、落实不下去，带领群众脱贫致富的能力不足。贫困村人才流失严重，无人干事。有能力、有本事的基本都走了，剩下的大多是老人、妇女和儿童。建档立卡贫困人口中，60岁以上贫困人口占24.6%，女性占45.6%，16岁以下的占17%。贫困村集体经济薄弱，无钱办事。72%的贫困村无集体经济，61%的村无经济合作组织，村内一些小型基础设施建设和公益事业没钱开展。贫困村基础设施滞后，发展基础不牢。5.2%的村不通到乡镇沥青（水泥）路、44.3%的村没有客运班车，8.3%的自然村不通生活用电或生产用电，26.6%的农户饮水不安全或饮水困难，90.1%的农户未通宽带。从群体看，全国还有4335万贫困人口，都是贫中之贫、困中之困。据建档立卡数据，初中及以下文化程度的占92.9%，小学及以下文化程度的占56.3%，文盲半文盲接近15%；因病致贫返贫的占42.2%，因学致贫返贫占8.4%，住房不安全的超过20%，还有一些地区因婚丧嫁娶致贫返贫突出。

二是不精准问题。贫困识别不准。有的地方简单以有没有劳动能力为标准割裂低保与扶贫，享受了低保政策就不再确定为贫困户，确定为贫困户的就不享受低保政策，导致一定数量符合条件的贫困人口未纳入建档立卡，成为一个新的突出问题。扶贫举措不准。有的产业扶贫项目缺少龙头企业带动，或盲目跟风，或缺乏带贫机制，贫困户组织化程度低。有的地方易地扶贫搬迁面积超标，项目进度缓慢，搬迁后没有后续脱贫措施，个别地方群众因搬迁负债，加重贫困。脱贫质量不高。有的把项目投入、预期收入算成当年实际收入，算账脱贫。有的短时间集中投入，贫困人口当年进当年出，突击脱贫。有的义务教育、基本医疗、住房安全“三保障”未实现，就宣布脱贫。有的地方简单采取低保兜底、一兜了之，一些县通过低保兜底宣布脱贫的人口占到全县贫困人口总数的60%。

三是形式主义问题。一些地方和基层为了完成任务，体现政绩，层层加码赶进度，用形式主义的做法代替扎实的工作。有的驻村干部不驻村假驻村。有的政策措施缺乏针对性操作性，有的政策虽已出台，但落到实处还存在较大差距。有的填报各类表格五花八门，信息不共享，大量时间消耗在纸面上。有的“垒大户”“堆盆景”，或花费大量资金做精美挂图展板。有的层层组织各类检查评估，只为应付上一级的检查。有的甚至在考核评估中弄虚作假，搞乔装打扮、跟踪拖延，提前组织群众统一答复口径，试图在考核评估中蒙混过关。

四是扶贫资金使用管理问题。近年来，扶贫资金违纪违规等问题逐步减少，但有些问题仍然严重。贪污挤占挪用仍时有发生，在乡村两级尤为突出。中央纪委监察部去年通报的扶贫领域突出问题325起，有86%涉及乡村干部。12317扶贫监督举报案件处理的25人中，村干部22人、镇干部1人。随着扶贫投入增多，权限下放到县，一些地方能力未及时跟上、接不住，加上项目前期论证不足、规划不科学不合理，导致扶贫资金闲置滞留。2016年资金闲置问题占到审计发现问题的2/3。此外，扶贫资金点多、面广、线长，除专项扶贫外，还涉及低保、危房改造、医疗卫生、养老保险等民生领域。在老百姓眼里，投向“三农”的钱，涉及农民的事，都和扶贫有关，这方面的监管亟待加强。

五是内生动力不足问题。脱贫攻坚越深入，这个问题越突出。从政府来看，有的为图省事、赶进度，搞大包大揽，“干部干、群众看”，脱贫攻坚变成政府的“独角戏”。有的思路停留在送钱送物，不注意提高贫困人口的自我发展能力。有的扶贫不实事求是，该给的东西给了，不该给的东西也给，导致非贫困户也争当贫困户，造成政策养懒汉。从贫困群众来看，有的穷怕了不敢想，缺乏自力更生、艰苦奋斗的精神，安于现状，单纯依靠外界帮扶被动脱贫。有的穷惯了“等靠要”，什么都不想干，靠穷吃穷，依赖政策不愿脱贫。如果不能充分发动贫困群众，扶贫就只是治标不治本，帮扶效果就很难可持续。

四、扎实推进脱贫攻坚工作再上新台阶

2017年是全面攻坚的关键一年，是精准扶贫精准脱贫的深化之年。中央经济工作会议、中央农村工作会议和全国扶贫开发工作会议做了安排部署。我们将全面贯彻落实党的十八大和十八届三中、四中、五中、六中全会精神，以习近平总书记关于扶贫开发的重要论述为指导，贯彻创新、协调、绿色、开放、共享的发展理念，坚持精准扶贫精准脱贫基本方略，围绕贫困人口脱贫、贫困县摘帽、解决区域性整体贫困这个中心任务，以集中攻坚、稳定脱贫为工作重点，以扶贫领域供给侧结构性改革为推动力量，深入实施重大扶贫工程，落实区域支持政策和到村到户帮扶措施，强化脱贫攻坚支撑保障体系，全力推进脱贫攻坚，确保再完成1000万人以上减贫任务，以脱贫攻坚优异成绩迎接党的十九大胜利召开。

（一）强化看齐意识

帮助贫困人口全部脱贫，满足贫困人口追求幸福的基本要求，是我们党的历史使命，也是我们党的庄严承诺，是一项极其重要、极为严肃的政治任务。党的十八大以来，中西部22个省份党委和政府主要领导向中央立军令状的，唯此一件。我们将牢固树立四个意识，向习近平总书记看齐，向党中央决策部署看齐，不断增强责任感使命感，坚决打赢脱贫攻坚战，坚决维护以习近平同志为核心的党中央权威。

（二）深化精准扶贫

精准扶贫精准脱贫是一项长期而细致的工作，现在刚刚破题，不能浅尝辄止。一是完善建档立卡。建立动态管理机制，只要是贫困人口，不管什么原因、什么类型，都纳入建档立卡，实施分类扶持。二是提升基层干部能力。通过宣传引导、组织培训和“干中学、学中干”，逐步提高基层干部和驻村干部的能力和水平。精准关键还得靠基层，“子弹”由基层打出去才能打准、打到位。三是提高扶贫措施有效性。突出产业扶贫，重点建立益贫带贫机制，提升群众参与度和获得感。组织好易地扶贫搬迁，确保稳得住、逐步好致富。实施好劳务输出扶贫，提高组织化程度和培训针对性，鼓励就地就近就业。落实好教育扶贫和健康扶贫政策，加强农村低保与扶贫开发有效衔接。四是做到稳定脱贫。建档立卡贫困户脱贫，应当是享受过扶持政策，得到了帮扶，观念有转变，能力有提升，有稳定的收入渠道。根据中央部署，贫困县、贫困村、贫困人口退出后，脱贫攻坚期内相关政策保持不变，继续执行贫困县党政正职稳定、驻村帮扶、东西部协作扶贫、定点扶贫等政策。

（三）集中力量攻坚

主要攻3个“坚”。对深度贫困地区，着力强化基础设施和公共服务建设，为稳定脱贫创造环境条件。对贫困村，组织实施贫困村提升工程，着力加强贫困村基层组织建设，培训创业致富带头人，吸引回流本土人才，培育壮大集体经济，培养“不走的扶贫工作队”。对因病因学致贫返贫，突出解决贫困家庭、慢性病和学生上学问题。对上

述3个坚，要按照习近平总书记“对贫中之贫、困中之困、难中之难、坚中之坚的地方，要采取超常措施加以扶持”的重要指示，进一步加大政策供给力度，使工作力度与攻坚难度相匹配。

（四）解决突出问题

重点解决5个问题。一是防止层层加码。督促指导各地结合实际，科学制定年度脱贫摘帽计划，调整完善滚动规划。加强全方位监督检查，倒逼各地量力而行，确保脱贫质量。二是纠正形式主义。从加强思想教育、改进工作作风、严格执行制度、强化监督问责、提升干部能力素质等5个方面，着力纠正不严不实、弄虚作假等问题。三是加强扶贫资金监管。完善扶贫资金使用管理机制，完善扶贫资金项目公告公示制度，加强纪检、高检、审计、财政监督和群众、社会监督，加大对扶贫领域腐败行为的查处力度，努力做到阳光扶贫廉洁扶贫。四是激发内生动力。改进帮扶方式，扩大贫困群众在帮扶项目各个环节的参与度，提升对项目的拥有感、获得感，在参与中转变观念，提升能力素质。建立正向激励机制，把一些帮扶政策和贫困群众参与情况挂钩，鼓励光荣脱贫、勤劳致富。五是改变陈规陋习。发挥村规民约作用，开展人居环境整治，逐步改变陈规陋习。移风易俗是一个长期性的问题，并非朝夕之力，但我们必须有阶段性的工作安排，为长远发展打下基础。

（五）推广先进典型

宣传中央脱贫攻坚决策部署和方针政策，提高基层干部群众对脱贫攻坚政策的知晓度。总结各地精准扶贫精准脱贫的先进典型和成功案例，加大宣传推广力度。每年组织开展全国脱贫攻坚奖评选表彰活动，及时授予脱贫攻坚模范。及时处置涉贫事件，正确引导舆论。

（六）完善考核工作

从今年考核情况看，有的考核评估指标难以核实，有些考核评估工作容易受到地方干扰，有些做法给被考核的地方增加了不必要的负担。下一步，我们将按照中央要求，以现有的《考核办法》为基本依据，进一步提高考核的针对性有效性，确保考核评估质量。按照中央脱贫攻坚决策部署，发挥好考核指挥棒作用，以较真促认真，以碰硬求过硬，确保脱贫成效经得起历史和实践的检验。

各位学员、同志们，扶贫向善，帮助别人，提升自己，引领风尚。衷心希望大家都来关心扶贫、重视扶贫、支持扶贫。通过我们的共同努力，让贫困地区贫困群众共享改革发展成果，为打赢脱贫攻坚战、全面建成小康社会作出应有的贡献。

谢谢大家。

在全国扶贫办主任座谈会上的讲话

国务院扶贫办主任　刘永富

（2017 年 4 月 15 日）

同志们：

今天我们召开这次座谈会，主要任务是传达学习习近平总书记在中央政治局会议、中央政治局常委会会议上的重要讲话和在全国两会期间关于脱贫攻坚的重要指示，贯彻落实国务院扶贫开发领导小组第十五次、十六次全体会议精神，通报 2016 年省级党委和政府扶贫开发工作成效考核有关情况，研究做好近期工作。刚才，青平同志传达了习近平总书记在中央政治局常委会会议审议考核情况汇报时的重要讲话，天云同志传达了汪洋副总理约谈八省负责同志讲话精神，志刚同志传达了中共中央办公厅、国务院办公厅关于考核情况的通报，更生同志通报了各地学习贯彻中央政治局会议精神和落实约谈初步情况。下面我讲几点意见。

一、深入学习贯彻习近平总书记近期脱贫攻坚重要讲话精神

党的十八大以来，以习近平同志为核心的党中央高度重视脱贫攻坚。习近平总书记亲力亲为，反复强调扶贫、反复部署扶贫、反复督战扶贫，在多个重要场合、重要会议、重要时点，作出一系列重要指示批示，倾注了大量心血，为全党作出了表率。

去年底以来，在脱贫攻坚战一周年后，以习近平同志为核心的党中央继续驰而不息高位推动。总书记先后主持召开 2 次中央政治局常委会议、2 次中央政治局全体会议，专题研究部署脱贫攻坚，发表重要讲话，作出重大决策。在中央经济工作会议、2017 年新年贺词、全国两会期间，就深入推进脱贫攻坚作出重要指示。在脱贫攻坚督查巡查报告和克服形式主义报告上作出长篇重要批示。专程到河北张家口调研脱贫攻坚工作，这是总书记连续第五年在新年首次国内考察调研扶贫。总书记如此密集地研究部署扶贫工作，充分体现了党中央对脱贫攻坚的高度重视，充分展现了总书记的扶贫情结、为民情怀和使命担当，充分表明了脱贫攻坚工作在总书记心中的分量和一抓到底的决心。

我们学习贯彻习近平总书记近期脱贫攻坚重要讲话和重要指示批示精神，要重点从以下几个方面学习领会，并认真抓好贯彻落实。

（一）总书记对脱贫攻坚工作给予了充分肯定

总书记充分肯定了十八大以来扶贫开发成就，指出：十八大以来，每年减贫都超过 1000 万人，累计脱贫 5500 多万人，贫困发生率从 2012 年底的 10.2% 下降到 2016 年底的 4.5%。党中央决策部署得到了较好落实，中央统筹、省负总责、市县抓落实的管理体制得到了贯彻，五级书记抓脱贫、全党动员促攻坚的格局基本形成，四梁八柱的顶层设计基本完成，精准扶贫、精准脱贫深入人心，各项决策部署得到较好落实，各方面都行动起来了，脱贫攻坚工作成效显著。总书记概括了 5 条有益经验：加强领导是根本，把握精准是要义，增加投入是保障，各方参与是合力，群众参与是基础，要求长期坚持。

总书记充分肯定了 2016 年省级党委政府脱贫攻坚成效考核工作，指出：这次考核工作目标明确，结果真实，查找问题准确，总结经验及时，为做好脱贫攻坚工作提供了有效依据，一些机制和方法可以在其他考核中运用。

我们学习贯彻总书记重要讲话精神，首先要增强信心、坚定决心，中央对脱贫攻坚工作是认可满意的。只要我们按照党中央决策部署撸起袖子加油干，到 2020 年是一定能完成任务的。

（二）总书记进一步强调了脱贫攻坚的重要性和艰巨性

总书记指出，我们中国共产党人从党成立之日起就确立了为天下劳苦人民谋幸福的目标。这就是我们的初心。抓好扶贫工作，打赢脱贫攻坚战，解决好贫困人口生产生活问题，满足贫困人口追求幸福的基本要求，这是我们的目标，也是我们的庄严承诺，是国内外皆知的庄严承诺。我们一定要如期兑现承诺。

总书记强调，打赢脱贫攻坚战绝非朝夕之功，不是轻轻松松冲一冲就能解决的。到 2020 年完成脱贫任务，现在遇到的都是硬骨头，哪能那么轻轻松松完成？4 年要解决 4300 万贫困人口脱贫问题，任务是很艰巨的，谈何容易！

我们学习贯彻总书记重要讲话精神，就是要不断增强责任感使命感，充分认识艰巨性复杂性，锲而不舍、全力以赴、真抓实干，确保完成目标任务，创造经得起实践和历史检验的业绩，坚决维护以习近平同志为核心的党中央权威。

（三）总书记对做好脱贫攻坚工作作出了新部署、提出了新要求

总书记指出，脱贫计划脱离实际随意提前，政策举措不落实，帮扶工作走形式，盲目降低扶贫标准，挖空心思搞数字脱贫、虚假脱贫，违纪违规使用扶贫资金，等等，对这些苗头性、倾向性问题，要及时发现、及时整改，坚决防止其蔓延开来。

为纠正这些突出问题，总书记作出了重要部署。一是要提高认识。总书记要求，我们的同志要适应党的十八大以来的新气象，言必行、行必果，做到行胜于言、言行一致，军令状不是搞个形式、签个字就完了。党中央决策部署决不能当耳旁风，一句必须顶一句。二是要坚持精准。总书记要求，脱贫攻坚越往后，难度越大，越要压实责任、精准施策、过细工作。扶持谁、谁来扶、怎么扶、如何退，全过程都要精准，有的需要下一番“绣花”功夫。三是要夯实基础。总书记要求，要打牢精准扶贫基础，建档立卡要做实做细，实现动态调整。要加强基层基础工作，选好配强村“两委”班子，培养农村致富带头人，促进乡村本土人才回流，打造一支“不走的扶贫工作队”。四是要保证正确方向。总书记要求，要防止层层加码，量力而行、真实可靠、保证质量。要防止形式主义，扶贫工作必须务实，脱贫过程必须扎实，脱贫结果必须真实。要防止忽视贫困群众主体作用，一定要保持耐心，注重扶贫同扶志、扶智相结合，把贫困群众积极性和主动性充分调动起来。要加强扶贫资金监管，对挪用乃至贪污扶贫款项的行为，必须坚决纠正、严肃处理、绝不姑息。五是要保持稳定。总书记要求，脱贫攻坚期内要保持政策稳定，贫困县、贫困村、贫困人口退出后，相关政策要保持一段时间。驻村帮扶、东西部扶贫协作、定点扶贫等政策要继续执行。所有扶贫地区的领导干部都要坚守岗位，要保证人员的稳定。要选派好驻村干部，保持基层扶贫干部相对稳定，保持工作连续性和有效性。六是要完善考核。总书记要求，要认真总结，完善考核工作机制，敢于较真碰硬，使考核工作更加科学有效、符合实际，进而有力督促引导各地区做到精准扶贫、精准脱贫，不断提高脱贫攻坚工作成效。

我们学习贯彻总书记重要讲话精神，就

是要始终坚持问题导向，早发现、早解决、早主动，扎扎实实推进各项工作，把中央决策部署落到实处，坚决打赢脱贫攻坚战。

二、全面正确看待考核结果，用好指挥棒

去年12月到今年3月，根据《中共中央国务院关于打赢脱贫攻坚战的决定》和《省级党委和政府扶贫开发工作成效考核办法》，国务院扶贫开发领导小组组织对中西部22个省区市2016年扶贫开发工作成效进行了考核。中央政治局和中央政治局常委会听取了考核工作汇报，审定同意考核结果。经党中央、国务院授权，汪洋副总理代表国务院扶贫领导小组约谈了4个省党政主要负责同志和4个省分管负责同志。4月12日，中共中央办公厅、国务院办公厅印发了考核情况通报，刚才我们在会上进行了传达。这里就考核工作再强调几点。

（一）考核体现了全面从严治党的要求

脱贫攻坚是极其严肃、极其重要的一项政治任务，关系到我们党实现第一个百年奋斗目标，关系到补齐全面建成小康社会的最大短板，关系巩固党执政地位的阶级基础和群众基础，是我们党对全体人民的政治承诺。十八大以来，各省党政一把手向中央签军令状的，唯此一件；党中央、国务院约谈各省党政一把手的，也唯此一件。考核评估是全面从严治党在脱贫攻坚领域的重要体现。我们全面落实从严治党要求，就是要用较真碰硬的考核评估，倒逼各地落实脱贫攻坚工作责任，把求真务实的导向立起来，把真抓实干的规矩严起来，确保脱贫结果经得起历史和实践的检验。

（二）考核结果是符合实际的

在去年试考核试评估基础上，国务院扶贫开发领导小组制定考核工作方案，成立考核工作小组，审阅了各省工作总结，根据习近平总书记指示要求组织实施了省际交叉考核，开展了第三方评估，汇总分析了2016年财政专项扶贫资金使用管理绩效评价结果、扶贫办建档立卡数据、统计局贫困监测数据和中央纪委机关、审计署和12317监督举报电话发现的违纪违规问题，结合督查巡查和民主监督等情况，按照定性定量相结合，第三方数据与部门数据相结合，年度考核与平时掌握情况相结合的原则，对各省2016年扶贫开发成效进行综合评价。考核方法是科学的，程序是严格的，工作是扎实的，考核结果印证了平时掌握的情况，与各方面了解的情况基本吻合。总体看，考核结果比较真实地反映了各省脱贫攻坚进展和质量。考核过程和结果也得到了党中央的充分肯定。

从考核情况看，成绩是主要的，首战之年开局良好，首战告捷，这是大结论、大判断、大形势。问题是客观的，各省都不同程度存在问题，一些共性问题大家都有，有的省问题比较突出，即使考核较好的省在一些方面也存在问题，甚至可能存在一些严重问题没有反映出来。大家不仅要自己和自己比，还要和别人比，对照中央要求和脱贫攻坚目标任务，主动作为，全面查摆问题，举一反三、追根溯源、狠抓整改落实。

（三）认真抓好整改

整改是对问题的整改，对事不对人，目的是为了推动工作，绝不能用处理人的方式代替解决问题，这一点不能跑偏。我们要按照汪洋副总理约谈讲话要求，一是切实把自己摆进去，多从主观上找原因，少从客观上找理由，更不能找扶贫办、找基层当替罪羊。对工作能力不足、不能胜任的同志，我们应当帮助找准差距，但对弄虚作假的，必须严肃处理。二是要举一反三，一个地区的个案问题、具体问题，可能在其他地区也有苗头倾向。三是要追根溯源，要认真研究具体问题背后的深层次因素，在思想观念、政策设计、组织领导和工作落实上找原因。

（四）用好考核结果

这次考核，实际上是一次“体检”，早

发现、早治疗、早康复。关键要正视问题、解决问题，把考核作为抓工作上台阶的契机、动力和“坏事”变好事的条件。今年考核结果不理想的省份，气要鼓、不要泄，要“知耻而后勇”，以大决心、下大力气纠正问题，迎头赶上，后进变先进。考核结果较好地省份，更要自我加压，不能麻痹大意、松懈斗志，要好上加好，争取更大成绩，大家共同在 2020 年脱贫攻坚大考中交出优秀答卷。

（五）完善考核工作

按照中央要求，我们还要认真总结，完善考核工作机制，使考核工作更加科学有效、符合实际，更加有力地督促引导各地提高脱贫攻坚工作成效。像交叉考核，人数还要增加，时间还要延长，内容还要丰富。按照中央要求，东西部扶贫协作、中央单位定点扶贫考核办法也要抓紧出台。对东西部扶贫协作工作，既要考核东部，也要考核西部。对西部，主要是配合和管理的问题，可以考虑作为西部考核的一个内容。对东部，不仅要考核对外省的帮扶工作，也要考核东部本省的扶贫工作成效。

三、抓好几项重点工作

大家要深刻学习领会习近平总书记的新指示、新要求，提高政治站位，结合考核反映的情况，认真抓好落实。这里我再强调几项重点工作。

（一）合理制定脱贫攻坚滚动规划和年度计划

从现在的顶层设计、投入力度、政策效应、脱贫任务等方面看，只要我们保持定力、扎实苦干、稳步推进，切实把中央脱贫攻坚决策部署落地落实，到 2020 年是能够完成脱贫攻坚任务的。脱贫攻坚最需要的就是实事求是，所以大家既不要着急赶进度、层层加码，也不要麻痹大意，更不能松劲泄气。如何制定滚动规划和年度计划，我提 4 条原则意见供大家参考。一是到 2020 年必须全部完成脱贫攻坚任务。二是贫困县原则上在 2019 年底前摘帽，确有困难的可以推迟，贫困人口在 2020 年如期脱贫。三是低保兜底的尽量往后靠，对那些确实不能依靠自身能力脱贫的贫困人口，最后才实行低保兜底。四是防止两种倾向，既要防止急躁症，也要防止拖延病，脱贫摘帽要有科学合理的时序。

（二）加大重点攻坚力度

深度贫困地区、贫困村、因病致贫贫困户，这是我们要攻的“坚”。全国面上，西藏、四省藏区、南疆四地州及凉山、怒江、临夏等地方是典型的深度贫困地区，要加大对这些地方的基础设施和公共服务建设支持力度。要组织实施贫困村提升工程，培育壮大集体经济，完善基础设施，打通脱贫攻坚政策落实“最后一公里”。要落实健康扶贫政策，降低因病致贫贫困户医疗费用支出，进一步解决大病和慢性病治疗、救助问题，减轻贫困家庭医疗负担。各地要摸清这些“坚”的情况，到底在哪里，是个什么状况，需要什么样的政策、资金支持等，都要弄清楚，这样才能有的放矢。各地都要结合实际，把本地的深度贫困地区、特困群体找出来，研究有针对性的帮扶举措。

（三）继续完善建档立卡

建档立卡是我们扶贫部门的第一功，是我们最基础的工作，是精准扶贫的第一颗扣子，第一颗扣错了，后面就全错了。所以大家一定要把建档立卡这项工作抓准、抓实、抓细。要把符合条件的“档”外贫困人口全部纳入，不管是低保对象、还是别的类型，要做到不漏一户、不落一人。要对 2014 年以来退出的建档立卡贫困人口返贫情况进行调研。要加强扶贫开发信息系统的日常维护管理，完善动态管理机制，提高数据精准度。要加快推进农村低保与扶贫开发在政策、对象、标准、管理等方面的有效衔接。

（四）总结经验宣传典型

党的十八大以来，脱贫攻坚各项工作上

都形成了不少好经验、好做法。有的经验做法找出来了，但分析得还不透，知晓度不高，说服力不强，推进力度不够，更多的是至今还没有发现、挖掘。要总结党的十八大以来精准扶贫的实践和成就，总结各项工作成功经验，总结产业扶贫、劳务脱贫、易地扶贫搬迁等重点工作的典型范例。今年继续开展全国脱贫攻坚奖评选表彰活动，及时发现表彰全国脱贫攻坚模范。要建立扶贫先进典型台账，及时推广好的经验做法。要进一步加大对脱贫攻坚先进典型的宣传报道，充分发挥榜样示范引领作用。要完善重大涉贫事件处置反馈机制，提高涉贫舆情处置能力，主动引导舆论正确走向，防止极端涉贫事件发生。要组织好扶贫日系列活动，在全社会加快形成人人愿为、人人可为、人人能为的脱贫攻坚氛围。

（五）加强调研摸准实情

有的工作抓得不扎实，主要原因是对基层的情况不了解，对精准扶贫战略实施以来的新情况、新问题、新动向不掌握。我们要深入贫困地区、深入扶贫一线，找问题，找办法，找典型。近期，全国扶贫系统要重点开展两项调研。一是开展一次驻村调研。国务院扶贫办党组同志分别带队，选择建档立卡贫困村驻村调研，把这个村的情况摸透。各地扶贫部门都要组织开展驻村调研。二是组织开展百村定点观测。按照有利于进行比较，具有代表性或显著特点，具备跟踪观察条件等标准，在全国选择100个左右的建档立卡贫困村，持续跟踪记录脱贫攻坚进程。我们将于近期下发通知，提出具体要求，请各地5月底前把情况报上来。

（六）开展督查促进落实

今年7月，国务院扶贫领导小组将组织开展督查巡查，并邀请民主党派中央参加。重点督查2016年省级党委和政府扶贫开发工作成效考核包括中央巡视、脱贫攻坚民主监督发现问题整改情况，同时对财政涉农资金整合、扶贫资金使用管理和易地扶贫搬迁等进行督查，对被约谈的8省开展巡查。大家回去后，要把督查巡查准备工作与考核发现问题整改工作结合起来，做好相关准备。各省开展自查要注意统筹协调，防止形式主义，避免省市县重复督查、多头督查。

最后，我再强调一下扶贫资金监管，这是中央三令五申的一项工作，社会关注度高，敏感性强。总的看现在面上情况有所好转，但资金闲置问题突出，违规违纪问题在乡村两级还没解决，必须严查严管，切实保障扶贫资金安全有效使用，做到廉洁扶贫、阳光扶贫。

同志们，党中央、国务院高度重视脱贫攻坚，总书记亲自抓，五级书记一起抓，是我们工作的最好机遇和政治优势。脱贫攻坚处在爬坡过坎、不断深化、不断精准的过程中，也是建功立业、大显身手的新阶段。今年是脱贫攻坚战的第二年，现在已经是第四个月，白驹过隙，时不我待。大家要把学习贯彻习近平总书记重要讲话精神落实到具体行动上，体现在扶贫成效上，一环扣一环，一步接一步，扎实苦干，推动工作再上新台阶，以优异成绩迎接党的十九大胜利召开！

在全国扶贫宣传工作会议上的讲话

国务院扶贫办主任　刘永富

（2017 年 5 月 22 日）

同志们：

这次全国扶贫宣传工作会议，是在脱贫攻坚承上启下的关键阶段召开的一次重要会议。刚才，对 2016 年全国扶贫宣传先进单位和优秀联络员进行了表彰，夏更生同志对 2016 年以来的扶贫宣传工作进行了全面总结，并安排部署今年的扶贫日活动。陈志刚同志对去年的脱贫攻坚奖评选表彰工作进行了总结，总结了五条基本经验和四点不足，部署了今年的评选表彰工作。中宣部新闻局副局长郭天保同志、中央网信办网络新闻信息传播局副局长唐宋同志就如何进一步做好扶贫宣传工作提出了要求。下午进行分组讨论，山东、贵州、四川三省分别介绍经验，夏更生同志还要作总结讲话。各地要结合实际，学习先进经验，抓好会议精神的贯彻落实。下面，我讲三点意见。

一、脱贫攻坚的形势任务对扶贫宣传工作提出新的更高要求

党的十八大以来，以习近平同志为核心的党中央高度重视脱贫攻坚工作，把其作为全面建成小康社会的突出短板和底线目标，纳入“五位一体”总体布局和“四个全面”战略布局，摆到治国理政的重要位置，以前所未有的力度高位推进。特别是 2016 年，国务院扶贫开发领导小组统筹协调、督促落实，各地区各部门落实责任、真抓实干，社会各界积极参与、合力攻坚，脱贫攻坚首战之年开局良好。

一是建立脱贫攻坚责任体系。中央出台脱贫攻坚责任制实施办法，强化“中央统筹、省负总责、市县抓落实”的扶贫管理体制，构建起责任清晰、各负其责、合力攻坚的责任体系。中西部 22 个省份党政主要负责同志向中央签署脱贫攻坚责任书，立下军令状，贫困县党政正职攻坚期内保持稳定，形成了五级书记抓扶贫、全党动员促攻坚的局面。扶贫责任体系符合我国国情，契合精准扶贫实际，充分体现了中国社会主义的制度优势和中国共产党领导的政治优势。

二是建立脱贫攻坚政策体系。国务院印发“十三五”脱贫攻坚规划，细化落实中央决策部署。中共中央办公厅、国务院办公厅出台 11 个《决定》配套文件，中央和国家机关各部门出台 118 个政策文件或实施方案，各地也相继出台和完善了“1 + N”的脱贫攻坚系列文件，内容涉及产业扶贫、易地扶贫搬迁、劳务输出扶贫、交通扶贫、水利扶贫、教育扶贫、健康扶贫、金融扶贫、农村危房改造、土地增减挂钩、水电矿产资源开发资产收益扶贫等。很多“老大难”问题都有了针对性的措施，打出了政策组合拳。

三是建立脱贫攻坚投入体系。中央明确，扶贫投入力度要与打赢脱贫攻坚战的要求相匹配。在财政投入上，2016 年，中央和省级财政专项扶贫资金首次突破 1000 亿元，其中中央为 667 亿元，同比增长 43.4%；省级为 493.5 亿元，同比增长 56.1%。安排地方政府债务 600 亿元，用于改善贫困地区生产生活条件。“十三五”时

期，国家安排中央预算内投资800亿元，向省级扶贫开发投融资主体注入1500亿元资本金，用于易地扶贫搬迁。在金融投入上，各类金融机构加大对扶贫的支持力度，其中，易地扶贫搬迁专项金融债将超过3500亿元。扶贫小额信贷2016年新增1706亿元，累计发放2833亿元，共支持了802万贫困户，贫困户获贷率由2014年底的2%提高到26.7%。保险业扶贫、证券业扶贫等工作举措也明显加强。

四是建立脱贫攻坚动员体系。中央先后出台指导意见，进一步明确东西部扶贫协作和定点扶贫工作的任务和要求。调整完善东西部扶贫协作结对关系，实现了对30个民族自治州全覆盖，启动东部267个经济较强县与西部406个贫困县开展携手奔小康行动。全国共选派77.5万名干部驻村帮扶，选派18.8万名优秀干部到贫困村和基层党组织软弱涣散村担任第一书记，发挥带领群众脱贫致富的战斗堡垒作用。全国开展扶贫日系列活动，设立全国脱贫攻坚奖奋进奖、贡献奖、奉献奖、创新奖，表彰脱贫攻坚模范，宣传先进典型，营造良好舆论氛围。动员民营企业、社会组织和个人参与脱贫攻坚，着力构建社会扶贫“人人皆愿为、人人皆可为、人人皆能为”的参与机制。

五是建立脱贫攻坚监督体系。中央出台脱贫攻坚督查巡查工作办法，对各地各部门落实中央决策部署开展督查巡查。督查坚持目标导向，着力推动工作落实。巡查坚持问题导向，着力解决突出问题。开展脱贫攻坚民主监督，各民主党派中央分别对应8个贫困人口多、贫困发生率高的中西部省份，一盯5年。扶贫部门加强与纪检监察、巡视、审计、财政、媒体、社会等监督力量的全方位合作，把各方面的监督结果运用到考核评估、督查巡查中。

六是建立脱贫攻坚考核评估体系。中央出台省级党委和政府扶贫开发工作成效考核办法。实行最严格的考核评估，中西部22个省抽调476名司处级干部进行省际交叉考核，委托第三方组织1756名人员进村入户评估，收集考核数据，综合汇总分析，对综合评价好的8个省通报表扬，并在2017年中央财政专项扶贫资金分配上给予奖励。对综合评价较差且发现突出问题的4个省，约谈党政一把手，综合评价一般且发现某些方面问题突出的4个省，分管领导被约谈。

经过各方面共同努力，脱贫攻坚已经成为全党全社会的思想共识和行动自觉，精准扶贫精准脱贫深入人心，四梁八柱顶层设计基本完成，2016年减贫1240万人，党的十八大以来连续第4年减贫超过1000万人，改变了以往减贫幅度逐年大幅递减的趋势，圆满完成年度减贫任务，井冈山、兰考等县率先脱贫摘帽，产生了良好的示范带动作用。

脱贫攻坚虽然取得了一些成绩，但攻坚战仅仅打了一年多，举措落实、政策见效、工作开展还需要一个过程，困难不能低估，问题不能回避。一是“硬骨头”问题，主要是深度贫困地区、贫困村、因病致贫返贫群体等。二是形式主义问题，有的脱离实际层层加码提前脱贫时间，有的认为任务不重重视不够，有的弄虚作假不严不实等。三是不精准问题，在最薄弱的农村做精准的事情，难度和挑战之大前所未有，贫困识别、帮扶、退出等方面都存在不精准问题。四是扶贫资金管理使用问题，贪占挪用等老问题没有完全解决，资金闲置滞留等新问题逐步显现。五是内生动力不足问题，既有贫困群众穷怕了不敢想、穷惯了“等靠要”的问题，也有帮扶工作和政策导向包办代替养懒汉等问题。

当前，脱贫攻坚已进入攻城拔寨的关键时期，形势、局面已经发生深刻变化，新形势、新任务、新变化，既为扶贫宣传创造了良好的外部条件，也对扶贫宣传提出了新的更高要求。我们必须切实增强做好扶贫宣传工作的责任感使命感，紧盯目标，再鼓干劲，主动抓谋划抓协调，全力抓落实抓推进，把习近平总书记关于扶贫开发的重要论述落细落小落到实处。

二、围绕迎接党的十九大，扎实做好今年扶贫宣传工作

今年我们党将召开十九大，举国期盼、举世瞩目。迎接十九大、宣传十九大、贯彻十九大，是贯穿今年党和国家全局工作的主线，也是扶贫宣传工作的头等大事。做好今年扶贫宣传工作，总的要求是：全面贯彻党的十八大和十八届三中、四中、五中、六中全会精神，深入贯彻习近平总书记系列重要讲话精神，围绕迎接、宣传、贯彻党的十九大，坚持稳中求进的总基调，着力深化习近平总书记关于扶贫开发的重要论述的学习研究宣传，着力强化脱贫攻坚的舆论宣传引导，着力讲好扶贫故事、传播好扶贫声音，凝聚起全党全社会力量，形成脱贫攻坚强大合力，为全面建成小康社会提供有力思想保证、良好舆论氛围和强大精神支撑。贯彻这个总要求，重点是把握好以下几个方面。

（一）持续深入学习宣传习近平总书记关于扶贫开发的重要论述

习近平总书记关于扶贫开发的重要论述，是经过长期实践探索逐步形成的，内容丰富、思想深邃、与时俱进，具有极强的思想性、理论性、指导性，充分体现了中国特色扶贫开发道路的理论创新和实践创新，体现了马克思主义世界观和方法论，是总书记治国理政新理念新思想新战略的重要组成部分，是中国特色社会主义理论体系的新发展，是做好脱贫攻坚工作的科学指南和根本遵循。学习贯彻习近平总书记关于扶贫开发的重要论述，要重点从 7 个方面理解把握：一是切实增强使命感责任感，坚决打赢脱贫攻坚战，坚决维护以习近平同志为核心的党中央权威；二是充分认识艰巨性复杂性，锲而不舍、全力以赴、真抓实干，始终保持打攻坚战的状态；三是真正把精准理念落到实处，精准扶贫永远在路上；四是坚持人民群众的主体地位，激发内生动力，动员贫困群众靠自己双手改变命运、实现人生出彩；五是广泛动员各方面力量攻坚，形成脱贫攻坚合力；六是努力做到阳光扶贫廉洁扶贫，坚决惩治和预防扶贫领域违纪违法行为；七是始终坚持党对脱贫攻坚的领导，发挥政治优势和制度优势，为脱贫攻坚提供根本保障。

习近平总书记关于扶贫开发的重要论述，我们做宣传工作的同志一定要认真学习领会，这样才能保持脱贫攻坚的正确方向，顺利推进宣传工作。学习宣传贯彻习近平总书记关于扶贫开发的重要论述是一个长期过程，要结合“两学一做”学习教育，采取培训班、专题讲座、研讨会多种方式，推动学习常态化、制度化。要学以致用，理清工作思路、查找差距不足、找准改进措施。要加强对习近平总书记关于扶贫开发的重要论述的课题研究，办好习近平总书记关于扶贫开发的重要论述研讨会，产生一批高水准的研究成果。要加强中国减贫经验的对外推介和国际交流，在国际减贫发展领域发出中国声音，提出中国方案，贡献中国智慧。

（二）总结推广先进经验

党的十八大以来，脱贫攻坚形成了不少好经验、好做法。比如，2014 年我们用半年的时间，全国组织 80 万人进村入户，完成了建档立卡。2015 年 8 月至 2016 年 6 月，全国动员近 200 万人开展建档立卡“回头看”，从基本准确到比较准确，打牢了精准扶贫的基础。这项工作很不容易，得到总书记的充分肯定。再比如，对省级党委政府脱贫成效考核评估工作，我们组织了省际交叉考核、第三方评估，这也是一项创新性的工作，通过考核评估，压实了责任、传导了压力，实践证明效果很好。这项工作同样得到总书记的肯定。再比如，各地狠下一番“绣花”功夫，精准发力、分类施策，扎实推进脱贫攻坚工作，创造了许多可复制、可推广的成功经验，宁夏盐池的扶贫小额信

贷、甘肃陇南的电商扶贫、河北涞水的旅游扶贫、山东鄄城的扶贫车间等，都是成功的案例。可以说，这几年我们做了大量开创性的工作，完成了许多以前不敢想、在外人看来不可能完成的事情，这些经验做法值得认真梳理、好好宣传。回过头来看，这几年的工作中，有的经验做法总结出来了，但分析得还不透，群众知晓度不高，推进力度不够。有的地方好的经验做法至今还没有发现、挖掘，更没有很好地宣传。

我们要求各级扶贫部门认真梳理总结党的十八大以来精准扶贫、精准脱贫的好经验好做法，大张旗鼓地进行宣传报道，目的是什么？一是为了各地同行之间相互学习借鉴。对于其他地方创造出的好经验好做法，地区之间条件相似的可以“照猫画虎”、搞“拿来主义”，条件差异较大的，则可以得其精神，受其启发，找到符合自身实际的工作方法。二是为了让社会各界人士知道我们脱贫攻坚在干些什么、是怎么干的、到底干得怎么样，使得大家更理解我们、更支持我们，凝聚攻坚合力。三是要通过宣传，让贫困群众看到党委政府每天都在想方设法帮助他们脱贫，让他们心里踏实，对党更加充满感情。

为喜迎十九大，中宣部近期已经启动“砥砺奋进的五年”重大主题宣传，浓墨重彩地宣传各条战线取得的辉煌成就。5月18日，各媒体统一推出了“砥砺奋进的五年”专栏，《人民日报》在当天一版推出这个专栏，首篇报道是脱贫攻坚，标题叫《精准脱贫的中国故事》；新华社的开篇之作《革命圣地的新长征赞歌》，报道的也是脱贫攻坚；中央电视台在《新闻联播》开设这个专题，第一篇报道，也是当日头条，叫《精准扶贫 攻坚克难 践行庄严承诺》，讲的还是脱贫攻坚；当天的《焦点访谈》播出的《讲好脱贫故事》，说的还是脱贫攻坚。其他中央媒体也大多以脱贫攻坚作为这个专栏的开篇之作，这些足以说明中央媒体对脱贫攻坚的重视。各地要抓住迎接十九大这一宣传报道的“黄金期”，全面系统地梳理脱贫攻坚五年来的亮点，配合党委宣传部门做好这一重大主题宣传。今年的扶贫日恰逢十九大召开之际，要精心组织好扶贫日系列活动，在成就宣传上集中发力、下足功夫，着力营造团结和谐、昂扬向上的浓厚舆论氛围。

（三）不断推出先进典型

全国脱贫攻坚奖和扶贫系统先进典型是扶贫宣传的品牌，各级扶贫部门要善于发现先进典型，紧紧依靠当地党委宣传部门和主流媒体大力宣传先进典型，在全社会掀起学习脱贫攻坚先进典型的热潮。每个时代都有每个时代的典型，他们都成了那个时代的丰碑，王进喜、雷锋、焦裕禄、孔繁森……谈起这些名字，人们马上会想起一个个激情燃烧的岁月，激发起人们强大的爱国热情。脱贫攻坚非常重要，难度很大，它是一项前所未有的伟大事业，也是一项重要的群众工作，是我们党最大的民生工程、民心工程。广大扶贫干部全身心投入到这项伟大事业之中，他们长年驻守扶贫一线，与贫困群众一起摸爬滚打，风里来雨里去，不仅流汗流泪，甚至流血牺牲，全国已有126名干部在脱贫攻坚中献出生命，比如李保国、姜仕坤等。这些同志就是我们这个时代的丰碑，深入总结挖掘他们身上的先进事迹和优秀品质，在全社会进行大力宣传，是我们的责任和义务，也是密切党群干群关系、夯实党在农村基层执政基础的重要工作。培养、树立、宣传先进典型是一个技术活，各级扶贫部门要有政治敏感，紧紧依靠当地党委宣传部门和主流媒体，及时组织记者采访调研，建立扶贫先进典型台账，确定典型宣传的主题，有计划有步骤地进行宣传。事迹特别突出的，要通过省级宣传部门及时向中宣部推荐。树立典型不是目的，“典型引路”、推动工作才是目的。先进典型既要宣传好，更要利用好，通过召开座谈会、现场会、报告会等多种形式，形成学习先进、争当先进的良好氛围，使典型的高尚精神成为全社会的共同财富，激励更多的人牢记使命担当、扎根基层一线，为脱贫攻坚事业奉献力量。

（四）激发贫困群众内生动力

习近平总书记在中央政治局第39次集体学习时强调“要注重扶贫同扶志、扶智相结合，把贫困群众积极性和主动性充分调动起来，引导贫困群众树立主体意识，发扬自力更生精神，激发改变贫困面貌的干劲和决心，变‘要我脱贫’为‘我要脱贫’，靠自我的努力改变命运。”无数事实证明，摆脱贫困，不仅要摆脱物质上的贫困，更要摆脱“精神上的贫困”。“精神贫困”主要表现为：不仅没办法，而且没想法；穷惯了、不愿想，穷怕了、不敢想；“靠着墙根晒太阳、盼着天上掉小康”，“等靠要”思想严重。另外，还有些贫困地区陈规陋习严重，婚丧嫁娶借钱大操大办，有的贫困群众酗酒赌博；少数偏远山区、民族地区贫困群众生活习惯落后，甚至还没有养成刷牙、洗脸、洗澡等生活习惯。种种情况表明，“精神脱贫”问题正成为脱贫攻坚中的“硬骨头”和“短板中的短板”。

激发贫困群众内生动力，消除“精神贫困”，必须加强宣传教育，精准发力，综合施策。一是大力开展扶贫政策宣传。把党委政府的好政策“解读”“翻译”成群众听得懂的大白话，采用群众喜闻乐见的方式，成立由党员、“大学生村官”、第一书记组成的“乡村宣讲团”，在农家小院、田间地头、村口桥头，面对面地讲、手把手地教。二是组织媒体深入基层。中宣部和国务院扶贫办联合组织开展的“双百三同”活动，就是非常好的形式，一百多名记者到全国一百多个贫困村，与贫困群众同吃同住同劳动，摸爬滚打一个月，报道出来的内容就会接地气、冒热气，贫困群众也会看得懂、听得进、记得牢。三是多运用文艺形式宣传。文艺作品最能春风化雨、润物无声，教育老百姓的效果也最好。脱贫攻坚实践火热，但在影视屏幕、文艺期刊、戏曲舞台上却很少看到反映脱贫攻坚工作的作品，显得不够协调。各级扶贫部门要担起责任，联合宣传、文化、文联、作协等部门，把当地艺术名角名家请到村里来，让他们切身感受脱贫攻坚的生动实践，感受贫困地区发生的巨大变化，感受贫困群众对党和政府的感激之情，激发艺术家的创作热情，推出一批“沾泥土”“带露珠”的文艺作品。现在有的地方已经行动起来了，比如中央有关部门正在湘西组织拍摄电影《十八洞村》；四川凉山彝族自治州已经在广电总局立项一部36集电视剧《索玛花开》，马上开机拍摄；甘肃省委宣传部、省扶贫办联合拍摄完成38集电视剧《苦乐村官》等等，这些作品的推出一定会产生很好的宣传教育效果。四是重视加强移风易俗教育。要加强乡村文明建设，破除陈规陋习，加强贫困群众“精神脱贫”思想政治教育，结合下基层、春节送温暖、志愿者服务日及“三下乡”等活动，通过制作一系列手册、折页、挂历、年画等，千方百计激发内生动力，调动脱贫积极性、主动性和创造性，让贫困群众的心热起来，摆脱贫困的腰杆挺起来。

（五）提高涉贫舆情引导能力

我们欢迎新闻媒体对脱贫攻坚工作开展正常的监督，督促纠正不担当、不作为和形式主义、弄虚作假等倾向性苗头性问题。随着脱贫攻坚的深入推进，社会舆论从来没有像今天这样关注扶贫。各级媒体积极性空前高涨，扶贫报道数量成几何级数增长，脱贫攻坚已经成为“网络热词”。任何事情都有两面性，正因为“热”，我们工作中出现的失误和问题也容易被网络放大，涉贫舆情也在不断增加。更有甚者，一些别有用心的人运用移花接木、张冠李戴、以偏盖全等手法，在网上搞出一些有关扶贫的严重失实报道，产生了恶劣的社会影响。不久前，北京的一家网络媒体的聘用人员和一位退休记者，到一个贫困地区转了转，写了一篇报道，发在一个民间网站上。当地扶贫部门反应迅速，两天后就在网上发出一篇澄清性报道，事后调查证明，前面那篇网络报道反映的七个方面问题都严重失实。我们已和中央网信办联系，要求对这个民间网络媒体和文章作者进行严肃的调查处理。可以预见，今后几年，涉贫舆情还将不断出现，甚至有可能越来越多，我们必须高度重视，加强学习，主动作为，在“早”和“快”字上做文章，第一时间发现、第一时间研判、第一时间发声、第一时间处置，决不能用“封瞒堵压”的办法对待舆情，真正做到关键时刻不失语、重大问题不缺位，弘扬主旋律、打好主动仗。

做好涉贫舆情处置工作，要坚持正面引导。我看要从三个方面入手：一是主动说，避免舆情发生。很多舆情之所以发生，是因为群众不了解我们的工作，因为误解而产生怀疑，所以说主动发布、主动发声很重要。要针对脱贫标准、脱贫成效和形式主义、数字脱贫等热点敏感问题，及时解读发布、增进理解、化解疑虑。重大突发事件发生后，决不能当“鸵鸟”，以为把头埋起来就万事大吉，要把新闻发布、舆论引导与事件处置同步安排、同步进行。要“快讲事实，重讲态度，多讲措施、慎讲原因”，牢牢把握舆论主导权，不让权威声音落在网络舆论的后面。二是善于说，积极引导舆情。善于说，用新闻传播的专业词讲，就叫“议题设置”。所谓的“议题设置”，就是主动抛出话题、主动宣传报道，引导舆论朝着我们设计的方向发展。议题设置要敢于抢先，主动设置既切合民意又鼓舞人心的议题，第一时间发布。要善于表达，用百姓听得懂的语言，群众乐于接受的方式，在接地气聚人气中实现议题表达。要易于传播，善于“借热发热”“借力打力”，发现和挖掘流行元素，借助新闻热点和名人效应，使受众潜移默化地受到宣传效果。三是敢于说，科学化解舆情。完善涉贫舆情监控反馈处置机制，掌握时度效，掌控好舆论走向，回应好社会关切，敢于“亮剑”善于发声，解决好突出问题。特别是对重大涉贫舆情，要坚持“黄金四小时”法则，采取断然措施进行处置，努力做到早发现、早预警、早处置，防止“茶杯里的水花”演变成舆论风暴。各地扶贫部门可以与宣传、网信部门合作建立扶贫领域网络评论员队伍，壮大网上正面声音，激发网络空间正能量，形成网上网下共同支持脱贫攻坚的“同心圆”。对于煽动非理性情绪、质疑脱贫攻坚的人和事，要旗帜鲜明地进行斗争。对诋毁党和政府形象、制造传播谣言、宣扬极端主义的，要配合相关部门依法进行整治。

三、进一步加强领导，切实提升扶贫宣传工作实效

扶贫宣传工作不能空对空，必须做实功、久久为功，以钉钉子的精神扎实推进，确保各项工作落到实处、见到实效。

（一）强化组织领导

各级扶贫部门要提高思想认识，把扶贫宣传工作放在脱贫攻坚全局中统筹指导，与业务工作一起谋划、一起部署，同步检查、同步推进。扶贫办主要负责同志多数为农口出身，长期干专业，不懂宣传、不会宣传、不敢宣传的现象还不同程度存在，要进一步提高思想认识，切实担负起扶贫宣传的主要责任，重大问题亲自研究，重点环节亲自把关，定期向同级党委宣传部门主要领导汇报，确保将扶贫宣传列为当地党委宣传部门重点工作。要制定扶贫宣传年度计划和专题方案，明确宣传主题和主要任务，强化与媒体的联系，有计划、有步骤推进扶贫宣传工作。不断健全扶贫宣传领导体系，确保政令畅通、决策部署落地生根。

（二）完善工作机制

各级扶贫部门要建立与当地党委宣传部、网络管理部门和新闻媒体的定期会商联

动机制，加强顶层设计、整合宣传资源，统筹各方力量、强化协作配合，积极引导社会组织、专家学者、网络“大 V”、意见领袖参与扶贫宣传，构建全社会参与扶贫宣传的工作格局。要加强对下级扶贫部门宣传工作的指导，建立健全上下联动、信息互通、齐抓共管的工作机制。建立完善新闻发布制度、网络舆情应对机制、扶贫系统宣传考核通报机制，推动扶贫宣传工作规范化、制度化运行。要打好扶贫宣传的“组合拳”，协调上“一股绳”，工作上“一盘棋”，导向上“一个调”，形成主调有力量、和声有特色的扶贫宣传“大合唱”。

（三）加强队伍建设

做好扶贫宣传工作，要有人来做顶层设计、来搞谋划抓落实，所以必须解决“有人干事”的问题。新闻宣传工作是专业性较强的工作，要把有实战经验的同志放在宣传岗位上，让专业的人来干专业的事。国务院扶贫办对宣传工作是很重视的，政策法规司有一个宣传处，还成立了一个局级的宣教中心，负责操办有关宣传教育事宜。各省扶贫办到底是设置宣传处还是宣传教育中心，你们自己定。另外，还要为宣传工作提供必要的财力保障，切实解决“有机构管事、有人员干事、有经费办事”的问题。山东省扶贫办从省委宣传部抽调一名处级干部来负责宣传工作，在扶贫部门和宣传部门之间搭建起一个沟通协调的桥梁，使山东扶贫宣传工作有了质的飞跃。各省可以学习借鉴山东的这个思路，即使不能从宣传部门抽调人员，也可以在人员选调招录过程中优先考虑解决。同时，要加强对扶贫宣传干部的培训，提高做好新形势下扶贫宣传工作的能力本领，打造懂政策、知业务、会宣传的复合型人才。各级扶贫干部特别是领导干部，要补上新闻传播这一课，尤其要学好、用好、管好网络媒体，善于运用网络媒体来宣讲政策主张、了解社情民意、引导社会情绪、动员人民群众、推动实际工作。

（四）加强平台建设

扶贫宣传工作要适应现代传播新格局，将传统媒体与新媒体的平台优势结合起来，全力做好媒体深度融合的“武器库”，打造全媒体宣传平台。要打通线上与线下、虚拟与现实的信息通道，提高运用新媒体开展舆论宣传的能力，增强扶贫宣传的竞争力。要完善已有平台，《中国扶贫》、《扶贫开发》、扶贫办官网、社会扶贫网等要提高质量，改善内容，提升影响力，为扶贫大局服务。支持办好“中国扶贫”微信公众号。要谋划新的平台，逐步建立国务院扶贫办微信公众号、微博，支持有关方面建设新媒体，要把好政策方向，搞好内容审查。在条件允许的前提下，省、市、县三级扶贫办也要积极创办新媒体平台，逐步形成全国扶贫系统新媒体矩阵。

同志们，2017 年已经过去近一半了，我们要以时不我待、只争朝夕的干劲，全力以赴抓好今年各项扶贫宣传工作。把落实习近平总书记关于脱贫攻坚一系列重要讲话精神，体现在具体的宣传行动上，体现在宣传工作效果上，奋力推进扶贫宣传工作再上新台阶，以优异成绩迎接党的十九大胜利召开。

在全国扶贫办主任座谈会上的讲话

国务院扶贫办主任　刘永富

（2017 年 6 月 26 日）

召开这次座谈会，主要任务是传达学习习近平总书记在深度贫困地区脱贫攻坚座谈会上的重要讲话，研究贯彻落实举措，对做好下一步工作作出安排。我讲三点意见。

一、认真学习领会总书记在深度贫困地区脱贫攻坚座谈会上的重要讲话

党的十八以来，总书记先后主持召开四次脱贫攻坚座谈会，对统一认识、部署行动、交流情况、推进工作产生重要作用，取得明显成效。6 月 23 日上午，习近平总书记在山西太原主持召开深度贫困地区脱贫攻坚座谈会并发表重要讲话。贯彻落实深度贫困地区脱贫攻坚座谈会精神，是全国扶贫系统当前和今后一个时期的中心任务。今天会议的任务，就是认真学习、深刻领会总书记重要讲话，把思想认识统一到总书记重要讲话精神上来，把行动统一到中央决策部署上来。

（一）充分肯定脱贫攻坚取得的成绩

总书记讲话中这方面的篇幅并不长，但是分量很重。总书记指出，“党的十八大以来，党中央把贫困人口脱贫作为全面建成小康社会的底线任务和标志性指标，在全国范围全面打响了脱贫攻坚战。脱贫攻坚力度之大、规模之广、影响之深，前所未有。现在，各方面都行动起来了。党中央确定的中央统筹、省负总责、市县抓落实的管理体制得到贯彻，四梁八柱性质的顶层设计基本形成，五级书记抓扶贫、全党动员促攻坚的氛围已经形成，各项决策部署得到较好落实。脱贫攻坚成绩显著，每年农村贫困人口减少都超过 1000 万人，累计脱贫 5500 多万人；贫困发生率从 2012 年底的 10.2% 下降到 2016 年底的 4.5%，下降 5.7 个百分点；贫困地区农村居民收入增幅高于全国平均水平，贫困群众生活水平明显提高，贫困地区面貌明显改善。”总书记还指出，几个座谈会上提出的思路和举措，都得到积极落实，收到明显成效。我们要深刻领会总书记对脱贫攻坚形势的分析和对成绩的肯定，坚定完成脱贫攻坚任务的信心和决心。

（二）深刻分析深度贫困的成因

总书记分析了深度贫困地区的主要成因，总结了实践创新。成因讲得很透，同时充分肯定了历史上三西建设、毕节扶贫试验区、宁德综合改革试验区取得成功经验。总书记还充分肯定实施精准扶贫以后各地创新的好做法。山西生态建设和脱贫攻坚相结合，一个战场两个战役，一个战场就是生态建设，主要是种树。两个战役，就是生态保卫战和脱贫攻坚战。还有湖南十八洞村精准扶贫精准脱贫的案例。井冈山、兰考宣布脱贫以后社会反响很好，发挥了示范引领作用。我们攻克深度贫困地区堡垒，历史上有经验，现实中有样板。总书记总结了历史经验和十八大以来的创新，给我们鼓舞了信心，指明了方向。

（三）充分认识深度贫困地区脱贫攻坚重要性

总书记指出了深度贫困地区脱贫攻坚的重要性，作出了工作部署，提出了明确要

求。脱贫攻坚战打了一年半，总体来看还是顺利的。目前从全国脱贫攻坚进展情况看，面上问题不大。可能拖后腿的，就是深度贫困地区问题和深度贫困问题。总书记指出，脱贫攻坚的主要难点是深度贫困，主要难在深度贫困地区、深度贫困县、深度贫困村。深度贫困地区国家层面有6个：西藏和四省藏区，南疆四地州和凉山彝族自治州、怒江傈僳族自治州、临夏回族自治州等地区。深度贫困县，我们当时主要是把现在832个县里面，2016年底贫困发生率还在20%以上的找出来了，有189个。贫困村在2013年底时是12.8万个，现在是8.8万个，减少了4万个，贫困人口还有1800万人，当时是占了建档立卡贫困人口的60%，现在是低于50%了。深度的贫困问题就是因病致贫返贫和住房安全，因病致贫返贫群体占比最高。对深度贫困地区的脱贫攻坚工作，总书记作出全面部署：合理确定脱贫目标，加大投入支持力度，集中优势兵力打攻坚战，区域发展必须围绕精准扶贫发力，加大各方帮扶力度，加大内生动力培育力度，加大组织领导力度，加强检查督查。四个“加大”、一个“加强”，都是做“加法”。

二、贯彻落实深度贫困地区脱贫攻坚座谈会精神的初步考虑

贯彻落实深度贫困地区脱贫攻坚座谈会精神，总体要求是认真贯彻党的十八大和十八届三中、四中、五中、六中全会精神，以习近平总书记系列重要讲话特别是扶贫开发重要论述为指导，坚持党的领导，发挥政治优势和制度优势，坚持精准扶贫精准脱贫基本方略，突出问题导向着力补短板，坚持中央统筹、省负总责、市县抓落实的管理体制，坚持到2020年实现我国现行标准下农村贫困人口全部脱贫、贫困县全部摘帽、解决区域性整体贫困的目标，坚持“两不愁、三保障”的脱贫标准，认真抓好深度贫困地区的脱贫攻坚工作。

（一）明确深度贫困范围

主要包括两个方面。一是深度贫困地区。国家层面就是指西藏、四省藏区、南疆四地州和四川凉山彝族自治州、云南怒江傈僳族自治州、甘肃临夏回族自治州这6个地方。省里的情况各有不同，一些省份已经开展了这方面的工作，比如河北、山西、山东、甘肃分别选出了一批深度贫困县，贵州选出了20个极贫乡镇，作为“坚中之坚”。下一步，中西部22个省份都要有理有据、科学合理地确定本省的深度贫困地区。工作中要注意控制规模、突出重点、缩小范围，体现精准要求。深度贫困地区可以以县为单位，也可以以乡或村为单位，具体由各地结合实际情况确定，国家层面不划定统一的标准。其中，边境县不仅仅是扶贫问题，建议有关省份对边境县、边境村单独标识，下一步可以按照国家有关专项政策执行。二是深度贫困问题。总书记指出：“在脱贫目标上，实现不愁吃、不愁穿‘两不愁’相对容易，实现保障义务教育、基本医疗、住房安全‘三保障’难度较大”。因病致贫返贫是最突出的问题，有的地方住房安全问题也比较突出，需要下大力气解决。需要特别强调的是，界定深度贫困范围，切忌搞成新一轮贫困识别，是在已有建档立卡贫困识别基础上开展的工作，目的是为了突出重点难点，这一点必须有正确认识。

（二）突出分类施策

深度贫困地区脱贫攻坚必须坚持精准扶贫精准脱贫基本方略，要通过大数据分析，根据不同贫困类型和不同致贫原因有针对性地制定方案，实行精准施策。在工作推进中，有的地方出现一些苗头性倾向性问题，需要注意并及时遏制。一是光伏扶贫“一光了之”。建设村级光伏扶贫电站，财政补贴到省，国家电网按季度结算电费，是解决深度贫困问题的一个好办法。但有的地方寄希望于脱贫全靠光伏，这种倾向就必须改变。二是低保兜底“一兜了之”。低保兜底

是“五个一批”的底线举措，各地要稳定低保兜底的规模。实现如期脱贫，关键还是要靠发展产业。对于那些无法开展产业扶贫的，还可以通过公益岗位、小型公益事业、奖励补助等方式，使贫困户通过劳动获得收入。有的地方对贫困户简单实行低保兜底，对这一问题需采取措施予以纠正。三是资产收益“一股了之”。要依法依规合理采用资产收益扶贫模式。贫困是动态的，将产权折股量化给贫困户，虽然能使贫困户获得收益，但也会衍生脱贫户产权归属和继承等法律问题。资产收益扶贫主要是贫困户享受资产收益权，不一定享有所有权和处置权，防止简单“一股了之”。四是易地搬迁“一搬了之”。有的地方易地扶贫搬迁为建房而建房，并没有统筹考虑配套产业、转移就业及后续服务，一些群众搬迁后存在无业可就、回迁生产等问题，贫困依旧。要更加注重做好搬迁后帮扶，将搬迁与发展产业、实现就业相结合，使贫困群众搬迁后能够稳定脱贫。五是扶贫小额信贷“一贷了之”。贷款前没有认真进行项目论证，收益不好还不了贷款，产生和积累金融风险。有的“户贷企用”，贫困户没有参与，等于变相吃利息，要逐步规范完善。

（三）加强驻村帮扶工作

贫困人口主要在贫困村，要做好驻村帮扶工作。深度贫困是坚中之坚，打这样的硬仗，更要派最能打的人。一是发挥第一书记和驻村工作队作用。现在一些地方派驻的干部，有的素质不高，有的能力不足，仍然存在“走读”“挂名”现象。我们建议：以省为单位，对驻村工作队进行检查规范，派驻人员应当是县以上单位选派的处科级或处科级后备干部，要全脱产驻村，每批期限为2年以上，要从制度上作出规定；以县为单位，对驻村工作队组织年度考核，表现优秀的要表扬要提拔重用，不能胜任的要及时撤回更换，对个别表现不好甚至违纪违法的，要进行组织处理。这样做的目的就是为了实现派硬人、干硬事。二是培育“不走的工作队”。加强村支“两委”建设，发挥战斗堡垒作用；实施贫困村创业致富带头人培训工程和本土人才回引工程，发挥引领示范作用。

（四）落实“三个新增”要求，实施供给侧结构性改革

总书记指出，新增脱贫攻坚资金主要用于深度贫困地区，新增脱贫攻坚项目主要布局于深度贫困地区，新增脱贫攻坚举措主要集中于深度贫困地区。要从中央有关部门开始，落实“三个新增”要求，水电路讯网等基础设施建设，教育、卫生、住房安全和生态建设等，都要体现出向深度贫困地区倾斜的要求，存量要动态优化，增量要倾斜聚焦。

（五）引导社会帮扶资源向深度贫困地区倾斜

东西部扶贫协作和对口支援、中央单位定点扶贫的对象在深度贫困地区的，要从资金、项目、人员方面增加力度。东部经济发达县结对帮扶西部贫困县“携手奔小康行动”和民营企业“万企帮万村行动”，都要向深度贫困地区倾斜。还要通过多种形式，积极引导社会力量广泛参与深度贫困地区脱贫攻坚，帮助深度贫困群众解决生产生活困难，实现“两不愁三保障”目标。

（六）研究新的支持政策

主要考虑是加大资金投入。国务院扶贫开发领导小组将研究解决深度贫困地区和贫困村提升工程所需资金问题。各地届时要从实际出发，谋划政策，合理测算资金缺口，实事求是提出需求。

（七）加大力度激发贫困群众内生动力

随着脱贫攻坚的深入推进，一些贫困群众内生动力不足的问题越来越突出。“干部干、群众看”“靠着墙根晒太阳，等着别人送小康”等问题突出，“等靠要”思想严重。要对贫困地区干部群众开展思想动员工作，调动贫困群众的积极性、主动性、创造性，在物质脱贫的同时实现精神脱贫，实现扶贫与扶志、扶智相结合。要大力弘扬自力更生、艰苦奋斗精神，不断激发贫困地区广大干部群众盼脱贫、谋发展的强烈意愿，引导其光荣脱贫，把“要我脱贫”变为“我要脱贫”。要转变帮扶方式，特别是产业扶贫，不能简单发钱发物。

（八）坚决克服形式主义

总书记多次强调要切实防止形式主义。去年国务院扶贫办下发了通知，提出了要求，各地结合实际开展了工作。这方面还要加强，扶贫办准备在近期再下发一个通知，进一步纠正扶贫领域存在的形式主义问题。督查巡查和考核评估，中央层面要做，地方省里组织搞一次就可以了，不要市县层层督查评估，重复搞、多头搞，建议市县不要搞预评估预考核，上面做了的下面就不要再做了。建档立卡动态调整中要增加“比对”程序，把贫困户识别“两公示一公告”程序拓展为“两公示一比对一公告”，要以县为单位，将建档立卡贫困户信息与公安、住建、财政、人社、工商等部门的信息进行比对，把不一致的情况反馈给乡村，再进行评议和公示。

（九）总结推广经验，鼓励基层创新

各地在工作中形成不少有益经验，要及时总结推广。要注意加强舆论引导，脱贫攻坚的关注度、敏感度都很高，现在社会特别是网上有一些杂音造成负面影响，我们要加大正面典型的宣传力度，把握主动权，引导舆论正确走向。同时鼓励和支持基层干部群众结合实际创新工作方式方法，但要注意把握好一些问题。扶贫小额信贷以前存在“户贷企用”现象，以后不要再继续这么做了，已经做了的逐步消化，要实事求是稳步过渡，不要硬纠正，搞得“天下大乱”。

三、贯彻落实工作要求

脱贫攻坚任务繁重，工作内容多环节多，我们要围绕目标任务，坚持问题导向，突出工作实效，统筹兼顾合理安排。

一是要当好党委政府的参谋助手。打赢脱贫攻坚战是党的事业、国家的事业、人民的事业，扶贫部门的主要负责同志要在其位、谋其政，敢于讲真话、善于出主意，当好参谋助手。这次回去后，要把会议精神及时向党政主要领导报告，主动谋划、建言献策，扎实推进深度贫困地区脱贫攻坚。要加强统筹协调，充分发挥多方面的积极性、创造性，争取各方面的支持。

二是要按时完成建档立卡动态调整。这次动态调整也是分析深度贫困地区的一个重要指标。各地要进行一次全面摸查，把已经稳定脱贫的贫困户标注出去，把遗漏的符合条件的贫困人口和近几年返贫的人口全部纳入进来，动态调整要体现“动态”的要求，要特别注意与其他部门的信息比对，掌握真实情况，切实把精准扶贫的基础工作抓实抓细。这项工作要在 8 月 31 日前完成。

三是要开展大数据分析。建档立卡信息系统发挥了很大作用，但分析研究还不够，要进一步完善。每个省份都要开展数据分析研究，看一看哪些问题解决好了，哪些问题还没解决好，深度贫困地区的贫困程度，政策措施落实的情况到底怎么样，都要进行分析。针对不同类型的贫困问题分析致贫原因，这样在制定帮扶举措、工作落实中才能有的放矢，更有针对性，体现精准的要求。要最大限度地发挥信息系统的作用，推进信息共享，减少填表报数。

四是科学合理调整脱贫滚动规划和年度减贫计划。结合考核问题整改，各地可以对脱贫滚动规划和年度减贫计划作出调整，特别是要研究确定明年的计划，最迟 11 月份报上来。以前我们主要防止急躁症，现在也要注意防止拖延病。调整规划和计划要按中央要求，做到实事求是，主要目的是保证脱贫摘帽有科学合理的时序，确保脱贫质量。

五是要转变观念转变作风。2013 年我

们开始从“大水漫灌”到精准扶贫的转变，这次深度贫困地区脱贫攻坚座谈会是又一个重要节点，标志着脱贫攻坚由面上推进向深度贫困聚焦，脱贫攻坚工作进一步向纵深发展。要加强学习，改变惯性思维，对一些习以为常、见怪不怪的做法及时纠正，跟上中央脱贫攻坚的步伐和节奏。扶贫系统要保持责任心、进取心，坚定必胜的信心和决心，要冲在前、干在前，困难再大、任务再重，都要始终充满激情和斗志，用心用情用力履职尽责。

这里，我再通报几项工作安排。6月30日前，各地要把考核发现问题整改情况报告报上来，可以提出今年贫困县摘帽计划和贫困人口减贫计划适当调整的建议。7月中旬，领导小组要组织到中西部22个省份开展督查巡查，对14个省份进行督查，对8个省份进行巡查，请各地积极支持配合。7月下旬，我们再召开一次扶贫办主任座谈会，总结上半年工作，分析形势，研究下半年工作。东西部扶贫协作座谈会已经召开一年，东部地区要认真总结做了哪些工作，西部地区也要总结怎么配合开展工作的，相互促进。东西部扶贫协作不仅仅是资金投入的问题，是全方位的协作和支援，都要体现出来。“携手奔小康”行动已启动数月，要及时报告进展情况。对这两项具体工作，要加强调度，将适时开会交流总结。

同志们，这次深度贫困地区脱贫攻坚座谈会开启了打赢脱贫攻坚战新的战役，我们要更加紧密地团结在以习近平同志为核心的党中央周围，开拓创新、锐意进取、全力以赴，把落实总书记重要讲话精神，体现在具体行动上，体现在工作效果上，奋力推进脱贫攻坚再上新台阶，以优异成绩迎接党的十九大胜利召开。

以习近平新时代中国特色社会主义思想为指引夺取脱贫攻坚战的伟大胜利

国务院扶贫办主任　刘永富

习近平总书记在党的十九大报告中对脱贫攻坚作出深刻阐述，充分肯定十八大以来脱贫攻坚取得的决定性进展，对脱贫攻坚作出新的部署，要求坚决打赢脱贫攻坚战。扶贫领域的广大党员干部深受鼓舞，深感责任重大。我们一定要认真学习，深刻领会，全面贯彻落实。

党的十八大以来，以习近平总书记2013年首次提出精准扶贫为起点，以党的十八届五中全会和中央扶贫开发工作会议决策部署为标志，我国扶贫开发进入脱贫攻坚新阶段。在习近平新时代中国特色社会主义思想引领下，各地各部门不断深入推进脱贫攻坚的实践创新，全面落实精准扶贫、精准脱贫基本方略，砥砺奋进，扶贫开发取得了历史上最好的成就，为决胜脱贫攻坚战、如期实现第一个百年目标打下了坚实基础。

一、习近平总书记关于扶贫开发的重要论述是习近平新时代中国特色社会主义思想的重要组成部分，是脱贫攻坚的行动指南和根本遵循

党的十九大最大的历史性贡献，是把习近平新时代中国特色社会主义思想确立为党的指导思想。习近平新时代中国特色社会主义思想，开辟了马克思主义新境界、中国特色社会主义新境界、党治国理政新境界、管党治党新境界，实现了党的指导思想又一次与时俱进，具有重大的政治意义、理论意义、实践意义，是全党全国人民为实现中华民族伟大复兴而奋斗的行动指南。习近平新时代中国特色社会主义思想内涵丰富，博大精深，习近平总书记关于扶贫开发的重要论述是其重要组成部分，是打赢脱贫攻坚战的强大思想武器，是做好扶贫工作的行动指南和根本遵循。

党的十八大以来，习近平总书记高度重视扶贫开发工作。他曾深情地说："40多年来，我先后在中国县、市、省、中央工作，扶贫始终是我工作的一个重要内容，我花的精力最多。"20世纪60年代末70年代初，到陕西延川县梁家河村插队7年，品尝贫穷之苦，对中国"三农"和贫困问题有着深刻理解。80年代，在河北正定工作，带领全县人民一举甩掉"高产穷县"的帽子。80年代末90年代初，在福建宁德担任地委书记期间，探索创新扶贫开发，提出经济大合唱、弱鸟先飞、滴水穿石和脱贫首先要摆脱意识贫困、思路贫困等重要理念，形成《摆脱贫困》一书。90年代，在福建省委工作期间，组织开展造福工程、山海协作、向贫困村派驻第一书记等工作，帮助贫困群众脱贫致富。积极贯彻邓小平同志"两个大局"战略思想，开创东西部扶贫协作的"闽宁模式"。进入21世纪，在担任浙江省委书记期间，组织开展"百乡扶贫攻坚计划"和"欠发达乡镇奔小康工程"，强调要把握贫困的动态变化，讲求针对性，使投入的钱真正让贫困户受益。担任党的总书记以来，把脱贫攻坚作为工作的重要内容，亲自挂帅、亲自出征、亲自督战。30多次国内考察都涉及扶贫，走遍了连片特困地区。

4次主持召开脱贫攻坚专题座谈会，在重要会议、重要场合系统阐述扶贫开发的重大意义、精准扶贫精准脱贫的基本方略，分析存在问题困难，总结成功经验，指明前进方向。

我们领会，习近平总书记关于扶贫开发的重要论述的丰富内涵，集中体现在九个方面：一是本质要求。消除贫困、改善民生、实现共同富裕，是社会主义的本质要求，是我们党的重要使命。我们共产党人从党成立之日起就确立了为天下劳苦人民谋幸福的目标，这就是我们的初心。二是艰巨任务。脱贫攻坚已经到了啃硬骨头、攻坚拔寨的冲刺阶段，所面对的都是贫中之贫、困中之困，采用常规思路和办法、按部就班推进难以完成任务。打赢脱贫攻坚战绝非朝夕之功，不是轻轻松松冲一冲就能解决的。脱贫攻坚本来就是一场硬仗，而深度贫困地区脱贫攻坚是这场硬仗中的硬仗。三是政治优势。脱贫攻坚任务重的地区党委和政府要把脱贫攻坚作为“十三五”期间头等大事和第一民生工程来抓，坚持以脱贫攻坚统揽经济社会发展全局。要层层签订脱贫攻坚责任书、立下军令状，形成五级书记抓扶贫、全党动员促攻坚的局面。四是精准扶贫。扶贫开发推进到今天这样的程度，贵在精准，重在精准，成败之举在于精准。扶持谁、谁来扶、怎么扶、如何退，全过程都要精准，有的需要下一番“绣花”功夫。五是改革创新。脱贫攻坚必须坚持问题导向，以改革为动力，以构建科学的体制机制为突破口，充分调动各方面积极因素，用心、用情、用力开展工作。六是内生动力。扶贫不是慈善救济，而是要引导和支持所有有劳动能力的人，依靠自己的双手开创美好明天。要注重调动贫困群众的积极性、主动性、创造性，注重培育贫困群众发展生产和务工经商的基本技能，注重激发贫困地区和贫困群众脱贫致富的内在活力，注重提高贫困地区和贫困群众自我发展的能力。七是合力攻坚。脱贫致富不仅仅是贫困地区的事，也是全社会的事。坚持专项扶贫、行业扶贫、社会扶贫等多方力量有机结合的“三位一体”大扶贫格局，发挥各方面积极性。八是阳光扶贫。要加强扶贫资金阳光化管理，加强审计监管，集中整治和查处扶贫领域的职务犯罪，对挤占挪用、层层截留、虚报冒领、挥霍浪费扶贫资金的，要从严惩处。九是共建没有贫困的人类命运共同体。消除贫困是人类的共同使命。消除贫困依然是当今世界面临的最大全球性挑战。我们要凝聚共识、同舟共济、攻坚克难，致力于合作共赢，推动建设人类命运共同体，为各国人民带来更多福祉。

习近平总书记关于扶贫开发的重要论述将扶贫开发作为关乎党和国家政治方向、根本制度和发展道路的大事，作为“五位一体”总体布局和“四个全面”战略布局以及实现第一个百年奋斗目标的底线任务，将其上升为国家战略，进一步明确和强化了扶贫开发的战略定位，把我们党所领导的反贫困实践推进到一个新的境界。习近平总书记关于扶贫开发的重要论述，是总书记基于长期实践经验及对扶贫开发问题深入思考的重大理论成果，是基于对中国扶贫开发实践不断进行科学总结和理论提升而逐步形成并不断完善的理论体系，是我国乃至全球减贫理论的重大创新，为我国脱贫攻坚及今后的扶贫开发事业提供了理论指导和发展方向，为全球减贫事业贡献了中国智慧。习近平总书记关于扶贫开发的重要论述中关于“共建一个没有贫困、共同发展的人类命运共同体”的重要理念，体现了总书记对于中国特色扶贫理论的进一步升华，是其对我国扶贫理念发展的又一重大贡献，显示了中国对于世界减贫发展的责任意识和大国担当，受到国际社会的广泛赞誉。总之，习近平总书记关于扶贫开发的重要论述充分体现了中国特色扶贫开发道路的理论创新和实践创新，深入贯彻了创新、协调、绿色、开放、共享的五大发展理念，深刻体现了马克思主义世界观和方法论，是新时代中国特色社会主义思想的重要组成部分，是中国特色社会主义理论体系的新发展，我们必须深入学习领会，坚决贯彻落实。

二、在习近平新时代中国特色社会主义思想指引下，脱贫攻坚取得决定性进展

（一）把脱贫攻坚摆在治国理政的重要位置进行决策部署

2015 年 11 月，党中央召开扶贫开发工作会议，作出打赢脱贫攻坚战的决定。一是确定脱贫攻坚目标。明确到 2020 年我国现行标准下农村贫困人口实现脱贫，贫困县全部摘帽，解决区域性整体贫困。二是实施精准扶贫精准脱贫基本方略。要求做到“六个精准”（扶持对象精准、项目安排精准、资金使用精准、措施到户精准、因村派人精准、脱贫成效精准），实施“五个一批”（发展生产脱贫一批、易地搬迁脱贫一批、生态补偿脱贫一批、发展教育脱贫一批、社会保障兜底一批，还要实施健康扶贫、资产收益扶贫等），解决“四个问题”（扶持谁、谁来扶、怎么扶、如何退）。三是完善脱贫政策举措。中央出台财政投入、金融扶贫、土地优惠、交通、水利、电力、“互联网+”扶贫、农村危房改造和人居环境整治、科技人才、特殊群体关爱服务、社会动员、营造氛围、强化组织保障等一系列含金量高的政策和举措，打出组合拳。

（二）按照中央全面深化改革要求建立脱贫攻坚制度体系

建立脱贫攻坚责任体系。强化“中央统筹、省负总责、市县抓落实”的工作机制。中西部 22 个省份党政主要负责同志向中央签署脱贫攻坚责任书，立下军令状，县级党委和政府承担脱贫攻坚主体责任，同时强化了东西部协作、定点扶贫以及社会各界合力攻坚的责任。

完善脱贫攻坚政策体系。中共中央办公厅、国务院办公厅出台扶贫文件 20 个，中央和国家机关各部门出台政策文件或实施方案 227 个，形成政策合力。各地相继出台和完善“1 + N”的脱贫攻坚系列文件，瞄准贫困人口，因地制宜，分类施策，很多“老大难”问题都有了针对性措施。

建立脱贫攻坚投入体系。十八大以来，中央财政专项扶贫资金累计投入 2787 亿元，年均增长 22.7%；省级财政扶贫资金累计投入 1825 亿元，年均增长 26.9%。安排地方政府债务 1200 亿元，用于改善贫困地区生产生活条件。统筹整合涉农资金 2340 亿元，集中用于脱贫攻坚。安排易地扶贫搬迁专项贷款 3500 亿元。累计发放扶贫小额信贷 3381 亿元，共支持 855 万建档立卡贫困户发展产业。证券业、保险业、土地政策等助力脱贫攻坚力度都在明显加强。

建立脱贫攻坚动员体系。加大东西部扶贫协作力度，实施“携手奔小康”行动，加大中央单位定点扶贫、军队和武警部队帮扶、工会共青团妇联残联等群众团体帮扶力度。中央企业设立贫困地区产业投资基金，推进“百县万村”扶贫行动。2.6 万家民营企业开展了“万企帮万村”行动。确定 10 月 17 日为我国的扶贫日，设立全国脱贫攻坚奖，营造良好社会氛围。

建立脱贫攻坚监督体系。把全面从严治党要求贯穿脱贫攻坚全过程各环节。中央出台脱贫攻坚督查巡查工作办法。8 个民主党派中央在攻坚期内开展脱贫攻坚民主监督。国务院扶贫办设立 12317 扶贫监督举报电话，接受社会监督。加强与纪检监察、财政、审计等部门和媒体、社会等监督力量的合作，把各方面的监督结果运用到考核评估和督查巡查中。

建立脱贫攻坚考核体系。中央出台省级党委和政府扶贫开发工作成效考核办法，实行最严格的考核评估。2016—2020 年，国务院扶贫开发领导小组每年组织一次考核，主要涉及减贫成就、精准识别、精准帮扶、

扶贫资金使用管理等方面的内容。

（三）扎实推进脱贫攻坚重点工作

开展建档立卡。经过近三年的努力，基本摸清贫困人口分布、致贫原因、帮扶需求等信息，基本实现动态管理，在我国扶贫开发历史上第一次实现贫困信息精准到户到人，第一次逐户分析致贫原因和脱贫需求，第一次构建起全国统一的扶贫开发信息系统，为实施精准扶贫精准脱贫基本方略奠定了基础。

强化驻村帮扶。十八大以来，全国累计选派驻村干部 277.8 万人，实现驻村工作队对建档立卡贫困村全覆盖。第一书记和驻村干部广泛宣传党的政策，落实精准扶贫精准脱贫基本方略，把党的温暖送到千家万户，不仅帮助贫困村贫困户实现脱贫，而且自己得到锻炼和提高。

实施“五个一批”。按照因地制宜，因村、因户、因人施策的工作要求，推进发展特色产业脱贫、引导劳务输出脱贫、实施易地搬迁脱贫、加强教育脱贫、推进健康扶贫、推动农村最低生活保障制度与扶贫开发政策有效衔接等。积极探索生态保护扶贫、乡村旅游扶贫、光伏扶贫、电商扶贫等精准扶贫新路径。

聚焦重点区域。以革命老区、民族地区、边疆地区、连片特困地区为脱贫攻坚重点区域，强化基础设施和基本公共服务建设，从政策制定、规划编制、资金安排和项目布局等方面予以倾斜支持，打破瓶颈制约。

管好用好扶贫资金。完善财政专项扶贫资金管理办法，提高资金使用精准度。推进扶贫资金项目审批权下放到县，到县比例从 2014 年的 70% 提高到 2016 年的 95%。全面加强扶贫资金项目监管，违纪违规问题明显减少。

规范贫困退出。建立贫困退出机制，实施贫困县和贫困村有序退出。对贫困退出开展考核评估，防止数字脱贫、虚假脱贫，确保脱贫质量。

（四）脱贫攻坚取得决定性进展

十八大以来，各地各部门认真贯彻党中央决策部署，脱贫攻坚成为全党、全社会的思想共识和行动自觉，精准扶贫、精准脱贫深入人心，脱贫攻坚战取得决定性进展。

农村贫困人口大幅减少，贫困地区经济社会全面发展。十八大以来，六千多万贫困人口稳定脱贫，年均减少 1300 万人。农村贫困发生率由 10.2% 下降至 4% 以下。贫困地区路、水、电、气、房等基础设施建设，以及教育、医疗、卫生、文化等公共服务，取得了长足进步。贫困地区自然村通电接近全覆盖，通电话比重达到 98.2%，道路硬化达到 77.9%。在自然村上幼儿园和上小学的农户分别达到 79.7% 和 84.9%。拥有合法行医证医生的行政村达到 90.4%，自然村有卫生站的农户达到 91.4%，均较 2012 年有明显提升。井冈山、兰考等 28 个贫困县率先脱贫摘帽，历史上第一次实现贫困县数量的净减少。

贫困地区脱贫能力显著提升，干部作风明显转变。贫困群众在党和政府的坚强领导和社会各界的大力帮扶下，精神面貌变了，不但有了干劲，而且对未来美好生活充满了信心，脱贫的精神动力不断增强。在“第一书记”和驻村工作队的帮助下，农村基层党组织的凝聚力、战斗力得到加强，农村治理水平得到提升。同时，精准扶贫精准脱贫政策需要落实到一家一户，脱贫攻坚需要各级干部特别是领导干部在一线了解实情，同困难群众融为一体、打成一片，促进了干部作风转变，提高了党在人民群众心中的威望。

脱贫攻坚在国内产生了多方面的重大影响，为全球减贫做出了重大贡献。脱贫攻坚的决定性进展及其明显成效，进一步彰显了中国共产党的执政宗旨和政治优势、制度优势。在中国共产党的领导下，全党和社会各界全面动员，政府、市场、社会协同发力，贫困群众自力更生、艰苦奋斗的精神得以焕发，中华民族扶贫济困的文化传统得到弘扬，先富帮后富，走出了中国特色扶贫开发道路，强化了当代中国的道路自信、理论自信、制度自信、文化自信。在精准扶贫、精准脱贫实践中培养锻炼了一大批干部人才，特别是年轻干部，这是提升农村贫困治理水平、推动乡村振兴的重要力量。国际社会盛赞中国脱贫攻坚成就，坚信中国能够如期打赢脱贫攻坚战，充分肯定中国精准扶贫精准脱贫方略的基层落地经验。联合国秘书长古特雷斯在致 2017 减贫与发展高层论坛贺信中，高度评价中国精准扶贫成就，称赞“精准减贫方略是帮助贫困人口、实现《2030 年可持续发展议程》宏伟目标的唯一途径。中国已实现数亿人脱贫，中国的经验可以为其他发展中国家提供有益借鉴。”脱贫攻坚的成就增强了我国的软实力。

三、深入学习贯彻习近平新时代中国特色社会主义思想，夺取脱贫攻坚的伟大胜利

十九大报告共有六处对脱贫攻坚作出重要论述。在关于过去五年的工作和历史性变革当中，报告充分肯定了脱贫攻坚取得的成绩，指出：“脱贫攻坚战取得决定性进展，六千多万贫困人口稳定脱贫，贫困发生率从 10.2% 下降到 4% 以下。”在分析我们的工作存在不足，面临困难和挑战时，把脱贫攻坚作为重点，指出：“民生领域还有不少短板，脱贫攻坚任务艰巨，城乡区域发展和收入分配差距依然较大，群众在就业、教育、医疗、居住、养老等方面面临不少难题。”在关于新时代中国特色社会主义思想和基本方略中，把脱贫攻坚作为“坚持在发展中保障和改善民生”这一基本方略的主要内容。在决胜全面建成小康社会，开启全面建设社会主义现代化国家新征程中，把精准脱贫作为三大攻坚战之一予以强调。在贯彻新发展理念，建设现代化经济体系中，把贫困地区加快发展作为实施区域协调发展战略的重要内容。在第八部分提高保障和改善民生水平，加强和创新社会治理中，对脱贫攻坚作出了全面部署，明确指出：“坚决打赢脱贫攻坚战。让贫困人口和贫困地区一道进入全面小康社会是我们党的庄严承诺。要动员全党全国全社会力量，坚持精准扶贫、精准脱贫，坚持中央统筹省负总责市县抓落实的工作机制，强化党政一把手负总责的责任制，坚持大扶贫格局，注重扶贫同扶志、扶智相结合，深入实施东西部扶贫协作，重点攻克深度贫困地区脱贫任务，确保到 2020 年我国现行标准下农村贫困人口实现脱贫，贫困县全部摘帽，解决区域性整体贫困，做到脱真贫、真脱贫。”

十九大对脱贫攻坚的新论述，进一步明确了脱贫攻坚的战略定位和总体目标，明确了打赢脱贫攻坚战的力量保障，明确了脱贫攻坚的工作机制和责任制，明确了重点任务和实现途径，明确了精准脱贫的衡量标准，为坚决打赢脱贫攻坚战指明了方向，确定了行动纲领。

从目前来看，如期完成脱贫攻坚目标任务是可以实现的。但是，需要清醒认识到，随着脱贫攻坚的不断深入，深度贫困地区和深度贫困问题越发突出，一些深层次矛盾和倾向性问题不断显现，脱贫攻坚还面临诸多困难和问题。一是贫困人口总量大。截至 2016 年底，全国农村贫困人口还有 4335 万人，其中贫困人口规模在 300 万人以上的省份还有 6 个。到 2020 年还有不到 4 年时间，平均每年需减少贫困人口近 1100 万人，越往后脱贫成本越高、难度越大。二是深度贫困地区攻坚任务重。西藏、四省藏区、南疆四地州和四川凉山彝族自治州、云南怒江傈僳族自治州、甘肃临夏回族自治州等深度贫困地区，生存环境恶劣，致贫原因复杂，交通等基础设施和教育、医疗公共服务缺口大。2016 年底，全国贫困发生率高于 10% 的省份有 5 个，贫困发生率超过 20% 的贫

困县和贫困村分别有近200个和近3万个。三是因病致贫占比高。建档立卡数据显示，贫困人口中因病致贫比例从2015年的42%上升到2016年的44%，医疗支出负担重，解决这些人的贫困问题，成本更高，难度更大。四是形式主义问题凸显。工作中存在着形式主义、官僚主义等问题，弄虚作假、数字脱贫、虚假脱贫时有发生。也有一些地方存在脱贫“大跃进”，一些地方存在脱贫“拖延症”。五是不落实不精准不到位问题突出，资金监管仍需加强。六是部分贫困人口内生动力不足，“等靠要”思想严重。

如期兑现我们党“让贫困人口和贫困地区一道进入全面小康社会”的庄严承诺，必须认真贯彻落实党的十九大精神，以习近平新时代中国特色社会主义思想，特别是习近平总书记关于扶贫开发的重要论述武装头脑，指导实践，推动工作；必须坚决贯彻落实打赢脱贫攻坚战的决策部署，确保实现脱贫攻坚战总目标；必须加强党的建设，抓好“不忘初心、牢记使命”主题教育，树牢“四个意识”，提升扶贫干部队伍能力水平，更好发挥扶贫部门统筹协调、参谋助手作用，用脱贫攻坚的实际行动坚决维护以习近平同志为核心的党中央权威；必须深入推进精准扶贫精准脱贫基本方略，全力抓好各项重点工作落实。

一是坚持目标标准和基本方略，确保按时完成。围绕“到2020年，现行标准下贫困人口实现脱贫，贫困县全部摘帽，解决区域性整体贫困”的总目标，始终坚持“两不愁三保障”（不愁吃、不愁穿，义务教育、基本医疗和住房安全有保障）的脱贫标准，坚决贯彻落实“精准扶贫、精准脱贫”基本方略，确保如期完成脱贫攻坚任务，打赢脱贫攻坚战。

二是坚持突出重点，攻克深度贫困堡垒。贯彻落实深度贫困地区脱贫攻坚座谈会精神，按照中共中央办公厅、国务院办公厅《关于支持深度贫困地区脱贫攻坚的实施意见》的要求，督促各地和有关部门制定并实施深度贫困地区脱贫攻坚专项方案，加大对“三区三州”脱贫攻坚资金、项目、举措倾斜和支持力度，力争取得明显进展。组织实施贫困村提升工程，加强基础设施和公共服务建设，打通改善生产生活条件的“最后一公里”，支持发展特色产业和壮大集体经济。在边远民族地区和边疆地区积极推广普通话。在做好贫困县贫困村脱贫攻坚的同时，进一步重视非贫困县非贫困村的脱贫攻坚，防止出现“死角”和“盲区”。

三是开展作风专项治理，狠抓工作落实。大力弘扬实事求是、真抓实干作风，以苦干实干赢得脱贫攻坚实绩。开展扶贫领域腐败和作风问题专项治理，抓住脱贫攻坚的关键环节和工作重心，狠抓作风建设，认真解决不落实、不到位、不精准问题，切实克服形式主义官僚主义等“四风”问题，坚决防止虚假脱贫、数字脱贫和弄虚作假，坚决防止急躁症、拖延症，确保脱贫攻坚各项政策和工作措施落到实处。

四是继续加大扶贫投入，细化实化分类施策。继续加大中央财政扶贫资金投入，省市县各级也要保持扶贫投入不减。进一步加大贫困县涉农资金整合力度，集中用于脱贫攻坚。进一步加大金融扶贫力度，扩大扶贫小额信贷规模，用好扶贫再贷款政策，支持贫困地区发展产业，改善生产生活条件。坚持把产业扶贫作为稳定脱贫的主要途径，支持贫困村、贫困户因地制宜发展特色产业，促进贫困群众稳定增收。稳步实施易地扶贫搬迁工程，发展后续产业，搞好配套服务，确保搬迁人口稳固脱贫。继续加大健康扶贫、教育扶贫力度，推动光伏扶贫、电商扶贫、生态扶贫、乡村旅游扶贫等新业态取得新成效。

五是完善大扶贫格局，凝聚脱贫攻坚合力。坚持专项扶贫、行业扶贫、社会扶贫“三位一体”大扶贫格局，发挥政府投入主体和主导作用，深化东西部扶贫协作、定点扶贫、军队和武警部队扶贫，加大社会动员力度，广泛动员民营企业、社会组织、个人参与脱贫攻坚。加强贫困村驻村工作队选派管理，强化驻村干部扶贫资金项目的监管，规范干部驻村工作，关心关爱基层扶贫干部。

六是扶贫与扶志、扶智相结合，激发贫困地区贫困群众内生动力。广泛宣传脱贫攻坚政策举措，坚定贫困地区干部群众打赢脱贫攻坚战的信心决心，树立脱贫光荣、扶贫光荣的良好风尚。开展贫困村创业致富带头人、扶贫干部专题培训，加强对贫困家庭劳动力技能培训和转移就业服务，促进贫困人口就地、就近就业。加强贫困村基层党组织建设，抓好贫困乡村文明建设和移风易俗，抵制陈规陋习，激发内生动力，增强贫困村发展活力。

七是严格考核评估，确保脱贫质量。严格实施扶贫开发工作成效考核，认真开展第三方评估和省际交叉考核，倒逼各地落实脱贫攻坚工作责任。通过组织年度脱贫攻坚督查巡查，推动政策措施落地，督促问题整改落实，确保脱贫成果经得起历史和实践检验。

八是坚持典型引路，总结推广经验。认真总结精准扶贫精准脱贫实践和成就，推广各地精准扶贫脱贫好做法好经验，广泛宣传脱贫攻坚先进典型，发挥榜样示范带动作用。激励社会各界更加关注、支持和参与脱贫攻坚，营造脱贫攻坚良好氛围。

习近平总书记在十九届中共中央政治局常委同中外记者见面时的讲话指出："2020年，我们将全面建成小康社会。全面建成小康社会，一个不能少；共同富裕路上，一个不能掉队。我们将举全党全国之力，坚决完成脱贫攻坚任务，确保兑现我们的承诺。"对脱贫攻坚和扶贫工作提出了新要求，再次向全党全国全社会发出坚决打赢脱贫攻坚战的号召。党的十九大在党和国家事业发展进程中铸就了新的丰碑。新时代新使命新征程，要求我们有新气象，更要有新作为。我们一定要深入学习贯彻党的十九大精神，铸牢"四个意识"，坚定"四个自信"，更加紧密团结在以习近平同志为核心的党中央周围，深入学习宣传贯彻习近平新时代中国特色社会主义思想，牢记党的初心和使命，牢记自己肩负的神圣职责，进一步增强责任感紧迫感，勠力同心，坚决打赢脱贫攻坚战。

互联网技术在脱贫攻坚中不可或缺

——在第四届世界互联网大会“共享红利：互联网精准扶贫”论坛上的致辞

国务院扶贫办主任　刘永富

2017 年 12 月 4 日

尊敬的各位来宾，女士们、先生们、朋友们：

上午好！欢迎大家出席中国互联网发展基金会、中国扶贫基金会在这里举办“共享红利：互联网精准扶贫”论坛。借此机会，我向长期以来关心支持中国减贫事业的朋友们，表示崇高的敬意和衷心的感谢！

消除贫困，实现共同富裕，是世界各国人民的共同愿望，更是发展中国家面临的共同任务。中国是世界上最大的发展中国家，贫困人口规模大，贫困程度深，减贫是一项长期而艰巨的任务。改革开放以来，中国累计减少农村贫困人口 7 亿多人，为全球减贫事业作出积极贡献。

党的十八大以来，以习近平同志为核心的党中央把脱贫攻坚作为全面建成小康社会的基本标志和底线目标，纳入“五位一体”总体布局和“四个全面”战略布局，摆到治国理政的重要位置，明确了到 2020 年现行标准下农村贫困人口实现脱贫、贫困县全部摘帽、解决区域性整体贫困的目标任务，确定了精准扶贫精准脱贫的基本方略，建立了脱贫攻坚的责任、政策、投入、动员、监督、考核六大体系，推进了建档立卡、驻村帮扶、分类施策、区域扶贫、资金监管、贫困退出等重点工作。习近平总书记亲自部署、亲自出征、亲自督战，以前所未有的力度推进，各地区各部门认真落实中央决策部署，贫困地区、贫困群众和社会各界真抓实干，脱贫攻坚取得决定性进展，开创了中国减贫事业的新局面。

5 年来，脱贫攻坚至少取得了以下 6 个方面的成效。一是 6000 多万贫困人口稳定脱贫，每年减贫 1300 多万人，前所未有。二是 28 个贫困县率先脱贫摘帽，第一次实现贫困县总量减少。三是通过脱贫攻坚投入，贫困地区基础设施和公共服务建设步伐加快，生产生活条件明显改善。四是通过脱贫攻坚，促进了贫困地区农村基层组织建设，培育壮大了村级集体经济，基层治理能力和管理水平明显提升。五是大批党政机关等各级各类干部到贫困村驻村帮扶，既锻炼了干部，又培养了农村人才，成为党和国家的宝贵财富。六是通过广泛的社会动员，各方面积极参与脱贫攻坚，履行社会责任，形成攻坚合力，培育了向上向善的社会氛围，有效地弘扬了社会主义核心价值观。

女士们，先生们，在脱贫攻坚伟大实践中，我们积极利用快速发展的互联网技术，组织开展了一系列工作，取得了明显成效。

我们开展了建档立卡工作。2014 年，在全国开展贫困识别，认定了 12.8 万个贫困村、2948 万贫困户、8962 万贫困人口，基本摸清贫困人口分布、致贫原因、帮扶需求等情况，运用互联网技术，建立了全国扶贫大数据平台，第一次实现了贫困人口识别、帮扶、退出、管理的到村到户到人，为精准扶贫精准脱贫打下基础。

我们实施了电商扶贫工程。2014 年，我们把电商扶贫列为精准扶贫十项工程之一。2015 年，在全国开展电商扶贫试点，国家重点支持 499 个贫困县。目前，这项工作在贫困地区全面推开，有力推动了贫困地区特色产业的培育发展，有效实现了贫困人口的增收脱贫。

我们建设了中国社会扶贫网。2016 年，建设开通中国社会扶贫网，贫困人口需要什么帮助，各界人士能够帮助什么，双方在网上自由对接，搭建了社会扶贫新平台，为实现人人愿为、人人能为、人人可为的社会扶贫新局面创造了条件。

我们实施了网络扶贫行动计划。2016 年，在全国组织实施网络覆盖、农村电商、网络扶智、信息服务、网络公益五大工程，大力开展互联网基础设施建设，有效推动了网络普及和水平提升，政府组织推动和互联网、物流企业等方面积极带动的局面基本形成。

女士们，先生们，坚决打赢脱贫攻坚，是中国共产党和中国政府的庄严承诺。全面建成小康社会，一个不能少；共同富裕路上，一个不能掉队。我们将充分利用互联网，在贫困人口动态管理中进一步提高信息的精准性；我们将充分利用互联网，在精准帮扶中进一步提高贫困地区贫困人口的参与度获得感；我们将充分利用互联网，在社会扶贫中进一步提升管理服务水平；我们将充分利用互联网，让贫困地区、贫困人口得到更多实惠。

预祝本次论坛圆满成功！

谢谢大家！

让贫困地区贫困群众搭上互联网发展的快车

——在第四届世界互联网大会"中外部长高峰对话论坛"互联网普惠共享论坛上的主旨演讲

国务院扶贫办主任　刘永富

2017 年 12 月 4 日

尊敬的各位来宾，女士们、先生们、朋友们：

下午好！很高兴参加互联网普惠共享论坛，感谢主办方给我一个与大家分享交流的机会。我向大家简要介绍中国脱贫攻坚情况，并就"让贫困地区贫困群众搭上互联网发展的快车"发表几点意见。

党的十八大以来，在习近平总书记的亲自领导下，中国的脱贫攻坚取得了决定性进展：一是五年减贫 6600 多万人，年均减少 1300 万人以上，前所未有。二是 100 多个贫困县率先脱贫摘帽，第一次实现贫困县总量的减少，为解决区域性贫困探索了经验。三是通过脱贫攻坚投入，贫困地区基础设施和公共服务建设步伐加快，生产生活条件明显改善。四是通过脱贫攻坚，促进了农村基层组织建设，培育壮大了村级集体经济，农村基层治理能力和管理水平明显提升。五是大批党政机关等各级各类干部到贫困村驻村帮扶，既锻炼了干部又培养了农村人才。六是通过广泛社会动员，各方面积极参与脱贫攻坚，培育了向上向善社会氛围，有效弘扬了社会主义核心价值观。

互联网是现代文明的重要标志，是人类社会的共同财富。互联网的广泛应用，改变了人们的生产生活方式，推动了经济社会发展，促进了文明成果共享。让贫困地区贫困群众搭上互联网发展快车，是互联网普惠共享的应有之义，需要政府和社会各方面给予特别关注特别支持。这几年，我们在脱贫攻坚中在应用互联网方面做了一些工作，有以下四点感受与体会。

一是互联网是贫困地区弯道超车的新引擎。2014 年，甘肃省陇南市这个物产丰富但交通不便的贫困地区，启动实施电商扶贫工程，政府支持贫困村贫困户与电商企业合作，在当地开设网店。三年多时间，陇南市的 9 个贫困县走过了从学网、用网的过程。全市开办网店 10700 多个，微店 7500 多个。通过电商扶贫，贫困人口 2015 年人均增收 430 元，2016 年人均增收 620 元，2017 年人均增收将超过 650 元，18 万贫困人口增收脱贫。更为可喜的是，互联网的普惠共享解决了当地农产品的卖难买难问题，实现了贫困人口和青年大学生的就业创业，促进了农业供给侧结构性改革，引导了贫困地区干部群众思想观念的转变，一举多赢，成为该市经济社会弯道超车的新引擎。

二是互联网是贫困群众增收脱贫的新途径。在今年的全国脱贫攻坚奖获得者中，有一位来自安徽省砀山县的小姑娘李娟，她因患脊髓性空洞症，只有脖子以上可以有限活动，属于重度瘫痪。在电商扶贫的号召下，这位生活起居靠母亲照料的女孩，用嘴咬着触控笔开网店、微博。2016 年，在 2 个月时间里，她把家中 1 万千克苹果全部卖出，同时还帮助带动附近贫困群众销售酥梨 4 万余千克，不仅自己脱贫，还帮助了别人。一个重度残疾的女孩可以做到的事情，许多健康的贫困人口应当可以做到。

三是互联网是社会力量参与脱贫攻坚的新渠道。2016 年，我们运用互联网技术建设了公益网络扶贫平台——中国社会扶贫网，其中的爱心帮扶板块，一边连接边远贫困地区的建档立卡贫困人口，另一边连接城乡的社会帮扶人士、帮扶企业，他们原本素不相识，通过社会扶贫网让他们心连心、手拉手。开通使用半年时间，注册人数超过 700 万人，管理员超过 11 万人，发布贫困需求 150 多万件，对接成功 85 万件，现在每天对接成功率在 50% 以上。

四是互联网普惠共享是提升扶贫管理水平的新手段。2014 年，我们制定《全国扶贫开发信息化建设规划》，建设了全国建档立卡贫困数据库，共识别 12. 8 万个贫困村、2948 万贫困户、8962 万贫困人口，第一次实现贫困信息精准到户到人，第一次可以逐村逐户分析致贫原因和脱贫需求，第一次构建起全国统一的扶贫开发信息系统，为实施精准扶贫精准脱贫打牢基础、提供技术和数据支撑。

女士们、先生们，习近平总书记强调，要发挥互联网在助推脱贫攻坚中的作用，推进精准扶贫、精准脱贫，让更多困难群众用上互联网，让农产品通过互联网走出乡村，让山沟里的孩子也能接受优质教育。贫困地区贫困人口参与互联网普惠共享，要给一些支持和帮助。我建议：

第一，国家应加大贫困地区互联网基础设施建设的投入。通过电信普遍服务等项目，加快推动农村及偏远地区宽带网络覆盖，让更多的人用上互联网，缩小城乡之间特别是贫困地区与发达地区的数字鸿沟。

第二，互联网企业应向贫困群众共享互联网提供更多优惠。通过减免费用、赠送流量、套餐优惠等方式，精准降低贫困群众使用互联网的费用，让他们用得上、用得起、用得好。

第三，物流企业应为贫困地区农副产品上行提供更多便利。当前农产品上行还有一些问题，包括上行和信用问题需要解决，要通过资源要素向贫困地区倾斜，切实提高上行比例，把贫困地区的好产品卖出去，卖个好价钱，让城里人也能享受到有机、生态、安全的农副产品，实现共赢。

第四，贫困地区贫困群众要主动作为。贫困地区、贫困群众要坚定信心，主动拥抱互联网，学习新知识，更新观念，把远在天涯海角变成近在咫尺，让小生产连接大市场，通过互联网实现弯道超车和脱贫致富。

女士们、先生们，互联网代表新的生产力，发展日新月异。促进互联网普惠共享，贫困地区、贫困群众不能掉队，不能输在起跑线上，要在政府和社会各方面的支持下，让贫困地区贫困群众搭上互联网发展的快车，在共建共享中有更多的参与和获得！

谢谢大家！

认真贯彻党的十九大精神
全面打好精准脱贫攻坚战

——在全国扶贫开发工作会议上的工作报告

国务院扶贫办主任　刘永富

（2017年12月27日）

这次全国扶贫开发工作会议的主要任务是，认真贯彻落实党的十九大和中央经济工作会议、中央农村工作会议精神，按照国务院扶贫开发领导小组部署要求，总结党的十八大以来脱贫攻坚工作，分析形势，安排2018年工作。中央政治局常委、国务院副总理汪洋同志对这次会议高度重视，明天晚上将到会发表重要讲话，我们要认真学习贯彻。根据会议安排，我先讲几点意见。

一、关于五年来脱贫攻坚工作和今年主要进展

党的十八大以来，以习近平同志为核心的党中央，把脱贫攻坚摆到治国理政的重要位置，举全党全国全社会之力，全面打响脱贫攻坚战。习近平总书记亲自挂帅出征，走遍集中连片特困地区，30多次国内考察涉及扶贫，在陕西延安、贵州贵阳、宁夏银川、山西太原主持召开4次跨省区的脱贫攻坚座谈会，在重要会议、重要时点反复强调脱贫攻坚，提出一系列新思想新观念，作出一系列新决策新部署，形成了习近平总书记关于扶贫开发的重要论述，为打赢脱贫攻坚战提供了根本遵循和强大思想武器。李克强总理多次召开国务院常务会议，研究部署脱贫攻坚重点工作，连续4年在政府工作报告中提出千万减贫任务，多次就脱贫攻坚作出重要指示批示。汪洋副总理主持召开21次国务院扶贫开发领导小组全体会议、24次工作会议、87次专题会议，37次带队深入扶贫一线调研，研究部署推动工作。各地各部门牢固树立“四个意识”，不断加大工作力度，认真抓好贯彻落实，脱贫攻坚成效显著。回顾这五年，我们主要抓了以下几方面工作。

第一，坚持中央统筹省负总责市县抓落实的体制机制，建立各负其责、合力攻坚的责任体系。中央出台脱贫攻坚责任制实施办法，建立并落实脱贫攻坚一把手负责制，强化各级党委领导作用。中西部22个省份党政主要负责同志向中央签署脱贫攻坚责任书，立下军令状，层层传导压力。明确贫困县党委和政府承担脱贫攻坚主体责任，党政正职攻坚期内保持稳定。开展抓党建促脱贫攻坚，着力配强乡镇领导班子，夯实农村基层党组织。形成“五级书记抓脱贫、全党动员促攻坚”的局面，为脱贫攻坚战提供了坚强政治保障。

第二，坚持以需求为导向的政策供给，建立上下联动、针对性强的政策体系。围绕《中共中央国务院关于打赢脱贫攻坚战的决定》，中共中央办公厅、国务院办公厅出台13个配套文件，中央和国家机关有关部门研究制定200多个扶贫政策文件或实施方

案，完成四梁八柱顶层设计。各地相继出台和完善“1 + N”的脱贫攻坚系列文件。这些政策举措涵盖贫困地区基础设施、公共服务、产业就业、生态建设、社会保障等重点领域，涉及资金、土地、科技、人才等支撑保障，扶贫领域很多“老大难”问题都有了针对性措施，解决了许多长期想办但没有办成的事。

第三，坚持精准扶贫精准脱贫的基本方略，建立精准帮扶的工作体系。一是持续完善建档立卡，着力解决“扶持谁”的问题。2014 年，我们开展建档立卡，共识别出 12.8 万个贫困村、2948 万贫困户、8962 万贫困人口。2015 年、2016 年组织开展“回头看”，补录贫困人口 807 万，剔除识别不准人口 929 万，识别准确度进一步提高。今年又组织开展自查自纠，实行动态管理，确保应扶尽扶，精准扶贫工作基础不断稳固。二是强化驻村帮扶，着力解决“谁来扶”的问题。全国累计选派 43.5 万名干部到贫困村和基层党组织软弱涣散村担任第一书记，派出 277.8 万名干部驻村帮扶。目前在岗的第一书记 19.5 万名、驻村干部 77.5 万名。他们同当地基层干部并肩战斗，带领贫困群众脱贫致富。广大基层扶贫干部用自己的辛苦指数换来贫困群众的幸福指数，有的甚至用生命践行使命。攻坚战以来，已经有 200 多名干部牺牲在扶贫一线，诠释了扶贫干部的担当和情怀。三是落实“五个一批”，着力解决“怎么扶”的问题。各地因地制宜，稳步推进产业扶贫、就业扶贫、易地扶贫搬迁、教育扶贫、健康扶贫等，努力做到因人因户因村施策。对贫困地区充分授权，促进各地探索多渠道、多元化的精准扶贫路径。四是严把贫困退出关，着力解决“如何退”的问题。中央建立贫困退出机制，明确贫困县、贫困村、贫困人口退出标准、程序和后续政策，指导各地科学合理制定脱贫滚动规划和年度计划，对拟退出的贫困县严格检查评估，确保脱贫质量。

第四，坚持发挥政府投入的主体和主导作用，建立与攻坚要求相适应的投入体系。大幅增加财政投入，2013—2017 年，中央财政专项扶贫资金年均增长 22.7%，省级财政专项扶贫资金年均增长 26.9%。2016 年、2017 年共安排地方政府债务 1200 亿元，用于改善贫困地区生产生活条件，实施贫困村提升工程。开展贫困县统筹整合使用财政涉农资金工作，累计整合 5296 亿元，用于脱贫攻坚。深化扶贫领域“放管服”改革，扶贫资金项目下放到县比例超过 95%。加大金融扶贫投放，“十三五”期间，安排易地扶贫搬迁专项贷款 3500 亿元。扶贫小额信贷累计发放 4100 多亿元，支持了 1000 多万建档立卡贫困户。出台扶贫再贷款政策，累计发放贷款 1600 多亿元。农业发展银行、国家开发银行和中国农业银行等金融机构不断加大扶贫信贷投放力度。资本市场扶贫举措明显加强，95 家证券公司结对帮扶 210 个贫困县，支持贫困县企业融资近 830 亿元。保险业助力脱贫攻坚工作稳步推进。加强土地政策支持，保障脱贫攻坚用地需求，贫困地区增减挂钩节余指标流转累计收益 460 多亿元，主要用于脱贫攻坚。

第五，坚持全社会参与的大扶贫格局，建立有效的宣传动员体系。将 10 月 17 日设立为扶贫日，从 2014 年起每年组织开展扶贫日系列活动，广泛动员社会各界关注参与扶贫。设立全国脱贫攻坚奋进奖、贡献奖、奉献奖、创新奖，表彰脱贫攻坚模范，发挥榜样带动作用。深化东西部扶贫协作、定点扶贫、军队和武警部队扶贫。开展“携手奔小康”行动，组织 342 个东部经济较发达县结对帮扶 570 个西部贫困县。动员中央企业设立贫困地区产业投资基金，开展贫困革命老区“百县万村”帮扶行动。动员民营企业开展“万企帮万村”精准扶贫行动，结对帮扶 2.57 万个贫困村，带动 388 万贫困人口增收。开通中国社会扶贫网，为社会各界精准帮扶贫困户提供对接平台。积极引导社会组织参与脱贫攻坚。各地结合实际，通过各种形式加大宣传力度，宣讲扶贫政策，推广先进典型。《苦乐村官》《索玛花开》等一批反映脱贫攻坚的文艺作品在全国上映，营造了浓厚的社会氛围。

第六，坚持全面从严治党的总体要求，建立多渠道全方位的监督体系。中央出台脱贫攻坚督查巡查工作办法，2016年、2017年连续两年组织开展督查巡查，查找突出问题，督促整改落实。全国人大常委会两次听取国务院关于脱贫攻坚工作情况的报告并开展专题询问，全国政协常委会两次围绕精准扶贫建言献策，中央巡视工作把脱贫攻坚作为重要内容，8个民主党派中央开展脱贫攻坚民主监督，纪检监察机关开展扶贫领域监督执纪问责，检察机关开展集中整治和加强预防扶贫领域职务犯罪专项工作，审计机关开展扶贫资金管理使用和政策跟踪审计，财政部与扶贫办对财政专项扶贫资金开展集中检查，扶贫办设立12317扶贫监督举报电话，把各方面的监督结果运用到考核评估中。全面加强扶贫资金项目监管，违纪违规问题明显减少。审计查出问题金额占抽查资金的比例，由2013年的36.3%下降到2016年的25.8%，2017年进一步降至7.93%。其中，严重违纪违规问题金额占抽查资金的比例，由2013年的15.7%下降到2016年的3%，2017年进一步降至1.13%。

第七，坚持脱贫成效必须经得起实践和历史检验的标准，建立严格的考核体系。中央出台省级党委和政府扶贫成效考核办法，建立最严格的考核评估制度。我们边探索边总结，逐步完善考核工作。在考核方式上，2015年组织实施了扶贫第三方评估，2016年增加了省际交叉考核，2017年将增加媒体开展暗访考核。在数据收集上，2015年主要分析建档立卡数据、贫困监测数据和财政专项扶贫资金绩效评价结果，2016年增加了纪检机关、审计机关、民主监督、督查巡查等情况，2017年再增加梳理平时情况等。在考核内容上，2016年交叉考核和第三方评估都将“两率一度”（贫困人口识别准确率、贫困人口退出准确率和群众满意度）作为重点，2017年将交叉考核重点调整为考核各地责任落实、政策落实和工作落实情况。在评定结果上，今年改变了打分排队的方法，结合年底集中考核情况与平时掌握情况，进行综合分析评价。今年初，国务院扶贫开发领导小组出台东西部扶贫协作考核办法、中央单位定点扶贫考核办法，初步形成了纵向到底、横向到边的脱贫攻坚考核体系。

经过各方面的不懈努力，我国扶贫工作开创了新局面，脱贫攻坚取得了决定性进展：一是五年减贫6600多万人，年均减少1300万人以上，前所未有。二是28个贫困县率先脱贫摘帽，第一次实现贫困县总量减少。三是通过脱贫攻坚大量投入，贫困地区基础设施和公共服务建设步伐加快，生产生活条件明显改善，积累了发展后劲。四是脱贫攻坚促进了农村基层组织建设，培育壮大了村级集体经济，提升了农村基层治理能力和管理水平。五是大批干部到贫困村驻村帮扶，既锻炼了机关干部，又培养了农村人才，成为党和国家的宝贵财富。六是脱贫攻坚增强了贫困人口的内生动力和上进心，社会各界广泛参与脱贫攻坚，营造了向上向善的社会氛围，弘扬了社会主义核心价值观。脱贫攻坚不仅创造了我国扶贫史上的最好成绩，而且为实施乡村振兴战略奠定了良好基础，为全球减贫事业贡献了中国智慧和中国方案，彰显了中国共产党领导的政治优势和社会主义制度优势，更加坚定了“四个自信”。

今年以来，脱贫攻坚继续保持良好态势，各项工作稳步推进，年度减贫任务将超额完成，贫困人口将再减少1000万人以上，贫困县将再退出100个左右，打赢脱贫攻坚战将再向前迈出坚实步伐。今年脱贫攻坚的突出特点主要表现在七个方面。一是精准施策进一步深入。产业扶贫稳步推进，成功经验逐步推开，新业态发展迅速，电商扶贫带动274万贫困户增收，光伏扶贫直接惠及80万贫困户，旅游扶贫覆盖2.3万个贫困村。易地扶贫搬迁完成340万贫困人口搬迁建设任务。就业扶贫推广省际劳务协作经验，实现577万贫困劳动力稳定转移就业。生态扶贫推广扶贫造林合作社经验，累计选聘37万贫困人口为生态护林员。教育扶贫深入实施，贫困县农村学生上重点高校人数再增长9.3%，农村薄弱学校改造计划稳步推进。健康扶贫救治421万名大病和慢性病贫困患者，贫困人口医疗费用实际报销比例提高到80%以上。对190万贫困户危房进行改造，保障住房安全。推进农村低保与扶贫开发有效衔接，低保兜底保障作用进一步加强。贫困地区基础设施和公共服务建设加快推进。二是工作重点进一步聚焦。中央制定支持深度贫困地区脱贫攻坚的实施意见，出台新的超常规政策举措，部署推进"三区三州"等深度贫困地区脱贫攻坚工作。汪洋副总理7次听取六省区汇报，指导"三区三州"编制攻坚方案。各地结合实际确定深度贫困地区，集中力量攻坚。三是建档立卡进一步夯实。各地开展自查自纠，245万脱贫不实人口重新回退为贫困人口。开展动态调整，新识别纳入849万贫困人口，清退识别不准412万人。数据共享和信息化建设进一步加强。四是驻村帮扶进一步规范。中央出台加强贫困村驻村工作队选派管理工作的指导意见，从健全体制机制入手，规范人员选派，明确工作任务，加强日常管理，严明考核激励。各地加强了帮扶干部管理监督，近两年提拔第一书记1.2万名，调整不胜任的第一书记7200名，及时召回不胜任的驻村干部。五是扶贫投入进一步加大。中央和省级财政专项扶贫资金突破1400亿元，其中中央财政资金较上年增长30%，省级财政专项扶贫资金比上年增长22%；贫困县整合财政涉农资金2956亿元，比上年增加26%；继续安排600亿元地方政府债务用于脱贫攻坚。六是考核评估进一步强化。经报党中央、国务院同意，对综合评价好的8省通报表扬，并在2017年中央财政专项扶贫资金分配上给予奖励；国务院扶贫开发领导小组对综合评价较差且发现突出问题的4省，约谈党政主要负责同志；对综合评价一般或发现某些方面问题突出的4省，约谈分管负责同志。国务院扶贫办对督查巡查和整改落实问题较多的7个省区市扶贫办主任进行提醒谈话。各地普遍加大考核督查问责力度，中西部22省共约谈4239人，诫勉谈话3078人，责令检查763人，通报批评2449人，党纪政纪处分6724人，移交司法机关651人，发挥了强有力的警示教育和震慑作用。七是社会扶贫力量进一步壮大。东西部扶贫协作、中央单位定点扶贫帮扶责任进一步压实，工作力度不断加大。开通中国社会扶贫网，目前注册用户超过1000万人，发布贫困户帮扶需求200多万条，对接成功超过120多万条。

脱贫攻坚的决定性进展和今年保持的良好态势，是以习近平同志为核心的党中央坚强领导的结果，是全党全社会共同努力的结果，是贫困地区干部群众艰苦奋斗的结果。在这里，我谨代表国务院扶贫办，向关心和支持脱贫攻坚事业的各地各部门、社会各界和新闻媒体表示衷心感谢，向辛勤工作在脱贫攻坚一线的同志们表示亲切慰问和崇高敬意！

二、关于打好脱贫攻坚战的新部署新要求

党的十九大把脱贫攻坚摆到更加突出的位置，作为党和国家的重点工作之一，作出新的重大部署，提出新的明确要求。中央经济工作会议对打好精准脱贫攻坚战进行全面安排。当前和今后一个时期，扶贫领域要把学习贯彻十九大精神和中央经济工作会议精

神作为重要任务，真正学懂弄通做实。

（一）深入学习贯彻党的十九大精神

党的十九大报告有多处关于脱贫攻坚的重要论述。在十九大报告第一部分关于过去五年的工作和历史性变革中指出：“脱贫攻坚战取得决定性进展，六千多万贫困人口稳定脱贫，贫困发生率从10.2%下降到4%以下。”在第一部分结尾分析困难和挑战时指出：“民生领域还有不少短板，脱贫攻坚任务艰巨”。在第三部分关于新时代中国特色社会主义思想和基本方略中强调：“必须多谋民生之利、多解民生之忧，在发展中补齐民生短板、促进社会公平正义，在幼有所育、学有所教、劳有所得、病有所医、老有所养、住有所居、弱有所扶上不断取得新进展，深入开展脱贫攻坚，保证全体人民在共建共享发展中有更多获得感，不断促进人的全面发展、全体人民共同富裕。”在第四部分决胜全面建成小康社会、开启全面建设社会主义现代化国家新征程中指出：“突出抓重点、补短板、强弱项，特别是要坚决打好防范化解重大风险、精准脱贫、污染防治的攻坚战，使全面建成小康社会得到人民认可、经得起历史检验。”在第五部分贯彻新发展理念、建设现代化经济体系中要求：“加大力度支持革命老区、民族地区、边疆地区、贫困地区加快发展”。在第八部分提高保障和改善民生水平、加强和创新社会治理中强调：“坚决打赢脱贫攻坚战。让贫困人口和贫困地区同全国一道进入全面小康社会是我们党的庄严承诺。要动员全党全国全社会力量，坚持精准扶贫、精准脱贫，坚持中央统筹省负总责市县抓落实的工作机制，强化党政一把手负总责的责任制，坚持大扶贫格局，注重扶贫同扶志、扶智相结合，深入实施东西部扶贫协作，重点攻克深度贫困地区脱贫任务，确保到2020年我国现行标准下农村贫困人口实现脱贫，贫困县全部摘帽，解决区域性整体贫困，做到脱真贫、真脱贫。”

（二）深入学习贯彻中央经济工作会议精神

习近平总书记在中央经济工作会议上指出：“打好精准脱贫攻坚战。过去几年，脱贫攻坚取得了决定性的进展。各方面都行动起来了，社会大扶贫格局基本形成。同时，也要看到，脱贫攻坚越往后，剩下的越是难啃的‘硬骨头’。保证现行标准下的脱贫质量，就可以解决传统意义上讲的‘绝对贫困’，这在国际上也是一个高标准，能够确保兑现贫困人口和贫困地区同全国一道进入全面小康社会的庄严承诺。各地一定要按照党中央确定的脱贫目标，既不能降低标准，也不能吊高胃口。”总书记强调：“打好脱贫攻坚战，关键是聚焦再聚焦、精准再精准，采取更加集中的支持、更加有力的举措、更加精细的工作，瞄准特定贫困群众精准帮扶。对有劳动能力的，要通过产业扶持、转移就业等办法实现脱贫；对丧失劳动力的，要确保他们病有所医、残有所助、生活有兜底，要通过最低生活保障及其他政策措施，确保他们基本生活有保障，实现脱贫。要向深度贫困地区聚焦发力，以解决突出制约问题为重点，以重大扶贫工程和到村到户帮扶为抓手，强化支持保障体系，加大政策倾斜和扶贫资金整合力度，因地制宜，着力解决这些地区公共服务、基础设施欠缺等问题，改善其发展条件。要激发贫困人口内生动力，把扶贫和扶志、扶智结合起来，把救急纾困和内生脱贫结合起来，把发展短平快项目和培育特色产业结合起来，变输血为造血，实现可持续稳固脱贫。要加强贫困地区移风易俗工作，促进形成文明健康的生活方式。要加强考核监督，合理确定脱贫摘帽时间，坚持成熟一个摘一个，既防止搞短期突击，也不能故意拖延到最后一刻。明后两年将有越来越多建档立卡贫困人口退出、贫困县摘帽，既要说清楚有多少人脱了贫，也要说清楚怎么脱的贫。要开展好扶贫领域腐败和作风问题专项治理，对弄虚作假、搞数字脱贫的要严肃查处。要加强贫困村基层组织建设，发挥基层党组织战斗堡垒作用。贫困地区各级党委和政府，对口帮扶地区各级党委和政府，贫困地区各级领导干部、驻村工作组、第一书记等，都要尽心尽责、担当责任，共同把党交给的光荣任务完成好。战斗在扶贫第一线的基层干部工作十分辛苦，有的甚至流血牺牲。要努力为他们的工作生活排忧解难，制定政策激励他们为打赢脱贫攻坚战努力工作。”

李克强总理指出：“要进一步集中资源、聚焦重点。在区域上，要强化对以‘三区三州’为代表的深度贫困地区的精准支持。明年中央财政专项扶贫资金安排1065亿元，增加200亿元，增量重点用于‘三区三州’等深度贫困地区。以工代赈资金主要用于‘三区三州’，医疗保障、教育、重点生态功能区等方面转移支付和中央预算内投资，也要向深度贫困地区倾斜。深入推进产业扶贫、劳务扶贫、教育扶贫、健康扶贫，加大易地扶贫搬迁、危房改造力度，不断增强深度贫困地区和贫困群众自我发展能力。在群体上，要强化对老年人、残疾人、重病患者等特殊贫困人口的精准帮扶。因户因人落实救助供养、大病救治、生活兜底保障等措施，对有劳动能力的，要优先提供有针对性的产业就业扶持。要巩固脱贫成果，确保稳定脱贫。对已脱贫人口，攻坚期内脱贫不脱政策。对新产生的贫困人口和返贫人口，要及时纳入帮扶。实施贫困村提升工程，建立健全稳定脱贫长效机制。加强贫困村基层组织建设，大力培养脱贫致富带头人。现在中央财政扶贫资金规模很大，地方投入也在增加，要切实管好用好这些资金。加快推进贫困县涉农资金实质性整合，全面开展扶贫资金绩效管理。对贪占挪用扶贫资金的，要发现一起查处一起。脱贫攻坚关系群众切身利益，是严肃的政治任务，既要确保进度，更要确保质量。要严格考核监督，加强对重点地区和重点工作督查，确保脱贫攻坚成果经得起历史和实践检验。同时要改进考核督查方式，注重实际效果，切实减轻基层工作负担。”

（三）深刻领会把握精神实质

党的十九大和中央经济工作会议精神，立意高远、思想深刻、内涵丰富，总书记、总理的指示要求非常明确，我们在贯彻落实中要重点把握以下方面。

第一，要深刻领会把握脱贫攻坚的重要性严肃性，增强责任担当。打赢脱贫攻坚战，让贫困人口和贫困地区同全国一道进入全面小康社会，一个不能少，一个不能掉队，这是党中央作出的重大决定，习近平总书记代表党和政府向全国人民作出的庄严承诺，是必须完成的硬任务，只能成功，不能失败。经过这几年的攻坚，各级扶贫干部在战斗中学会战斗，能力得到大幅提升，探索积累了许多行之有效的做法和经验，为打赢脱贫攻坚战奠定了坚实基础。行百里者半九十，脱贫攻坚已进入决战决胜期，今后几年任务会更加艰巨。扶贫系统是脱贫攻坚战的敢死队和主力军，我们赶上了这个历史机遇，是我们的荣幸，我们要牢记使命担当，不忘初心，主动作为，坚定不移地走好脱贫攻坚的长征路，坚决翻越“雪山”“草地”，坚决打赢脱贫攻坚战，坚决维护以习近平同志为核心的党中央权威。

第二，要深刻领会把握脱贫攻坚战已取得决定性进展的重大判断，坚定信心决心。党的十九大和中央经济工作会议对脱贫攻坚成绩给予了充分肯定，指出“脱贫攻坚战取得了决定性进展”。这是对五年来脱贫攻坚历史性成就的高度概括。实践证明，党中央关于脱贫攻坚的决策部署是完全正确的，精准扶贫精准脱贫的基本方略是完全正确的，脱贫攻坚的顶层设计和政策举措是完全正确的。脱贫攻坚战越到最后任务越艰巨，这几年投入的人力、物力、财力的强度也是前所未有的。决定性进展，意味着脱贫攻坚战大势已定、大局在握。只要我们保持定力，坚定信心，充分发挥我们的政治优势和制度优势，坚持现行有效做法，稳中求进推动各项工作，脱贫攻坚这场历史性决战是一定能够如期打赢的。

第三，要深刻领会把握脱贫攻坚面临的艰巨任务，增强忧患意识。党的十九大强调"要重点攻克深度贫困地区脱贫任务"，中央经济工作会议指出"脱贫攻坚越往后，剩下的越是难啃的'硬骨头'"。当前脱贫攻坚的"硬骨头"主要体现在三个方面，一是深度贫困地区。建档立卡数据显示，目前贫困人口超过300万人的还有5个省区，贫困发生率超过18%的贫困县有229个、超过20%的贫困村有2.98万个。按照这些县和村前几年每年贫困发生率下降3~4个百分点的速度，在剩余时间内完成脱贫任务十分艰巨。特别是"三区三州"基础条件薄弱，致贫原因复杂，脱贫难度更大。二是特殊贫困群体。当前建档立卡贫困人口中，因病因残致贫比例居高不下，分别超过40%和14%，65岁以上老人占比超过16%，内生动力不足超过14%。这些人群的比例越往后将会越高。三是扶贫干部能力。一些扶贫干部和县乡村基层干部在思想观念、工作思路、执行能力等方面，与当前的脱贫攻坚任务以及精准扶贫要求还有一定差距。一些驻村干部还存在不会干等问题，没有很好发挥作用。在基础薄弱的贫困地区实施精准扶贫，我们要充分认识脱贫攻坚的艰巨性复杂性，增强忧患意识，保持攻坚状态，坚决补齐短板。

第四，要深刻领会把握解决存在突出问题的紧迫性，保持脱贫攻坚的正确方向。当前扶贫领域存在的突出问题影响着脱贫攻坚的正确方向，主要表现在五个方面：一是盲目提高标准问题。随着脱贫攻坚投入不断加大，一些地方和部门盲目提高标准，对贫困户作出脱离实际的承诺，像看病不排队不要钱，从学前到大学教育全程资助不花钱，给贫困户盖新房住大房甚至买商品房等，不仅过度透支财力、不可持续，而且产生了贫困户与非贫困户的"悬崖效应"，引起新的不公。二是工作不落实不到位不精准问题。有的贯彻精准扶贫方略不坚决不彻底，责任落实不到位，对脱贫攻坚中出现的新问题不重视不解决，有的在贫困识别时搞指标分配、优亲厚友，有的驻村帮扶"挂名、走读"，有的用增加的扶贫资源搞缩小版"大水漫灌"，有的政策举措停留在纸面，有的贫困退出谋划不科学不合理。三是形式主义、官僚主义问题。有的调查研究不深入，指导工作脱离实际。有的以会议贯彻会议，以文件落实文件。有的垒大户堆盆景，搞形象工程。有的简单发钱发物、包办代替甚至强迫命令，不注重激发贫困群众内生动力。有的信息不共享，频繁填表报数，有的层层检查评估，只为应付上级检查，浪费大量人力物力财力，加重基层干部负担。四是数字脱贫、虚假脱贫。有的"三保障"未实现，宣布脱贫。有的把预期收入算成当年实际收入，算账脱贫。有的短时间集中投入，贫困人口当年进当年出，突击脱贫。有的简单采取低保兜底，一兜了之。有的甚至在考核评估中弄虚作假，试图蒙混过关。五是资金管理使用新老问题交织。一些地方虚报冒领、贪占挪用扶贫资金等老问题仍时有发生，在乡村两级尤为突出。一些地方扶贫项目规划不科学不合理，资金闲置浪费。一些地方资金使用不公开不透明，群众和社会不知晓难监督。这些问题若不及时解决，不仅影响脱贫攻坚进程和质量，而且严重影响党和政府形象，我们要以对历史和人民负责的态度，采取切实有力的措施认真解决，确保脱贫攻坚正确方向。

三、关于2018年重点工作

2018年是全面贯彻落实党的十九大精神的开局之年，是打好脱贫攻坚战的作风建设年。脱贫攻坚工作总体要求是：全面贯彻党的十九大精神，以习近平新时代中国特色社会主义思想为指导，按照中央经济工作会议和中央农村工作会议的决策部署，坚持稳中求进工作总基调，坚持精准扶贫、精准脱贫基本方略，坚持中央统筹省负总责市县抓落实的体制机制，坚持现行扶贫标准，坚持大扶贫工作格局，以深度贫困地区脱贫攻坚为重点，以扶贫领域作风专项治理为抓手，从注重全面推进帮扶向更加注重深度贫困地区攻坚转变，从注重减贫进度向更加注重脱贫质量转变，从注重完成脱贫目标向更加注重增强贫困群众获得感转变，从注重找准帮扶对象向更加注重精准帮扶稳定脱贫转变，从开发式扶贫为主向开发式与保障性扶贫并重转变，加大工作力度，强化监督考核，确保再减少农村贫困人口1000万人以上，实现200个左右贫困县脱贫摘帽，完成280万左右贫困人口易地扶贫搬迁建设任务。

（一）学习研究习近平总书记关于扶贫开发的重要论述

习近平总书记对贫困有真切体验，对治贫有丰富经验，对脱贫有使命担当。总书记从担任大队党支部书记起，在县、市、省、中央各级工作历程中，都始终把摆脱贫困放在重要位置，积极探索实践。党的十八大以来，总书记就脱贫攻坚发表一系列重要讲话，作出一系列重要指示，深刻阐明了新时期我国扶贫开发的重大理论和实际问题，形成了内涵丰富、思想深刻、体系完整的扶贫理念。习近平总书记关于扶贫开发的重要论述是习近平新时代中国特色社会主义思想的重要组成部分，是我们党在扶贫工作中的重大理论创新，是保证和促进全体人民共享发展、共同富裕的行动指南。我们要全面系统学习习近平总书记关于扶贫开发的重要论述，深化理解、武装头脑、指导实践、推动工作，用实际行动在新时代中国特色社会主义的伟大实践中体现我们的政治忠诚和政治担当。

（二）全面完成年度减贫任务

明年要再减少1000万以上贫困人口。各省区市要依据向中央签署的《脱贫攻坚责任书》，确定2018年度贫困人口脱贫和贫困县摘帽计划，调整完善脱贫滚动规划，报国务院扶贫开发领导小组批准后实施。国务院扶贫办将继续与各省签订年度减贫责任书，跟踪任务完成情况。今后三年，还有3000万左右贫困人口要脱贫，有8万个左右贫困村要出列，有近700个贫困县要摘帽，各地要实事求是把握脱贫节奏，既不能层层加码盲目冒进，片面追求速度牺牲质量，也不放慢进度，影响如期脱贫。这里要特别强调，低保兜底是针对那些不能依靠自身努力脱贫的人口最后采取的兜底措施，除要摘帽的贫困县外，要放在最后一年标注兜底。

（三）制定三年行动指导意见

中央将制定打好脱贫攻坚战三年行动指导意见，在保持政策连续性、稳定性的基础上，深化脱贫攻坚政策举措。各地也要从实际出发，认真总结成功经验和做法，研究形成政策举措，因地制宜拿出更多让贫困群众得实惠的实招硬招。各地要认真组织实施贫困村提升工程，进一步改善贫困村基础设施水平和发展条件。要做好脱贫攻坚与实施乡村振兴战略的衔接，巩固脱贫成果。要重视非贫困县、非贫困村的脱贫攻坚，确保不留“死角”。

（四）聚焦深度贫困攻坚

全面贯彻深度贫困地区脱贫攻坚座谈会精神，落实中共中央办公厅、国务院办公厅《关于支持深度贫困地区脱贫攻坚的实施意见》，强化对“三区三州”等深度贫困地区的精准支持，强化对贫困老年人、残疾人、重病患者等群体的精准帮扶。各地各部门要按照中央要求，制定实施方案，细化政策举措，认真组织实施，集中力量攻坚。对贫困发生率在18%以上的县和20%以上的村，各地要进行跟踪监测和预警评估，对贫困发生率在20%以上的县和30%以上的村，开展“解剖麻雀”，逐一分析研究，加大工作指导，督促工作落实。

（五）扎实推进精准施策

按照“五个一批”的基本思路，因地制宜、因人因户因村分类施策。产业扶贫要强化规划引领、组织带动、市场服务和技能培训，建立完善带贫机制，稳步推进光伏扶贫、电商扶贫、旅游扶贫等新业态。就业扶贫要提高转移就业组织化程度，支持各地建立扶贫车间，促进贫困人口稳定就业。易地扶贫搬迁要确保完成年度搬迁建设任务，做好后续扶持，让搬迁贫困户搬得出、稳得住、能脱贫。要再完成约190万贫困户危房改造任务，保障住房安全。教育扶贫要巩固提高义务教育质量，防止失学辍学，大力开展职业教育培训，在民族地区推广普通话。健康扶贫要推进“三个一批”行动计划，解决因病致贫、因病返贫问题。生态扶贫要继续扩大贫困人口生态护林员选聘规模，鼓励有条件的地方建立扶贫造林合作社，吸纳贫困人口参与造林和管护。

（六）开展作风专项治理

中央决定在全国范围内开展扶贫领域腐败和作风问题专项治理，中央纪委已制定实施方案，将从2018—2020年持续开展专项治理。国务院扶贫开发领导小组明确将2018年作为脱贫攻坚作风建设年，以作风建设促进脱贫攻坚工作，用1年左右时间集中力量解决扶贫领域作风突出问题，确保取得阶段性成果，并将作风建设贯穿脱贫攻坚全过程，持续推进。领导小组特别强调，除根据统一部署每年填报一次建档立卡信息系统数据外，任何单位任何部门不得以任何理由要求村级填报扶贫数据。除党中央、国务院确定的督查巡查、考核评估外，国务院扶贫开发领导小组不再组织其他考核检查。各地各部门要以上率下，原则上省市两级对县及县以下的考核每年不超过2次，市级及以下未经省里批准不得开展第三评估，切实减轻基层工作负担。

（七）扶贫与扶志扶智相结合

加快补齐贫困群众“精神短板”，让贫困群众敢想敢干、能干会干。一是加强政策引导。转变扶贫方式，除低保兜底发放现金外，其他扶贫措施要与贫困群众参与挂钩，原则上不得采取直接发钱发物的方式进行。二是加强教育引导。加强思想教育、技能培训，帮助贫困群众转变思想观念，提高脱贫能力。三是加强典型引导。总结宣传脱贫典型，鼓励贫困群众向身边人身边事学习，营造光荣脱贫、勤劳致富良好氛围。四是发挥村规民约作用。通过村民自治方式，丰富村规民约内容，引导贫困群众自我教育、自我管理、自我约束，坚决纠正婚丧嫁娶大操大办等陈规陋习、不赡养老人残疾人和赌博酗酒等不良行为，培育健康文明生活方式。

（八）完善督查巡查和考核评估机制

强化脱贫攻坚督查巡查，把暗访作为主要方式。目前已经启动了2017年省级党委和政府扶贫成效考核和东西部扶贫协作、中央单位定点扶贫考核工作，明年还要组织第三方对各地申请退出贫困县开展评估检查。考核的目的是为了促进工作，倒逼责任落实，各地各部门要正确对待，严禁弄虚作假、徇私舞弊，对搞形式主义、干扰考核造成严重后果的，实行一票否决，并依纪依规追究责任。国务院扶贫开发领导小组近日印发通知，明确在扶贫考核中要切实减轻基层工作负担，要抓好落实，取消不必要的考核，减少考核频次，严禁多头考核、层层考核、搭车考核。对东西部扶贫协作和中央单位定点扶贫的考核，也要防止走形式，增加不必要的工作负担。

（九）深入推进东西部扶贫协作和定点扶贫

认真落实中央关于进一步加强东西部扶贫协作工作和中央单位定点扶贫工作的决策部署，按照精准扶贫精准脱贫要求，把被帮扶地区贫困人口稳定脱贫作为工作重点，帮扶资金和项目要进一步瞄准贫困村、贫困户用力，真正帮到点上、扶到根上。“携手奔小康”行动已经启动1年多，不仅要结对子，更要搞好帮扶，结对双方要科学编制帮扶规划并认真组织实施，在减贫成效、劳务协作、产业合作、人才支援、资金支持等方面取得实质性进展。支持军队和武警部队帮助驻地脱贫攻坚。

（十）总结推广典型经验

总结党的十八大以来在精准扶贫精准脱贫方面的创新举措和成功经验，继续做好“四个一批”（一批脱贫先进典型、一批帮扶先进典型、一批扶贫系统先进典型，一批精准扶贫、精准脱贫成功案例）的推荐报送工作，把精准扶贫、精准脱贫要求转化为具体的样本，推动各地受启发、找差距、明方向。认真贯彻习近平总书记关于关心支持基层扶贫干部的重要指示精神，注重发现基层扶贫干部的先进事迹，推广他们的有效做法和生动实践，树立鲜明导向，让基层扶贫干部政治上有荣誉、事业上有奔头、生活上有保障、工作上能出彩。

（十一）营造良好社会氛围

开展脱贫攻坚政策宣讲解读，让贫困地区基层干部了解政策、用好用活用足政策。继续开展全国脱贫攻坚奖和全国脱贫攻坚模范评选表彰活动，组织开展好2018年扶贫日系列活动，加强宣传报道，引导社会各界更加关注支持减贫事业。完善涉贫事件处置反馈机制，及时回应社会关切，把握正确舆论导向。配合做好对外宣传，讲好中国减贫故事，分享中国减贫经验，提升中国软实力。

（十二）打牢脱贫攻坚基础工作

一是完善建档立卡，把符合标准的贫困人口和返贫人口及时全部纳入，对脱贫人口注明脱贫措施，推进数据共享，拓展服务功能。二是强化驻村帮扶，着力解决选人不优、管理不严、作风不实、保障不力等问题，更好发挥驻村干部在攻坚一线的主力军作用。三是建立县级脱贫攻坚项目库，加强项目论证和储备，防止资金闲置和损失浪费。四是健全扶贫资金项目公告公示制度，省、市、县扶贫资金分配结果一律公开，乡村两级扶贫项目安排和资金使用情况一律公告公示，接受群众和社会监督。五是轮训基层扶贫干部，要对贫困县领导干部进行轮训，组织对驻村干部和乡村扶贫干部开展轮训，提高精准扶贫工作能力，让他们想干事、会干事、干成事、不出事。

（十三）做好风险防范工作

当前脱贫攻坚要重点防范三类风险。一是政治风险。我们一定能打赢脱贫攻坚战，但也要有忧患意识，防止个别地方完不成任务或脱贫不真实，兑现不了承诺。二是经济风险。要防范产业扶贫失败风险，防止产业项目因盲目跟风、一刀切导致失败造成损失。要防范扶贫小额信贷还贷风险，目前各地已开始纠正户贷企用、冒名借款、违规用款等问题，应严格执行有关规定，确保少发生不发生呆账坏账。要防范加重政府债务风险，防止打着脱贫攻坚的旗号大举发债，防止“穿着马甲”或“涂脂抹粉”去争资源争项目，扩大政府债务。三是道德风险。防止政策养懒汉，造成“福利陷阱”，防止政策“悬崖效应”，引起非贫困户攀比，出现新的不公，破坏社会规则。

同志们，打赢脱贫攻坚战，是党和人民赋予我们的崇高使命。让我们更加紧密地团结在以习近平同志为核心的党中央周围，高举习近平新时代中国特色社会主义思想伟大旗帜，不忘初心、砥砺奋进，为推进脱贫攻坚再上新台阶、为决胜全面建成小康社会作出新的更大贡献！

附录3　年度重要文章

不忘初心 坚决打赢脱贫攻坚战

——党的十八大以来脱贫攻坚的成就与经验

国务院扶贫办主任 刘永富

习近平总书记指出，全面建成小康社会、实现第一个百年奋斗目标，最艰巨的任务是脱贫攻坚，这是一个最大的短板，也是一个标志性指标。我们共产党人从党成立之日起就确立了为天下劳苦人民谋幸福的目标。这就是我们的初心。打赢脱贫攻坚战，解决好贫困群众生产生活问题，满足贫困群众追求幸福生活的基本需求，这是我们的目标，也是我们的庄严承诺，我们一定要兑现这一承诺。党的十八大以来，以习近平同志为核心的党中央把脱贫攻坚纳入“五位一体”总体布局和“四个全面”战略布局，摆到治国理政的重要位置，吹响了打赢脱贫攻坚战的进军号，脱贫攻坚取得了新的成就。

一

习近平总书记关于扶贫开发的重要论述的形成发展，为打赢脱贫攻坚战指明了方向，提供了根本遵循。

2012 年 11 月，习近平总书记在十八届中央政治局常委同中外记者见面时鲜明宣示：“人民对美好生活的向往，就是我们的奋斗目标。”2012 年 12 月，习近平总书记第二次国内考察就选择河北阜平革命老区，进村入户看真贫。党的十八大以来，习近平总书记亲自挂帅、亲自出征、亲自督战，走遍了连片特困地区。先后在河北阜平、部分省区市扶贫攻坚与“十三五”时期经济社会发展座谈会、2015 减贫与发展高层论坛、中央扶贫开发工作会议、东西部扶贫协作座谈会、中央政治局第 39 次集体学习、中央政治局常委会会议审议《关于 2016 年省级党委和政府扶贫开发工作成效考核情况的汇报》时发表重要讲话，全面部署和推进脱贫攻坚。习近平总书记多次主持召开重要会议，研究作出重大决策，作出重要指示。这一系列重要讲话、重要指示，深刻阐述了扶贫开发的极端重要性艰巨性，系统阐述了打赢脱贫攻坚战的根本路径——精准扶贫、精准脱贫方略，向国际社会发出了构建人类命运共同体的倡议。习近平总书记关于扶贫开发的一系列重要论述，形成了内涵丰富、思想深刻、体系完整的扶贫开发理念，是我们党关于扶贫开发理论的新发展、新成就。

习近平总书记关于扶贫开发的重要论述包括：“消除贫困、改善民生、实现共同富裕，是社会主义的本质要求，是我们党的重要使命”的本质要求思想；“脱贫攻坚已经到了啃硬骨头、攻坚拔寨的冲刺阶段，所面对的都是贫中之贫、困中之困”的艰巨任务思想；“脱贫攻坚任务重的地区党委和政府要把脱贫攻坚作为‘十三五’期间头等大事和第一民生工程来抓，坚持以脱贫攻坚统揽经济社会发展全局。要层层签订脱贫攻坚责任书、立下军令状，形成五级书记抓扶贫、全党动员促攻坚的局面”的政治优势思想；“脱贫攻坚必须坚持问题导向，以改革为动力，以构建科学的体制机制为突破口，充分调动各方面积极因素，用心、用情、用力开展工作”的改革创新思想；“扶贫开发推进到今天这样的程度，贵在精准，重在精准，成败之举在于精准”的精准扶贫思想；“扶贫不是慈善救济，而是要引导和支持所有有劳动能力的人，依靠自己的双手开创美好明天”的内生动力思想；“脱贫致富不仅仅是贫困地区的事，也是全社会的事”的合力攻坚思想；“要加强扶贫资金阳光化管理，加强审计监管，集中整治和查处扶贫领域的职务犯罪，对挤占挪用、层层截留、虚报冒领、挥霍浪费扶贫资金的，要从严惩处”的阳光扶贫思想；“消除贫困是人类的共同使命。消除贫困依然是当今世界面临的最大全球性挑战。我们要凝聚共识、同舟共济、攻坚克难，致力于合作共赢，推动建设人类命运共同体，为各国人民带来更多福祉”的携手减贫思想。

习近平总书记关于扶贫开发的重要论述源于他40多年来从农村到县、市、省、中央始终牵挂贫困群众的扶贫情结，源于他一以贯之、一心为民的公仆情怀和长期实践，源于他对全面建成小康社会、实现中华民族伟大复兴的使命担当。这些重要思想，充分体现了中国特色扶贫开发道路的理论创新和实践创新，精辟阐述了扶贫开发在国家发展全局中的重要地位和作用，体现了马克思主义世界观和方法论，是治国理政新理念新思想新战略的重要组成部分，是做好当前及今后一个时期脱贫攻坚工作的科学指南和根本遵循。

二

脱贫攻坚四梁八柱顶层设计基本完成，为打赢脱贫攻坚战建立了体制机制，提供了制度保障。

建立脱贫攻坚责任体系。中央出台脱贫攻坚责任制实施办法，强化“中央统筹、省负总责、市县抓落实”的扶贫管理体制，构建起责任清晰、各负其责、合力攻坚的责任体系。中西部省份党政主要负责同志向中央签署脱贫攻坚责任书，立下军令状，贫困县党政正职攻坚期内保持稳定，形成了五级书记抓扶贫、全党动员促攻坚的局面。扶贫责任体系符合我国国情，契合精准扶贫实际，有利于发挥我们的政治优势和制度优势。

建立脱贫攻坚政策体系。党中央、国务院作出打赢脱贫攻坚战的决定并出台配套文件。中央和国家机关各部门出台100多个政策文件或实施方案，各地也相继出台和完善了“1+N”的脱贫攻坚系列文件，内容涉及产业扶贫、易地扶贫搬迁、劳务输出扶贫、交通扶贫、水利扶贫、教育扶贫、健康扶贫、金融扶贫、农村危房改造等。很多“老大难”问题都有了针对性的措施，打出了政策组合拳。

建立脱贫攻坚投入体系。中央明确，扶贫投入力度要与打赢脱贫攻坚战的要求相匹配。在财政投入上，2016年中央和省级财政专项扶贫资金首次突破1000亿元，其中中央为667亿元，同比增长43.4%；省级为493.5亿元，同比增长56.1%。“十三五”时期，国家将向省级扶贫开发投融资主体注入约2500亿元资本金，用于易地扶贫搬迁。在金融支持上，各类金融机构加大对扶贫的支持力度。扶贫小额信贷累计发放3113亿元，共支持了868万贫困户。保险业扶贫、证券业扶贫的工作力度也明显加强。

建立脱贫攻坚监督体系。中央出台脱贫攻坚督查巡查工作办法，对各地各部门落实中央决策部署开展督查巡查。督查坚持目标导向，着力推动工作落实。巡查坚持问题导向，着力解决突出问题。各民主党派中央开展脱贫攻坚民主监督。扶贫部门加强与纪检监察、巡视、审计、财政、媒体、社会等监督力量的全方位合作，把各方面的监督结果运用到考核评估、督查巡查中。

建立脱贫攻坚考核评估体系。中央出台省级党委和政府扶贫开发工作成效考核办法。2016—2020 年，每年开展一次考核，由国务院扶贫开发领导小组组织进行。主要考核减贫成效、精准识别、精准帮扶、扶贫资金使用管理等方面，涉及建档立卡贫困人口减少和贫困县退出计划完成、贫困地区农村居民收入增长、贫困人口识别和退出准确率、群众帮扶满意度、扶贫资金绩效等指标，树立脱贫实效导向，确保脱贫攻坚质量经得起实践和历史检验。

三

脱贫攻坚所取得的显著成绩，为打赢脱贫攻坚战奠定了基础，为全球减贫治理提供了“中国方案”。

党的十八大以来，在党中央、国务院的坚强领导下，国务院扶贫开发领导小组统筹协调、督促落实，各地区各部门齐抓共管、密切配合，社会各界积极参与、合力攻坚，脱贫攻坚成绩显著。农村贫困人口持续大规模减少。2013—2016 年农村贫困人口年均减少 1391 万人，累计脱贫 5564 万人；贫困发生率从 2012 年底的 10.2% 下降至 2016 年底的 4.5%，下降 5.7 个百分点。农村贫困人口的大规模减少，为如期全面建成小康社会打下了坚实的基础。贫困人口生存发展权益得到有效保障。2012 年以来，国家累计安排中央预算资金 404 亿元，地方各级统筹中央和省级财政专项扶贫资金 380 亿元，搬迁贫困人口 591 万人，有效拓展了农村贫困人口的发展空间，加快了搬迁群众脱贫致富步伐。可以预料，到 2020 年我国现行标准下的农村贫困人口全部脱贫，意味着我国绝对贫困问题得到历史性解决，我国将提前 10 年实现联合国 2030 年可持续发展议程确定的减贫目标，继续走在全球减贫事业的前列。

习近平总书记把我国脱贫攻坚的成功经验精辟概括为：加强领导是根本，把握精准是要义，增加投入是保障，各方参与是合力，群众参与是基础。这些经验实质上就是一整套经过实践检验的减贫治理体系，这将为全球更有效地进行减贫治理提供“中国方案”。

加强领导，就是发挥政治优势，落实责任。坚持党对脱贫攻坚的领导，严格执行脱贫攻坚一把手负责制，省市县乡村五级书记一起抓，发挥好基层党组织在脱贫攻坚中的战斗堡垒作用。强化中央统筹、省负总责、市县抓落实的工作机制，层层落实脱贫攻坚责任。

把握精准，就是不断完善精准扶贫政策工作体系，切实提高脱贫成效。做到“六个精准”，实施“五个一批”，完善建档立卡，强化驻村帮扶，因村、因户、因人分类施策，扶到点上、扶到根上。完善政策体系，打好组合拳，发挥政策叠加效应。对贫困群众格外关注、格外关爱、格外关心，出台特惠扶持政策，丰富完善中央和地方“1+N”政策体系。加大督促检查和考核评估，确保各项政策有效落实落地，确保脱贫人口实现“两不愁、三保障”，坚决防止虚假脱贫。

增加投入，就是坚持政府投入的主体和主导作用，不断增加金融资金、社会资金投入脱贫攻坚。2013—2017 年，中央财政累计安排财政专项资金 2787 亿元，年均增长 22.7%。统筹整合使用财政涉农资金，撬动金融资本和社会帮助资金投入扶贫开发。创新扶贫小额信贷产品，支持贫困农户发展产业和投资创业。设立扶贫再贷款，实行比支农再贷款更优惠的利率。鼓励和引导商业性、政策性、开发性、合作性等各类金融机构加大对扶贫开发的金融支持。

各方参与，就是坚持专项扶贫、行业扶贫、社会扶贫等多方力量有机结合的“三位一体”大扶贫格局，发挥各方面的积极性。建设国家扶贫开发大数据平台、省级扶贫开发融资平台、县级扶贫开发资金项目管理平台、贫困村扶贫脱贫工作落实平台和社会扶贫对接平台。开展健康扶贫、教育扶贫、金融扶贫等十大精准扶贫行动，实施贫困村提升、扶贫小额信贷工程等十项精准扶贫工程。提高东西部扶贫协作水平，加强党政机关定点扶贫，推进军队和武警部队帮扶，开展多党合作脱贫攻坚行动，动员民营企业、社会组织、个人参与脱贫攻坚，形成社会合力。

群众参与，就是尊重贫困群众扶贫脱贫的主体地位，不断激发贫困村贫困群众内生动力。充分发挥贫困村党员干部的引领作用，抓好以村党组织为核心的村级组织配套建设。培育具有较强经营创业能力、适应扶贫开发和新农村建设的致富带头人，充分发挥其示范作用。弘扬自力更生、艰苦奋斗精神，激发贫困群众脱贫奔小康的积极性、主动性、创造性，提升其自我组织能力、自我发展能力和参与市场竞争的能力。

（刊载于《求是》第11期
2017年05月31日）

确保深度贫困地区一道迈进全面小康社会

国务院扶贫办党组书记、主任　刘永富

党的十八大以来，以习近平同志为核心的党中央把贫困人口脱贫作为全面建成小康社会的底线任务和标志性指标，在全国范围内全面打响了脱贫攻坚战，有力推动了贫困地区经济社会发展，有效提高了贫困群众生活水平。但总体看，我国脱贫攻坚任务仍然十分艰巨，现有贫困大多集中在革命老区、民族地区、边疆地区和集中连片特困地区。习近平总书记在山西太原主持召开深度贫困地区脱贫攻坚座谈会，研究部署深度贫困地区脱贫攻坚工作，发出了攻克深度贫困堡垒的坚定号召。我们要认真学习领会习近平总书记的重要讲话精神，以"敢教日月换新天"的昂扬斗志攻坚克难，坚决打赢深度贫困地区脱贫攻坚这场硬仗中的硬仗。

一、破解深度贫困是脱贫攻坚决战决胜的关键之策

深度贫困地区脱贫攻坚座谈会是在打赢脱贫攻坚战决战决胜关键时期召开的一次十分重要的会议，标志着脱贫攻坚工作进一步向纵深发展，向深度贫困聚焦，向最难啃的"硬骨头"发力。

这体现了习近平总书记深厚的扶贫情结和为民情怀。习近平总书记最关注的工作之一就是贫困人口脱贫，每到一个地方调研都要到贫困村和贫困户了解情况，每年第一次国内考察都是到贫困地区。从革命老区到民族地区、边疆地区，从西北黄土高原到西南喀斯特山区，习近平总书记的足迹遍及全国11个山区集中连片特困地区。习近平总书记的心愿，就是要让贫困地区群众生活更加幸福美满，让我们的党和人民永远在一起，共同走好我们这一代人的长征路。

这体现了习近平总书记亲力亲为的领袖品格和使命担当。2015年以来，习近平总书记四次主持召开脱贫攻坚方面的座谈会，直接部署、直接推动、直接督战。在陕甘宁革命老区脱贫致富座谈会上，要求加大对老区的投入支持力度，确保老区人民同全国人民一道进入全面小康社会。在涉及武陵山、乌蒙山、滇桂黔集中连片特困地区扶贫攻坚座谈会上，强调扶贫开发工作进入啃硬骨头、攻坚拔寨的冲刺期，要科学谋划，坚决打赢脱贫攻坚战。在东西部扶贫协作座谈会上，要求采取系统的政策和精准的措施，全面提升东西部扶贫协作和对口支援工作的水平。在今年6月召开的深度贫困地区脱贫攻坚座谈会上，要求攻克深度贫困堡垒，全面打赢脱贫攻坚战。四次座谈会，突出脱贫攻坚不同阶段的重点问题和关键环节，层层深入，步步递进，对统一认识、部署行动、交流情况、推动工作，都产生了重要作用。

体现了我国扶贫开发事业发展的历史必然。党的十八大以来，我国脱贫攻坚措施有力，取得了显著成效。四年多时间里，累计脱贫5564万人，年均减少农村贫困人口1391万人，精准扶贫、精准脱贫深入人心，贫困群众获得感和幸福感不断增强。从总的情况和发展趋势看，到2020年完成脱贫攻

坚任务的难点就在深度贫困地区。特别是西藏和四省藏区、南疆四地州、四川凉山彝族自治州、云南怒江傈僳族自治州、甘肃临夏回族自治州（以下简称“三区三州”）生存环境依然恶劣，基础设施和公共服务缺口依然很大。如期全面建成小康社会，不落下一个地区、一个民族，必须聚焦深度贫困地区和贫困问题。

二、破解深度贫困要全面落实习近平总书记重要讲话精神

习近平总书记在深度贫困地区脱贫攻坚座谈会上的重要讲话，是我们党扶贫开发战略思想的最新成果，为新形势下统筹做好脱贫攻坚全局工作和破解深度贫困问题指明了前进方向。

打赢深度贫困地区脱贫攻坚战是“必须完成的任务”，我们要增强责任担当。习近平总书记指出：“攻克深度贫困堡垒，是打赢脱贫攻坚战必须完成的任务，全党同志务必共同努力。”打赢脱贫攻坚战，是全面建成小康社会的前提，是我们党向全国人民作出的庄严承诺。我们要牢固树立“四个意识”，紧紧抓住深度贫困地区这一牛鼻子，以解决突出制约问题为重点，在最难处发力，如期完成攻克深度贫困堡垒的艰巨任务。

打赢深度贫困地区脱贫攻坚战是“硬仗中的硬仗”，我们要充分认识艰巨性复杂性。习近平总书记指出：“脱贫攻坚本来就是一场硬仗，深度贫困地区脱贫攻坚更是这场硬仗中的硬仗”。这是习近平总书记立足全局作出的科学判断，目的在于警醒全党对脱贫攻坚的困难不能低估、问题不能回避。我们一定要有清醒认识，始终保持打攻坚战的状态，充分发挥集中力量办大事的制度优势，集中优势兵力打赢歼灭战。

“深度贫困是完全可以战胜的”，我们要保持战略定力增强必胜信心。习近平总书记指出：“只要高度重视，思路对头，措施得力，工作扎实，深度贫困是完全可以战胜的。”这是习近平总书记在全面总结过去30多年扶贫工作经验，特别是党的十八大以来精准扶贫实践经验基础上得出的科学论断。我们要继续保持战略定力，增强必胜信心，坚持精准方略，下足“绣花”功夫，扎实推进深度贫困地区脱贫攻坚。

三、破解深度贫困必须集中优势兵力打好歼灭战

深度贫困地区是脱贫攻坚最后要攻克的堡垒。我们要认真落实习近平总书记重要讲话提出的八条要求，守住“两不愁、三保障”的底线，坚持“中央统筹、省负总责、市县落实”的管理体制，深入实施精准扶贫精准脱贫基本方略，打好深度贫困地区脱贫攻坚歼灭战。

中央统筹，重点支持“三区三州”。这些地区是全面建成小康社会进程中短板中的短板，是必须克服的难关。要把新增脱贫攻坚资金、新增脱贫攻坚项目、新增脱贫攻坚举措集中于“三区三州”。发挥金融、土地政策作用，加大交通、水利、产业、教育、健康扶贫等支持力度，集中优势兵力打好歼灭战。东西部扶贫协作和对口支援，党政机关定点扶贫、社会扶贫都要向深度贫困地区倾斜，向乡村基层延伸，向“三区三州”发力。

省负总责，解决辖区内的深度贫困问题。除“三区三州”外，全国还有约120个贫困县贫困发生率在18%以上，是全国贫困发生率4.5%的4倍。还有约7.7万个建档立卡贫困村，其中近3万个村的贫困发生率超过20%。这些地区要紧盯自己辖区内最困难的地方，瞄准最困难的群体，抓住最急需解决的问题，组织实施贫困村提升工程，集中力量解决本省范围内的深度贫困问题。

落实部门责任，支持解决特殊困难群体脱贫问题。对“三区三州”外的深度贫困

地区和因病因残致贫、住危房、饮水安全保障程度低等特殊困难群体和低保对象，有关行业主管部门要坚持“两不愁、三保障”标准，落实行业主管责任，制定专项计划，加大工作力度，通过调整使用现有资金和落实政策措施，予以统筹支持解决。

（刊载于《求是》第16期
2017年08月15日）

中国特色扶贫开发道路的新拓展新成就

国务院扶贫办主任　刘永富

小康不小康，关键看老乡，关键在于贫困老乡能不能脱贫。党的十八大以来，以习近平同志为核心的党中央把坚决打赢脱贫攻坚战提升到事关全面建成小康社会奋斗目标的新高度，出台了一系列重大政策措施，举全党全国之力推进脱贫攻坚，极大拓展了中国特色扶贫开发道路，脱贫攻坚取得了新的显著成就。

实现扶贫开发重大理论创新

习近平同志高度重视扶贫开发工作，党的十八大以来多次深入贫困地区调研，就扶贫开发工作发表了一系列重要讲话，深刻阐明了新时期我国扶贫开发的重大理论和实践问题，形成了内涵丰富、思想深刻、体系完整的扶贫开发战略思想。习近平总书记关于扶贫开发的重要论述，是我们打赢脱贫攻坚战的思想指南和行动遵循。

充分体现共享发展理念。共享是中国特色社会主义的本质要求，共享发展的内涵主要是全民共享、全面共享、共建共享、渐进共享。脱贫攻坚的主要目标是到2020年实现现行标准下农村贫困人口全部脱贫，与全国人民一道迈入全面小康社会，这体现了全民共享。中央提出的脱贫标准主要是“两不愁三保障”，即稳定实现农村贫困人口不愁吃、不愁穿，义务教育、基本医疗和住房安全有保障，这个综合标准涉及经济、政治、文化、社会、生态等多个方面，这体现了全面共享。扶贫开发是全社会的共同责任，要激发贫困人口摆脱贫困的内生动力，也要广泛动员社会各方面力量参与，形成人人愿为、人人可为、人人能为的生动局面，这体现了共建共享。我国目前正处于并将长期处于社会主义初级阶段，我们要认识到扶贫开发工作的艰巨性、复杂性，立足国情、实事求是，极端贫困问题解决后的工作重点将由消除绝对贫困向缓解相对贫困转变，这体现了渐进共享。

充分体现以人民为中心的发展思想。做好扶贫开发工作，支持困难群众摆脱贫困，使发展成果更多更公平惠及全体人民，这是我们党坚持全心全意为人民服务根本宗旨的重要体现，也是党和政府的职责所在。习近平同志强调，脱贫攻坚必须依靠人民群众，组织和支持贫困群众自力更生，发挥人民群众主动性。要防止忽视贫困群众主体作用，贫困群众既是脱贫攻坚的对象，更是脱贫致富的主体。要注重扶贫同扶志、扶智相结合，把贫困群众积极性和主动性充分调动起来，引导贫困群众树立主体意识，发扬自力更生精神，激发改变贫困面貌的干劲和决心，变“要我脱贫”为“我要脱贫”，靠自己的努力改变命运。这些重要论述充分体现了以习近平同志为核心的党中央对人民主体地位的深刻认识，是以人民为中心的发展思想在扶贫脱贫领域的集中反映。

充分体现精准扶贫精准脱贫基本方略。习近平同志深刻指出，要改进脱贫攻坚动员和帮扶方式，扶持谁、谁来扶、怎么扶、如何退，全过程都要精准，有的需要下一番“绣花”功夫。在精准识别方面，通过建档立卡建立起全国统一的扶贫开发信息系统，使我国贫困数据第一次实现了到村、到户、到人，为中央出台政策措施提供了重要参考，为精准帮扶、“靶向治疗”奠定了基础。在精准帮扶方面，各地各部门按照“五个一批”的帮扶思路，因村、因户、因人精准施策。在精准退出方面，建立了反映客观实际的贫困退出机制，对贫困人口、贫困村、贫困县退出的标准和程序作出了明确规定，并对贯彻落实情况进行严格的督查巡查。在精准考评方面，中央出台省级党委和政府扶贫开发工作成效考核办法，通过较真碰硬的考核，树导向、严规矩、压责任，确保脱贫质量。这些具有创新性的举措，充分体现了目标导向与问题导向相统一、战略性与可操作性相结合的方法论。

开创脱贫攻坚新局面

在以习近平同志为核心的党中央坚强领导下，脱贫攻坚的顶层设计基本形成，精准扶贫精准脱贫思想深入人心，五级书记抓扶贫、全党动员促攻坚的良好态势已经形成，各项决策部署得到较好落实，收到了明显成效。2013—2016 年，我国农村累计脱贫 5564 万人，平均每年脱贫 1391 万人，贫困发生率从 2012 年底的 10.2% 下降到 2016 年底的 4.5%，贫困地区农村居民人均收入年均增长 10.7%。脱贫攻坚夯实了党在农村的执政基础，在实战中锤炼了干部队伍，提升了农村贫困治理水平，激发了贫困群众的内生动力，书写了我国扶贫开发史上新的辉煌篇章。

明确目标任务。以习近平同志为核心的党中央把脱贫攻坚作为全面建成小康社会的底线任务和标志性指标，摆到治国理政的重要位置，以前所未有的力度加以推进。2015 年 10 月，党的十八届五中全会明确提出脱贫攻坚目标。当年 11 月中央召开扶贫开发工作会议，不久后印发《关于打赢脱贫攻坚战的决定》（以下简称《决定》），明确打赢脱贫攻坚战的总体目标。2016 年 2 月，国务院印发《“十三五”脱贫攻坚规划》。到 2020 年，几千万农村贫困人口如期脱贫，将标志着我国绝对贫困问题得到历史性解决，我国将提前 10 年实现联合国 2030 年可持续发展议程确定的减贫目标。

打出政策组合拳。根据《决定》，中办、国办出台 12 个配套文件，中央和国家机关各部门共出台 173 个政策文件或实施方案，各地也相继出台和完善了“1 + N”的脱贫攻坚政策文件，内容涉及产业扶贫、易地扶贫搬迁、劳务输出扶贫、交通扶贫、水利扶贫、教育扶贫、健康扶贫、金融扶贫、生态建设扶贫、资产收益扶贫和农村危房改造等，很多“老大难”问题有了针对性强的解决措施。同时，中央明确扶贫投入要与打赢脱贫攻坚战相适应。2013—2017 年，中央财政专项扶贫资金投入年均增长 22.7%，省市县财政扶贫资金投入也大幅度增长。金融、土地政策都向脱贫攻坚倾斜，脱贫攻坚供给侧结构性改革扎实推进。

形成合力攻坚格局。一是完善体制机制。中央出台脱贫攻坚责任制实施办法，强化“中央统筹、省负总责、市县抓落实”的扶贫管理体制。中西部 22 个省份党政主要负责同志向中央签署脱贫攻坚责任书、立下军令状，各市、县、乡、村层层压实责任，贫困县党政正职在攻坚期内保持稳定，形成了五级书记抓扶贫、全党动员促攻坚的局面。二是开展驻村帮扶。开展抓党建促脱贫攻坚工作，向贫困村和基层党组织薄弱涣散村选派第一书记 19.5 万名，向 12.8 万个建档立卡贫困村选派驻村干部 77.5 万名，实现了每个贫困村都有驻村工作队、每个贫困户都有帮扶责任人。三是广泛开展社会动员。国家设立扶贫日，开展脱贫攻坚奖评选活动，表彰脱贫攻坚模范。中央出台指导意见和考核办法，进一步完善东西部扶贫协作和定点扶贫工作。动员中央企业开展“百县万村”扶贫行动，动员 2.6 万家民营企业开展“万企帮万村”行动。四是严格考核监督。出台省级党委和政府扶贫开发工作成效考核办法、脱贫攻坚督查巡查工作办法，确保中央决策部署落到实处，确保脱贫成效经得起实践和历史检验。开展脱贫攻坚民主监督，8个民主党派中央分别对应8个贫困人口多、贫困发生率高的中西部省份，一盯就是5年。扶贫部门设立12317监督举报电话，加强与纪检监察、财政、审计等部门和媒体、社会等监督力量的合作，把各方面的监督结果运用到考核评估和督查巡查中。

为全球减贫事业提供中国经验

联合国《2015年千年发展目标报告》显示，中国对全球减贫的贡献率超过70%。中国成为世界上减贫人口最多的国家，也是世界上率先完成联合国千年发展目标的国家，得到国际社会的广泛赞誉。这个成就足以载入人类社会发展史册，并为全球减贫事业提供中国经验。

党的领导政治优势和中国特色社会主义制度优势，是脱贫攻坚取得辉煌成就的根本保证。在脱贫攻坚中，我们充分发挥党的领导政治优势和中国特色社会主义制度优势，集中各方面资源，动员全党全社会投身到脱贫攻坚工作中。在党中央的要求部署下，脱贫攻坚工作成为各级党委和政府的“一把手工程”，特别是脱贫攻坚任务重的地区党委和政府都把脱贫攻坚作为“十三五”期间的头等大事和第一民生工程来抓，坚持以脱贫攻坚统揽经济社会发展全局。我国集中力量办大事的制度优势得到了充分体现，也再次印证了中国特色社会主义的优越性。

坚持改革开放，保持经济持续健康发展，是脱贫攻坚不断推进的基础条件。发展是解决我国所有问题的关键，是甩掉贫困帽子的总办法。只有坚持改革开放，推动经济持续健康发展，才能筑牢脱贫攻坚、共同富裕的物质基础。近几年，我国经济发展进入新常态，但仍保持中高速增长。这为我国扶贫开发奠定了坚实的物质基础，为大规模减贫提供了可能。我们必须坚持发展是硬道理的战略思想，科学确定发展规划和帮扶项目，继续引导贫困地区广大干部群众拓宽发展思路、增强持续发展能力，不断夯实打赢脱贫攻坚战的物质基础。

坚持政府主导，科学制定规划，积极稳妥推进。国家先后实施“三西”农业建设计划、《国家八七扶贫攻坚计划（1994—2000年）》、《中国农村扶贫开发纲要（2001—2010年）》、《中国农村扶贫开发纲要（2011—2020年）》，有力指导和促进了大规模减贫。2015年，中央召开扶贫开发工作会议，作出打赢脱贫攻坚战的决定。2016年，国家制定“十三五”脱贫攻坚规划。每次出台这样的规划或计划，都推动了扶贫开发标准的提高、扶贫开发内容的拓展、扶贫开发方式的创新，进而实现了经济社会发展与扶贫开发工作同步推进。

坚持开发式扶贫，不断调整完善帮扶方式，激发贫困人口内生动力。党的十八大以来，我们坚持开发式扶贫方针不动摇，动员和引导贫困群众将自己苦干、巧干与党委、政府帮扶相结合，充分开发当地资源，逐步形成自我积累、自我发展能力，最终实现脱贫。随着贫困人口分布、贫困成因、贫困特征等情况的变化，党和政府不断调整完善扶贫策略和帮扶方式，由过去主要依靠政策带动、“大水漫灌”式扶贫向因村因户因人施策、“精准滴灌”式扶贫转变。同时，高度重视激发贫困群众内生动力，通过宣传教育、典型引路等方法，克服“等、靠、要”思想，充分调动贫困群众的积极性、主动性、创造性，教育和引导贫困群众依靠自己的辛勤劳动实现脱贫致富。

（刊载于《人民日报》
2017年9月4日7版）

脱贫攻坚砥砺奋进的五年

国务院扶贫办党组

“人民对美好生活的向往，就是我们的奋斗目标。”党的十八大以来，以习近平同志为核心的党中央，把脱贫攻坚摆到治国理政的重要位置，动员全党全社会力量，打响了反贫困斗争的攻坚战。习近平总书记亲自挂帅、亲自出征、亲自督战，30多次国内考察都涉及扶贫，连续5年新年国内首次考察都看扶贫，走遍连片特困地区，在多个重要场合、重要会议、重要时点反复强调脱贫攻坚，提出了一系列新思想新观点，作出了一系列新决策新部署，成为打赢脱贫攻坚战的行动指南和根本遵循。习近平总书记以非凡的意志和智慧，带领全党全国各族人民谱写了人类反贫困历史上的辉煌篇章。

一、作出脱贫攻坚决策部署

2015年11月，中央召开扶贫开发工作会议，作出打赢脱贫攻坚战的决定，对脱贫攻坚进行全面决策部署。

（一）确定脱贫攻坚目标

全面建成小康社会，最艰巨最繁重的任务在农村、特别是贫困地区。没有农村的小康，特别是没有贫困地区的小康，就没有全面建成小康社会。以党的十八届五中全会和中央扶贫开发工作会议决策部署为标志，我国扶贫开发进入脱贫攻坚新阶段。党中央、国务院提出脱贫攻坚的总体目标，明确到2020年我国现行标准下农村贫困人口实现脱贫，贫困县全部摘帽，解决区域性整体贫困。与前几次的扶贫目标相比，这个目标最显著的特点在于不留“锅底”、没有退路。实现这个目标，标志着我国贫困地区、贫困人口与全国人民一道进入全面小康社会、实现第一个百年奋斗目标，标志着我国历史性地解决绝对贫困问题，标志着我国将提前10年实现联合国《2030年可持续发展议程》确定的减贫目标。这是党中央向全国人民和国际社会作出的庄严承诺。

（二）实施精准扶贫精准脱贫基本方略

2013年11月，习近平总书记在湖南省花垣县十八洞村首次提出精准扶贫。2015年6月，习近平总书记在贵州召开部分省区市党委主要负责同志座谈会，深刻论述了精准扶贫精准脱贫总体思路和基本要求。在中央扶贫开发工作会议上，习近平总书记全面阐述精准扶贫基本方略，强调要做到“六个精准”：扶持对象精准、项目安排精准、资金使用精准、措施到户精准、因村派人精准、脱贫成效精准。实施“五个一批”：发展生产脱贫一批、易地搬迁脱贫一批、生态补偿脱贫一批、发展教育脱贫一批、社会保障兜底一批，还要实施健康扶贫、资产收益扶贫等。解决“四个问题”：扶持谁、谁来扶、怎么扶、如何退。精准扶贫精准脱贫基本方略是扶贫理念的重大创新，“六个精准”是基本要求，“五个一批”是根本途径，“四个问题”是关键环节，充分体现了目标导向与问题导向相统一、战略性与可操作性相结合的方法论。

（三）完善脱贫政策举措

为确保实现脱贫攻坚目标，中央出台一系列含金量高的政策和举措，打出组合拳。加大财政扶贫投入力度，发挥政府投入的主体和主导作用，开拓脱贫攻坚资金渠道，确保政府扶贫投入力度与脱贫攻坚任务相适应。加大金融扶贫力度，为贫困户提供扶贫小额信贷，设立扶贫再贷款、易地扶贫搬迁金融债，出台证券、保险支持脱贫攻坚政策。实施脱贫攻坚土地优惠政策，允许贫困县城乡建设用地增减挂钩指标在省域内流转使用。重点支持革命老区、民族地区、边疆地区、连片特困地区脱贫攻坚，加快交通、水利、电力建设，加大“互联网+”扶贫力度，推进农村危房改造和人居环境整治。发挥科技人才支撑作用。健全留守儿童、留守妇女、留守老人和残疾人关爱服务体系。加大社会动员力度，深化东西部扶贫协作、定点扶贫、军队和武警部队扶贫，实化民营企业、社会组织、公民个人扶贫。创新扶贫开发理论，建立国家扶贫荣誉制度，加强乡风文明建设，宣传先进典型，营造良好氛围。为了研究解决新情况新问题，使脱贫攻坚沿着健康轨道前进，中央适时出台新举措、作出新部署，2016年7月和2017年6月，习近平总书记分别在宁夏、山西主持召开东西部协作扶贫、深度贫困地区脱贫攻坚座谈会，研究部署做好东西部扶贫协作和对口支援、深度贫困地区脱贫攻坚工作。

（四）强化脱贫组织保障

坚持党的领导，充分发挥社会主义制度优势，把全面从严治党的新要求贯穿到脱贫攻坚的全过程各环节，坚持抓党建促脱贫攻坚，加强各级干部队伍建设和作风建设。一是强化脱贫攻坚领导责任制。建立脱贫攻坚责任制，落实各级各部门脱贫攻坚责任。实行脱贫攻坚一把手负责制。攻坚期内贫困县党政正职保持稳定。二是发挥基层党组织战斗堡垒作用。选好配强村级领导班子，向贫困村选派第一书记和驻村工作队，突出抓好村党组织带头人队伍建设，充分发挥共产党员的先锋模范作用。三是严格扶贫考核督查问责。出台中央对省级党委和政府扶贫开发工作成效考核办法，建立完善贫困县考核、约束和退出机制，建立年度扶贫开发工作督查巡查制度。建立重大涉贫事件处置反馈机制。四是建设与脱贫攻坚要求相适应的工作队伍。完善各级扶贫开发机构的设置和职能。加强贫困地区各级领导干部和扶贫干部思想作风建设，全面提升扶贫干部队伍能力水平。

二、建立脱贫攻坚制度体系

按照中央全面深化改革的要求，建立脱贫攻坚责任、政策、投入、动员、监督、考核等六大体系，为打赢脱贫攻坚战提供制度保障。

（一）建立脱贫攻坚责任体系

强化“中央统筹、省负总责、市县抓落实”的工作机制。中央统筹，主要负责制定脱贫攻坚大政方针，出台重大政策举措，完善体制机制，规划重大工程项目，协调全局性重大问题、全国性共性问题，指导各地制定脱贫滚动规划和年度计划。有关中央和国家机关按照工作职责，落实脱贫攻坚责任。省负总责，省级党委和政府对本地区脱贫攻坚工作负总责，并确保责任制层层落实。中西部22个省份党政主要负责同志向中央签署脱贫攻坚责任书，立下军令状。市县落实，市级党委和政府负责协调域内跨县扶贫项目，对脱贫目标任务完成等工作进行督促指导和监督检查；县级党委和政府承担脱贫攻坚主体责任，负责制定脱贫攻坚实施规划，优化配置各类资源要素，组织落实各项政策措施，县级党委和政府主要负责人是第一责任人。同时强化了东西部协作、定点扶贫以及社会各界合力攻坚的责任。

（二）完善脱贫攻坚政策体系

围绕落实脱贫攻坚决策部署，着力构建适应精准扶贫需要、强力支撑的政策体系。十八大以来，中共中央、国务院出台扶贫文件5个，中共中央办公厅、国务院办公厅出台扶贫文件20个，启动实施“十三五”脱贫攻坚规划。中央和国家机关各部门出台政策文件或实施方案227个，形成政策合力。各地也不断完善“1+N”脱贫攻坚系列文件，内容涉及产业扶贫、易地扶贫搬迁、劳务输出扶贫、交通扶贫、水利扶贫、教育扶贫、健康扶贫、金融扶贫、农村危房改造、土地增减挂钩、资产收益扶贫等，瞄准贫困人口，因地制宜，分类施策。

（三）建立脱贫攻坚投入体系

坚持政府投入的主体和主导作用，增加金融对脱贫攻坚的投放。十八大以来，中央补助地方财政专项扶贫资金从 379 亿元增加到 861 亿元，年均增长 22.7%。省级和市县财政扶贫资金投入也大幅度增长。2016 年中央和省级财政专项扶贫资金首次突破 1000 亿元。为贫困户提供“5 万元以下、3 年以内、免抵押免担保、基准利率放贷、财政扶贫资金贴息、县建风险补偿金”的扶贫小额信贷，累计发放 3381 亿元，共支持 855 万建档立卡贫困户。扶贫再贷款实行比支农再贷款更优惠的利率，重点支持带动贫困人口脱贫的企业和农民合作组织等。

（四）强化社会动员体系

中央先后出台进一步加强东西部扶贫协作工作、中央单位定点扶贫工作的指导意见，细化实化帮扶任务和工作要求。十八大以来，发达地区和中央单位向贫困地区选派干部 12.2 万人，支持项目资金超过 1 万亿元。调整完善东西部扶贫协作结对关系，实现对 30 个民族自治州结对帮扶的全覆盖。明确京津冀协同发展中京津两市与河北省张家口、承德和保定三市的扶贫协作任务。确定东部 267 个经济较发达县市区，与西部地区 434 个贫困县开展“携手奔小康”行动。对口支援新疆、西藏和四省藏区工作在现有机制下更加聚焦精准扶贫精准脱贫，瞄准建档立卡贫困人口精准发力，提高对口支援实效。进一步加强中央单位定点扶贫工作，推动定点扶贫工作重心下沉，提高精准度和有效性。310 家中央单位定点帮扶 592 个扶贫开发工作重点县。军队和武警部队定点帮扶 3500 个贫困村，实施了 1 万多个扶贫项目。中央企业设立贫困地区产业投资基金、开展“百县万村”扶贫行动。民营企业实施“万企帮万村”精准扶贫行动。2014 年，国务院将 10 月 17 日确定为全国扶贫日，每年组织开展扶贫日系列活动。建立扶贫荣誉制度，设立全国脱贫攻坚奖，表彰脱贫攻坚模范，激发全社会参与脱贫攻坚的积极性。

（五）建立脱贫攻坚监督体系

制定脱贫攻坚督查巡查工作办法，对各地各部门落实中央决策部署开展督查巡查。督查坚持目标导向，着力推动工作落实。巡查坚持问题导向，着力解决突出问题。国务院扶贫开发领导小组连续两年组织开展督查巡查。8 个民主党派中央分别对应 8 个贫困人口多、贫困发生率高的省份开展脱贫攻坚民主监督，成为彰显我国多党合作制度优势的新实践。扶贫部门加强与审计、财政等部门和媒体、社会等监督力量的全方位合作，综合运用各方面监督结果，加强对各地工作指导。设立 12317 扶贫监督举报电话，畅通群众反映问题渠道，接受全社会监督。

（六）建立脱贫攻坚考核体系

为确保脱贫成效真实，得到社会和群众认可，经得起历史和实践检验，中共中央办公厅、国务院办公厅印发省级党委和政府扶贫开发工作成效考核办法，从 2016—2020 年，国务院扶贫开发领导小组每年开展一次考核。主要涉及减贫成效、精准识别、精准帮扶、扶贫资金使用管理等方面内容。在 2016 年对上年度工作进行试考核基础上，2017 年组织实施正式考核。经党中央、国务院同意，对综合评价好的 8 省通报表扬，对综合评价一般或发现某些方面问题突出的 4 省，约谈省分管负责人，对综合评价较差且发现突出问题的 4 省，约谈省党政主要负责人。各地均开展了省级考核评估和整改督查巡查，对整改责任不到位、整改措施不精准、整改效果不明显的进行严肃问责，22 个市州和 150 个县党政主要负责同志被约谈。

三、推进脱贫攻坚重点工作

紧紧抓住识别、帮扶、退出精准和资金使用等重点环节，着力解决扶持谁、谁来扶、怎么扶、如何退的问题，全面推进重点工作，确保脱贫工作务实、脱贫过程扎实、脱贫结果真实。

（一）开展建档立卡

2014年开始，在全国开展建档立卡工作。对贫困人口按照收入低于国家扶贫标准，综合考虑“不愁吃、不愁穿，义务教育、基本医疗和住房安全有保障”情况进行识别。对贫困村依据“贫困发生率高于全省贫困发生率一倍以上、农民人均纯收入低于全省平均水平60%、没有集体经济收入”的标准进行识别。全国共识别2948万贫困户、8962万贫困人口、12.8万个贫困村，基本摸清贫困人口分布、致贫原因、帮扶需求等信息。以每年12月31日为节点，各地对建档立卡贫困人口进行动态调整，标注脱贫人口，建卡返贫人口。2015年8月至2016年6月，开展建档立卡“回头看”，补录贫困人口807万人，剔除识别不准人口929万人，数据精准度进一步提高。2017年2月，组织各地对2016年脱贫不实的问题开展自查自纠。2017年6月，组织各地完善动态管理，把已经稳定脱贫的贫困户标注出去，把符合条件遗漏在外的贫困人口和返贫的人口纳入进来，确保应扶尽扶。建档立卡在我国扶贫开发历史上第一次实现贫困信息精准到户到人，第一次逐户分析致贫原因和脱贫需求，第一次构建起全国统一的扶贫开发信息系统，为实施精准扶贫精准脱贫基本方略、出台“五个一批”政策举措提供了数据支撑，扣好脱贫攻坚工作的“第一颗扣子”。

（二）强化驻村帮扶

为加强脱贫攻坚一线工作力量，2013年12月，中共中央办公厅、国务院办公厅印发关于创新机制扎实推进农村扶贫开发工作的意见，要求每个贫困村都有驻村工作队。2015年4月，中央有关单位印发关于做好选派机关优秀干部到村任第一书记工作的通知。各地在以前工作基础上，深入推进抓党建促脱贫攻坚，进一步加大驻村干部选派力度，按照因村派人原则，选派政治素质好、工作能力强、工作作风实的干部驻村扶贫。要求驻村干部一般要任满两年。对干得好的予以表彰宣传、提拔使用，对不符合要求、不胜任工作的及时召回撤换。十八大以来，全国累计选派驻村干部277.8万人，实现驻村工作队对建档立卡贫困村全覆盖。各地逐步完善第一书记和驻村工作队管理，严格选派条件，明确职责任务，建立管理制度，强化考核奖惩。据不完全统计，两年来，全国共提拔工作业绩突出的第一书记1.2万名，召回调整不胜任的第一书记7200名。第一书记和驻村干部广泛宣传党的政策，落实精准扶贫精准脱贫基本方略，把党的温暖送到千家万户，不仅帮助贫困村贫困户实现脱贫，而且自己得到锻炼和提高。

（三）实施“五个一批”

按照因地制宜、因村因户因人施策的工作要求，推进“五个一批”工程。发展特色产业脱贫，支持贫困村、贫困户因地制宜发展种养业和传统手工业。培育贫困地区农民合作社和龙头企业，发挥其对贫困人口的组织和带动作用。引导劳务输出脱贫，支持农村贫困家庭新成长劳动力接受职业教育，动员全国千所技能培训学校为有就业意愿的建档立卡贫困人口免费提供培训就业服务；湖南、湖北两省与广东省开展扶贫劳务协作试点并在全国推开；在贫困村建设扶贫车间，实现贫困人口就近转移就业。截至2017年8月，481万贫困人口通过务工实现稳定就业。实施易地搬迁脱贫，对居住在“一方水土养不起一方人”地区的贫困群众实施易地扶贫搬迁，坚持搬迁与产业、就业、公共服务同步规划，确保搬得出、稳得住、能致富。党的十八大以来，共实施易地扶贫搬迁489.6万人。加强教育脱贫，实施农村义务教育阶段学生营养改善计划、面向贫困地区定向招生专项计划，免除公办普通高中建档立卡等家庭经济困难学生学杂费。推进健康扶贫，城乡居民基本医疗保险、大病保险、医疗救助对建档立卡贫困人口全覆盖，组织实施大病集中救治一批、慢病签约服务管理一批、重病兜底保障一批。推动农村最低生活保障制度与扶贫开发政策有效衔接。还积极探索生态保护扶贫、乡村旅游扶贫、光伏扶贫、电商扶贫等精准扶贫新路径。

（四）聚焦重点区域

以革命老区、民族地区、边疆地区、连片特困地区为脱贫攻坚重点区域，强化基础设施和基本公共服务建设，从政策制定、规划编制、资金安排和项目布局等方面予以倾斜支持，打破瓶颈制约。推出脱贫攻坚重大工程包，积极开展交通、水利、电力等扶贫行动，调整农村危房改造政策，提高中央补助标准，集中解决建档立卡贫困户等四类重点对象的基本住房安全问题。

（五）加强资金监管

完善财政专项扶贫资金管理办法，提高资金使用精准度。推进扶贫资金项目审批权限下放到县，到县比例从2014年的70%提高到2016年的95%。开展贫困县统筹整合使用财政涉农资金试点，2016年整合各级财政安排用于农业生产发展和农村基础设施建设等方面资金2340亿元，集中用于脱贫攻坚。全面加强扶贫资金项目监管，违纪违规问题明显减少。审计查出问题金额占抽查资金的比例，由2013年的36.3%下降到2017年的7.93%。其中，严重违纪违规问题金额占抽查资金的比例，由2013年的15.7%下降到2017年的1.13%。

（六）规范贫困退出

建立贫困退出机制，明确规定贫困县、贫困村、贫困人口退出的标准、程序和后续政策。指导各地制定脱贫滚动规划和年度计划，实施贫困县和贫困村有序退出。各省区市签订年度减贫责任书，层层分解任务，落实到县到村到户到人。对贫困退出开展考核评估，防止数字脱贫、虚假脱贫，确保脱贫质量。

四、脱贫攻坚取得明显成效

党的十八大以来，各地各部门认真贯彻党中央决策部署，脱贫攻坚成为全党全社会的思想共识和行动自觉，精准扶贫精准脱贫深入人心，脱贫攻坚形成良好态势，取得明显成效。

（一）农村贫困人口大幅减少

2013年至2016年，我国现行标准下的农村贫困人口由9899万人减少至4335万人，年均减少1391万人。农村贫困发生率由10.2%下降至4.5%，年均下降1.4个百分点。今年预计再减贫1000万人以上，5年年均减贫1300万人，这是从未有过的。

（二）贫困地区经济社会全面发展

贫困地区以脱贫攻坚统揽经济社会发展全局，群众收入实现较快增长，基础设施、社会事业全面进步，生产生活条件明显改善。截至2016年，贫困地区农村居民人均收入连续保持两位数增长，年均实际增长10.7%。居住在钢筋混凝土房或砖混材料房的农户占到57.1%，使用管道供水的农户达67.4%。自然村通电接近全覆盖、通电话比重达到98.2%、道路硬化达到77.9%。在自然村上幼儿园和上小学便利的农户分别达到79.7%、84.9%。91.4%的户所在自然村有卫生站。井冈山、兰考等28个贫困县率先脱贫摘帽，产生了良好的示范带动作用。

（三）贫困地区脱贫能力显著提升

“只要有信心，黄土变成金。”脱贫攻坚既是摆脱物质贫困的实践过程，也是弘扬自强不息精神的实践过程。贫困群众在党和政府、社会各界的大力帮扶下，精神面貌变了，不但有了干劲，而且对未来美好生活充满了信心，脱贫的精神动力更强了。在第一书记和驻村工作队的帮助下，农村基层党组织的凝聚力、战斗力得到加强，农村治理水平得到提升。

（四）贫困地区干部作风明显转变

脱贫攻坚带来了干部作风大转变。精准扶贫、精准脱贫政策需要落实到一家一户，脱贫攻坚让各级干部特别是领导干部在一线了解实情，离群众更近了，了解的问题更实了。帮扶干部履行帮扶责任，让干部同困难群众融为一体、打成一片，成了共同脱贫致富一家人，党在人民群众心中威望更高了。

（五）脱贫攻坚为全球减贫事业作出重大贡献

我国是世界上减贫人口最多的国家，也是世界上率先完成联合国千年发展目标的国家，为全球减贫事业作出重大贡献，形成了全球减贫事业可借鉴的“中国方案”。国际社会高度评价中国脱贫攻坚取得的成果，坚信中国能够如期打赢脱贫攻坚战，赞赏中国精准扶贫精准脱贫方略的基层落地经验。联合国秘书长古特雷斯在致2017减贫与发展高层论坛贺信中，高度评价中国精准扶贫成就，称赞“精准减贫方略是帮助贫困人口、实现《2030年可持续发展议程》宏伟目标的唯一途径。中国已实现数亿人脱贫，中国的经验可以为其他发展中国家提供有益借鉴。”

十八大以来的脱贫攻坚，是中国特色社会主义道路自信、理论自信、制度自信、文化自信的生动写照，是全球反贫困事业的亮丽风景。在脱贫攻坚实践中，探索形成了不少有益经验，概括起来主要有：加强领导是根本，把握精准是要义，增加投入是保障，群众参与是基础，合力攻坚是条件。这些经验弥足珍贵，我们将长期坚持，并在实践中不断丰富完善。

五、坚定打赢脱贫攻坚战的必胜信念

从目前来看，如期完成脱贫攻坚目标任务是可以实现的。随着脱贫攻坚的不断深入，深度贫困地区和深度贫困问题越发突出，一些深层次矛盾和倾向性问题不断显现。一是贫困人口总量大。截至2016年底，全国农村贫困人口还有4335万人，其中贫困人口规模在300万人以上的省份还有6个。到2020年还有不到4年时间，平均每年需减少贫困人口近1100万人，越往后脱贫成本越高、难度越大。二是深度贫困地区攻坚任务重。西藏、四省藏区、南疆四地州和四川凉山彝族自治州、云南怒江傈僳族自治州、甘肃临夏回族自治州等深度贫困地区，生存环境恶劣，致贫原因复杂，交通等基础设施和教育、医疗公共服务缺口大。2016年底，全国贫困发生率高于10%的省份有5个，贫困发生率超过20%的贫困县和贫困村分别有近200个和近3万个。三是因病致贫占比高。建档立卡数据显示，贫困人口中因病致贫比例从2015年的42%上升到2016年的44%，医疗支出负担重，解决这些人的贫困问题，成本更高，难度更大。四是形式主义问题凸显。工作中存在着形式主义、官僚主义等问题，弄虚作假、数字脱贫、虚假脱贫开始显现。五是不落实不精准不到位问题突出，资金监管仍需加强。六是部分贫困人口内生动力不足，“等靠要”思想严重。

全面贯彻落实习近平总书记关于扶贫开发的重要论述，深入推进精准扶贫精准脱贫基本方略，全力抓好各项工作落实。

一是坚持目标标准，确保完成任务。围绕到2020年，现行标准下农村贫困人口实现脱贫，贫困县全部摘帽，解决区域性整体贫困的总体目标，始终坚持“两不愁、三保障”脱贫标准，既不提高也不降低，确保贫困人口科学合理有序退出。

二是坚持基本方略，夯实精准基础。加强建档立卡动态管理，把符合标准的贫困人口以及返贫人口全部纳入。充分发挥第一书记和驻村工作队作用，强化驻村帮扶工作。

加强村“两委”建设，选好用好脱贫致富带头人，培养“不走的工作队”。加强扶贫资金项目监管，提高资金使用效益。

三是坚持突出重点，解决深度贫困。落实深度贫困地区脱贫攻坚座谈会精神，落实特殊政策举措，加大对深度贫困地区、深度贫困村和因病致贫贫困户的支持力度，坚决攻下“坚中之坚”。在做好贫困县贫困村脱贫攻坚的同时，进一步重视非贫困县非贫困村的脱贫攻坚，防止出现“死角”和“盲区”。

四是坚持求真务实，力戒形式主义。采取有效措施，纠正不严不实不精准问题，特别是要纠正形式主义问题，严防弄虚作假，不断提高贫困识别、帮扶、退出精准度。建立脱贫攻坚大数据平台，推进信息共享，取消一切不必要的填表报数和检查评估，切实减轻基层负担。

五是坚持从严考核，倒逼真抓实干。实施最严格扶贫成效考核，倒逼各地落实脱贫攻坚责任，组织开展脱贫攻坚督查巡查，推动政策措施精准落实落地，确保脱贫成果经得起历史和实践检验。

六是坚持典型引路，总结推广经验。认真总结党的十八大以来精准扶贫精准脱贫的实践和成就，广泛宣传脱贫攻坚先进典型，及时推广精准扶贫精准脱贫经验，激励社会各界更加关注、支持和参与脱贫攻坚。

（刊载于《人民日报》
2017年10月17日8版）

附录4　全球减贫与发展概况

1945年以后，减贫与发展是全球的主要议题。20世纪90年代以来，人类减贫与发展取得显著成就，极端贫困人口数量减少了超过10亿人。全球减贫的共同行动“联合国千年宣言”和“2030年可持续发展议程”为人类彻底消除极端贫困带来希望。然而，全球减贫进展并不不平衡，至今发展中国家还有7亿多贫困人口，发达国家还有3亿左右的贫困人口需要扶持。新的挑战层出不穷，威胁着人类的发展。即使到2030年完成可持续发展目标，也仅仅是消除了生活在每天1.9美元以下的极端贫困人口。贫困人口和贫困问题还将长期存在，人类减贫任务任重道远。

一、全球减贫取得积极进展

（一）全球减贫成效显著，但进展不平衡

过去25年，全球减贫取得显著成效，民众收入增加，儿童入学率提高，有更多的人享受到基本社会服务。全球极端贫困人口（每人每天1.9美元）数量减少了超过10亿人。2013年的全球极端贫困率低于11%，比1990年（35%）下降了2/3以上。2015年，全球范围内遭受饥饿困扰的人口从2000—2002年的15%下降到2014—2016年的11%。

1990—2015年，全球有21亿人获得了改善的卫生设施。有超过26亿人获得了改善的水源。从1990—2015年，全球五岁以下儿童的死亡率下降了一半以上。下降幅度最大的是曾经面临挑战最严峻的撒哈拉以南非洲地区。自1990年以来，孕产妇的死亡率也显著下降。截至2013年，全球孕产妇死亡率下降了45%，南亚地区下降了64%。

2000—2014年，发展中地区生活在贫民窟的城市人口比例下降了近10个百分点。2000—2015年，发展中地区的小学学龄儿童入学率从83%提高到91%，全球辍学儿童人数也于同期减少了将近一半。青年识字率也在提高，全球15～24岁青年的识字率1995—83%提高到2015年的91%。

尽管人类发展成果显著，但这些成果却不具普惠性，全球减贫进展并不平衡。东亚地区减贫进展最快，极端贫困人口比例从1990年的60.2%下降到2013年的3.5%，极端贫困人口减少8.9亿。在南亚地区，该比例从44.6%下降到15%，极端贫困人口减少2.48亿。撒哈拉以南非洲减贫进展缓慢，极端贫困人口比例从1990年的54%下降到2013年的41%，但极端贫困人口不但没有减少，反而增加1.1亿。

（二）中国在全球减贫中发挥了引领作用，全球减贫主要贡献来自中国

中国对全球减贫的贡献毫无争议地成为国际共识。从全球看，按照世界银行每天1.9美元的贫困标准，1990—2013年，全球贫困人口从18.4亿人下降到7.66亿人，贫困发生率从41.9%下降到10.67%。其中，主要贡献来自中国。在此期间，中国贫困人口从7.56亿人下降到2511万人，贫困发生率从67%下降到1.85%，使7.3亿人摆脱了贫困，中国的贡献率占70%。

中国减贫带动周边地区快速减贫。三十多年来，在中国减贫带动下，东亚减贫速度最快。1981年，东亚和太平洋地区贫困人口占全球一半以上（59%，贫困人口11亿），撒哈拉以南非洲占15%。到2013年，东亚和太平洋地区贫困人口仅占全球9%，撒哈拉以南非洲占51%。这期间东亚太平洋地区减少贫困人口10.4亿人，中国的贡献率占82%。

中国经济发展和减贫推动全球不平等程度下降。联合国开发计划署《2016年人类发展报告》认为，过去几十年，全球相对基尼系数从1975年的0.74下降到2010年的0.63，发展中国家和发达国家的收入差距日益缩小，主要推动因素是中国（还有印度）的经济发展。

中国一直在引领全球减贫进程。中国在

近30年来集中国内扶贫开发，从数量上为全球减贫作出巨大贡献，第一个实现千年发展目标。脱贫攻坚五年来，累计脱贫6853万人，到2020年，中国将提前10年实现联合国2030年可持续发展议程确定的减贫目标，继续走在全球减贫事业的前列。下一步，中国将通过积累的大量宝贵经验，从减贫理念和减贫方法上为全球减贫贡献中国智慧，提供中国方案，促进全球减贫进程，继续引领全球减贫与发展。

二、全球减贫形势依然严峻，新的挑战不断涌现

尽管过去25年全球减贫行动成效显著，贫困仍然是一个全球性难题，新的挑战加重了全球贫困。在发展中国家，仍然有7.66亿极端贫困人口（标准为每天1.90美元），其中有3.85亿人是儿童。全球有数百万人因为遭受多种维度的人类发展剥夺，而无法在现实生活中充分发挥个人潜能，例如，缺乏收入和生活保障，遭受饥饿和营养不良困扰，无法获得或只能获得有限的社会服务，害怕遭受暴力侵害和歧视，难以参与会对其生活产生影响的政治进程。发展中国家有近15亿人生活在多维贫困状态下，其中南亚地区占53.9%，撒哈拉以南非洲地区占33.5%。在发达国家，也有人遭受多维贫困折磨。

目前，全球有九分之一的人口面临饥饿威胁，有1/3的人口营养不良。全球仍有约7.58亿成年人（包括1.14亿青年）缺乏基本的读写能力，每分钟有11名5岁以下儿童死亡，每小时有35位母亲在分娩过程中死亡。同时，人类发展还面临许多新挑战，例如，不平等现象、气候变化、流行病、绝望的难民、冲突、暴力极端主义等等。

（一）粮食危机依然严峻

根据世界粮食计划署报告，2017年，全球51个国家和地区的近1.24亿人面临食品危机或更严重，急需人道主义行动。在这些国家和地区中，有18个国家和地区由于战争和冲突导致近7400万人面临粮食危机。其中有11个国家在非洲，3700万人面临粮食危机。在尼日利亚北部，刚果民主共和国，索马里和南苏丹四个国家受长期冲突影响，面临粮食危机人数最多。危机状况更糟的是中东，也门有1700万人粮食危机需要紧急援助，而叙利亚、伊拉克和巴勒斯坦共约1000多万人需要紧急救援。在亚洲的阿富汗和缅甸，由于冲突、不安全和气候灾害导致大量人口面临粮食危机。

另23个国家和地区由于气候变化、干旱等导致3900万人食品不安全。其中三分之二的国家在非洲，那里有近3200万人面临严重的粮食危机。拉丁美洲和加勒比地区有超过300万人食品不安全，而南亚有300万人。东非的干旱已经破坏生计，特别是在埃塞俄比亚、索马里和肯尼亚，农作物受损并推高粮价。

（二）饥饿和营养不良仍是重要挑战

2016年，全球约5200万5岁以下的儿童（7.7%）营养不良，1700万5岁以下的儿童（2.5%）严重营养不良。5200万营养不良儿童主要生活在有粮食危机的国家，更加重了他们的脆弱性。在东非和南亚，儿童发育不良比例超过30%，东非高达36.7%。2016年，非洲是唯一发育不良儿童数量增长的区域，从2000年的5000万人增加到2016年的5900万人。而亚洲发育不良儿童比例下降了35%，但是数量仍然最多，有8650万儿童发育不良，占全球发育不良儿童的56%。

据世界粮食计划署报告，人道主义援助已经挽救了一些人的生命，但远远不够。2017年，南苏丹、尼日利亚、索马里和也门爆发了最严重的粮食危机，四国需要的人道主义救援资金比2013年增加了一倍，从29亿美元增加到2017年的65亿美元以上，但仍有29%的资金需求仍无法满足。

（三）全球贫富差距不断扩大

2010年左右，全球最富有的1%人口掌握着全球46%的财富。2000年以来，全球财富增长总量的50%都被全球最富有的1%人口占有，全球最贫困的50%人口仅获得全球财富增长总量的1%。

（四）冲突、极端暴力和灾害等问题成为人类发展的新挑战

极端暴力造成的不安全感已经蔓延至世界各地。2000年以来，暴力极端主义和恐怖主义造成的死亡人数几乎翻了10倍，从3329人增加到2014年的32685人。世界难民人数已经超过2130万人，相当于整个澳大利亚的人口。儿童是被迫流离失所的主要受害者之一。全球有近5000万跨境移徙儿童和被迫流离失所的儿童，其中2800万儿童是为了逃脱暴力和威胁其人身安全的行为。有超过98000名儿童在移徙过程中无人陪伴或与家人失散。

（五）缺水、流行病和自然灾害问题导致国际紧张局势进一步加剧

缺水是全世界面临的另一项重大挑战，并影响到40多亿人口的生活。全球约有10亿人用不上电。埃博拉和寨卡疫情等流行病严重威胁到人们的健康，约20000名儿童因埃博拉疫情成为孤儿。全球有1800万艾滋病患者（其中大部分为青年和青少年）无法获得抗反转录病毒治疗。每年大约有2.18亿人口受到自然灾害影响。1980—2012年，世界上大约有4200万人的生命在自然灾害中丧失，其中80%来自发展中国家。

（六）城市贫困问题加剧

2014年，全球一半以上人口生活在城市地区，预计到2050年，该比例将达到2/3，届时生活在城市地区的人口将再增加25亿人。到2030年，全球将有超过10亿人口居住在低于最低舒适和卫生标准的住房。约有8.8亿人口居住在城市贫民窟，未来近40%的全球城市扩建可能在贫民窟进行。有将近7亿居住在城市贫民窟的人口缺乏适当的卫生设施，以及安全的饮用水，这增加了霍乱和腹泻等传染性疾病的传播风险，尤其是在儿童中间传播。快速城市化进程还伴随着暴力、贩毒/吸毒和犯罪行为的增加。

（七）老年人贫困问题加剧

随着生育率的持续下降和人口平均寿命的延长，老年人在国家人口中所占的比例越来越大，许多国家都面临人口老龄化问题。到2020年，全球60岁及以上人口的数量超过5岁以下儿童。60岁及以上老年人口将在2030年达到14亿，在2050年达到21亿。这将使发展中国家的老年人口赡养率（65岁及以上人口与劳动适龄人口的比例）从2015年的13%提高到2050年的26%。这还将对退休年龄、医疗保健服务、老年人看护、社会保障和家庭关系等一系列问题产生重大影响。这些问题可能对女性影响更大，因为女性的预期寿命通常高于男性。一生大部分时间都在从事无偿工作或在非正规经济部门就业的女性可能无法获得养老金。因此，老年女性的贫困率通常高于老年男性。在欧盟国家，老年女性的贫困率比老年男性高37%。

（八）在许多发展中国家和发达国家，少数种族更容易陷入贫困

全球有超过2.5亿人仅仅因为种姓或传承身份受到歧视。2012年，越南有50.9%的少数民族人口生活在多维贫困状态。尼泊尔的少数族裔也存在类似的群体性弱势状况。美国的拉丁裔美国人（4.05）、非裔美国人（3.81）和土著美国人（3.55）的人类发展指数低于美国平均值（5.03）和白人（5.43）。

（九）发达国家的贫困问题有加重的趋势，减贫重回公众视野

贫困不仅是发展中国家的问题，近年来发达国家的贫困人口也在增加。据国际劳工组织报告，2012年，发达国家的贫困人口已经超过3亿。其中，儿童和妇女是受贫困影响最大的群体，有36%的儿童生活在相对贫困线以下，其家庭收入低于所在国家家庭收入中位数的60%。2014年，经济合作与发展组织（OECD）成员国家平均有11%的人口收入低于贫困线。2012年底，美国和德国分别有63.3万和28.4万无家可归人口。美国有3200万成年人为文盲，英国则有800万。OECD国家平均有15%的青年人既没有工作，也没有接受教育或培训。

这些数据表明，即使在联合国定义的极高人类发展水平国家，也并非每个人都能实现充分发展。贫困在发达国家和发展中国家的表现形式可能不同，但对于正在遭受贫困之苦的个人和家庭而言，贫困同样正在破坏他们对未来的选择和发展。2017年，加拿大贫困发生率达到13.9%，有480万贫困人口生活在家庭收入中位数的50%以下。为此，加拿大的就业与社会发展部在2017年开始牵头制定全国性的减贫战略。

三、国际减贫经验的启示

（一）发达国家也仍然面临贫困问题

美国在1964年提出“向贫困宣战”后，一直在做减贫工作。据美国政府的报告，1964—1973年、1993—2000年，由于经济持续发展，减贫工作进展显著。但由于20世纪80年代初的经济严重衰退和2007年末开始的经济危机，导致贫困问题加重。英国政府一直宣称本国的儿童贫困问题非常严重，并提出在2020年消除儿童贫困。有些国家还将解决贫困问题作为赢得选民政治因素。如加拿大由于近年贫困问题突出，开始制定国家减贫战略。

（二）多维贫困受到广泛关注

多维贫困逐渐成为国际减贫的主流方向。联合国、世界银行等国际组织以及各国在减贫实践中广泛吸取多维减贫的经验。例如，英国政府认识到对穷人的税收减免、救济金等措施，仅仅起到了保护的作用，而对于消除贫困所涉及的住房、卫生、教育等却关注不够，需要从多维角度消除贫困。拉美国家更是广泛采用多维贫困标准并从多维度减贫。

（三）儿童贫困是发达国家关注的焦点

英国是欧洲儿童贫困率最高的国家之一，1997年每3个孩子中就有1个处于贫困状态。消除儿童贫困的任务是确保社会公平，也是解决儿童在生长过程中面临的长期的社会排斥。2016年，美国的儿童贫困发生率也高达21.2%。

（四）对贫困家庭分类更加精细

发达国家对于贫困家庭分类更加精细，根据家庭人口数量、年龄、子女数量等制定不同的贫困标准。例如，美国将不同的贫困家庭制定了48个贫困标准。英国将相对贫困标准货币化，也考虑了家庭的人口和子女情况。

（中国国际扶贫中心　徐丽萍）